SUTOPPU!

**Koko wa kono manga no owari dayo.
Hantaigawa kara yomihajimete ne!
Dewa omatase shimashita!
Tanoshii hitotoki wo dozo!**

Egmont-Manga-Chiimu

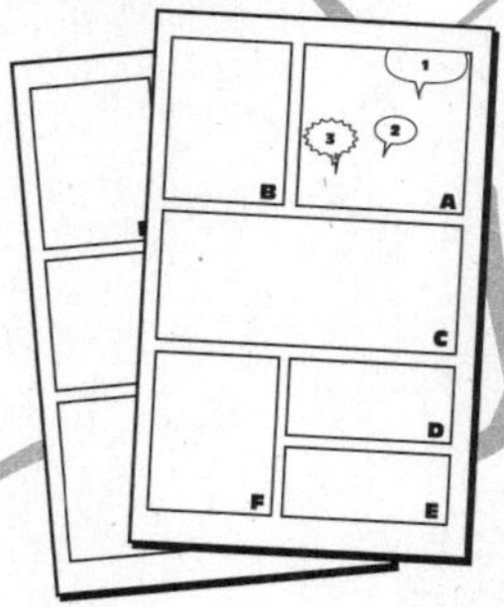

STOPP!

**Das ist der Schluss des Mangas.
Fangt bitte am anderen Ende an!
Und nun genug der Vorrede,
viel Spaß beim Lesen!**

Euer Egmont-Manga-Team

„Detektiv Conan - Winter Edition“ von Gosho AOYAMA
Aus dem Japanischen von Josef Shanel & Matthias Wissnet

Originalausgabe:
MEITANTEI CONAN Vol. 10, 11, 20, 24, 37, 49, 50 and 54 by Gosho AOYAMA

Original Japanese edition published by SHOGAKUKAN.
German translation rights arranged with SHOGAKUKAN
through The Kashima Agency for Japan Foreign-Rights Centre.

Deutschsprachige Ausgabe: © 2020 Egmont Manga
verlegt durch Egmont Verlagsgesellschaften mbH, Ritterstraße 26, 10969 Berlin
safety@egmont.de

3. Auflage 2025
Verantwortlicher Redakteur: Marco Walz   Koordination: Angelika Schönhuber
Gestaltung: Claudia V. Villhauer & MOX   Printed in the EU
ISBN 978-3-7704-2873-1

www.egmont-manga.de

DETEKTIV

CONAN

WINTER EDITION

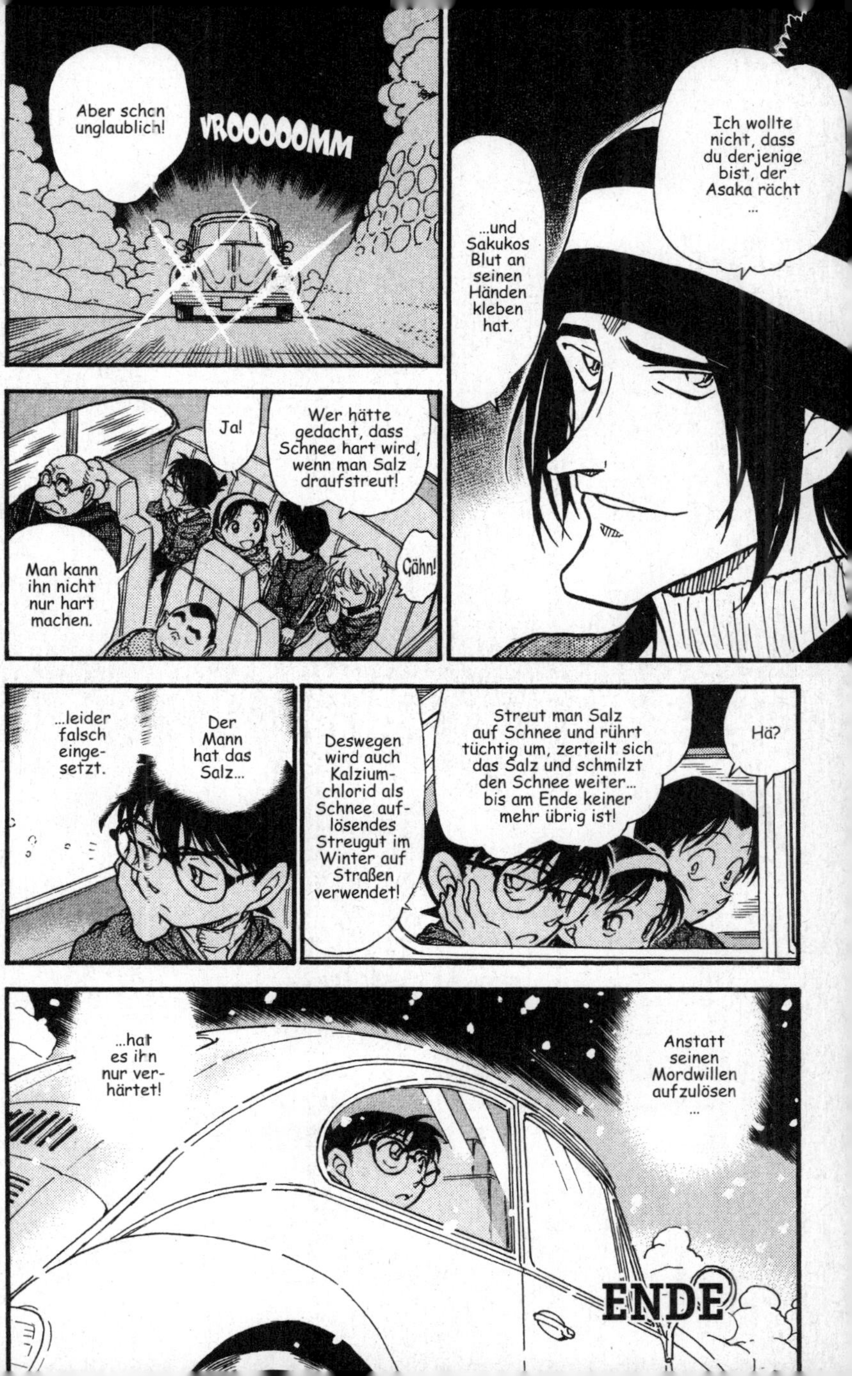
Ich wollte nicht, dass du derjenige bist, der Asaka rächt ...
...und Sakukos Blut an seinen Händen kleben hat.
Aber schon unglaublich!
VROOOOOMM
Wer hätte gedacht, dass Schnee hart wird, wenn man Salz draufstreut!
Ja!
Gähn!
Man kann ihn nicht nur hart machen.
Hä?
Streut man Salz auf Schnee und rührt tüchtig um, zerteilt sich das Salz und schmilzt den Schnee weiter... bis am Ende keiner mehr übrig ist!
Deswegen wird auch Kalzium-chlorid als Schnee auf-lösendes Streugut im Winter auf Straßen verwendet!
Der Mann hat das Salz...
...leider falsch einge-setzt.
Anstatt seinen Mordwillen aufzulösen ...
...hat es ihn nur ver-härtet!
ENDE

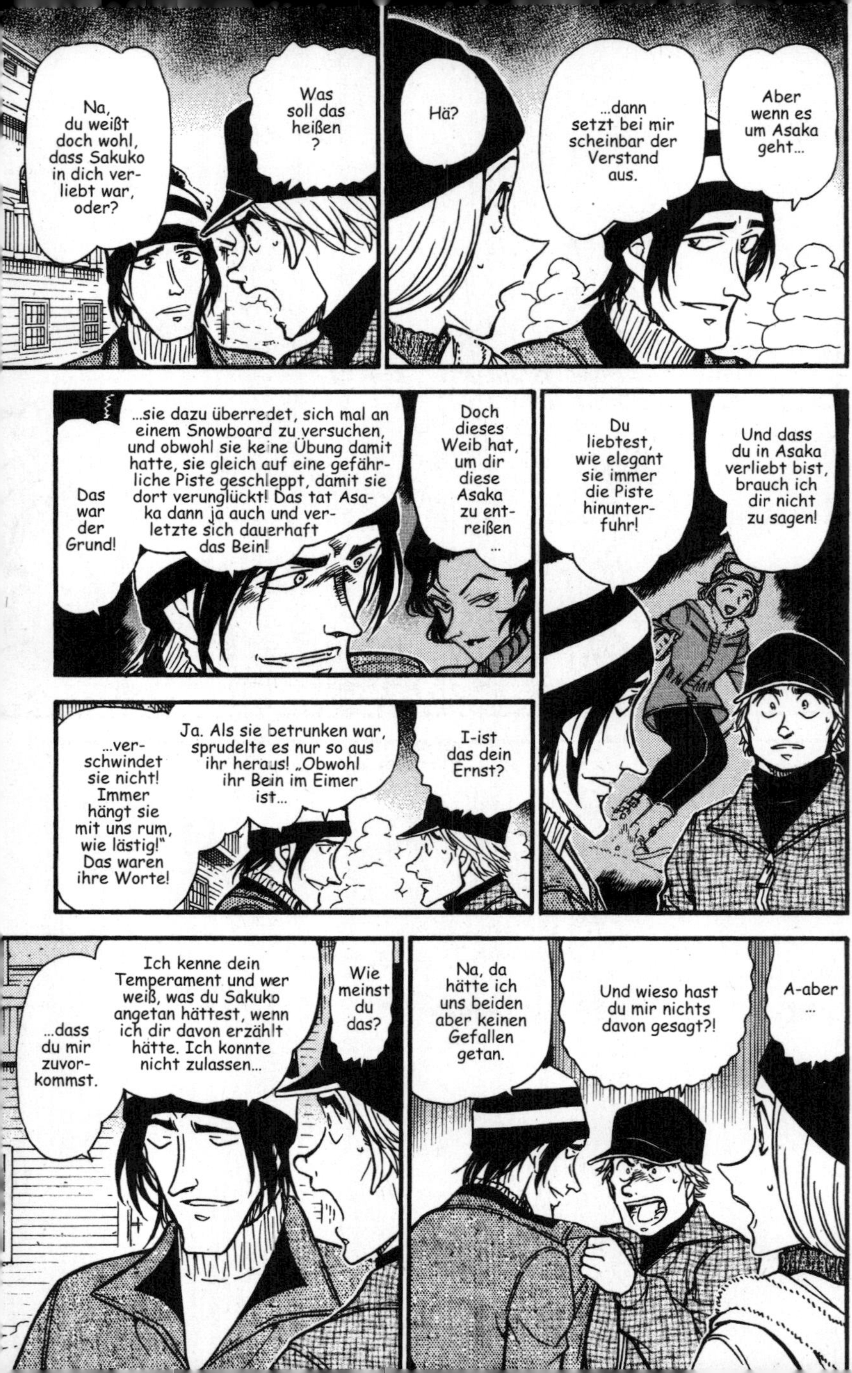
Aber wenn es um Asaka geht...
...dann setzt bei mir scheinbar der Verstand aus.
Hä?
Was soll das heißen?
Na, du weißt doch wohl, dass Sakuko in dich verliebt war, oder?
Und dass du in Asaka verliebt bist, brauch ich dir nicht zu sagen!
Du liebtest, wie elegant sie immer die Piste hinunterfuhr!
Doch dieses Weib hat, um dir diese Asaka zu entreißen ...
...sie dazu überredet, sich mal an einem Snowboard zu versuchen, und obwohl sie keine Übung damit hatte, sie gleich auf eine gefährliche Piste geschleppt, damit sie dort verunglückt! Das tat Asaka dann ja auch und verletzte sich dauerhaft das Bein!
Das war der Grund!
I-ist das dein Ernst?
Ja. Als sie betrunken war, sprudelte es nur so aus ihr heraus! „Obwohl ihr Bein im Eimer ist...
...verschwindet sie nicht! Immer hängt sie mit uns rum, wie lästig!" Das waren ihre Worte!
A-aber ...
Und wieso hast du mir nichts davon gesagt?!
Na, da hätte ich uns beiden aber keinen Gefallen getan.
Wie meinst du das?
Ich kenne dein Temperament und wer weiß, was du Sakuko angetan hättest, wenn ich dir davon erzählt hätte. Ich konnte nicht zulassen...
...dass du mir zuvorkommst.

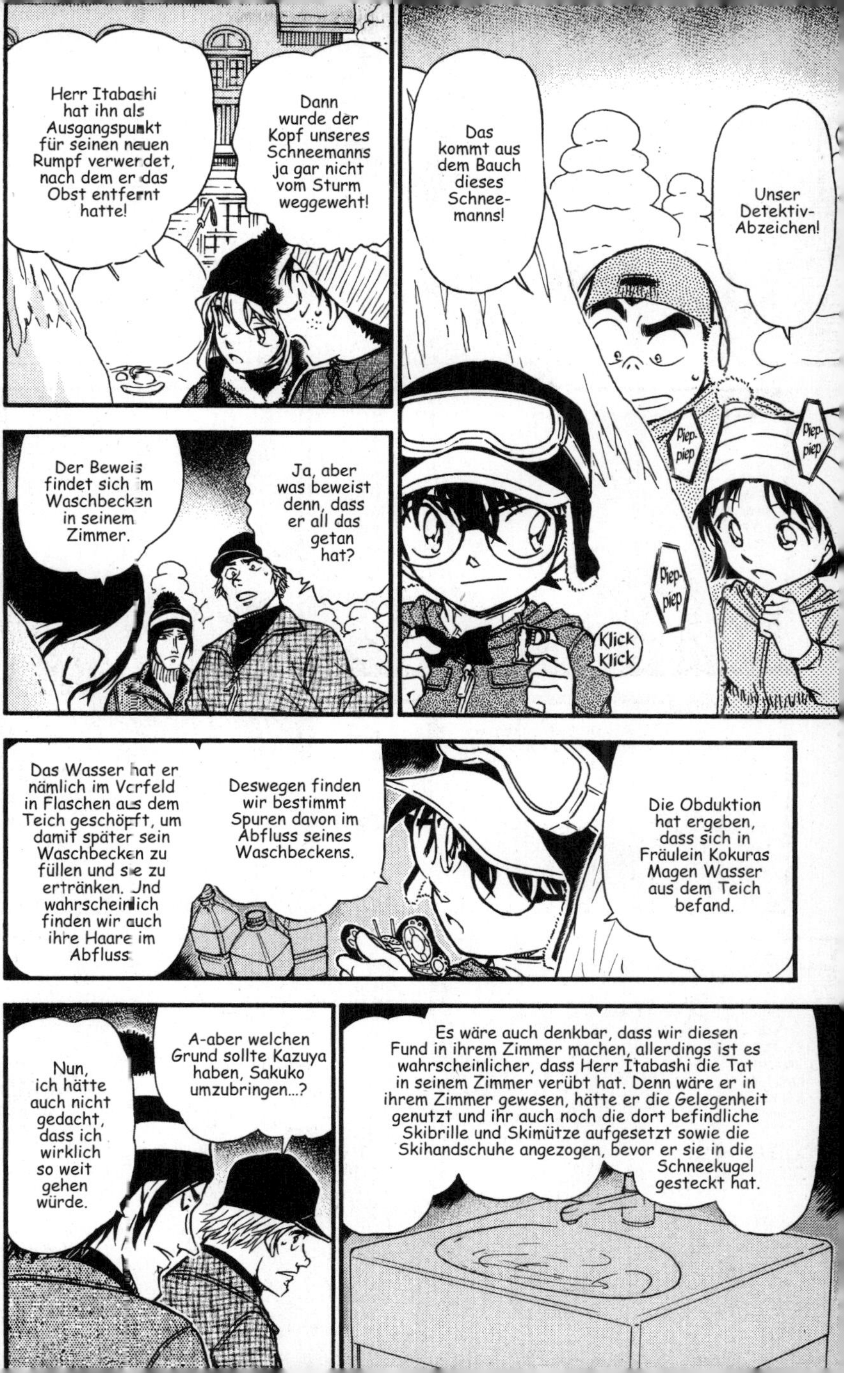

Unser Detektiv-Abzeichen!
Das kommt aus dem Bauch dieses Schneemanns!
Piep-piep
Piep-piep
Piep-piep
Klick Klick
Dann wurde der Kopf unseres Schneemanns ja gar nicht vom Sturm weggeweht!
Herr Itabashi hat ihn als Ausgangspunkt für seinen neuen Rumpf verwendet, nach dem er das Obst entfernt hatte!
Ja, aber was beweist denn, dass er all das getan hat?
Der Beweis findet sich im Waschbecken in seinem Zimmer.
Die Obduktion hat ergeben, dass sich in Fräulein Kokuras Magen Wasser aus dem Teich befand.
Deswegen finden wir bestimmt Spuren davon im Abfluss seines Waschbeckens.
Das Wasser hat er nämlich im Vorfeld in Flaschen aus dem Teich geschöpft, um damit später sein Waschbecken zu füllen und sie zu ertränken. Und wahrscheinlich finden wir auch ihre Haare im Abfluss.
Es wäre auch denkbar, dass wir diesen Fund in ihrem Zimmer machen, allerdings ist es wahrscheinlicher, dass Herr Itabashi die Tat in seinem Zimmer verübt hat. Denn wäre er in ihrem Zimmer gewesen, hätte er die Gelegenheit genutzt und ihr auch noch die dort befindliche Skibrille und Skimütze aufgesetzt sowie die Skihandschuhe angezogen, bevor er sie in die Schneekugel gesteckt hat.
A-aber welchen Grund sollte Kazuya haben, Sakuko umzubringen...?
Nun, ich hätte auch nicht gedacht, dass ich wirklich so weit gehen würde.

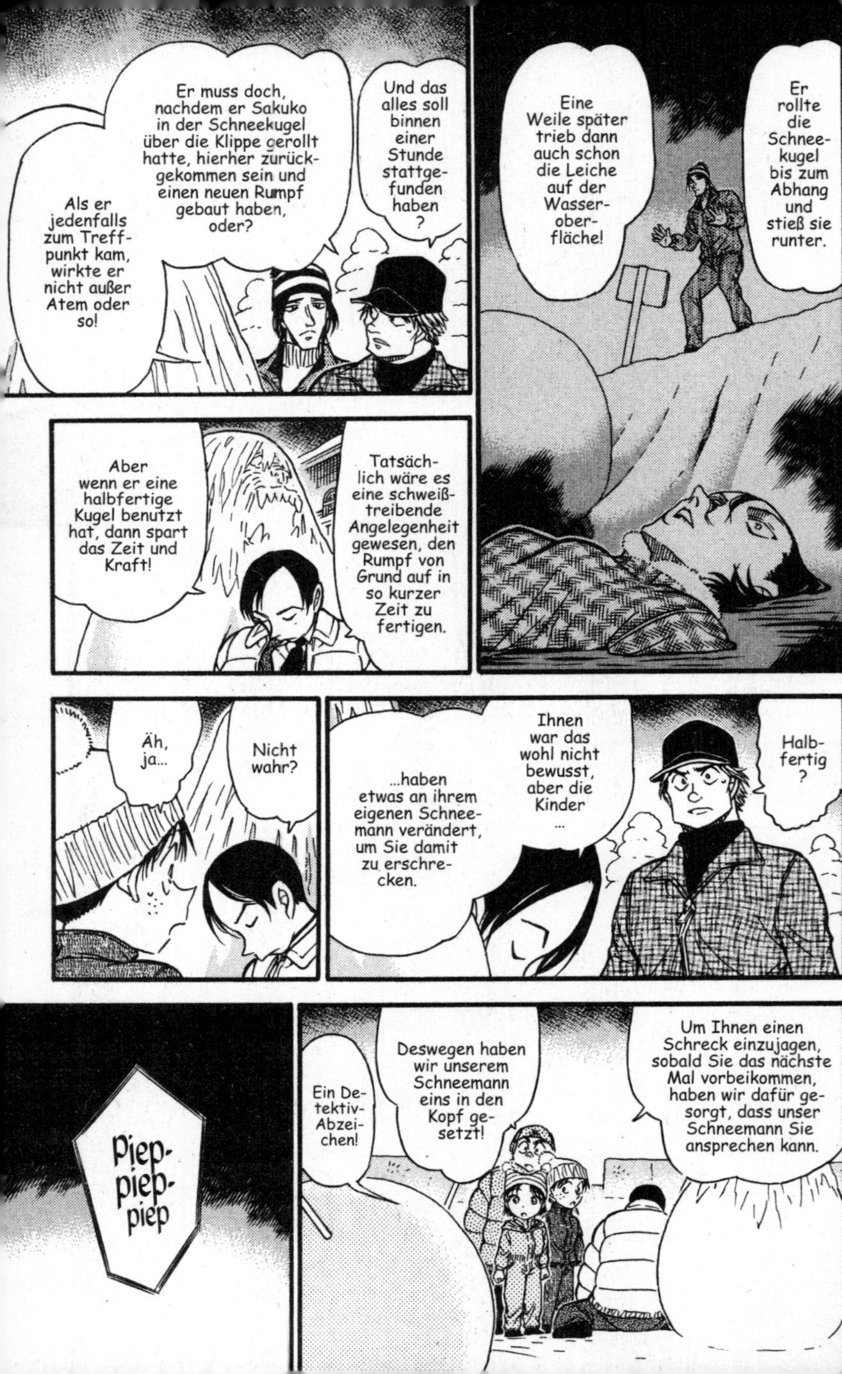
Er rollte die Schneekugel bis zum Abhang und stieß sie runter.
Eine Weile später trieb dann auch schon die Leiche auf der Wasseroberfläche!
Und das alles soll binnen einer Stunde stattgefunden haben?
Er muss doch, nachdem er Sakuko in der Schneekugel über die Klippe gerollt hatte, hierher zurückgekommen sein und einen neuen Rumpf gebaut haben, oder?
Als er jedenfalls zum Treffpunkt kam, wirkte er nicht außer Atem oder so!
Tatsächlich wäre es eine schweißtreibende Angelegenheit gewesen, den Rumpf von Grund auf in so kurzer Zeit zu fertigen.
Aber wenn er eine halbfertige Kugel benutzt hat, dann spart das Zeit und Kraft!
Halbfertig?
Ihnen war das wohl nicht bewusst, aber die Kinder ...
...haben etwas an ihrem eigenen Schneemann verändert, um Sie damit zu erschrecken.
Nicht wahr?
Äh, ja...
Um Ihnen einen Schreck einzujagen, sobald Sie das nächste Mal vorbeikommen, haben wir dafür gesorgt, dass unser Schneemann Sie ansprechen kann.
Deswegen haben wir unserem Schneemann eins in den Kopf gesetzt!
Ein Detektiv-Abzeichen!
Piep-piep-piep

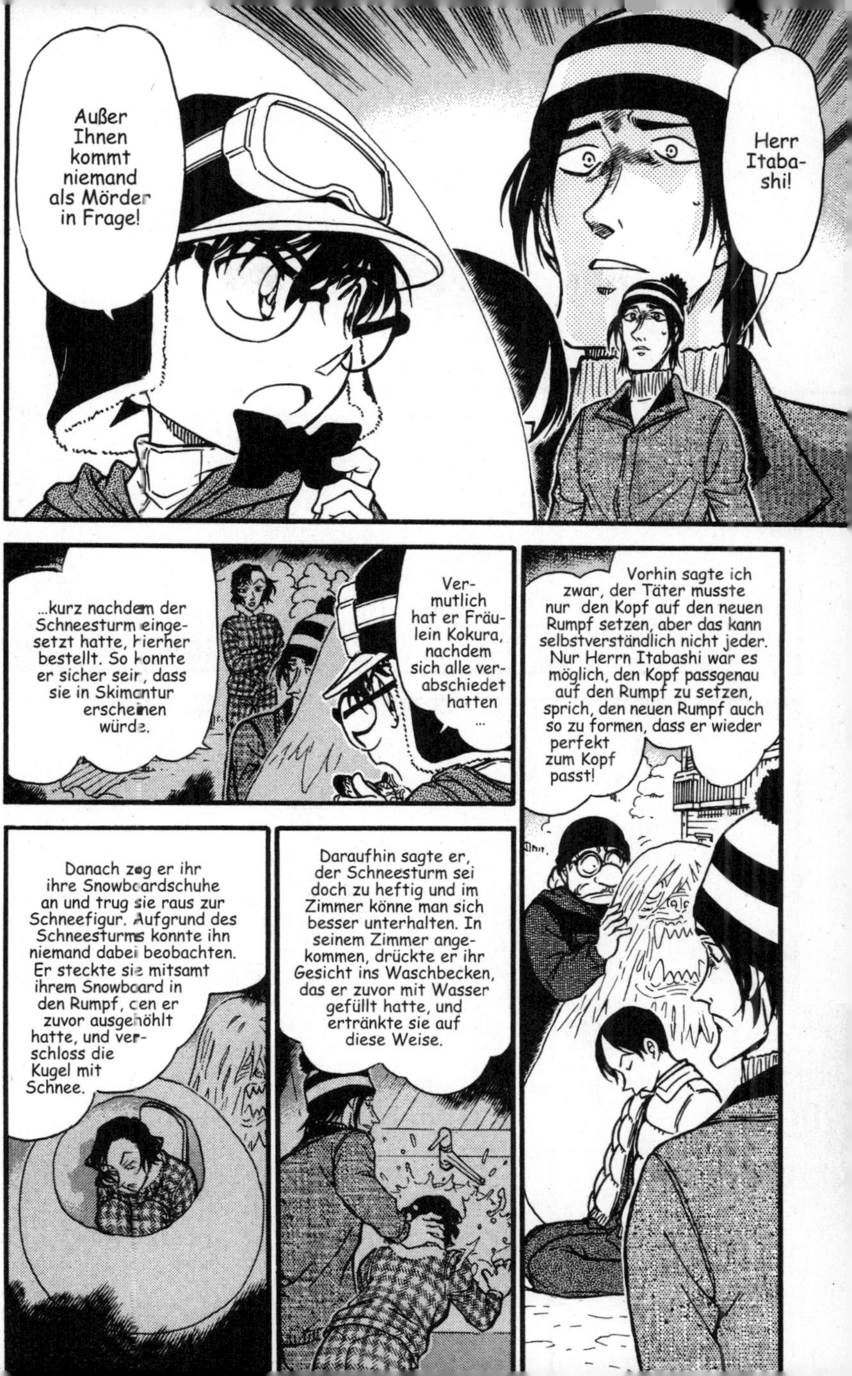
Herr Itabashi!
Außer Ihnen kommt niemand als Mörder in Frage!
Vorhin sagte ich zwar, der Täter musste nur den Kopf auf den neuen Rumpf setzen, aber das kann selbstverständlich nicht jeder. Nur Herrn Itabashi war es möglich, den Kopf passgenau auf den Rumpf zu setzen, sprich, den neuen Rumpf auch so zu formen, dass er wieder perfekt zum Kopf passt!
Vermutlich hat er Fräulein Kokura, nachdem sich alle verabschiedet hatten ...
...kurz nachdem der Schneesturm eingesetzt hatte, hierher bestellt. So konnte er sicher sein, dass sie in Skimontur erscheinen würde.
Daraufhin sagte er, der Schneesturm sei doch zu heftig und im Zimmer könne man sich besser unterhalten. In seinem Zimmer angekommen, drückte er ihr Gesicht ins Waschbecken, das er zuvor mit Wasser gefüllt hatte, und ertränkte sie auf diese Weise.
Danach zog er ihr ihre Snowboardschuhe an und trug sie raus zur Schneefigur. Aufgrund des Schneesturms konnte ihn niemand dabei beobachten. Er steckte sie mitsamt ihrem Snowboard in den Rumpf, den er zuvor ausgehöhlt hatte, und verschloss die Kugel mit Schnee.

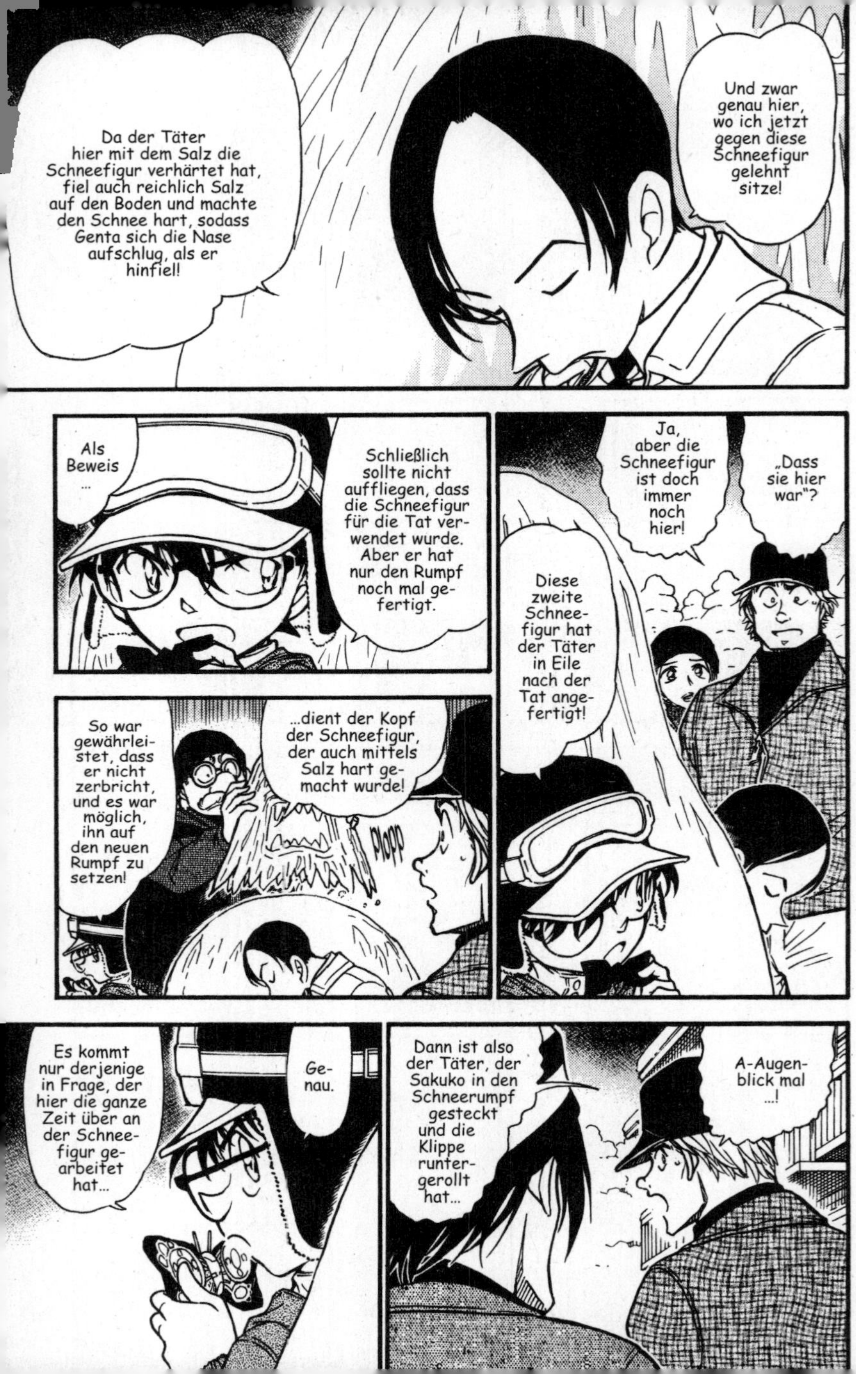
Und zwar genau hier, wo ich jetzt gegen diese Schneefigur gelehnt sitze!
Da der Täter hier mit dem Salz die Schneefigur verhärtet hat, fiel auch reichlich Salz auf den Boden und machte den Schnee hart, sodass Genta sich die Nase aufschlug, als er hinfiel!
„Dass sie hier war"?
Ja, aber die Schneefigur ist doch immer noch hier!
Diese zweite Schneefigur hat der Täter in Eile nach der Tat angefertigt!
Schließlich sollte nicht auffliegen, dass die Schneefigur für die Tat verwendet wurde. Aber er hat nur den Rumpf noch mal gefertigt.
Als Beweis ...
...dient der Kopf der Schneefigur, der auch mittels Salz hart gemacht wurde!
PLOPP
So war gewährleistet, dass er nicht zerbricht, und es war möglich, ihn auf den neuen Rumpf zu setzen!
A-Augenblick mal ...!
Dann ist also der Täter, der Sakuko in den Schneerumpf gesteckt und die Klippe runtergerollt hat...
Genau.
Es kommt nur derjenige in Frage, der hier die ganze Zeit über an der Schneefigur gearbeitet hat...

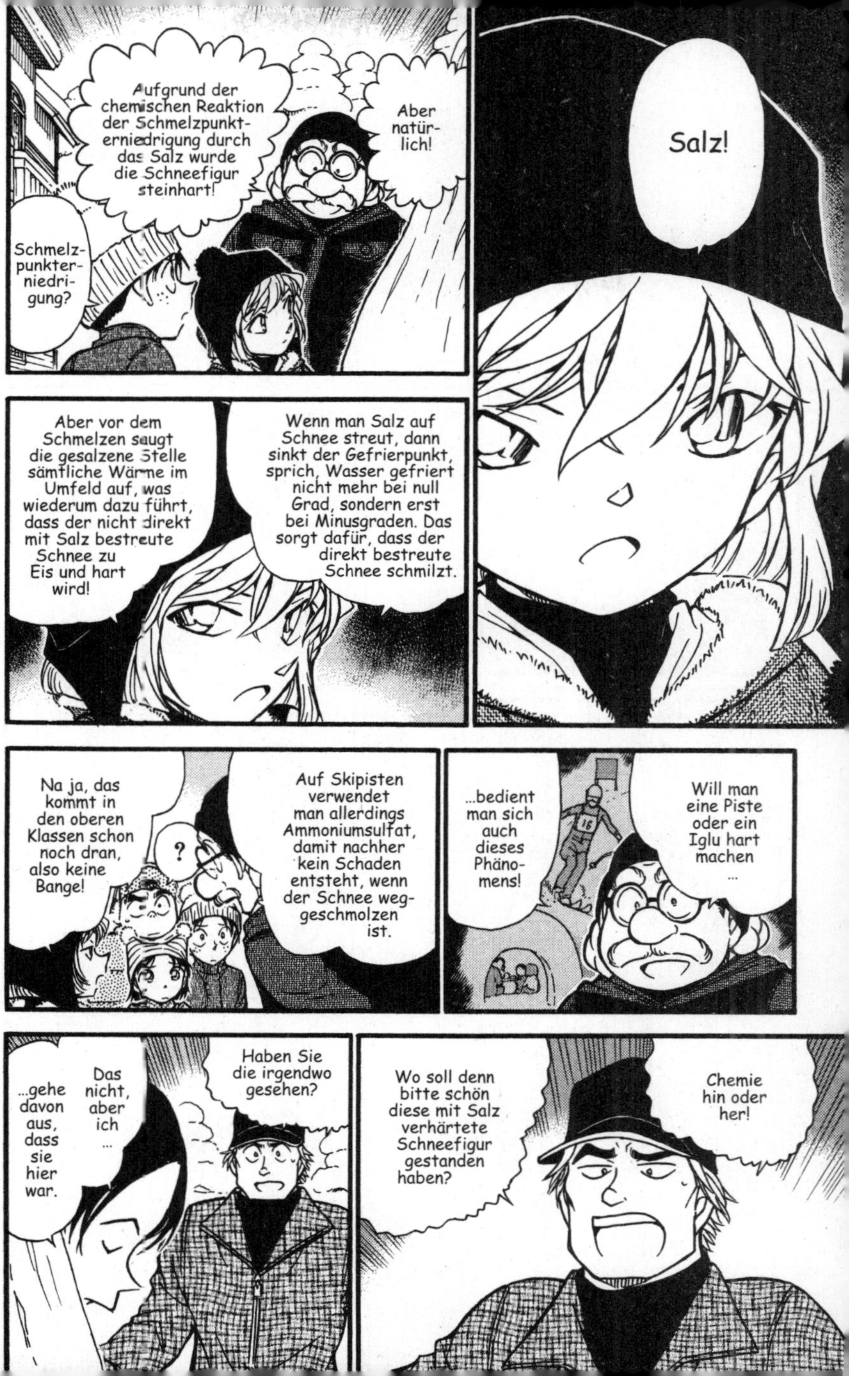
Salz!
Aber natürlich!
Aufgrund der chemischen Reaktion der Schmelzpunkterniedrigung durch das Salz wurde die Schneefigur steinhart!
Schmelzpunkterniedrigung?
Wenn man Salz auf Schnee streut, dann sinkt der Gefrierpunkt, sprich, Wasser gefriert nicht mehr bei null Grad, sondern erst bei Minusgraden. Das sorgt dafür, dass der direkt bestreute Schnee schmilzt.
Aber vor dem Schmelzen saugt die gesalzene Stelle sämtliche Wärme im Umfeld auf, was wiederum dazu führt, dass der nicht direkt mit Salz bestreute Schnee zu Eis und hart wird!
Will man eine Piste oder ein Iglu hart machen ...
...bedient man sich auch dieses Phänomens!
Auf Skipisten verwendet man allerdings Ammoniumsulfat, damit nachher kein Schaden entsteht, wenn der Schnee weggeschmolzen ist.
?
Na ja, das kommt in den oberen Klassen schon noch dran, also keine Bange!
Chemie hin oder her!
Wo soll denn bitte schön diese mit Salz verhärtete Schneefigur gestanden haben?
Haben Sie die irgendwo gesehen?
Das nicht, aber ich ...
...gehe davon aus, dass sie hier war.

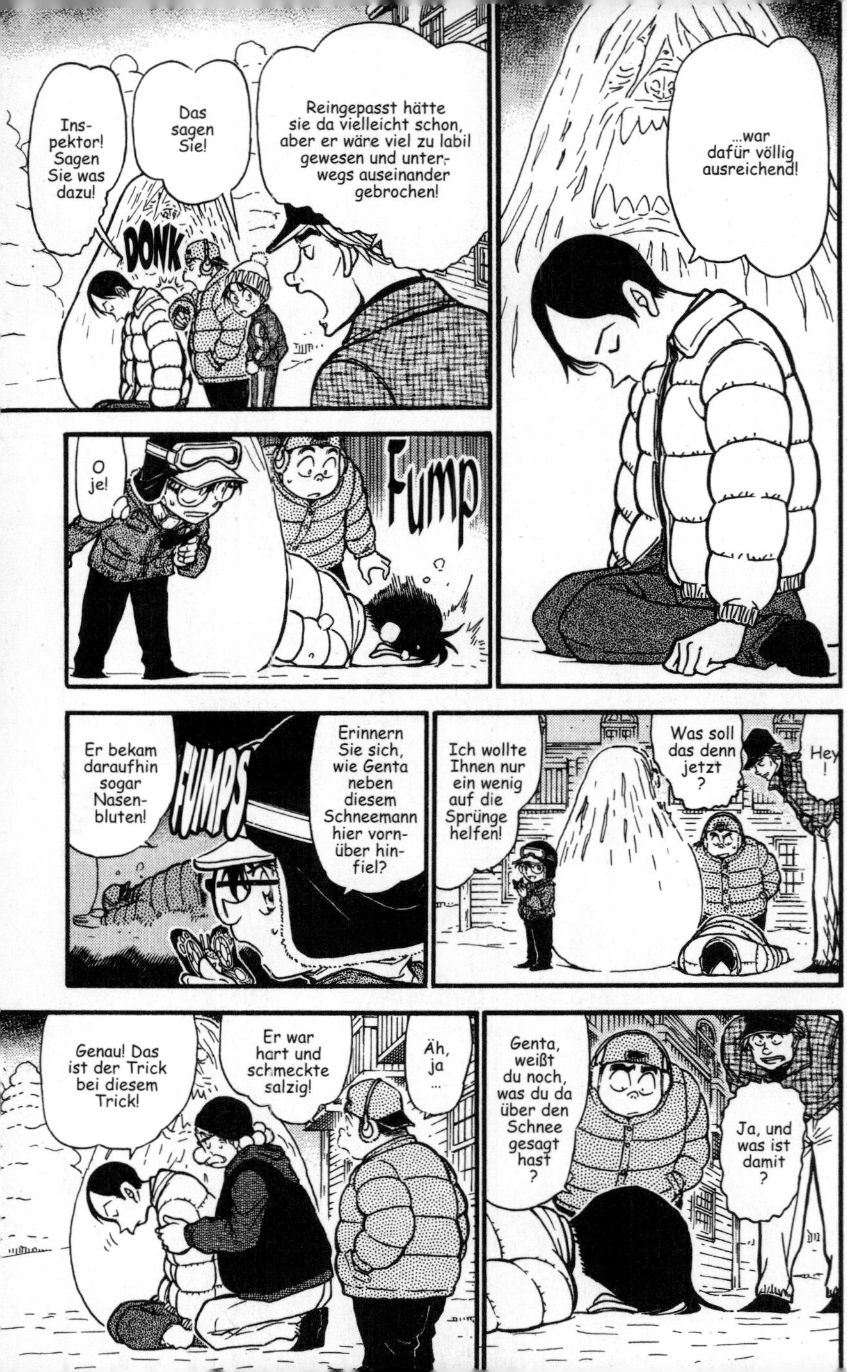
...war dafür völlig ausreichend!
Reingepasst hätte sie da vielleicht schon, aber er wäre viel zu labil gewesen und unterwegs auseinander gebrochen!
Das sagen Sie!
Inspektor! Sagen Sie was dazu!
DONK
FUMP
O je!
Hey!
Was soll das denn jetzt?
Ich wollte Ihnen nur ein wenig auf die Sprünge helfen!
Erinnern Sie sich, wie Genta neben diesem Schneemann hier vornüber hinfiel?
FUMPS
Er bekam daraufhin sogar Nasenbluten!
Ja, und was ist damit?
Genta, weißt du noch, was du da über den Schnee gesagt hast?
Äh, ja ...
Er war hart und schmeckte salzig!
Genau! Das ist der Trick bei diesem Trick!

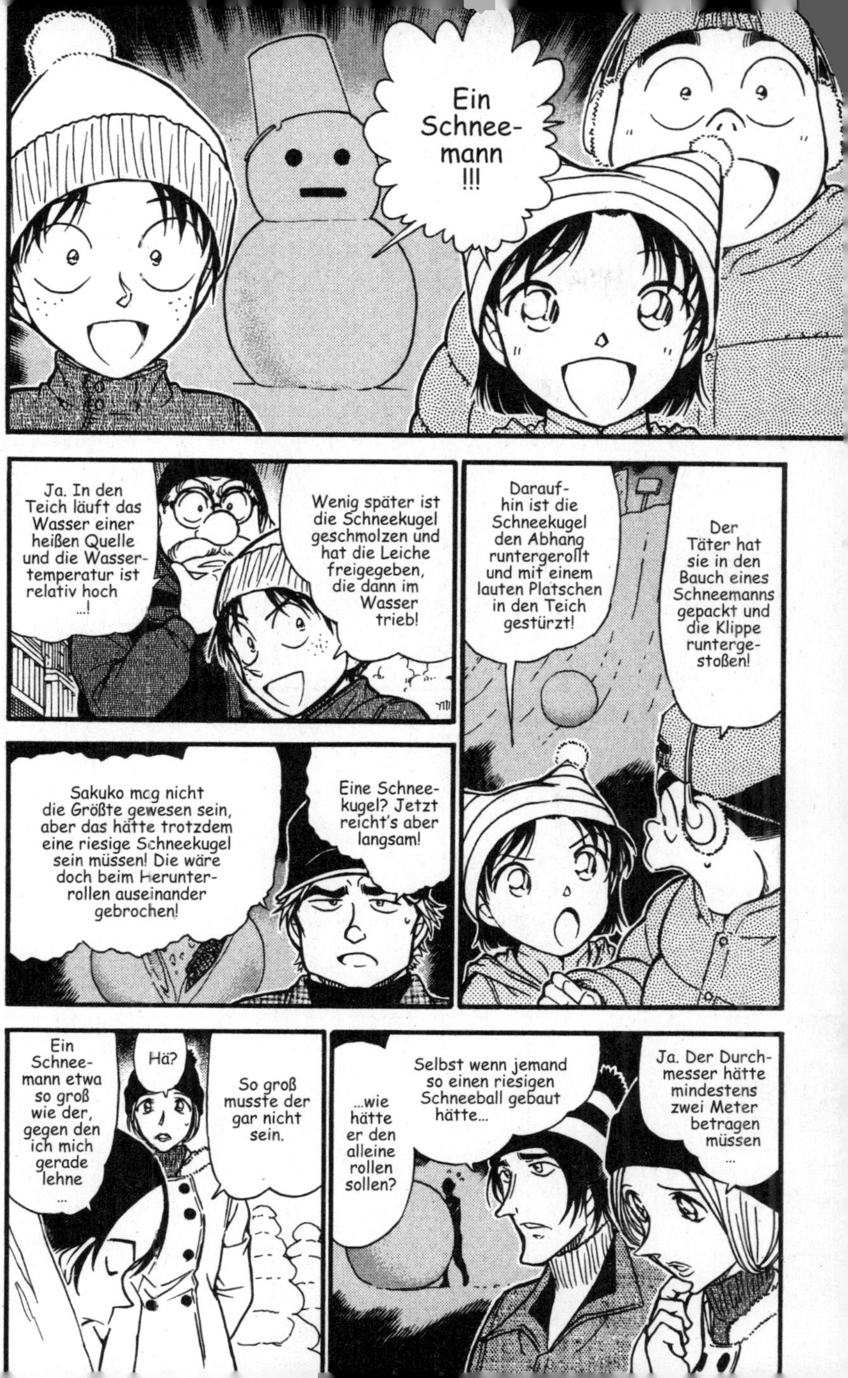
Ein Schneemann !!!
Der Täter hat sie in den Bauch eines Schneemanns gepackt und die Klippe runtergestoßen!
Daraufhin ist die Schneekugel den Abhang runtergerollt und mit einem lauten Platschen in den Teich gestürzt!
Wenig später ist die Schneekugel geschmolzen und hat die Leiche freigegeben, die dann im Wasser trieb!
Ja. In den Teich läuft das Wasser einer heißen Quelle und die Wassertemperatur ist relativ hoch ...!
Eine Schneekugel? Jetzt reicht's aber langsam!
Sakuko mag nicht die Größte gewesen sein, aber das hätte trotzdem eine riesige Schneekugel sein müssen! Die wäre doch beim Herunterrollen auseinander gebrochen!
Ja. Der Durchmesser hätte mindestens zwei Meter betragen müssen ...
Selbst wenn jemand so einen riesigen Schneeball gebaut hätte...
...wie hätte er den alleine rollen sollen?
So groß musste der gar nicht sein.
Hä?
Ein Schneemann etwa so groß wie der, gegen den ich mich gerade lehne ...

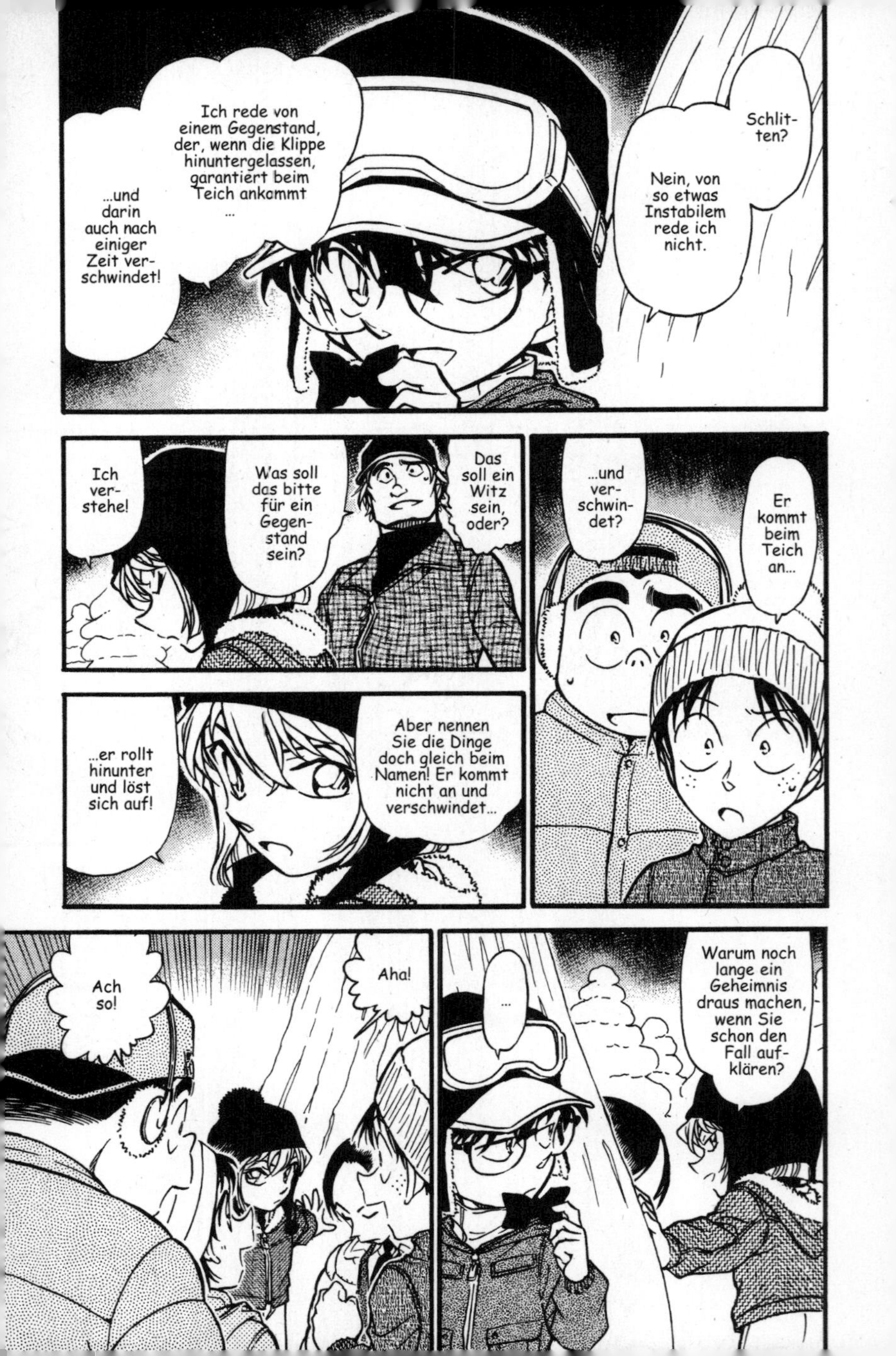
Schlitten?
Nein, von so etwas Instabilem rede ich nicht.
Ich rede von einem Gegenstand, der, wenn die Klippe hinuntergelassen, garantiert beim Teich ankommt ...
...und darin auch nach einiger Zeit verschwindet!
Er kommt beim Teich an...
...und verschwindet?
Das soll ein Witz sein, oder?
Was soll das bitte für ein Gegenstand sein?
Ich verstehe!
Aber nennen Sie die Dinge doch gleich beim Namen! Er kommt nicht an und verschwindet...
...er rollt hinunter und löst sich auf!
Warum noch lange ein Geheimnis draus machen, wenn Sie schon den Fall aufklären?
...
Aha!
Ach so!

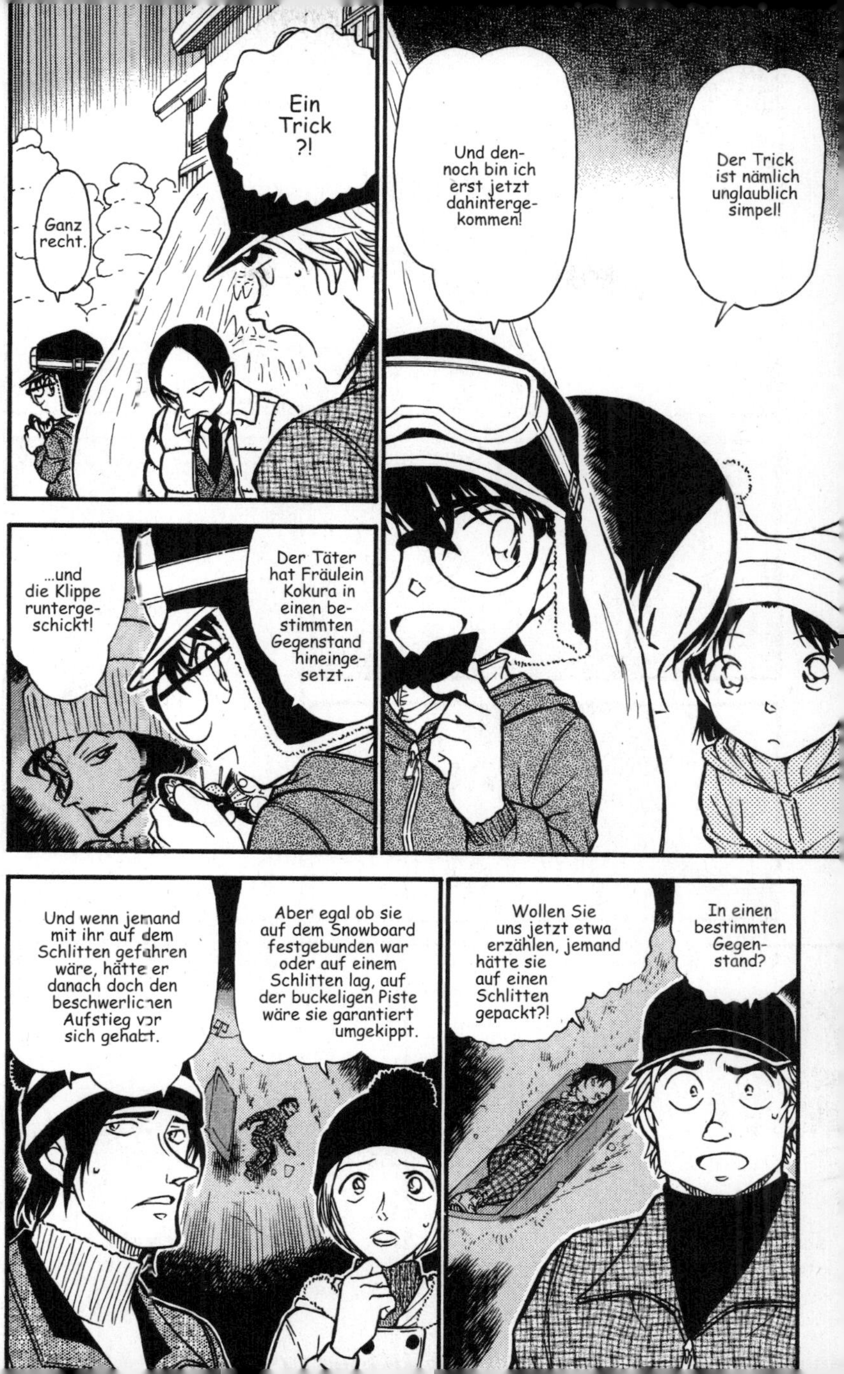

Der Trick ist nämlich unglaublich simpel!
Und dennoch bin ich erst jetzt dahintergekommen!
Ein Trick?!
Ganz recht.
Der Täter hat Fräulein Kokura in einen bestimmten Gegenstand hineingesetzt...
...und die Klippe runtergeschickt!
In einen bestimmten Gegenstand?
Wollen Sie uns jetzt etwa erzählen, jemand hätte sie auf einen Schlitten gepackt?!
Aber egal ob sie auf dem Snowboard festgebunden war oder auf einem Schlitten lag, auf der buckeligen Piste wäre sie garantiert umgekippt.
Und wenn jemand mit ihr auf dem Schlitten gefahren wäre, hätte er danach doch den beschwerlichen Aufstieg vor sich gehabt.

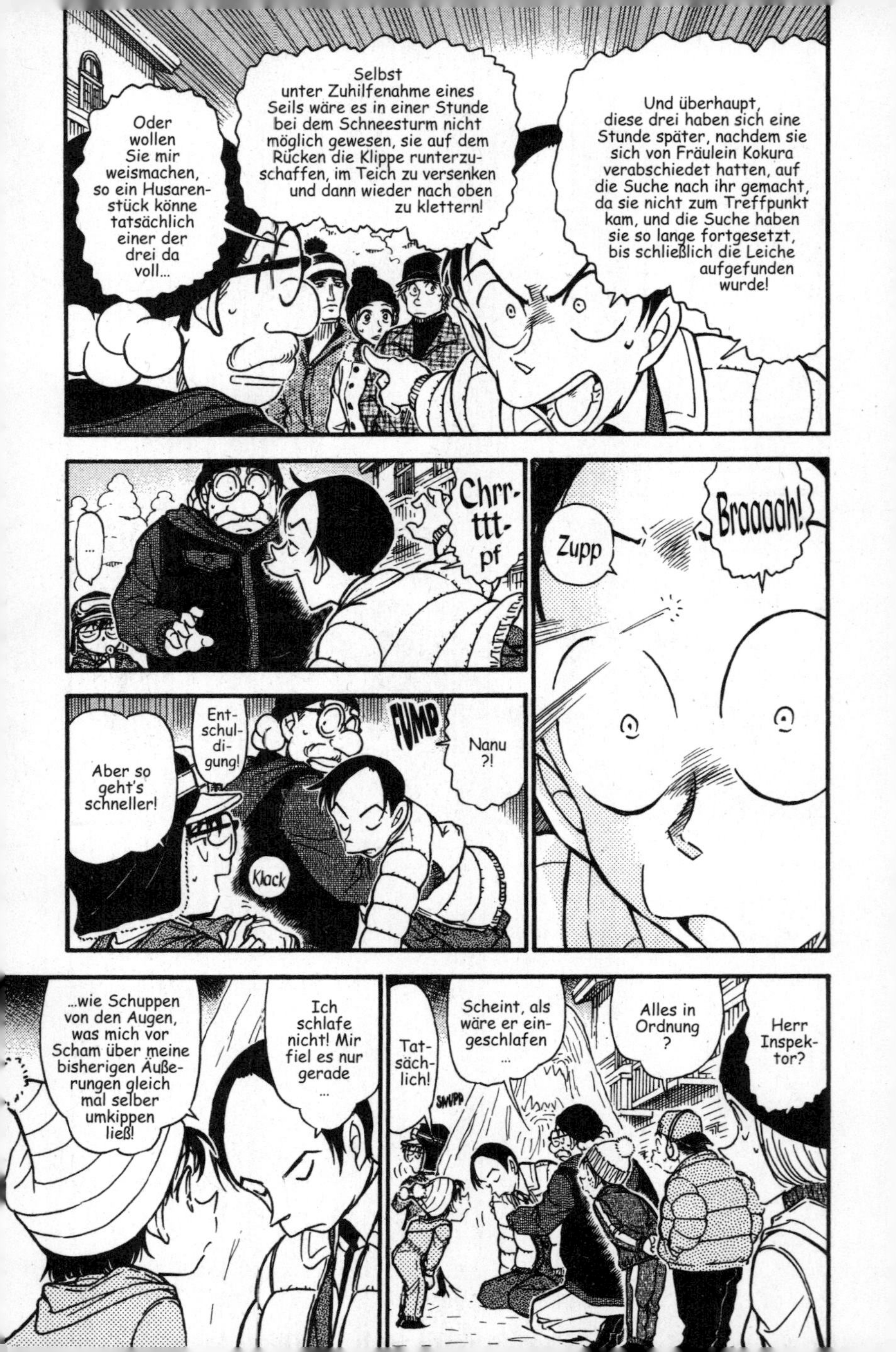
Und überhaupt, diese drei haben sich eine Stunde später, nachdem sie sich von Fräulein Kokura verabschiedet hatten, auf die Suche nach ihr gemacht, da sie nicht zum Treffpunkt kam, und die Suche haben sie so lange fortgesetzt, bis schließlich die Leiche aufgefunden wurde!
Selbst unter Zuhilfenahme eines Seils wäre es in einer Stunde bei dem Schneesturm nicht möglich gewesen, sie auf dem Rücken die Klippe runterzuschaffen, im Teich zu versenken und dann wieder nach oben zu klettern!
Oder wollen Sie mir weismachen, so ein Husarenstück könne tatsächlich einer der drei da voll…
Braaaah!
Zupp
Chrr-ttt-pf
…
Nanu?!
FUMP
Entschuldigung!
Aber so geht's schneller!
Klack
Herr Inspektor?
Alles in Ordnung?
Scheint, als wäre er eingeschlafen …
Tatsächlich!
SWUPP
Ich schlafe nicht! Mir fiel es nur gerade …
…wie Schuppen von den Augen, was mich vor Scham über meine bisherigen Äußerungen gleich mal selber umkippen ließ!

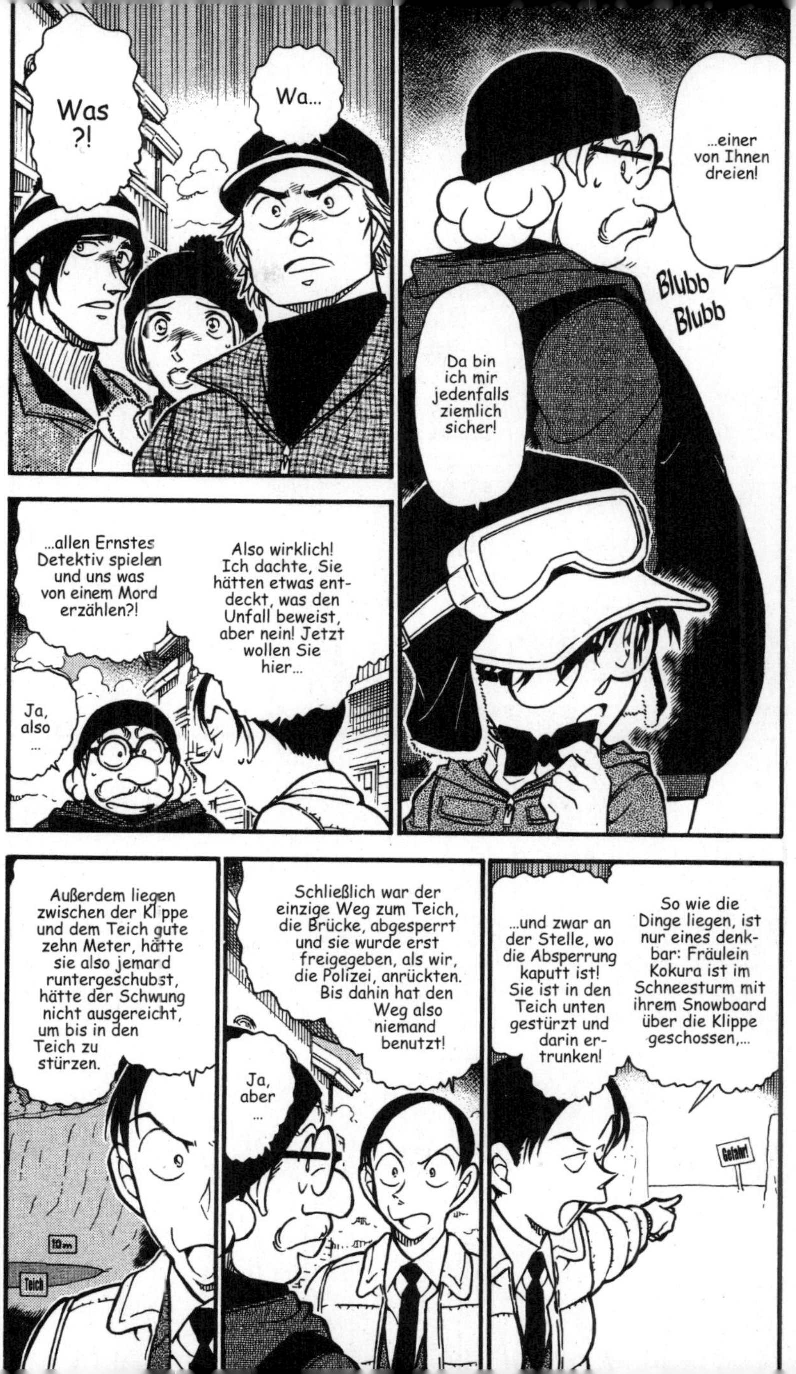
...einer von Ihnen dreien!
Blubb Blubb
Da bin ich mir jedenfalls ziemlich sicher!
Wa...
Was ?!
Also wirklich! Ich dachte, Sie hätten etwas entdeckt, was den Unfall beweist, aber nein! Jetzt wollen Sie hier...
...allen Ernstes Detektiv spielen und uns was von einem Mord erzählen?!
Ja, also ...
So wie die Dinge liegen, ist nur eines denkbar: Fräulein Kokura ist im Schneesturm mit ihrem Snowboard über die Klippe geschossen,...
...und zwar an der Stelle, wo die Absperrung kaputt ist! Sie ist in den Teich unten gestürzt und darin ertrunken!
Gefahr!
Schließlich war der einzige Weg zum Teich, die Brücke, abgesperrt und sie wurde erst freigegeben, als wir, die Polizei, anrückten. Bis dahin hat den Weg also niemand benutzt!
Ja, aber ...
Außerdem liegen zwischen der Klippe und dem Teich gute zehn Meter, hätte sie also jemand runtergeschubst, hätte der Schwung nicht ausgereicht, um bis in den Teich zu stürzen.
10 m
Teich

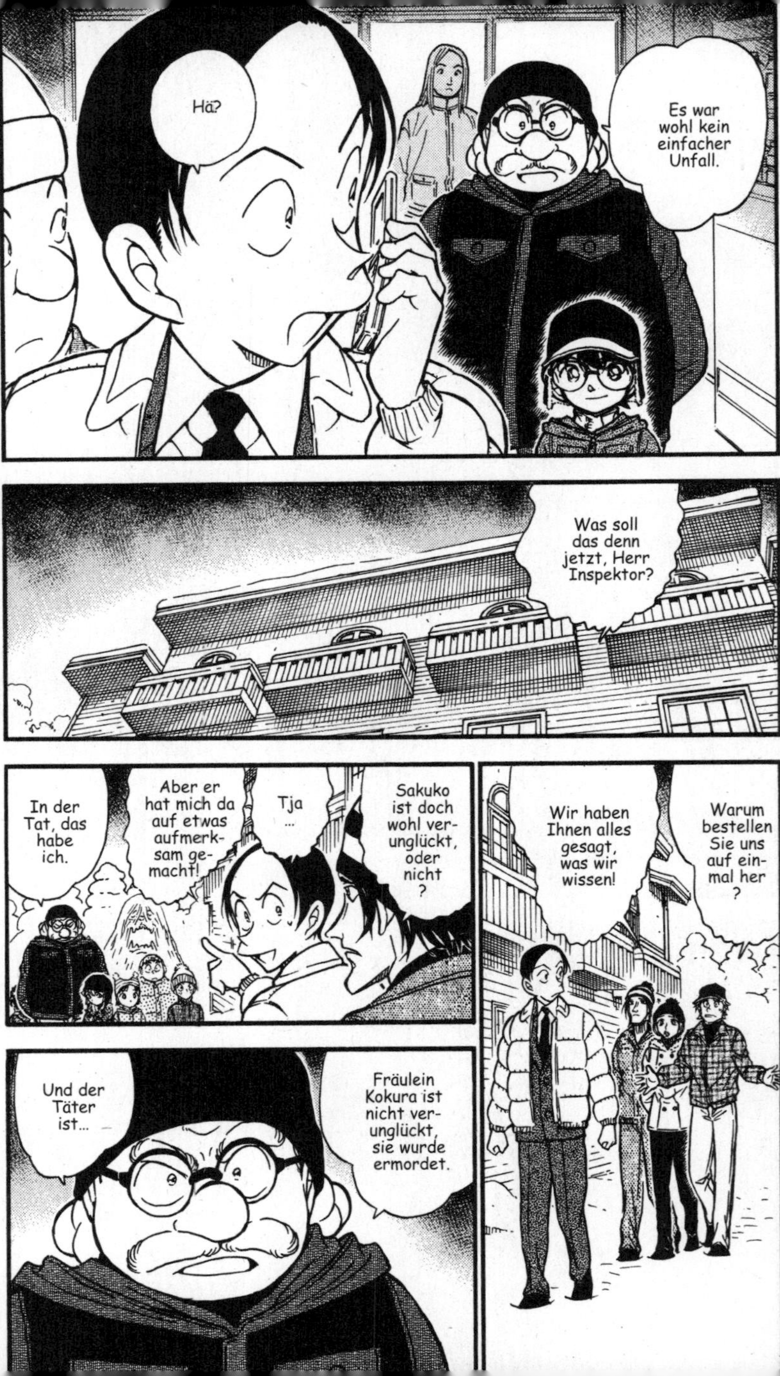
Es war wohl kein einfacher Unfall.
Hä?
Was soll das denn jetzt, Herr Inspektor?
Warum bestellen Sie uns auf einmal her?
Wir haben Ihnen alles gesagt, was wir wissen!
Sakuko ist doch wohl verunglückt, oder nicht?
Tja ...
Aber er hat mich da auf etwas aufmerksam gemacht!
In der Tat, das habe ich.
Fräulein Kokura ist nicht verunglückt, sie wurde ermordet.
Und der Täter ist...

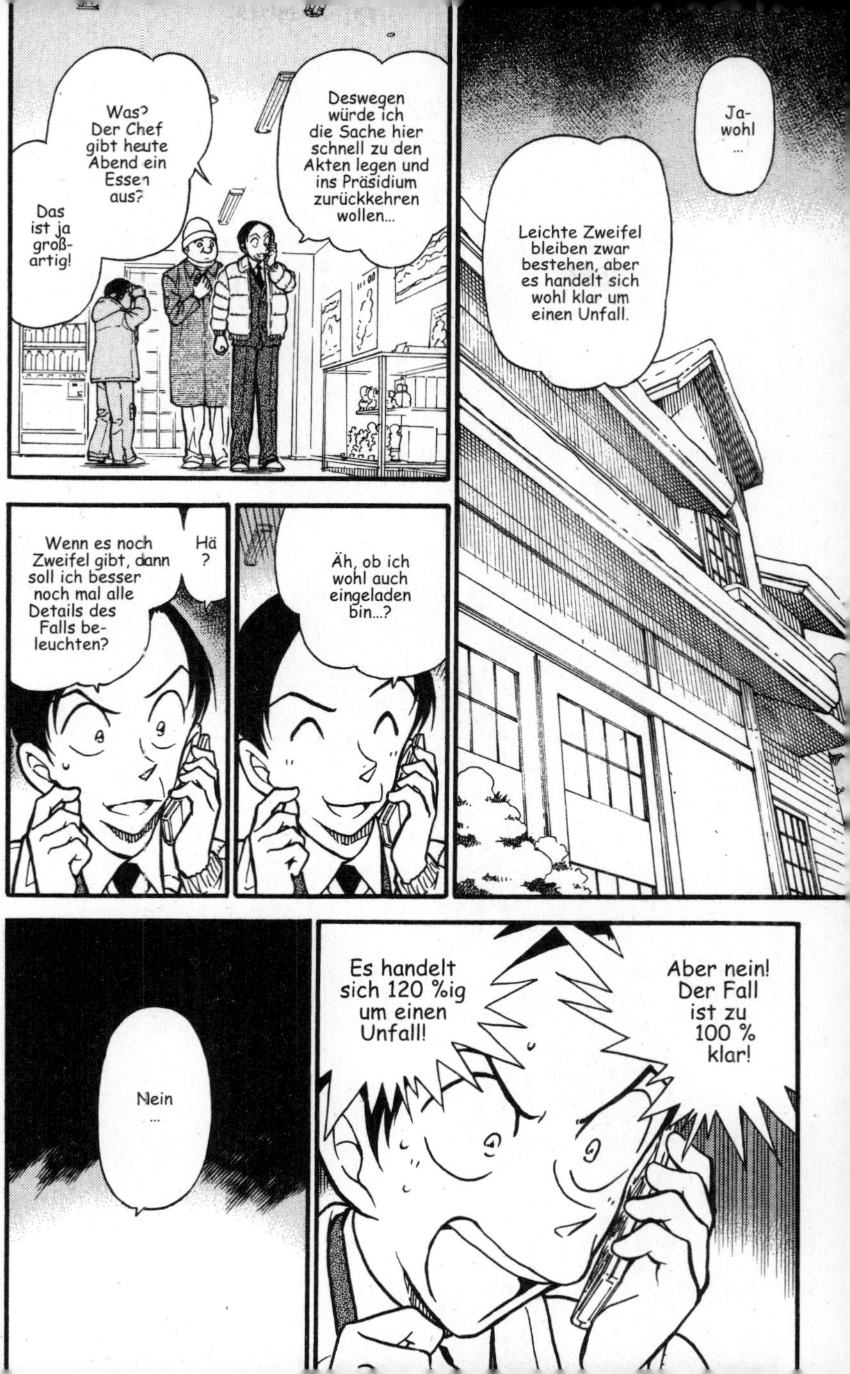
Ja-wohl ...
Leichte Zweifel bleiben zwar bestehen, aber es handelt sich wohl klar um einen Unfall.
Deswegen würde ich die Sache hier schnell zu den Akten legen und ins Präsidium zurückkehren wollen...
Was? Der Chef gibt heute Abend ein Essen aus?
Das ist ja groß-artig!
Äh, ob ich wohl auch eingeladen bin...?
Hä ?
Wenn es noch Zweifel gibt, dann soll ich besser noch mal alle Details des Falls be-leuchten?
Aber nein! Der Fall ist zu 100 % klar!
Es handelt sich 120 %ig um einen Unfall!
Nein ...

AKTE 7

FALL 3

Der schicksalhafte Winterberg

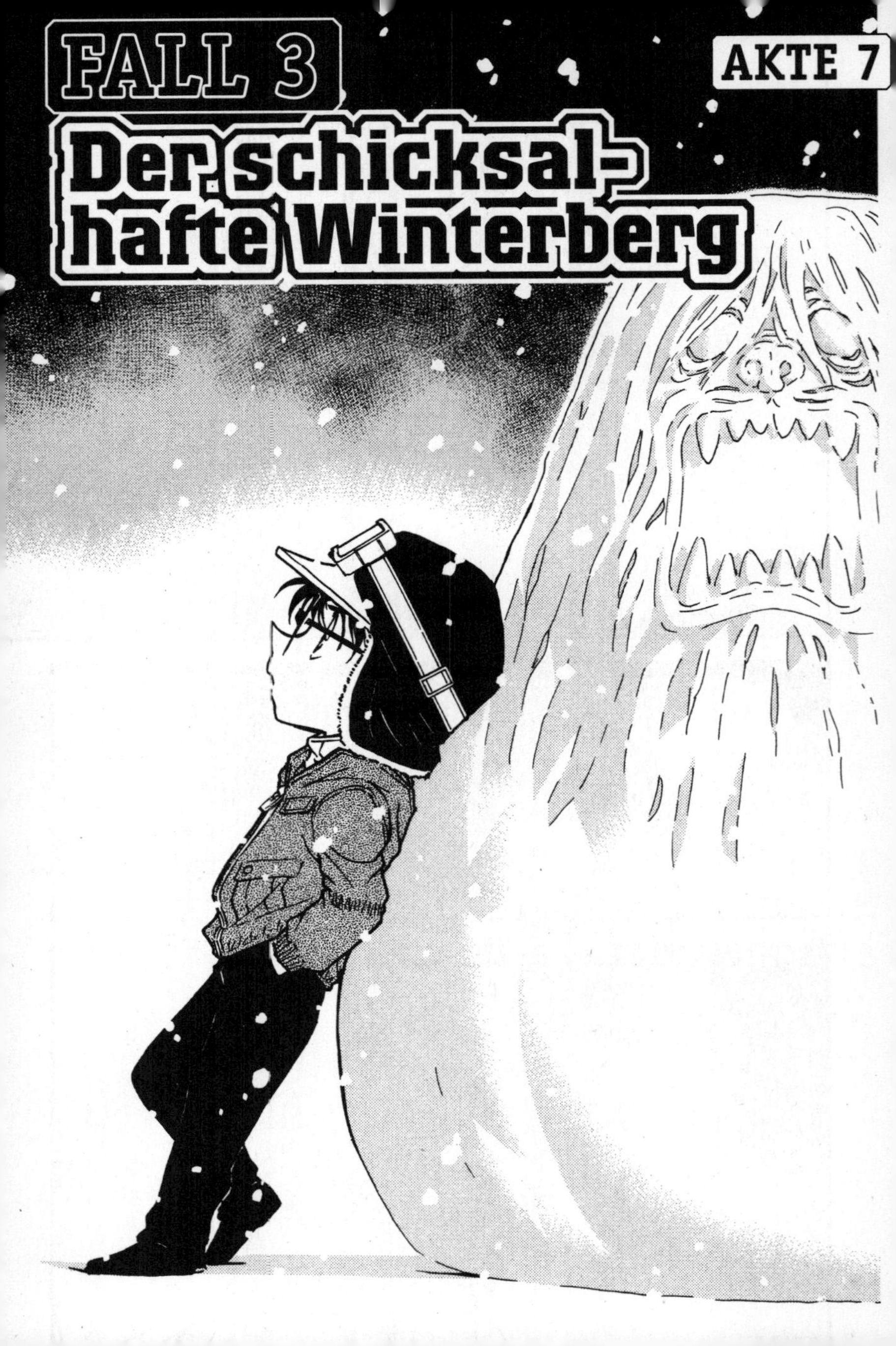

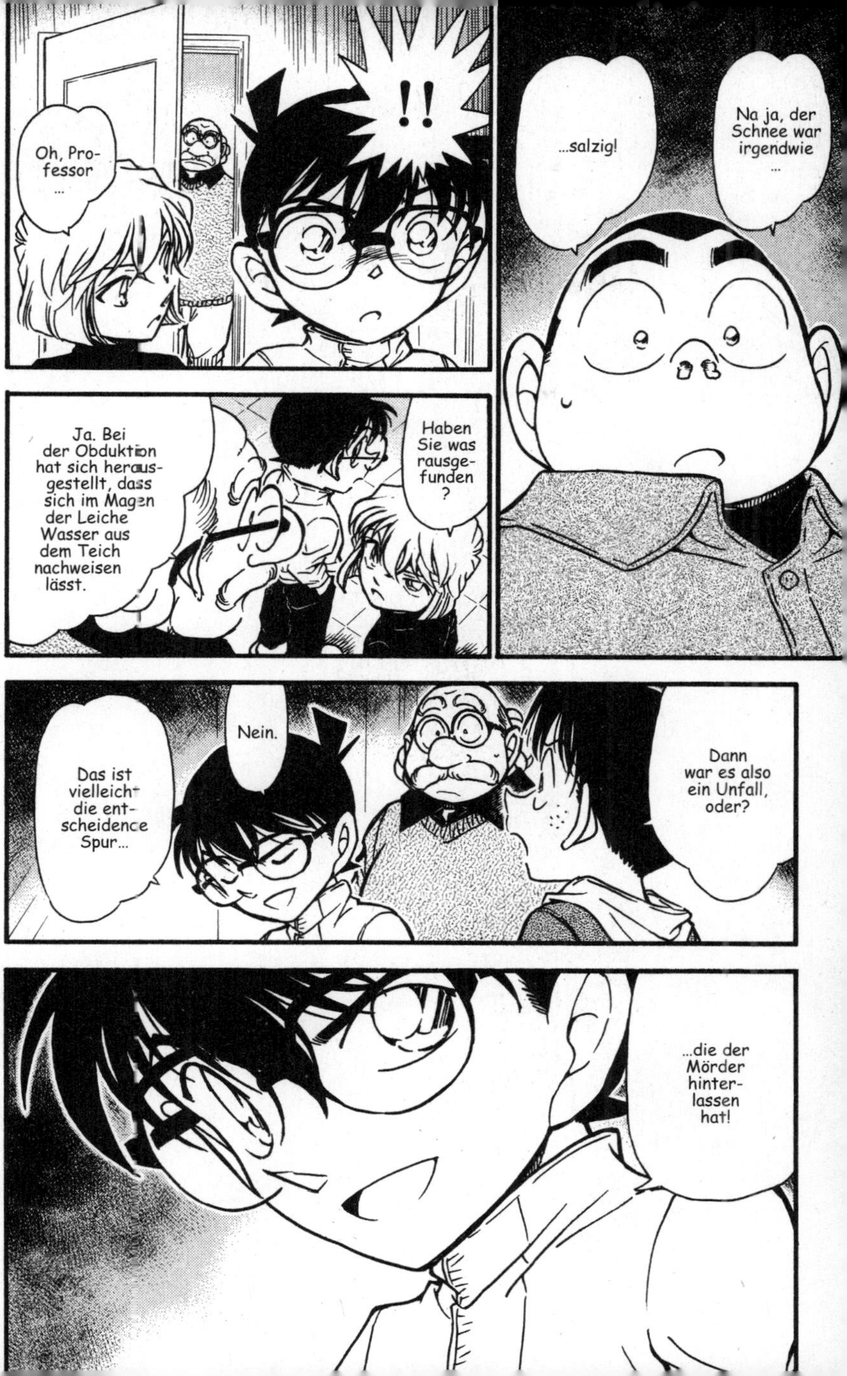
Na ja, der Schnee war irgendwie ...
...salzig!
!!
Oh, Professor ...
Haben Sie was rausgefunden ?
Ja. Bei der Obduktion hat sich herausgestellt, dass sich im Magen der Leiche Wasser aus dem Teich nachweisen lässt.
Dann war es also ein Unfall, oder?
Nein.
Das ist vielleicht die entscheidende Spur...
...die der Mörder hinterlassen hat!

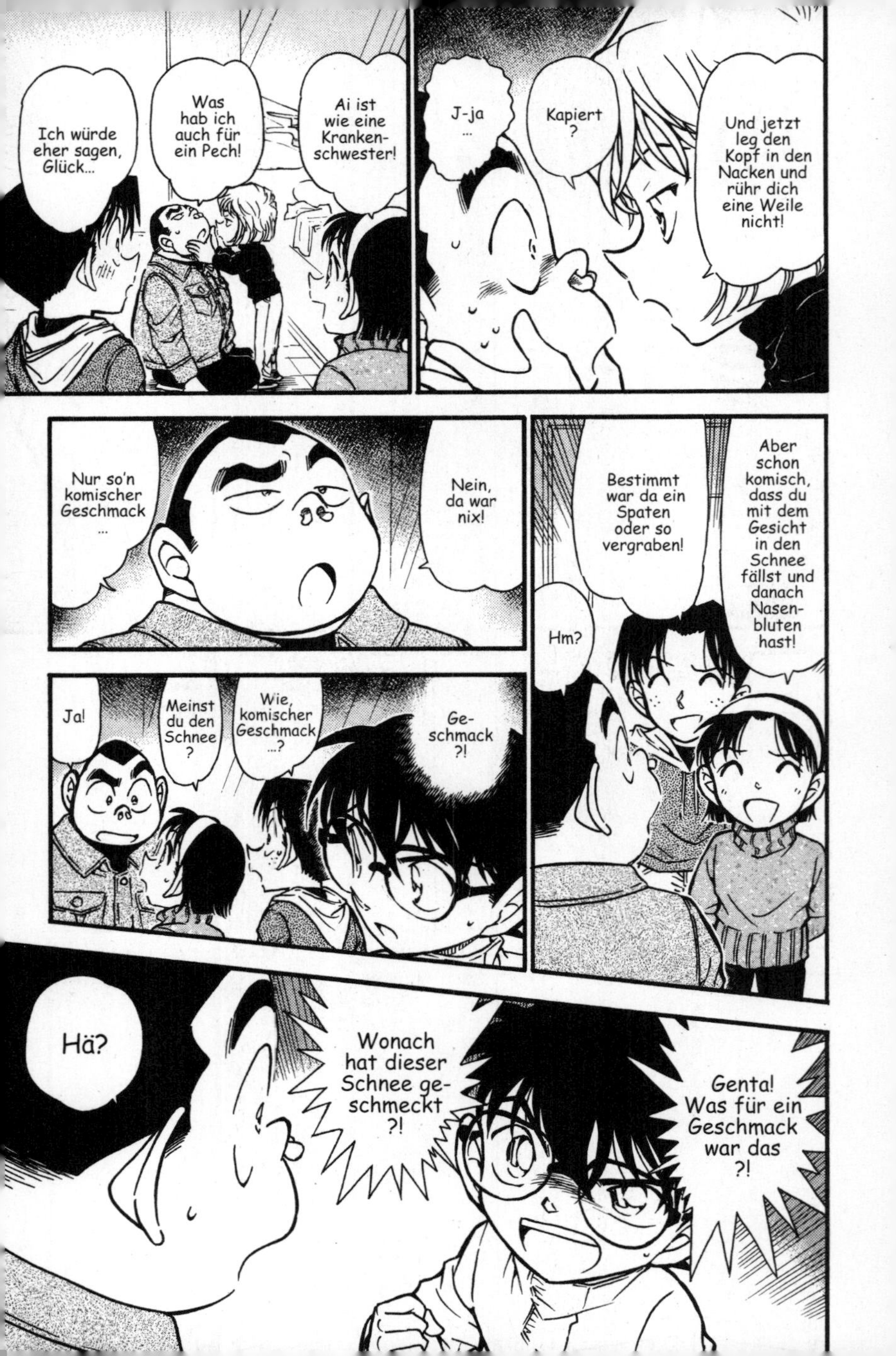
Und jetzt leg den Kopf in den Nacken und rühr dich eine Weile nicht!
Kapiert?
J-ja ...
Ai ist wie eine Krankenschwester!
Was hab ich auch für ein Pech!
Ich würde eher sagen, Glück...
Aber schon komisch, dass du mit dem Gesicht in den Schnee fällst und danach Nasenbluten hast!
Bestimmt war da ein Spaten oder so vergraben!
Hm?
Nein, da war nix!
Nur so'n komischer Geschmack ...
Ge-schmack?!
Wie, komischer Geschmack ...?
Meinst du den Schnee?
Ja!
Genta! Was für ein Geschmack war das?!
Wonach hat dieser Schnee geschmeckt?!
Hä?

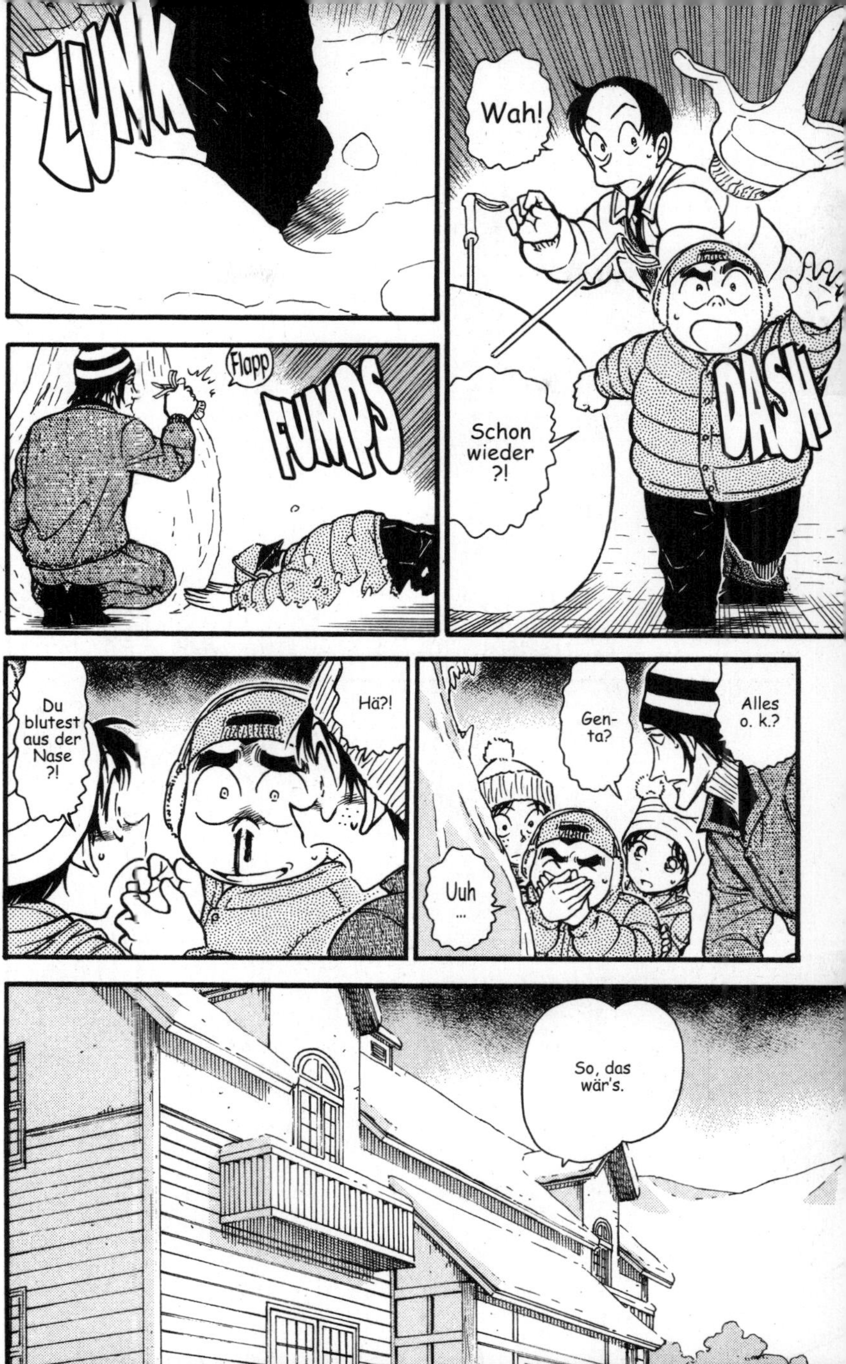
Wah!
Schon wieder ?!
DASH
ZUNK
Flapp
FUMPS
Alles o. k.?
Gen-ta?
Uuh ...
Hä?!
Du blutest aus der Nase ?!
So, das wär's.

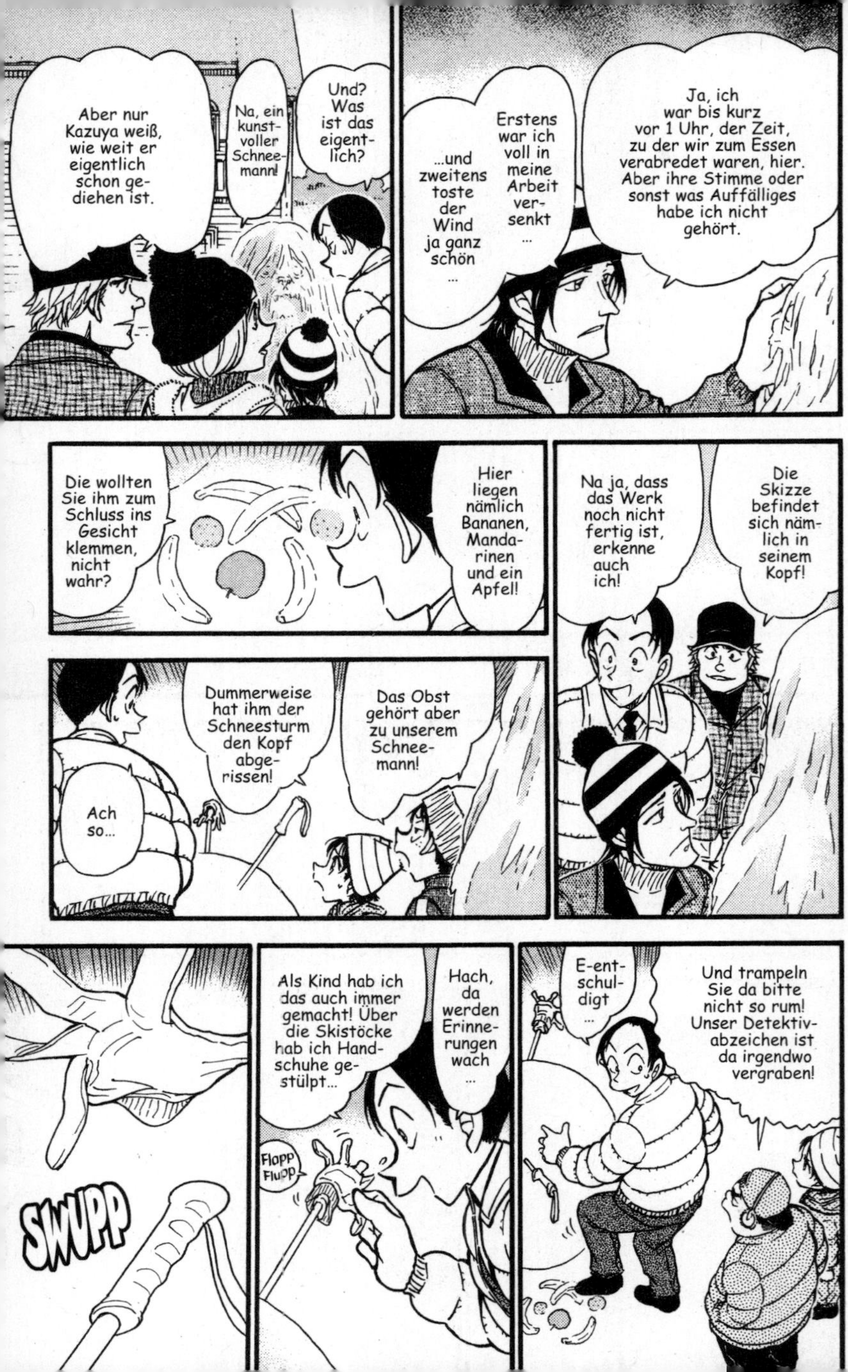
Ja, ich war bis kurz vor 1 Uhr, der Zeit, zu der wir zum Essen verabredet waren, hier. Aber ihre Stimme oder sonst was Auffälliges habe ich nicht gehört.
Erstens war ich voll in meine Arbeit versenkt ...
...und zweitens toste der Wind ja ganz schön ...
Und? Was ist das eigentlich?
Na, ein kunstvoller Schneemann!
Aber nur Kazuya weiß, wie weit er eigentlich schon gediehen ist.
Die Skizze befindet sich nämlich in seinem Kopf!
Na ja, dass das Werk noch nicht fertig ist, erkenne auch ich!
Hier liegen nämlich Bananen, Mandarinen und ein Apfel!
Die wollten Sie ihm zum Schluss ins Gesicht klemmen, nicht wahr?
Das Obst gehört aber zu unserem Schneemann!
Dummerweise hat ihm der Schneesturm den Kopf abgerissen!
Ach so...
Und trampeln Sie da bitte nicht so rum! Unser Detektivabzeichen ist da irgendwo vergraben!
E-entschuldigt ...
Hach, da werden Erinnerungen wach ...
Als Kind hab ich das auch immer gemacht! Über die Skistöcke hab ich Handschuhe gestülpt...
Flopp Flupp
SWUPP

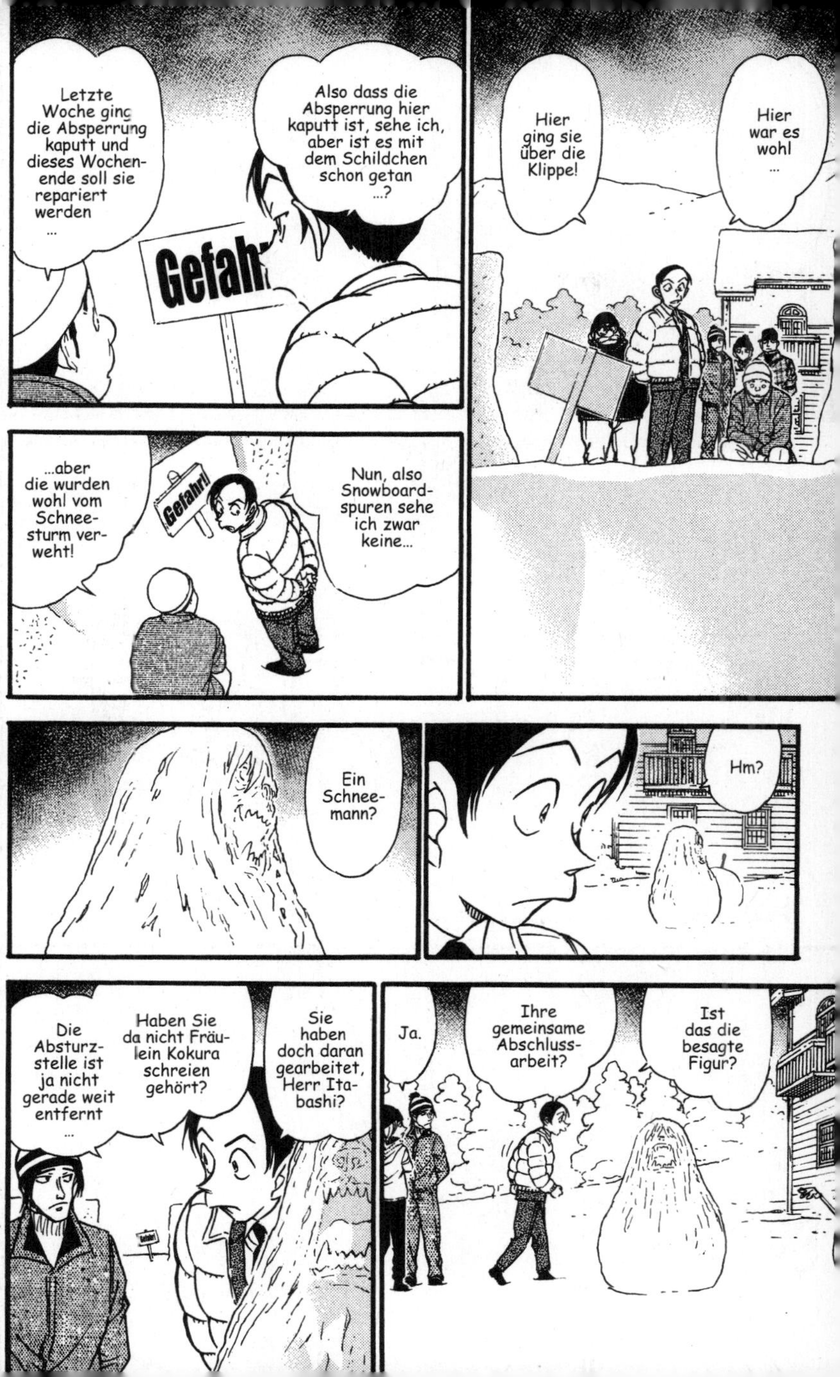
Hier war es wohl ...
Hier ging sie über die Klippe!
Also dass die Absperrung hier kaputt ist, sehe ich, aber ist es mit dem Schildchen schon getan ...?
Gefahr
Letzte Woche ging die Absperrung kaputt und dieses Wochenende soll sie repariert werden ...
Nun, also Snowboardspuren sehe ich zwar keine...
Gefahr!
...aber die wurden wohl vom Schneesturm verweht!
Hm?
Ein Schneemann?
Ist das die besagte Figur?
Ihre gemeinsame Abschlussarbeit?
Ja.
Sie haben doch daran gearbeitet, Herr Itabashi?
Haben Sie da nicht Fräulein Kokura schreien gehört?
Die Absturzstelle ist ja nicht gerade weit entfernt ...

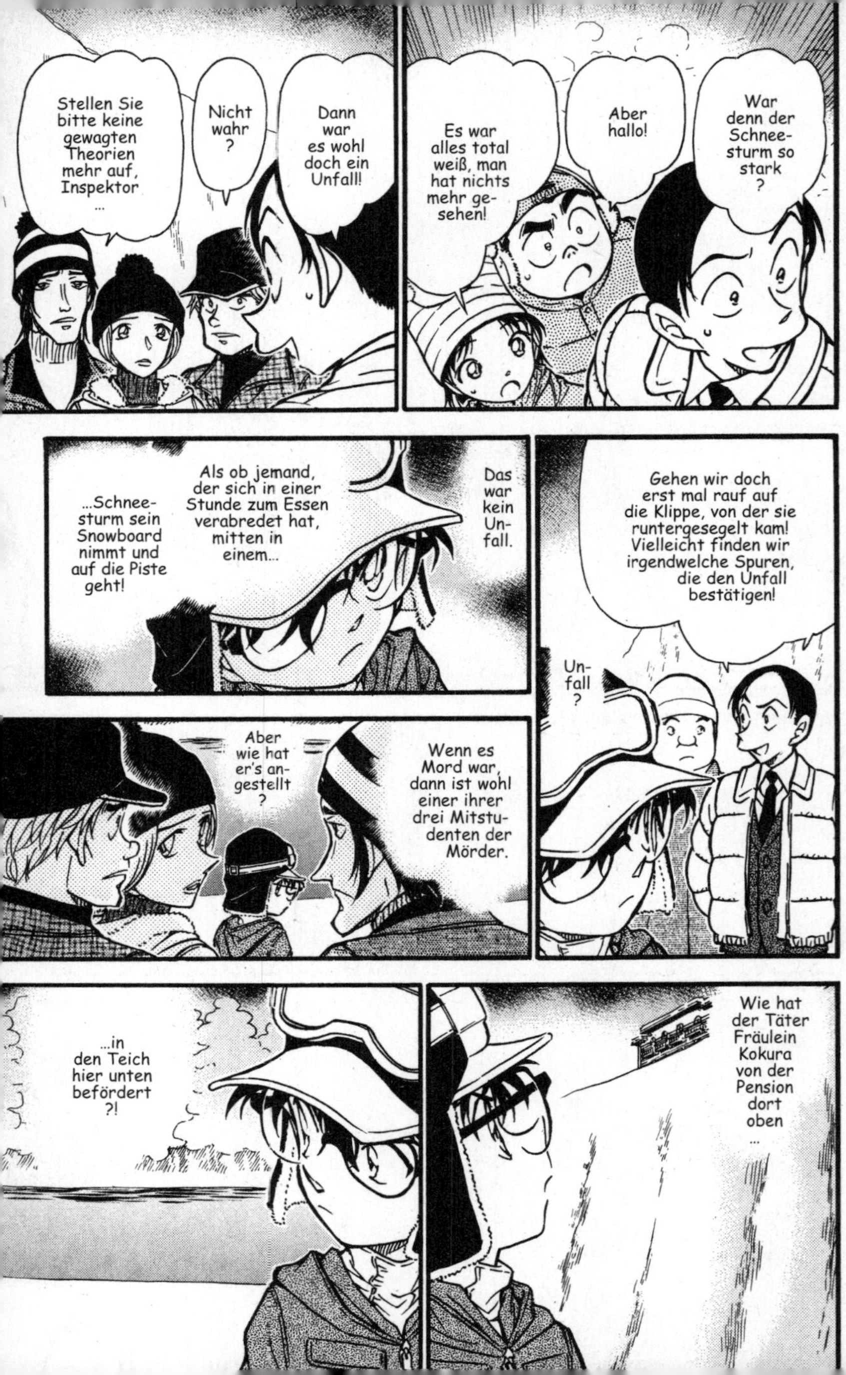

War denn der Schneesturm so stark?
Aber hallo!
Es war alles total weiß, man hat nichts mehr gesehen!
Dann war es wohl doch ein Unfall!
Nicht wahr?
Stellen Sie bitte keine gewagten Theorien mehr auf, Inspektor ...
Gehen wir doch erst mal rauf auf die Klippe, von der sie runtergesegelt kam! Vielleicht finden wir irgendwelche Spuren, die den Unfall bestätigen!
Unfall?
Das war kein Unfall.
Als ob jemand, der sich in einer Stunde zum Essen verabredet hat, mitten in einem...
...Schneesturm sein Snowboard nimmt und auf die Piste geht!
Wenn es Mord war, dann ist wohl einer ihrer drei Mitstudenten der Mörder.
Aber wie hat er's angestellt?
Wie hat der Täter Fräulein Kokura von der Pension dort oben ...
...in den Teich hier unten befördert?!

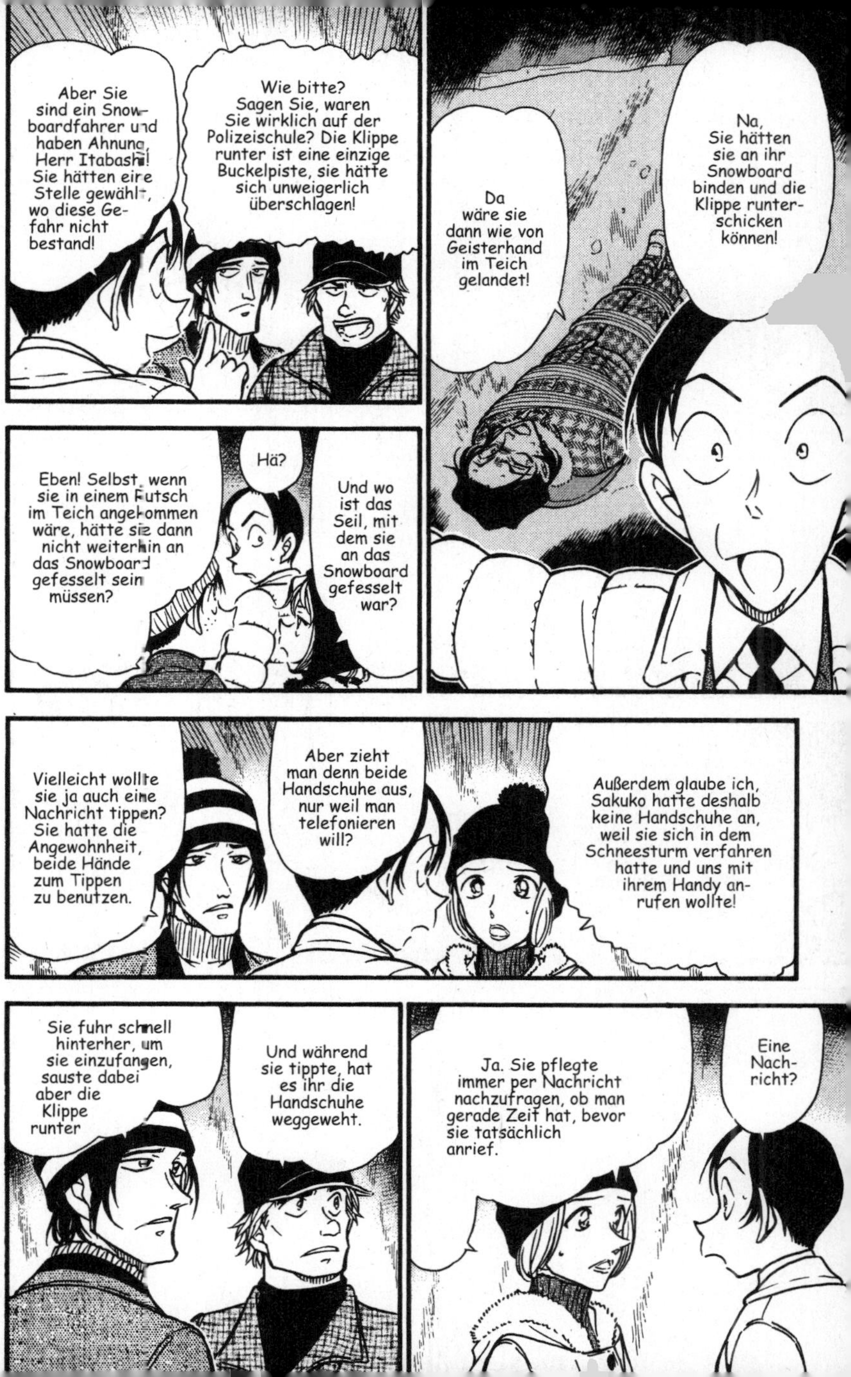

Na, Sie hätten sie an ihr Snowboard binden und die Klippe runterschicken können!
Da wäre sie dann wie von Geisterhand im Teich gelandet!
Wie bitte? Sagen Sie, waren Sie wirklich auf der Polizeischule? Die Klippe runter ist eine einzige Buckelpiste, sie hätte sich unweigerlich überschlagen!
Aber Sie sind ein Snowboardfahrer und haben Ahnung, Herr Itabashi! Sie hätten eine Stelle gewählt, wo diese Gefahr nicht bestand!
Und wo ist das Seil, mit dem sie an das Snowboard gefesselt war?
Hä?
Eben! Selbst wenn sie in einem Rutsch im Teich angekommen wäre, hätte sie dann nicht weiterhin an das Snowboard gefesselt sein müssen?
Außerdem glaube ich, Sakuko hatte deshalb keine Handschuhe an, weil sie sich in dem Schneesturm verfahren hatte und uns mit ihrem Handy anrufen wollte!
Aber zieht man denn beide Handschuhe aus, nur weil man telefonieren will?
Vielleicht wollte sie ja auch eine Nachricht tippen? Sie hatte die Angewohnheit, beide Hände zum Tippen zu benutzen.
Eine Nachricht?
Ja. Sie pflegte immer per Nachricht nachzufragen, ob man gerade Zeit hat, bevor sie tatsächlich anrief.
Und während sie tippte, hat es ihr die Handschuhe weggeweht.
Sie fuhr schnell hinterher, um sie einzufangen, sauste dabei aber die Klippe runter

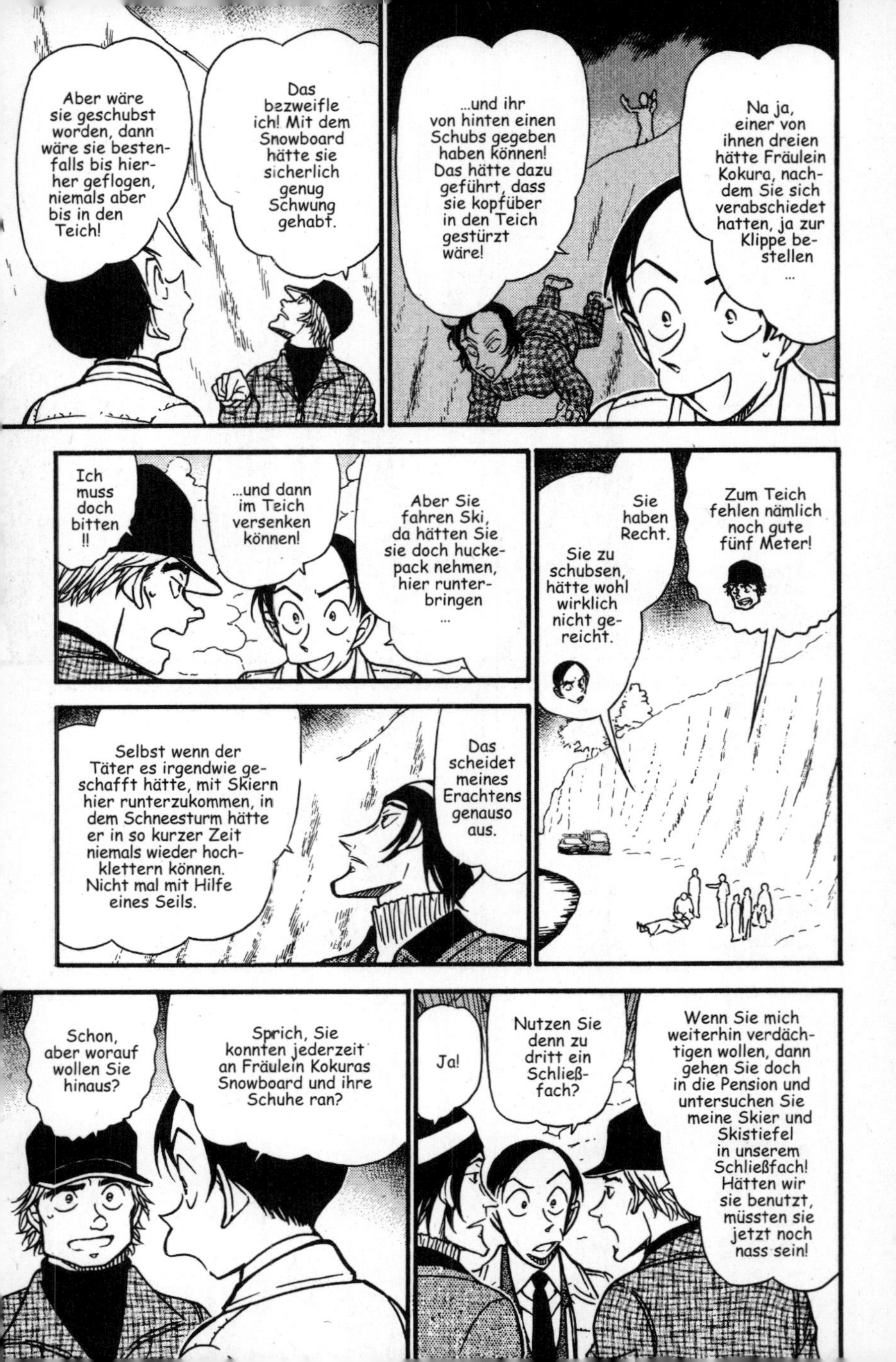

Na ja, einer von ihnen dreien hätte Fräulein Kokura, nachdem Sie sich verabschiedet hatten, ja zur Klippe bestellen ...
...und ihr von hinten einen Schubs gegeben haben können! Das hätte dazu geführt, dass sie kopfüber in den Teich gestürzt wäre!
Das bezweifle ich! Mit dem Snowboard hätte sie sicherlich genug Schwung gehabt.
Aber wäre sie geschubst worden, dann wäre sie bestenfalls bis hierher geflogen, niemals aber bis in den Teich!
Zum Teich fehlen nämlich noch gute fünf Meter!
Sie haben Recht.
Sie zu schubsen, hätte wohl wirklich nicht gereicht.
Aber Sie fahren Ski, da hätten Sie sie doch huckepack nehmen, hier runterbringen ...
...und dann im Teich versenken können!
Ich muss doch bitten !!
Das scheidet meines Erachtens genauso aus.
Selbst wenn der Täter es irgendwie geschafft hätte, mit Skiern hier runterzukommen, in dem Schneesturm hätte er in so kurzer Zeit niemals wieder hochklettern können. Nicht mal mit Hilfe eines Seils.
Wenn Sie mich weiterhin verdächtigen wollen, dann gehen Sie doch in die Pension und untersuchen Sie meine Skier und Skistiefel in unserem Schließfach! Hätten wir sie benutzt, müssten sie jetzt noch nass sein!
Nutzen Sie denn zu dritt ein Schließfach?
Ja!
Sprich, Sie konnten jederzeit an Fräulein Kokuras Snowboard und ihre Schuhe ran?
Schon, aber worauf wollen Sie hinaus?

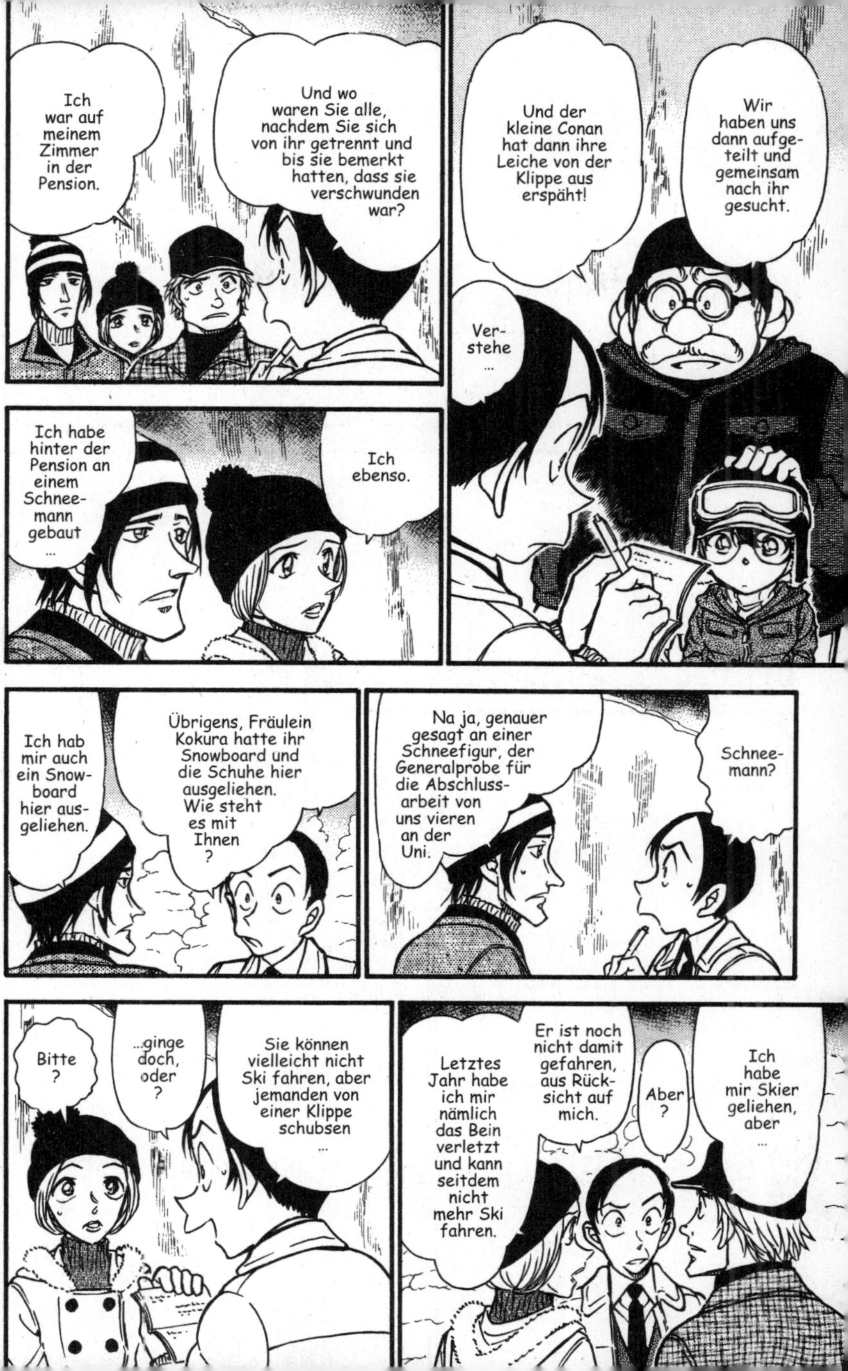

Wir haben uns dann aufgeteilt und gemeinsam nach ihr gesucht.
Und der kleine Conan hat dann ihre Leiche von der Klippe aus erspäht!
Verstehe ...
Und wo waren Sie alle, nachdem Sie sich von ihr getrennt und bis sie bemerkt hatten, dass sie verschwunden war?
Ich war auf meinem Zimmer in der Pension.
Ich habe hinter der Pension an einem Schneemann gebaut ...
Ich ebenso.
Schneemann?
Na ja, genauer gesagt an einer Schneefigur, der Generalprobe für die Abschlussarbeit von uns vieren an der Uni.
Übrigens, Fräulein Kokura hatte ihr Snowboard und die Schuhe hier ausgeliehen. Wie steht es mit Ihnen ?
Ich hab mir auch ein Snowboard hier ausgeliehen.
Ich habe mir Skier geliehen, aber ...
Aber ?
Er ist noch nicht damit gefahren, aus Rücksicht auf mich.
Letztes Jahr habe ich mir nämlich das Bein verletzt und kann seitdem nicht mehr Ski fahren.
Sie können vielleicht nicht Ski fahren, aber jemanden von einer Klippe schubsen ...
...ginge doch, oder ?
Bitte ?

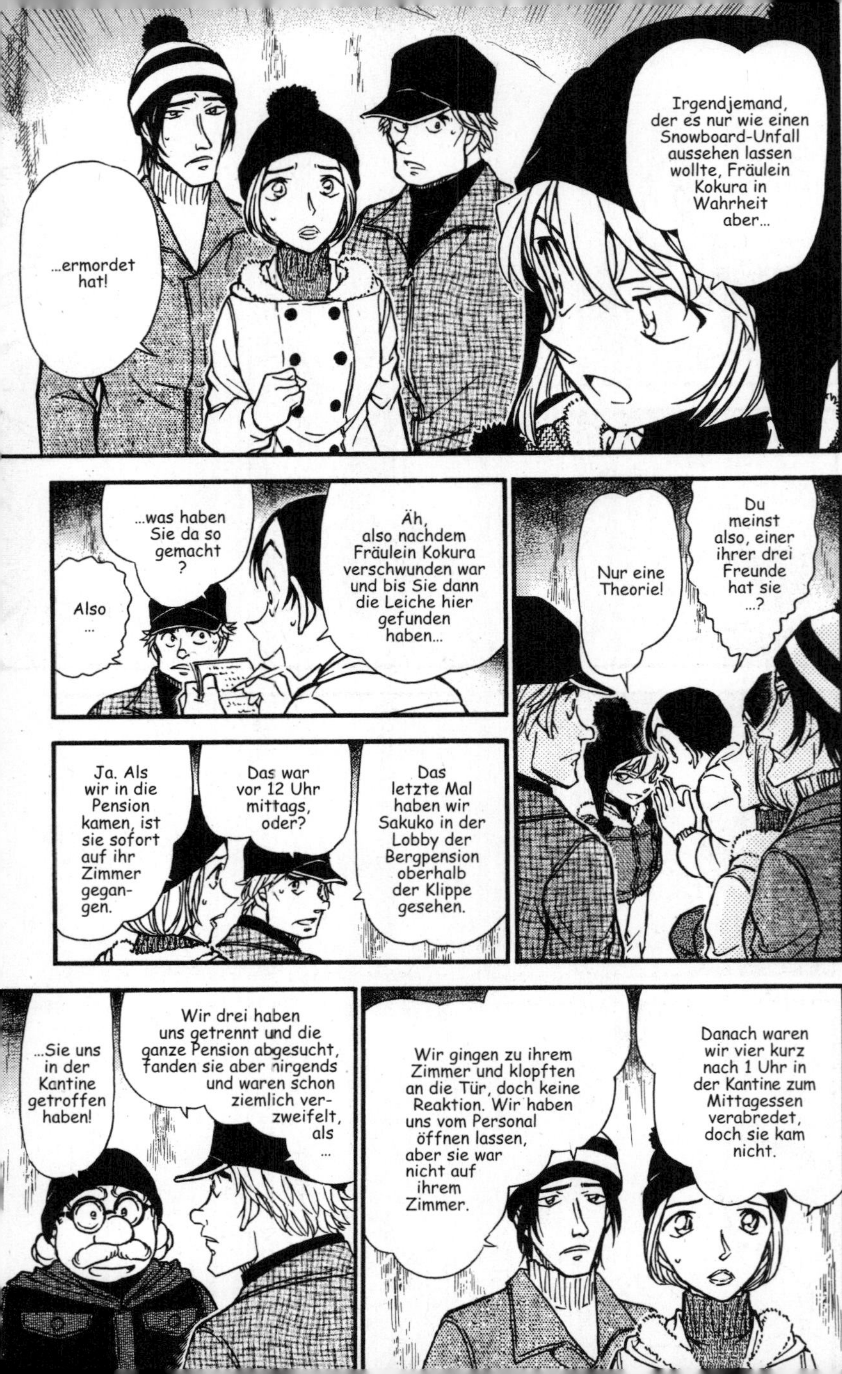
Irgendjemand, der es nur wie einen Snowboard-Unfall aussehen lassen wollte, Fräulein Kokura in Wahrheit aber...
...ermordet hat!
Du meinst also, einer ihrer drei Freunde hat sie ...?
Nur eine Theorie!
Äh, also nachdem Fräulein Kokura verschwunden war und bis Sie dann die Leiche hier gefunden haben...
...was haben Sie da so gemacht?
Also ...
Das letzte Mal haben wir Sakuko in der Lobby der Bergpension oberhalb der Klippe gesehen.
Das war vor 12 Uhr mittags, oder?
Ja. Als wir in die Pension kamen, ist sie sofort auf ihr Zimmer gegangen.
Danach waren wir vier kurz nach 1 Uhr in der Kantine zum Mittagessen verabredet, doch sie kam nicht.
Wir gingen zu ihrem Zimmer und klopften an die Tür, doch keine Reaktion. Wir haben uns vom Personal öffnen lassen, aber sie war nicht auf ihrem Zimmer.
Wir drei haben uns getrennt und die ganze Pension abgesucht, fanden sie aber nirgends und waren schon ziemlich verzweifelt, als ...
...Sie uns in der Kantine getroffen haben!

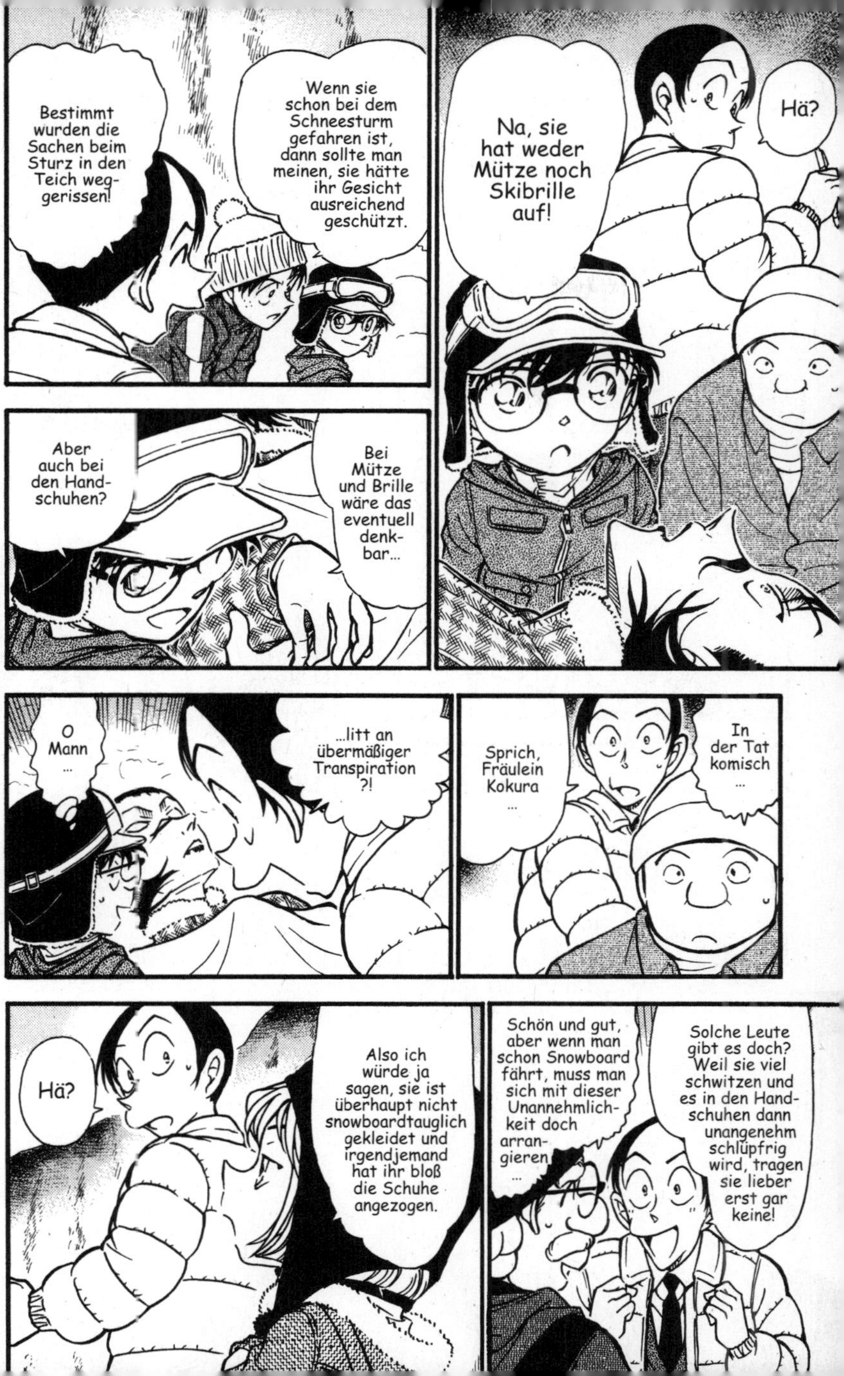
Hä?
Na, sie hat weder Mütze noch Skibrille auf!
Wenn sie schon bei dem Schneesturm gefahren ist, dann sollte man meinen, sie hätte ihr Gesicht ausreichend geschützt.
Bestimmt wurden die Sachen beim Sturz in den Teich weggerissen!
Bei Mütze und Brille wäre das eventuell denkbar...
Aber auch bei den Handschuhen?
In der Tat komisch ...
Sprich, Fräulein Kokura ...
...litt an übermäßiger Transpiration ?!
O Mann ...
Solche Leute gibt es doch? Weil sie viel schwitzen und es in den Handschuhen dann unangenehm schlüpfrig wird, tragen sie lieber erst gar keine!
Schön und gut, aber wenn man schon Snowboard fährt, muss man sich mit dieser Unannehmlichkeit doch arrangieren ...
Also ich würde ja sagen, sie ist überhaupt nicht snowboardtauglich gekleidet und irgendjemand hat ihr bloß die Schuhe angezogen.
Hä?

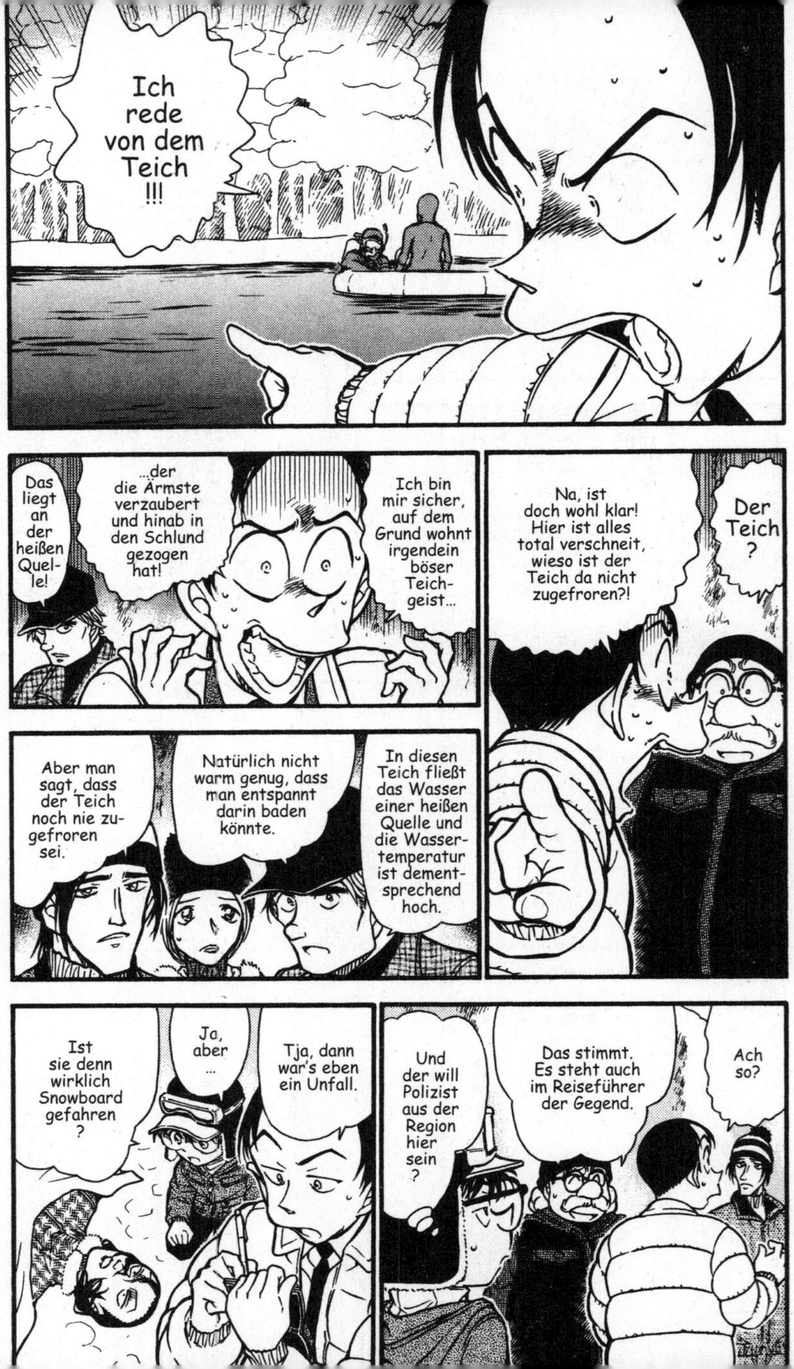
Ich rede von dem Teich !!!
Der Teich ?
Na, ist doch wohl klar! Hier ist alles total verschneit, wieso ist der Teich da nicht zugefroren?!
Ich bin mir sicher, auf dem Grund wohnt irgendein böser Teich-geist...
...der die Ärmste verzaubert und hinab in den Schlund gezogen hat!
Das liegt an der heißen Quel-le!
In diesen Teich fließt das Wasser einer heißen Quelle und die Wasser-temperatur ist dement-sprechend hoch.
Natürlich nicht warm genug, dass man entspannt darin baden könnte.
Aber man sagt, dass der Teich noch nie zu-gefroren sei.
Ach so?
Das stimmt. Es steht auch im Reiseführer der Gegend.
Und der will Polizist aus der Region hier sein ?
Tja, dann war's eben ein Unfall.
Ja, aber ...
Ist sie denn wirklich Snowboard gefahren ?

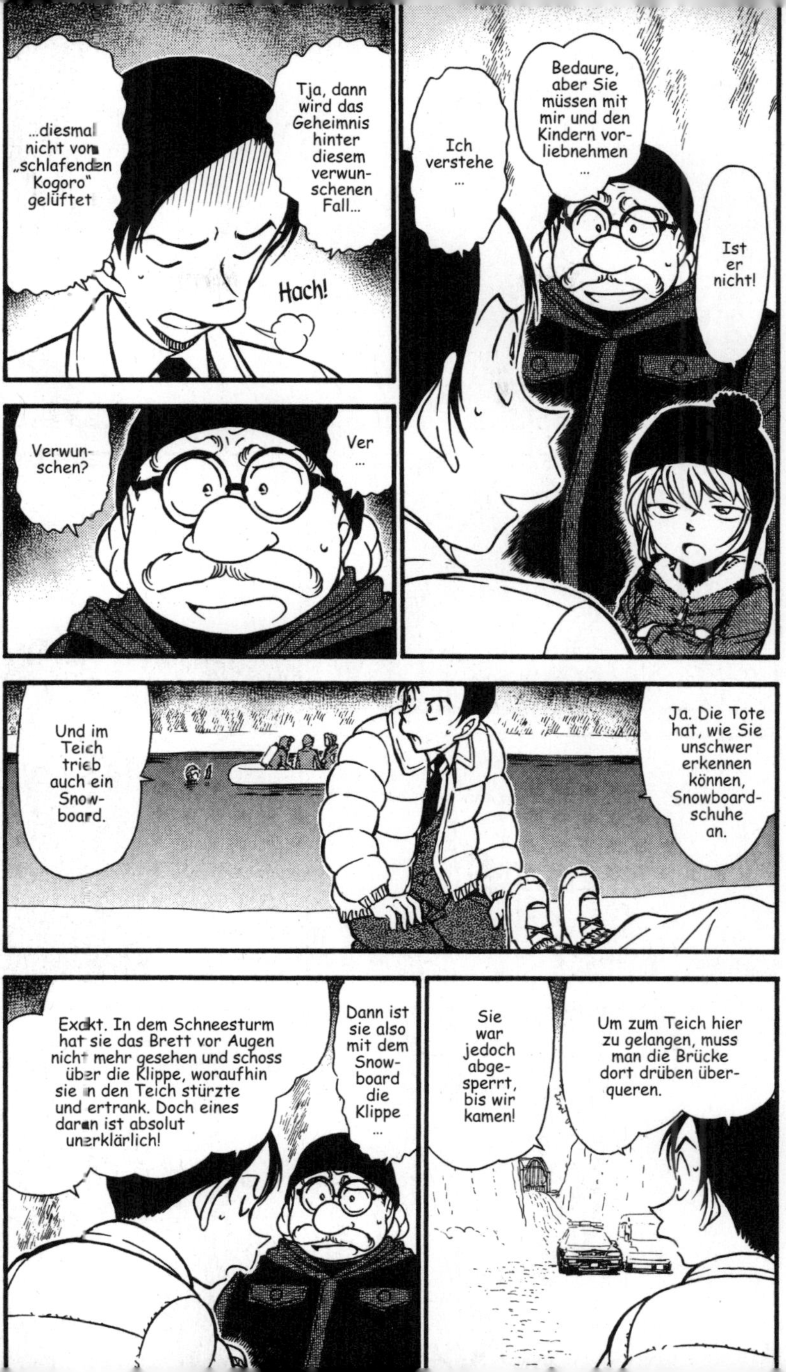
Bedaure, aber Sie müssen mit mir und den Kindern vorliebnehmen ...
Ich verstehe ...
Ist er nicht!
Tja, dann wird das Geheimnis hinter diesem verwunschenen Fall...
Hach!
...diesmal nicht vom „schlafenden Kogoro“ gelüftet
Ver ...
Verwunschen?
Ja. Die Tote hat, wie Sie unschwer erkennen können, Snowboardschuhe an.
Und im Teich trieb auch ein Snowboard.
Um zum Teich hier zu gelangen, muss man die Brücke dort drüben überqueren.
Sie war jedoch abgesperrt, bis wir kamen!
Dann ist sie also mit dem Snowboard die Klippe ...
Exakt. In dem Schneesturm hat sie das Brett vor Augen nicht mehr gesehen und schoss über die Klippe, woraufhin sie in den Teich stürzte und ertrank. Doch eines daran ist absolut unerklärlich!

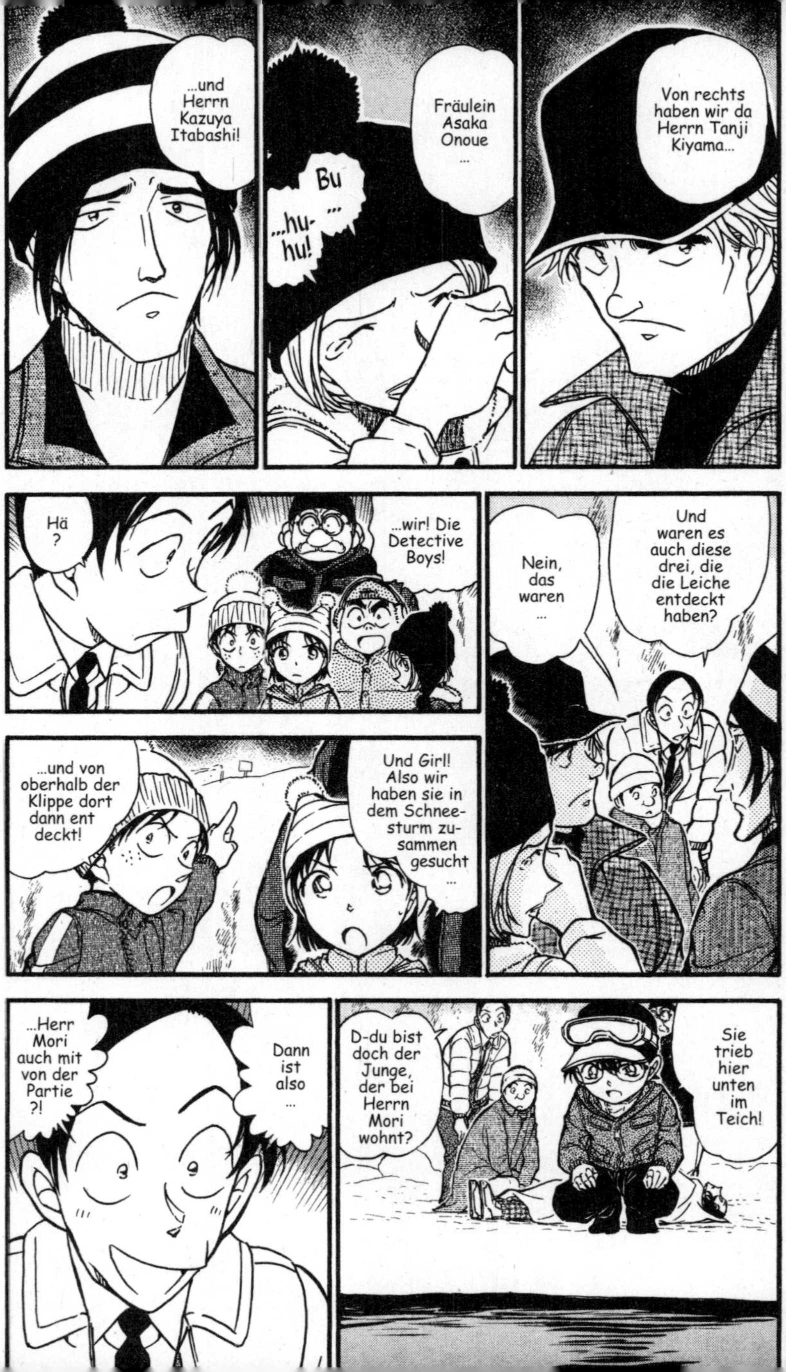

Von rechts haben wir da Herrn Tanji Kiyama...
Fräulein Asaka Onoue ...
Bu ...
...hu-hu!
...und Herrn Kazuya Itabashi!
Und waren es auch diese drei, die die Leiche entdeckt haben?
Nein, das waren ...
...wir! Die Detective Boys!
Hä ?
Und Girl! Also wir haben sie in dem Schneesturm zusammen gesucht ...
...und von oberhalb der Klippe dort dann entdeckt!
Sie trieb hier unten im Teich!
D-du bist doch der Junge, der bei Herrn Mori wohnt?
Dann ist also ...
...Herr Mori auch mit von der Partie ?!

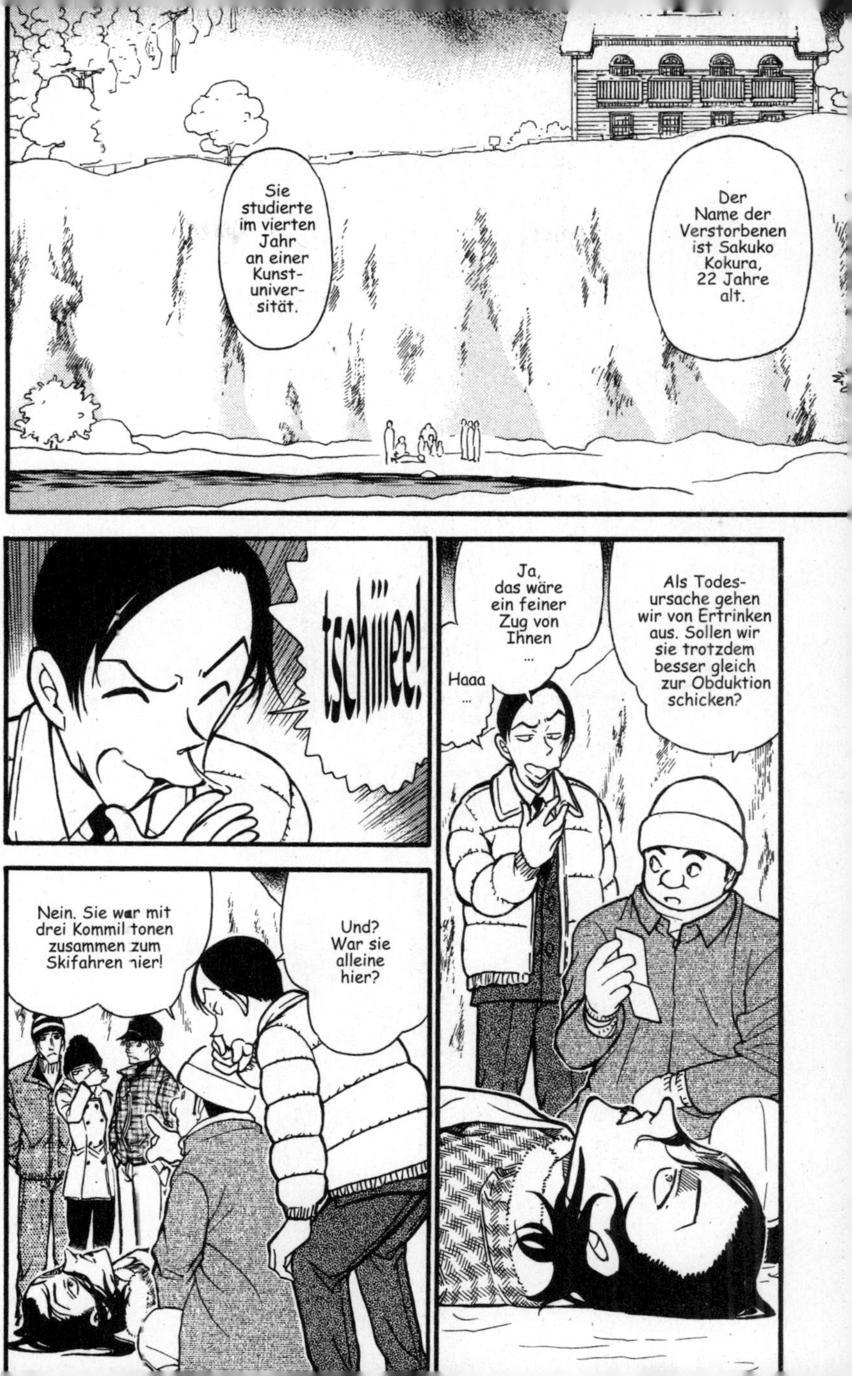
Der Name der Verstorbenen ist Sakuko Kokura, 22 Jahre alt.
Sie studierte im vierten Jahr an einer Kunstuniversität.
Als Todesursache gehen wir von Ertrinken aus. Sollen wir sie trotzdem besser gleich zur Obduktion schicken?
Ja, das wäre ein feiner Zug von Ihnen ...
Haaa ...
tschiiiee!
Und? War sie alleine hier?
Nein. Sie war mit drei Kommil tonen zusammen zum Skifahren hier!

FALL 2

AKTE 7

Der unerklärliche Absturz

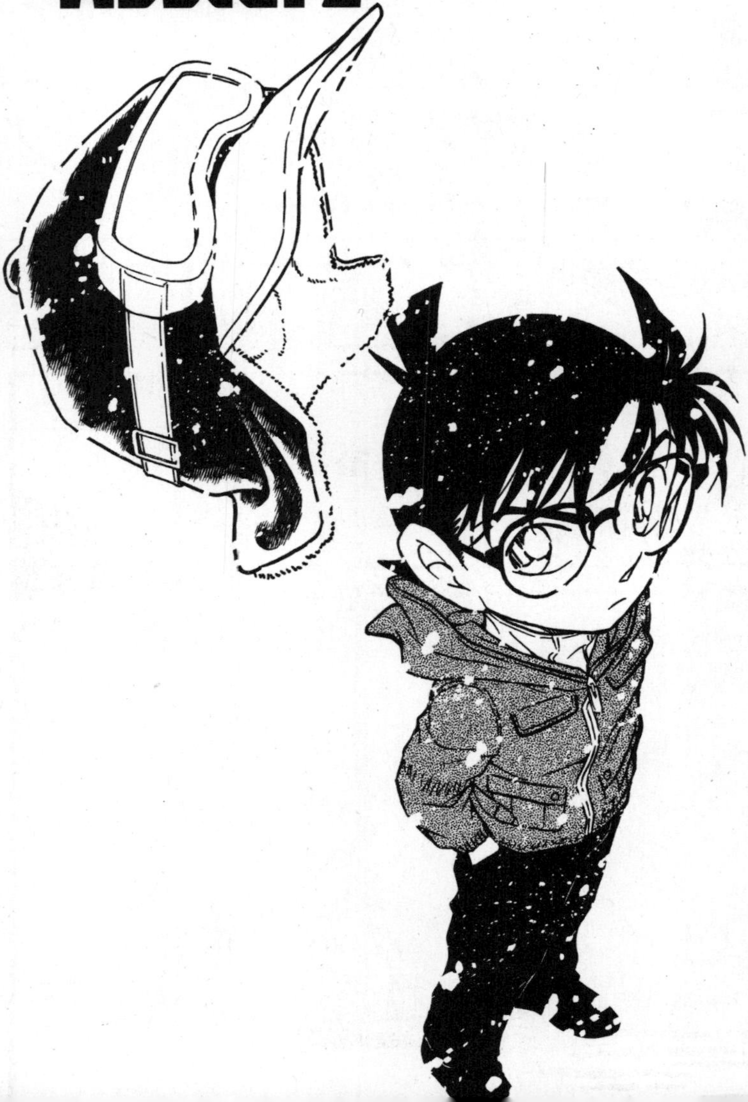

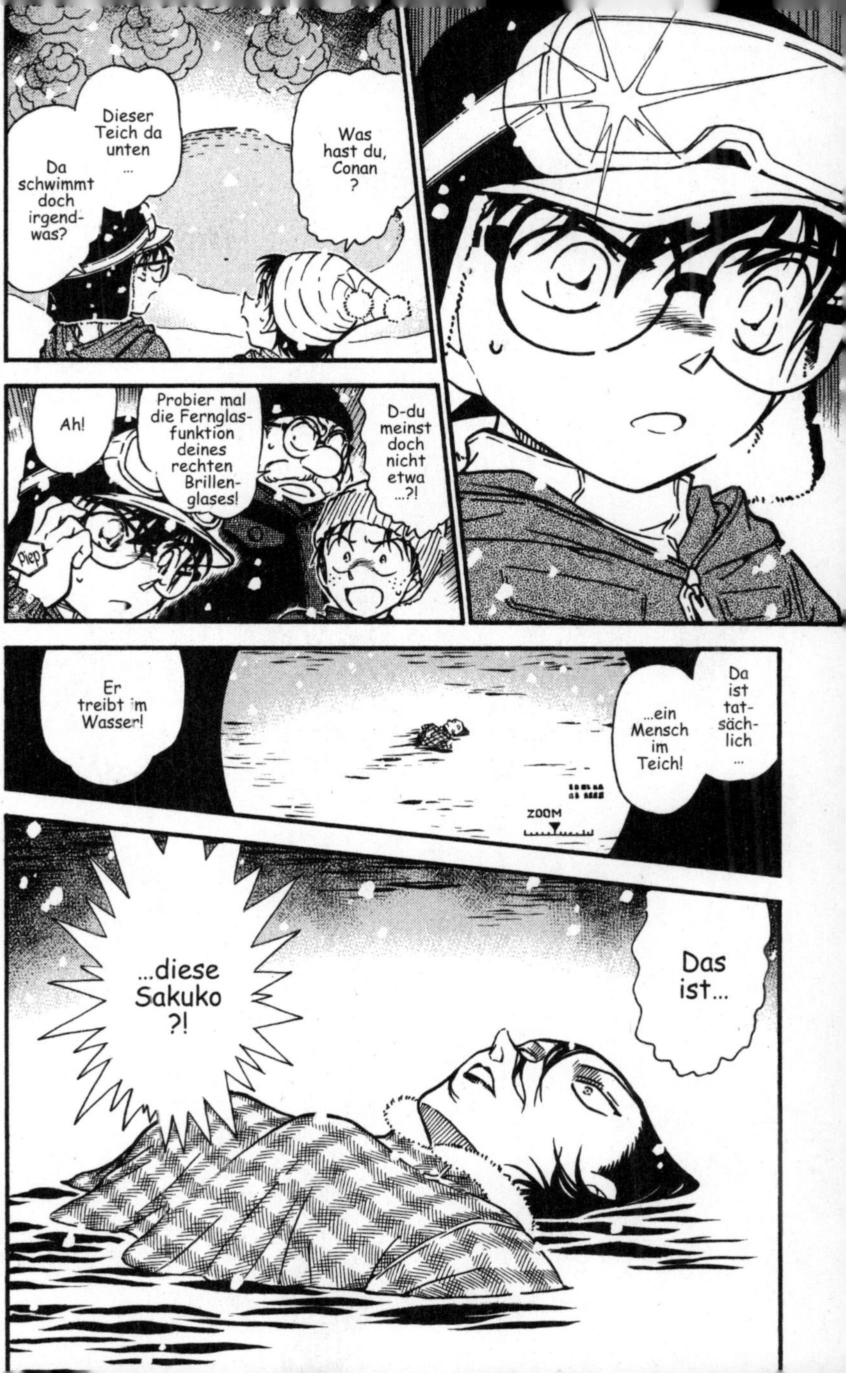
Was hast du, Conan?
Dieser Teich da unten ...
Da schwimmt doch irgendwas?
D-du meinst doch nicht etwa ...?!
Probier mal die Fernglasfunktion deines rechten Brillenglases!
Ah!
Piep
Da ist tatsächlich ...
...ein Mensch im Teich!
Er treibt im Wasser!
ZOOM
Das ist...
...diese Sakuko ?!

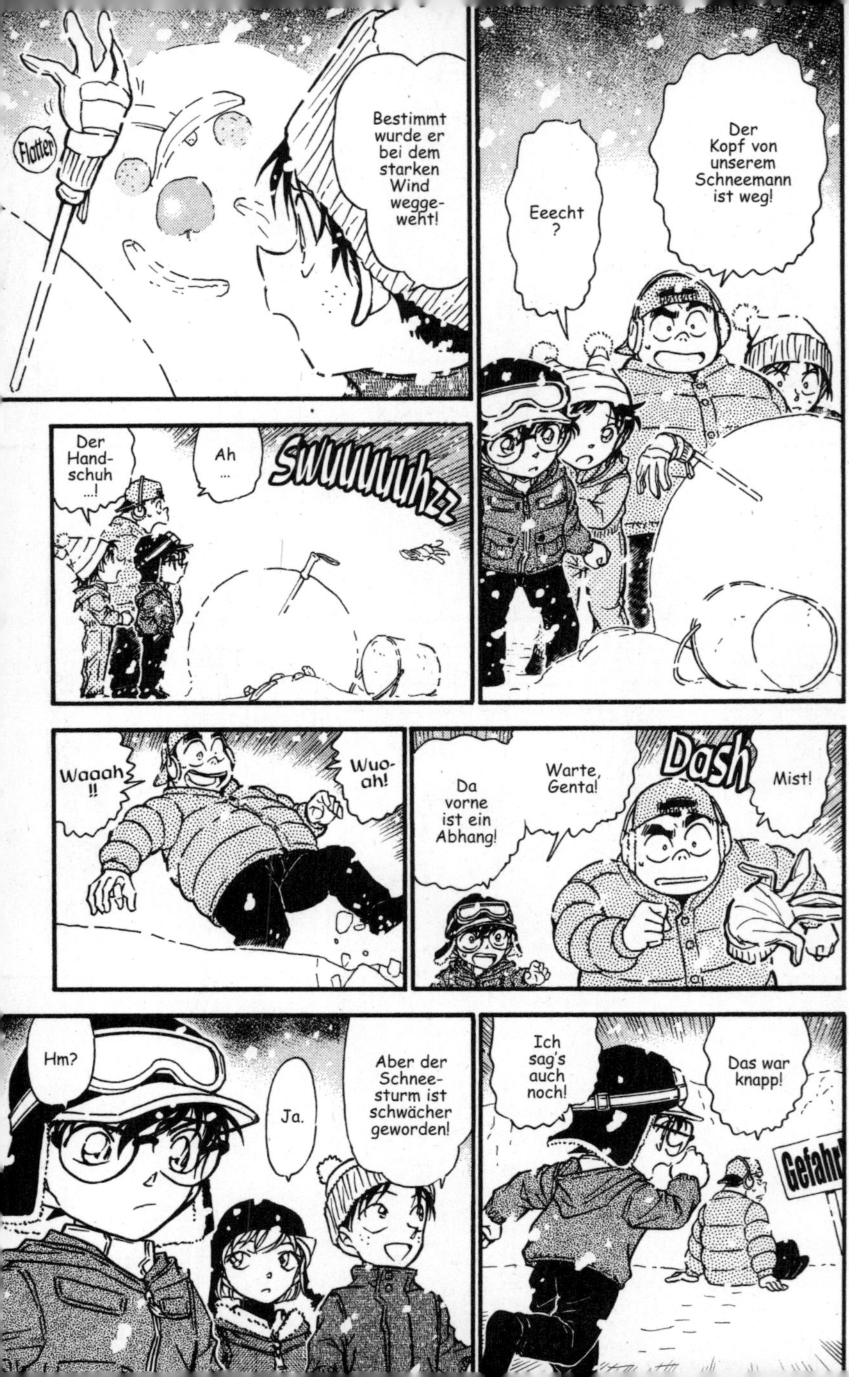
Der Kopf von unserem Schneemann ist weg!
Eeecht?
Bestimmt wurde er bei dem starken Wind weggeweht!
Flatter
Swuuuuuhzz
Ah ...
Der Handschuh ...!
Mist!
Dash
Warte, Genta!
Da vorne ist ein Abhang!
Wuoah!
Waaah!!
Das war knapp!
Ich sag's auch noch!
Gefahr
Aber der Schneesturm ist schwächer geworden!
Ja.
Hm?

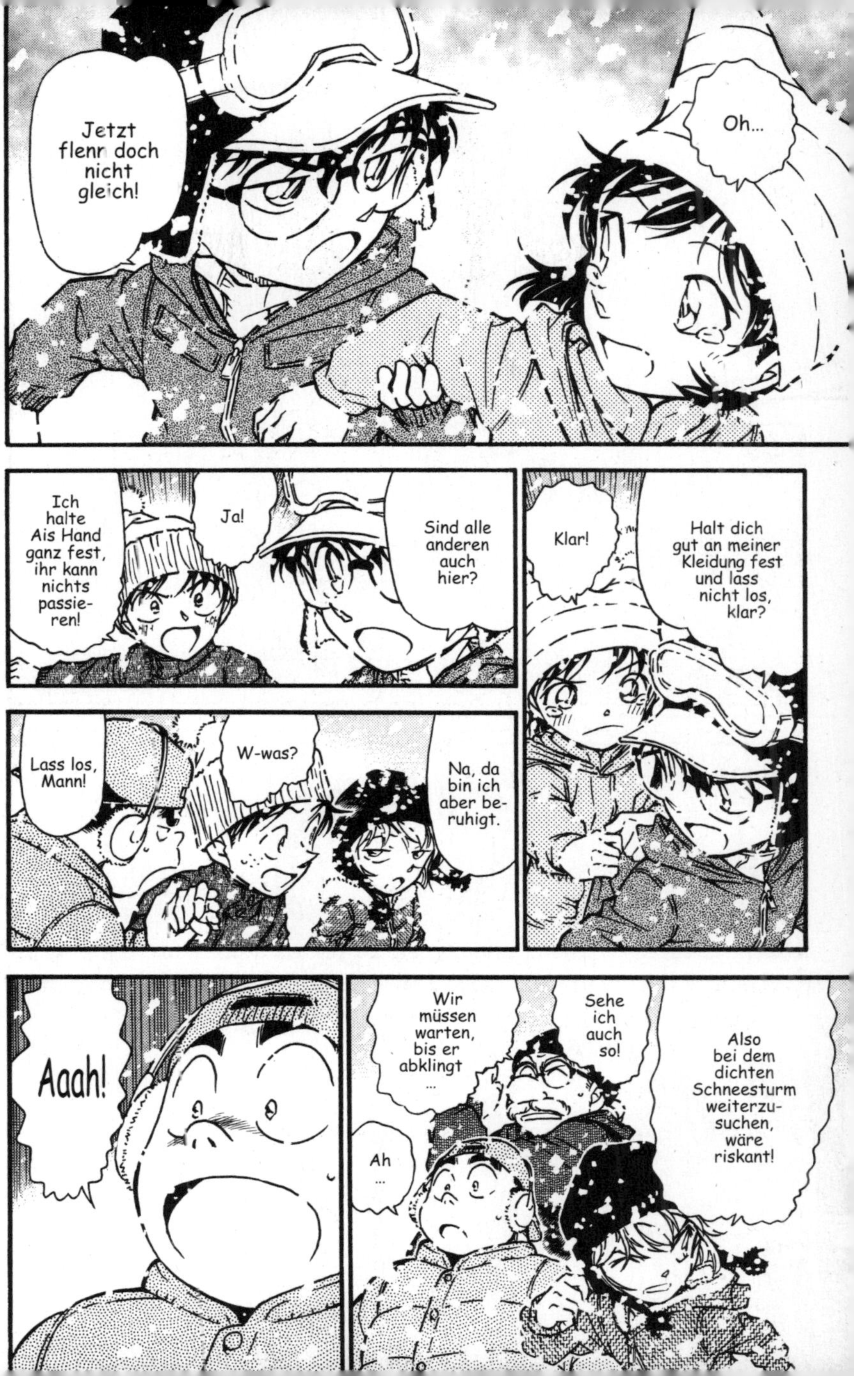
Oh...
Jetzt flenn doch nicht gleich!
Halt dich gut an meiner Kleidung fest und lass nicht los, klar?
Klar!
Sind alle anderen auch hier?
Ja!
Ich halte Ais Hand ganz fest, ihr kann nichts passieren!
Na, da bin ich aber beruhigt.
W-was?
Lass los, Mann!
Also bei dem dichten Schneesturm weiterzusuchen, wäre riskant!
Sehe ich auch so!
Wir müssen warten, bis er abklingt ...
Ah ...
Aaah!

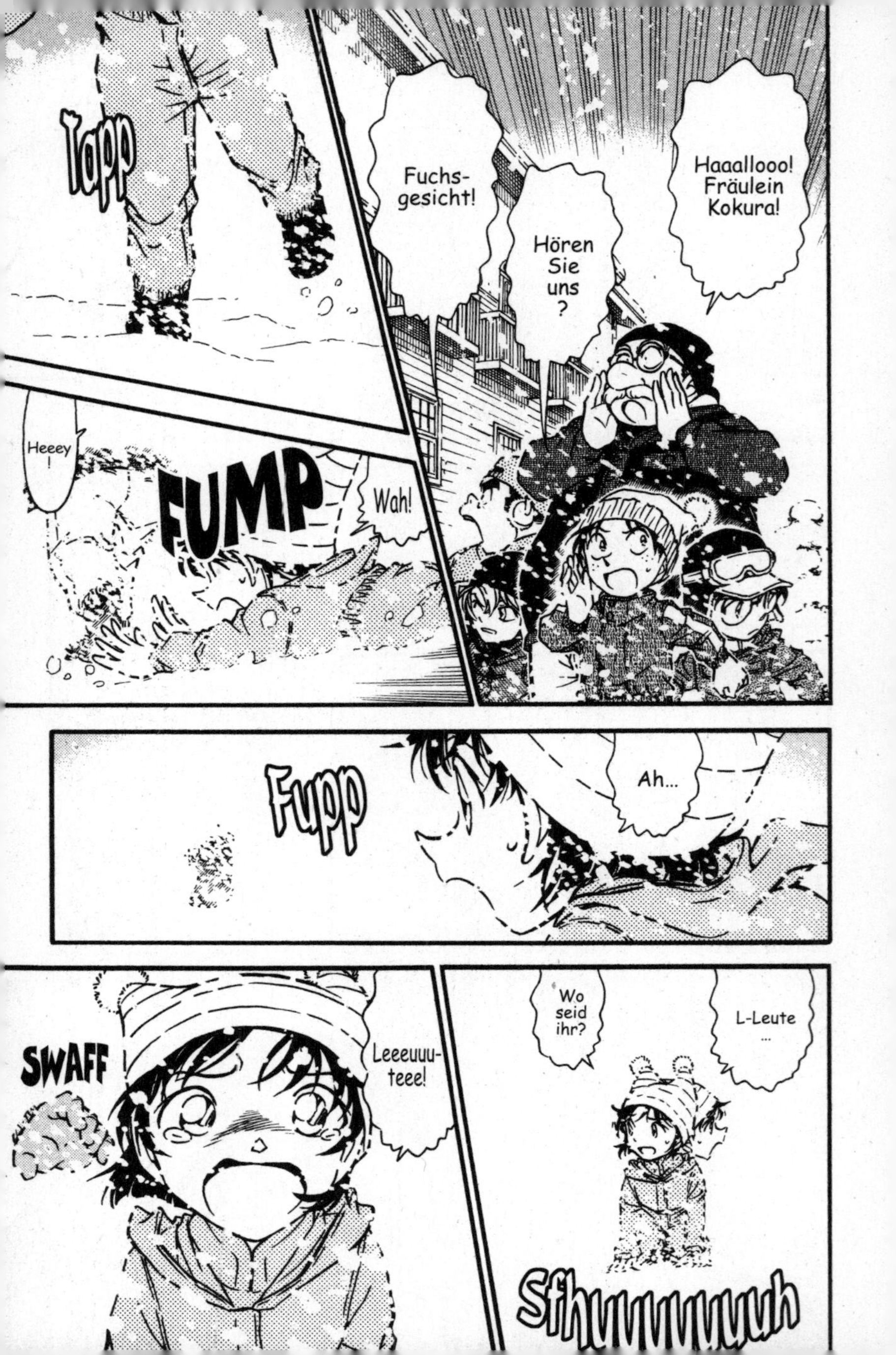
Tapp
Haaallooo! Fräulein Kokura!
Hören Sie uns ?
Fuchs-gesicht!
Wah!
FUMP
Heeey !
Ah...
Fupp
L-Leute ...
Wo seid ihr?
Sfhuuuuuuuh
Leeeuuu-teee!
SWAFF

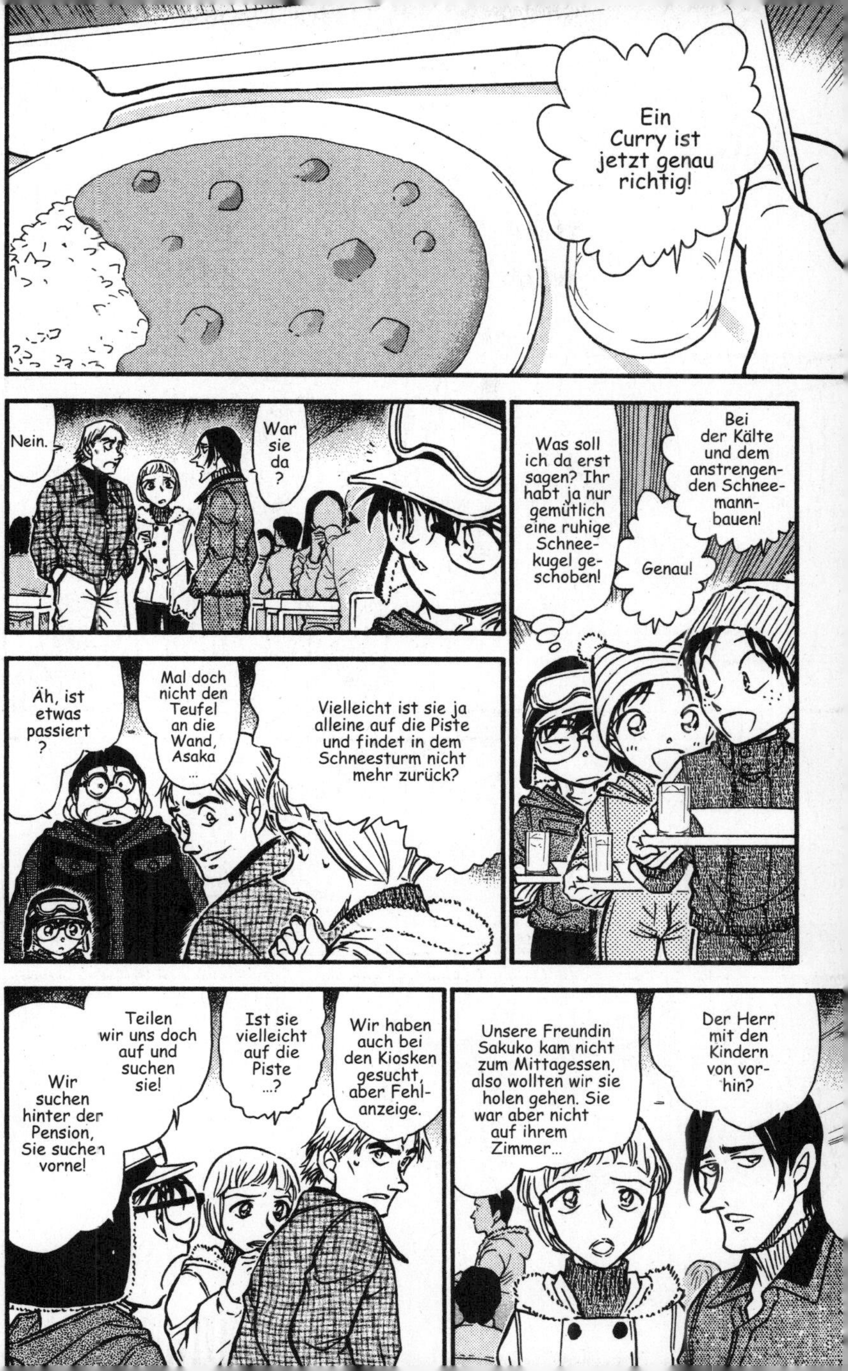
Ein Curry ist jetzt genau richtig!
Bei der Kälte und dem anstrengenden Schneemannbauen!
Genau!
Was soll ich da erst sagen? Ihr habt ja nur gemütlich eine ruhige Schneekugel geschoben!
War sie da?
Nein.
Vielleicht ist sie ja alleine auf die Piste und findet in dem Schneesturm nicht mehr zurück?
Mal doch nicht den Teufel an die Wand, Asaka ...
Äh, ist etwas passiert?
Der Herr mit den Kindern von vorhin?
Unsere Freundin Sakuko kam nicht zum Mittagessen, also wollten wir sie holen gehen. Sie war aber nicht auf ihrem Zimmer...
Wir haben auch bei den Kiosken gesucht, aber Fehlanzeige.
Ist sie vielleicht auf die Piste ...?
Teilen wir uns doch auf und suchen sie!
Wir suchen hinter der Pension, Sie suchen vorne!

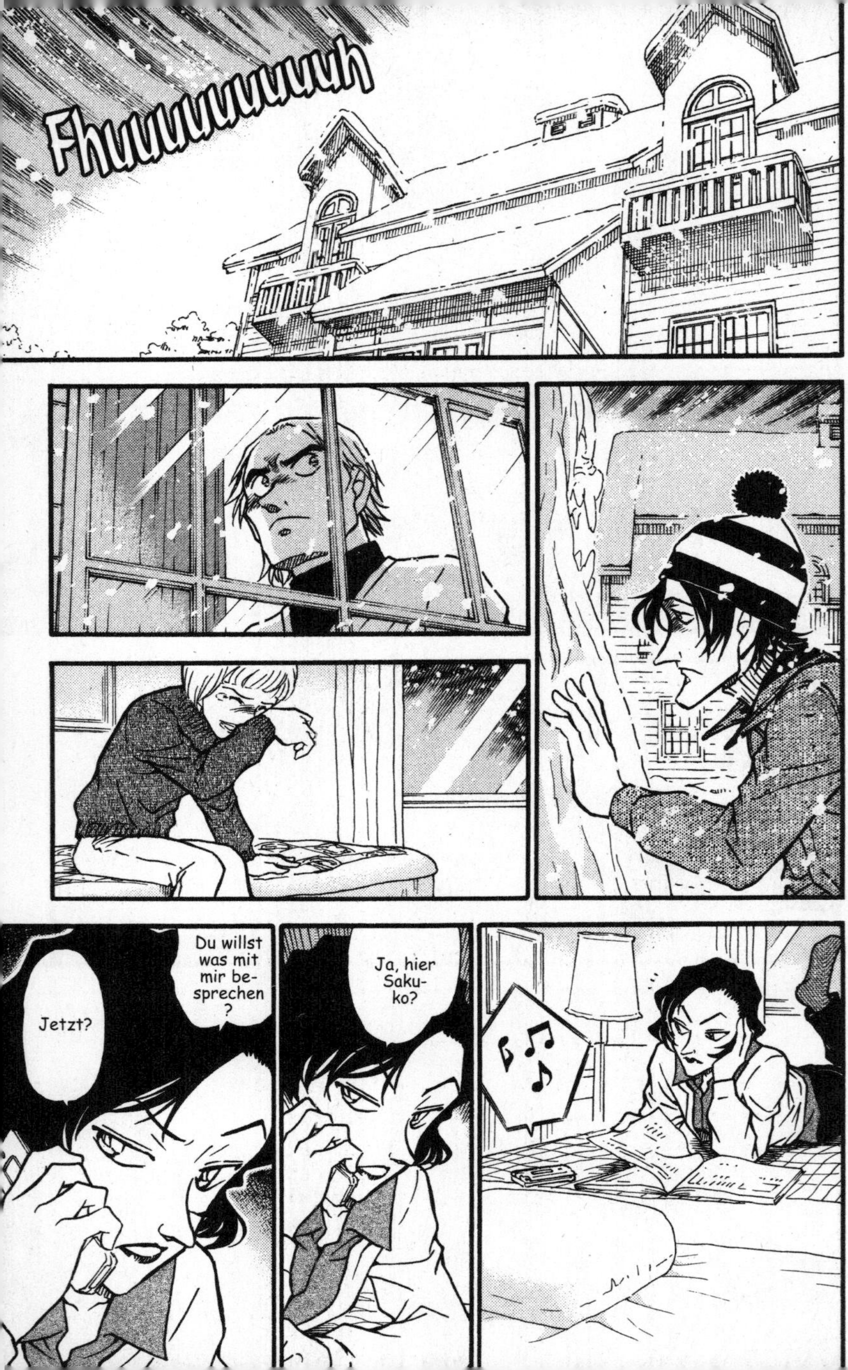
Fhuuuuuuuuh
Ja, hier Saku-ko?
Du willst was mit mir besprechen?
Jetzt?

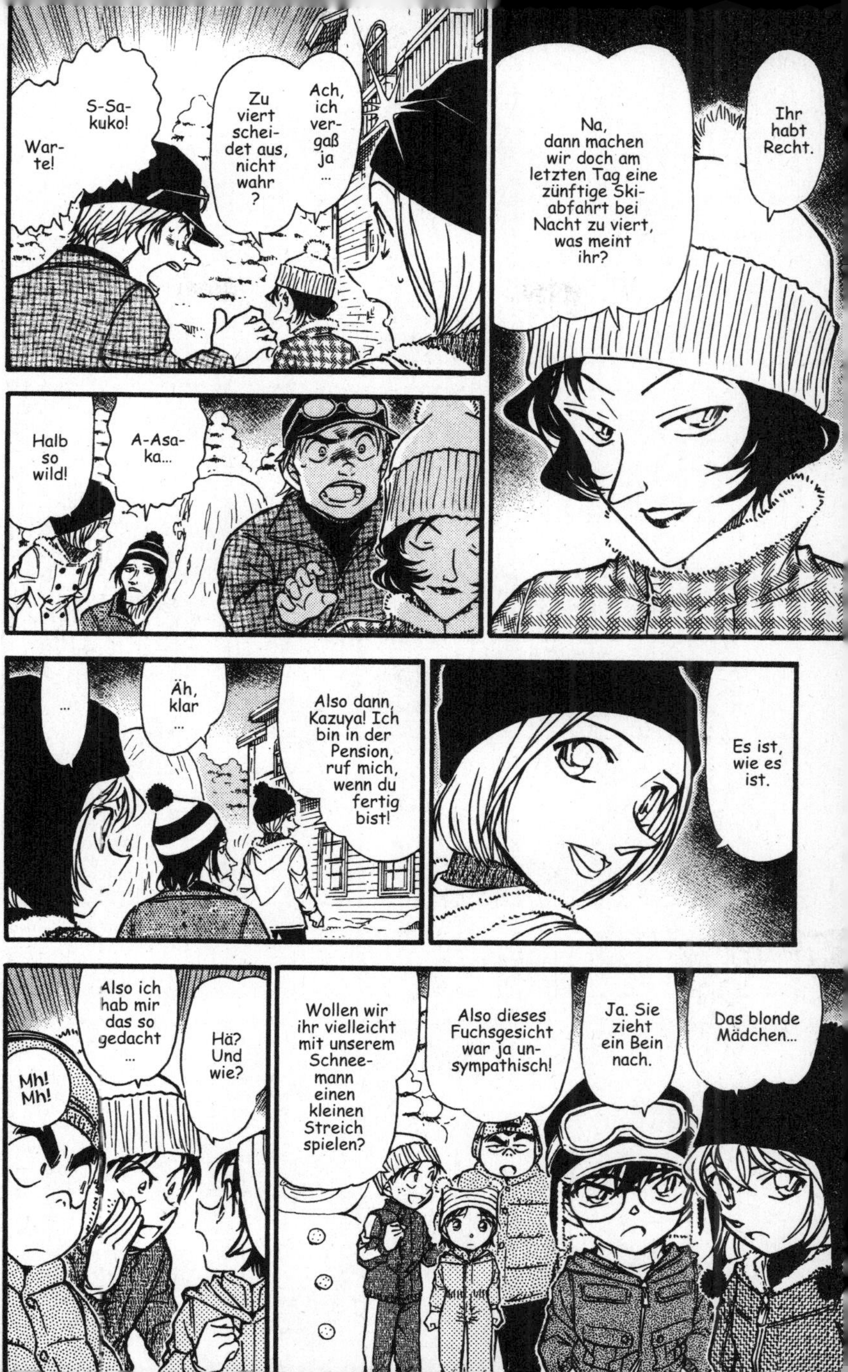
Ihr habt Recht.
Na, dann machen wir doch am letzten Tag eine zünftige Skiabfahrt bei Nacht zu viert, was meint ihr?
Ach, ich vergaß ja ...
Zu viert scheidet aus, nicht wahr?
S-Sakuko!
Warte!
A-Asaka...
Halb so wild!
Es ist, wie es ist.
Also dann, Kazuya! Ich bin in der Pension, ruf mich, wenn du fertig bist!
Äh, klar ...
...
Das blonde Mädchen...
Ja. Sie zieht ein Bein nach.
Also dieses Fuchsgesicht war ja unsympathisch!
Wollen wir ihr vielleicht mit unserem Schneemann einen kleinen Streich spielen?
Hä? Und wie?
Also ich hab mir das so gedacht ...
Mh! Mh!

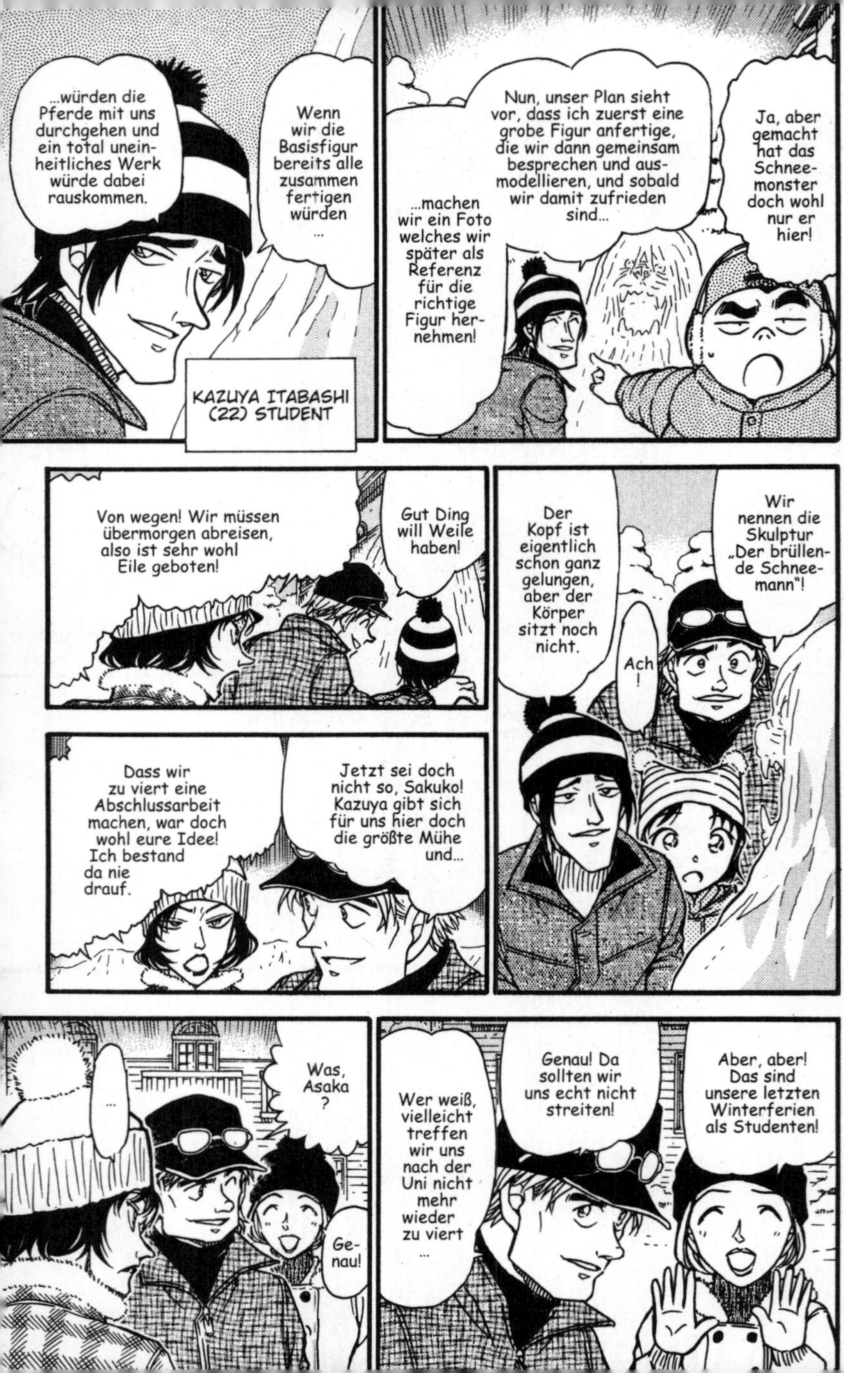
Ja, aber gemacht hat das Schneemonster doch wohl nur er hier!
Nun, unser Plan sieht vor, dass ich zuerst eine grobe Figur anfertige, die wir dann gemeinsam besprechen und ausmodellieren, und sobald wir damit zufrieden sind...
...machen wir ein Foto welches wir später als Referenz für die richtige Figur hernehmen!
Wenn wir die Basisfigur bereits alle zusammen fertigen würden ...
...würden die Pferde mit uns durchgehen und ein total uneinheitliches Werk würde dabei rauskommen.
KAZUYA ITABASHI (22) STUDENT
Wir nennen die Skulptur „Der brüllende Schneemann"!
Der Kopf ist eigentlich schon ganz gelungen, aber der Körper sitzt noch nicht.
Ach!
Gut Ding will Weile haben!
Von wegen! Wir müssen übermorgen abreisen, also ist sehr wohl Eile geboten!
Jetzt sei doch nicht so, Sakuko! Kazuya gibt sich für uns hier doch die größte Mühe und...
Dass wir zu viert eine Abschlussarbeit machen, war doch wohl eure Idee! Ich bestand da nie drauf.
Aber, aber! Das sind unsere letzten Winterferien als Studenten!
Genau! Da sollten wir uns echt nicht streiten!
Wer weiß, vielleicht treffen wir uns nach der Uni nicht mehr wieder zu viert ...
Was, Asaka?
Genau!
...

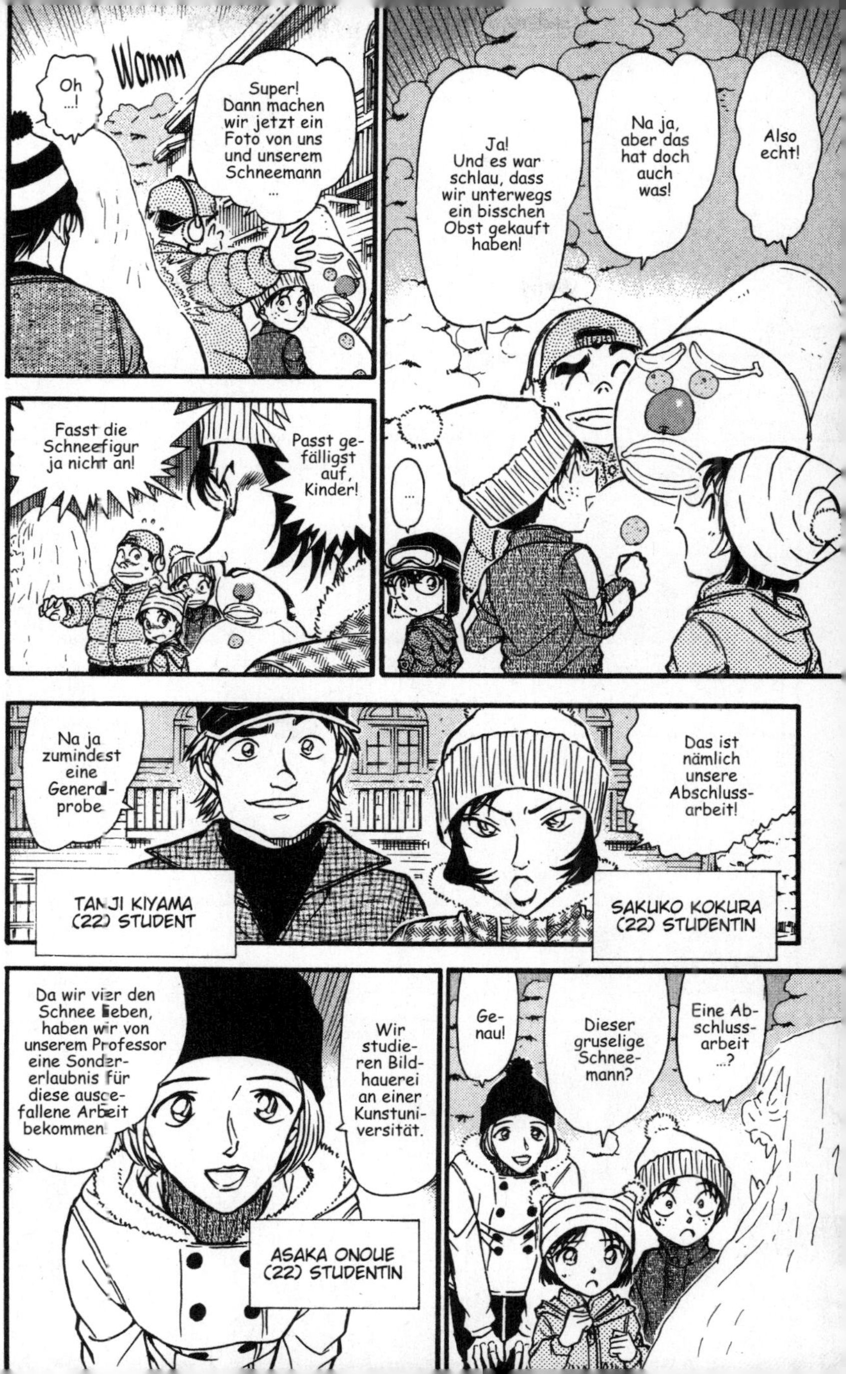
Also echt!
Na ja, aber das hat doch auch was!
Ja! Und es war schlau, dass wir unterwegs ein bisschen Obst gekauft haben!
...
Super! Dann machen wir jetzt ein Foto von uns und unserem Schneemann ...
Wamm
Oh ...!
Passt gefälligst auf, Kinder!
Fasst die Schneefigur ja nicht an!
Das ist nämlich unsere Abschlussarbeit!
SAKUKO KOKURA (22) STUDENTIN
Na ja zumindest eine Generalprobe
TANJI KIYAMA (22) STUDENT
Eine Abschlussarbeit ...?
Dieser gruselige Schneemann?
Genau!
Wir studieren Bildhauerei an einer Kunstuniversität.
Da wir vier den Schnee lieben, haben wir von unserem Professor eine Sondererlaubnis für diese ausgefallene Arbeit bekommen.
ASAKA ONOUE (22) STUDENTIN

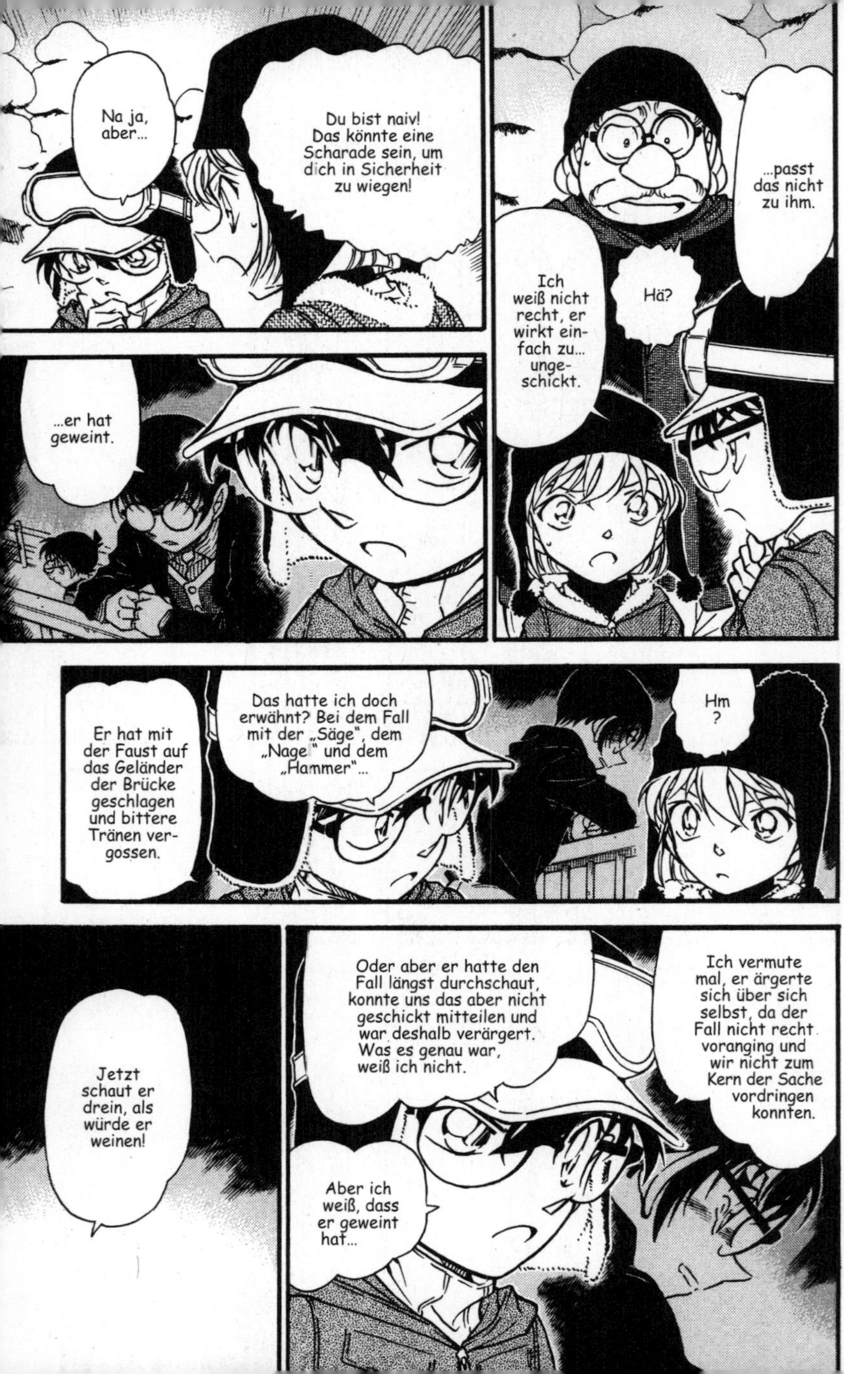
Du bist naiv! Das könnte eine Scharade sein, um dich in Sicherheit zu wiegen!
Na ja, aber...
...passt das nicht zu ihm.
Hä?
Ich weiß nicht recht, er wirkt einfach zu... ungeschickt.
...er hat geweint.
Hm?
Das hatte ich doch erwähnt? Bei dem Fall mit der „Säge", dem „Nagel" und dem „Hammer"...
Er hat mit der Faust auf das Geländer der Brücke geschlagen und bittere Tränen vergossen.
Ich vermute mal, er ärgerte sich über sich selbst, da der Fall nicht recht voranging und wir nicht zum Kern der Sache vordringen konnten.
Oder aber er hatte den Fall längst durchschaut, konnte uns das aber nicht geschickt mitteilen und war deshalb verärgert. Was es genau war, weiß ich nicht.
Aber ich weiß, dass er geweint hat...
Jetzt schaut er drein, als würde er weinen!

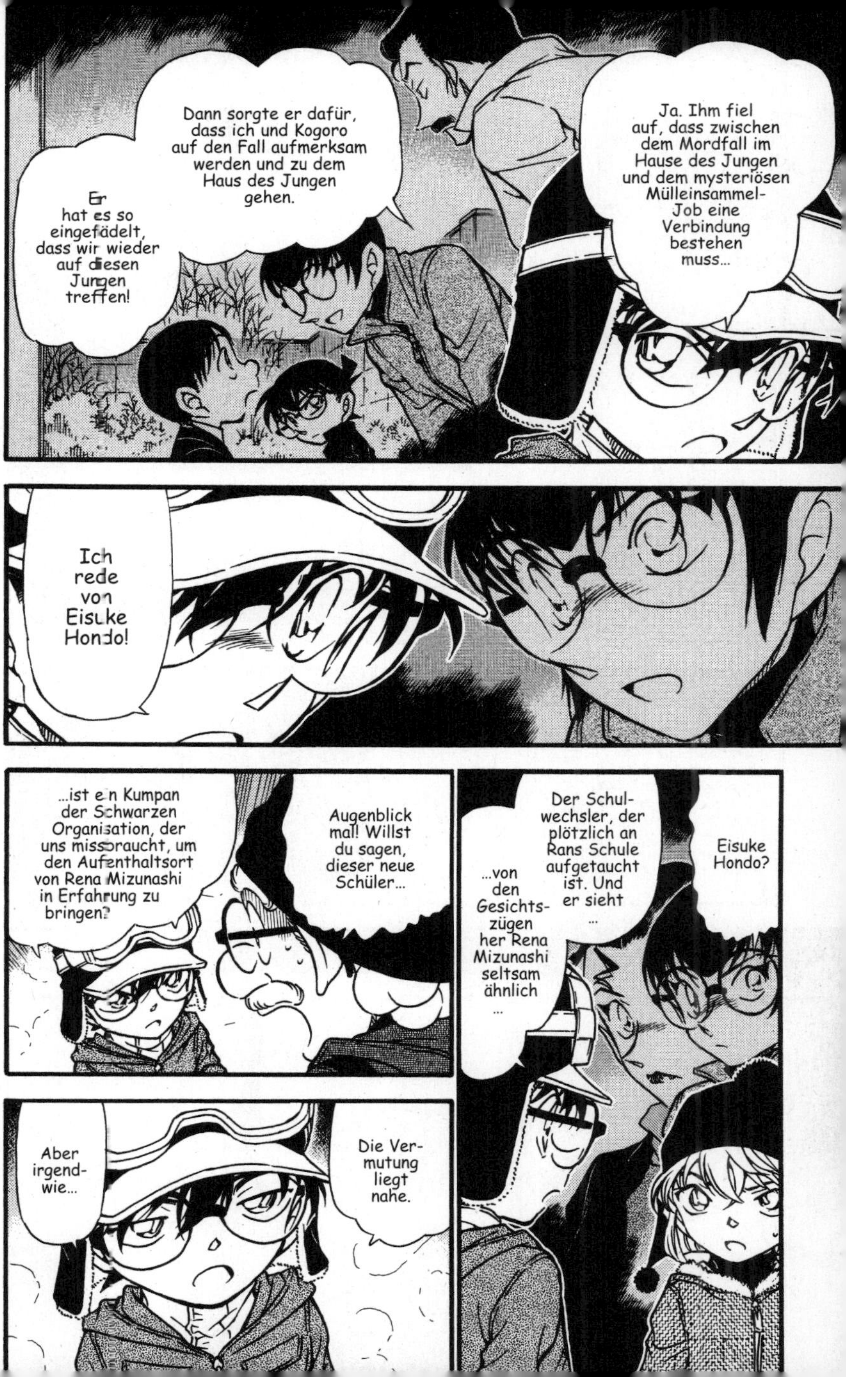
Ja. Ihm fiel auf, dass zwischen dem Mordfall im Hause des Jungen und dem mysteriösen Mülleinsammel-Job eine Verbindung bestehen muss...
Dann sorgte er dafür, dass ich und Kogoro auf den Fall aufmerksam werden und zu dem Haus des Jungen gehen.
Er hat es so eingefädelt, dass wir wieder auf diesen Jungen treffen!
Ich rede von Eisuke Hondo!
Eisuke Hondo?
Der Schulwechsler, der plötzlich an Rans Schule aufgetaucht ist. Und er sieht ...
...von den Gesichtszügen her Rena Mizunashi seltsam ähnlich ...
Augenblick mal! Willst du sagen, dieser neue Schüler...
...ist ein Kumpan der Schwarzen Organisation, der uns missbraucht, um den Aufenthaltsort von Rena Mizunashi in Erfahrung zu bringen?
Die Vermutung liegt nahe.
Aber irgendwie...

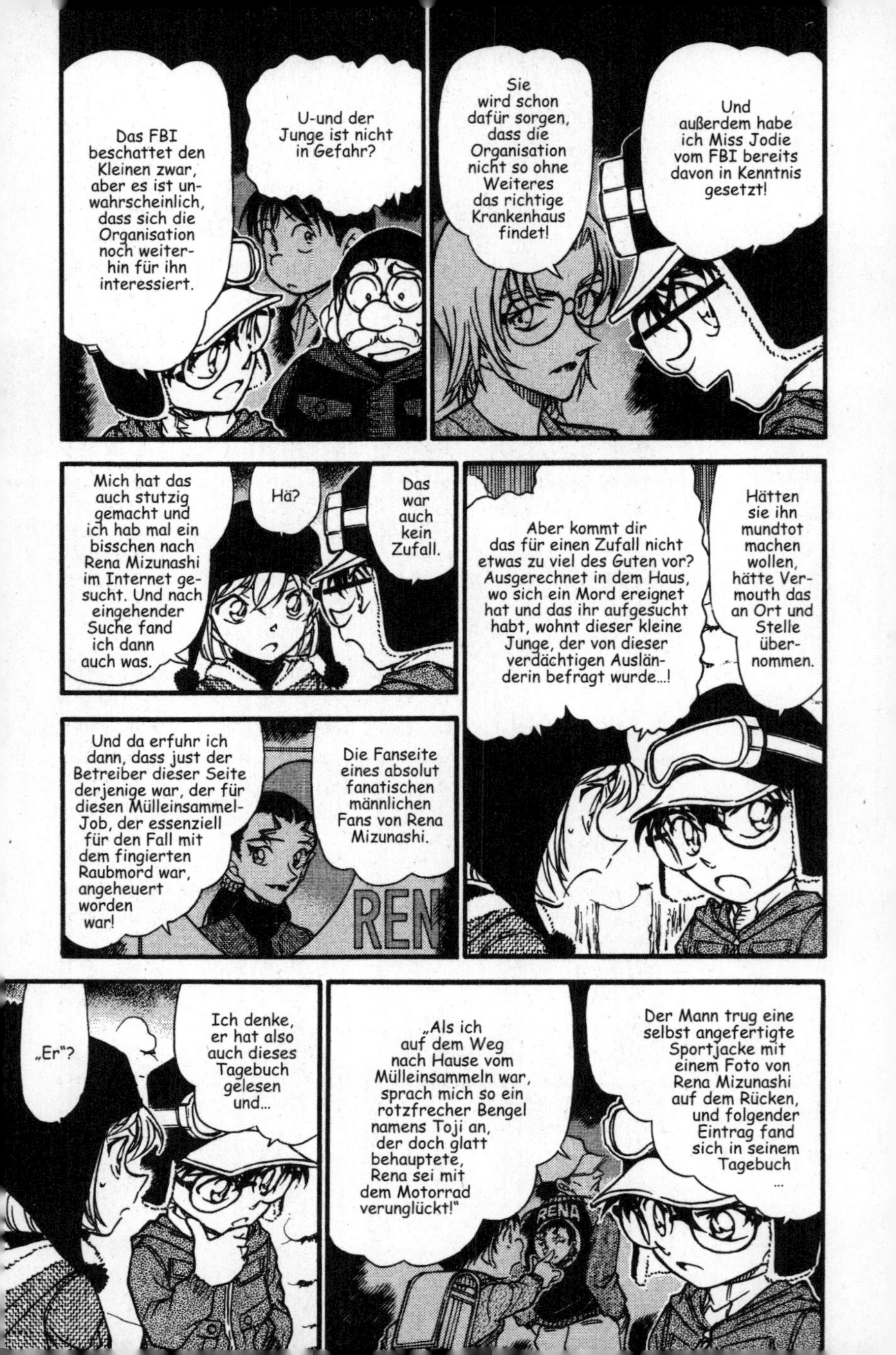
Und außerdem habe ich Miss Jodie vom FBI bereits davon in Kenntnis gesetzt!
Sie wird schon dafür sorgen, dass die Organisation nicht so ohne Weiteres das richtige Krankenhaus findet!
U-und der Junge ist nicht in Gefahr?
Das FBI beschattet den Kleinen zwar, aber es ist unwahrscheinlich, dass sich die Organisation noch weiterhin für ihn interessiert.
Hätten sie ihn mundtot machen wollen, hätte Vermouth das an Ort und Stelle übernommen.
Aber kommt dir das für einen Zufall nicht etwas zu viel des Guten vor? Ausgerechnet in dem Haus, wo sich ein Mord ereignet hat und das ihr aufgesucht habt, wohnt dieser kleine Junge, der von dieser verdächtigen Ausländerin befragt wurde...!
Das war auch kein Zufall.
Hä?
Mich hat das auch stutzig gemacht und ich hab mal ein bisschen nach Rena Mizunashi im Internet gesucht. Und nach eingehender Suche fand ich dann auch was.
Die Fanseite eines absolut fanatischen männlichen Fans von Rena Mizunashi.
Und da erfuhr ich dann, dass just der Betreiber dieser Seite derjenige war, der für diesen Mülleinsammel-Job, der essenziell für den Fall mit dem fingierten Raubmord war, angeheuert worden war!
REN
Der Mann trug eine selbst angefertigte Sportjacke mit einem Foto von Rena Mizunashi auf dem Rücken, und folgender Eintrag fand sich in seinem Tagebuch ...
„Als ich auf dem Weg nach Hause vom Mülleinsammeln war, sprach mich so ein rotzfrecher Bengel namens Toji an, der doch glatt behauptete, Rena sei mit dem Motorrad verunglückt!"
RENA
Ich denke, er hat also auch dieses Tagebuch gelesen und...
„Er"?

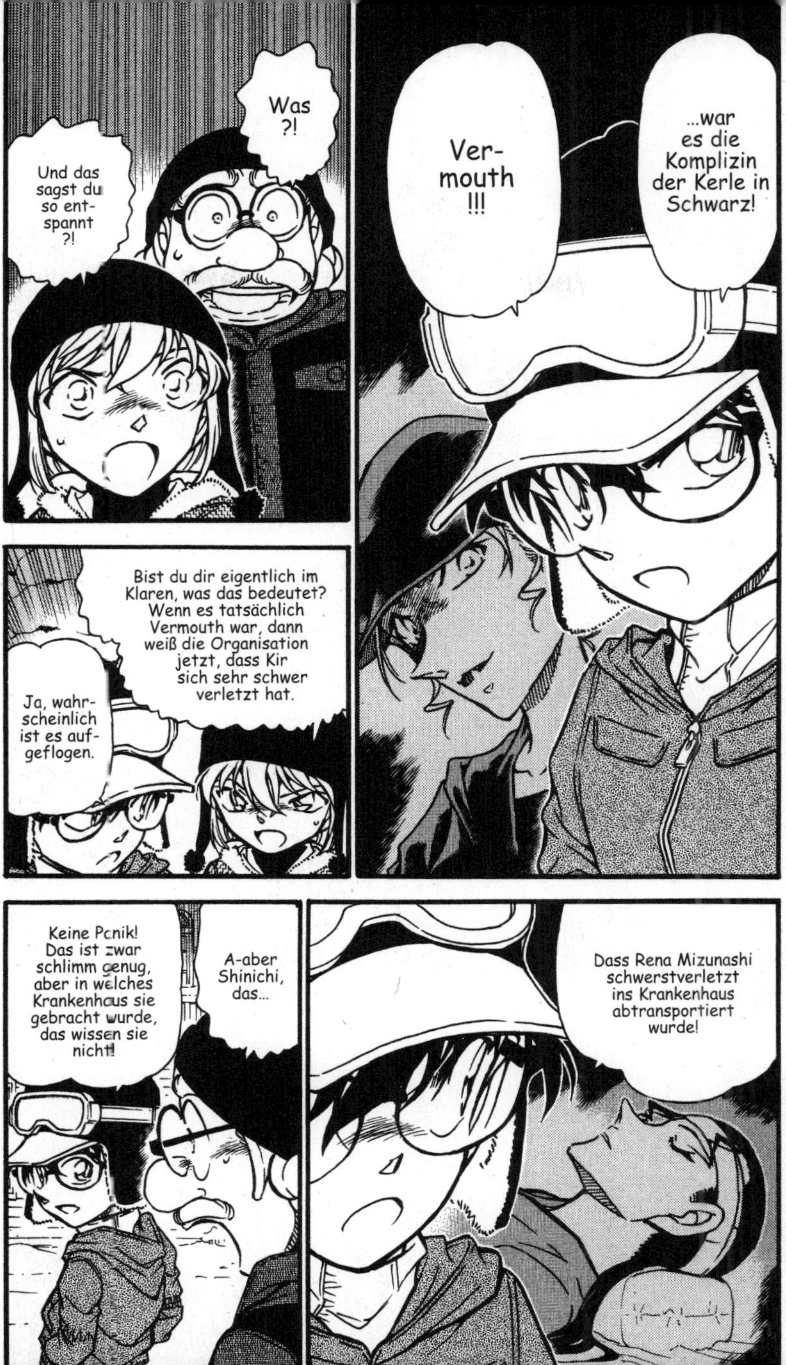

...war es die Komplizin der Kerle in Schwarz!
Vermouth!!!
Was?!
Und das sagst du so entspannt?!
Bist du dir eigentlich im Klaren, was das bedeutet? Wenn es tatsächlich Vermouth war, dann weiß die Organisation jetzt, dass Kir sich sehr schwer verletzt hat.
Ja, wahrscheinlich ist es aufgeflogen.
Dass Rena Mizunashi schwerstverletzt ins Krankenhaus abtransportiert wurde!
A-aber Shinichi, das...
Keine Panik! Das ist zwar schlimm genug, aber in welches Krankenhaus sie gebracht wurde, das wissen sie nicht!

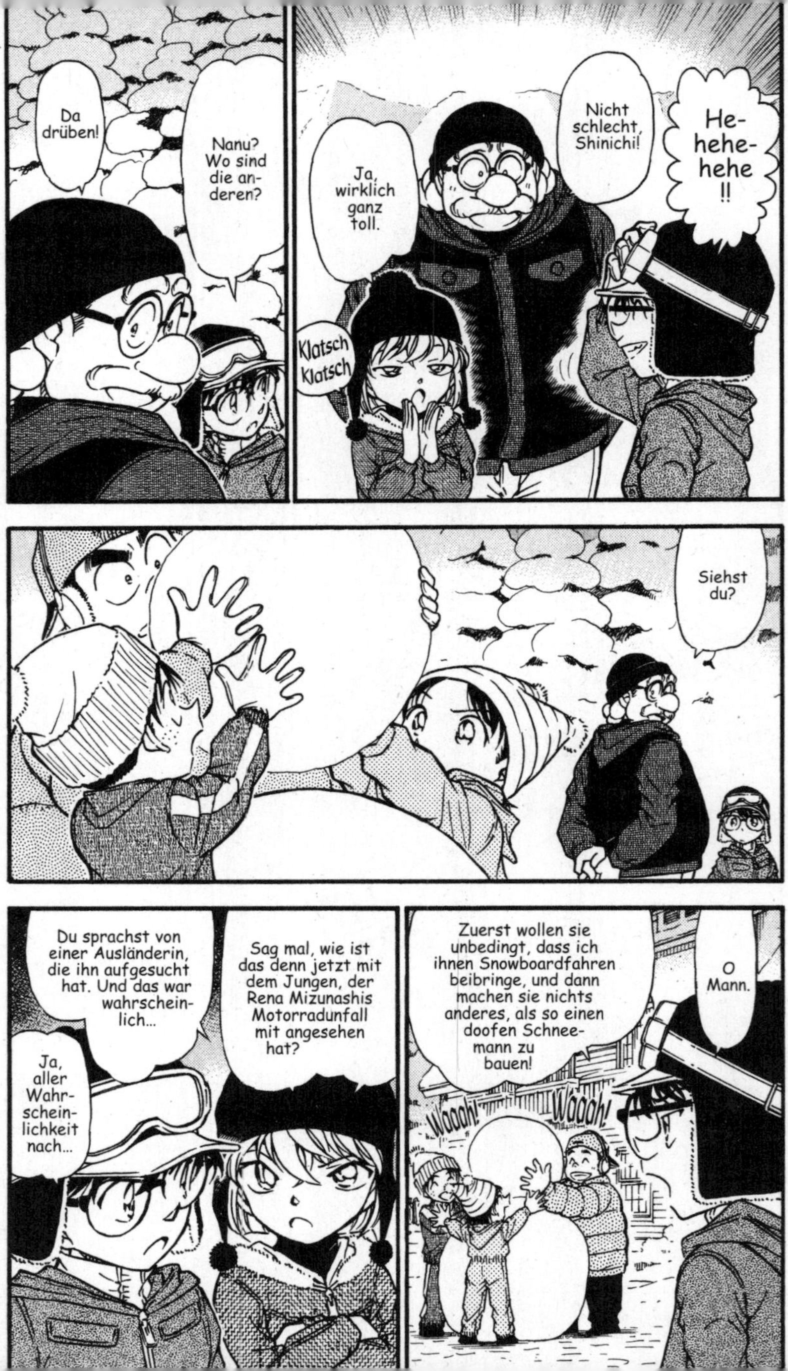
He-hehe-hehe !!
Nicht schlecht, Shinichi!
Ja, wirklich ganz toll.
Klatsch Klatsch
Nanu? Wo sind die anderen?
Da drüben!
Siehst du?
O Mann.
Zuerst wollen sie unbedingt, dass ich ihnen Snowboardfahren beibringe, und dann machen sie nichts anderes, als so einen doofen Schneemann zu bauen!
Sag mal, wie ist das denn jetzt mit dem Jungen, der Rena Mizunashis Motorradunfall mit angesehen hat?
Du sprachst von einer Ausländerin, die ihn aufgesucht hat. Und das war wahrscheinlich...
Ja, aller Wahrscheinlichkeit nach...

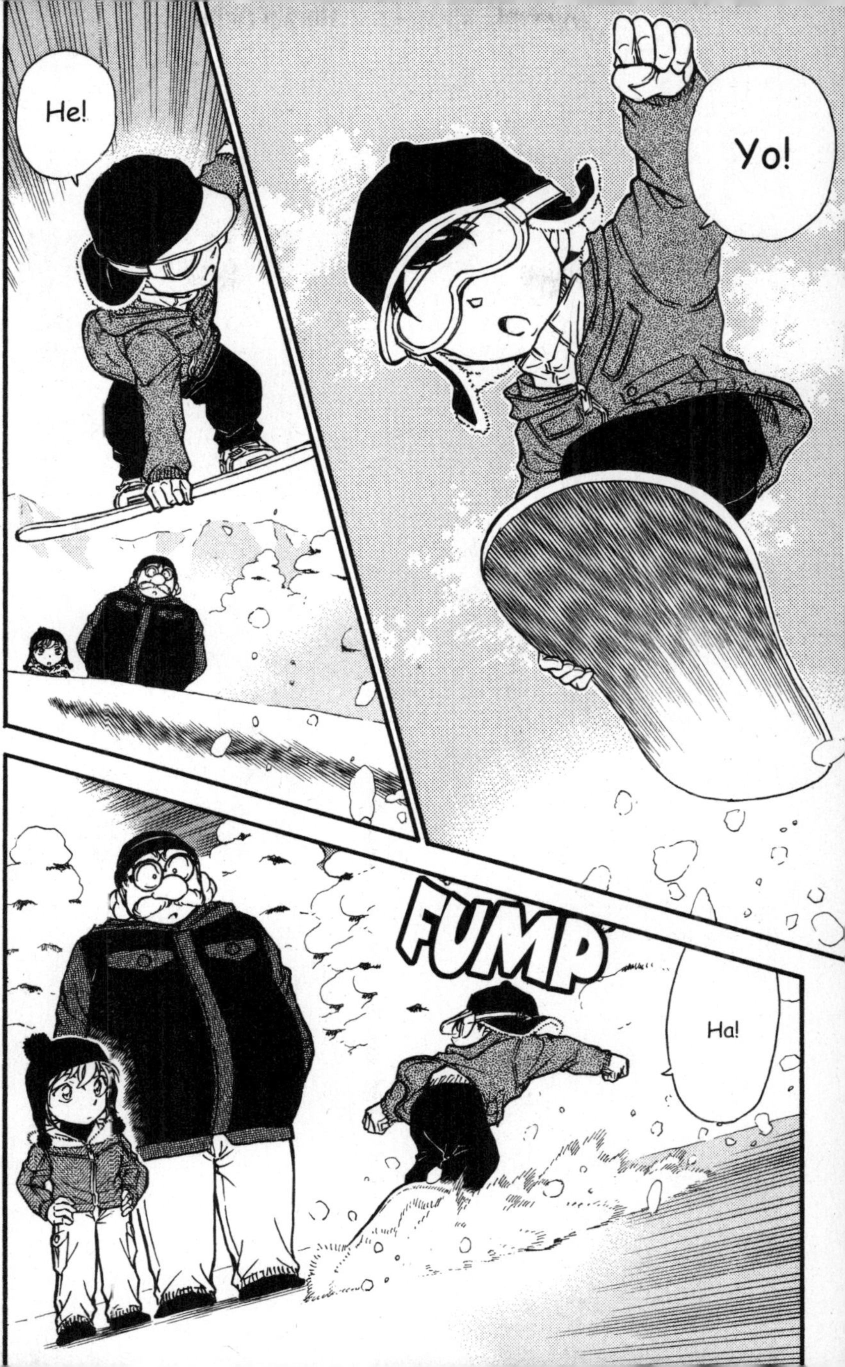
Yo!
He!
FUMP
Ha!

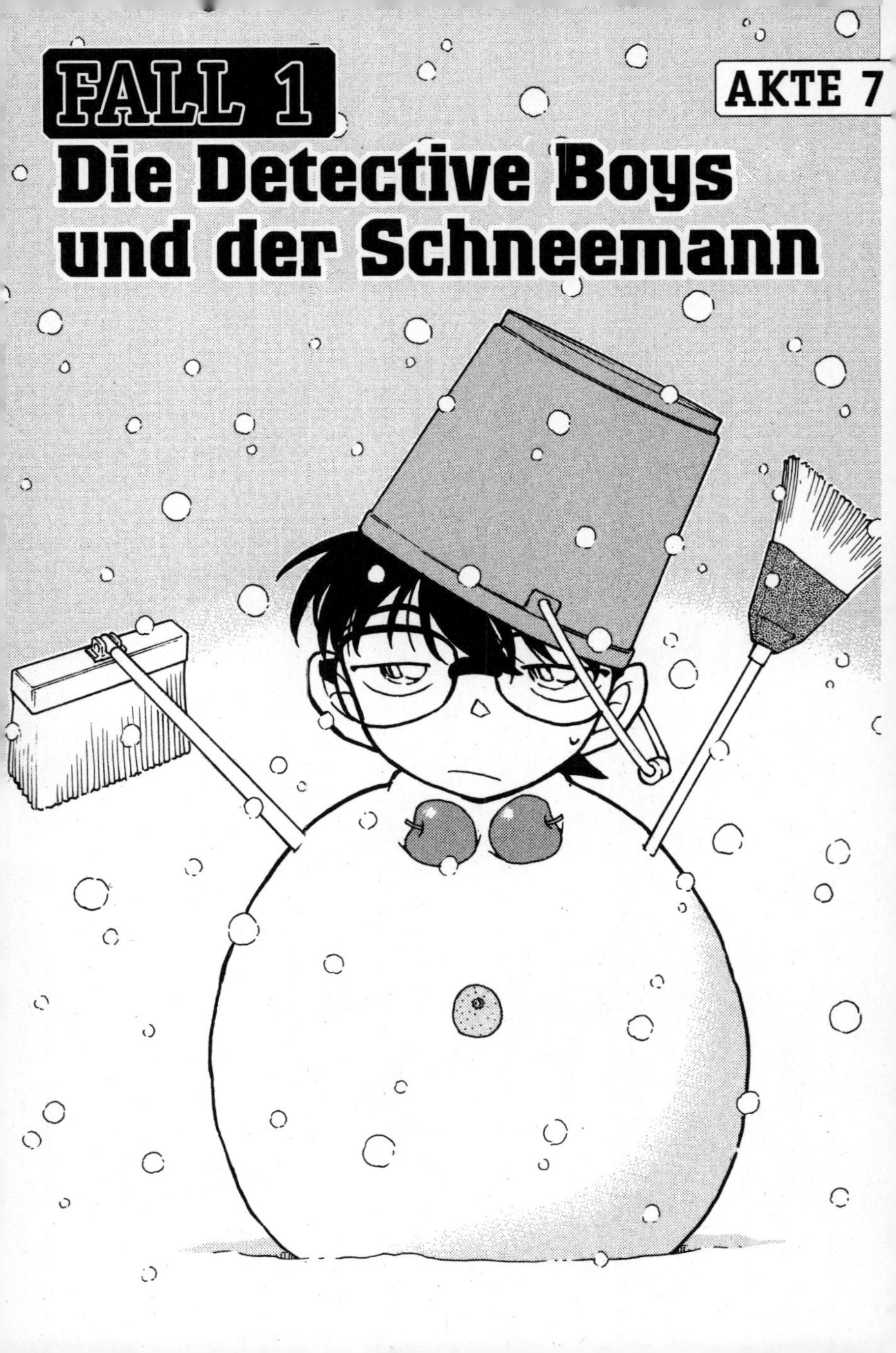
FALL 1
AKTE 7
Die Detective Boys
und der Schneemann

DETEKTIV
CONAN
WINTER EDITION

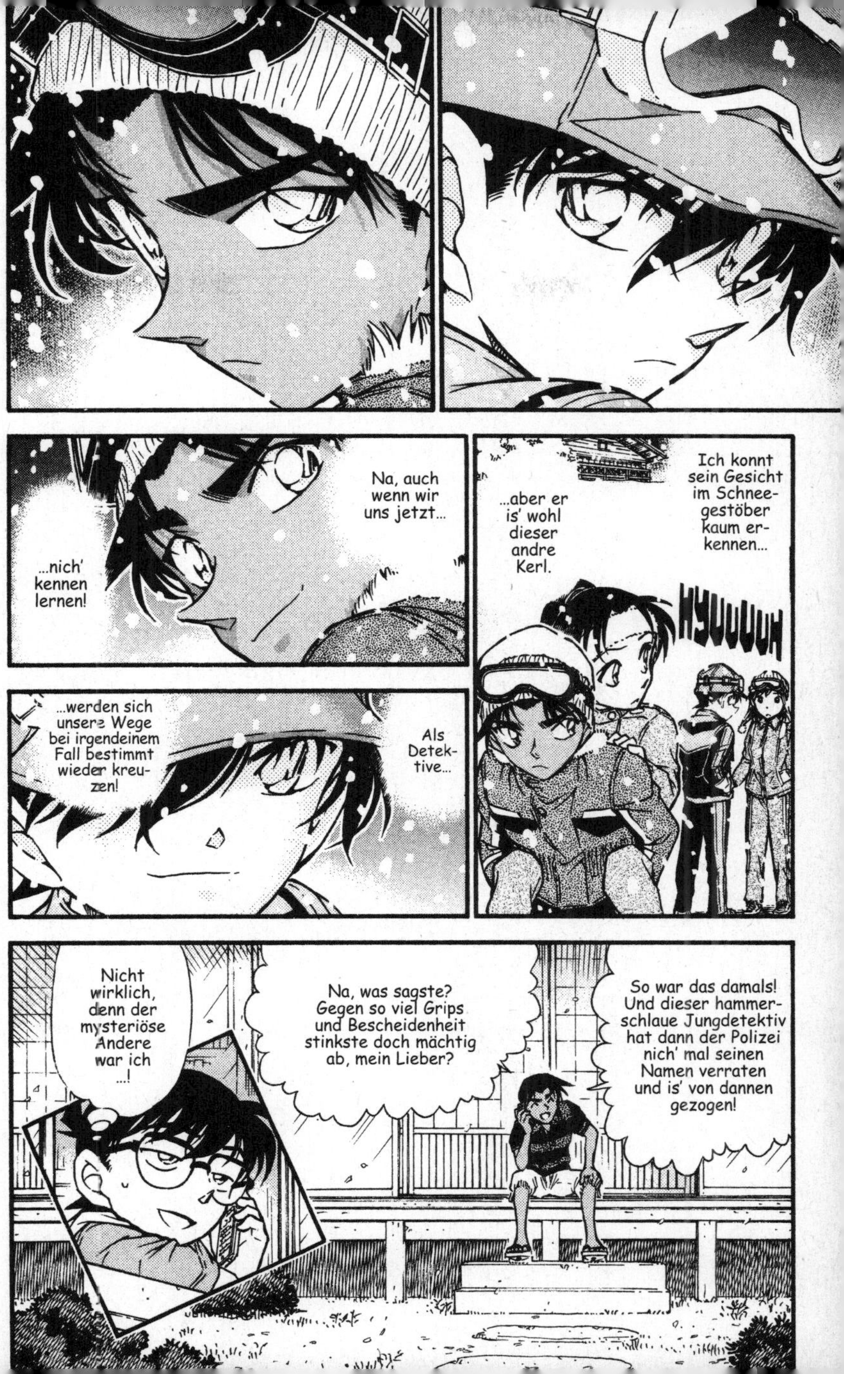
Ich konnt sein Gesicht im Schneegestöber kaum erkennen...
...aber er is' wohl dieser andre Kerl.
HYUUUUH
Na, auch wenn wir uns jetzt...
...nich' kennen lernen!
Als Detektive...
...werden sich unsere Wege bei irgendeinem Fall bestimmt wieder kreuzen!
So war das damals! Und dieser hammerschlaue Jungdetektiv hat dann der Polizei nich' mal seinen Namen verraten und is' von dannen gezogen!
Na, was sagste? Gegen so viel Grips und Bescheidenheit stinkste doch mächtig ab, mein Lieber?
Nicht wirklich, denn der mysteriöse Andere war ich ...!

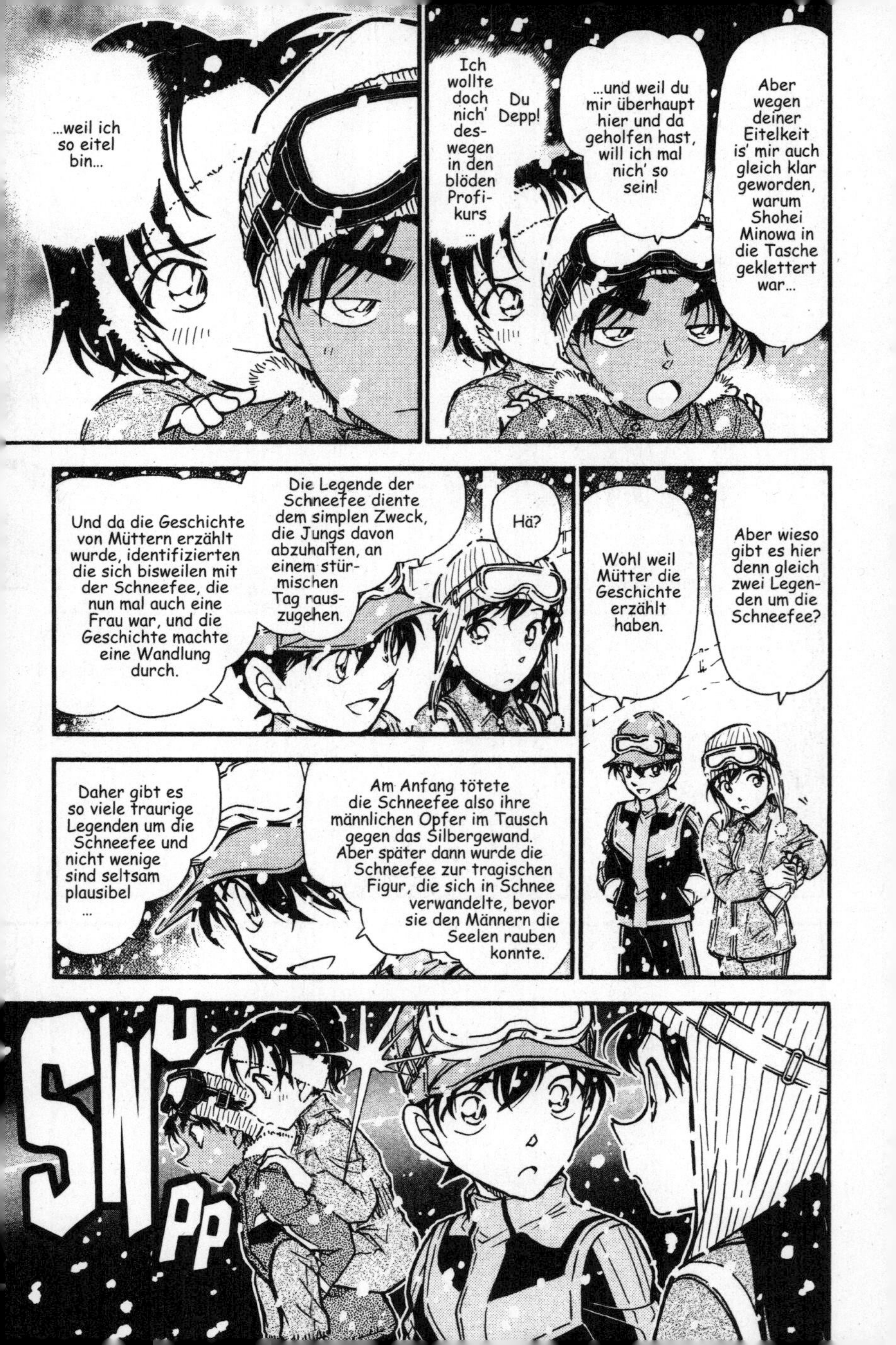
Aber wegen deiner Eitelkeit is' mir auch gleich klar geworden, warum Shohei Minowa in die Tasche geklettert war...
...und weil du mir überhaupt hier und da geholfen hast, will ich mal nich' so sein!
Du Depp!
Ich wollte doch nich' deswegen in den blöden Profikurs ...
...weil ich so eitel bin...
Aber wieso gibt es hier denn gleich zwei Legenden um die Schneefee?
Wohl weil Mütter die Geschichte erzählt haben.
Hä?
Die Legende der Schneefee diente dem simplen Zweck, die Jungs davon abzuhalten, an einem stürmischen Tag rauszugehen.
Und da die Geschichte von Müttern erzählt wurde, identifizierten die sich bisweilen mit der Schneefee, die nun mal auch eine Frau war, und die Geschichte machte eine Wandlung durch.
Am Anfang tötete die Schneefee also ihre männlichen Opfer im Tausch gegen das Silbergewand. Aber später dann wurde die Schneefee zur tragischen Figur, die sich in Schnee verwandelte, bevor sie den Männern die Seelen rauben konnte.
Daher gibt es so viele traurige Legenden um die Schneefee und nicht wenige sind seltsam plausibel ...
SNUPP

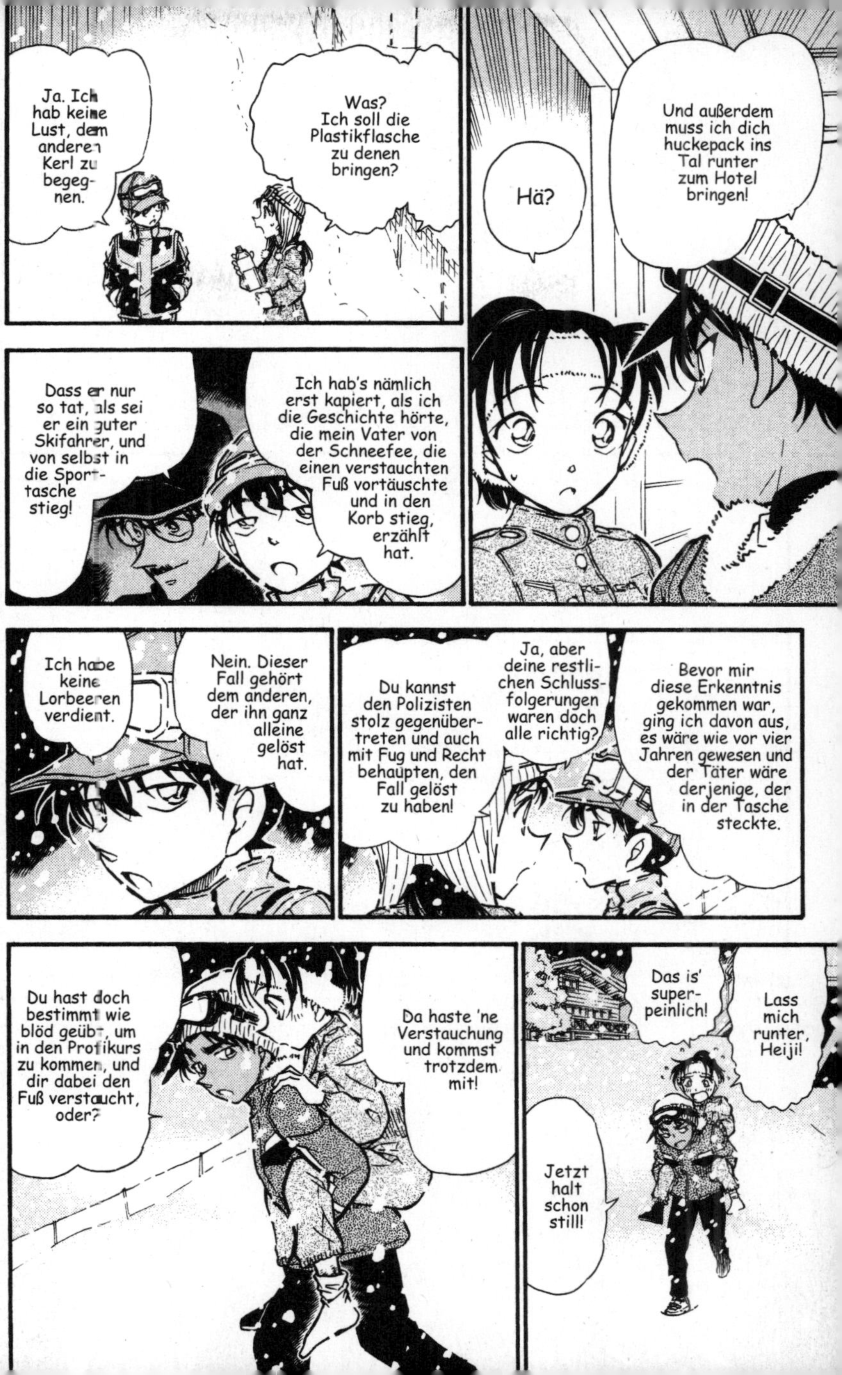
Was? Ich soll die Plastikflasche zu denen bringen?
Ja. Ich hab keine Lust, dem anderen Kerl zu begegnen.
Und außerdem muss ich dich huckepack ins Tal runter zum Hotel bringen!
Hä?
Ich hab's nämlich erst kapiert, als ich die Geschichte hörte, die mein Vater von der Schneefee, die einen verstauchten Fuß vortäuschte und in den Korb stieg, erzählt hat.
Dass er nur so tat, als sei er ein guter Skifahrer, und von selbst in die Sporttasche stieg!
Bevor mir diese Erkenntnis gekommen war, ging ich davon aus, es wäre wie vor vier Jahren gewesen und der Täter wäre derjenige, der in der Tasche steckte.
Ja, aber deine restlichen Schlussfolgerungen waren doch alle richtig?
Du kannst den Polizisten stolz gegenübertreten und auch mit Fug und Recht behaupten, den Fall gelöst zu haben!
Nein. Dieser Fall gehört dem anderen, der ihn ganz alleine gelöst hat.
Ich habe keine Lorbeeren verdient.
Lass mich runter, Heiji!
Das is' superpeinlich!
Jetzt halt schon still!
Da haste 'ne Verstauchung und kommst trotzdem mit!
Du hast doch bestimmt wie blöd geübt, um in den Profikurs zu kommen, und dir dabei den Fuß verstaucht, oder?

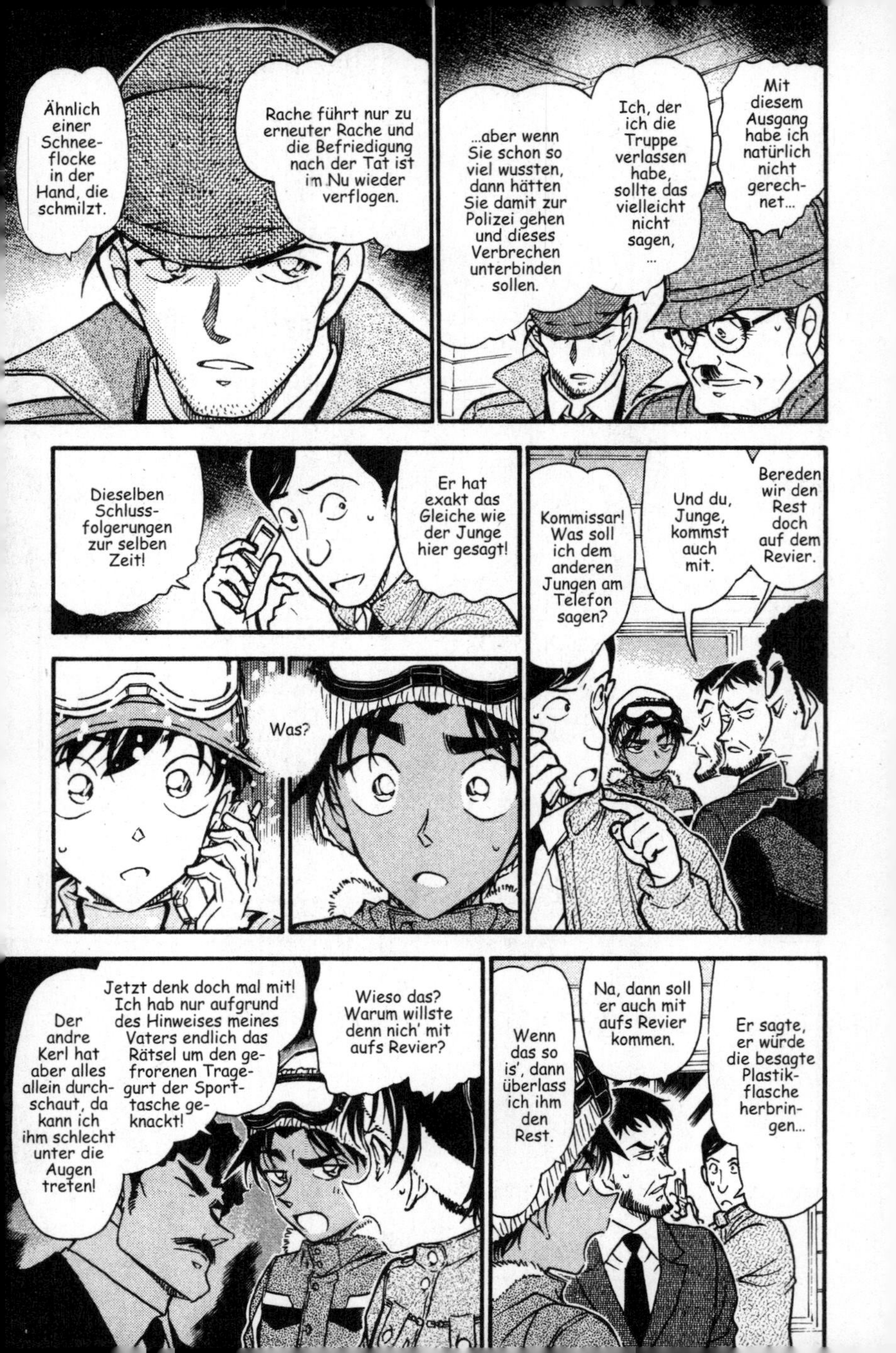

Mit diesem Ausgang habe ich natürlich nicht gerechnet...
Ich, der ich die Truppe verlassen habe, sollte das vielleicht nicht sagen, ...
...aber wenn Sie schon so viel wussten, dann hätten Sie damit zur Polizei gehen und dieses Verbrechen unterbinden sollen.
Rache führt nur zu erneuter Rache und die Befriedigung nach der Tat ist im Nu wieder verflogen.
Ähnlich einer Schneeflocke in der Hand, die schmilzt.
Bereden wir den Rest doch auf dem Revier.
Und du, Junge, kommst auch mit.
Kommissar! Was soll ich dem anderen Jungen am Telefon sagen?
Er hat exakt das Gleiche wie der Junge hier gesagt!
Dieselben Schlussfolgerungen zur selben Zeit!
Was?
Er sagte, er würde die besagte Plastikflasche herbringen...
Na, dann soll er auch mit aufs Revier kommen.
Wenn das so is', dann überlass ich ihm den Rest.
Wieso das? Warum willste denn nich' mit aufs Revier?
Jetzt denk doch mal mit! Ich hab nur aufgrund des Hinweises meines Vaters endlich das Rätsel um den gefrorenen Tragegurt der Sporttasche geknackt!
Der andre Kerl hat aber alles allein durchschaut, da kann ich ihm schlecht unter die Augen treten!

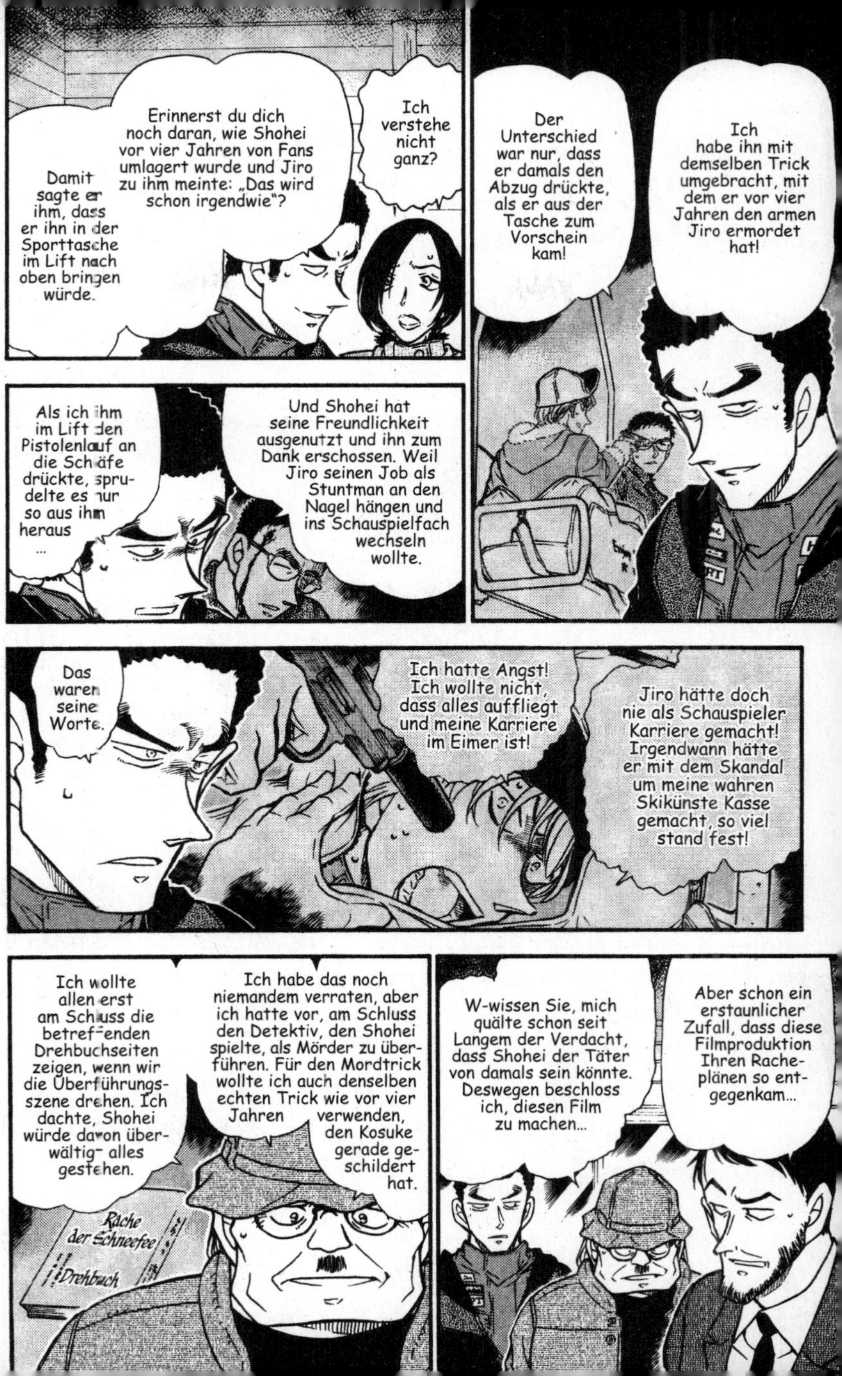
Ich habe ihn mit demselben Trick umgebracht, mit dem er vor vier Jahren den armen Jiro ermordet hat!
Der Unterschied war nur, dass er damals den Abzug drückte, als er aus der Tasche zum Vorschein kam!
Ich verstehe nicht ganz?
Erinnerst du dich noch daran, wie Shohei vor vier Jahren von Fans umlagert wurde und Jiro zu ihm meinte: „Das wird schon irgendwie"?
Damit sagte er ihm, dass er ihn in der Sporttasche im Lift nach oben bringen würde.
Und Shohei hat seine Freundlichkeit ausgenutzt und ihn zum Dank erschossen. Weil Jiro seinen Job als Stuntman an den Nagel hängen und ins Schauspielfach wechseln wollte.
Als ich ihm im Lift den Pistolenlauf an die Schläfe drückte, sprudelte es nur so aus ihm heraus ...
Jiro hätte doch nie als Schauspieler Karriere gemacht! Irgendwann hätte er mit dem Skandal um meine wahren Skikünste Kasse gemacht, so viel stand fest!
Ich hatte Angst! Ich wollte nicht, dass alles auffliegt und meine Karriere im Eimer ist!
Das waren seine Worte.
Aber schon ein erstaunlicher Zufall, dass diese Filmproduktion Ihren Racheplänen so entgegenkam...
W-wissen Sie, mich quälte schon seit Langem der Verdacht, dass Shohei der Täter von damals sein könnte. Deswegen beschloss ich, diesen Film zu machen...
Ich habe das noch niemandem verraten, aber ich hatte vor, am Schluss den Detektiv, den Shohei spielte, als Mörder zu überführen. Für den Mordtrick wollte ich auch denselben echten Trick wie vor vier Jahren verwenden, den Kosuke gerade geschildert hat.
Ich wollte allen erst am Schluss die betreffenden Drehbuchseiten zeigen, wenn wir die Überführungsszene drehen. Ich dachte, Shohei würde davon überwältigt alles gestehen.
Rache der Schneefee
Drehbuch

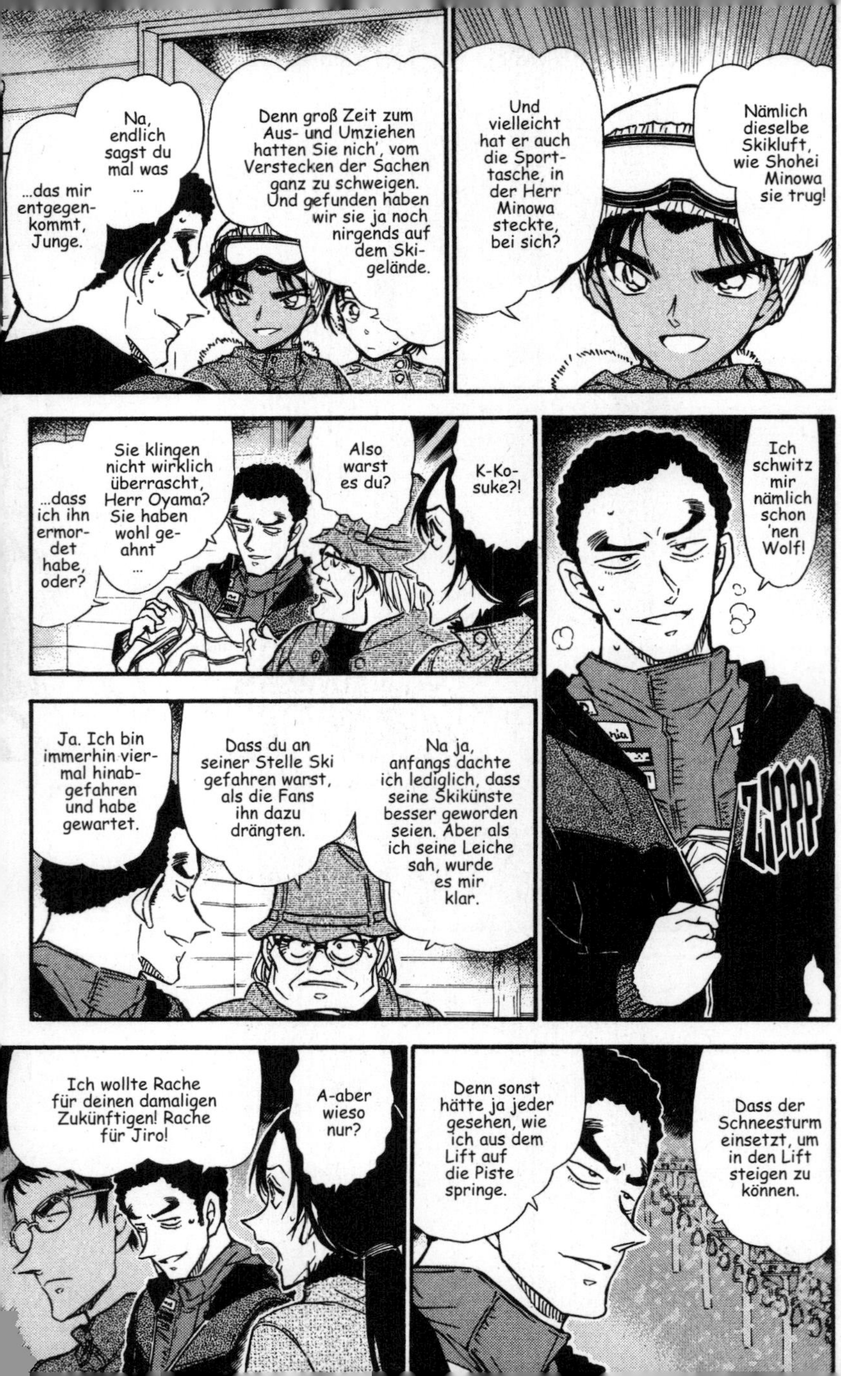

Nämlich dieselbe Skikluft, wie Shohei Minowa sie trug!
Und vielleicht hat er auch die Sporttasche, in der Herr Minowa steckte, bei sich?
Denn groß Zeit zum Aus- und Umziehen hatten Sie nich', vom Verstecken der Sachen ganz zu schweigen. Und gefunden haben wir sie ja noch nirgends auf dem Skigelände.
Na, endlich sagst du mal was ...
...das mir entgegenkommt, Junge.
Ich schwitz mir nämlich schon 'nen Wolf!
ZIPPP
K-Kosuke?!
Also warst es du?
Sie klingen nicht wirklich überrascht, Herr Oyama? Sie haben wohl geahnt ...
...dass ich ihn ermordet habe, oder?
Na ja, anfangs dachte ich lediglich, dass seine Skikünste besser geworden seien. Aber als ich seine Leiche sah, wurde es mir klar.
Dass du an seiner Stelle Ski gefahren warst, als die Fans ihn dazu drängten.
Ja. Ich bin immerhin viermal hinabgefahren und habe gewartet.
Dass der Schneesturm einsetzt, um in den Lift steigen zu können.
Denn sonst hätte ja jeder gesehen, wie ich aus dem Lift auf die Piste springe.
A-aber wieso nur?
Ich wollte Rache für deinen damaligen Zukünftigen! Rache für Jiro!

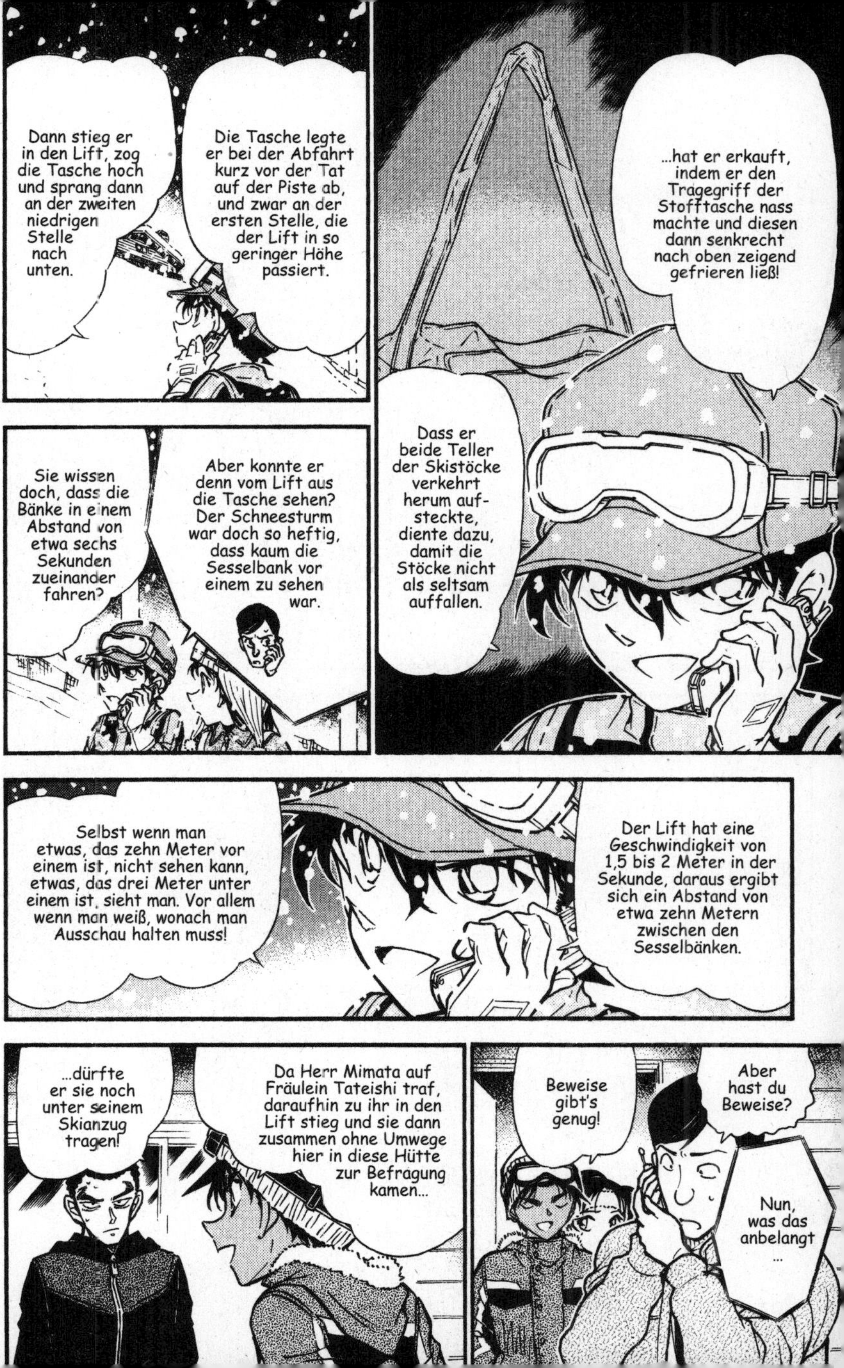
...hat er erkauft, indem er den Tragegriff der Stofftasche nass machte und diesen dann senkrecht nach oben zeigend gefrieren ließ!
Dass er beide Teller der Skistöcke verkehrt herum auf-steckte, diente dazu, damit die Stöcke nicht als seltsam auffallen.
Die Tasche legte er bei der Abfahrt kurz vor der Tat auf der Piste ab, und zwar an der ersten Stelle, die der Lift in so geringer Höhe passiert.
Dann stieg er in den Lift, zog die Tasche hoch und sprang dann an der zweiten niedrigen Stelle nach unten.
Aber konnte er denn vom Lift aus die Tasche sehen? Der Schneesturm war doch so heftig, dass kaum die Sesselbank vor einem zu sehen war.
Sie wissen doch, dass die Bänke in einem Abstand von etwa sechs Sekunden zueinander fahren?
Der Lift hat eine Geschwindigkeit von 1,5 bis 2 Meter in der Sekunde, daraus ergibt sich ein Abstand von etwa zehn Metern zwischen den Sesselbänken.
Selbst wenn man etwas, das zehn Meter vor einem ist, nicht sehen kann, etwas, das drei Meter unter einem ist, sieht man. Vor allem wenn man weiß, wonach man Ausschau halten muss!
Aber hast du Beweise?
Beweise gibt's genug!
Nun, was das anbelangt ...
Da Herr Mimata auf Fräulein Tateishi traf, daraufhin zu ihr in den Lift stieg und sie dann zusammen ohne Umwege hier in diese Hütte zur Befragung kamen...
...dürfte er sie noch unter seinem Skianzug tragen!

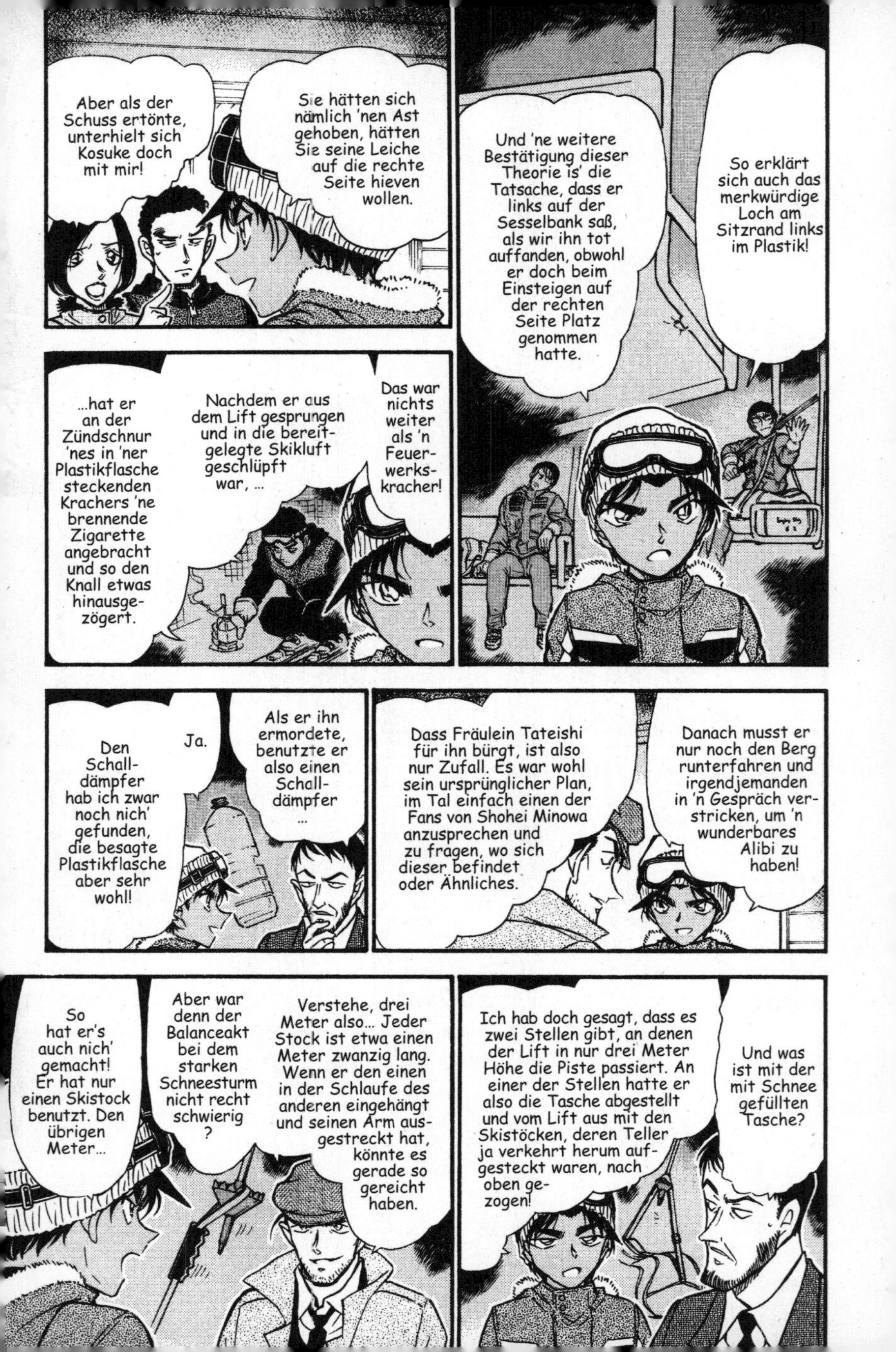

So erklärt sich auch das merkwürdige Loch am Sitzrand links im Plastik!
Und 'ne weitere Bestätigung dieser Theorie is' die Tatsache, dass er links auf der Sesselbank saß, als wir ihn tot auffanden, obwohl er doch beim Einsteigen auf der rechten Seite Platz genommen hatte.
Sie hätten sich nämlich 'nen Ast gehoben, hätten Sie seine Leiche auf die rechte Seite hieven wollen.
Aber als der Schuss ertönte, unterhielt sich Kosuke doch mit mir!
Das war nichts weiter als 'n Feuerwerkskracher!
Nachdem er aus dem Lift gesprungen und in die bereitgelegte Skikluft geschlüpft war, ...
...hat er an der Zündschnur 'nes in 'ner Plastikflasche steckenden Krachers 'ne brennende Zigarette angebracht und so den Knall etwas hinausgezögert.
Danach musst er nur noch den Berg runterfahren und irgendjemanden in 'n Gespräch verstricken, um 'n wunderbares Alibi zu haben!
Dass Fräulein Tateishi für ihn bürgt, ist also nur Zufall. Es war wohl sein ursprünglicher Plan, im Tal einfach einen der Fans von Shohei Minowa anzusprechen und zu fragen, wo sich dieser befindet oder Ähnliches.
Als er ihn ermordete, benutzte er also einen Schalldämpfer ...
Ja.
Den Schalldämpfer hab ich zwar noch nich' gefunden, die besagte Plastikflasche aber sehr wohl!
Und was ist mit der mit Schnee gefüllten Tasche?
Ich hab doch gesagt, dass es zwei Stellen gibt, an denen der Lift in nur drei Meter Höhe die Piste passiert. An einer der Stellen hatte er also die Tasche abgestellt und vom Lift aus mit den Skistöcken, deren Teller ja verkehrt herum aufgesteckt waren, nach oben gezogen!
Verstehe, drei Meter also... Jeder Stock ist etwa einen Meter zwanzig lang. Wenn er den einen in der Schlaufe des anderen eingehängt und seinen Arm ausgestreckt hat, könnte es gerade so gereicht haben.
Aber war denn der Balanceakt bei dem starken Schneesturm nicht recht schwierig?
So hat er's auch nich' gemacht! Er hat nur einen Skistock benutzt. Den übrigen Meter...

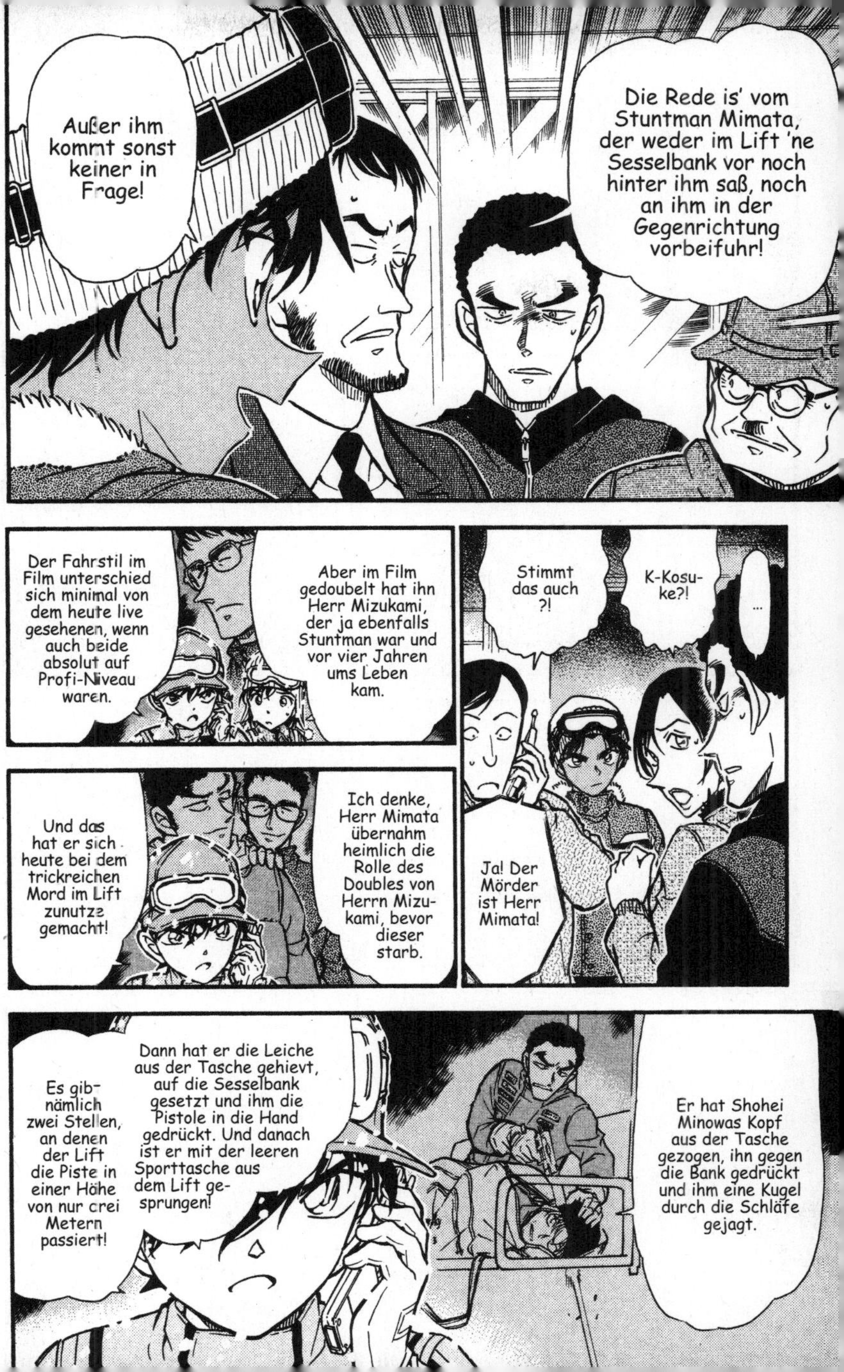

Die Rede is' vom Stuntman Mimata, der weder im Lift 'ne Sesselbank vor noch hinter ihm saß, noch an ihm in der Gegenrichtung vorbeifuhr!
Außer ihm kommt sonst keiner in Frage!
...
K-Kosuke?!
Stimmt das auch ?!
Ja! Der Mörder ist Herr Mimata!
Aber im Film gedoubelt hat ihn Herr Mizukami, der ja ebenfalls Stuntman war und vor vier Jahren ums Leben kam.
Der Fahrstil im Film unterschied sich minimal von dem heute live gesehenen, wenn auch beide absolut auf Profi-Niveau waren.
Ich denke, Herr Mimata übernahm heimlich die Rolle des Doubles von Herrn Mizukami, bevor dieser starb.
Und das hat er sich heute bei dem trickreichen Mord im Lift zunutze gemacht!
Er hat Shohei Minowas Kopf aus der Tasche gezogen, ihn gegen die Bank gedrückt und ihm eine Kugel durch die Schläfe gejagt.
Dann hat er die Leiche aus der Tasche gehievt, auf die Sesselbank gesetzt und ihm die Pistole in die Hand gedrückt. Und danach ist er mit der leeren Sporttasche aus dem Lift gesprungen!
Es gibt nämlich zwei Stellen, an denen der Lift die Piste in einer Höhe von nur drei Metern passiert!

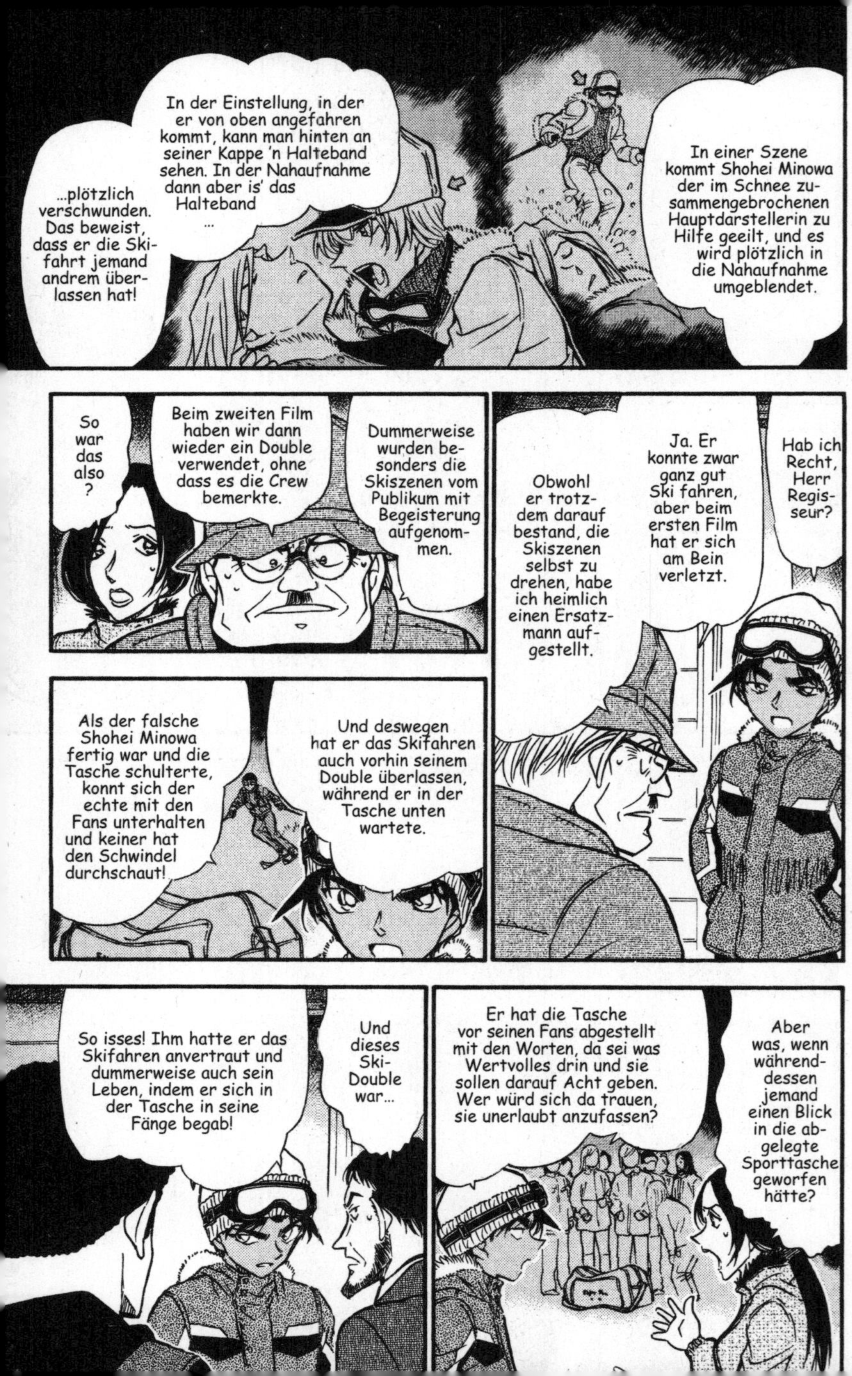

In einer Szene kommt Shohei Minowa der im Schnee zusammengebrochenen Hauptdarstellerin zu Hilfe geeilt, und es wird plötzlich in die Nahaufnahme umgeblendet.
In der Einstellung, in der er von oben angefahren kommt, kann man hinten an seiner Kappe 'n Halteband sehen. In der Nahaufnahme dann aber is' das Halteband ...
...plötzlich verschwunden. Das beweist, dass er die Skifahrt jemand andrem überlassen hat!
Hab ich Recht, Herr Regisseur?
Ja. Er konnte zwar ganz gut Ski fahren, aber beim ersten Film hat er sich am Bein verletzt.
Obwohl er trotzdem darauf bestand, die Skiszenen selbst zu drehen, habe ich heimlich einen Ersatzmann aufgestellt.
Dummerweise wurden besonders die Skiszenen vom Publikum mit Begeisterung aufgenommen.
Beim zweiten Film haben wir dann wieder ein Double verwendet, ohne dass es die Crew bemerkte.
So war das also?
Und deswegen hat er das Skifahren auch vorhin seinem Double überlassen, während er in der Tasche unten wartete.
Als der falsche Shohei Minowa fertig war und die Tasche schulterte, konnt sich der echte mit den Fans unterhalten und keiner hat den Schwindel durchschaut!
Aber was, wenn währenddessen jemand einen Blick in die abgelegte Sporttasche geworfen hätte?
Er hat die Tasche vor seinen Fans abgestellt mit den Worten, da sei was Wertvolles drin und sie sollen darauf Acht geben. Wer würd sich da trauen, sie unerlaubt anzufassen?
Und dieses Ski-Double war...
So isses! Ihm hatte er das Skifahren anvertraut und dummerweise auch sein Leben, indem er sich in der Tasche in seine Fänge begab!

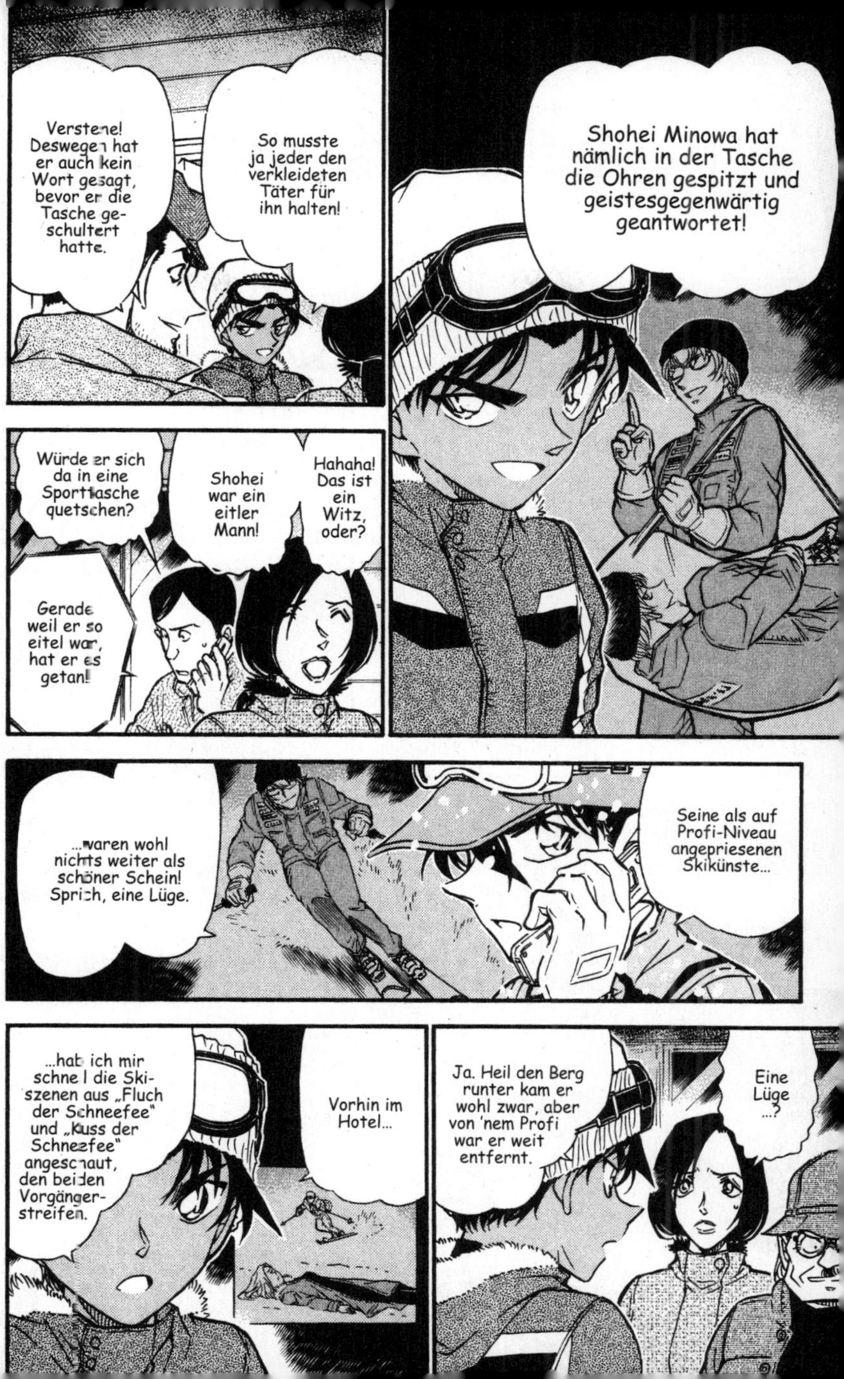

Shohei Minowa hat nämlich in der Tasche die Ohren gespitzt und geistesgegenwärtig geantwortet!
So musste ja jeder den verkleideten Täter für ihn halten!
Verstehe! Deswegen hat er auch kein Wort gesagt, bevor er die Tasche geschultert hatte.
Hahaha! Das ist ein Witz, oder?
Shohei war ein eitler Mann!
Würde er sich da in eine Sporttasche quetschen?
Gerade weil er so eitel war, hat er es getan!
Seine als auf Profi-Niveau angepriesenen Skikünste...
...waren wohl nichts weiter als schöner Schein! Sprich, eine Lüge.
Eine Lüge ...?
Ja. Heil den Berg runter kam er wohl zwar, aber von 'nem Profi war er weit entfernt.
Vorhin im Hotel...
...hab ich mir schnell die Skiszenen aus „Fluch der Schneefee" und „Kuss der Schneefee" angeschaut, den beiden Vorgängerstreifen.

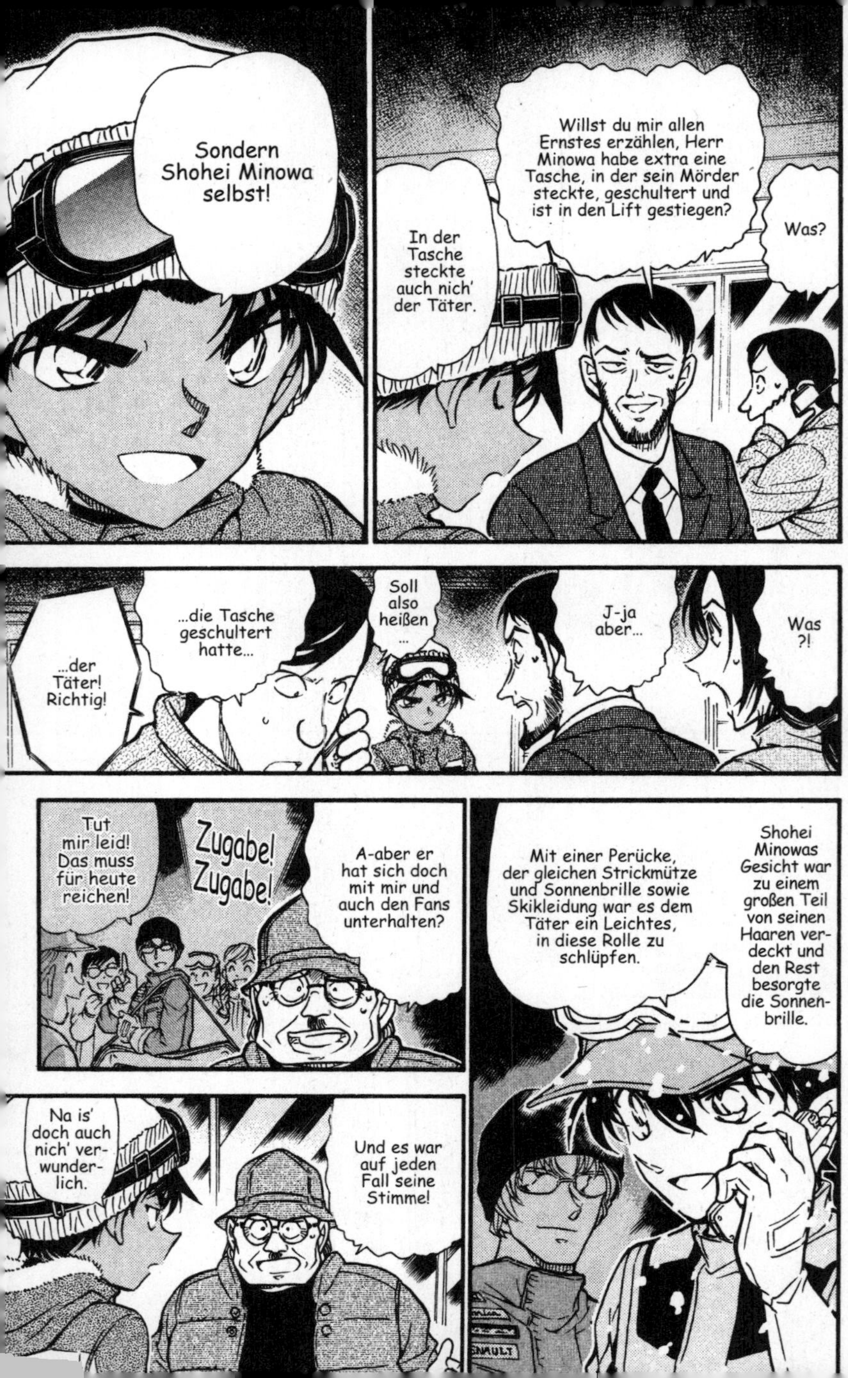
Was?
Willst du mir allen Ernstes erzählen, Herr Minowa habe extra eine Tasche, in der sein Mörder steckte, geschultert und ist in den Lift gestiegen?
In der Tasche steckte auch nich' der Täter.
Sondern Shohei Minowa selbst!
Was ?!
J-ja aber...
Soll also heißen ...
...die Tasche geschultert hatte...
...der Täter! Richtig!
Shohei Minowas Gesicht war zu einem großen Teil von seinen Haaren verdeckt und den Rest besorgte die Sonnenbrille.
Mit einer Perücke, der gleichen Strickmütze und Sonnenbrille sowie Skikleidung war es dem Täter ein Leichtes, in diese Rolle zu schlüpfen.
A-aber er hat sich doch mit mir und auch den Fans unterhalten?
Zugabe! Zugabe!
Tut mir leid! Das muss für heute reichen!
Und es war auf jeden Fall seine Stimme!
Na is' doch auch nich' verwunderlich.

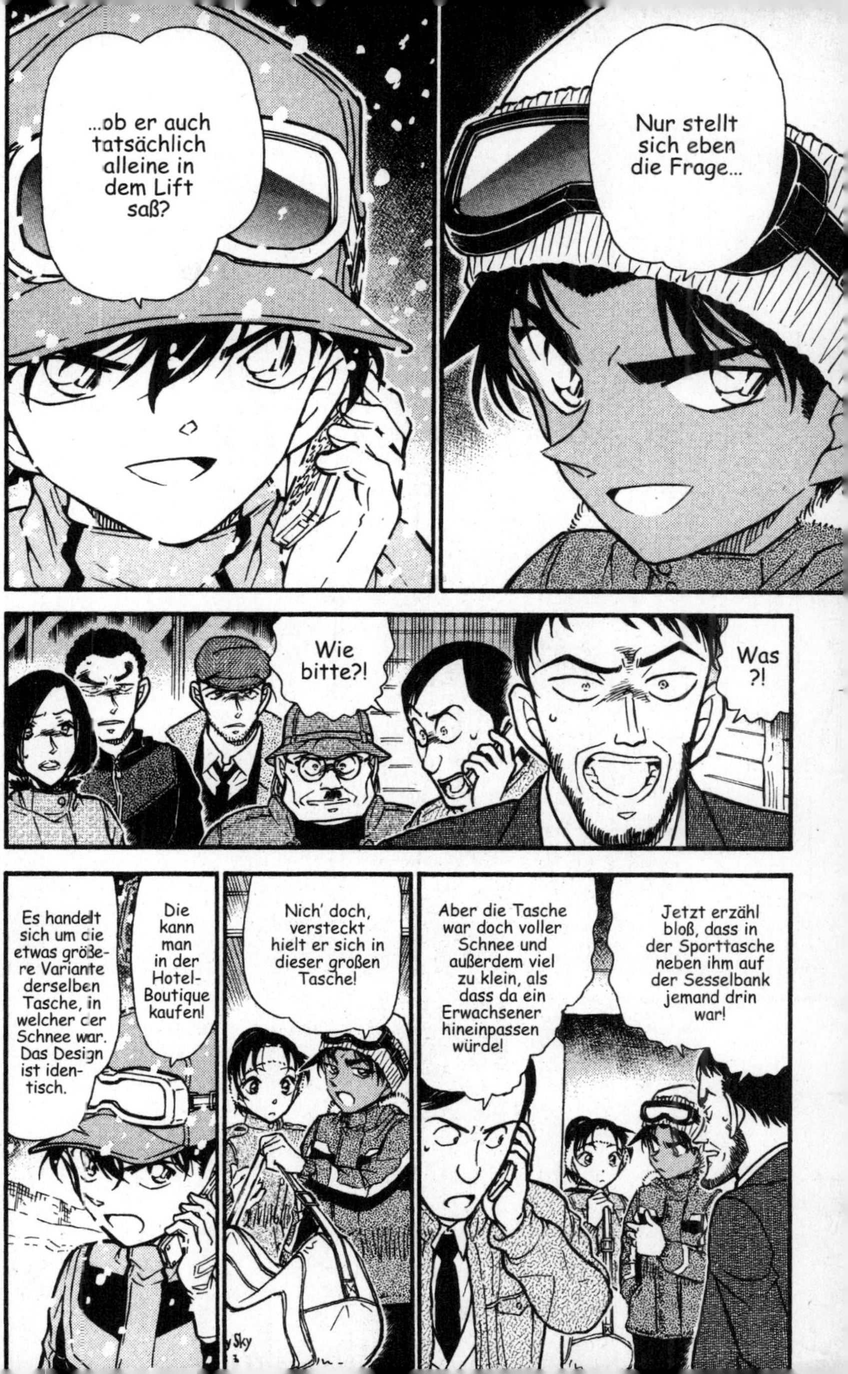
Nur stellt sich eben die Frage...
...ob er auch tatsächlich alleine in dem Lift saß?
Was?!
Wie bitte?!
Jetzt erzähl bloß, dass in der Sporttasche neben ihm auf der Sesselbank jemand drin war!
Aber die Tasche war doch voller Schnee und außerdem viel zu klein, als dass da ein Erwachsener hineinpassen würde!
Nich' doch, versteckt hielt er sich in dieser großen Tasche!
Die kann man in der Hotel-Boutique kaufen!
Es handelt sich um die etwas größere Variante derselben Tasche, in welcher der Schnee war. Das Design ist identisch.

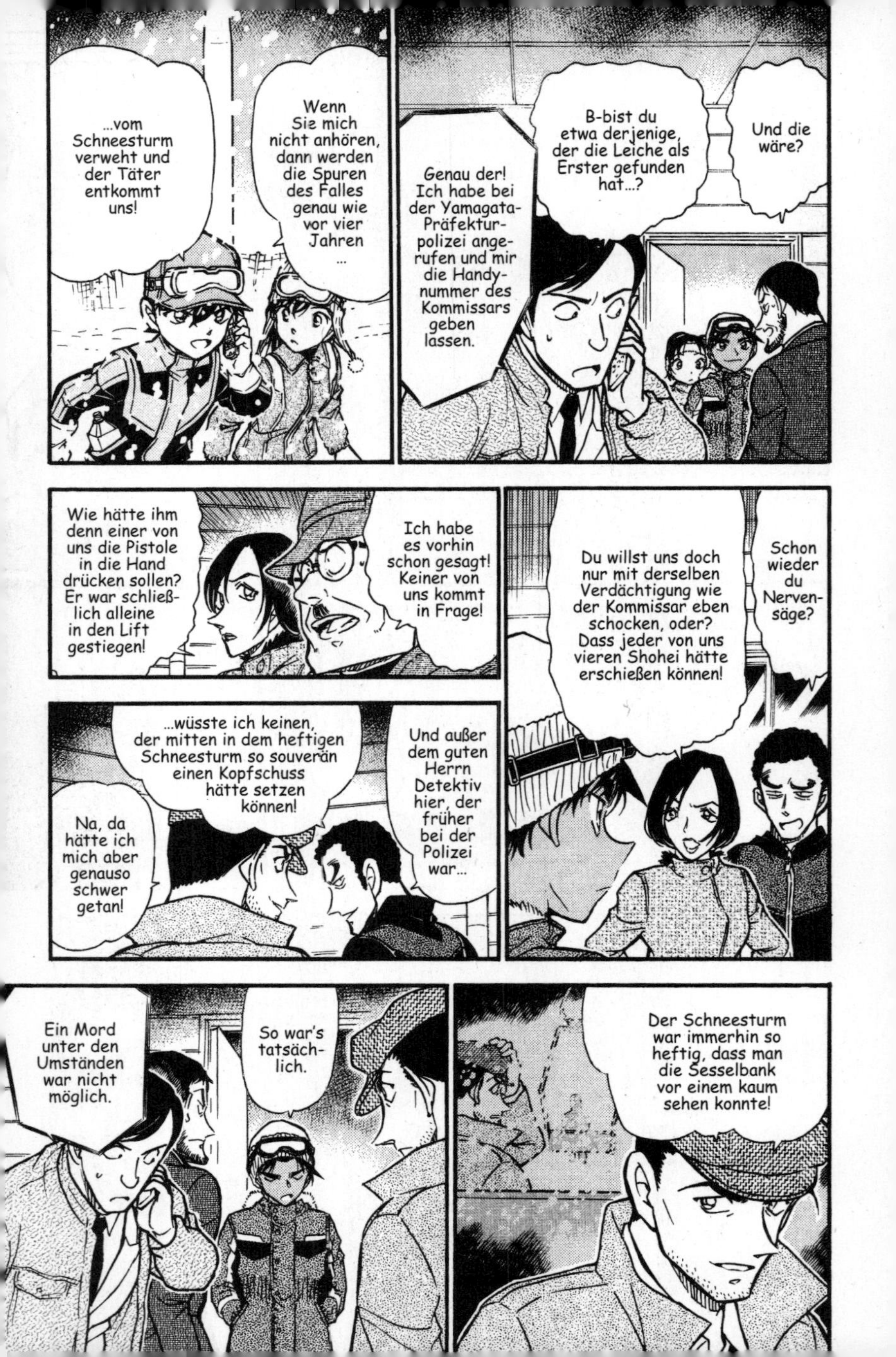

Und die wäre?
B-bist du etwa derjenige, der die Leiche als Erster gefunden hat...?
Genau der! Ich habe bei der Yamagata-Präfekturpolizei angerufen und mir die Handynummer des Kommissars geben lassen.
Wenn Sie mich nicht anhören, dann werden die Spuren des Falles genau wie vor vier Jahren ...
...vom Schneesturm verweht und der Täter entkommt uns!
Schon wieder du Nervensäge?
Du willst uns doch nur mit derselben Verdächtigung wie der Kommissar eben schocken, oder? Dass jeder von uns vieren Shohei hätte erschießen können!
Ich habe es vorhin schon gesagt! Keiner von uns kommt in Frage!
Wie hätte ihm denn einer von uns die Pistole in die Hand drücken sollen? Er war schließlich alleine in den Lift gestiegen!
Und außer dem guten Herrn Detektiv hier, der früher bei der Polizei war...
...wüsste ich keinen, der mitten in dem heftigen Schneesturm so souverän einen Kopfschuss hätte setzen können!
Na, da hätte ich mich aber genauso schwer getan!
Der Schneesturm war immerhin so heftig, dass man die Sesselbank vor einem kaum sehen konnte!
So war's tatsächlich.
Ein Mord unter den Umständen war nicht möglich.

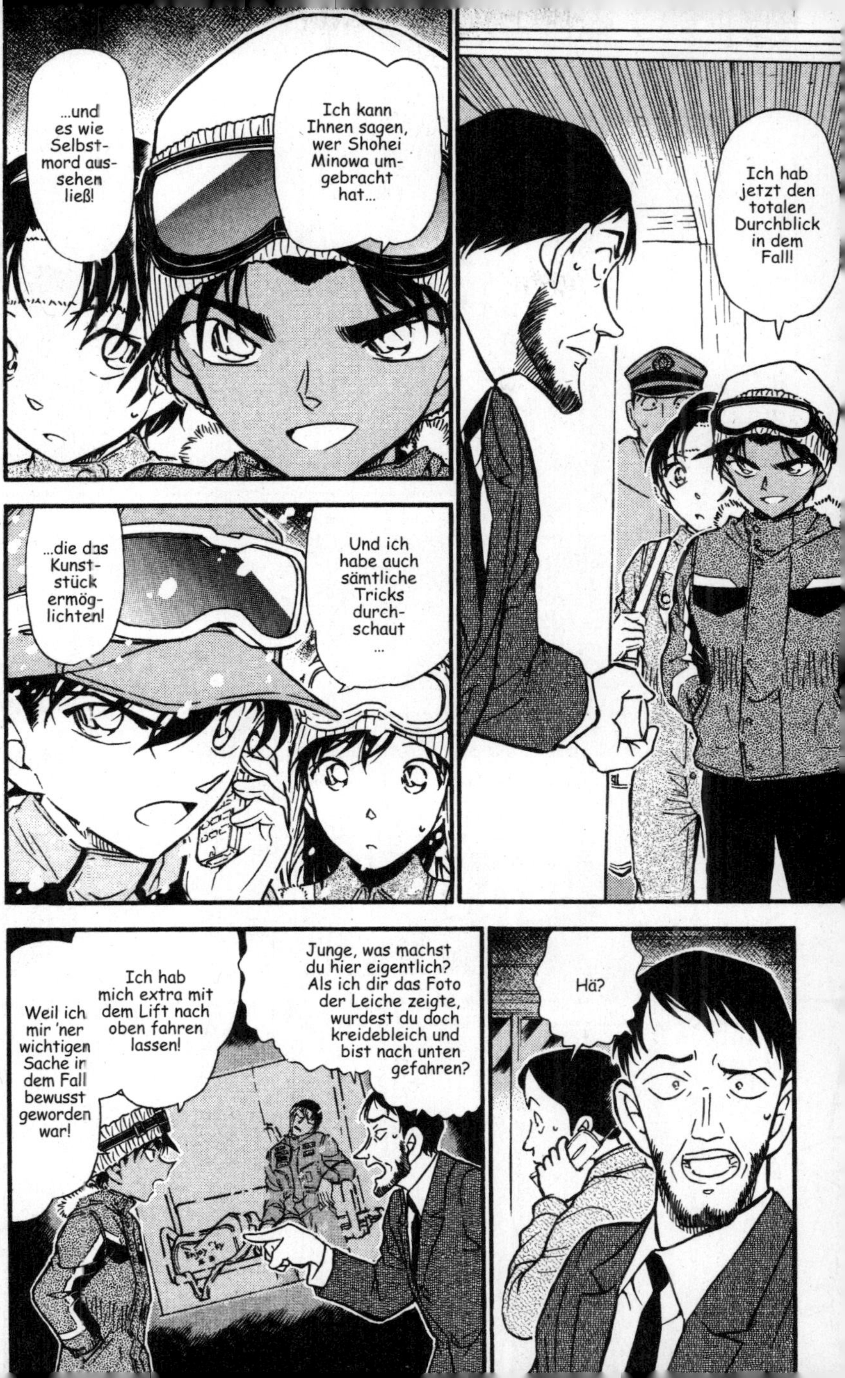

Ich hab jetzt den totalen Durchblick in dem Fall!
Ich kann Ihnen sagen, wer Shohei Minowa umgebracht hat...
...und es wie Selbstmord aussehen ließ!
Und ich habe auch sämtliche Tricks durchschaut ...
...die das Kunststück ermöglichten!
Hä?
Junge, was machst du hier eigentlich? Als ich dir das Foto der Leiche zeigte, wurdest du doch kreidebleich und bist nach unten gefahren?
Ich hab mich extra mit dem Lift nach oben fahren lassen!
Weil ich mir 'ner wichtigen Sache in dem Fall bewusst geworden war!

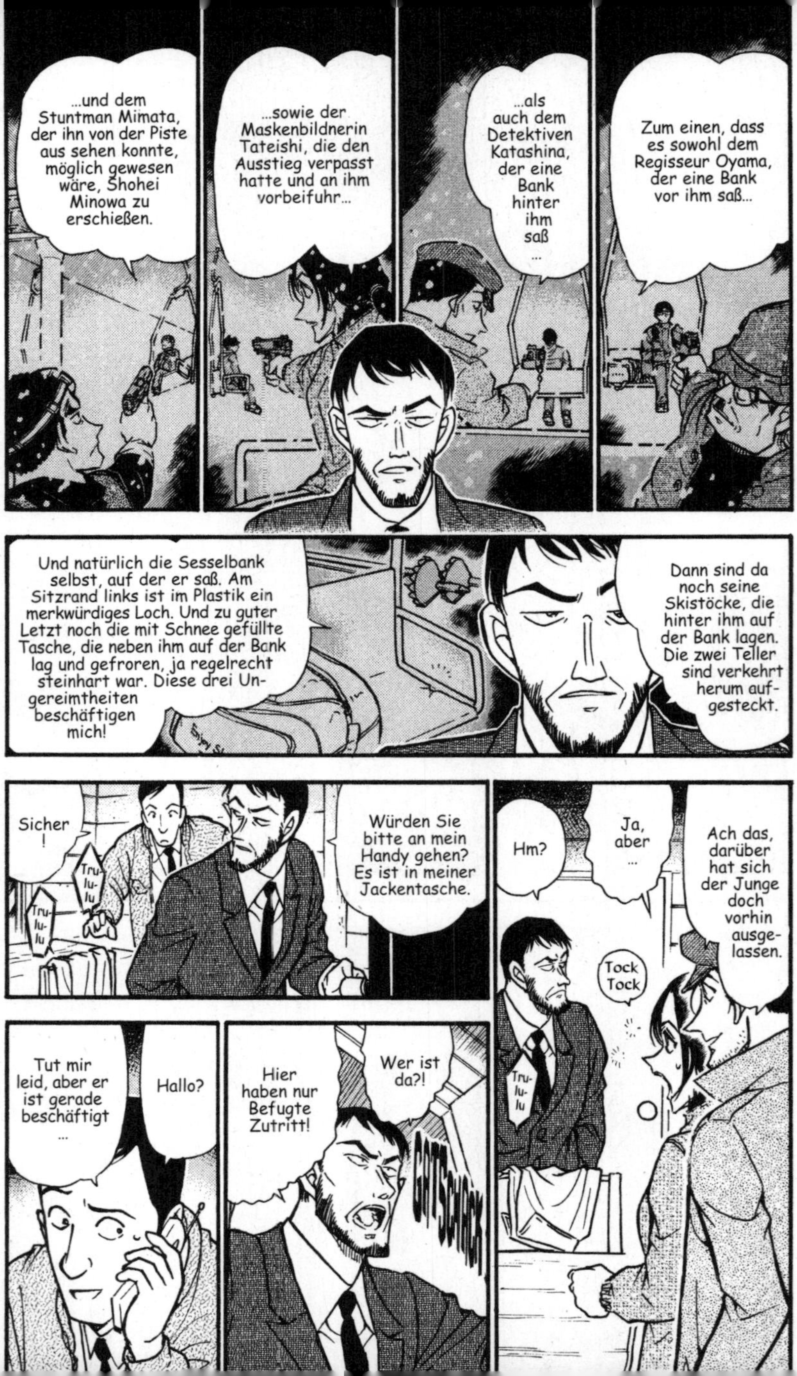
Zum einen, dass es sowohl dem Regisseur Oyama, der eine Bank vor ihm saß...
...als auch dem Detektiven Katashina, der eine Bank hinter ihm saß ...
...sowie der Maskenbildnerin Tateishi, die den Ausstieg verpasst hatte und an ihm vorbeifuhr...
...und dem Stuntman Mimata, der ihn von der Piste aus sehen konnte, möglich gewesen wäre, Shohei Minowa zu erschießen.
Dann sind da noch seine Skistöcke, die hinter ihm auf der Bank lagen. Die zwei Teller sind verkehrt herum aufgesteckt.
Und natürlich die Sesselbank selbst, auf der er saß. Am Sitzrand links ist im Plastik ein merkwürdiges Loch. Und zu guter Letzt noch die mit Schnee gefüllte Tasche, die neben ihm auf der Bank lag und gefroren, ja regelrecht steinhart war. Diese drei Ungereimtheiten beschäftigen mich!
Ach das, darüber hat sich der Junge doch vorhin ausgelassen.
Ja, aber ...
Hm?
Tock Tock
Tru-lu-lu
Würden Sie bitte an mein Handy gehen? Es ist in meiner Jackentasche.
Sicher!
Tru-lu-lu
Tru-lu-lu
Wer ist da?!
Hier haben nur Befugte Zutritt!
GATSCHACK
Hallo?
Tut mir leid, aber er ist gerade beschäftigt ...

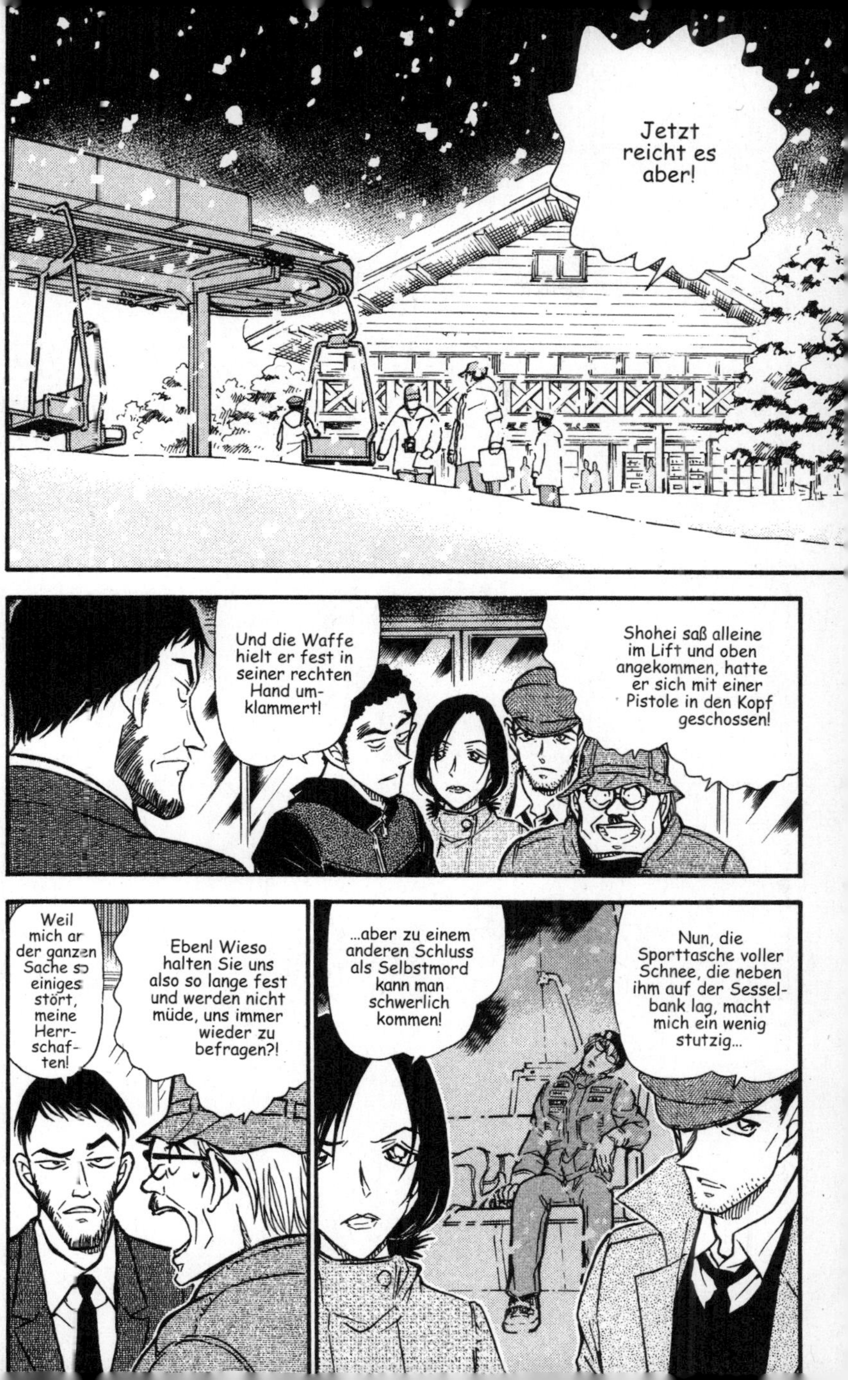
Jetzt reicht es aber!
Shohei saß alleine im Lift und oben angekommen, hatte er sich mit einer Pistole in den Kopf geschossen!
Und die Waffe hielt er fest in seiner rechten Hand umklammert!
Nun, die Sporttasche voller Schnee, die neben ihm auf der Sesselbank lag, macht mich ein wenig stutzig...
...aber zu einem anderen Schluss als Selbstmord kann man schwerlich kommen!
Eben! Wieso halten Sie uns also so lange fest und werden nicht müde, uns immer wieder zu befragen?!
Weil mich an der ganzen Sache so einiges stört, meine Herrschaften!

AKTE 6

FALL 5

Rache im Schneesturm

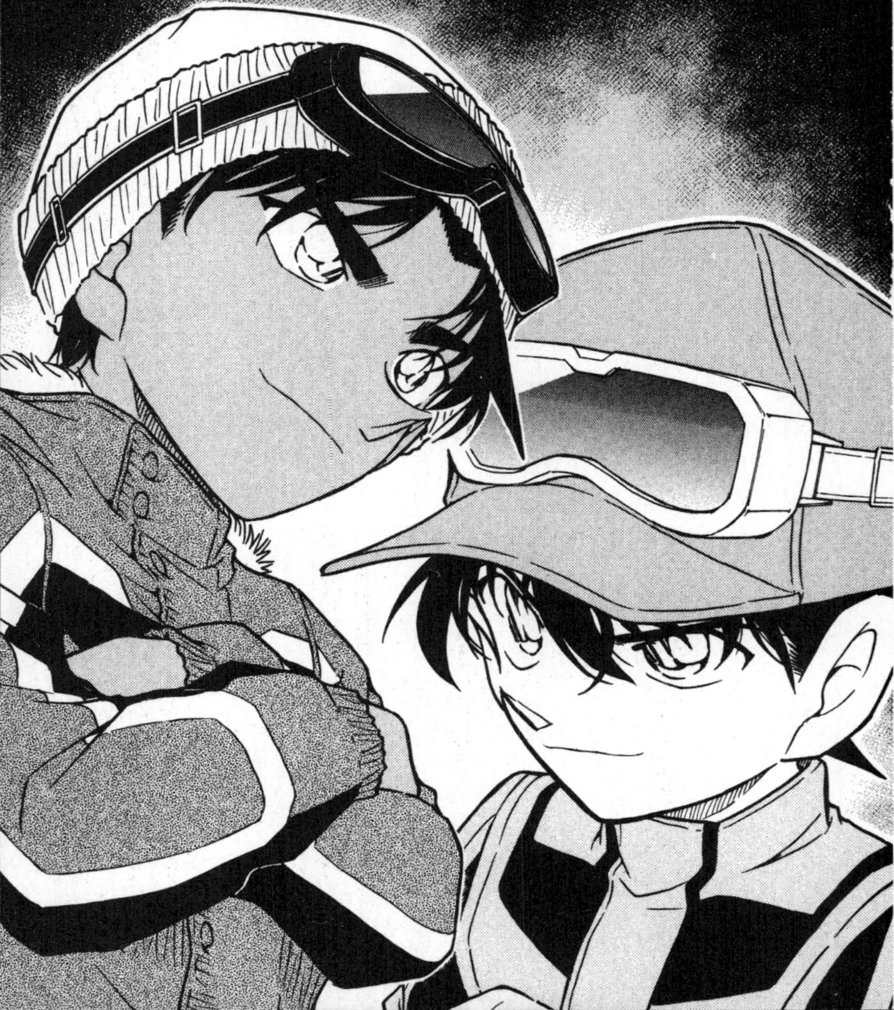

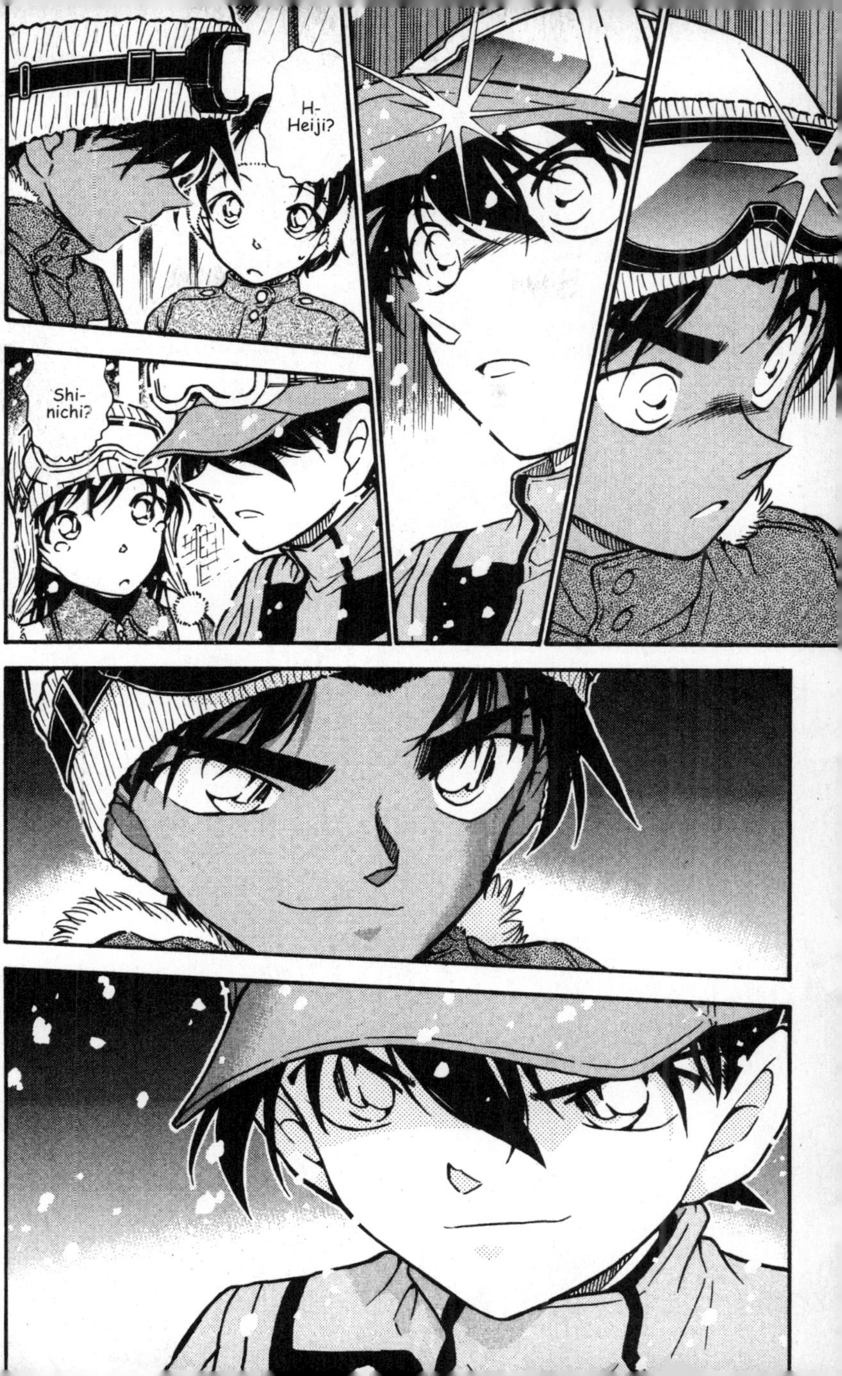
H-
Heiji?
Shi-
nichi?

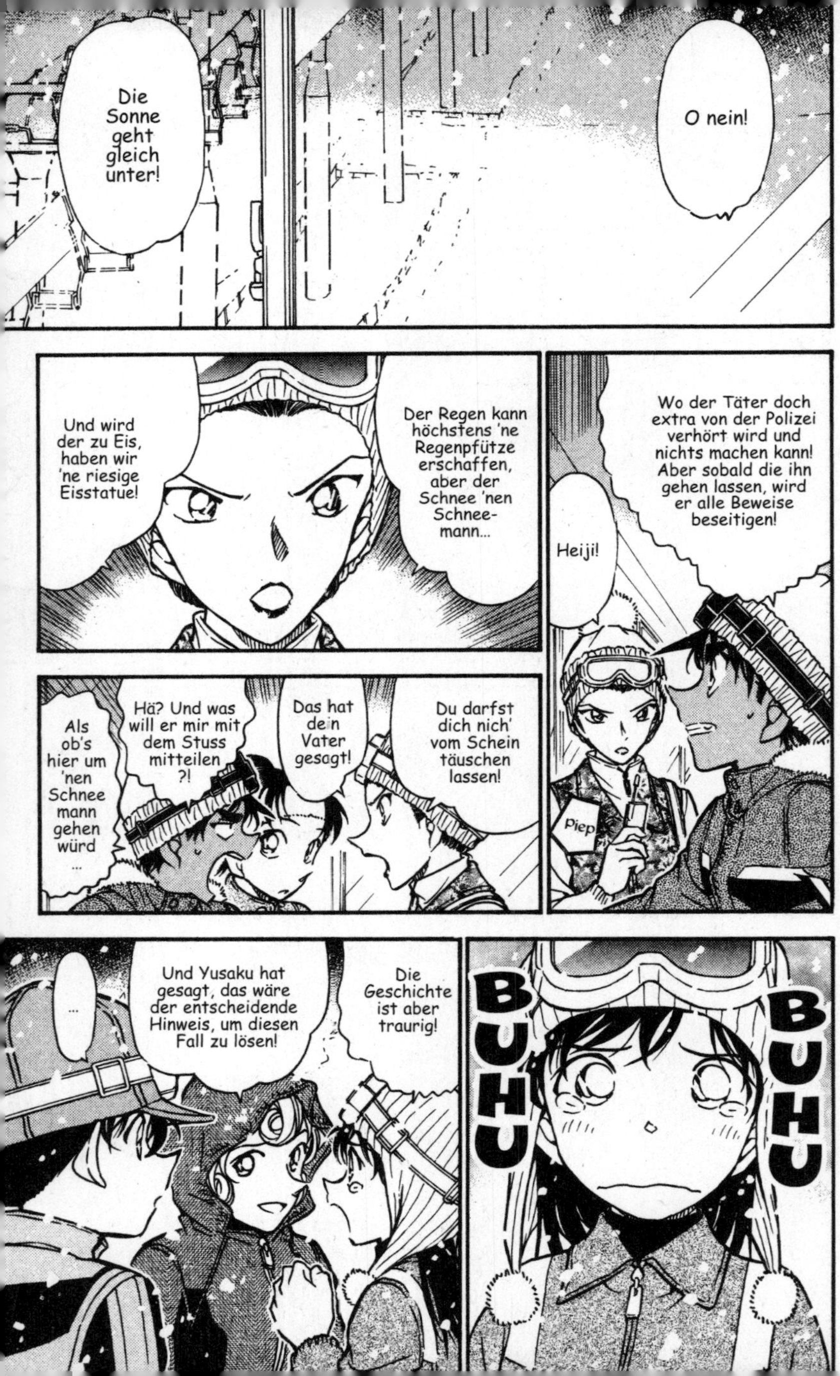
O nein!
Die Sonne geht gleich unter!
Wo der Täter doch extra von der Polizei verhört wird und nichts machen kann! Aber sobald die ihn gehen lassen, wird er alle Beweise beseitigen!
Heiji!
Piep
Der Regen kann höchstens 'ne Regenpfütze erschaffen, aber der Schnee 'nen Schnee-mann...
Und wird der zu Eis, haben wir 'ne riesige Eisstatue!
Du darfst dich nich' vom Schein täuschen lassen!
Das hat dein Vater gesagt!
Hä? Und was will er mir mit dem Stuss mitteilen?!
Als ob's hier um 'nen Schnee mann gehen würd...
BUHU
BUHU
Die Geschichte ist aber traurig!
Und Yusaku hat gesagt, das wäre der entscheidende Hinweis, um diesen Fall zu lösen!
...

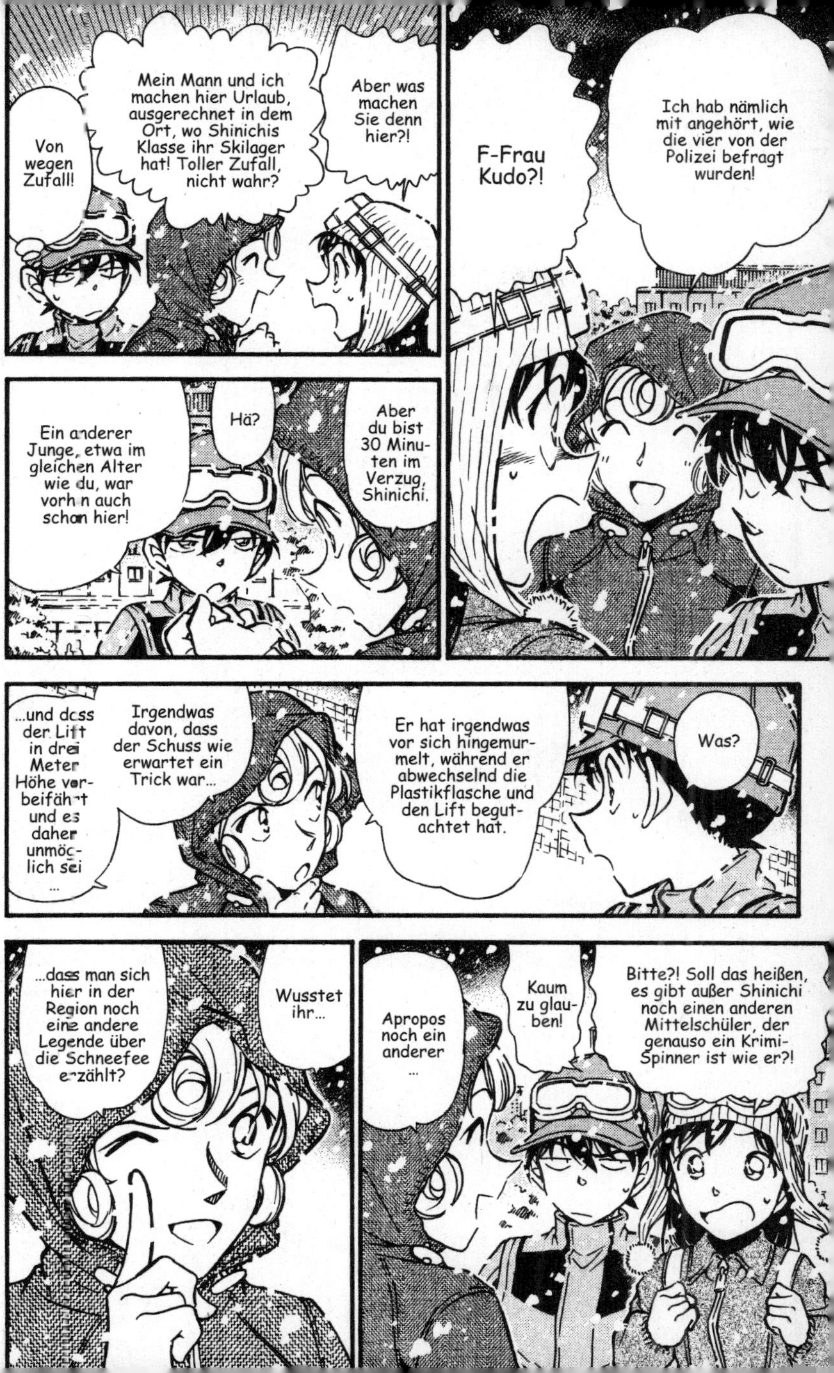
F-Frau Kudo?!
Ich hab nämlich mit angehört, wie die vier von der Polizei befragt wurden!
Aber was machen Sie denn hier?!
Mein Mann und ich machen hier Urlaub, ausgerechnet in dem Ort, wo Shinichis Klasse ihr Skilager hat! Toller Zufall, nicht wahr?
Von wegen Zufall!
Aber du bist 30 Minuten im Verzug, Shinichi.
Hä?
Ein anderer Junge, etwa im gleichen Alter wie du, war vorhin auch schon hier!
Was?
Er hat irgendwas vor sich hingemurmelt, während er abwechselnd die Plastikflasche und den Lift begutachtet hat.
Irgendwas davon, dass der Schuss wie erwartet ein Trick war...
...und dass der Lift in drei Meter Höhe vorbeifährt und es daher unmöglich sei ...
Bitte?! Soll das heißen, es gibt außer Shinichi noch einen anderen Mittelschüler, der genauso ein Krimi-Spinner ist wie er?!
Kaum zu glauben!
Apropos noch ein anderer ...
Wusstet ihr...
...dass man sich hier in der Region noch eine andere Legende über die Schneefee erzählt?

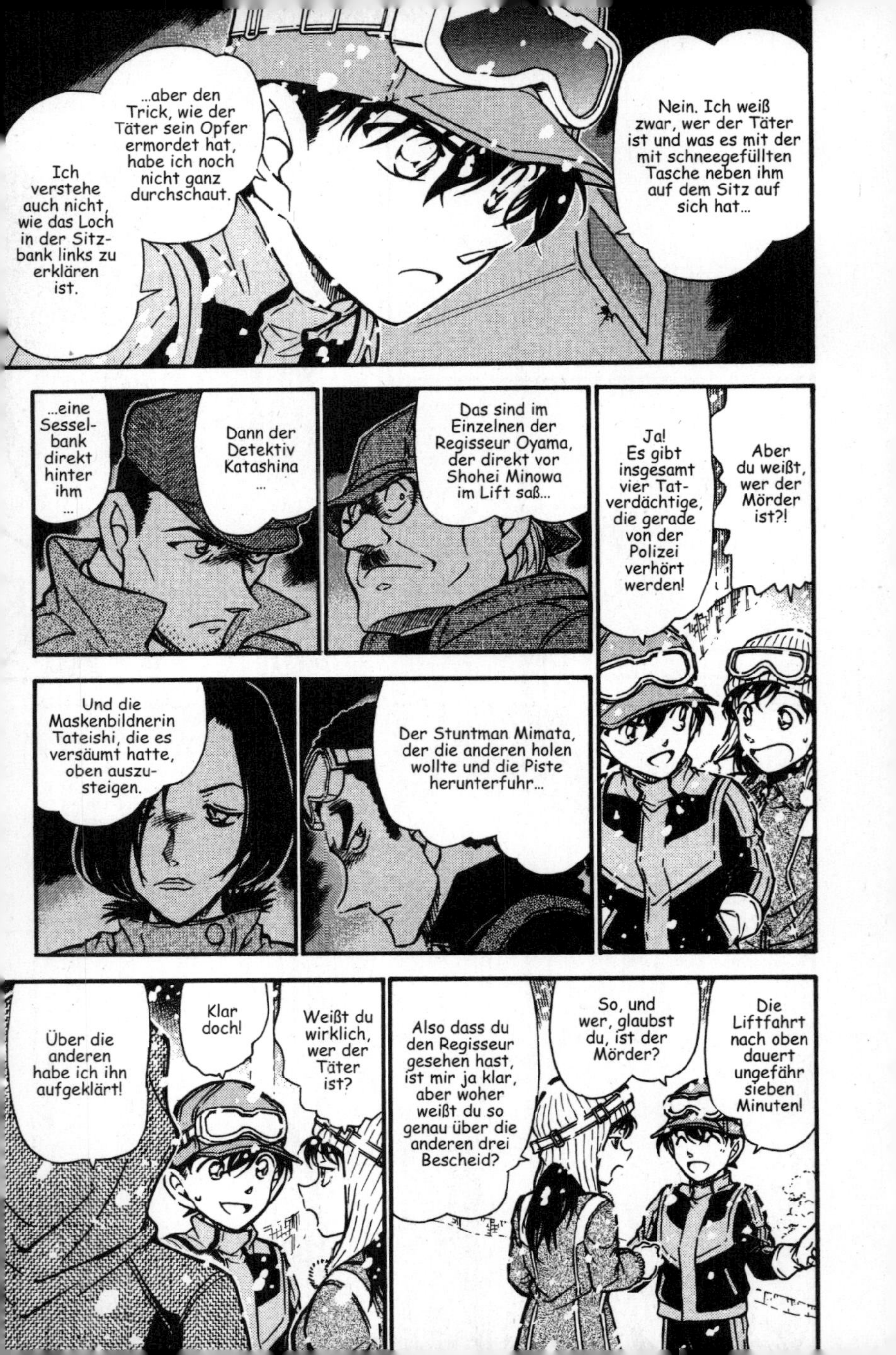
Nein. Ich weiß zwar, wer der Täter ist und was es mit der mit schneegefüllten Tasche neben ihm auf dem Sitz auf sich hat...
...aber den Trick, wie der Täter sein Opfer ermordet hat, habe ich noch nicht ganz durchschaut.
Ich verstehe auch nicht, wie das Loch in der Sitzbank links zu erklären ist.
Aber du weißt, wer der Mörder ist?!
Ja! Es gibt insgesamt vier Tatverdächtige, die gerade von der Polizei verhört werden!
Das sind im Einzelnen der Regisseur Oyama, der direkt vor Shohei Minowa im Lift saß...
Dann der Detektiv Katashina ...
...eine Sesselbank direkt hinter ihm ...
Der Stuntman Mimata, der die anderen holen wollte und die Piste herunterfuhr...
Und die Maskenbildnerin Tateishi, die es versäumt hatte, oben auszusteigen.
Die Liftfahrt nach oben dauert ungefähr sieben Minuten!
So, und wer, glaubst du, ist der Mörder?
Also dass du den Regisseur gesehen hast, ist mir ja klar, aber woher weißt du so genau über die anderen drei Bescheid?
Weißt du wirklich, wer der Täter ist?
Klar doch!
Über die anderen habe ich ihn aufgeklärt!

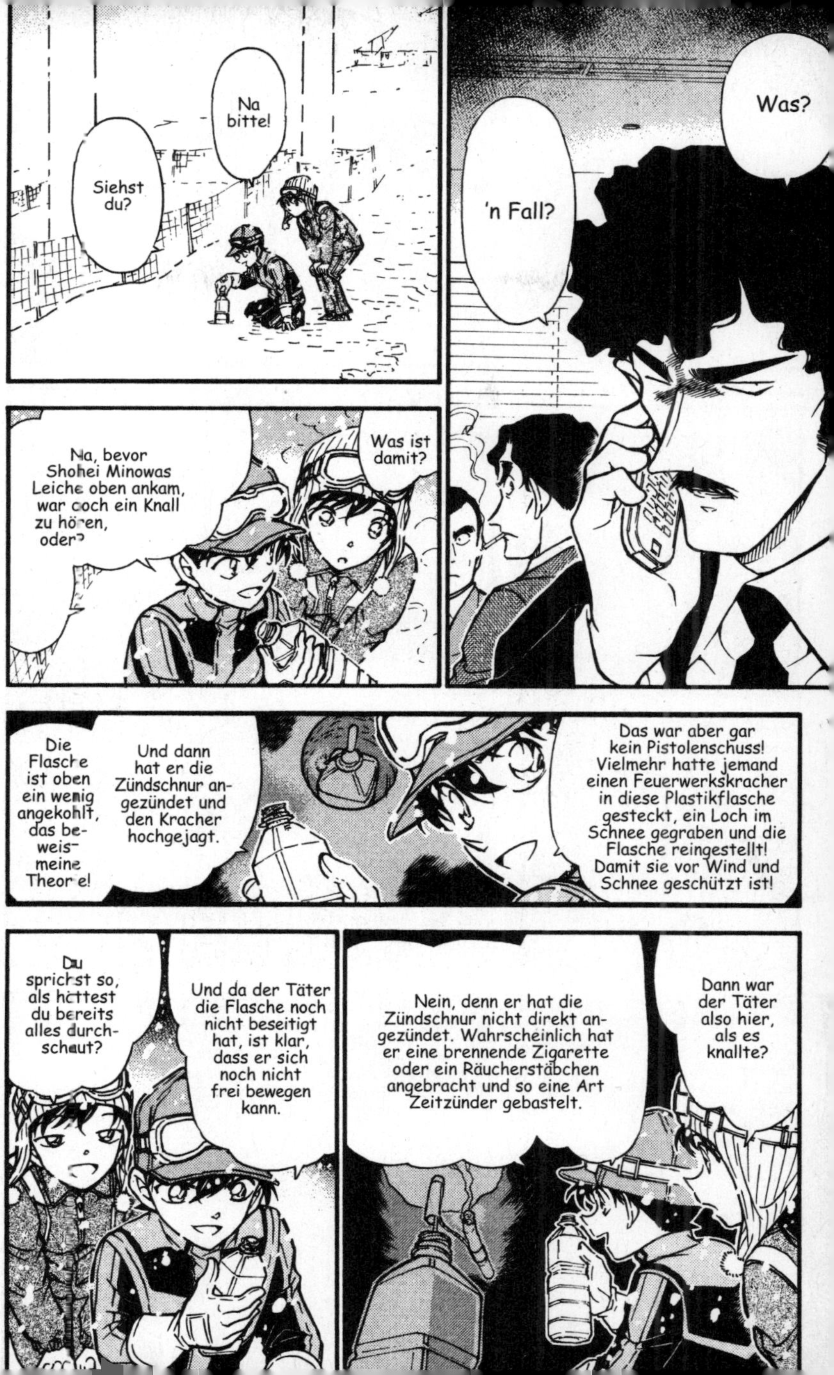
Was?
'n Fall?
Na bitte!
Siehst du?
Was ist damit?
Na, bevor Shohei Minowas Leiche oben ankam, war doch ein Knall zu hören, oder?
Das war aber gar kein Pistolenschuss! Vielmehr hatte jemand einen Feuerwerkskracher in diese Plastikflasche gesteckt, ein Loch im Schnee gegraben und die Flasche reingestellt! Damit sie vor Wind und Schnee geschützt ist!
Und dann hat er die Zündschnur angezündet und den Kracher hochgejagt.
Die Flasche ist oben ein wenig angekohlt, das beweist meine Theorie!
Dann war der Täter also hier, als es knallte?
Nein, denn er hat die Zündschnur nicht direkt angezündet. Wahrscheinlich hat er eine brennende Zigarette oder ein Räucherstäbchen angebracht und so eine Art Zeitzünder gebastelt.
Und da der Täter die Flasche noch nicht beseitigt hat, ist klar, dass er sich noch nicht frei bewegen kann.
Du sprichst so, als hättest du bereits alles durchschaut?

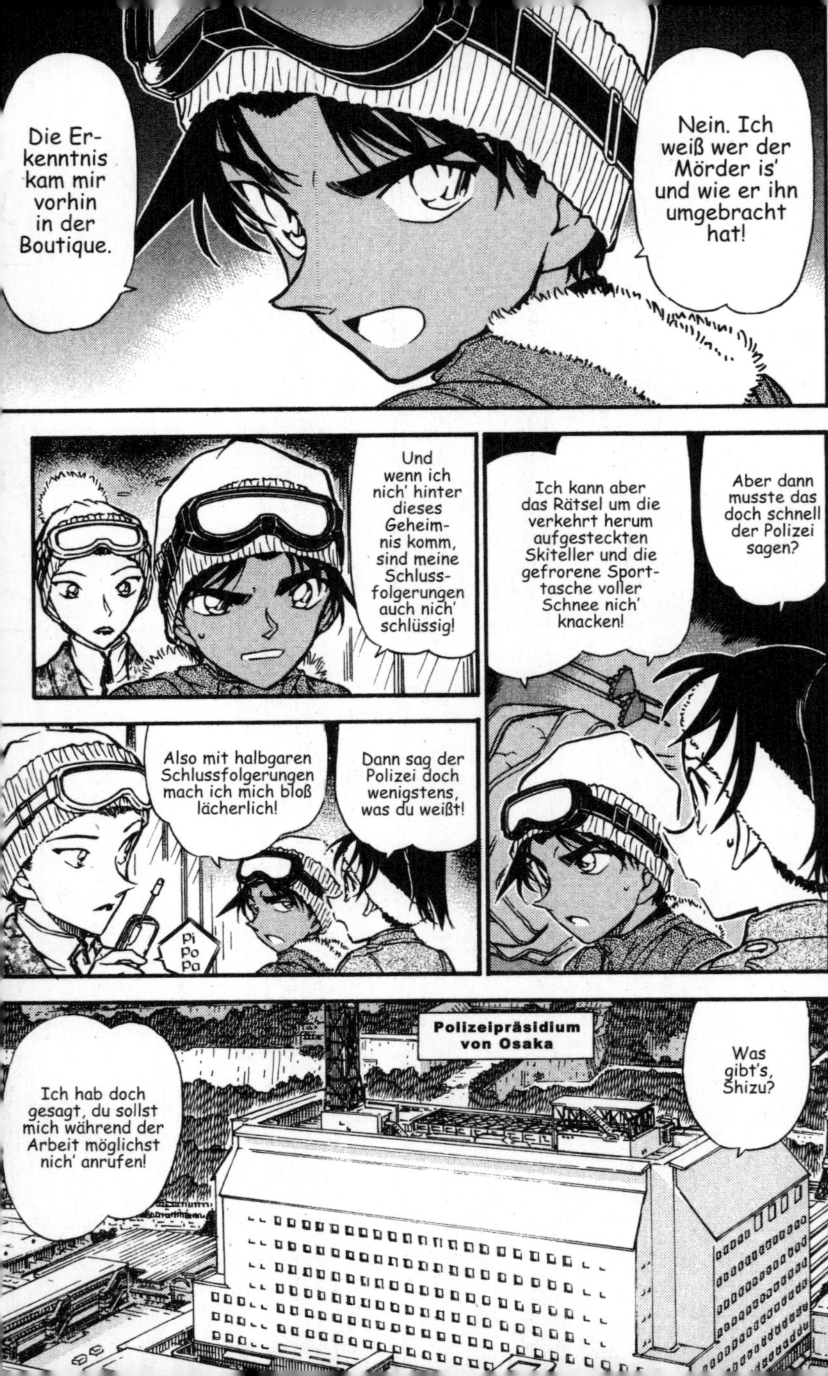
Nein. Ich weiß wer der Mörder is' und wie er ihn umgebracht hat!
Die Erkenntnis kam mir vorhin in der Boutique.
Aber dann musste das doch schnell der Polizei sagen?
Ich kann aber das Rätsel um die verkehrt herum aufgesteckten Skiteller und die gefrorene Sporttasche voller Schnee nich' knacken!
Und wenn ich nich' hinter dieses Geheimnis komm, sind meine Schlussfolgerungen auch nich' schlüssig!
Dann sag der Polizei doch wenigstens, was du weißt!
Also mit halbgaren Schlussfolgerungen mach ich mich bloß lächerlich!
Pi Po Pa
Polizeipräsidium von Osaka
Was gibt's, Shizu?
Ich hab doch gesagt, du sollst mich während der Arbeit möglichst nich' anrufen!

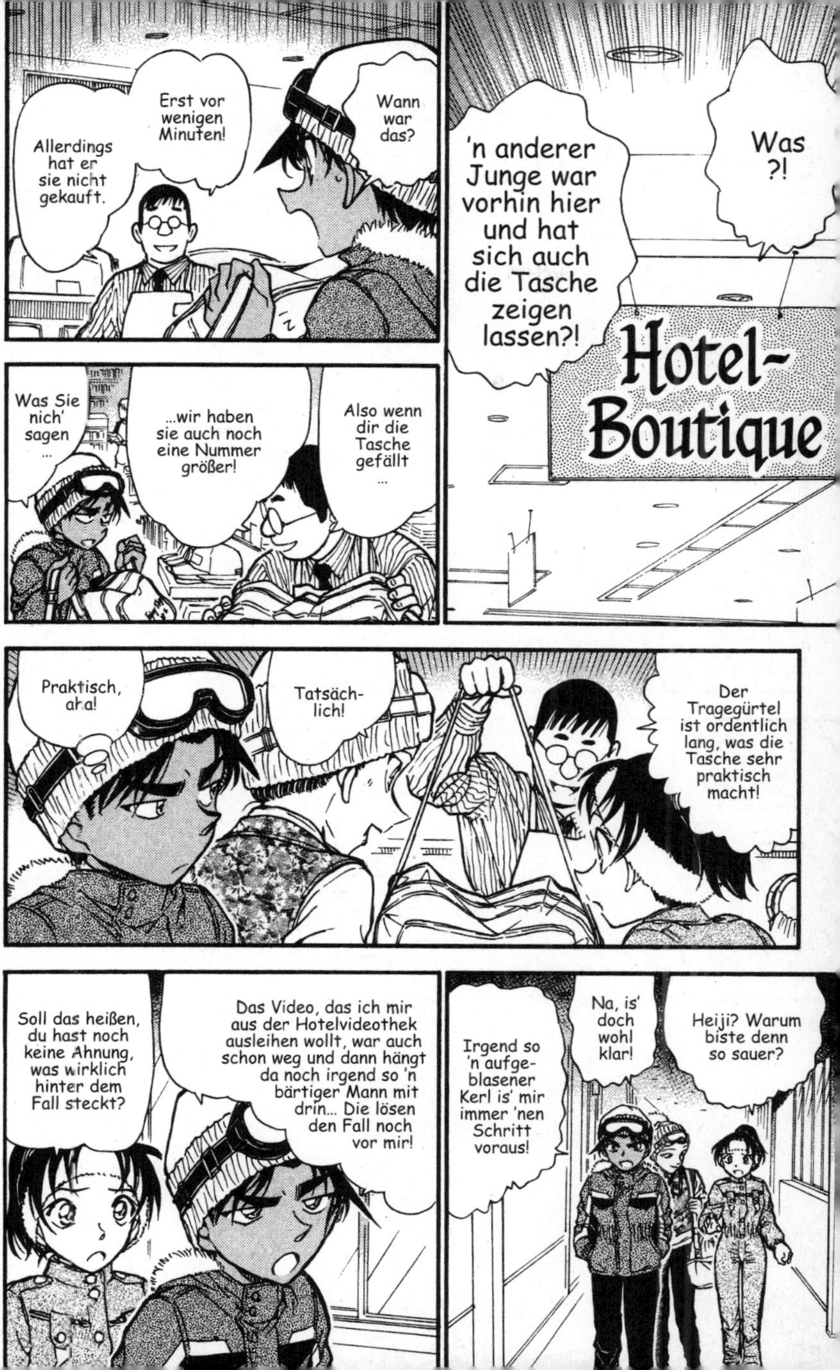
Was ?!
'n anderer Junge war vorhin hier und hat sich auch die Tasche zeigen lassen?!
Hotel-Boutique
Wann war das?
Erst vor wenigen Minuten!
Allerdings hat er sie nicht gekauft.
Also wenn dir die Tasche gefällt ...
...wir haben sie auch noch eine Nummer größer!
Was Sie nich' sagen ...
Der Tragegürtel ist ordentlich lang, was die Tasche sehr praktisch macht!
Tatsächlich!
Praktisch, aha!
Heiji? Warum biste denn so sauer?
Na, is' doch wohl klar!
Irgend so 'n aufgeblasener Kerl is' mir immer 'nen Schritt voraus!
Das Video, das ich mir aus der Hotelvideothek ausleihen wollt, war auch schon weg und dann hängt da noch irgend so 'n bärtiger Mann mit drin... Die lösen den Fall noch vor mir!
Soll das heißen, du hast noch keine Ahnung, was wirklich hinter dem Fall steckt?

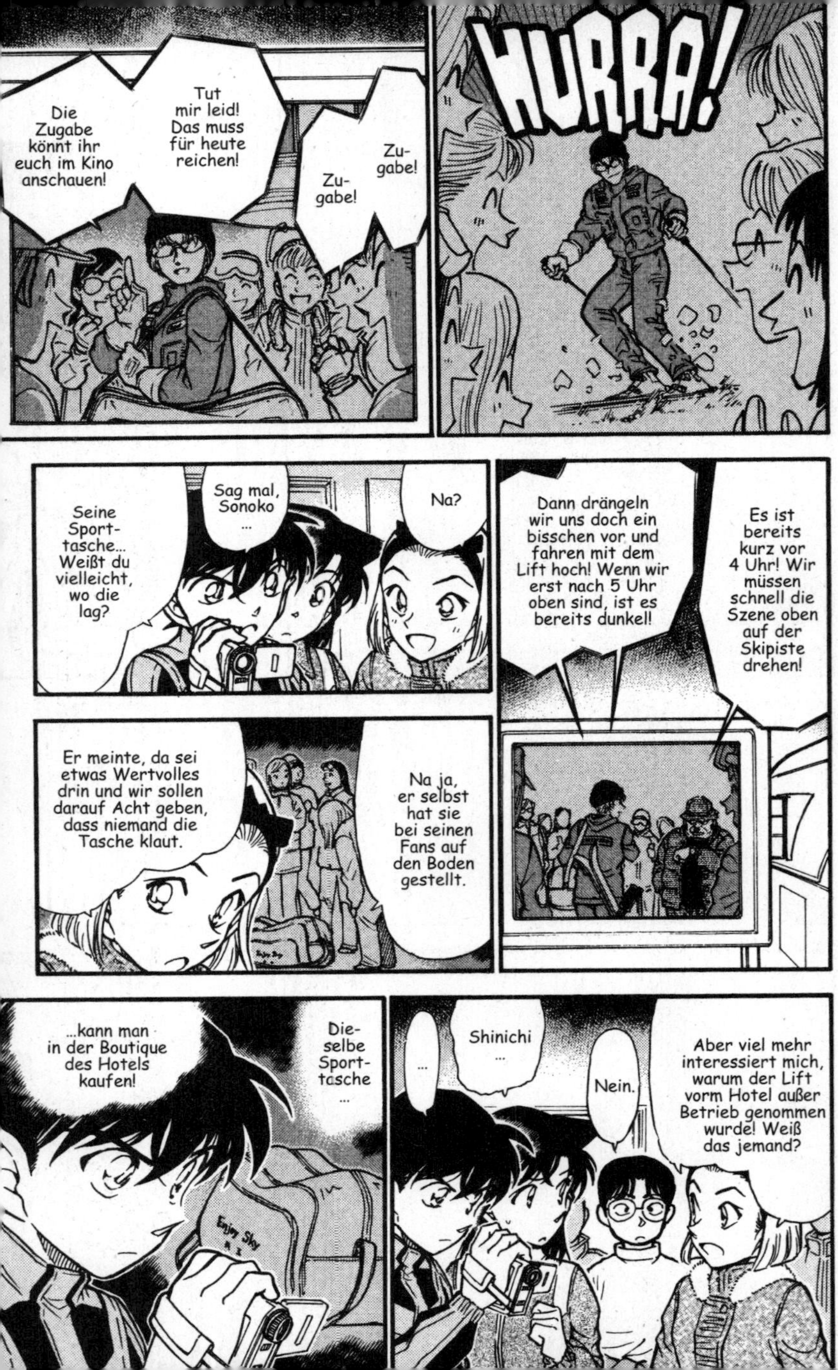
HURRA!
Zu-gabe!
Zu-gabe!
Tut mir leid! Das muss für heute reichen!
Die Zugabe könnt ihr euch im Kino anschauen!
Es ist bereits kurz vor 4 Uhr! Wir müssen schnell die Szene oben auf der Skipiste drehen!
Dann drängeln wir uns doch ein bisschen vor und fahren mit dem Lift hoch! Wenn wir erst nach 5 Uhr oben sind, ist es bereits dunkel!
Na?
Sag mal, Sonoko ...
Seine Sporttasche... Weißt du vielleicht, wo die lag?
Na ja, er selbst hat sie bei seinen Fans auf den Boden gestellt.
Er meinte, da sei etwas Wertvolles drin und wir sollen darauf Acht geben, dass niemand die Tasche klaut.
Aber viel mehr interessiert mich, warum der Lift vorm Hotel außer Betrieb genommen wurde! Weiß das jemand?
Nein.
Shinichi ...
...
Dieselbe Sporttasche ...
...kann man in der Boutique des Hotels kaufen!

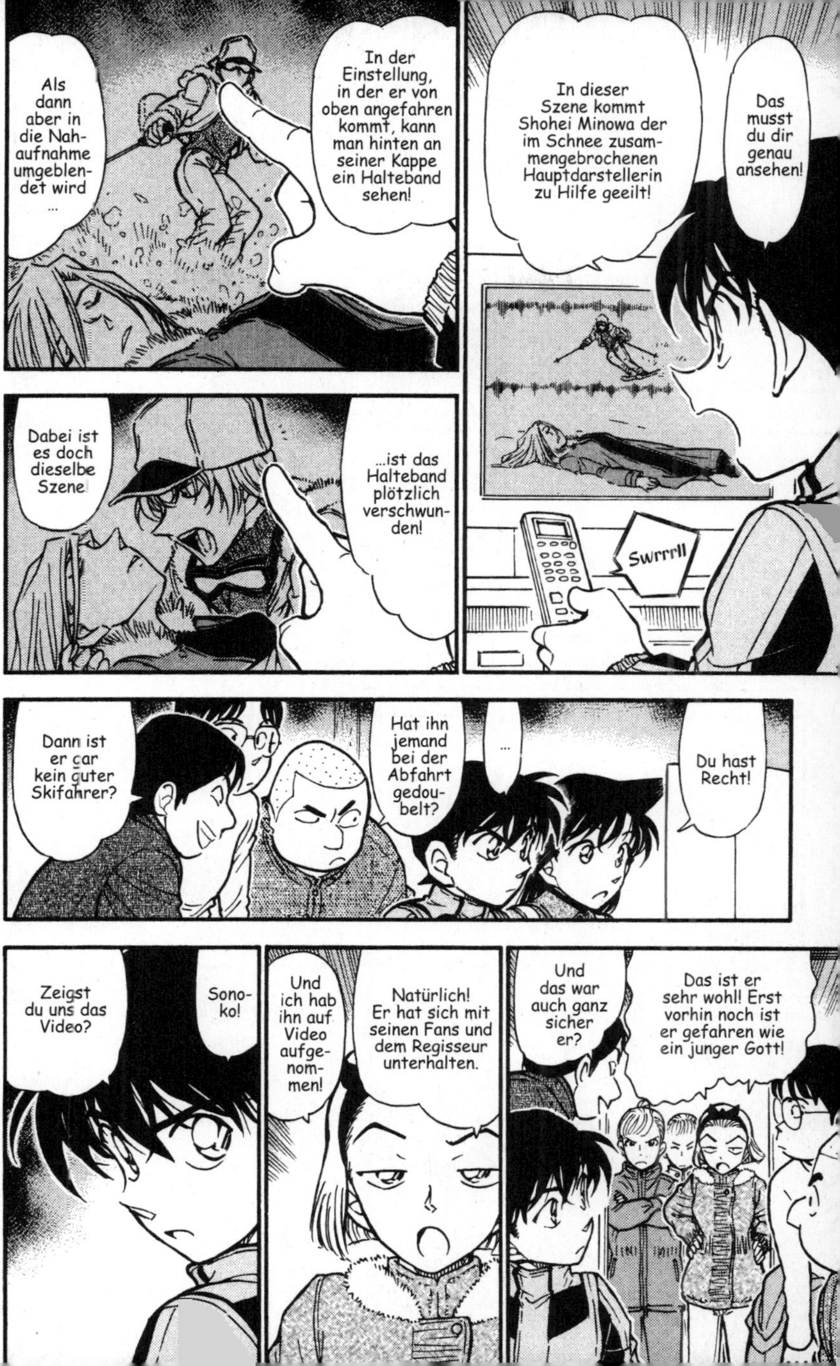

Das musst du dir genau ansehen!
In dieser Szene kommt Shohei Minowa der im Schnee zusammengebrochenen Hauptdarstellerin zu Hilfe geeilt!
Swrrrll
In der Einstellung, in der er von oben angefahren kommt, kann man hinten an seiner Kappe ein Halteband sehen!
Als dann aber in die Nahaufnahme umgeblendet wird ...
...ist das Halteband plötzlich verschwunden!
Dabei ist es doch dieselbe Szene!
Du hast Recht!
...
Hat ihn jemand bei der Abfahrt gedoubelt?
Dann ist er gar kein guter Skifahrer?
Das ist er sehr wohl! Erst vorhin noch ist er gefahren wie ein junger Gott!
Und das war auch ganz sicher er?
Natürlich! Er hat sich mit seinen Fans und dem Regisseur unterhalten.
Und ich hab ihn auf Video aufgenommen!
Sonoko!
Zeigst du uns das Video?

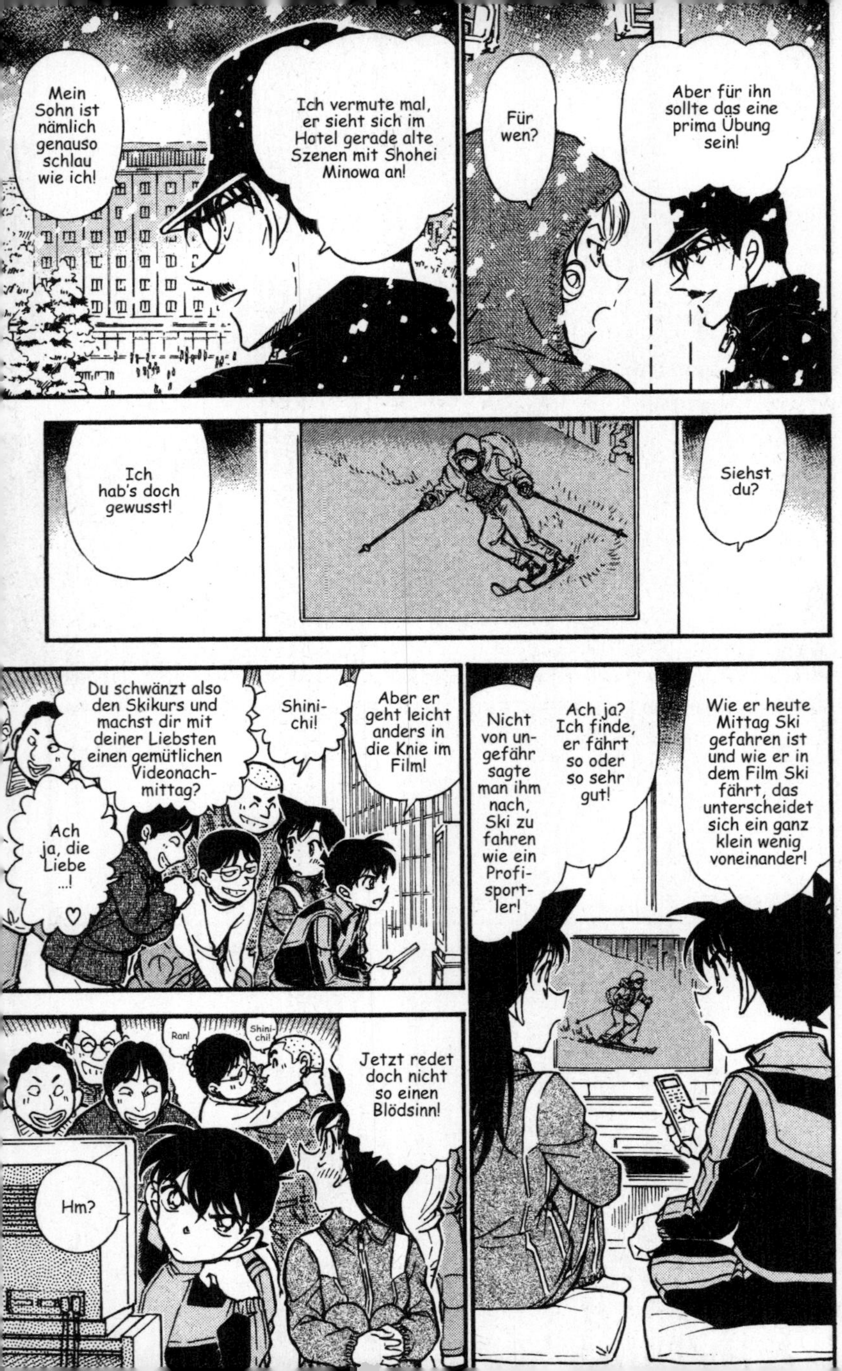

Aber für ihn sollte das eine prima Übung sein!
Für wen?
Ich vermute mal, er sieht sich im Hotel gerade alte Szenen mit Shohei Minowa an!
Mein Sohn ist nämlich genauso schlau wie ich!
Siehst du?
Ich hab's doch gewusst!
Wie er heute Mittag Ski gefahren ist und wie er in dem Film Ski fährt, das unterscheidet sich ein ganz klein wenig voneinander!
Ach ja? Ich finde, er fährt so oder so sehr gut!
Nicht von ungefähr sagte man ihm nach, Ski zu fahren wie ein Profisportler!
Aber er geht leicht anders in die Knie im Film!
Shinichi!
Du schwänzt also den Skikurs und machst dir mit deiner Liebsten einen gemütlichen Videonachmittag?
Ach ja, die Liebe ...! ♥
Jetzt redet doch nicht so einen Blödsinn!
Ran!
Shinichi!
Hm?

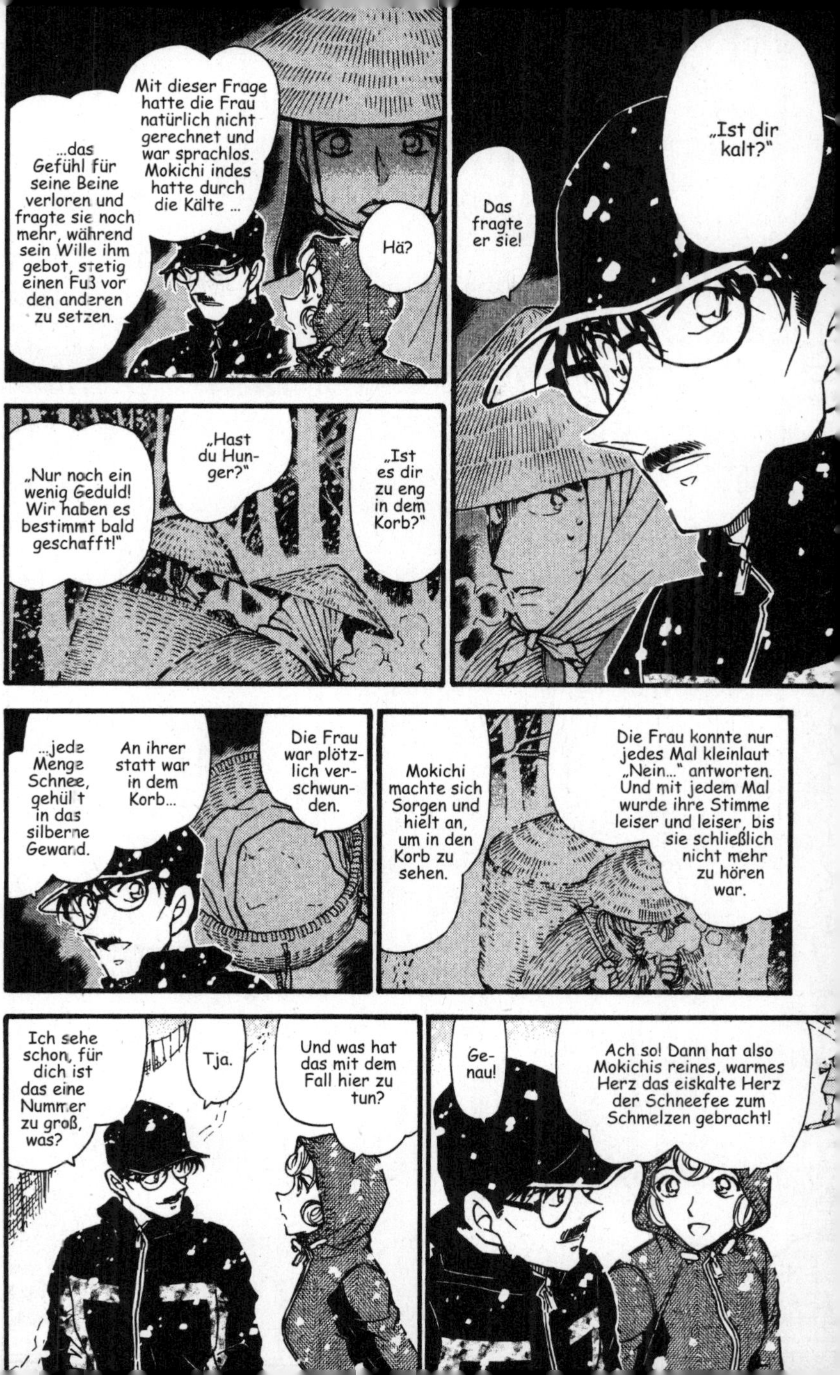
„Ist dir kalt?"
Das fragte er sie!
Hä?
Mit dieser Frage hatte die Frau natürlich nicht gerechnet und war sprachlos. Mokichi indes hatte durch die Kälte ...
...das Gefühl für seine Beine verloren und fragte sie noch mehr, während sein Wille ihm gebot, stetig einen Fuß vor den anderen zu setzen.
„Ist es dir zu eng in dem Korb?"
„Hast du Hunger?"
„Nur noch ein wenig Geduld! Wir haben es bestimmt bald geschafft!"
Die Frau konnte nur jedes Mal kleinlaut „Nein..." antworten. Und mit jedem Mal wurde ihre Stimme leiser und leiser, bis sie schließlich nicht mehr zu hören war.
Mokichi machte sich Sorgen und hielt an, um in den Korb zu sehen.
Die Frau war plötzlich verschwunden.
An ihrer statt war in dem Korb...
...jede Menge Schnee, gehüllt in das silberne Gewand.
Ach so! Dann hat also Mokichis reines, warmes Herz das eiskalte Herz der Schneefee zum Schmelzen gebracht!
Genau!
Und was hat das mit dem Fall hier zu tun?
Tja.
Ich sehe schon, für dich ist das eine Nummer zu groß, was?

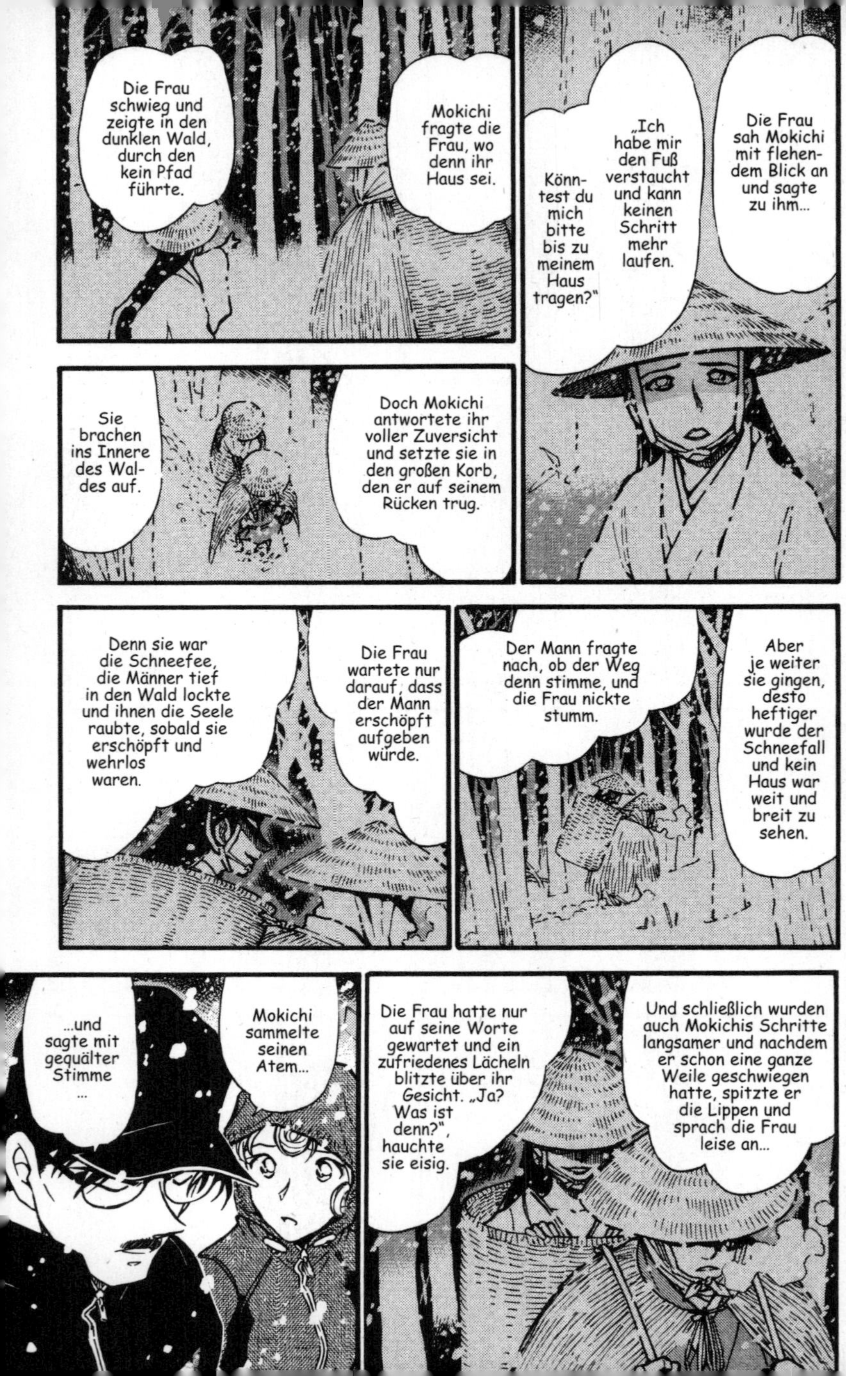
Die Frau sah Mokichi mit flehendem Blick an und sagte zu ihm…
„Ich habe mir den Fuß verstaucht und kann keinen Schritt mehr laufen.
Könntest du mich bitte bis zu meinem Haus tragen?"
Mokichi fragte die Frau, wo denn ihr Haus sei.
Die Frau schwieg und zeigte in den dunklen Wald, durch den kein Pfad führte.
Doch Mokichi antwortete ihr voller Zuversicht und setzte sie in den großen Korb, den er auf seinem Rücken trug.
Sie brachen ins Innere des Waldes auf.
Aber je weiter sie gingen, desto heftiger wurde der Schneefall und kein Haus war weit und breit zu sehen.
Der Mann fragte nach, ob der Weg denn stimme, und die Frau nickte stumm.
Die Frau wartete nur darauf, dass der Mann erschöpft aufgeben würde.
Denn sie war die Schneefee, die Männer tief in den Wald lockte und ihnen die Seele raubte, sobald sie erschöpft und wehrlos waren.
Und schließlich wurden auch Mokichis Schritte langsamer und nachdem er schon eine ganze Weile geschwiegen hatte, spitzte er die Lippen und sprach die Frau leise an…
Die Frau hatte nur auf seine Worte gewartet und ein zufriedenes Lächeln blitzte über ihr Gesicht. „Ja? Was ist denn?", hauchte sie eisig.
Mokichi sammelte seinen Atem…
…und sagte mit gequälter Stimme …

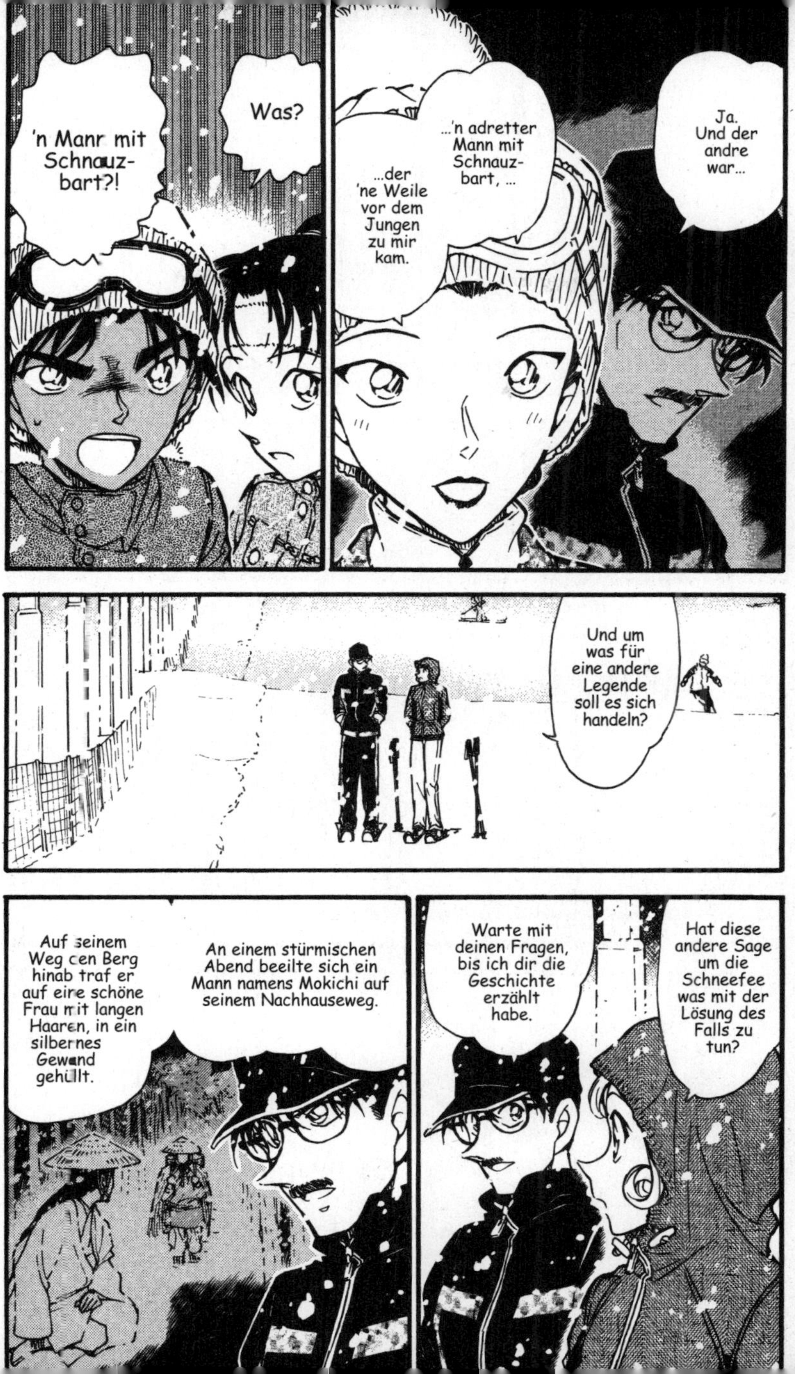

Ja. Und der andre war...
...'n adretter Mann mit Schnauzbart, ...
...der 'ne Weile vor dem Jungen zu mir kam.
Was?
'n Mann mit Schnauzbart?!
Und um was für eine andere Legende soll es sich handeln?
Hat diese andere Sage um die Schneefee was mit der Lösung des Falls zu tun?
Warte mit deinen Fragen, bis ich dir die Geschichte erzählt habe.
An einem stürmischen Abend beeilte sich ein Mann namens Mokichi auf seinem Nachhauseweg.
Auf seinem Weg den Berg hinab traf er auf eine schöne Frau mit langen Haaren, in ein silbernes Gewand gehüllt.

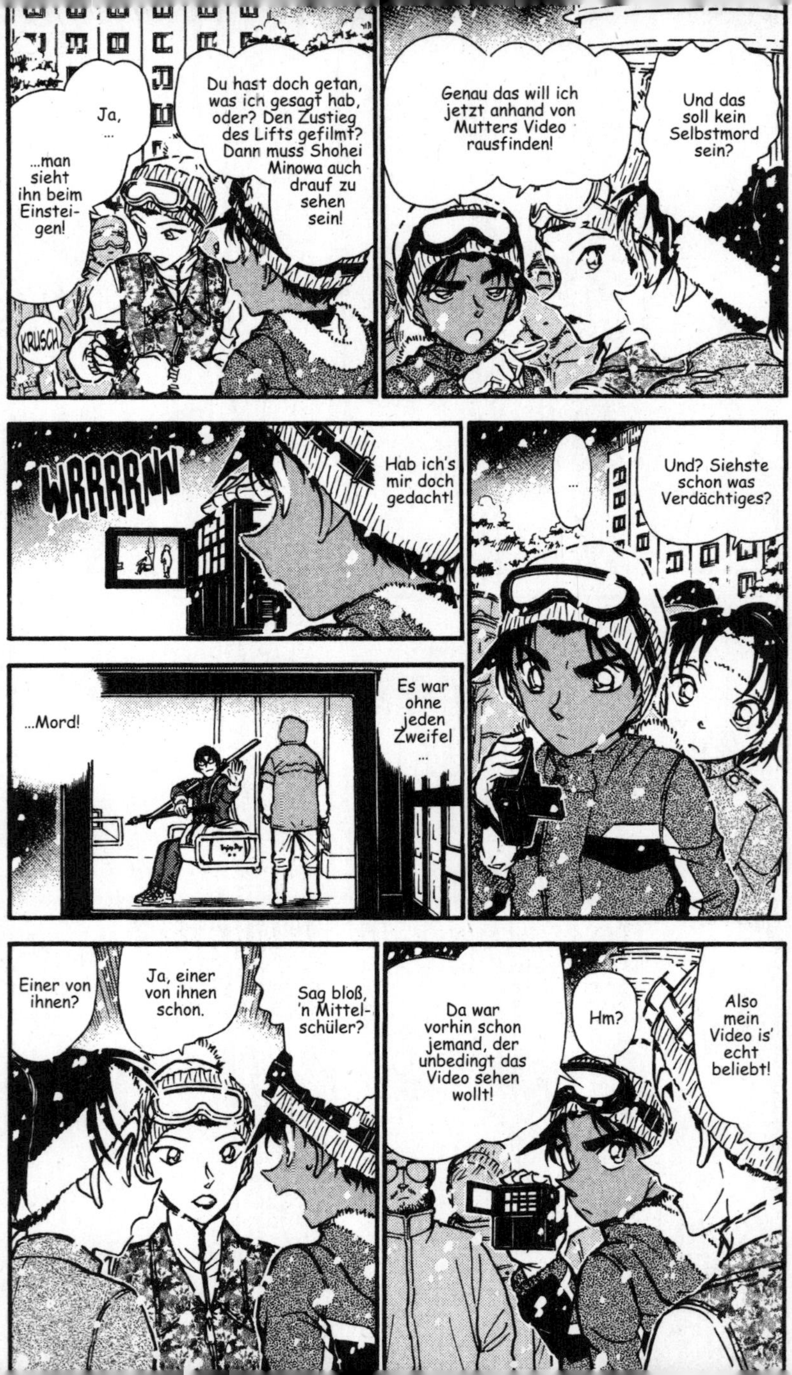
Und das soll kein Selbstmord sein?
Genau das will ich jetzt anhand von Mutters Video rausfinden!
Du hast doch getan, was ich gesagt hab, oder? Den Zustieg des Lifts gefilmt? Dann muss Shohei Minowa auch drauf zu sehen sein!
Ja, ...
...man sieht ihn beim Einstei-gen!
KRUSCH
Und? Siehste schon was Verdächtiges?
...
WRRRRNN
Hab ich's mir doch gedacht!
Es war ohne jeden Zweifel ...
...Mord!
Also mein Video is' echt beliebt!
Hm?
Da war vorhin schon jemand, der unbedingt das Video sehen wollt!
Sag bloß, 'n Mittel-schüler?
Ja, einer von ihnen schon.
Einer von ihnen?

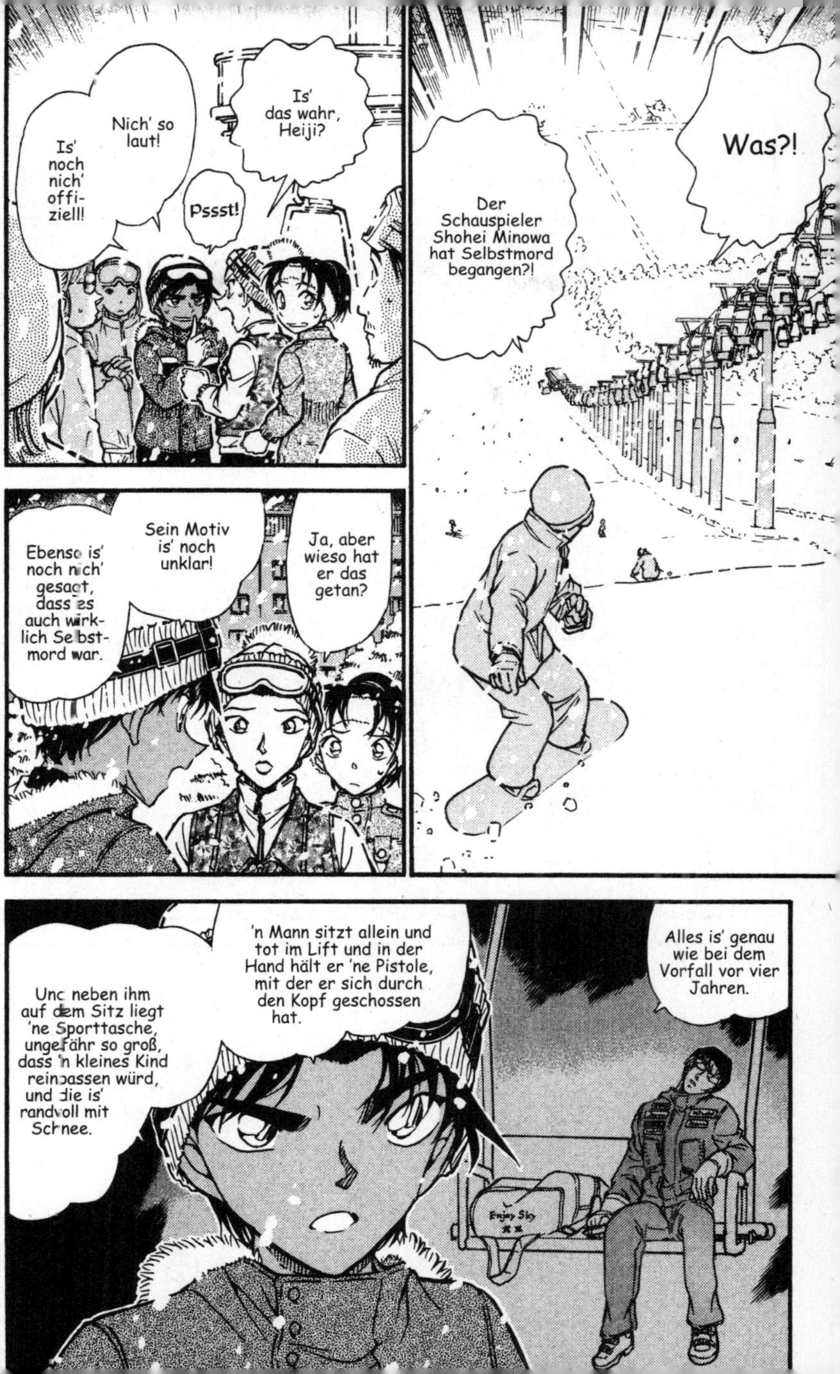
Was?!
Der Schauspieler Shohei Minowa hat Selbstmord begangen?!
Is' das wahr, Heiji?
Pssst!
Nich' so laut!
Is' noch nich' offi-ziell!
Ja, aber wieso hat er das getan?
Sein Motiv is' noch unklar!
Ebenso is' noch nich' gesagt, dass es auch wirk-lich Selbst-mord war.
Alles is' genau wie bei dem Vorfall vor vier Jahren.
'n Mann sitzt allein und tot im Lift und in der Hand hält er 'ne Pistole, mit der er sich durch den Kopf geschossen hat.
Und neben ihm auf dem Sitz liegt 'ne Sporttasche, ungefähr so groß, dass 'n kleines Kind reinpassen würd, und die is' randvoll mit Schnee.

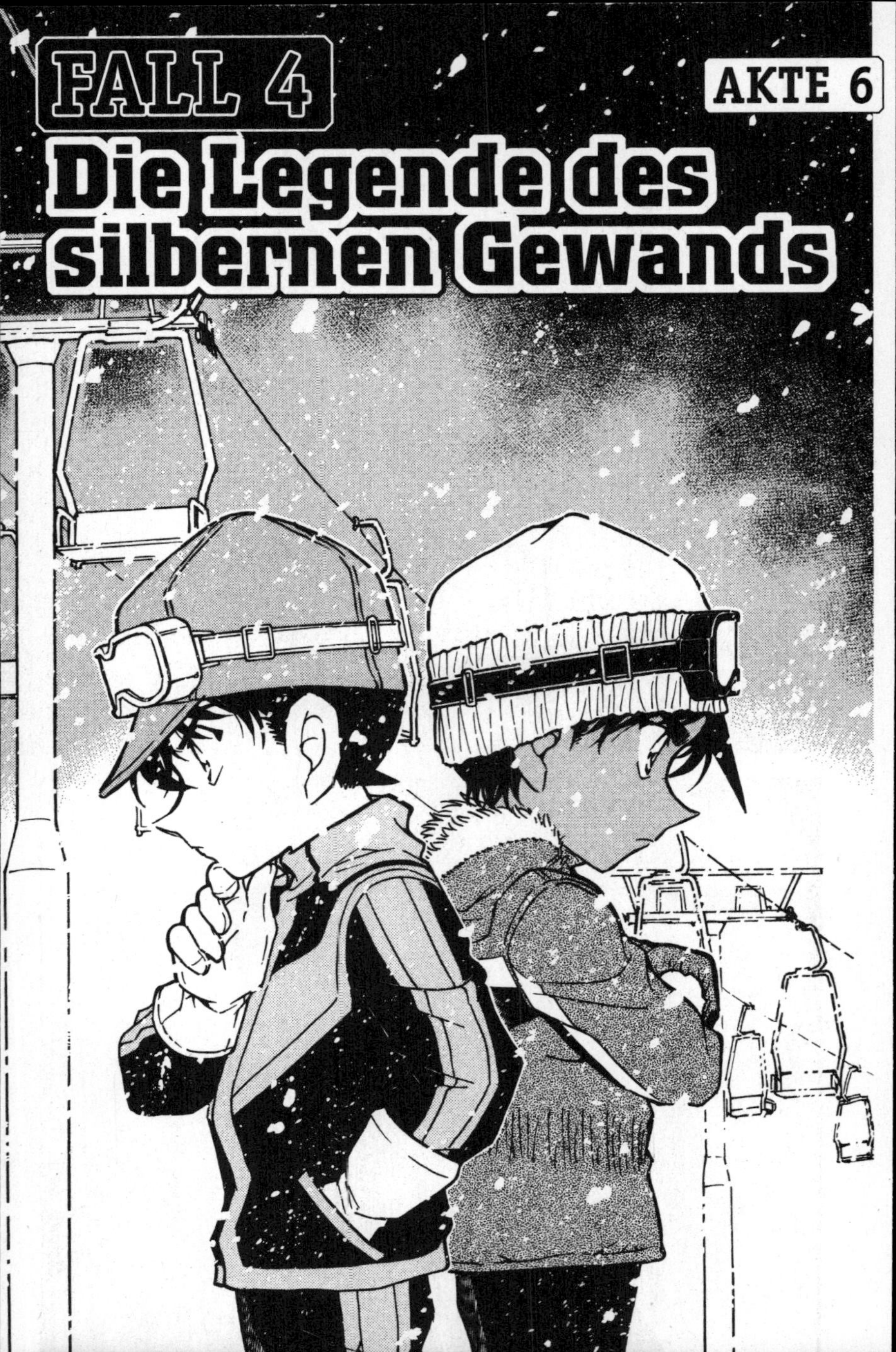
FALL 4
AKTE 6
Die Legende des silbernen Gewands

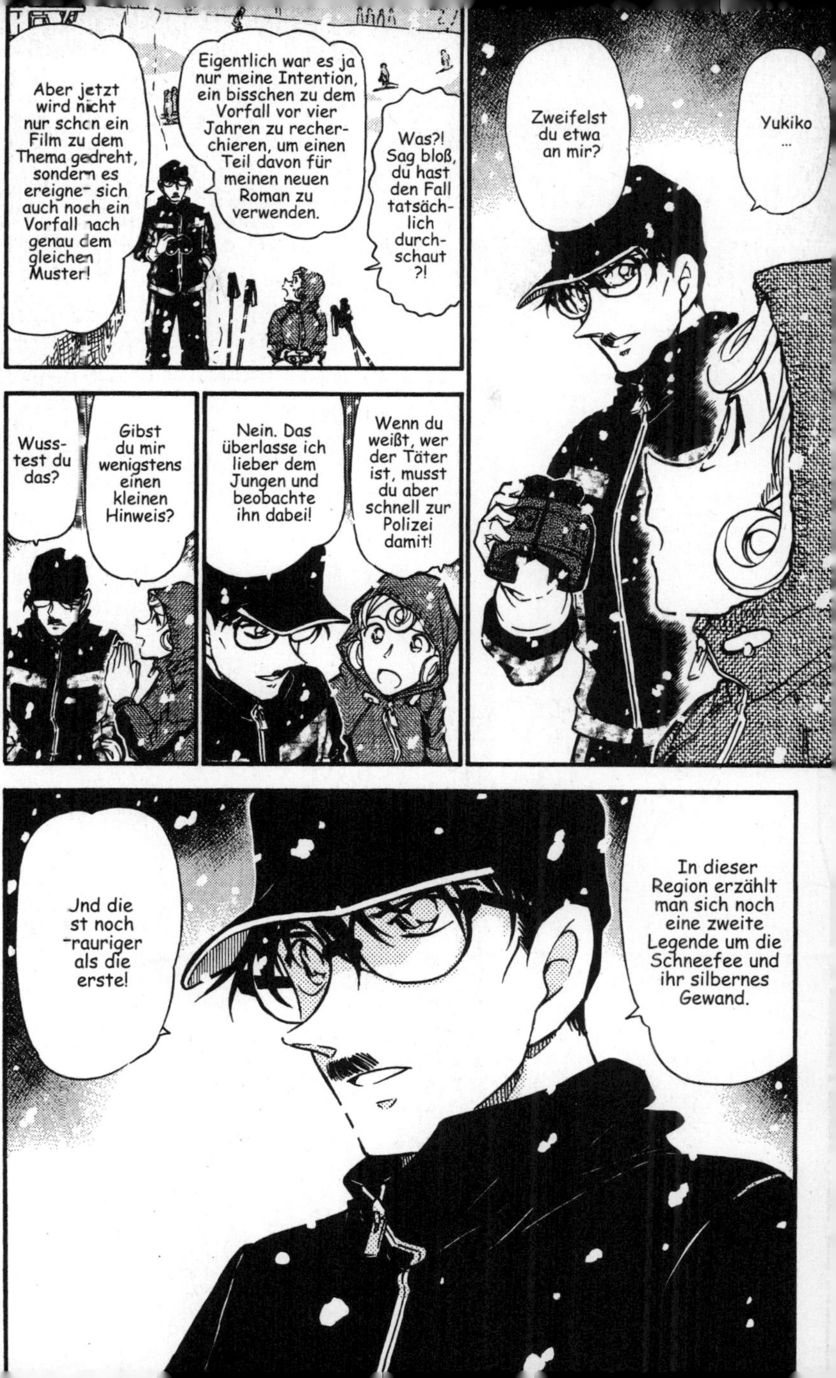

Yukiko ...
Zweifelst du etwa an mir?
Was?! Sag bloß, du hast den Fall tatsächlich durchschaut?!
Eigentlich war es ja nur meine Intention, ein bisschen zu dem Vorfall vor vier Jahren zu recherchieren, um einen Teil davon für meinen neuen Roman zu verwenden.
Aber jetzt wird nicht nur schon ein Film zu dem Thema gedreht, sondern es ereignet sich auch noch ein Vorfall nach genau dem gleichen Muster!
Wenn du weißt, wer der Täter ist, musst du aber schnell zur Polizei damit!
Nein. Das überlasse ich lieber dem Jungen und beobachte ihn dabei!
Gibst du mir wenigstens einen kleinen Hinweis?
Wusstest du das?
In dieser Region erzählt man sich noch eine zweite Legende um die Schneefee und ihr silbernes Gewand.
Und die ist noch trauriger als die erste!

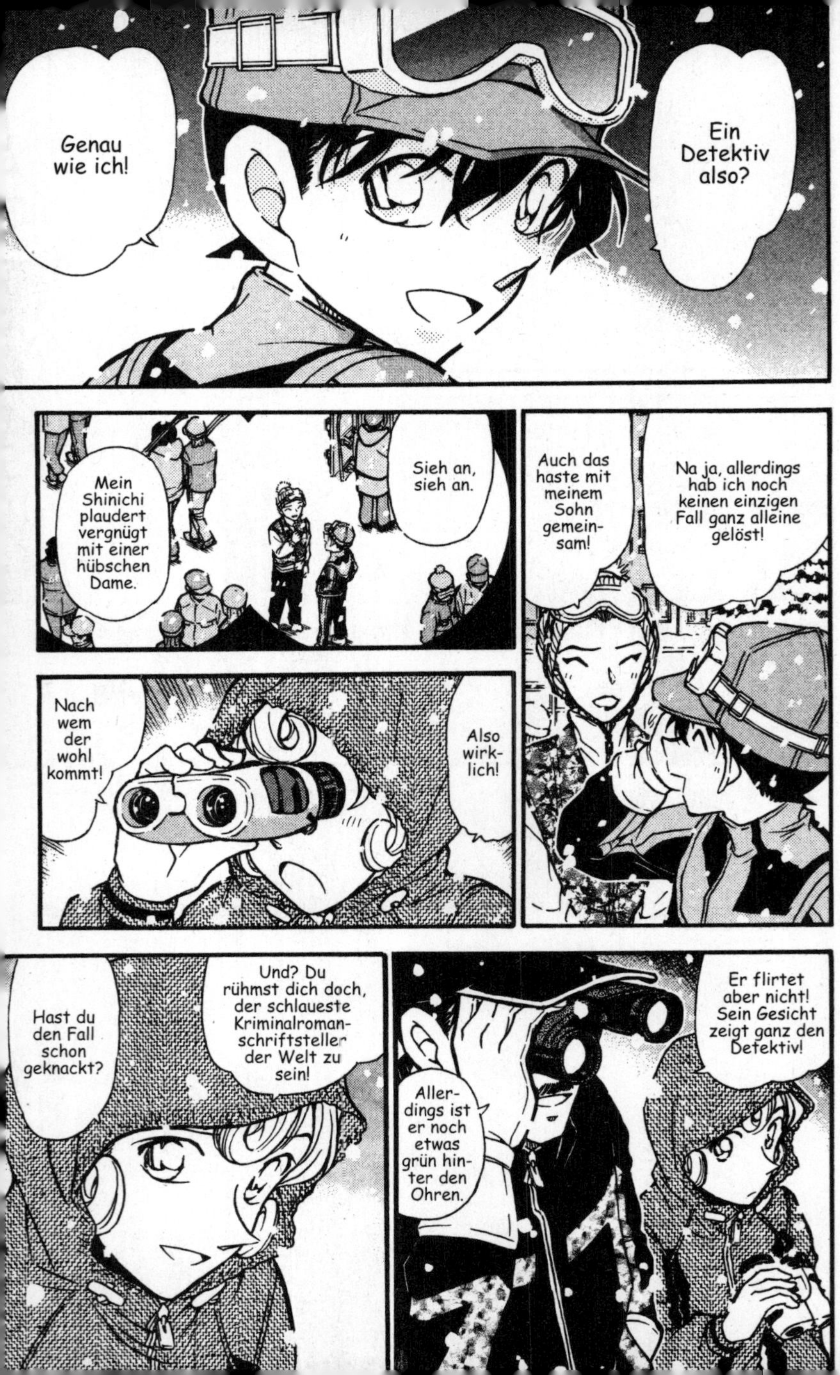

Ein Detektiv also?
Genau wie ich!
Na ja, allerdings hab ich noch keinen einzigen Fall ganz alleine gelöst!
Auch das haste mit meinem Sohn gemein-sam!
Sieh an, sieh an.
Mein Shinichi plaudert vergnügt mit einer hübschen Dame.
Also wirk-lich!
Nach wem der wohl kommt!
Er flirtet aber nicht! Sein Gesicht zeigt ganz den Detektiv!
Aller-dings ist er noch etwas grün hin-ter den Ohren.
Und? Du rühmst dich doch, der schlaueste Kriminalroman-schriftsteller der Welt zu sein!
Hast du den Fall schon geknackt?

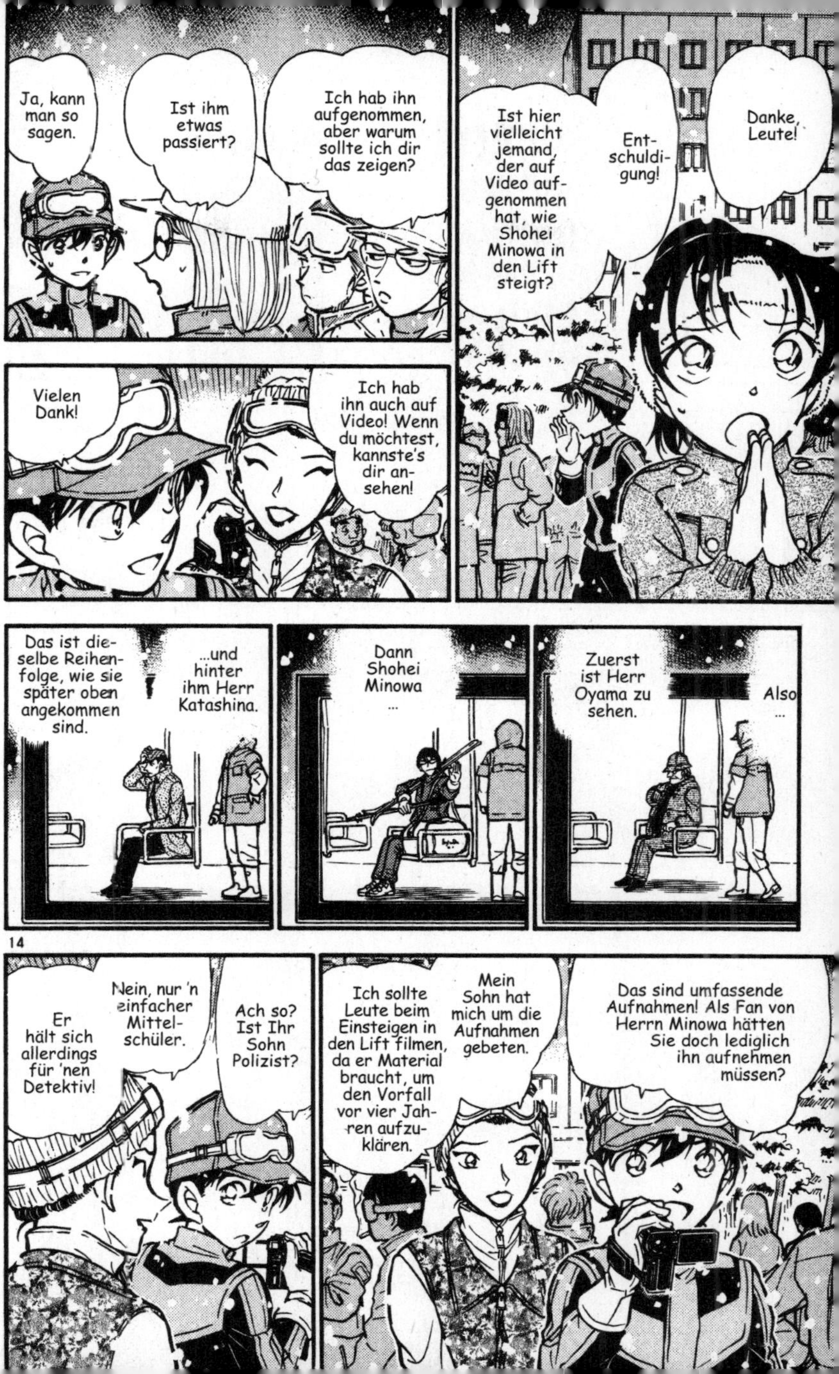
Danke, Leute!
Ent-schuldi-gung!
Ist hier vielleicht jemand, der auf Video auf-genommen hat, wie Shohei Minowa in den Lift steigt?
Ich hab ihn aufgenommen, aber warum sollte ich dir das zeigen?
Ist ihm etwas passiert?
Ja, kann man so sagen.
Ich hab ihn auch auf Video! Wenn du möchtest, kannste's dir an-sehen!
Vielen Dank!
Also ...
Zuerst ist Herr Oyama zu sehen.
Dann Shohei Minowa ...
...und hinter ihm Herr Katashina.
Das ist die-selbe Reihen-folge, wie sie später oben angekommen sind.
Das sind umfassende Aufnahmen! Als Fan von Herrn Minowa hätten Sie doch lediglich ihn aufnehmen müssen?
Mein Sohn hat mich um die Aufnahmen gebeten.
Ich sollte Leute beim Einsteigen in den Lift filmen, da er Material braucht, um den Vorfall vor vier Jah-ren aufzu-klären.
Ach so? Ist Ihr Sohn Polizist?
Nein, nur 'n einfacher Mittel-schüler.
Er hält sich allerdings für 'nen Detektiv!

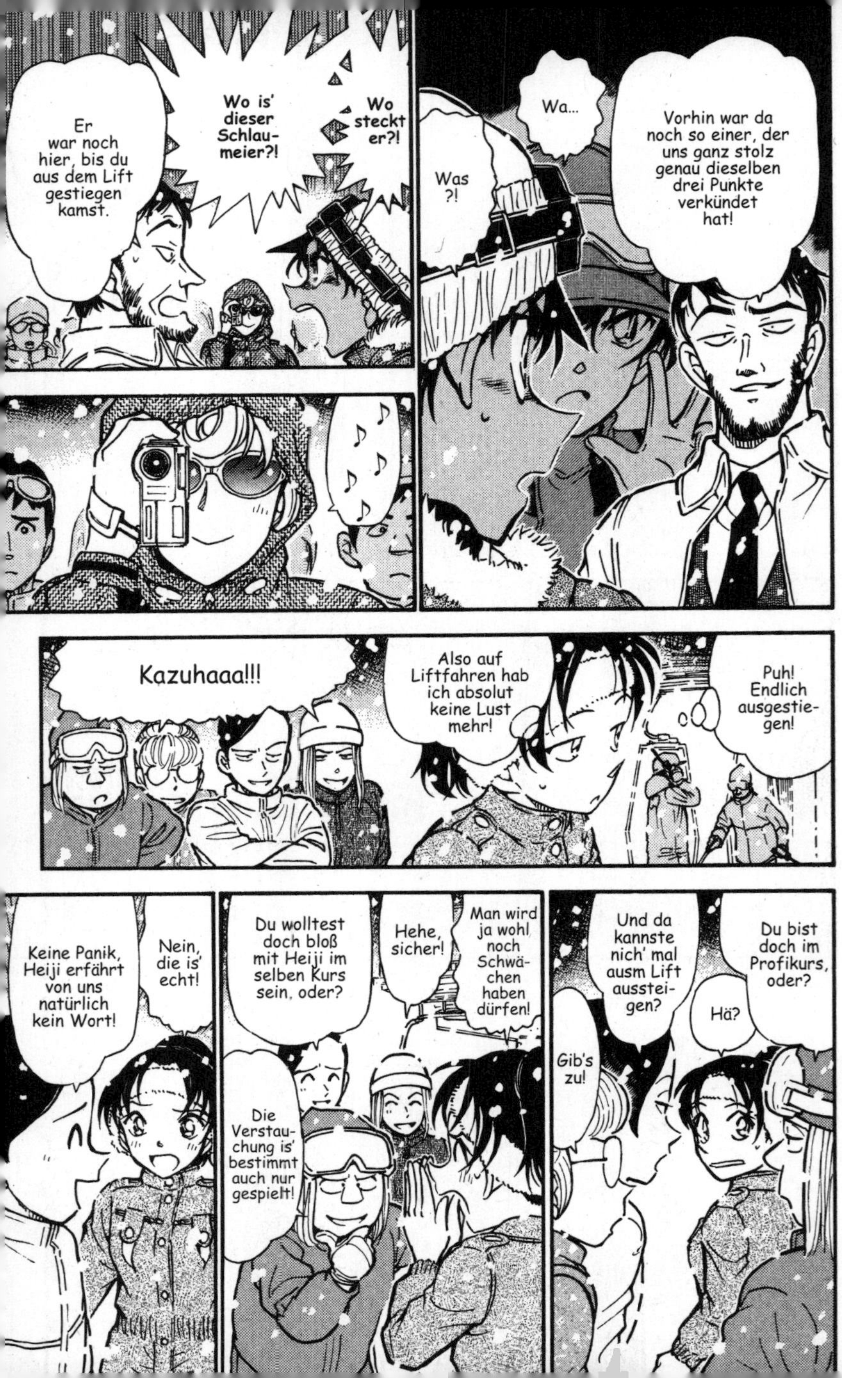
Vorhin war da noch so einer, der uns ganz stolz genau dieselben drei Punkte verkündet hat!
Wa...
Was?!
Wo steckt er?!
Wo is' dieser Schlaumeier?!
Er war noch hier, bis du aus dem Lift gestiegen kamst.
Puh! Endlich ausgestiegen!
Also auf Liftfahren hab ich absolut keine Lust mehr!
Kazuhaaa!!!
Du bist doch im Profikurs, oder?
Hä?
Und da kannste nich' mal ausm Lift aussteigen?
Gib's zu!
Man wird ja wohl noch Schwächen haben dürfen!
Hehe, sicher!
Du wolltest doch bloß mit Heiji im selben Kurs sein, oder?
Die Verstauchung is' bestimmt auch nur gespielt!
Nein, die is' echt!
Keine Panik, Heiji erfährt von uns natürlich kein Wort!

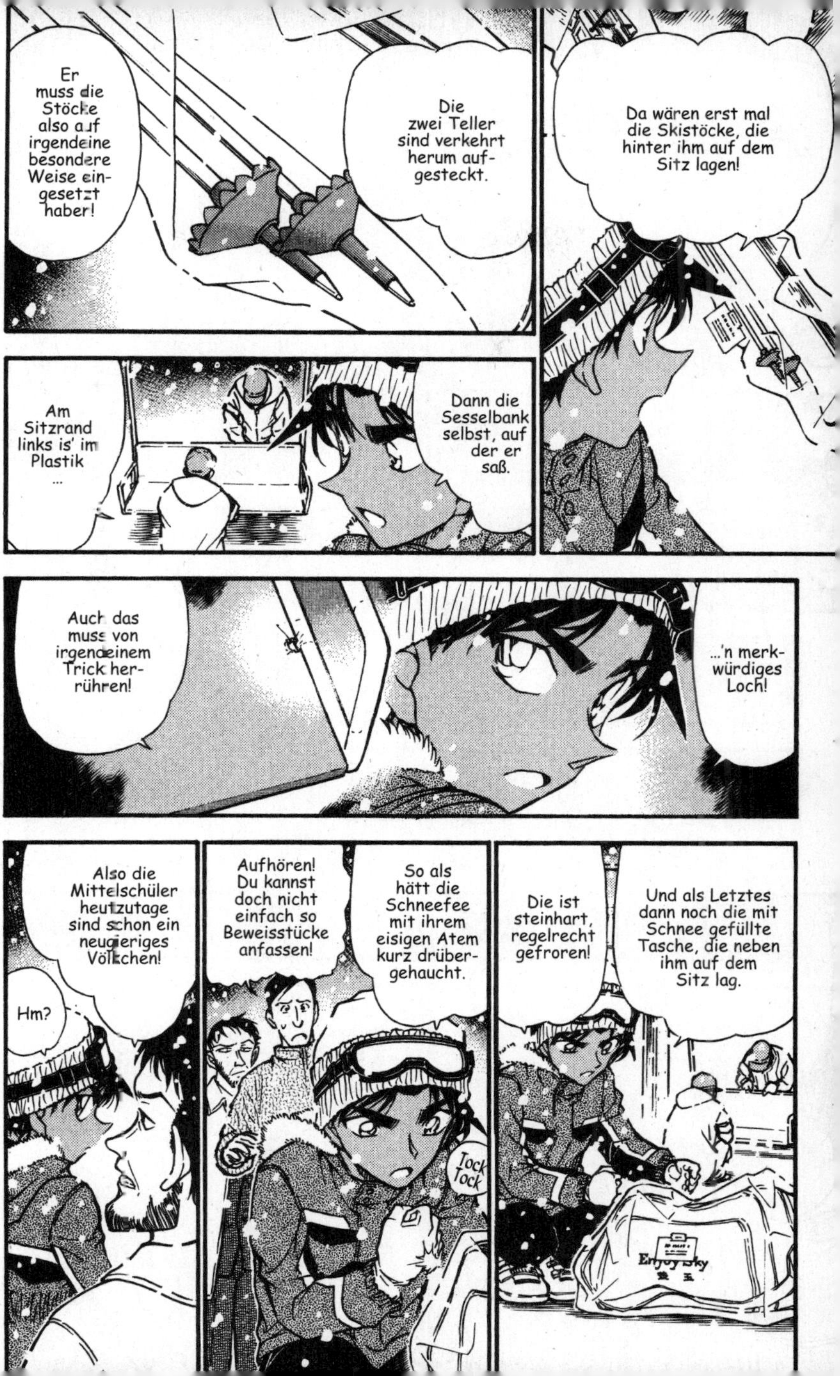

Da wären erst mal die Skistöcke, die hinter ihm auf dem Sitz lagen!
Die zwei Teller sind verkehrt herum aufgesteckt.
Er muss die Stöcke also auf irgendeine besondere Weise eingesetzt haben!
Dann die Sesselbank selbst, auf der er saß.
Am Sitzrand links is' im Plastik ...
...'n merkwürdiges Loch!
Auch das muss von irgendeinem Trick herrühren!
Und als Letztes dann noch die mit Schnee gefüllte Tasche, die neben ihm auf dem Sitz lag.
Die ist steinhart, regelrecht gefroren!
So als hätt die Schneefee mit ihrem eisigen Atem kurz drübergehaucht.
Tock Tock
Aufhören! Du kannst doch nicht einfach so Beweisstücke anfassen!
Also die Mittelschüler heutzutage sind schon ein neugieriges Völkchen!
Hm?

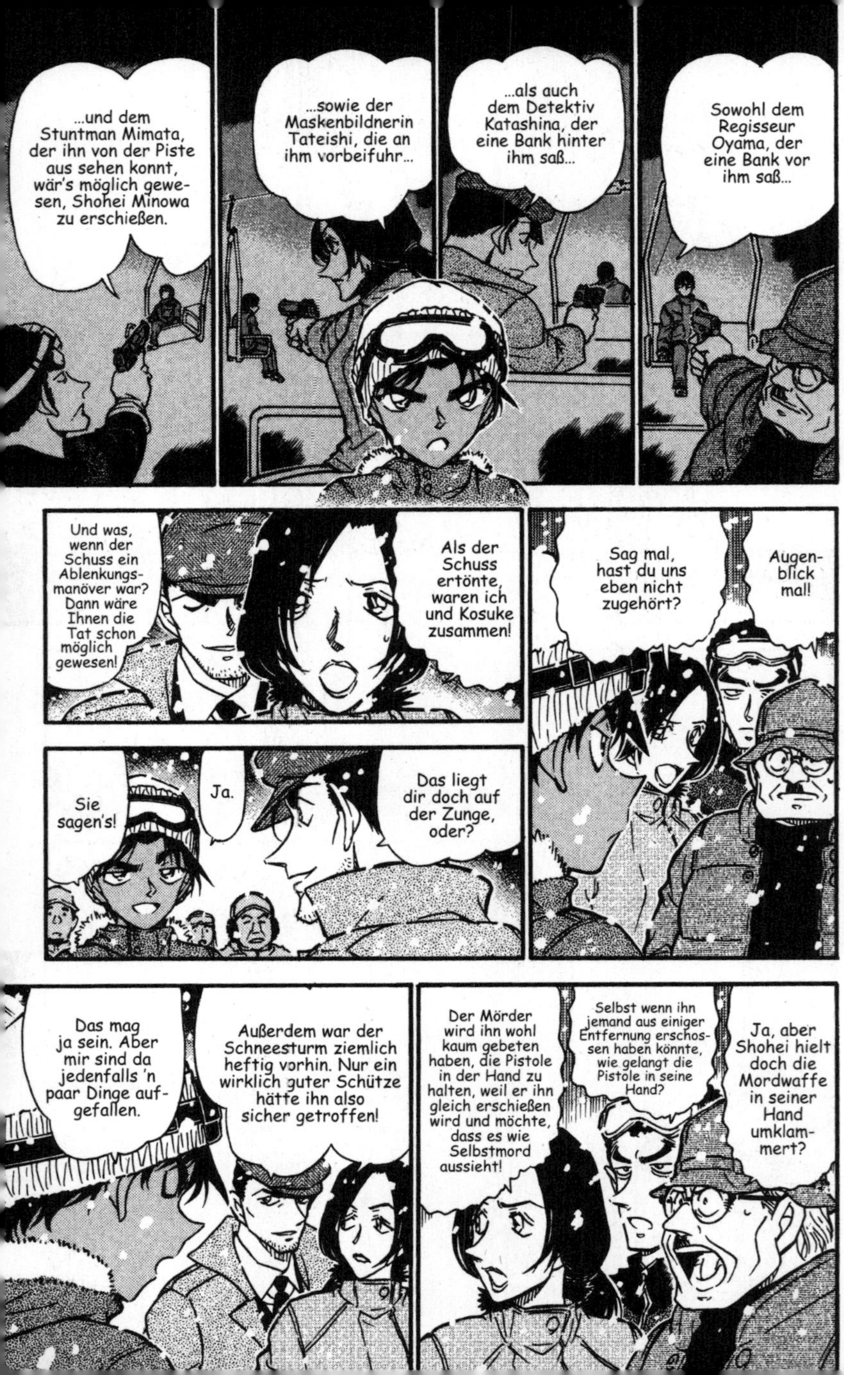
Sowohl dem Regisseur Oyama, der eine Bank vor ihm saß...
...als auch dem Detektiv Katashina, der eine Bank hinter ihm saß...
...sowie der Maskenbildnerin Tateishi, die an ihm vorbeifuhr...
...und dem Stuntman Mimata, der ihn von der Piste aus sehen konnt, wär's möglich gewesen, Shohei Minowa zu erschießen.
Augenblick mal!
Sag mal, hast du uns eben nicht zugehört?
Als der Schuss ertönte, waren ich und Kosuke zusammen!
Und was, wenn der Schuss ein Ablenkungsmanöver war? Dann wäre Ihnen die Tat schon möglich gewesen!
Das liegt dir doch auf der Zunge, oder?
Ja.
Sie sagen's!
Ja, aber Shohei hielt doch die Mordwaffe in seiner Hand umklammert?
Selbst wenn ihn jemand aus einiger Entfernung erschossen haben könnte, wie gelangt die Pistole in seine Hand?
Der Mörder wird ihn wohl kaum gebeten haben, die Pistole in der Hand zu halten, weil er ihn gleich erschießen wird und möchte, dass es wie Selbstmord aussieht!
Außerdem war der Schneesturm ziemlich heftig vorhin. Nur ein wirklich guter Schütze hätte ihn also sicher getroffen!
Das mag ja sein. Aber mir sind da jedenfalls 'n paar Dinge aufgefallen.

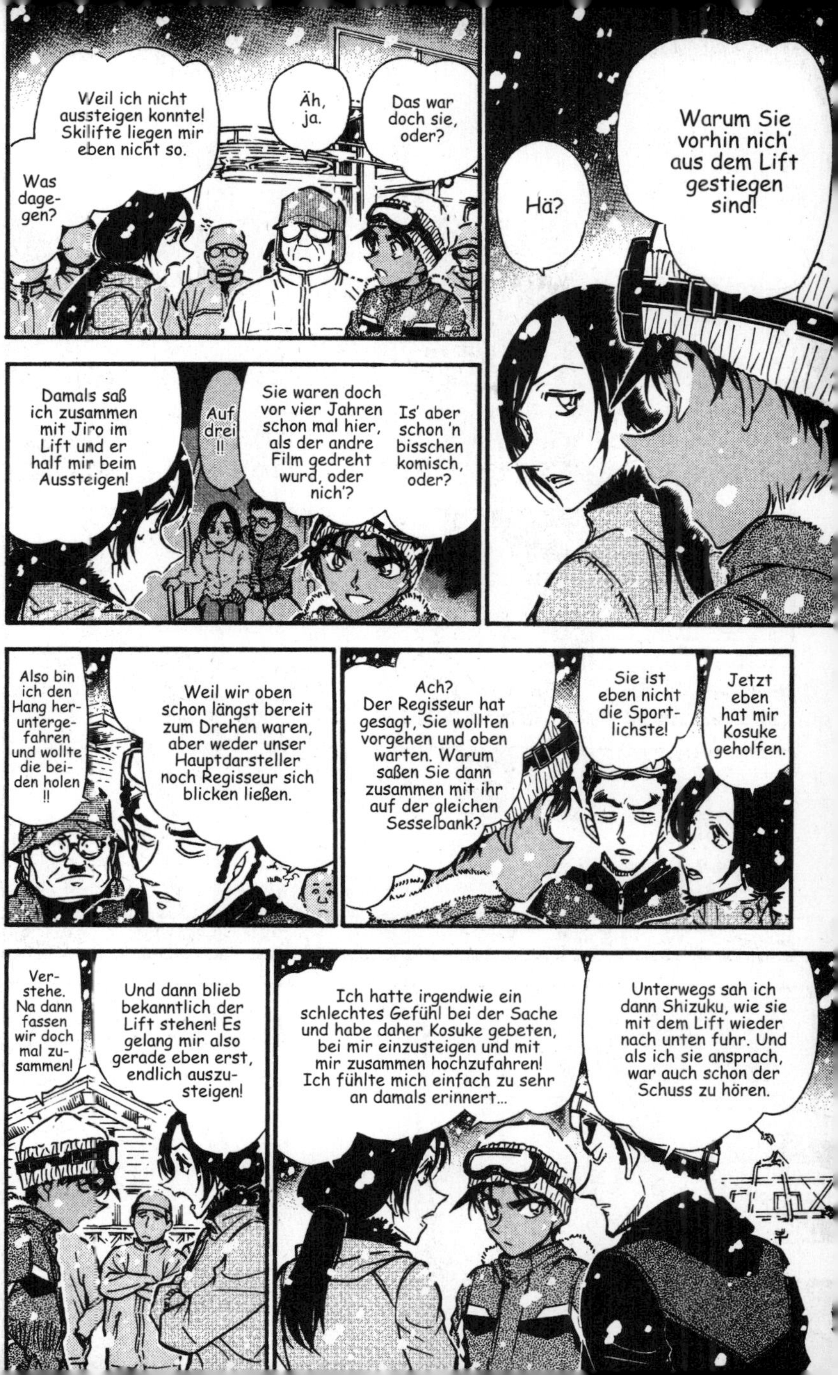
Warum Sie vorhin nich' aus dem Lift gestiegen sind!
Hä?
Das war doch sie, oder?
Äh, ja.
Weil ich nicht aussteigen konnte! Skilifte liegen mir eben nicht so.
Was dagegen?
Is' aber schon 'n bisschen komisch, oder?
Sie waren doch vor vier Jahren schon mal hier, als der andre Film gedreht wurd, oder nich'?
Auf drei !!
Damals saß ich zusammen mit Jiro im Lift und er half mir beim Aussteigen!
Jetzt eben hat mir Kosuke geholfen.
Sie ist eben nicht die Sportlichste!
Ach? Der Regisseur hat gesagt, Sie wollten vorgehen und oben warten. Warum saßen Sie dann zusammen mit ihr auf der gleichen Sesselbank?
Weil wir oben schon längst bereit zum Drehen waren, aber weder unser Hauptdarsteller noch Regisseur sich blicken ließen.
Also bin ich den Hang heruntergefahren und wollte die beiden holen !!
Unterwegs sah ich dann Shizuku, wie sie mit dem Lift wieder nach unten fuhr. Und als ich sie ansprach, war auch schon der Schuss zu hören.
Ich hatte irgendwie ein schlechtes Gefühl bei der Sache und habe daher Kosuke gebeten, bei mir einzusteigen und mit mir zusammen hochzufahren! Ich fühlte mich einfach zu sehr an damals erinnert...
Und dann blieb bekanntlich der Lift stehen! Es gelang mir also gerade eben erst, endlich auszusteigen!
Verstehe. Na dann fassen wir doch mal zusammen!

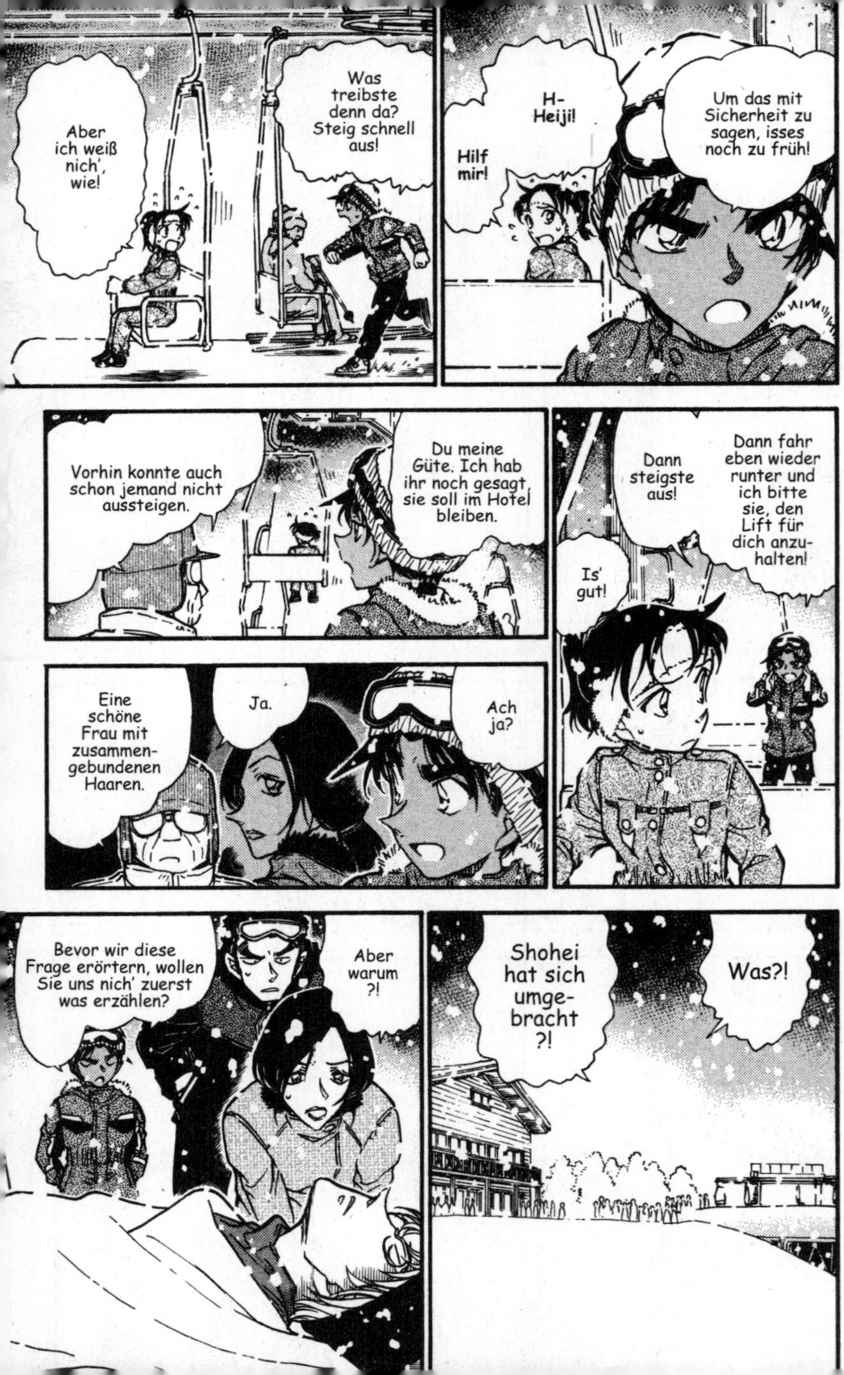
Um das mit Sicherheit zu sagen, isses noch zu früh!
H-Heiji!
Hilf mir!
Was treibste denn da? Steig schnell aus!
Aber ich weiß nich', wie!
Dann fahr eben wieder runter und ich bitte sie, den Lift für dich anzuhalten!
Dann steigste aus!
Is' gut!
Du meine Güte. Ich hab ihr noch gesagt, sie soll im Hotel bleiben.
Vorhin konnte auch schon jemand nicht aussteigen.
Ach ja?
Ja.
Eine schöne Frau mit zusammengebundenen Haaren.
Was?!
Shohei hat sich umgebracht?!
Aber warum?!
Bevor wir diese Frage erörtern, wollen Sie uns nich' zuerst was erzählen?

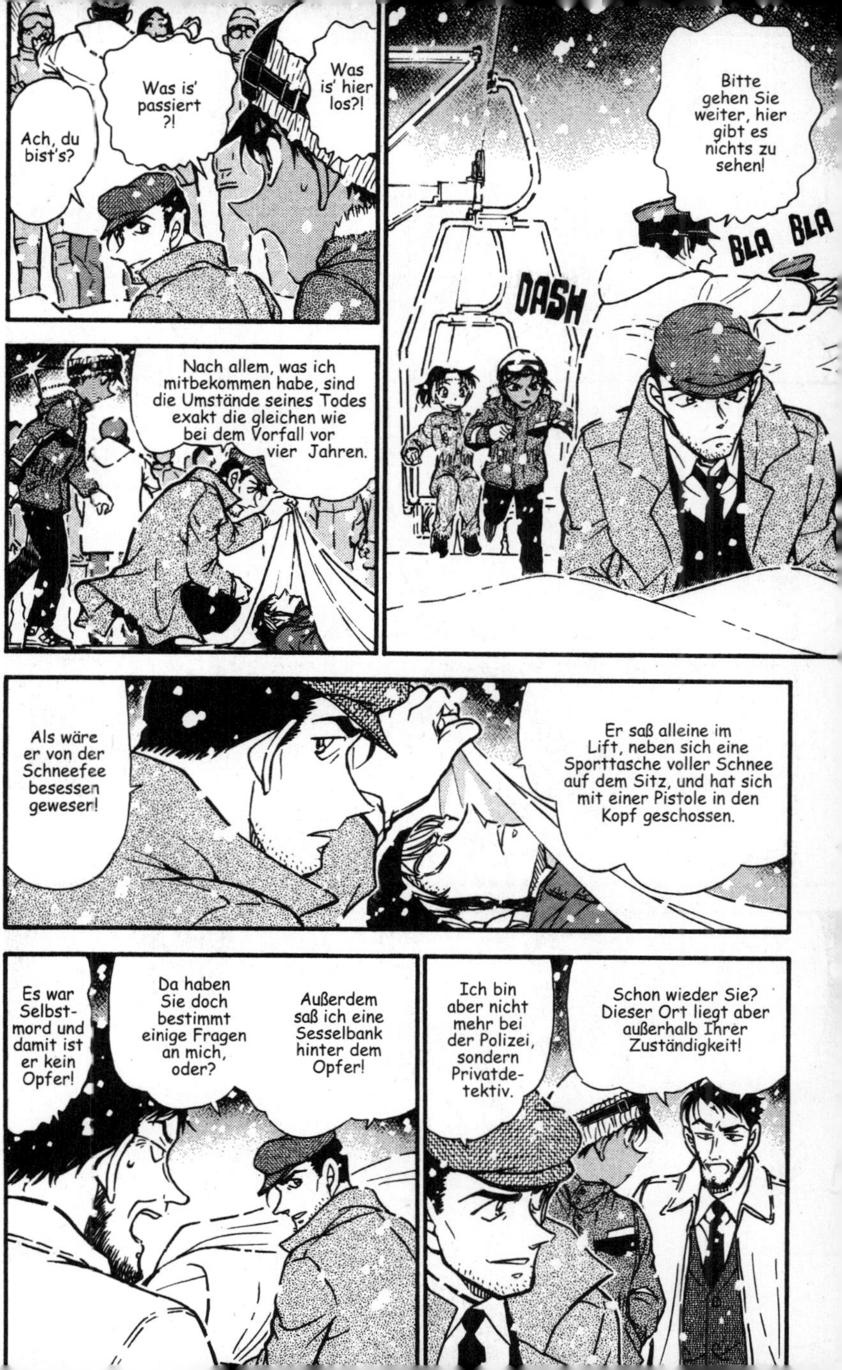
Bitte gehen Sie weiter, hier gibt es nichts zu sehen!
BLA BLA
DASH
Was is' hier los?!
Was is' passiert ?!
Ach, du bist's?
Nach allem, was ich mitbekommen habe, sind die Umstände seines Todes exakt die gleichen wie bei dem Vorfall vor vier Jahren.
Er saß alleine im Lift, neben sich eine Sporttasche voller Schnee auf dem Sitz, und hat sich mit einer Pistole in den Kopf geschossen.
Als wäre er von der Schneefee besessen gewesen!
Schon wieder Sie? Dieser Ort liegt aber außerhalb Ihrer Zuständigkeit!
Ich bin aber nicht mehr bei der Polizei, sondern Privatdetektiv.
Außerdem saß ich eine Sesselbank hinter dem Opfer!
Da haben Sie doch bestimmt einige Fragen an mich, oder?
Es war Selbstmord und damit ist er kein Opfer!

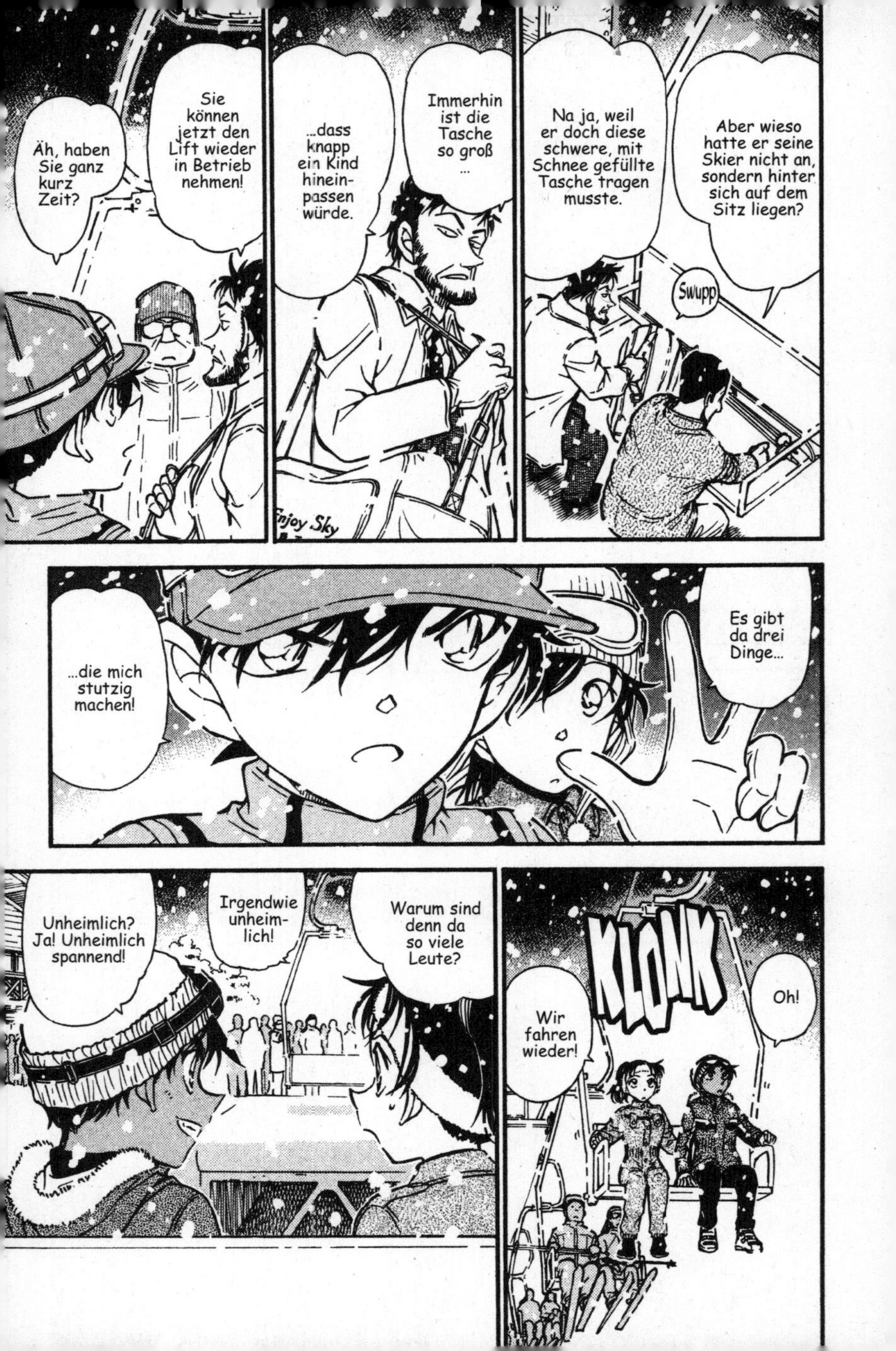
Aber wieso hatte er seine Skier nicht an, sondern hinter sich auf dem Sitz liegen?
Swupp
Na ja, weil er doch diese schwere, mit Schnee gefüllte Tasche tragen musste.
Immerhin ist die Tasche so groß ...
...dass knapp ein Kind hineinpassen würde.
Enjoy Sky
Sie können jetzt den Lift wieder in Betrieb nehmen!
Äh, haben Sie ganz kurz Zeit?
Es gibt da drei Dinge...
...die mich stutzig machen!
KLONK
Oh!
Wir fahren wieder!
Warum sind denn da so viele Leute?
Irgendwie unheimlich!
Unheimlich? Ja! Unheimlich spannend!

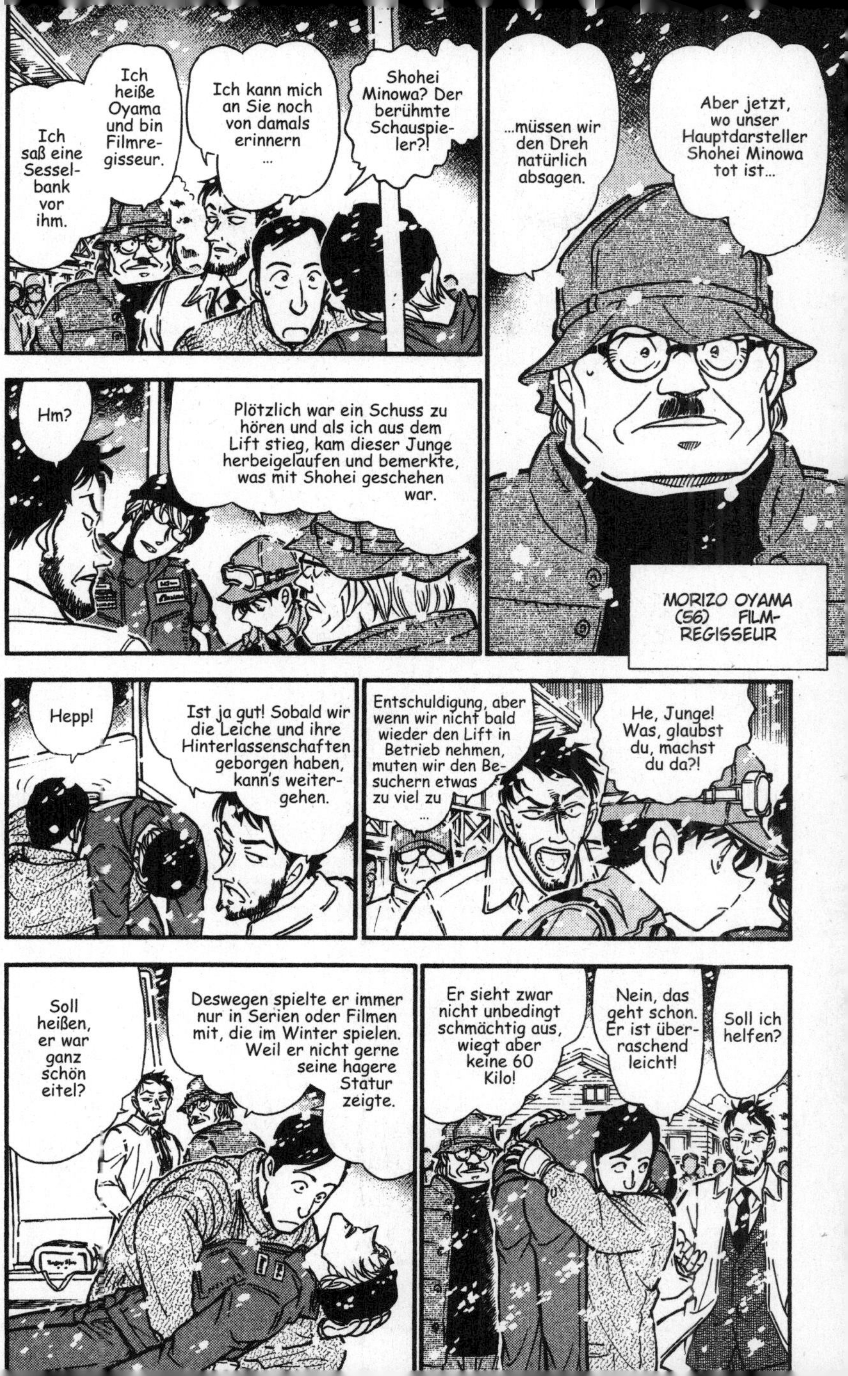
Aber jetzt, wo unser Hauptdarsteller Shohei Minowa tot ist...
...müssen wir den Dreh natürlich absagen.
MORIZO OYAMA (56) FILM-REGISSEUR
Shohei Minowa? Der berühmte Schauspieler?!
Ich kann mich an Sie noch von damals erinnern ...
Ich heiße Oyama und bin Filmregisseur.
Ich saß eine Sesselbank vor ihm.
Plötzlich war ein Schuss zu hören und als ich aus dem Lift stieg, kam dieser Junge herbeigelaufen und bemerkte, was mit Shohei geschehen war.
Hm?
He, Junge! Was, glaubst du, machst du da?!
Entschuldigung, aber wenn wir nicht bald wieder den Lift in Betrieb nehmen, muten wir den Besuchern etwas zu viel zu ...
Ist ja gut! Sobald wir die Leiche und ihre Hinterlassenschaften geborgen haben, kann's weitergehen.
Hepp!
Soll ich helfen?
Nein, das geht schon. Er ist überraschend leicht!
Er sieht zwar nicht unbedingt schmächtig aus, wiegt aber keine 60 Kilo!
Deswegen spielte er immer nur in Serien oder Filmen mit, die im Winter spielen. Weil er nicht gerne seine hagere Statur zeigte.
Soll heißen, er war ganz schön eitel?

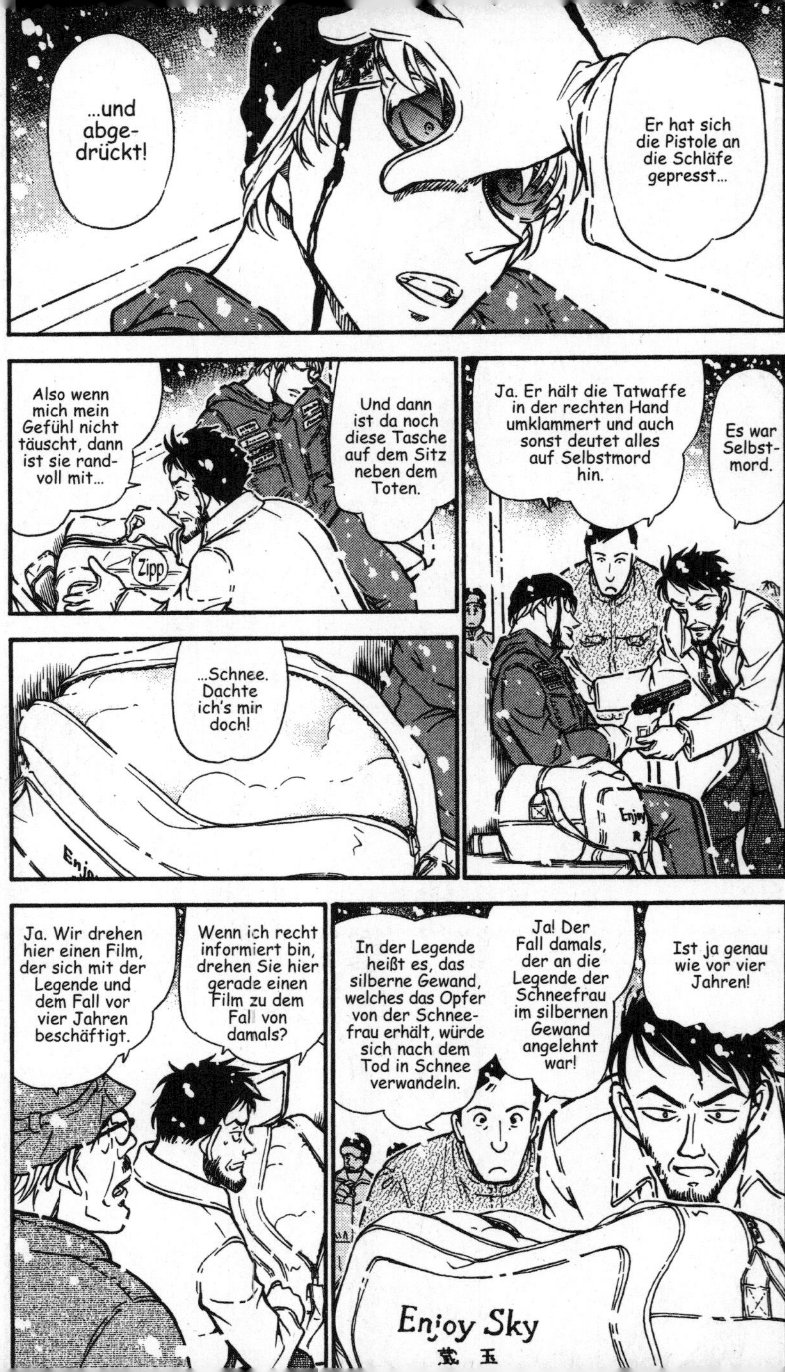
Er hat sich die Pistole an die Schläfe gepresst...
...und abgedrückt!
Es war Selbstmord.
Ja. Er hält die Tatwaffe in der rechten Hand umklammert und auch sonst deutet alles auf Selbstmord hin.
Und dann ist da noch diese Tasche auf dem Sitz neben dem Toten.
Also wenn mich mein Gefühl nicht täuscht, dann ist sie randvoll mit...
Zipp
...Schnee. Dachte ich's mir doch!
Ist ja genau wie vor vier Jahren!
Ja! Der Fall damals, der an die Legende der Schneefrau im silbernen Gewand angelehnt war!
In der Legende heißt es, das silberne Gewand, welches das Opfer von der Schneefrau erhält, würde sich nach dem Tod in Schnee verwandeln.
Wenn ich recht informiert bin, drehen Sie hier gerade einen Film zu dem Fall von damals?
Ja. Wir drehen hier einen Film, der sich mit der Legende und dem Fall vor vier Jahren beschäftigt.
Enjoy Sky

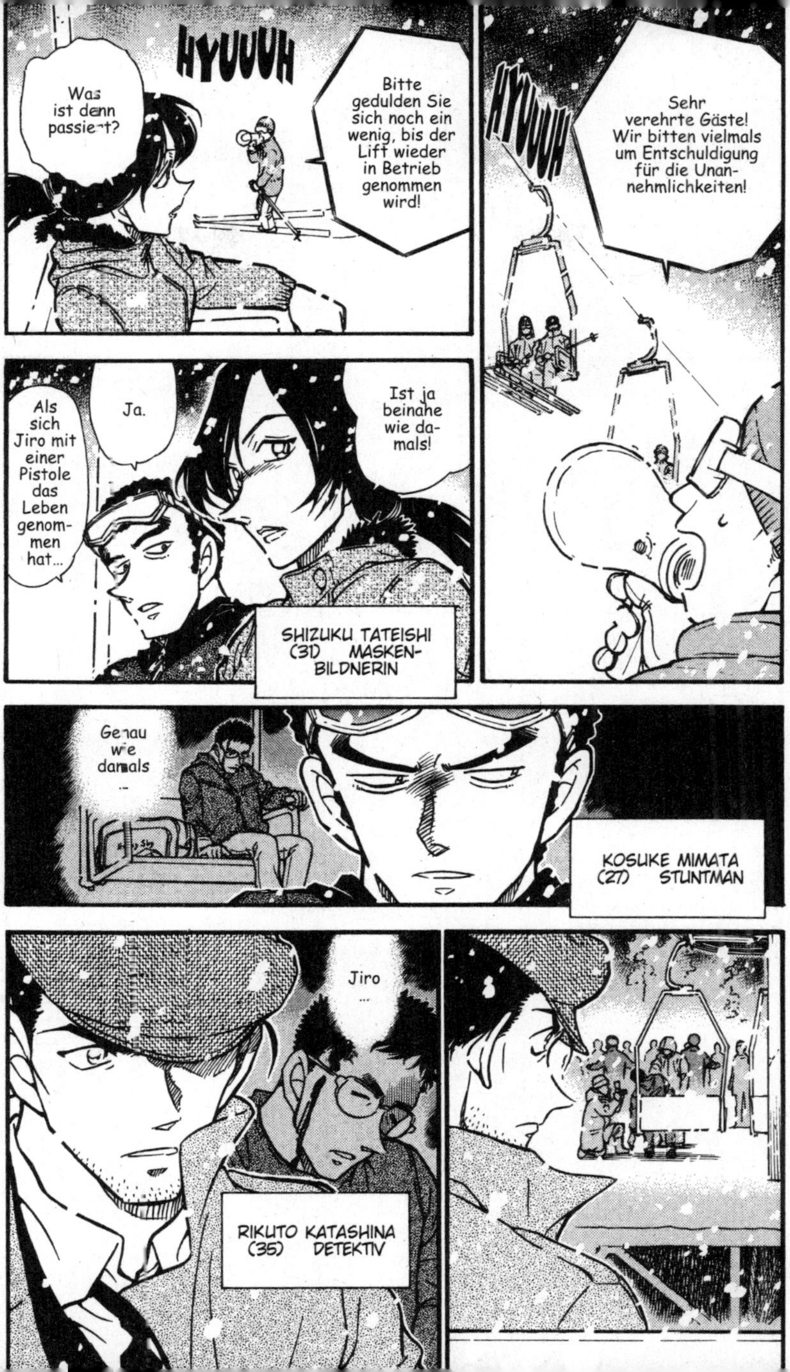
HYUUUH
Sehr verehrte Gäste! Wir bitten vielmals um Entschuldigung für die Unannehmlichkeiten!
HYUUUH
Bitte gedulden Sie sich noch ein wenig, bis der Lift wieder in Betrieb genommen wird!
Was ist denn passiert?
Ist ja beinahe wie damals!
Ja.
Als sich Jiro mit einer Pistole das Leben genommen hat...
SHIZUKU TATEISHI (31) MASKENBILDNERIN
KOSUKE MIMATA (27) STUNTMAN
Genau wie damals ...
Jiro ...
RIKUTO KATASHINA (35) DETEKTIV

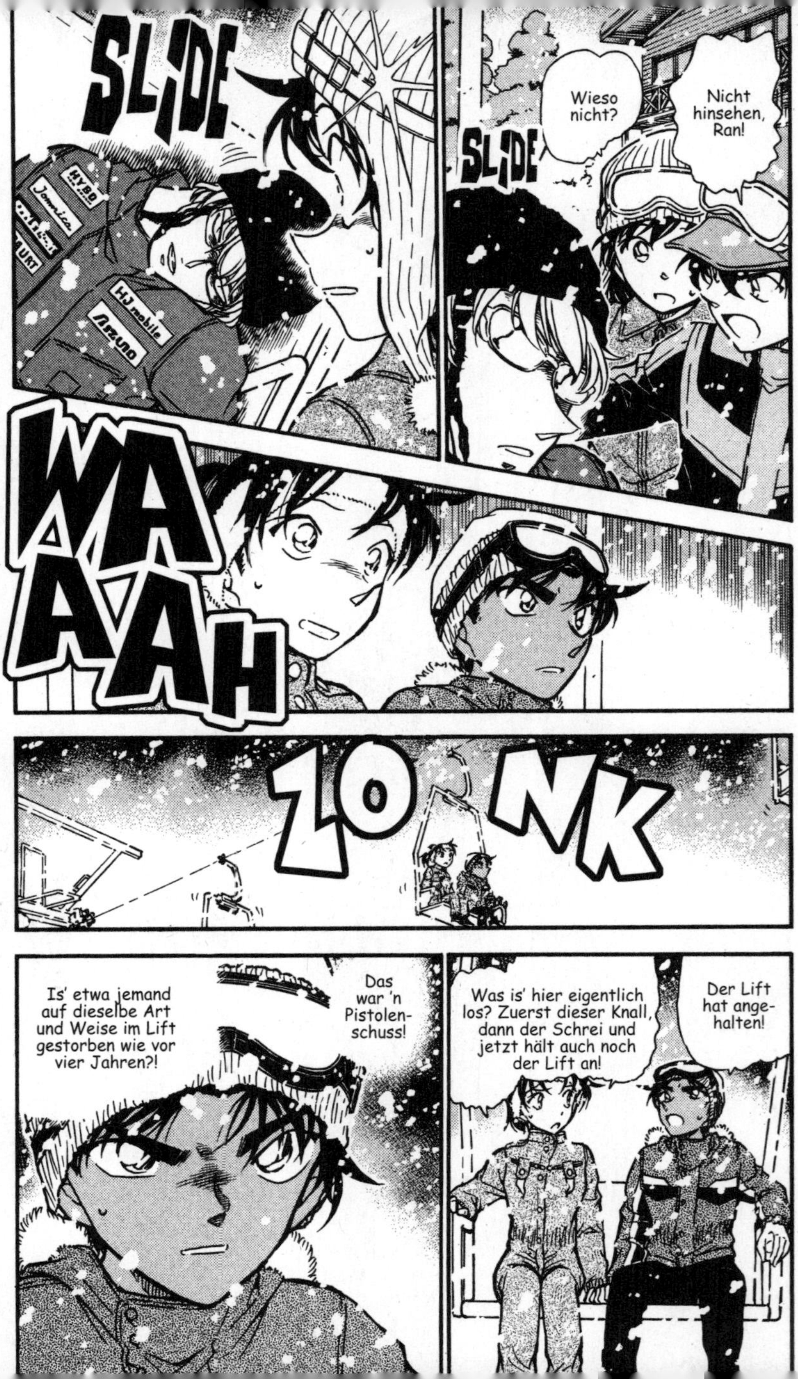
Nicht hinsehen, Ran!
Wieso nicht?
SLIDE
SLIDE
WAAAH
ZONK
Der Lift hat angehalten!
Was is' hier eigentlich los? Zuerst dieser Knall, dann der Schrei und jetzt hält auch noch der Lift an!
Das war 'n Pistolenschuss!
Is' etwa jemand auf dieselbe Art und Weise im Lift gestorben wie vor vier Jahren?!

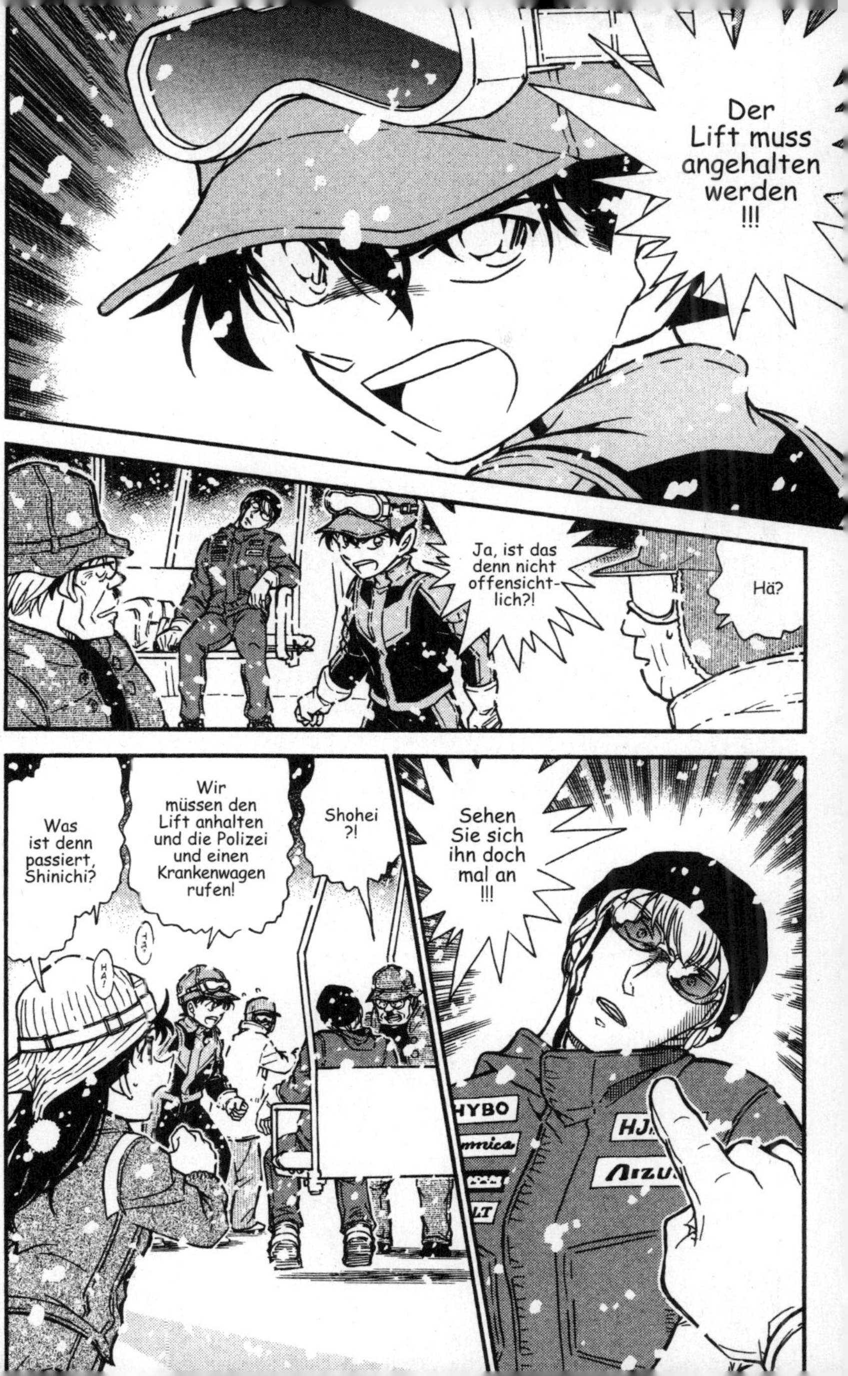
Der Lift muss angehalten werden !!!
Hä?
Ja, ist das denn nicht offensichtlich?!
Sehen Sie sich ihn doch mal an !!!
Shohei ?!
Wir müssen den Lift anhalten und die Polizei und einen Krankenwagen rufen!
Was ist denn passiert, Shinichi?

FALL 3

AKTE 6

Der rätselhafte Lift

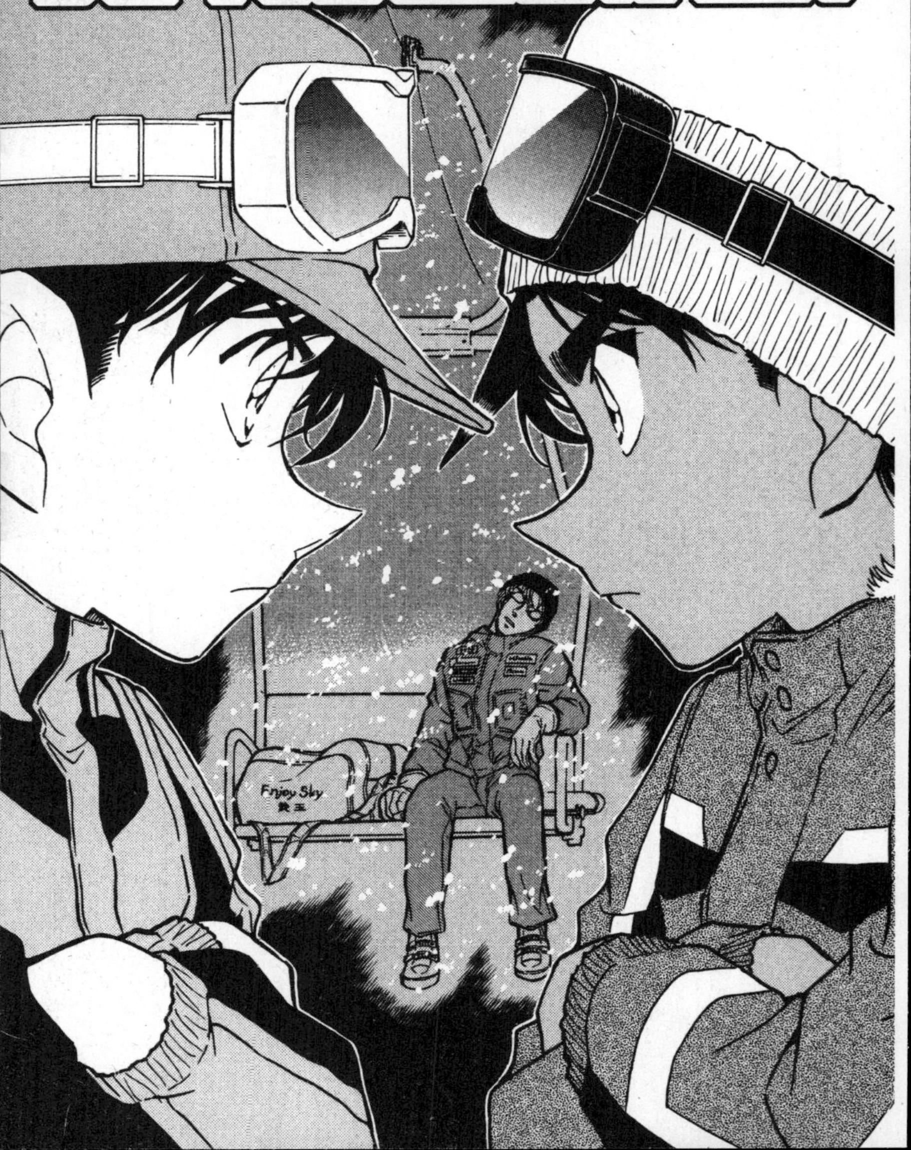

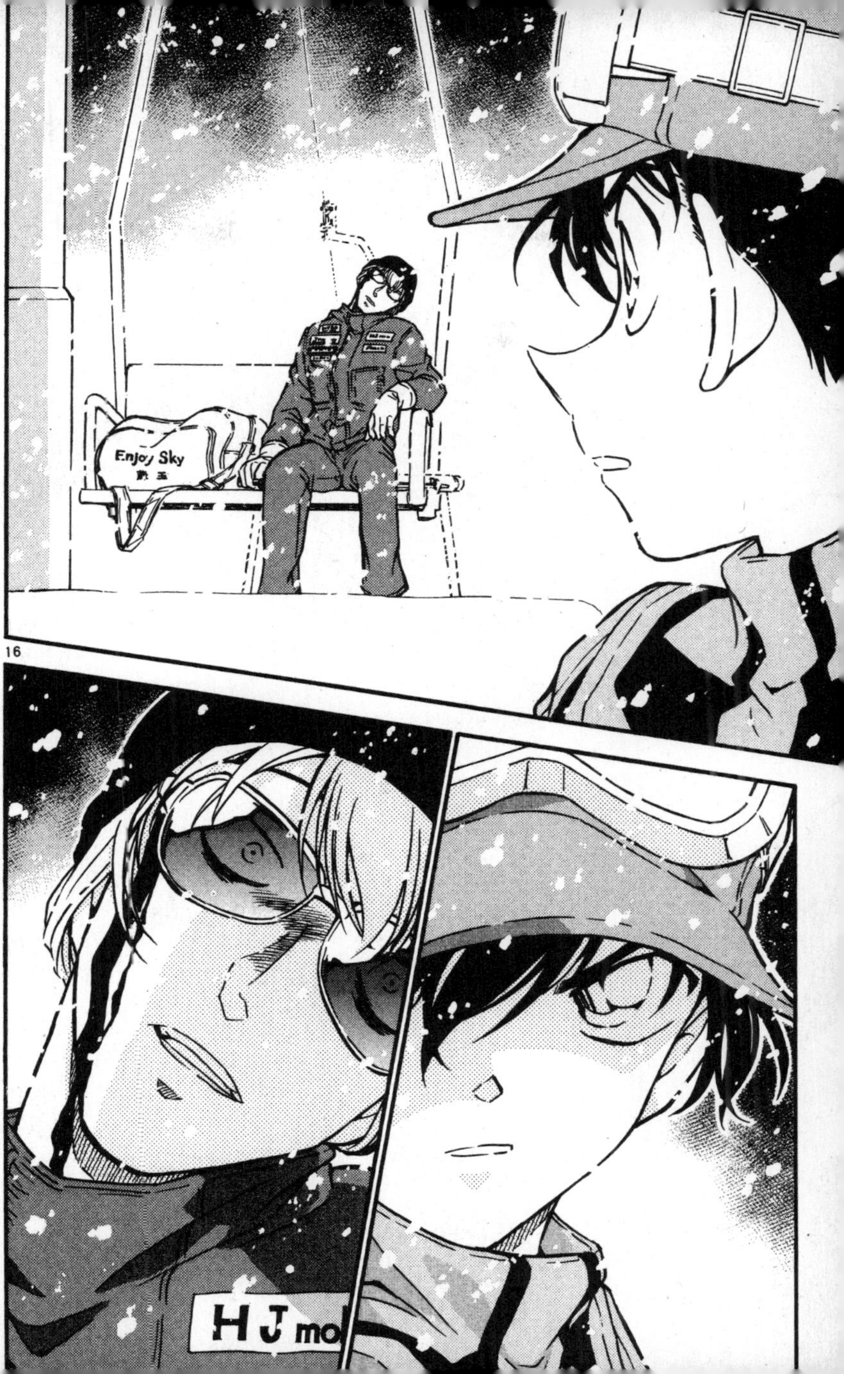

16

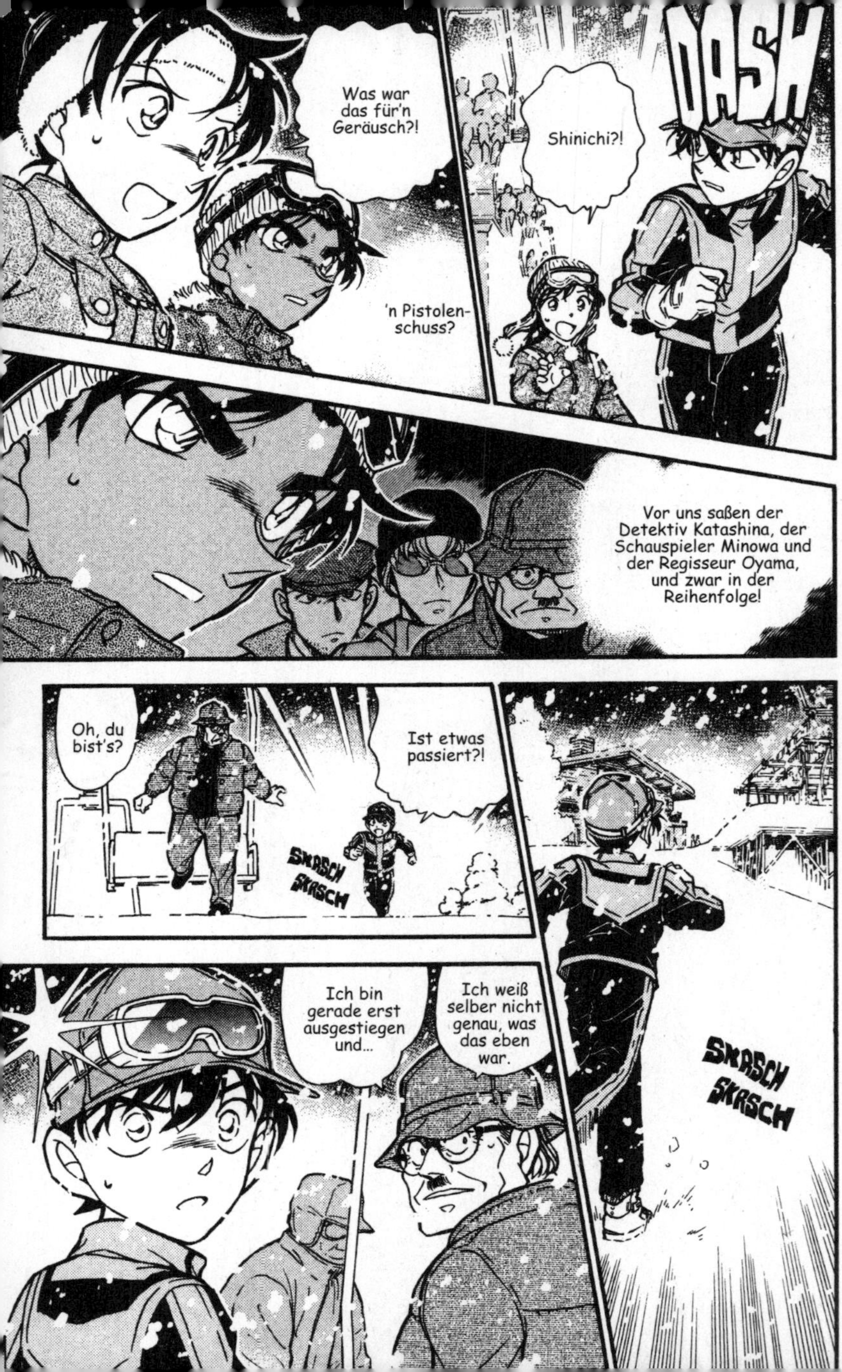
DASH
Shinichi?!
Was war das für'n Geräusch?!
'n Pistolen-schuss?
Vor uns saßen der Detektiv Katashina, der Schauspieler Minowa und der Regisseur Oyama, und zwar in der Reihenfolge!
SKRSCH SKRSCH
Ist etwas passiert?!
Oh, du bist's?
SKRSCH SKRSCH
Ich weiß selber nicht genau, was das eben war.
Ich bin gerade erst ausgestiegen und…

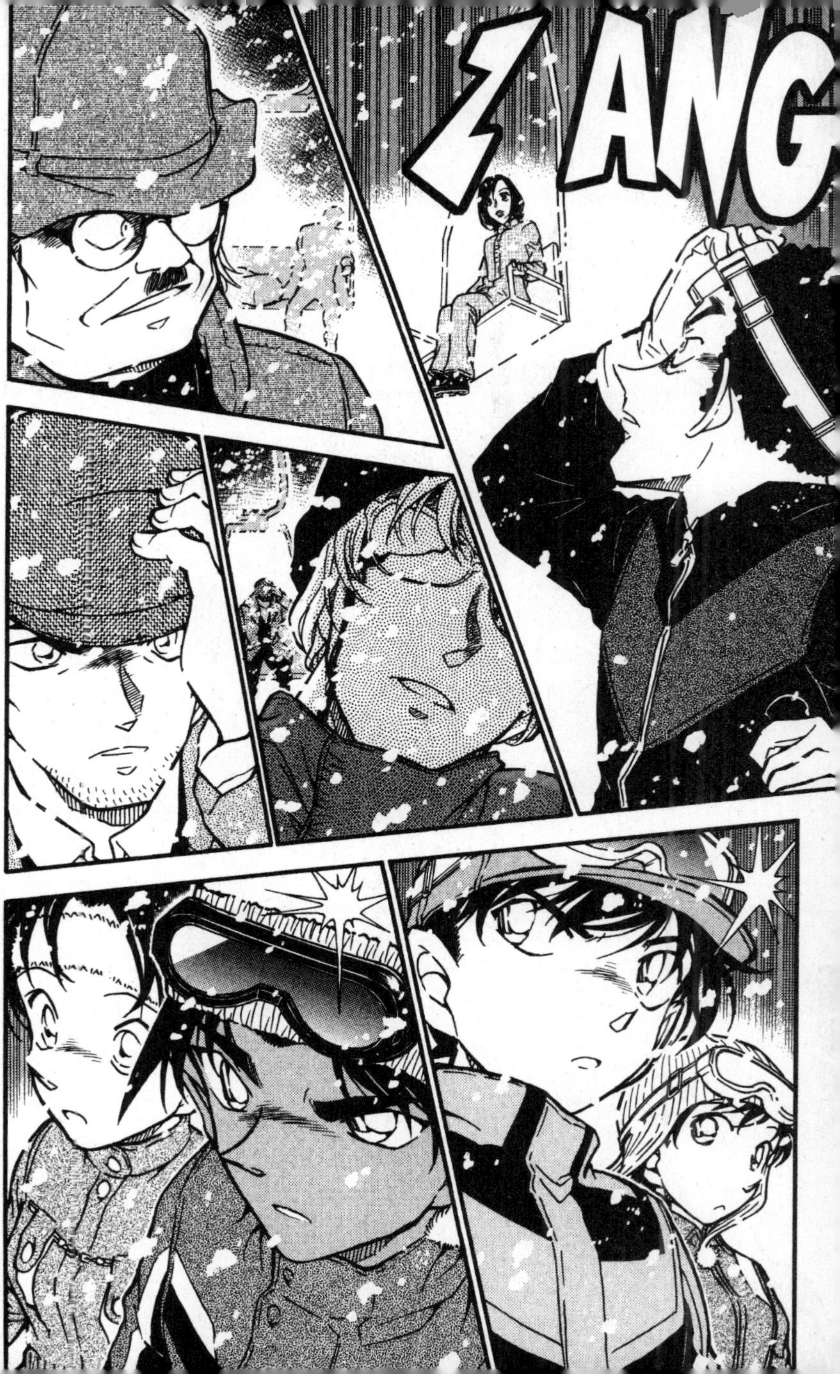
ZANG

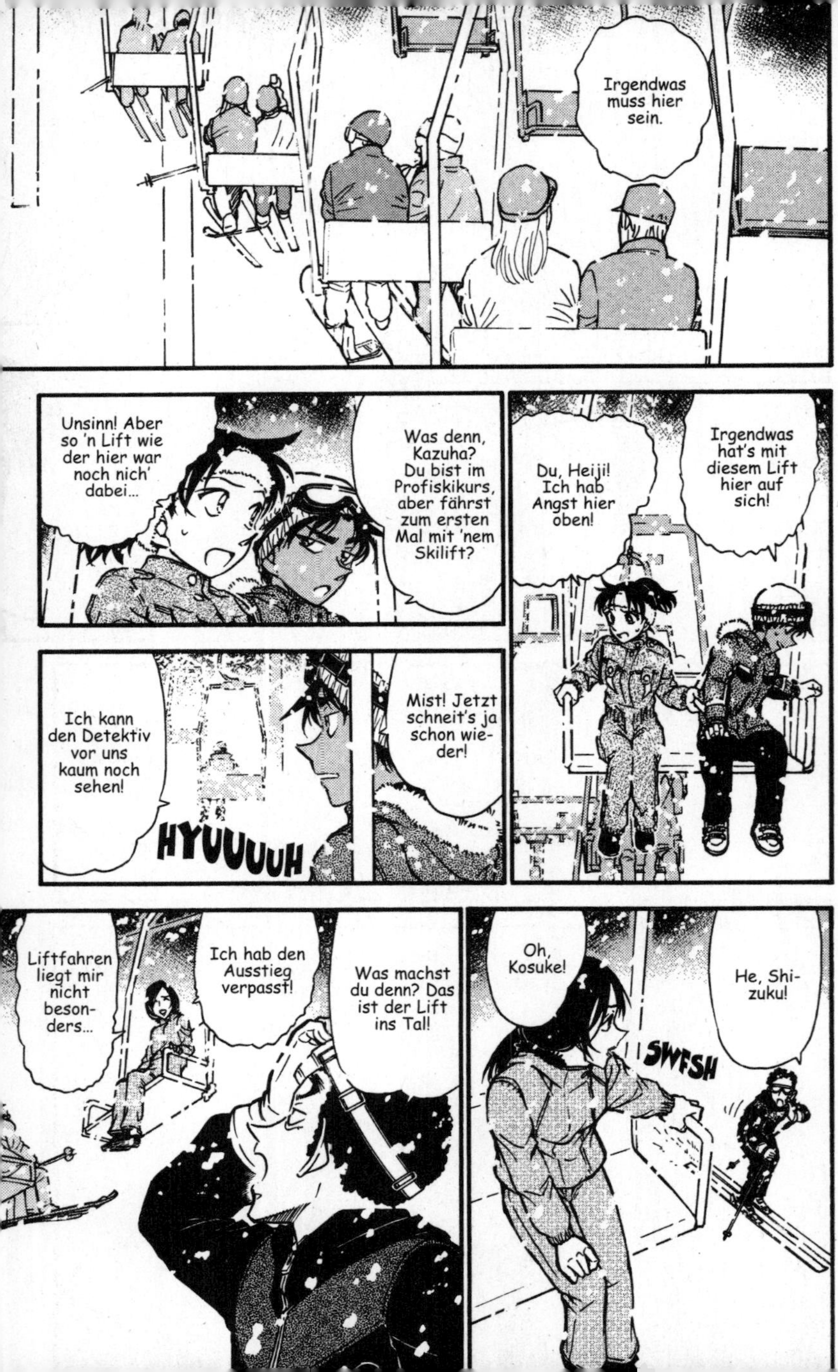
Irgendwas muss hier sein.
Irgendwas hat's mit diesem Lift hier auf sich!
Du, Heiji! Ich hab Angst hier oben!
Was denn, Kazuha? Du bist im Profiskikurs, aber fährst zum ersten Mal mit 'nem Skilift?
Unsinn! Aber so 'n Lift wie der hier war noch nich' dabei...
Mist! Jetzt schneit's ja schon wieder!
Ich kann den Detektiv vor uns kaum noch sehen!
HYUUUUH
He, Shizuku!
SWFSH
Oh, Kosuke!
Was machst du denn? Das ist der Lift ins Tal!
Ich hab den Ausstieg verpasst!
Liftfahren liegt mir nicht besonders...

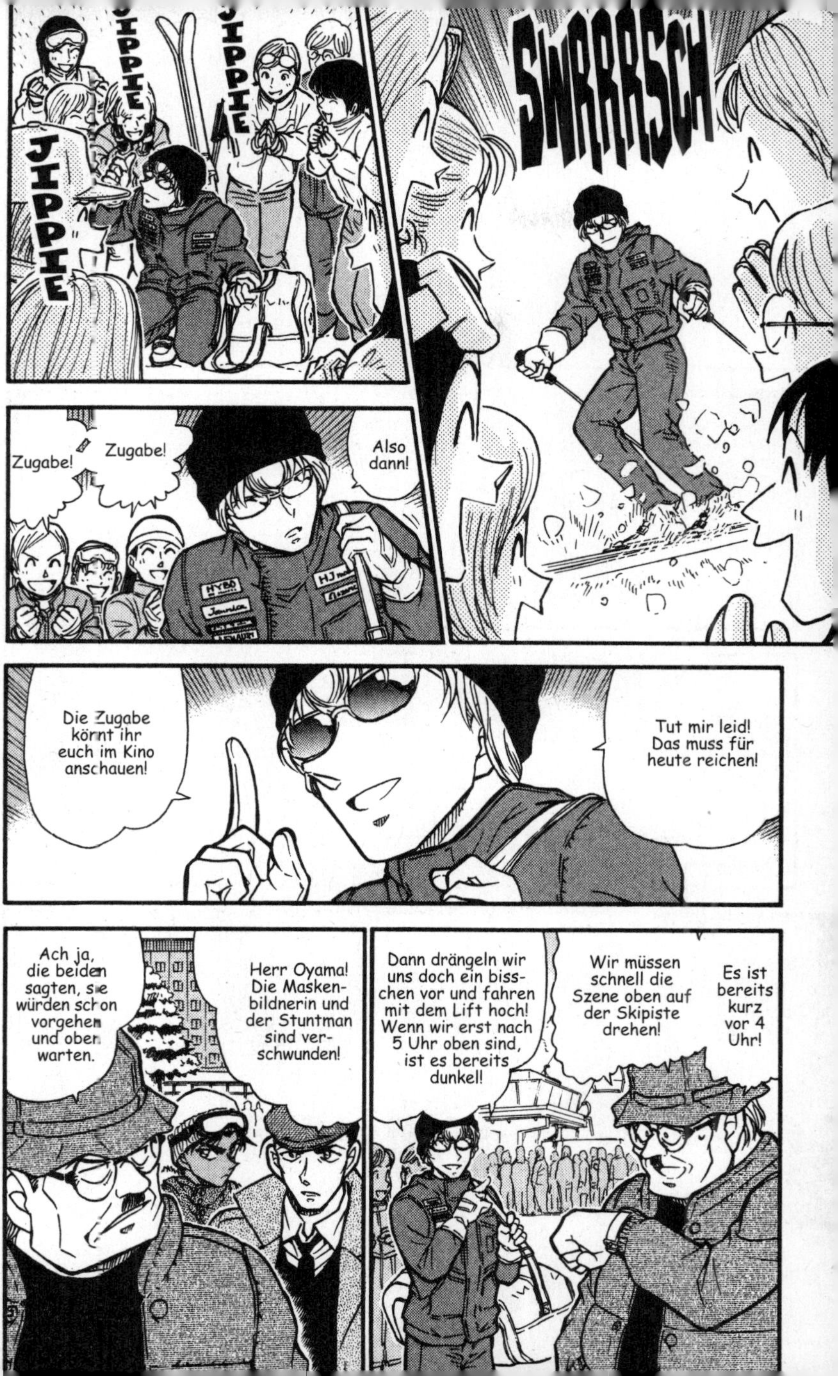

SWRRRSCH
JIPPIE
JIPPIE
JIPPIE
Also dann!
Zugabe!
Zugabe!
Tut mir leid! Das muss für heute reichen!
Die Zugabe könnt ihr euch im Kino anschauen!
Es ist bereits kurz vor 4 Uhr!
Wir müssen schnell die Szene oben auf der Skipiste drehen!
Dann drängeln wir uns doch ein bisschen vor und fahren mit dem Lift hoch! Wenn wir erst nach 5 Uhr oben sind, ist es bereits dunkel!
Herr Oyama! Die Maskenbildnerin und der Stuntman sind verschwunden!
Ach ja, die beiden sagten, sie würden schon vorgehen und oben warten.

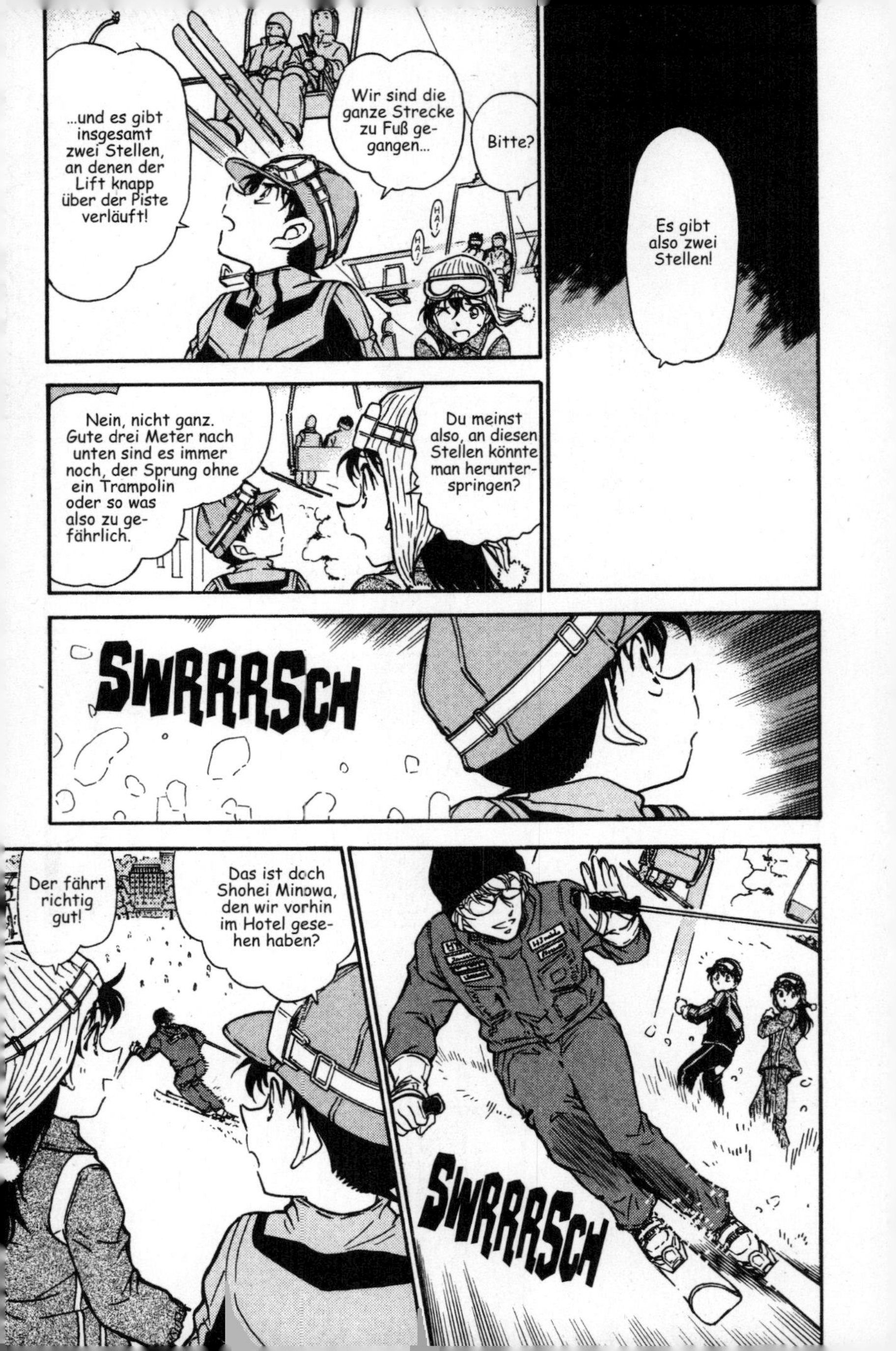
Es gibt also zwei Stellen!
Bitte?
Wir sind die ganze Strecke zu Fuß gegangen...
...und es gibt insgesamt zwei Stellen, an denen der Lift knapp über der Piste verläuft!
Du meinst also, an diesen Stellen könnte man herunterspringen?
Nein, nicht ganz. Gute drei Meter nach unten sind es immer noch, der Sprung ohne ein Trampolin oder so was also zu gefährlich.
SWRRRSCH
SWRRRSCH
Das ist doch Shohei Minowa, den wir vorhin im Hotel gesehen haben?
Der fährt richtig gut!

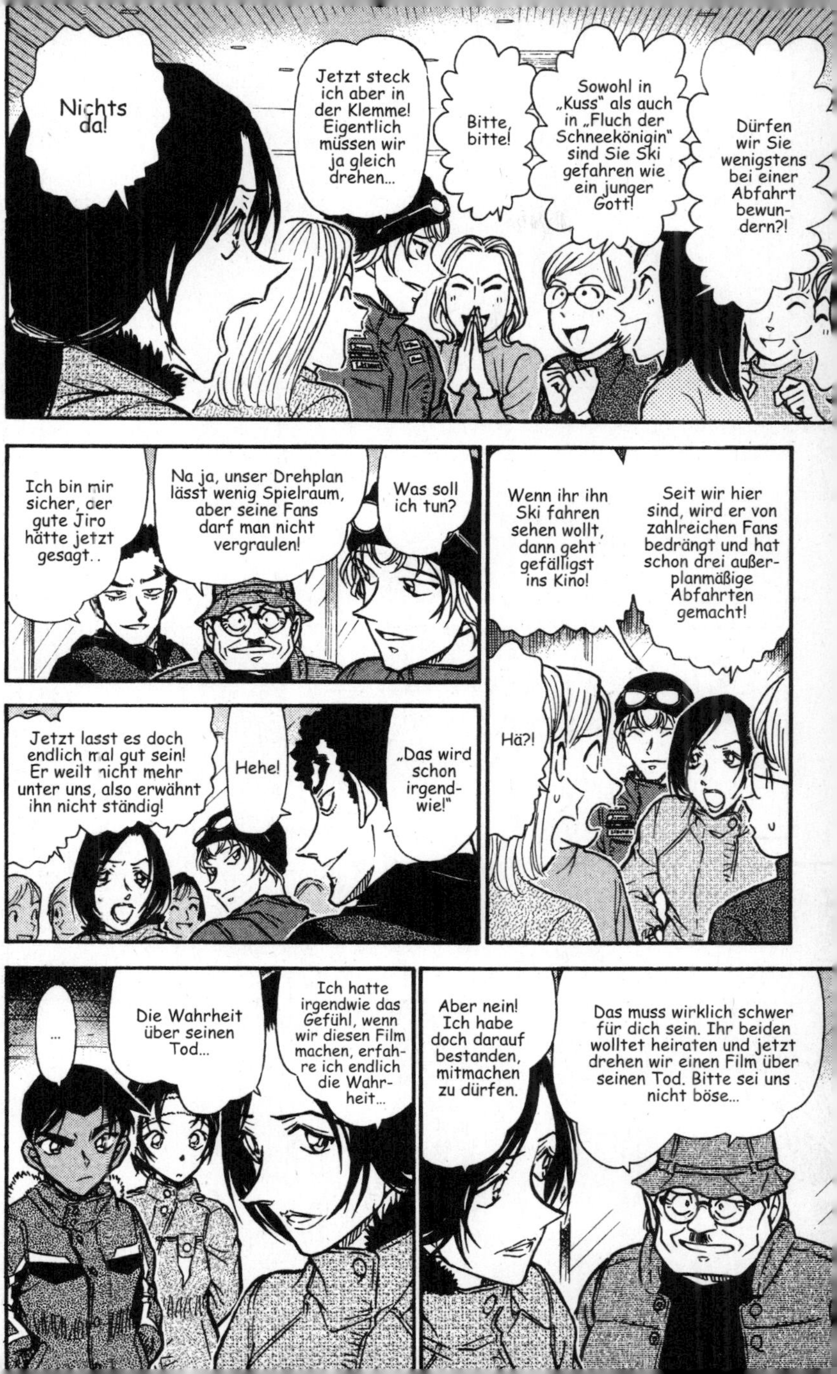

Dürfen wir Sie wenigstens bei einer Abfahrt bewundern?!
Sowohl in „Kuss“ als auch in „Fluch der Schneekönigin“ sind Sie Ski gefahren wie ein junger Gott!
Bitte, bitte!
Jetzt steck ich aber in der Klemme! Eigentlich müssen wir ja gleich drehen...
Nichts da!
Seit wir hier sind, wird er von zahlreichen Fans bedrängt und hat schon drei außerplanmäßige Abfahrten gemacht!
Wenn ihr ihn Ski fahren sehen wollt, dann geht gefälligst ins Kino!
Hä?!
Was soll ich tun?
Na ja, unser Drehplan lässt wenig Spielraum, aber seine Fans darf man nicht vergraulen!
Ich bin mir sicher, der gute Jiro hätte jetzt gesagt..
„Das wird schon irgendwie!“
Hehe!
Jetzt lasst es doch endlich mal gut sein! Er weilt nicht mehr unter uns, also erwähnt ihn nicht ständig!
Das muss wirklich schwer für dich sein. Ihr beiden wolltet heiraten und jetzt drehen wir einen Film über seinen Tod. Bitte sei uns nicht böse...
Aber nein! Ich habe doch darauf bestanden, mitmachen zu dürfen.
Ich hatte irgendwie das Gefühl, wenn wir diesen Film machen, erfahre ich endlich die Wahrheit...
Die Wahrheit über seinen Tod...
...

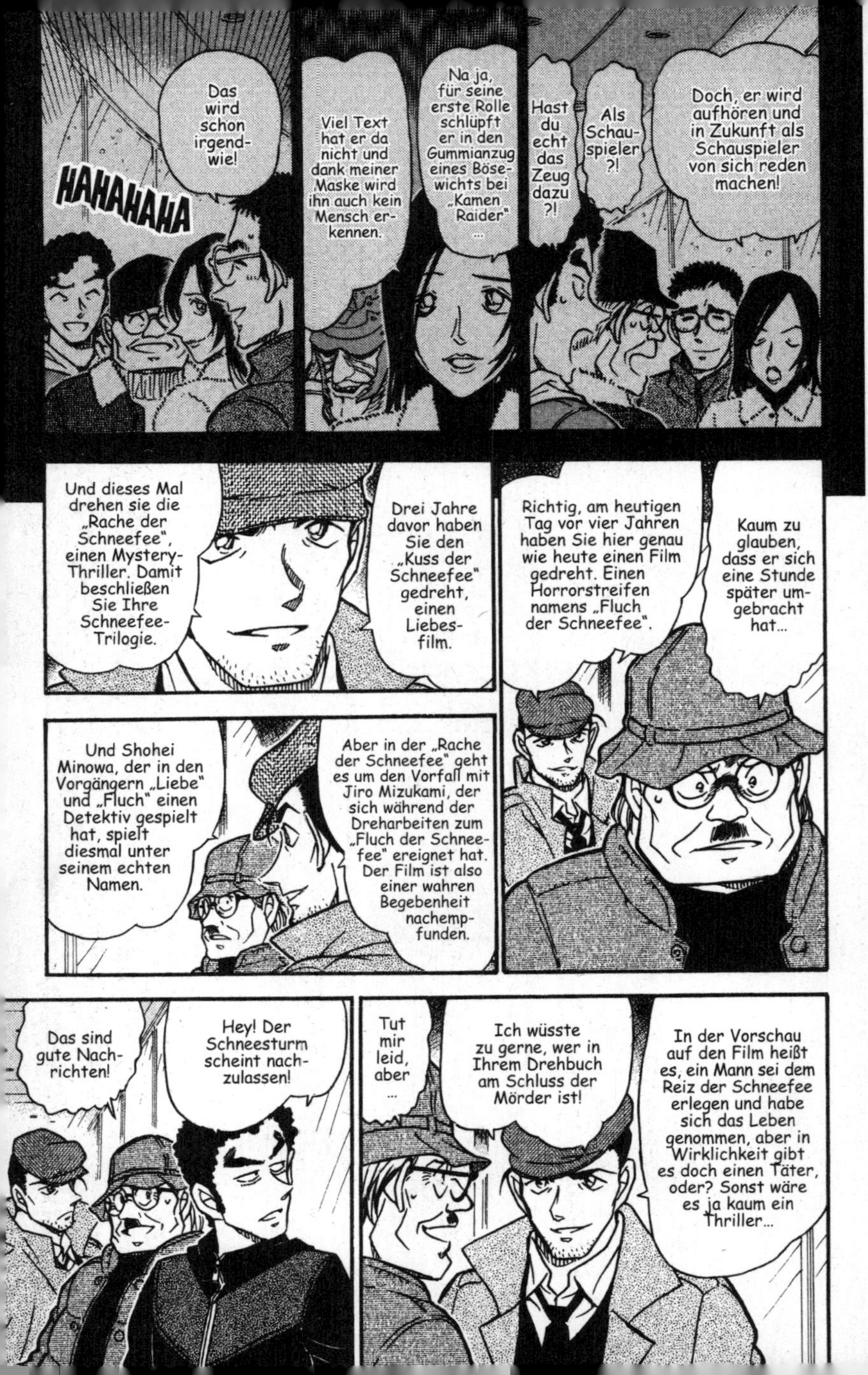
Doch, er wird aufhören und in Zukunft als Schauspieler von sich reden machen!
Als Schauspieler ?!
Hast du echt das Zeug dazu ?!
Na ja, für seine erste Rolle schlüpft er in den Gummianzug eines Bösewichts bei „Kamen Raider“ ...
Viel Text hat er da nicht und dank meiner Maske wird ihn auch kein Mensch erkennen.
Das wird schon irgendwie!
HAHAHAHA
Kaum zu glauben, dass er sich eine Stunde später umgebracht hat...
Richtig, am heutigen Tag vor vier Jahren haben Sie hier genau wie heute einen Film gedreht. Einen Horrorstreifen namens „Fluch der Schneefee“.
Drei Jahre davor haben Sie den „Kuss der Schneefee“ gedreht, einen Liebesfilm.
Und dieses Mal drehen sie die „Rache der Schneefee“, einen Mystery-Thriller. Damit beschließen Sie Ihre Schneefee-Trilogie.
Aber in der „Rache der Schneefee“ geht es um den Vorfall mit Jiro Mizukami, der sich während der Dreharbeiten zum „Fluch der Schneefee“ ereignet hat. Der Film ist also einer wahren Begebenheit nachempfunden.
Und Shohei Minowa, der in den Vorgängern „Liebe“ und „Fluch“ einen Detektiv gespielt hat, spielt diesmal unter seinem echten Namen.
In der Vorschau auf den Film heißt es, ein Mann sei dem Reiz der Schneefee erlegen und habe sich das Leben genommen, aber in Wirklichkeit gibt es doch einen Täter, oder? Sonst wäre es ja kaum ein Thriller...
Ich wüsste zu gerne, wer in Ihrem Drehbuch am Schluss der Mörder ist!
Tut mir leid, aber ...
Hey! Der Schneesturm scheint nachzulassen!
Das sind gute Nachrichten!

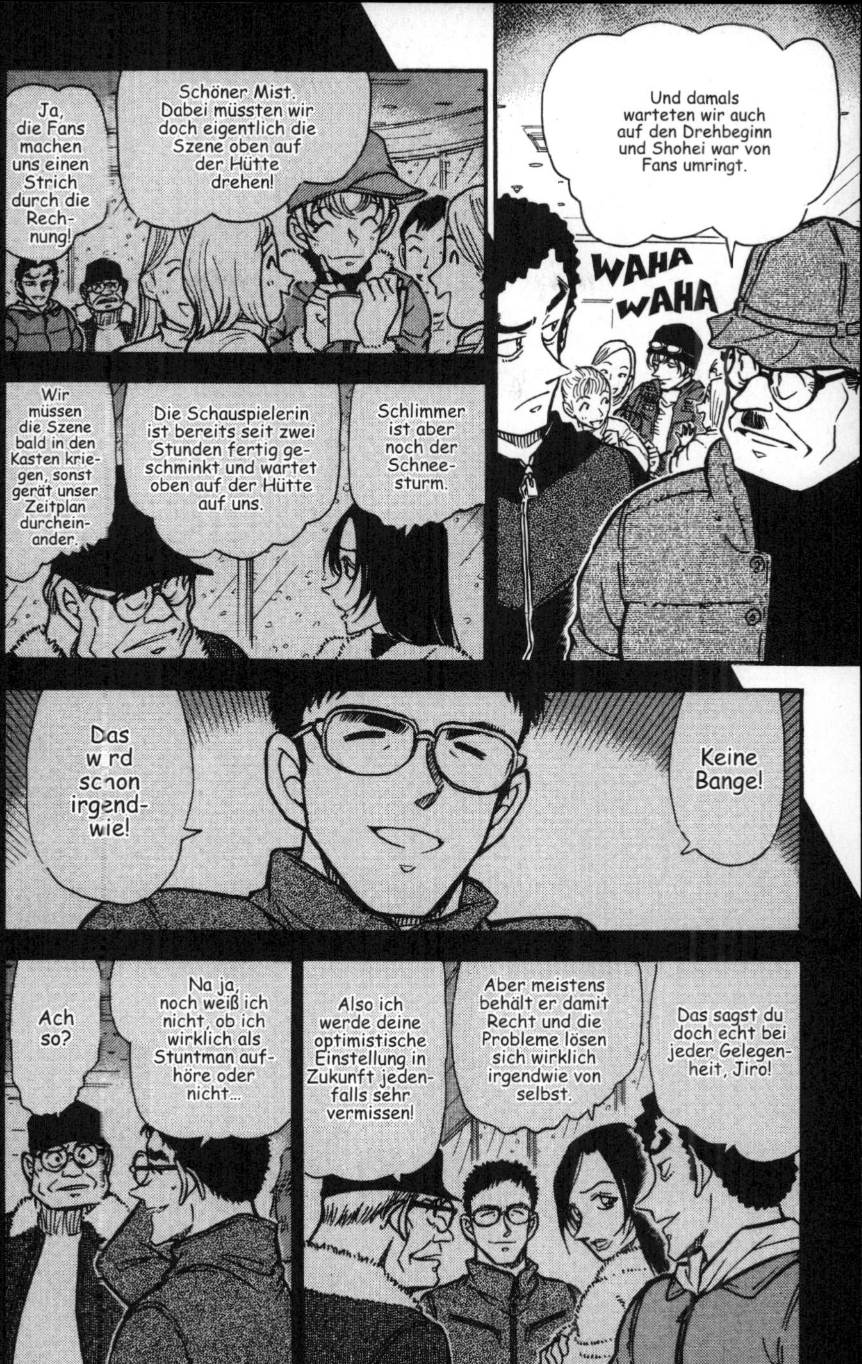
Und damals warteten wir auch auf den Drehbeginn und Shohei war von Fans umringt.
WAHA WAHA
Schöner Mist. Dabei müssten wir doch eigentlich die Szene oben auf der Hütte drehen!
Ja, die Fans machen uns einen Strich durch die Rech-nung!
Schlimmer ist aber noch der Schnee-sturm.
Die Schauspielerin ist bereits seit zwei Stunden fertig ge-schminkt und wartet oben auf der Hütte auf uns.
Wir müssen die Szene bald in den Kasten krie-gen, sonst gerät unser Zeitplan durchein-ander.
Keine Bange!
Das wird schon irgend-wie!
Das sagst du doch echt bei jeder Gelegen-heit, Jiro!
Aber meistens behält er damit Recht und die Probleme lösen sich wirklich irgendwie von selbst.
Also ich werde deine optimistische Einstellung in Zukunft jeden-falls sehr vermissen!
Na ja, noch weiß ich nicht, ob ich wirklich als Stuntman auf-höre oder nicht...
Ach so?

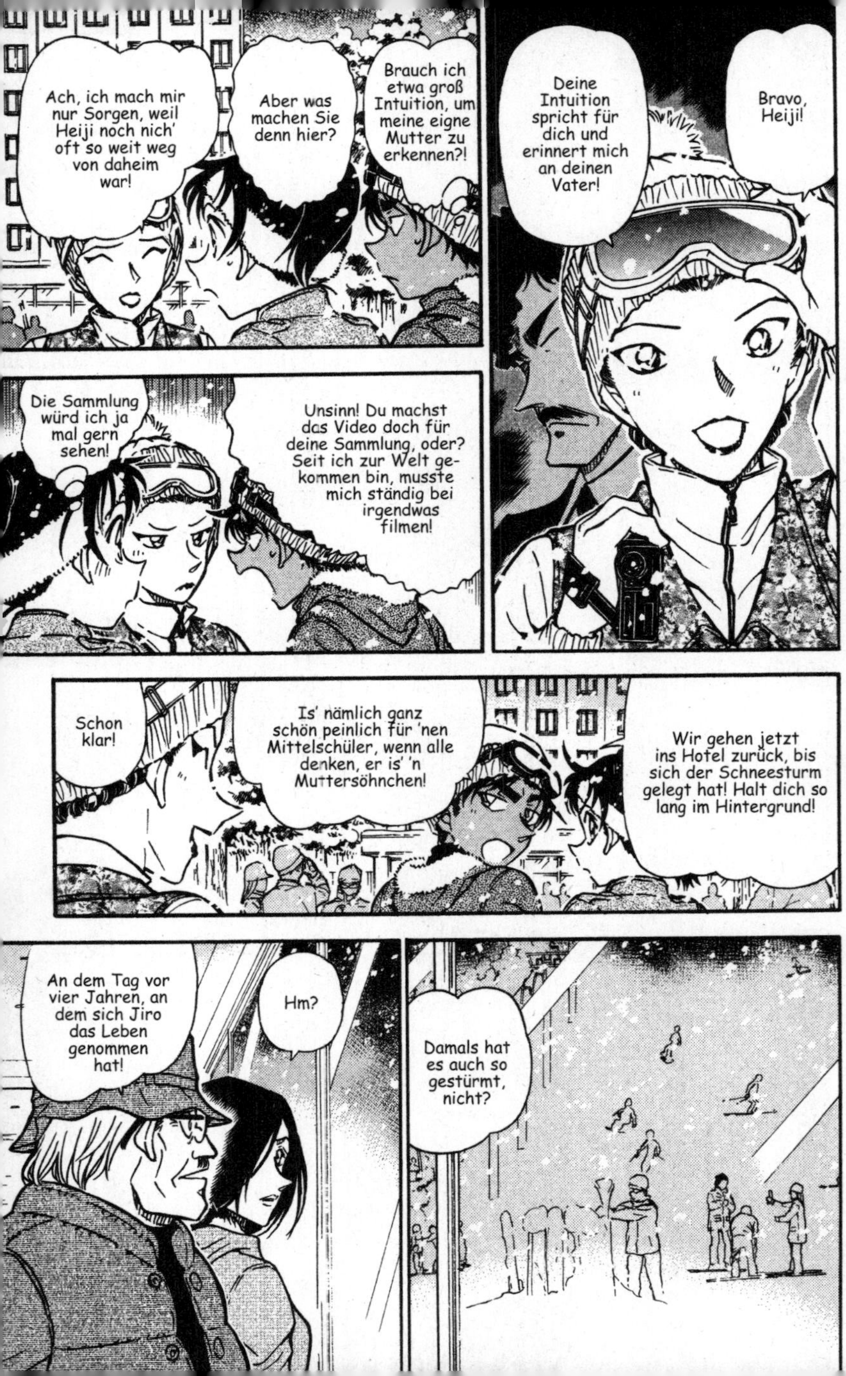
Bravo, Heiji!
Deine Intuition spricht für dich und erinnert mich an deinen Vater!
Brauch ich etwa groß Intuition, um meine eigne Mutter zu erkennen?!
Aber was machen Sie denn hier?
Ach, ich mach mir nur Sorgen, weil Heiji noch nich' oft so weit weg von daheim war!
Unsinn! Du machst das Video doch für deine Sammlung, oder? Seit ich zur Welt gekommen bin, musste mich ständig bei irgendwas filmen!
Die Sammlung würd ich ja mal gern sehen!
Wir gehen jetzt ins Hotel zurück, bis sich der Schneesturm gelegt hat! Halt dich so lang im Hintergrund!
Is' nämlich ganz schön peinlich für 'nen Mittelschüler, wenn alle denken, er is' 'n Muttersöhnchen!
Schon klar!
Damals hat es auch so gestürmt, nicht?
Hm?
An dem Tag vor vier Jahren, an dem sich Jiro das Leben genommen hat!

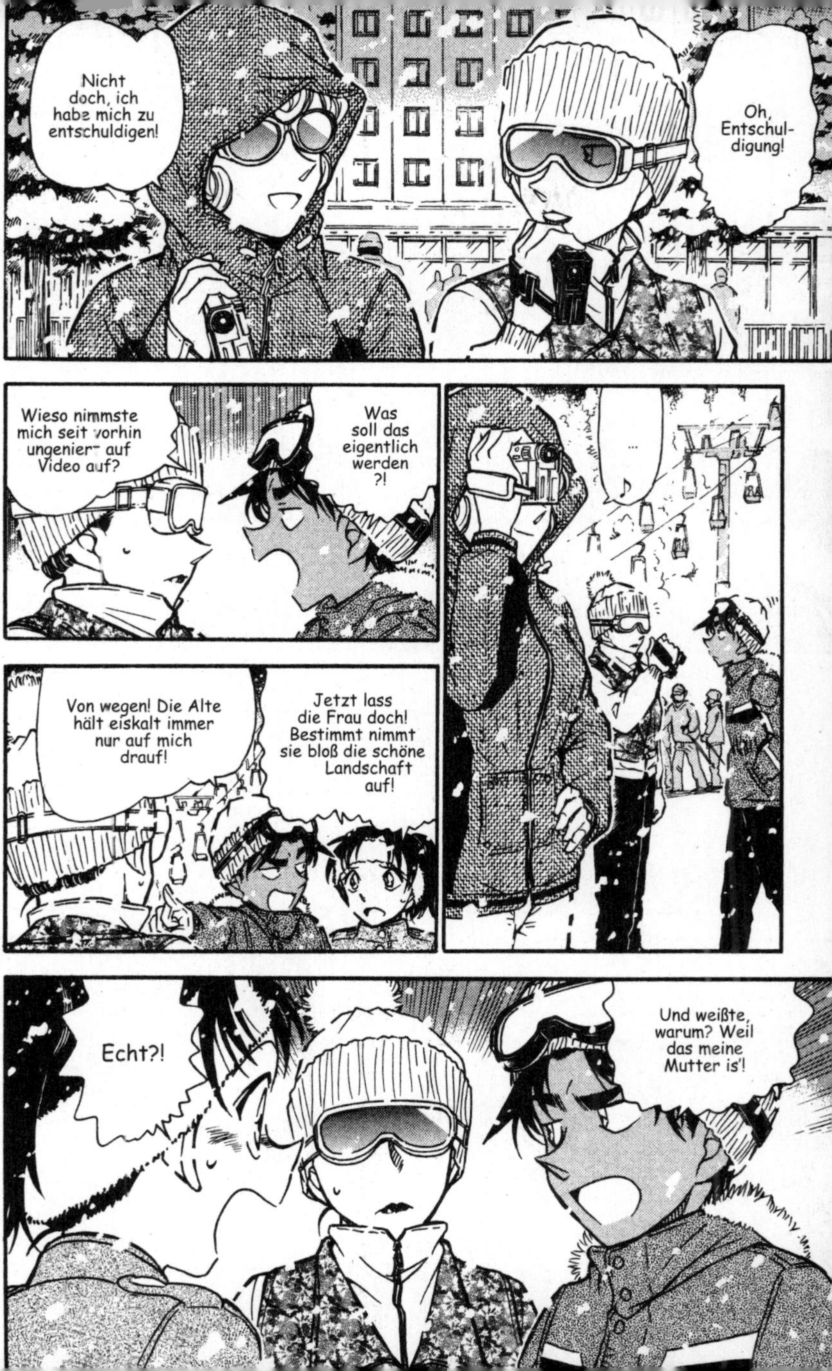

Oh, Entschul-digung!
Nicht doch, ich habe mich zu entschuldigen!
... ♪
Was soll das eigentlich werden ?!
Wieso nimmste mich seit vorhin ungeniert auf Video auf?
Jetzt lass die Frau doch! Bestimmt nimmt sie bloß die schöne Landschaft auf!
Von wegen! Die Alte hält eiskalt immer nur auf mich drauf!
Und weißte, warum? Weil das meine Mutter is'!
Echt?!

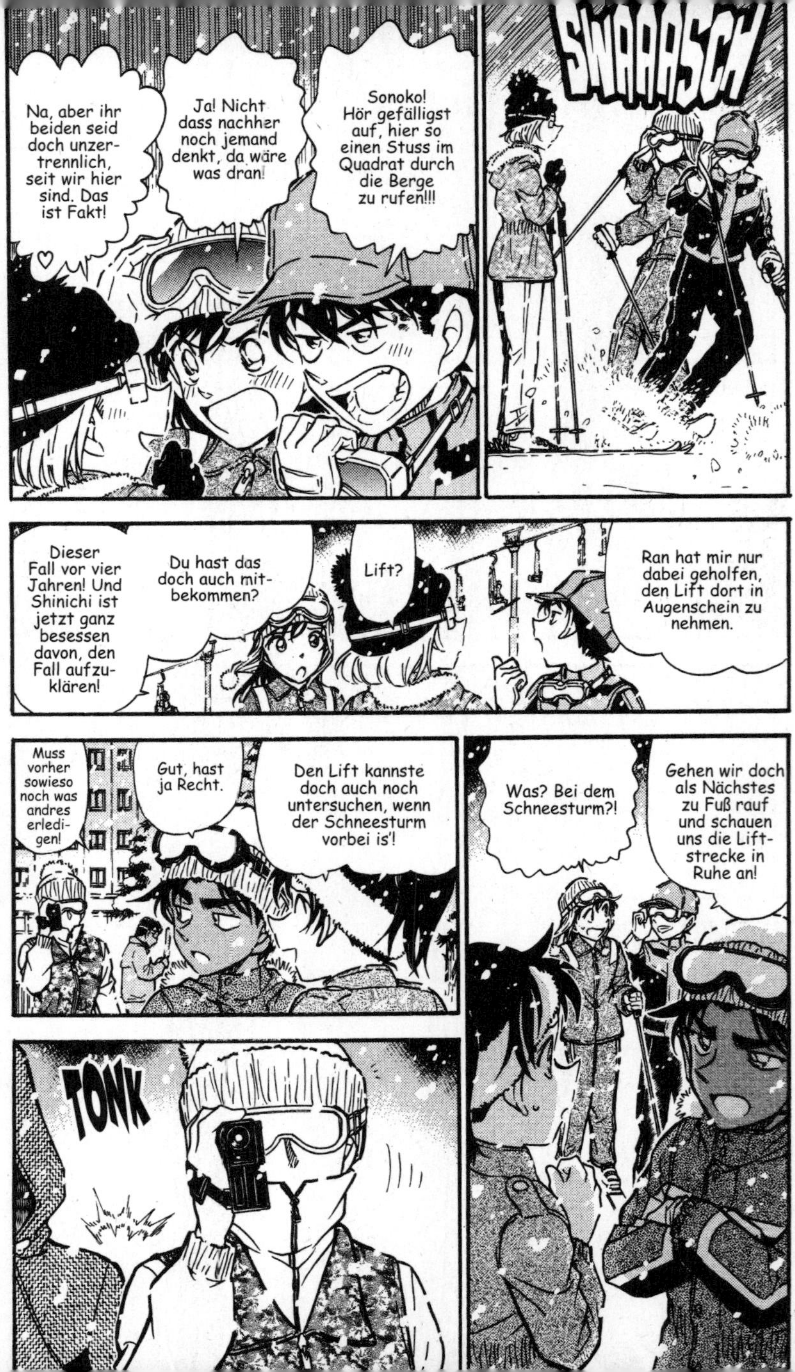
SWAAASCH
Sonoko! Hör gefälligst auf, hier so einen Stuss im Quadrat durch die Berge zu rufen!!!
Ja! Nicht dass nachher noch jemand denkt, da wäre was dran!
Na, aber ihr beiden seid doch unzertrennlich, seit wir hier sind. Das ist Fakt! ♡
Ran hat mir nur dabei geholfen, den Lift dort in Augenschein zu nehmen.
Lift?
Du hast das doch auch mitbekommen?
Dieser Fall vor vier Jahren! Und Shinichi ist jetzt ganz besessen davon, den Fall aufzuklären!
Gehen wir doch als Nächstes zu Fuß rauf und schauen uns die Liftstrecke in Ruhe an!
Was? Bei dem Schneesturm?!
Den Lift kannste doch auch noch untersuchen, wenn der Schneesturm vorbei is'!
Gut, hast ja Recht.
Muss vorher sowieso noch was andres erledigen!
TONK

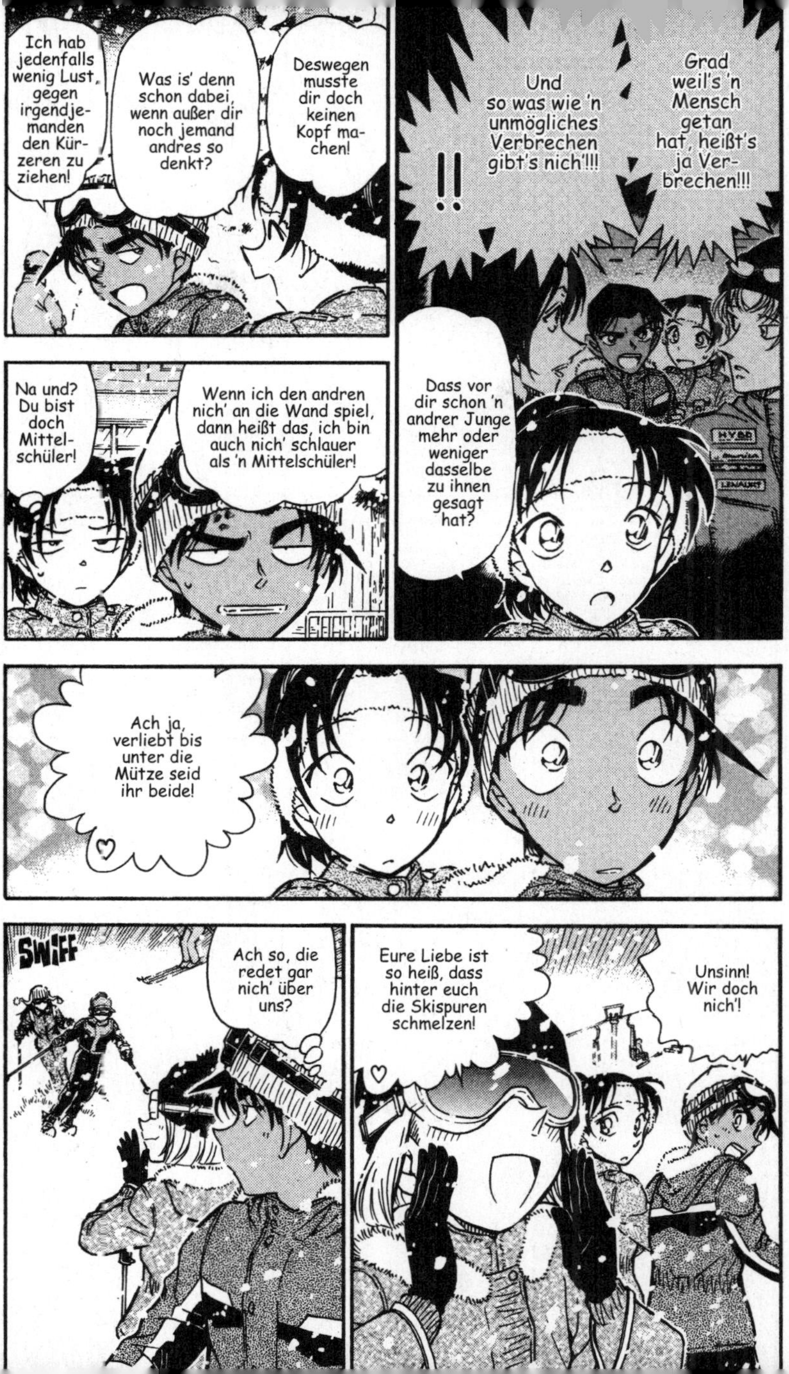
Grad weil's 'n Mensch getan hat, heißt's ja Verbrechen!!!
Und so was wie 'n unmögliches Verbrechen gibt's nich'!!!
!!
Dass vor dir schon 'n andrer Junge mehr oder weniger dasselbe zu ihnen gesagt hat?
Deswegen musste dir doch keinen Kopf machen!
Was is' denn schon dabei, wenn außer dir noch jemand andres so denkt?
Ich hab jedenfalls wenig Lust, gegen irgendjemanden den Kürzeren zu ziehen!
Wenn ich den andren nich' an die Wand spiel, dann heißt das, ich bin auch nich' schlauer als 'n Mittelschüler!
Na und? Du bist doch Mittelschüler!
Ach ja, verliebt bis unter die Mütze seid ihr beide!
Unsinn! Wir doch nich'!
Eure Liebe ist so heiß, dass hinter euch die Skispuren schmelzen!
Ach so, die redet gar nich' über uns?
SWIFF

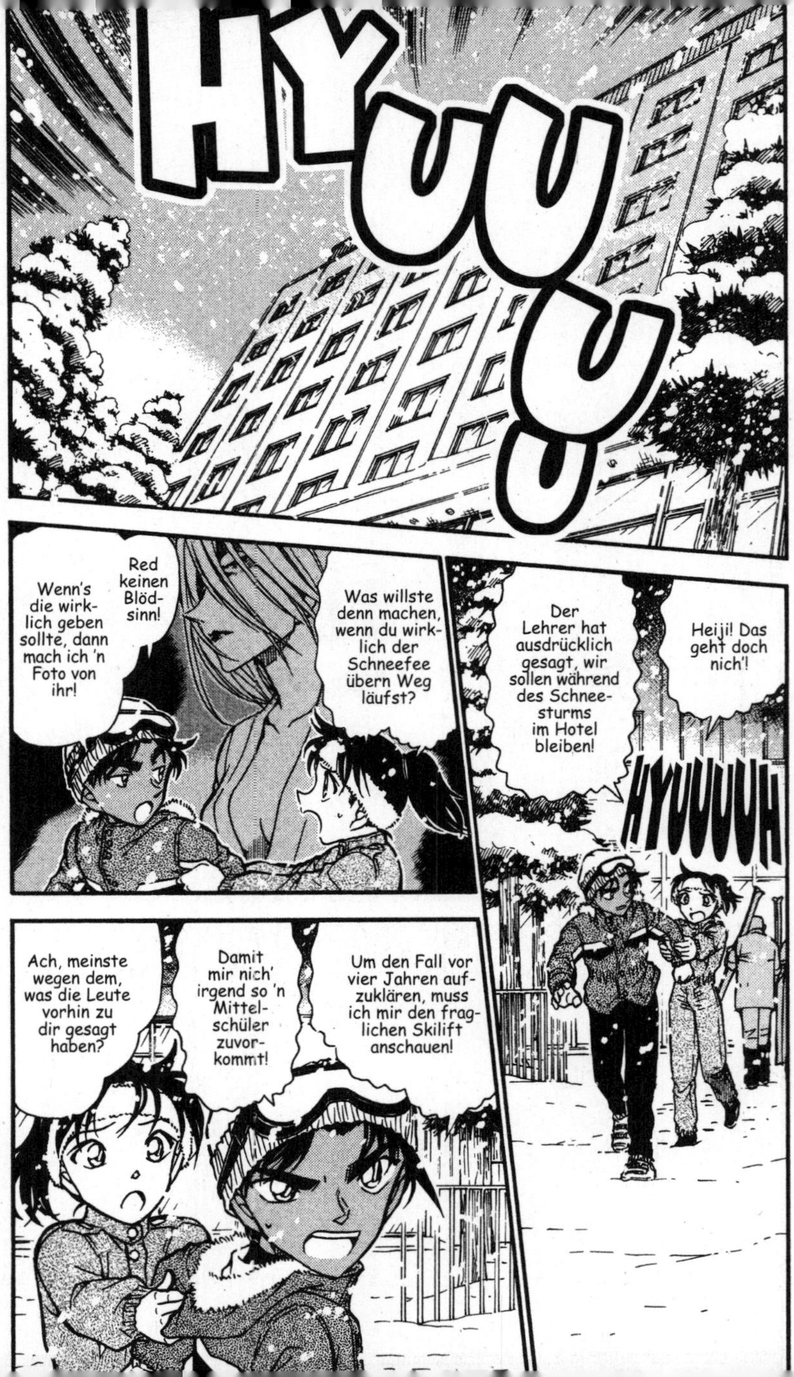
HYUUUU
Heiji! Das geht doch nich'!
Der Lehrer hat ausdrücklich gesagt, wir sollen während des Schneesturms im Hotel bleiben!
HYUUUUH
Was willste denn machen, wenn du wirklich der Schneefee übern Weg läufst?
Red keinen Blödsinn!
Wenn's die wirklich geben sollte, dann mach ich 'n Foto von ihr!
Um den Fall vor vier Jahren aufzuklären, muss ich mir den fraglichen Skilift anschauen!
Damit mir nich' irgend so 'n Mittelschüler zuvorkommt!
Ach, meinste wegen dem, was die Leute vorhin zu dir gesagt haben?

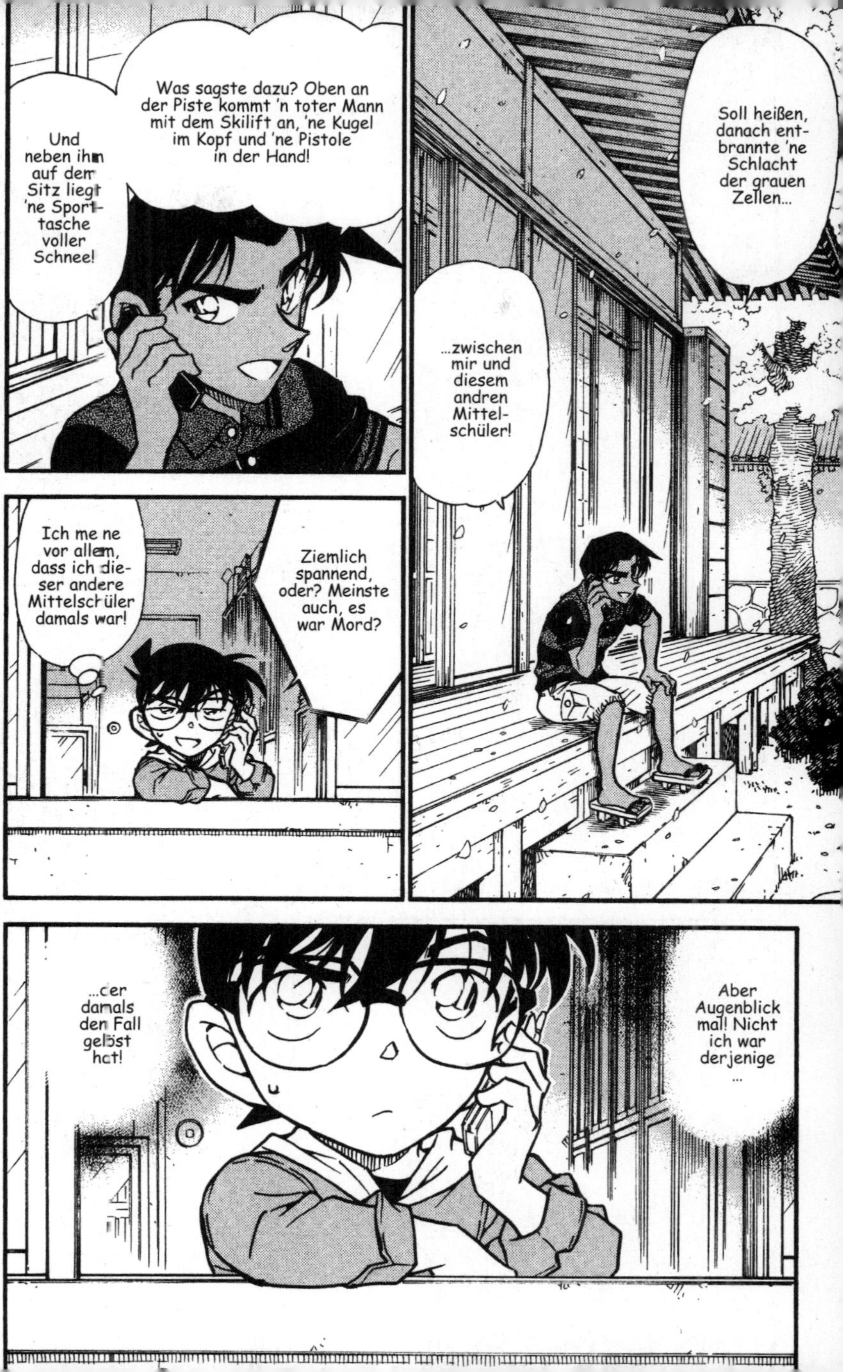
Soll heißen, danach entbrannte 'ne Schlacht der grauen Zellen...
...zwischen mir und diesem andren Mittelschüler!
Was sagste dazu? Oben an der Piste kommt 'n toter Mann mit dem Skilift an, 'ne Kugel im Kopf und 'ne Pistole in der Hand!
Und neben ihm auf dem Sitz liegt 'ne Sporttasche voller Schnee!
Ziemlich spannend, oder? Meinste auch, es war Mord?
Ich meine vor allem, dass ich dieser andere Mittelschüler damals war!
Aber Augenblick mal! Nicht ich war derjenige ...
...der damals den Fall gelöst hat!

AKTE 6

FALL 2
Die Rache der Schneefee

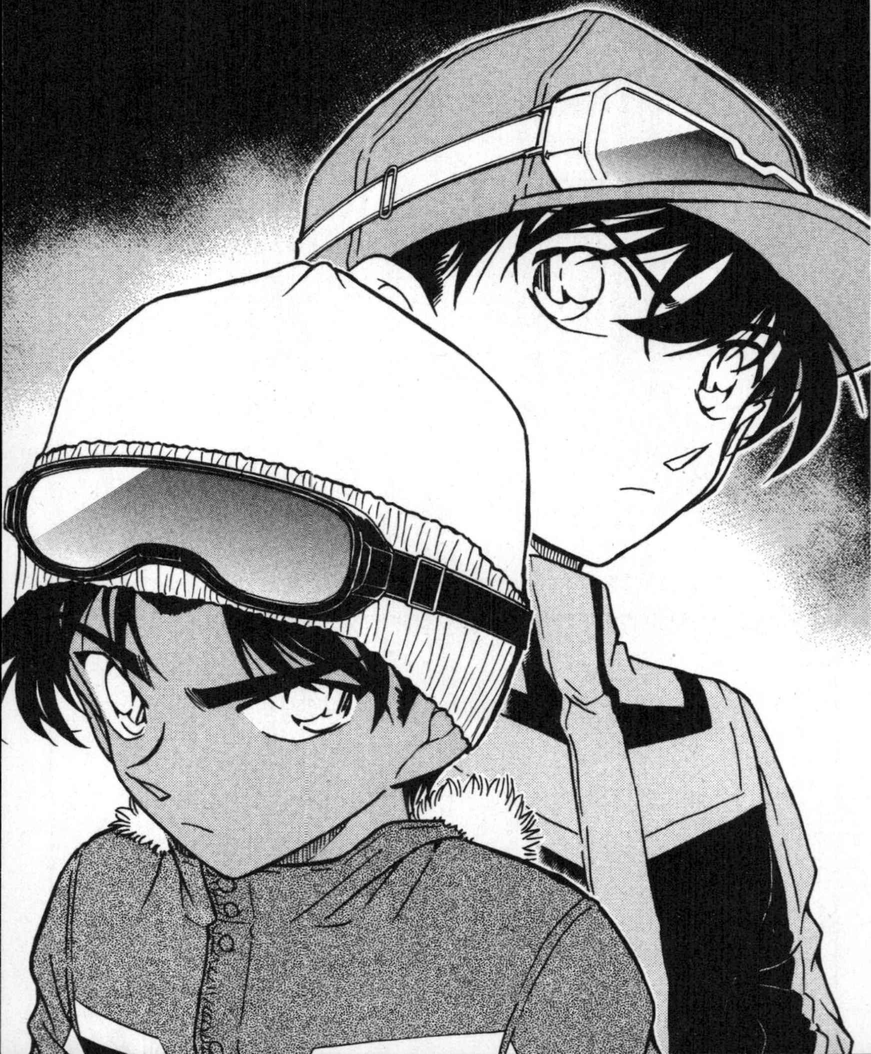

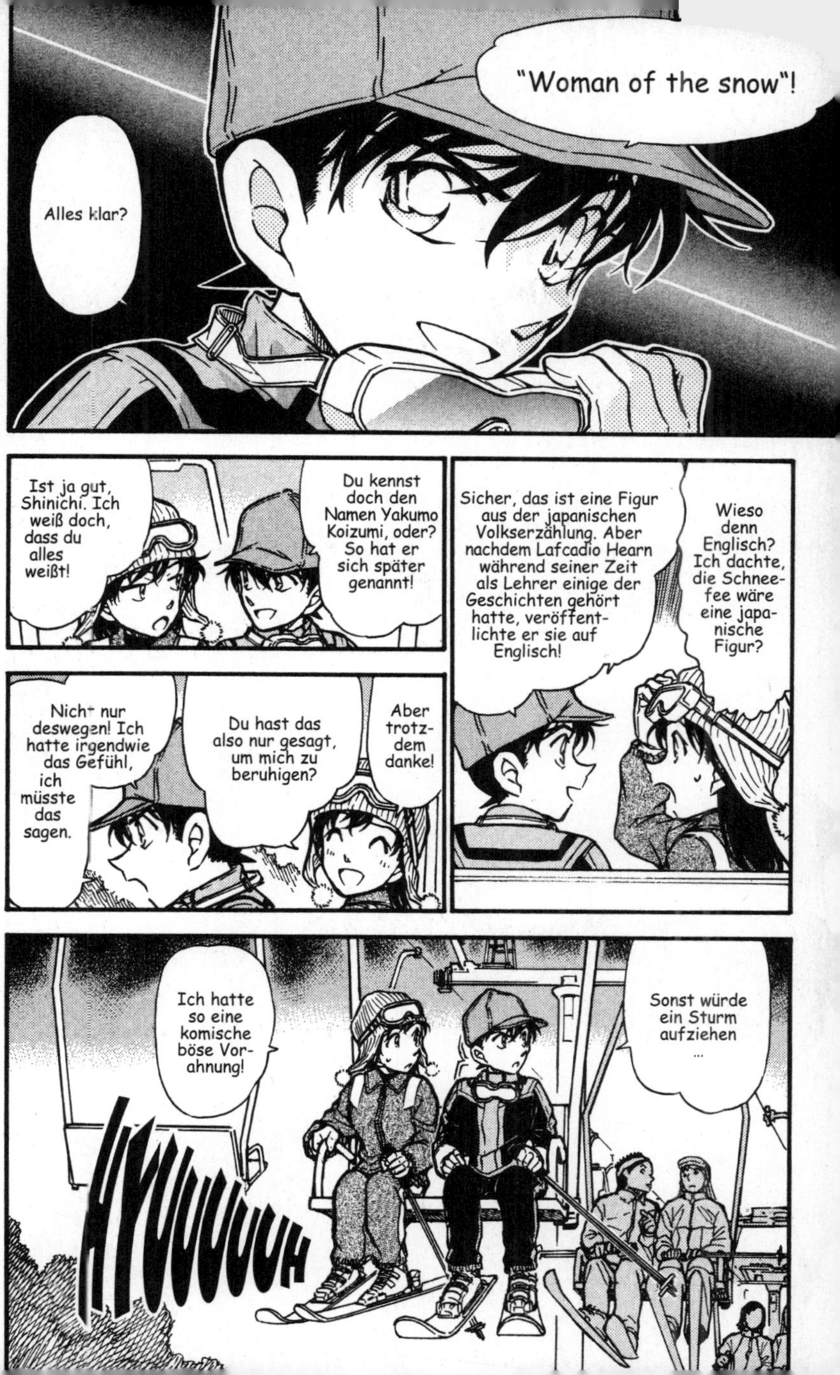
"Woman of the snow"!
Alles klar?
Wieso denn Englisch? Ich dachte, die Schneefee wäre eine japanische Figur?
Sicher, das ist eine Figur aus der japanischen Volkserzählung. Aber nachdem Lafcadio Hearn während seiner Zeit als Lehrer einige der Geschichten gehört hatte, veröffentlichte er sie auf Englisch!
Du kennst doch den Namen Yakumo Koizumi, oder? So hat er sich später genannt!
Ist ja gut, Shinichi. Ich weiß doch, dass du alles weißt!
Du hast das also nur gesagt, um mich zu beruhigen?
Aber trotzdem danke!
Nicht nur deswegen! Ich hatte irgendwie das Gefühl, ich müsste das sagen.
Sonst würde ein Sturm aufziehen ...
Ich hatte so eine komische böse Vorahnung!
HYUUUUUUH

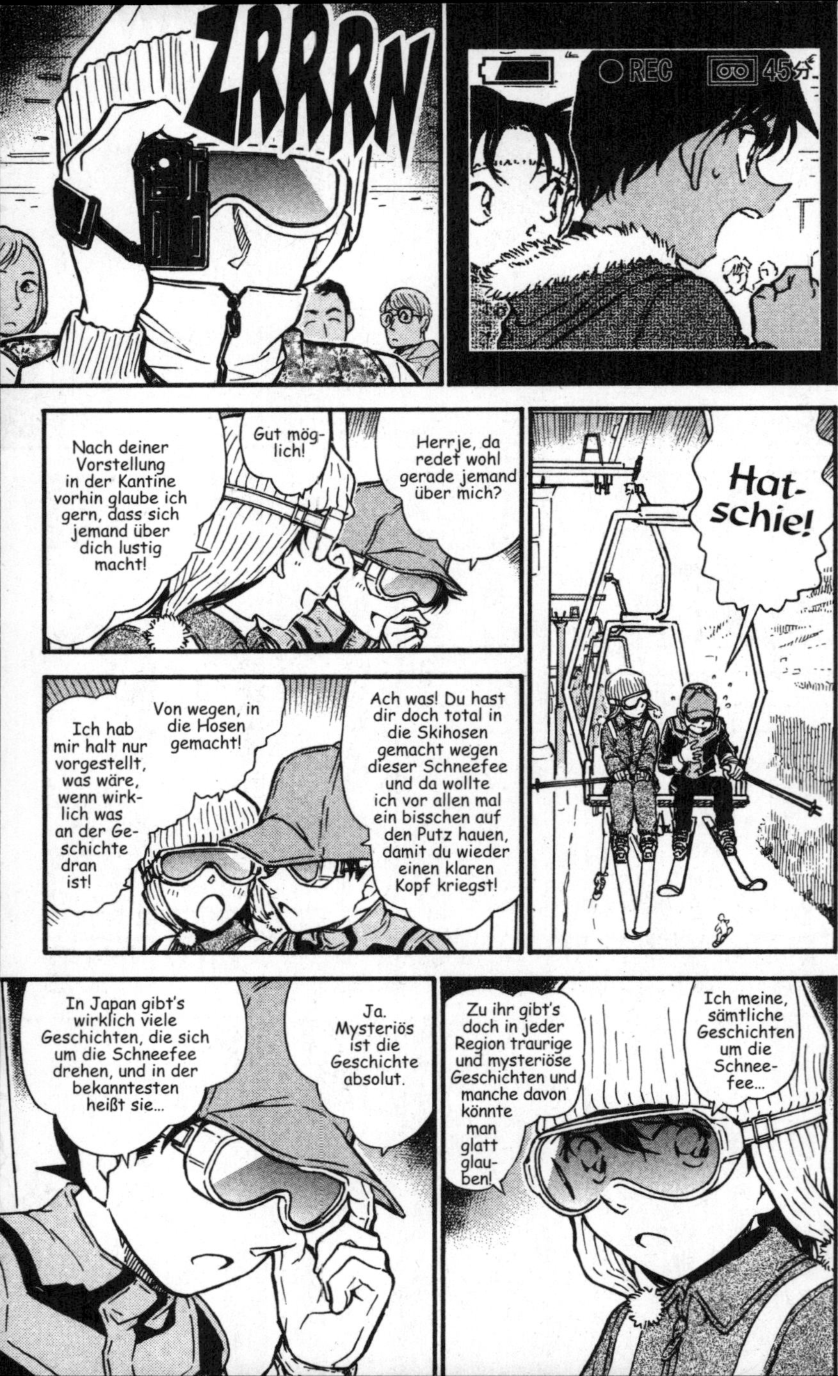

REC
45分
ZRRRN
Hatschie!
Herrje, da redet wohl gerade jemand über mich?
Gut möglich!
Nach deiner Vorstellung in der Kantine vorhin glaube ich gern, dass sich jemand über dich lustig macht!
Ach was! Du hast dir doch total in die Skihosen gemacht wegen dieser Schneefee und da wollte ich vor allen mal ein bisschen auf den Putz hauen, damit du wieder einen klaren Kopf kriegst!
Von wegen, in die Hosen gemacht!
Ich hab mir halt nur vorgestellt, was wäre, wenn wirklich was an der Geschichte dran ist!
Ich meine, sämtliche Geschichten um die Schneefee...
Zu ihr gibt's doch in jeder Region traurige und mysteriöse Geschichten und manche davon könnte man glatt glauben!
Ja. Mysteriös ist die Geschichte absolut.
In Japan gibt's wirklich viele Geschichten, die sich um die Schneefee drehen, und in der bekanntesten heißt sie...

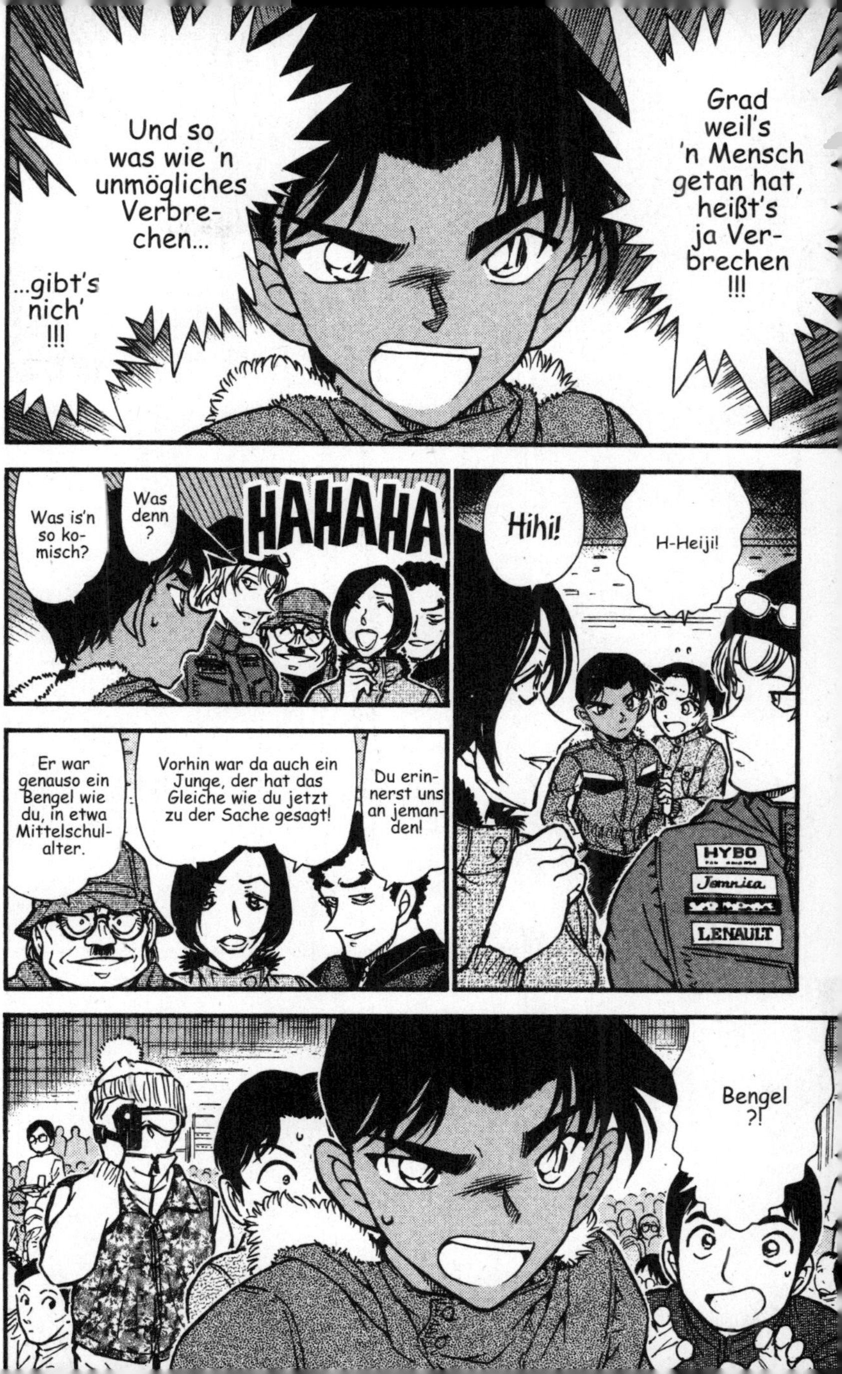
Grad weil's 'n Mensch getan hat, heißt's ja Verbrechen !!!
Und so was wie 'n unmögliches Verbrechen...
...gibt's nich' !!!
H-Heiji!
Hihi!
HAHAHA
Was denn ?
Was is'n so komisch?
Du erinnerst uns an jemanden!
Vorhin war da auch ein Junge, der hat das Gleiche wie du jetzt zu der Sache gesagt!
Er war genauso ein Bengel wie du, in etwa Mittelschulalter.
HYBO
LENAULT
Bengel ?!

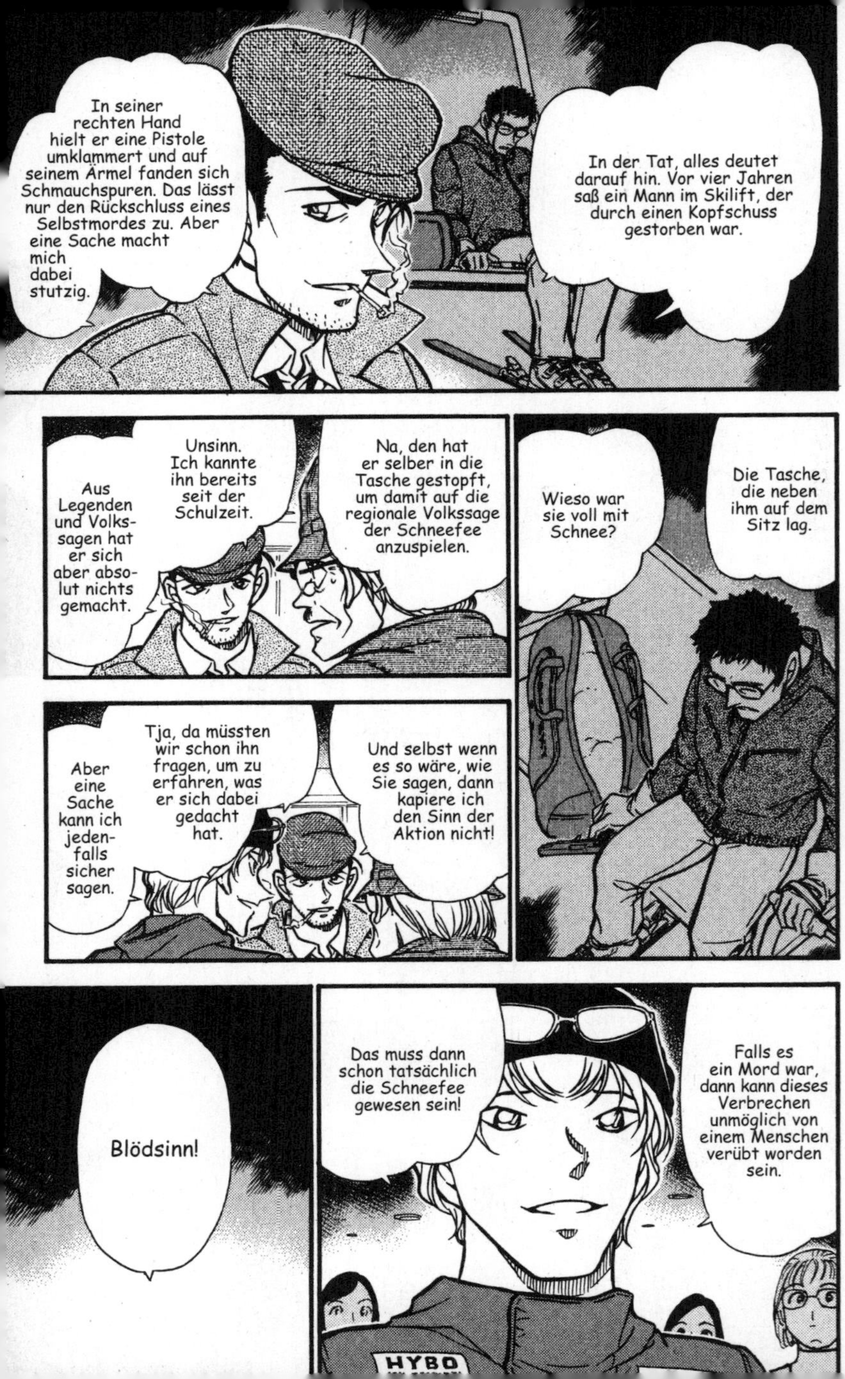

In der Tat, alles deutet darauf hin. Vor vier Jahren saß ein Mann im Skilift, der durch einen Kopfschuss gestorben war.
In seiner rechten Hand hielt er eine Pistole umklammert und auf seinem Ärmel fanden sich Schmauchspuren. Das lässt nur den Rückschluss eines Selbstmordes zu. Aber eine Sache macht mich dabei stutzig.
Die Tasche, die neben ihm auf dem Sitz lag.
Wieso war sie voll mit Schnee?
Na, den hat er selber in die Tasche gestopft, um damit auf die regionale Volkssage der Schneefee anzuspielen.
Unsinn. Ich kannte ihn bereits seit der Schulzeit.
Aus Legenden und Volks-sagen hat er sich aber abso-lut nichts gemacht.
Und selbst wenn es so wäre, wie Sie sagen, dann kapiere ich den Sinn der Aktion nicht!
Tja, da müssten wir schon ihn fragen, um zu erfahren, was er sich dabei gedacht hat.
Aber eine Sache kann ich jeden-falls sicher sagen.
Falls es ein Mord war, dann kann dieses Verbrechen unmöglich von einem Menschen verübt worden sein.
Das muss dann schon tatsächlich die Schneefee gewesen sein!
Blödsinn!
HYBO

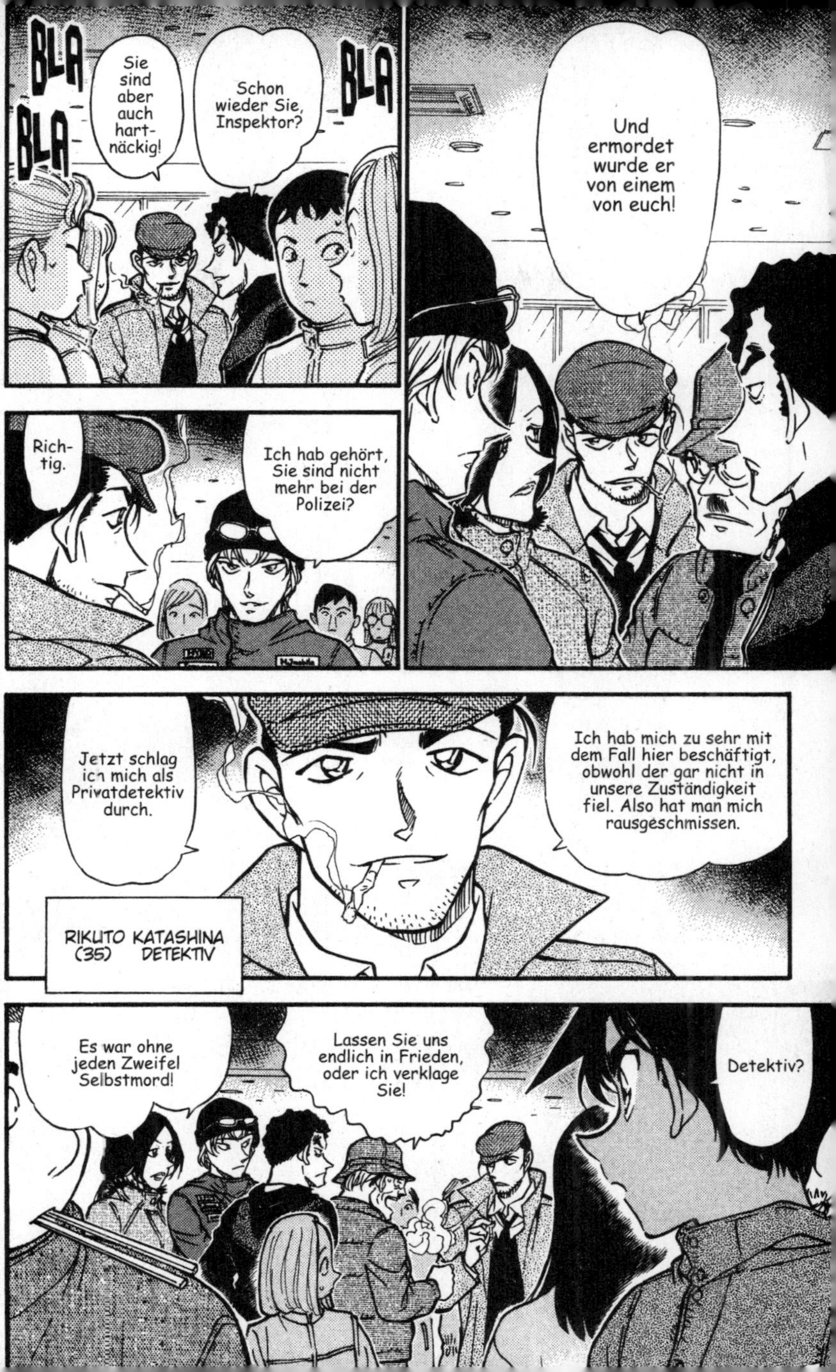

Und ermordet wurde er von einem von euch!
BLA
Schon wieder Sie, Inspektor?
Sie sind aber auch hart-näckig!
BLA
BLA
Ich hab gehört, Sie sind nicht mehr bei der Polizei?
Rich-tig.
Ich hab mich zu sehr mit dem Fall hier beschäftigt, obwohl der gar nicht in unsere Zuständigkeit fiel. Also hat man mich rausgeschmissen.
Jetzt schlag ich mich als Privatdetektiv durch.
RIKUTO KATASHINA (35) DETEKTIV
Detektiv?
Lassen Sie uns endlich in Frieden, oder ich verklage Sie!
Es war ohne jeden Zweifel Selbstmord!

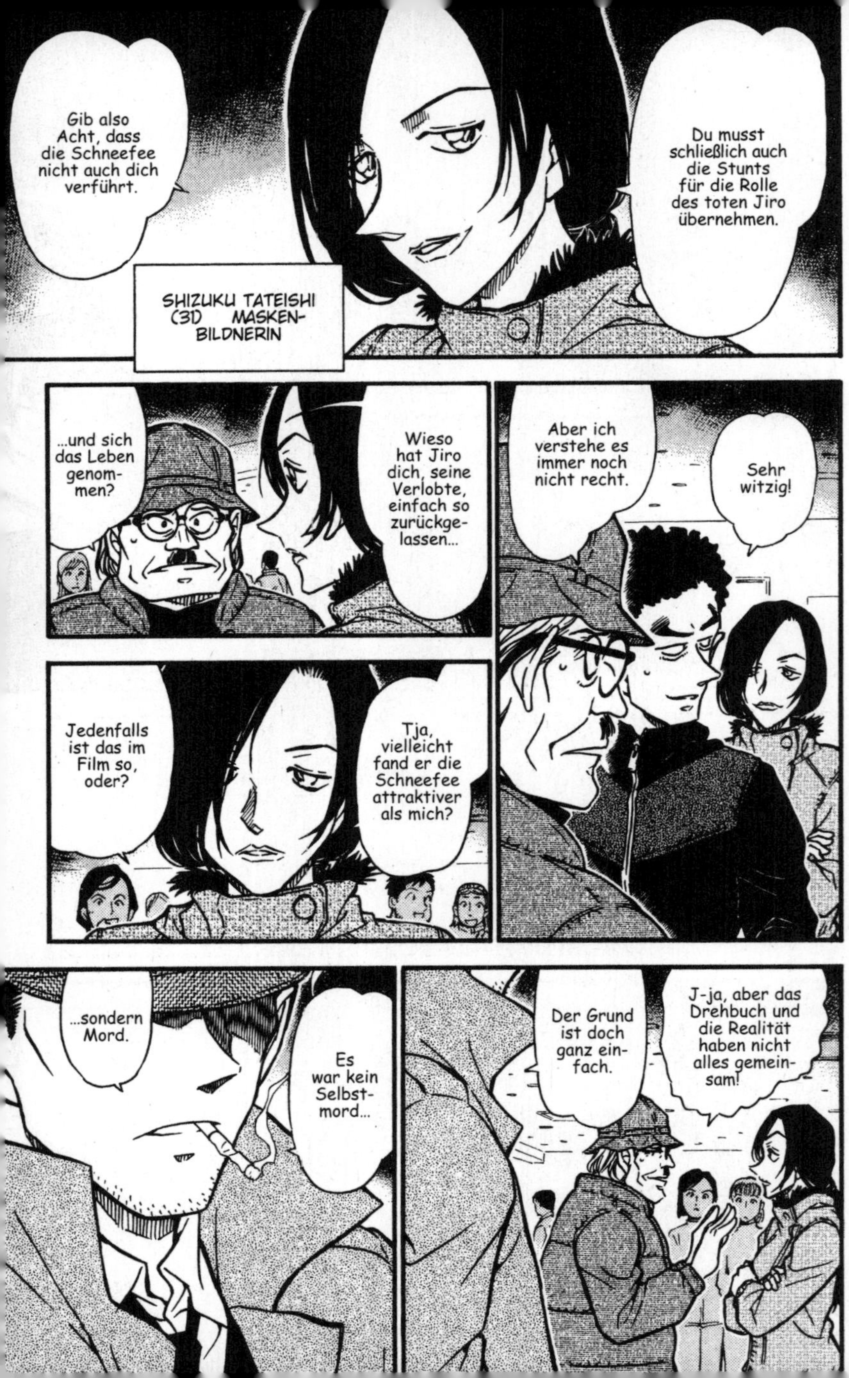

Du musst schließlich auch die Stunts für die Rolle des toten Jiro übernehmen.
Gib also Acht, dass die Schneefee nicht auch dich verführt.
SHIZUKU TATEISHI (31) MASKEN-BILDNERIN
Sehr witzig!
Aber ich verstehe es immer noch nicht recht.
Wieso hat Jiro dich, seine Verlobte, einfach so zurückgelassen...
...und sich das Leben genommen?
Tja, vielleicht fand er die Schneefee attraktiver als mich?
Jedenfalls ist das im Film so, oder?
J-ja, aber das Drehbuch und die Realität haben nicht alles gemeinsam!
Der Grund ist doch ganz einfach.
Es war kein Selbstmord...
...sondern Mord.

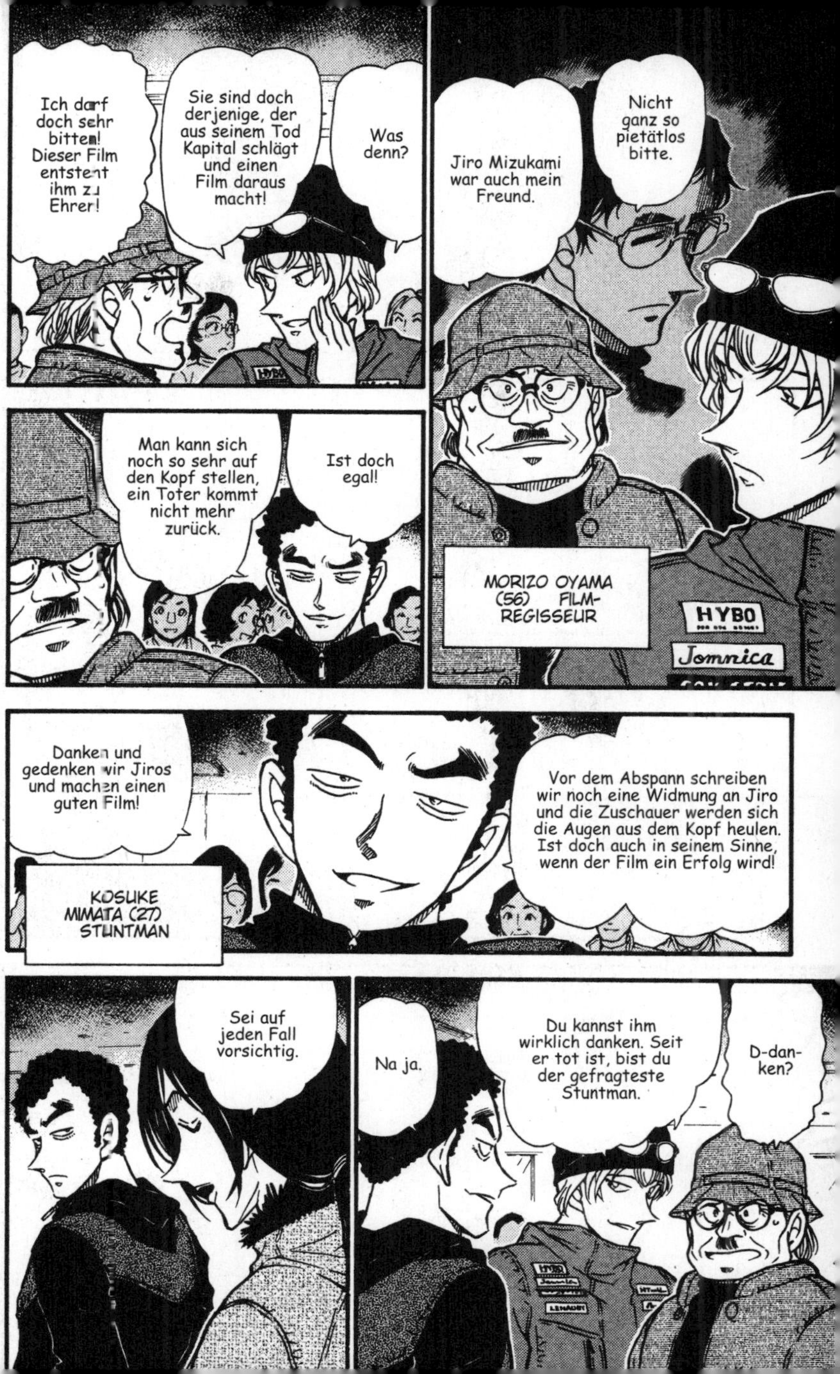

Nicht ganz so pietätlos bitte.
Jiro Mizukami war auch mein Freund.
MORIZO OYAMA (56) FILM-REGISSEUR
HYBO
Jomnica
Was denn?
Sie sind doch derjenige, der aus seinem Tod Kapital schlägt und einen Film daraus macht!
Ich darf doch sehr bitten! Dieser Film entsteht ihm zu Ehren!
Ist doch egal!
Man kann sich noch so sehr auf den Kopf stellen, ein Toter kommt nicht mehr zurück.
Vor dem Abspann schreiben wir noch eine Widmung an Jiro und die Zuschauer werden sich die Augen aus dem Kopf heulen. Ist doch auch in seinem Sinne, wenn der Film ein Erfolg wird!
Danken und gedenken wir Jiros und machen einen guten Film!
KOSUKE MIMATA (27) STUNTMAN
D-danken?
Du kannst ihm wirklich danken. Seit er tot ist, bist du der gefragteste Stuntman.
Na ja.
Sei auf jeden Fall vorsichtig.

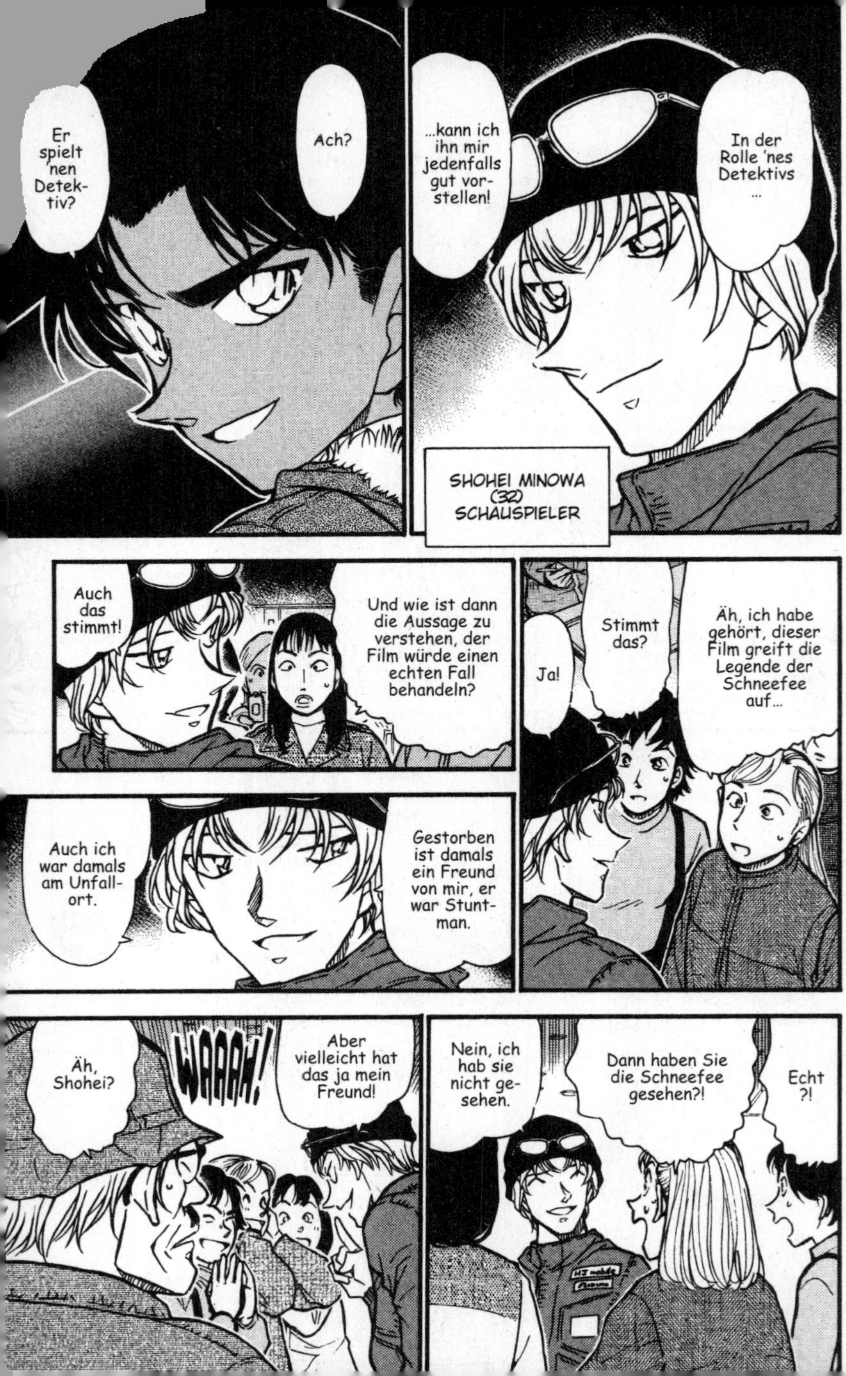
In der Rolle 'nes Detektivs ...
...kann ich ihn mir jedenfalls gut vorstellen!
SHOHEI MINOWA (32) SCHAUSPIELER
Ach?
Er spielt 'nen Detektiv?
Äh, ich habe gehört, dieser Film greift die Legende der Schneefee auf...
Stimmt das?
Ja!
Und wie ist dann die Aussage zu verstehen, der Film würde einen echten Fall behandeln?
Auch das stimmt!
Gestorben ist damals ein Freund von mir, er war Stuntman.
Auch ich war damals am Unfallort.
Echt ?!
Dann haben Sie die Schneefee gesehen?!
Nein, ich hab sie nicht gesehen.
Aber vielleicht hat das ja mein Freund!
WAAAH!
Äh, Shohei?

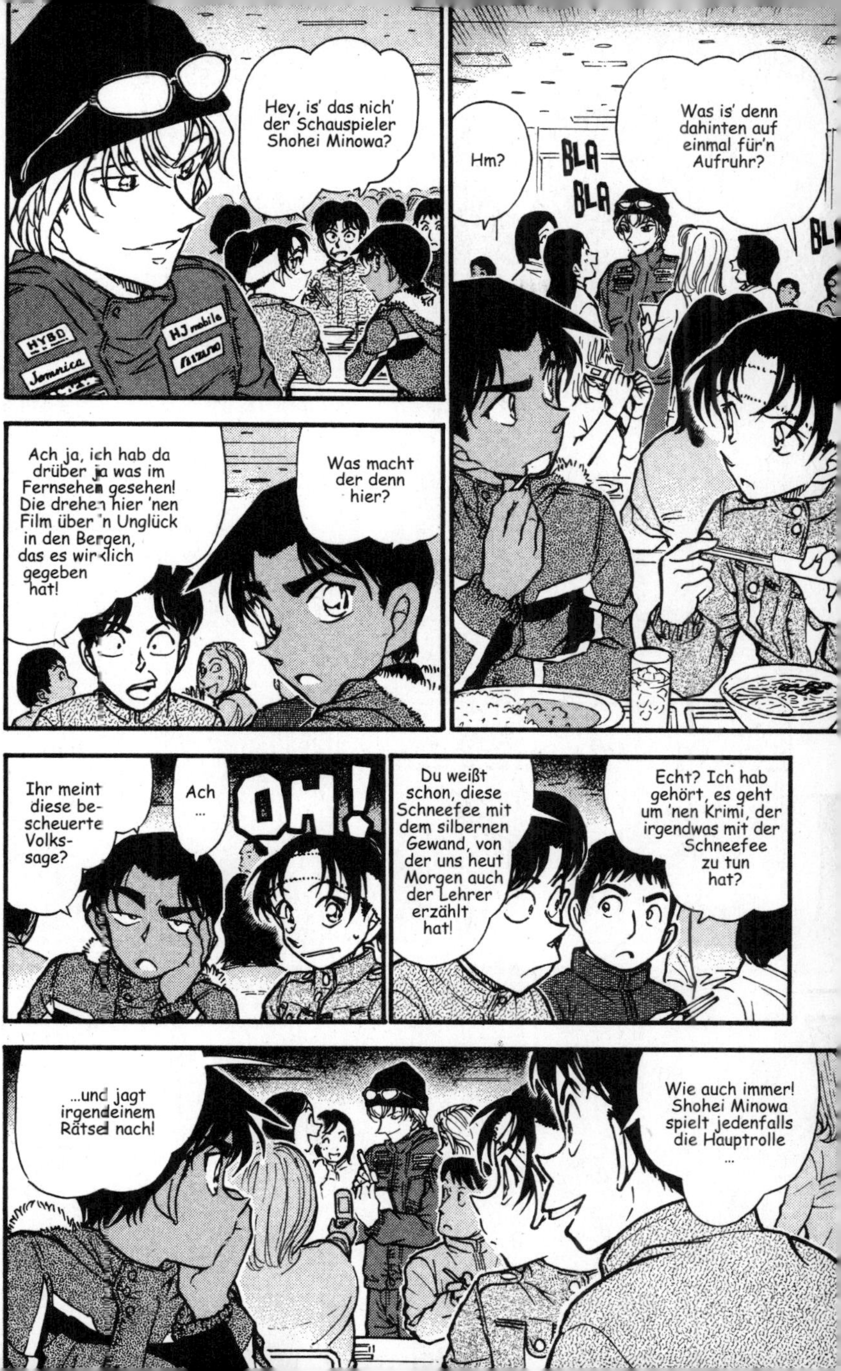

Was is' denn dahinten auf einmal für'n Aufruhr?
Hm?
BLA BLA
BLA
Hey, is' das nich' der Schauspieler Shohei Minowa?
Was macht der denn hier?
Ach ja, ich hab da drüber ja was im Fernsehen gesehen! Die drehen hier 'nen Film über 'n Unglück in den Bergen, das es wirklich gegeben hat!
Echt? Ich hab gehört, es geht um 'nen Krimi, der irgendwas mit der Schneefee zu tun hat?
Du weißt schon, diese Schneefee mit dem silbernen Gewand, von der uns heut Morgen auch der Lehrer erzählt hat!
OH!
Ach ...
Ihr meint diese be-scheuerte Volks-sage?
Wie auch immer! Shohei Minowa spielt jedenfalls die Hauptrolle ...
...und jagt irgendeinem Rätsel nach!

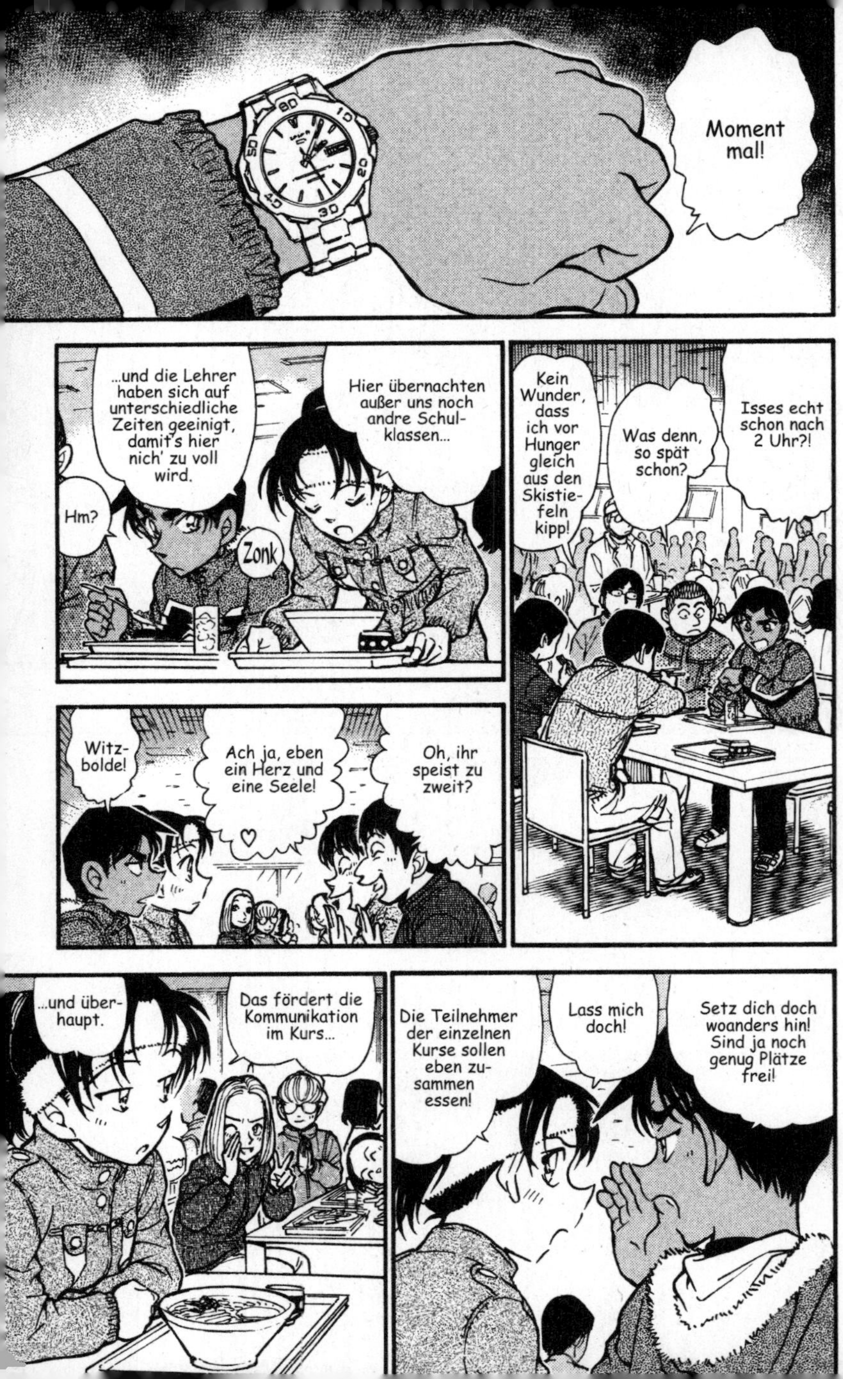
Moment mal!
Isses echt schon nach 2 Uhr?!
Was denn, so spät schon?
Kein Wunder, dass ich vor Hunger gleich aus den Skistiefeln kipp!
Hier übernachten außer uns noch andre Schulklassen...
...und die Lehrer haben sich auf unterschiedliche Zeiten geeinigt, damit's hier nich' zu voll wird.
Zonk
Hm?
Oh, ihr speist zu zweit?
Ach ja, eben ein Herz und eine Seele!
Witzbolde!
Setz dich doch woanders hin! Sind ja noch genug Plätze frei!
Lass mich doch!
Die Teilnehmer der einzelnen Kurse sollen eben zusammen essen!
Das fördert die Kommunikation im Kurs...
...und überhaupt.

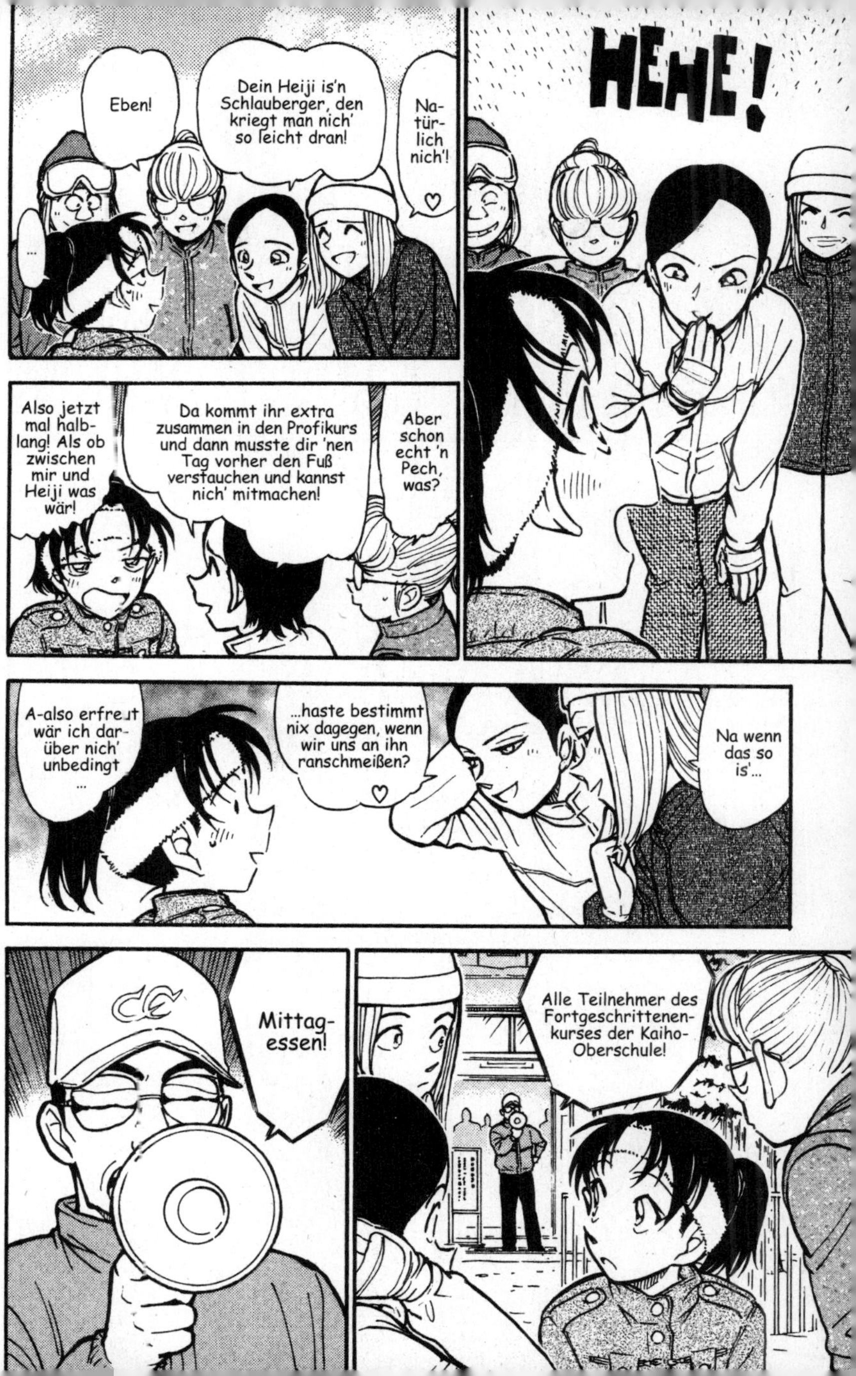
Na-tür-lich nich'! ♡
Dein Heiji is'n Schlauberger, den kriegt man nich' so leicht dran!
Eben!
...
Aber schon echt 'n Pech, was?
Da kommt ihr extra zusammen in den Profikurs und dann musste dir 'nen Tag vorher den Fuß verstauchen und kannst nich' mitmachen!
Also jetzt mal halblang! Als ob zwischen mir und Heiji was wär!
HEHE!
Na wenn das so is'...
...haste bestimmt nix dagegen, wenn wir uns an ihn ranschmeißen? ♡
A-also erfreut wär ich darüber nich' unbedingt ...
Alle Teilnehmer des Fortgeschrittenenkurses der Kaiho-Oberschule!
Mittagessen!

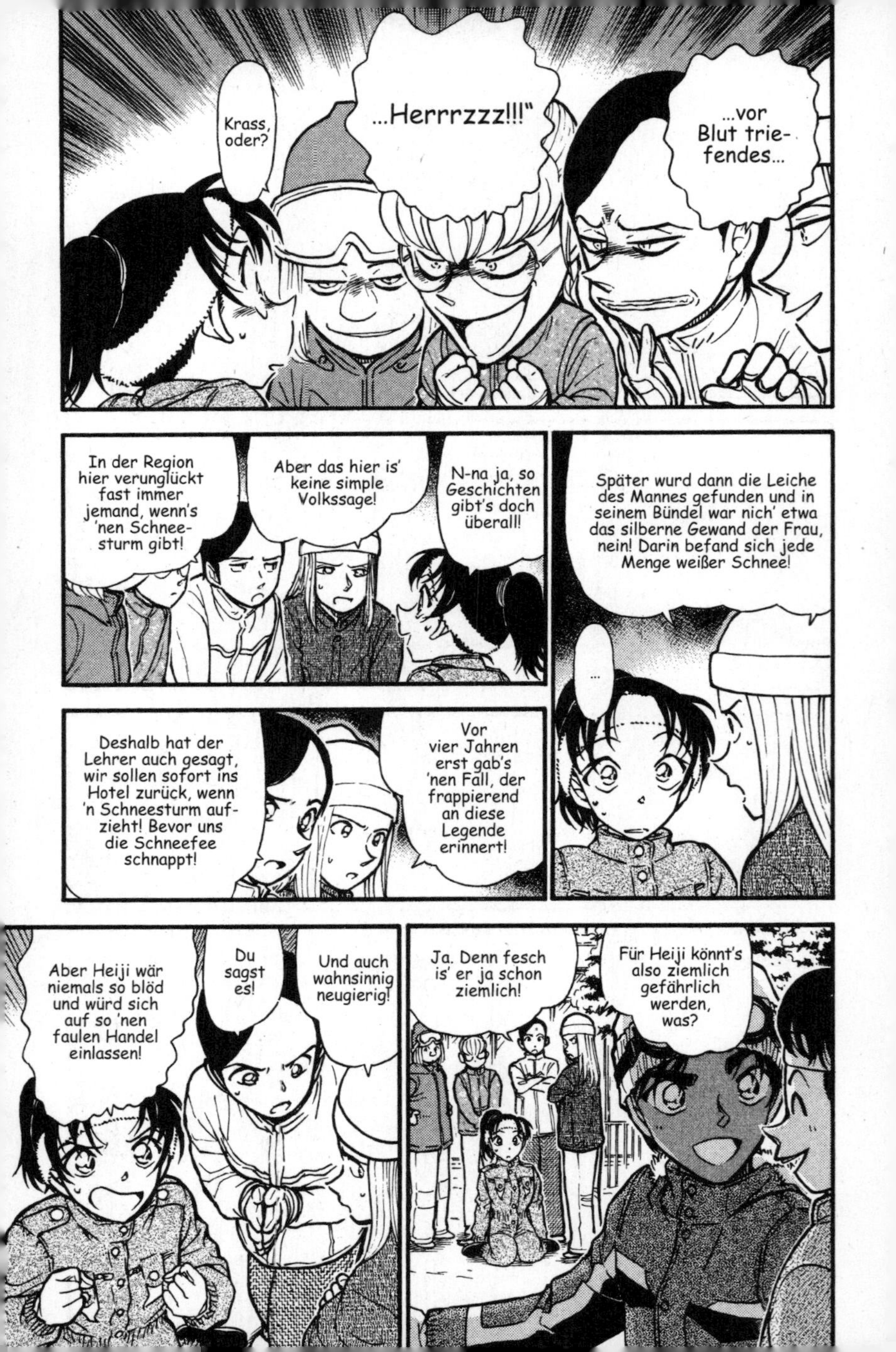
...vor Blut triefendes...
...Herrrzzz!!!"
Krass, oder?
Später wurd dann die Leiche des Mannes gefunden und in seinem Bündel war nich' etwa das silberne Gewand der Frau, nein! Darin befand sich jede Menge weißer Schnee!
...
N-na ja, so Geschichten gibt's doch überall!
Aber das hier is' keine simple Volkssage!
In der Region hier verunglückt fast immer jemand, wenn's 'nen Schneesturm gibt!
Vor vier Jahren erst gab's 'nen Fall, der frappierend an diese Legende erinnert!
Deshalb hat der Lehrer auch gesagt, wir sollen sofort ins Hotel zurück, wenn 'n Schneesturm aufzieht! Bevor uns die Schneefee schnappt!
Für Heiji könnt's also ziemlich gefährlich werden, was?
Ja. Denn fesch is' er ja schon ziemlich!
Und auch wahnsinnig neugierig!
Du sagst es!
Aber Heiji wär niemals so blöd und würd sich auf so 'nen faulen Handel einlassen!

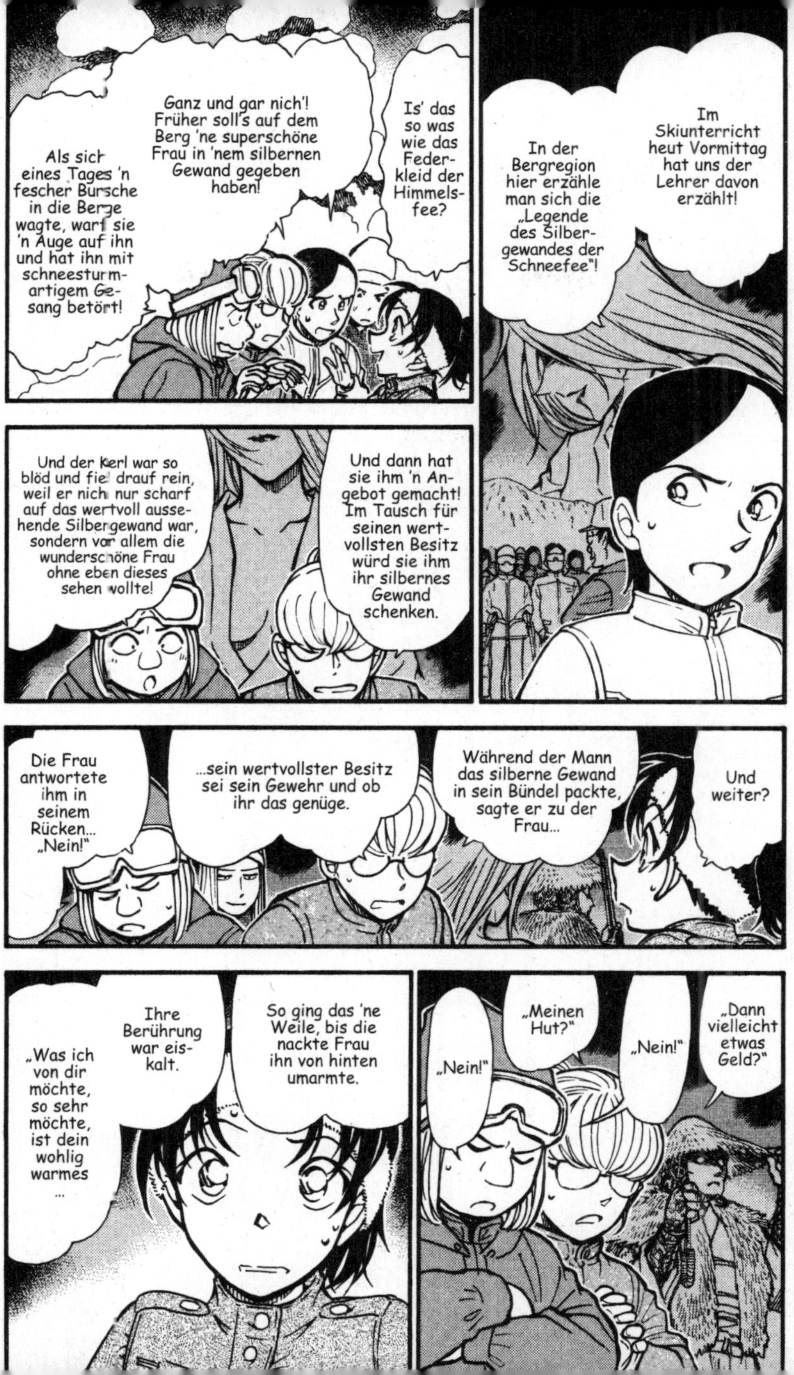
Im Skiunterricht heut Vormittag hat uns der Lehrer davon erzählt!
In der Bergregion hier erzähle man sich die „Legende des Silbergewandes der Schneefee"!
Is' das so was wie das Federkleid der Himmelsfee?
Ganz und gar nich'! Früher soll's auf dem Berg 'ne superschöne Frau in 'nem silbernen Gewand gegeben haben!
Als sich eines Tages 'n fescher Bursche in die Berge wagte, warf sie 'n Auge auf ihn und hat ihn mit schneesturmartigem Gesang betört!
Und der Kerl war so blöd und fiel drauf rein, weil er nich nur scharf auf das wertvoll aussehende Silbergewand war, sondern vor allem die wunderschöne Frau ohne eben dieses sehen wollte!
Und dann hat sie ihm 'n Angebot gemacht! Im Tausch für seinen wertvollsten Besitz würd sie ihm ihr silbernes Gewand schenken.
Und weiter?
Während der Mann das silberne Gewand in sein Bündel packte, sagte er zu der Frau...
...sein wertvollster Besitz sei sein Gewehr und ob ihr das genüge.
Die Frau antwortete ihm in seinem Rücken... „Nein!"
„Dann vielleicht etwas Geld?"
„Nein!"
„Meinen Hut?"
„Nein!"
So ging das 'ne Weile, bis die nackte Frau ihn von hinten umarmte.
Ihre Berührung war eiskalt.
„Was ich von dir möchte, so sehr möchte, ist dein wohlig warmes ...

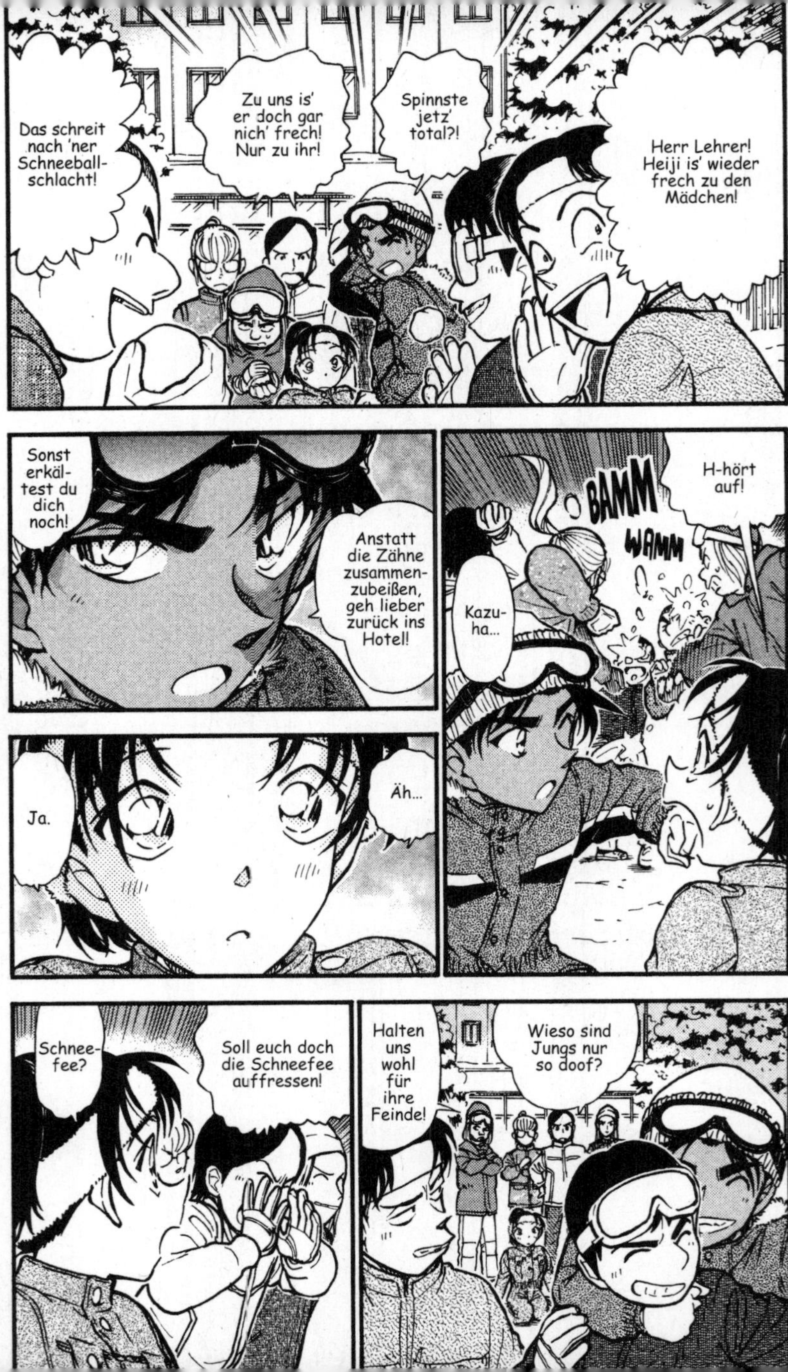
Herr Lehrer! Heiji is' wieder frech zu den Mädchen!
Spinnste jetz' total?!
Zu uns is' er doch gar nich' frech! Nur zu ihr!
Das schreit nach 'ner Schneeball-schlacht!
H-hört auf!
BAMM
WAMM
Kazu-ha...
Anstatt die Zähne zusammen-zubeißen, geh lieber zurück ins Hotel!
Sonst erkältest du dich noch!
Äh...
Ja.
Wieso sind Jungs nur so doof?
Halten uns wohl für ihre Feinde!
Soll euch doch die Schneefee auffressen!
Schnee-fee?

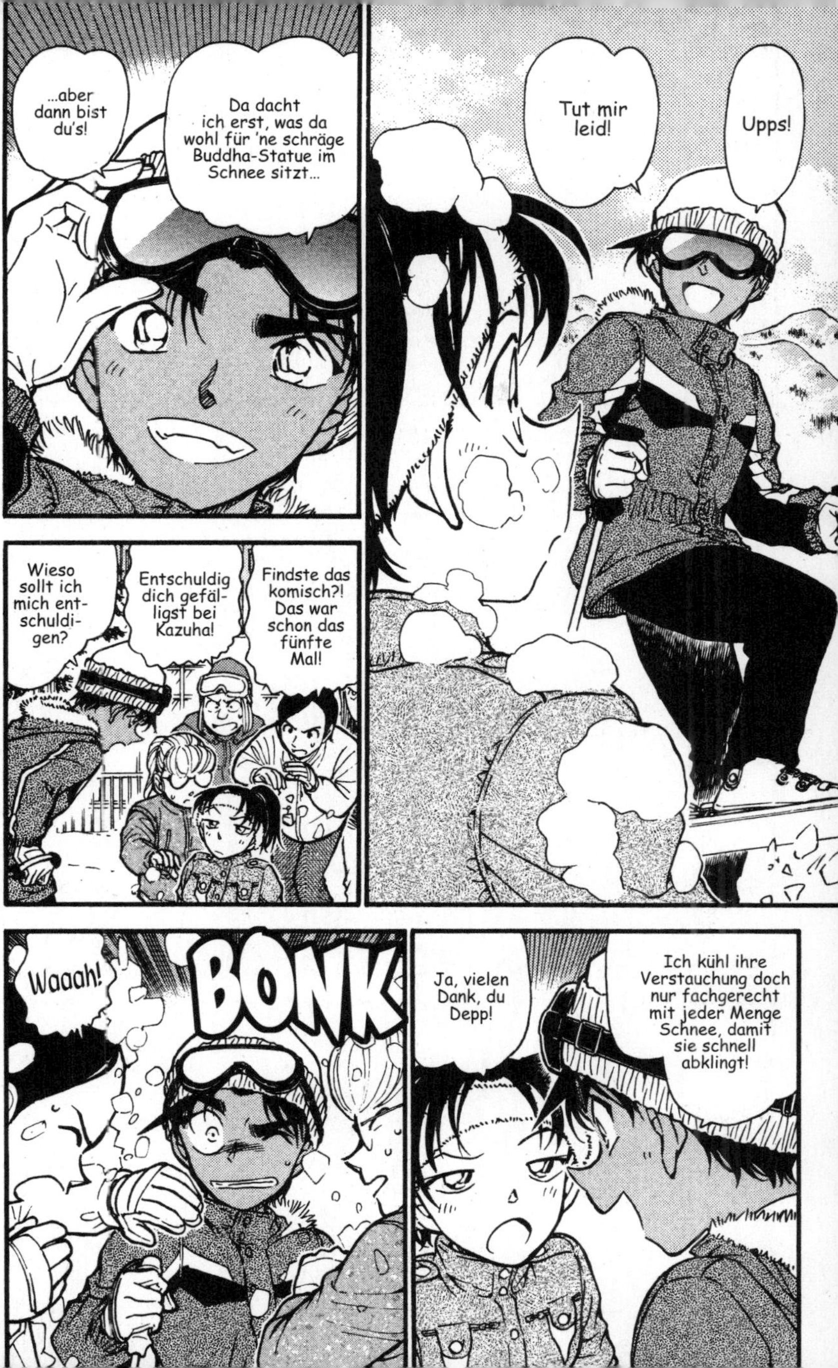
Upps!
Tut mir leid!
Da dacht ich erst, was da wohl für 'ne schräge Buddha-Statue im Schnee sitzt...
...aber dann bist du's!
Findste das komisch?! Das war schon das fünfte Mal!
Entschuldig dich gefälligst bei Kazuha!
Wieso sollt ich mich entschuldigen?
Ich kühl ihre Verstauchung doch nur fachgerecht mit jeder Menge Schnee, damit sie schnell abklingt!
Ja, vielen Dank, du Depp!
BONK
Waaah!

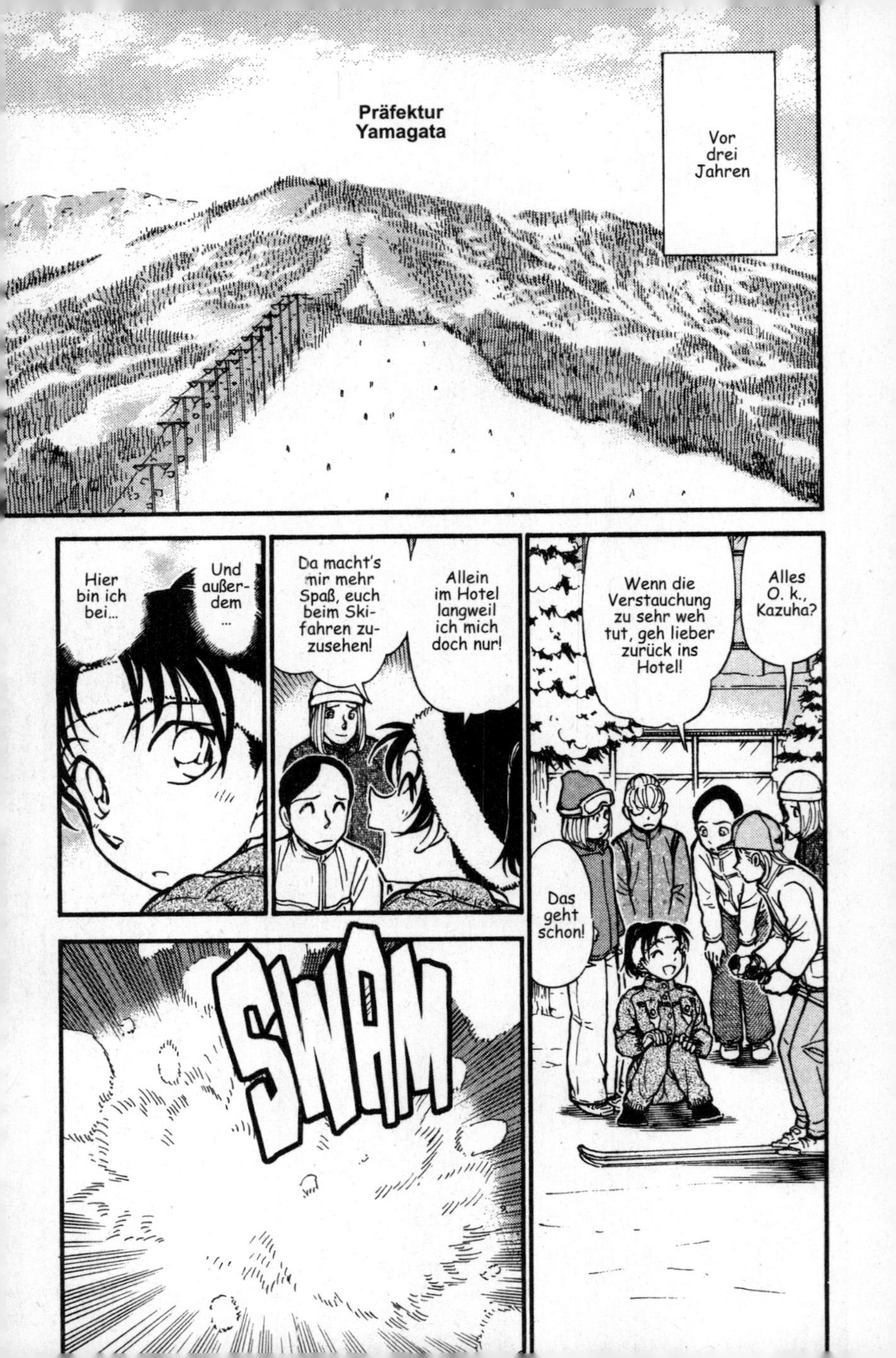
Präfektur Yamagata
Vor drei Jahren
Alles O. k., Kazuha?
Wenn die Verstauchung zu sehr weh tut, geh lieber zurück ins Hotel!
Das geht schon!
Allein im Hotel langweil ich mich doch nur!
Da macht's mir mehr Spaß, euch beim Skifahren zuzusehen!
Und außerdem ...
Hier bin ich bei...
SWAM

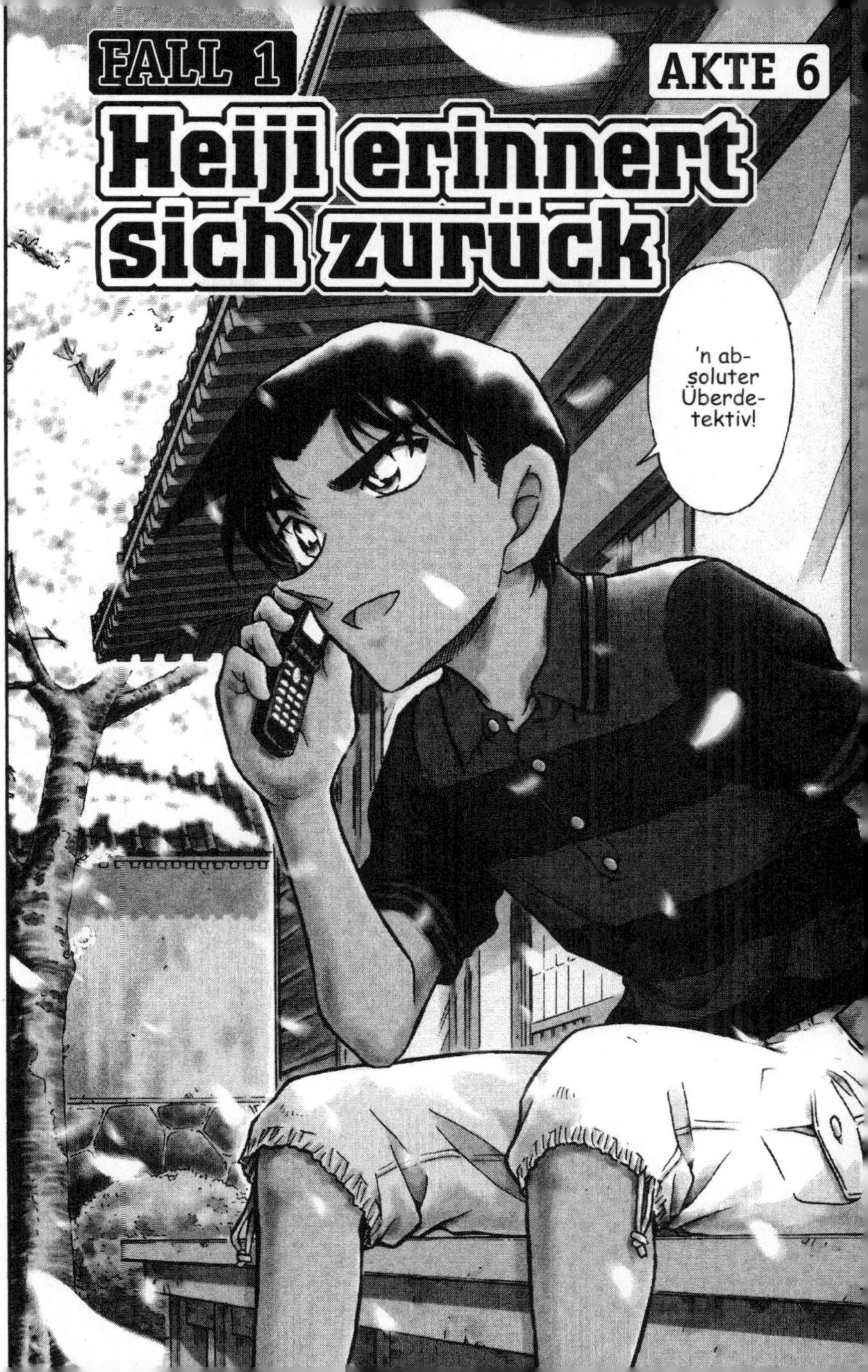
FALL 1
AKTE 6
Heiji erinnert sich zurück
'n absoluter Überdetektiv!

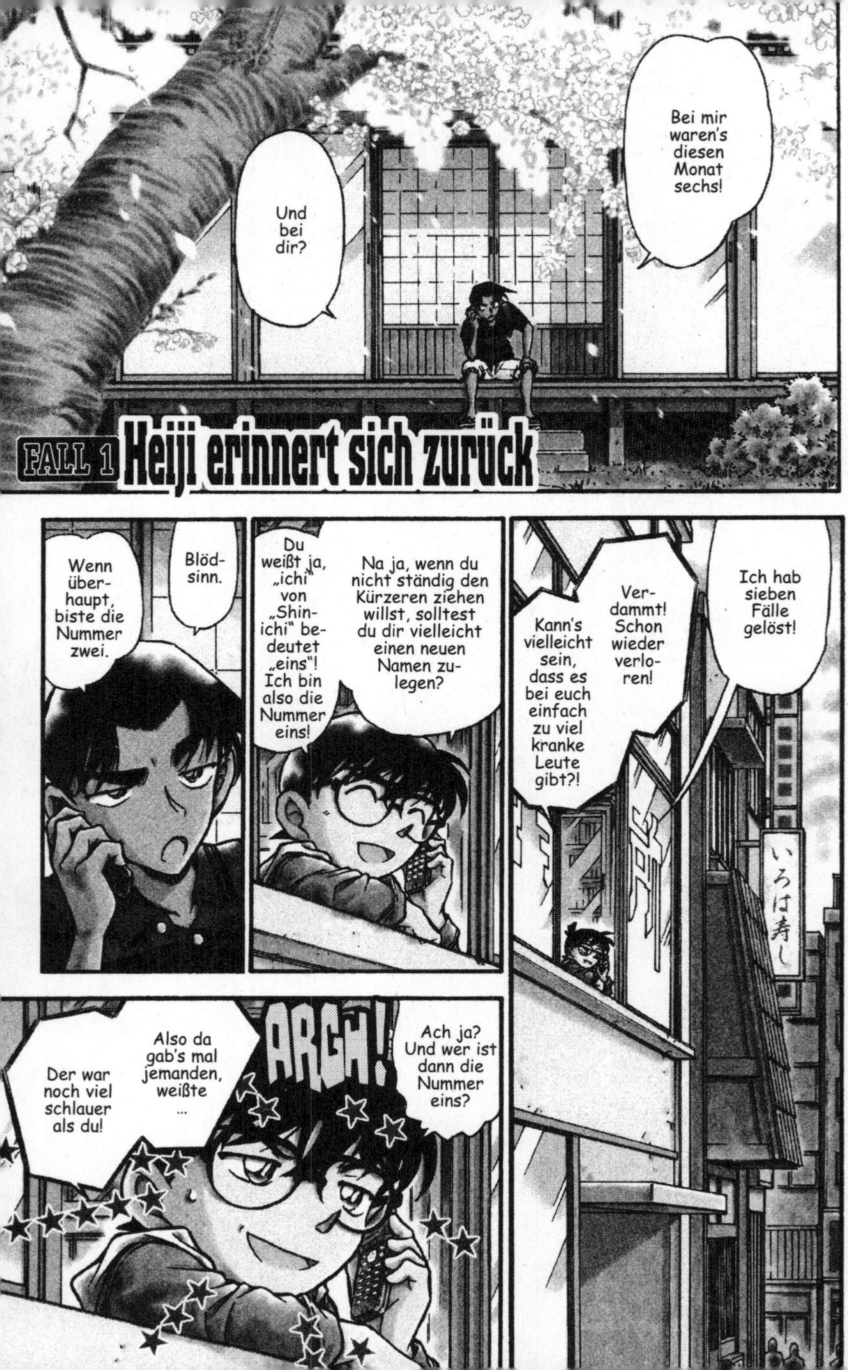
Bei mir waren's diesen Monat sechs!
Und bei dir?
FALL 1 Heiji erinnert sich zurück
Ich hab sieben Fälle gelöst!
Verdammt! Schon wieder verloren!
Kann's vielleicht sein, dass es bei euch einfach zu viel kranke Leute gibt?!
いろは寿し
Na ja, wenn du nicht ständig den Kürzeren ziehen willst, solltest du dir vielleicht einen neuen Namen zulegen?
Du weißt ja, „ichi“ von „Shinichi“ bedeutet „eins“! Ich bin also die Nummer eins!
Blödsinn.
Wenn überhaupt, biste die Nummer zwei.
Ach ja? Und wer ist dann die Nummer eins?
ARGH!
Also da gab's mal jemanden, weißte ...
Der war noch viel schlauer als du!

DETEKTIV

CONAN

WINTER EDITION

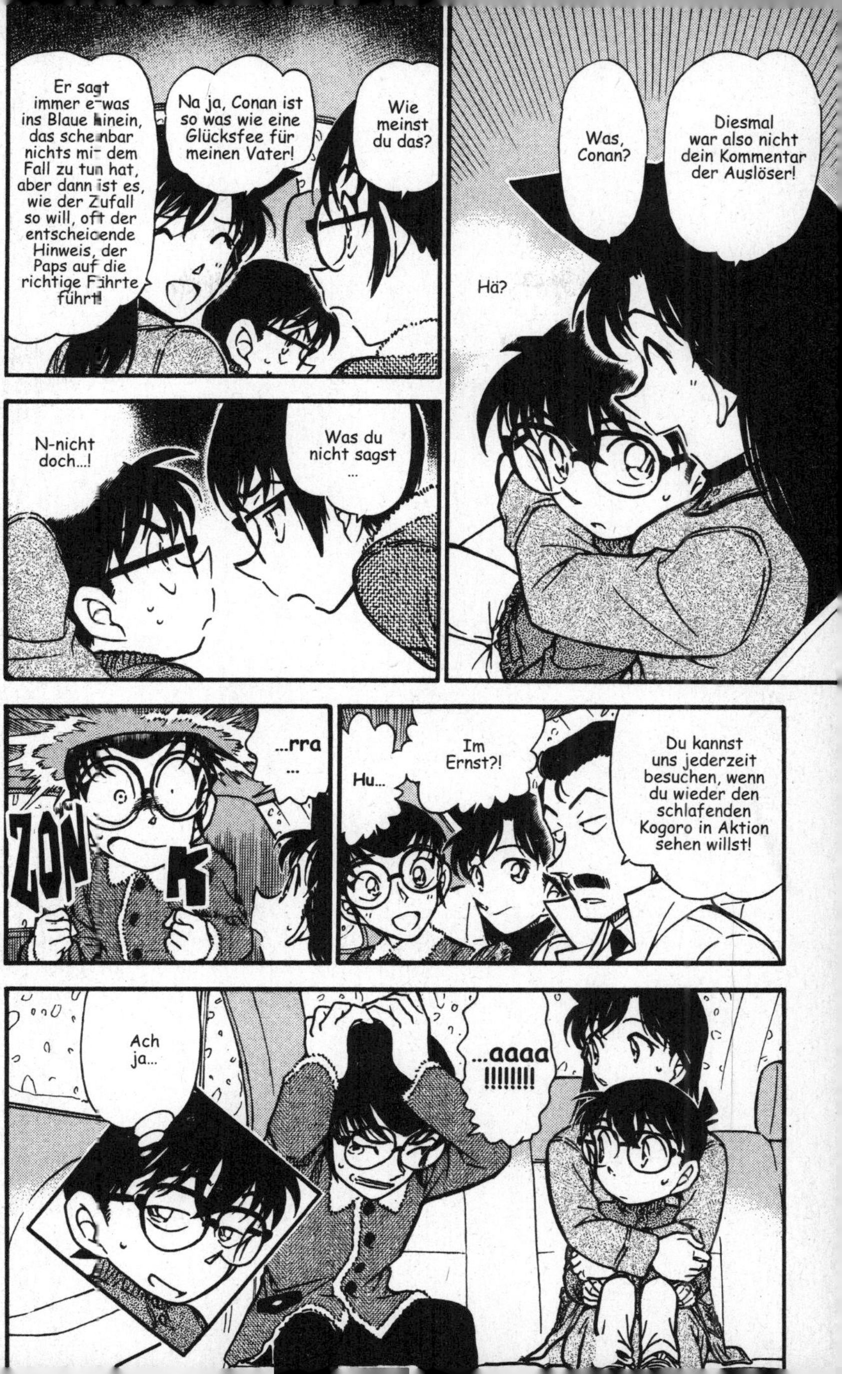

Diesmal war also nicht dein Kommentar der Auslöser!
Was, Conan?
Hä?
Wie meinst du das?
Na ja, Conan ist so was wie eine Glücksfee für meinen Vater!
Er sagt immer etwas ins Blaue hinein, das scheinbar nichts mit dem Fall zu tun hat, aber dann ist es, wie der Zufall so will, oft der entscheidende Hinweis, der Paps auf die richtige Fährte führt!
Was du nicht sagst ...
N-nicht doch...!
Du kannst uns jederzeit besuchen, wenn du wieder den schlafenden Kogoro in Aktion sehen willst!
Im Ernst?!
Hu...
...rra ...
ZONK
...aaaa !!!!!!!!
Ach ja...

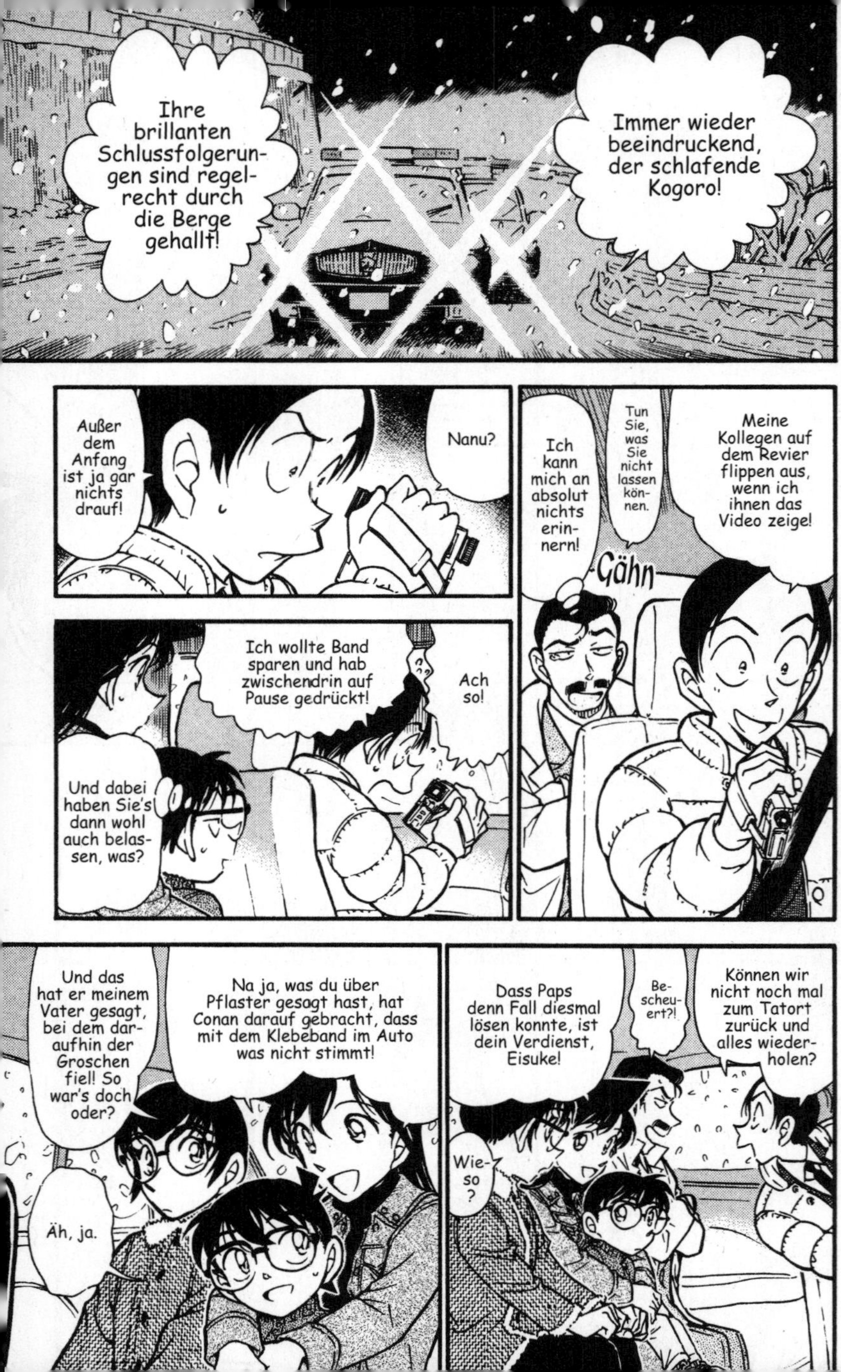
Immer wieder beeindruckend, der schlafende Kogoro!
Ihre brillanten Schlussfolgerungen sind regelrecht durch die Berge gehallt!
Meine Kollegen auf dem Revier flippen aus, wenn ich ihnen das Video zeige!
Tun Sie, was Sie nicht lassen können.
Ich kann mich an absolut nichts erinnern!
Gähn
Nanu?
Außer dem Anfang ist ja gar nichts drauf!
Ach so!
Ich wollte Band sparen und hab zwischendrin auf Pause gedrückt!
Und dabei haben Sie's dann wohl auch belassen, was?
Können wir nicht noch mal zum Tatort zurück und alles wiederholen?
Bescheuert?!
Dass Paps denn Fall diesmal lösen konnte, ist dein Verdienst, Eisuke!
Wieso?
Na ja, was du über Pflaster gesagt hast, hat Conan darauf gebracht, dass mit dem Klebeband im Auto was nicht stimmt!
Und das hat er meinem Vater gesagt, bei dem daraufhin der Groschen fiel! So war's doch oder?
Äh, ja.

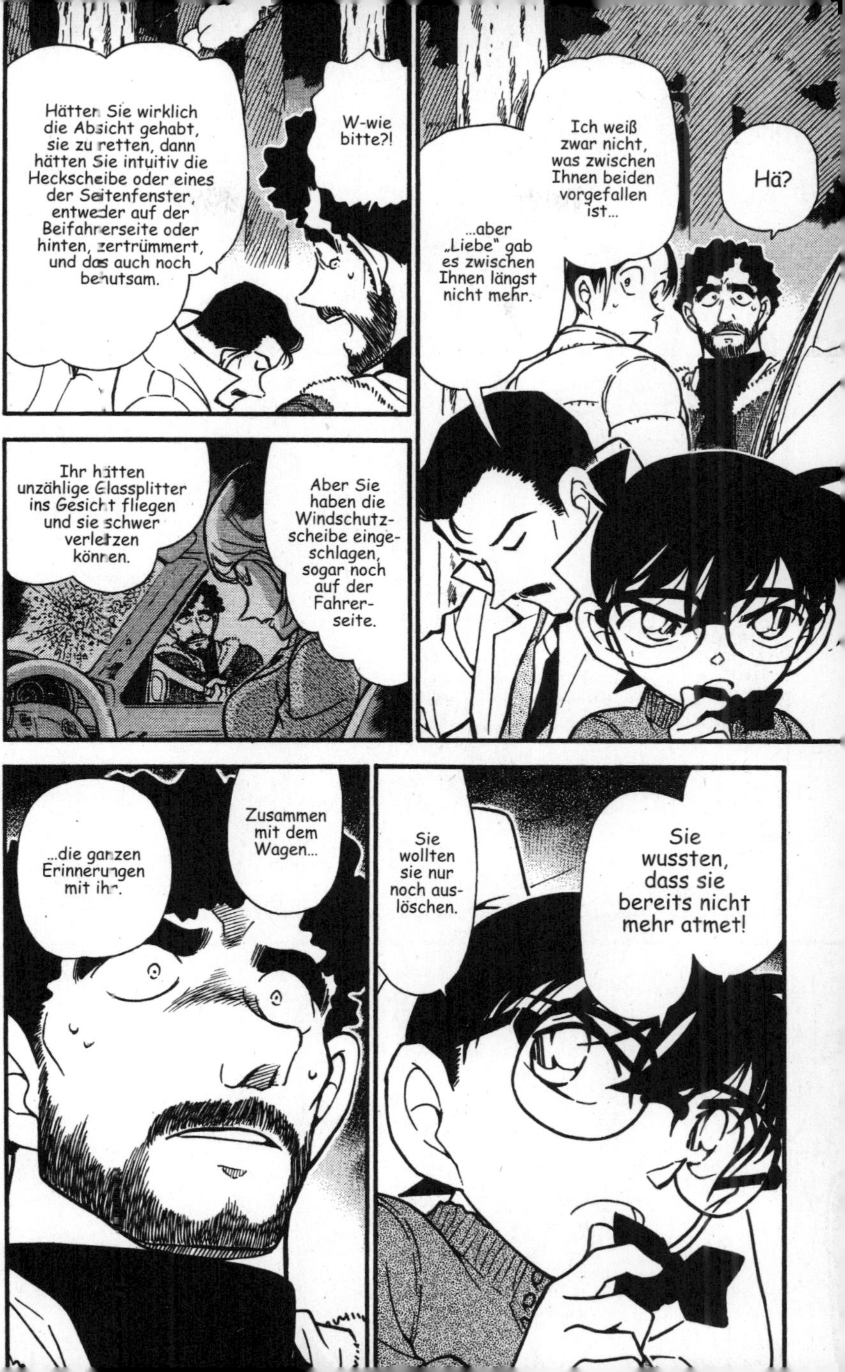
Hä?
Ich weiß zwar nicht, was zwischen Ihnen beiden vorgefallen ist...
...aber „Liebe" gab es zwischen Ihnen längst nicht mehr.
W-wie bitte?!
Hätten Sie wirklich die Absicht gehabt, sie zu retten, dann hätten Sie intuitiv die Heckscheibe oder eines der Seitenfenster, entweder auf der Beifahrerseite oder hinten, zertrümmert, und das auch noch behutsam.
Aber Sie haben die Windschutzscheibe eingeschlagen, sogar noch auf der Fahrerseite.
Ihr hätten unzählige Glassplitter ins Gesicht fliegen und sie schwer verletzen können.
Sie wussten, dass sie bereits nicht mehr atmet!
Sie wollten sie nur noch auslöschen.
Zusammen mit dem Wagen...
...die ganzen Erinnerungen mit ihr.

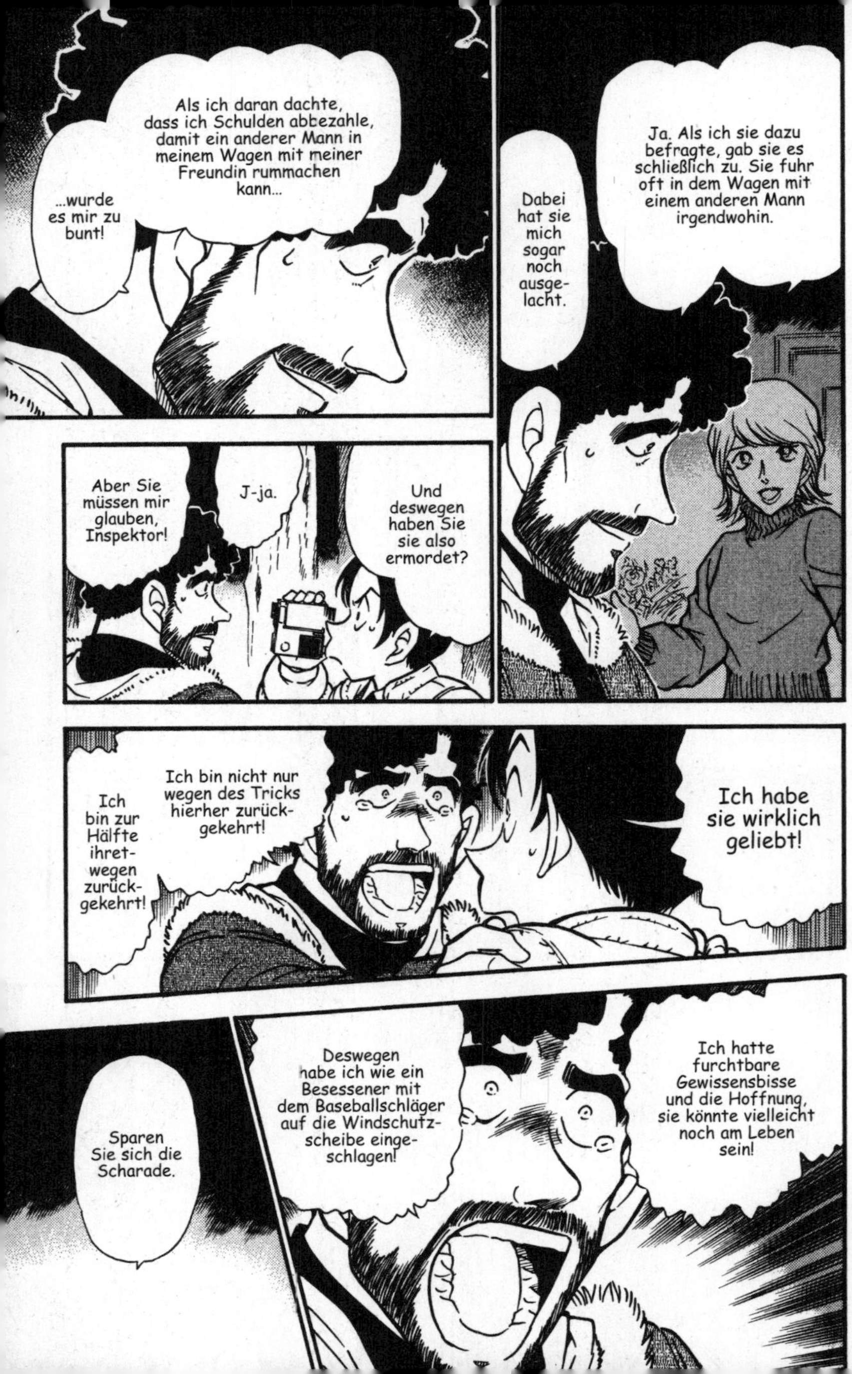
Ja. Als ich sie dazu befragte, gab sie es schließlich zu. Sie fuhr oft in dem Wagen mit einem anderen Mann irgendwohin.
Dabei hat sie mich sogar noch ausgelacht.
Als ich daran dachte, dass ich Schulden abbezahle, damit ein anderer Mann in meinem Wagen mit meiner Freundin rummachen kann...
...wurde es mir zu bunt!
Und deswegen haben Sie sie also ermordet?
J-ja.
Aber Sie müssen mir glauben, Inspektor!
Ich habe sie wirklich geliebt!
Ich bin nicht nur wegen des Tricks hierher zurückgekehrt!
Ich bin zur Hälfte ihretwegen zurückgekehrt!
Ich hatte furchtbare Gewissensbisse und die Hoffnung, sie könnte vielleicht noch am Leben sein!
Deswegen habe ich wie ein Besessener mit dem Baseballschläger auf die Windschutzscheibe eingeschlagen!
Sparen Sie sich die Scharade.

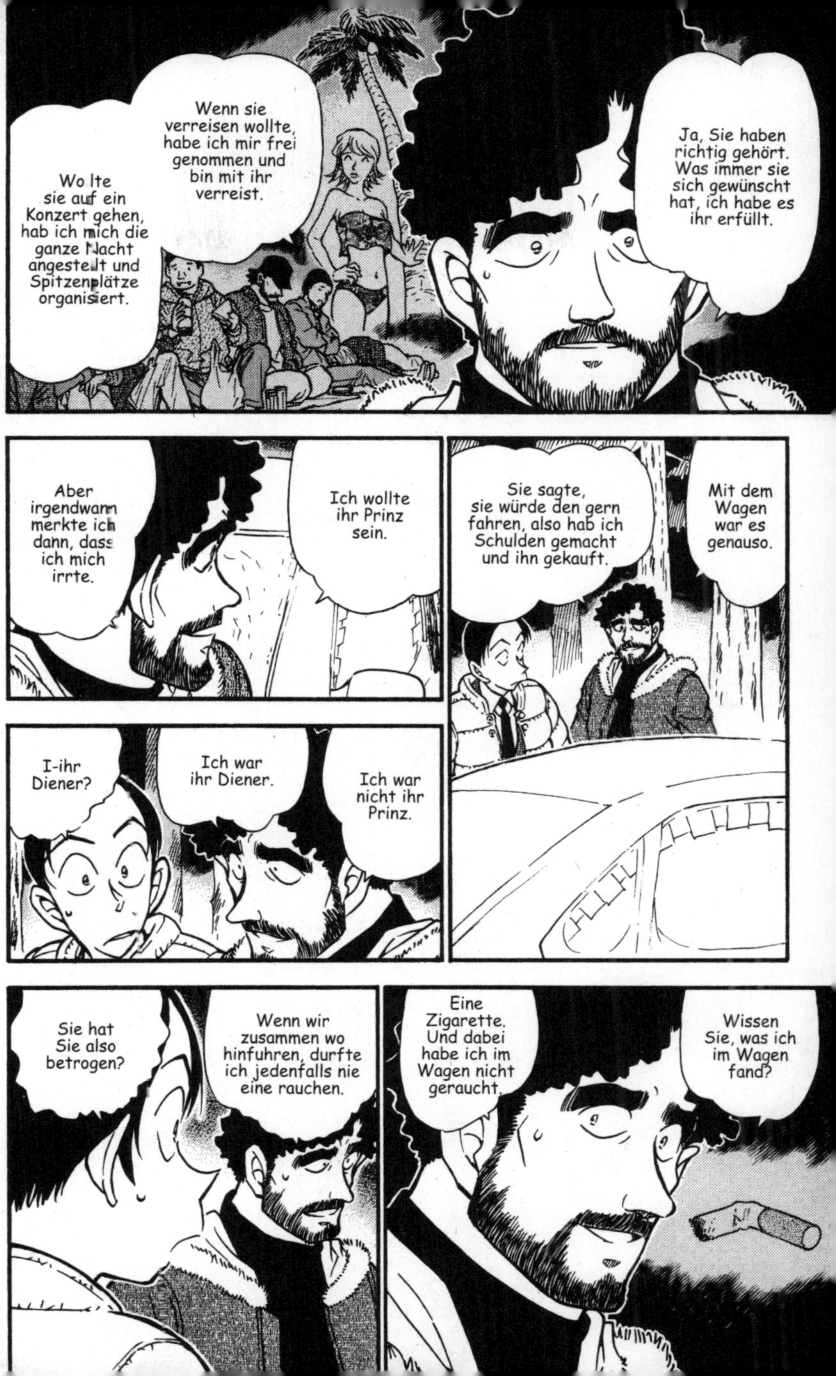

Ja, Sie haben richtig gehört. Was immer sie sich gewünscht hat, ich habe es ihr erfüllt.
Wenn sie verreisen wollte, habe ich mir frei genommen und bin mit ihr verreist.
Wollte sie auf ein Konzert gehen, hab ich mich die ganze Nacht angestellt und Spitzenplätze organisiert.
Mit dem Wagen war es genauso.
Sie sagte, sie würde den gern fahren, also hab ich Schulden gemacht und ihn gekauft.
Ich wollte ihr Prinz sein.
Aber irgendwann merkte ich dann, dass ich mich irrte.
Ich war nicht ihr Prinz.
Ich war ihr Diener.
I-ihr Diener?
Wissen Sie, was ich im Wagen fand?
Eine Zigarette. Und dabei habe ich im Wagen nicht geraucht.
Wenn wir zusammen wo hinfuhren, durfte ich jedenfalls nie eine rauchen.
Sie hat Sie also betrogen?

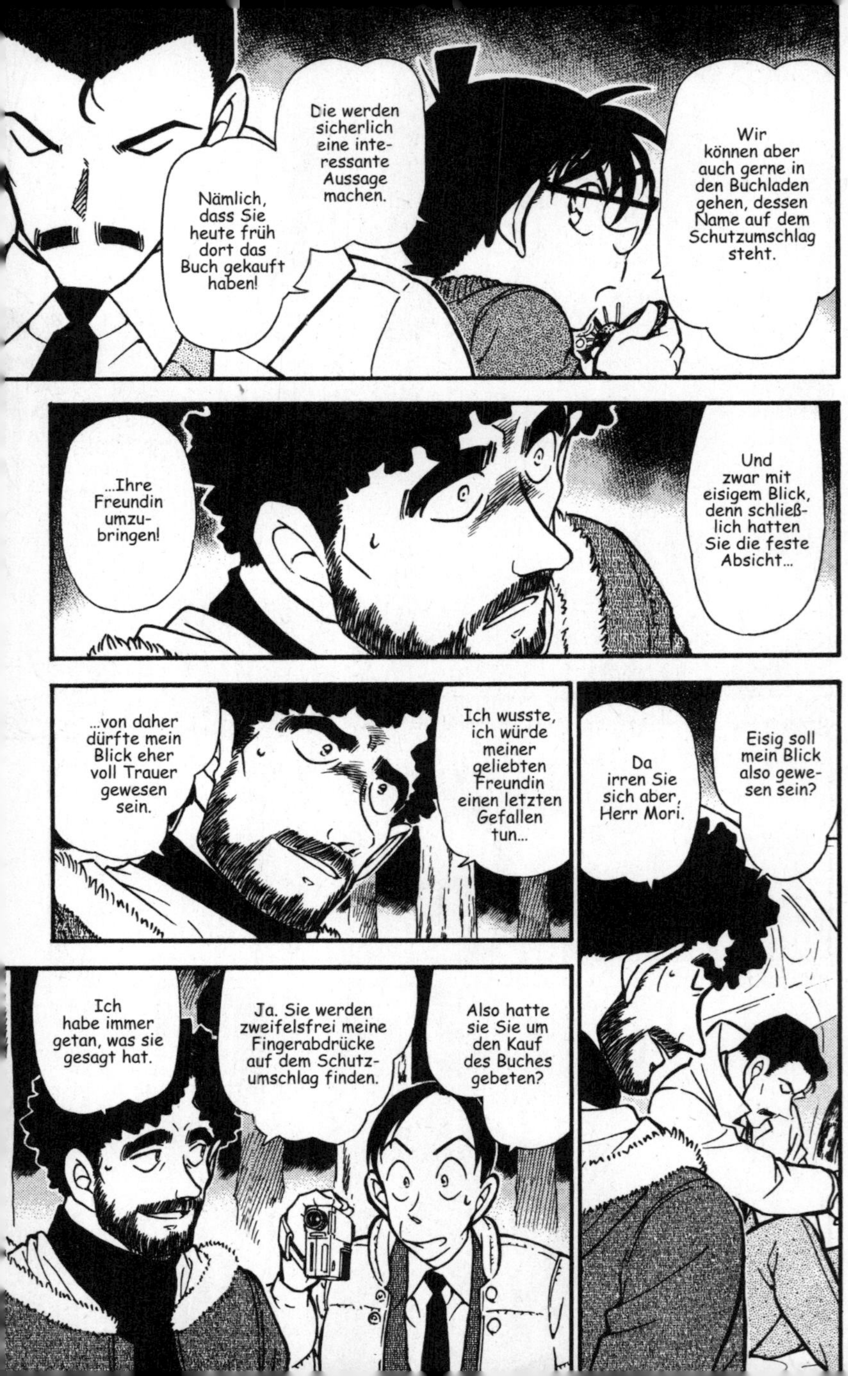
Wir können aber auch gerne in den Buchladen gehen, dessen Name auf dem Schutzumschlag steht.
Die werden sicherlich eine interessante Aussage machen.
Nämlich, dass Sie heute früh dort das Buch gekauft haben!
Und zwar mit eisigem Blick, denn schließlich hatten Sie die feste Absicht…
…Ihre Freundin umzubringen!
Eisig soll mein Blick also gewesen sein?
Da irren Sie sich aber, Herr Mori.
Ich wusste, ich würde meiner geliebten Freundin einen letzten Gefallen tun…
…von daher dürfte mein Blick eher voll Trauer gewesen sein.
Also hatte sie Sie um den Kauf des Buches gebeten?
Ja. Sie werden zweifelsfrei meine Fingerabdrücke auf dem Schutzumschlag finden.
Ich habe immer getan, was sie gesagt hat.

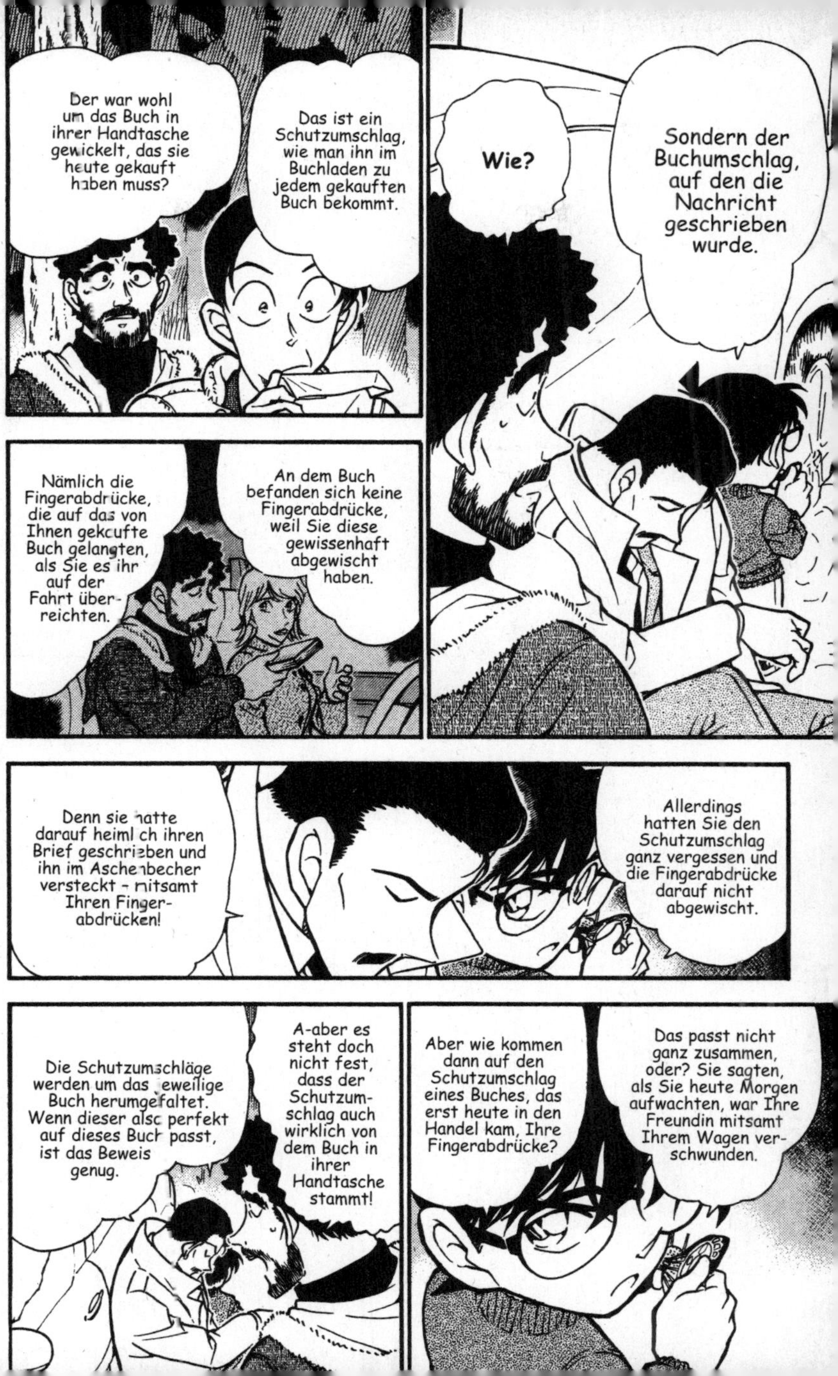
Sondern der Buchumschlag, auf den die Nachricht geschrieben wurde.
Wie?
Das ist ein Schutzumschlag, wie man ihn im Buchladen zu jedem gekauften Buch bekommt.
Der war wohl um das Buch in ihrer Handtasche gewickelt, das sie heute gekauft haben muss?
An dem Buch befanden sich keine Fingerabdrücke, weil Sie diese gewissenhaft abgewischt haben.
Nämlich die Fingerabdrücke, die auf das von Ihnen gekaufte Buch gelangten, als Sie es ihr auf der Fahrt überreichten.
Allerdings hatten Sie den Schutzumschlag ganz vergessen und die Fingerabdrücke darauf nicht abgewischt.
Denn sie hatte darauf heimlich ihren Brief geschrieben und ihn im Aschenbecher versteckt – mitsamt Ihren Fingerabdrücken!
Das passt nicht ganz zusammen, oder? Sie sagten, als Sie heute Morgen aufwachten, war Ihre Freundin mitsamt Ihrem Wagen verschwunden.
Aber wie kommen dann auf den Schutzumschlag eines Buches, das erst heute in den Handel kam, Ihre Fingerabdrücke?
A-aber es steht doch nicht fest, dass der Schutzumschlag auch wirklich von dem Buch in ihrer Handtasche stammt!
Die Schutzumschläge werden um das jeweilige Buch herumgefaltet. Wenn dieser also perfekt auf dieses Buch passt, ist das Beweis genug.

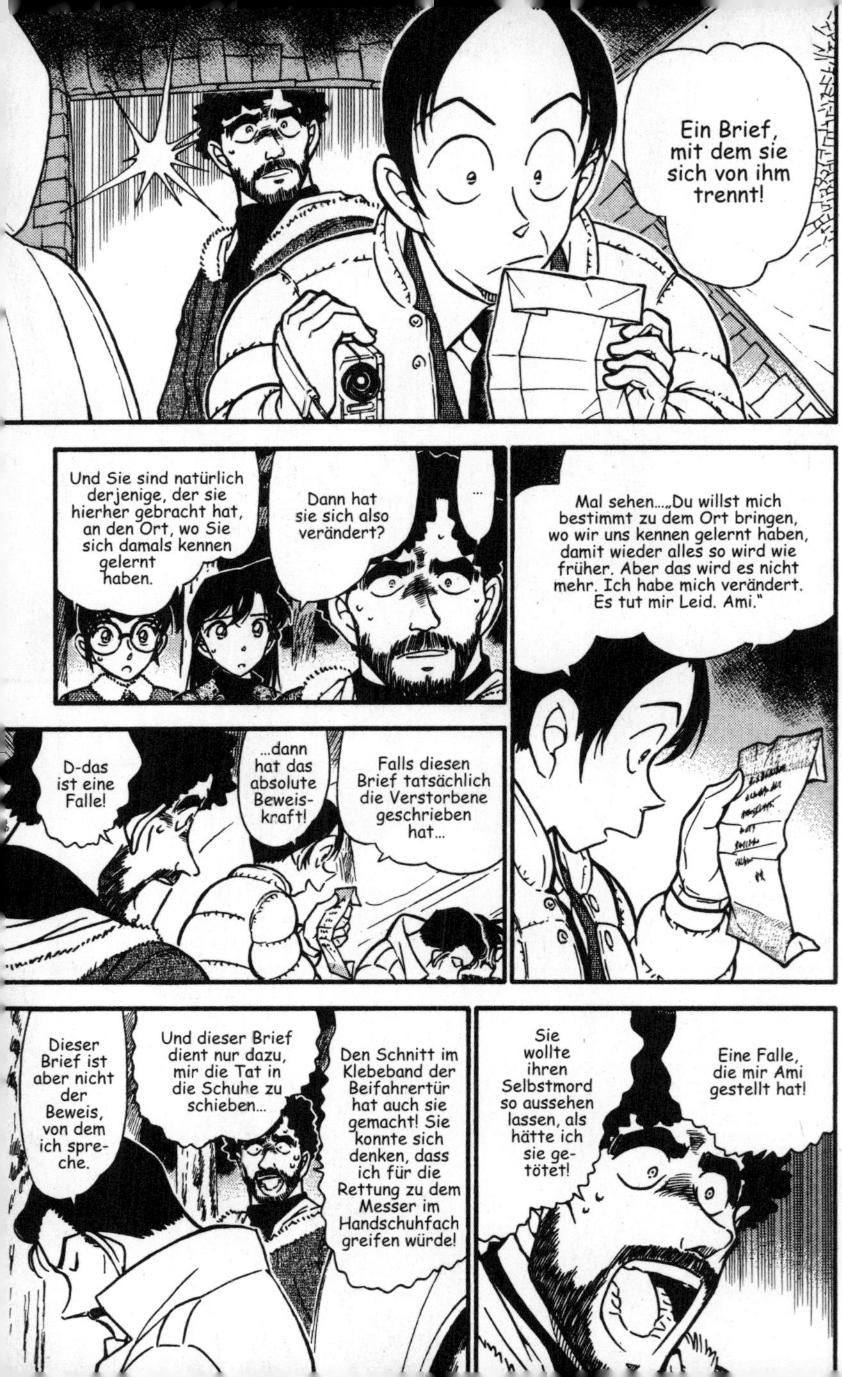
Ein Brief, mit dem sie sich von ihm trennt!
Mal sehen...„Du willst mich bestimmt zu dem Ort bringen, wo wir uns kennen gelernt haben, damit wieder alles so wird wie früher. Aber das wird es nicht mehr. Ich habe mich verändert. Es tut mir Leid. Ami.“
...
Dann hat sie sich also verändert?
Und Sie sind natürlich derjenige, der sie hierher gebracht hat, an den Ort, wo Sie sich damals kennen gelernt haben.
Falls diesen Brief tatsächlich die Verstorbene geschrieben hat...
...dann hat das absolute Beweis-kraft!
D-das ist eine Falle!
Eine Falle, die mir Ami gestellt hat!
Sie wollte ihren Selbstmord so aussehen lassen, als hätte ich sie ge-tötet!
Den Schnitt im Klebeband der Beifahrertür hat auch sie gemacht! Sie konnte sich denken, dass ich für die Rettung zu dem Messer im Handschuhfach greifen würde!
Und dieser Brief dient nur dazu, mir die Tat in die Schuhe zu schieben...
Dieser Brief ist aber nicht der Beweis, von dem ich spre-che.

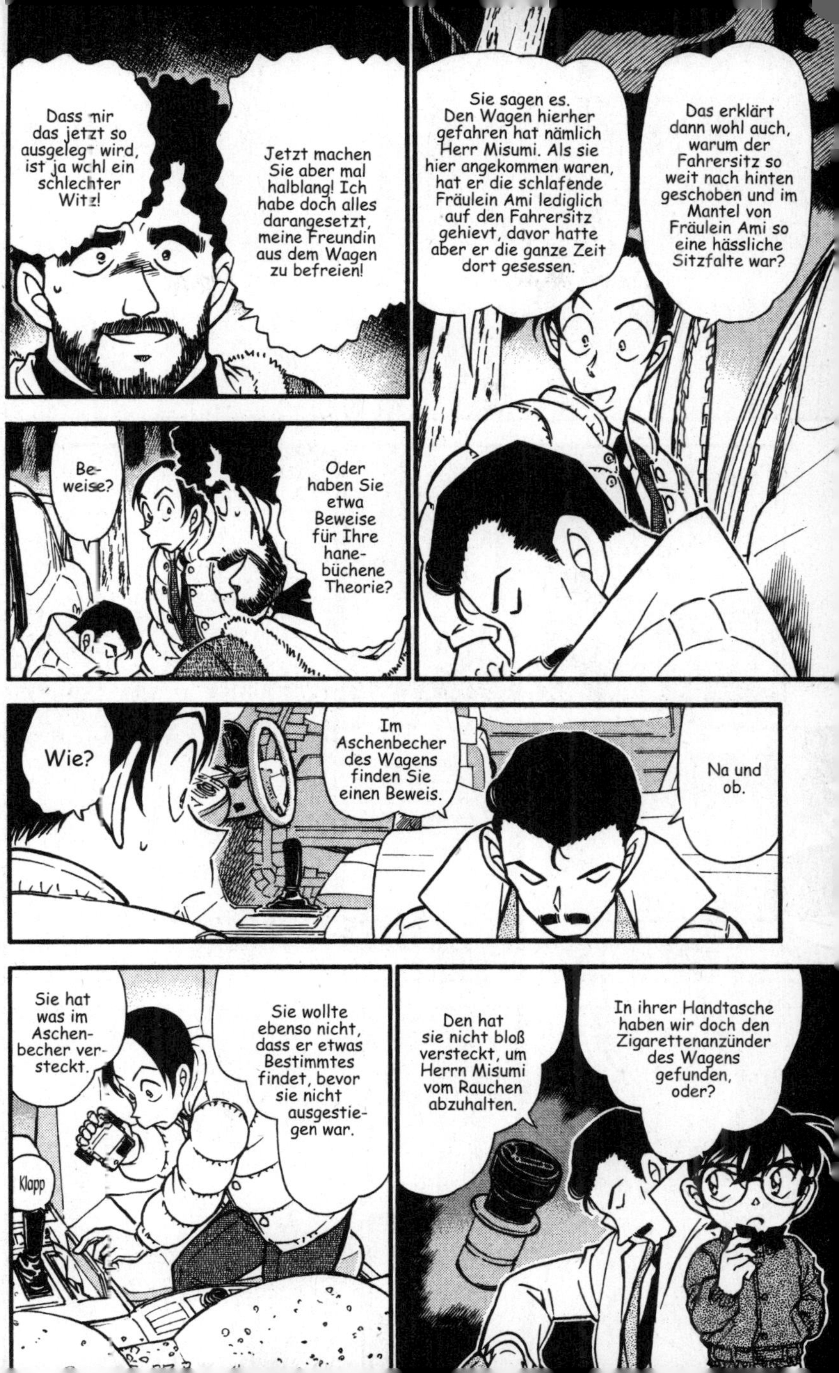
Das erklärt dann wohl auch, warum der Fahrersitz so weit nach hinten geschoben und im Mantel von Fräulein Ami so eine hässliche Sitzfalte war?
Sie sagen es. Den Wagen hierher gefahren hat nämlich Herr Misumi. Als sie hier angekommen waren, hat er die schlafende Fräulein Ami lediglich auf den Fahrersitz gehievt, davor hatte aber er die ganze Zeit dort gesessen.
Jetzt machen Sie aber mal halblang! Ich habe doch alles darangesetzt, meine Freundin aus dem Wagen zu befreien!
Dass mir das jetzt so ausgelegt wird, ist ja wohl ein schlechter Witz!
Oder haben Sie etwa Beweise für Ihre hanebüchene Theorie?
Beweise?
Na und ob.
Im Aschenbecher des Wagens finden Sie einen Beweis.
Wie?
In ihrer Handtasche haben wir doch den Zigarettenanzünder des Wagens gefunden, oder?
Den hat sie nicht bloß versteckt, um Herrn Misumi vom Rauchen abzuhalten.
Sie wollte ebenso nicht, dass er etwas Bestimmtes findet, bevor sie nicht ausgestiegen war.
Sie hat was im Aschenbecher versteckt.
Klapp

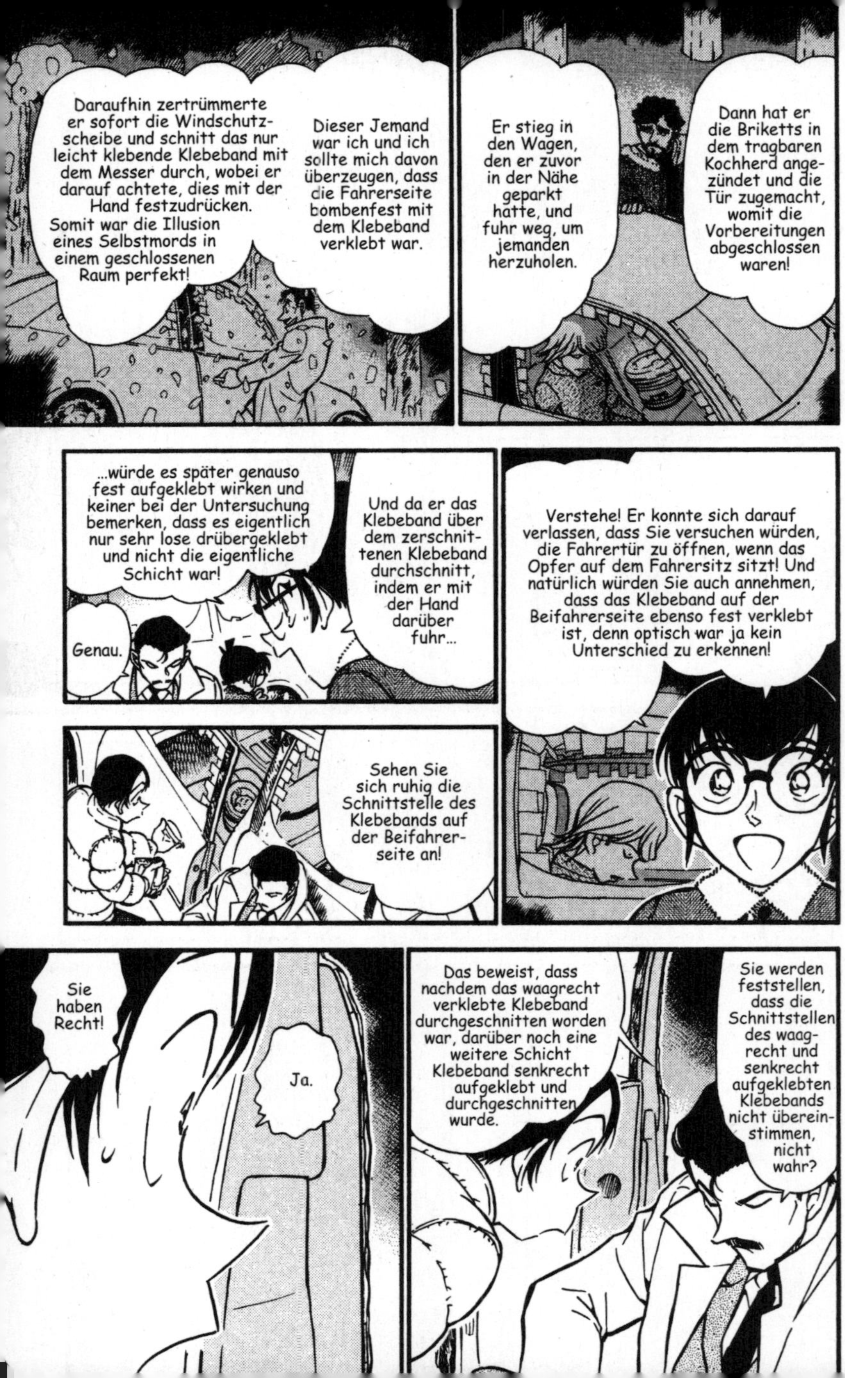

Dann hat er die Briketts in dem tragbaren Kochherd angezündet und die Tür zugemacht, womit die Vorbereitungen abgeschlossen waren!
Er stieg in den Wagen, den er zuvor in der Nähe geparkt hatte, und fuhr weg, um jemanden herzuholen.
Dieser Jemand war ich und ich sollte mich davon überzeugen, dass die Fahrerseite bombenfest mit dem Klebeband verklebt war.
Daraufhin zertrümmerte er sofort die Windschutzscheibe und schnitt das nur leicht klebende Klebeband mit dem Messer durch, wobei er darauf achtete, dies mit der Hand festzudrücken.
Somit war die Illusion eines Selbstmords in einem geschlossenen Raum perfekt!
Verstehe! Er konnte sich darauf verlassen, dass Sie versuchen würden, die Fahrertür zu öffnen, wenn das Opfer auf dem Fahrersitz sitzt! Und natürlich würden Sie auch annehmen, dass das Klebeband auf der Beifahrerseite ebenso fest verklebt ist, denn optisch war ja kein Unterschied zu erkennen!
Und da er das Klebeband über dem zerschnittenen Klebeband durchschnitt, indem er mit der Hand darüber fuhr...
...würde es später genauso fest aufgeklebt wirken und keiner bei der Untersuchung bemerken, dass es eigentlich nur sehr lose drübergeklebt und nicht die eigentliche Schicht war!
Genau.
Sehen Sie sich ruhig die Schnittstelle des Klebebands auf der Beifahrerseite an!
Sie werden feststellen, dass die Schnittstellen des waagrecht und senkrecht aufgeklebten Klebebands nicht übereinstimmen, nicht wahr?
Das beweist, dass nachdem das waagrecht verklebte Klebeband durchgeschnitten worden war, darüber noch eine weitere Schicht Klebeband senkrecht aufgeklebt und durchgeschnitten wurde.
Ja.
Sie haben Recht!

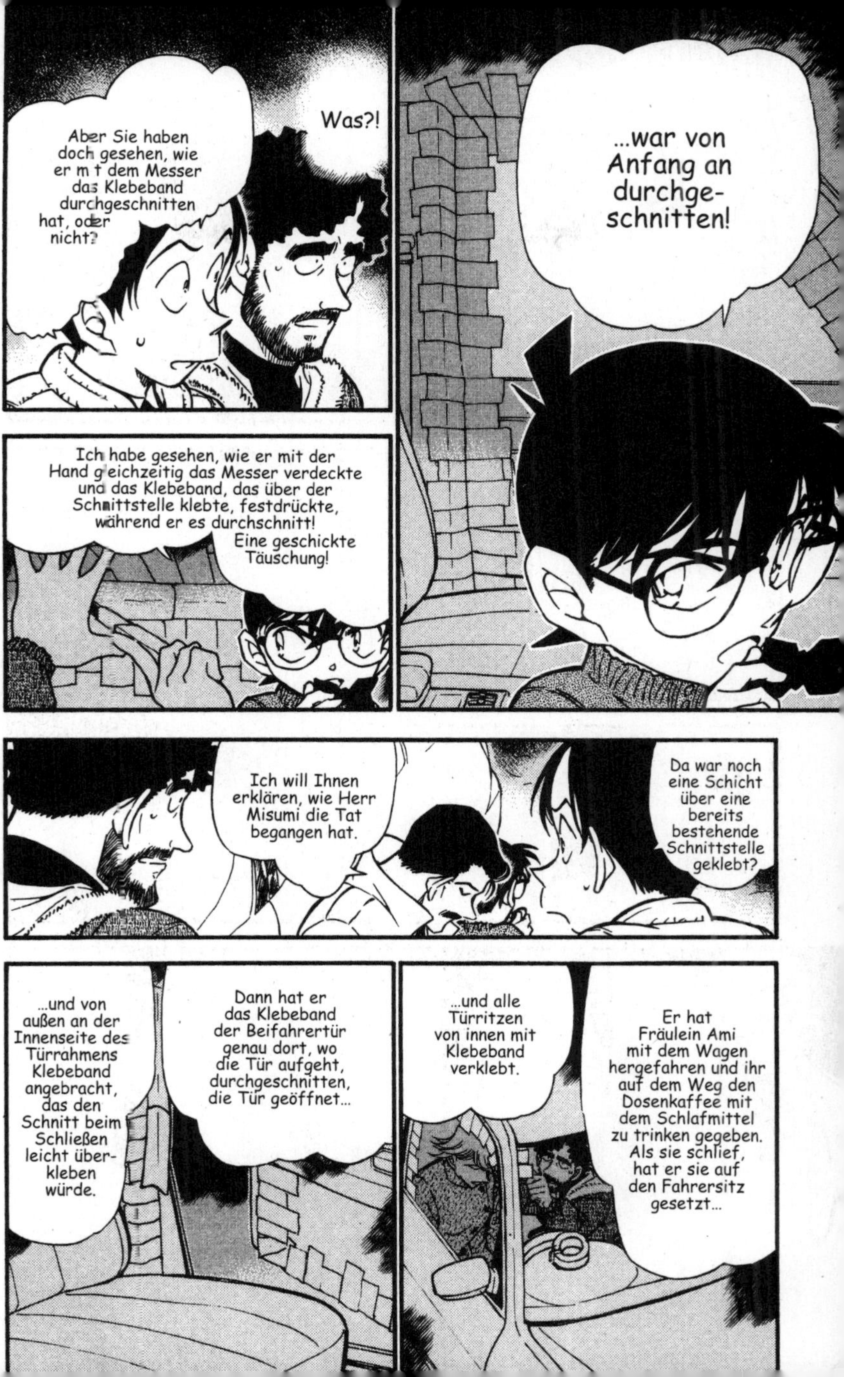
...war von Anfang an durchgeschnitten!
Was?!
Aber Sie haben doch gesehen, wie er mit dem Messer das Klebeband durchgeschnitten hat, oder nicht?
Ich habe gesehen, wie er mit der Hand gleichzeitig das Messer verdeckte und das Klebeband, das über der Schnittstelle klebte, festdrückte, während er es durchschnitt!
Eine geschickte Täuschung!
Da war noch eine Schicht über eine bereits bestehende Schnittstelle geklebt?
Ich will Ihnen erklären, wie Herr Misumi die Tat begangen hat.
Er hat Fräulein Ami mit dem Wagen hergefahren und ihr auf dem Weg den Dosenkaffee mit dem Schlafmittel zu trinken gegeben. Als sie schlief, hat er sie auf den Fahrersitz gesetzt...
...und alle Türritzen von innen mit Klebeband verklebt.
Dann hat er das Klebeband der Beifahrertür genau dort, wo die Tür aufgeht, durchgeschnitten, die Tür geöffnet...
...und von außen an der Innenseite des Türrahmens Klebeband angebracht, das den Schnitt beim Schließen leicht überkleben würde.

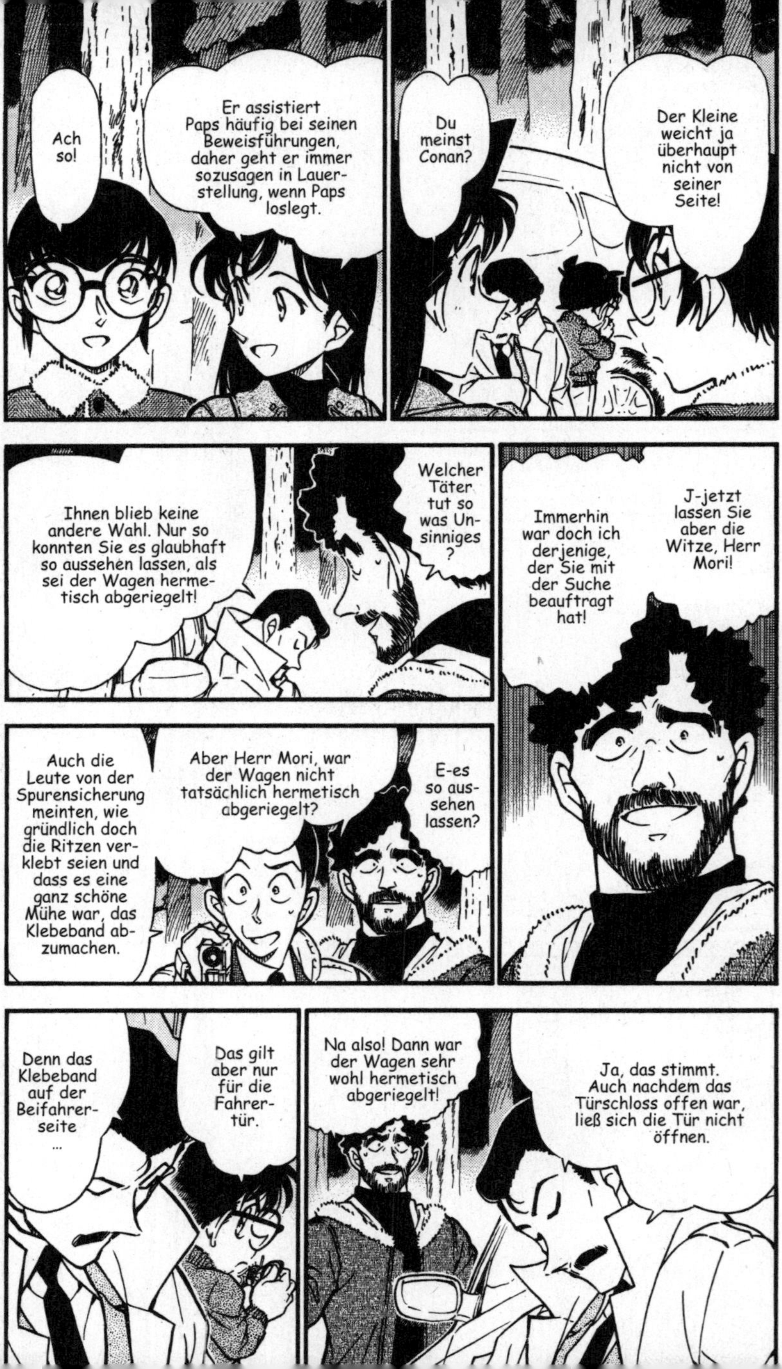
Der Kleine weicht ja überhaupt nicht von seiner Seite!
Du meinst Conan?
Er assistiert Paps häufig bei seinen Beweisführungen, daher geht er immer sozusagen in Lauerstellung, wenn Paps loslegt.
Ach so!
J-jetzt lassen Sie aber die Witze, Herr Mori!
Immerhin war doch ich derjenige, der Sie mit der Suche beauftragt hat!
Welcher Täter tut so was Unsinniges?
Ihnen blieb keine andere Wahl. Nur so konnten Sie es glaubhaft so aussehen lassen, als sei der Wagen hermetisch abgeriegelt!
E-es so aussehen lassen?
Aber Herr Mori, war der Wagen nicht tatsächlich hermetisch abgeriegelt?
Auch die Leute von der Spurensicherung meinten, wie gründlich doch die Ritzen verklebt seien und dass es eine ganz schöne Mühe war, das Klebeband abzumachen.
Ja, das stimmt. Auch nachdem das Türschloss offen war, ließ sich die Tür nicht öffnen.
Na also! Dann war der Wagen sehr wohl hermetisch abgeriegelt!
Das gilt aber nur für die Fahrertür.
Denn das Klebeband auf der Beifahrerseite ...

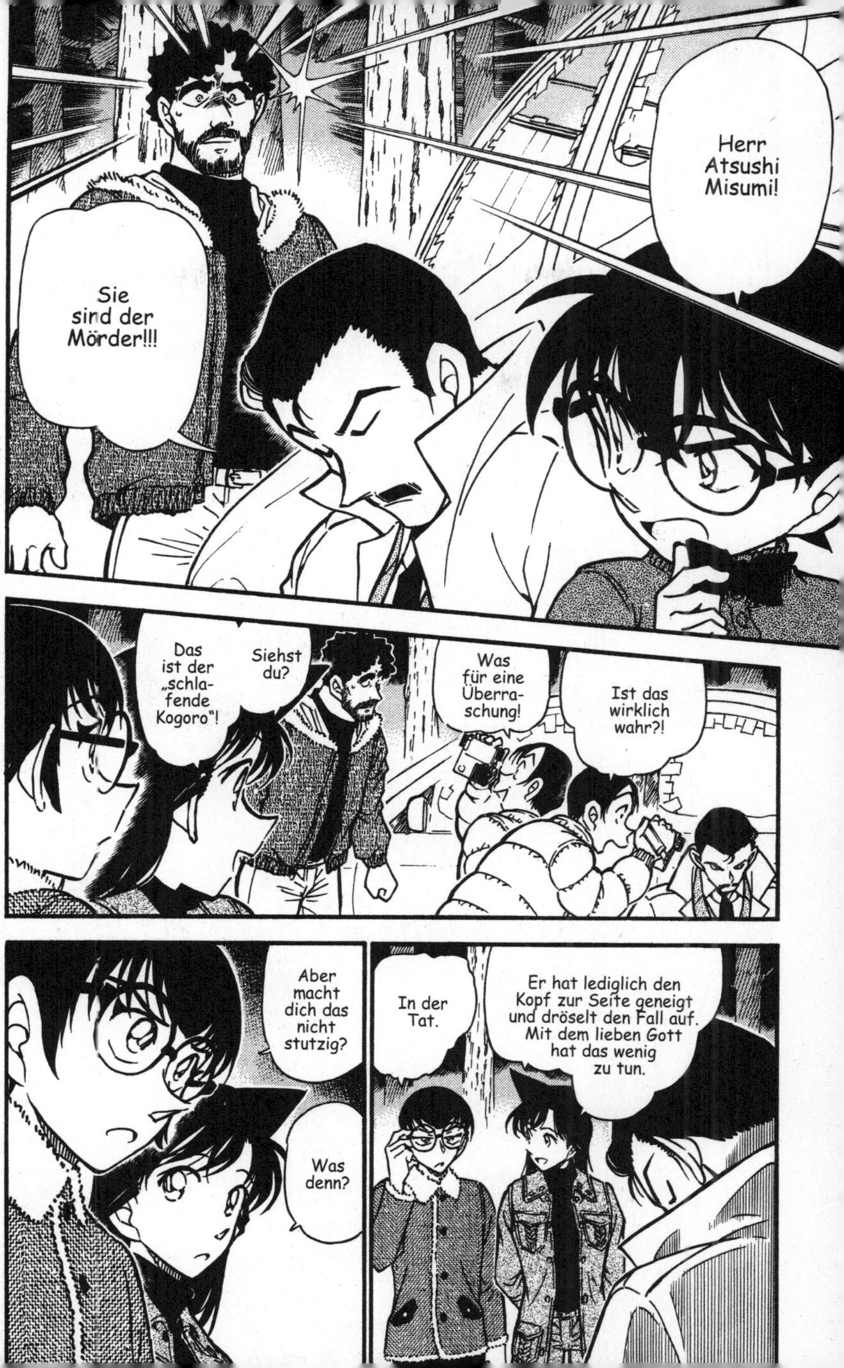
Herr Atsushi Misumi!
Sie sind der Mörder!!!
Ist das wirklich wahr?!
Was für eine Überraschung!
Siehst du?
Das ist der „schlafende Kogoro“!
Er hat lediglich den Kopf zur Seite geneigt und dröselt den Fall auf. Mit dem lieben Gott hat das wenig zu tun.
In der Tat.
Aber macht dich das nicht stutzig?
Was denn?

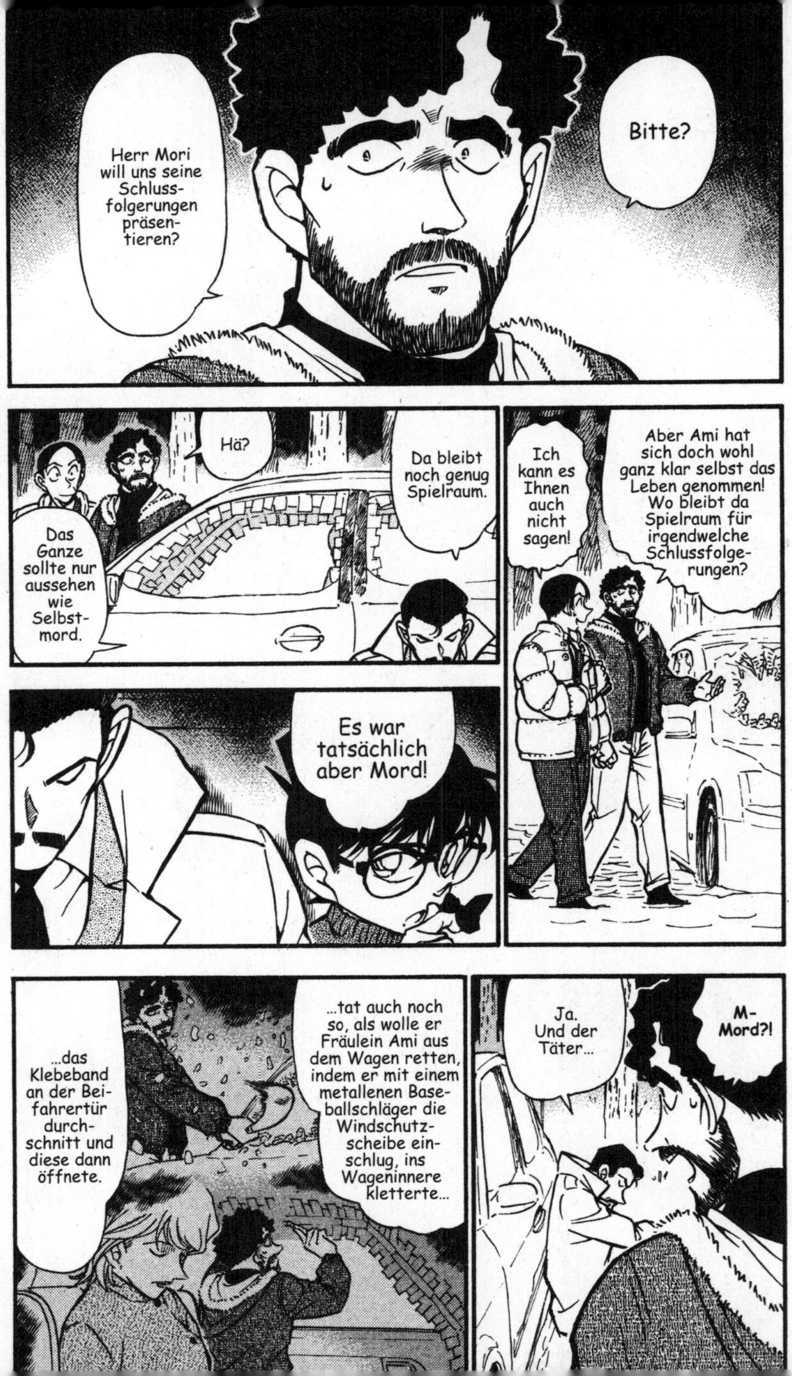
Bitte?
Herr Mori will uns seine Schlussfolgerungen präsentieren?
Aber Ami hat sich doch wohl ganz klar selbst das Leben genommen! Wo bleibt da Spielraum für irgendwelche Schlussfolgerungen?
Ich kann es Ihnen auch nicht sagen!
Da bleibt noch genug Spielraum.
Hä?
Das Ganze sollte nur aussehen wie Selbstmord.
Es war tatsächlich aber Mord!
M-Mord?!
Ja. Und der Täter...
...tat auch noch so, als wolle er Fräulein Ami aus dem Wagen retten, indem er mit einem metallenen Baseballschläger die Windschutzscheibe einschlug, ins Wageninnere kletterte...
...das Klebeband an der Beifahrertür durchschnitt und diese dann öffnete.

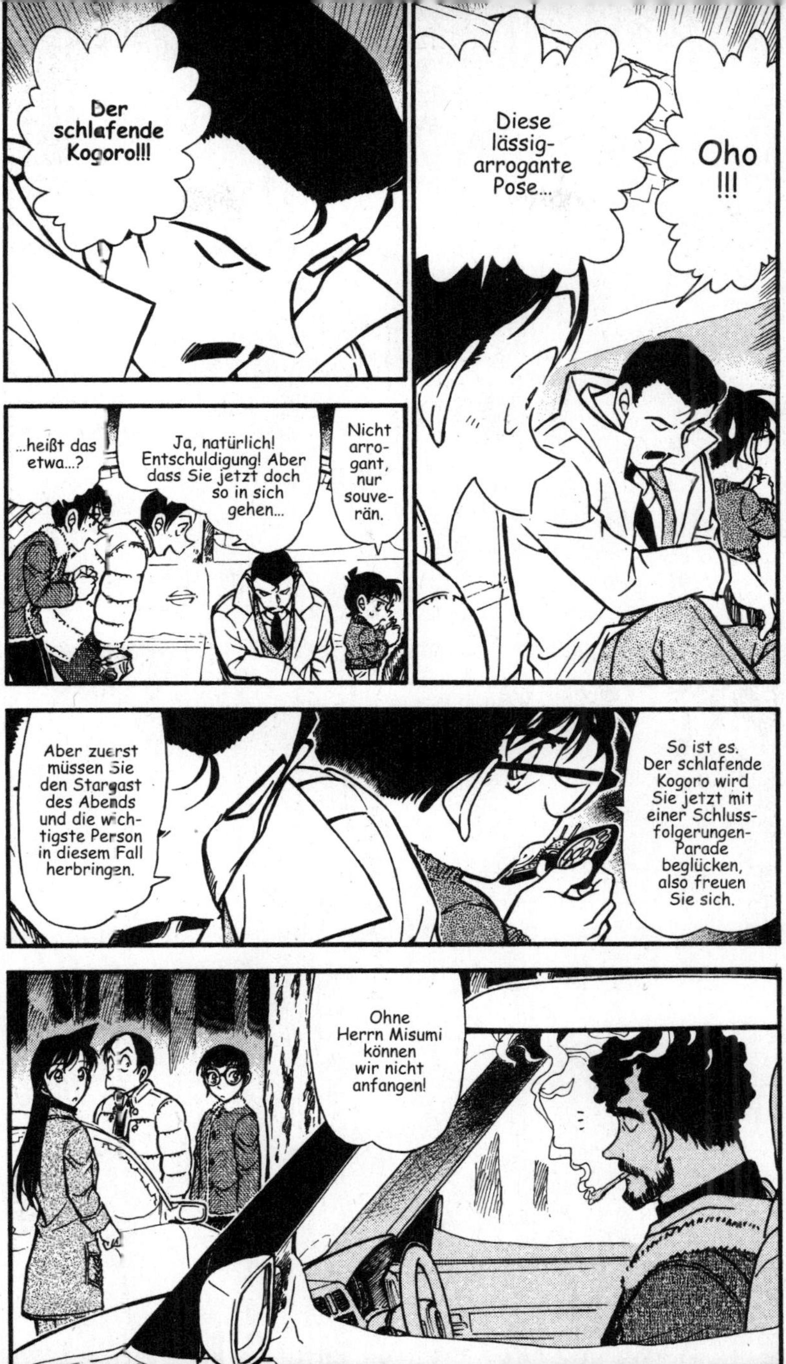

Oho !!!
Diese lässig-arrogante Pose...
Der schlafende Kogoro!!!
Nicht arrogant, nur souverän.
Ja, natürlich! Entschuldigung! Aber dass Sie jetzt doch so in sich gehen...
...heißt das etwa...?
So ist es. Der schlafende Kogoro wird Sie jetzt mit einer Schlussfolgerungen-Parade beglücken, also freuen Sie sich.
Aber zuerst müssen Sie den Stargast des Abends und die wichtigste Person in diesem Fall herbringen.
Ohne Herrn Misumi können wir nicht anfangen!

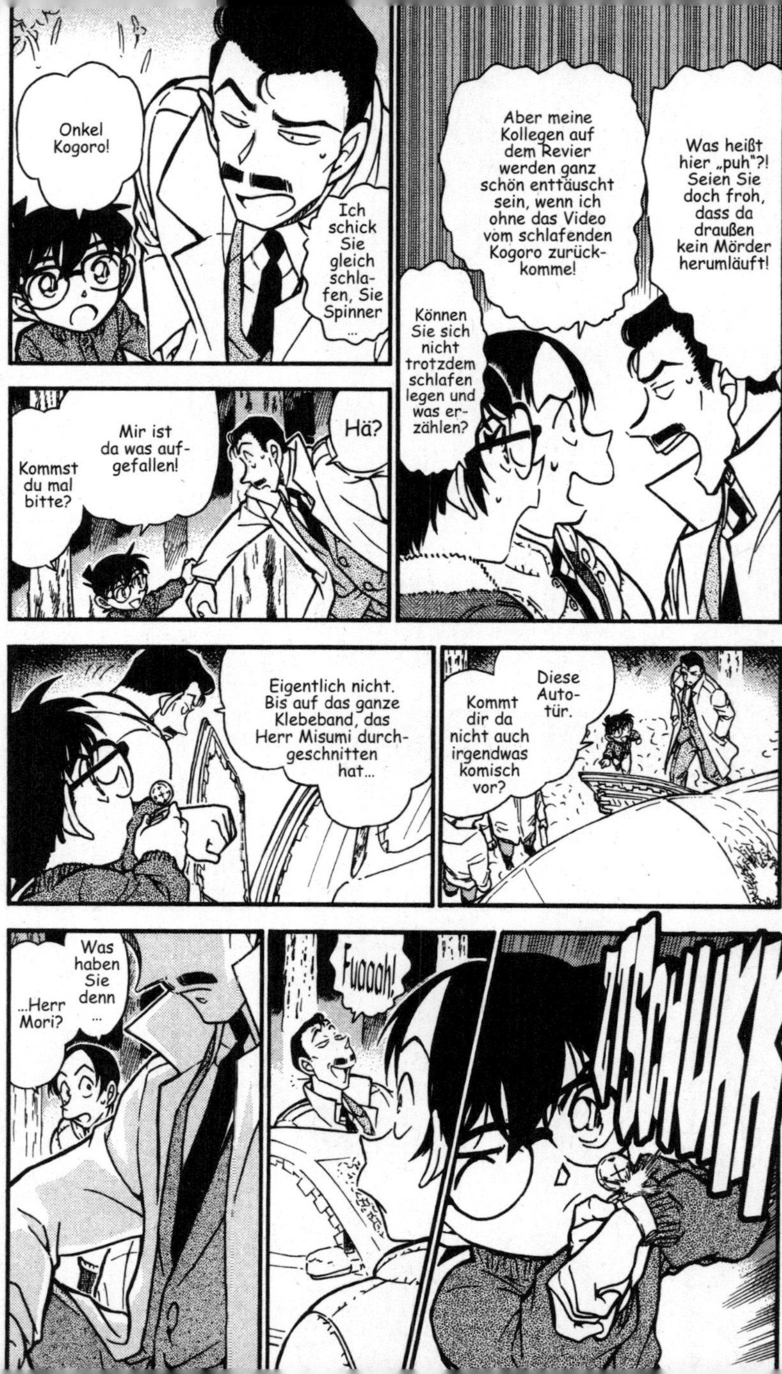
Was heißt hier „puh"?! Seien Sie doch froh, dass da draußen kein Mörder herumläuft!
Aber meine Kollegen auf dem Revier werden ganz schön enttäuscht sein, wenn ich ohne das Video vom schlafenden Kogoro zurückkomme!
Können Sie sich nicht trotzdem schlafen legen und was erzählen?
Ich schick Sie gleich schlafen, Sie Spinner ...
Onkel Kogoro!
Hä?
Mir ist da was aufgefallen!
Kommst du mal bitte?
Diese Autotür.
Kommt dir da nicht auch irgendwas komisch vor?
Eigentlich nicht. Bis auf das ganze Klebeband, das Herr Misumi durchgeschnitten hat...
ZTSCHUKK
Fuaaah!
Was haben Sie denn ...
...Herr Mori?

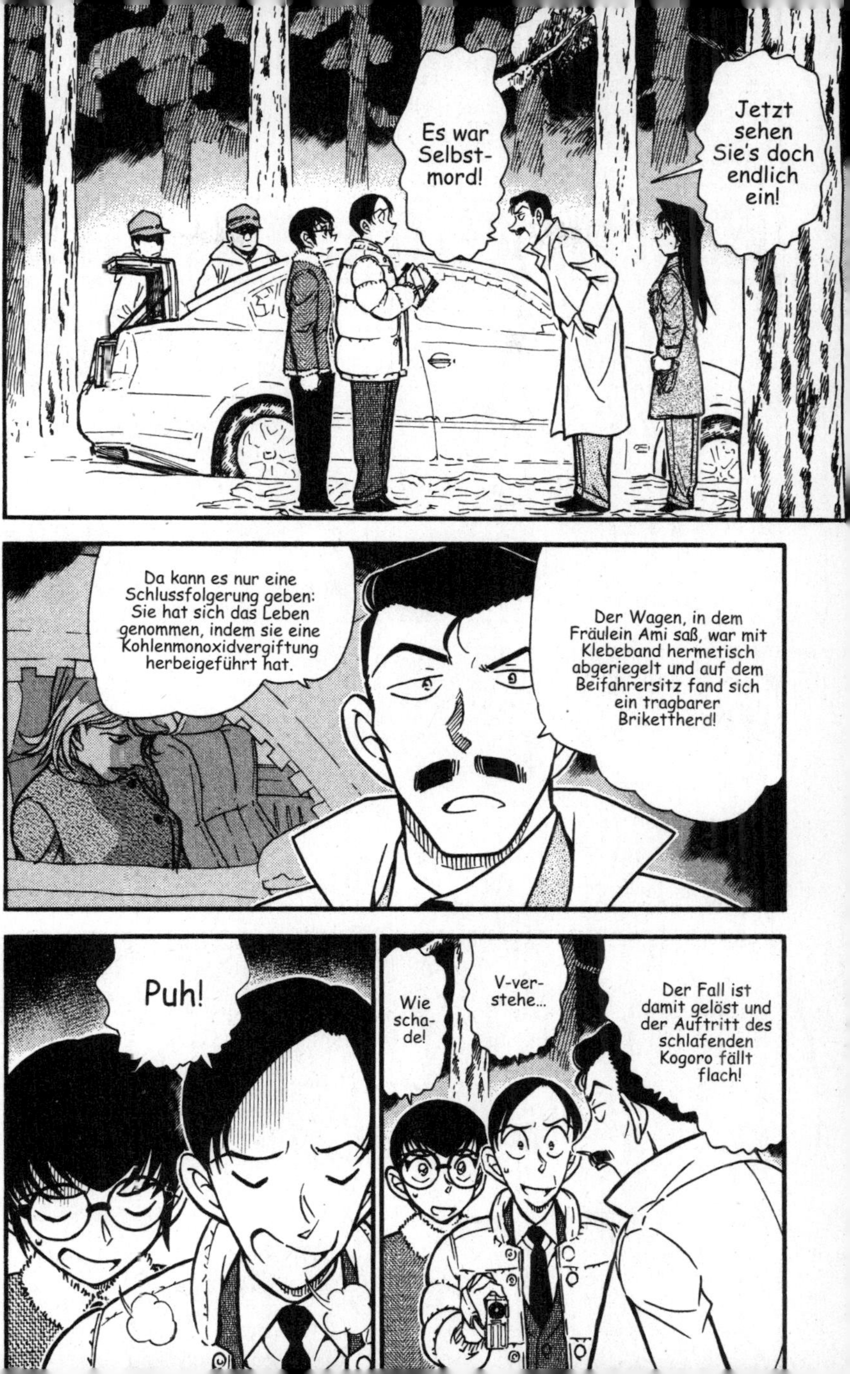
Jetzt sehen Sie's doch endlich ein!
Es war Selbstmord!
Der Wagen, in dem Fräulein Ami saß, war mit Klebeband hermetisch abgeriegelt und auf dem Beifahrersitz fand sich ein tragbarer Brikettherd!
Da kann es nur eine Schlussfolgerung geben: Sie hat sich das Leben genommen, indem sie eine Kohlenmonoxidvergiftung herbeigeführt hat.
Der Fall ist damit gelöst und der Auftritt des schlafenden Kogoro fällt flach!
V-verstehe...
Wie schade!
Puh!

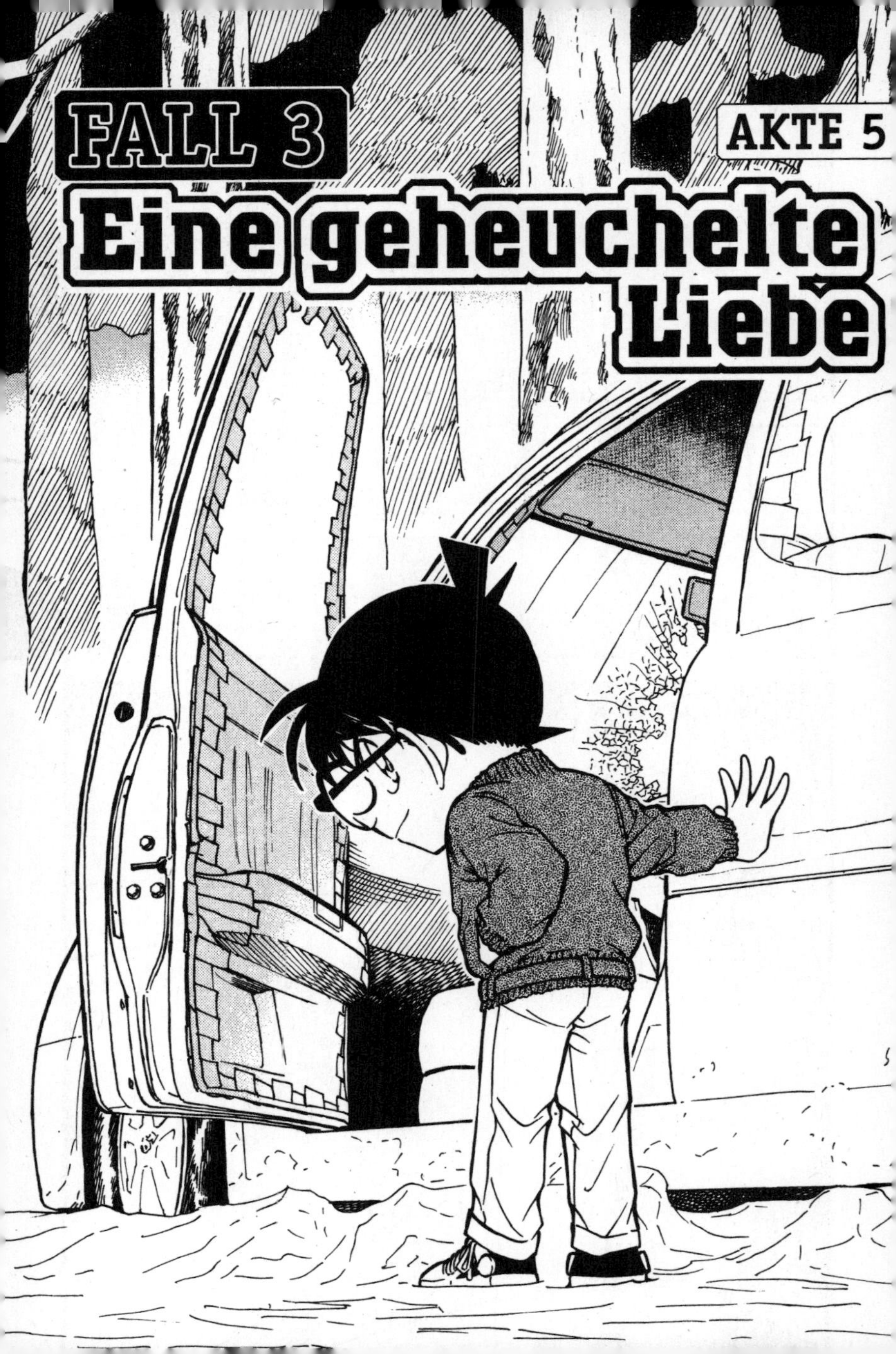
FALL 3
AKTE 5
Eine geheuchelte Liebe

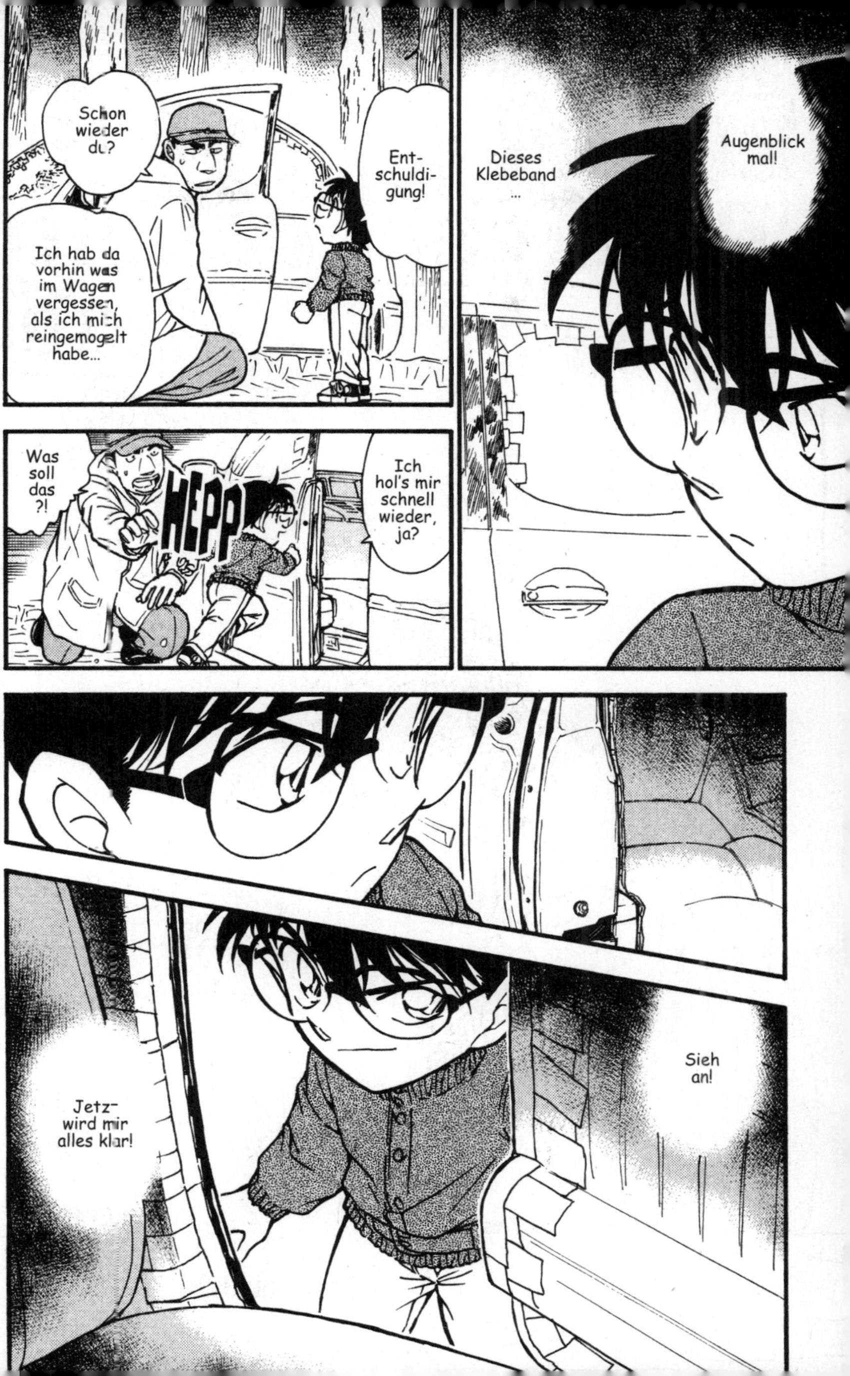
Augenblick mal!
Dieses Klebeband ...
Ent-schuldi-gung!
Schon wieder du?
Ich hab da vorhin was im Wagen vergessen, als ich mich reingemogelt habe...
Ich hol's mir schnell wieder, ja?
HEPP
Was soll das ?!
Sieh an!
Jetz- wird mir alles klar!

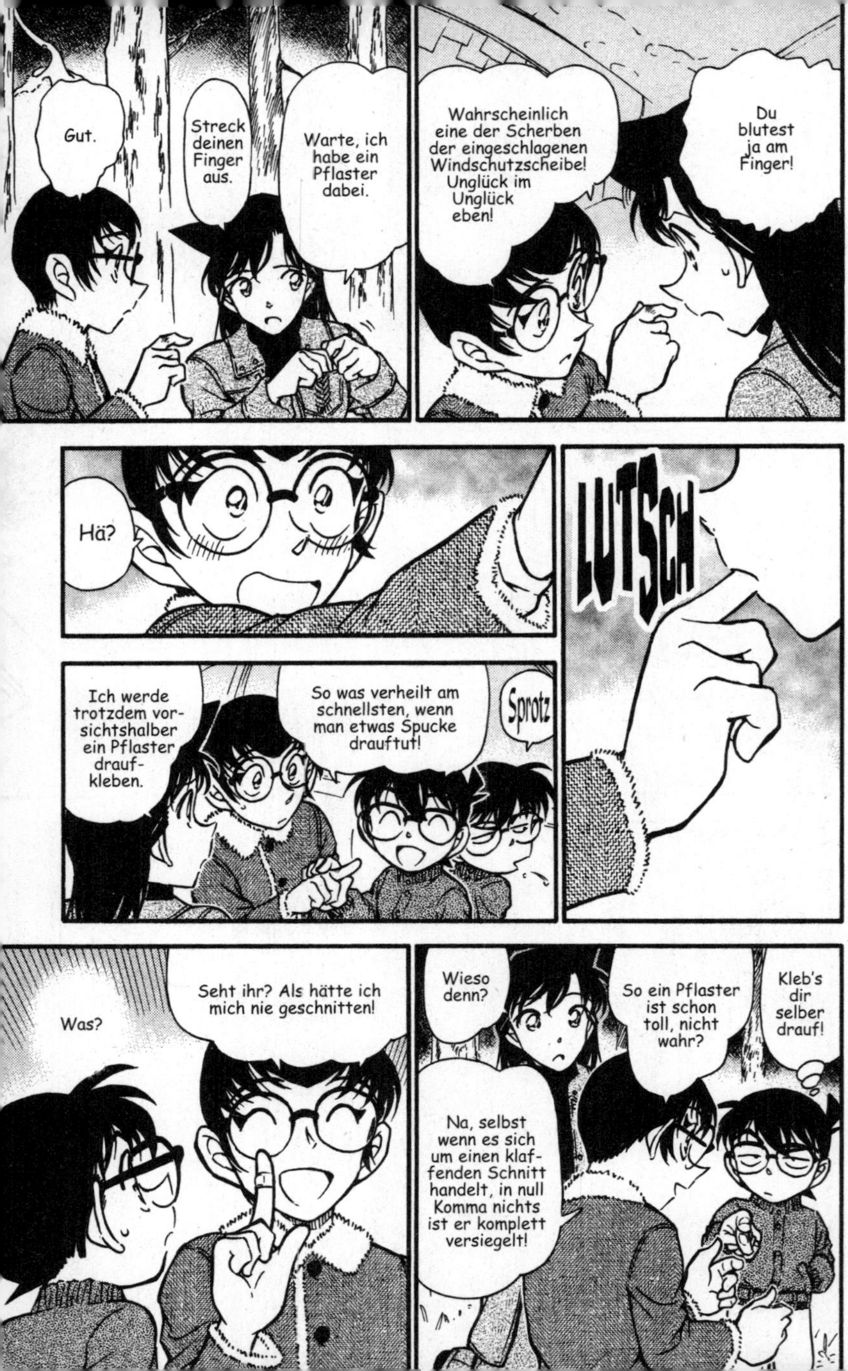
Du blutest ja am Finger!
Wahrscheinlich eine der Scherben der eingeschlagenen Windschutzscheibe! Unglück im Unglück eben!
Warte, ich habe ein Pflaster dabei.
Streck deinen Finger aus.
Gut.
LUTSCH
Hä?
Sprotz
So was verheilt am schnellsten, wenn man etwas Spucke drauftut!
Ich werde trotzdem vorsichtshalber ein Pflaster draufkleben.
Kleb's dir selber drauf!
So ein Pflaster ist schon toll, nicht wahr?
Wieso denn?
Na, selbst wenn es sich um einen klaffenden Schnitt handelt, in null Komma nichts ist er komplett versiegelt!
Seht ihr? Als hätte ich mich nie geschnitten!
Was?

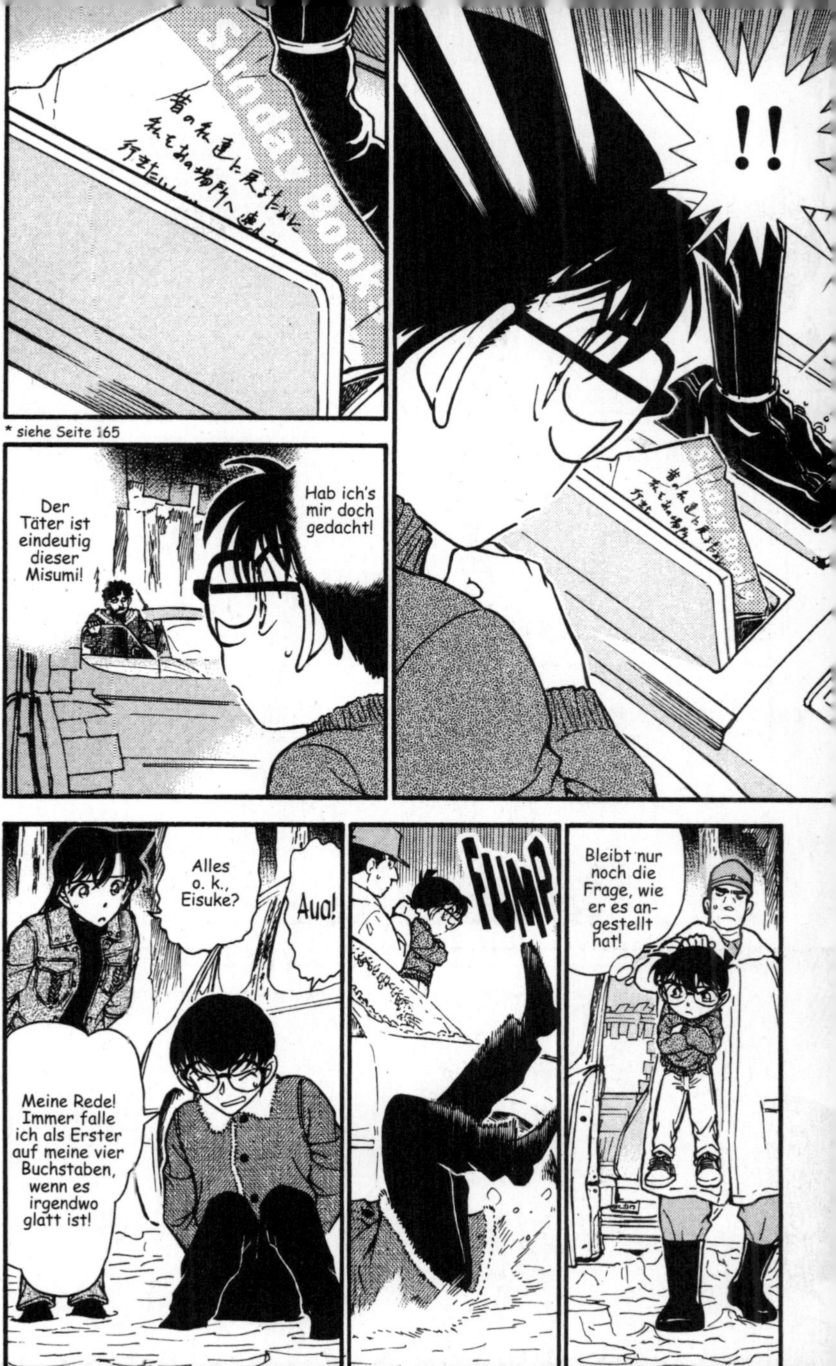

* siehe Seite 165

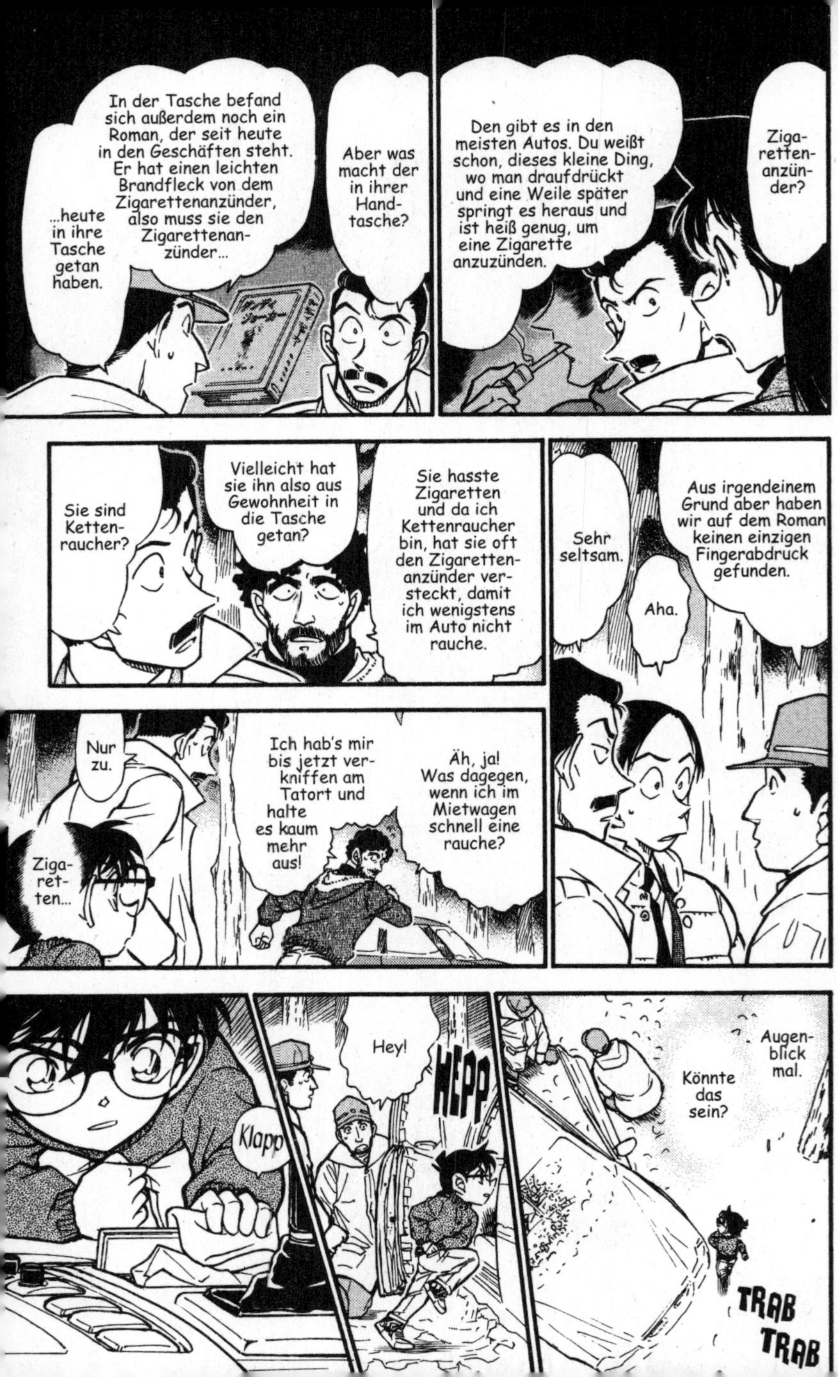
Ziga-retten-anzünder?
Den gibt es in den meisten Autos. Du weißt schon, dieses kleine Ding, wo man draufdrückt und eine Weile später springt es heraus und ist heiß genug, um eine Zigarette anzuzünden.
Aber was macht der in ihrer Hand-tasche?
In der Tasche befand sich außerdem noch ein Roman, der seit heute in den Geschäften steht. Er hat einen leichten Brandfleck von dem Zigarettenanzünder, also muss sie den Zigarettenan-zünder...
...heute in ihre Tasche getan haben.
Aus irgendeinem Grund aber haben wir auf dem Roman keinen einzigen Fingerabdruck gefunden.
Sehr seltsam.
Aha.
Sie hasste Zigaretten und da ich Kettenraucher bin, hat sie oft den Zigaretten-anzünder ver-steckt, damit ich wenigstens im Auto nicht rauche.
Vielleicht hat sie ihn also aus Gewohnheit in die Tasche getan?
Sie sind Ketten-raucher?
Äh, ja! Was dagegen, wenn ich im Mietwagen schnell eine rauche?
Ich hab's mir bis jetzt ver-kniffen am Tatort und halte es kaum mehr aus!
Nur zu.
Ziga-ret-ten...
Augen-blick mal.
Könnte das sein?
TRAB TRAB
Hey!
HEPP
Klapp

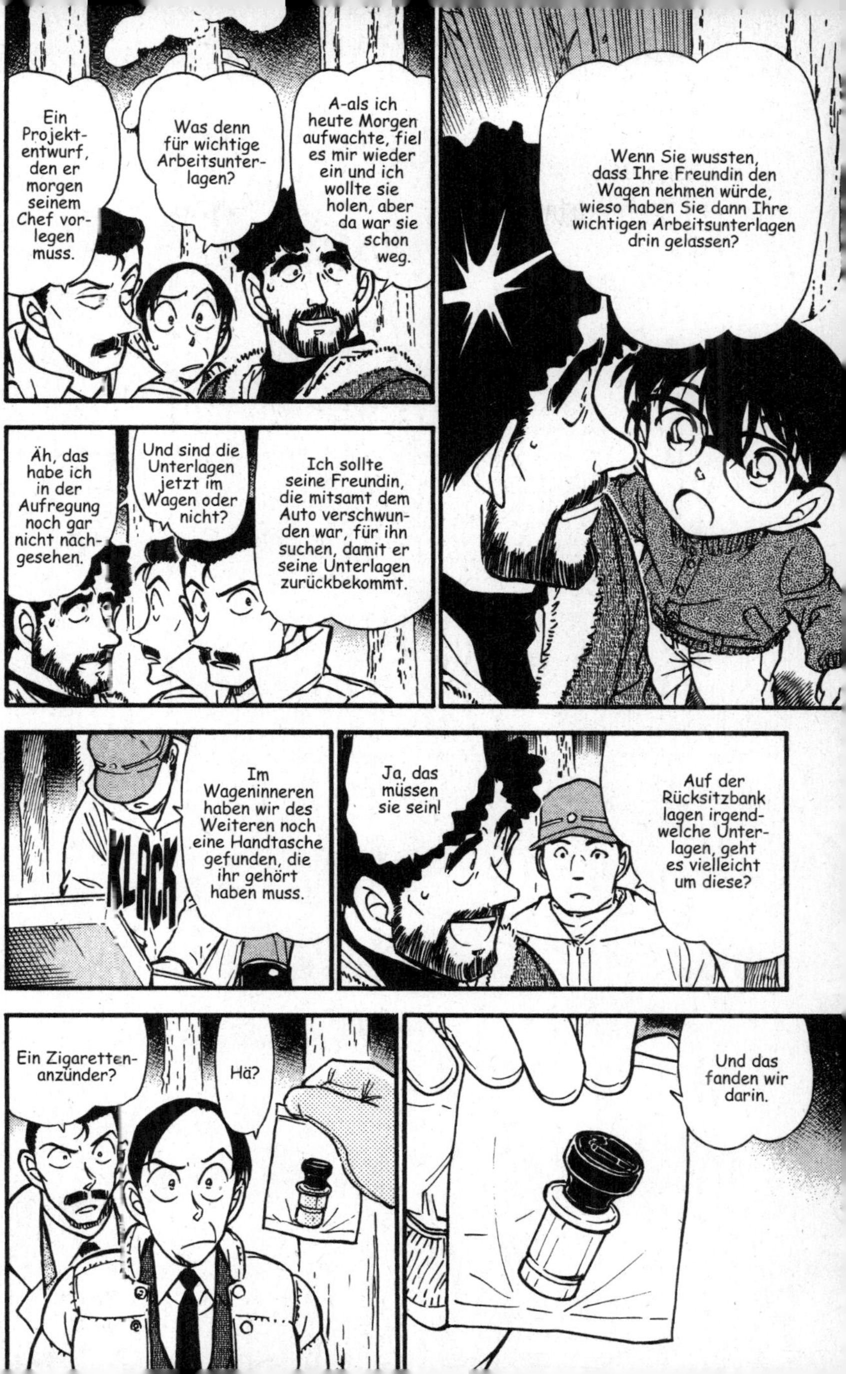
A-als ich heute Morgen aufwachte, fiel es mir wieder ein und ich wollte sie holen, aber da war sie schon weg.
Was denn für wichtige Arbeitsunterlagen?
Ein Projektentwurf, den er morgen seinem Chef vorlegen muss.
Wenn Sie wussten, dass Ihre Freundin den Wagen nehmen würde, wieso haben Sie dann Ihre wichtigen Arbeitsunterlagen drin gelassen?
Ich sollte seine Freundin, die mitsamt dem Auto verschwunden war, für ihn suchen, damit er seine Unterlagen zurückbekommt.
Und sind die Unterlagen jetzt im Wagen oder nicht?
Äh, das habe ich in der Aufregung noch gar nicht nachgesehen.
Auf der Rücksitzbank lagen irgendwelche Unterlagen, geht es vielleicht um diese?
Ja, das müssen sie sein!
Im Wageninneren haben wir des Weiteren noch eine Handtasche gefunden, die ihr gehört haben muss.
KLACK
Und das fanden wir darin.
Hä?
Ein Zigarettenanzünder?

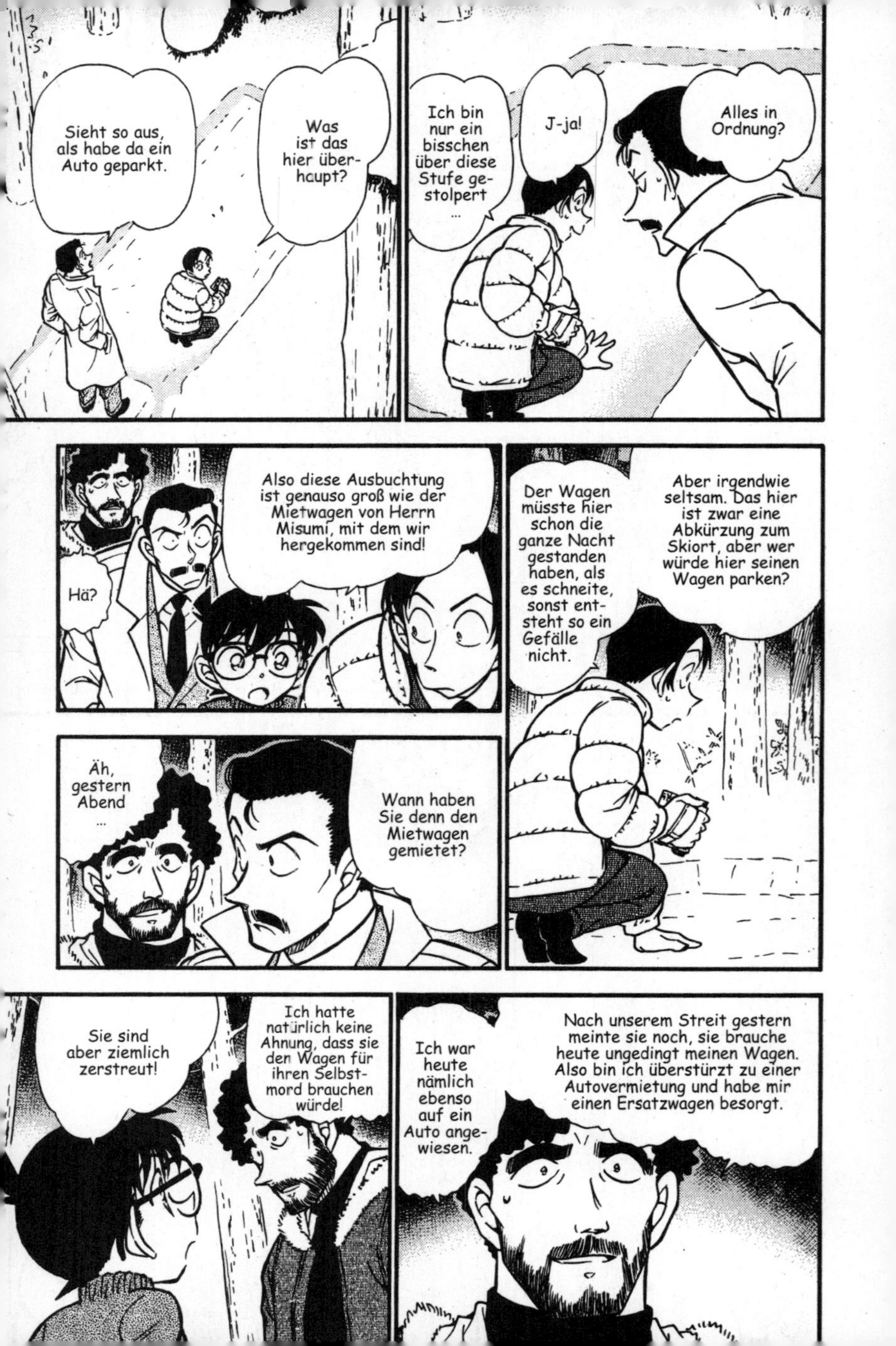

Alles in Ordnung?
J-ja!
Ich bin nur ein bisschen über diese Stufe gestolpert ...
Was ist das hier überhaupt?
Sieht so aus, als habe da ein Auto geparkt.
Aber irgendwie seltsam. Das hier ist zwar eine Abkürzung zum Skiort, aber wer würde hier seinen Wagen parken?
Der Wagen müsste hier schon die ganze Nacht gestanden haben, als es schneite, sonst entsteht so ein Gefälle nicht.
Also diese Ausbuchtung ist genauso groß wie der Mietwagen von Herrn Misumi, mit dem wir hergekommen sind!
Hä?
Wann haben Sie denn den Mietwagen gemietet?
Äh, gestern Abend ...
Nach unserem Streit gestern meinte sie noch, sie brauche heute ungedingt meinen Wagen. Also bin ich überstürzt zu einer Autovermietung und habe mir einen Ersatzwagen besorgt.
Ich war heute nämlich ebenso auf ein Auto angewiesen.
Ich hatte natürlich keine Ahnung, dass sie den Wagen für ihren Selbstmord brauchen würde!
Sie sind aber ziemlich zerstreut!

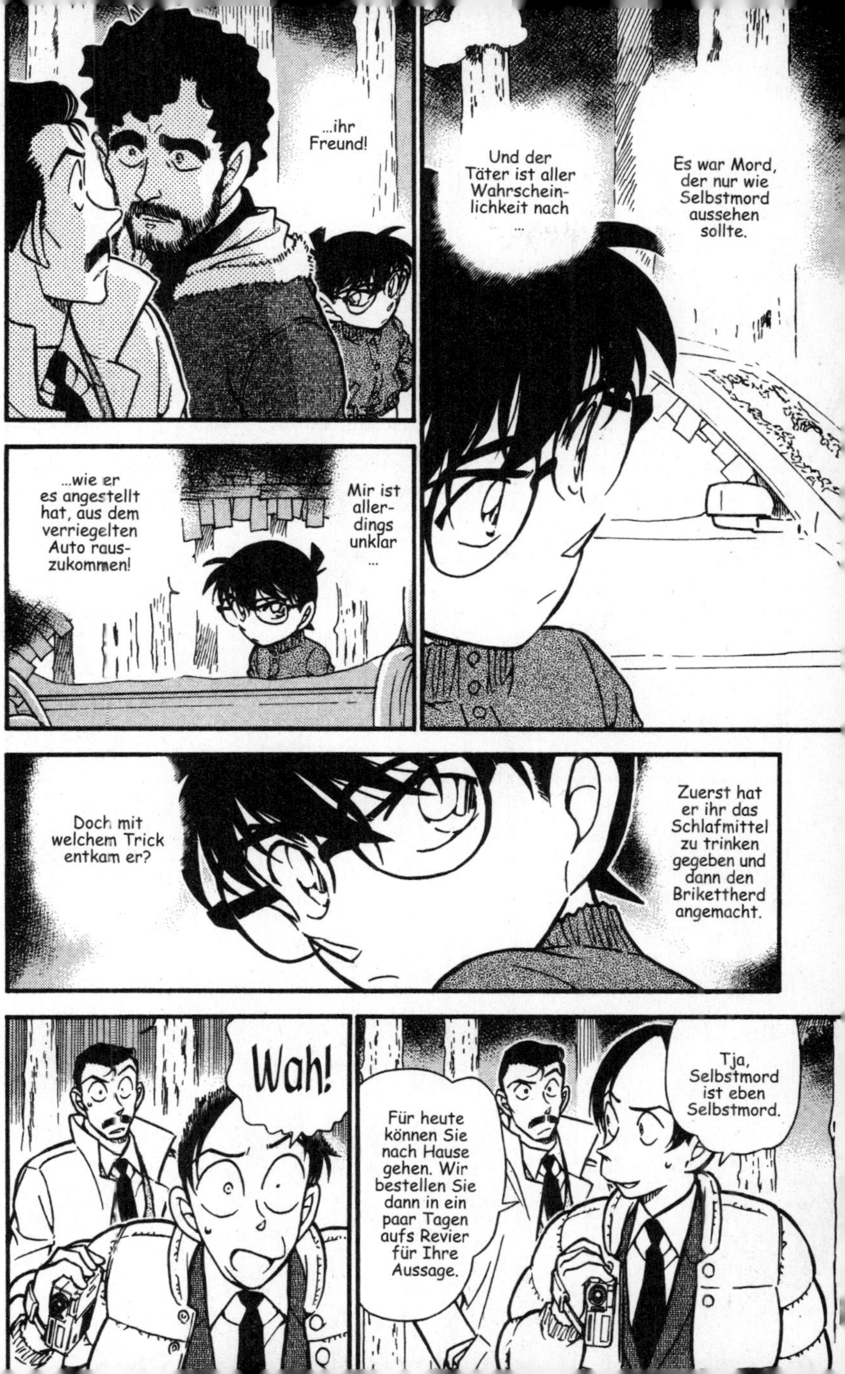

Es war Mord, der nur wie Selbstmord aussehen sollte.
Und der Täter ist aller Wahrscheinlichkeit nach ...
...ihr Freund!
Mir ist allerdings unklar ...
...wie er es angestellt hat, aus dem verriegelten Auto rauszukommen!
Zuerst hat er ihr das Schlafmittel zu trinken gegeben und dann den Brikettherd angemacht.
Doch mit welchem Trick entkam er?
Tja, Selbstmord ist eben Selbstmord.
Für heute können Sie nach Hause gehen. Wir bestellen Sie dann in ein paar Tagen aufs Revier für Ihre Aussage.
Wah!

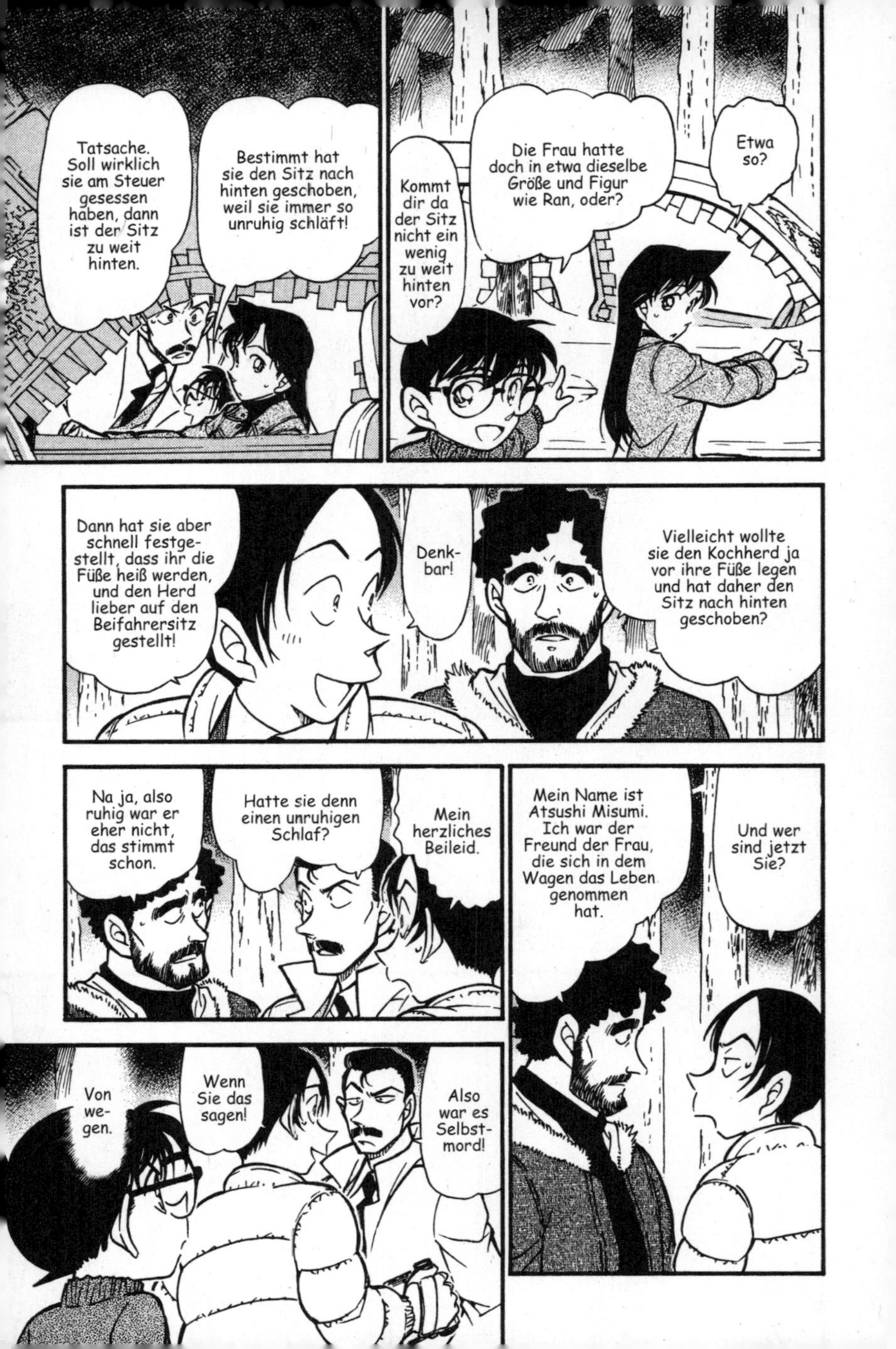

Etwa so?
Die Frau hatte doch in etwa dieselbe Größe und Figur wie Ran, oder?
Kommt dir da der Sitz nicht ein wenig zu weit hinten vor?
Bestimmt hat sie den Sitz nach hinten geschoben, weil sie immer so unruhig schläft!
Tatsache. Soll wirklich sie am Steuer gesessen haben, dann ist der Sitz zu weit hinten.
Vielleicht wollte sie den Kochherd ja vor ihre Füße legen und hat daher den Sitz nach hinten geschoben?
Denk-bar!
Dann hat sie aber schnell festge-stellt, dass ihr die Füße heiß werden, und den Herd lieber auf den Beifahrersitz gestellt!
Und wer sind jetzt Sie?
Mein Name ist Atsushi Misumi. Ich war der Freund der Frau, die sich in dem Wagen das Leben genommen hat.
Mein herzliches Beileid.
Hatte sie denn einen unruhigen Schlaf?
Na ja, also ruhig war er eher nicht, das stimmt schon.
Also war es Selbst-mord!
Wenn Sie das sagen!
Von we-gen.

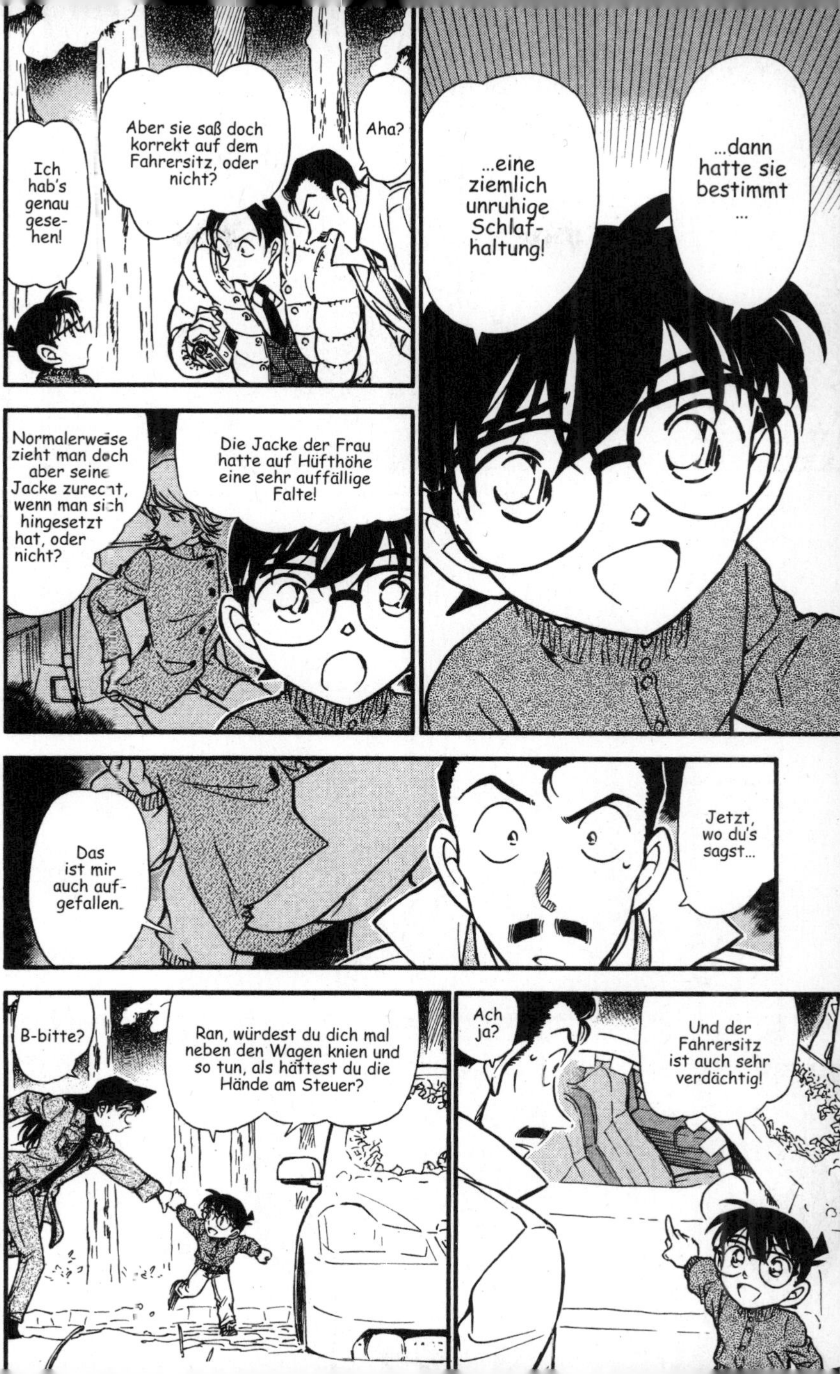
...dann hatte sie bestimmt ...
...eine ziemlich unruhige Schlafhaltung!
Aha?
Aber sie saß doch korrekt auf dem Fahrersitz, oder nicht?
Ich hab's genau gesehen!
Die Jacke der Frau hatte auf Hüfthöhe eine sehr auffällige Falte!
Normalerweise zieht man doch aber seine Jacke zurecht, wenn man sich hingesetzt hat, oder nicht?
Jetzt, wo du's sagst...
Das ist mir auch aufgefallen.
Und der Fahrersitz ist auch sehr verdächtig!
Ach ja?
Ran, würdest du dich mal neben den Wagen knien und so tun, als hättest du die Hände am Steuer?
B-bitte?

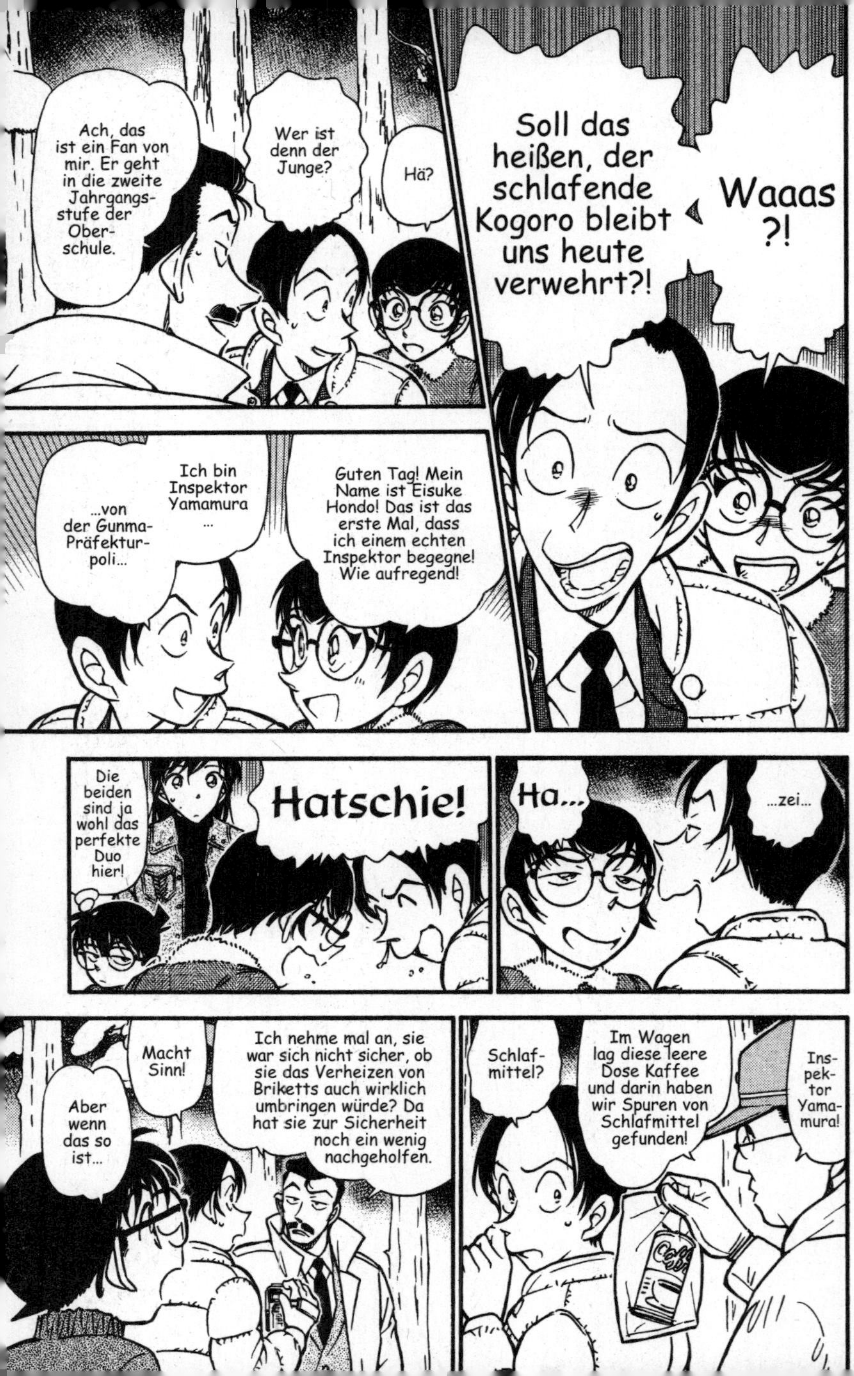
Waaas ?!
Soll das heißen, der schlafende Kogoro bleibt uns heute verwehrt?!
Hä?
Wer ist denn der Junge?
Ach, das ist ein Fan von mir. Er geht in die zweite Jahrgangsstufe der Oberschule.
Guten Tag! Mein Name ist Eisuke Hondo! Das ist das erste Mal, dass ich einem echten Inspektor begegne! Wie aufregend!
Ich bin Inspektor Yamamura ...
...von der Gunma-Präfekturpoli...
...zei...
Ha...
Hatschie!
Die beiden sind ja wohl das perfekte Duo hier!
Inspektor Yamamura!
Im Wagen lag diese leere Dose Kaffee und darin haben wir Spuren von Schlafmittel gefunden!
Schlafmittel?
Ich nehme mal an, sie war sich nicht sicher, ob sie das Verheizen von Briketts auch wirklich umbringen würde? Da hat sie zur Sicherheit noch ein wenig nachgeholfen.
Macht Sinn!
Aber wenn das so ist...

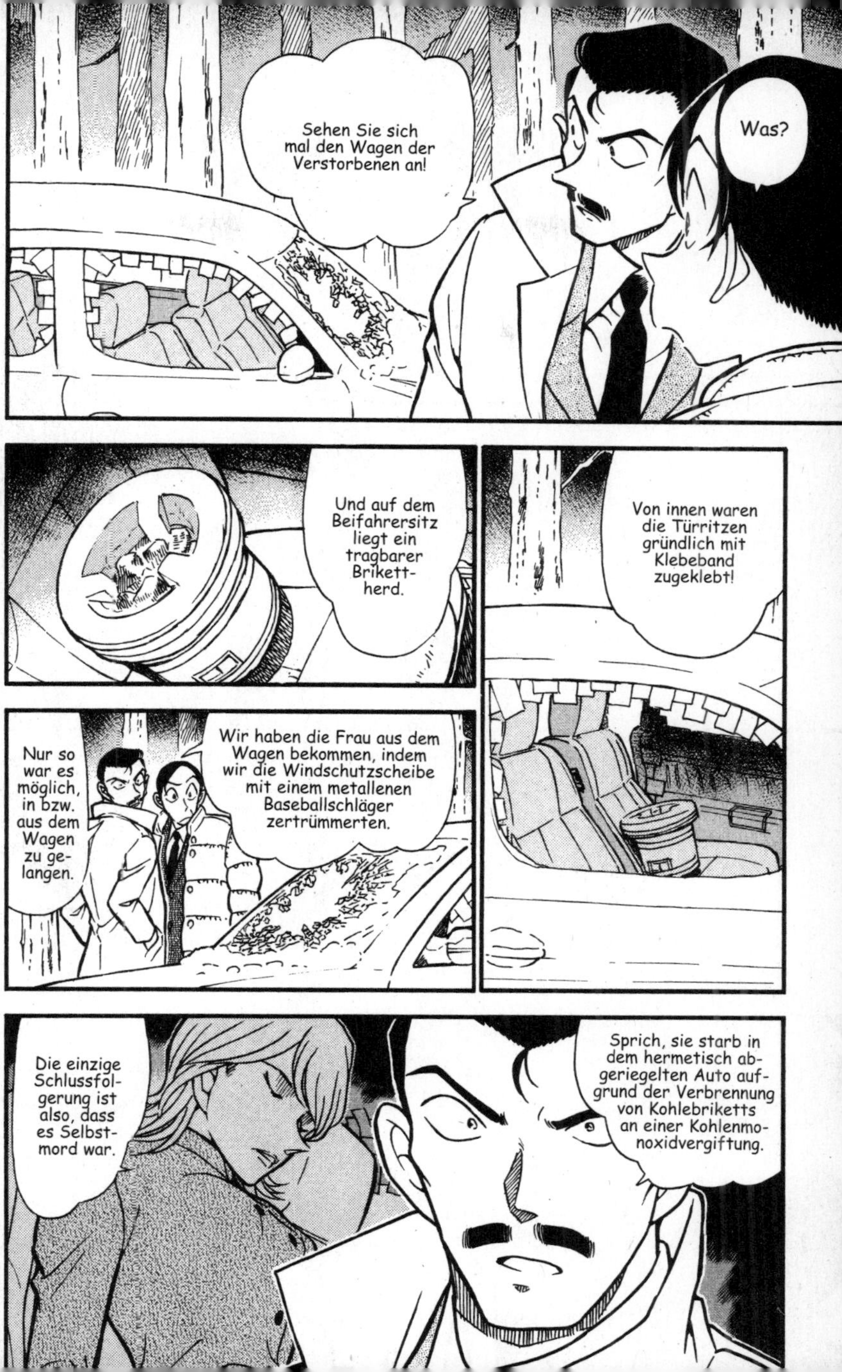

Was?
Sehen Sie sich mal den Wagen der Verstorbenen an!
Von innen waren die Türritzen gründlich mit Klebeband zugeklebt!
Und auf dem Beifahrersitz liegt ein tragbarer Brikett-herd.
Wir haben die Frau aus dem Wagen bekommen, indem wir die Windschutzscheibe mit einem metallenen Baseballschläger zertrümmerten.
Nur so war es möglich, in bzw. aus dem Wagen zu gelangen.
Sprich, sie starb in dem hermetisch abgeriegelten Auto aufgrund der Verbrennung von Kohlebriketts an einer Kohlenmonoxidvergiftung.
Die einzige Schlussfolgerung ist also, dass es Selbstmord war.

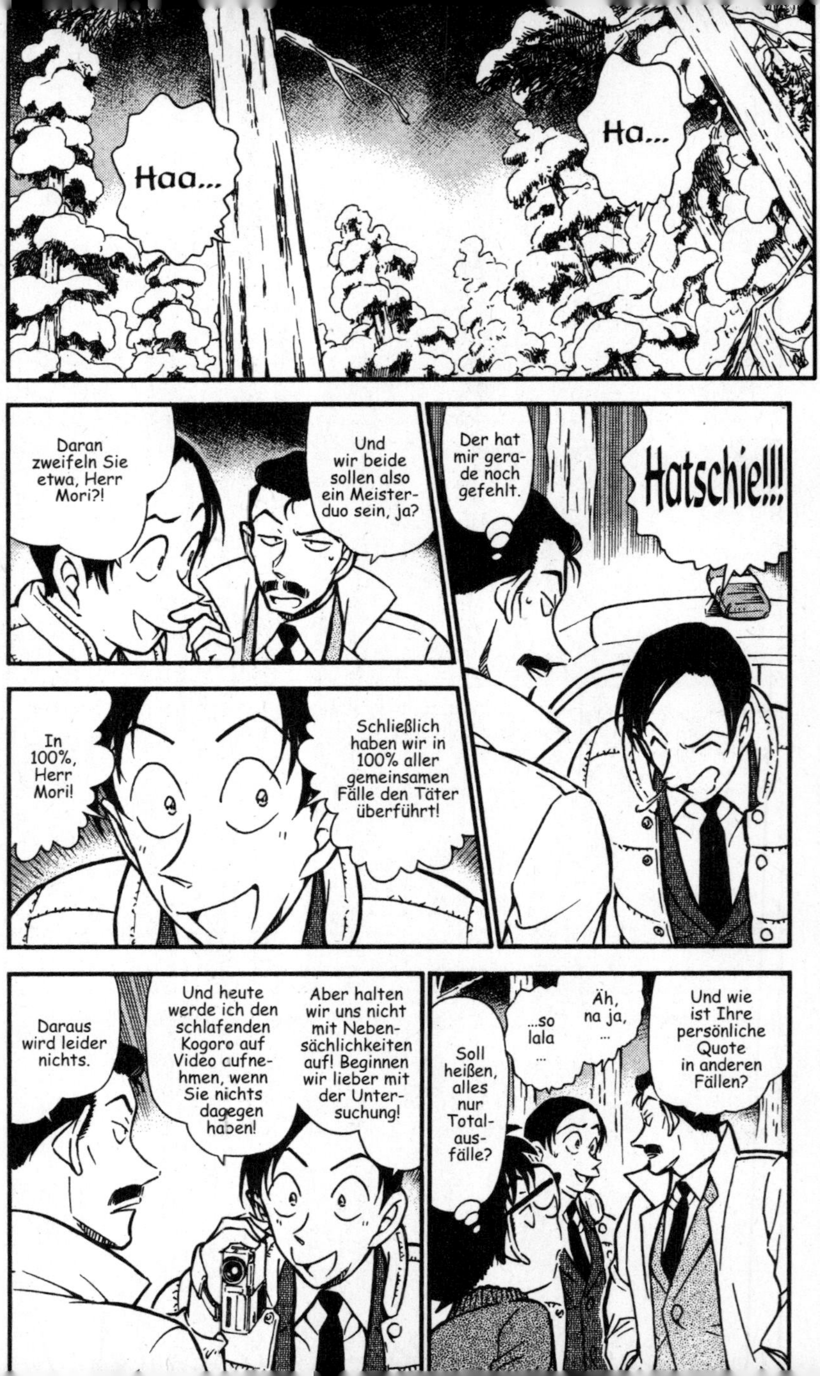
Ha...
Haa...
Hatschie!!!
Der hat mir gerade noch gefehlt.
Und wir beide sollen also ein Meisterduo sein, ja?
Daran zweifeln Sie etwa, Herr Mori?!
Schließlich haben wir in 100% aller gemeinsamen Fälle den Täter überführt!
In 100%, Herr Mori!
Und wie ist Ihre persönliche Quote in anderen Fällen?
Äh, na ja, ...
...so lala ...
Soll heißen, alles nur Totalausfälle?
Aber halten wir uns nicht mit Nebensächlichkeiten auf! Beginnen wir lieber mit der Untersuchung!
Und heute werde ich den schlafenden Kogoro auf Video aufnehmen, wenn Sie nichts dagegen haben!
Daraus wird leider nichts.

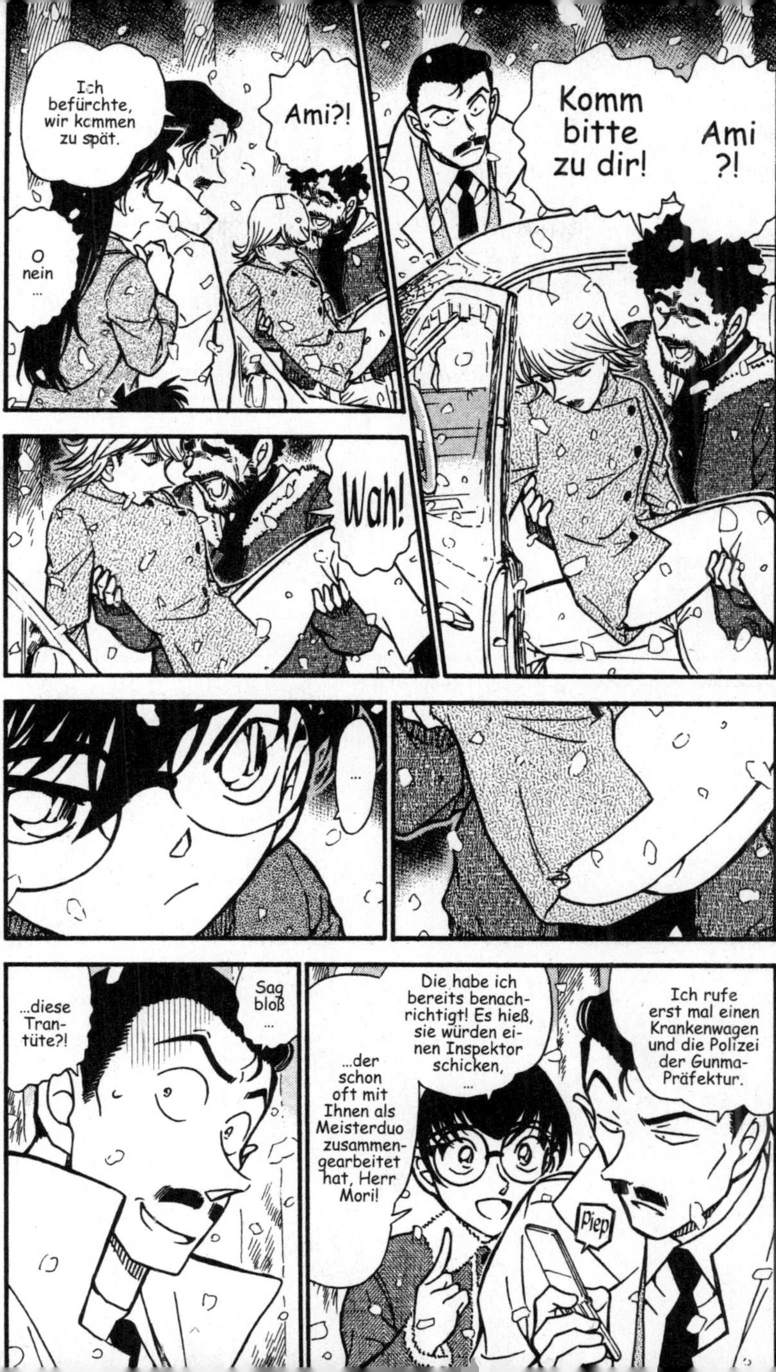
Ami ?!
Komm bitte zu dir!
Ami?!
Ich befürchte, wir kommen zu spät.
O nein ...
Wah!
...
Ich rufe erst mal einen Krankenwagen und die Polizei der Gunma-Präfektur.
Piep
Die habe ich bereits benachrichtigt! Es hieß, sie würden einen Inspektor schicken, ...
...der schon oft mit Ihnen als Meisterduo zusammengearbeitet hat, Herr Mori!
Sag bloß ...
...diese Trantüte?!

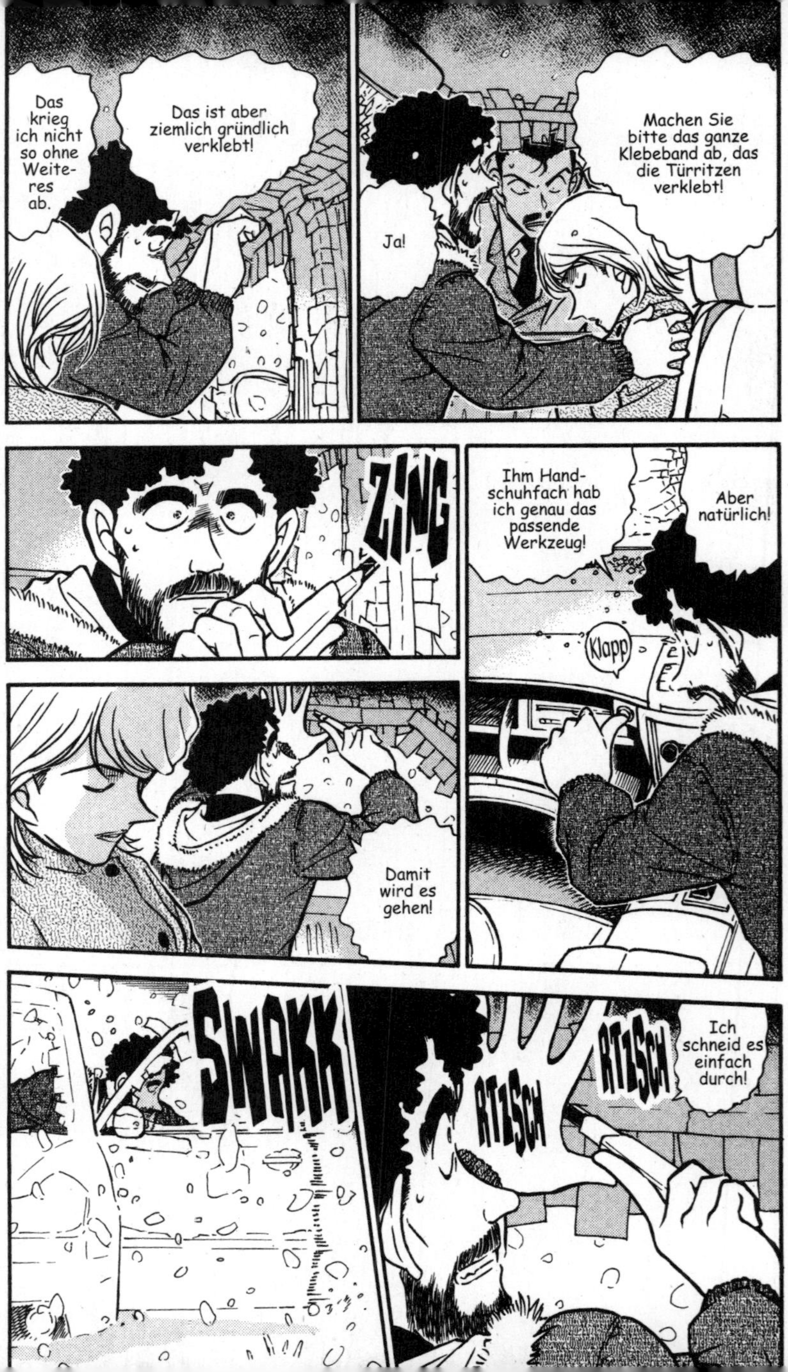
Machen Sie bitte das ganze Klebeband ab, das die Türritzen verklebt!
Ja!
Das ist aber ziemlich gründlich verklebt!
Das krieg ich nicht so ohne Weiteres ab.
Aber natürlich!
Ihm Handschuhfach hab ich genau das passende Werkzeug!
Klapp
ZING
Damit wird es gehen!
Ich schneid es einfach durch!
RTISCH
RTISCH
SNAKK

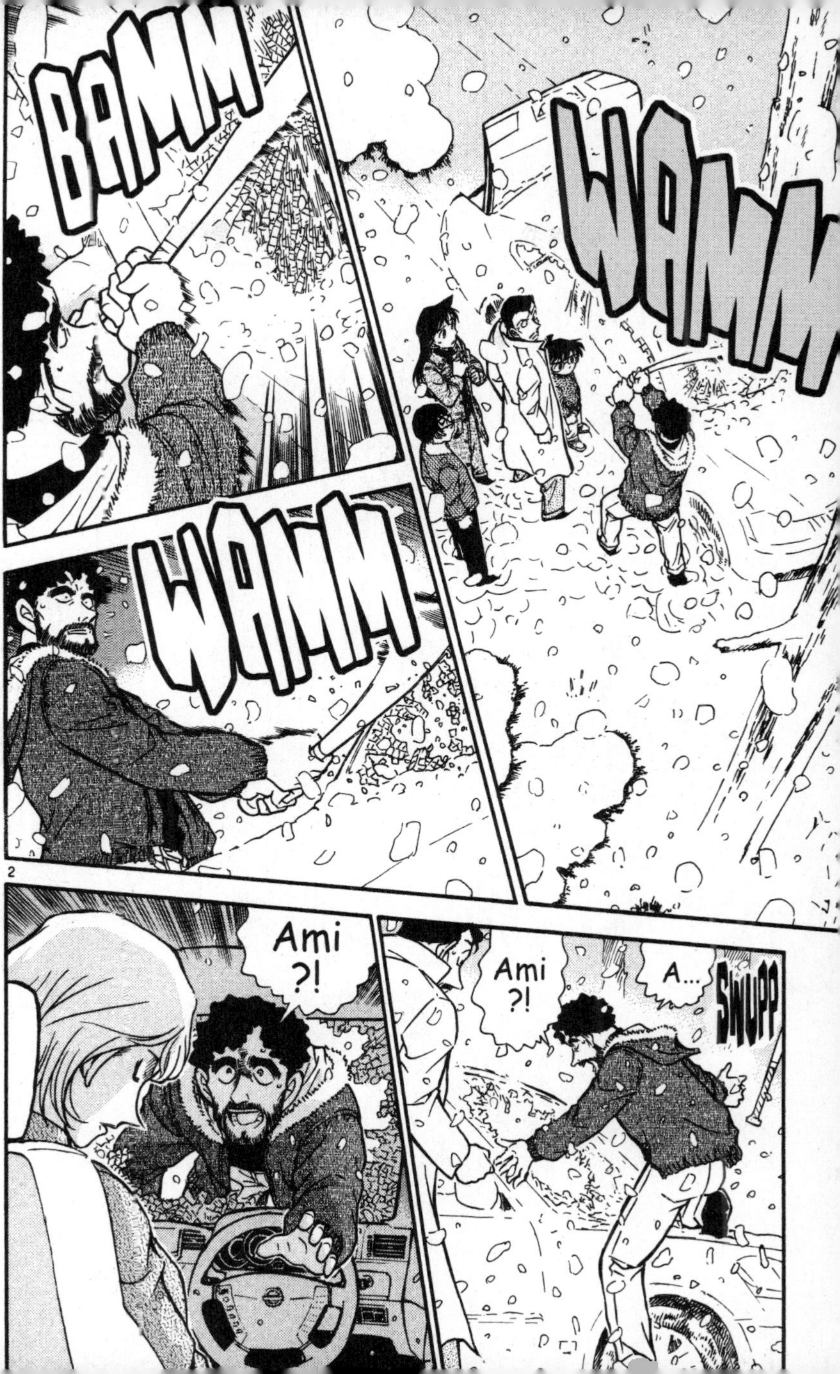
WAMM
BAMM
WAMM
SWUPP
A...
Ami ?!
Ami ?!

FALL 2

AKTE 5

Das verschlossene Auto

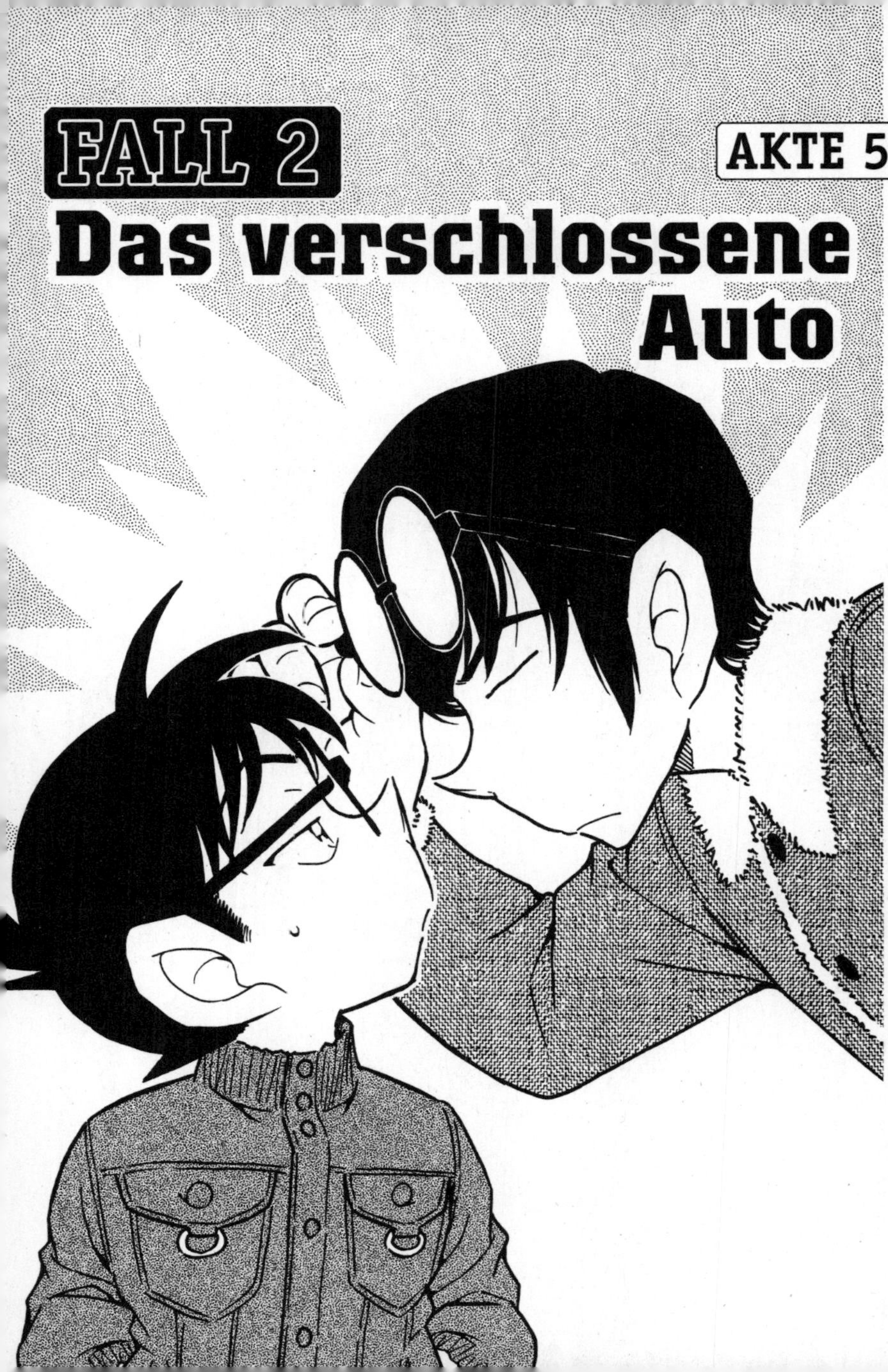

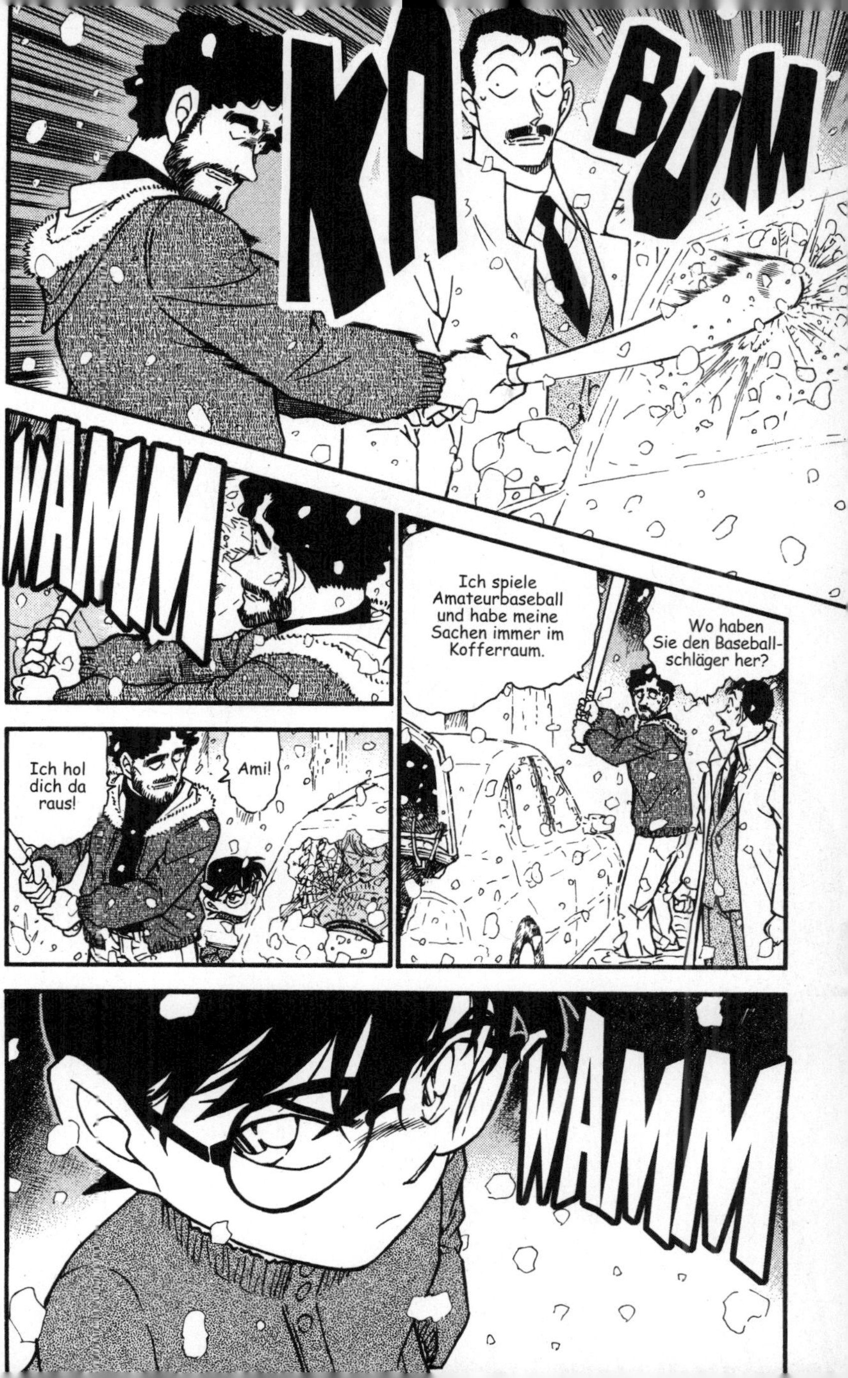
KA BUM
Wo haben Sie den Baseballschläger her?
Ich spiele Amateurbaseball und habe meine Sachen immer im Kofferraum.
WAMM
Ami!
Ich hol dich da raus!
WAMM

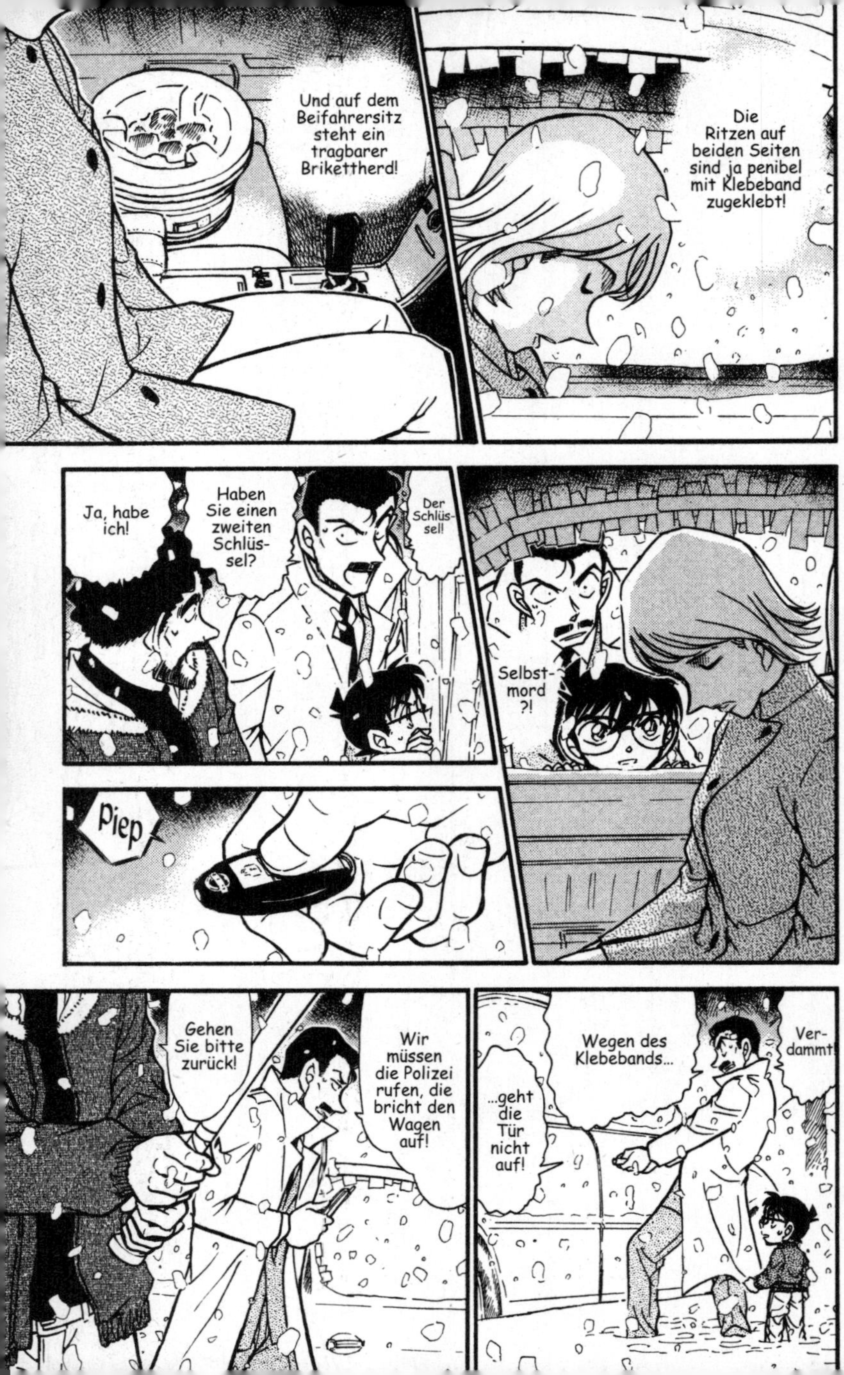

Die Ritzen auf beiden Seiten sind ja penibel mit Klebeband zugeklebt!
Und auf dem Beifahrersitz steht ein tragbarer Briketthherd!
Selbstmord ?!
Der Schlüssel!
Haben Sie einen zweiten Schlüssel?
Ja, habe ich!
Piep
Verdammt!
Wegen des Klebebands...
...geht die Tür nicht auf!
Wir müssen die Polizei rufen, die bricht den Wagen auf!
Gehen Sie bitte zurück!

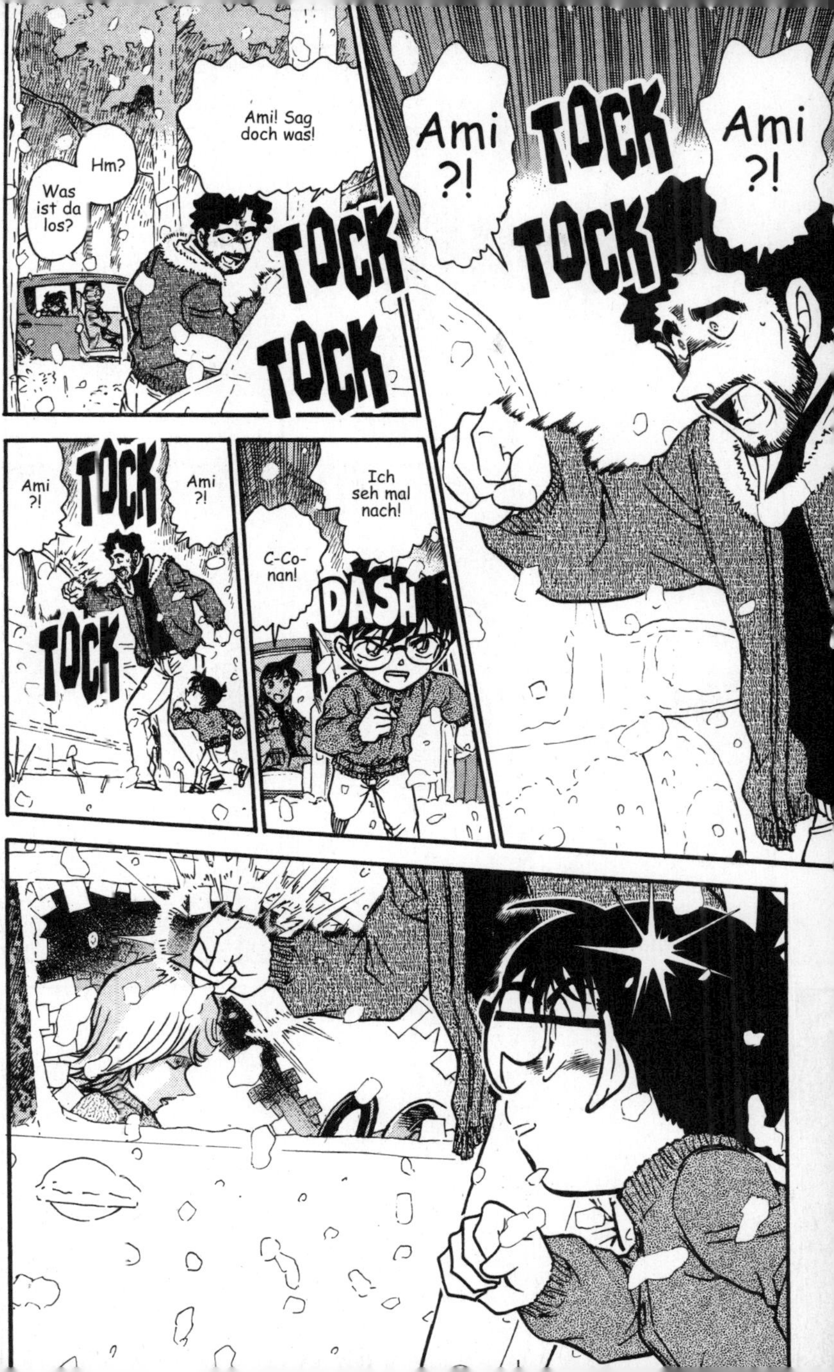

Ami ?!
TOCK TOCK
Ami ?!
Ami! Sag doch was!
Hm?
Was ist da los?
TOCK TOCK
Ich seh mal nach!
C-Co-nan!
DASH
Ami ?!
TOCK
Ami ?!
TOCK

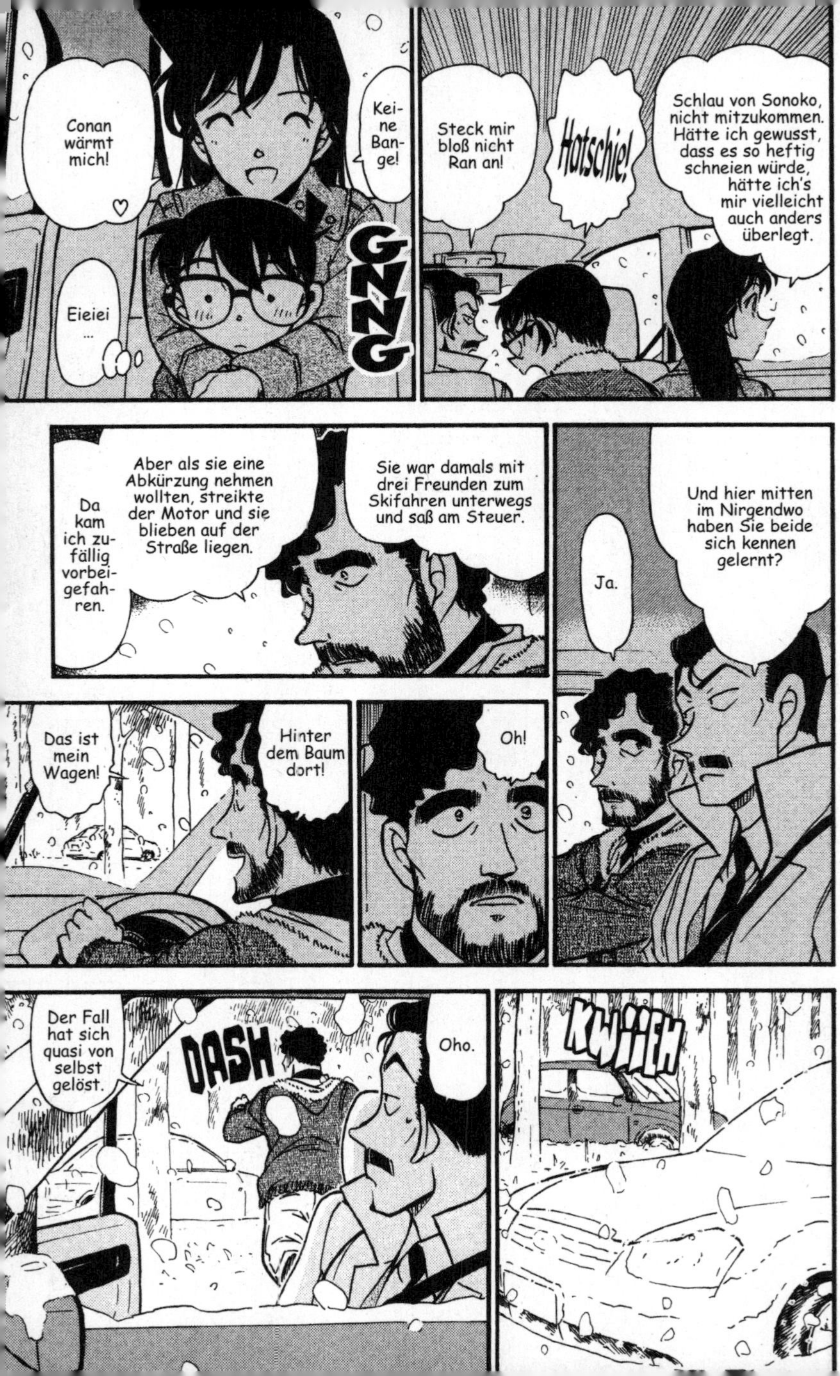
Schlau von Sonoko, nicht mitzukommen. Hätte ich gewusst, dass es so heftig schneien würde, hätte ich's mir vielleicht auch anders überlegt.
Hotschie!
Steck mir bloß nicht Ran an!
Keine Bange!
Conan wärmt mich! ♡
GNNG
Eieiei ...
Und hier mitten im Nirgendwo haben Sie beide sich kennen gelernt?
Ja.
Sie war damals mit drei Freunden zum Skifahren unterwegs und saß am Steuer.
Aber als sie eine Abkürzung nehmen wollten, streikte der Motor und sie blieben auf der Straße liegen.
Da kam ich zufällig vorbeigefahren.
Oh!
Hinter dem Baum dort!
Das ist mein Wagen!
KWIIEH
Oho.
DASH
Der Fall hat sich quasi von selbst gelöst.

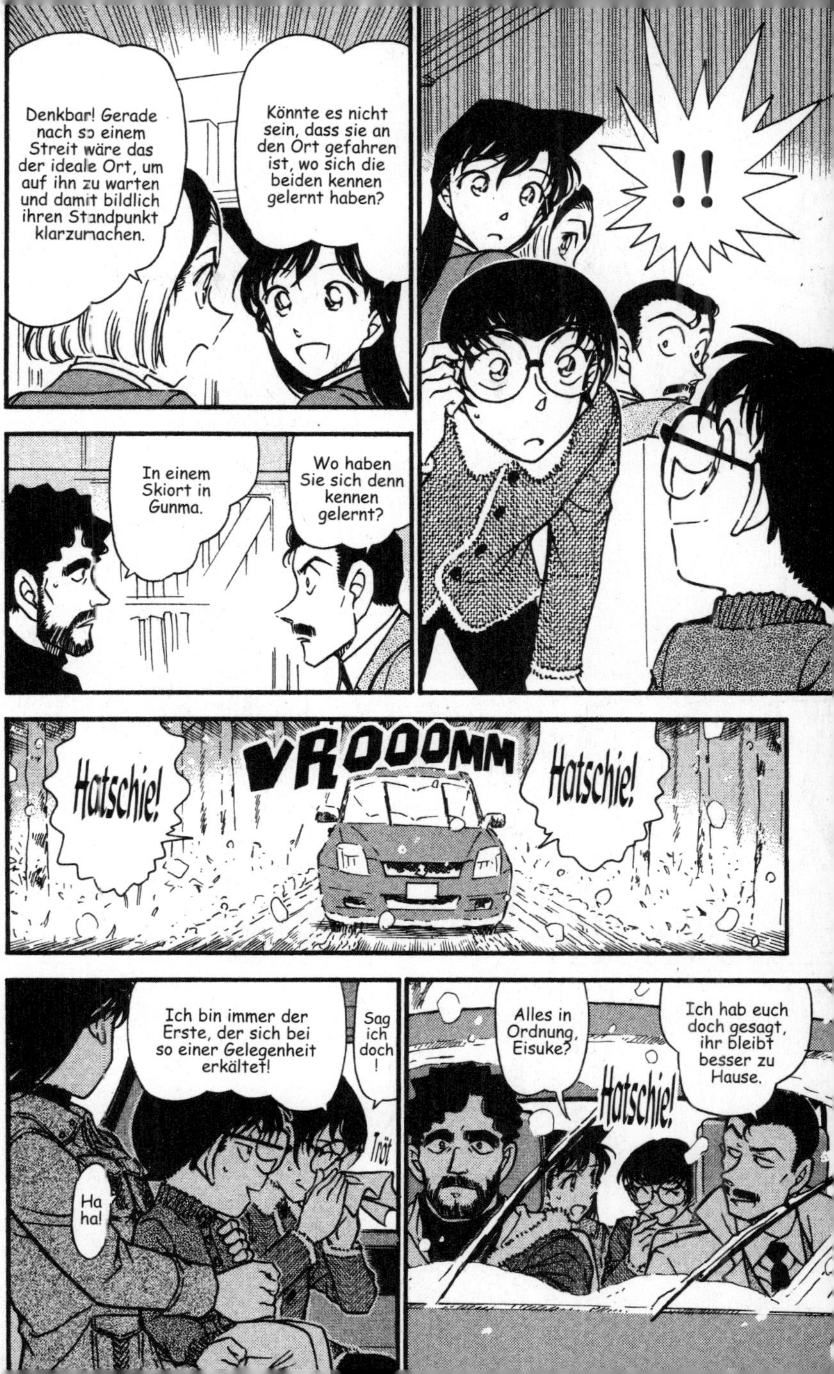
Könnte es nicht sein, dass sie an den Ort gefahren ist, wo sich die beiden kennen gelernt haben?
Denkbar! Gerade nach so einem Streit wäre das der ideale Ort, um auf ihn zu warten und damit bildlich ihren Standpunkt klarzumachen.
Wo haben Sie sich denn kennen gelernt?
In einem Skiort in Gunma.
!!
Hatschie!
VROOOMM
Hatschie!
Ich hab euch doch gesagt, ihr bleibt besser zu Hause.
Alles in Ordnung, Eisuke?
Hatschie!
Sag ich doch!
Ich bin immer der Erste, der sich bei so einer Gelegenheit erkältet!
Tröt
Ha ha!

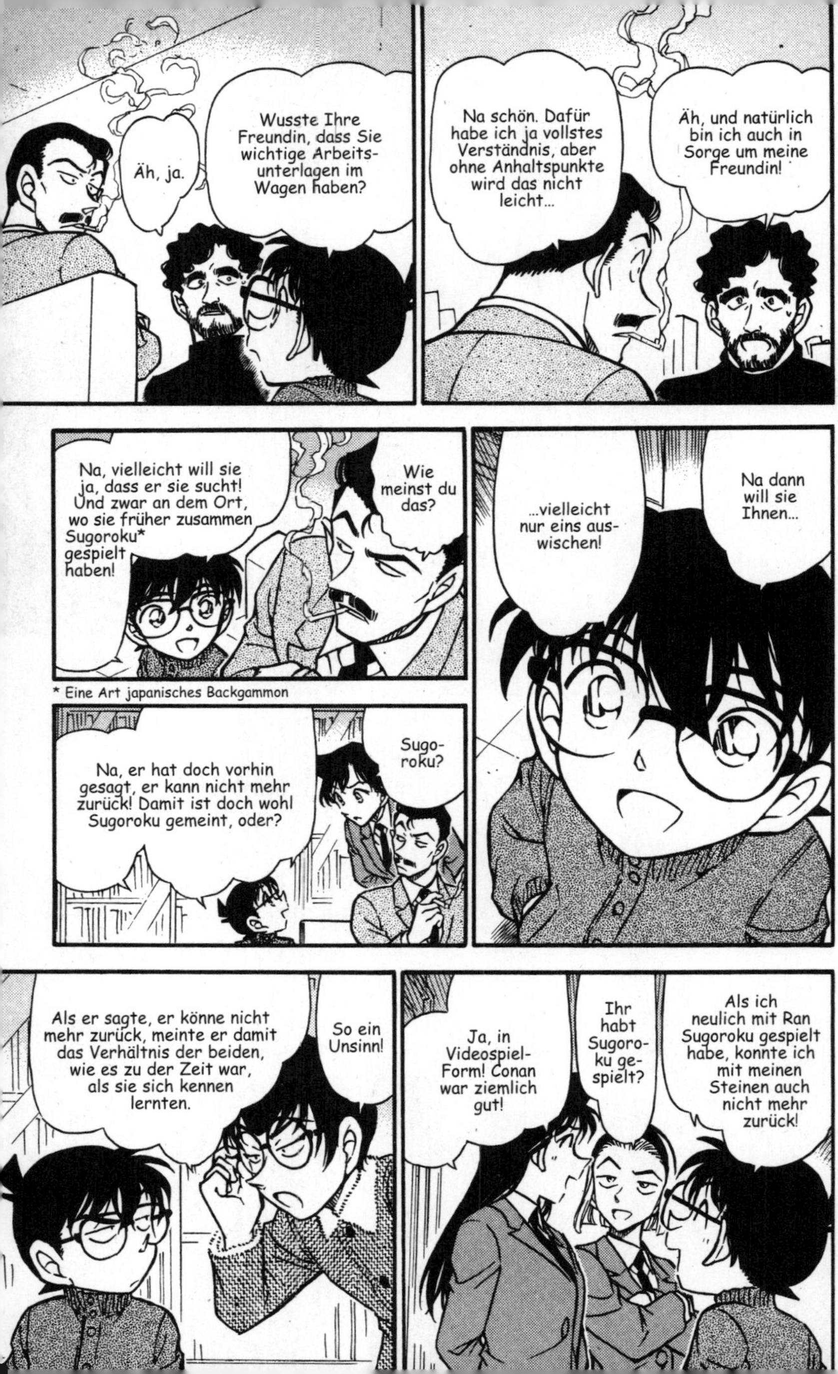
Äh, und natürlich bin ich auch in Sorge um meine Freundin!
Na schön. Dafür habe ich ja vollstes Verständnis, aber ohne Anhaltspunkte wird das nicht leicht...
Wusste Ihre Freundin, dass Sie wichtige Arbeitsunterlagen im Wagen haben?
Äh, ja.
Na dann will sie Ihnen...
...vielleicht nur eins auswischen!
Wie meinst du das?
Na, vielleicht will sie ja, dass er sie sucht! Und zwar an dem Ort, wo sie früher zusammen Sugoroku* gespielt haben!
* Eine Art japanisches Backgammon
Sugoroku?
Na, er hat doch vorhin gesagt, er kann nicht mehr zurück! Damit ist doch wohl Sugoroku gemeint, oder?
Als ich neulich mit Ran Sugoroku gespielt habe, konnte ich mit meinen Steinen auch nicht mehr zurück!
Ihr habt Sugoroku gespielt?
Ja, in Videospiel-Form! Conan war ziemlich gut!
So ein Unsinn!
Als er sagte, er könne nicht mehr zurück, meinte er damit das Verhältnis der beiden, wie es zu der Zeit war, als sie sich kennen lernten.

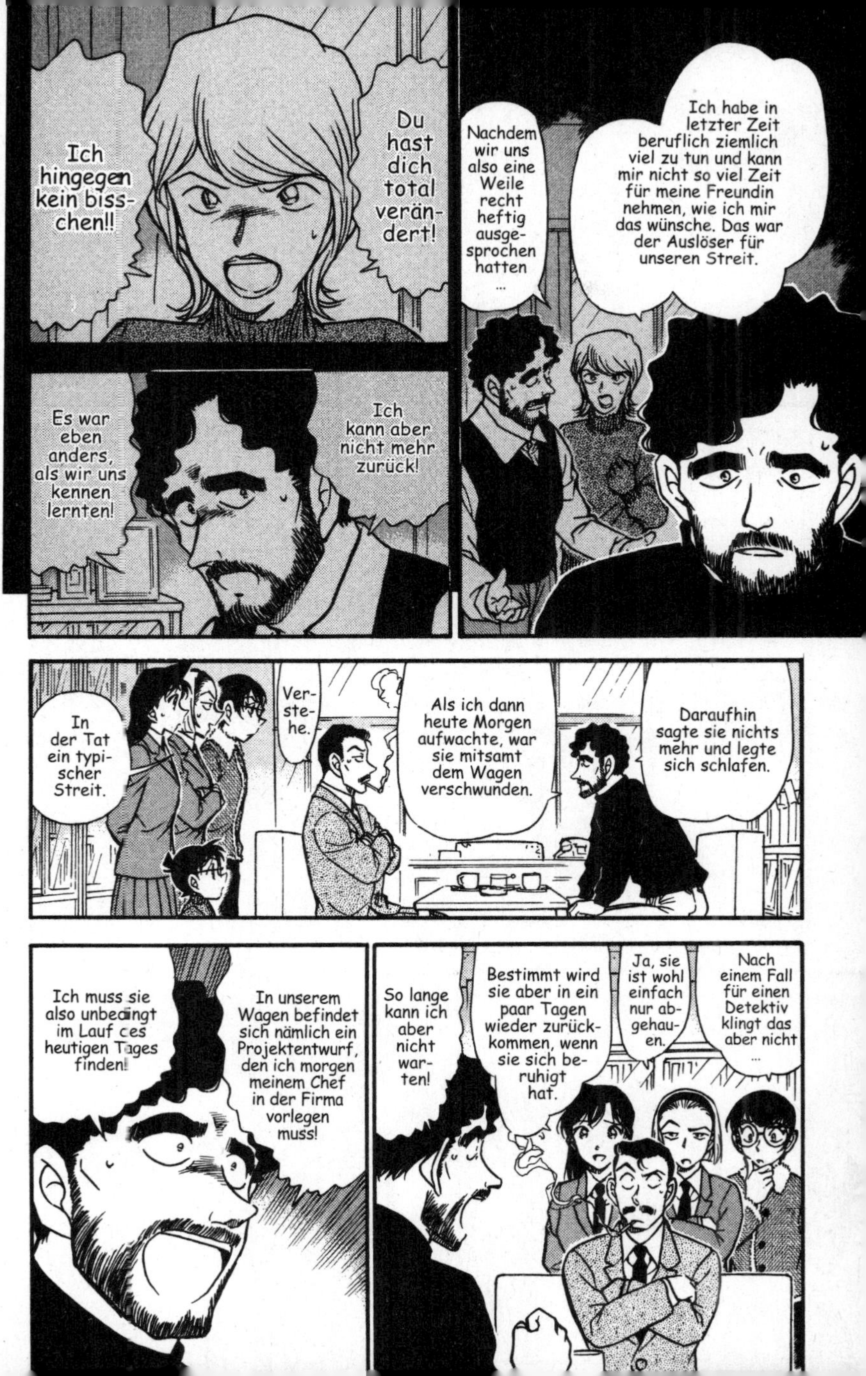

Ich habe in letzter Zeit beruflich ziemlich viel zu tun und kann mir nicht so viel Zeit für meine Freundin nehmen, wie ich mir das wünsche. Das war der Auslöser für unseren Streit.
Nachdem wir uns also eine Weile recht heftig ausgesprochen hatten ...
Du hast dich total verändert!
Ich hingegen kein bisschen!!
Ich kann aber nicht mehr zurück!
Es war eben anders, als wir uns kennen lernten!
Daraufhin sagte sie nichts mehr und legte sich schlafen.
Als ich dann heute Morgen aufwachte, war sie mitsamt dem Wagen verschwunden.
Verstehe.
In der Tat ein typischer Streit.
Nach einem Fall für einen Detektiv klingt das aber nicht ...
Ja, sie ist wohl einfach nur abgehauen.
Bestimmt wird sie aber in ein paar Tagen wieder zurückkommen, wenn sie sich beruhigt hat.
So lange kann ich aber nicht warten!
In unserem Wagen befindet sich nämlich ein Projektentwurf, den ich morgen meinem Chef in der Firma vorlegen muss!
Ich muss sie also unbedingt im Lauf des heutigen Tages finden!

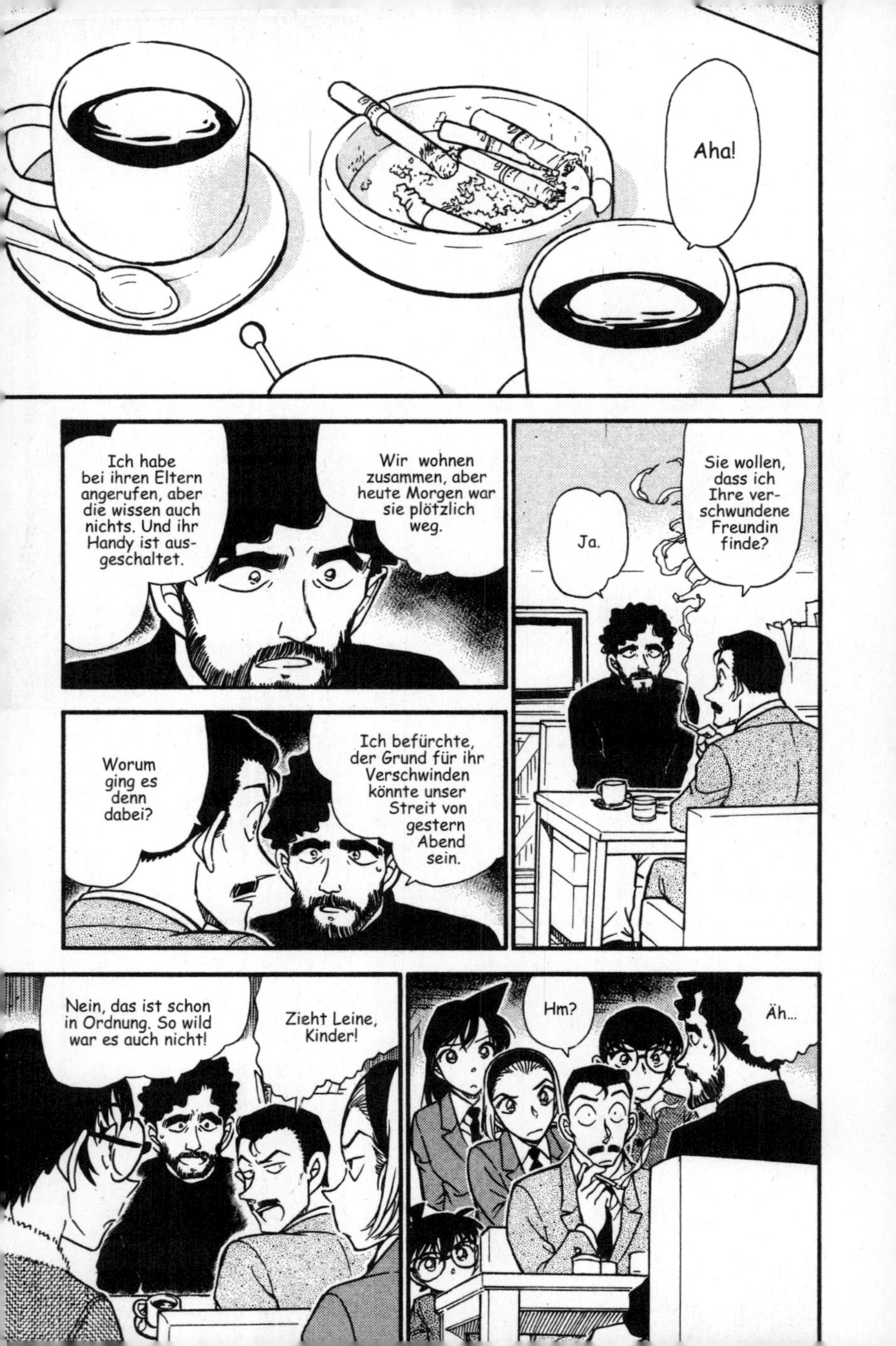

Aha!
Sie wollen, dass ich Ihre verschwundene Freundin finde?
Ja.
Wir wohnen zusammen, aber heute Morgen war sie plötzlich weg.
Ich habe bei ihren Eltern angerufen, aber die wissen auch nichts. Und ihr Handy ist ausgeschaltet.
Ich befürchte, der Grund für ihr Verschwinden könnte unser Streit von gestern Abend sein.
Worum ging es denn dabei?
Äh...
Hm?
Zieht Leine, Kinder!
Nein, das ist schon in Ordnung. So wild war es auch nicht!

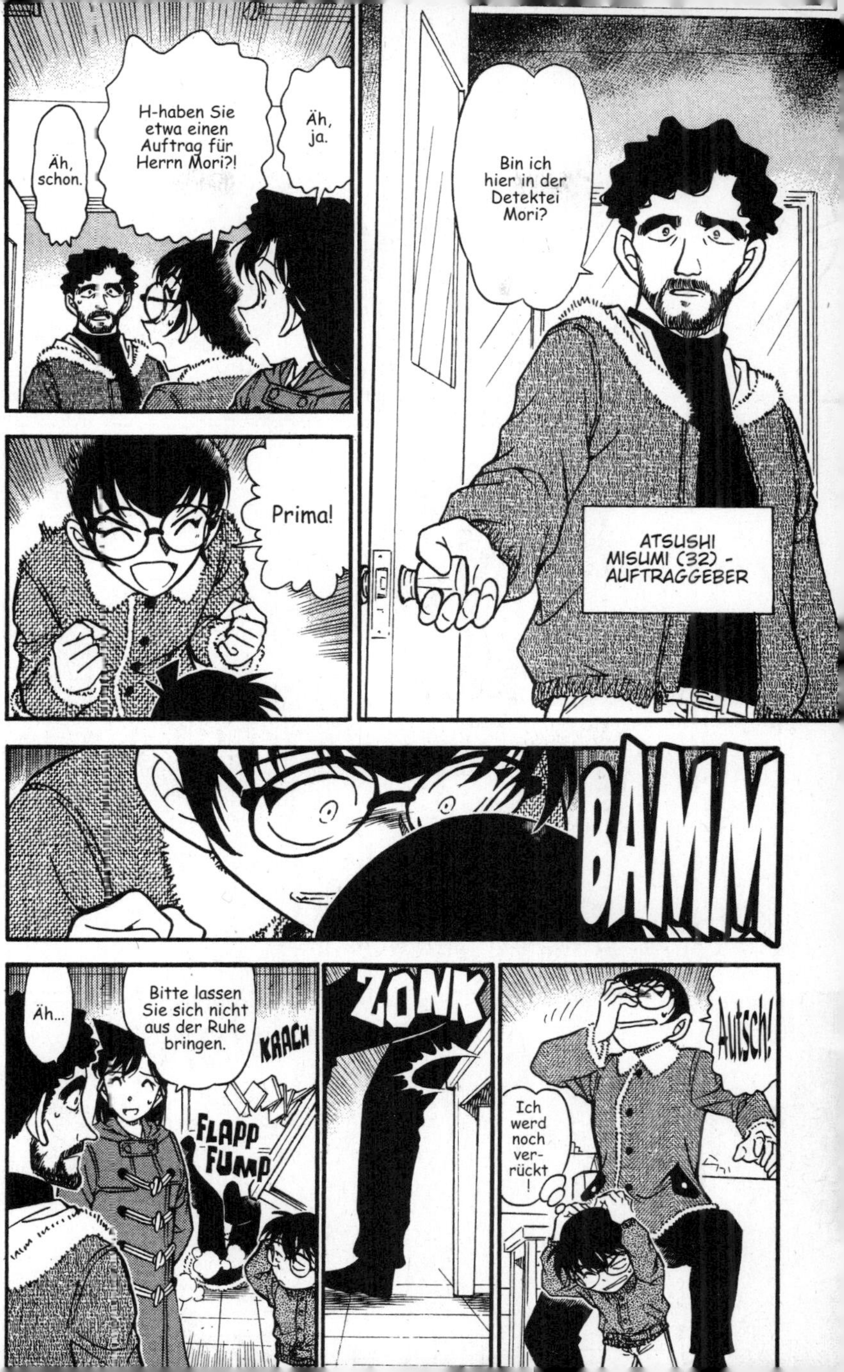
Bin ich hier in der Detektei Mori?
ATSUSHI MISUMI (32) - AUFTRAGGEBER
Äh, ja.
H-haben Sie etwa einen Auftrag für Herrn Mori?!
Äh, schon.
Prima!
BAMM
Autsch!
Ich werd noch ver-rückt!
ZONK
KRACH
FLAPP
FUMP
Bitte lassen Sie sich nicht aus der Ruhe bringen.
Äh...

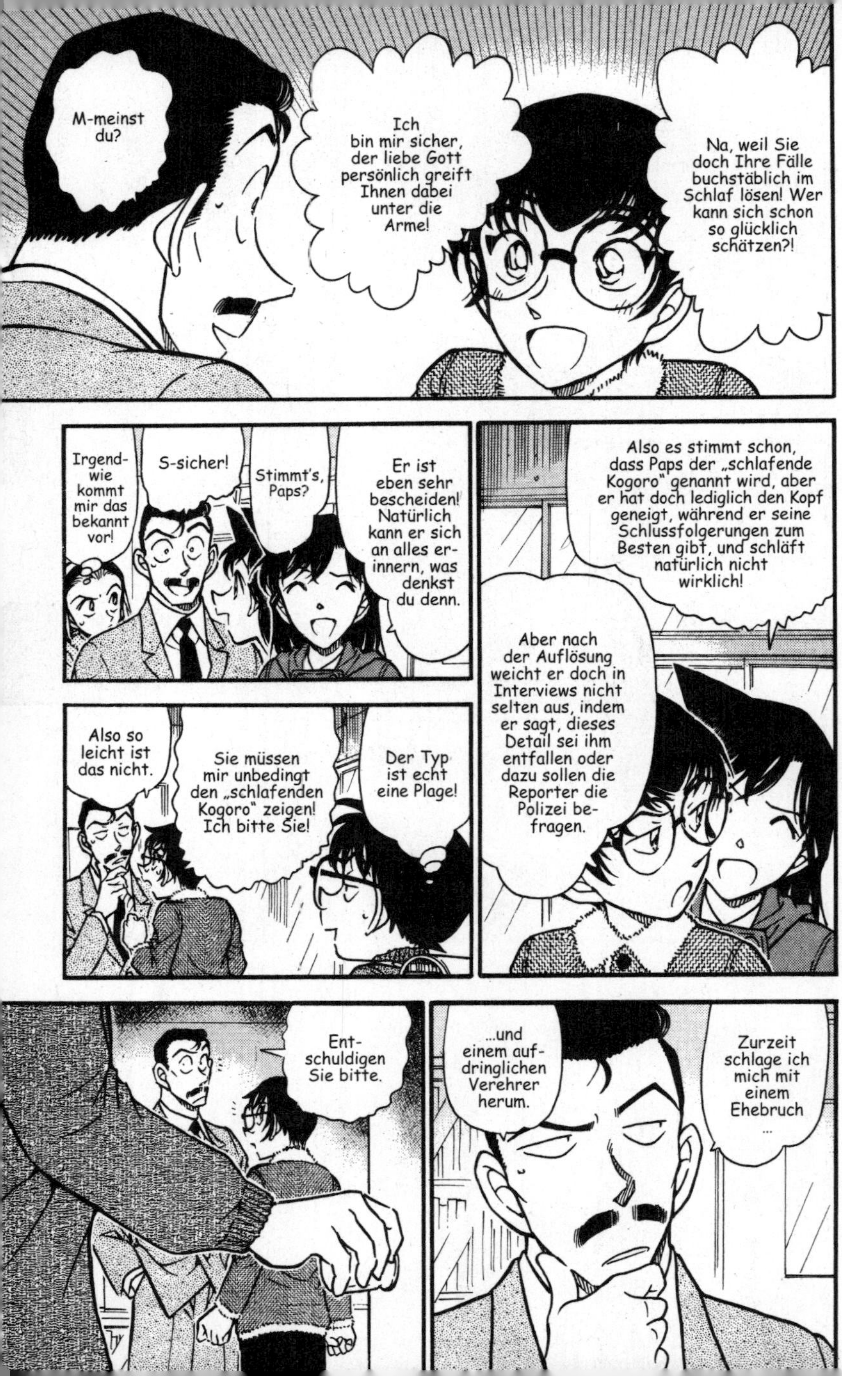
Na, weil Sie doch Ihre Fälle buchstäblich im Schlaf lösen! Wer kann sich schon so glücklich schätzen?!
Ich bin mir sicher, der liebe Gott persönlich greift Ihnen dabei unter die Arme!
M-meinst du?
Also es stimmt schon, dass Paps der „schlafende Kogoro" genannt wird, aber er hat doch lediglich den Kopf geneigt, während er seine Schlussfolgerungen zum Besten gibt, und schläft natürlich nicht wirklich!
Aber nach der Auflösung weicht er doch in Interviews nicht selten aus, indem er sagt, dieses Detail sei ihm entfallen oder dazu sollen die Reporter die Polizei befragen.
Er ist eben sehr bescheiden! Natürlich kann er sich an alles erinnern, was denkst du denn.
Stimmt's, Paps?
S-sicher!
Irgendwie kommt mir das bekannt vor!
Der Typ ist echt eine Plage!
Sie müssen mir unbedingt den „schlafenden Kogoro" zeigen! Ich bitte Sie!
Also so leicht ist das nicht.
Zurzeit schlage ich mich mit einem Ehebruch ...
...und einem aufdringlichen Verehrer herum.
Entschuldigen Sie bitte.

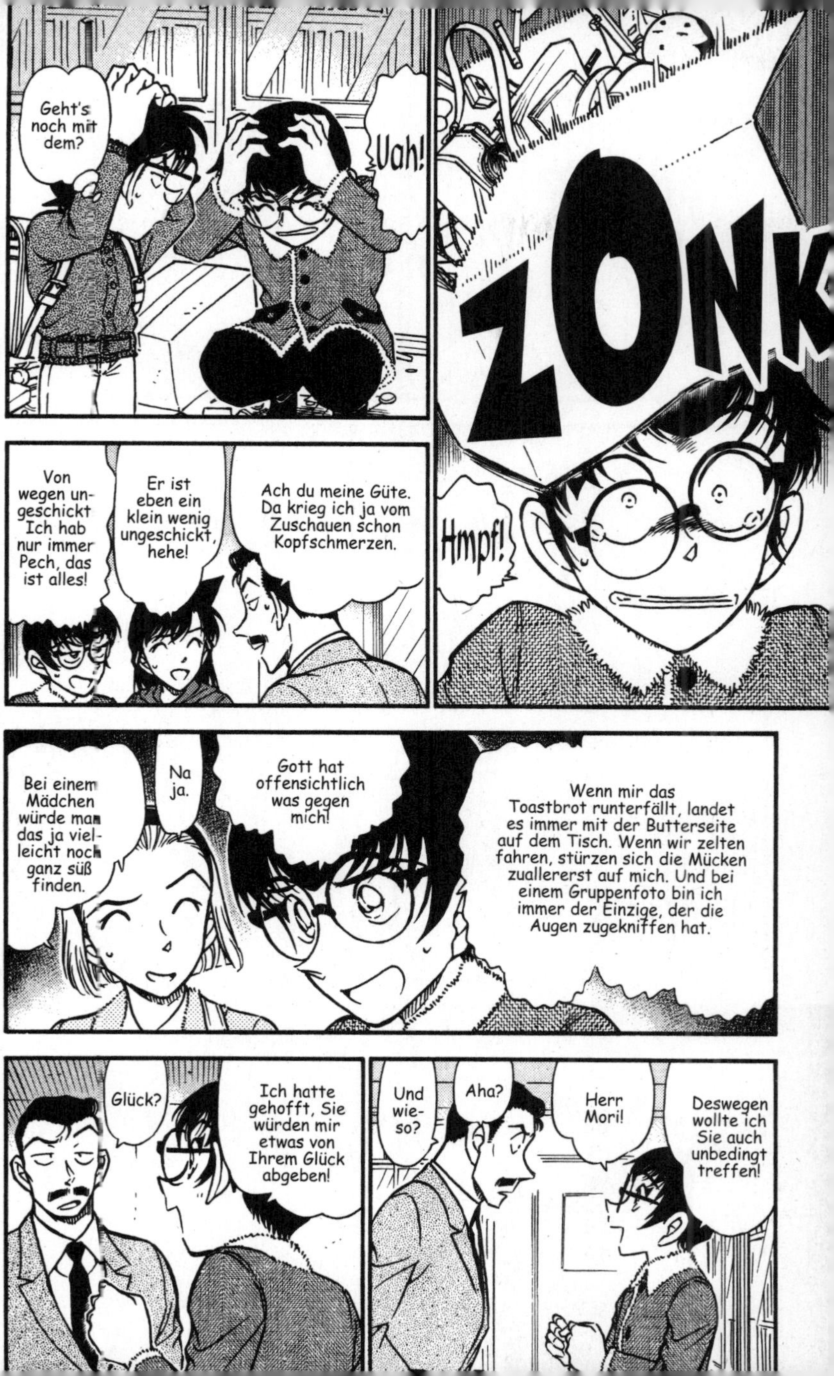
ZONK
Hmpf!
Uah!
Geht's noch mit dem?
Ach du meine Güte. Da krieg ich ja vom Zuschauen schon Kopfschmerzen.
Er ist eben ein klein wenig ungeschickt, hehe!
Von wegen ungeschickt Ich hab nur immer Pech, das ist alles!
Wenn mir das Toastbrot runterfällt, landet es immer mit der Butterseite auf dem Tisch. Wenn wir zelten fahren, stürzen sich die Mücken zuallererst auf mich. Und bei einem Gruppenfoto bin ich immer der Einzige, der die Augen zugekniffen hat.
Gott hat offensichtlich was gegen mich!
Na ja.
Bei einem Mädchen würde man das ja vielleicht noch ganz süß finden.
Deswegen wollte ich Sie auch unbedingt treffen!
Herr Mori!
Aha?
Und wieso?
Ich hatte gehofft, Sie würden mir etwas von Ihrem Glück abgeben!
Glück?

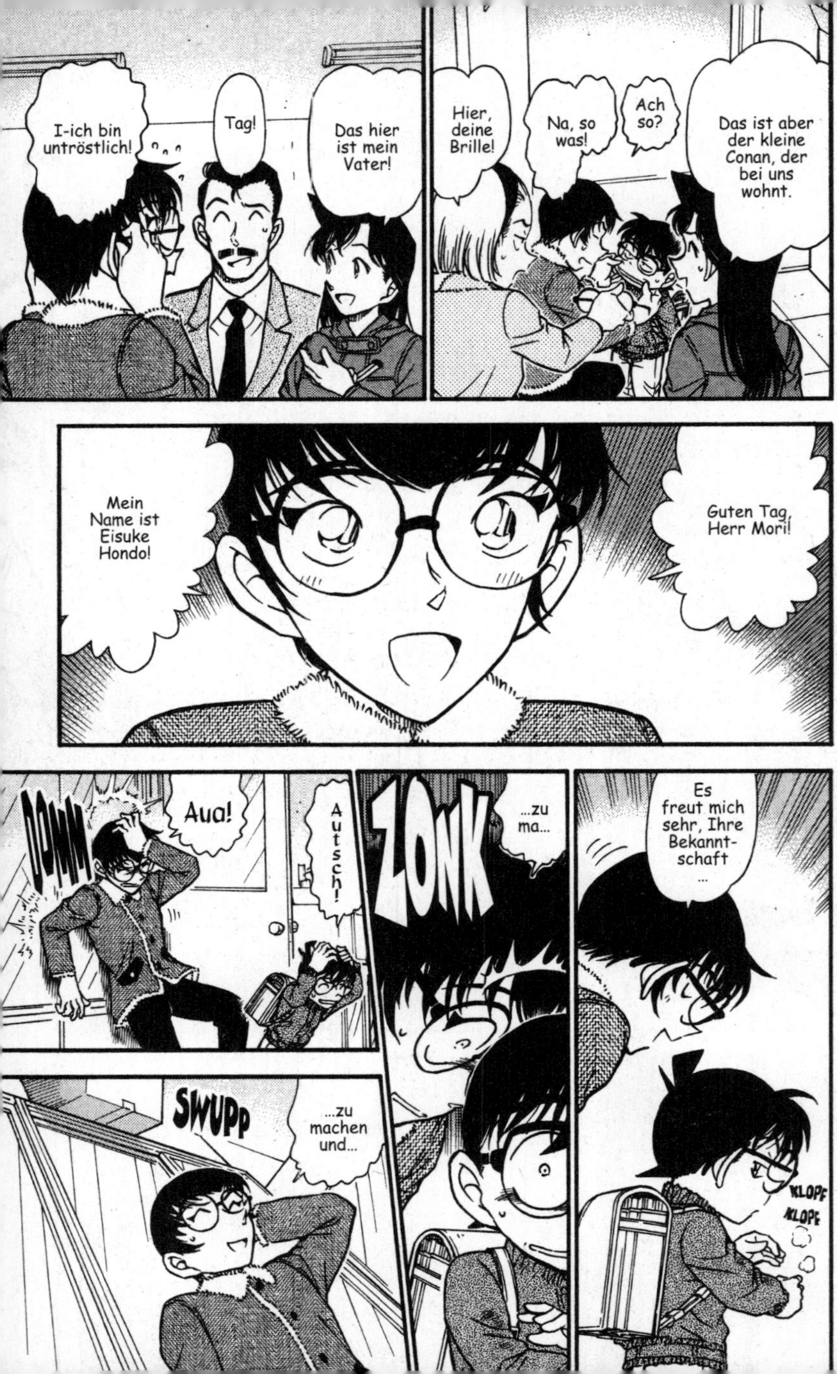
Das ist aber der kleine Conan, der bei uns wohnt.
Ach so?
Na, so was!
Hier, deine Brille!
Das hier ist mein Vater!
Tag!
I-ich bin untröstlich!
Guten Tag, Herr Mori!
Mein Name ist Eisuke Hondo!
Es freut mich sehr, Ihre Bekanntschaft ...
KLOPF
KLOPF
...zu ma...
ZONK
Autsch!
Aua!
DONNN
SWUPP
...zu machen und...

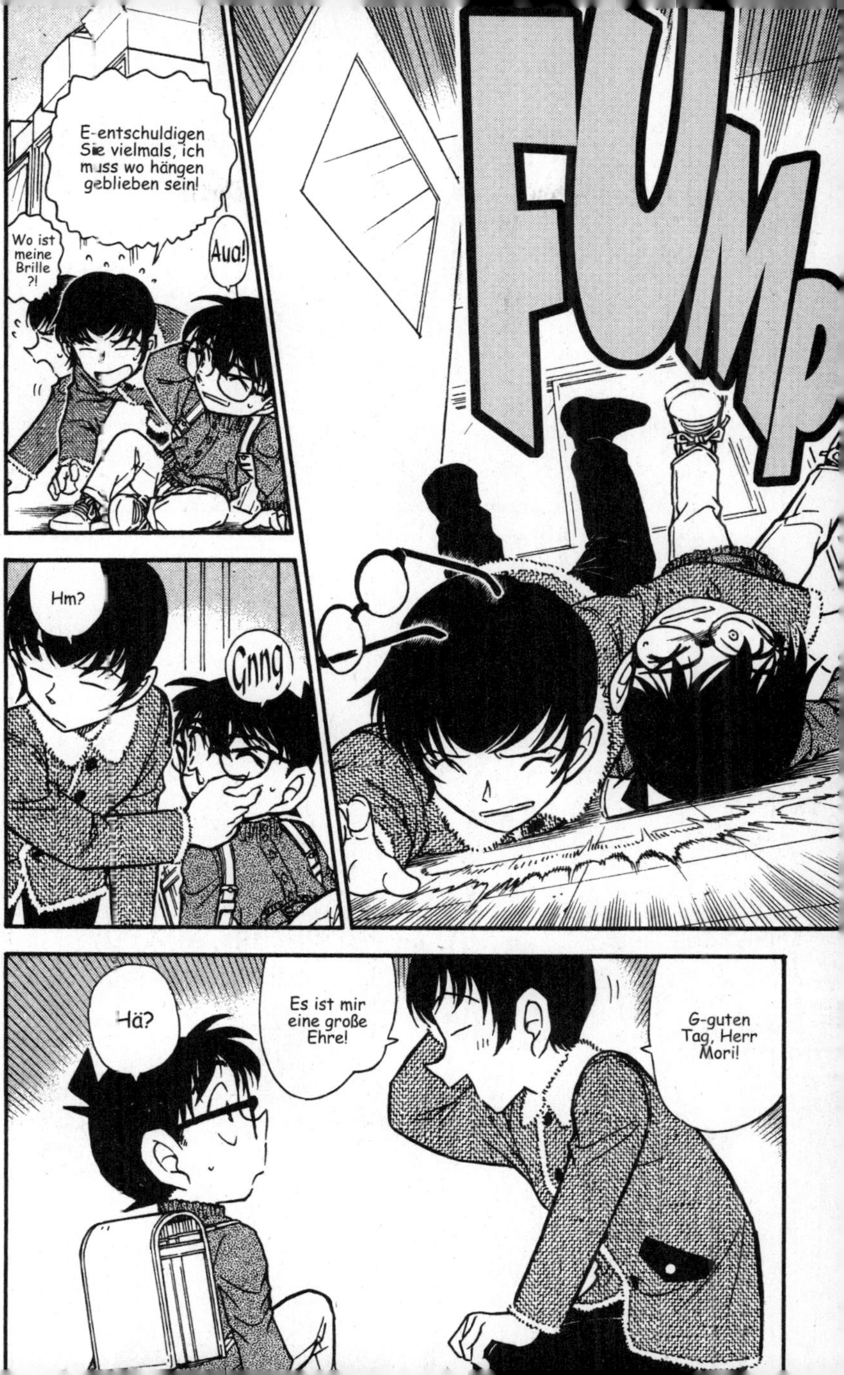
FUMP
E-entschuldigen Sie vielmals, ich muss wo hängen geblieben sein!
Aua!
Wo ist meine Brille ?!
Hm?
Gnng
G-guten Tag, Herr Mori!
Es ist mir eine große Ehre!
Hä?

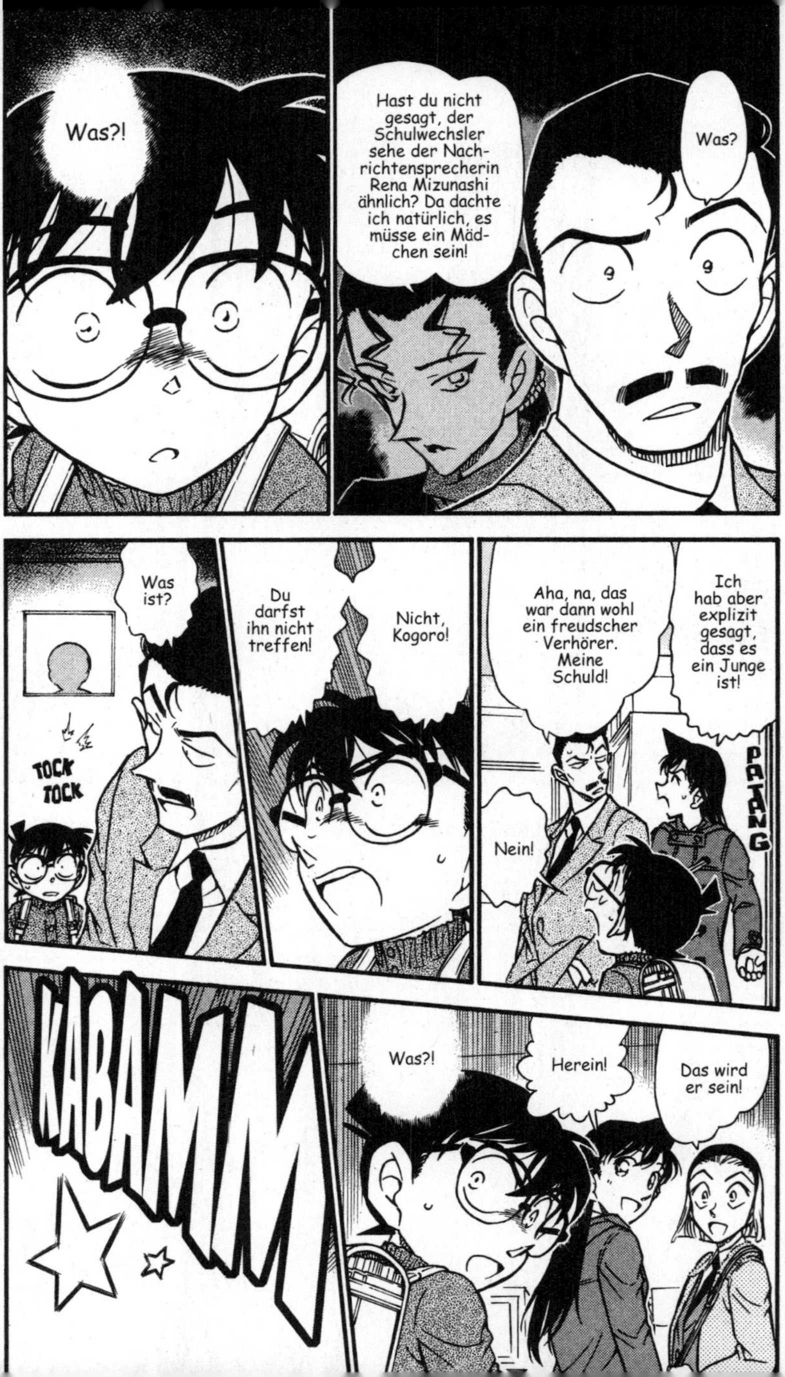
Was?
Hast du nicht gesagt, der Schulwechsler sehe der Nachrichtensprecherin Rena Mizunashi ähnlich? Da dachte ich natürlich, es müsse ein Mädchen sein!
Was?!
Ich hab aber explizit gesagt, dass es ein Junge ist!
Aha, na, das war dann wohl ein freudscher Verhörer. Meine Schuld!
PATANG
Nein!
Nicht, Kogoro!
Du darfst ihn nicht treffen!
Was ist?
TOCK TOCK
Das wird er sein!
Herein!
Was?!
KABAMM

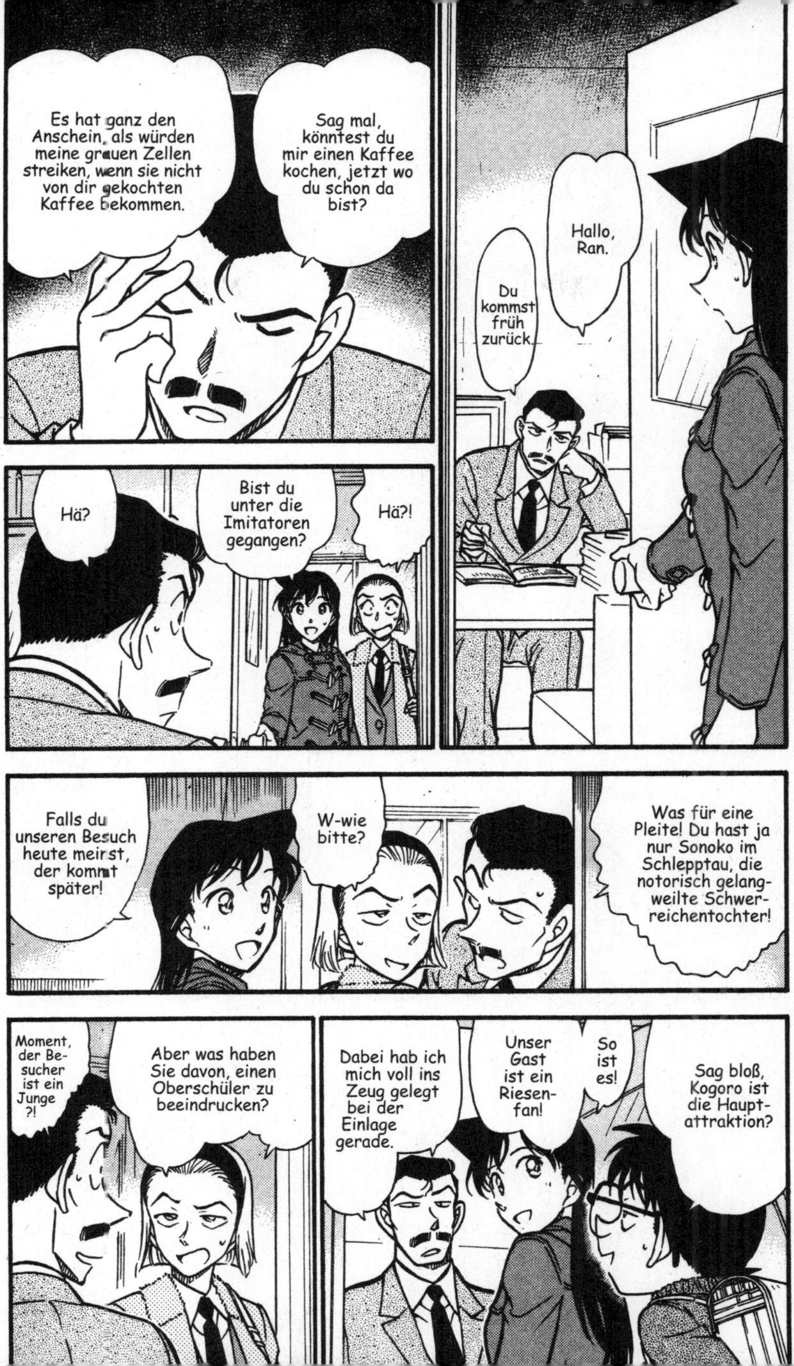

Hallo, Ran.
Du kommst früh zurück.
Sag mal, könntest du mir einen Kaffee kochen, jetzt wo du schon da bist?
Es hat ganz den Anschein, als würden meine grauen Zellen streiken, wenn sie nicht von dir gekochten Kaffee bekommen.
Hä?!
Bist du unter die Imitatoren gegangen?
Hä?
Was für eine Pleite! Du hast ja nur Sonoko im Schlepptau, die notorisch gelangweilte Schwerreichentochter!
W-wie bitte?
Falls du unseren Besuch heute meinst, der kommt später!
Sag bloß, Kogoro ist die Hauptattraktion?
So ist es!
Unser Gast ist ein Riesenfan!
Dabei hab ich mich voll ins Zeug gelegt bei der Einlage gerade.
Aber was haben Sie davon, einen Oberschüler zu beeindrucken?
Moment, der Besucher ist ein Junge?!

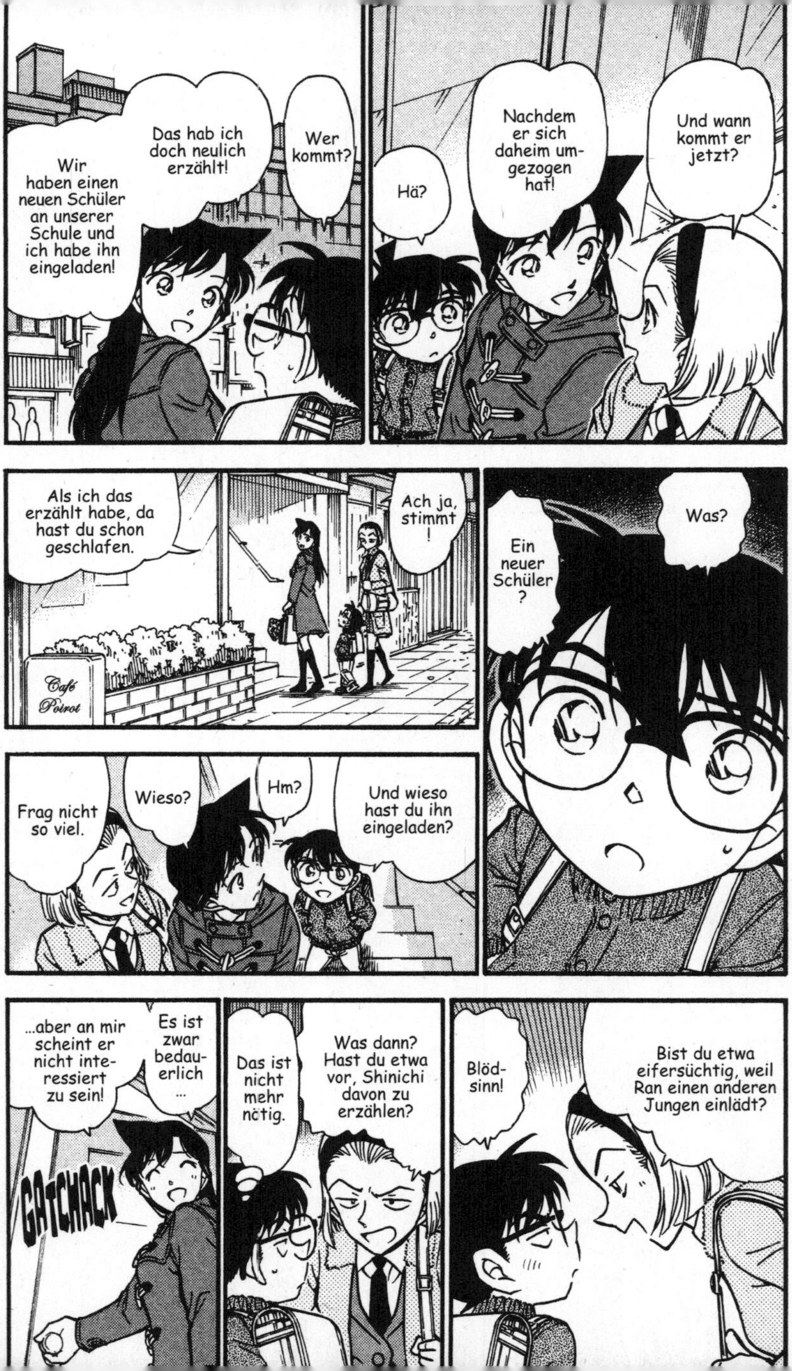
Und wann kommt er jetzt?
Nachdem er sich daheim umgezogen hat!
Hä?
Wer kommt?
Das hab ich doch neulich erzählt!
Wir haben einen neuen Schüler an unserer Schule und ich habe ihn eingeladen!
Was?
Ein neuer Schüler?
Ach ja, stimmt!
Als ich das erzählt habe, da hast du schon geschlafen.
Café Poirot
Und wieso hast du ihn eingeladen?
Hm?
Wieso?
Frag nicht so viel.
Bist du etwa eifersüchtig, weil Ran einen anderen Jungen einlädt?
Blödsinn!
Was dann? Hast du etwa vor, Shinichi davon zu erzählen?
Das ist nicht mehr nötig.
Es ist zwar bedauerlich ...
...aber an mir scheint er nicht interessiert zu sein!
GATCHACK

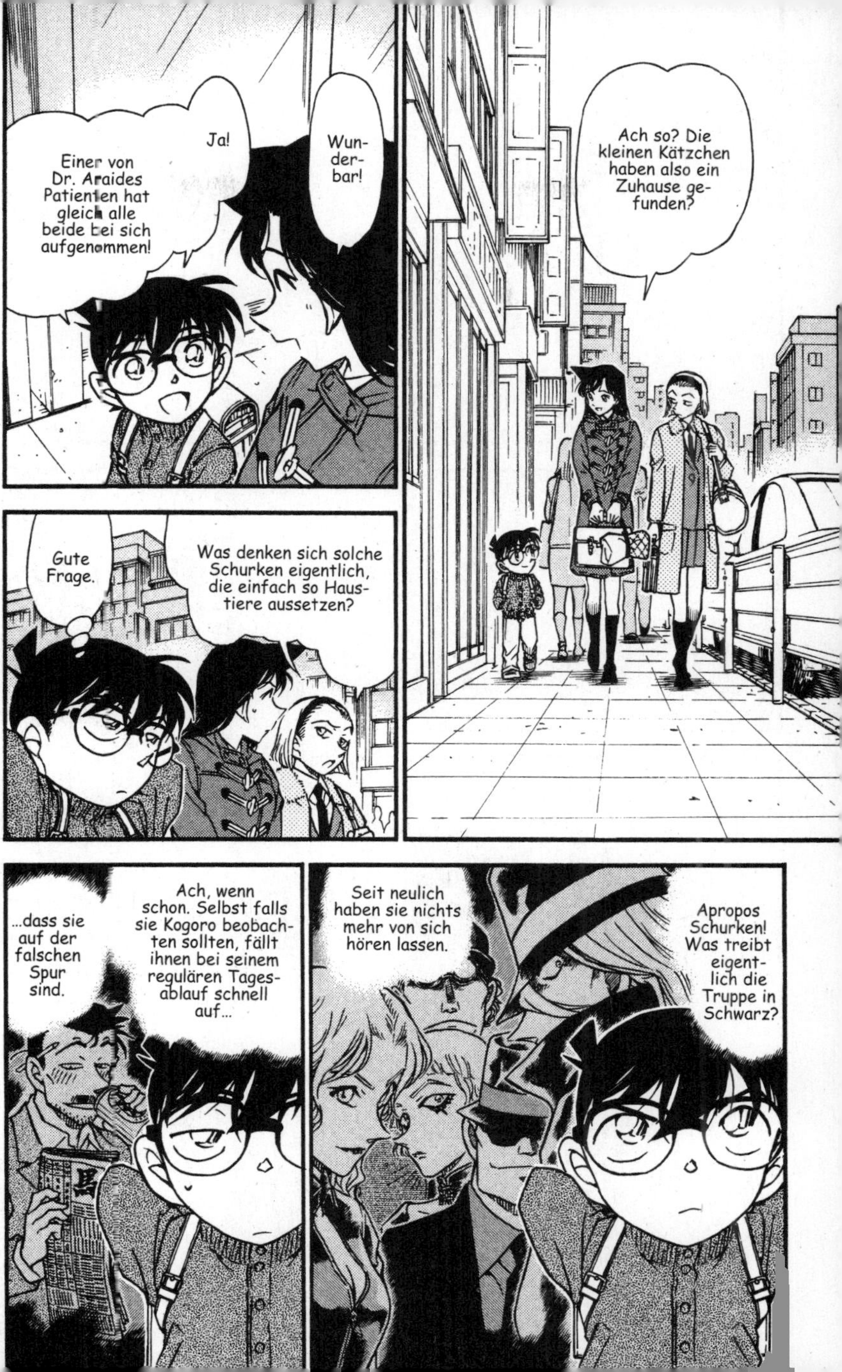
Ach so? Die kleinen Kätzchen haben also ein Zuhause gefunden?
Wunderbar!
Ja!
Einer von Dr. Araides Patienten hat gleich alle beide bei sich aufgenommen!
Was denken sich solche Schurken eigentlich, die einfach so Haustiere aussetzen?
Gute Frage.
Apropos Schurken! Was treibt eigentlich die Truppe in Schwarz?
Seit neulich haben sie nichts mehr von sich hören lassen.
Ach, wenn schon. Selbst falls sie Kogoro beobachten sollten, fällt ihnen bei seinem regulären Tagesablauf schnell auf...
...dass sie auf der falschen Spur sind.

FALL 1

AKTE 5

Das zerrüttete Paar

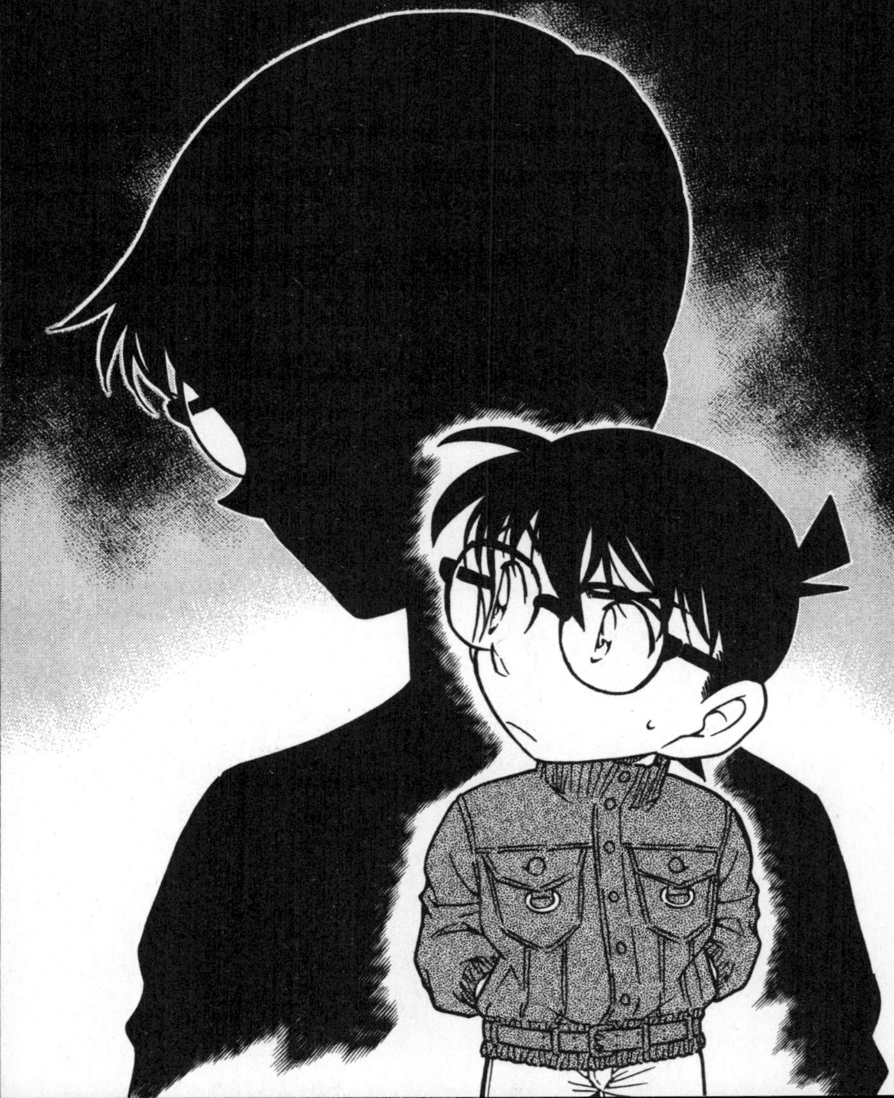

DETEKTIV CONAN

WINTER EDITION

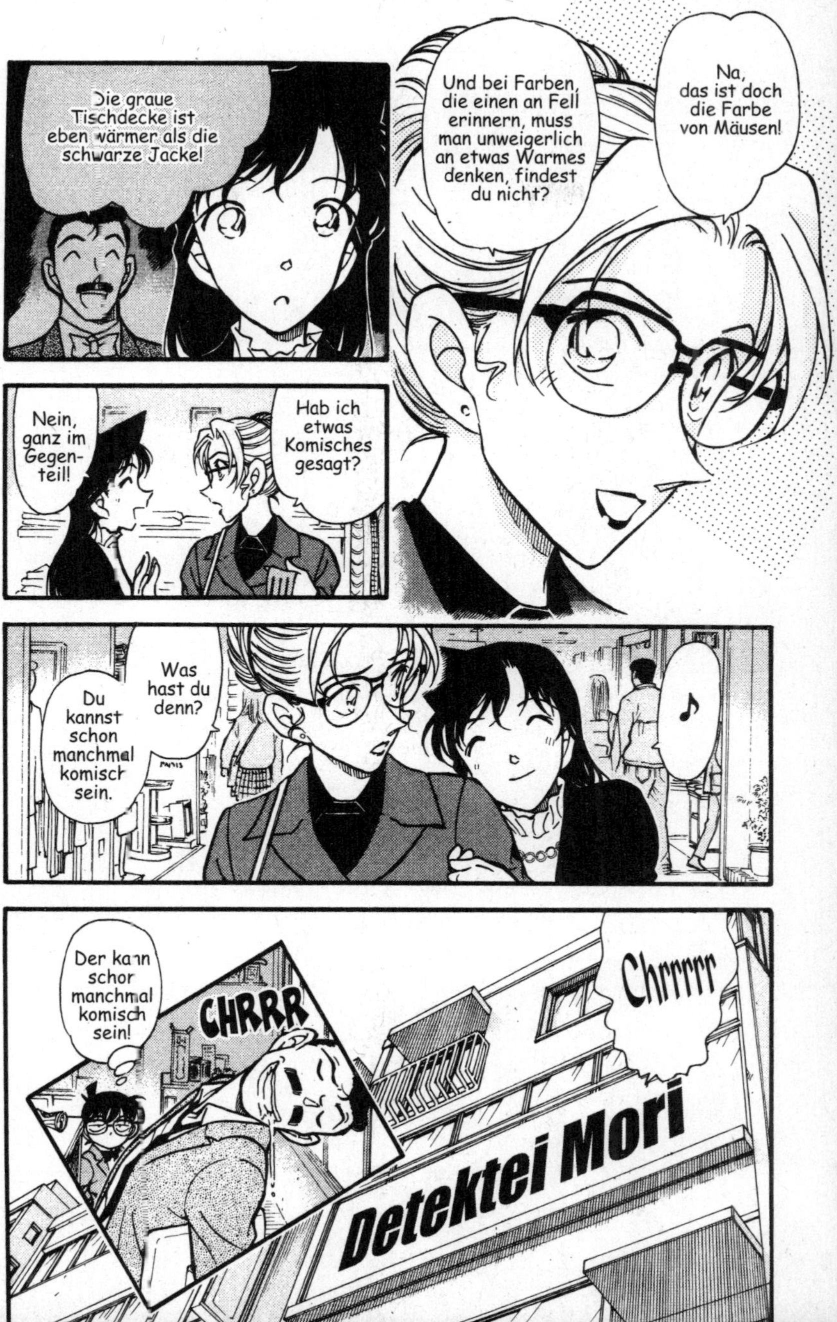
Na, das ist doch die Farbe von Mäusen!
Und bei Farben, die einen an Fell erinnern, muss man unweigerlich an etwas Warmes denken, findest du nicht?
Die graue Tischdecke ist eben wärmer als die schwarze Jacke!
Hab ich etwas Komisches gesagt?
Nein, ganz im Gegenteil!
♪
Was hast du denn?
Du kannst schon manchmal komisch sein.
Chrrrrr
Detektei Mori
CHRRR
Der kann schon manchmal komisch sein!

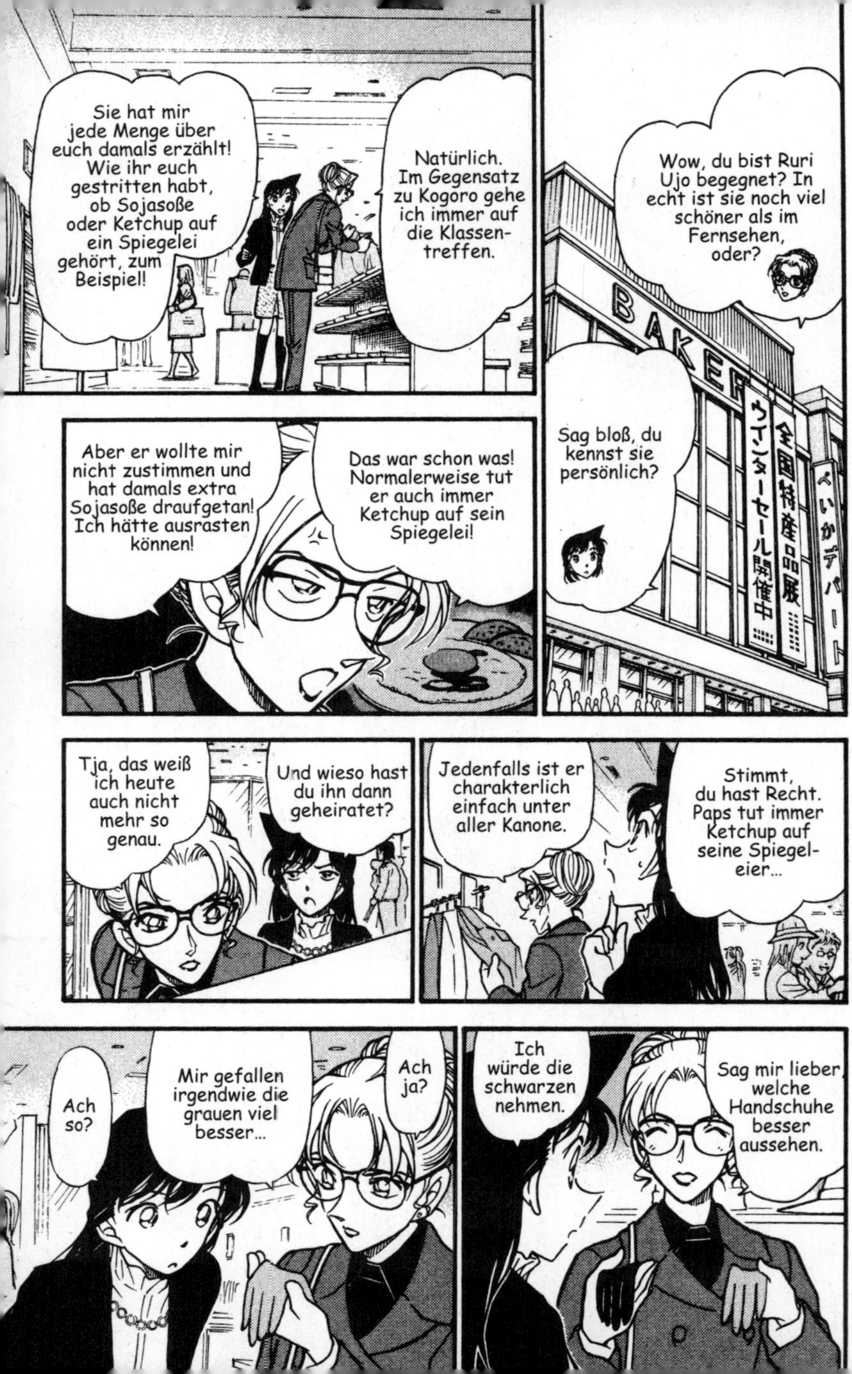
Wow, du bist Ruri Ujo begegnet? In echt ist sie noch viel schöner als im Fernsehen, oder?
BAKER
全国特産品展
ウインターセール開催中
べいかデパート
Sag bloß, du kennst sie persönlich?
Natürlich. Im Gegensatz zu Kogoro gehe ich immer auf die Klassen-treffen.
Sie hat mir jede Menge über euch damals erzählt! Wie ihr euch gestritten habt, ob Sojasoße oder Ketchup auf ein Spiegelei gehört, zum Beispiel!
Das war schon was! Normalerweise tut er auch immer Ketchup auf sein Spiegelei!
Aber er wollte mir nicht zustimmen und hat damals extra Sojasoße draufgetan! Ich hätte ausrasten können!
Stimmt, du hast Recht. Paps tut immer Ketchup auf seine Spiegel-eier...
Jedenfalls ist er charakterlich einfach unter aller Kanone.
Und wieso hast du ihn dann geheiratet?
Tja, das weiß ich heute auch nicht mehr so genau.
Sag mir lieber, welche Handschuhe besser aussehen.
Ich würde die schwarzen nehmen.
Ach ja?
Mir gefallen irgendwie die grauen viel besser...
Ach so?

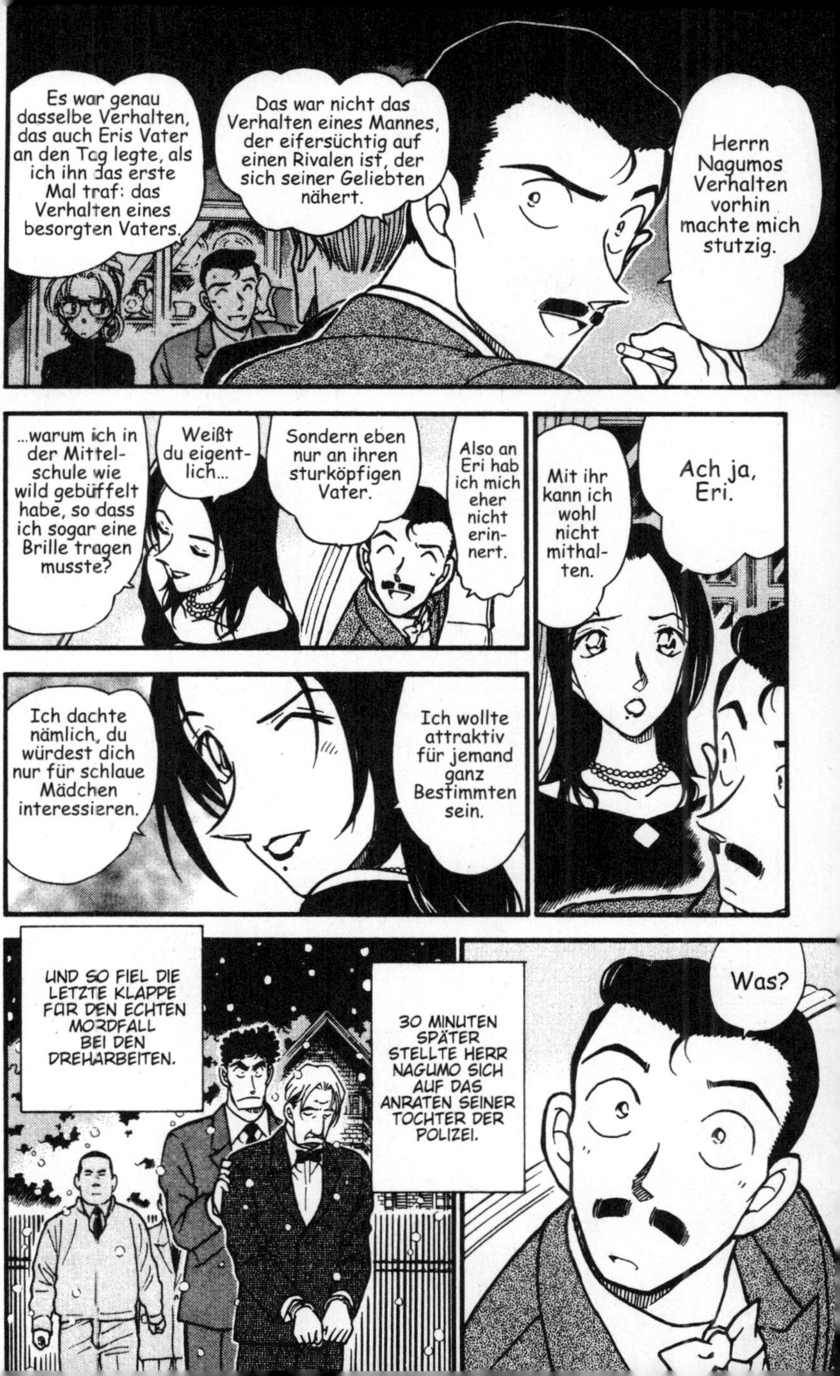
Herrn Nagumos Verhalten vorhin machte mich stutzig.
Das war nicht das Verhalten eines Mannes, der eifersüchtig auf einen Rivalen ist, der sich seiner Geliebten nähert.
Es war genau dasselbe Verhalten, das auch Eris Vater an den Tag legte, als ich ihn das erste Mal traf: das Verhalten eines besorgten Vaters.
Ach ja, Eri.
Mit ihr kann ich wohl nicht mithalten.
Also an Eri hab ich mich eher nicht erinnert.
Sondern eben nur an ihren sturköpfigen Vater.
Weißt du eigentlich...
...warum ich in der Mittelschule wie wild gebüffelt habe, so dass ich sogar eine Brille tragen musste?
Ich wollte attraktiv für jemand ganz Bestimmten sein.
Ich dachte nämlich, du würdest dich nur für schlaue Mädchen interessieren.
Was?
30 MINUTEN SPÄTER STELLTE HERR NAGUMO SICH AUF DAS ANRATEN SEINER TOCHTER DER POLIZEI.
UND SO FIEL DIE LETZTE KLAPPE FÜR DEN ECHTEN MORDFALL BEI DEN DREHARBEITEN.

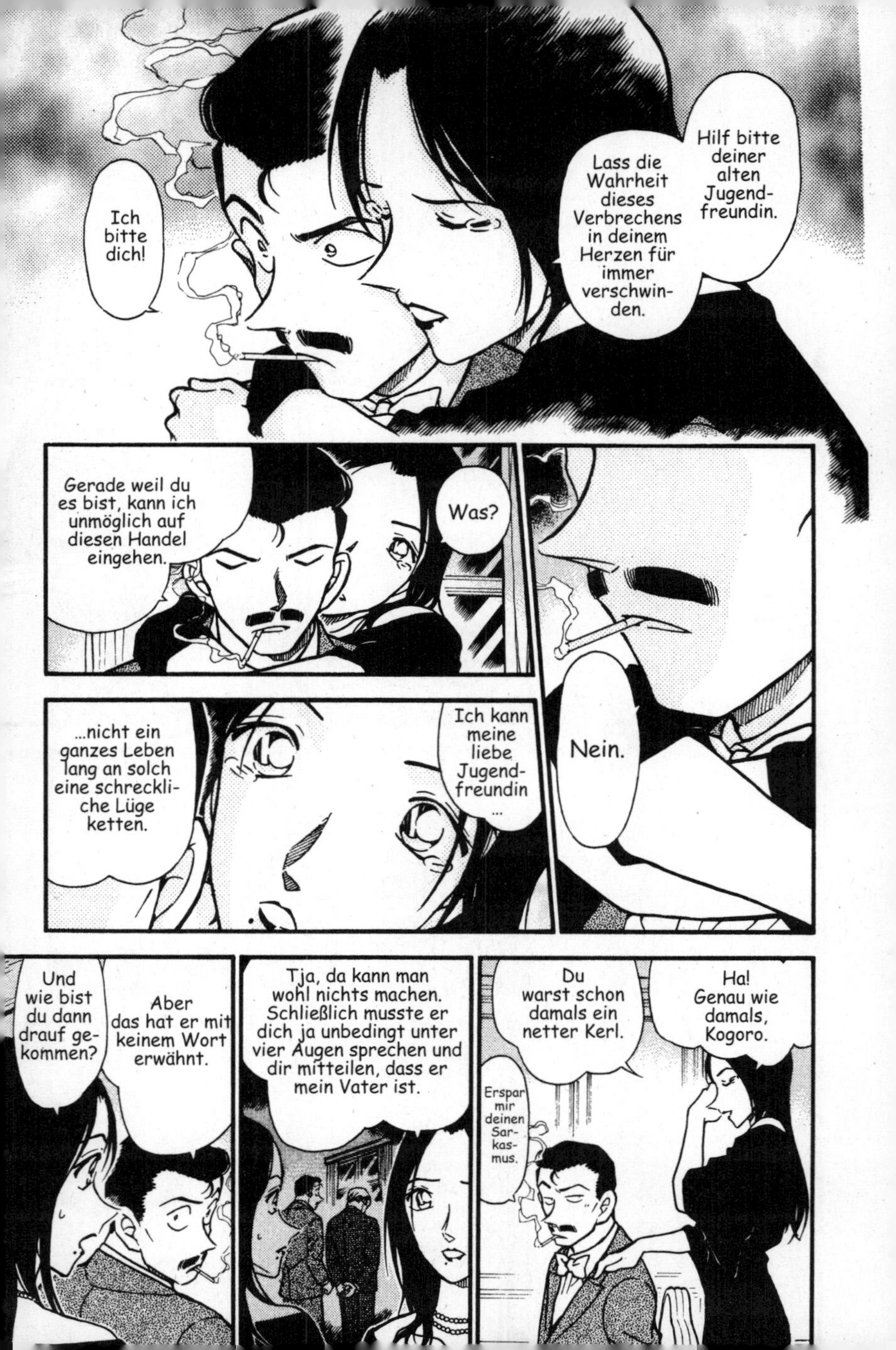

Hilf bitte deiner alten Jugend-freundin.
Lass die Wahrheit dieses Verbrechens in deinem Herzen für immer verschwin-den.
Ich bitte dich!
Nein.
Was?
Gerade weil du es bist, kann ich unmöglich auf diesen Handel eingehen.
Ich kann meine liebe Jugend-freundin ...
...nicht ein ganzes Leben lang an solch eine schreckli-che Lüge ketten.
Ha! Genau wie damals, Kogoro.
Du warst schon damals ein netter Kerl.
Erspar mir deinen Sar-kas-mus.
Tja, da kann man wohl nichts machen. Schließlich musste er dich ja unbedingt unter vier Augen sprechen und dir mitteilen, dass er mein Vater ist.
Aber das hat er mit keinem Wort erwähnt.
Und wie bist du dann drauf ge-kommen?

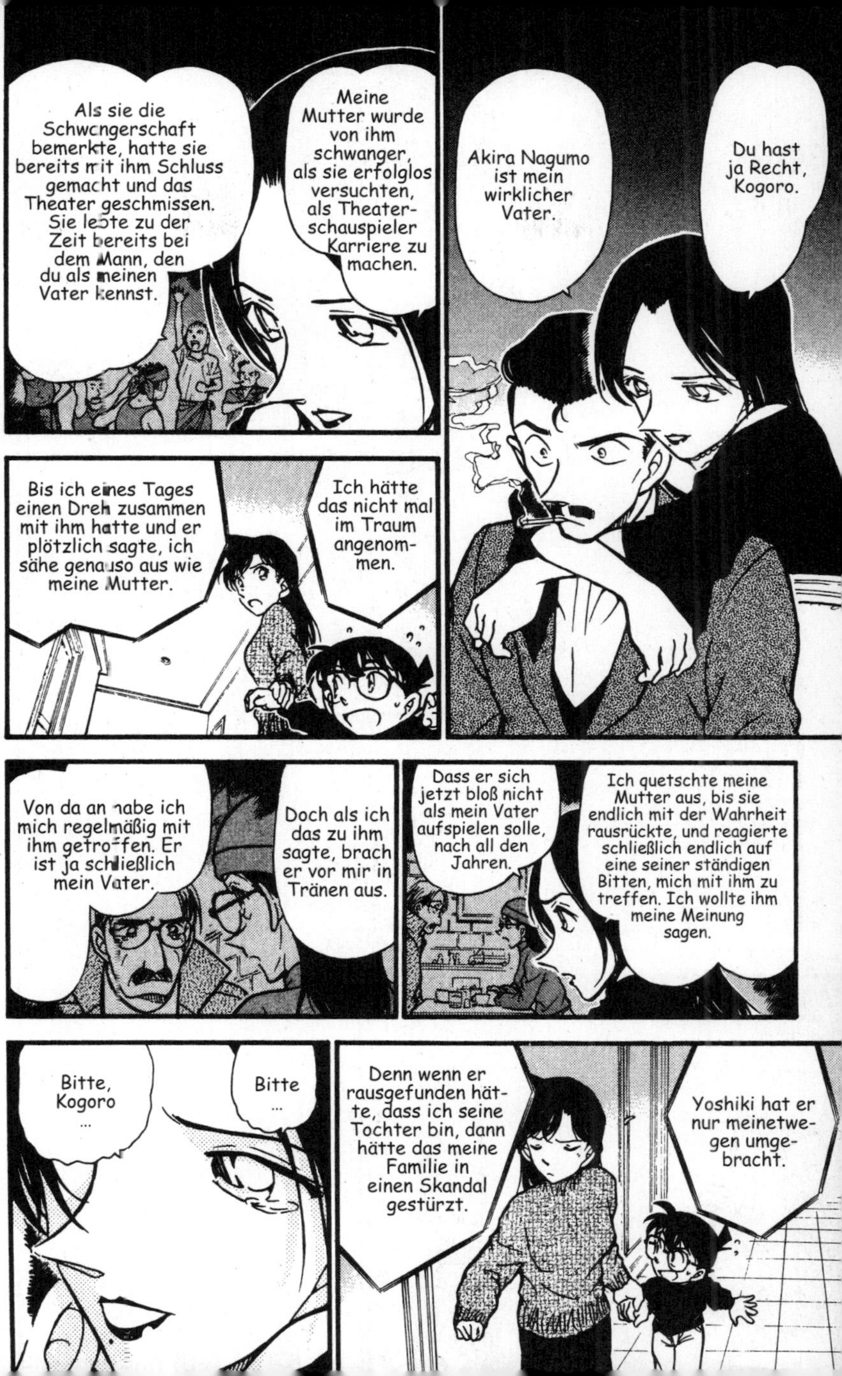
Du hast ja Recht, Kogoro.
Akira Nagumo ist mein wirklicher Vater.
Meine Mutter wurde von ihm schwanger, als sie erfolglos versuchten, als Theater-schauspieler Karriere zu machen.
Als sie die Schwangerschaft bemerkte, hatte sie bereits mit ihm Schluss gemacht und das Theater geschmissen. Sie lebte zu der Zeit bereits bei dem Mann, den du als meinen Vater kennst.
Ich hätte das nicht mal im Traum angenom-men.
Bis ich eines Tages einen Dreh zusammen mit ihm hatte und er plötzlich sagte, ich sähe genauso aus wie meine Mutter.
Ich quetschte meine Mutter aus, bis sie endlich mit der Wahrheit rausrückte, und reagierte schließlich endlich auf eine seiner ständigen Bitten, mich mit ihm zu treffen. Ich wollte ihm meine Meinung sagen.
Dass er sich jetzt bloß nicht als mein Vater aufspielen solle, nach all den Jahren.
Doch als ich das zu ihm sagte, brach er vor mir in Tränen aus.
Von da an habe ich mich regelmäßig mit ihm getroffen. Er ist ja schließlich mein Vater.
Yoshiki hat er nur meinetwe-gen umge-bracht.
Denn wenn er rausgefunden hät-te, dass ich seine Tochter bin, dann hätte das meine Familie in einen Skandal gestürzt.
Bitte ...
Bitte, Kogoro ...

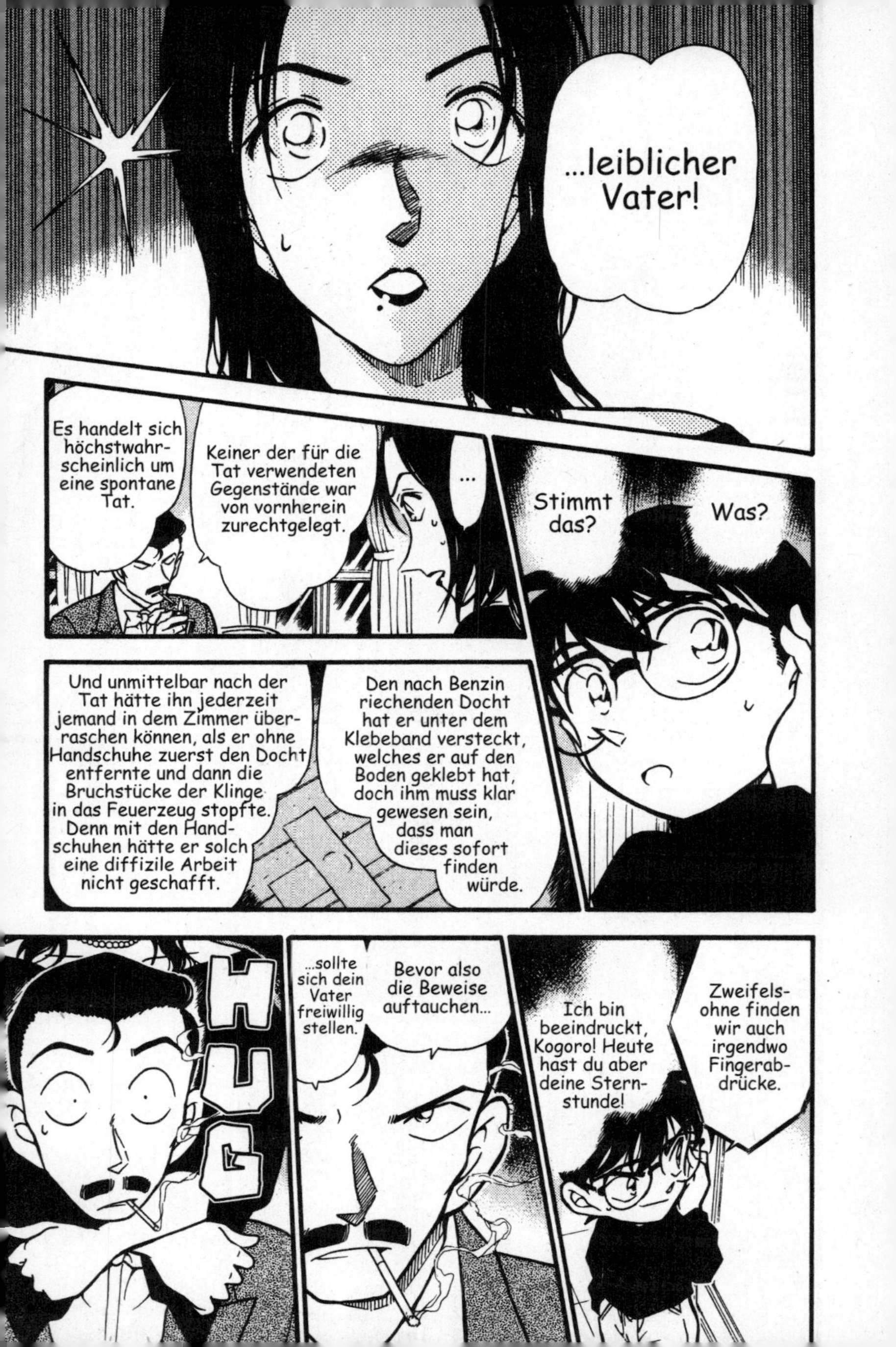
...leiblicher Vater!
Was?
Stimmt das?
...
Keiner der für die Tat verwendeten Gegenstände war von vornherein zurechtgelegt.
Es handelt sich höchstwahr-scheinlich um eine spontane Tat.
Den nach Benzin riechenden Docht hat er unter dem Klebeband versteckt, welches er auf den Boden geklebt hat, doch ihm muss klar gewesen sein, dass man dieses sofort finden würde.
Und unmittelbar nach der Tat hätte ihn jederzeit jemand in dem Zimmer über-raschen können, als er ohne Handschuhe zuerst den Docht entfernte und dann die Bruchstücke der Klinge in das Feuerzeug stopfte. Denn mit den Hand-schuhen hätte er solch eine diffizile Arbeit nicht geschafft.
Zweifels-ohne finden wir auch irgendwo Fingerab-drücke.
Ich bin beeindruckt, Kogoro! Heute hast du aber deine Stern-stunde!
Bevor also die Beweise auftauchen...
...sollte sich dein Vater freiwillig stellen.
HUG

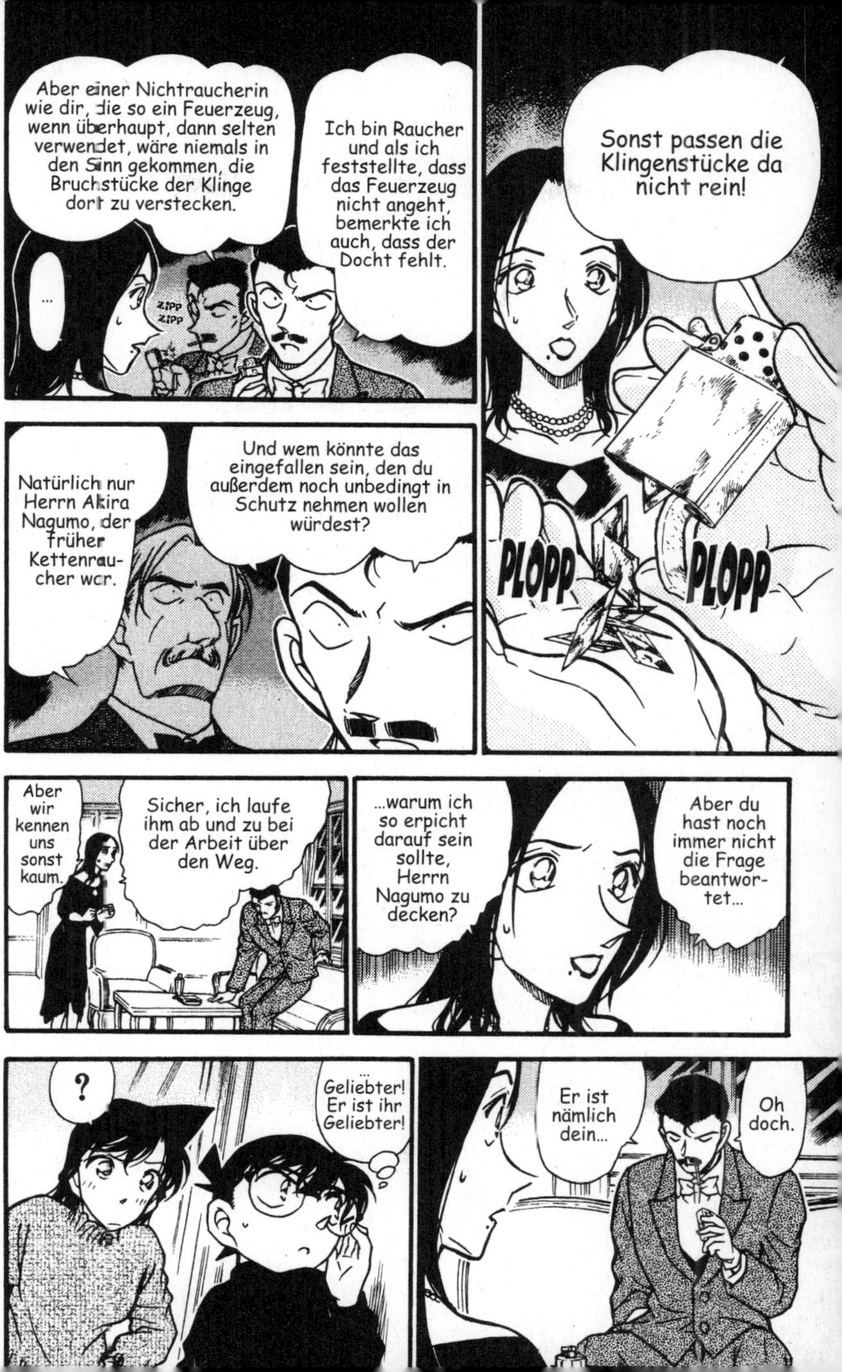

Sonst passen die Klingenstücke da nicht rein!
PLOPP
PLOPP
Ich bin Raucher und als ich feststellte, dass das Feuerzeug nicht angeht, bemerkte ich auch, dass der Docht fehlt.
Aber einer Nichtraucherin wie dir, die so ein Feuerzeug, wenn überhaupt, dann selten verwendet, wäre niemals in den Sinn gekommen, die Bruchstücke der Klinge dort zu verstecken.
ZIPP ZIPP
...
Und wem könnte das eingefallen sein, den du außerdem noch unbedingt in Schutz nehmen wollen würdest?
Natürlich nur Herrn Akira Nagumo, der früher Kettenraucher war.
Aber du hast noch immer nicht die Frage beantwortet...
...warum ich so erpicht darauf sein sollte, Herrn Nagumo zu decken?
Sicher, ich laufe ihm ab und zu bei der Arbeit über den Weg.
Aber wir kennen uns sonst kaum.
Oh doch.
Er ist nämlich dein...
... Geliebter! Er ist ihr Geliebter!
?

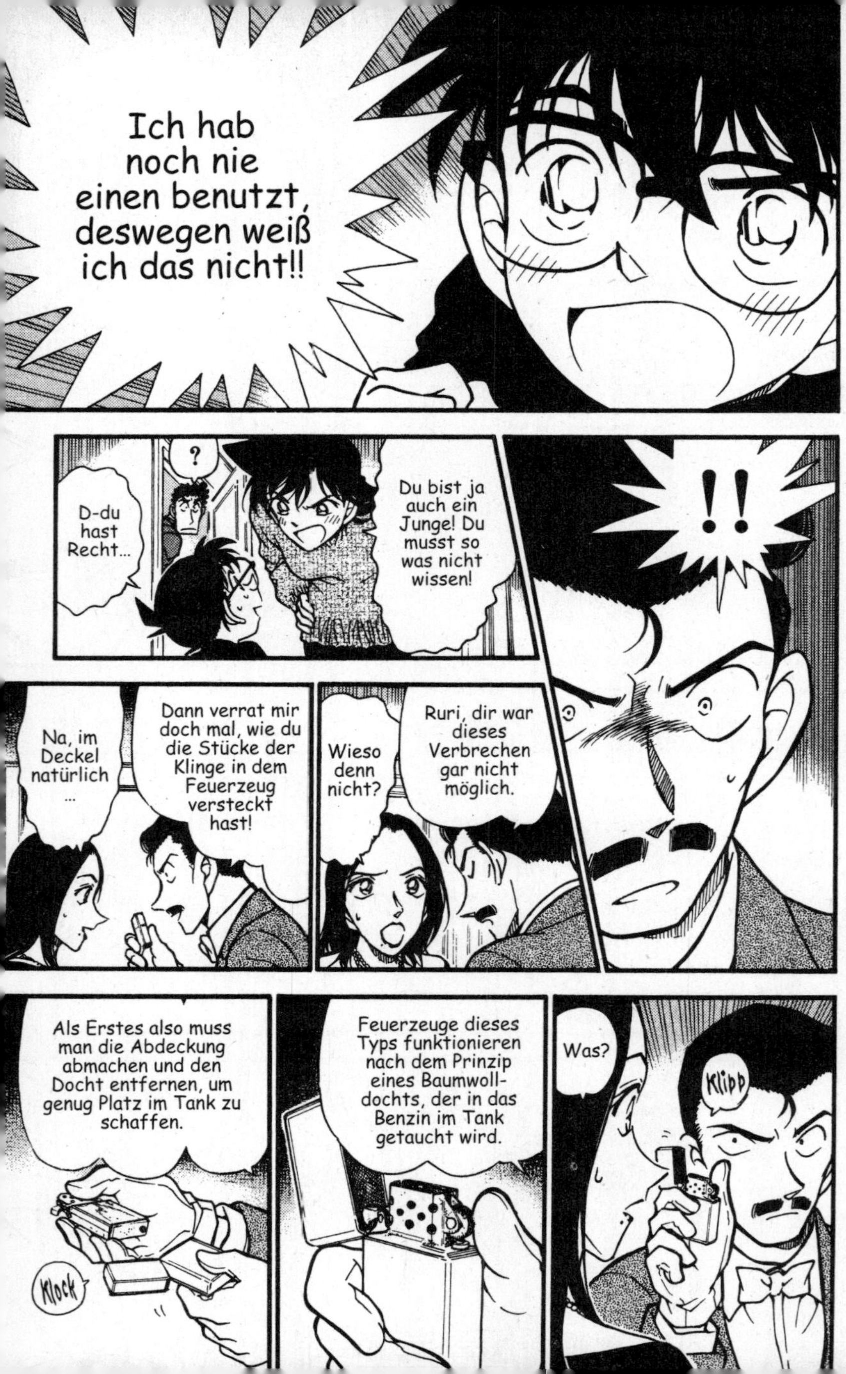
Ich hab noch nie einen benutzt, deswegen weiß ich das nicht!!
!!
Du bist ja auch ein Junge! Du musst so was nicht wissen!
?
D-du hast Recht...
Ruri, dir war dieses Verbrechen gar nicht möglich.
Wieso denn nicht?
Dann verrat mir doch mal, wie du die Stücke der Klinge in dem Feuerzeug versteckt hast!
Na, im Deckel natürlich ...
Klipp
Was?
Feuerzeuge dieses Typs funktionieren nach dem Prinzip eines Baumwolldochts, der in das Benzin im Tank getaucht wird.
Als Erstes also muss man die Abdeckung abmachen und den Docht entfernen, um genug Platz im Tank zu schaffen.
Klock

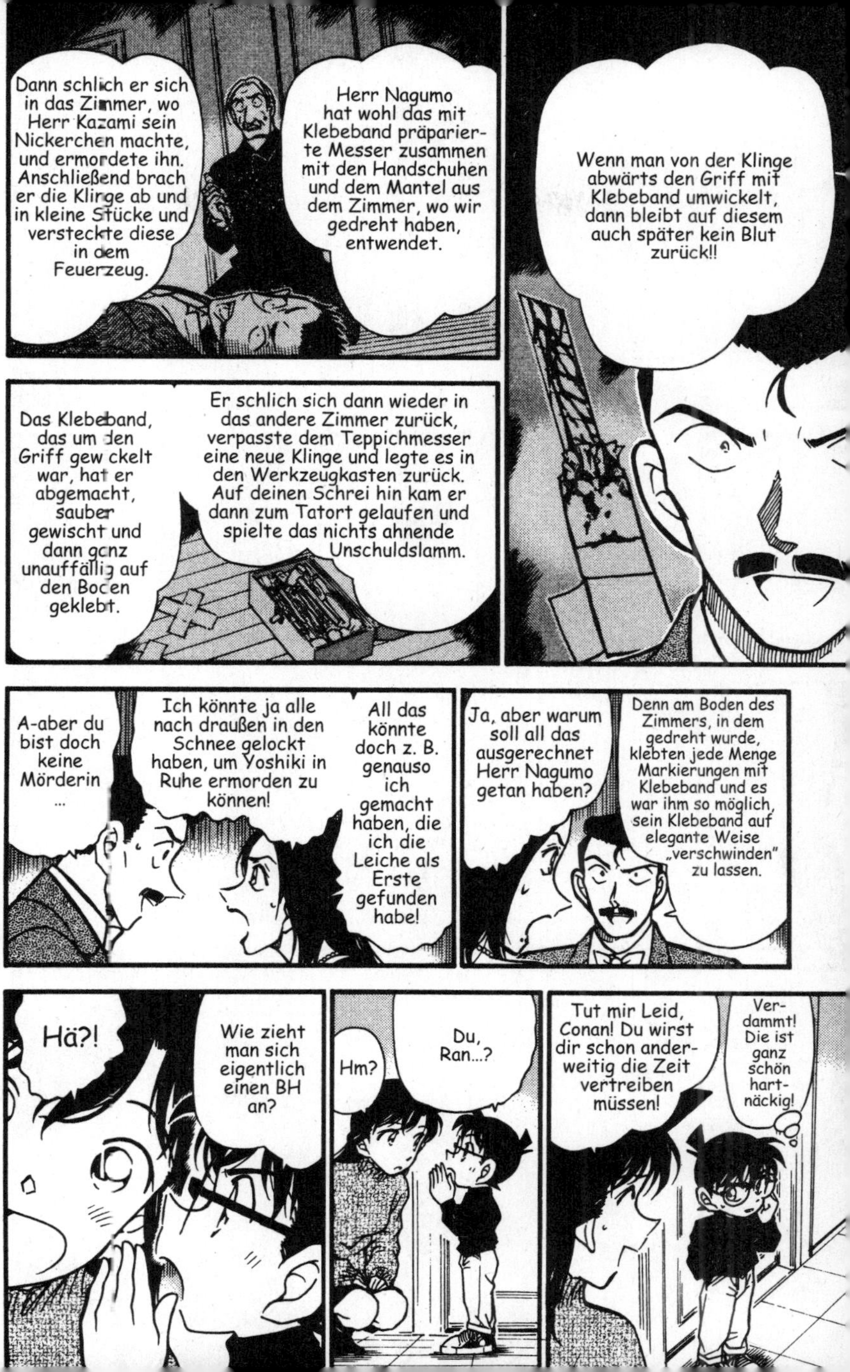

Wenn man von der Klinge abwärts den Griff mit Klebeband umwickelt, dann bleibt auf diesem auch später kein Blut zurück!!
Herr Nagumo hat wohl das mit Klebeband präparierte Messer zusammen mit den Handschuhen und dem Mantel aus dem Zimmer, wo wir gedreht haben, entwendet.
Dann schlich er sich in das Zimmer, wo Herr Kazami sein Nickerchen machte, und ermordete ihn. Anschließend brach er die Klinge ab und in kleine Stücke und versteckte diese in dem Feuerzeug.
Er schlich sich dann wieder in das andere Zimmer zurück, verpasste dem Teppichmesser eine neue Klinge und legte es in den Werkzeugkasten zurück. Auf deinen Schrei hin kam er dann zum Tatort gelaufen und spielte das nichts ahnende Unschuldslamm.
Das Klebeband, das um den Griff gewickelt war, hat er abgemacht, sauber gewischt und dann ganz unauffällig auf den Boden geklebt.
Denn am Boden des Zimmers, in dem gedreht wurde, klebten jede Menge Markierungen mit Klebeband und es war ihm so möglich, sein Klebeband auf elegante Weise „verschwinden" zu lassen.
Ja, aber warum soll all das ausgerechnet Herr Nagumo getan haben?
All das könnte doch z. B. genauso ich gemacht haben, die ich die Leiche als Erste gefunden habe!
Ich könnte ja alle nach draußen in den Schnee gelockt haben, um Yoshiki in Ruhe ermorden zu können!
A-aber du bist doch keine Mörderin ...
Verdammt! Die ist ganz schön hartnäckig!
Tut mir Leid, Conan! Du wirst dir schon anderweitig die Zeit vertreiben müssen!
Du, Ran...?
Hm?
Wie zieht man sich eigentlich einen BH an?
Hä?!

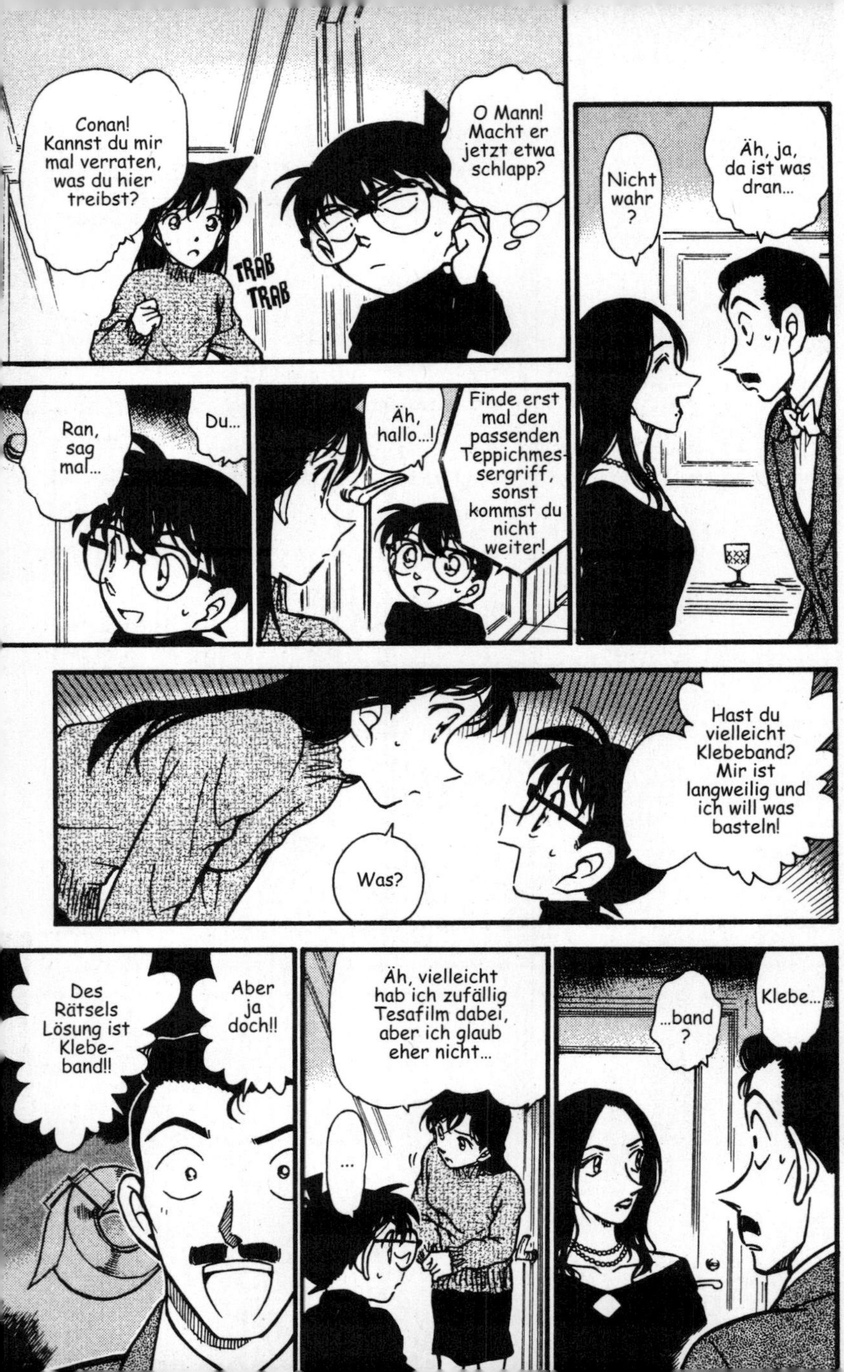
Äh, ja, da ist was dran...
Nicht wahr?
O Mann! Macht er jetzt etwa schlapp?
Conan! Kannst du mir mal verraten, was du hier treibst?
TRAB TRAB
Finde erst mal den passenden Teppichmessergriff, sonst kommst du nicht weiter!
Äh, hallo...!
Du...
Ran, sag mal...
Hast du vielleicht Klebeband? Mir ist langweilig und ich will was basteln!
Was?
Klebe...
...band?
Äh, vielleicht hab ich zufällig Tesafilm dabei, aber ich glaub eher nicht...
...
Aber ja doch!!
Des Rätsels Lösung ist Klebeband!!

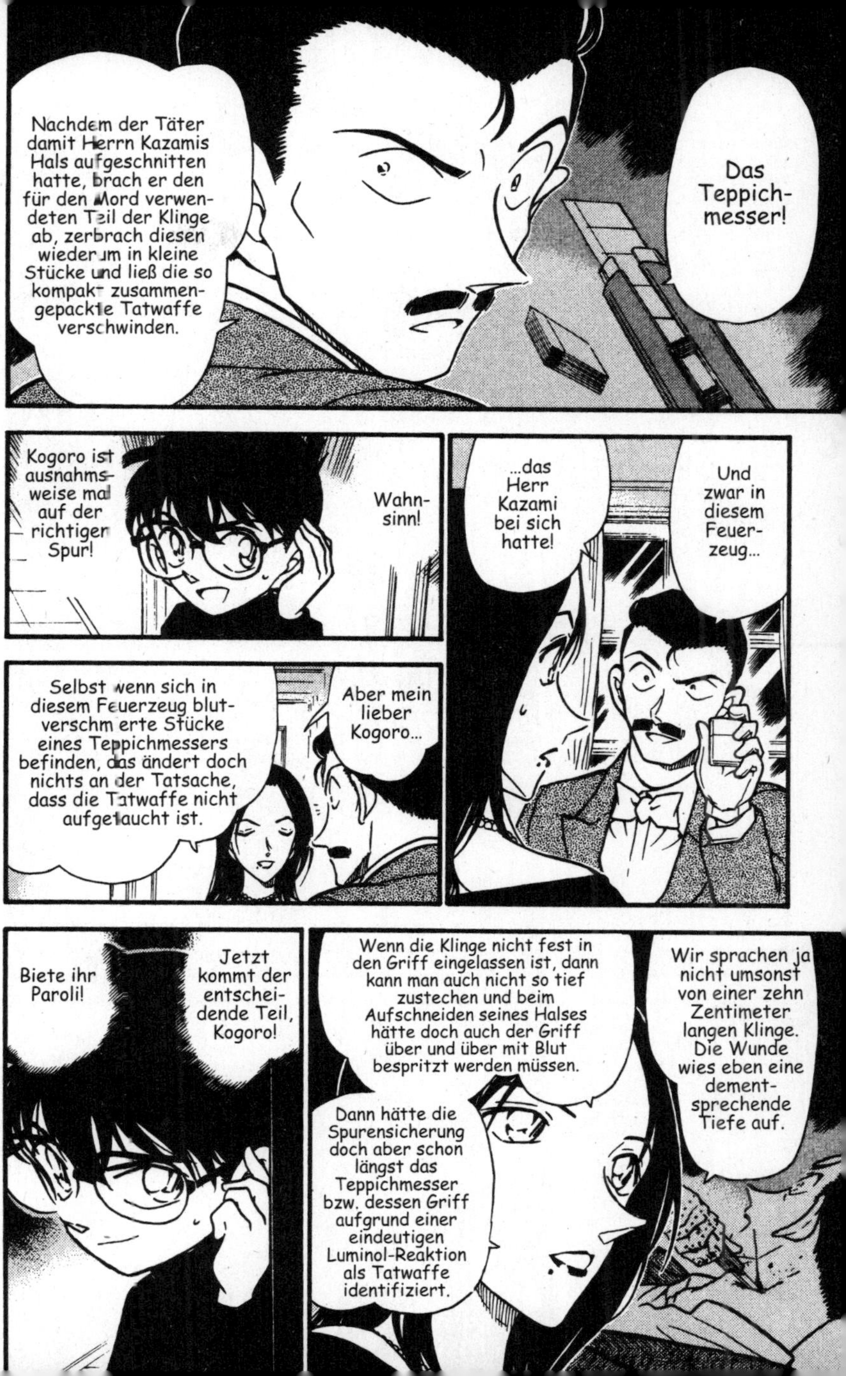
Das Teppichmesser!
Nachdem der Täter damit Herrn Kazamis Hals aufgeschnitten hatte, brach er den für den Mord verwendeten Teil der Klinge ab, zerbrach diesen wiederum in kleine Stücke und ließ die so kompakt zusammengepackte Tatwaffe verschwinden.
Und zwar in diesem Feuerzeug...
...das Herr Kazami bei sich hatte!
Wahnsinn!
Kogoro ist ausnahmsweise mal auf der richtigen Spur!
Aber mein lieber Kogoro...
Selbst wenn sich in diesem Feuerzeug blutverschmierte Stücke eines Teppichmessers befinden, das ändert doch nichts an der Tatsache, dass die Tatwaffe nicht aufgetaucht ist.
Wir sprachen ja nicht umsonst von einer zehn Zentimeter langen Klinge. Die Wunde wies eben eine dementsprechende Tiefe auf.
Wenn die Klinge nicht fest in den Griff eingelassen ist, dann kann man auch nicht so tief zustechen und beim Aufschneiden seines Halses hätte doch auch der Griff über und über mit Blut bespritzt werden müssen.
Dann hätte die Spurensicherung doch aber schon längst das Teppichmesser bzw. dessen Griff aufgrund einer eindeutigen Luminol-Reaktion als Tatwaffe identifiziert.
Jetzt kommt der entscheidende Teil, Kogoro!
Biete ihr Paroli!

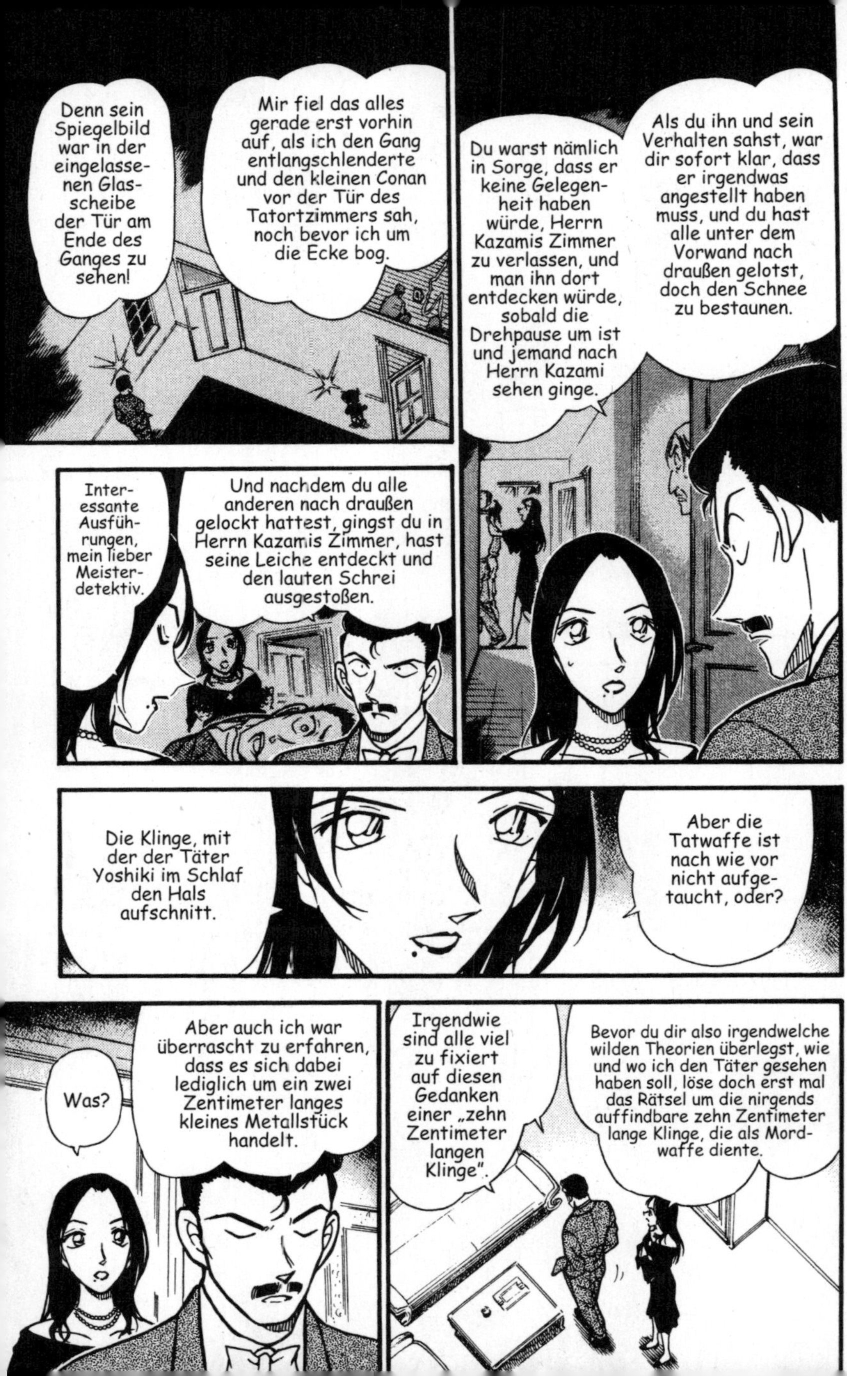

Mir fiel das alles gerade erst vorhin auf, als ich den Gang entlangschlenderte und den kleinen Conan vor der Tür des Tatortzimmers sah, noch bevor ich um die Ecke bog.
Denn sein Spiegelbild war in der eingelassenen Glasscheibe der Tür am Ende des Ganges zu sehen!
Als du ihn und sein Verhalten sahst, war dir sofort klar, dass er irgendwas angestellt haben muss, und du hast alle unter dem Vorwand nach draußen gelotst, doch den Schnee zu bestaunen.
Du warst nämlich in Sorge, dass er keine Gelegenheit haben würde, Herrn Kazamis Zimmer zu verlassen, und man ihn dort entdecken würde, sobald die Drehpause um ist und jemand nach Herrn Kazami sehen ginge.
Und nachdem du alle anderen nach draußen gelockt hattest, gingst du in Herrn Kazamis Zimmer, hast seine Leiche entdeckt und den lauten Schrei ausgestoßen.
Interessante Ausführungen, mein lieber Meisterdetektiv.
Aber die Tatwaffe ist nach wie vor nicht aufgetaucht, oder?
Die Klinge, mit der der Täter Yoshiki im Schlaf den Hals aufschnitt.
Bevor du dir also irgendwelche wilden Theorien überlegst, wie und wo ich den Täter gesehen haben soll, löse doch erst mal das Rätsel um die nirgends auffindbare zehn Zentimeter lange Klinge, die als Mordwaffe diente.
Irgendwie sind alle viel zu fixiert auf diesen Gedanken einer „zehn Zentimeter langen Klinge".
Aber auch ich war überrascht zu erfahren, dass es sich dabei lediglich um ein zwei Zentimeter langes kleines Metallstück handelt.
Was?

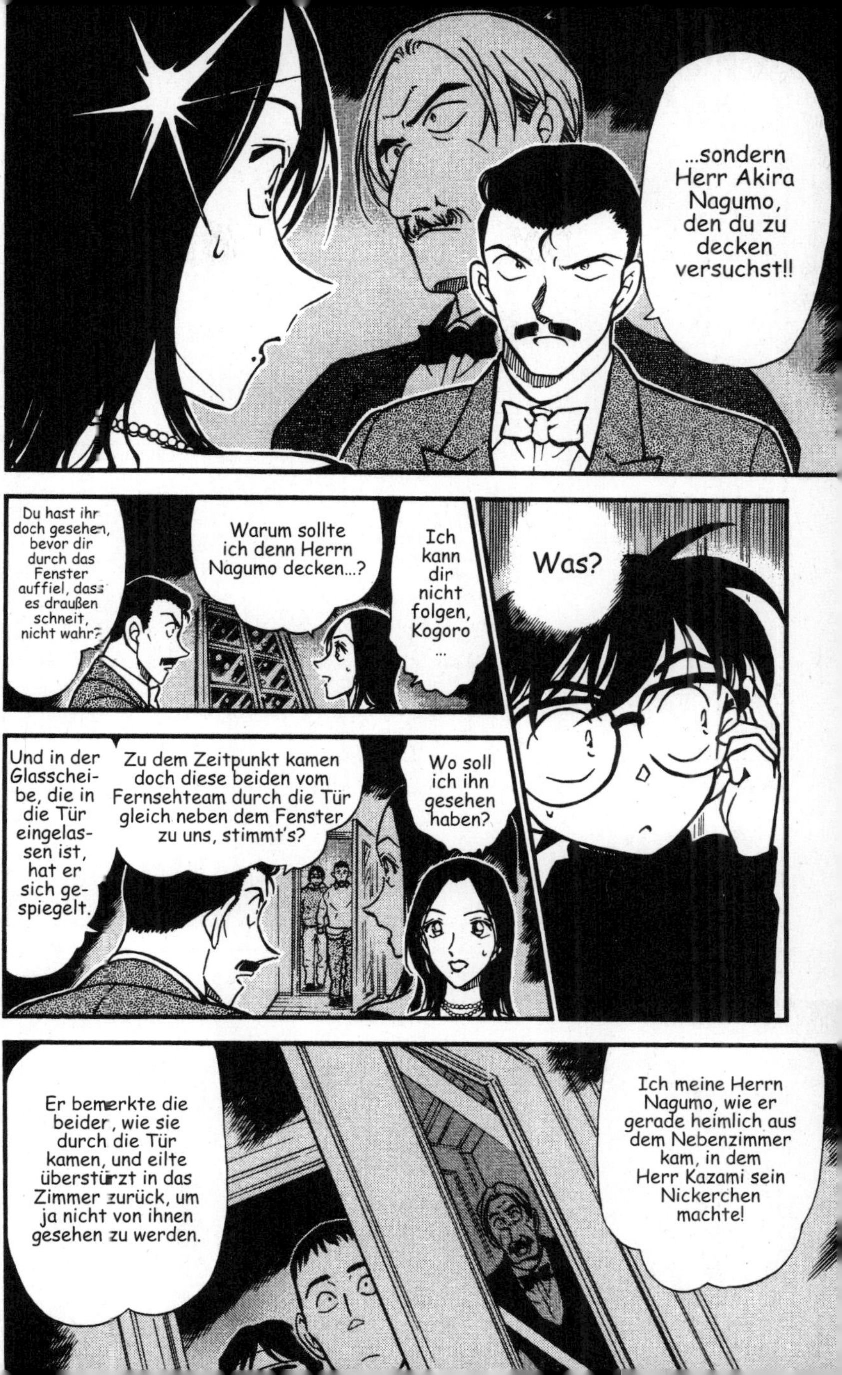
...sondern Herr Akira Nagumo, den du zu decken versuchst!!
Was?
Ich kann dir nicht folgen, Kogoro ...
Warum sollte ich denn Herrn Nagumo decken...?
Du hast ihn doch gesehen, bevor dir durch das Fenster auffiel, dass es draußen schneit, nicht wahr?
Wo soll ich ihn gesehen haben?
Zu dem Zeitpunkt kamen doch diese beiden vom Fernsehteam durch die Tür gleich neben dem Fenster zu uns, stimmt's?
Und in der Glasscheibe, die in die Tür eingelassen ist, hat er sich gespiegelt.
Ich meine Herrn Nagumo, wie er gerade heimlich aus dem Nebenzimmer kam, in dem Herr Kazami sein Nickerchen machte!
Er bemerkte die beiden, wie sie durch die Tür kamen, und eilte überstürzt in das Zimmer zurück, um ja nicht von ihnen gesehen zu werden.

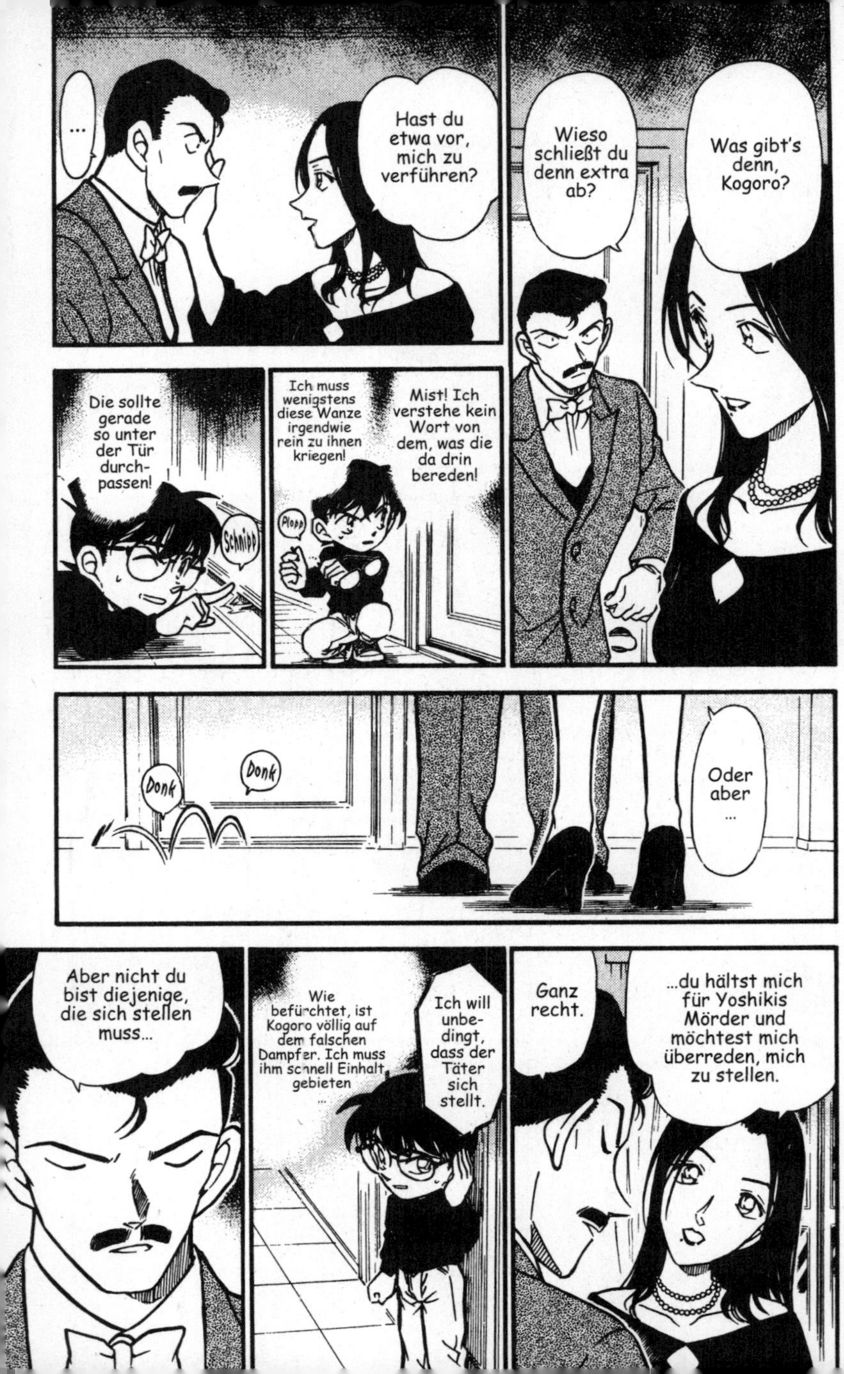
Was gibt's denn, Kogoro?
Wieso schließt du denn extra ab?
Hast du etwa vor, mich zu verführen?
...
Mist! Ich verstehe kein Wort von dem, was die da drin bereden!
Ich muss wenigstens diese Wanze irgendwie rein zu ihnen kriegen!
Plopp
Die sollte gerade so unter der Tür durchpassen!
Schnipp
Oder aber ...
Donk
Donk
...du hältst mich für Yoshikis Mörder und möchtest mich überreden, mich zu stellen.
Ganz recht.
Ich will unbedingt, dass der Täter sich stellt.
Wie befürchtet, ist Kogoro völlig auf dem falschen Dampfer. Ich muss ihm schnell Einhalt gebieten ...
Aber nicht du bist diejenige, die sich stellen muss...

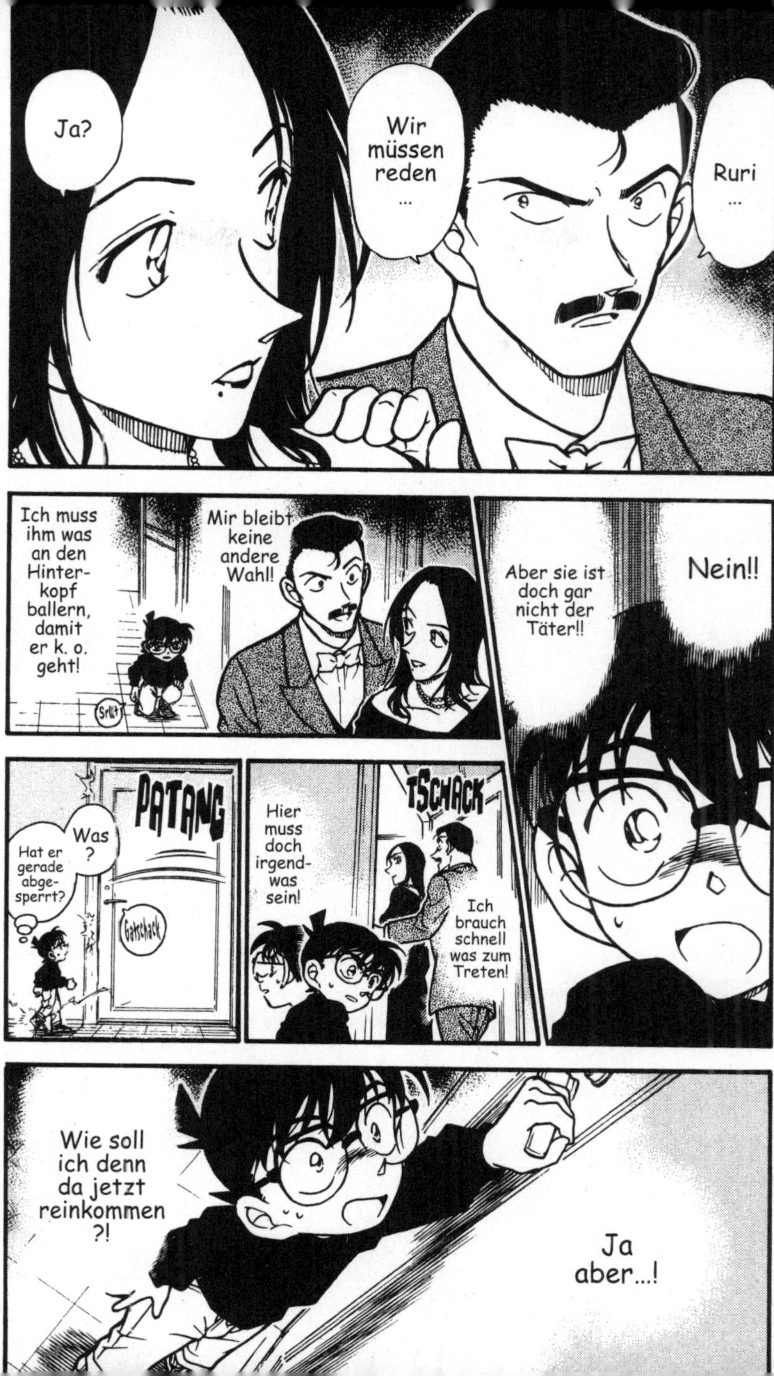

Ruri ...
Wir müssen reden ...
Ja?
Nein!!
Aber sie ist doch gar nicht der Täter!!
Mir bleibt keine andere Wahl!
Ich muss ihm was an den Hinterkopf ballern, damit er k. o. geht!
TSCHACK
Ich brauch schnell was zum Treten!
Hier muss doch irgendwas sein!
PATANG
Was ?
Hat er gerade abgesperrt?
Ja aber...!
Wie soll ich denn da jetzt reinkommen ?!

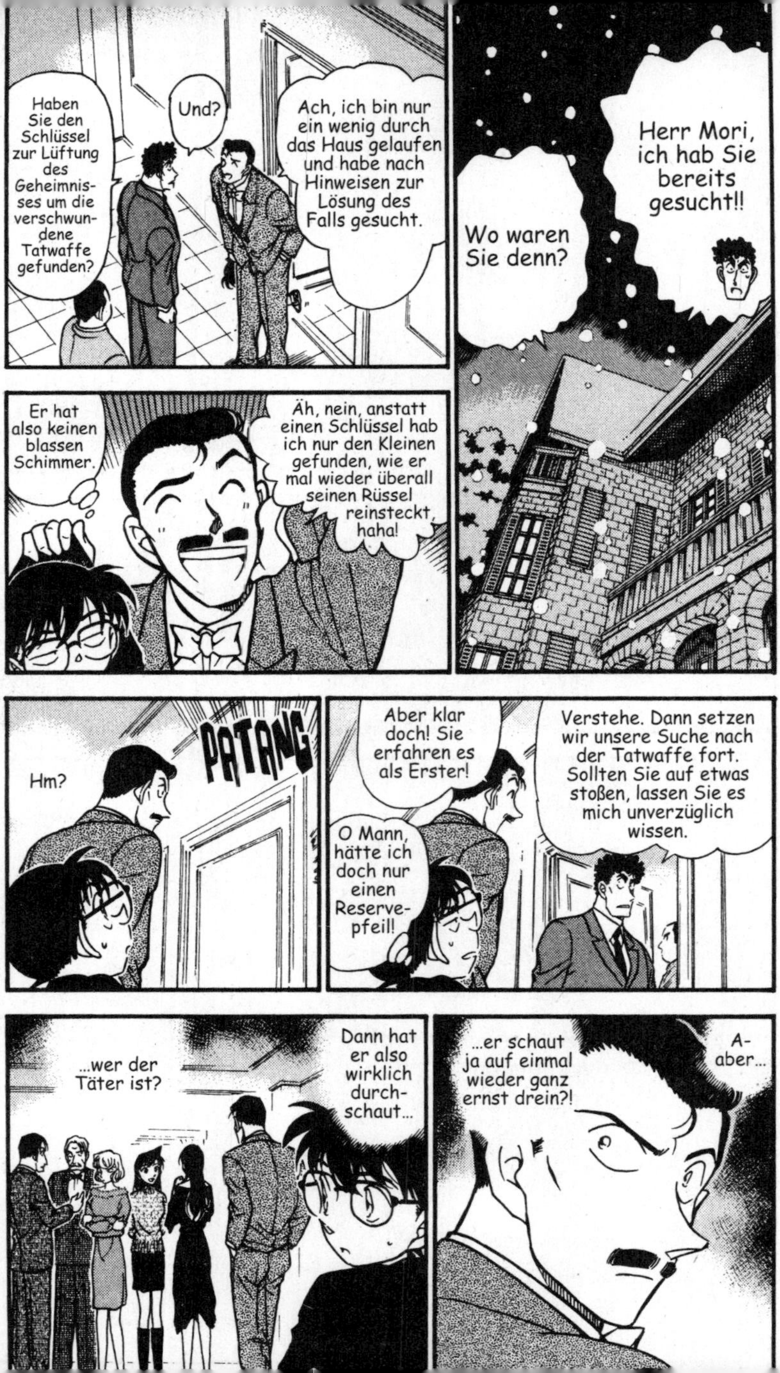

Herr Mori, ich hab Sie bereits gesucht!!
Wo waren Sie denn?
Ach, ich bin nur ein wenig durch das Haus gelaufen und habe nach Hinweisen zur Lösung des Falls gesucht.
Und?
Haben Sie den Schlüssel zur Lüftung des Geheimnisses um die verschwundene Tatwaffe gefunden?
Äh, nein, anstatt einen Schlüssel hab ich nur den Kleinen gefunden, wie er mal wieder überall seinen Rüssel reinsteckt, haha!
Er hat also keinen blassen Schimmer.
Verstehe. Dann setzen wir unsere Suche nach der Tatwaffe fort. Sollten Sie auf etwas stoßen, lassen Sie es mich unverzüglich wissen.
Aber klar doch! Sie erfahren es als Erster!
O Mann, hätte ich doch nur einen Reservepfeil!
PATANG
Hm?
A-aber...
...er schaut ja auf einmal wieder ganz ernst drein?!
Dann hat er also wirklich durchschaut...
...wer der Täter ist?

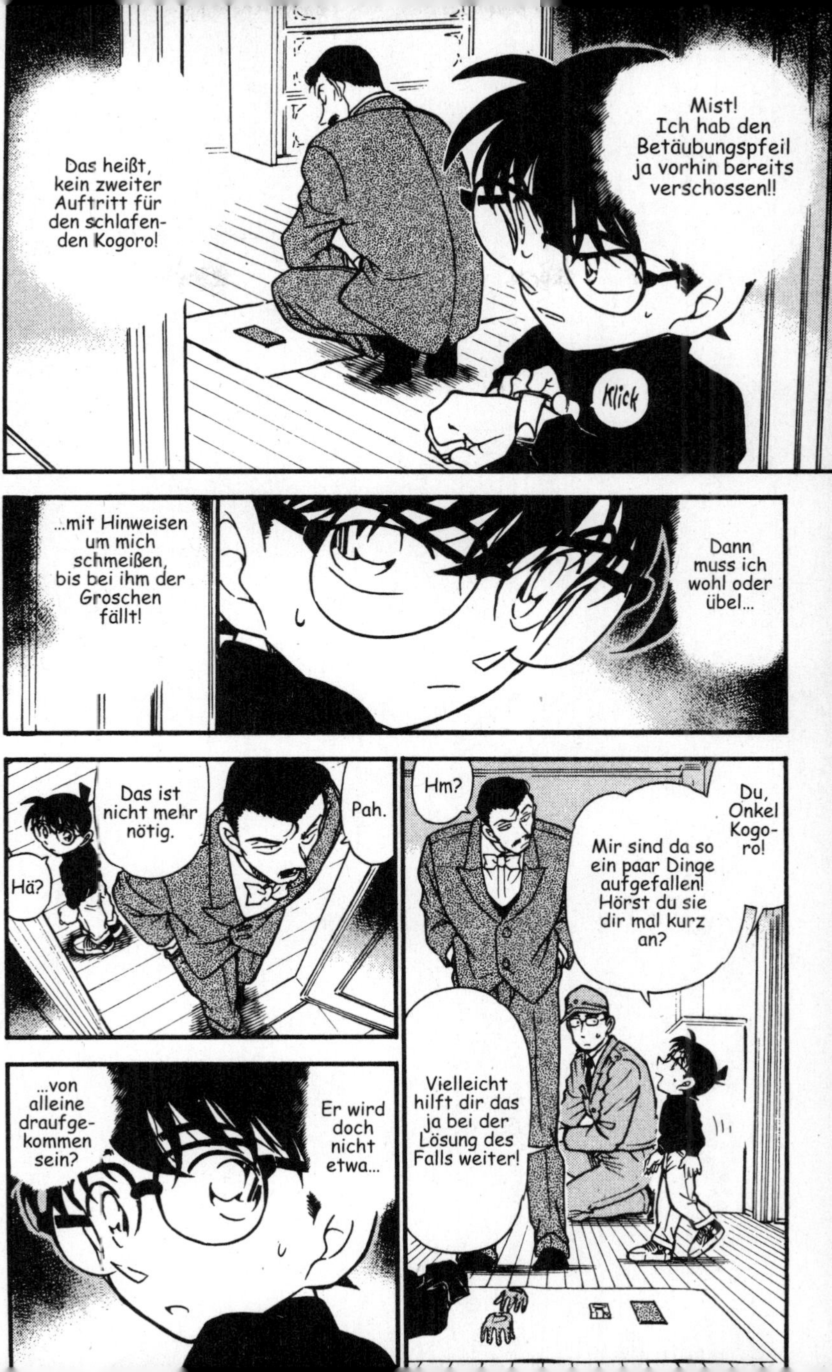
Mist! Ich hab den Betäubungspfeil ja vorhin bereits verschossen!!
Klick
Das heißt, kein zweiter Auftritt für den schlafenden Kogoro!
Dann muss ich wohl oder übel...
...mit Hinweisen um mich schmeißen, bis bei ihm der Groschen fällt!
Du, Onkel Kogoro!
Mir sind da so ein paar Dinge aufgefallen! Hörst du sie dir mal kurz an?
Hm?
Vielleicht hilft dir das ja bei der Lösung des Falls weiter!
Pah.
Das ist nicht mehr nötig.
Hä?
Er wird doch nicht etwa...
...von alleine draufgekommen sein?

FALL 3

AKTE 4

Kogoros Entscheidung Teil 3

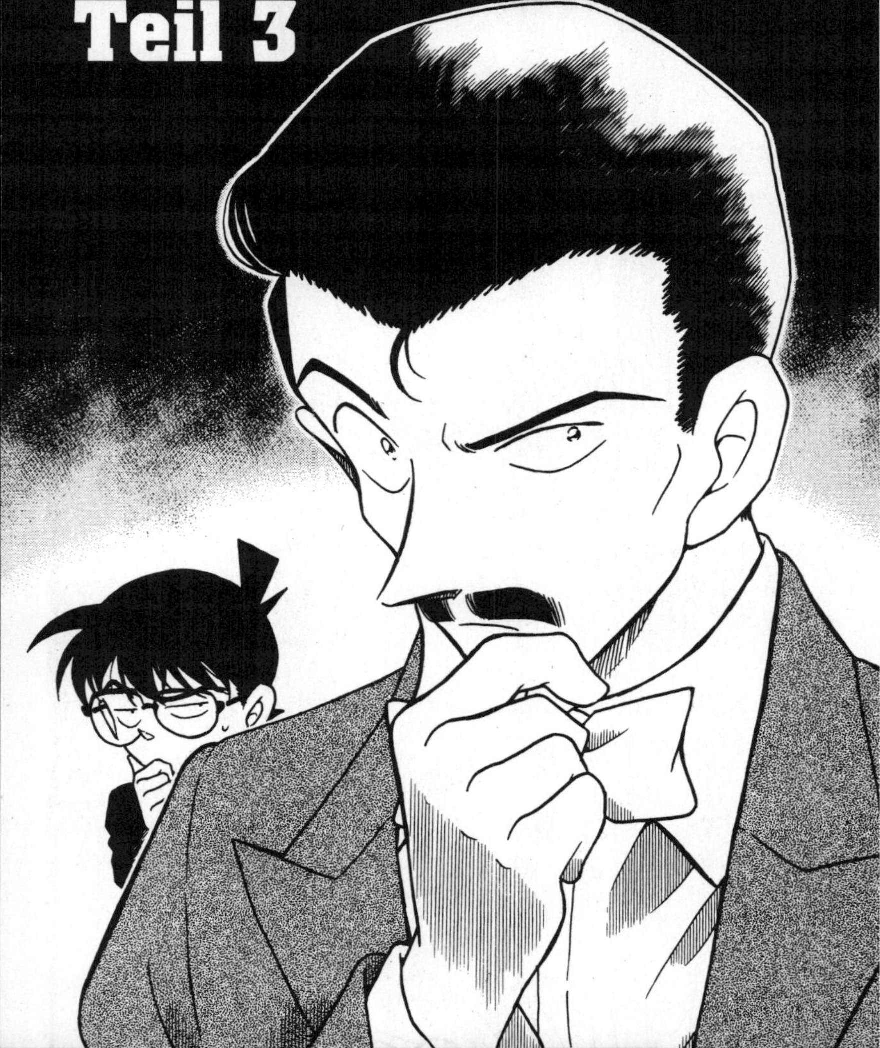

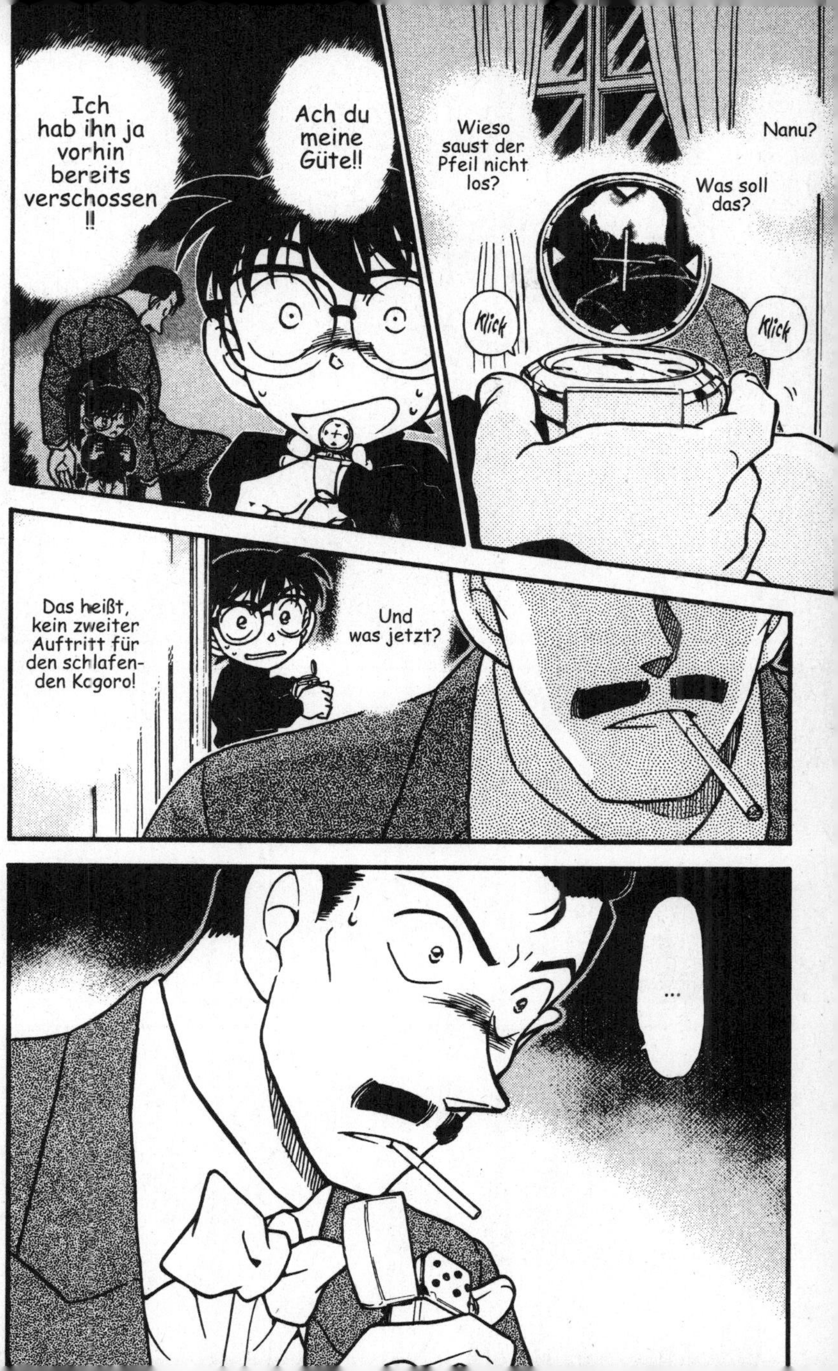
Nanu?
Was soll das?
Wieso saust der Pfeil nicht los?
Klick
Klick
Ach du meine Güte!!
Ich hab ihn ja vorhin bereits verschossen!!
Und was jetzt?
Das heißt, kein zweiter Auftritt für den schlafenden Kogoro!
...

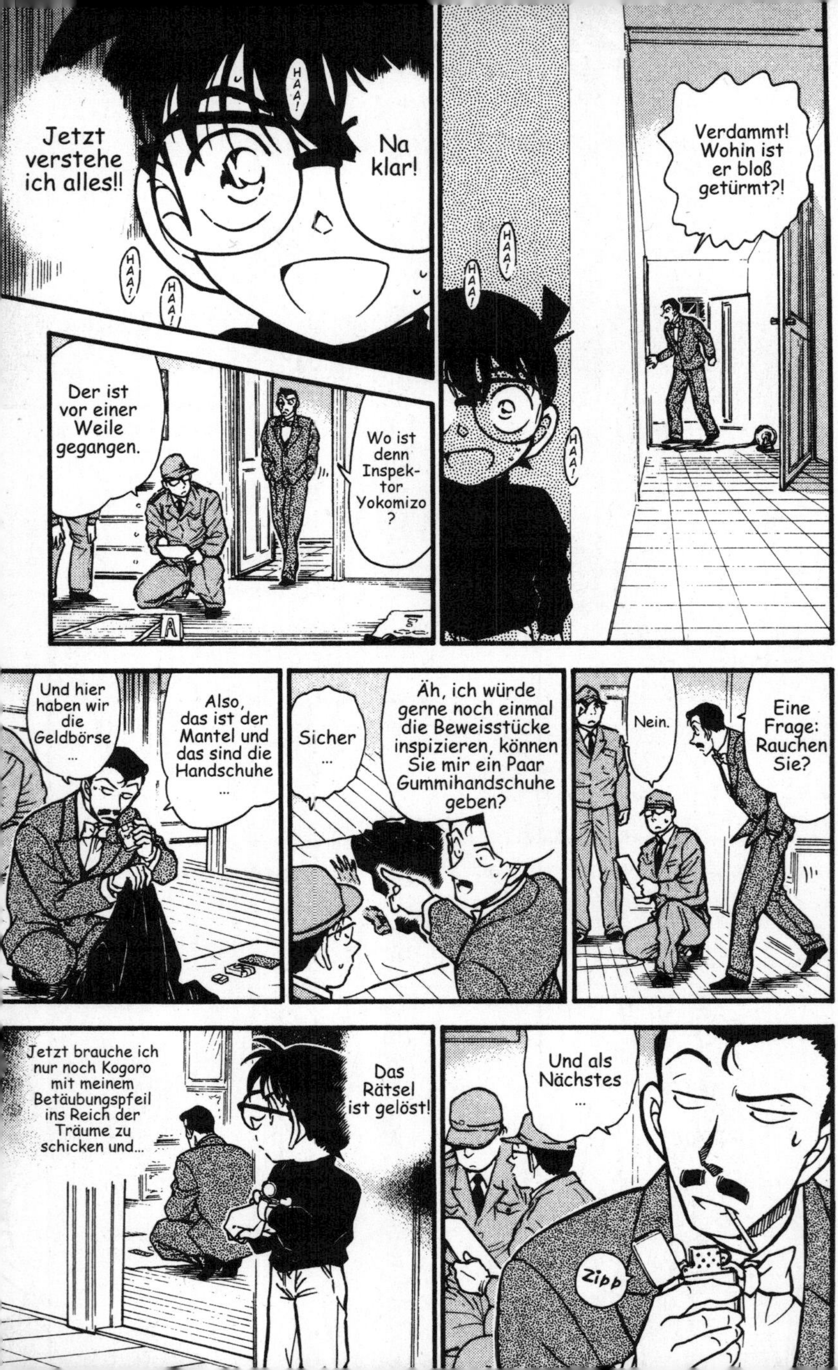

Verdammt! Wohin ist er bloß getürmt?!
HAA!
HAA!
HAA!
Na klar!
HAA!
Jetzt verstehe ich alles!!
HAA!
HAA!
Wo ist denn Inspek-tor Yokomizo ?
Der ist vor einer Weile gegangen.
Eine Frage: Rauchen Sie?
Nein.
Äh, ich würde gerne noch einmal die Beweisstücke inspizieren, können Sie mir ein Paar Gummihandschuhe geben?
Sicher ...
Also, das ist der Mantel und das sind die Handschuhe ...
Und hier haben wir die Geldbörse ...
Und als Nächstes ...
Zipp
Das Rätsel ist gelöst!
Jetzt brauche ich nur noch Kogoro mit meinem Betäubungspfeil ins Reich der Träume zu schicken und...

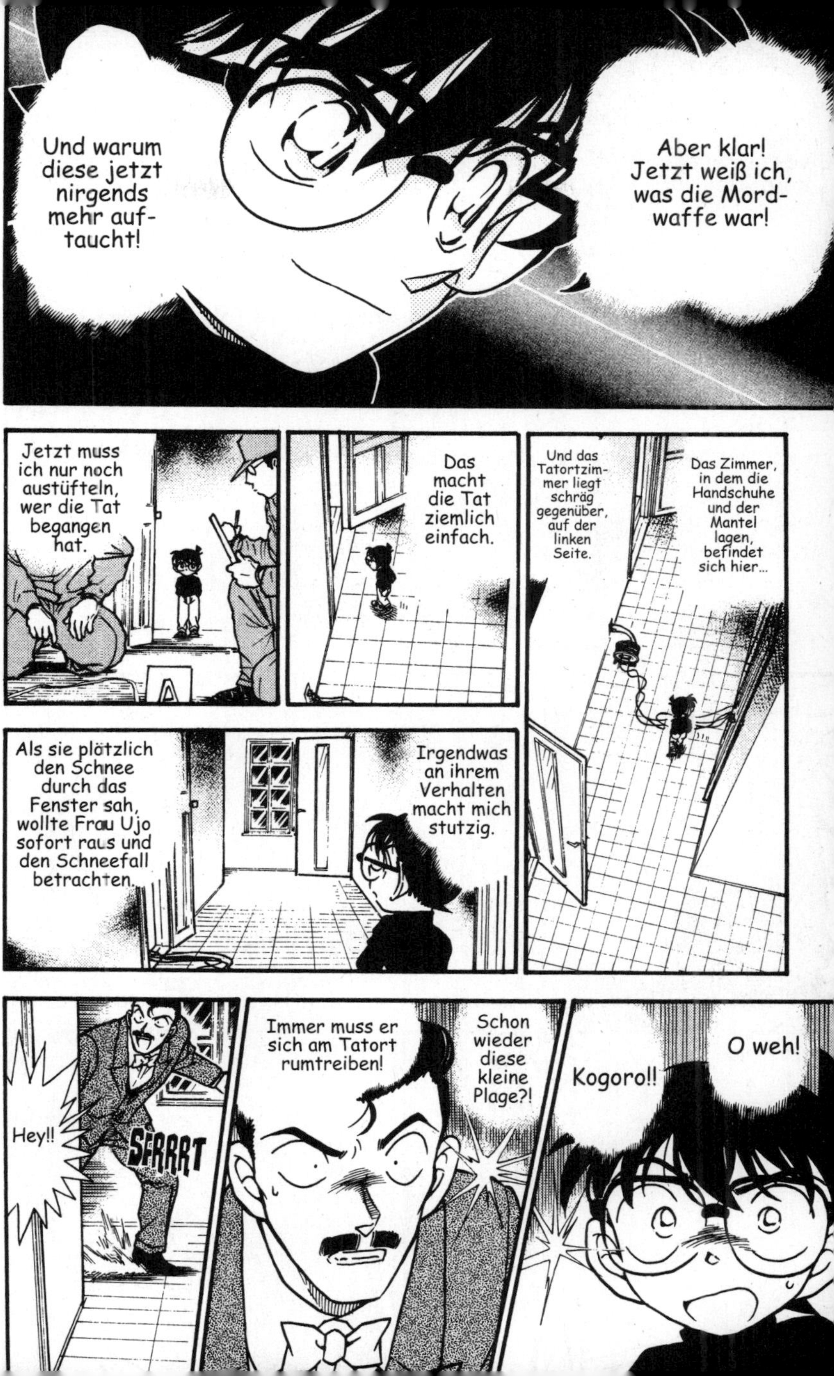
Aber klar! Jetzt weiß ich, was die Mordwaffe war!
Und warum diese jetzt nirgends mehr auftaucht!
Das Zimmer, in dem die Handschuhe und der Mantel lagen, befindet sich hier...
Und das Tatortzimmer liegt schräg gegenüber, auf der linken Seite.
Das macht die Tat ziemlich einfach.
Jetzt muss ich nur noch austüfteln, wer die Tat begangen hat.
Irgendwas an ihrem Verhalten macht mich stutzig.
Als sie plötzlich den Schnee durch das Fenster sah, wollte Frau Ujo sofort raus und den Schneefall betrachten.
O weh!
Kogoro!!
Schon wieder diese kleine Plage?!
Immer muss er sich am Tatort rumtreiben!
Hey!!
SFRRRT

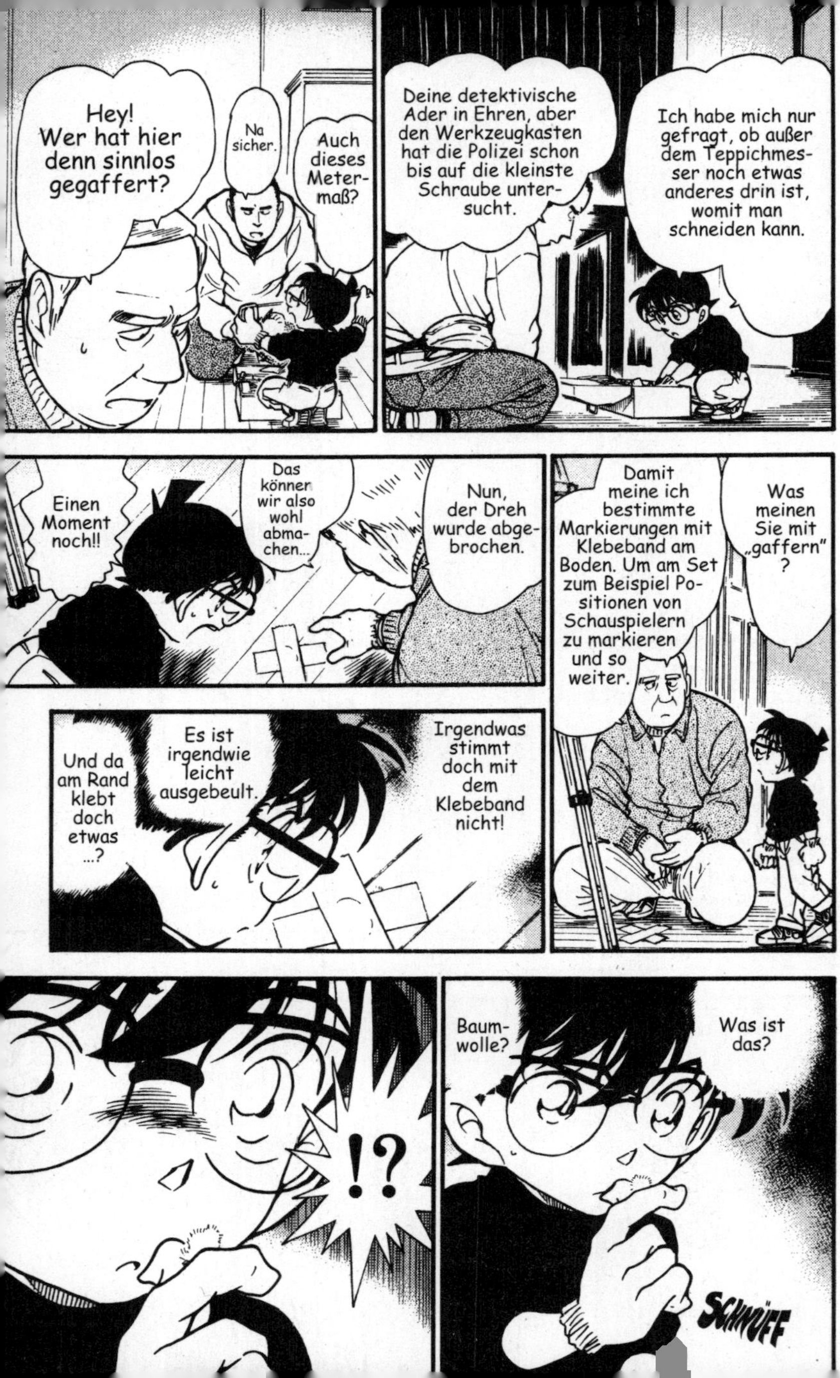

Ich habe mich nur gefragt, ob außer dem Teppichmesser noch etwas anderes drin ist, womit man schneiden kann.
Deine detektivische Ader in Ehren, aber den Werkzeugkasten hat die Polizei schon bis auf die kleinste Schraube untersucht.
Auch dieses Metermaß?
Na sicher.
Hey! Wer hat hier denn sinnlos gegaffert?
Was meinen Sie mit „gaffern"?
Damit meine ich bestimmte Markierungen mit Klebeband am Boden. Um am Set zum Beispiel Positionen von Schauspielern zu markieren und so weiter.
Nun, der Dreh wurde abgebrochen.
Das können wir also wohl abmachen...
Einen Moment noch!!
Irgendwas stimmt doch mit dem Klebeband nicht!
Es ist irgendwie leicht ausgebeult.
Und da am Rand klebt doch etwas ...?
Was ist das?
Baumwolle?
SCHNÜFF
!?

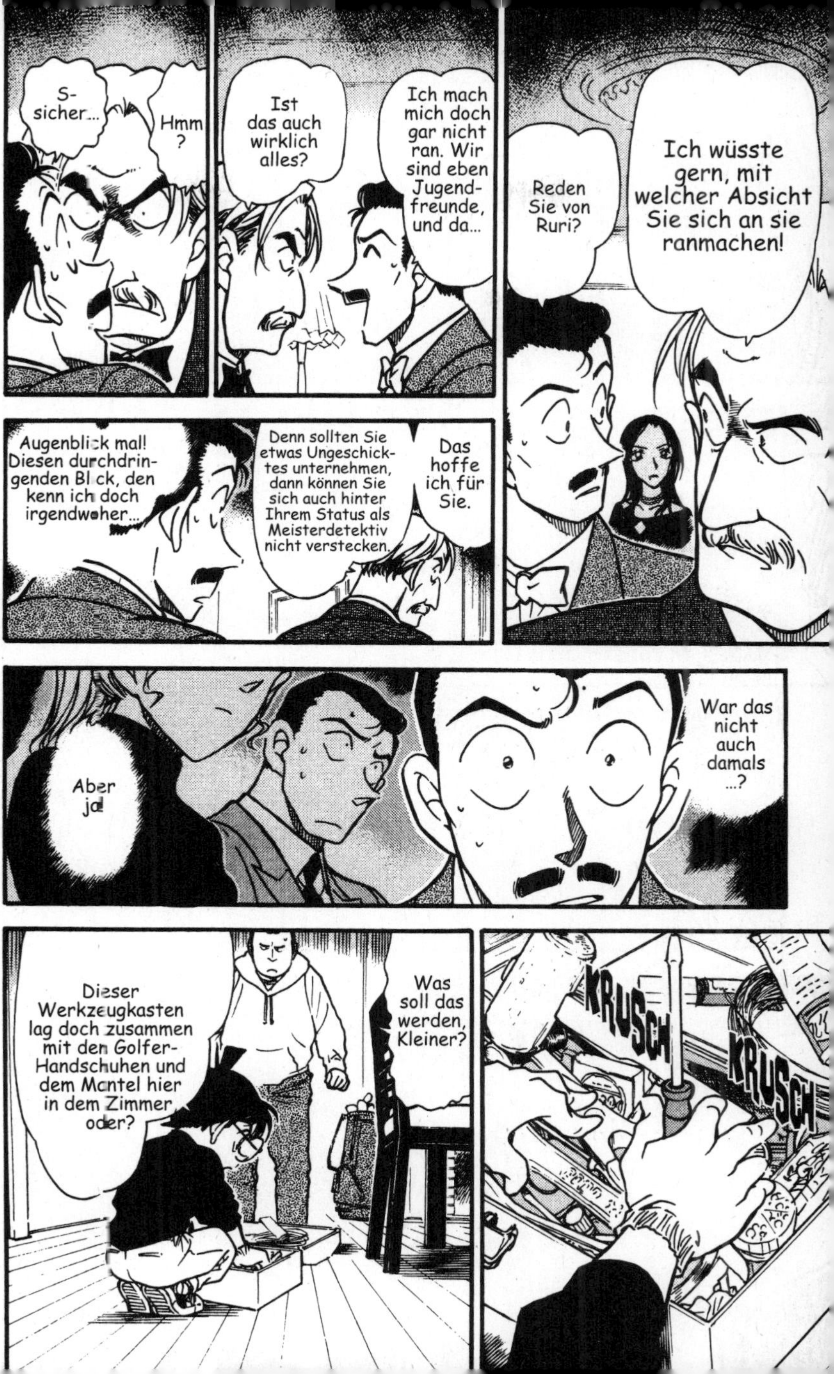

Ich wüsste gern, mit welcher Absicht Sie sich an sie ranmachen!
Reden Sie von Ruri?
Ich mach mich doch gar nicht ran. Wir sind eben Jugend-freunde, und da...
Ist das auch wirklich alles?
Hmm?
S-sicher...
Das hoffe ich für Sie.
Denn sollten Sie etwas Ungeschick-tes unternehmen, dann können Sie sich auch hinter Ihrem Status als Meisterdetektiv nicht verstecken.
Augenblick mal! Diesen durchdrin-genden Blick, den kenn ich doch irgendwoher...
War das nicht auch damals ...?
Aber ja!
KRUSCH
KRUSCH
Was soll das werden, Kleiner?
Dieser Werkzeugkasten lag doch zusammen mit den Golfer-Handschuhen und dem Mantel hier in dem Zimmer oder?

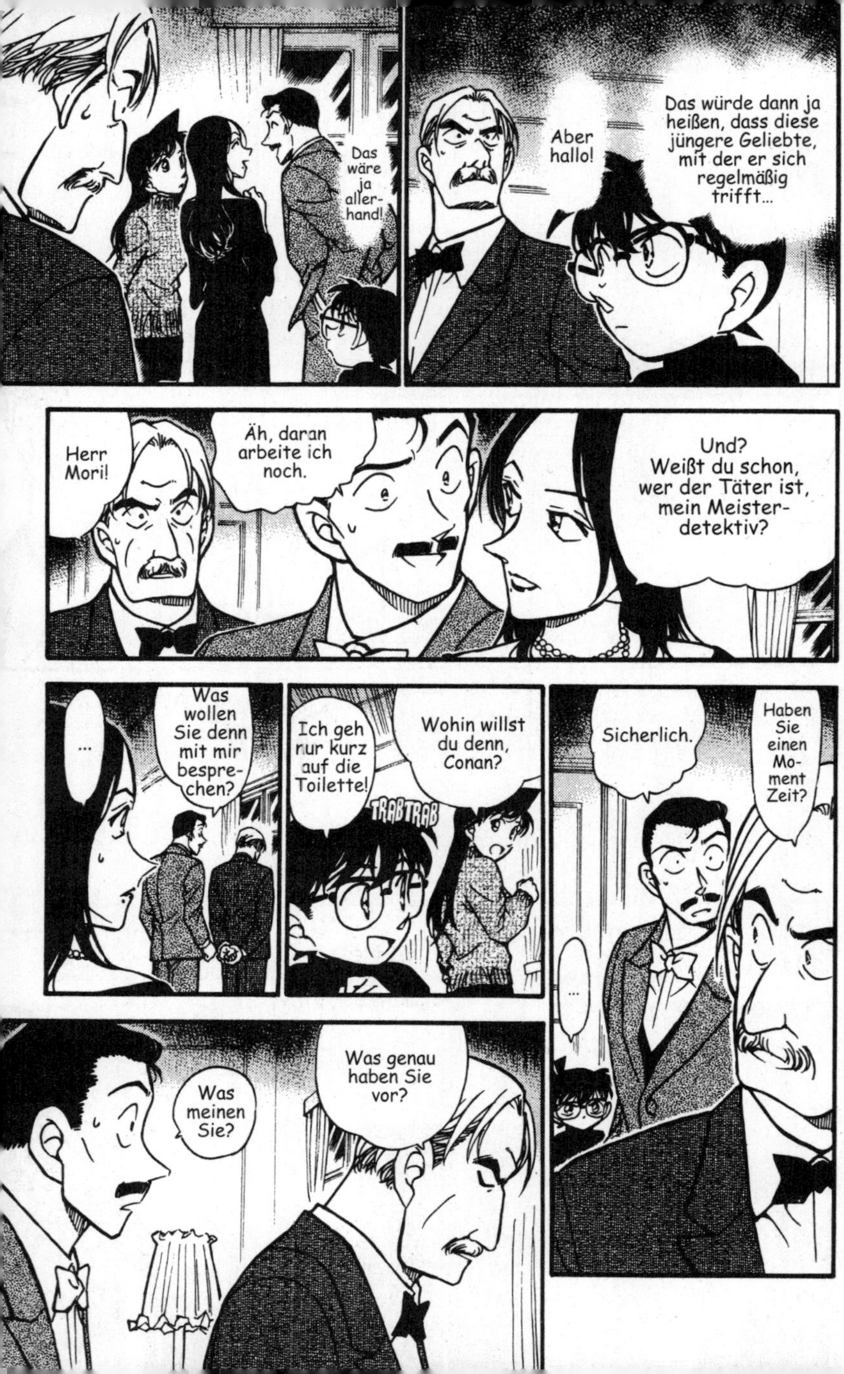
Das würde dann ja heißen, dass diese jüngere Geliebte, mit der er sich regelmäßig trifft...
Aber hallo!
Das wäre ja aller-hand!
Und? Weißt du schon, wer der Täter ist, mein Meister-detektiv?
Äh, daran arbeite ich noch.
Herr Mori!
Haben Sie einen Mo-ment Zeit?
Sicherlich.
...
Wohin willst du denn, Conan?
Ich geh nur kurz auf die Toilette!
TRABTRAB
Was wollen Sie denn mit mir bespre-chen?
...
Was genau haben Sie vor?
Was meinen Sie?

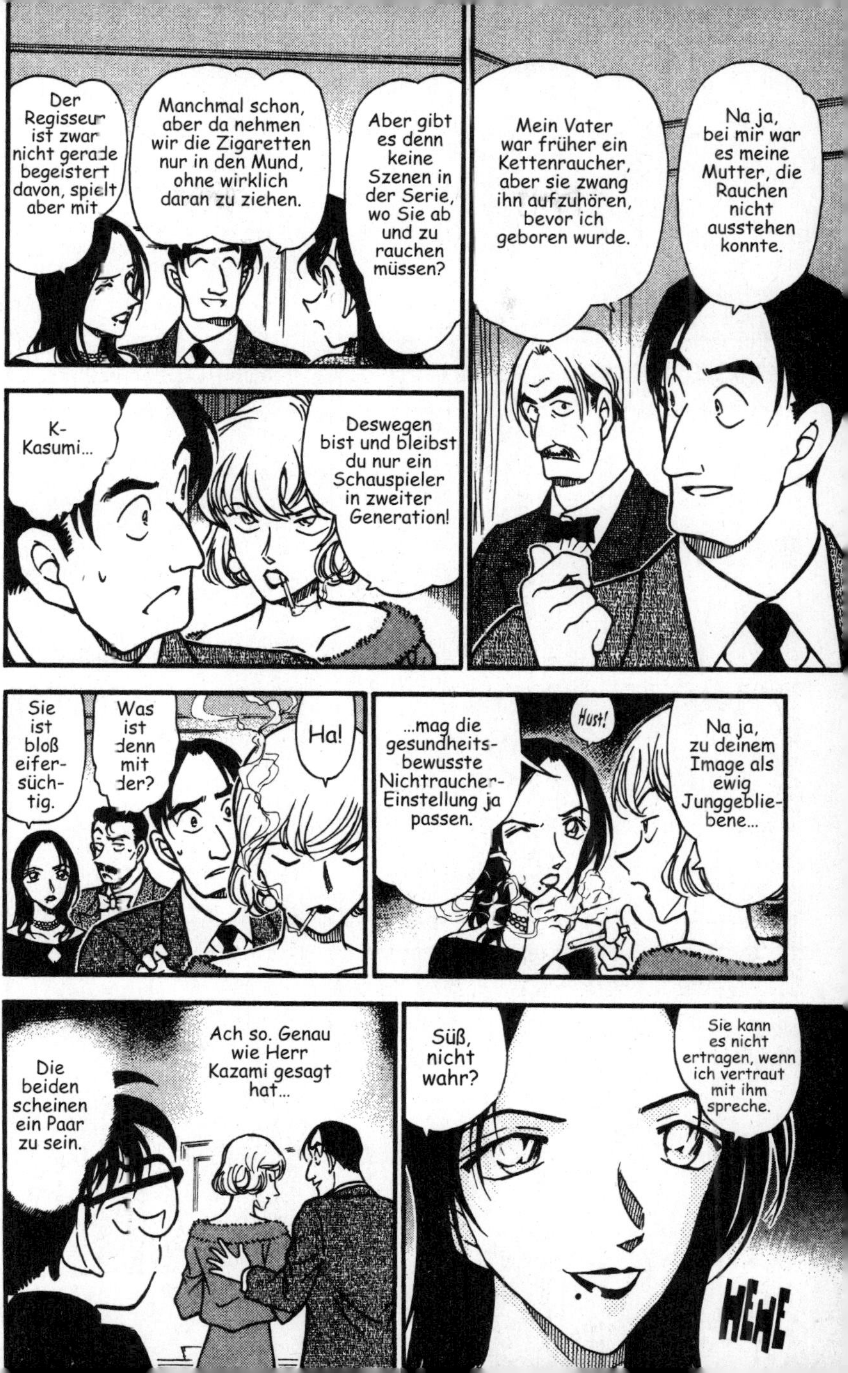
Na ja, bei mir war es meine Mutter, die Rauchen nicht ausstehen konnte.
Mein Vater war früher ein Kettenraucher, aber sie zwang ihn aufzuhören, bevor ich geboren wurde.
Aber gibt es denn keine Szenen in der Serie, wo Sie ab und zu rauchen müssen?
Manchmal schon, aber da nehmen wir die Zigaretten nur in den Mund, ohne wirklich daran zu ziehen.
Der Regisseur ist zwar nicht gerade begeistert davon, spielt aber mit.
Deswegen bist und bleibst du nur ein Schauspieler in zweiter Generation!
K- Kasumi...
Na ja, zu deinem Image als ewig Junggebliebene...
Hust!
...mag die gesundheitsbewusste Nichtraucher-Einstellung ja passen.
Ha!
Was ist denn mit der?
Sie ist bloß eifersüchtig.
Sie kann es nicht ertragen, wenn ich vertraut mit ihm spreche.
Süß, nicht wahr?
HEHE
Ach so. Genau wie Herr Kazami gesagt hat...
Die beiden scheinen ein Paar zu sein.

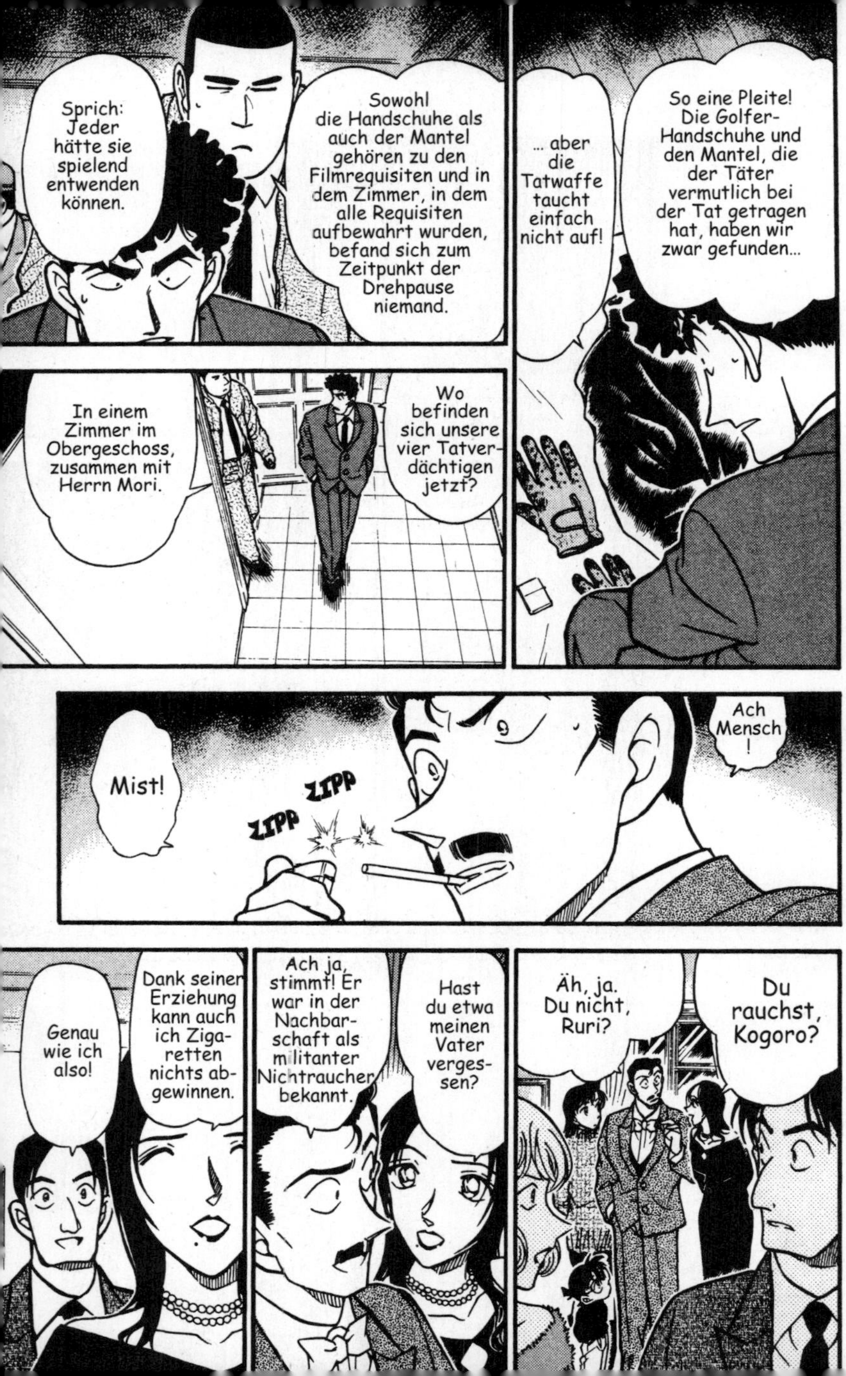
So eine Pleite! Die Golfer-Handschuhe und den Mantel, die der Täter vermutlich bei der Tat getragen hat, haben wir zwar gefunden...
... aber die Tatwaffe taucht einfach nicht auf!
Sowohl die Handschuhe als auch der Mantel gehören zu den Filmrequisiten und in dem Zimmer, in dem alle Requisiten aufbewahrt wurden, befand sich zum Zeitpunkt der Drehpause niemand.
Sprich: Jeder hätte sie spielend entwenden können.
Wo befinden sich unsere vier Tatverdächtigen jetzt?
In einem Zimmer im Obergeschoss, zusammen mit Herrn Mori.
Ach Mensch!
ZIPP
ZIPP
Mist!
Du rauchst, Kogoro?
Äh, ja. Du nicht, Ruri?
Hast du etwa meinen Vater vergessen?
Ach ja, stimmt! Er war in der Nachbarschaft als militanter Nichtraucher bekannt.
Dank seiner Erziehung kann auch ich Zigaretten nichts abgewinnen.
Genau wie ich also!

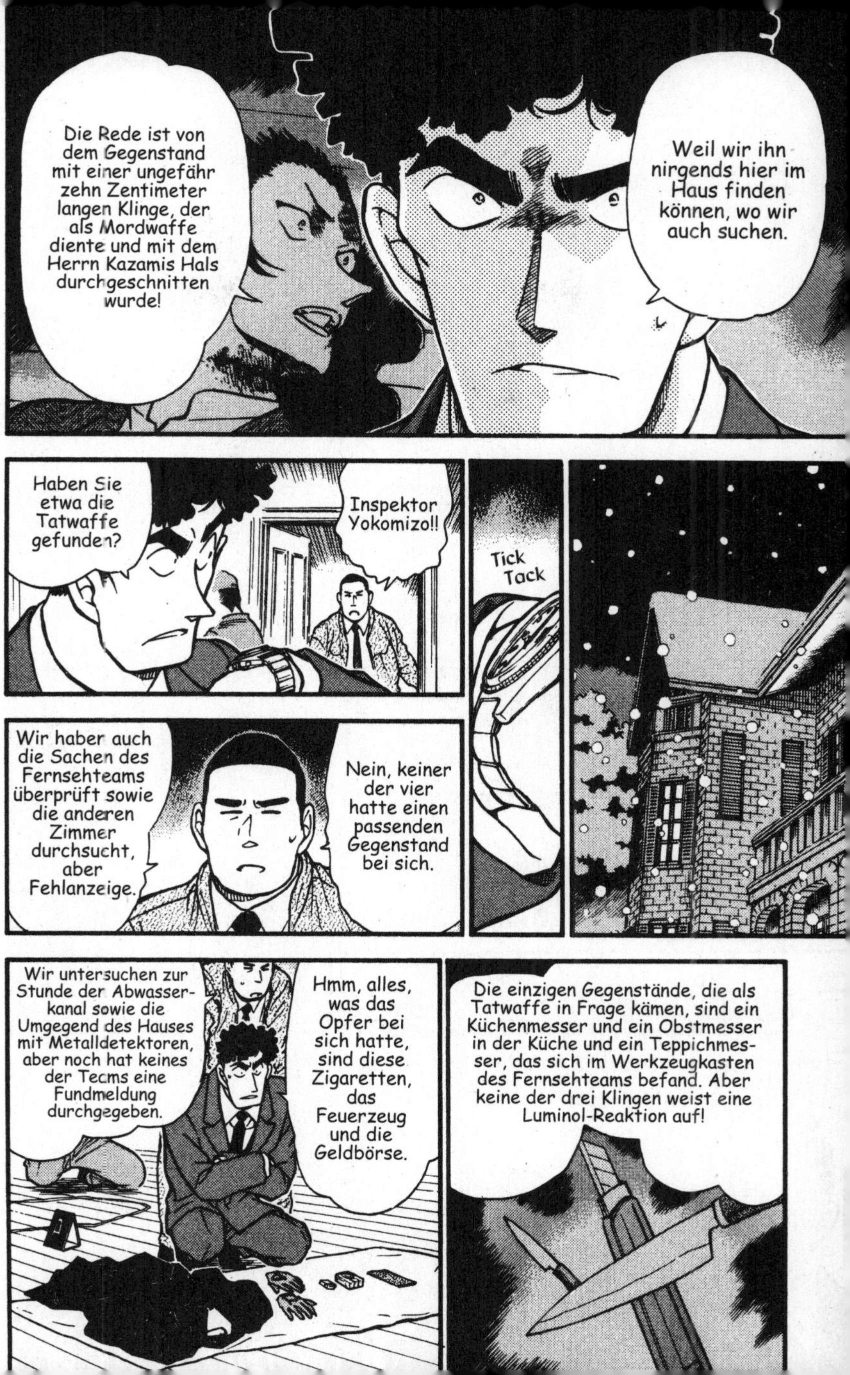
Weil wir ihn nirgends hier im Haus finden können, wo wir auch suchen.
Die Rede ist von dem Gegenstand mit einer ungefähr zehn Zentimeter langen Klinge, der als Mordwaffe diente und mit dem Herrn Kazamis Hals durchgeschnitten wurde!
Tick Tack
Inspektor Yokomizo!!
Haben Sie etwa die Tatwaffe gefunden?
Nein, keiner der vier hatte einen passenden Gegenstand bei sich.
Wir haben auch die Sachen des Fernsehteams überprüft sowie die anderen Zimmer durchsucht, aber Fehlanzeige.
Die einzigen Gegenstände, die als Tatwaffe in Frage kämen, sind ein Küchenmesser und ein Obstmesser in der Küche und ein Teppichmesser, das sich im Werkzeugkasten des Fernsehteams befand. Aber keine der drei Klingen weist eine Luminol-Reaktion auf!
Hmm, alles, was das Opfer bei sich hatte, sind diese Zigaretten, das Feuerzeug und die Geldbörse.
Wir untersuchen zur Stunde den Abwasserkanal sowie die Umgegend des Hauses mit Metalldetektoren, aber noch hat keines der Teams eine Fundmeldung durchgegeben.

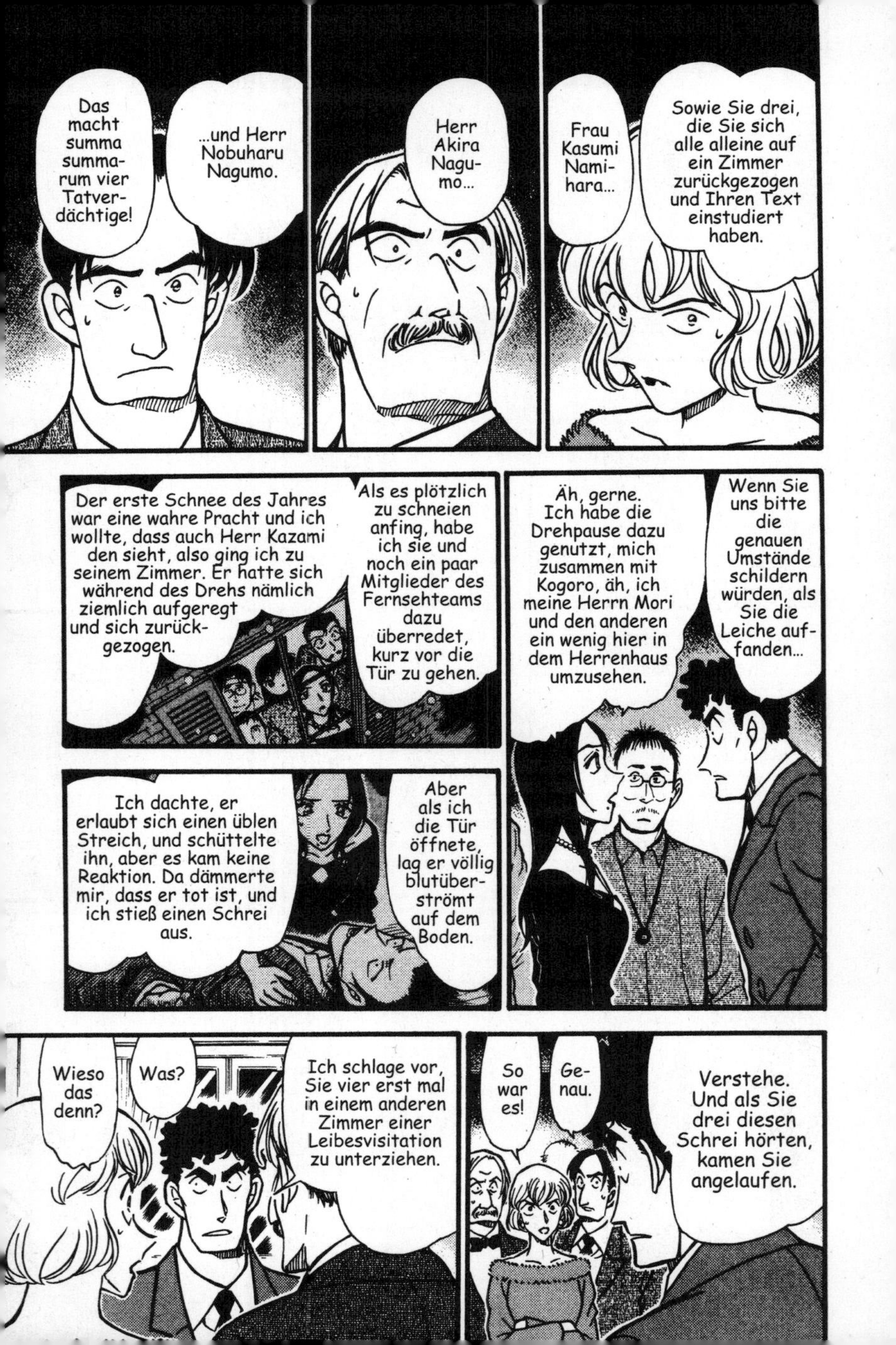
Sowie Sie drei, die Sie sich alle alleine auf ein Zimmer zurückgezogen und Ihren Text einstudiert haben.
Frau Kasumi Namihara...
Herr Akira Nagumo...
...und Herr Nobuharu Nagumo.
Das macht summa summarum vier Tatverdächtige!
Wenn Sie uns bitte die genauen Umstände schildern würden, als Sie die Leiche auffanden...
Äh, gerne. Ich habe die Drehpause dazu genutzt, mich zusammen mit Kogoro, äh, ich meine Herrn Mori und den anderen ein wenig hier in dem Herrenhaus umzusehen.
Als es plötzlich zu schneien anfing, habe ich sie und noch ein paar Mitglieder des Fernsehteams dazu überredet, kurz vor die Tür zu gehen.
Der erste Schnee des Jahres war eine wahre Pracht und ich wollte, dass auch Herr Kazami den sieht, also ging ich zu seinem Zimmer. Er hatte sich während des Drehs nämlich ziemlich aufgeregt und sich zurückgezogen.
Aber als ich die Tür öffnete, lag er völlig blutüberströmt auf dem Boden.
Ich dachte, er erlaubt sich einen üblen Streich, und schüttelte ihn, aber es kam keine Reaktion. Da dämmerte mir, dass er tot ist, und ich stieß einen Schrei aus.
Verstehe. Und als Sie drei diesen Schrei hörten, kamen Sie angelaufen.
Genau.
So war es!
Ich schlage vor, Sie vier erst mal in einem anderen Zimmer einer Leibesvisitation zu unterziehen.
Was?
Wieso das denn?

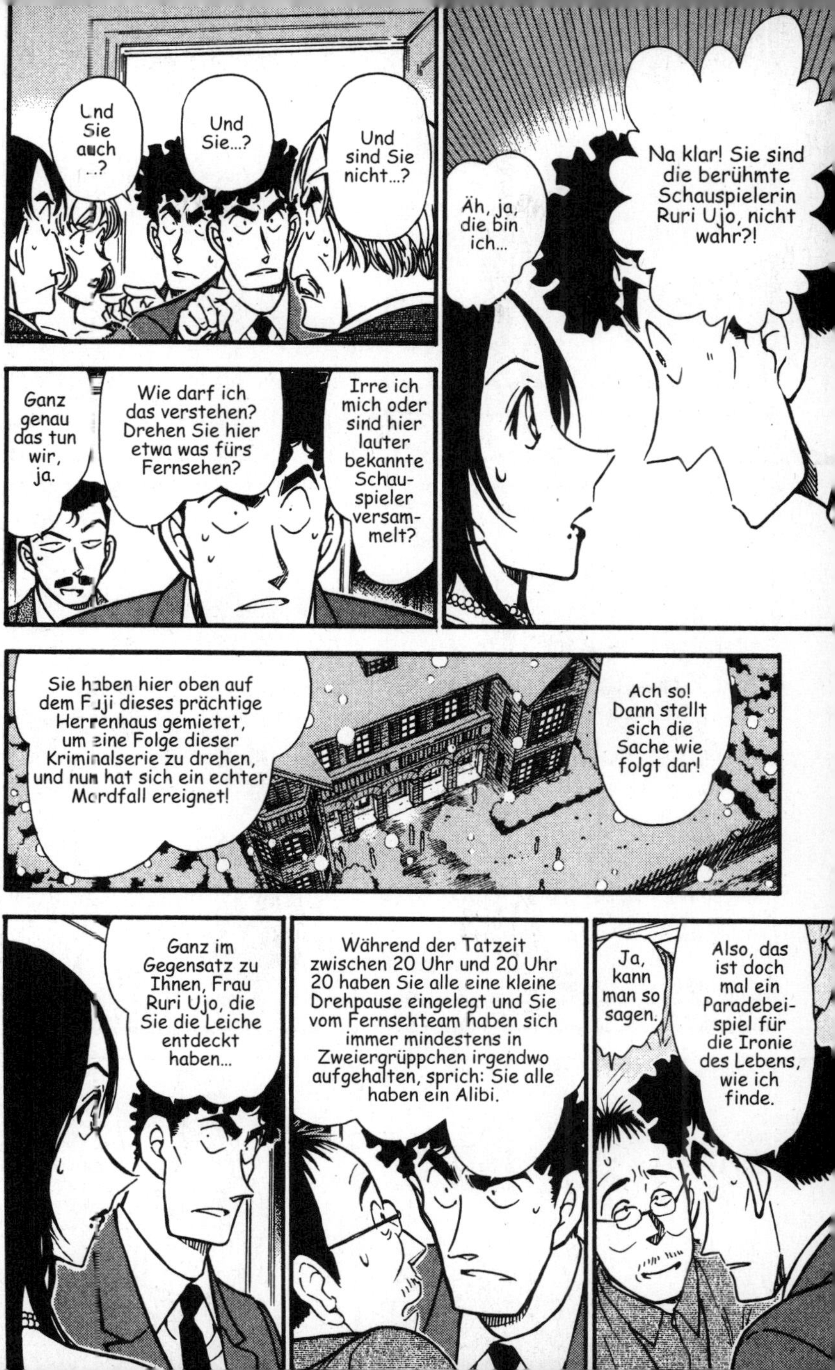
Na klar! Sie sind die berühmte Schauspielerin Ruri Ujo, nicht wahr?!
Äh, ja, die bin ich...
Und sind Sie nicht...?
Und Sie...?
Und Sie auch ...?
Irre ich mich oder sind hier lauter bekannte Schauspieler versammelt?
Wie darf ich das verstehen? Drehen Sie hier etwa was fürs Fernsehen?
Ganz genau das tun wir, ja.
Ach so! Dann stellt sich die Sache wie folgt dar!
Sie haben hier oben auf dem Fuji dieses prächtige Herrenhaus gemietet, um eine Folge dieser Kriminalserie zu drehen, und nun hat sich ein echter Mordfall ereignet!
Also, das ist doch mal ein Paradebeispiel für die Ironie des Lebens, wie ich finde.
Ja, kann man so sagen.
Während der Tatzeit zwischen 20 Uhr und 20 Uhr 20 haben Sie alle eine kleine Drehpause eingelegt und Sie vom Fernsehteam haben sich immer mindestens in Zweiergrüppchen irgendwo aufgehalten, sprich: Sie alle haben ein Alibi.
Ganz im Gegensatz zu Ihnen, Frau Ruri Ujo, die Sie die Leiche entdeckt haben...

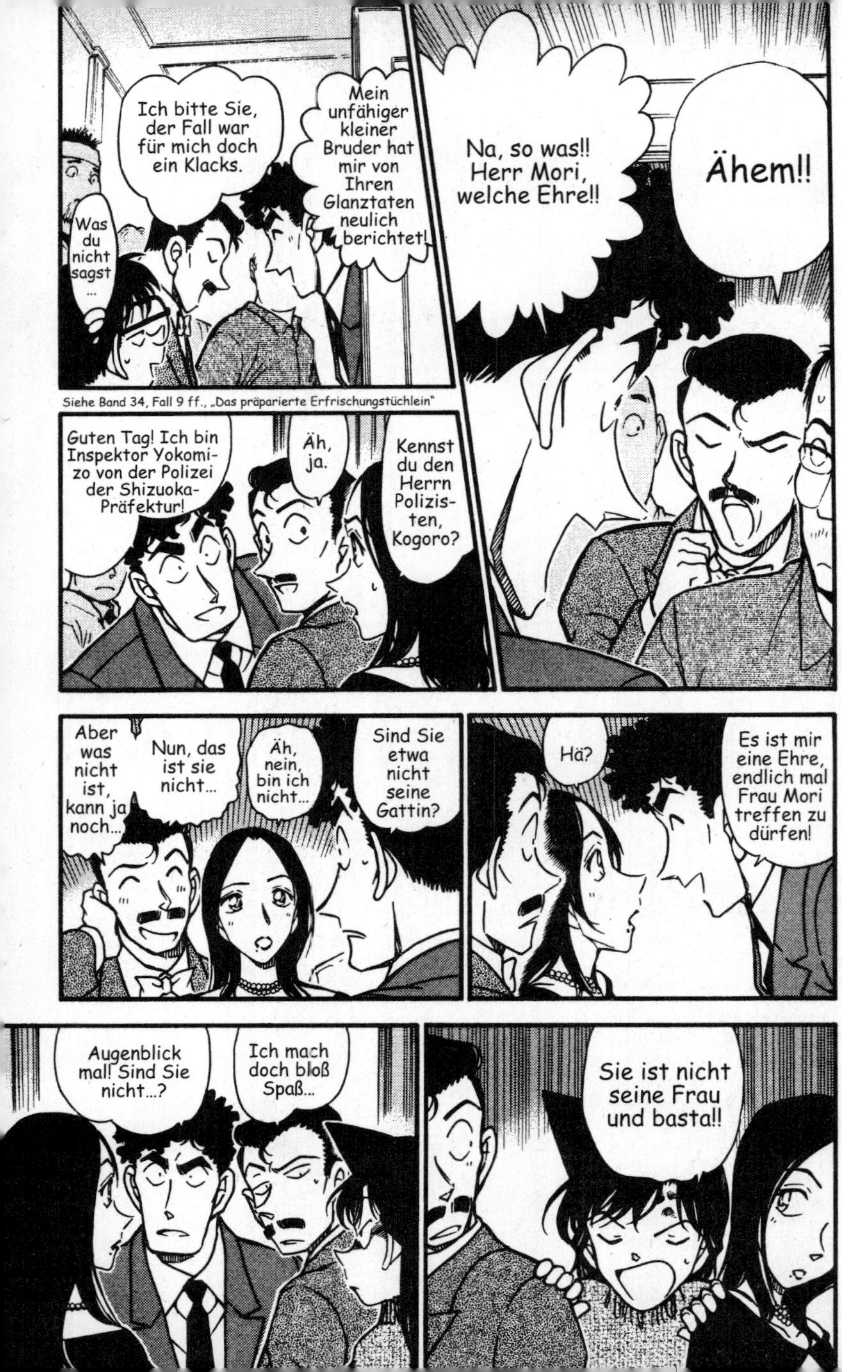

Siehe Band 34, Fall 9 ff., „Das präparierte Erfrischungstüchlein“

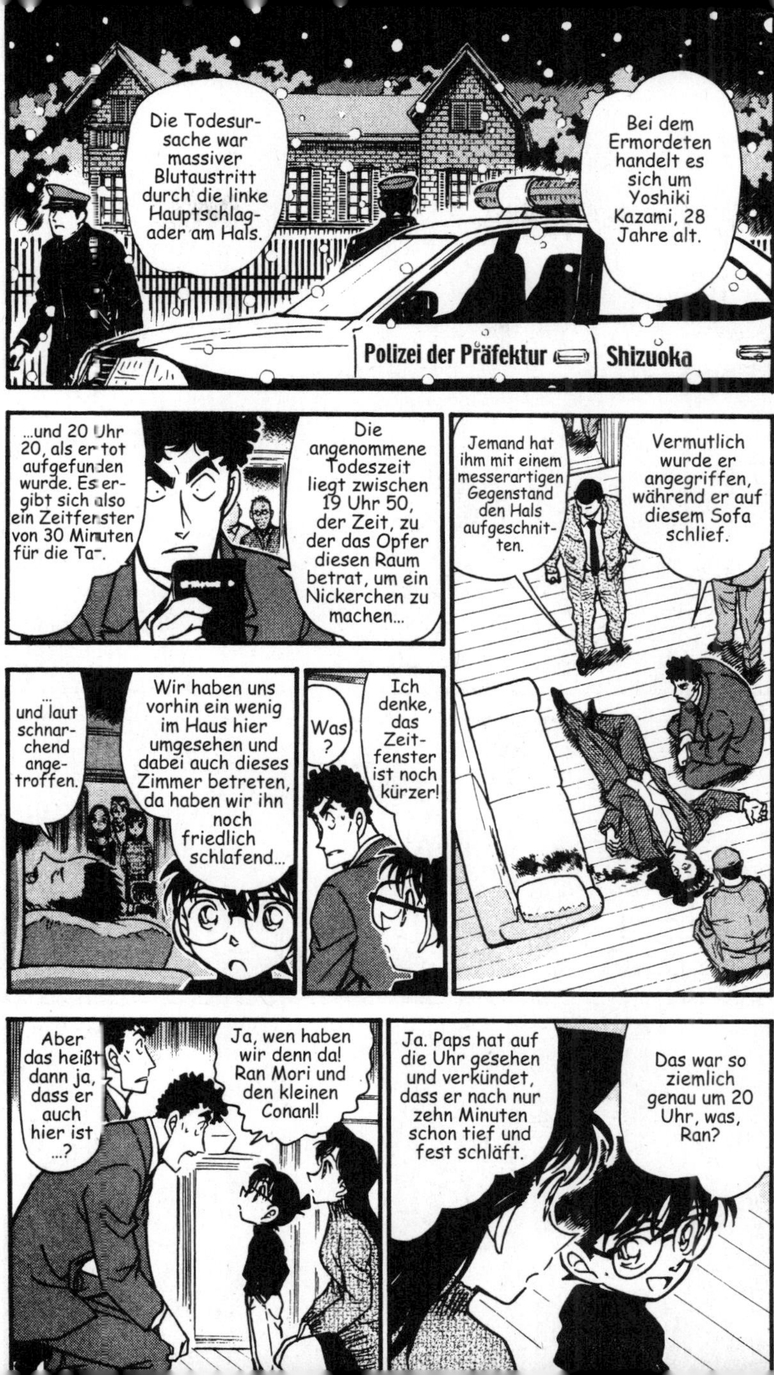
Bei dem Ermordeten handelt es sich um Yoshiki Kazami, 28 Jahre alt.
Die Todesursache war massiver Blutaustritt durch die linke Hauptschlagader am Hals.
Polizei der Präfektur Shizuoka
Vermutlich wurde er angegriffen, während er auf diesem Sofa schlief.
Jemand hat ihm mit einem messerartigen Gegenstand den Hals aufgeschnitten.
Die angenommene Todeszeit liegt zwischen 19 Uhr 50, der Zeit, zu der das Opfer diesen Raum betrat, um ein Nickerchen zu machen...
...und 20 Uhr 20, als er tot aufgefunden wurde. Es ergibt sich also ein Zeitfenster von 30 Minuten für die Ta-.
Ich denke, das Zeitfenster ist noch kürzer!
Was?
Wir haben uns vorhin ein wenig im Haus hier umgesehen und dabei auch dieses Zimmer betreten, da haben wir ihn noch friedlich schlafend...
...und laut schnarchend angetroffen.
Das war so ziemlich genau um 20 Uhr, was, Ran?
Ja. Paps hat auf die Uhr gesehen und verkündet, dass er nach nur zehn Minuten schon tief und fest schläft.
Ja, wen haben wir denn da! Ran Mori und den kleinen Conan!!
Aber das heißt dann ja, dass er auch hier ist ...?

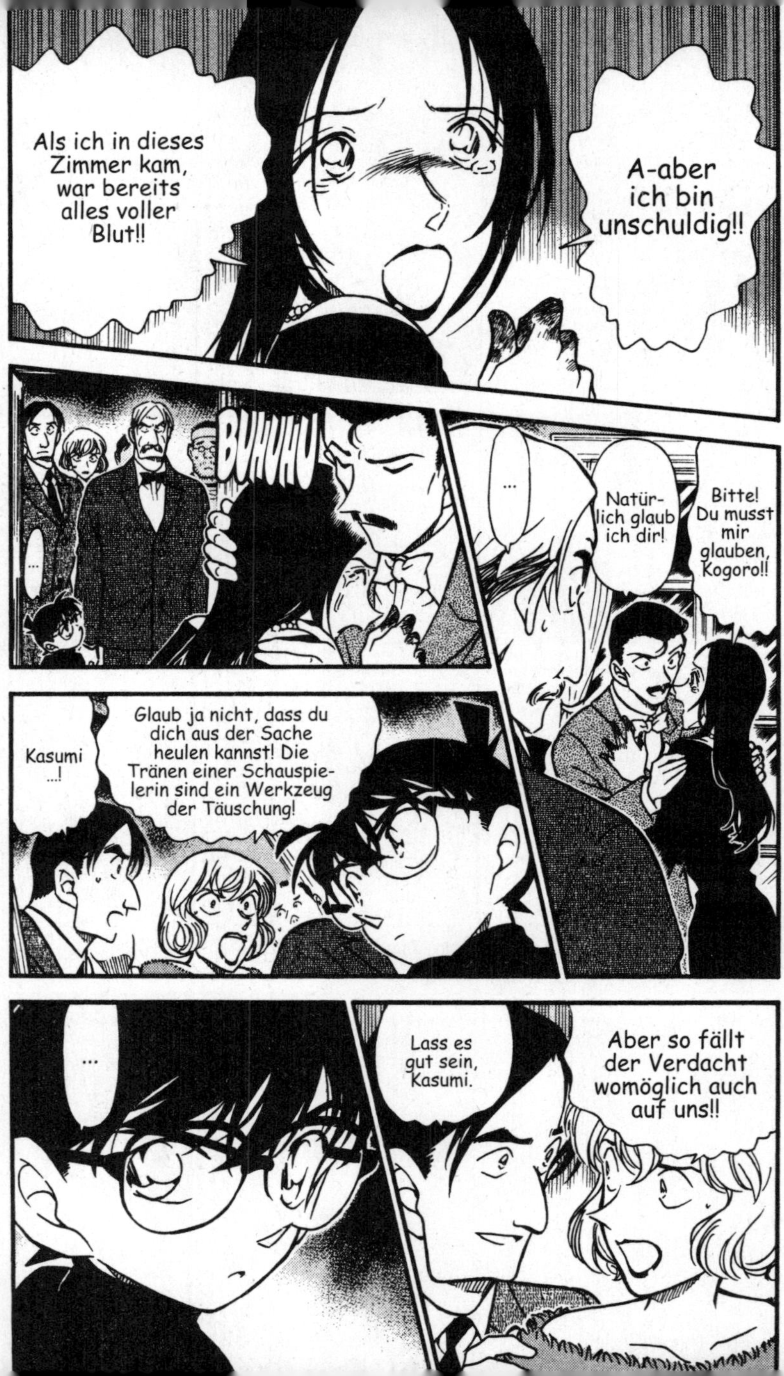
A-aber ich bin unschuldig!!
Als ich in dieses Zimmer kam, war bereits alles voller Blut!!
Bitte! Du musst mir glauben, Kogoro!!
Natür-lich glaub ich dir!
...
BUHUHU
...
Glaub ja nicht, dass du dich aus der Sache heulen kannst! Die Tränen einer Schauspie-lerin sind ein Werkzeug der Täuschung!
Kasumi ...!
Aber so fällt der Verdacht womöglich auch auf uns!!
Lass es gut sein, Kasumi.
...

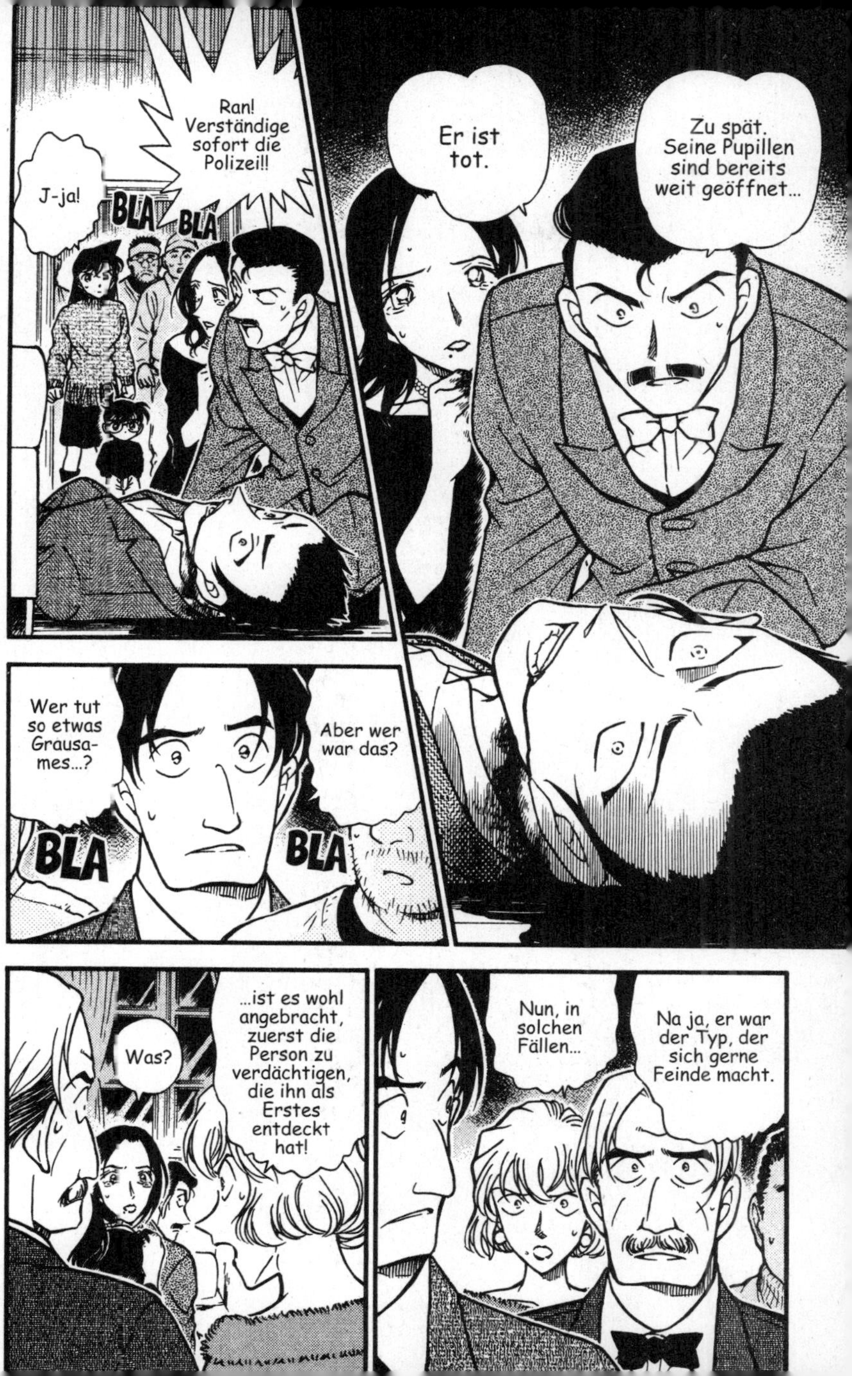
Zu spät. Seine Pupillen sind bereits weit geöffnet…
Er ist tot.
Ran! Verständige sofort die Polizei!!
J-ja!
BLA BLA
Aber wer war das?
Wer tut so etwas Grausames…?
BLA
BLA
Na ja, er war der Typ, der sich gerne Feinde macht.
Nun, in solchen Fällen…
…ist es wohl angebracht, zuerst die Person zu verdächtigen, die ihn als Erstes entdeckt hat!
Was?

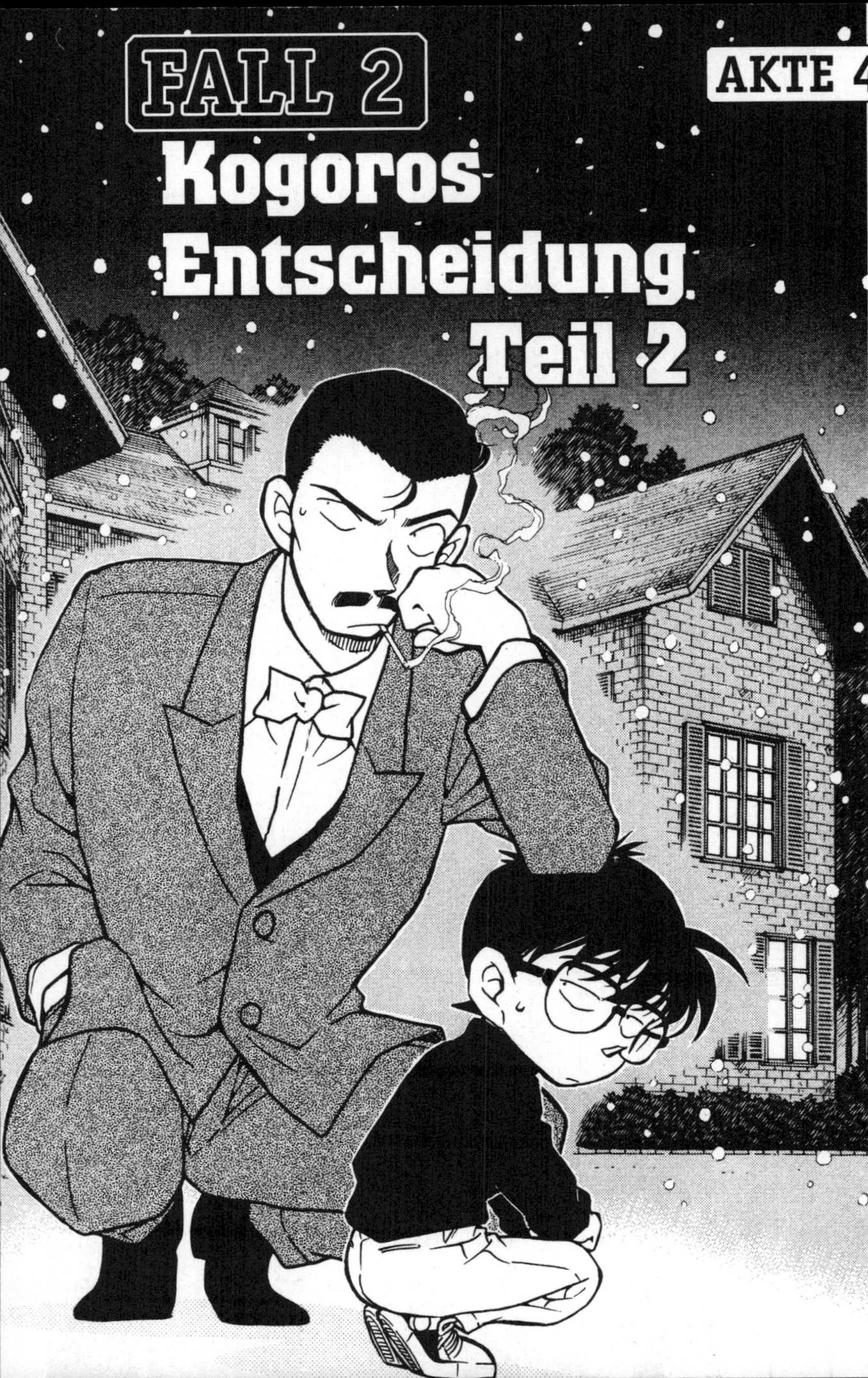
FALL 2
AKTE 4
Kogoros Entscheidung Teil 2

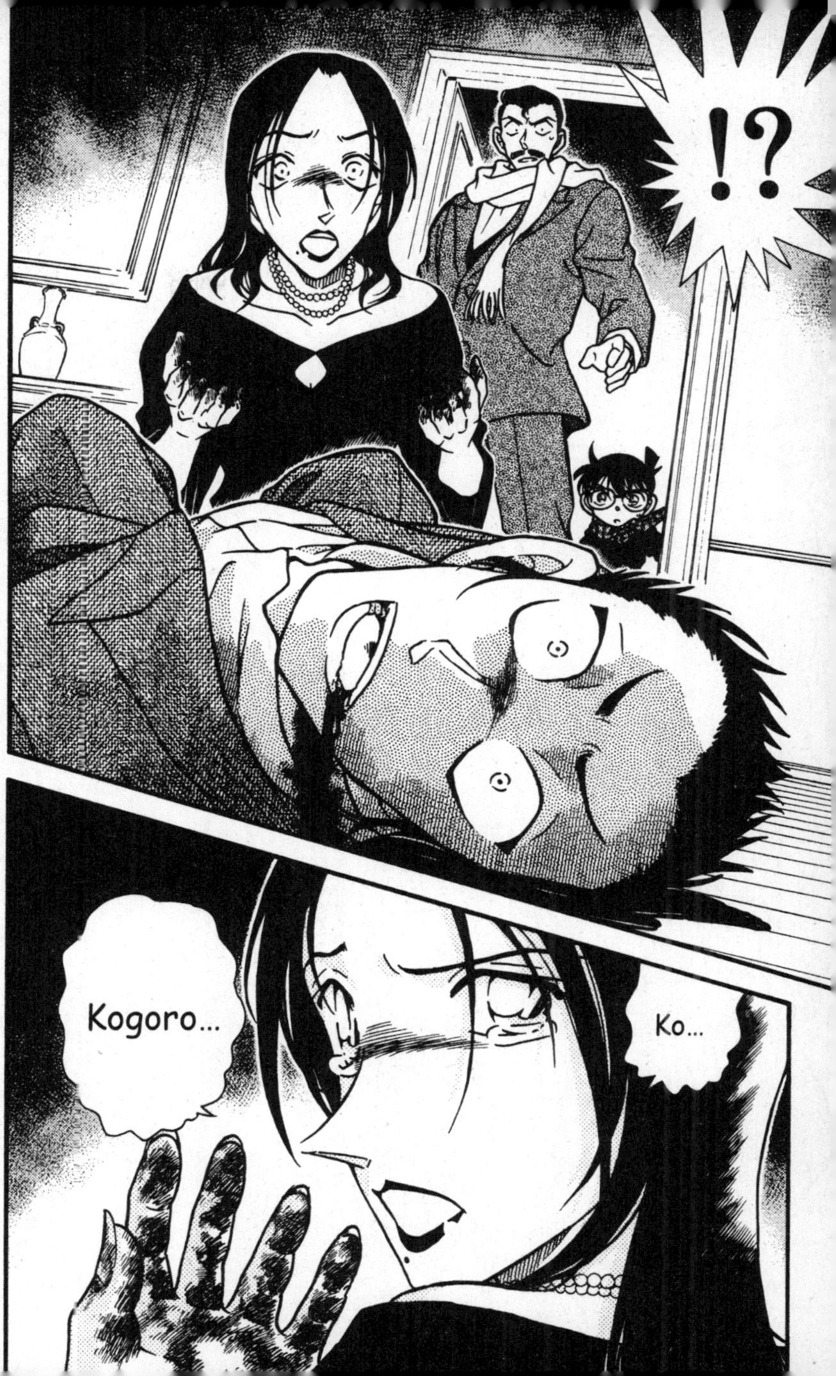
!?
Ko...
Kogoro...

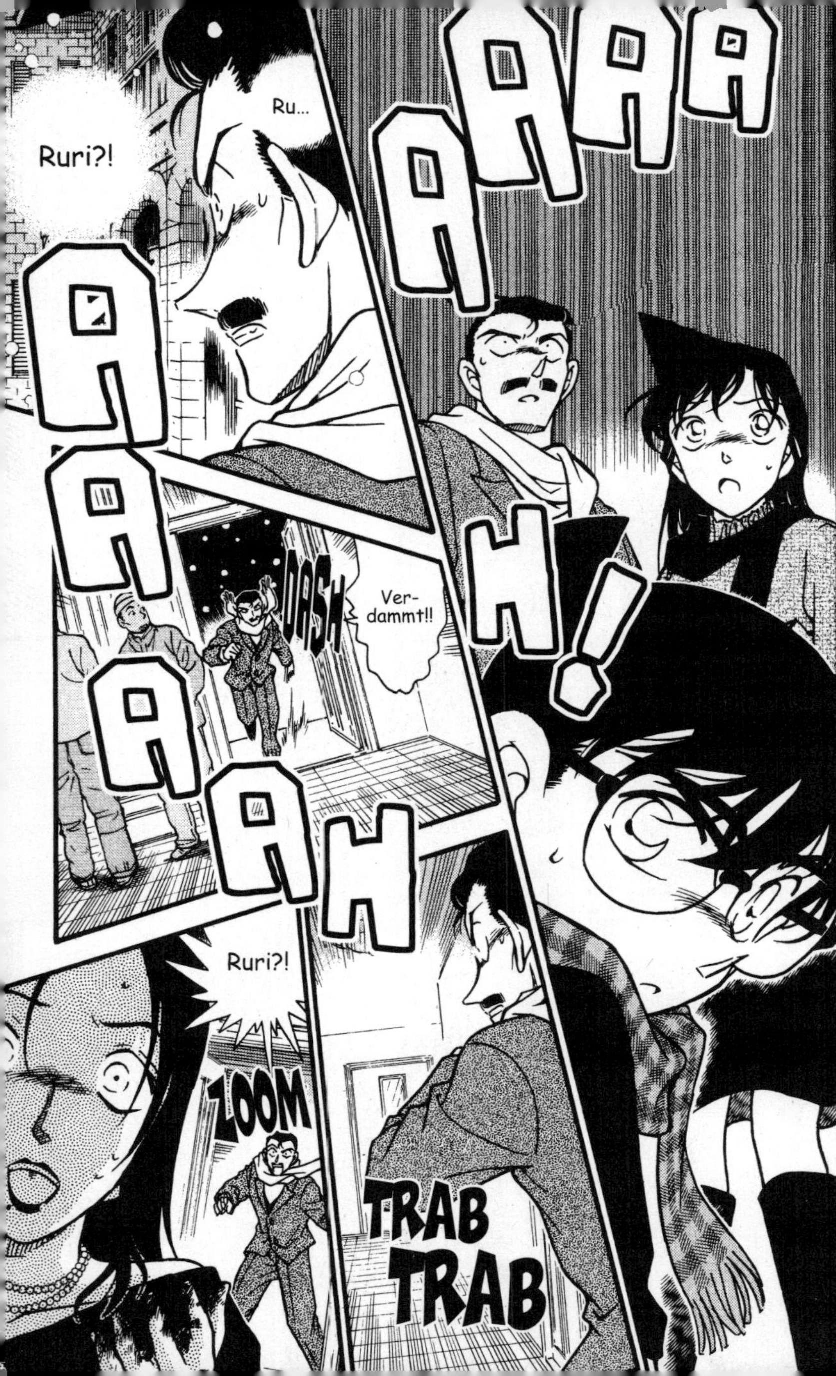

AAAAAAH!
Ru...
Ruri?!
AAAAH
Verdammt!!
DASH
Ruri?!
ZOOM
TRAB TRAB

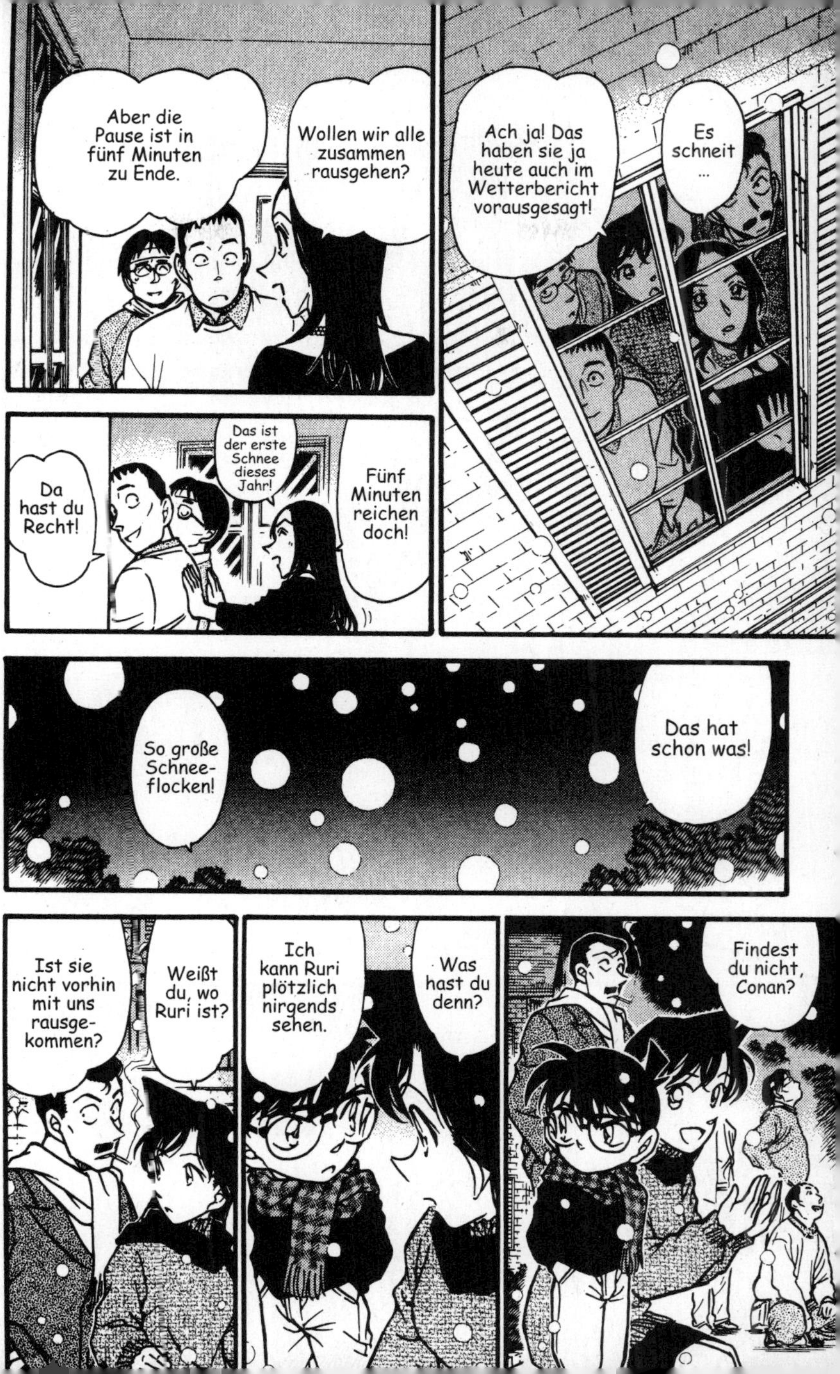
Es schneit ...
Ach ja! Das haben sie ja heute auch im Wetterbericht vorausgesagt!
Wollen wir alle zusammen rausgehen?
Aber die Pause ist in fünf Minuten zu Ende.
Fünf Minuten reichen doch!
Das ist der erste Schnee dieses Jahr!
Da hast du Recht!
Das hat schon was!
So große Schneeflocken!
Findest du nicht, Conan?
Was hast du denn?
Ich kann Ruri plötzlich nirgends sehen.
Weißt du, wo Ruri ist?
Ist sie nicht vorhin mit uns rausgekommen?

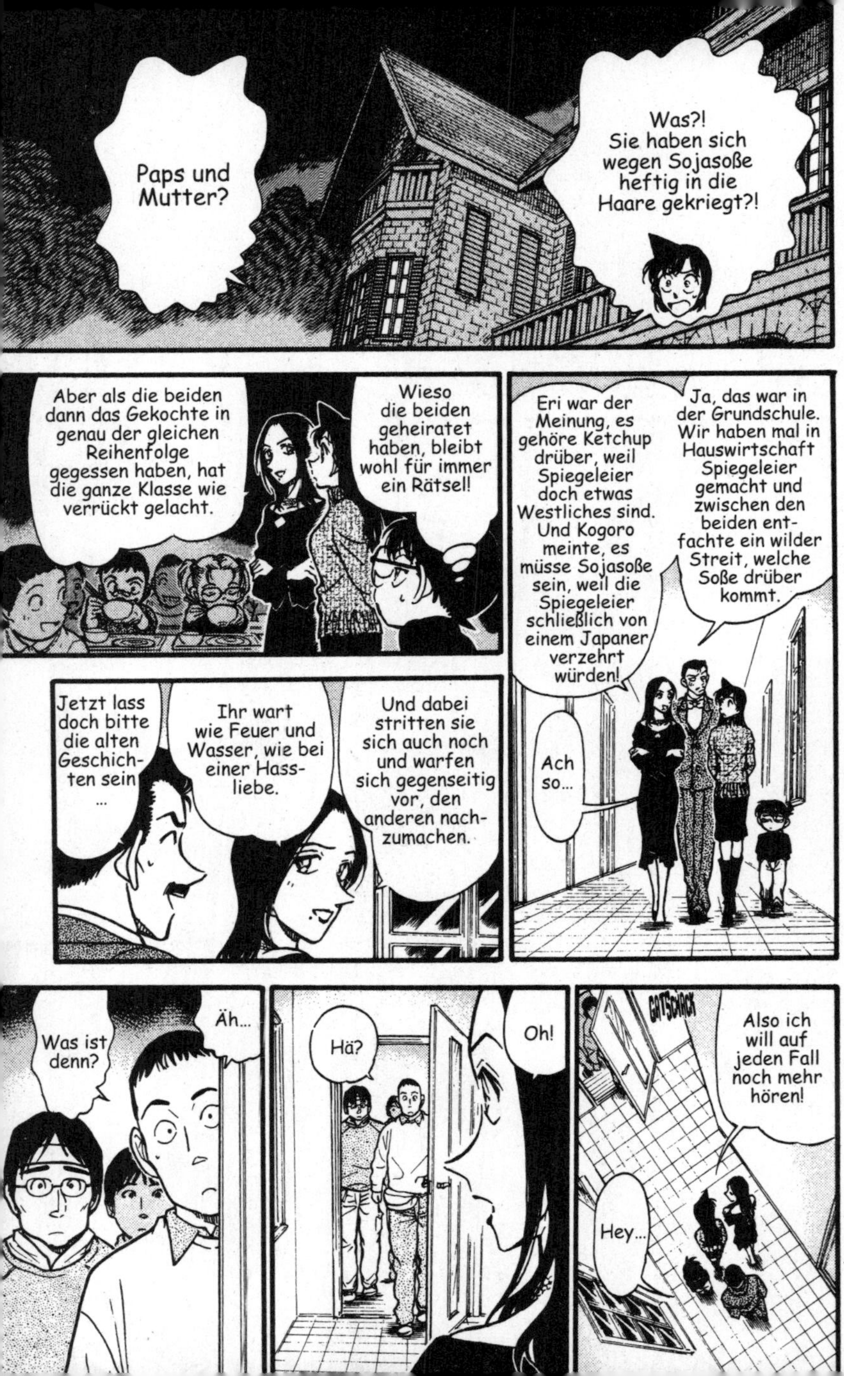

Was?! Sie haben sich wegen Sojasoße heftig in die Haare gekriegt?!
Paps und Mutter?
Ja, das war in der Grundschule. Wir haben mal in Hauswirtschaft Spiegeleier gemacht und zwischen den beiden ent- fachte ein wilder Streit, welche Soße drüber kommt.
Eri war der Meinung, es gehöre Ketchup drüber, weil Spiegeleier doch etwas Westliches sind. Und Kogoro meinte, es müsse Sojasoße sein, weil die Spiegeleier schließlich von einem Japaner verzehrt würden!
Ach so...
Wieso die beiden geheiratet haben, bleibt wohl für immer ein Rätsel!
Aber als die beiden dann das Gekochte in genau der gleichen Reihenfolge gegessen haben, hat die ganze Klasse wie verrückt gelacht.
Und dabei stritten sie sich auch noch und warfen sich gegenseitig vor, den anderen nach- zumachen.
Ihr wart wie Feuer und Wasser, wie bei einer Hass- liebe.
Jetzt lass doch bitte die alten Geschich- ten sein ...
Also ich will auf jeden Fall noch mehr hören!
GATSCHACK
Hey...
Oh!
Hä?
Äh...
Was ist denn?

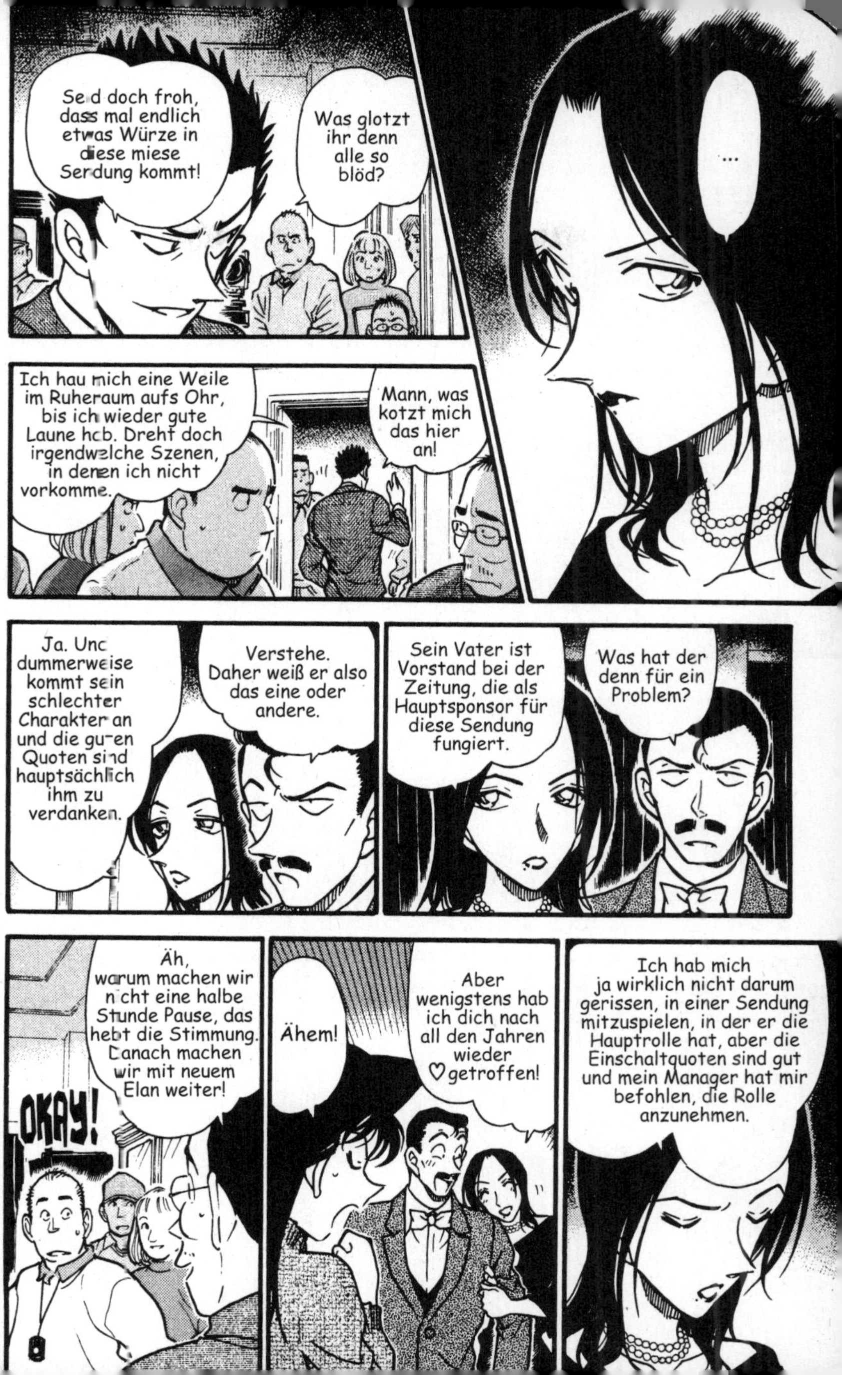

...
Was glotzt ihr denn alle so blöd?
Seid doch froh, dass mal endlich etwas Würze in diese miese Sendung kommt!
Mann, was kotzt mich das hier an!
Ich hau mich eine Weile im Ruheraum aufs Ohr, bis ich wieder gute Laune hab. Dreht doch irgendwelche Szenen, in denen ich nicht vorkomme.
Was hat der denn für ein Problem?
Sein Vater ist Vorstand bei der Zeitung, die als Hauptsponsor für diese Sendung fungiert.
Verstehe. Daher weiß er also das eine oder andere.
Ja. Und dummerweise kommt sein schlechter Charakter an und die guten Quoten sind hauptsächlich ihm zu verdanken.
Ich hab mich ja wirklich nicht darum gerissen, in einer Sendung mitzuspielen, in der er die Hauptrolle hat, aber die Einschaltquoten sind gut und mein Manager hat mir befohlen, die Rolle anzunehmen.
Aber wenigstens hab ich dich nach all den Jahren wieder ♡ getroffen!
Ähem!
Äh, warum machen wir nicht eine halbe Stunde Pause, das hebt die Stimmung. Danach machen wir mit neuem Elan weiter!
OKAY!

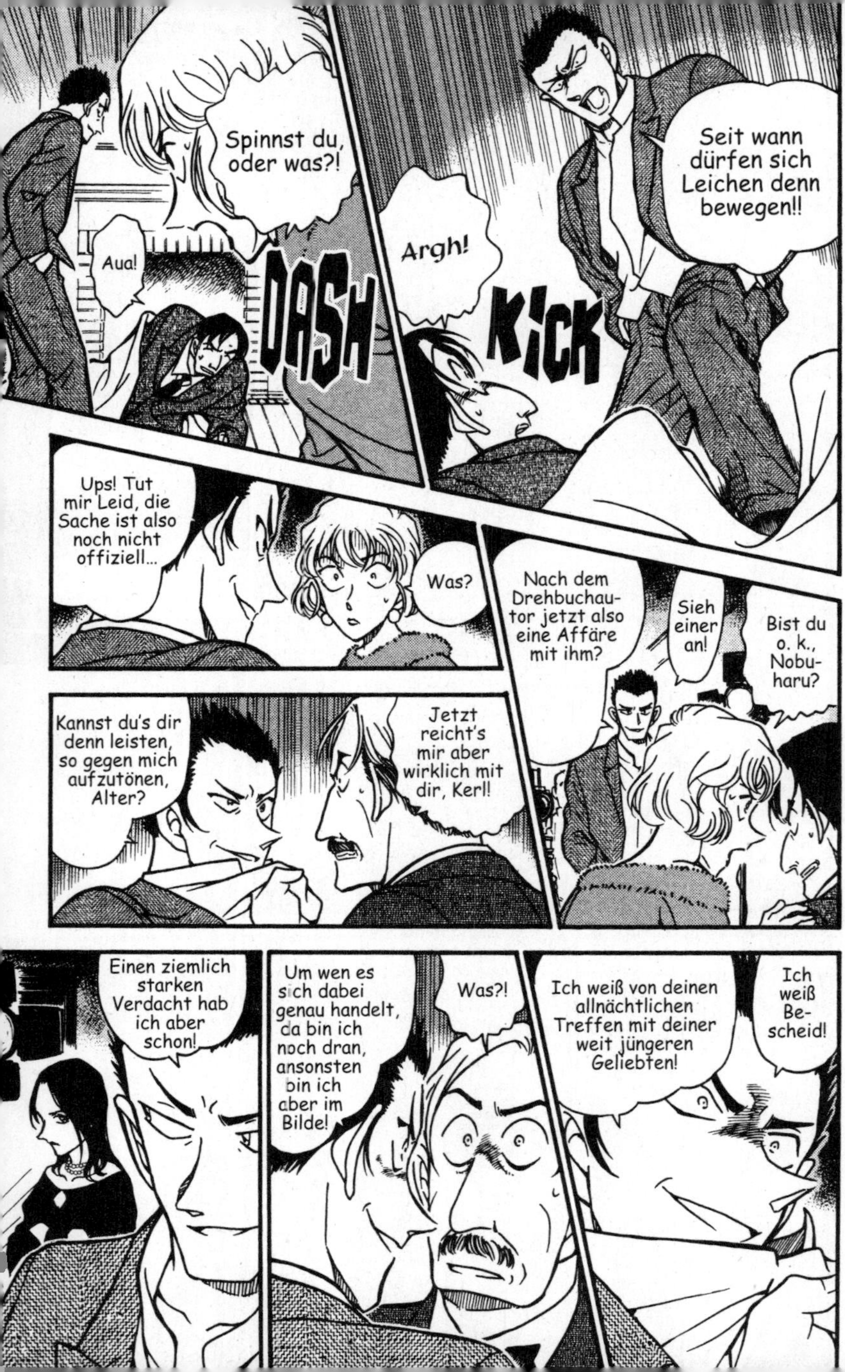
Seit wann dürfen sich Leichen denn bewegen!!
Argh!
KICK
Spinnst du, oder was?!
DASH
Aua!
Bist du o. k., Nobuharu?
Sieh einer an!
Nach dem Drehbuchautor jetzt also eine Affäre mit ihm?
Was?
Ups! Tut mir Leid, die Sache ist also noch nicht offiziell...
Jetzt reicht's mir aber wirklich mit dir, Kerl!
Kannst du's dir denn leisten, so gegen mich aufzutönen, Alter?
Ich weiß Bescheid!
Ich weiß von deinen allnächtlichen Treffen mit deiner weit jüngeren Geliebten!
Was?!
Um wen es sich dabei genau handelt, da bin ich noch dran, ansonsten bin ich aber im Bilde!
Einen ziemlich starken Verdacht hab ich aber schon!

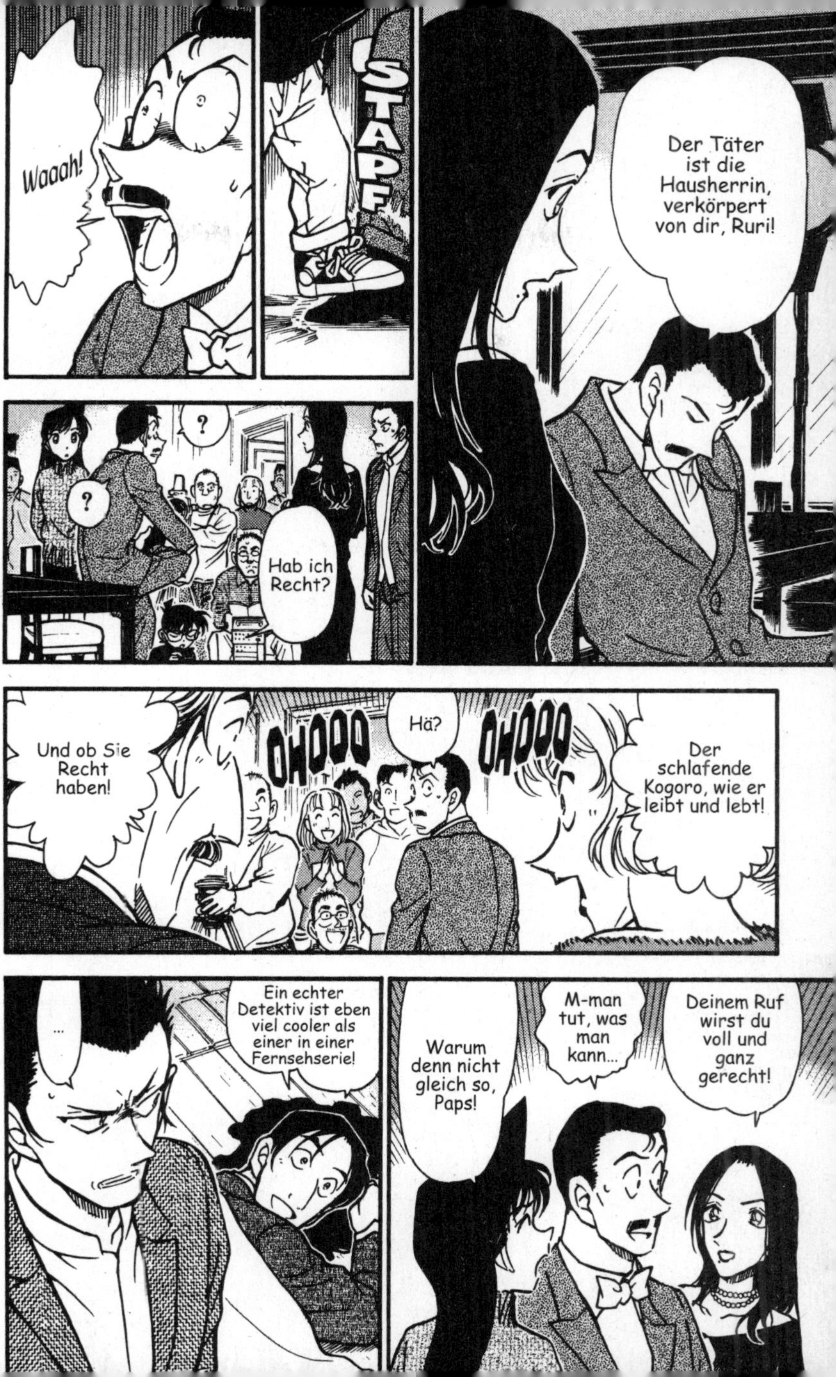
Der Täter ist die Hausherrin, verkörpert von dir, Ruri!
STAPF
Waaah!
?
?
Hab ich Recht?
Der schlafende Kogoro, wie er leibt und lebt!
OHOOO
Hä?
OHOOO
Und ob Sie Recht haben!
Deinem Ruf wirst du voll und ganz gerecht!
M-man tut, was man kann...
Warum denn nicht gleich so, Paps!
Ein echter Detektiv ist eben viel cooler als einer in einer Fernsehserie!
...

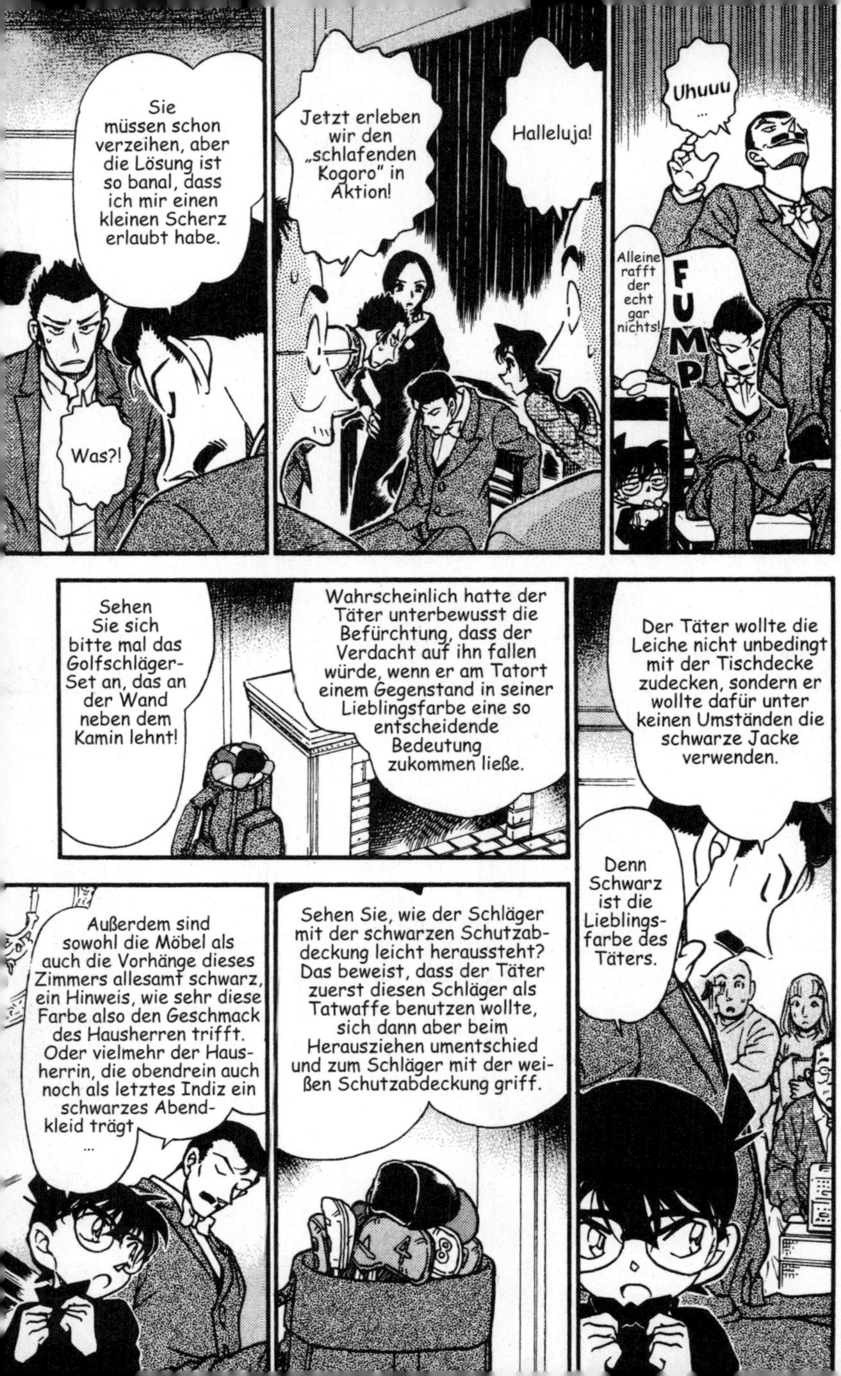

Uhuuu ...
FUMP
Alleine rafft der echt gar nichts!
Halleluja!
Jetzt erleben wir den „schlafenden Kogoro" in Aktion!
Sie müssen schon verzeihen, aber die Lösung ist so banal, dass ich mir einen kleinen Scherz erlaubt habe.
Was?!
Der Täter wollte die Leiche nicht unbedingt mit der Tischdecke zudecken, sondern er wollte dafür unter keinen Umständen die schwarze Jacke verwenden.
Denn Schwarz ist die Lieblingsfarbe des Täters.
Wahrscheinlich hatte der Täter unterbewusst die Befürchtung, dass der Verdacht auf ihn fallen würde, wenn er am Tatort einem Gegenstand in seiner Lieblingsfarbe eine so entscheidende Bedeutung zukommen ließe.
Sehen Sie sich bitte mal das Golfschläger-Set an, das an der Wand neben dem Kamin lehnt!
Sehen Sie, wie der Schläger mit der schwarzen Schutzabdeckung leicht heraussteht? Das beweist, dass der Täter zuerst diesen Schläger als Tatwaffe benutzen wollte, sich dann aber beim Herausziehen umentschied und zum Schläger mit der weißen Schutzabdeckung griff.
Außerdem sind sowohl die Möbel als auch die Vorhänge dieses Zimmers allesamt schwarz, ein Hinweis, wie sehr diese Farbe also den Geschmack des Hausherren trifft. Oder vielmehr der Hausherrin, die obendrein auch noch als letztes Indiz ein schwarzes Abendkleid trägt ...

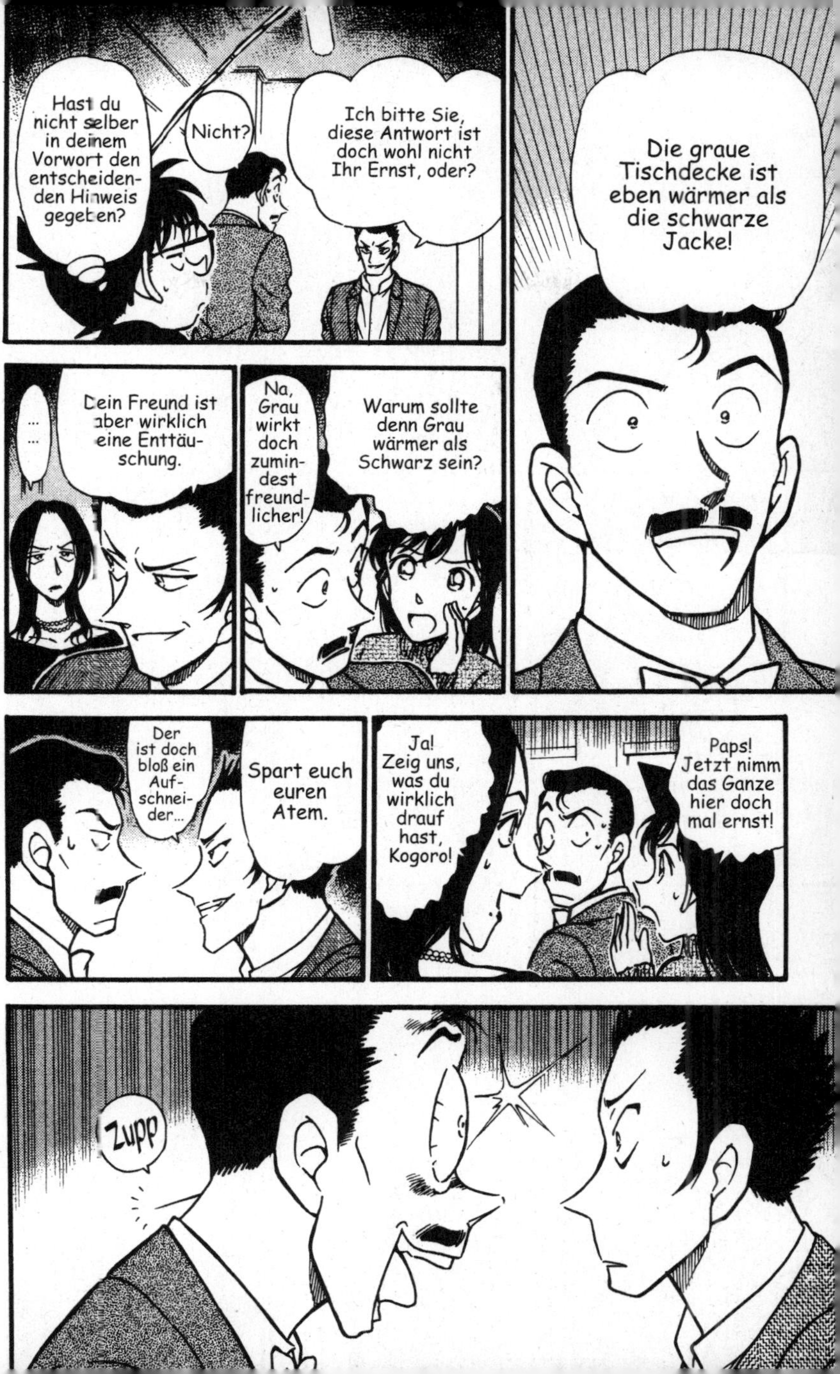

Die graue Tischdecke ist eben wärmer als die schwarze Jacke!
Ich bitte Sie, diese Antwort ist doch wohl nicht Ihr Ernst, oder?
Nicht?
Hast du nicht selber in deinem Vorwort den entscheidenden Hinweis gegeben?
Warum sollte denn Grau wärmer als Schwarz sein?
Na, Grau wirkt doch zumindest freundlicher!
Dein Freund ist aber wirklich eine Enttäuschung.
......
Paps! Jetzt nimm das Ganze hier doch mal ernst!
Ja! Zeig uns, was du wirklich drauf hast, Kogoro!
Spart euch euren Atem.
Der ist doch bloß ein Aufschneider...
Zupp

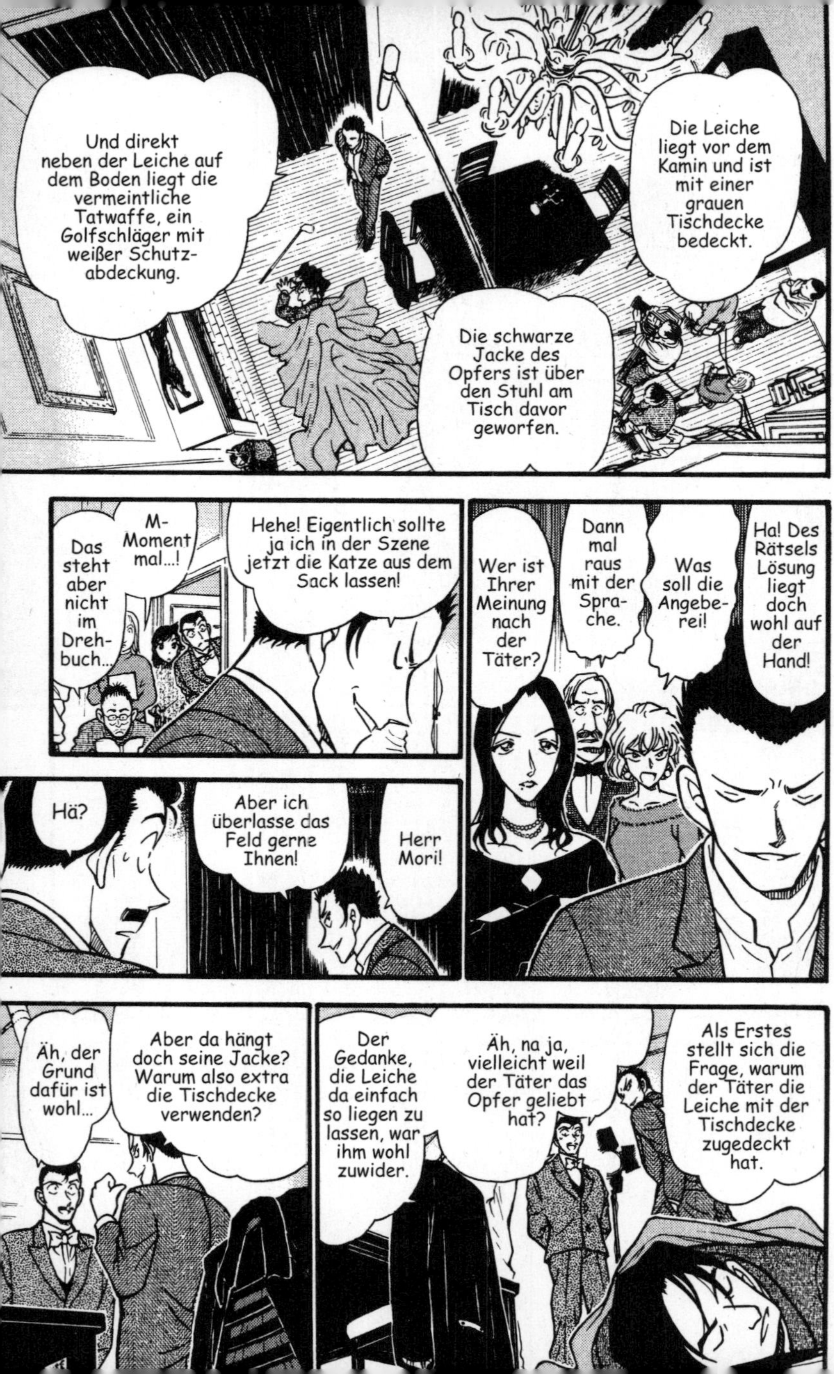

Die Leiche liegt vor dem Kamin und ist mit einer grauen Tischdecke bedeckt.
Die schwarze Jacke des Opfers ist über den Stuhl am Tisch davor geworfen.
Und direkt neben der Leiche auf dem Boden liegt die vermeintliche Tatwaffe, ein Golfschläger mit weißer Schutz-abdeckung.
Ha! Des Rätsels Lösung liegt doch wohl auf der Hand!
Was soll die Angebe-rei!
Dann mal raus mit der Spra-che.
Wer ist Ihrer Meinung nach der Täter?
Hehe! Eigentlich sollte ja ich in der Szene jetzt die Katze aus dem Sack lassen!
M-Moment mal...!
Das steht aber nicht im Dreh-buch...
Herr Mori!
Aber ich überlasse das Feld gerne Ihnen!
Hä?
Als Erstes stellt sich die Frage, warum der Täter die Leiche mit der Tischdecke zugedeckt hat.
Äh, na ja, vielleicht weil der Täter das Opfer geliebt hat?
Der Gedanke, die Leiche da einfach so liegen zu lassen, war ihm wohl zuwider.
Aber da hängt doch seine Jacke? Warum also extra die Tischdecke verwenden?
Äh, der Grund dafür ist wohl...

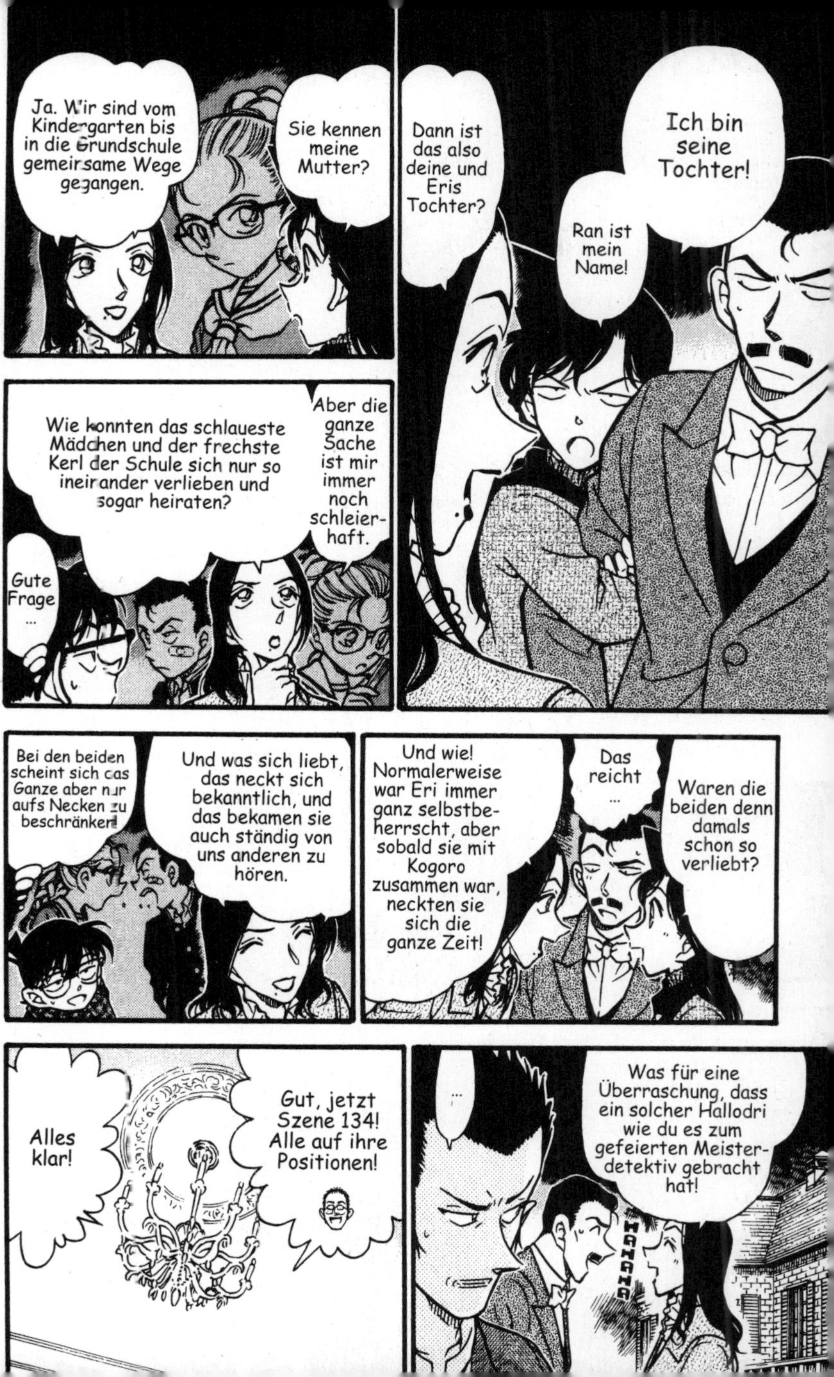
Ich bin seine Tochter!
Ran ist mein Name!
Dann ist das also deine und Eris Tochter?
Sie kennen meine Mutter?
Ja. Wir sind vom Kindergarten bis in die Grundschule gemeinsame Wege gegangen.
Aber die ganze Sache ist mir immer noch schleierhaft.
Wie konnten das schlaueste Mädchen und der frechste Kerl der Schule sich nur so ineinander verlieben und sogar heiraten?
Gute Frage ...
Waren die beiden denn damals schon so verliebt?
Das reicht ...
Und wie! Normalerweise war Eri immer ganz selbstbeherrscht, aber sobald sie mit Kogoro zusammen war, neckten sie sich die ganze Zeit!
Und was sich liebt, das neckt sich bekanntlich, und das bekamen sie auch ständig von uns anderen zu hören.
Bei den beiden scheint sich das Ganze aber nur aufs Necken zu beschränken!
Was für eine Überraschung, dass ein solcher Hallodri wie du es zum gefeierten Meisterdetektiv gebracht hat!
...
Gut, jetzt Szene 134! Alle auf ihre Positionen!
Alles klar!

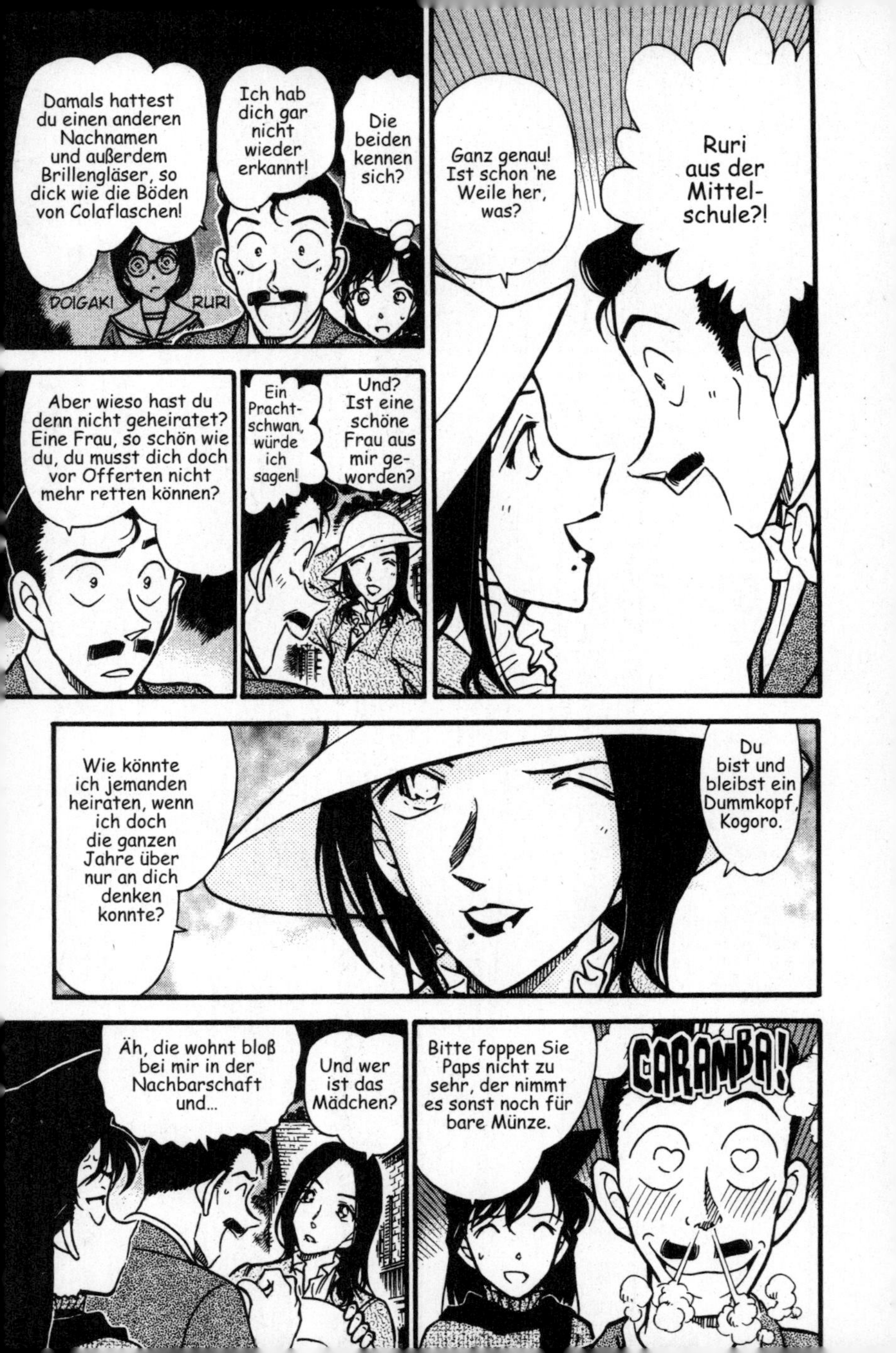

Ruri aus der Mittel-schule?!
Ganz genau! Ist schon 'ne Weile her, was?
Die beiden kennen sich?
Ich hab dich gar nicht wieder erkannt!
Damals hattest du einen anderen Nachnamen und außerdem Brillengläser, so dick wie die Böden von Colaflaschen!
DOIGAKI RURI
Und? Ist eine schöne Frau aus mir geworden?
Ein Prachtschwan, würde ich sagen!
Aber wieso hast du denn nicht geheiratet? Eine Frau, so schön wie du, du musst dich doch vor Offerten nicht mehr retten können?
Du bist und bleibst ein Dummkopf, Kogoro.
Wie könnte ich jemanden heiraten, wenn ich doch die ganzen Jahre über nur an dich denken konnte?
CARAMBA!
Bitte foppen Sie Paps nicht zu sehr, der nimmt es sonst noch für bare Münze.
Und wer ist das Mädchen?
Äh, die wohnt bloß bei mir in der Nachbarschaft und...

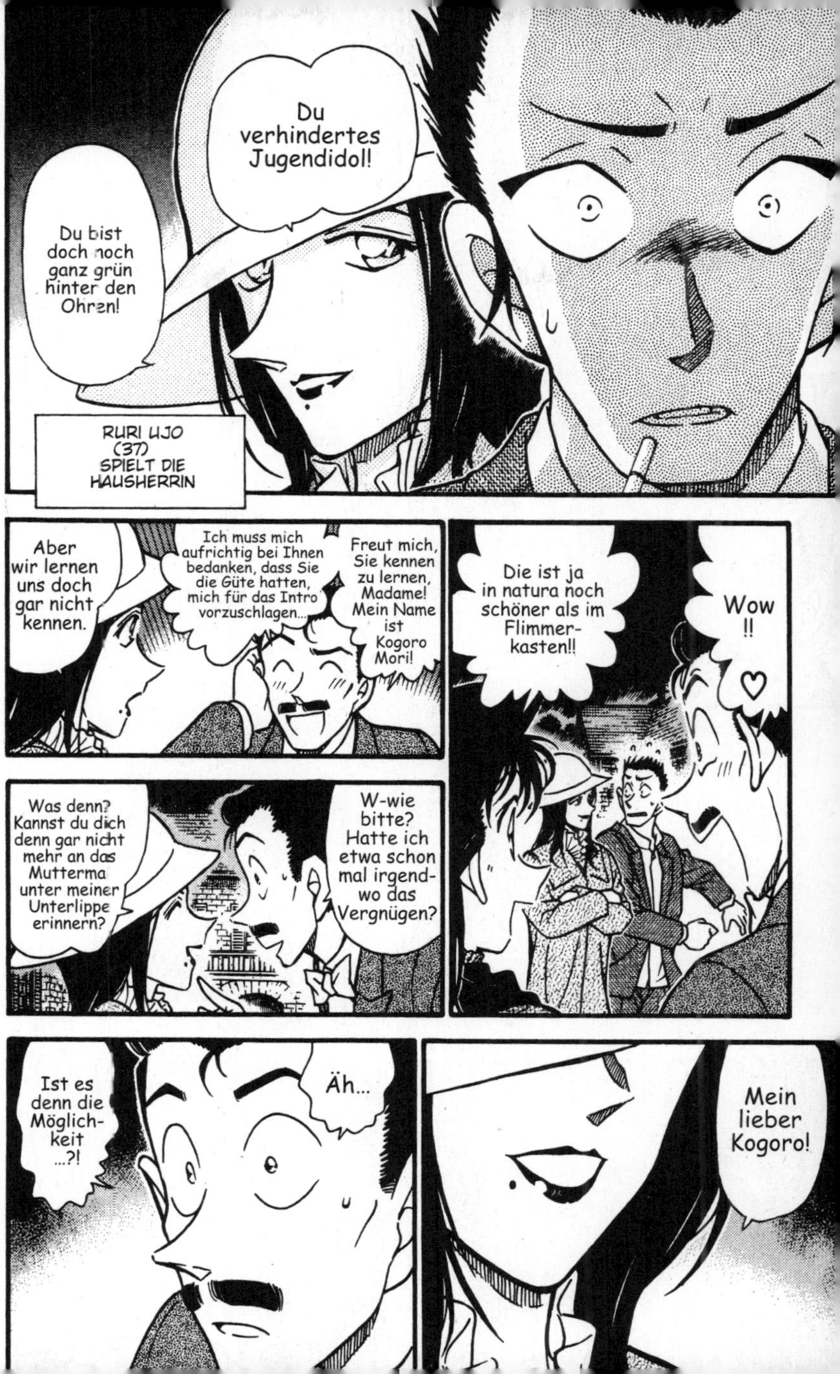
Du verhindertes Jugendidol!
Du bist doch noch ganz grün hinter den Ohren!
RURI UJO (37) SPIELT DIE HAUSHERRIN
Wow !!
Die ist ja in natura noch schöner als im Flimmerkasten!!
Freut mich, Sie kennen zu lernen, Madame! Mein Name ist Kogoro Mori!
Ich muss mich aufrichtig bei Ihnen bedanken, dass Sie die Güte hatten, mich für das Intro vorzuschlagen...
Aber wir lernen uns doch gar nicht kennen.
W-wie bitte? Hatte ich etwa schon mal irgendwo das Vergnügen?
Was denn? Kannst du dich denn gar nicht mehr an das Muttermal unter meiner Unterlippe erinnern?
Mein lieber Kogoro!
Äh...
Ist es denn die Möglichkeit ...?!

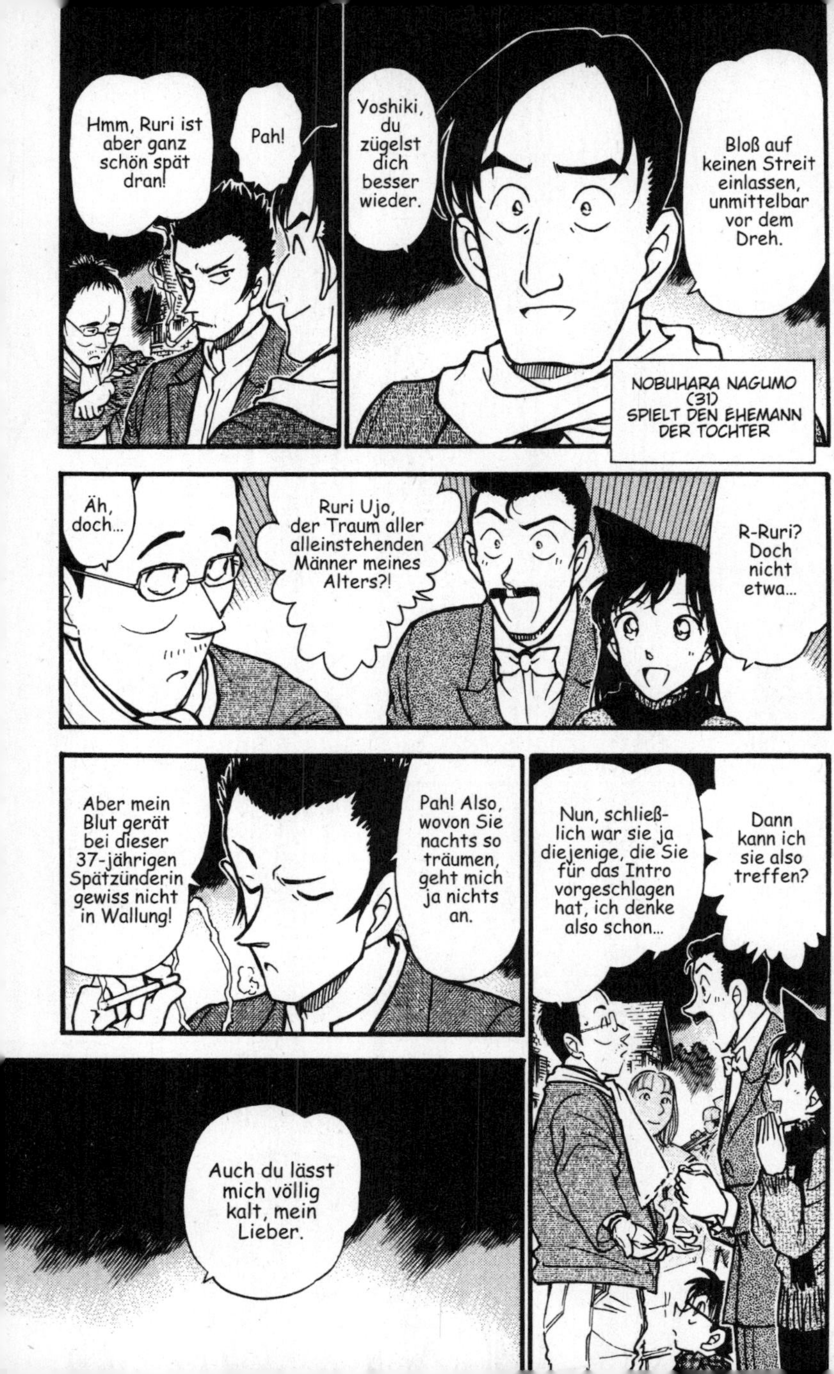
Bloß auf keinen Streit einlassen, unmittelbar vor dem Dreh.
Yoshiki, du zügelst dich besser wieder.
NOBUHARA NAGUMO (31) SPIELT DEN EHEMANN DER TOCHTER
Pah!
Hmm, Ruri ist aber ganz schön spät dran!
R-Ruri? Doch nicht etwa...
Ruri Ujo, der Traum aller alleinstehenden Männer meines Alters?!
Äh, doch...
Dann kann ich sie also treffen?
Nun, schließlich war sie ja diejenige, die Sie für das Intro vorgeschlagen hat, ich denke also schon...
Pah! Also, wovon Sie nachts so träumen, geht mich ja nichts an.
Aber mein Blut gerät bei dieser 37-jährigen Spätzünderin gewiss nicht in Wallung!
Auch du lässt mich völlig kalt, mein Lieber.

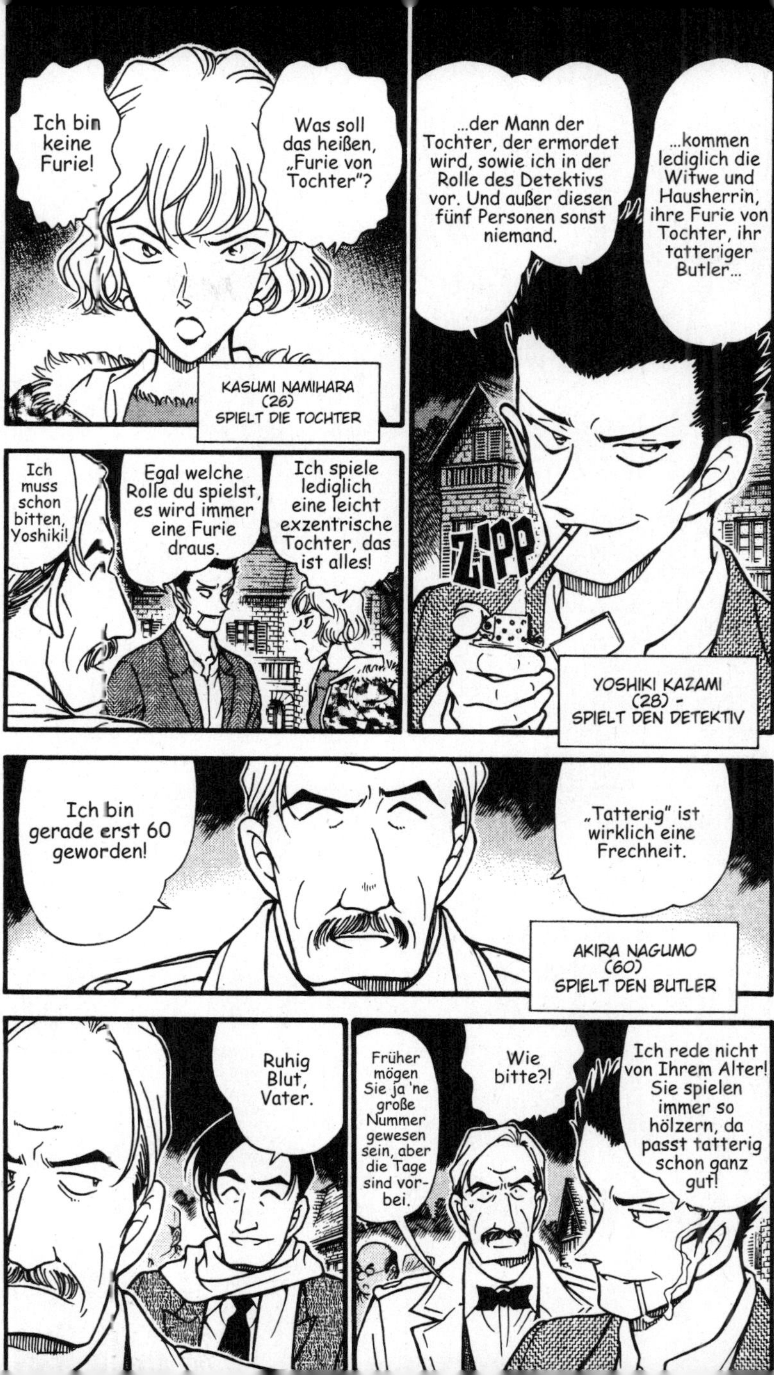
...kommen lediglich die Witwe und Hausherrin, ihre Furie von Tochter, ihr tatteriger Butler...
...der Mann der Tochter, der ermordet wird, sowie ich in der Rolle des Detektivs vor. Und außer diesen fünf Personen sonst niemand.
ZIPP
YOSHIKI KAZAMI (28) - SPIELT DEN DETEKTIV
Was soll das heißen, „Furie von Tochter"?
Ich bin keine Furie!
KASUMI NAMIHARA (26) SPIELT DIE TOCHTER
Ich spiele lediglich eine leicht exzentrische Tochter, das ist alles!
Egal welche Rolle du spielst, es wird immer eine Furie draus.
Ich muss schon bitten, Yoshiki!
„Tatterig" ist wirklich eine Frechheit.
Ich bin gerade erst 60 geworden!
AKIRA NAGUMO (60) SPIELT DEN BUTLER
Ich rede nicht von Ihrem Alter! Sie spielen immer so hölzern, da passt tatterig schon ganz gut!
Wie bitte?!
Früher mögen Sie ja 'ne große Nummer gewesen sein, aber die Tage sind vorbei.
Ruhig Blut, Vater.

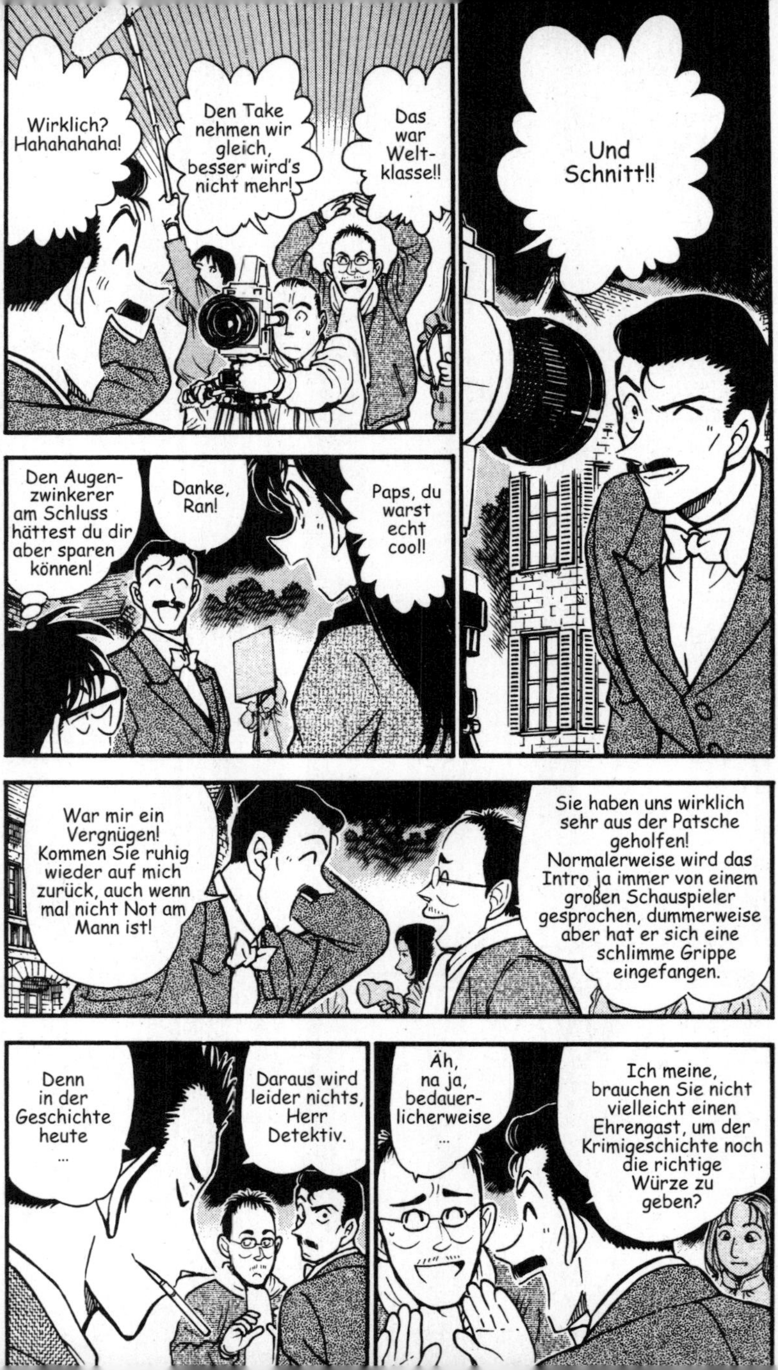
Und Schnitt!!
Das war Welt-klasse!!
Den Take nehmen wir gleich, besser wird's nicht mehr!
Wirklich? Hahahahaha!
Paps, du warst echt cool!
Danke, Ran!
Den Augen-zwinkerer am Schluss hättest du dir aber sparen können!
Sie haben uns wirklich sehr aus der Patsche geholfen! Normalerweise wird das Intro ja immer von einem großen Schauspieler gesprochen, dummerweise aber hat er sich eine schlimme Grippe eingefangen.
War mir ein Vergnügen! Kommen Sie ruhig wieder auf mich zurück, auch wenn mal nicht Not am Mann ist!
Ich meine, brauchen Sie nicht vielleicht einen Ehrengast, um der Krimigeschichte noch die richtige Würze zu geben?
Äh, na ja, bedauer-licherweise ...
Daraus wird leider nichts, Herr Detektiv.
Denn in der Geschichte heute ...

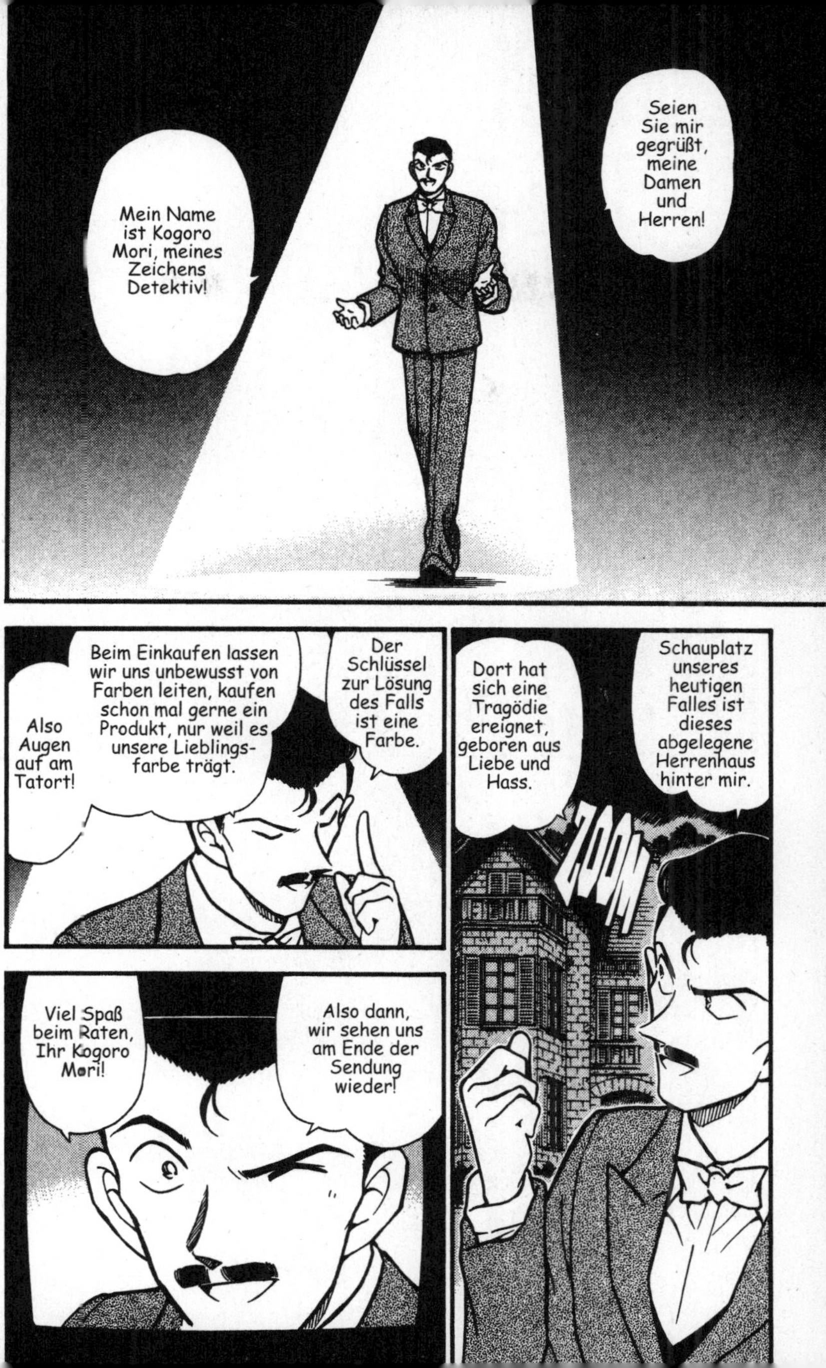
Seien Sie mir gegrüßt, meine Damen und Herren!
Mein Name ist Kogoro Mori, meines Zeichens Detektiv!
Schauplatz unseres heutigen Falles ist dieses abgelegene Herrenhaus hinter mir.
Dort hat sich eine Tragödie ereignet, geboren aus Liebe und Hass.
ZOOM
Der Schlüssel zur Lösung des Falls ist eine Farbe.
Beim Einkaufen lassen wir uns unbewusst von Farben leiten, kaufen schon mal gerne ein Produkt, nur weil es unsere Lieblingsfarbe trägt.
Also Augen auf am Tatort!
Also dann, wir sehen uns am Ende der Sendung wieder!
Viel Spaß beim Raten, Ihr Kogoro Mori!

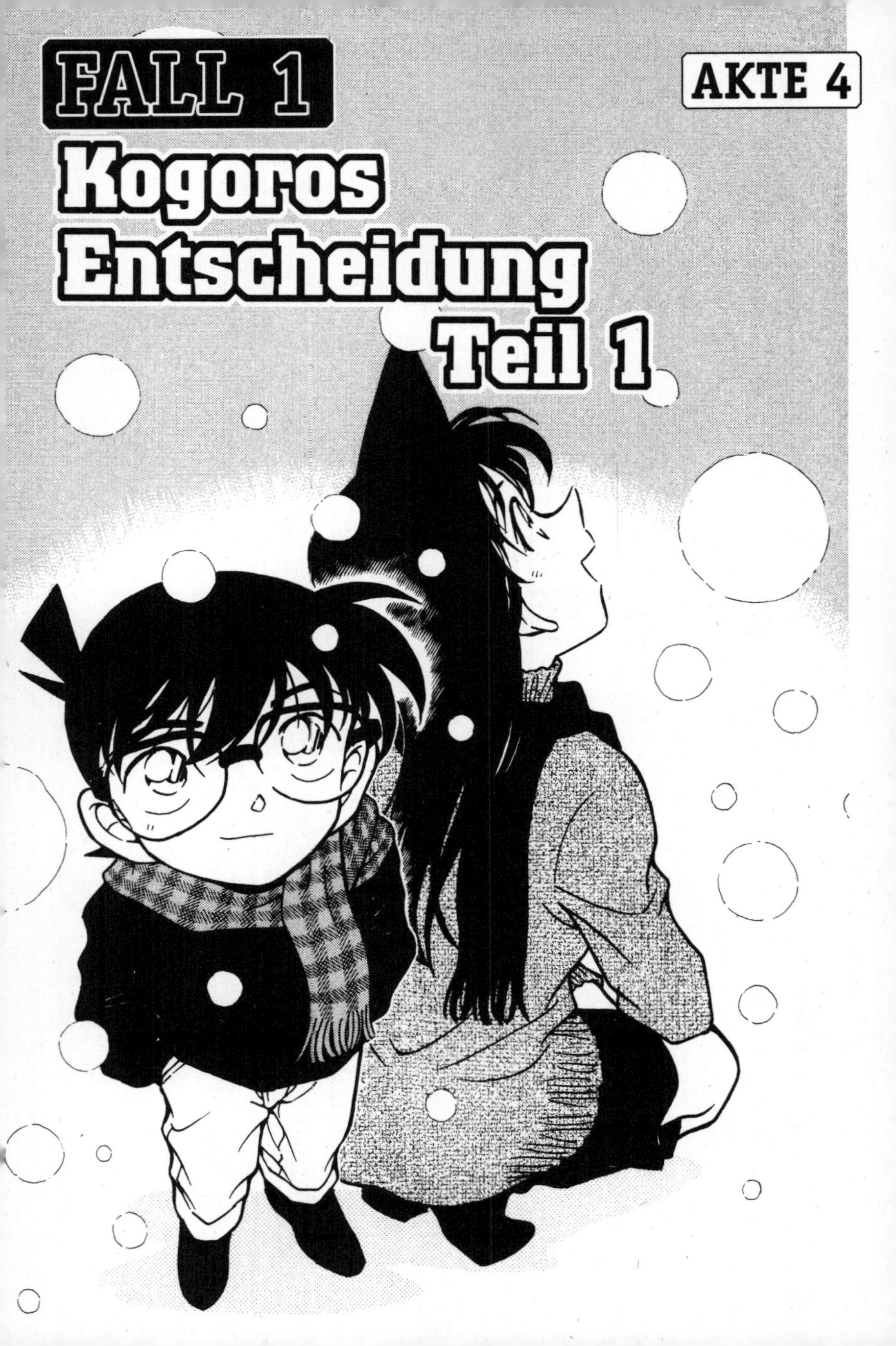
FALL 1
AKTE 4
Kogoros Entscheidung Teil 1

DETEKTIV
CONAN
WINTER EDITION

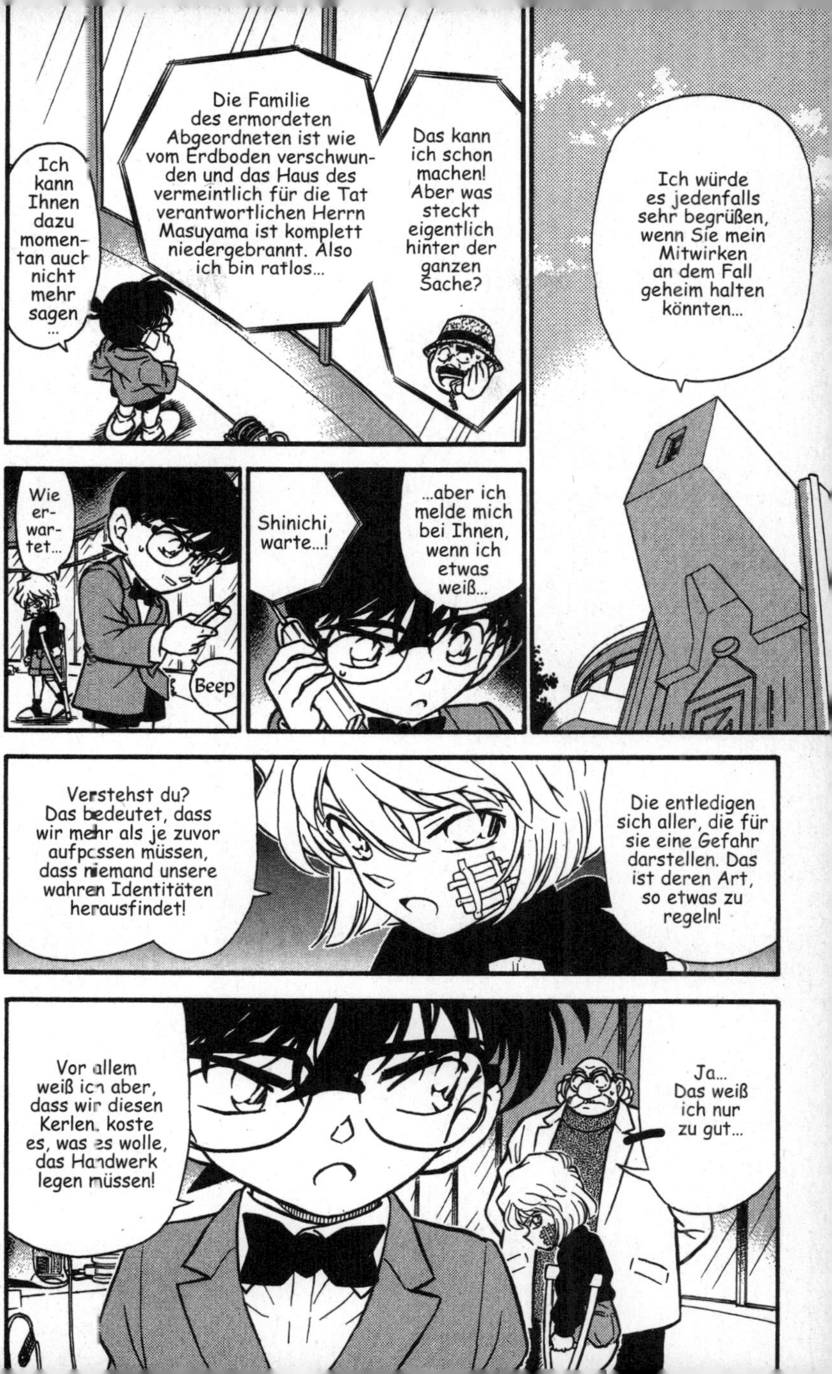

Ich würde es jedenfalls sehr begrüßen, wenn Sie mein Mitwirken an dem Fall geheim halten könnten...
Das kann ich schon machen! Aber was steckt eigentlich hinter der ganzen Sache?
Die Familie des ermordeten Abgeordneten ist wie vom Erdboden verschwunden und das Haus des vermeintlich für die Tat verantwortlichen Herrn Masuyama ist komplett niedergebrannt. Also ich bin ratlos...
Ich kann Ihnen dazu momentan auch nicht mehr sagen...
...aber ich melde mich bei Ihnen, wenn ich etwas weiß...
Shinichi, warte...!
Wie erwartet...
Beep
Die entledigen sich aller, die für sie eine Gefahr darstellen. Das ist deren Art, so etwas zu regeln!
Verstehst du? Das bedeutet, dass wir mehr als je zuvor aufpassen müssen, dass niemand unsere wahren Identitäten herausfindet!
Ja... Das weiß ich nur zu gut...
Vor allem weiß ich aber, dass wir diesen Kerlen, koste es, was es wolle, das Handwerk legen müssen!

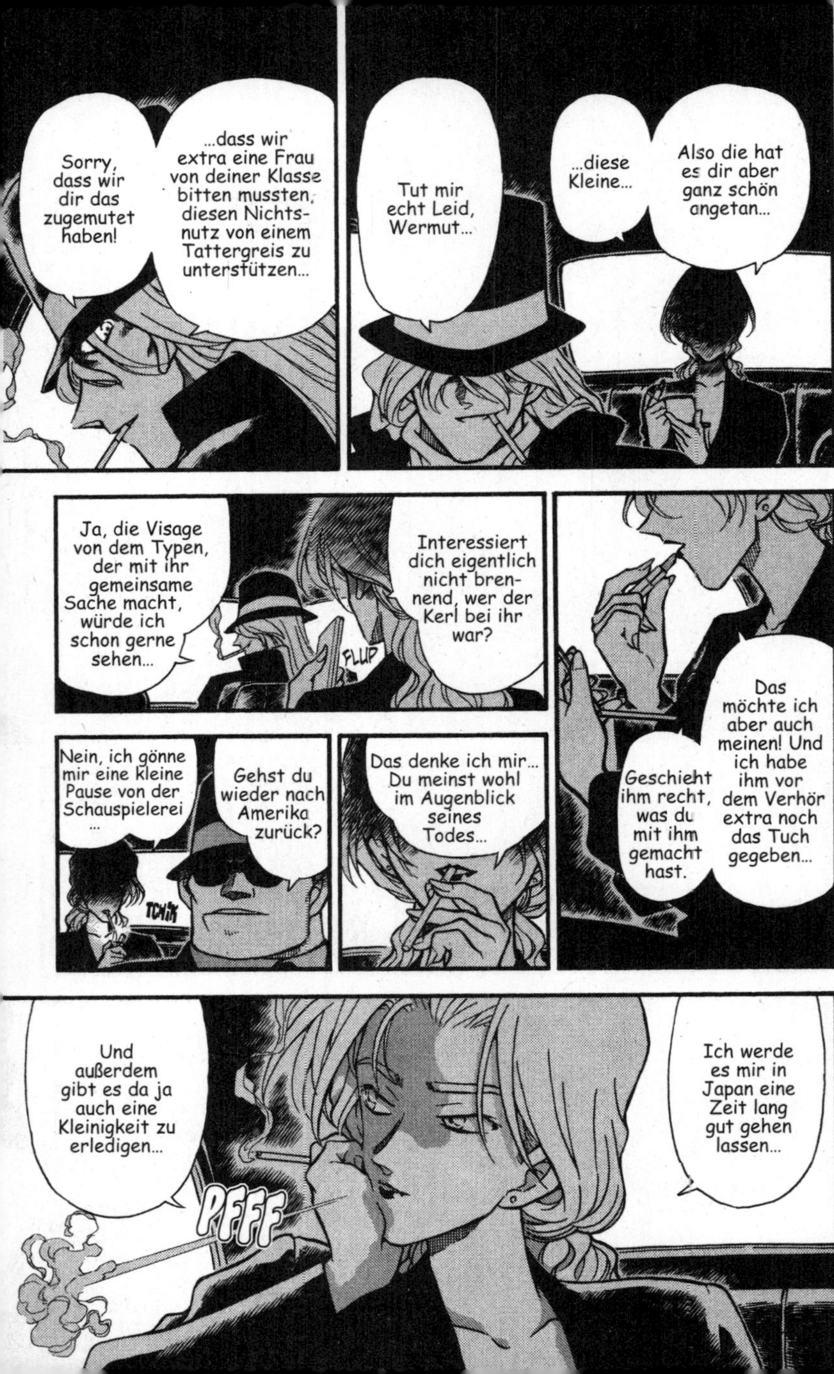
Also die hat es dir aber ganz schön angetan...
...diese Kleine...
Tut mir echt Leid, Wermut...
...dass wir extra eine Frau von deiner Klasse bitten mussten, diesen Nichtsnutz von einem Tattergreis zu unterstützen...
Sorry, dass wir dir das zugemutet haben!
Das möchte ich aber auch meinen! Und ich habe ihm vor dem Verhör extra noch das Tuch gegeben...
Geschieht ihm recht, was du mit ihm gemacht hast.
Interessiert dich eigentlich nicht brennend, wer der Kerl bei ihr war?
FLUP
Ja, die Visage von dem Typen, der mit ihr gemeinsame Sache macht, würde ich schon gerne sehen...
Das denke ich mir... Du meinst wohl im Augenblick seines Todes...
Gehst du wieder nach Amerika zurück?
Nein, ich gönne mir eine kleine Pause von der Schauspielerei ...
TCHIK
Ich werde es mir in Japan eine Zeit lang gut gehen lassen...
Und außerdem gibt es da ja auch eine Kleinigkeit zu erledigen...
PFFF

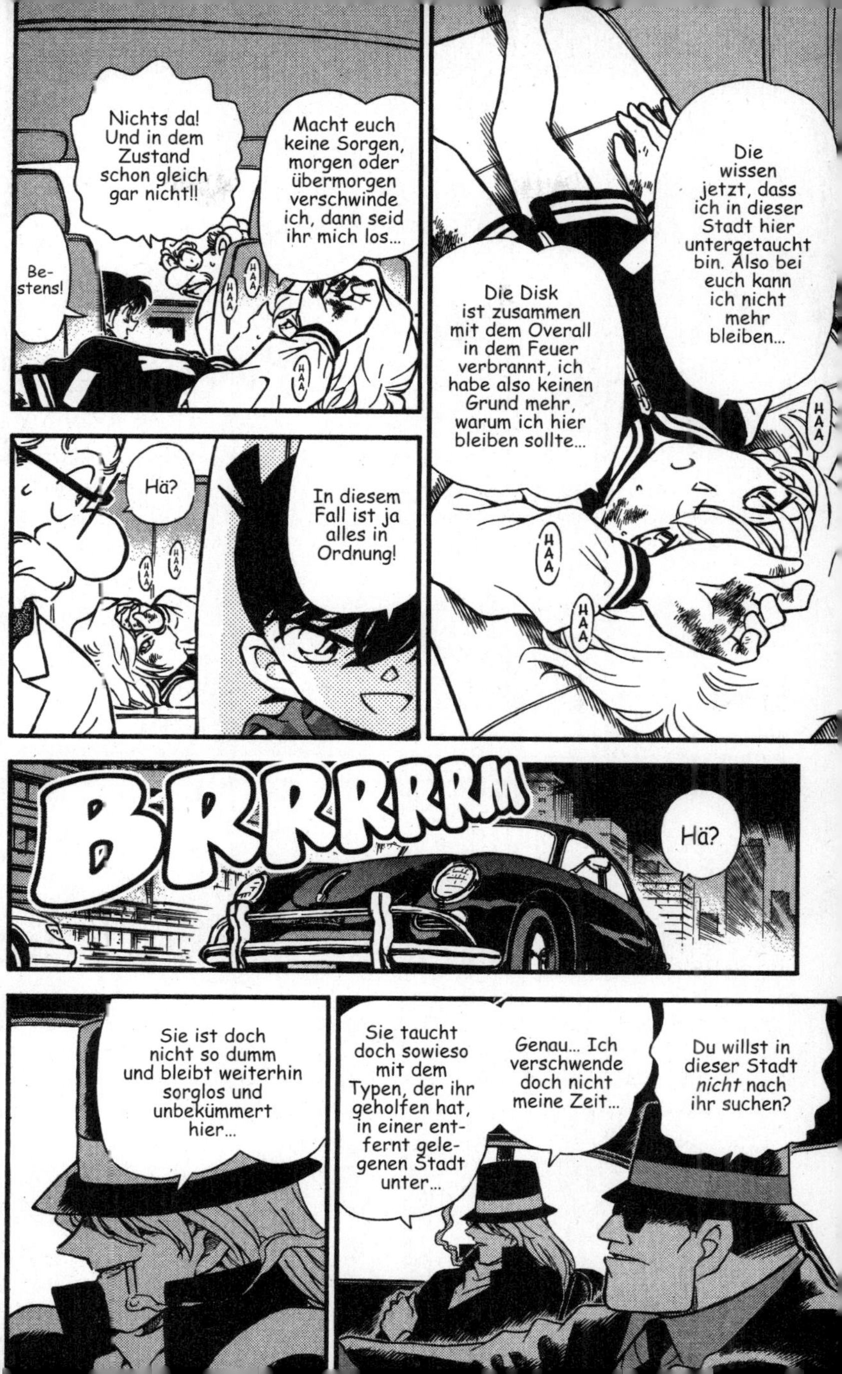
Die wissen jetzt, dass ich in dieser Stadt hier untergetaucht bin. Also bei euch kann ich nicht mehr bleiben...
Die Disk ist zusammen mit dem Overall in dem Feuer verbrannt, ich habe also keinen Grund mehr, warum ich hier bleiben sollte...
HAA
HAA
HAA
Macht euch keine Sorgen, morgen oder übermorgen verschwinde ich, dann seid ihr mich los...
Nichts da! Und in dem Zustand schon gleich gar nicht!!
Bestens!
HAA
HAA
HAA
In diesem Fall ist ja alles in Ordnung!
Hä?
HAA
HAA
Hä?
BRRRRRM
Du willst in dieser Stadt *nicht* nach ihr suchen?
Genau... Ich verschwende doch nicht meine Zeit...
Sie taucht doch sowieso mit dem Typen, der ihr geholfen hat, in einer entfernt gelegenen Stadt unter...
Sie ist doch nicht so dumm und bleibt weiterhin sorglos und unbekümmert hier...

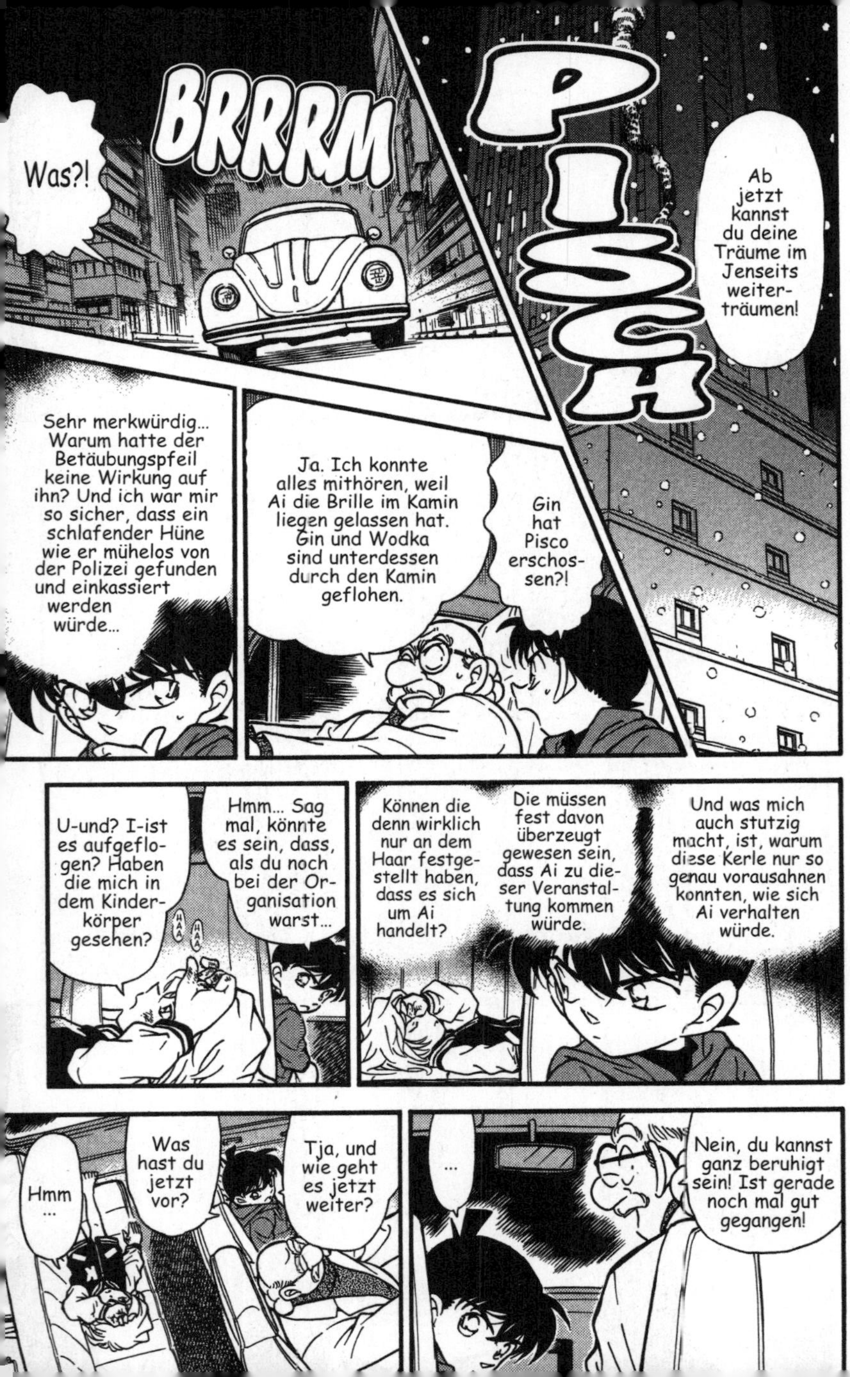
PISCH
Ab jetzt kannst du deine Träume im Jenseits weiterträumen!
BRRRM
Was?!
Gin hat Pisco erschossen?!
Ja. Ich konnte alles mithören, weil Ai die Brille im Kamin liegen gelassen hat. Gin und Wodka sind unterdessen durch den Kamin geflohen.
Sehr merkwürdig... Warum hatte der Betäubungspfeil keine Wirkung auf ihn? Und ich war mir so sicher, dass ein schlafender Hüne wie er mühelos von der Polizei gefunden und einkassiert werden würde...
Und was mich auch stutzig macht, ist, warum diese Kerle nur so genau vorausahnen konnten, wie sich Ai verhalten würde.
Die müssen fest davon überzeugt gewesen sein, dass Ai zu dieser Veranstaltung kommen würde.
Können die denn wirklich nur an dem Haar festgestellt haben, dass es sich um Ai handelt?
Hmm... Sag mal, könnte es sein, dass, als du noch bei der Organisation warst...
U-und? I-ist es aufgeflogen? Haben die mich in dem Kinderkörper gesehen?
HAA HAA
Nein, du kannst ganz beruhigt sein! Ist gerade noch mal gut gegangen!
...
Tja, und wie geht es jetzt weiter?
Was hast du jetzt vor?
Hmm ...

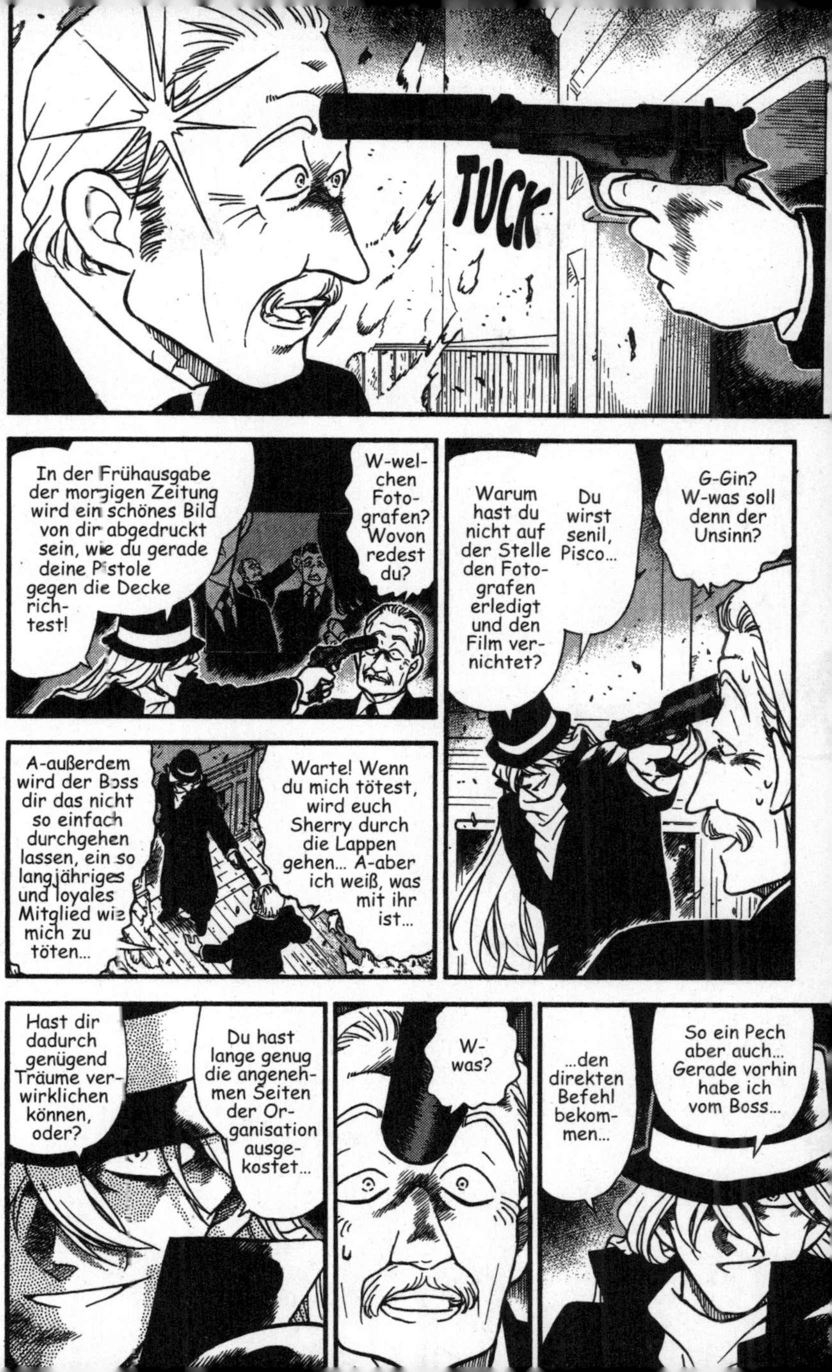
TUCK
G-Gin? W-was soll denn der Unsinn?
Du wirst senil, Pisco...
Warum hast du nicht auf der Stelle den Fotografen erledigt und den Film vernichtet?
W-welchen Fotografen? Wovon redest du?
In der Frühausgabe der morgigen Zeitung wird ein schönes Bild von dir abgedruckt sein, wie du gerade deine Pistole gegen die Decke richtest!
Warte! Wenn du mich tötest, wird euch Sherry durch die Lappen gehen... A-aber ich weiß, was mit ihr ist...
A-außerdem wird der Boss dir das nicht so einfach durchgehen lassen, ein so langjähriges und loyales Mitglied wie mich zu töten...
So ein Pech aber auch... Gerade vorhin habe ich vom Boss...
...den direkten Befehl bekommen...
W-was?
Du hast lange genug die angenehmen Seiten der Organisation ausgekostet...
Hast dir dadurch genügend Träume verwirklichen können, oder?

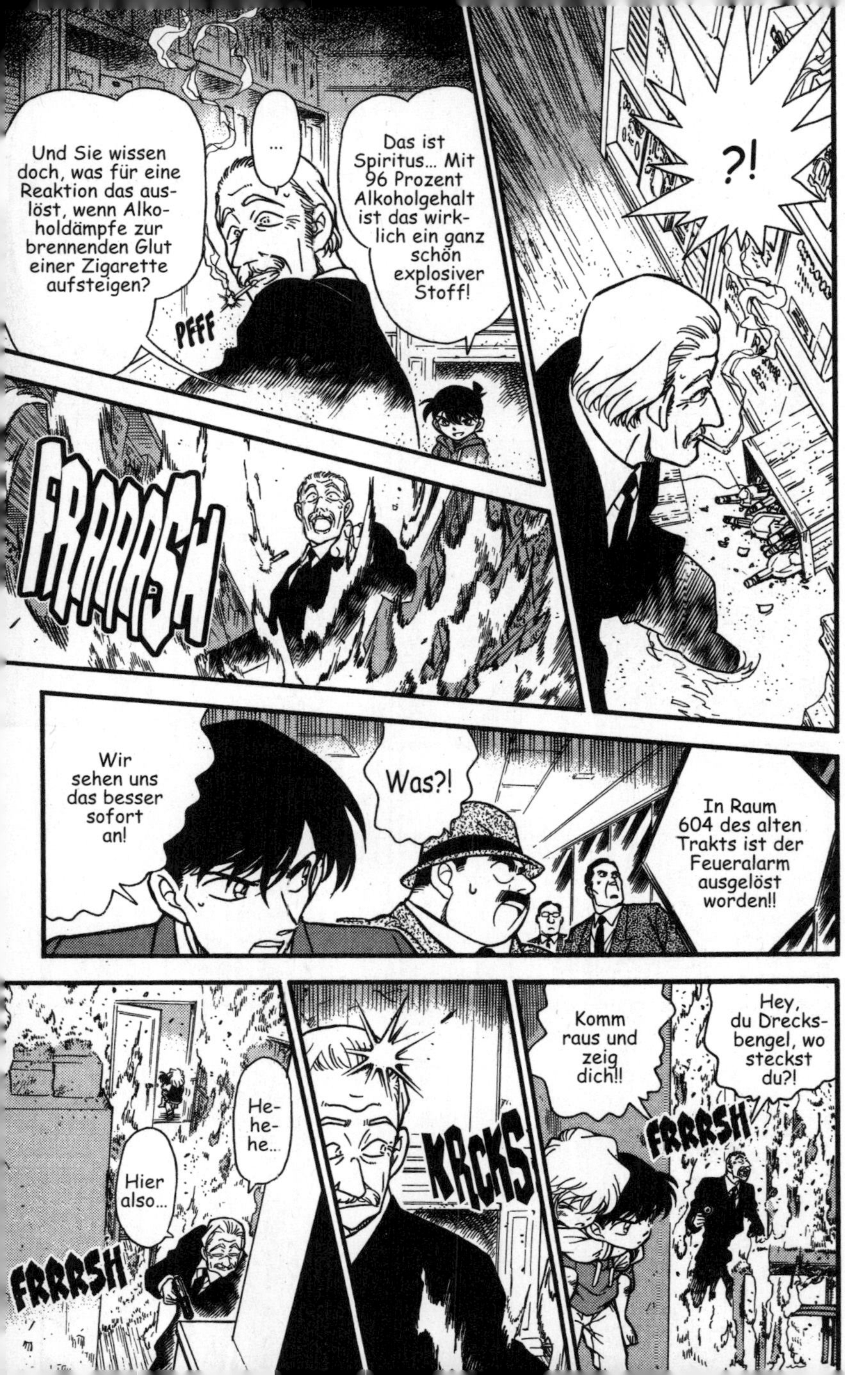
?!
Das ist Spiritus... Mit 96 Prozent Alkoholgehalt ist das wirklich ein ganz schön explosiver Stoff!
...
Und Sie wissen doch, was für eine Reaktion das auslöst, wenn Alkoholdämpfe zur brennenden Glut einer Zigarette aufsteigen?
PFFF
FRAAASH
In Raum 604 des alten Trakts ist der Feueralarm ausgelöst worden!!
Was?!
Wir sehen uns das besser sofort an!
Hey, du Drecksbengel, wo steckst du?!
Komm raus und zeig dich!!
FRRRSH
KRCKS
He-he-he...
Hier also...
FRRRSH

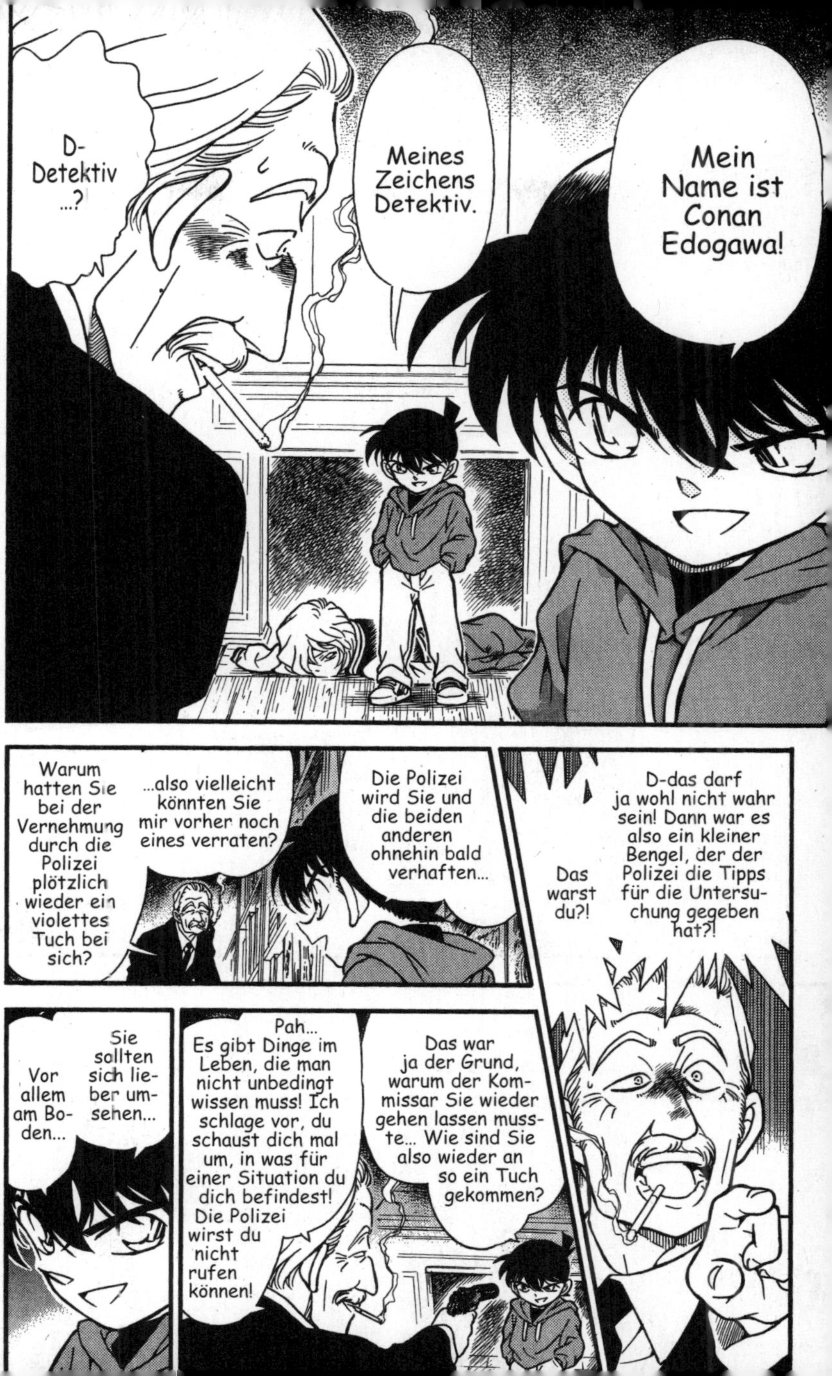
Mein Name ist Conan Edogawa!
Meines Zeichens Detektiv.
D-Detektiv ...?
D-das darf ja wohl nicht wahr sein! Dann war es also ein kleiner Bengel, der der Polizei die Tipps für die Untersuchung gegeben hat?!
Das warst du?!
Die Polizei wird Sie und die beiden anderen ohnehin bald verhaften...
...also vielleicht könnten Sie mir vorher noch eines verraten?
Warum hatten Sie bei der Vernehmung durch die Polizei plötzlich wieder ein violettes Tuch bei sich?
Das war ja der Grund, warum der Kommissar Sie wieder gehen lassen musste... Wie sind Sie also wieder an so ein Tuch gekommen?
Pah... Es gibt Dinge im Leben, die man nicht unbedingt wissen muss! Ich schlage vor, du schaust dich mal um, in was für einer Situation du dich befindest! Die Polizei wirst du nicht rufen können!
Sie sollten sich lieber umsehen...
Vor allem am Boden...

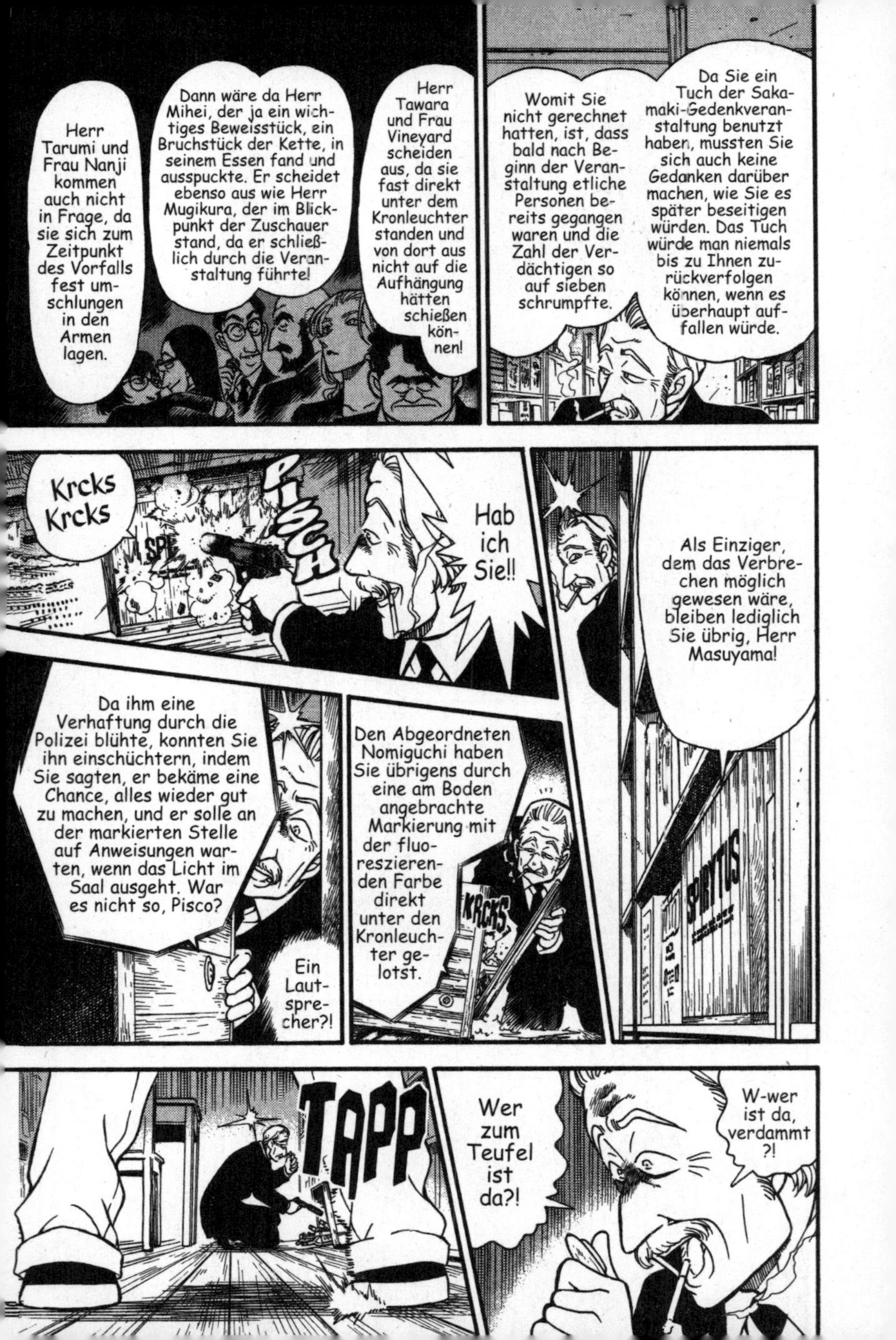
Da Sie ein Tuch der Sakamaki-Gedenkveranstaltung benutzt haben, mussten Sie sich auch keine Gedanken darüber machen, wie Sie es später beseitigen würden. Das Tuch würde man niemals bis zu Ihnen zurückverfolgen können, wenn es überhaupt auffallen würde.
Womit Sie nicht gerechnet hatten, ist, dass bald nach Beginn der Veranstaltung etliche Personen bereits gegangen waren und die Zahl der Verdächtigen so auf sieben schrumpfte.
Herr Tawara und Frau Vineyard scheiden aus, da sie fast direkt unter dem Kronleuchter standen und von dort aus nicht auf die Aufhängung hätten schießen können!
Dann wäre da Herr Mihei, der ja ein wichtiges Beweisstück, ein Bruchstück der Kette, in seinem Essen fand und ausspuckte. Er scheidet ebenso aus wie Herr Mugikura, der im Blickpunkt der Zuschauer stand, da er schließlich durch die Veranstaltung führte!
Herr Tarumi und Frau Nanji kommen auch nicht in Frage, da sie sich zum Zeitpunkt des Vorfalls fest umschlungen in den Armen lagen.
Als Einziger, dem das Verbrechen möglich gewesen wäre, bleiben lediglich Sie übrig, Herr Masuyama!
Hab ich Sie!!
PISCH
Krcks Krcks
Den Abgeordneten Nomiguchi haben Sie übrigens durch eine am Boden angebrachte Markierung mit der fluoreszierenden Farbe direkt unter den Kronleuchter gelotst.
KRCKS
Da ihm eine Verhaftung durch die Polizei blühte, konnten Sie ihn einschüchtern, indem Sie sagten, er bekäme eine Chance, alles wieder gut zu machen, und er solle an der markierten Stelle auf Anweisungen warten, wenn das Licht im Saal ausgeht. War es nicht so, Pisco?
Ein Lautsprecher?!
W-wer ist da, verdammt?!
Wer zum Teufel ist da?!
TAPP

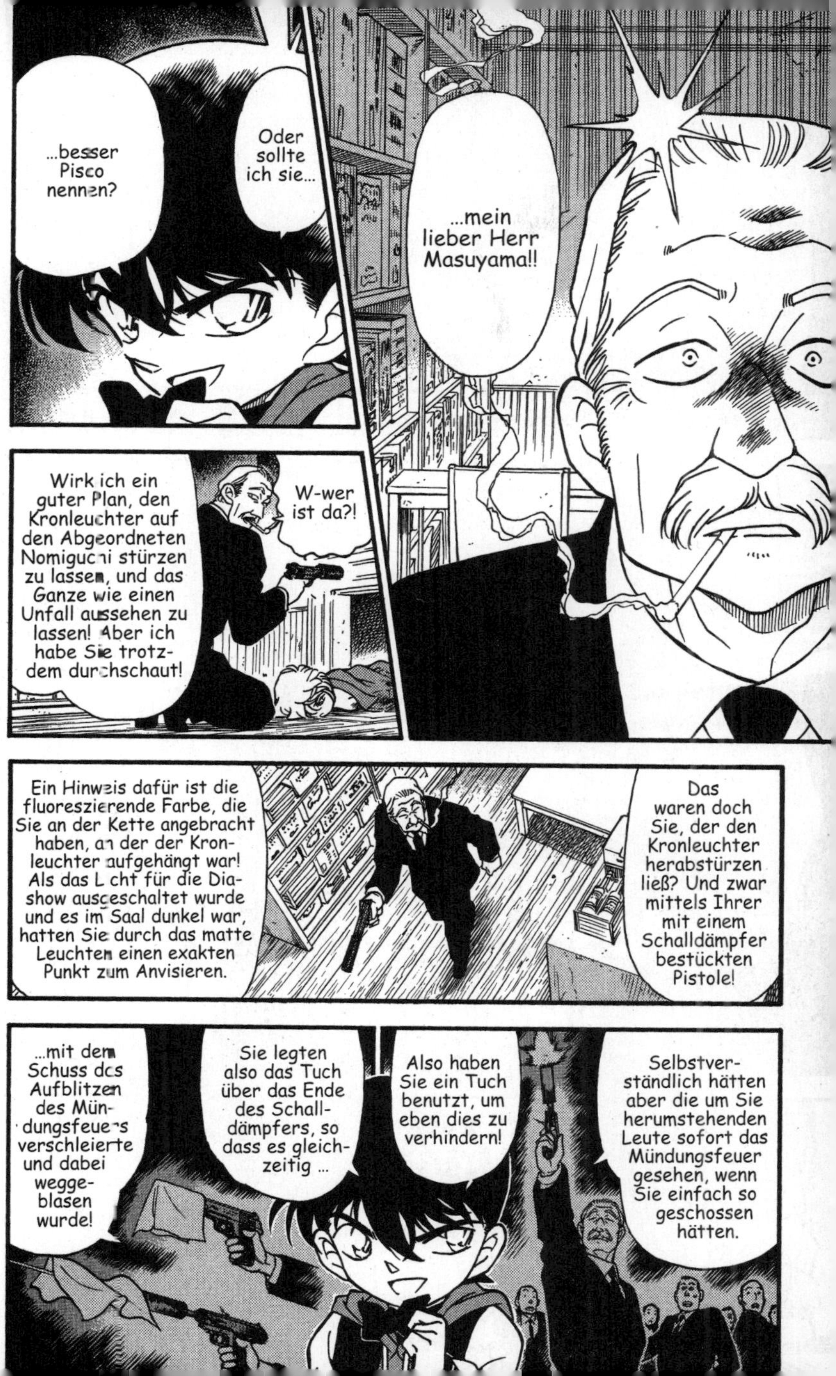

Oder sollte ich sie...
...besser Pisco nennen?
...mein lieber Herr Masuyama!!
W-wer ist da?!
Wirklich ein guter Plan, den Kronleuchter auf den Abgeordneten Nomiguchi stürzen zu lassen, und das Ganze wie einen Unfall aussehen zu lassen! Aber ich habe Sie trotz-dem durchschaut!
Das waren doch Sie, der den Kronleuchter herabstürzen ließ? Und zwar mittels Ihrer mit einem Schalldämpfer bestückten Pistole!
Ein Hinweis dafür ist die fluoreszierende Farbe, die Sie an der Kette angebracht haben, an der der Kron-leuchter aufgehängt war! Als das Licht für die Dia-show ausgeschaltet wurde und es im Saal dunkel war, hatten Sie durch das matte Leuchten einen exakten Punkt zum Anvisieren.
Selbstver-ständlich hätten aber die um Sie herumstehenden Leute sofort das Mündungsfeuer gesehen, wenn Sie einfach so geschossen hätten.
Also haben Sie ein Tuch benutzt, um eben dies zu verhindern!
Sie legten also das Tuch über das Ende des Schall-dämpfers, so dass es gleich-zeitig ...
...mit dem Schuss das Aufblitzen des Mün-dungsfeuers verschleierte und dabei wegge-blasen wurde!

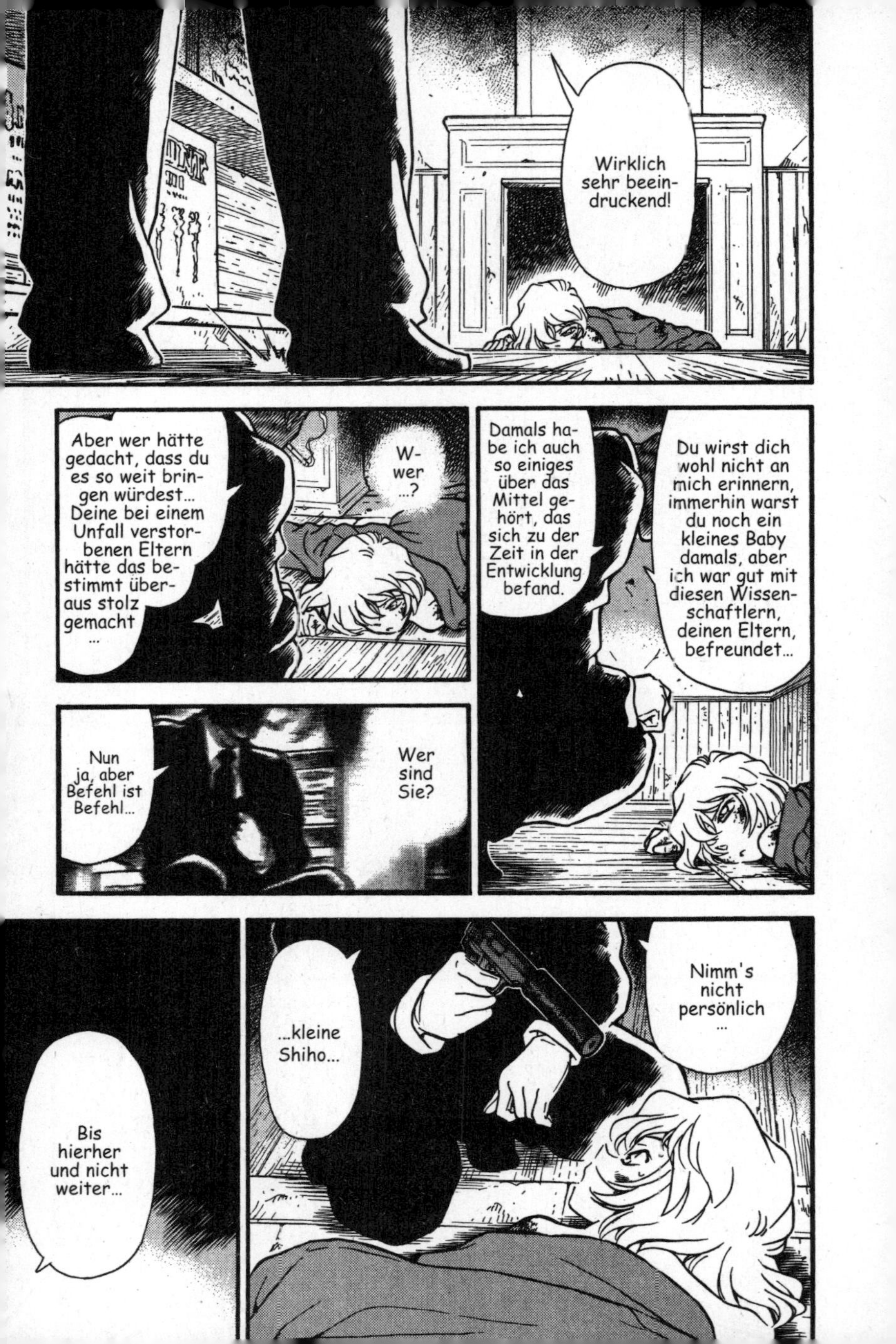
Wirklich sehr beein-druckend!
Aber wer hätte gedacht, dass du es so weit bringen würdest... Deine bei einem Unfall verstorbenen Eltern hätte das bestimmt überaus stolz gemacht ...
W-wer ...?
Du wirst dich wohl nicht an mich erinnern, immerhin warst du noch ein kleines Baby damals, aber ich war gut mit diesen Wissenschaftlern, deinen Eltern, befreundet...
Damals habe ich auch so einiges über das Mittel gehört, das sich zu der Zeit in der Entwicklung befand.
Wer sind Sie?
Nun ja, aber Befehl ist Befehl...
Bis hierher und nicht weiter...
...kleine Shiho...
Nimm's nicht persönlich ...

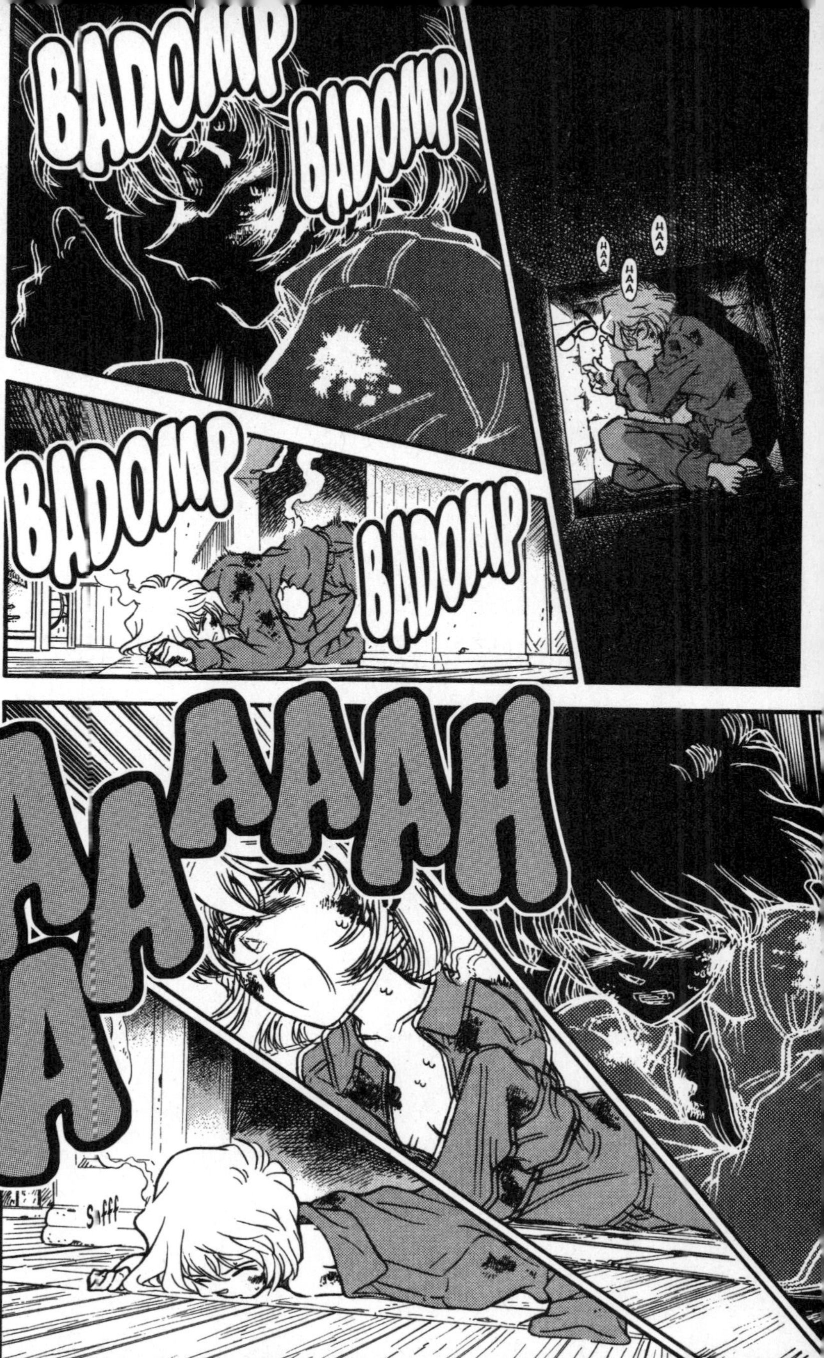
BADOMP
BADOMP
HAA
HAA
HAA
BADOMP
BADOMP
AAAAAH
Sfff

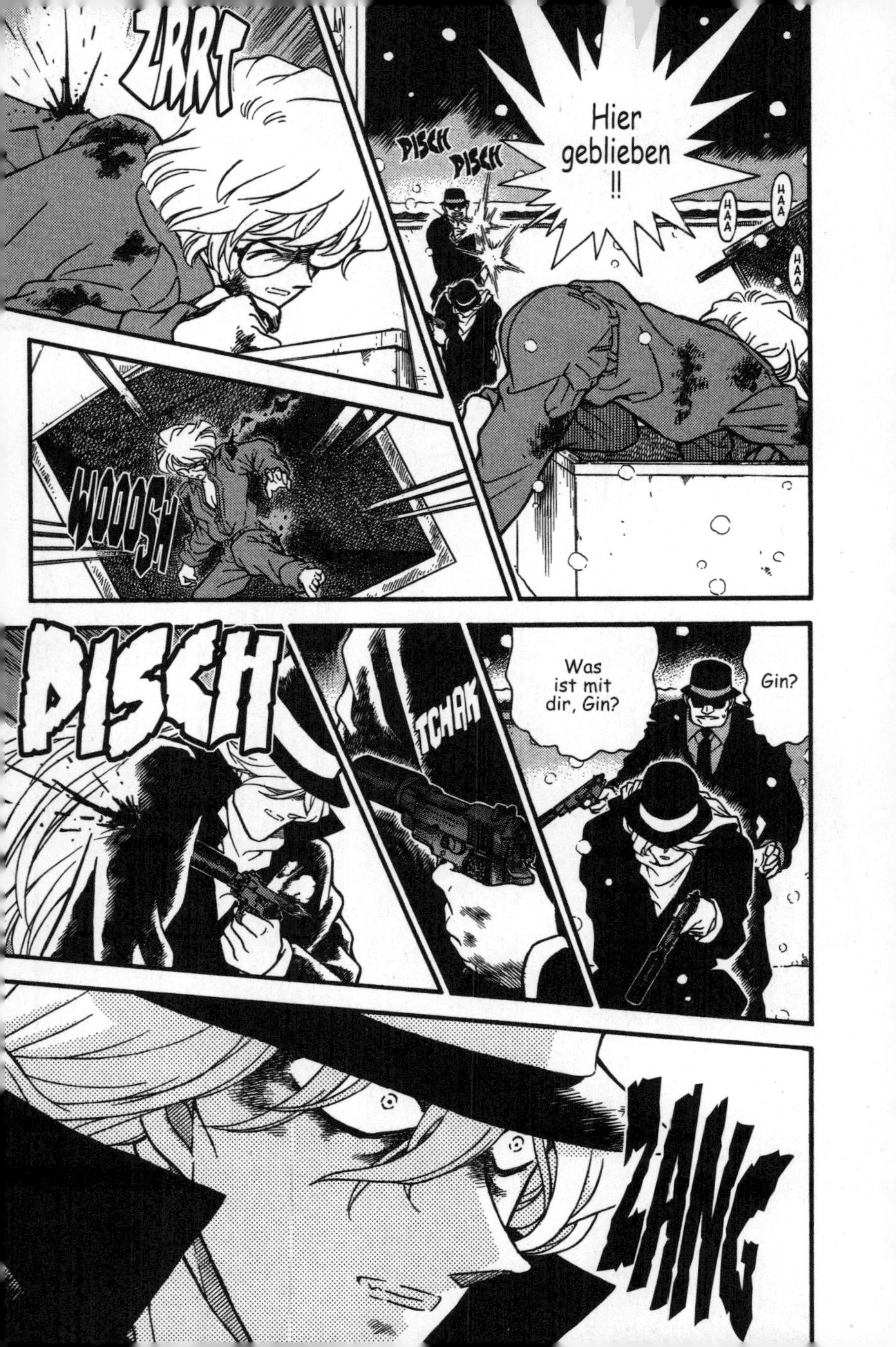
Hier geblieben !!
PISCH PISCH
HAA HAA
HAA HAA
ZRRT
WOOOSH
Gin?
Was ist mit dir, Gin?
TCHAK
PISCH
ZANG

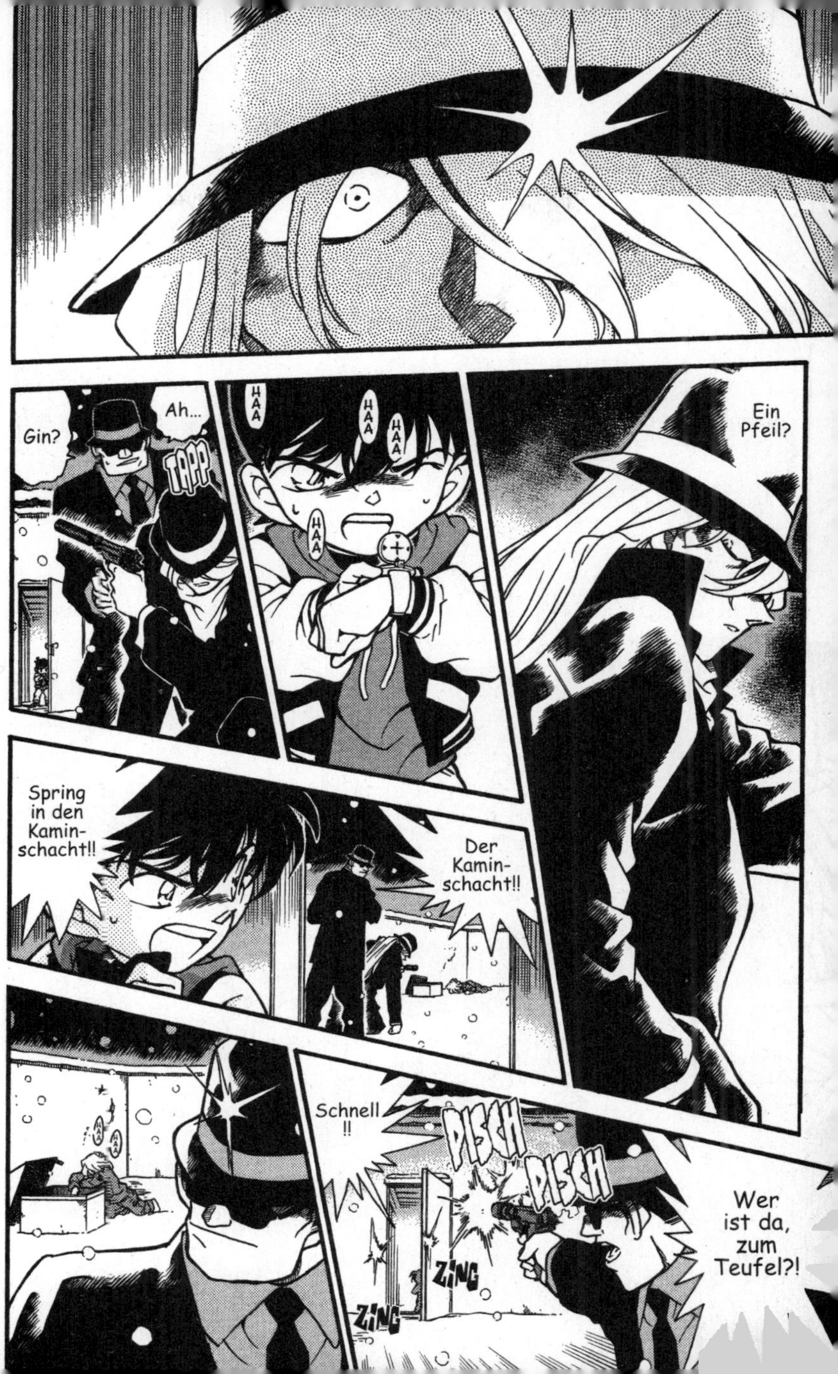

Ein Pfeil?
HAA
HAA
HAA
HAA
HAA
Ah...
Gin?
TAPP
Der Kamin-schacht!!
Spring in den Kamin-schacht!!
Wer ist da, zum Teufel?!
DISCH
DISCH
ZING
ZING
Schnell !!
HAA
HAA

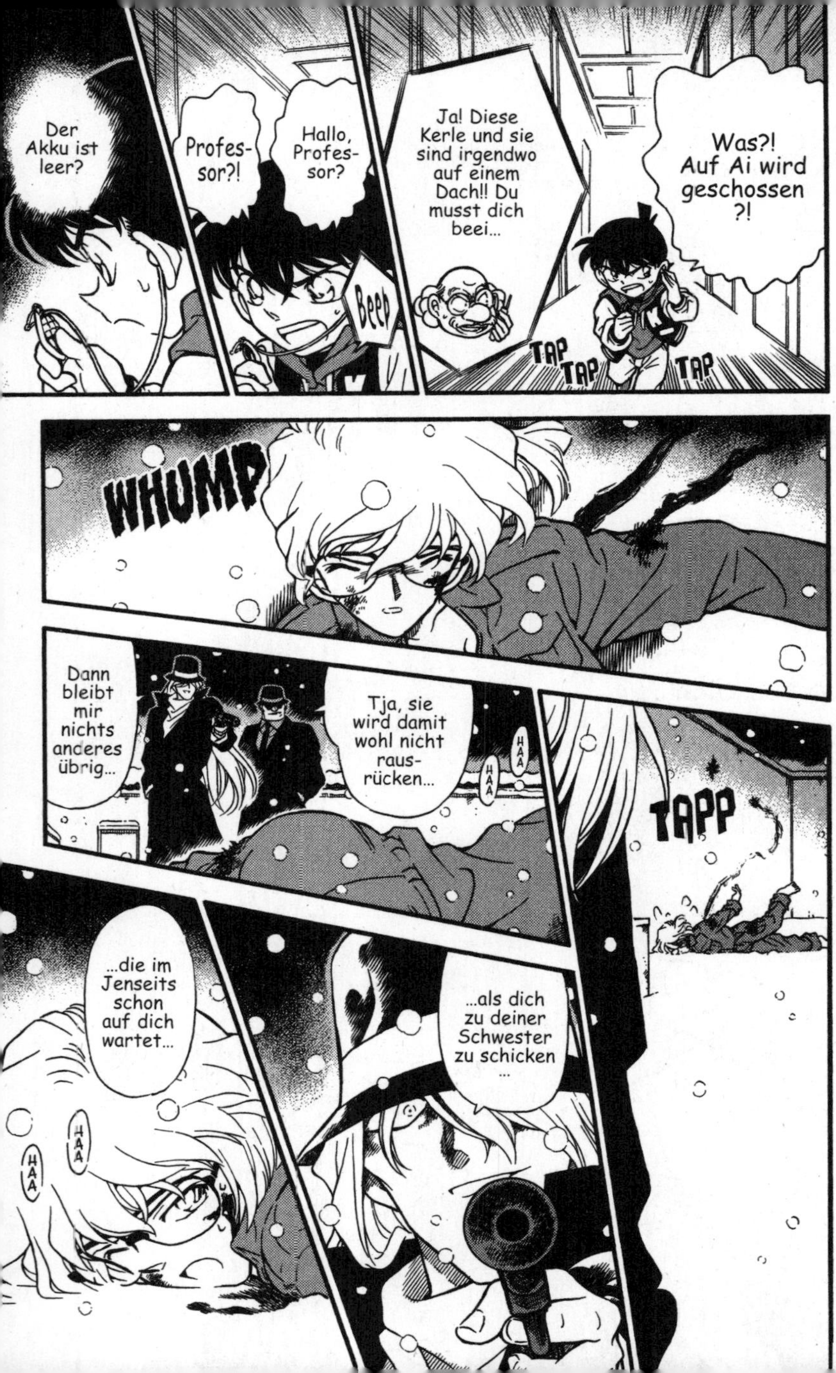
Was?! Auf Ai wird geschossen?!
TAP TAP TAP
Ja! Diese Kerle und sie sind irgendwo auf einem Dach!! Du musst dich beei...
Beep
Hallo, Professor?
Professor?!
Der Akku ist leer?
WHUMP
TAPP
Tja, sie wird damit wohl nicht rausrücken...
HAA HAA
Dann bleibt mir nichts anderes übrig...
...als dich zu deiner Schwester zu schicken ...
...die im Jenseits schon auf dich wartet...
HAA HAA

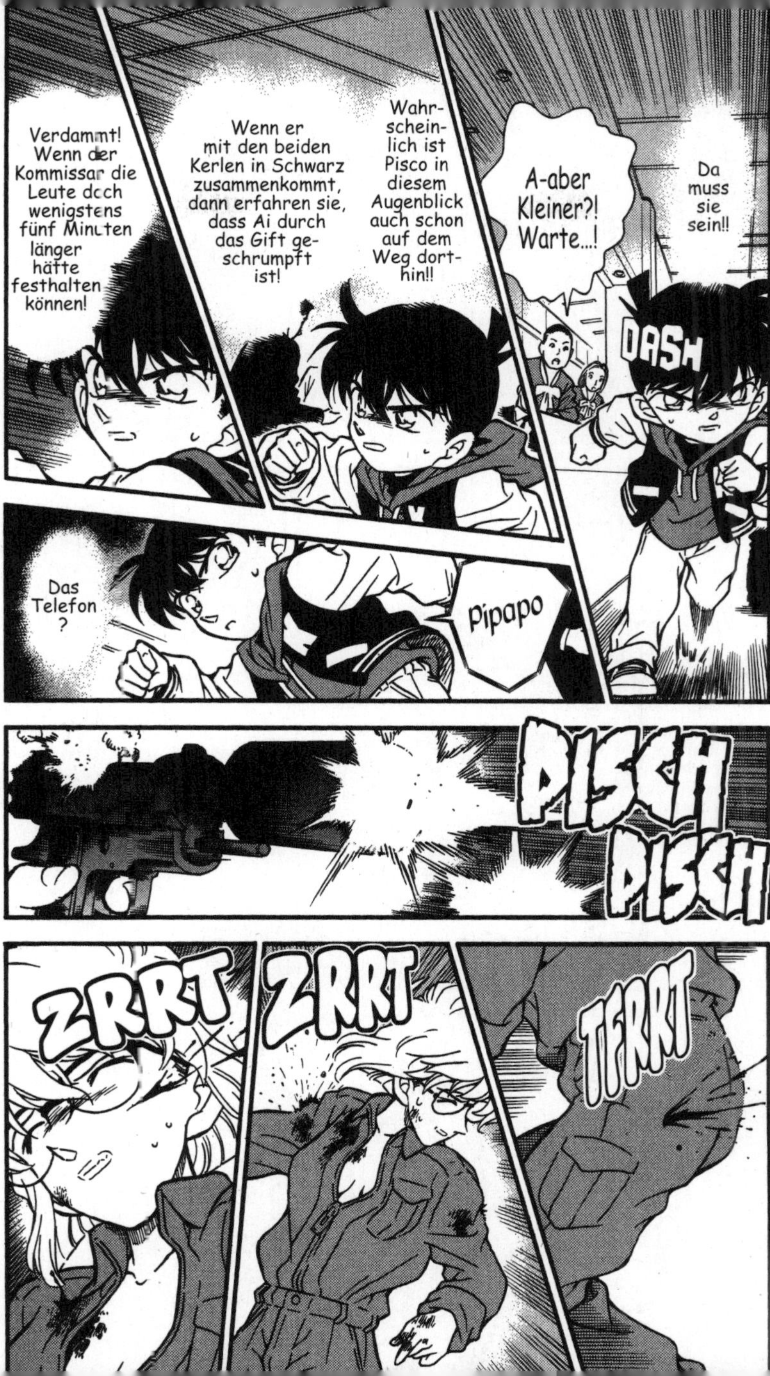
Da muss sie sein!!
A-aber Kleiner?! Warte...!
DASH
Wahrscheinlich ist Pisco in diesem Augenblick auch schon auf dem Weg dorthin!!
Wenn er mit den beiden Kerlen in Schwarz zusammenkommt, dann erfahren sie, dass Ai durch das Gift geschrumpft ist!
Verdammt! Wenn der Kommissar die Leute doch wenigstens fünf Minuten länger hätte festhalten können!
Pipapo
Das Telefon ?
DISCH
DISCH
TFRRT
ZRRT
ZRRT

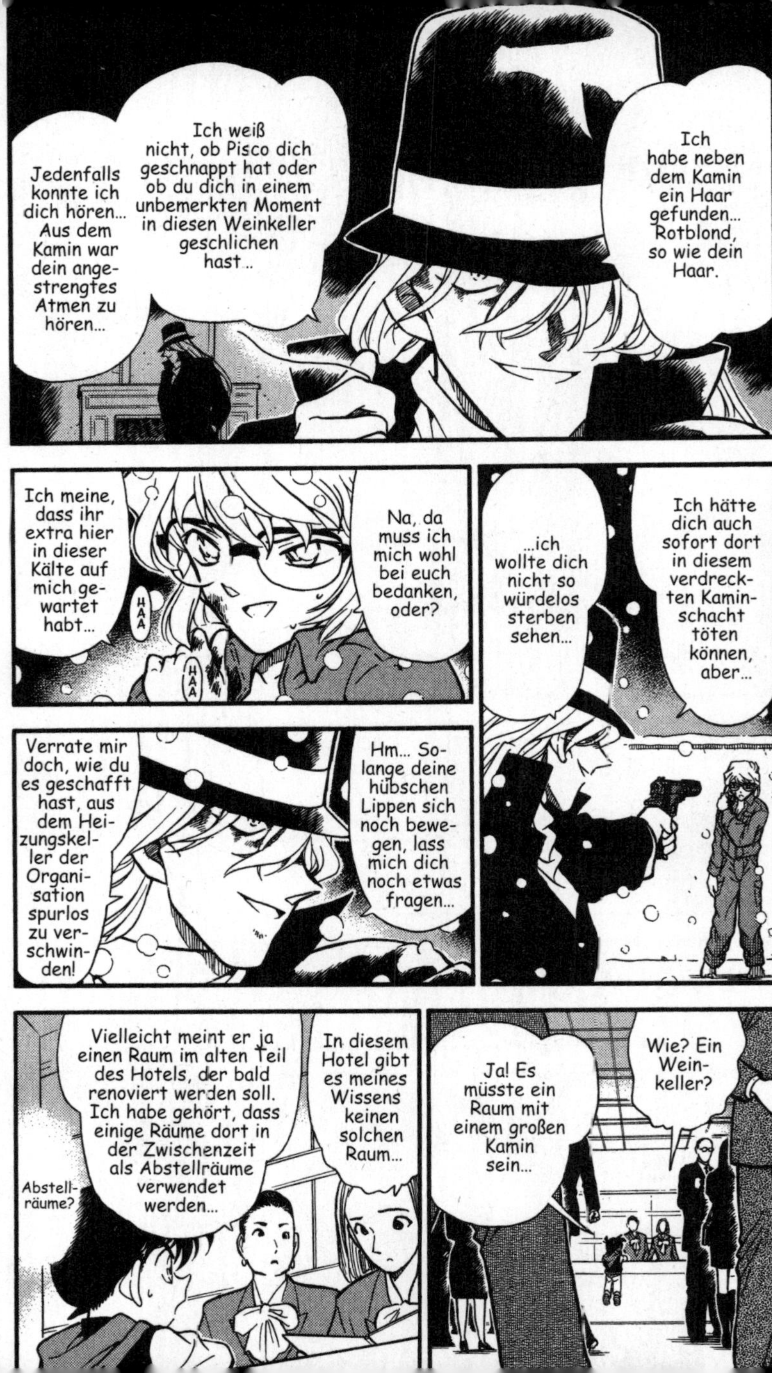
Ich habe neben dem Kamin ein Haar gefunden... Rotblond, so wie dein Haar.
Ich weiß nicht, ob Pisco dich geschnappt hat oder ob du dich in einem unbemerkten Moment in diesen Weinkeller geschlichen hast...
Jedenfalls konnte ich dich hören... Aus dem Kamin war dein angestrengtes Atmen zu hören...
Ich hätte dich auch sofort dort in diesem verdreckten Kaminschacht töten können, aber...
...ich wollte dich nicht so würdelos sterben sehen...
Na, da muss ich mich wohl bei euch bedanken, oder?
Ich meine, dass ihr extra hier in dieser Kälte auf mich gewartet habt...
HAA
HAA
Hm... Solange deine hübschen Lippen sich noch bewegen, lass mich dich noch etwas fragen...
Verrate mir doch, wie du es geschafft hast, aus dem Heizungskeller der Organisation spurlos zu verschwinden!
Wie? Ein Weinkeller?
Ja! Es müsste ein Raum mit einem großen Kamin sein...
In diesem Hotel gibt es meines Wissens keinen solchen Raum...
Vielleicht meint er ja einen Raum im alten Teil des Hotels, der bald renoviert werden soll. Ich habe gehört, dass einige Räume dort in der Zwischenzeit als Abstellräume verwendet werden...
Abstellräume?

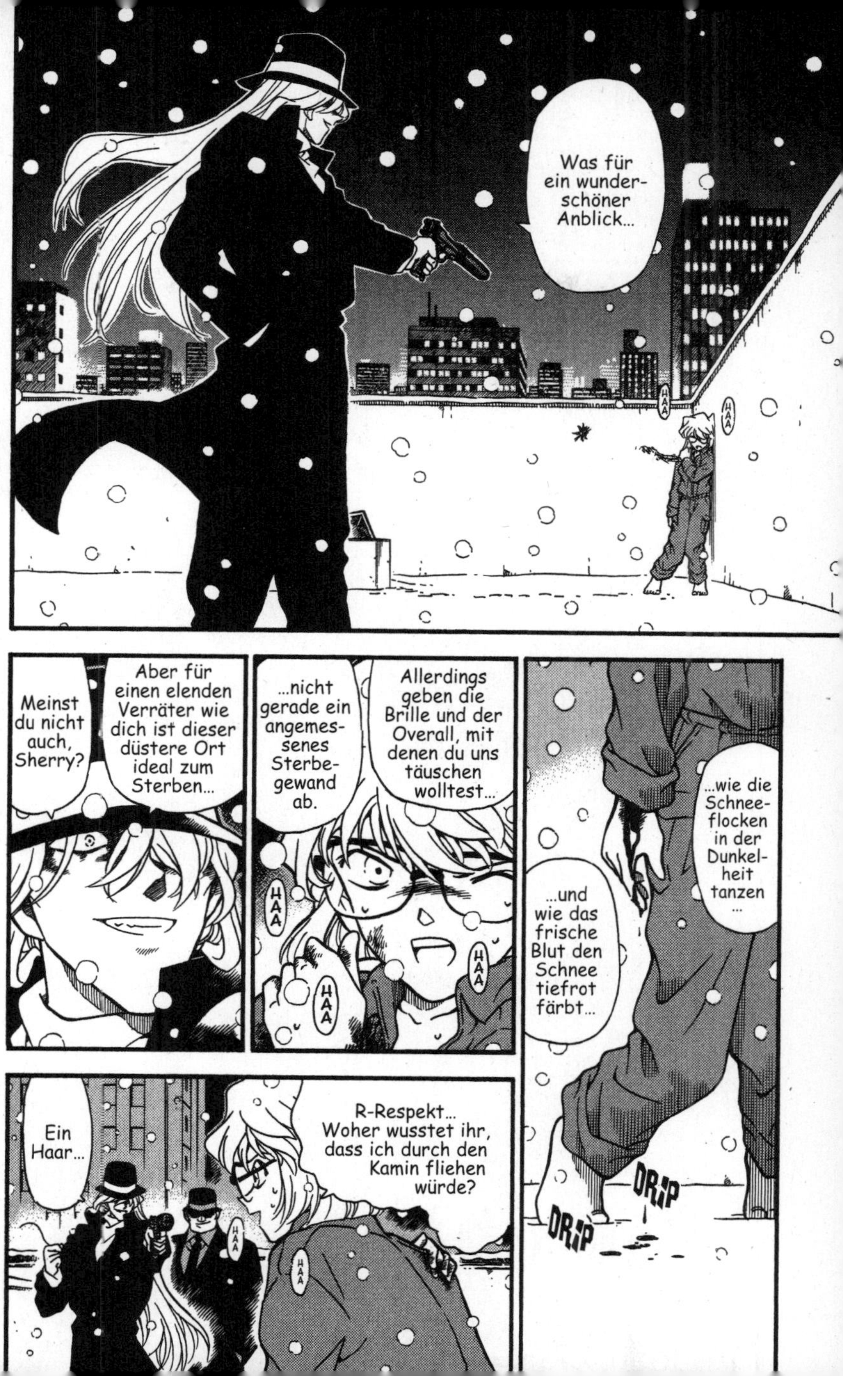
Was für ein wunderschöner Anblick...
HAA
HAA
...wie die Schneeflocken in der Dunkelheit tanzen ...
...und wie das frische Blut den Schnee tiefrot färbt...
DRIP
DRIP
Allerdings geben die Brille und der Overall, mit denen du uns täuschen wolltest...
...nicht gerade ein angemessenes Sterbegewand ab.
HAA
HAA
HAA
Aber für einen elenden Verräter wie dich ist dieser düstere Ort ideal zum Sterben...
Meinst du nicht auch, Sherry?
R-Respekt... Woher wusstet ihr, dass ich durch den Kamin fliehen würde?
HAA
HAA
Ein Haar...

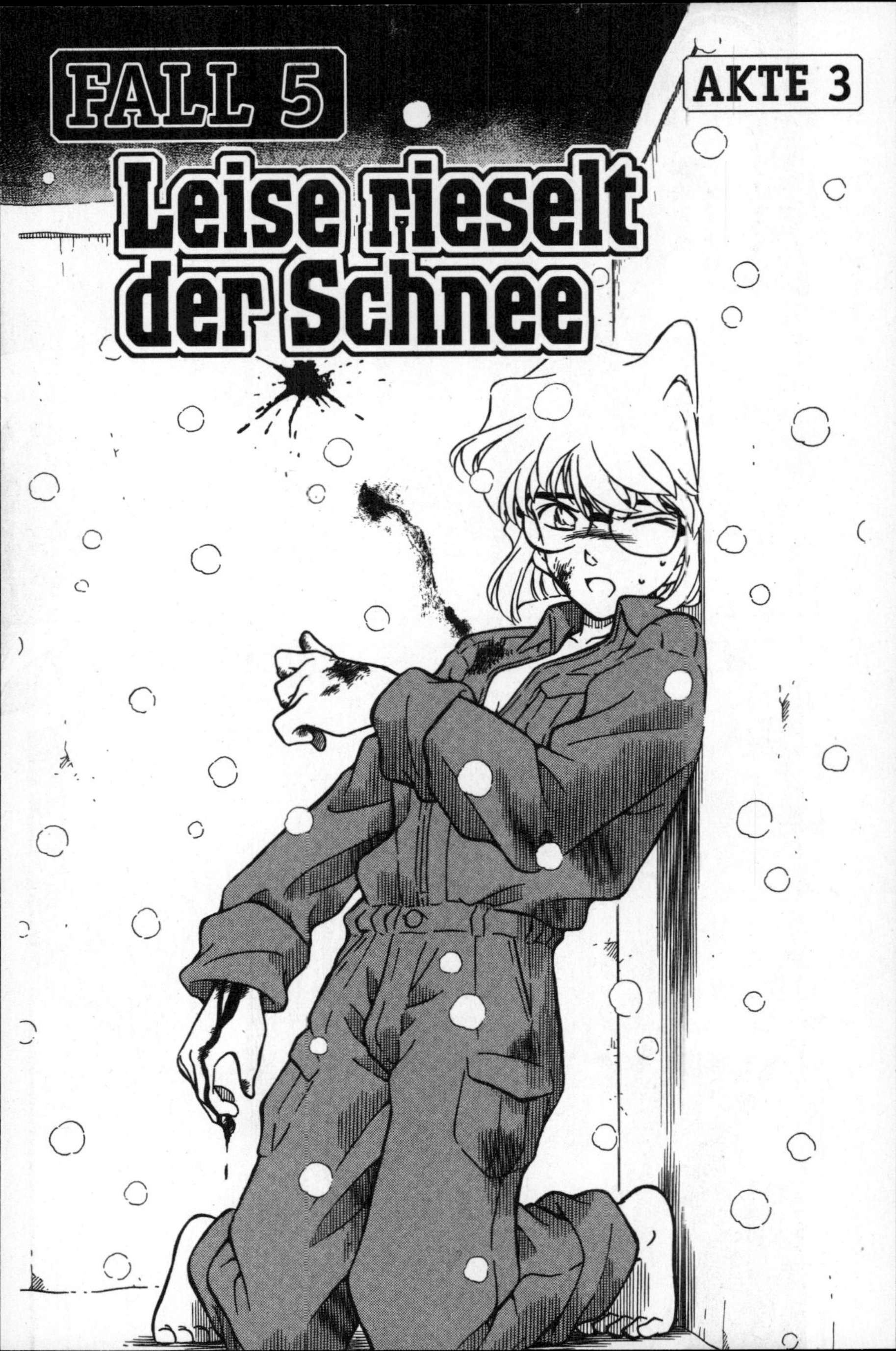
FALL 5
AKTE 3
Leise rieselt der Schnee

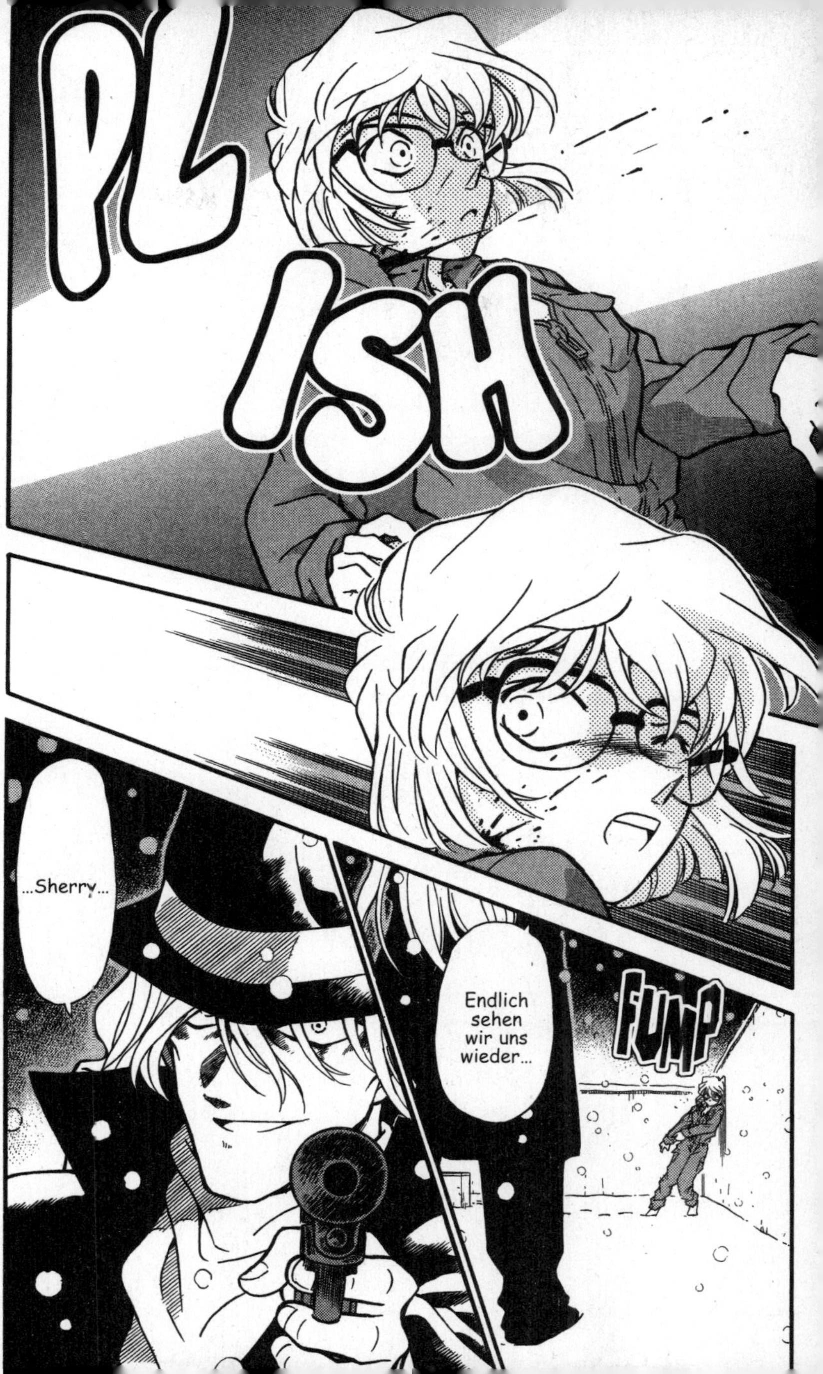
PL
ISH
FUMP
Endlich sehen wir uns wieder...
...Sherry...

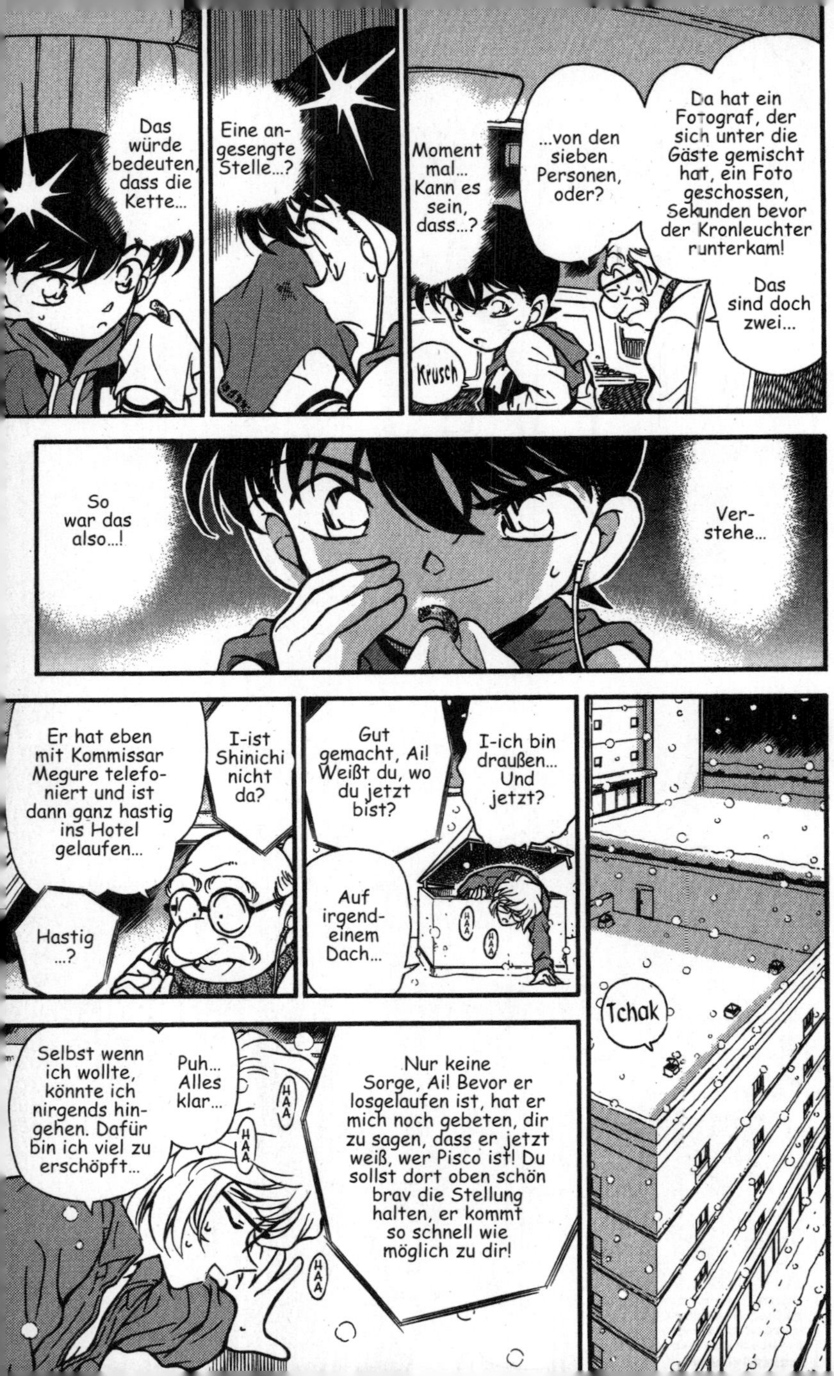

Da hat ein Fotograf, der sich unter die Gäste gemischt hat, ein Foto geschossen, Sekunden bevor der Kronleuchter runterkam!
Das sind doch zwei...
...von den sieben Personen, oder?
Moment mal... Kann es sein, dass...?
Krusch
Eine an-gesengte Stelle...?
Das würde bedeuten, dass die Kette...
Ver-stehe...
So war das also...!
Tchak
I-ich bin draußen... Und jetzt?
Gut gemacht, Ai! Weißt du, wo du jetzt bist?
HAA
HAA
Auf irgend-einem Dach...
I-ist Shinichi nicht da?
Er hat eben mit Kommissar Megure telefo-niert und ist dann ganz hastig ins Hotel gelaufen...
Hastig ...?
Nur keine Sorge, Ai! Bevor er losgelaufen ist, hat er mich noch gebeten, dir zu sagen, dass er jetzt weiß, wer Pisco ist! Du sollst dort oben schön brav die Stellung halten, er kommt so schnell wie möglich zu dir!
HAA
HAA
HAA
Puh... Alles klar...
Selbst wenn ich wollte, könnte ich nirgends hin-gehen. Dafür bin ich viel zu erschöpft...

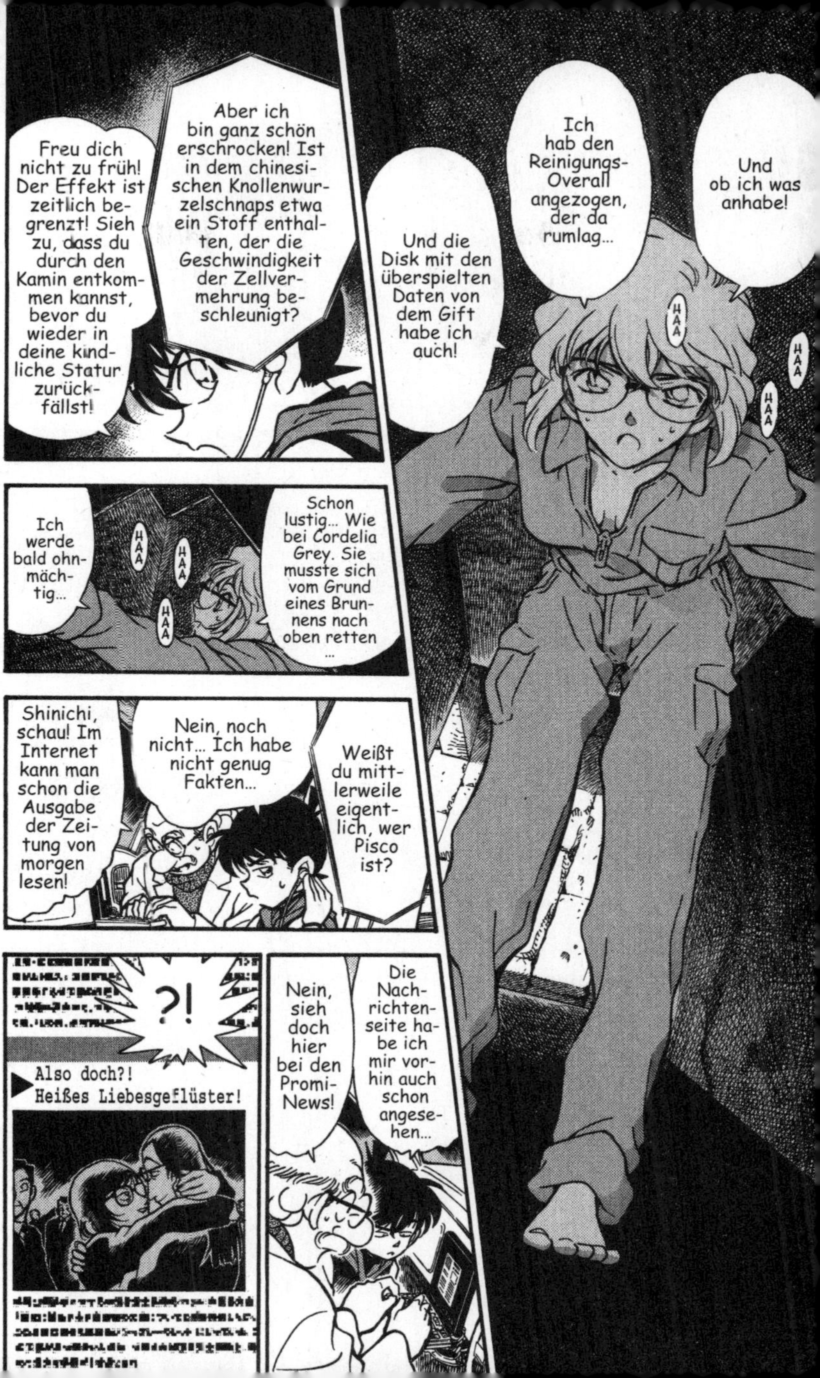
Und ob ich was anhabe!
Ich hab den Reinigungs-Overall angezogen, der da rumlag...
Und die Disk mit den überspielten Daten von dem Gift habe ich auch!
HAA
HAA
HAA
Aber ich bin ganz schön erschrocken! Ist in dem chinesischen Knollenwurzelschnaps etwa ein Stoff enthalten, der die Geschwindigkeit der Zellvermehrung beschleunigt?
Freu dich nicht zu früh! Der Effekt ist zeitlich begrenzt! Sieh zu, dass du durch den Kamin entkommen kannst, bevor du wieder in deine kindliche Statur zurückfällst!
Schon lustig... Wie bei Cordelia Grey. Sie musste sich vom Grund eines Brunnens nach oben retten ...
HAA
HAA
HAA
Ich werde bald ohnmächtig...
Weißt du mittlerweile eigentlich, wer Pisco ist?
Nein, noch nicht... Ich habe nicht genug Fakten...
Shinichi, schau! Im Internet kann man schon die Ausgabe der Zeitung von morgen lesen!
Die Nachrichtenseite habe ich mir vorhin auch schon angesehen...
Nein, sieh doch hier bei den Promi-News!
?!
Also doch?! Heißes Liebesgeflüster!

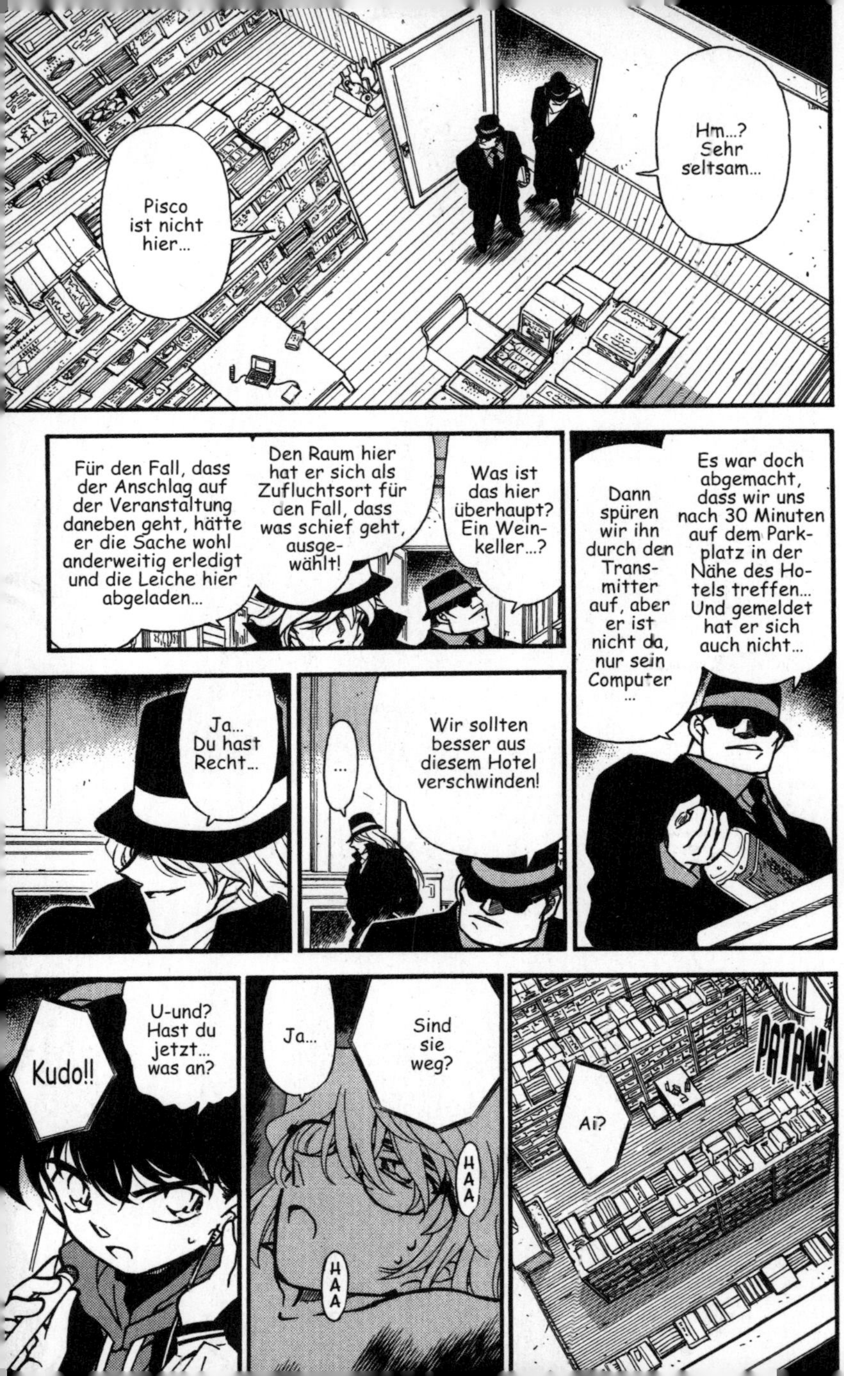

Hm...? Sehr seltsam...
Pisco ist nicht hier...
Es war doch abgemacht, dass wir uns nach 30 Minuten auf dem Parkplatz in der Nähe des Hotels treffen... Und gemeldet hat er sich auch nicht...
Dann spüren wir ihn durch den Transmitter auf, aber er ist nicht da, nur sein Computer ...
Was ist das hier überhaupt? Ein Weinkeller...?
Den Raum hier hat er sich als Zufluchtsort für den Fall, dass was schief geht, ausgewählt!
Für den Fall, dass der Anschlag auf der Veranstaltung daneben geht, hätte er die Sache wohl anderweitig erledigt und die Leiche hier abgeladen...
Wir sollten besser aus diesem Hotel verschwinden!
...
Ja... Du hast Recht...
PATANG
Ai?
Sind sie weg?
Ja...
HAA
HAA
U-und? Hast du jetzt... was an?
Kudo!!

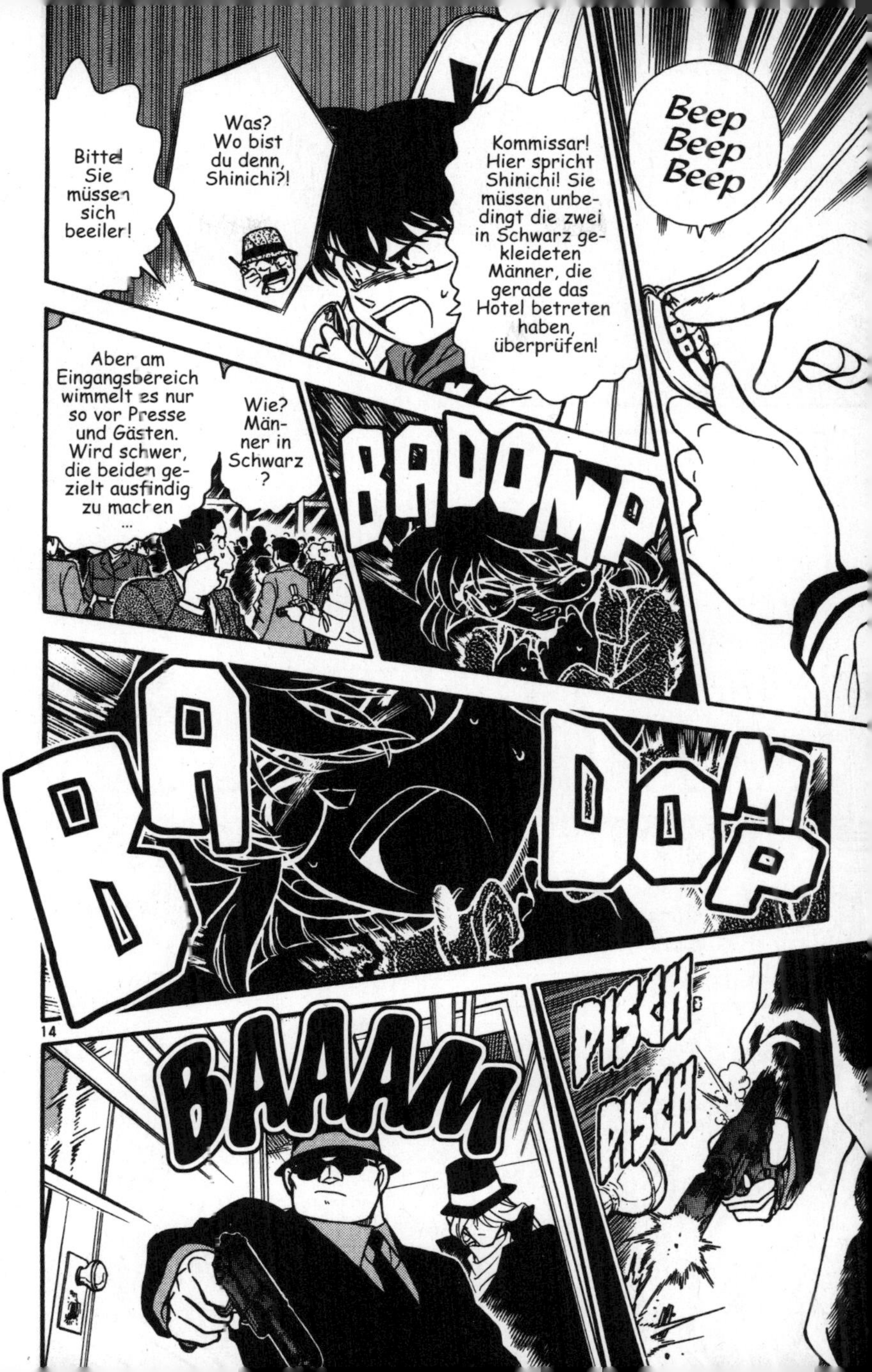
Beep Beep Beep
Kommissar! Hier spricht Shinichi! Sie müssen unbedingt die zwei in Schwarz gekleideten Männer, die gerade das Hotel betreten haben, überprüfen!
Was? Wo bist du denn, Shinichi?!
Bitte! Sie müssen sich beeilen!
Wie? Männer in Schwarz ?
Aber am Eingangsbereich wimmelt es nur so vor Presse und Gästen. Wird schwer, die beiden gezielt ausfindig zu machen ...
BADOMP
BADOMP
DISCH DISCH
BAAAM

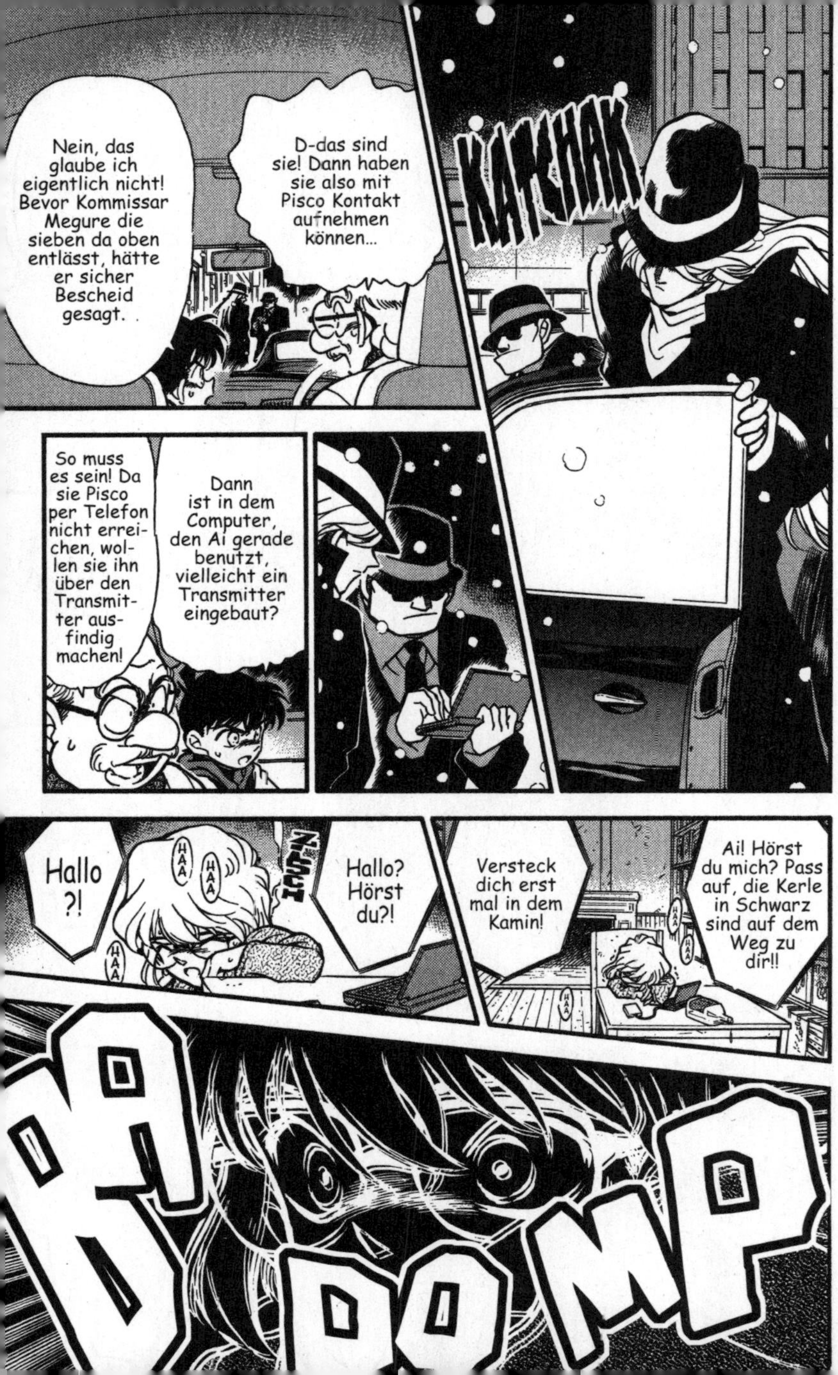
KATCHAK
D-das sind sie! Dann haben sie also mit Pisco Kontakt aufnehmen können...
Nein, das glaube ich eigentlich nicht! Bevor Kommissar Megure die sieben da oben entlässt, hätte er sicher Bescheid gesagt.
Dann ist in dem Computer, den Ai gerade benutzt, vielleicht ein Transmitter eingebaut?
So muss es sein! Da sie Pisco per Telefon nicht erreichen, wollen sie ihn über den Transmitter ausfindig machen!
Ai! Hörst du mich? Pass auf, die Kerle in Schwarz sind auf dem Weg zu dir!!
Versteck dich erst mal in dem Kamin!
Hallo? Hörst du?!
ZISCH
Hallo ?!
HAA
RADOMP

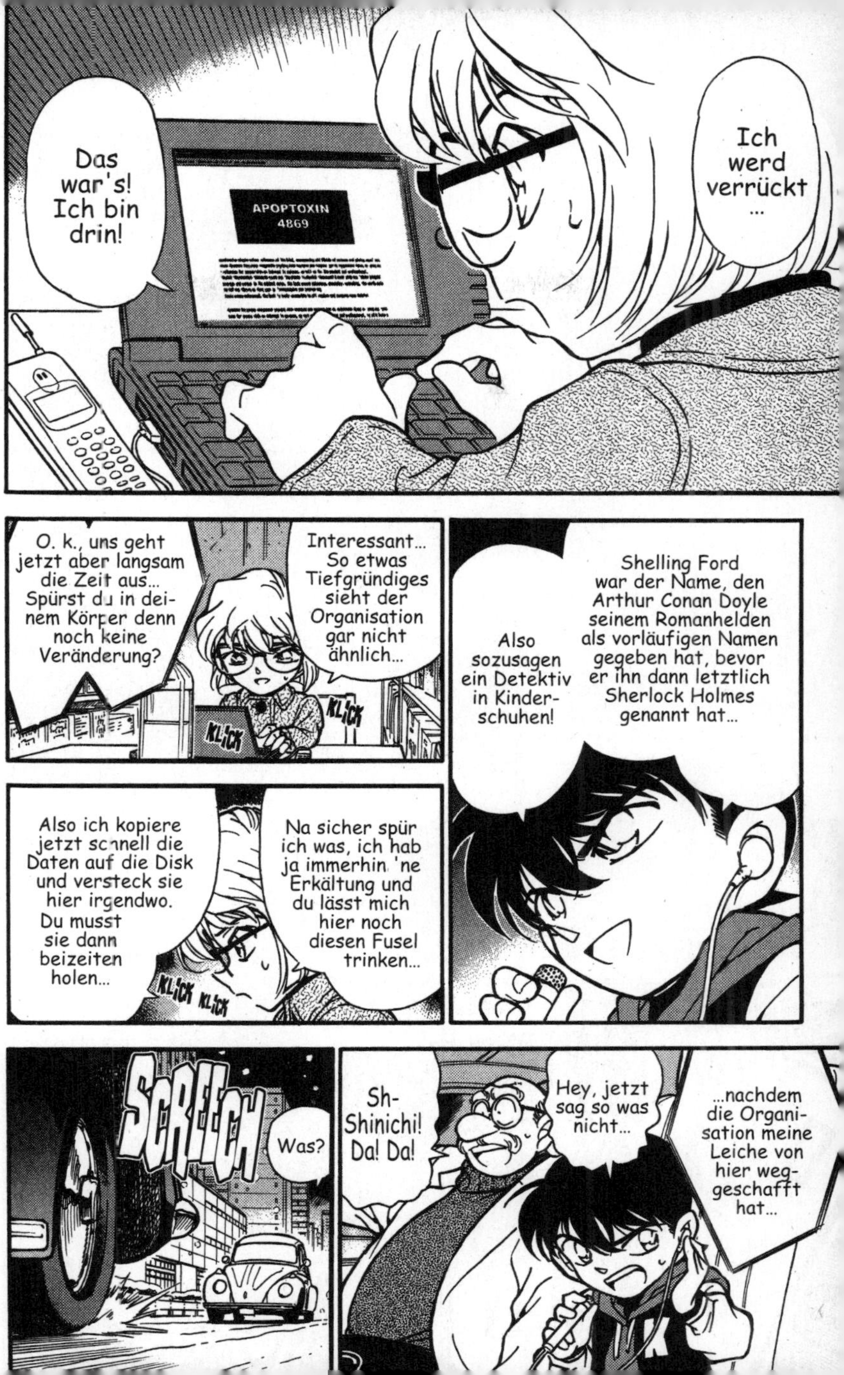
Ich werd verrückt ...
APOPTOXIN 4869
Das war's! Ich bin drin!
Shelling Ford war der Name, den Arthur Conan Doyle seinem Romanhelden als vorläufigen Namen gegeben hat, bevor er ihn dann letztlich Sherlock Holmes genannt hat...
Also sozusagen ein Detektiv in Kinderschuhen!
Interessant... So etwas Tiefgründiges sieht der Organisation gar nicht ähnlich...
O. k., uns geht jetzt aber langsam die Zeit aus... Spürst du in deinem Körper denn noch keine Veränderung?
KLICK
KLICK
Na sicher spür ich was, ich hab ja immerhin 'ne Erkältung und du lässt mich hier noch diesen Fusel trinken...
Also ich kopiere jetzt schnell die Daten auf die Disk und versteck sie hier irgendwo. Du musst sie dann beizeiten holen...
KLICK KLICK
...nachdem die Organisation meine Leiche von hier weggeschafft hat...
Hey, jetzt sag so was nicht...
Sh-Shinichi! Da! Da!
Was?
SCREECH

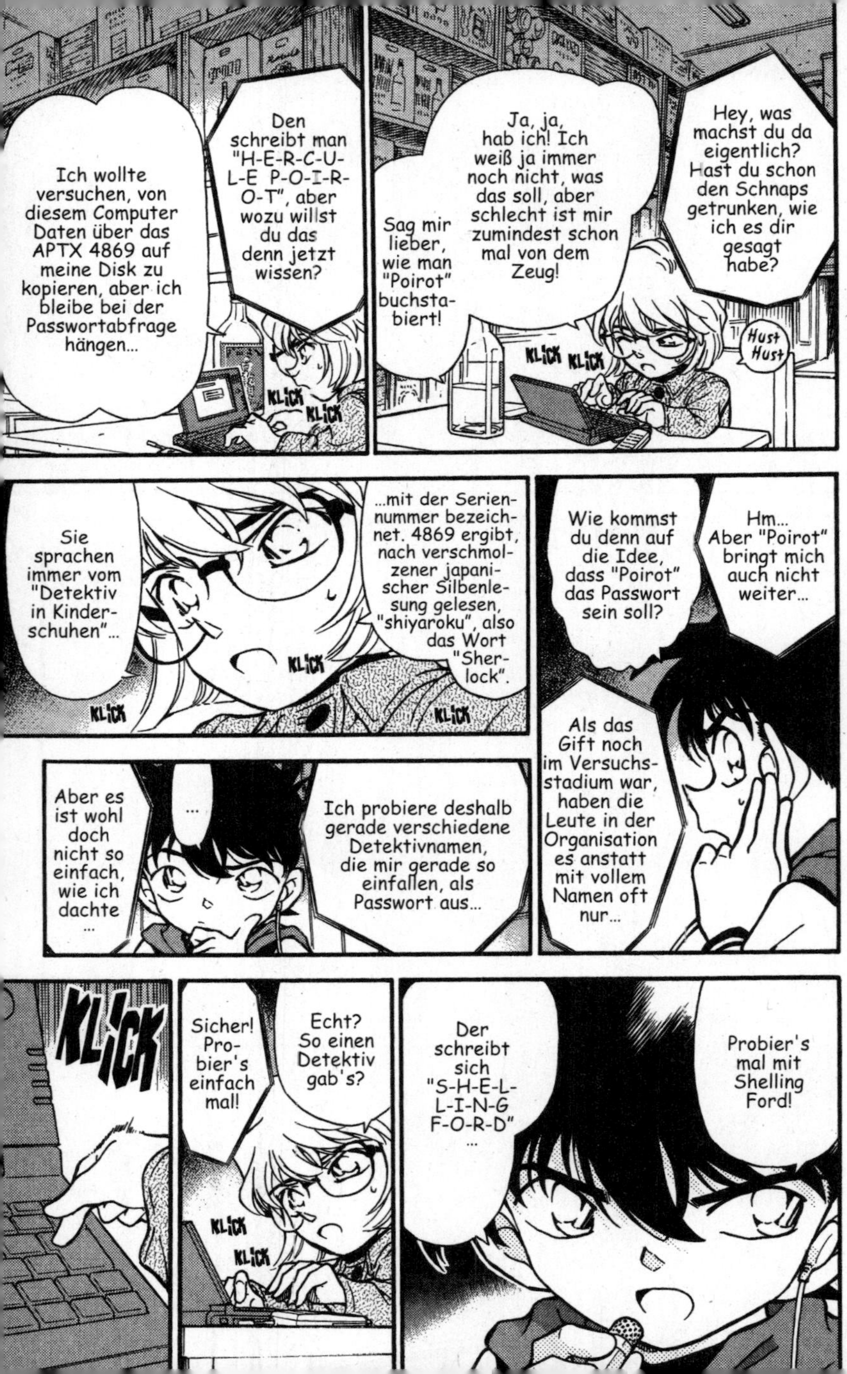

Hey, was machst du da eigentlich? Hast du schon den Schnaps getrunken, wie ich es dir gesagt habe?
Hust Hust
Ja, ja, hab ich! Ich weiß ja immer noch nicht, was das soll, aber schlecht ist mir zumindest schon mal von dem Zeug!
Sag mir lieber, wie man "Poirot" buchstabiert!
KLICK KLICK
Den schreibt man "H-E-R-C-U-L-E P-O-I-R-O-T", aber wozu willst du das denn jetzt wissen?
Ich wollte versuchen, von diesem Computer Daten über das APTX 4869 auf meine Disk zu kopieren, aber ich bleibe bei der Passwortabfrage hängen...
KLICK KLICK
Hm... Aber "Poirot" bringt mich auch nicht weiter...
Wie kommst du denn auf die Idee, dass "Poirot" das Passwort sein soll?
Als das Gift noch im Versuchsstadium war, haben die Leute in der Organisation es anstatt mit vollem Namen oft nur...
...mit der Seriennummer bezeichnet. 4869 ergibt, nach verschmolzener japanischer Silbenlesung gelesen, "shiyaroku", also das Wort "Sherlock".
Sie sprachen immer vom "Detektiv in Kinderschuhen"...
KLICK KLICK KLICK
Ich probiere deshalb gerade verschiedene Detektivnamen, die mir gerade so einfallen, als Passwort aus...
...
Aber es ist wohl doch nicht so einfach, wie ich dachte ...
Probier's mal mit Shelling Ford!
Der schreibt sich "S-H-E-L-L-I-N-G F-O-R-D" ...
Echt? So einen Detektiv gab's?
Sicher! Probier's einfach mal!
KLICK KLICK
KLICK

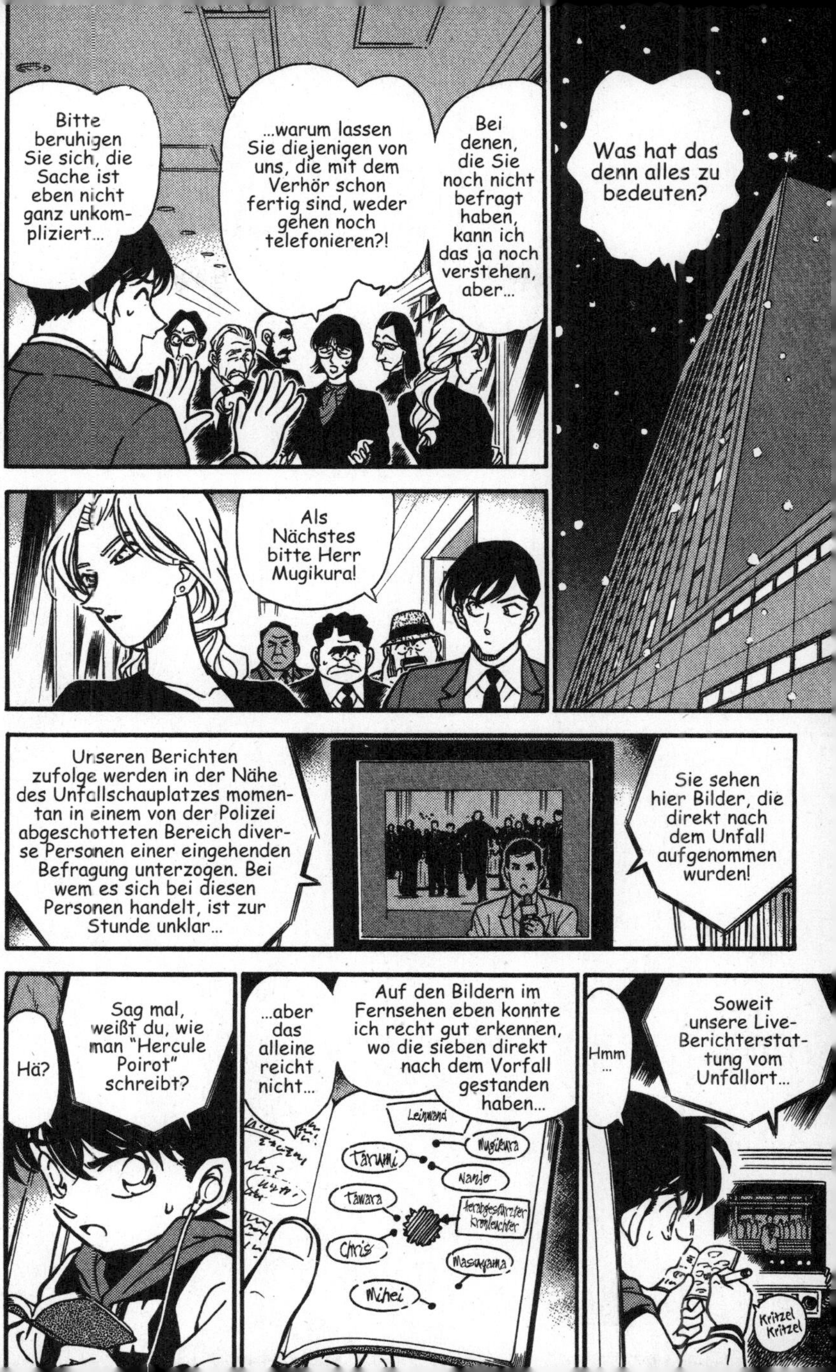
Was hat das denn alles zu bedeuten?
Bei denen, die Sie noch nicht befragt haben, kann ich das ja noch verstehen, aber...
...warum lassen Sie diejenigen von uns, die mit dem Verhör schon fertig sind, weder gehen noch telefonieren?!
Bitte beruhigen Sie sich, die Sache ist eben nicht ganz unkompliziert...
Als Nächstes bitte Herr Mugikura!
Sie sehen hier Bilder, die direkt nach dem Unfall aufgenommen wurden!
Unseren Berichten zufolge werden in der Nähe des Unfallschauplatzes momentan in einem von der Polizei abgeschotteten Bereich diverse Personen einer eingehenden Befragung unterzogen. Bei wem es sich bei diesen Personen handelt, ist zur Stunde unklar...
Soweit unsere Live-Berichterstattung vom Unfallort...
Hmm ...
Kritzel Kritzel
Auf den Bildern im Fernsehen eben konnte ich recht gut erkennen, wo die sieben direkt nach dem Vorfall gestanden haben...
Leinwand
Mugikura
Tarumi
Nanjo
Tawara
Herabgestürzter Kronleuchter
Chris
Masuyama
Mihei
...aber das alleine reicht nicht...
Sag mal, weißt du, wie man "Hercule Poirot" schreibt?
Hä?

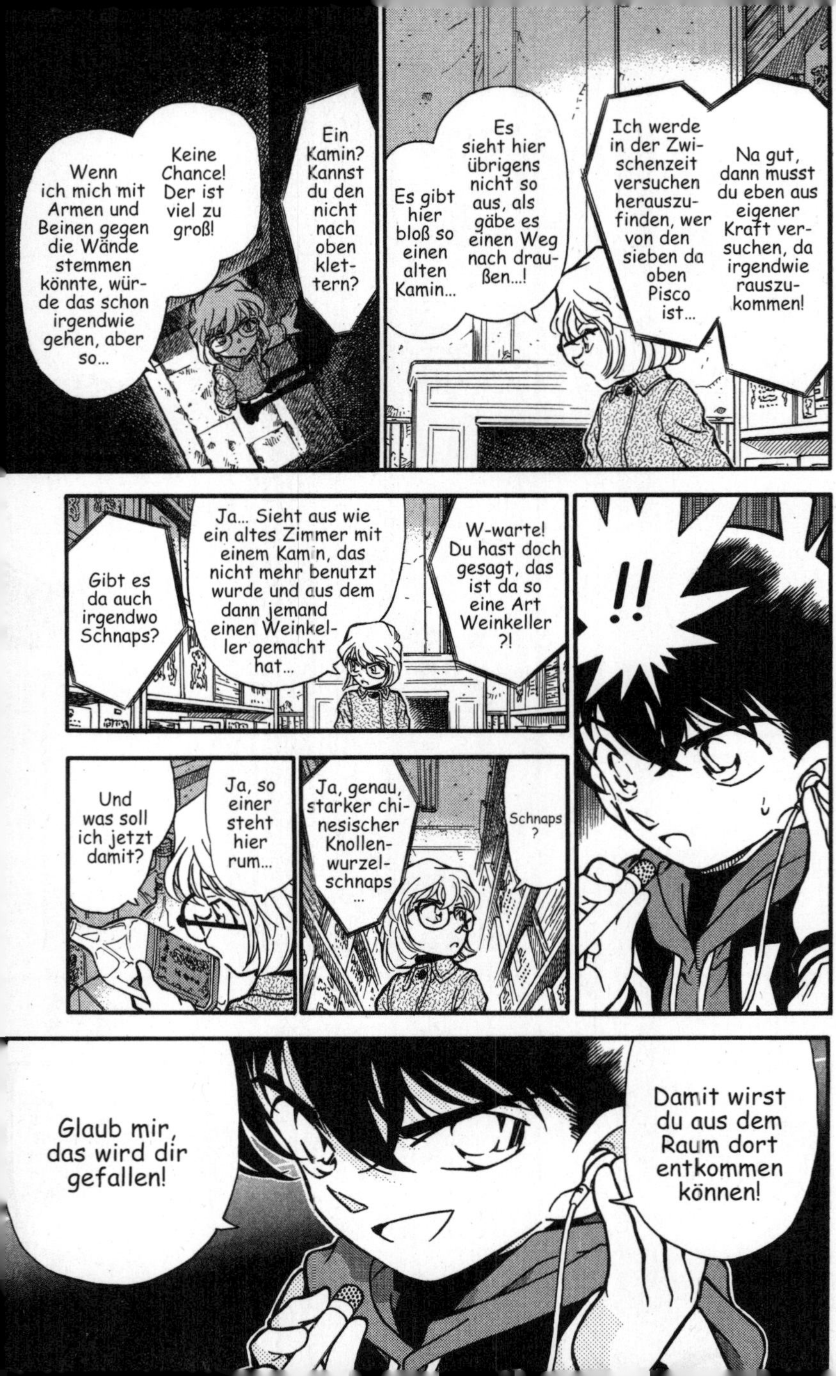
Na gut, dann musst du eben aus eigener Kraft versuchen, da irgendwie rauszukommen!
Ich werde in der Zwischenzeit versuchen herauszufinden, wer von den sieben da oben Pisco ist...
Es sieht hier übrigens nicht so aus, als gäbe es einen Weg nach draußen...!
Es gibt hier bloß so einen alten Kamin...
Ein Kamin? Kannst du den nicht nach oben klettern?
Keine Chance! Der ist viel zu groß!
Wenn ich mich mit Armen und Beinen gegen die Wände stemmen könnte, würde das schon irgendwie gehen, aber so...
!!
W-warte! Du hast doch gesagt, das ist da so eine Art Weinkeller?!
Ja... Sieht aus wie ein altes Zimmer mit einem Kamin, das nicht mehr benutzt wurde und aus dem dann jemand einen Weinkeller gemacht hat...
Gibt es da auch irgendwo Schnaps?
Schnaps?
Ja, genau, starker chinesischer Knollenwurzelschnaps...
Ja, so einer steht hier rum...
Und was soll ich jetzt damit?
Damit wirst du aus dem Raum dort entkommen können!
Glaub mir, das wird dir gefallen!

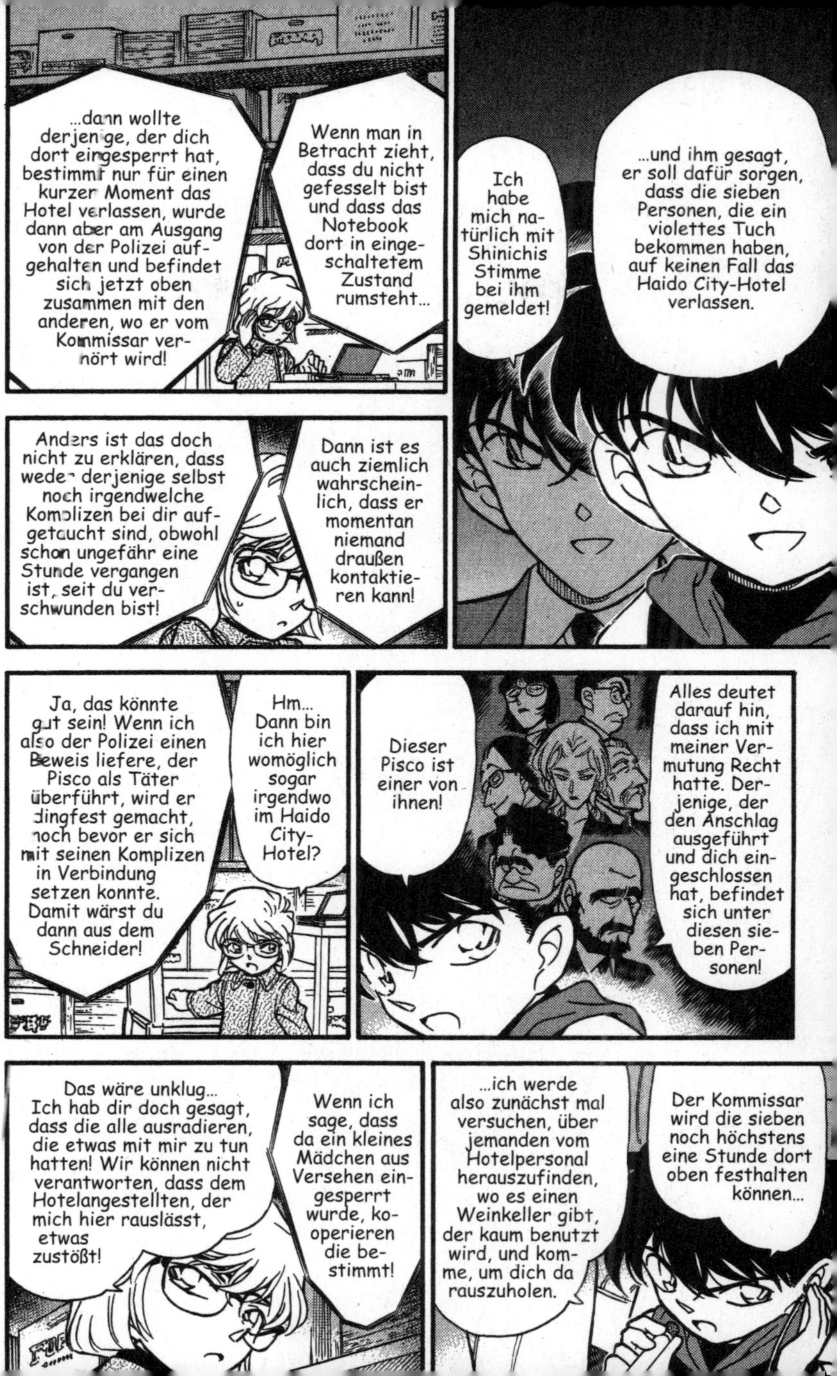
Ich habe mich natürlich mit Shinichis Stimme bei ihm gemeldet!
...und ihm gesagt, er soll dafür sorgen, dass die sieben Personen, die ein violettes Tuch bekommen haben, auf keinen Fall das Haido City-Hotel verlassen.
Wenn man in Betracht zieht, dass du nicht gefesselt bist und dass das Notebook dort in eingeschaltetem Zustand rumsteht...
...dann wollte derjenige, der dich dort eingesperrt hat, bestimmt nur für einen kurzen Moment das Hotel verlassen, wurde dann aber am Ausgang von der Polizei aufgehalten und befindet sich jetzt oben zusammen mit den anderen, wo er vom Kommissar verhört wird!
Dann ist es auch ziemlich wahrscheinlich, dass er momentan niemand draußen kontaktieren kann!
Anders ist das doch nicht zu erklären, dass weder derjenige selbst noch irgendwelche Komplizen bei dir aufgetaucht sind, obwohl schon ungefähr eine Stunde vergangen ist, seit du verschwunden bist!
Alles deutet darauf hin, dass ich mit meiner Vermutung Recht hatte. Derjenige, der den Anschlag ausgeführt und dich eingeschlossen hat, befindet sich unter diesen sieben Personen!
Dieser Pisco ist einer von ihnen!
Hm... Dann bin ich hier womöglich sogar irgendwo im Haido City-Hotel?
Ja, das könnte gut sein! Wenn ich also der Polizei einen Beweis liefere, der Pisco als Täter überführt, wird er dingfest gemacht, noch bevor er sich mit seinen Komplizen in Verbindung setzen konnte. Damit wärst du dann aus dem Schneider!
Der Kommissar wird die sieben noch höchstens eine Stunde dort oben festhalten können...
...ich werde also zunächst mal versuchen, über jemanden vom Hotelpersonal herauszufinden, wo es einen Weinkeller gibt, der kaum benutzt wird, und komme, um dich da rauszuholen.
Wenn ich sage, dass da ein kleines Mädchen aus Versehen eingesperrt wurde, kooperieren die bestimmt!
Das wäre unklug... Ich hab dir doch gesagt, dass die alle ausradieren, die etwas mit mir zu tun hatten! Wir können nicht verantworten, dass dem Hotelangestellten, der mich hier rauslässt, etwas zustößt!

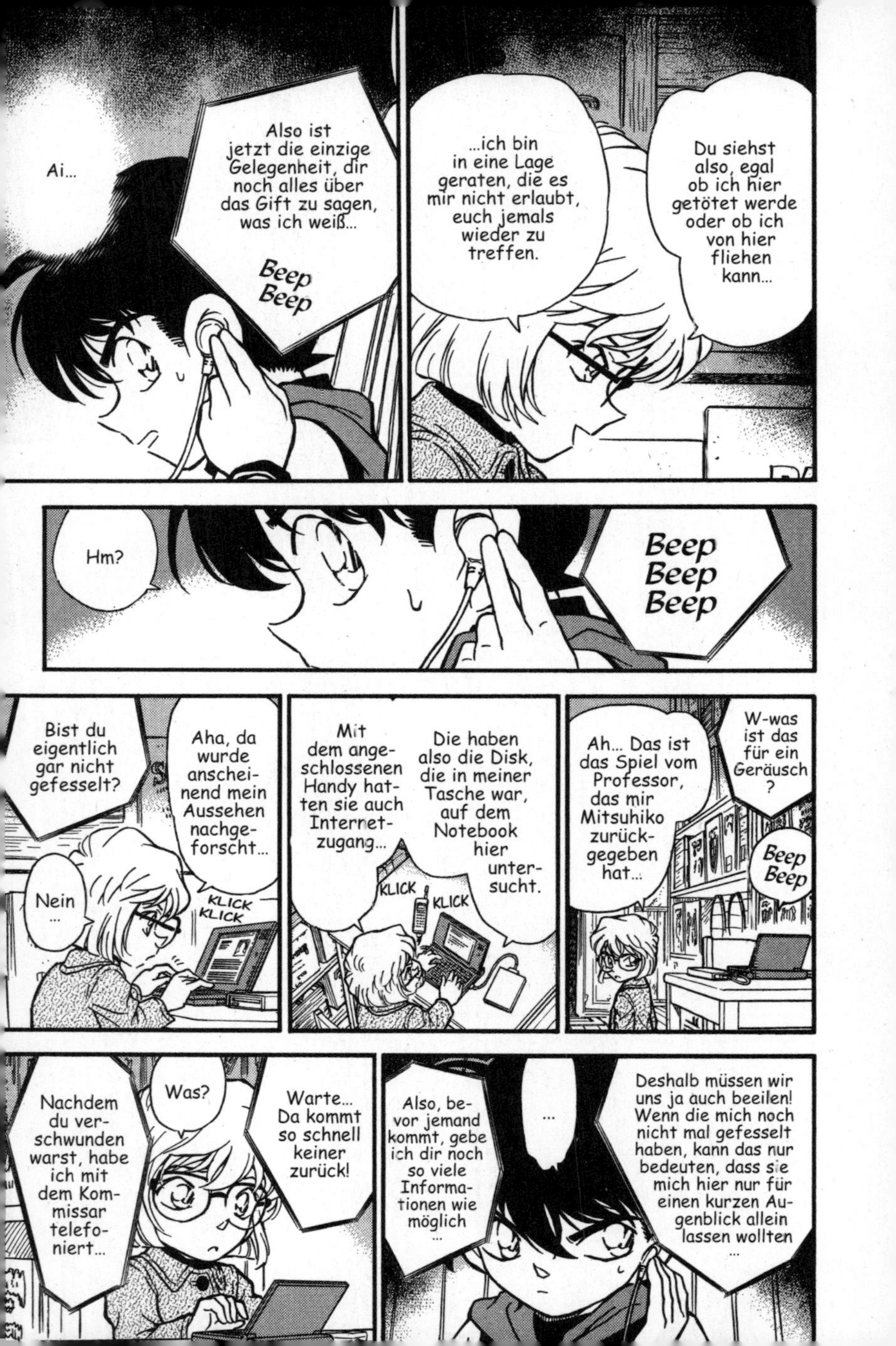

Du siehst also, egal ob ich hier getötet werde oder ob ich von hier fliehen kann...
...ich bin in eine Lage geraten, die es mir nicht erlaubt, euch jemals wieder zu treffen.
Also ist jetzt die einzige Gelegenheit, dir noch alles über das Gift zu sagen, was ich weiß...
Beep Beep
Ai...
Beep Beep Beep
Hm?
W-was ist das für ein Geräusch?
Beep Beep
Ah... Das ist das Spiel vom Professor, das mir Mitsuhiko zurückgegeben hat...
Die haben also die Disk, die in meiner Tasche war, auf dem Notebook hier untersucht.
Mit dem angeschlossenen Handy hatten sie auch Internetzugang...
KLICK KLICK
Aha, da wurde anscheinend mein Aussehen nachgeforscht...
KLICK KLICK
Bist du eigentlich gar nicht gefesselt?
Nein...
Deshalb müssen wir uns ja auch beeilen! Wenn die mich noch nicht mal gefesselt haben, kann das nur bedeuten, dass sie mich hier nur für einen kurzen Augenblick allein lassen wollten...
...
Also, bevor jemand kommt, gebe ich dir noch so viele Informationen wie möglich...
Warte... Da kommt so schnell keiner zurück!
Was?
Nachdem du verschwunden warst, habe ich mit dem Kommissar telefoniert...

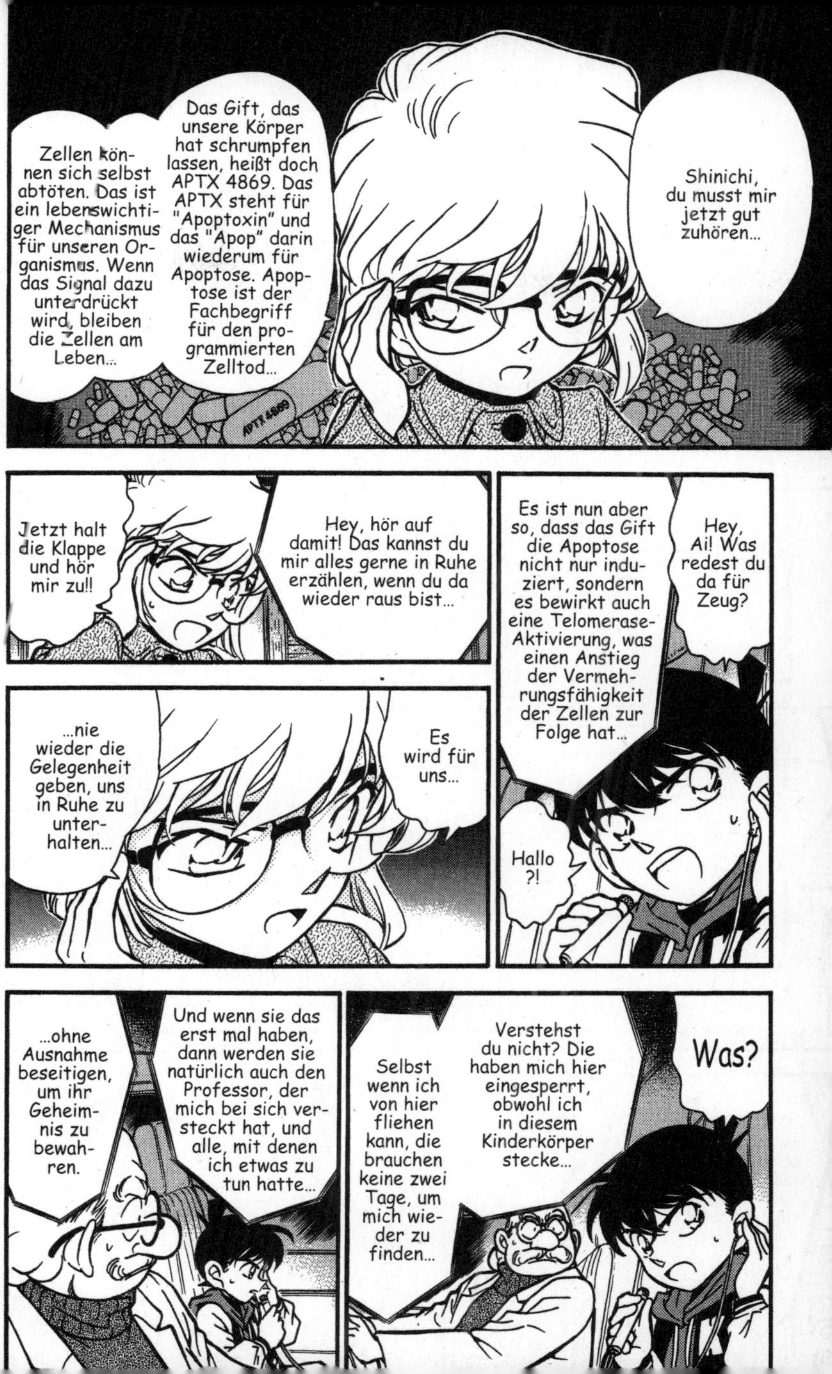
Shinichi, du musst mir jetzt gut zuhören...
Das Gift, das unsere Körper hat schrumpfen lassen, heißt doch APTX 4869. Das APTX steht für "Apoptoxin" und das "Apop" darin wiederum für Apoptose. Apoptose ist der Fachbegriff für den programmierten Zelltod...
Zellen können sich selbst abtöten. Das ist ein lebenswichtiger Mechanismus für unseren Organismus. Wenn das Signal dazu unterdrückt wird, bleiben die Zellen am Leben...
APTX 4869
Hey, Ai! Was redest du da für Zeug?
Es ist nun aber so, dass das Gift die Apoptose nicht nur induziert, sondern es bewirkt auch eine Telomerase-Aktivierung, was einen Anstieg der Vermehrungsfähigkeit der Zellen zur Folge hat...
Hallo ?!
Hey, hör auf damit! Das kannst du mir alles gerne in Ruhe erzählen, wenn du da wieder raus bist...
Jetzt halt die Klappe und hör mir zu!!
Es wird für uns...
...nie wieder die Gelegenheit geben, uns in Ruhe zu unterhalten...
Was?
Verstehst du nicht? Die haben mich hier eingesperrt, obwohl ich in diesem Kinderkörper stecke...
Selbst wenn ich von hier fliehen kann, die brauchen keine zwei Tage, um mich wieder zu finden...
Und wenn sie das erst mal haben, dann werden sie natürlich auch den Professor, der mich bei sich versteckt hat, und alle, mit denen ich etwas zu tun hatte...
...ohne Ausnahme beseitigen, um ihr Geheimnis zu bewahren.

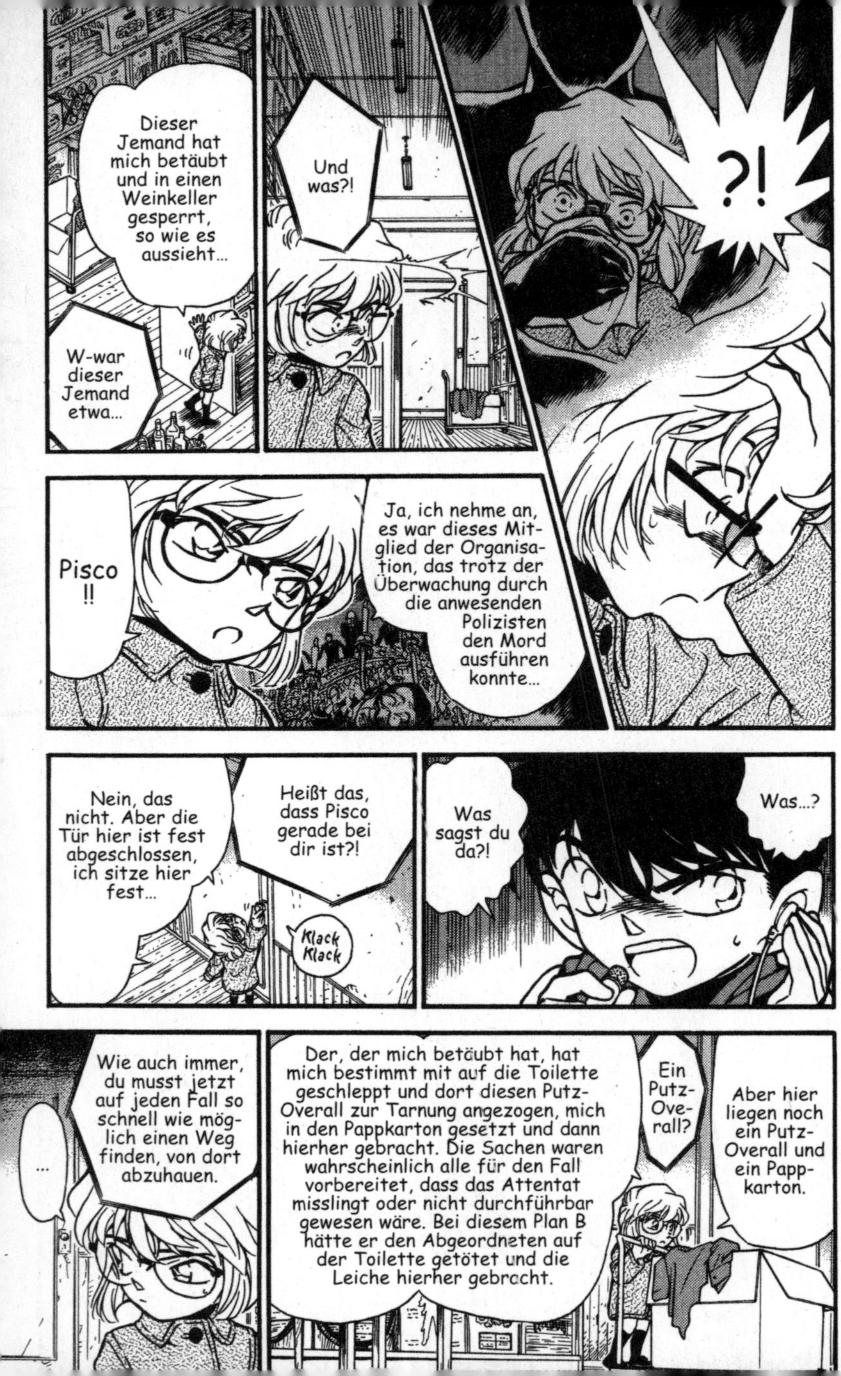
?!
Und was?!
Dieser Jemand hat mich betäubt und in einen Weinkeller gesperrt, so wie es aussieht...
W-war dieser Jemand etwa...
Ja, ich nehme an, es war dieses Mitglied der Organisation, das trotz der Überwachung durch die anwesenden Polizisten den Mord ausführen konnte...
Pisco !!
Was...?
Was sagst du da?!
Heißt das, dass Pisco gerade bei dir ist?!
Nein, das nicht. Aber die Tür hier ist fest abgeschlossen, ich sitze hier fest...
Klack Klack
Aber hier liegen noch ein Putz-Overall und ein Pappkarton.
Ein Putz-Overall?
Der, der mich betäubt hat, hat mich bestimmt mit auf die Toilette geschleppt und dort diesen Putz-Overall zur Tarnung angezogen, mich in den Pappkarton gesetzt und dann hierher gebracht. Die Sachen waren wahrscheinlich alle für den Fall vorbereitet, dass das Attentat misslingt oder nicht durchführbar gewesen wäre. Bei diesem Plan B hätte er den Abgeordneten auf der Toilette getötet und die Leiche hierher gebracht.
Wie auch immer, du musst jetzt auf jeden Fall so schnell wie möglich einen Weg finden, von dort abzuhauen.
...

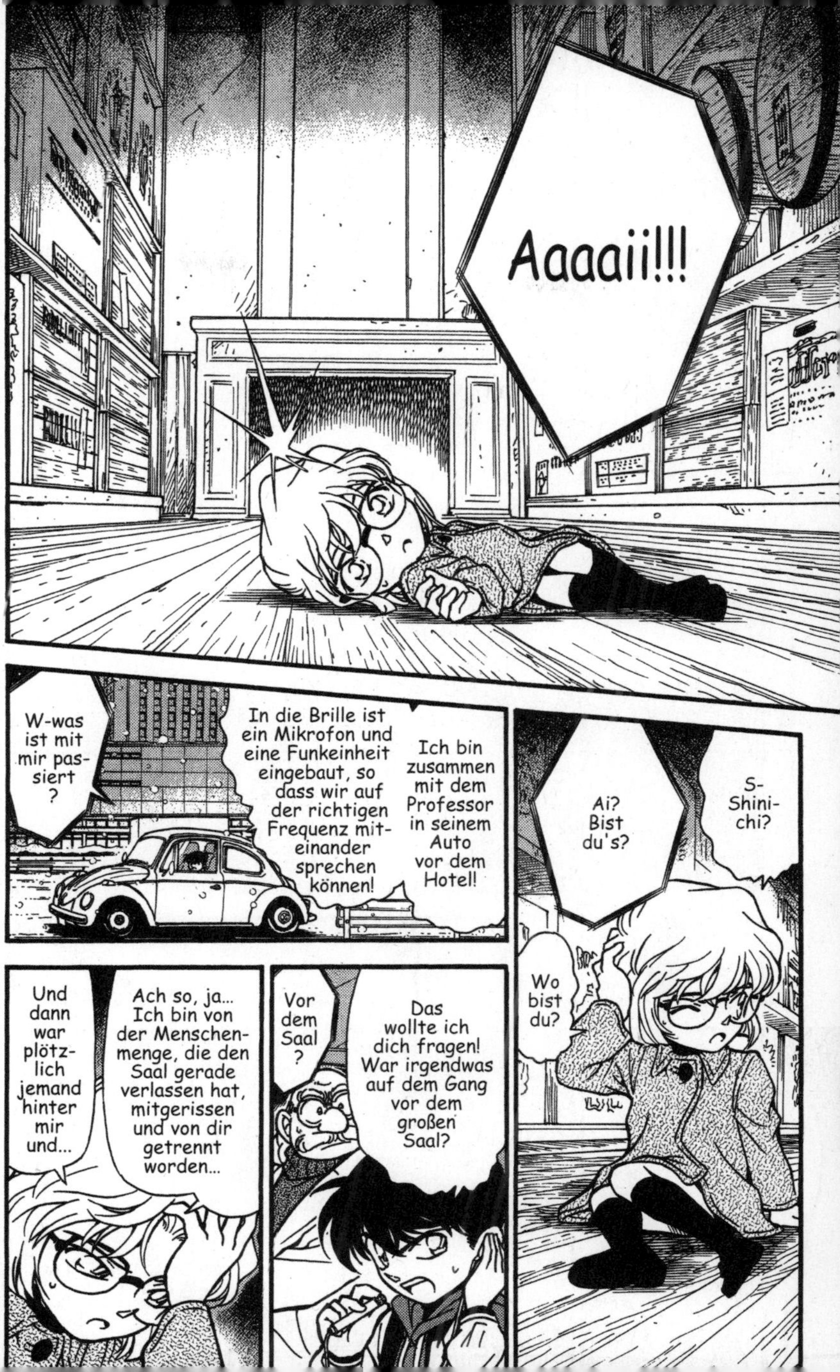

Aaaaii!!!
S-Shinichi?
Ai? Bist du's?
Wo bist du?
Ich bin zusammen mit dem Professor in seinem Auto vor dem Hotel!
In die Brille ist ein Mikrofon und eine Funkeinheit eingebaut, so dass wir auf der richtigen Frequenz miteinander sprechen können!
W-was ist mit mir passiert?
Das wollte ich dich fragen! War irgendwas auf dem Gang vor dem großen Saal?
Vor dem Saal?
Ach so, ja... Ich bin von der Menschenmenge, die den Saal gerade verlassen hat, mitgerissen und von dir getrennt worden...
Und dann war plötzlich jemand hinter mir und...

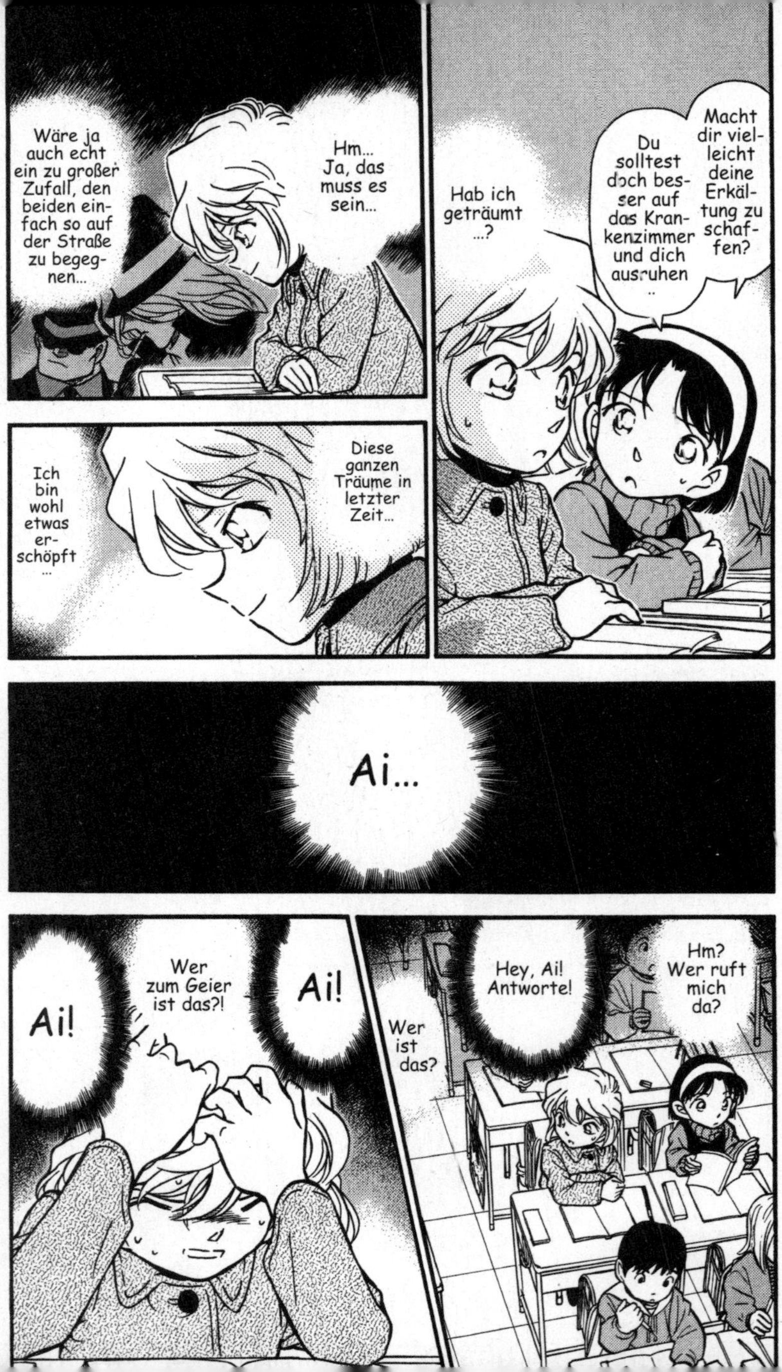

Macht dir vielleicht deine Erkältung zu schaffen?
Du solltest doch besser auf das Krankenzimmer und dich ausruhen ..
Hab ich geträumt ...?
Hm... Ja, das muss es sein...
Wäre ja auch echt ein zu großer Zufall, den beiden einfach so auf der Straße zu begegnen...
Diese ganzen Träume in letzter Zeit...
Ich bin wohl etwas erschöpft ...
Ai...
Hm? Wer ruft mich da?
Hey, Ai! Antworte!
Wer ist das?
Ai!
Wer zum Geier ist das?!
Ai!

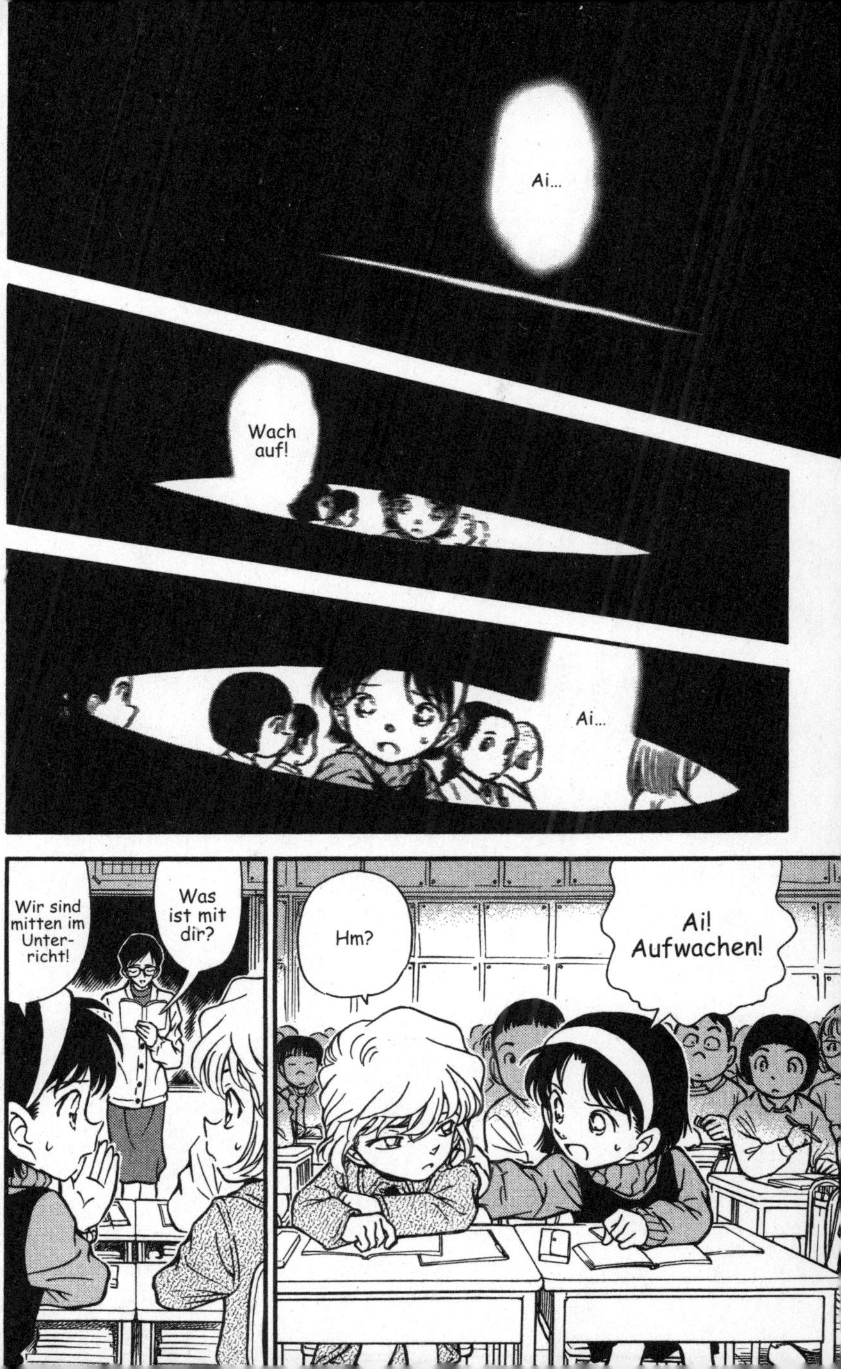
Ai...
Wach auf!
Ai...
Ai! Aufwachen!
Hm?
Was ist mit dir?
Wir sind mitten im Unterricht!

FALL 4

AKTE 3

Mit tödlichen Grüßen aus der Vergangenheit

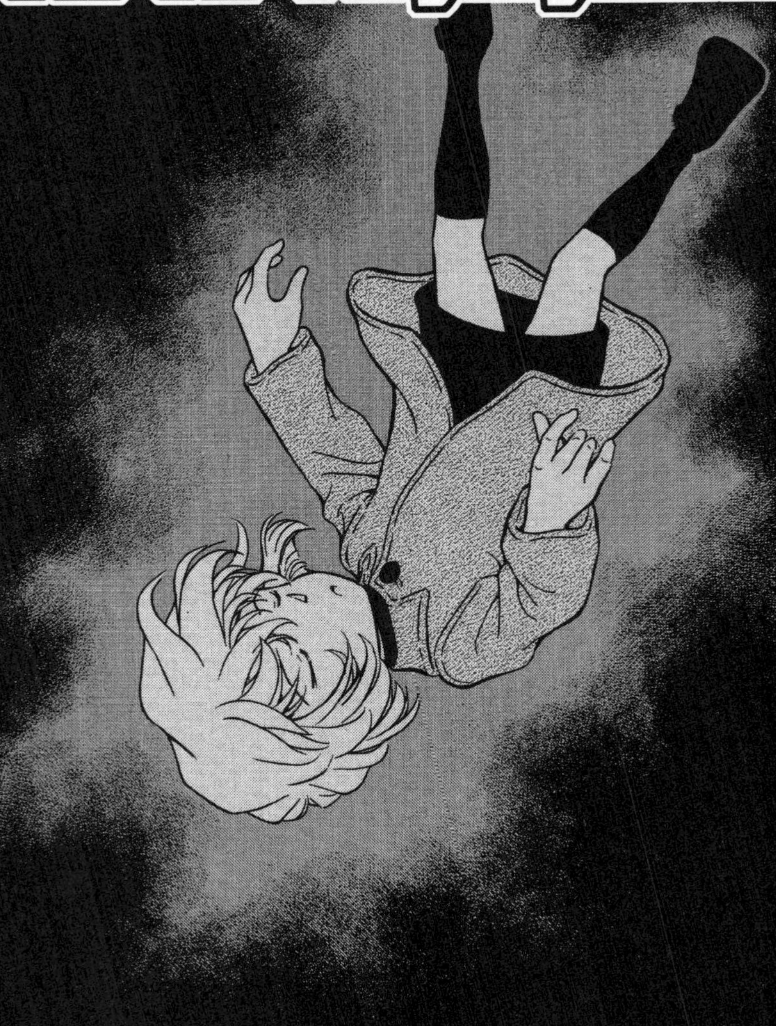

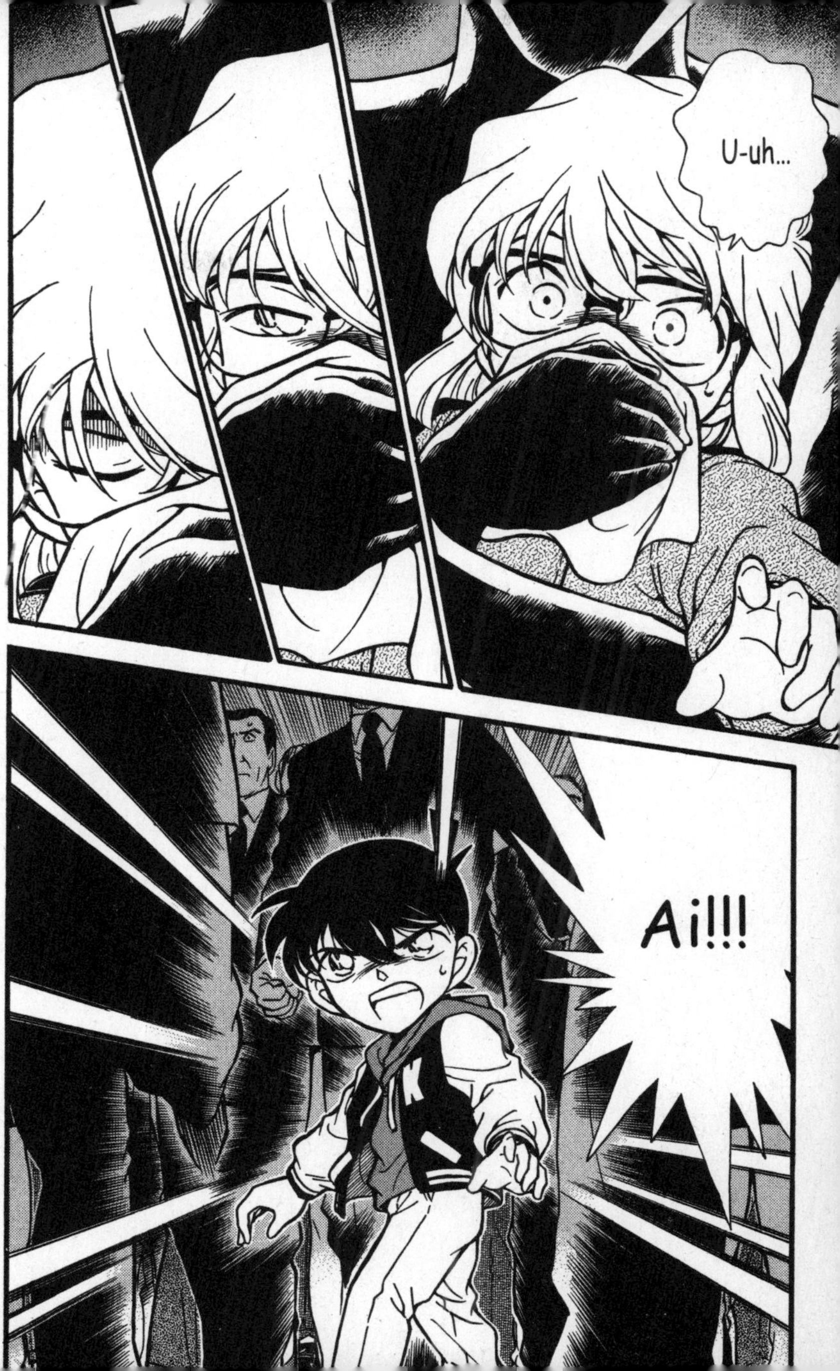
U-uh...
Ai!!!

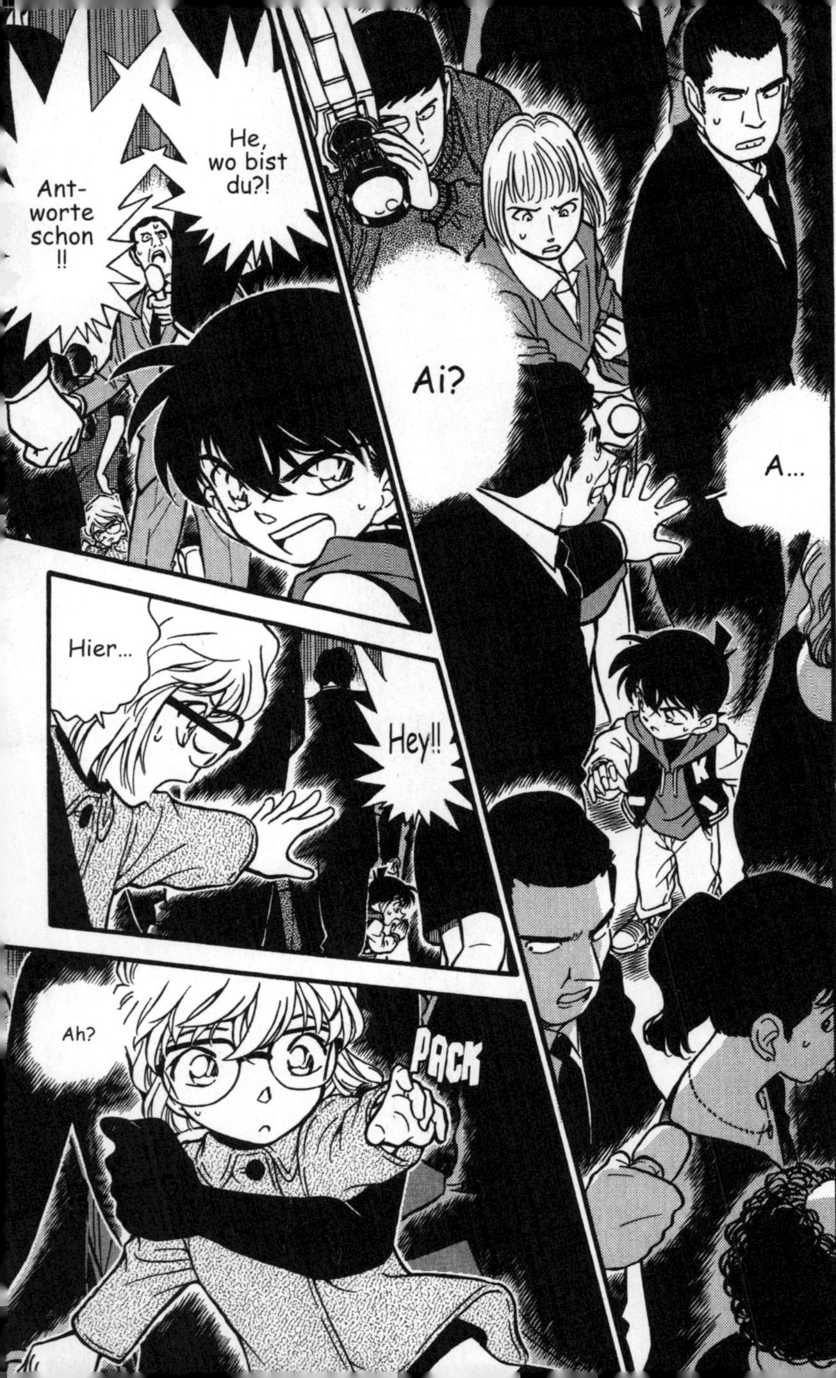

He, wo bist du?!
Ant-worte schon !!
Ai?
A...
Hier...
Hey!!
Ah?
PACK

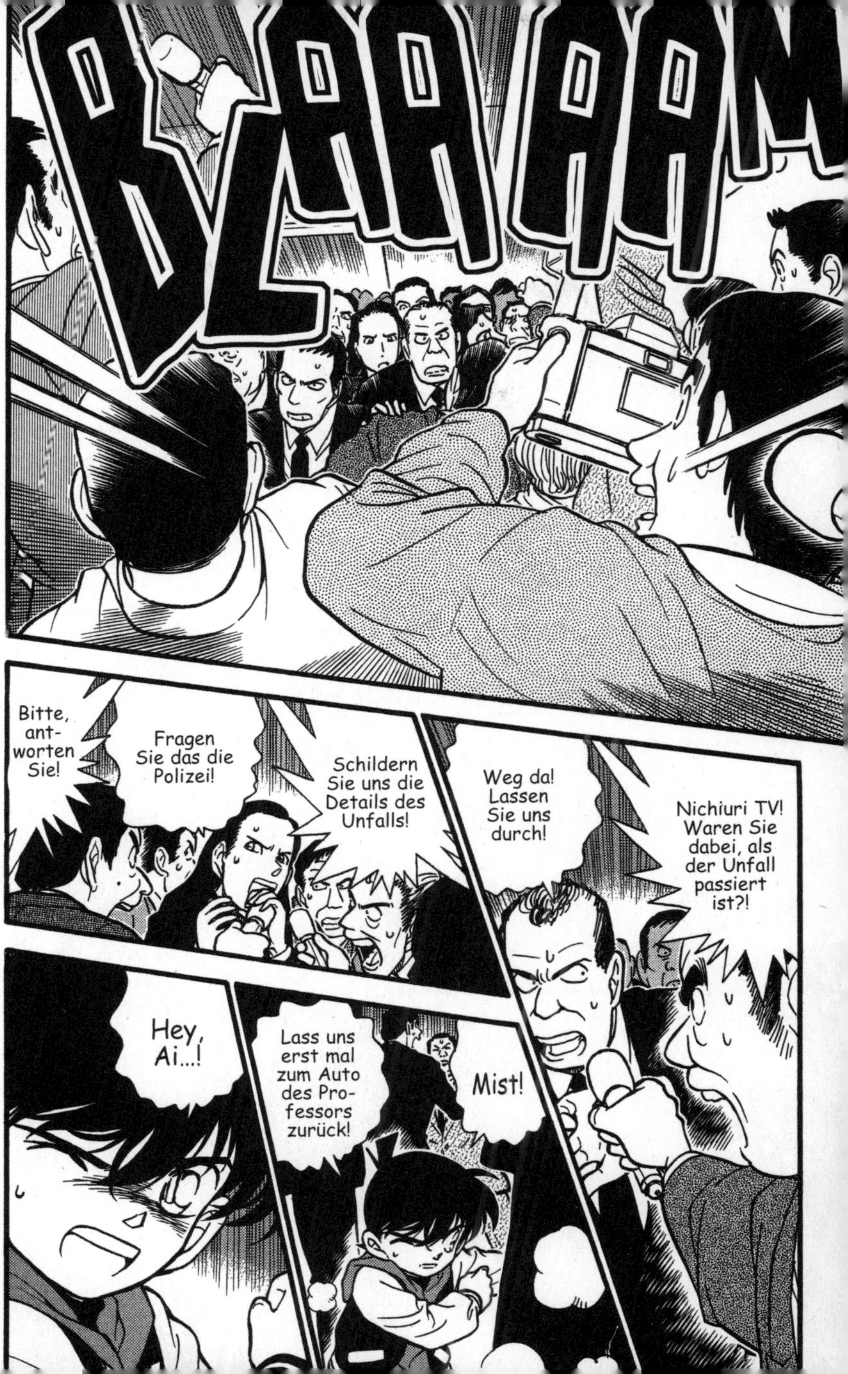
Nichiuri TV! Waren Sie dabei, als der Unfall passiert ist?!
Weg da! Lassen Sie uns durch!
Schildern Sie uns die Details des Unfalls!
Fragen Sie das die Polizei!
Bitte, ant-worten Sie!
Mist!
Lass uns erst mal zum Auto des Pro-fessors zurück!
Hey, Ai...!

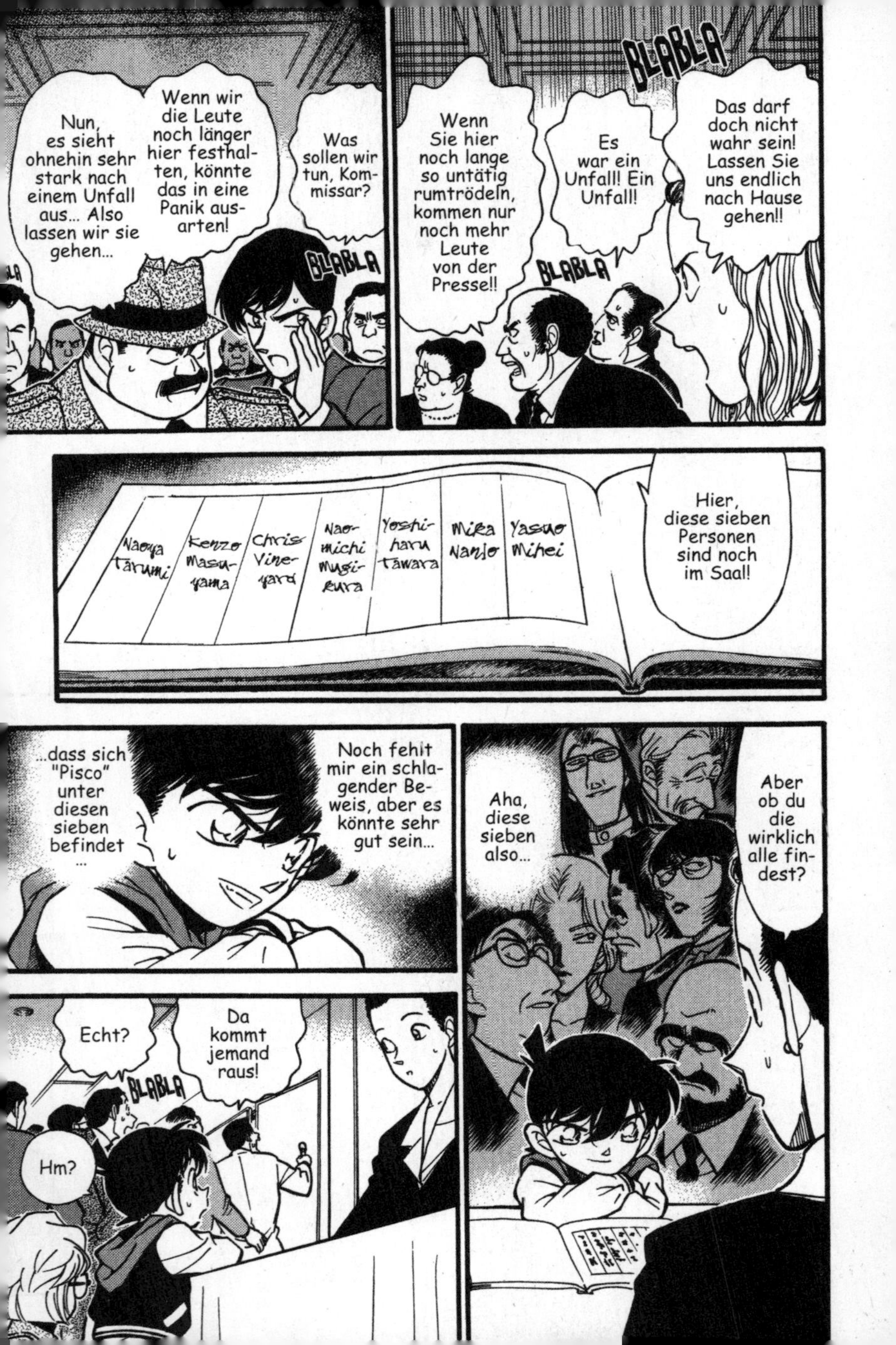

BLABLA
Das darf doch nicht wahr sein! Lassen Sie uns endlich nach Hause gehen!!
Es war ein Unfall! Ein Unfall!
BLABLA
Wenn Sie hier noch lange so untätig rumtrödeln, kommen nur noch mehr Leute von der Presse!!
Was sollen wir tun, Kommissar?
BLABLA
Wenn wir die Leute noch länger hier festhalten, könnte das in eine Panik ausarten!
Nun, es sieht ohnehin sehr stark nach einem Unfall aus... Also lassen wir sie gehen...
Hier, diese sieben Personen sind noch im Saal!
Yasuo Mihei
Mika Nanjo
Yoshiharu Tawara
Naomichi Mugikura
Chris Vineyard
Kenzo Masuyama
Naoya Tarumi
Aber ob du die wirklich alle findest?
Aha, diese sieben also...
Noch fehlt mir ein schlagender Beweis, aber es könnte sehr gut sein...
...dass sich "Pisco" unter diesen sieben befindet...
Da kommt jemand raus!
Echt?
BLABLA
Hm?

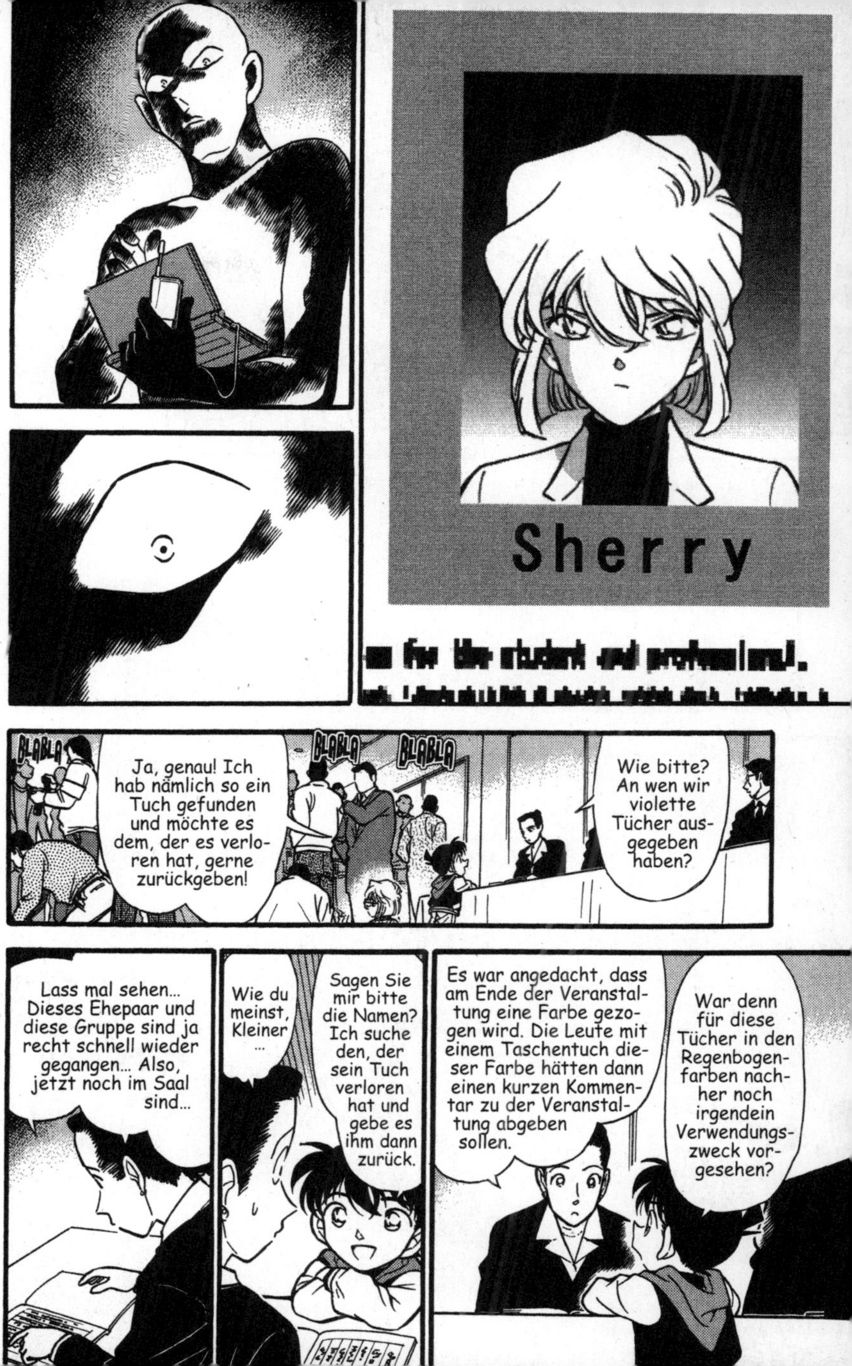
Sherry
Wie bitte? An wen wir violette Tücher ausgegeben haben?
Ja, genau! Ich hab nämlich so ein Tuch gefunden und möchte es dem, der es verloren hat, gerne zurückgeben!
BLABLA
BLABLA
BLABLA
War denn für diese Tücher in den Regenbogenfarben nachher noch irgendein Verwendungszweck vorgesehen?
Es war angedacht, dass am Ende der Veranstaltung eine Farbe gezogen wird. Die Leute mit einem Taschentuch dieser Farbe hätten dann einen kurzen Kommentar zu der Veranstaltung abgeben sollen.
Sagen Sie mir bitte die Namen? Ich suche den, der sein Tuch verloren hat und gebe es ihm dann zurück.
Wie du meinst, Kleiner ...
Lass mal sehen... Dieses Ehepaar und diese Gruppe sind ja recht schnell wieder gegangen... Also, jetzt noch im Saal sind...

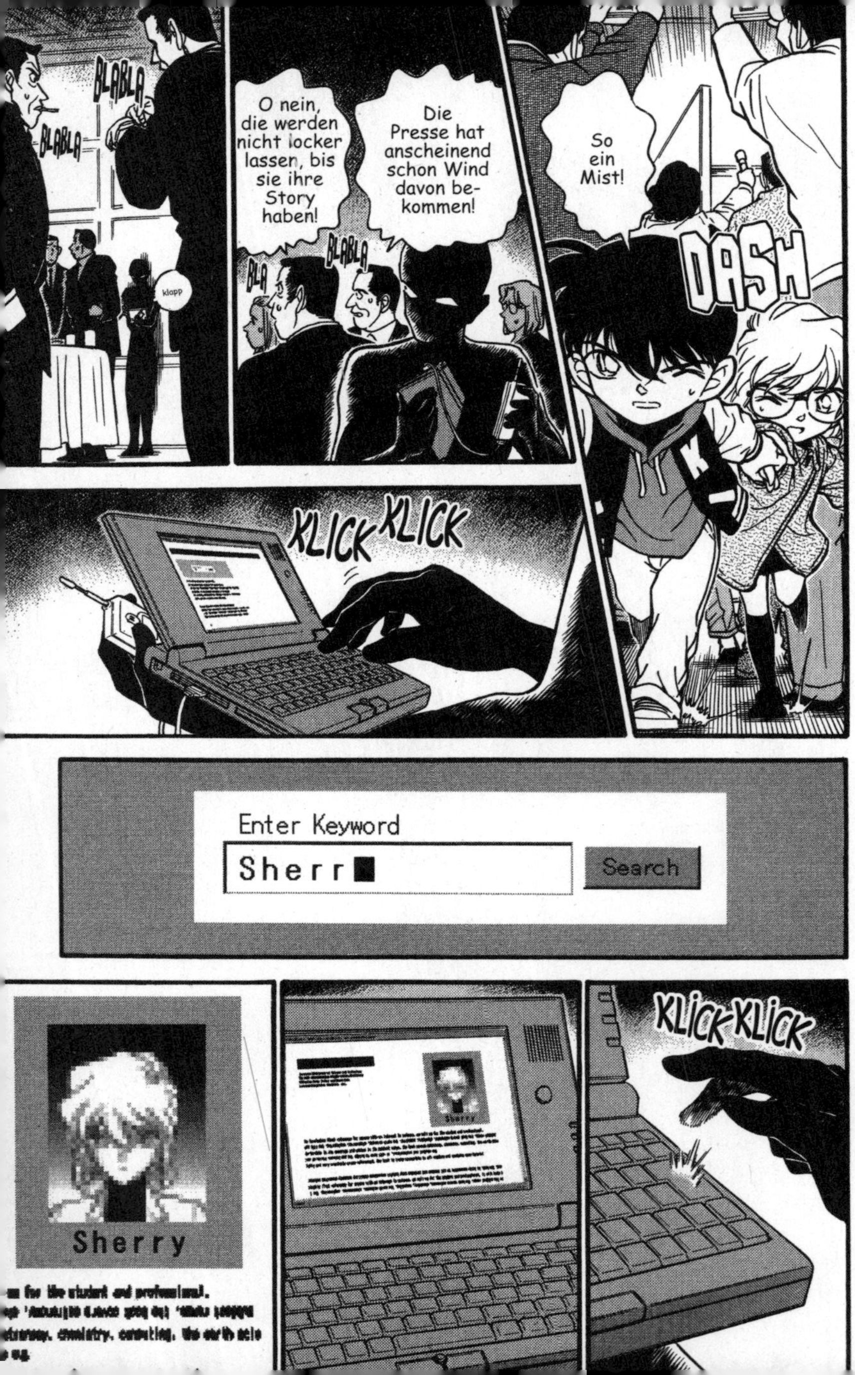
So ein Mist!
DASH
Die Presse hat anscheinend schon Wind davon bekommen!
O nein, die werden nicht locker lassen, bis sie ihre Story haben!
BLABLA
BLA
BLABLA
BLABLA
klapp
KLICK KLICK
Enter Keyword
Sherr
Search
KLICK KLICK
Sherry
Sherry

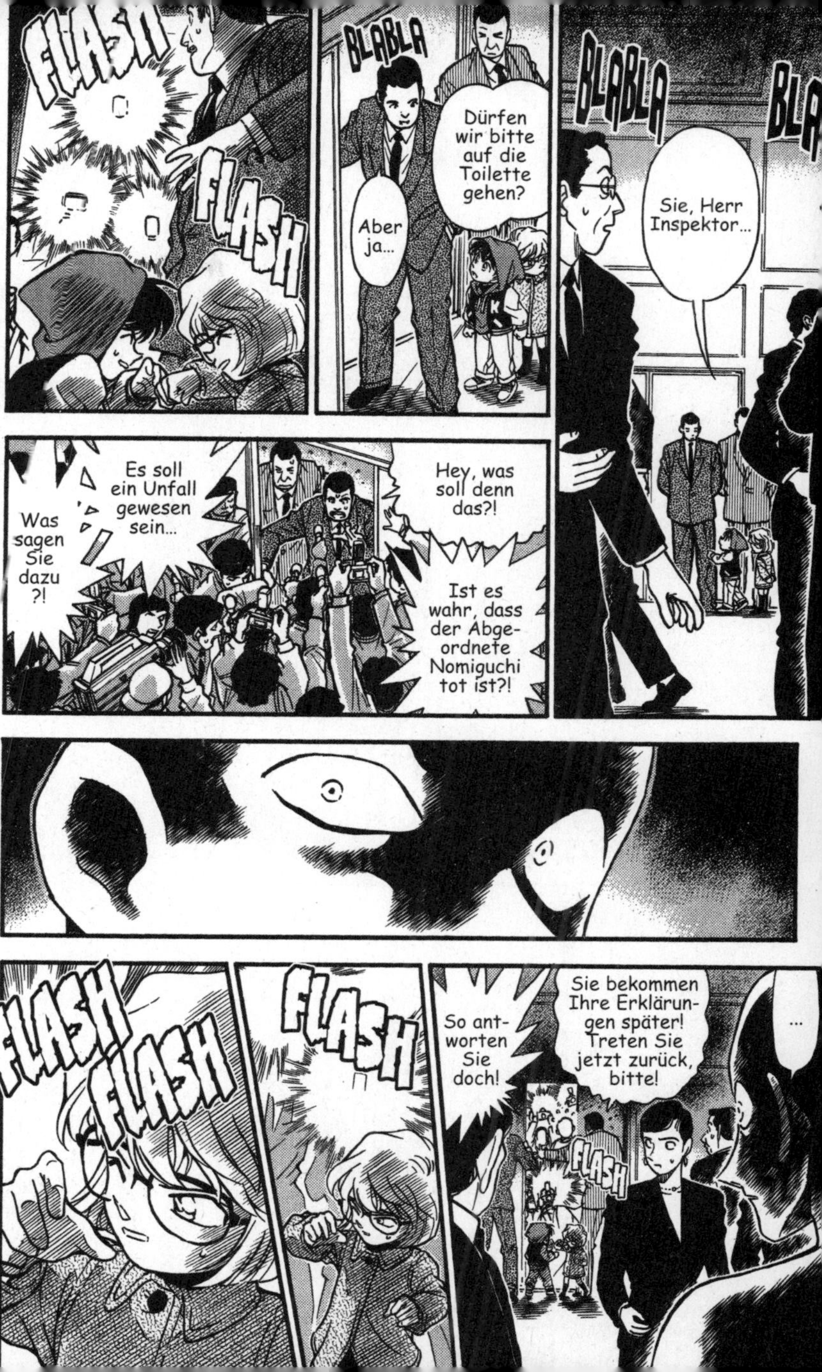
BLABLA
BLA
Sie, Herr Inspektor...
BLABLA
Dürfen wir bitte auf die Toilette gehen?
Aber ja...
FLASH
FLASH
Hey, was soll denn das?!
Ist es wahr, dass der Abgeordnete Nomiguchi tot ist?!
Es soll ein Unfall gewesen sein...
Was sagen Sie dazu ?!
...
Sie bekommen Ihre Erklärungen später! Treten Sie jetzt zurück, bitte!
So antworten Sie doch!
FLASH
FLASH
FLASH
FLASH

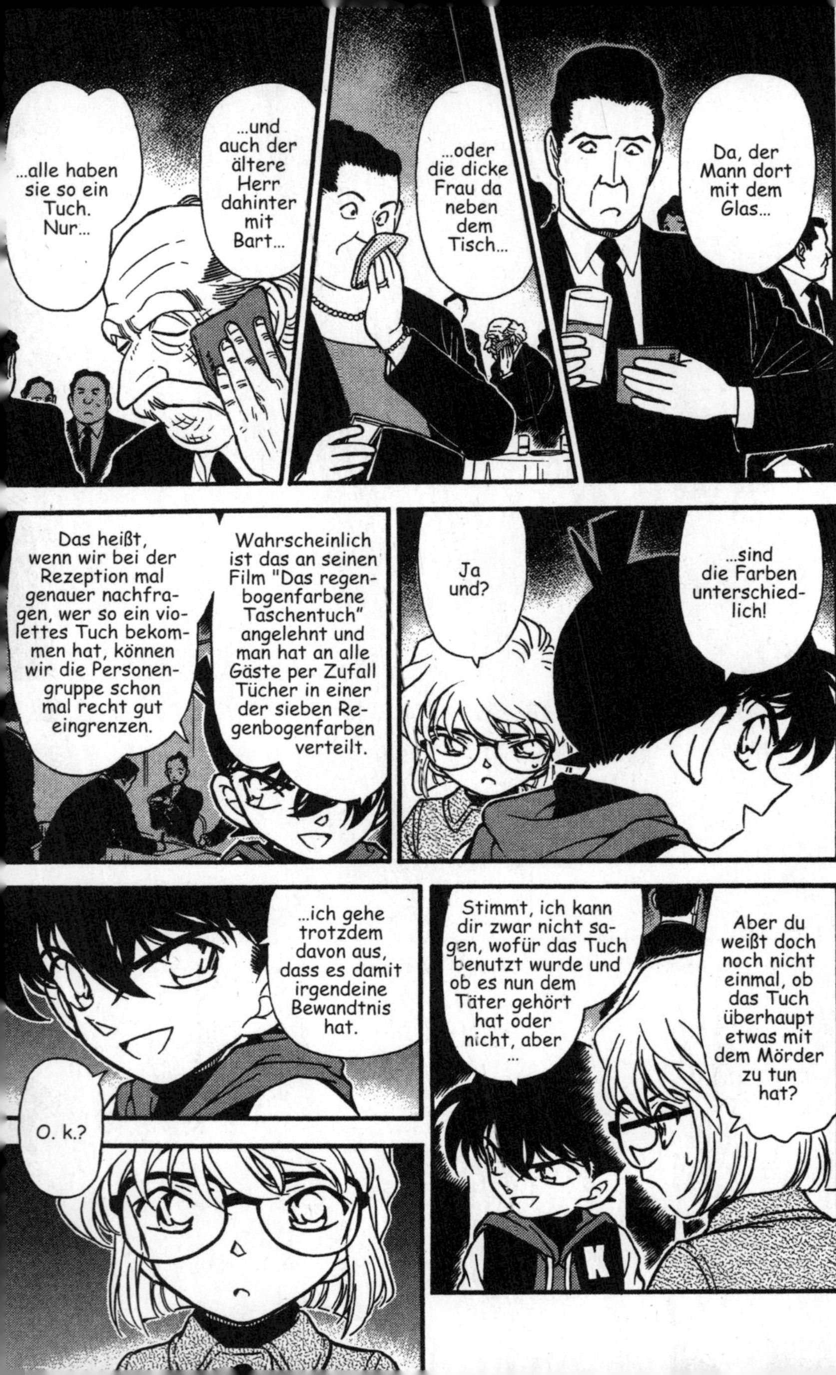
Da, der Mann dort mit dem Glas...
...oder die dicke Frau da neben dem Tisch...
...und auch der ältere Herr dahinter mit Bart...
...alle haben sie so ein Tuch. Nur...
...sind die Farben unterschiedlich!
Ja und?
Wahrscheinlich ist das an seinen Film "Das regenbogenfarbene Taschentuch" angelehnt und man hat an alle Gäste per Zufall Tücher in einer der sieben Regenbogenfarben verteilt.
Das heißt, wenn wir bei der Rezeption mal genauer nachfragen, wer so ein violettes Tuch bekommen hat, können wir die Personengruppe schon mal recht gut eingrenzen.
Aber du weißt doch noch nicht einmal, ob das Tuch überhaupt etwas mit dem Mörder zu tun hat?
Stimmt, ich kann dir zwar nicht sagen, wofür das Tuch benutzt wurde und ob es nun dem Täter gehört hat oder nicht, aber ...
...ich gehe trotzdem davon aus, dass es damit irgendeine Bewandtnis hat.
O. k.?

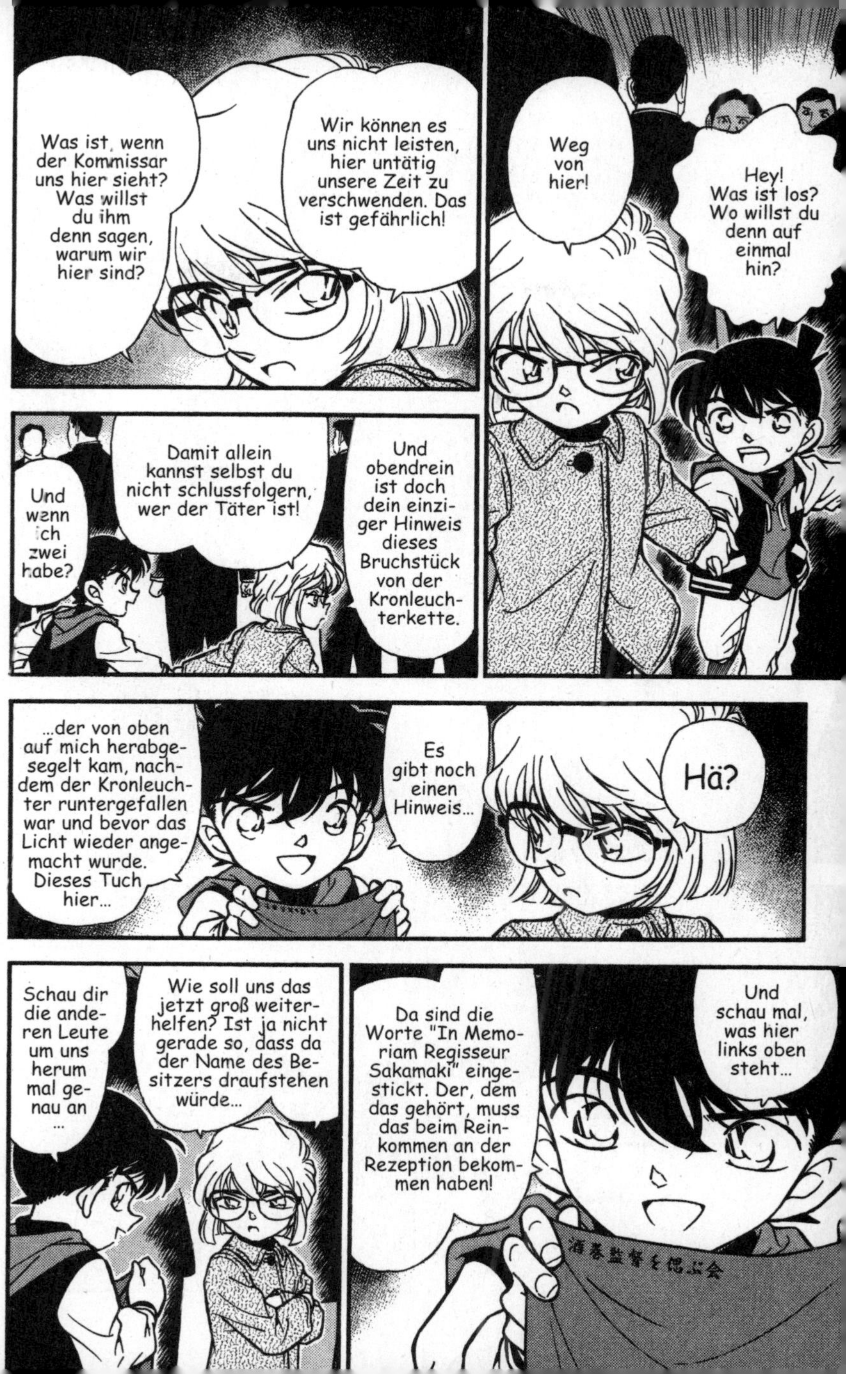
Hey! Was ist los? Wo willst du denn auf einmal hin?
Weg von hier!
Wir können es uns nicht leisten, hier untätig unsere Zeit zu verschwenden. Das ist gefährlich!
Was ist, wenn der Kommissar uns hier sieht? Was willst du ihm denn sagen, warum wir hier sind?
Und obendrein ist doch dein einziger Hinweis dieses Bruchstück von der Kronleuchterkette.
Damit allein kannst selbst du nicht schlussfolgern, wer der Täter ist!
Und wenn ich zwei habe?
Hä?
Es gibt noch einen Hinweis...
...der von oben auf mich herabgesegelt kam, nachdem der Kronleuchter runtergefallen war und bevor das Licht wieder angemacht wurde. Dieses Tuch hier...
Und schau mal, was hier links oben steht...
Da sind die Worte "In Memoriam Regisseur Sakamaki" eingestickt. Der, dem das gehört, muss das beim Reinkommen an der Rezeption bekommen haben!
酒巻監督を偲ぶ会
Wie soll uns das jetzt groß weiterhelfen? Ist ja nicht gerade so, dass da der Name des Besitzers draufstehen würde...
Schau dir die anderen Leute um uns herum mal genau an ...

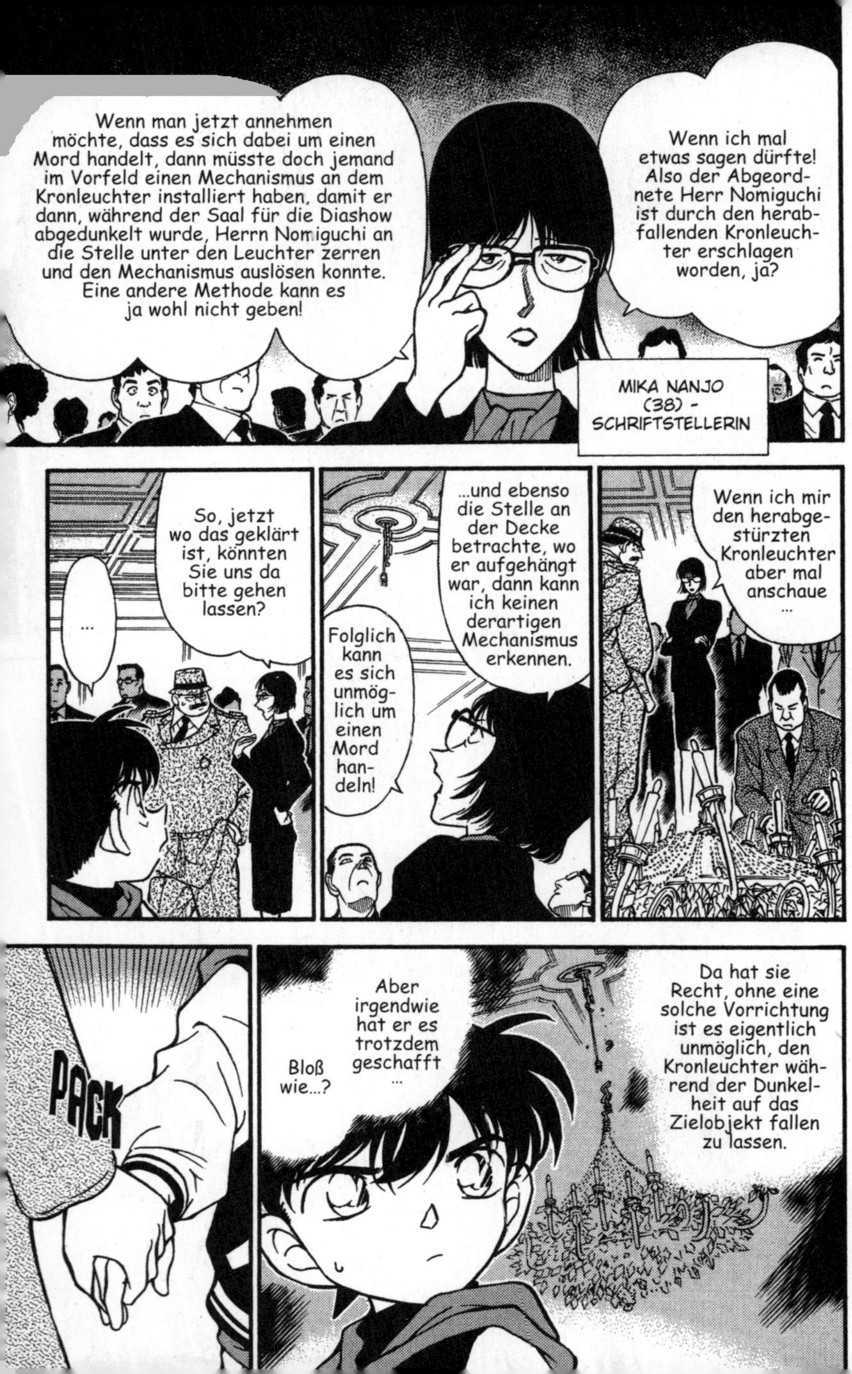
Wenn ich mal etwas sagen dürfte! Also der Abgeordnete Herr Nomiguchi ist durch den herabfallenden Kronleuchter erschlagen worden, ja?
Wenn man jetzt annehmen möchte, dass es sich dabei um einen Mord handelt, dann müsste doch jemand im Vorfeld einen Mechanismus an dem Kronleuchter installiert haben, damit er dann, während der Saal für die Diashow abgedunkelt wurde, Herrn Nomiguchi an die Stelle unter den Leuchter zerren und den Mechanismus auslösen konnte. Eine andere Methode kann es ja wohl nicht geben!
MIKA NANJO (38) - SCHRIFTSTELLERIN
Wenn ich mir den herabgestürzten Kronleuchter aber mal anschaue ...
...und ebenso die Stelle an der Decke betrachte, wo er aufgehängt war, dann kann ich keinen derartigen Mechanismus erkennen.
Folglich kann es sich unmöglich um einen Mord handeln!
So, jetzt wo das geklärt ist, könnten Sie uns da bitte gehen lassen?
...
Da hat sie Recht, ohne eine solche Vorrichtung ist es eigentlich unmöglich, den Kronleuchter während der Dunkelheit auf das Zielobjekt fallen zu lassen.
Aber irgendwie hat er es trotzdem geschafft ...
Bloß wie...?
PACK

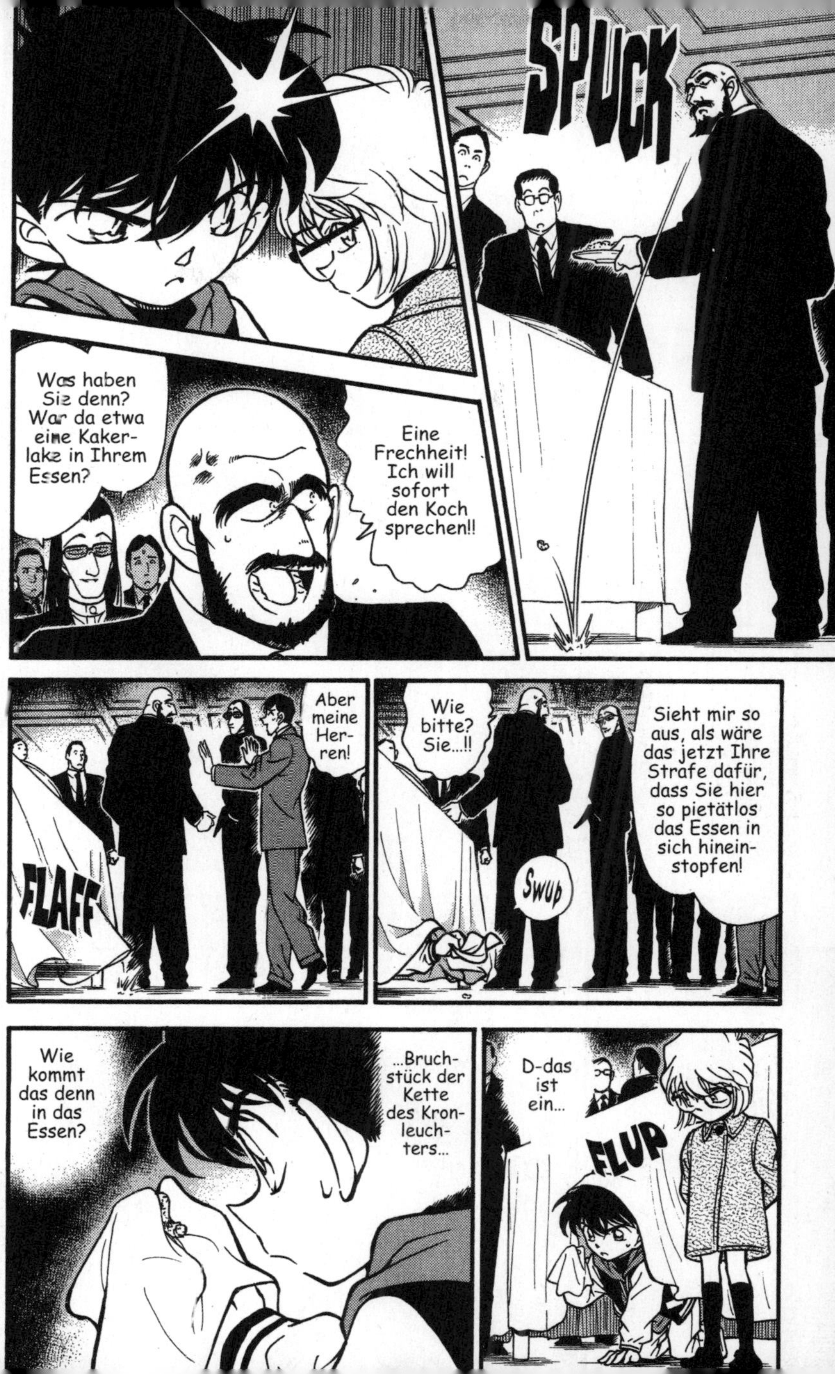
SPUCK
Eine Frechheit! Ich will sofort den Koch sprechen!!
Was haben Sie denn? War da etwa eine Kakerlake in Ihrem Essen?
Sieht mir so aus, als wäre das jetzt Ihre Strafe dafür, dass Sie hier so pietätlos das Essen in sich hineinstopfen!
Wie bitte? Sie...!!
Swup
Aber meine Herren!
FLAFF
D-das ist ein...
FLUP
...Bruchstück der Kette des Kronleuchters...
Wie kommt das denn in das Essen?

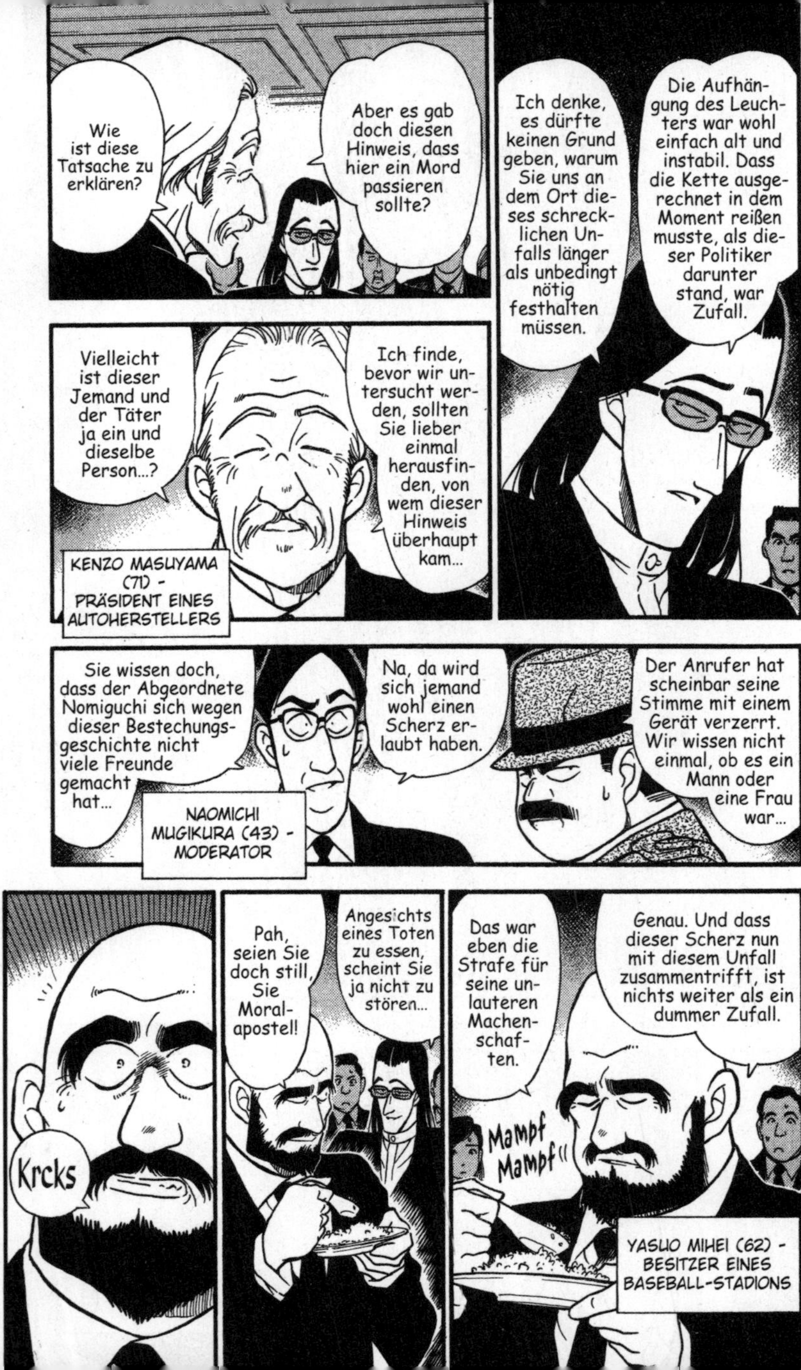
Die Aufhängung des Leuchters war wohl einfach alt und instabil. Dass die Kette ausgerechnet in dem Moment reißen musste, als dieser Politiker darunter stand, war Zufall.
Ich denke, es dürfte keinen Grund geben, warum Sie uns an dem Ort dieses schrecklichen Unfalls länger als unbedingt nötig festhalten müssen.
Aber es gab doch diesen Hinweis, dass hier ein Mord passieren sollte?
Wie ist diese Tatsache zu erklären?
Ich finde, bevor wir untersucht werden, sollten Sie lieber einmal herausfinden, von wem dieser Hinweis überhaupt kam...
Vielleicht ist dieser Jemand und der Täter ja ein und dieselbe Person...?
KENZO MASUYAMA (71) - PRÄSIDENT EINES AUTOHERSTELLERS
Der Anrufer hat scheinbar seine Stimme mit einem Gerät verzerrt. Wir wissen nicht einmal, ob es ein Mann oder eine Frau war...
Na, da wird sich jemand wohl einen Scherz erlaubt haben.
Sie wissen doch, dass der Abgeordnete Nomiguchi sich wegen dieser Bestechungsgeschichte nicht viele Freunde gemacht hat...
NAOMICHI MUGIKURA (43) - MODERATOR
Genau. Und dass dieser Scherz nun mit diesem Unfall zusammentrifft, ist nichts weiter als ein dummer Zufall.
Das war eben die Strafe für seine unlauteren Machenschaften.
Mampf Mampf
YASUO MIHEI (62) - BESITZER EINES BASEBALL-STADIONS
Angesichts eines Toten zu essen, scheint Sie ja nicht zu stören...
Pah, seien Sie doch still, Sie Moralapostel!
Krcks

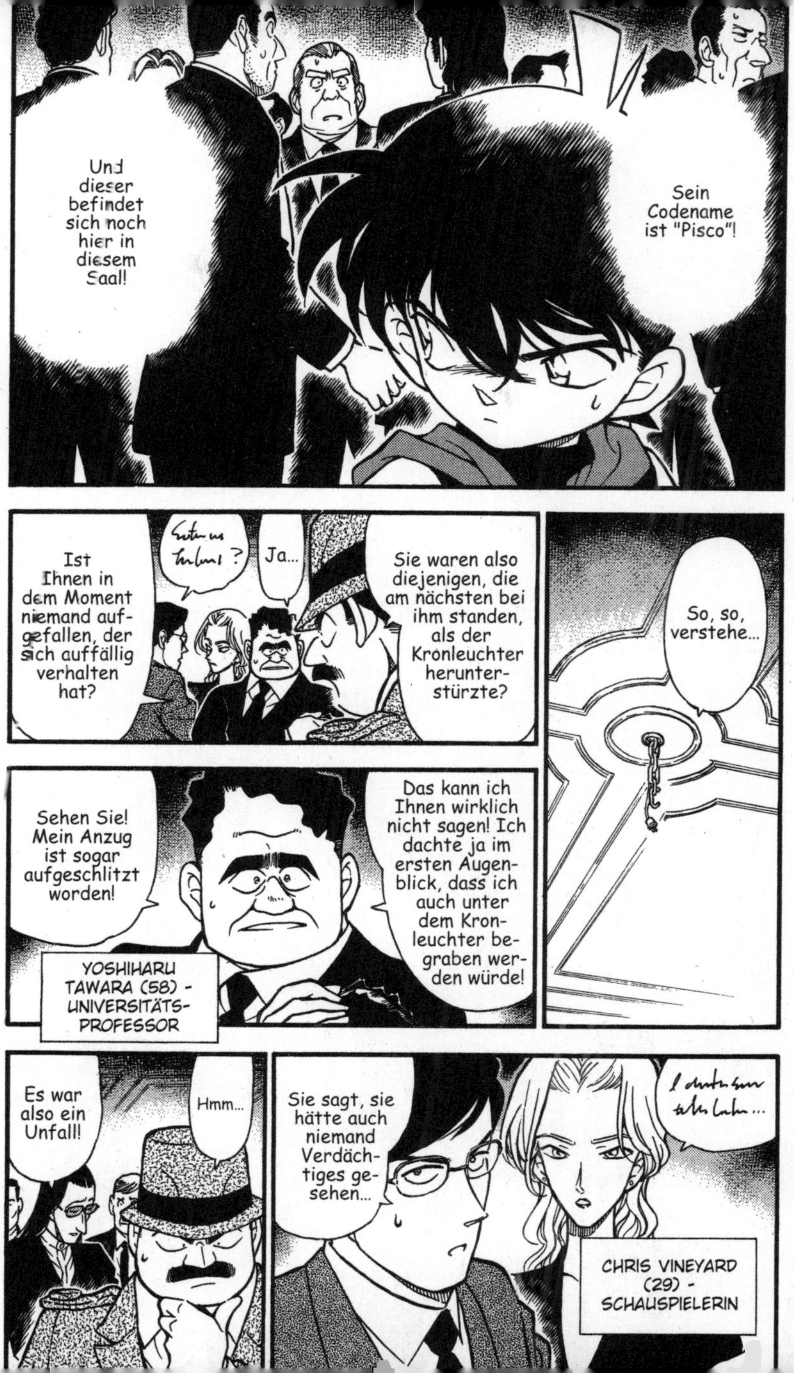
Sein Codename ist "Pisco"!
Und dieser befindet sich noch hier in diesem Saal!
So, so, verstehe...
Sie waren also diejenigen, die am nächsten bei ihm standen, als der Kronleuchter herunterstürzte?
Ja...
Ist Ihnen in dem Moment niemand aufgefallen, der sich auffällig verhalten hat?
Das kann ich Ihnen wirklich nicht sagen! Ich dachte ja im ersten Augenblick, dass ich auch unter dem Kronleuchter begraben werden würde!
Sehen Sie! Mein Anzug ist sogar aufgeschlitzt worden!
YOSHIHARU TAWARA (58) - UNIVERSITÄTS-PROFESSOR
CHRIS VINEYARD (29) - SCHAUSPIELERIN
Sie sagt, sie hätte auch niemand Verdächtiges gesehen...
Hmm...
Es war also ein Unfall!

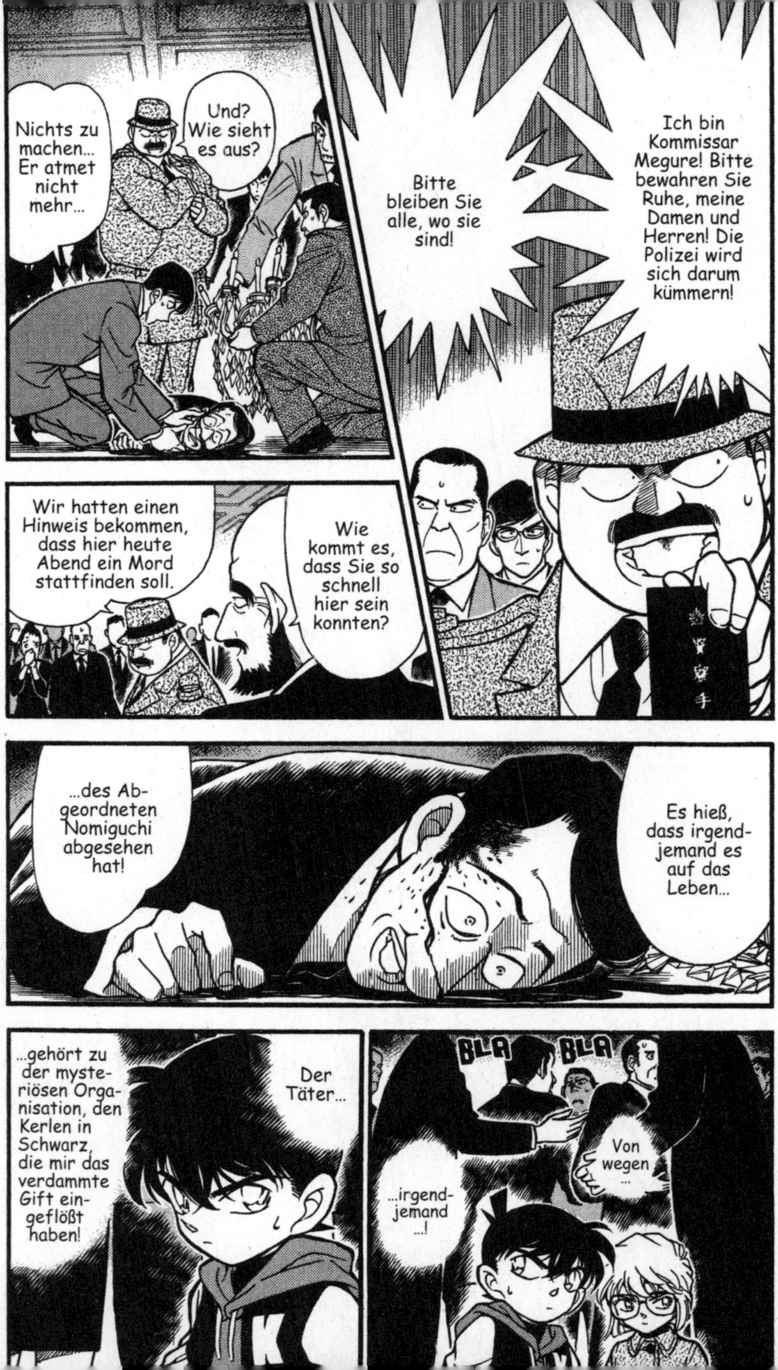
Ich bin Kommissar Megure! Bitte bewahren Sie Ruhe, meine Damen und Herren! Die Polizei wird sich darum kümmern!
Bitte bleiben Sie alle, wo sie sind!
Und? Wie sieht es aus?
Nichts zu machen... Er atmet nicht mehr...
Wie kommt es, dass Sie so schnell hier sein konnten?
Wir hatten einen Hinweis bekommen, dass hier heute Abend ein Mord stattfinden soll.
Es hieß, dass irgendjemand es auf das Leben...
...des Abgeordneten Nomiguchi abgesehen hat!
BLA BLA
Von wegen ...
...irgendjemand ...!
Der Täter...
...gehört zu der mysteriösen Organisation, den Kerlen in Schwarz, die mir das verdammte Gift eingeflößt haben!

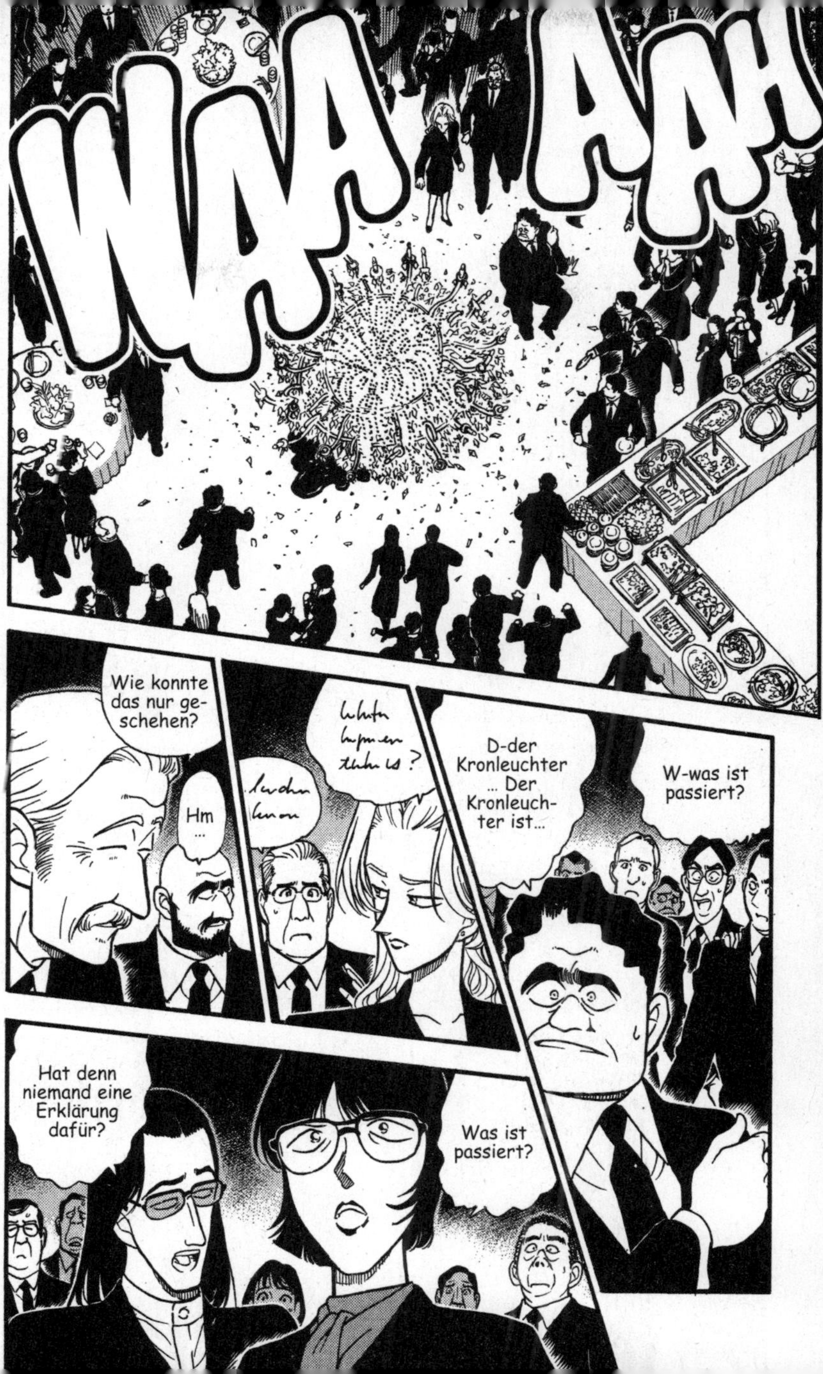
WAA AAH
W-was ist passiert?
D-der Kronleuchter ... Der Kronleuchter ist...
Hm ...
Wie konnte das nur geschehen?
Was ist passiert?
Hat denn niemand eine Erklärung dafür?

FALL 3
Mit einem Mal verschwunden

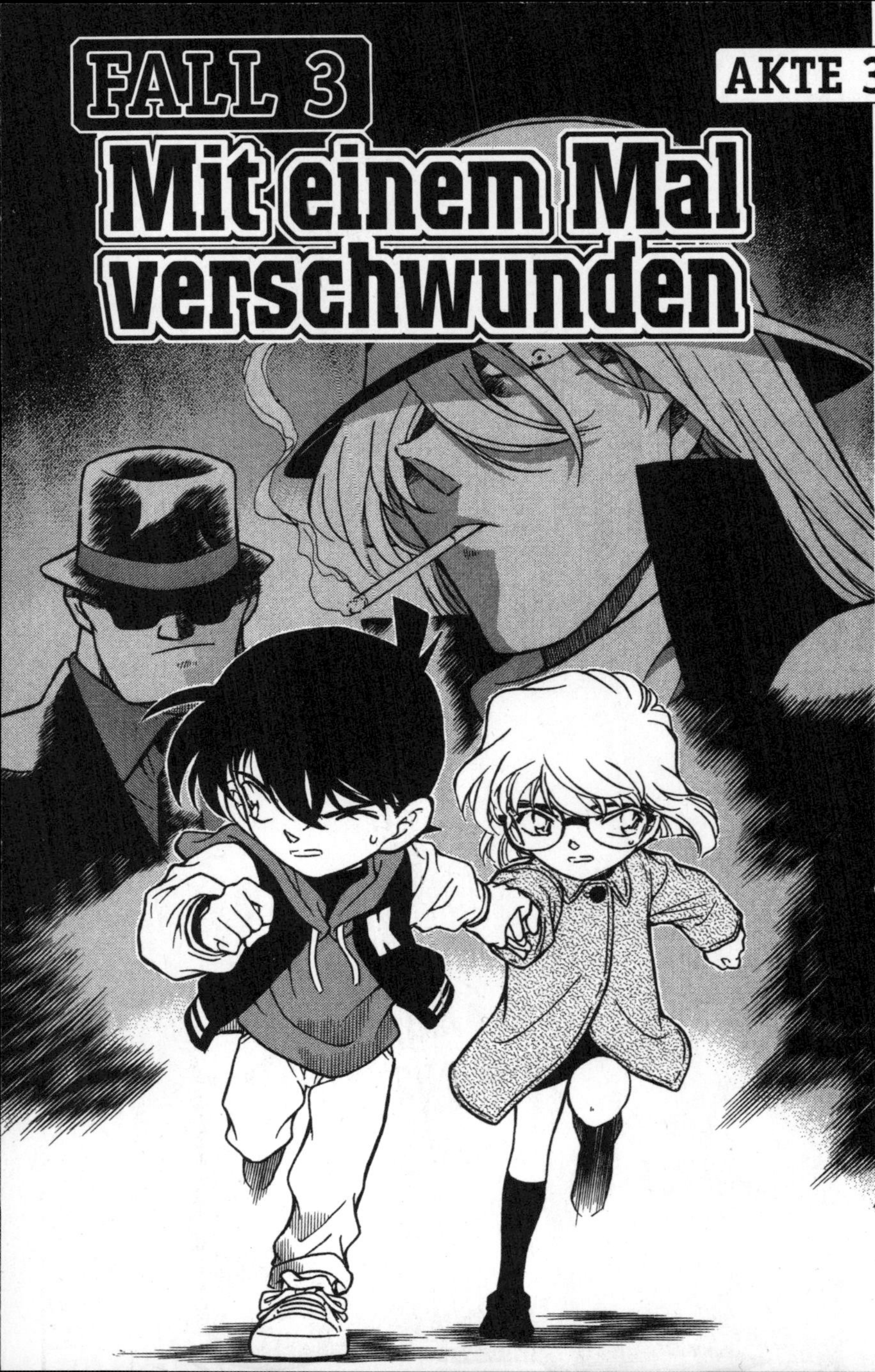

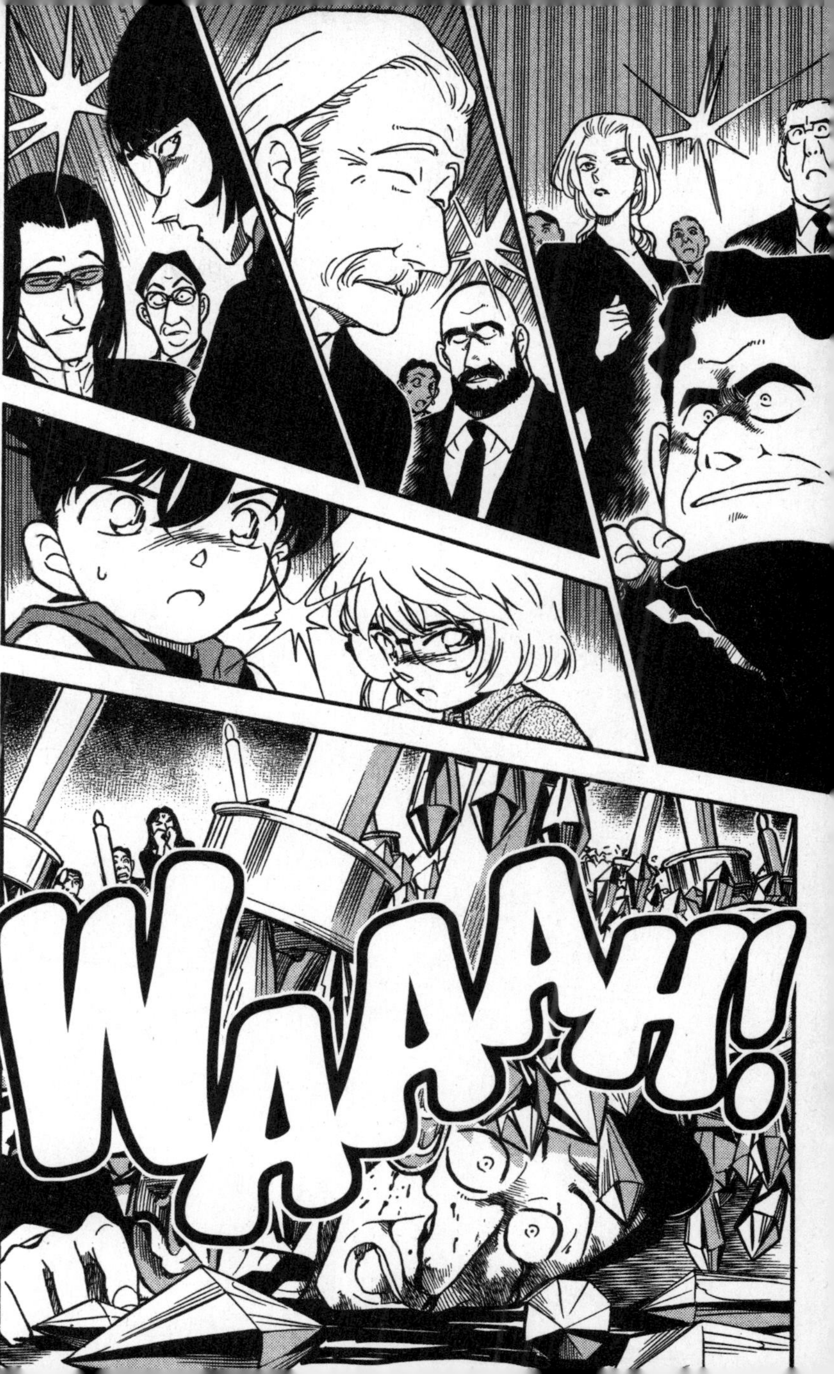
WAAH!

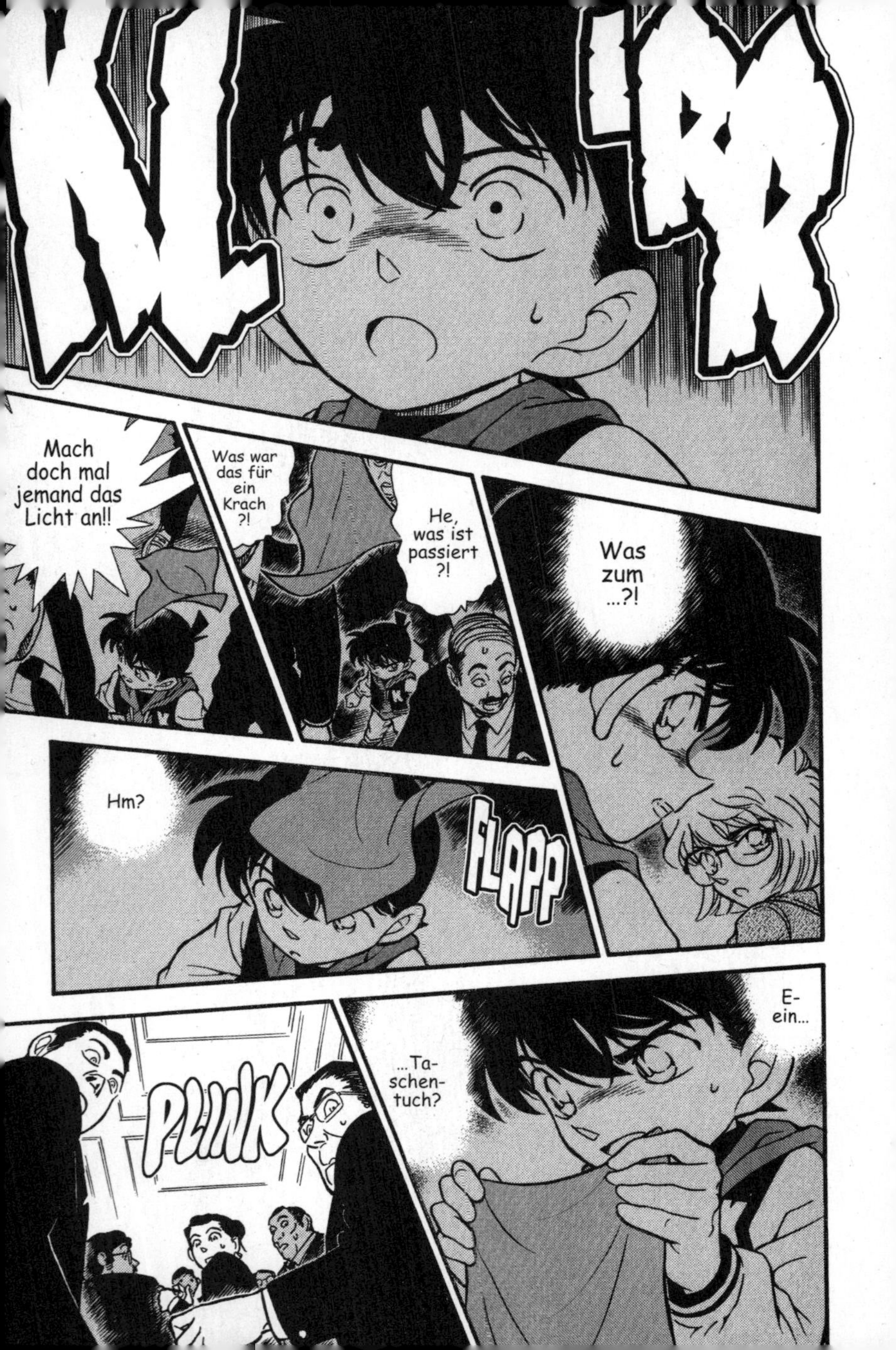
Was zum ...?!
He, was ist passiert ?!
Was war das für ein Krach ?!
Mach doch mal jemand das Licht an!!
FLAPP
Hm?
E- ein...
...Ta- schen- tuch?
PLINK

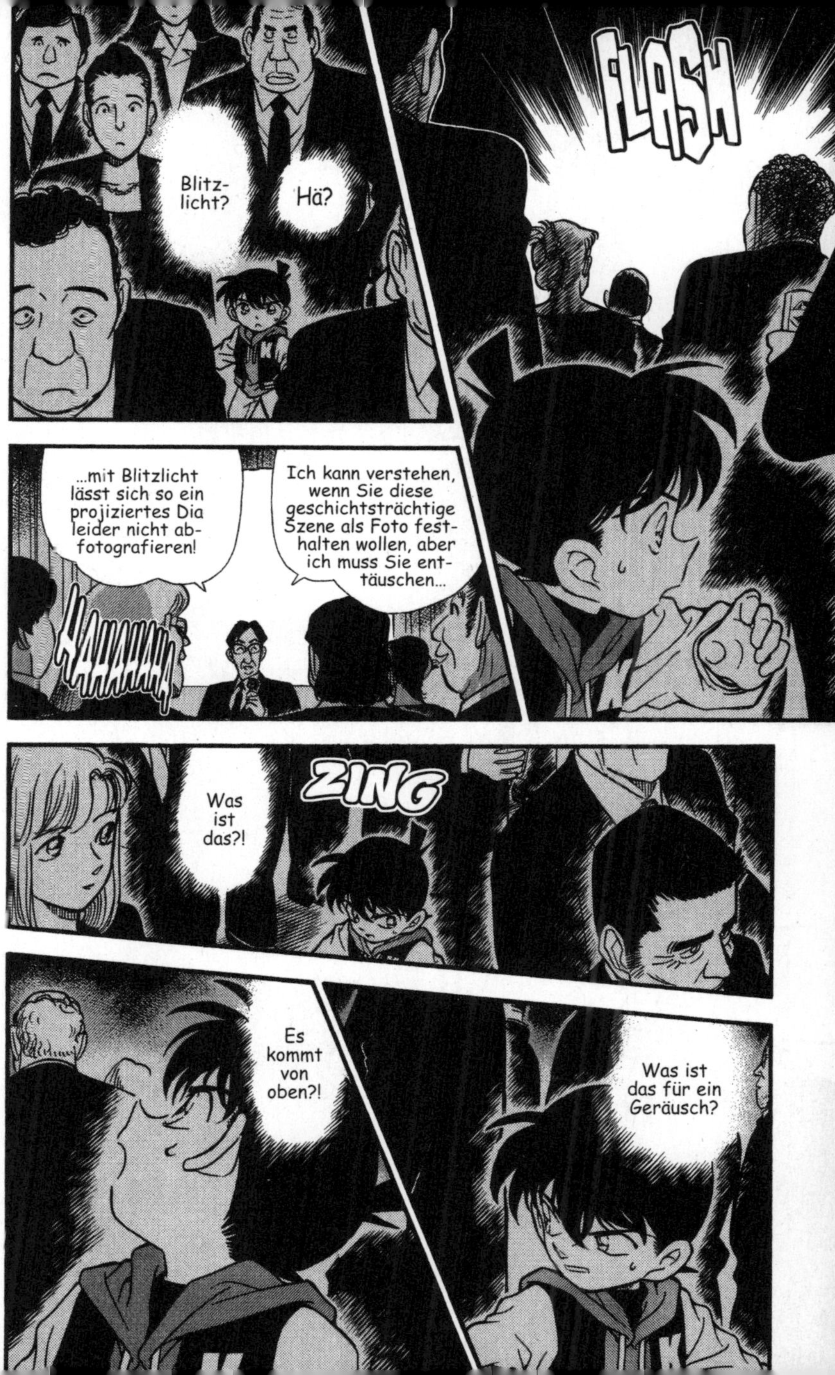
FLASH
Hä?
Blitzlicht?
Ich kann verstehen, wenn Sie diese geschichtsträchtige Szene als Foto festhalten wollen, aber ich muss Sie enttäuschen...
...mit Blitzlicht lässt sich so ein projiziertes Dia leider nicht abfotografieren!
HAHAHAHA
ZING
Was ist das?!
Was ist das für ein Geräusch?
Es kommt von oben?!

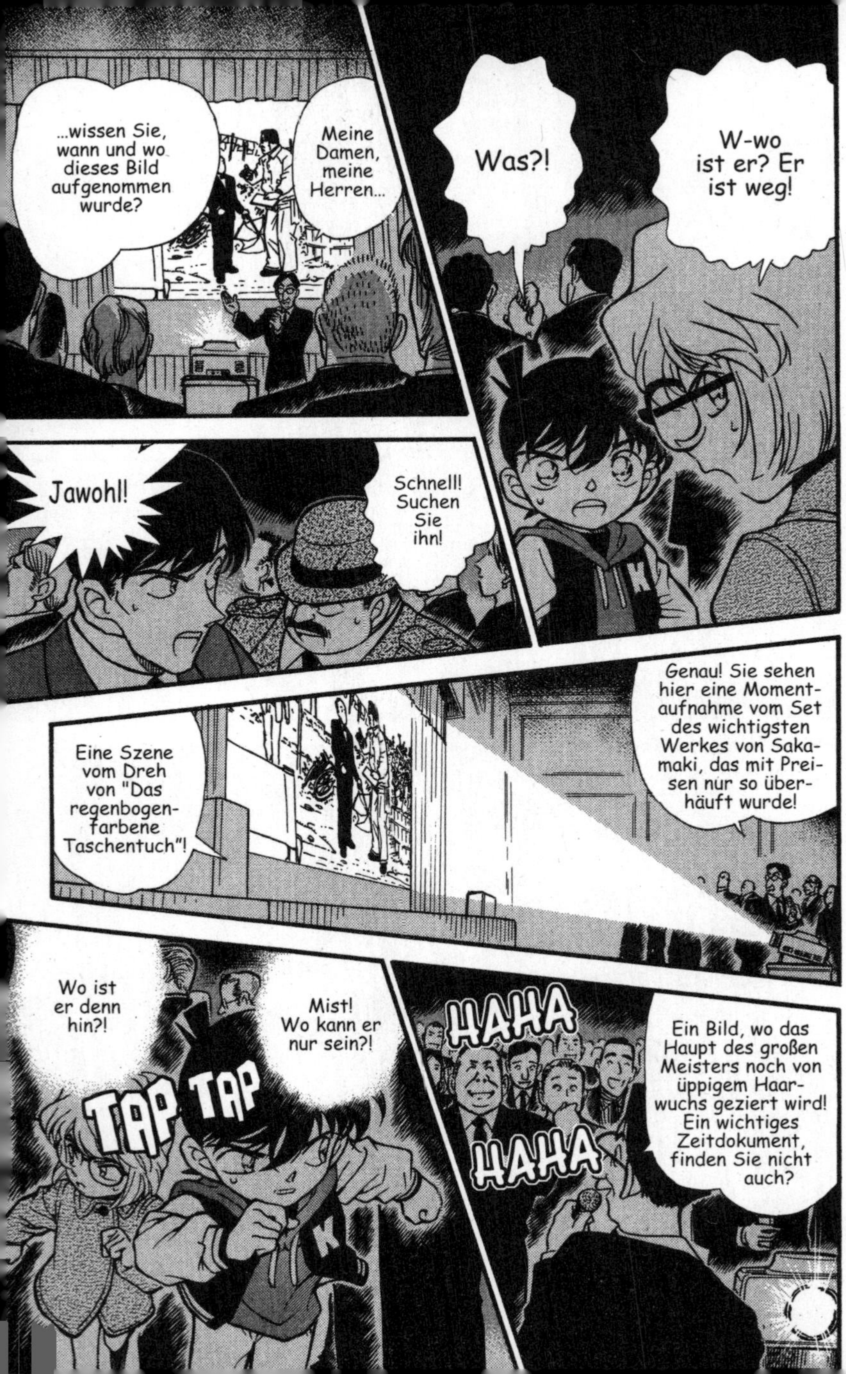
Meine Damen, meine Herren...
...wissen Sie, wann und wo dieses Bild aufgenommen wurde?
W-wo ist er? Er ist weg!
Was?!
Schnell! Suchen Sie ihn!
Jawohl!
Genau! Sie sehen hier eine Momentaufnahme vom Set des wichtigsten Werkes von Sakamaki, das mit Preisen nur so überhäuft wurde!
Eine Szene vom Dreh von "Das regenbogenfarbene Taschentuch"!
Ein Bild, wo das Haupt des großen Meisters noch von üppigem Haarwuchs geziert wird! Ein wichtiges Zeitdokument, finden Sie nicht auch?
HAHA
HAHA
Mist! Wo kann er nur sein?!
Wo ist er denn hin?!
TAP TAP

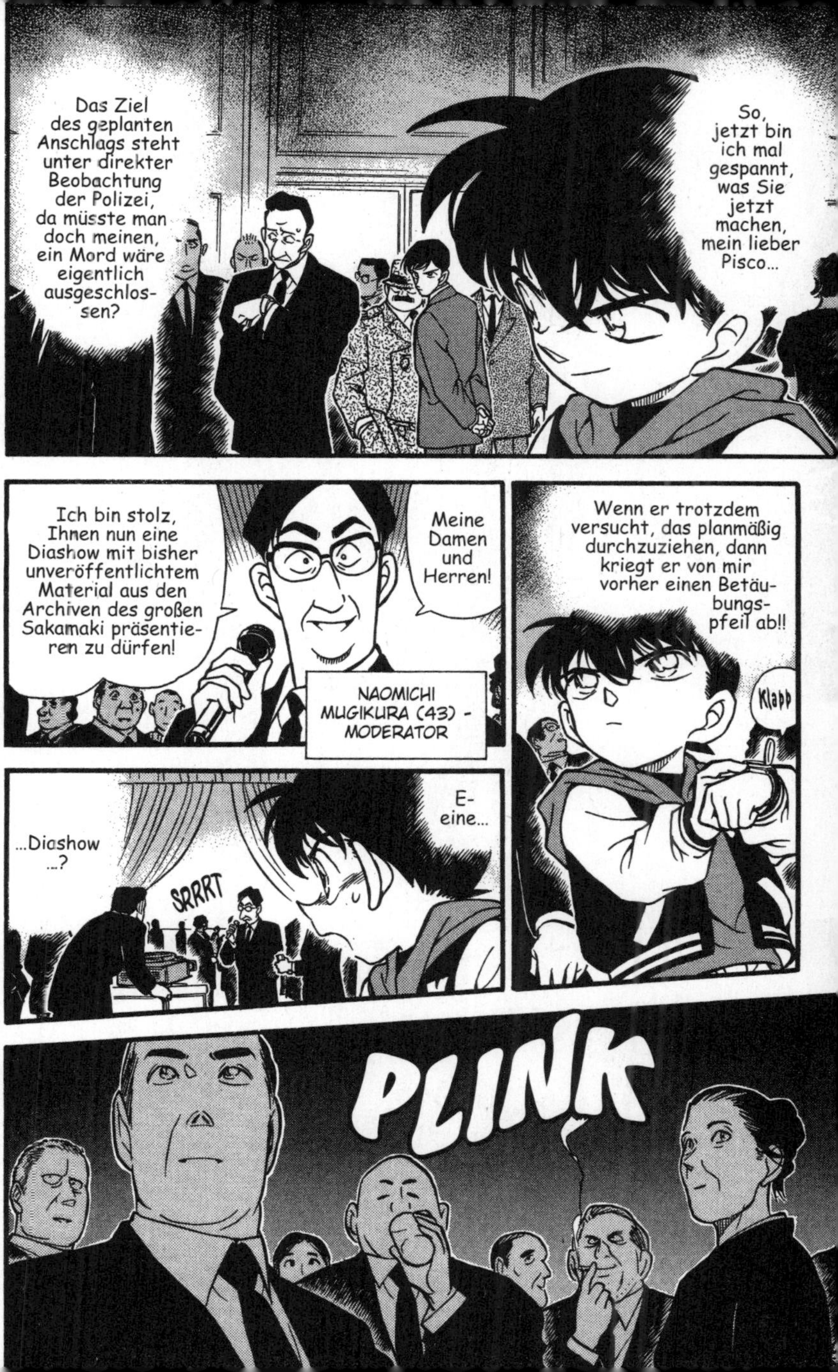
So, jetzt bin ich mal gespannt, was Sie jetzt machen, mein lieber Pisco...
Das Ziel des geplanten Anschlags steht unter direkter Beobachtung der Polizei, da müsste man doch meinen, ein Mord wäre eigentlich ausgeschlossen?
Wenn er trotzdem versucht, das planmäßig durchzuziehen, dann kriegt er von mir vorher einen Betäubungspfeil ab!!
Klapp
Meine Damen und Herren!
Ich bin stolz, Ihnen nun eine Diashow mit bisher unveröffentlichtem Material aus den Archiven des großen Sakamaki präsentieren zu dürfen!
NAOMICHI MUGIKURA (43) - MODERATOR
E- eine...
...Diashow ...?
SRRRT
PLINK

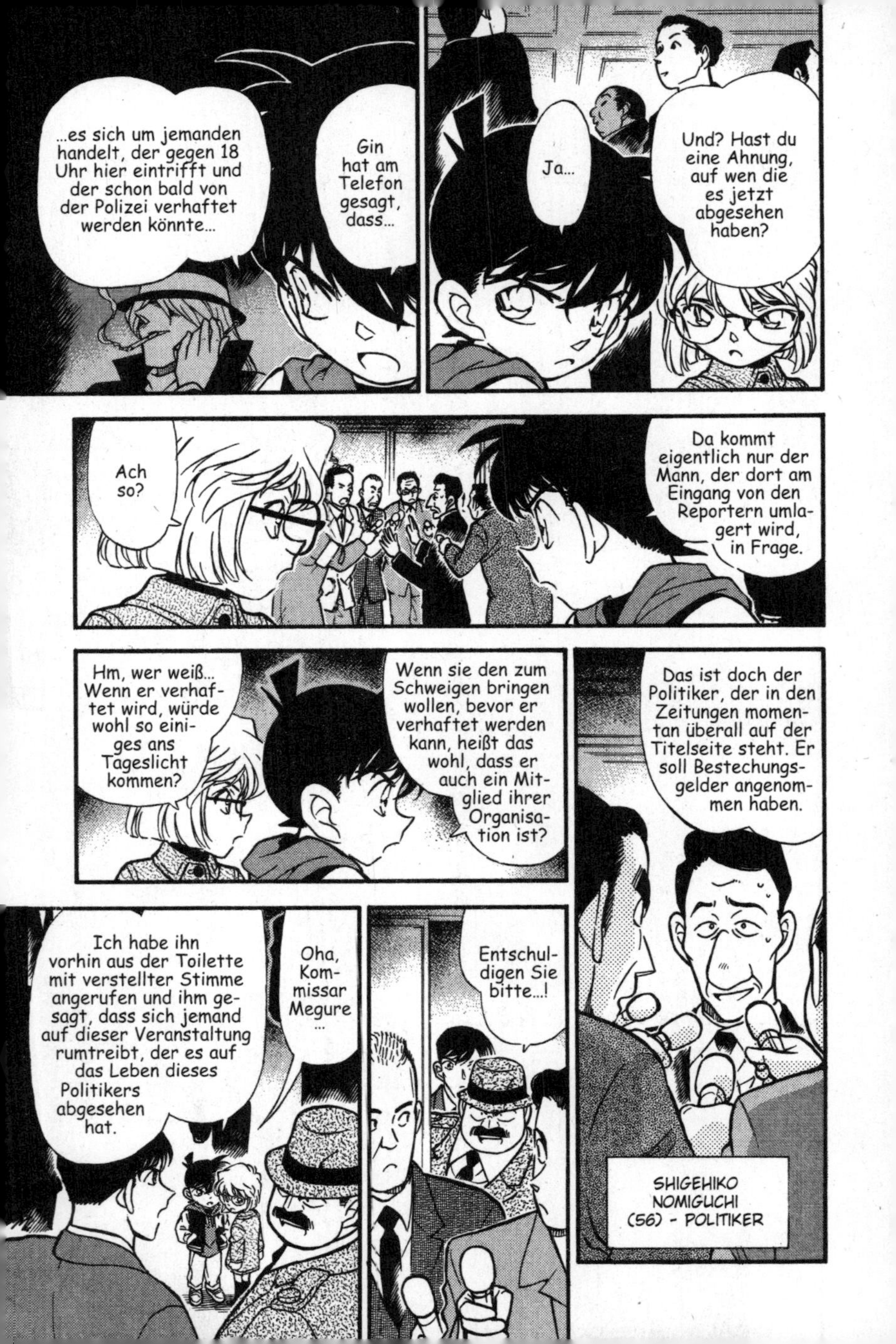
Und? Hast du eine Ahnung, auf wen die es jetzt abgesehen haben?
Ja...
Gin hat am Telefon gesagt, dass...
...es sich um jemanden handelt, der gegen 18 Uhr hier eintrifft und der schon bald von der Polizei verhaftet werden könnte...
Da kommt eigentlich nur der Mann, der dort am Eingang von den Reportern umlagert wird, in Frage.
Ach so?
Das ist doch der Politiker, der in den Zeitungen momentan überall auf der Titelseite steht. Er soll Bestechungsgelder angenommen haben.
SHIGEHIKO NOMIGUCHI (56) - POLITIKER
Wenn sie den zum Schweigen bringen wollen, bevor er verhaftet werden kann, heißt das wohl, dass er auch ein Mitglied ihrer Organisation ist?
Hm, wer weiß... Wenn er verhaftet wird, würde wohl so einiges ans Tageslicht kommen?
Entschuldigen Sie bitte...!
Oha, Kommissar Megure ...
Ich habe ihn vorhin aus der Toilette mit verstellter Stimme angerufen und ihm gesagt, dass sich jemand auf dieser Veranstaltung rumtreibt, der es auf das Leben dieses Politikers abgesehen hat.

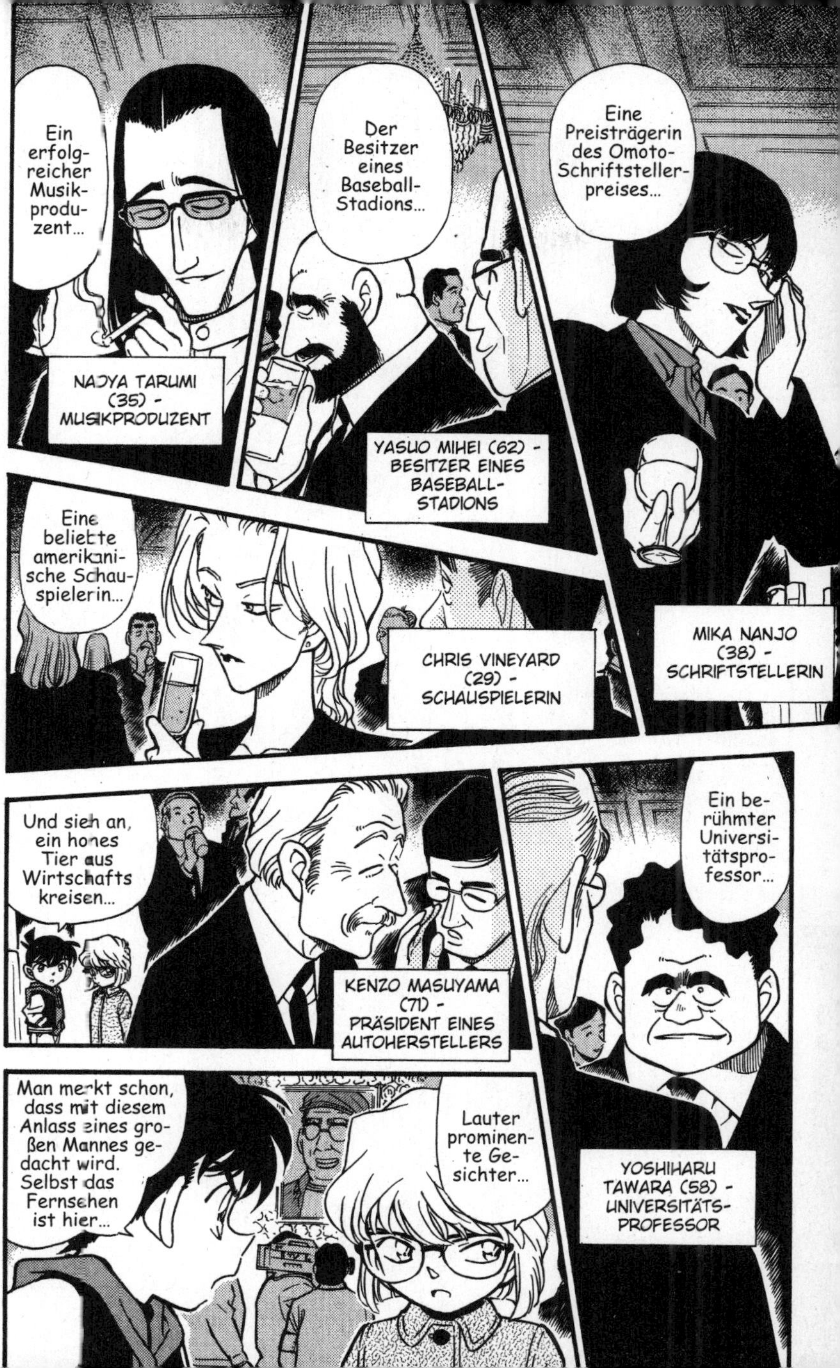

Eine Preisträgerin des Omoto-Schriftsteller-preises...
MIKA NANJO (38) - SCHRIFTSTELLERIN
Der Besitzer eines Baseball-Stadions...
YASUO MIHEI (62) - BESITZER EINES BASEBALL-STADIONS
Ein erfolg-reicher Musik-produ-zent...
NAOYA TARUMI (35) - MUSIKPRODUZENT
Eine beliebte amerikani-sche Schau-spielerin...
CHRIS VINEYARD (29) - SCHAUSPIELERIN
Ein be-rühmter Universi-tätspro-fessor...
YOSHIHARU TAWARA (58) - UNIVERSITÄTS-PROFESSOR
Und sieh an, ein hohes Tier aus Wirtschafts kreisen...
KENZO MASUYAMA (71) - PRÄSIDENT EINES AUTOHERSTELLERS
Lauter prominen-te Ge-sichter...
Man merkt schon, dass mit diesem Anlass eines gro-ßen Mannes ge-dacht wird. Selbst das Fernsehen ist hier...

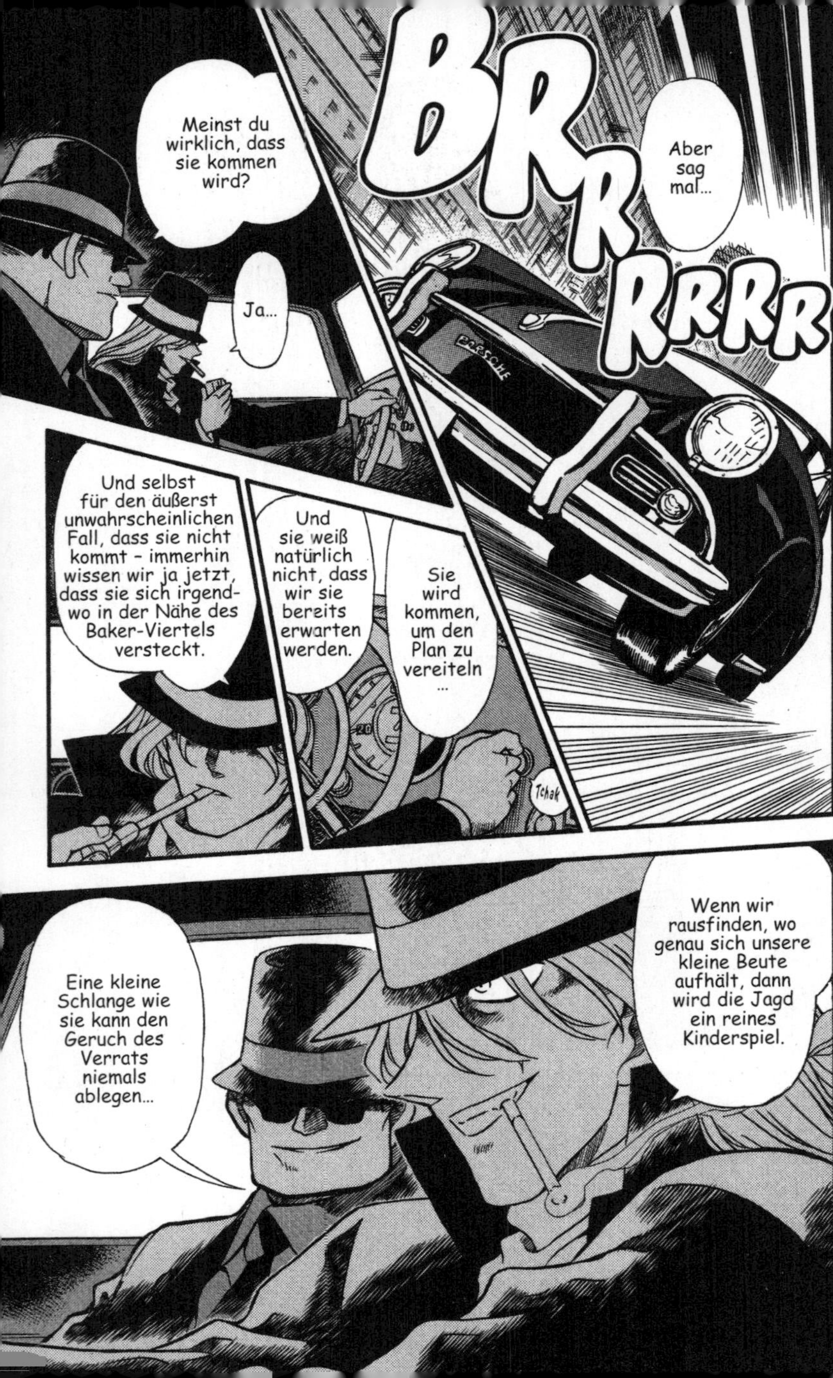
Aber sag mal...
BRRRRRR
Meinst du wirklich, dass sie kommen wird?
Ja...
Sie wird kommen, um den Plan zu vereiteln ...
Und sie weiß natürlich nicht, dass wir sie bereits erwarten werden.
Und selbst für den äußerst unwahrscheinlichen Fall, dass sie nicht kommt – immerhin wissen wir ja jetzt, dass sie sich irgendwo in der Nähe des Baker-Viertels versteckt.
Tchak
Wenn wir rausfinden, wo genau sich unsere kleine Beute aufhält, dann wird die Jagd ein reines Kinderspiel.
Eine kleine Schlange wie sie kann den Geruch des Verrats niemals ablegen...

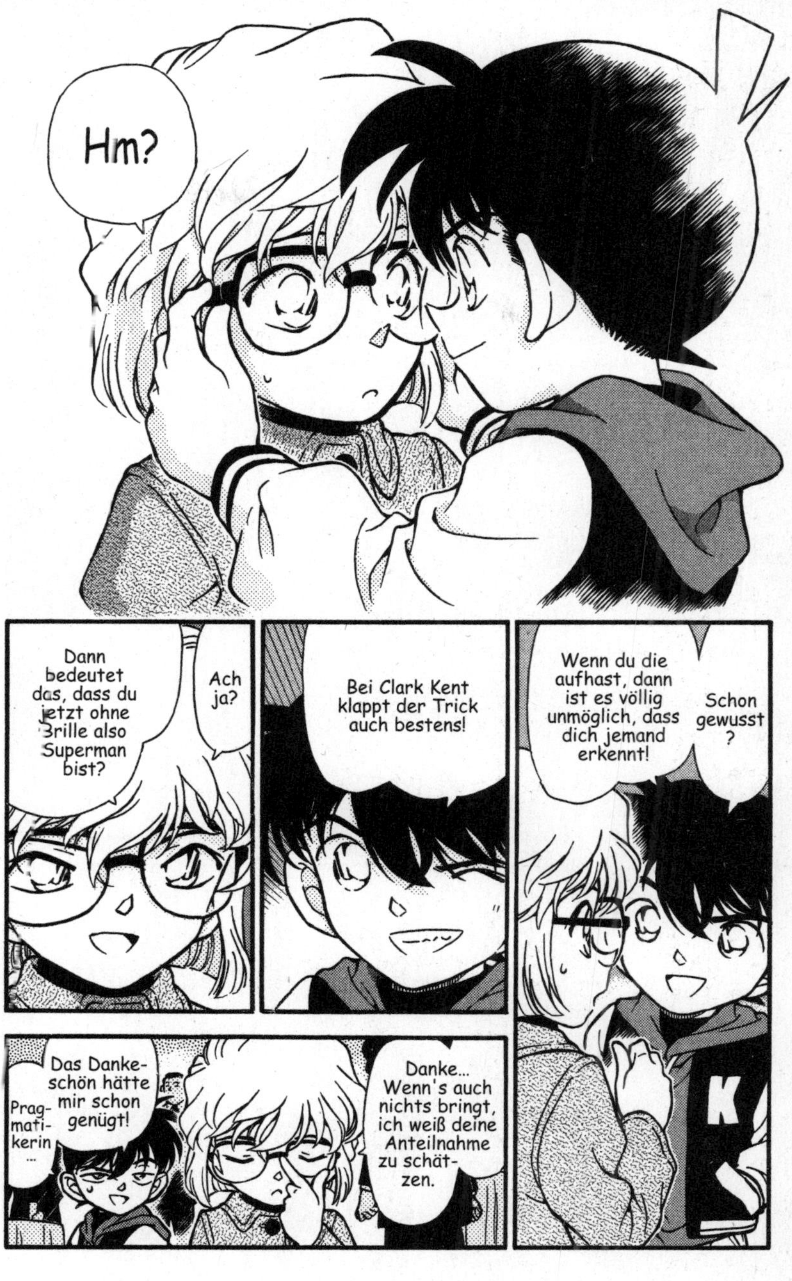
Hm?
Schon gewusst?
Wenn du die aufhast, dann ist es völlig unmöglich, dass dich jemand erkennt!
Bei Clark Kent klappt der Trick auch bestens!
Ach ja?
Dann bedeutet das, dass du jetzt ohne Brille also Superman bist?
Danke... Wenn's auch nichts bringt, ich weiß deine Anteilnahme zu schät- zen.
Das Danke- schön hätte mir schon genügt!
Prag- mati- kerin ...

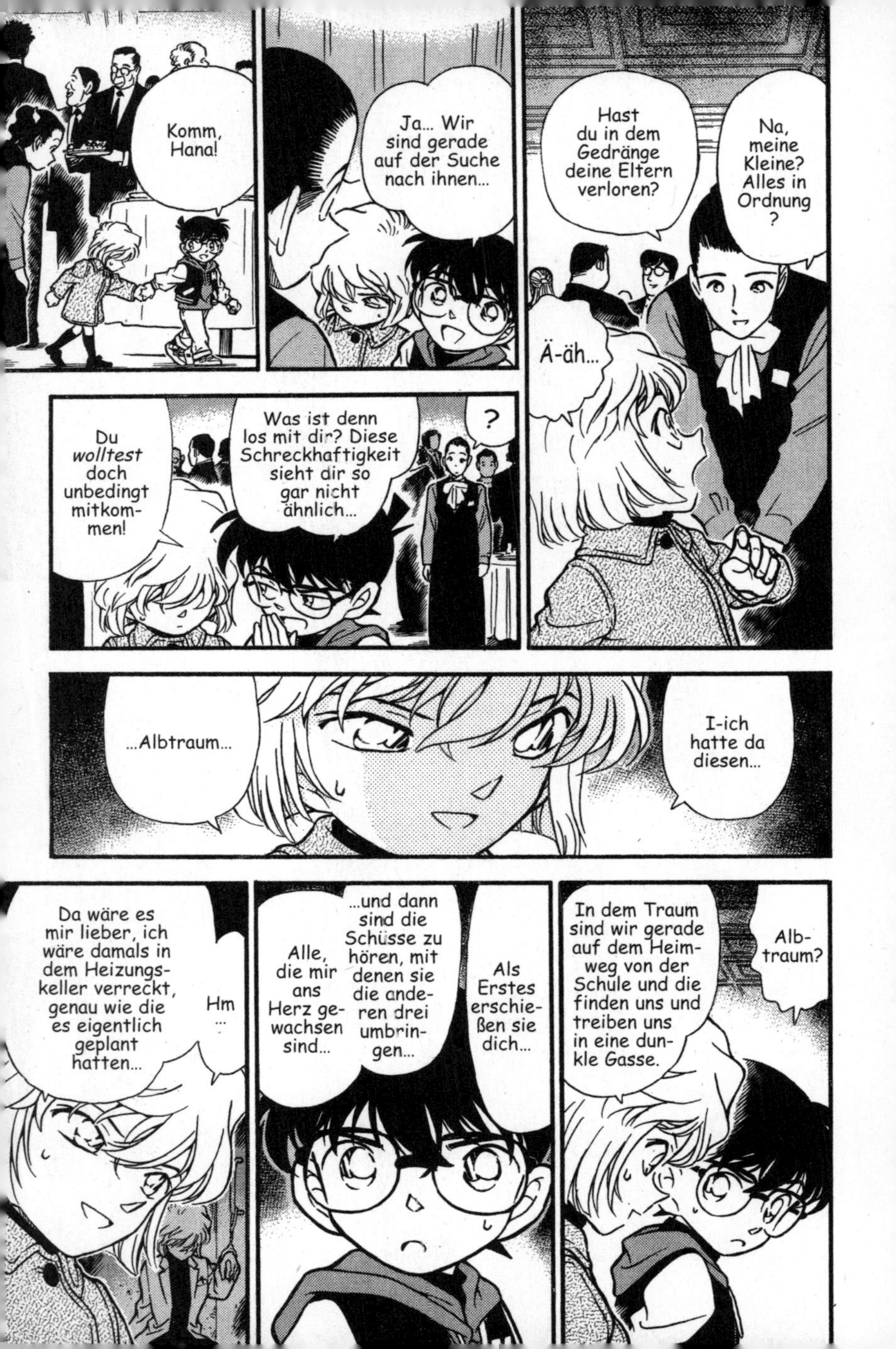
Na, meine Kleine? Alles in Ordnung?
Hast du in dem Gedränge deine Eltern verloren?
Ä-äh...
Ja... Wir sind gerade auf der Suche nach ihnen...
Komm, Hana!
?
Was ist denn los mit dir? Diese Schreckhaftigkeit sieht dir so gar nicht ähnlich...
Du *wolltest* doch unbedingt mitkommen!
I-ich hatte da diesen...
...Albtraum...
Albtraum?
In dem Traum sind wir gerade auf dem Heimweg von der Schule und die finden uns und treiben uns in eine dunkle Gasse.
Als Erstes erschießen sie dich...
...und dann sind die Schüsse zu hören, mit denen sie die anderen drei umbringen...
Alle, die mir ans Herz gewachsen sind...
Hm...
Da wäre es mir lieber, ich wäre damals in dem Heizungskeller verreckt, genau wie die es eigentlich geplant hatten...

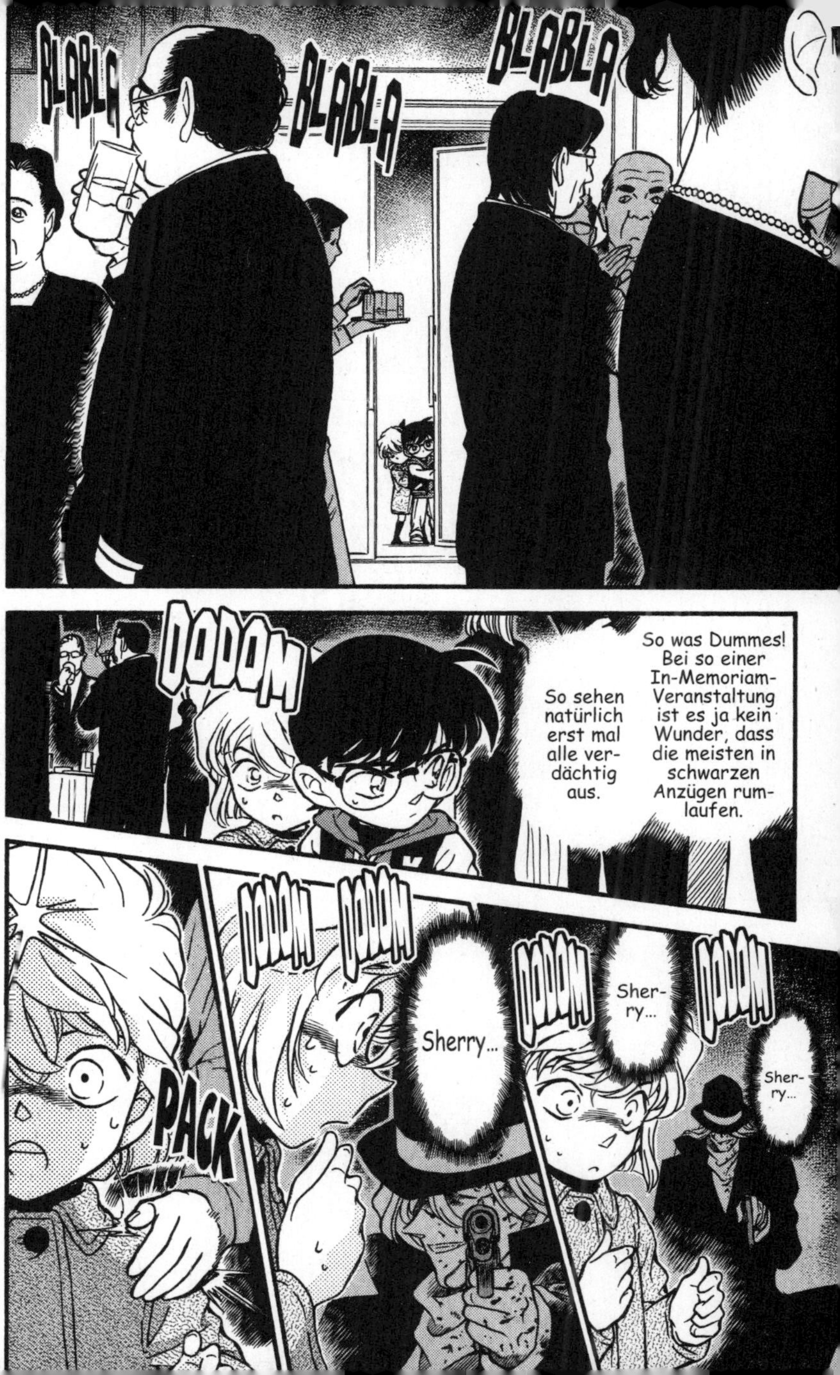
BLABLA
BLABLA
BLABLA
DODOM
So was Dummes! Bei so einer In-Memoriam-Veranstaltung ist es ja kein Wunder, dass die meisten in schwarzen Anzügen rumlaufen.
So sehen natürlich erst mal alle verdächtig aus.
DODOM
Sherry...
DODOM
Sherry...
DODOM
Sherry...
DODOM
DODOM
PACK

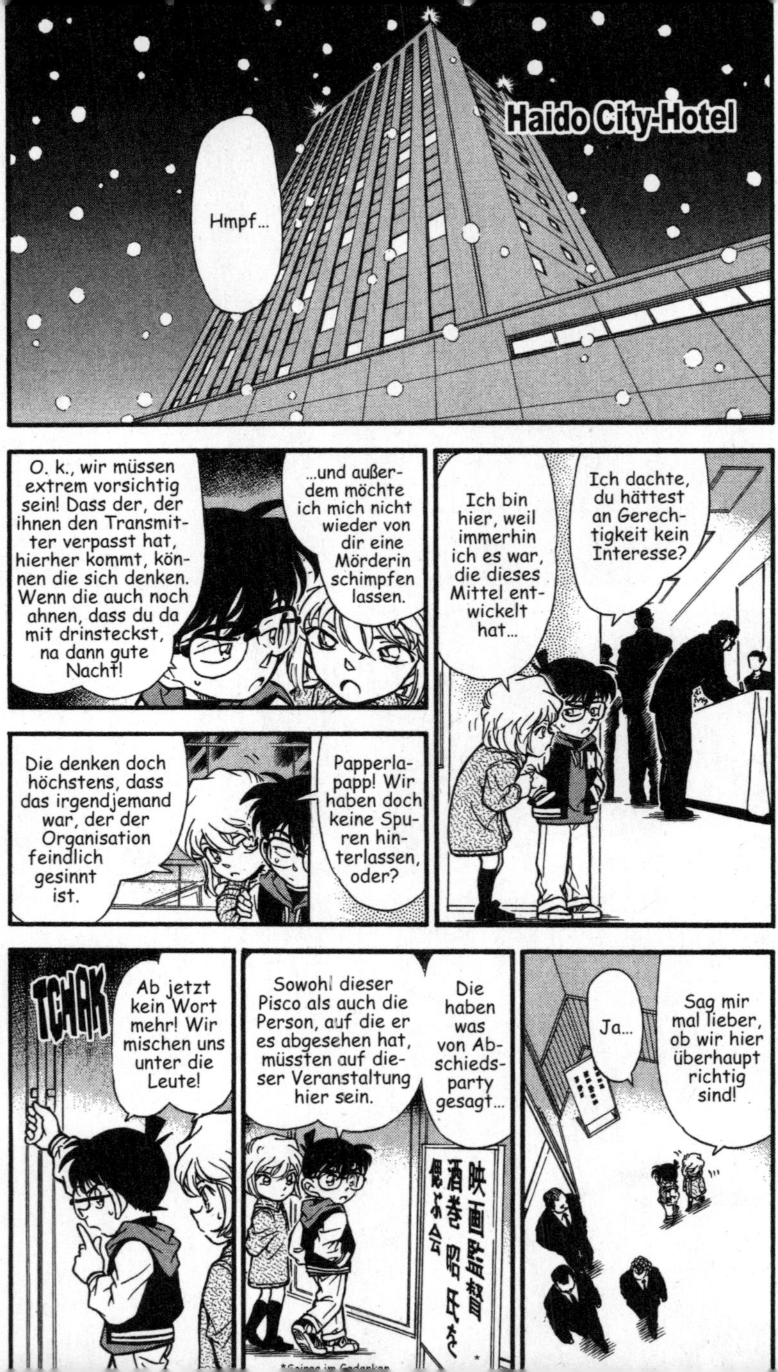

Haido City-Hotel
Hmpf...
Ich dachte, du hättest an Gerechtigkeit kein Interesse?
Ich bin hier, weil immerhin ich es war, die dieses Mittel entwickelt hat...
...und außerdem möchte ich mich nicht wieder von dir eine Mörderin schimpfen lassen.
O. k., wir müssen extrem vorsichtig sein! Dass der, der ihnen den Transmitter verpasst hat, hierher kommt, können die sich denken. Wenn die auch noch ahnen, dass du da mit drinsteckst, na dann gute Nacht!
Papperlapapp! Wir haben doch keine Spuren hinterlassen, oder?
Die denken doch höchstens, dass das irgendjemand war, der der Organisation feindlich gesinnt ist.
Sag mir mal lieber, ob wir hier überhaupt richtig sind!
Ja...
Die haben was von Abschiedsparty gesagt...
Sowohl dieser Pisco als auch die Person, auf die er es abgesehen hat, müssten auf dieser Veranstaltung hier sein.
映画監督 酒巻昭氏を偲ぶ会
Ab jetzt kein Wort mehr! Wir mischen uns unter die Leute!
TCHAK

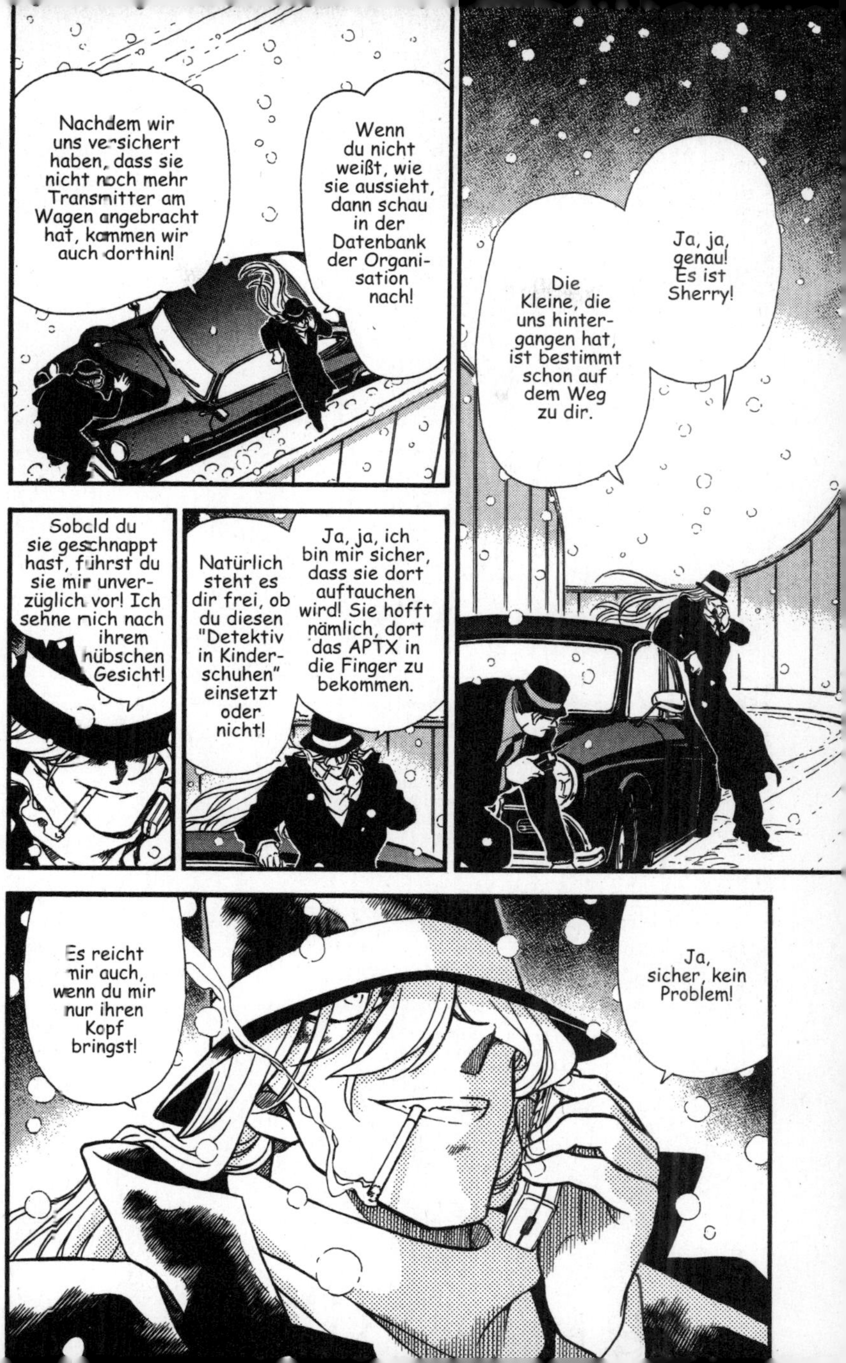
Ja, ja, genau! Es ist Sherry!
Die Kleine, die uns hintergangen hat, ist bestimmt schon auf dem Weg zu dir.
Wenn du nicht weißt, wie sie aussieht, dann schau in der Datenbank der Organisation nach!
Nachdem wir uns versichert haben, dass sie nicht noch mehr Transmitter am Wagen angebracht hat, kommen wir auch dorthin!
Ja, ja, ich bin mir sicher, dass sie dort auftauchen wird! Sie hofft nämlich, dort das APTX in die Finger zu bekommen.
Natürlich steht es dir frei, ob du diesen "Detektiv in Kinderschuhen" einsetzt oder nicht!
Sobald du sie geschnappt hast, führst du sie mir unverzüglich vor! Ich sehne mich nach ihrem hübschen Gesicht!
Ja, sicher, kein Problem!
Es reicht mir auch, wenn du mir nur ihren Kopf bringst!

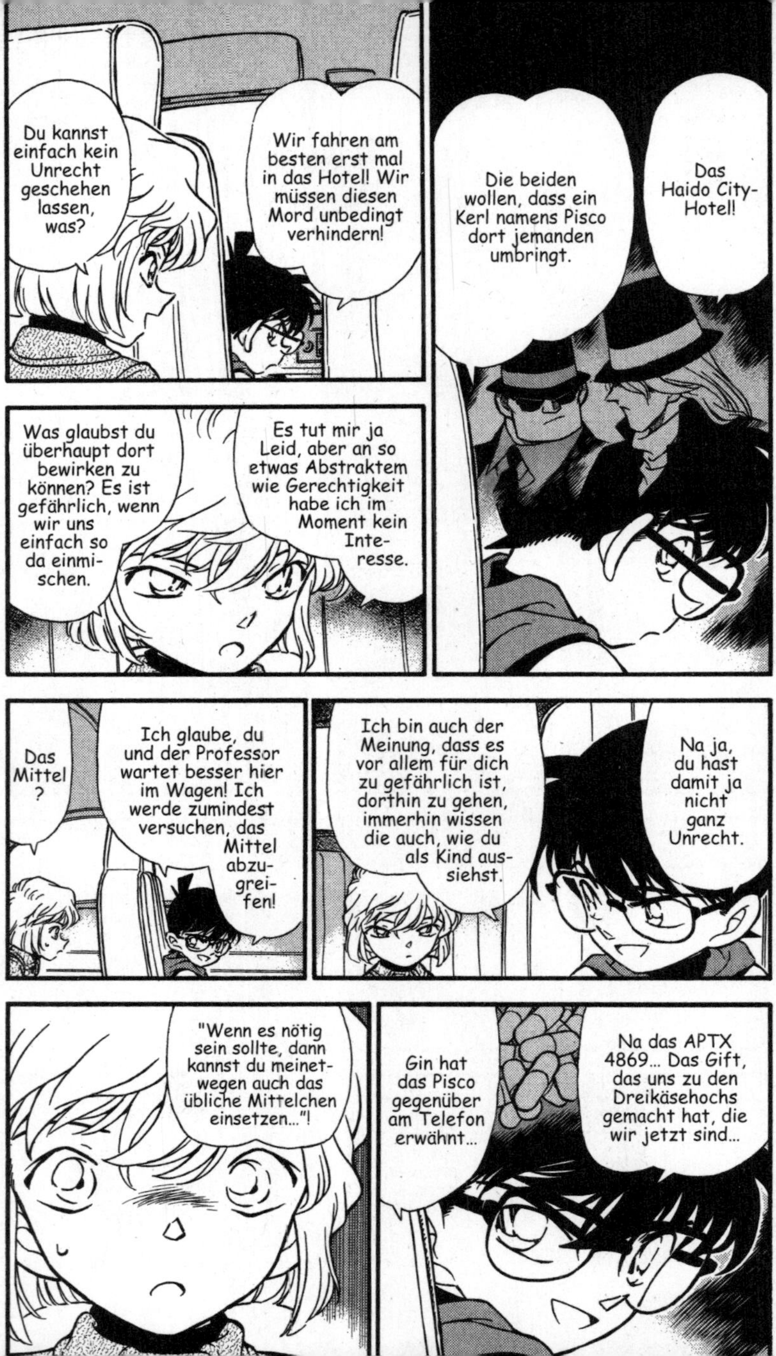
Das Haido City-Hotel!
Die beiden wollen, dass ein Kerl namens Pisco dort jemanden umbringt.
Wir fahren am besten erst mal in das Hotel! Wir müssen diesen Mord unbedingt verhindern!
Du kannst einfach kein Unrecht geschehen lassen, was?
Es tut mir ja Leid, aber an so etwas Abstraktem wie Gerechtigkeit habe ich im Moment kein Interesse.
Was glaubst du überhaupt dort bewirken zu können? Es ist gefährlich, wenn wir uns einfach so da einmischen.
Na ja, du hast damit ja nicht ganz Unrecht.
Ich bin auch der Meinung, dass es vor allem für dich zu gefährlich ist, dorthin zu gehen, immerhin wissen die auch, wie du als Kind aussiehst.
Ich glaube, du und der Professor wartet besser hier im Wagen! Ich werde zumindest versuchen, das Mittel abzugreifen!
Das Mittel?
Na das APTX 4869... Das Gift, das uns zu den Dreikäsehochs gemacht hat, die wir jetzt sind...
Gin hat das Pisco gegenüber am Telefon erwähnt...
"Wenn es nötig sein sollte, dann kannst du meinetwegen auch das übliche Mittelchen einsetzen..."!

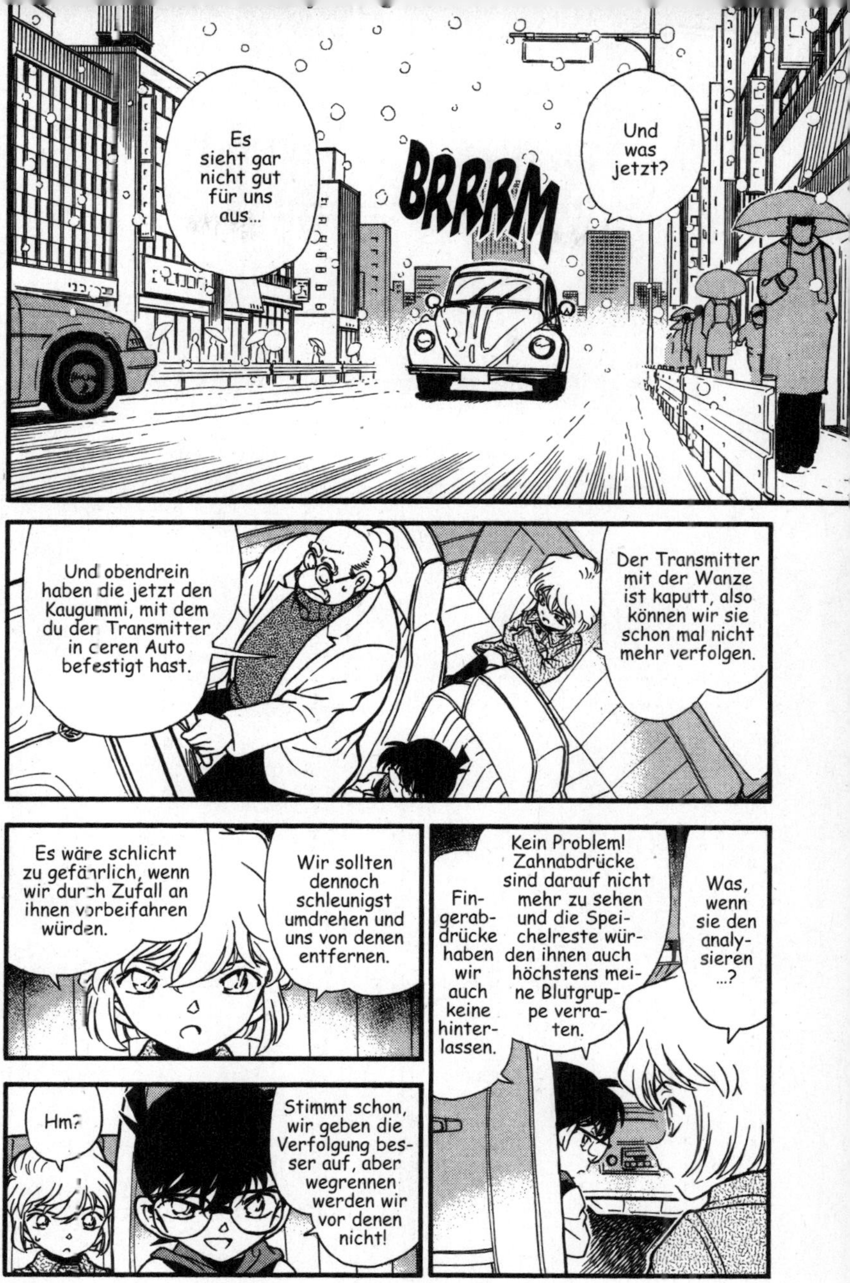
Und was jetzt?
BRRRM
Es sieht gar nicht gut für uns aus...
Der Transmitter mit der Wanze ist kaputt, also können wir sie schon mal nicht mehr verfolgen.
Und obendrein haben die jetzt den Kaugummi, mit dem du den Transmitter in deren Auto befestigt hast.
Was, wenn sie den analysieren ...?
Kein Problem! Zahnabdrücke sind darauf nicht mehr zu sehen und die Speichelreste würden ihnen auch höchstens meine Blutgruppe verraten.
Fingerabdrücke haben wir auch keine hinterlassen.
Wir sollten dennoch schleunigst umdrehen und uns von denen entfernen.
Es wäre schlicht zu gefährlich, wenn wir durch Zufall an ihnen vorbeifahren würden.
Stimmt schon, wir geben die Verfolgung besser auf, aber wegrennen werden wir vor denen nicht!
Hm?

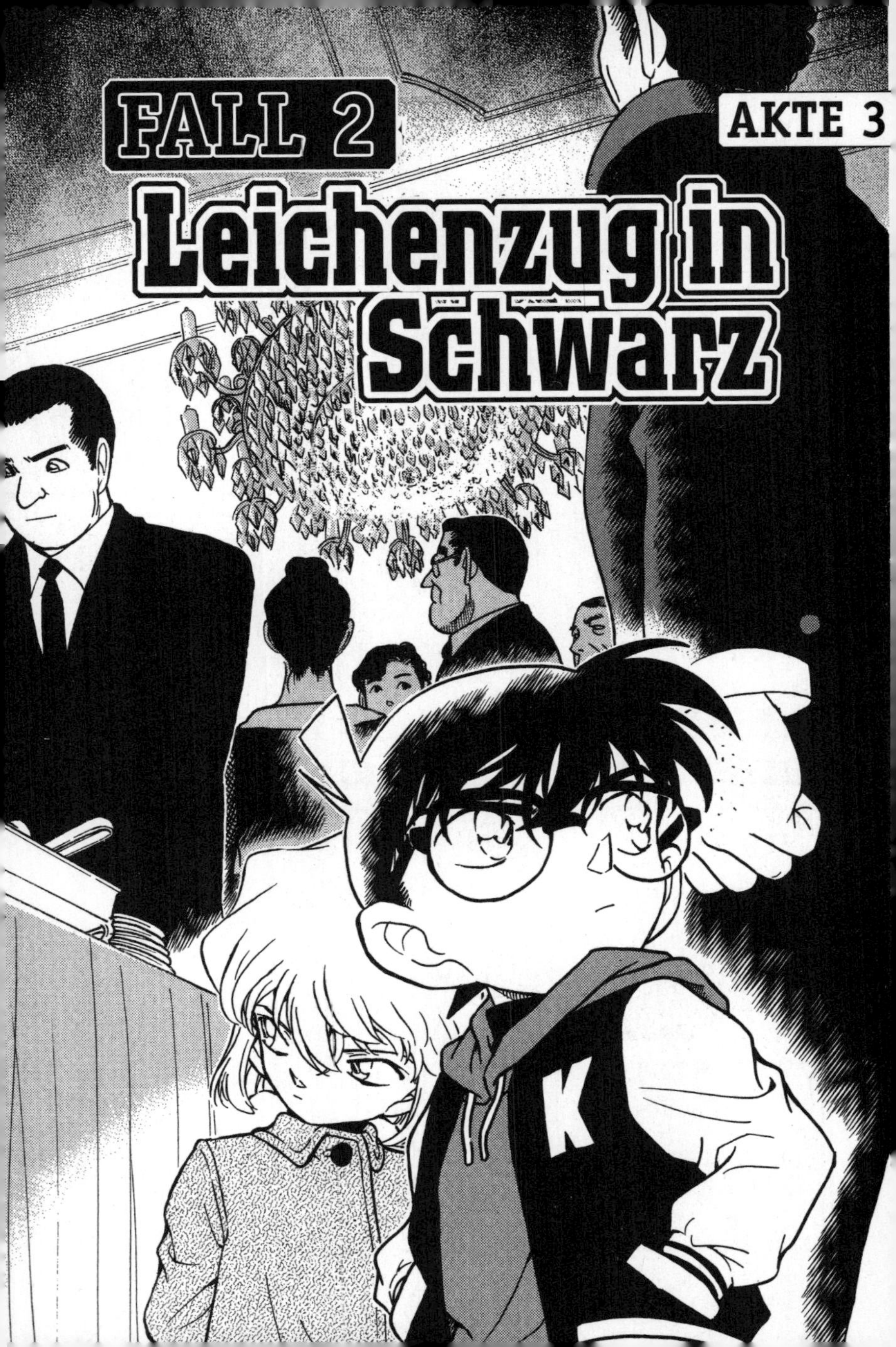
FALL 2
AKTE 3
Leichenzug in Schwarz

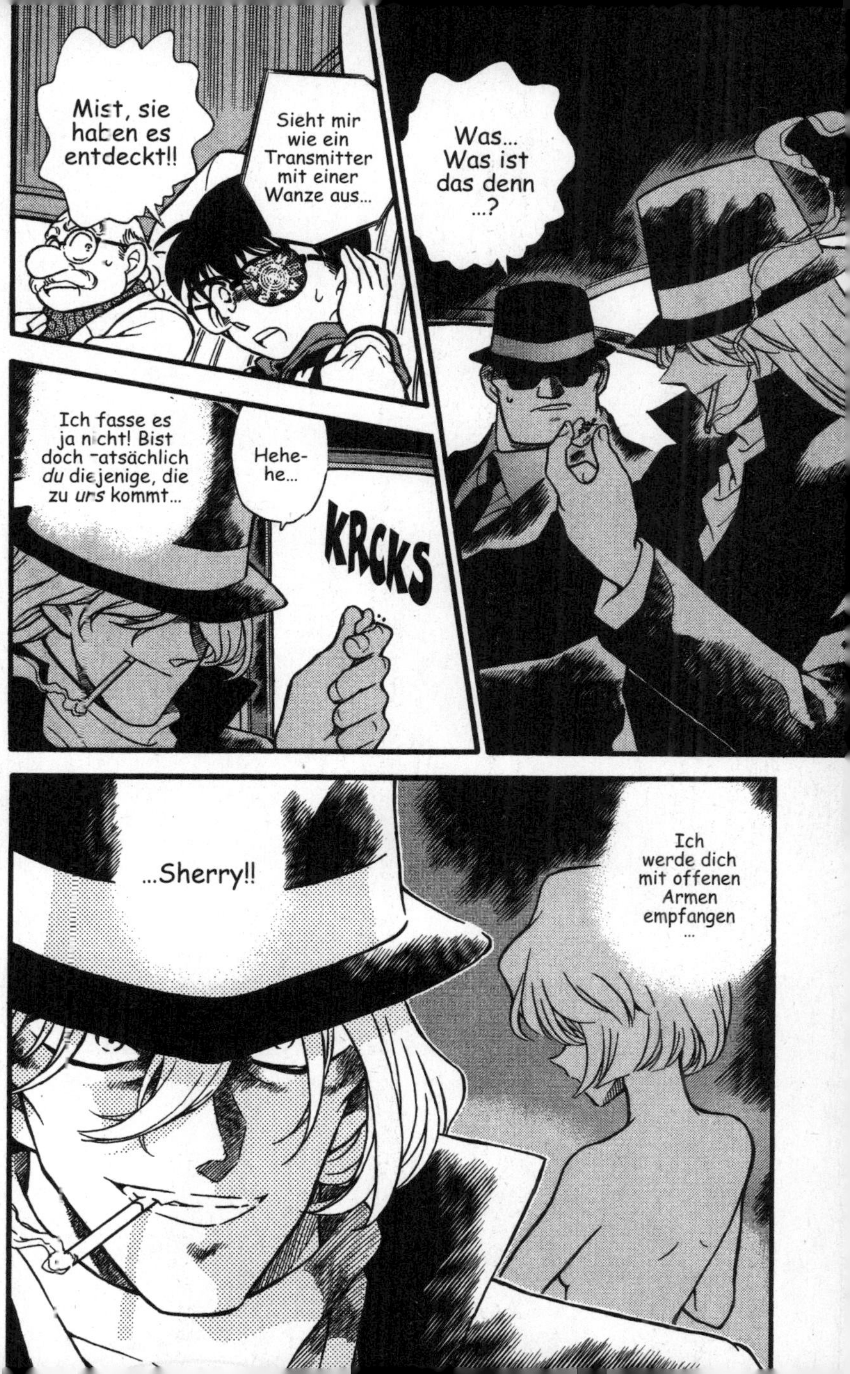
Was... Was ist das denn ...?
Sieht mir wie ein Transmitter mit einer Wanze aus...
Mist, sie haben es entdeckt!!
Hehe- he...
Ich fasse es ja nicht! Bist doch tatsächlich *du* diejenige, die zu *uns* kommt...
KRCKS
Ich werde dich mit offenen Armen empfangen ...
...Sherry!!

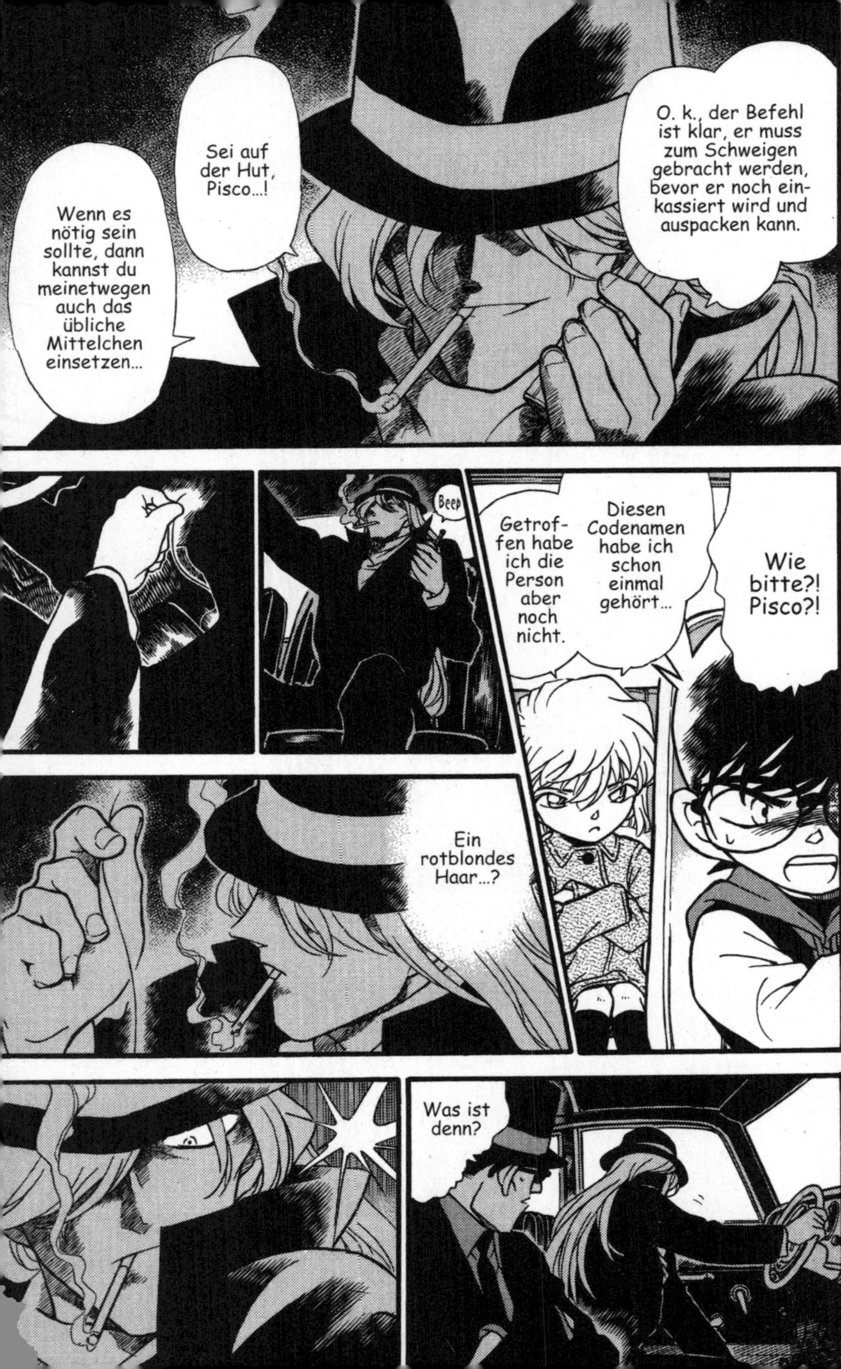
O. k., der Befehl ist klar, er muss zum Schweigen gebracht werden, bevor er noch einkassiert wird und auspacken kann.
Sei auf der Hut, Pisco...!
Wenn es nötig sein sollte, dann kannst du meinetwegen auch das übliche Mittelchen einsetzen...
Wie bitte?! Pisco?!
Diesen Codenamen habe ich schon einmal gehört...
Getroffen habe ich die Person aber noch nicht.
Beep
Ein rotblondes Haar...?
Was ist denn?

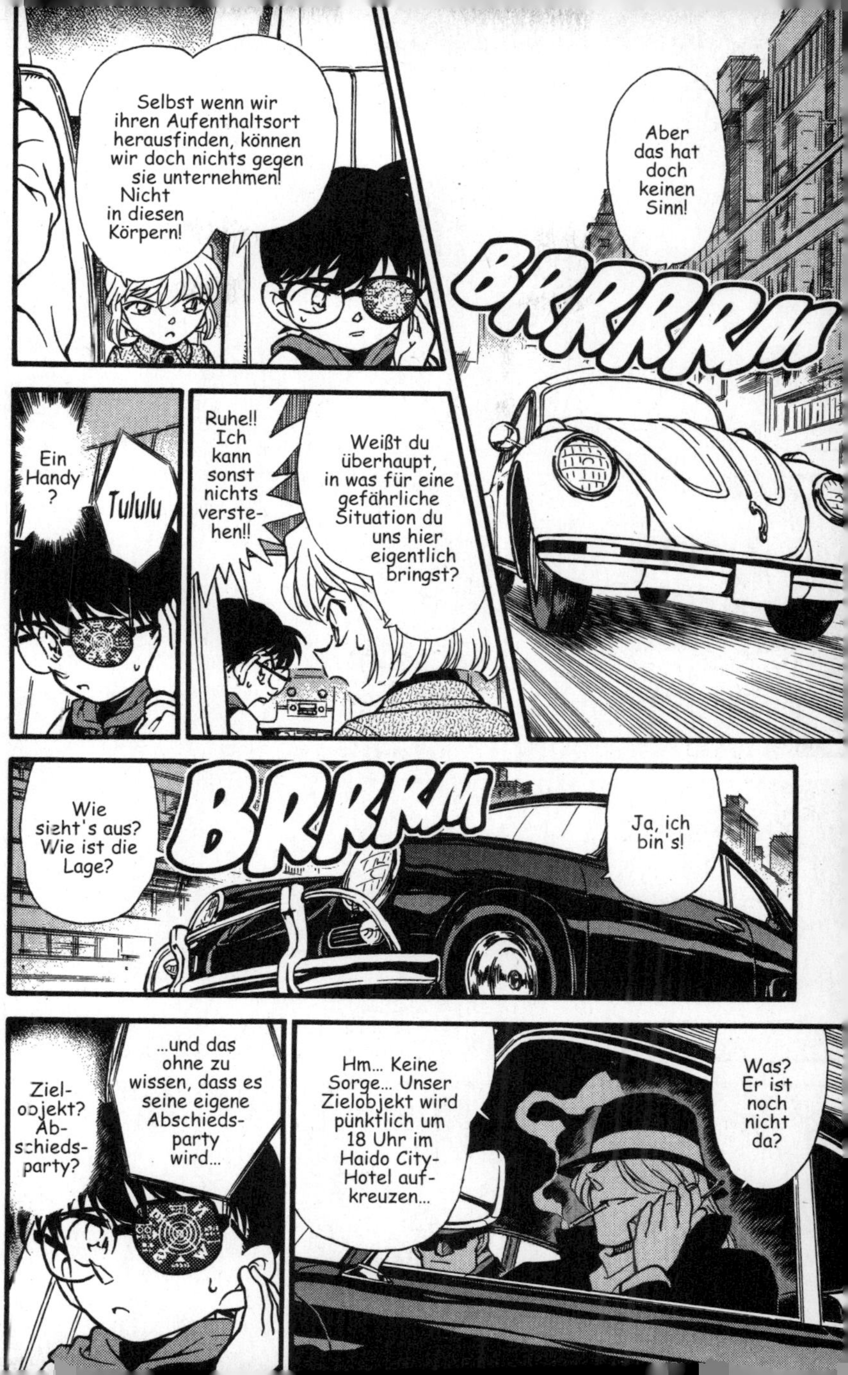
Aber das hat doch keinen Sinn!
BRRRRRM
Selbst wenn wir ihren Aufenthaltsort herausfinden, können wir doch nichts gegen sie unternehmen! Nicht in diesen Körpern!
Weißt du überhaupt, in was für eine gefährliche Situation du uns hier eigentlich bringst?
Ruhe!! Ich kann sonst nichts verstehen!!
Tululu
Ein Handy?
Ja, ich bin's!
BRRRM
Wie sieht's aus? Wie ist die Lage?
Was? Er ist noch nicht da?
Hm... Keine Sorge... Unser Zielobjekt wird pünktlich um 18 Uhr im Haido City-Hotel aufkreuzen...
...und das ohne zu wissen, dass es seine eigene Abschiedsparty wird...
Zielobjekt? Abschiedsparty?

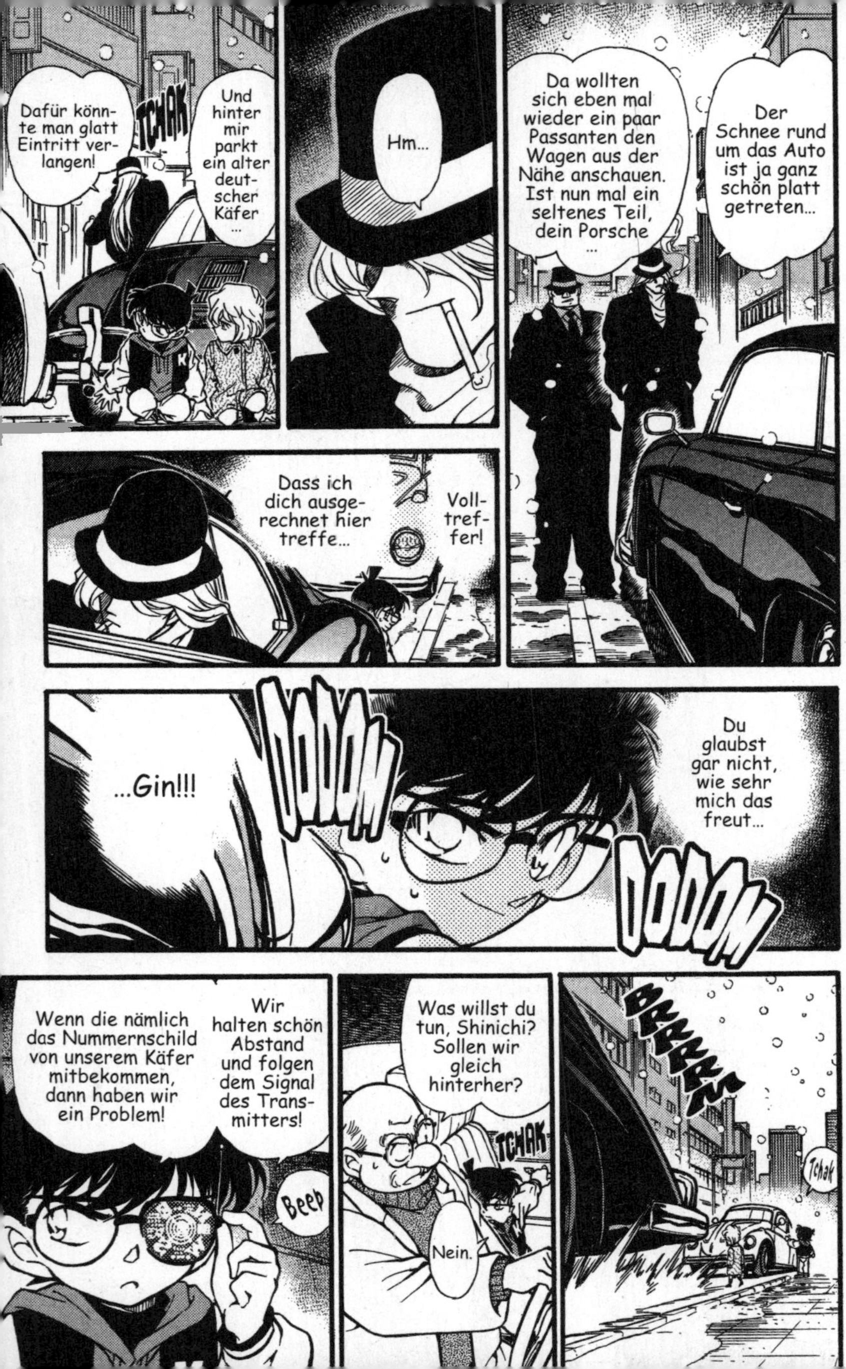

Der Schnee rund um das Auto ist ja ganz schön platt getreten...
Da wollten sich eben mal wieder ein paar Passanten den Wagen aus der Nähe anschauen. Ist nun mal ein seltenes Teil, dein Porsche ...
Hm...
Und hinter mir parkt ein alter deutscher Käfer ...
TCHAK
Dafür könnte man glatt Eintritt verlangen!
Volltreffer!
Dass ich dich ausgerechnet hier treffe...
Du glaubst gar nicht, wie sehr mich das freut...
DODOM
DODOM
...Gin!!!
Tchak
Was willst du tun, Shinichi? Sollen wir gleich hinterher?
TCHAK
Nein.
Wir halten schön Abstand und folgen dem Signal des Transmitters!
Beep
Wenn die nämlich das Nummernschild von unserem Käfer mitbekommen, dann haben wir ein Problem!

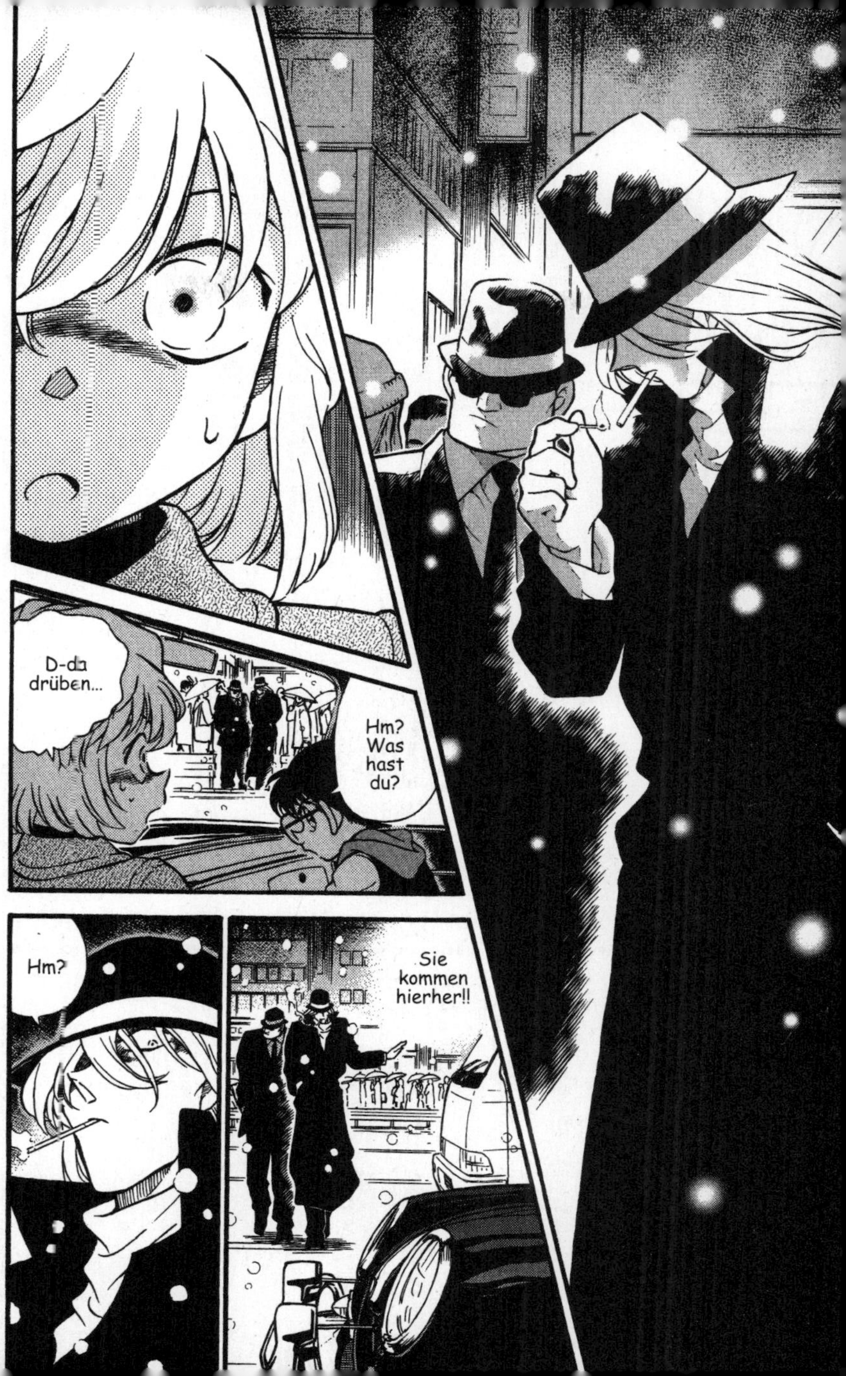
D-da drüben...
Hm? Was hast du?
Sie kommen hierher!!
Hm?

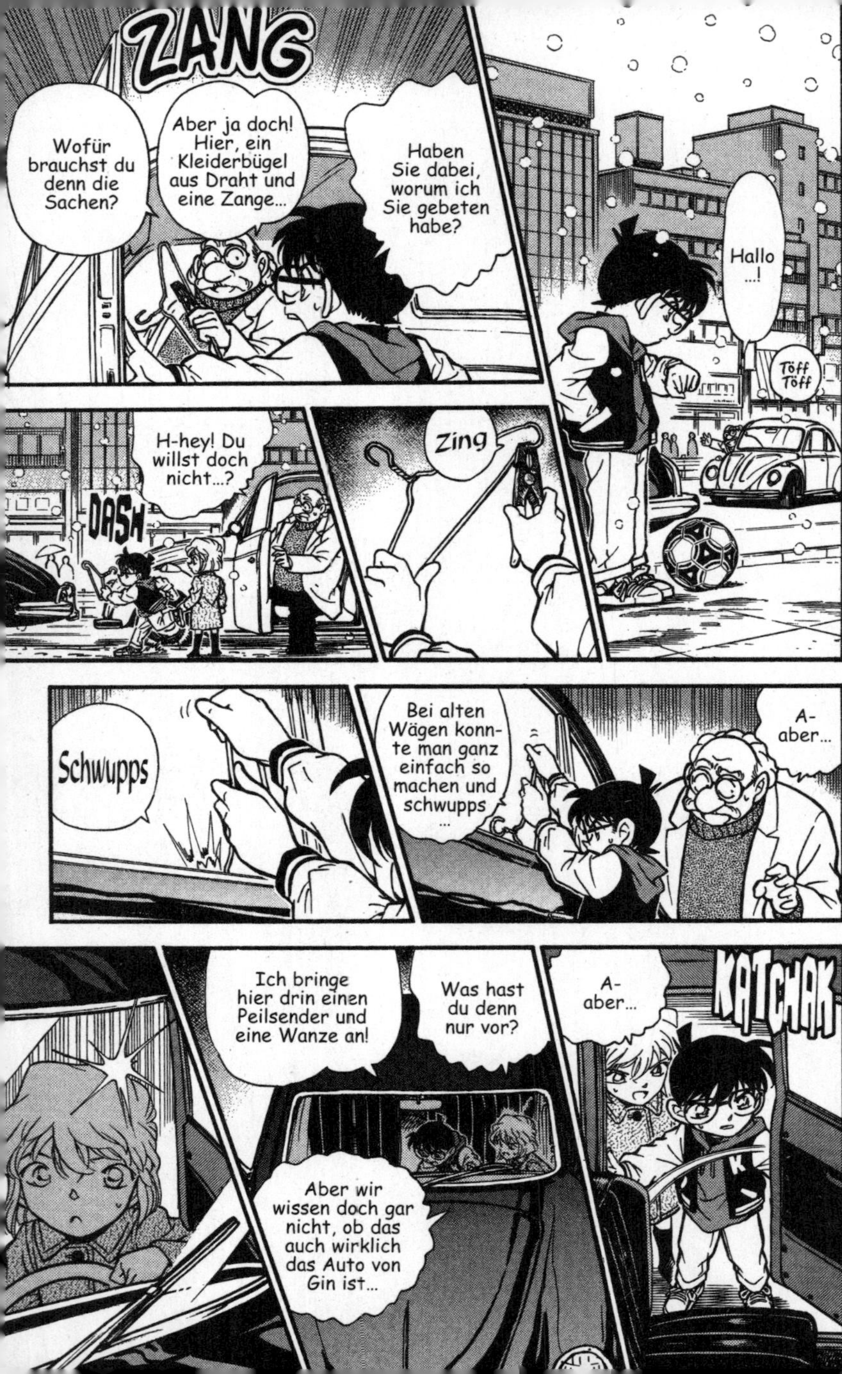

Hallo ...!
Töff Töff
Haben Sie dabei, worum ich Sie gebeten habe?
Aber ja doch! Hier, ein Kleiderbügel aus Draht und eine Zange...
Wofür brauchst du denn die Sachen?
ZANG
Zing
H-hey! Du willst doch nicht...?
DASH
A- aber...
Bei alten Wägen konnte man ganz einfach so machen und schwupps ...
Schwupps
KATCHAK
A- aber...
Was hast du denn nur vor?
Ich bringe hier drin einen Peilsender und eine Wanze an!
Aber wir wissen doch gar nicht, ob das auch wirklich das Auto von Gin ist...

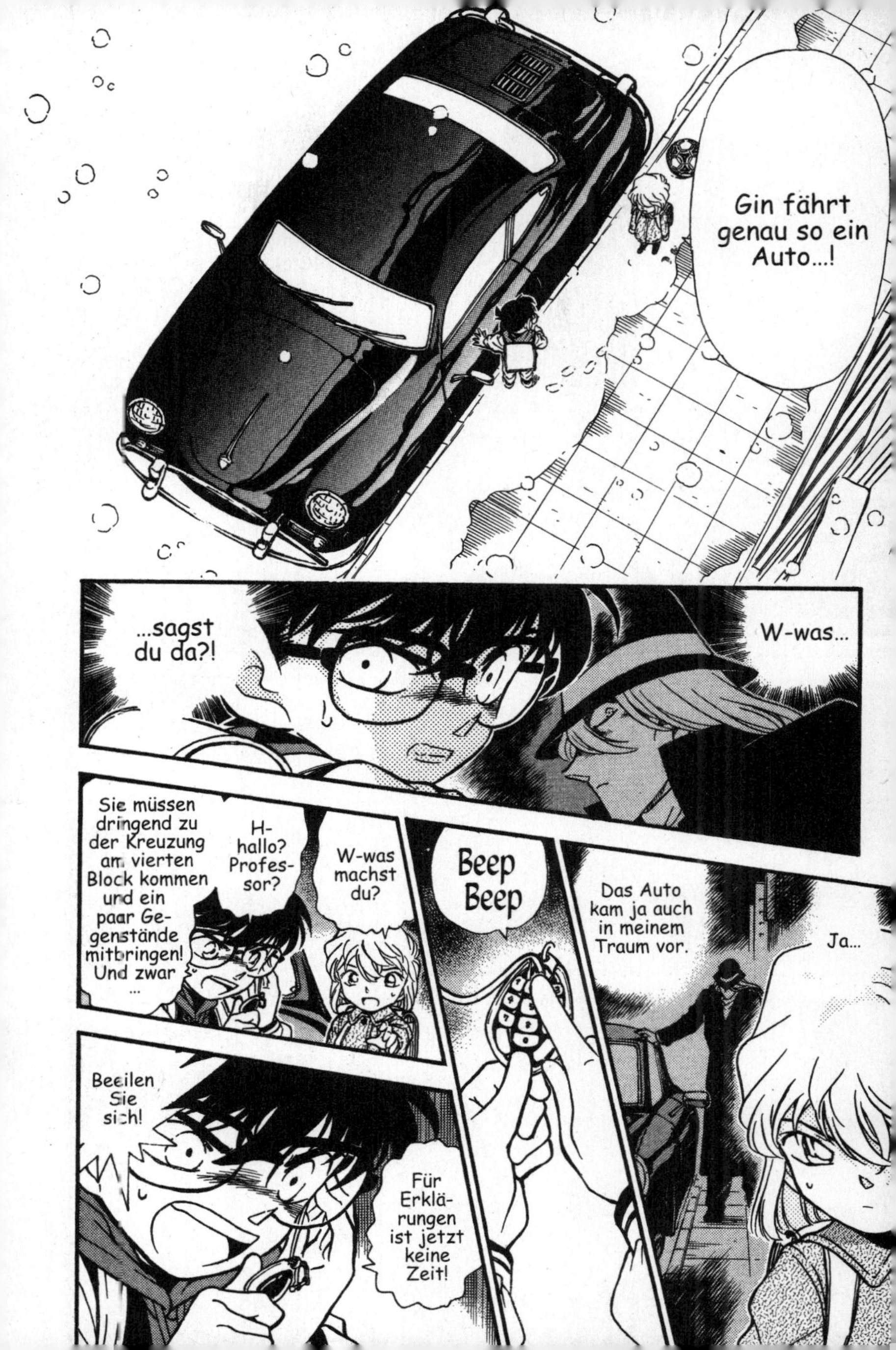
Gin fährt genau so ein Auto...!
W-was...
...sagst du da?!
Ja...
Das Auto kam ja auch in meinem Traum vor.
Beep Beep
W-was machst du?
H-hallo? Profes-sor?
Sie müssen dringend zu der Kreuzung am vierten Block kommen und ein paar Ge-genstände mitbringen! Und zwar ...
Für Erklä-rungen ist jetzt keine Zeit!
Beeilen Sie sich!

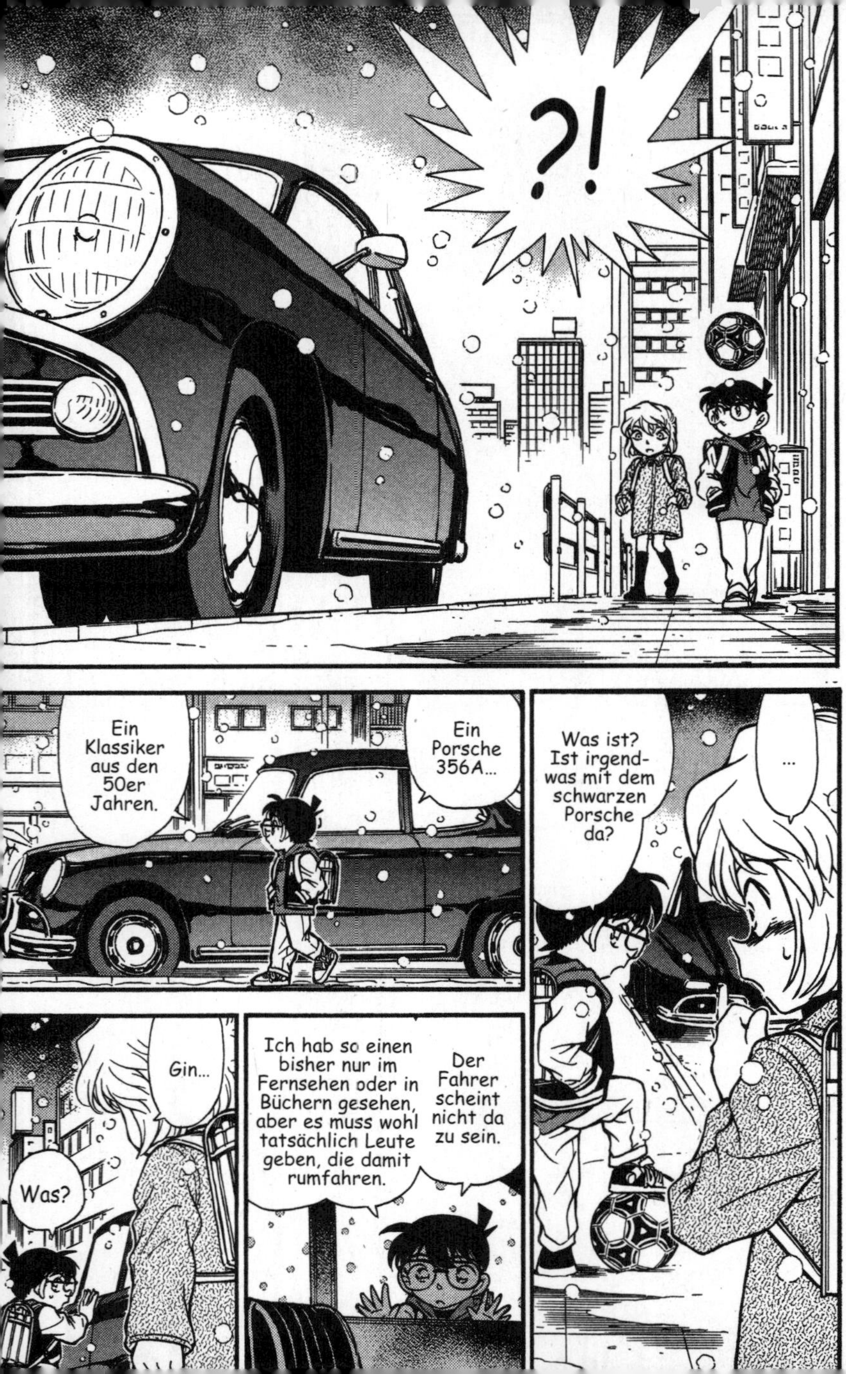
?!
...
Was ist? Ist irgendwas mit dem schwarzen Porsche da?
Ein Porsche 356A...
Ein Klassiker aus den 50er Jahren.
Der Fahrer scheint nicht da zu sein.
Ich hab so einen bisher nur im Fernsehen oder in Büchern gesehen, aber es muss wohl tatsächlich Leute geben, die damit rumfahren.
Gin...
Was?

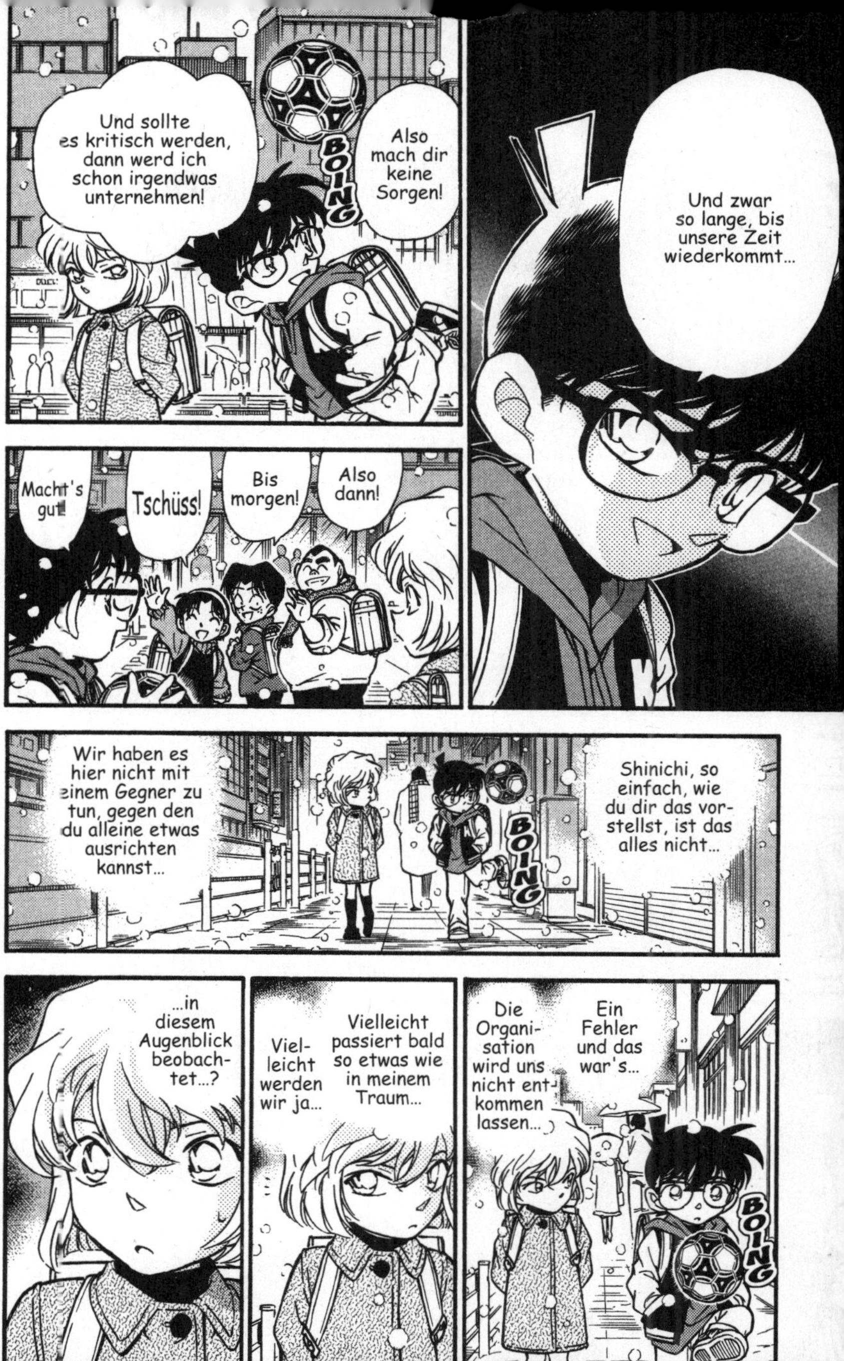
Und zwar so lange, bis unsere Zeit wiederkommt...
Also mach dir keine Sorgen!
BOING
Und sollte es kritisch werden, dann werd ich schon irgendwas unternehmen!
Also dann!
Bis morgen!
Tschüss!
Macht's gut!
Shinichi, so einfach, wie du dir das vorstellst, ist das alles nicht...
BOING
Wir haben es hier nicht mit einem Gegner zu tun, gegen den du alleine etwas ausrichten kannst...
Ein Fehler und das war's...
Die Organisation wird uns nicht entkommen lassen...
BOING
Vielleicht passiert bald so etwas wie in meinem Traum...
Vielleicht werden wir ja...
...in diesem Augenblick beobachtet...?

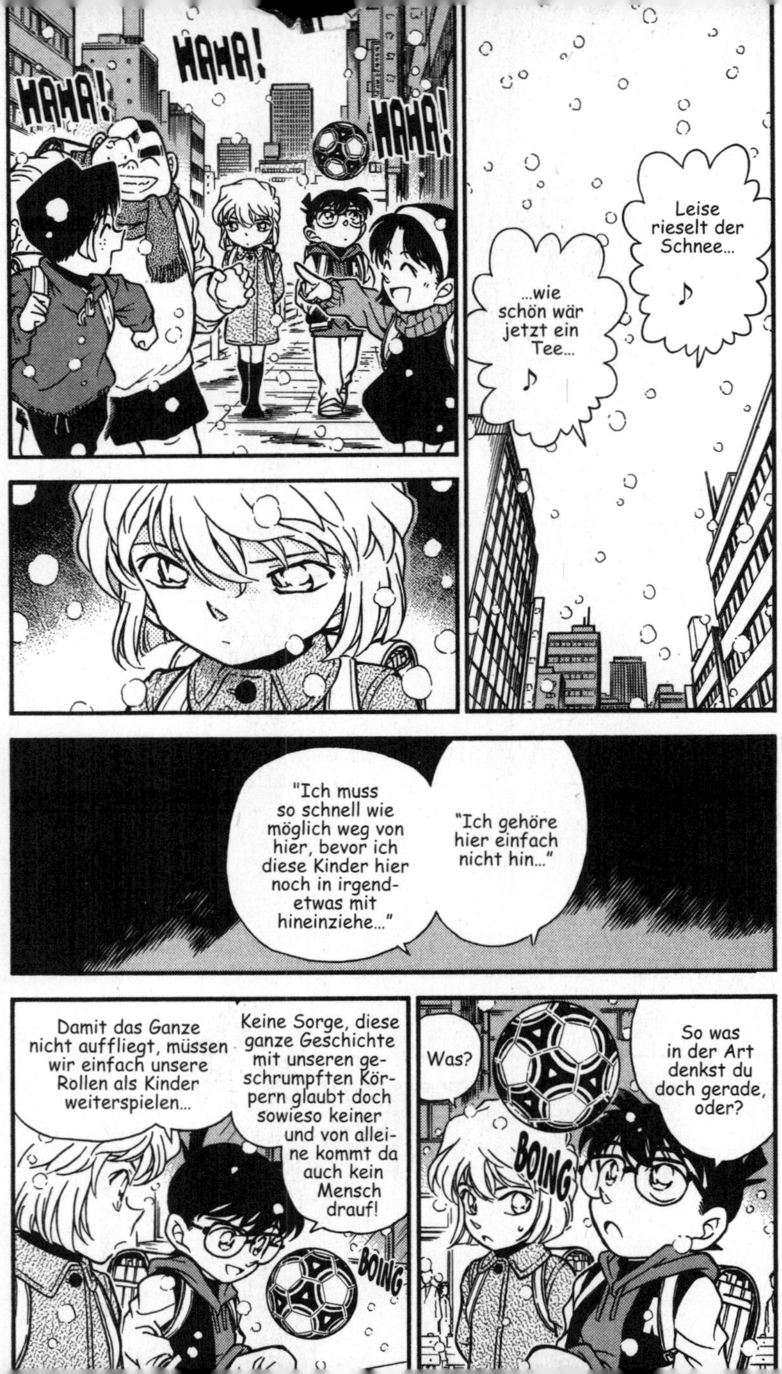
Leise rieselt der Schnee... ♪
...wie schön wär jetzt ein Tee... ♪
HAHA!
HAHA!
HAHA!
"Ich gehöre hier einfach nicht hin..."
"Ich muss so schnell wie möglich weg von hier, bevor ich diese Kinder hier noch in irgendetwas mit hineinziehe..."
So was in der Art denkst du doch gerade, oder?
Was?
BOING
Keine Sorge, diese ganze Geschichte mit unseren geschrumpften Körpern glaubt doch sowieso keiner und von alleine kommt da auch kein Mensch drauf!
Damit das Ganze nicht auffliegt, müssen wir einfach unsere Rollen als Kinder weiterspielen...
BOING

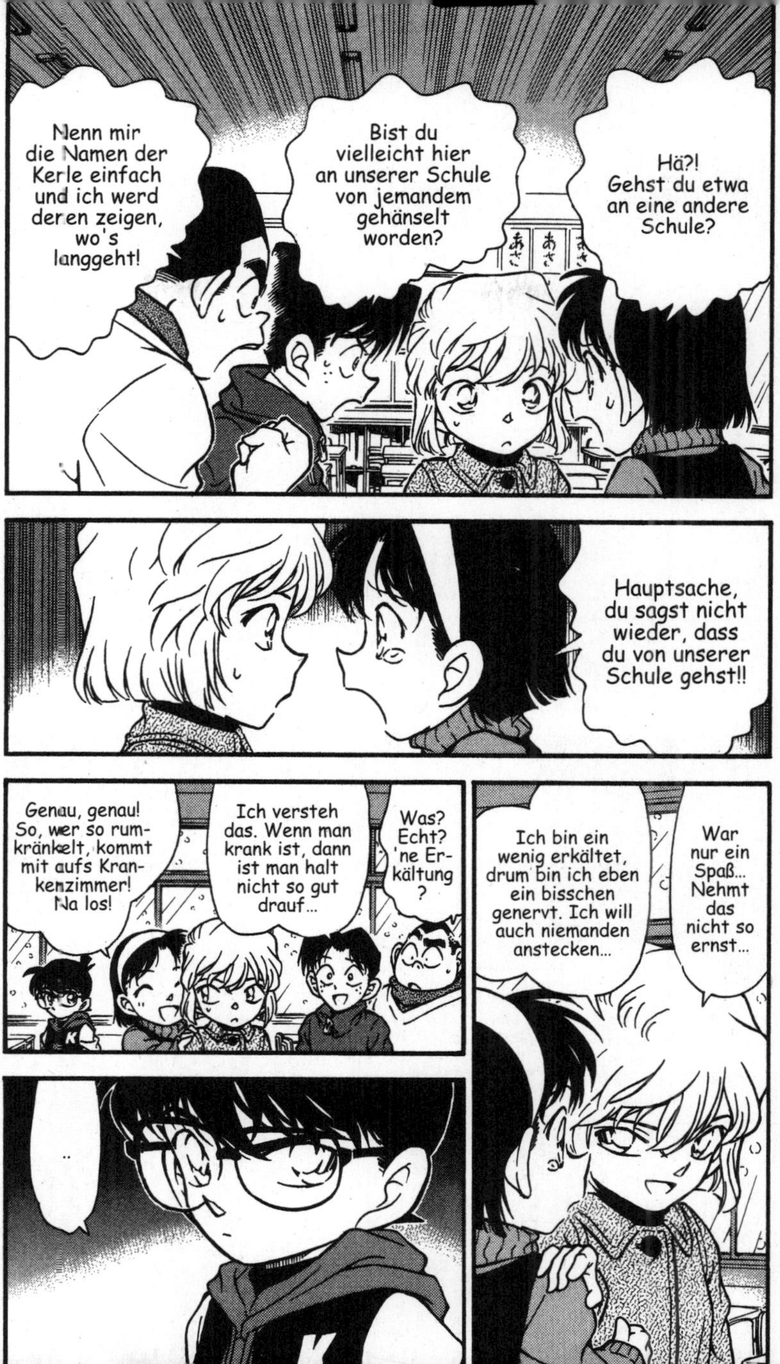
Hä?! Gehst du etwa an eine andere Schule?
Bist du vielleicht hier an unserer Schule von jemandem gehänselt worden?
Nenn mir die Namen der Kerle einfach und ich werd deren zeigen, wo's langgeht!
Hauptsache, du sagst nicht wieder, dass du von unserer Schule gehst!!
War nur ein Spaß... Nehmt das nicht so ernst...
Ich bin ein wenig erkältet, drum bin ich eben ein bisschen genervt. Ich will auch niemanden anstecken...
Was? Echt? 'ne Erkältung?
Ich versteh das. Wenn man krank ist, dann ist man halt nicht so gut drauf...
Genau, genau! So, wer so rumkränkelt, kommt mit aufs Krankenzimmer! Na los!
..

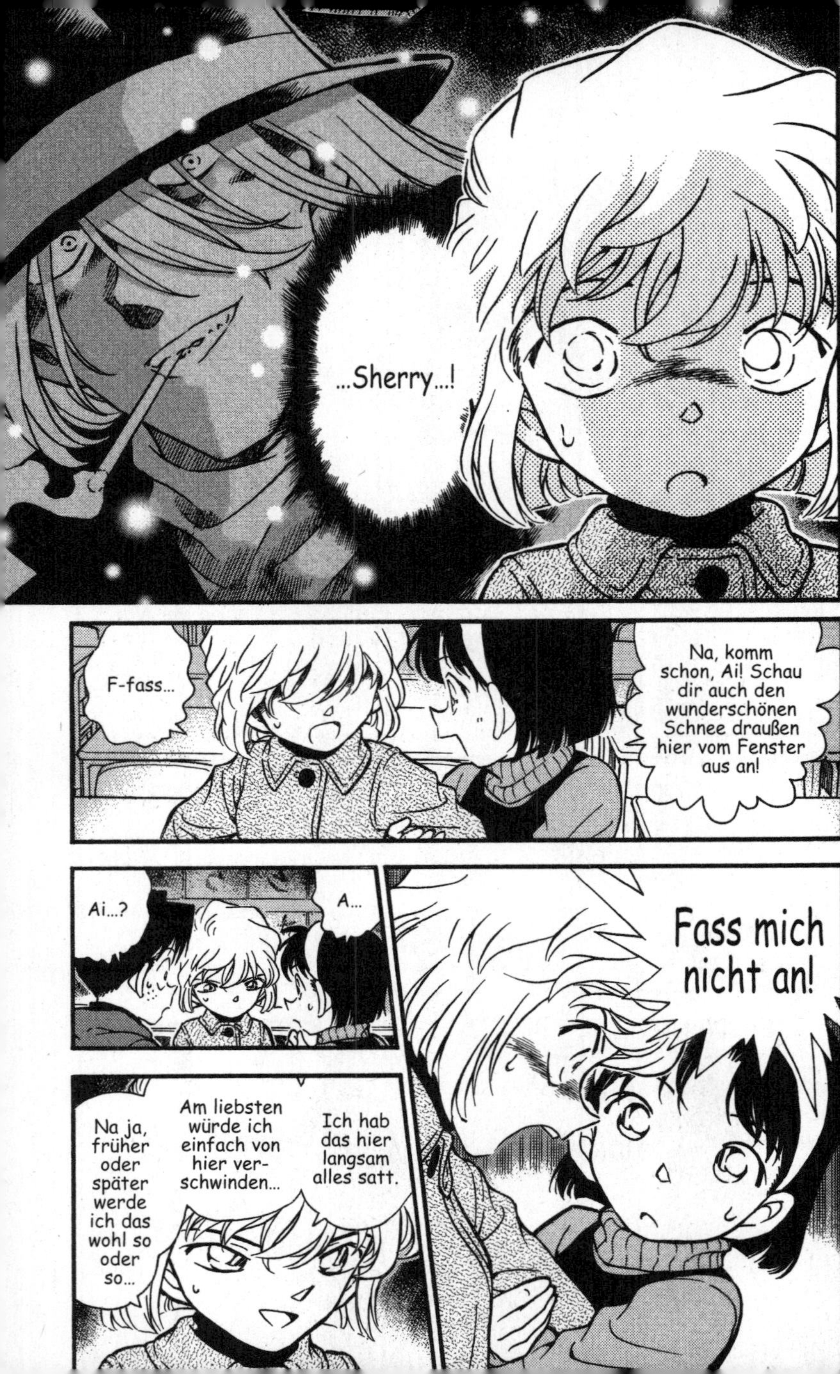

...Sherry...!
Na, komm schon, Ai! Schau dir auch den wunderschönen Schnee draußen hier vom Fenster aus an!
F-fass...
Fass mich nicht an!
A...
Ai...?
Ich hab das hier langsam alles satt.
Am liebsten würde ich einfach von hier ver-schwinden...
Na ja, früher oder später werde ich das wohl so oder so...

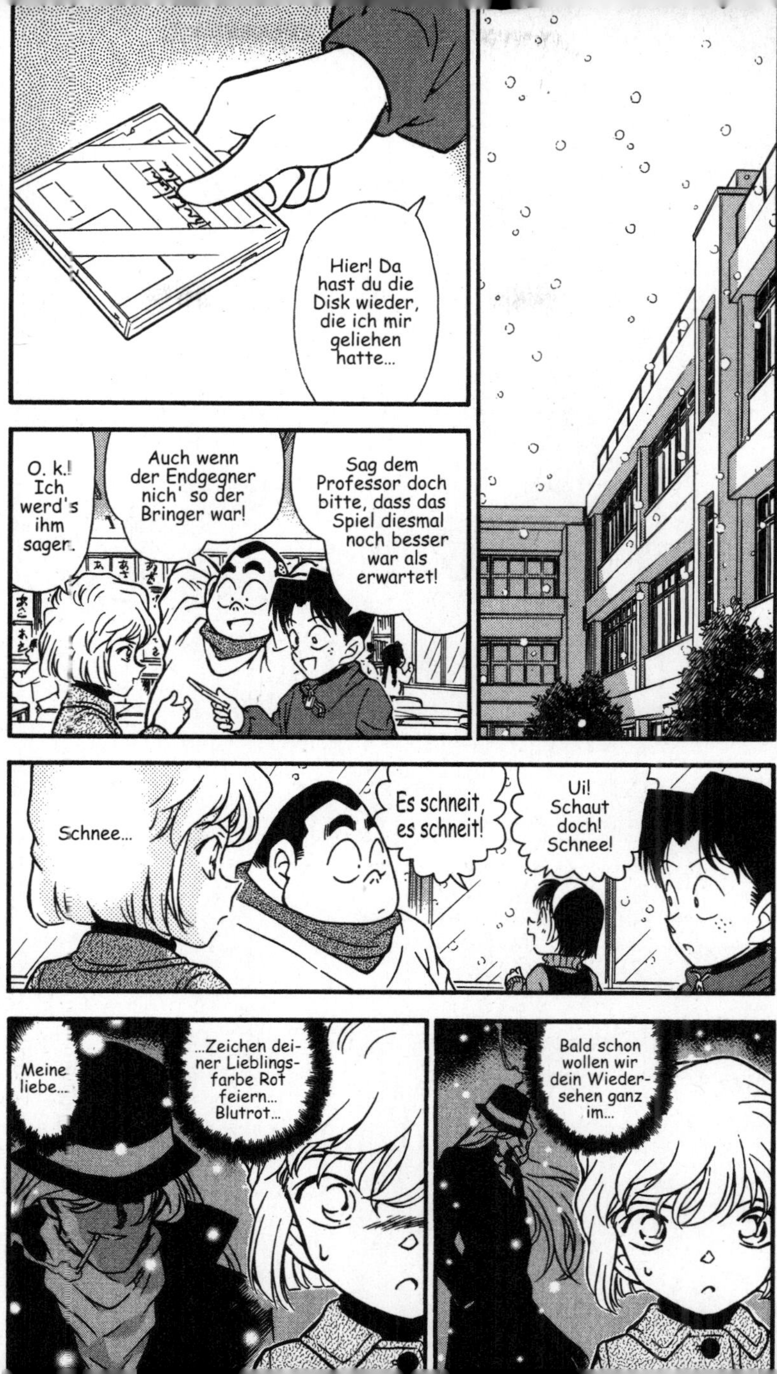

Hier! Da hast du die Disk wieder, die ich mir geliehen hatte...
Sag dem Professor doch bitte, dass das Spiel diesmal noch besser war als erwartet!
Auch wenn der Endgegner nich' so der Bringer war!
O. k.! Ich werd's ihm sagen.
Ui! Schaut doch! Schnee!
Es schneit, es schneit!
Schnee...
Bald schon wollen wir dein Wiedersehen ganz im...
...Zeichen deiner Lieblingsfarbe Rot feiern... Blutrot...
Meine liebe...

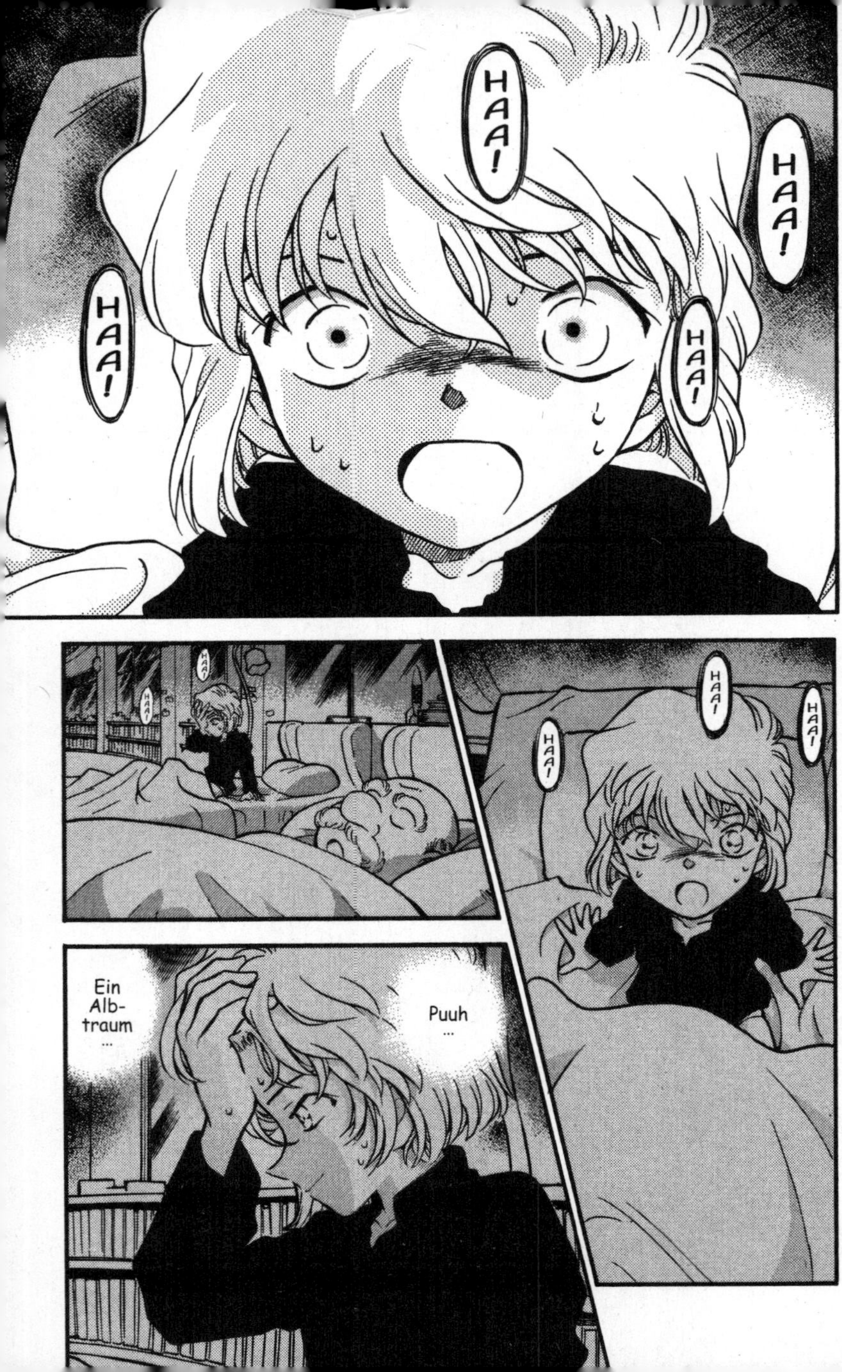
HAA!
HAA!
HAA!
HAA!
HAA!
HAA!
HAA!
Puuh ...
Ein Alb-traum ...

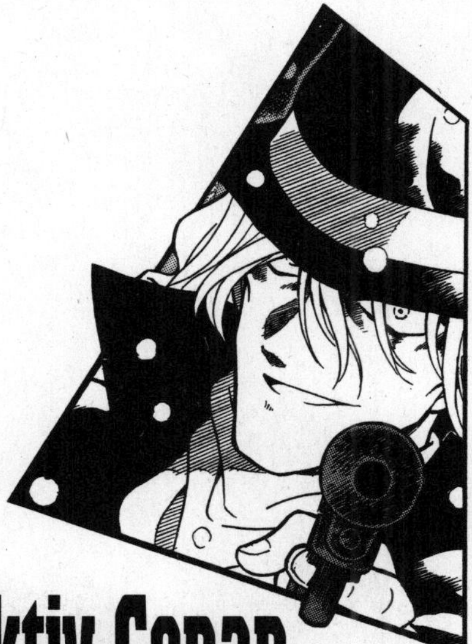

Detektiv Conan

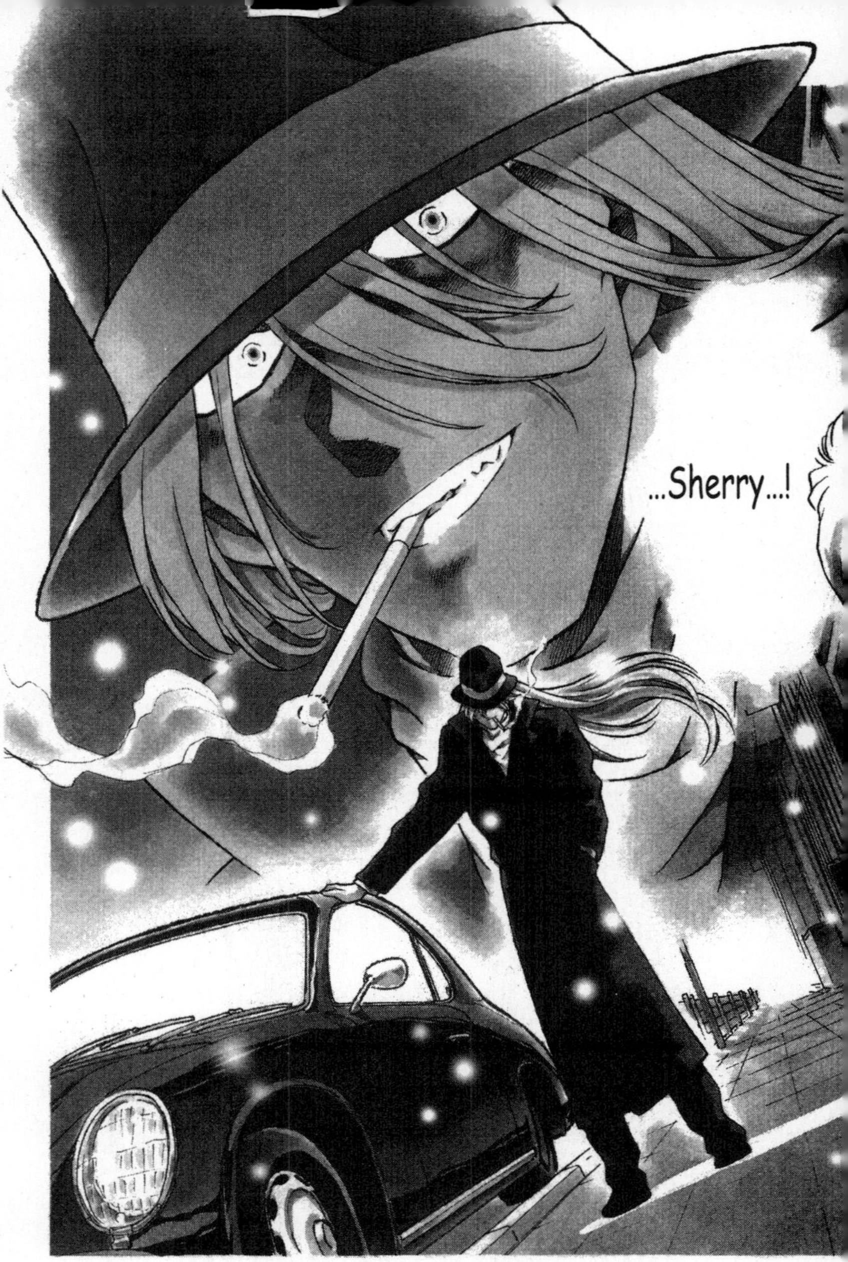
...Sherry...!

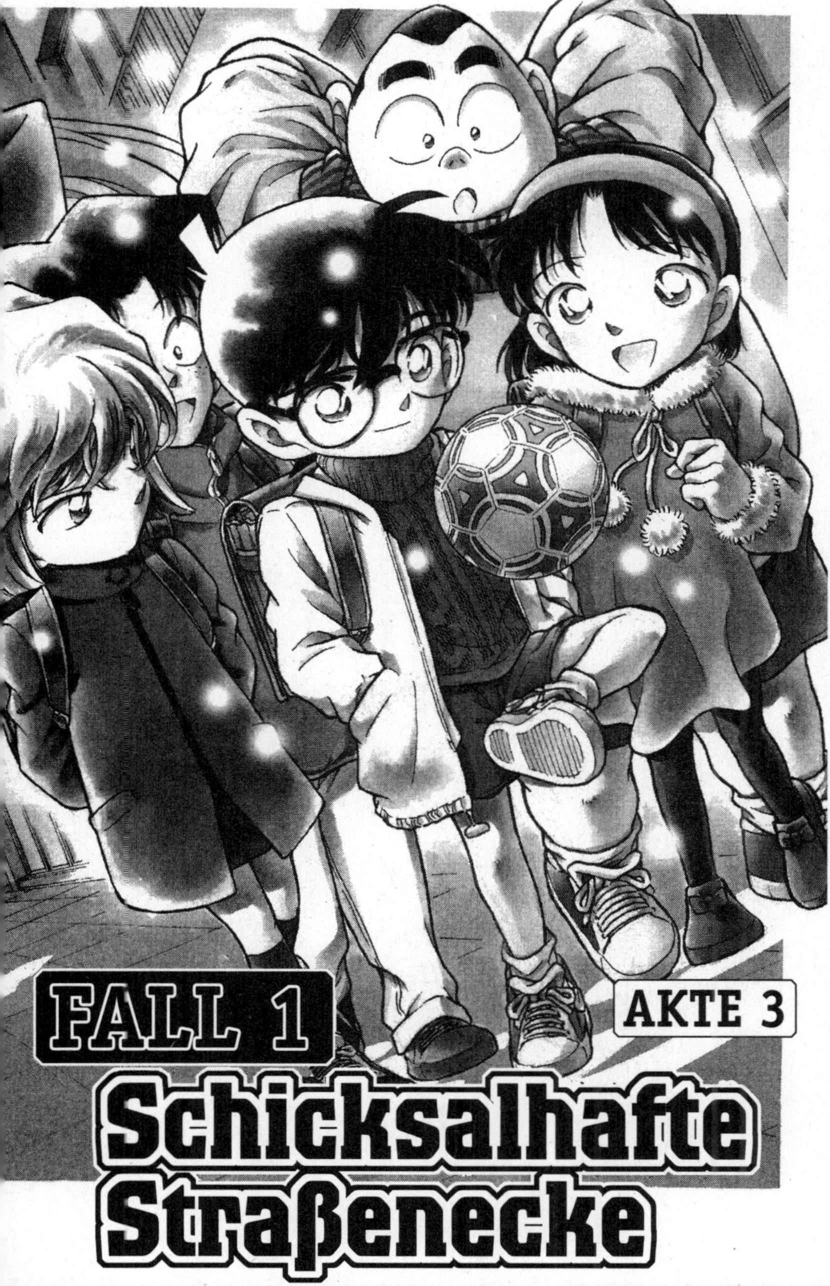

FALL 1 AKTE 3

Schicksalhafte Straßenecke

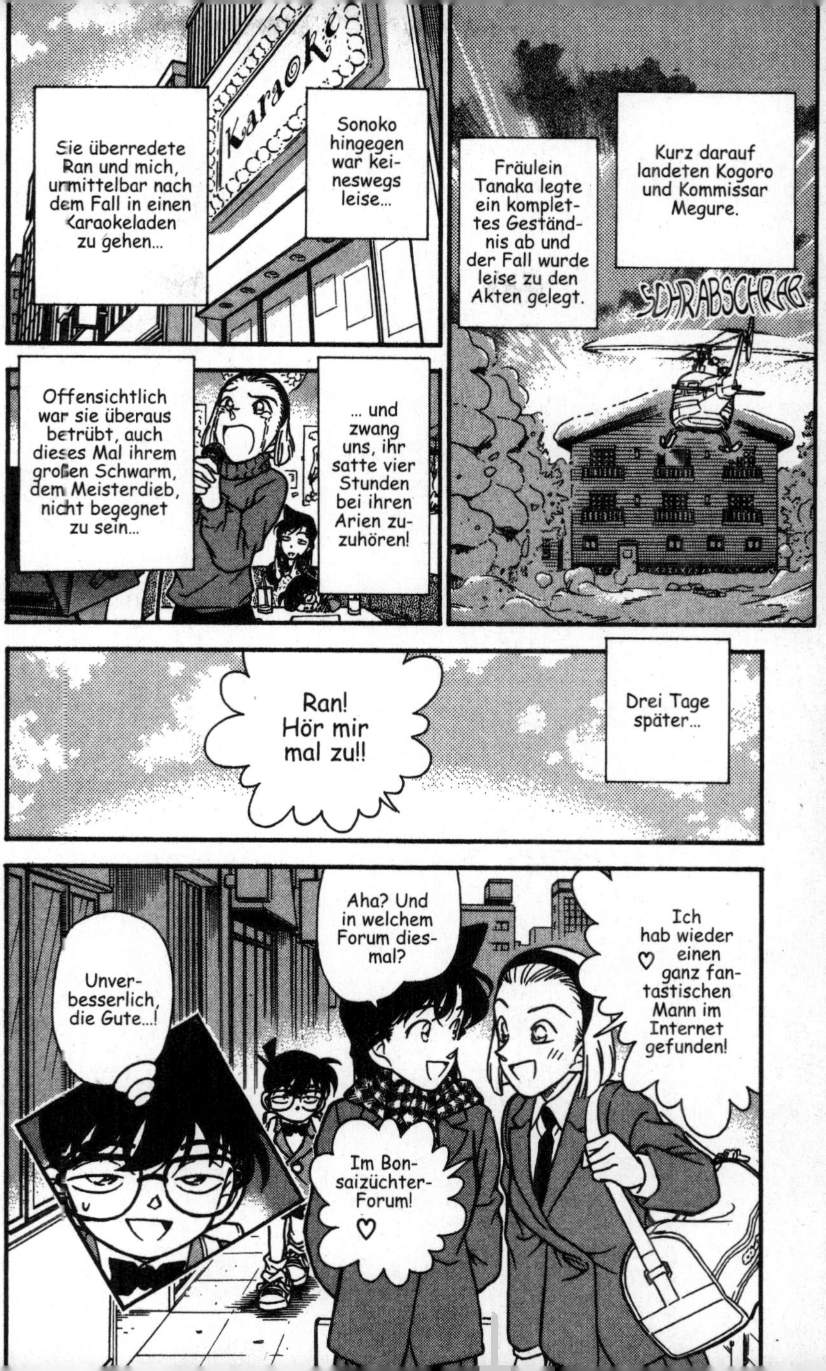

Kurz darauf landeten Kogoro und Kommissar Megure.
Fräulein Tanaka legte ein komplettes Geständnis ab und der Fall wurde leise zu den Akten gelegt.
SCHRABSCHRAB
Sonoko hingegen war keineswegs leise...
Sie überredete Ran und mich, unmittelbar nach dem Fall in einen Karaokeladen zu gehen...
Karaoke
... und zwang uns, ihr satte vier Stunden bei ihren Arien zuzuhören!
Offensichtlich war sie überaus betrübt, auch dieses Mal ihrem großen Schwarm, dem Meisterdieb, nicht begegnet zu sein...
Drei Tage später...
Ran! Hör mir mal zu!!
Ich hab wieder einen ganz fantastischen Mann im Internet gefunden! ♡
Aha? Und in welchem Forum diesmal?
Im Bonsaizüchter-Forum! ♡
Unverbesserlich, die Gute...!

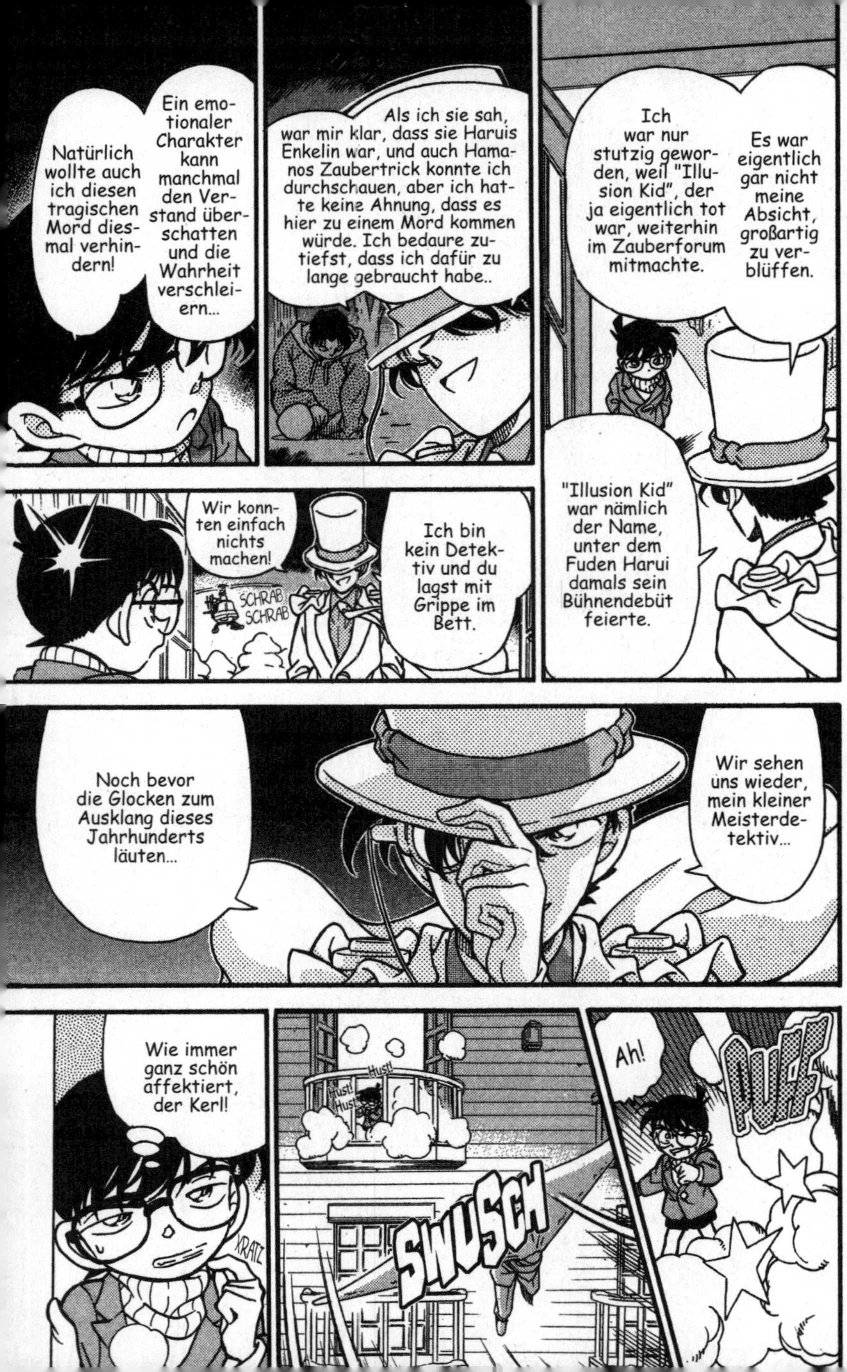

Es war eigentlich gar nicht meine Absicht, großartig zu verblüffen.
Ich war nur stutzig geworden, weil "Illusion Kid", der ja eigentlich tot war, weiterhin im Zauberforum mitmachte.
"Illusion Kid" war nämlich der Name, unter dem Fuden Harui damals sein Bühnendebüt feierte.
Als ich sie sah, war mir klar, dass sie Haruis Enkelin war, und auch Hamanos Zaubertrick konnte ich durchschauen, aber ich hatte keine Ahnung, dass es hier zu einem Mord kommen würde. Ich bedaure zutiefst, dass ich dafür zu lange gebraucht habe..
Ein emotionaler Charakter kann manchmal den Verstand überschatten und die Wahrheit verschleiern...
Natürlich wollte auch ich diesen tragischen Mord diesmal verhindern!
Ich bin kein Detektiv und du lagst mit Grippe im Bett.
Wir konnten einfach nichts machen!
SCHRAB SCHRAB
Wir sehen uns wieder, mein kleiner Meisterdetektiv...
Noch bevor die Glocken zum Ausklang dieses Jahrhunderts läuten...
Ah!
Hust! Hust! Hust!
SWUSCH
Wie immer ganz schön affektiert, der Kerl!
KRATZ

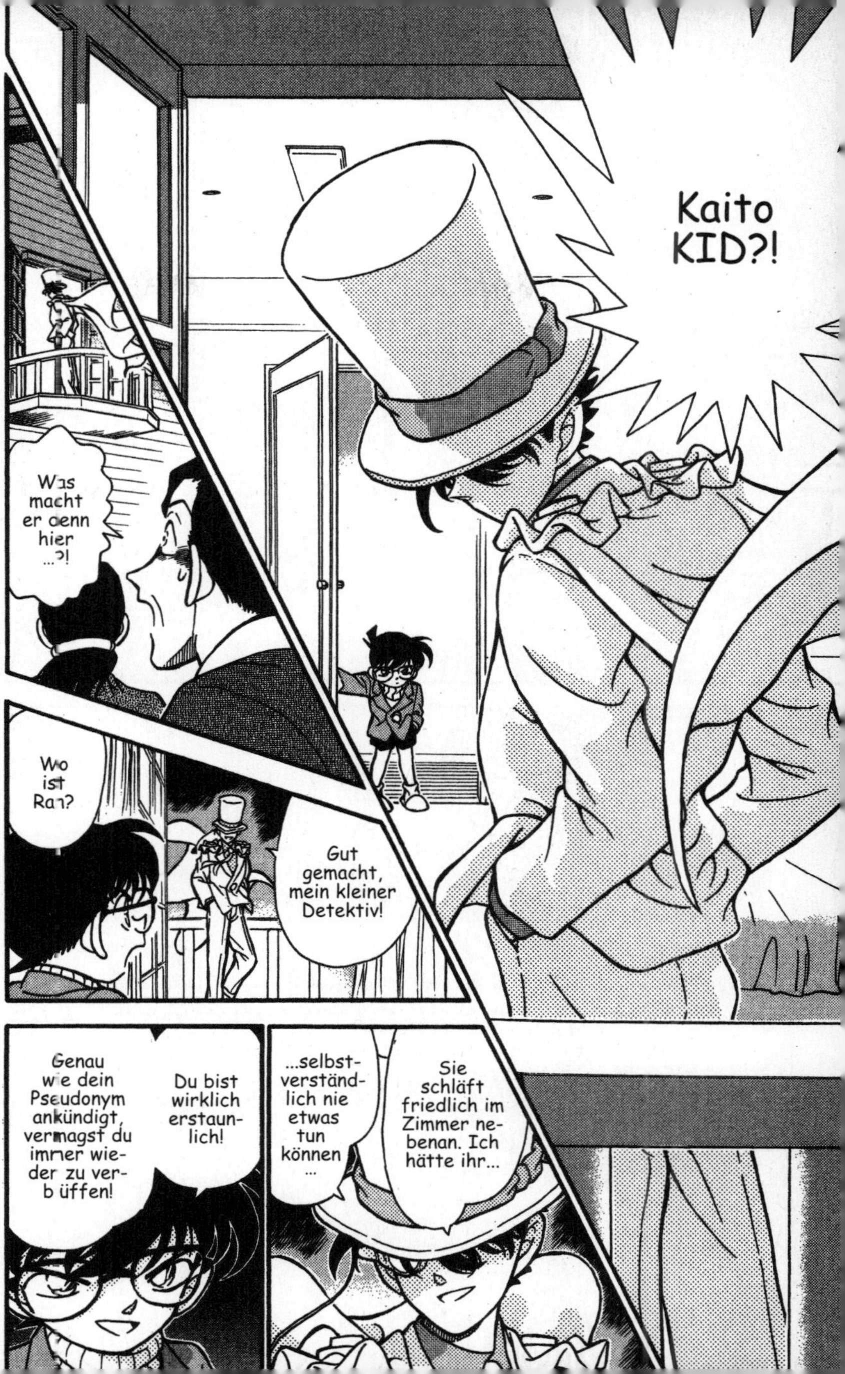
Kaito KID?!
Was macht er denn hier ...?!
Gut gemacht, mein kleiner Detektiv!
Wo ist Ran?
Sie schläft friedlich im Zimmer nebenan. Ich hätte ihr...
...selbstverständlich nie etwas tun können ...
Du bist wirklich erstaunlich!
Genau wie dein Pseudonym ankündigt, vermagst du immer wieder zu verblüffen!

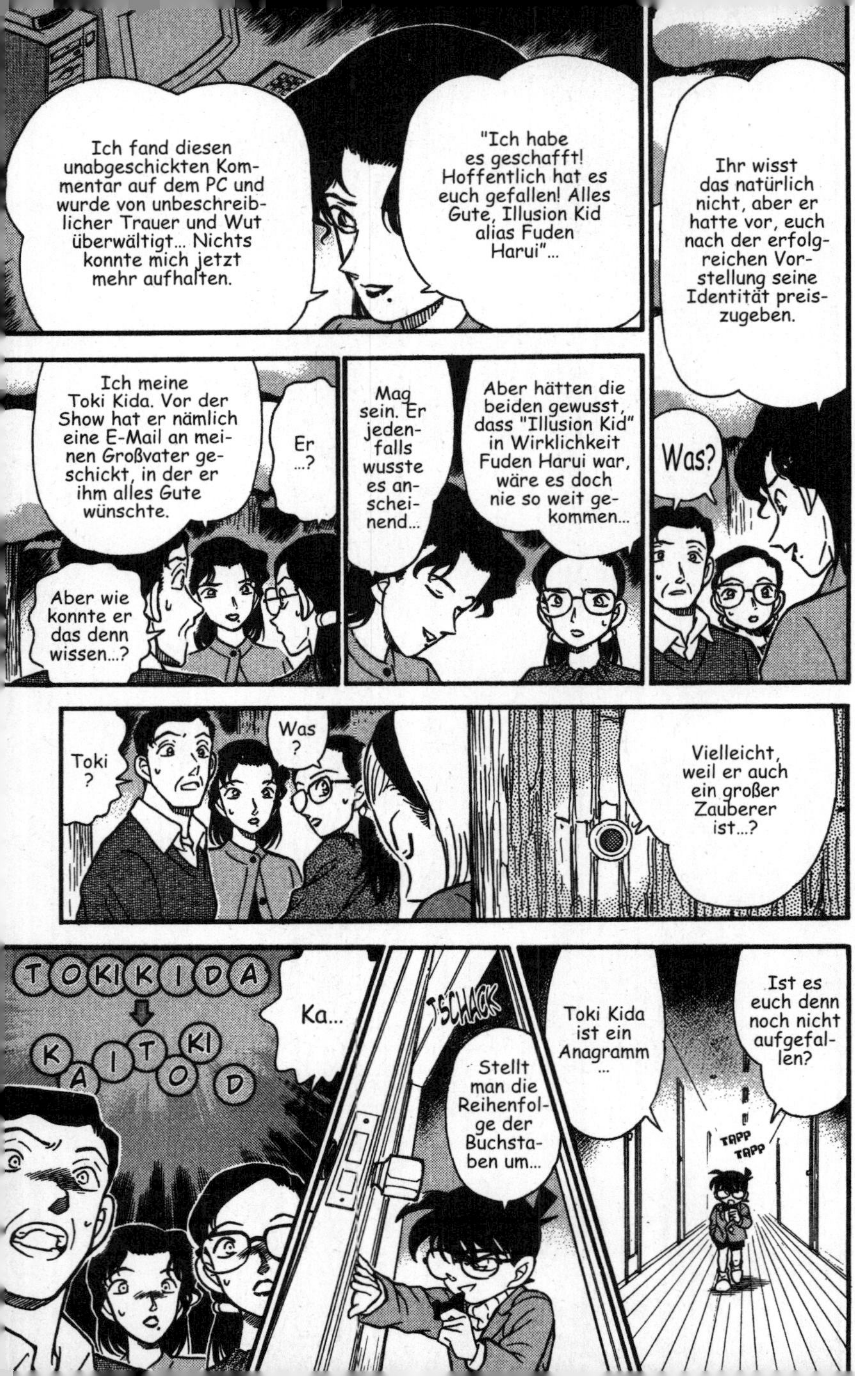
Ihr wisst das natürlich nicht, aber er hatte vor, euch nach der erfolgreichen Vorstellung seine Identität preiszugeben.
Was?
"Ich habe es geschafft! Hoffentlich hat es euch gefallen! Alles Gute, Illusion Kid alias Fuden Harui"...
Ich fand diesen unabgeschickten Kommentar auf dem PC und wurde von unbeschreiblicher Trauer und Wut überwältigt... Nichts konnte mich jetzt mehr aufhalten.
Aber hätten die beiden gewusst, dass "Illusion Kid" in Wirklichkeit Fuden Harui war, wäre es doch nie so weit gekommen...
Mag sein. Er jedenfalls wusste es anscheinend...
Er ...?
Ich meine Toki Kida. Vor der Show hat er nämlich eine E-Mail an meinen Großvater geschickt, in der er ihm alles Gute wünschte.
Aber wie konnte er das denn wissen...?
Vielleicht, weil er auch ein großer Zauberer ist...?
Was ?
Toki ?
Ist es euch denn noch nicht aufgefallen?
TAPP TAPP
Toki Kida ist ein Anagramm ...
Stellt man die Reihenfolge der Buchstaben um...
TSCHACK
Ka...
T O KI K I D A
K A I T O KI D

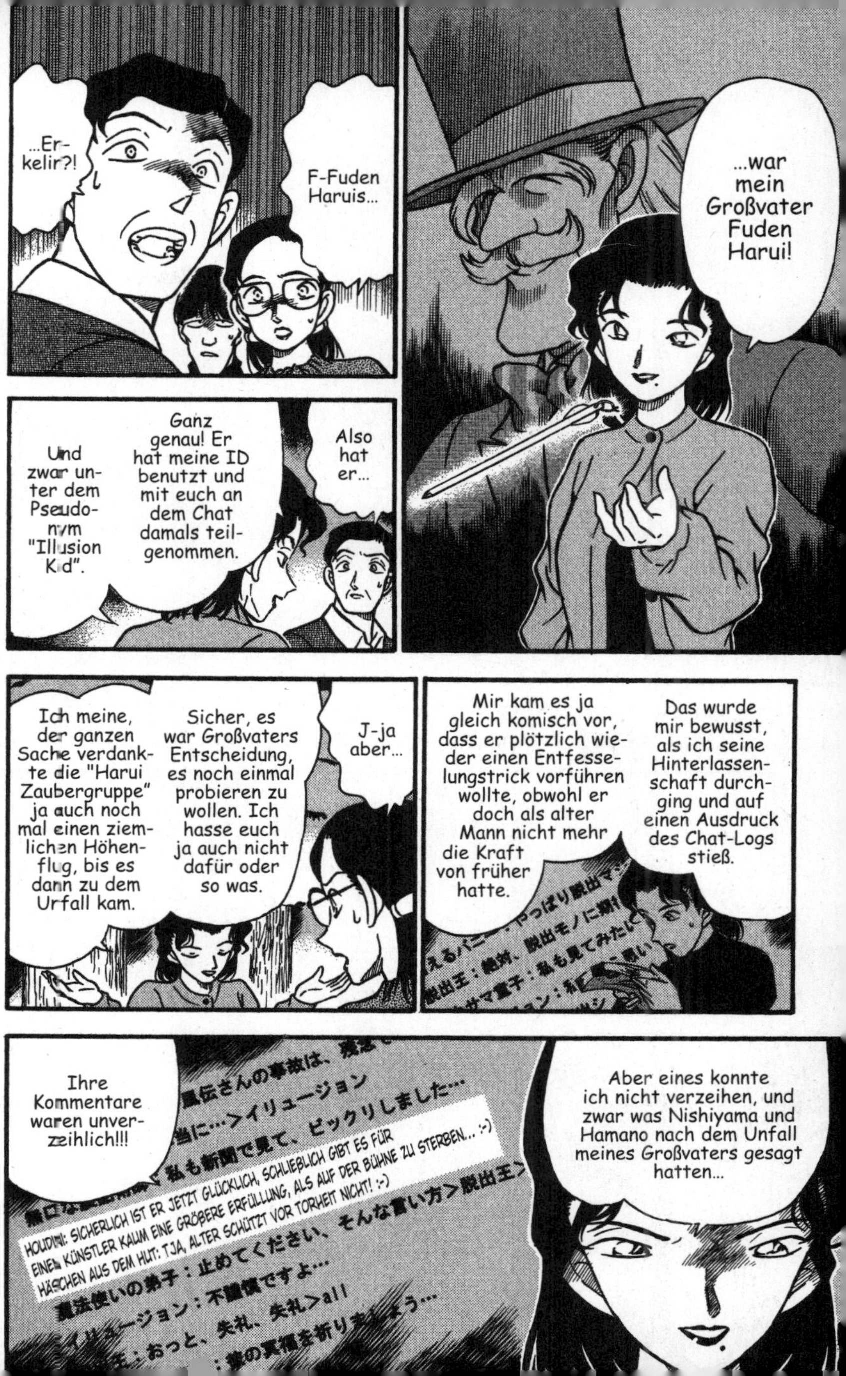
...war mein Großvater Fuden Harui!
F-Fuden Haruis...
...Erkelir?!
Also hat er...
Ganz genau! Er hat meine ID benutzt und mit euch an dem Chat damals teilgenommen.
Und zwar unter dem Pseudonym "Illusion Kid".
Das wurde mir bewusst, als ich seine Hinterlassenschaft durchging und auf einen Ausdruck des Chat-Logs stieß.
Mir kam es ja gleich komisch vor, dass er plötzlich wieder einen Entfesselungstrick vorführen wollte, obwohl er doch als alter Mann nicht mehr die Kraft von früher hatte.
J-ja aber...
Sicher, es war Großvaters Entscheidung, es noch einmal probieren zu wollen. Ich hasse euch ja auch nicht dafür oder so was.
Ich meine, der ganzen Sache verdankte die "Harui Zaubergruppe" ja auch noch mal einen ziemlichen Höhenflug, bis es dann zu dem Urfall kam.
Aber eines konnte ich nicht verzeihen, und zwar was Nishiyama und Hamano nach dem Unfall meines Großvaters gesagt hatten...
Ihre Kommentare waren unverzeihlich!!!
HOUDINI: SICHERLICH IST ER JETZT GLÜCKLICH, SCHLIEßLICH GIBT ES FÜR EINEN KÜNSTLER KAUM EINE GRÖßERE ERFÜLLUNG, ALS AUF DER BÜHNE ZU STERBEN... ;-)
HÄSCHEN AUS DEM HUT: TJA, ALTER SCHÜTZT VOR TORHEIT NICHT! ;-)

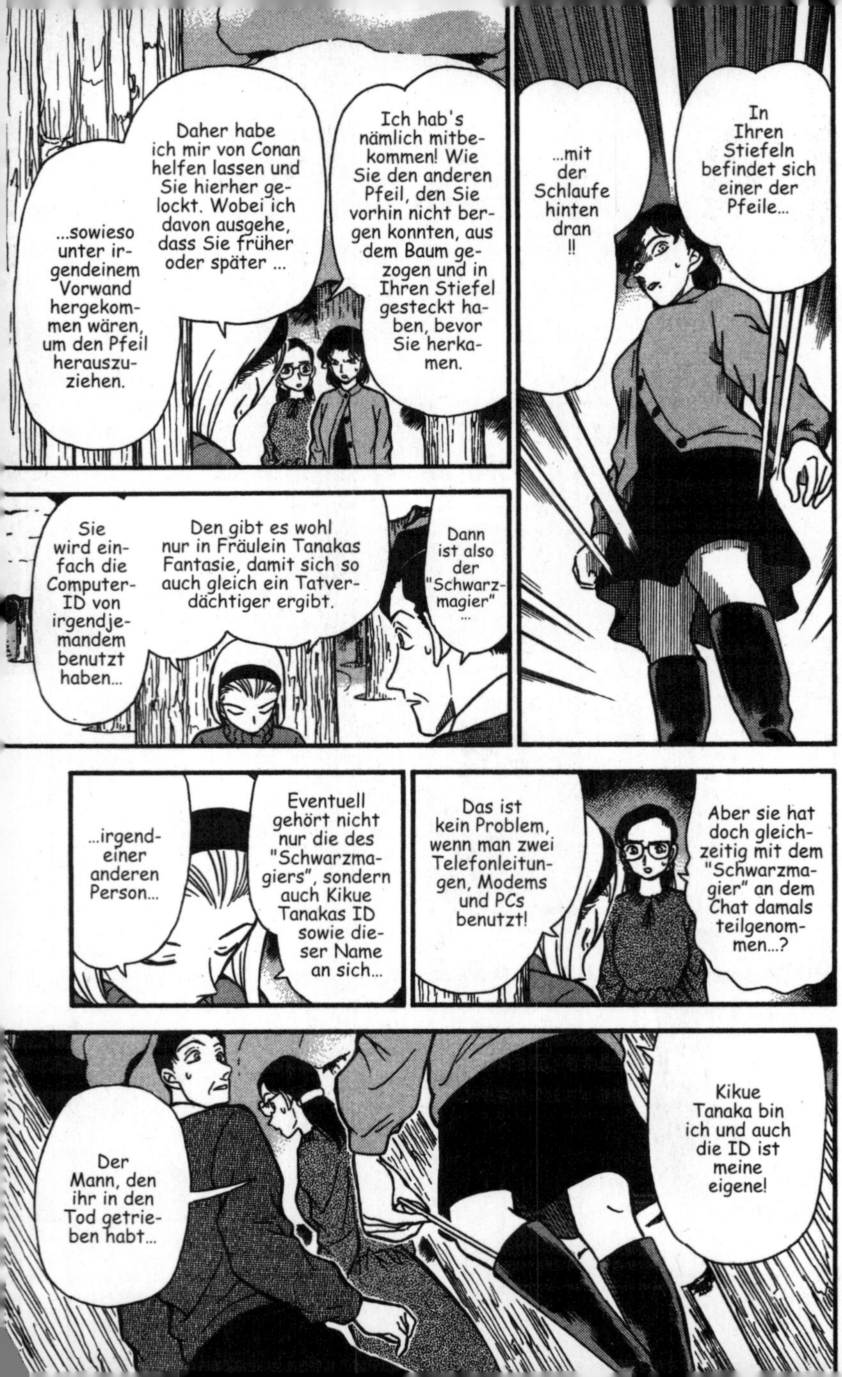

In Ihren Stiefeln befindet sich einer der Pfeile...
...mit der Schlaufe hinten dran !!
Ich hab's nämlich mitbekommen! Wie Sie den anderen Pfeil, den Sie vorhin nicht bergen konnten, aus dem Baum gezogen und in Ihren Stiefel gesteckt haben, bevor Sie herkamen.
Daher habe ich mir von Conan helfen lassen und Sie hierher gelockt. Wobei ich davon ausgehe, dass Sie früher oder später ...
...sowieso unter irgendeinem Vorwand hergekommen wären, um den Pfeil herauszuziehen.
Dann ist also der "Schwarzmagier" ...
Den gibt es wohl nur in Fräulein Tanakas Fantasie, damit sich so auch gleich ein Tatverdächtiger ergibt.
Sie wird einfach die Computer-ID von irgendjemandem benutzt haben...
Aber sie hat doch gleichzeitig mit dem "Schwarzmagier" an dem Chat damals teilgenommen...?
Das ist kein Problem, wenn man zwei Telefonleitungen, Modems und PCs benutzt!
Eventuell gehört nicht nur die des "Schwarzmagiers", sondern auch Kikue Tanakas ID sowie dieser Name an sich...
...irgendeiner anderen Person...
Kikue Tanaka bin ich und auch die ID ist meine eigene!
Der Mann, den ihr in den Tod getrieben habt...

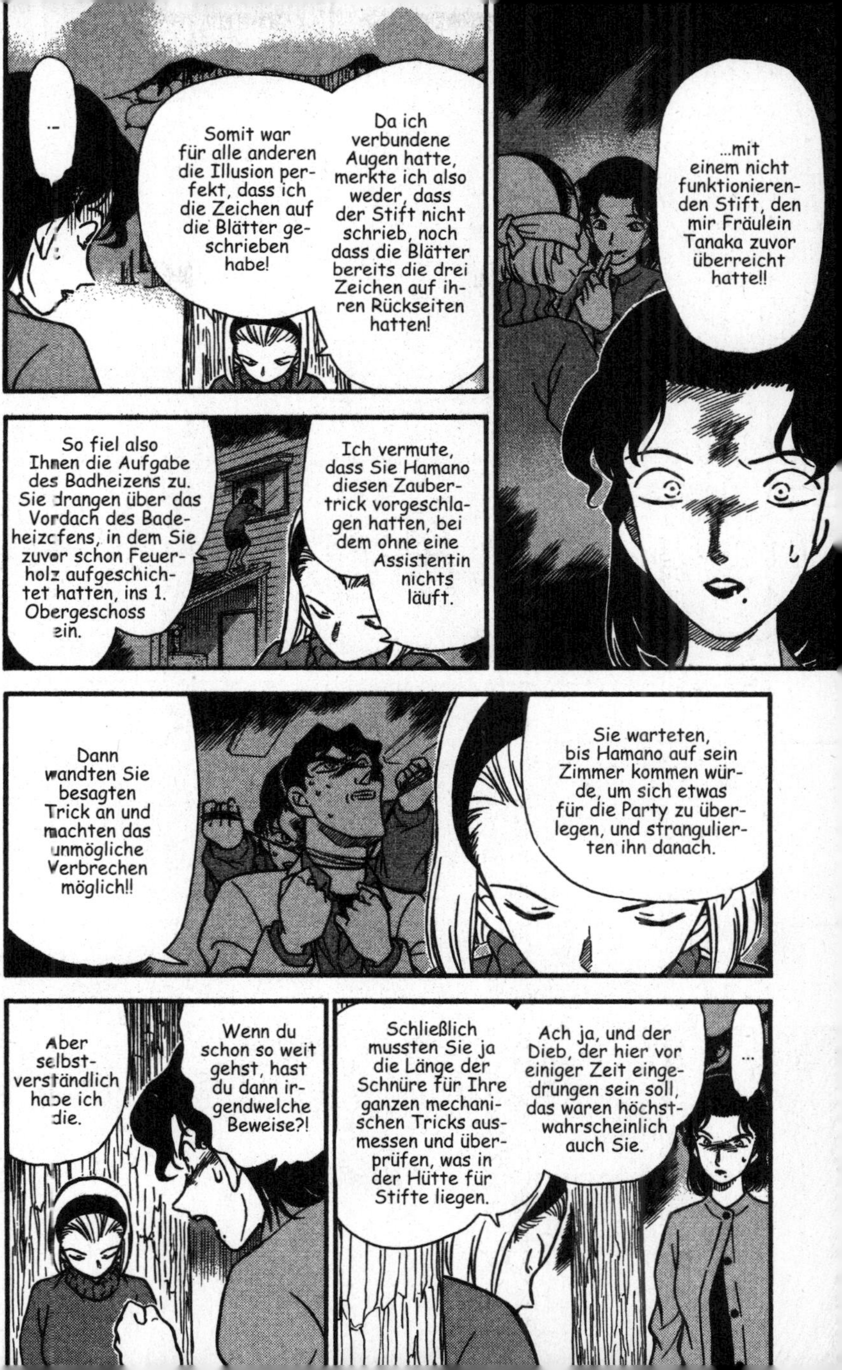

...mit einem nicht funktionierenden Stift, den mir Fräulein Tanaka zuvor überreicht hatte!!
Da ich verbundene Augen hatte, merkte ich also weder, dass der Stift nicht schrieb, noch dass die Blätter bereits die drei Zeichen auf ihren Rückseiten hatten!
Somit war für alle anderen die Illusion perfekt, dass ich die Zeichen auf die Blätter geschrieben habe!
..
Ich vermute, dass Sie Hamano diesen Zaubertrick vorgeschlagen hatten, bei dem ohne eine Assistentin nichts läuft.
So fiel also Ihnen die Aufgabe des Badheizens zu. Sie drangen über das Vordach des Badeheizofens, in dem Sie zuvor schon Feuerholz aufgeschichtet hatten, ins 1. Obergeschoss ein.
Sie warteten, bis Hamano auf sein Zimmer kommen würde, um sich etwas für die Party zu überlegen, und strangulierten ihn danach.
Dann wandten Sie besagten Trick an und machten das unmögliche Verbrechen möglich!!
...
Ach ja, und der Dieb, der hier vor einiger Zeit eingedrungen sein soll, das waren höchstwahrscheinlich auch Sie.
Schließlich mussten Sie ja die Länge der Schnüre für Ihre ganzen mechanischen Tricks ausmessen und überprüfen, was in der Hütte für Stifte liegen.
Wenn du schon so weit gehst, hast du dann irgendwelche Beweise?!
Aber selbstverständlich habe ich die.

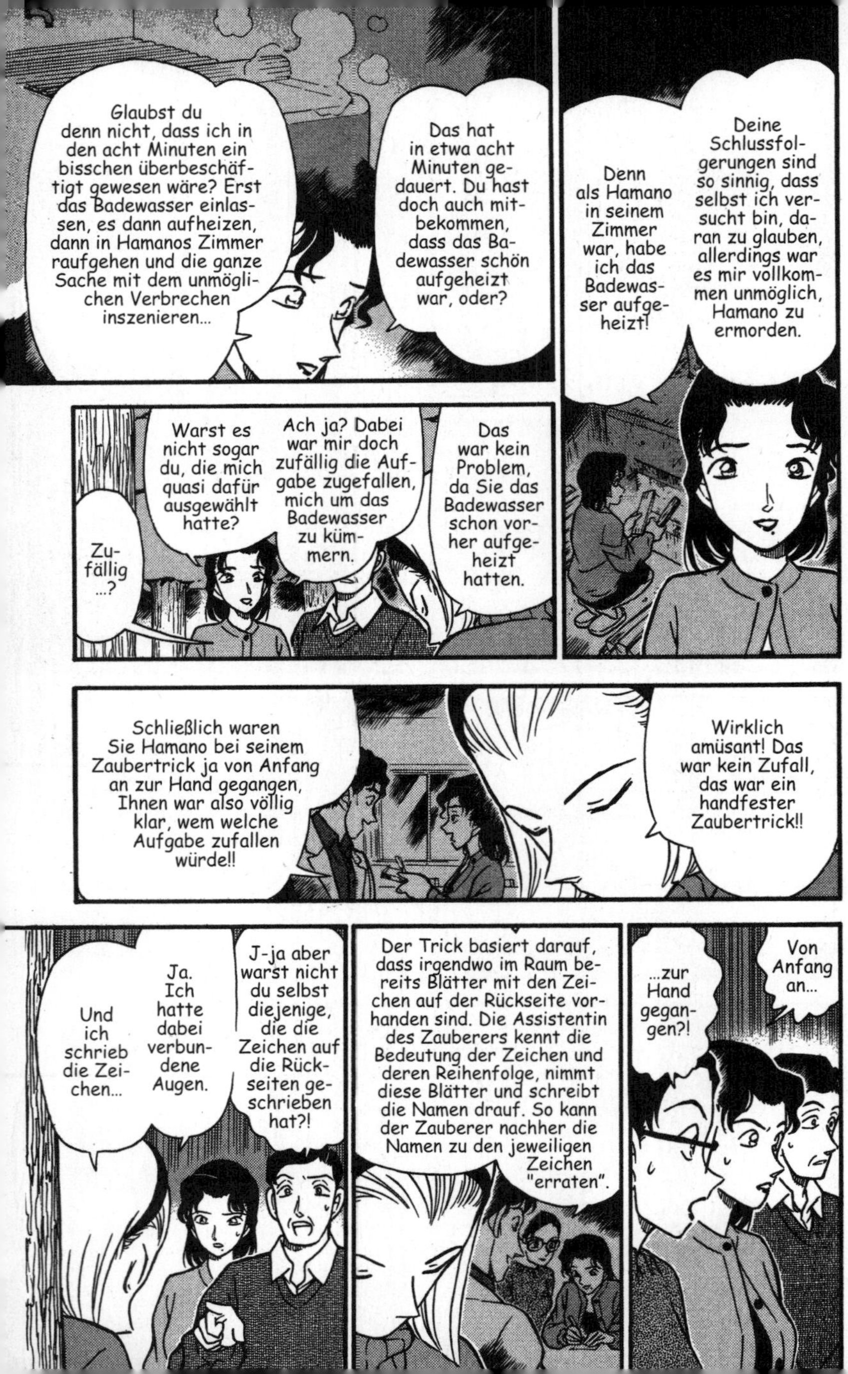

Deine Schlussfolgerungen sind so sinnig, dass selbst ich versucht bin, daran zu glauben, allerdings war es mir vollkommen unmöglich, Hamano zu ermorden.
Denn als Hamano in seinem Zimmer war, habe ich das Badewasser aufgeheizt!
Das hat in etwa acht Minuten gedauert. Du hast doch auch mitbekommen, dass das Badewasser schön aufgeheizt war, oder?
Glaubst du denn nicht, dass ich in den acht Minuten ein bisschen überbeschäftigt gewesen wäre? Erst das Badewasser einlassen, es dann aufheizen, dann in Hamanos Zimmer raufgehen und die ganze Sache mit dem unmöglichen Verbrechen inszenieren...
Das war kein Problem, da Sie das Badewasser schon vorher aufgeheizt hatten.
Ach ja? Dabei war mir doch zufällig die Aufgabe zugefallen, mich um das Badewasser zu kümmern.
Warst es nicht sogar du, die mich quasi dafür ausgewählt hatte?
Zufällig ...?
Wirklich amüsant! Das war kein Zufall, das war ein handfester Zaubertrick!!
Schließlich waren Sie Hamano bei seinem Zaubertrick ja von Anfang an zur Hand gegangen, Ihnen war also völlig klar, wem welche Aufgabe zufallen würde!!
Von Anfang an...
...zur Hand gegangen?!
Der Trick basiert darauf, dass irgendwo im Raum bereits Blätter mit den Zeichen auf der Rückseite vorhanden sind. Die Assistentin des Zauberers kennt die Bedeutung der Zeichen und deren Reihenfolge, nimmt diese Blätter und schreibt die Namen drauf. So kann der Zauberer nachher die Namen zu den jeweiligen Zeichen "erraten".
J-ja aber warst nicht du selbst diejenige, die die Zeichen auf die Rückseiten geschrieben hat?!
Ja. Ich hatte dabei verbundene Augen.
Und ich schrieb die Zeichen...

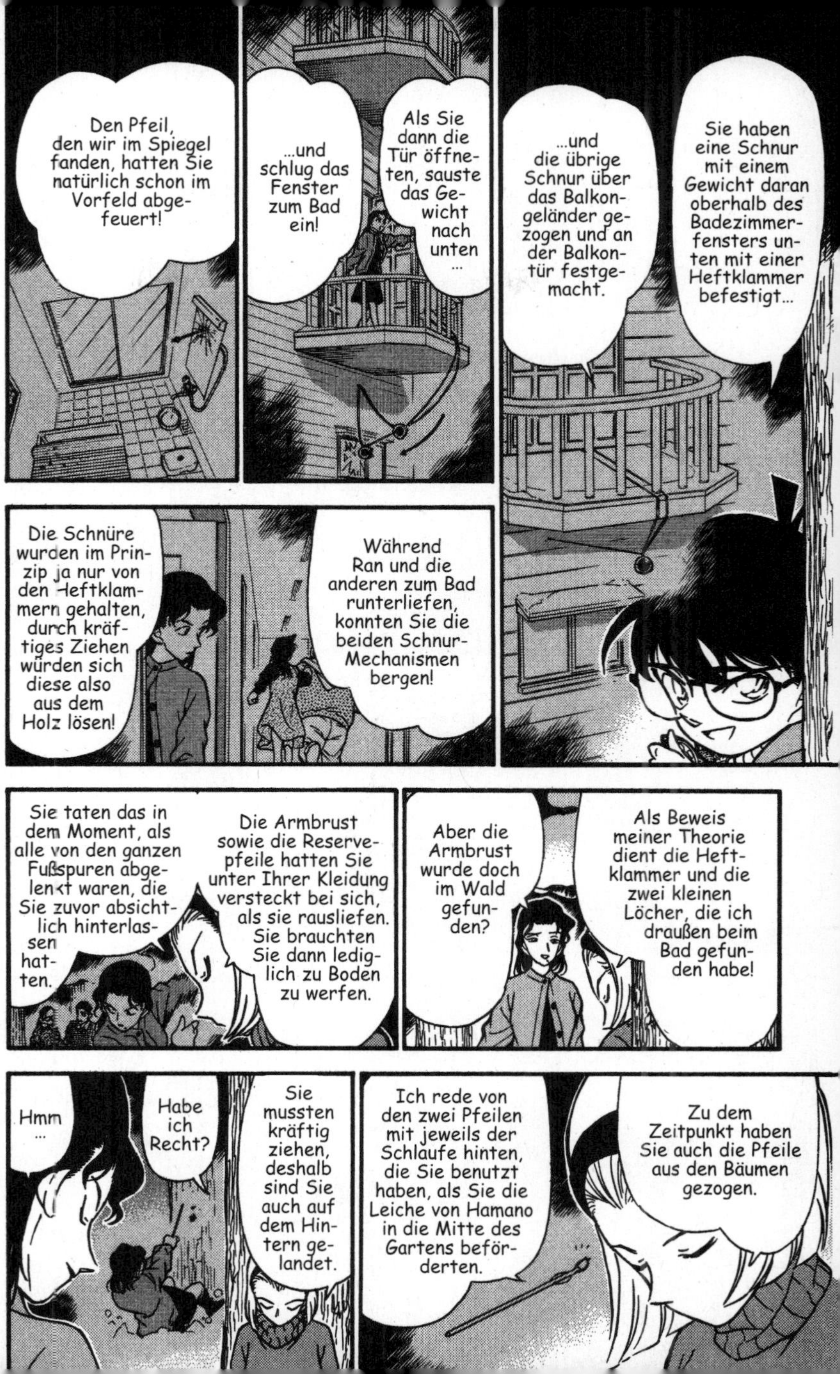

Sie haben eine Schnur mit einem Gewicht daran oberhalb des Badezimmerfensters unten mit einer Heftklammer befestigt...
...und die übrige Schnur über das Balkongeländer gezogen und an der Balkontür festgemacht.
Als Sie dann die Tür öffneten, sauste das Gewicht nach unten ...
...und schlug das Fenster zum Bad ein!
Den Pfeil, den wir im Spiegel fanden, hatten Sie natürlich schon im Vorfeld abgefeuert!
Während Ran und die anderen zum Bad runterliefen, konnten Sie die beiden Schnur-Mechanismen bergen!
Die Schnüre wurden im Prinzip ja nur von den Heftklammern gehalten, durch kräftiges Ziehen würden sich diese also aus dem Holz lösen!
Als Beweis meiner Theorie dient die Heftklammer und die zwei kleinen Löcher, die ich draußen beim Bad gefunden habe!
Aber die Armbrust wurde doch im Wald gefunden?
Die Armbrust sowie die Reservepfeile hatten Sie unter Ihrer Kleidung versteckt bei sich, als sie rausliefen. Sie brauchten Sie dann lediglich zu Boden zu werfen.
Sie taten das in dem Moment, als alle von den ganzen Fußspuren abgelenkt waren, die Sie zuvor absichtlich hinterlassen hatten.
Zu dem Zeitpunkt haben Sie auch die Pfeile aus den Bäumen gezogen.
Ich rede von den zwei Pfeilen mit jeweils der Schlaufe hinten, die Sie benutzt haben, als Sie die Leiche von Hamano in die Mitte des Gartens beförderten.
Sie mussten kräftig ziehen, deshalb sind Sie auch auf dem Hintern gelandet.
Habe ich Recht?
Hmm ...

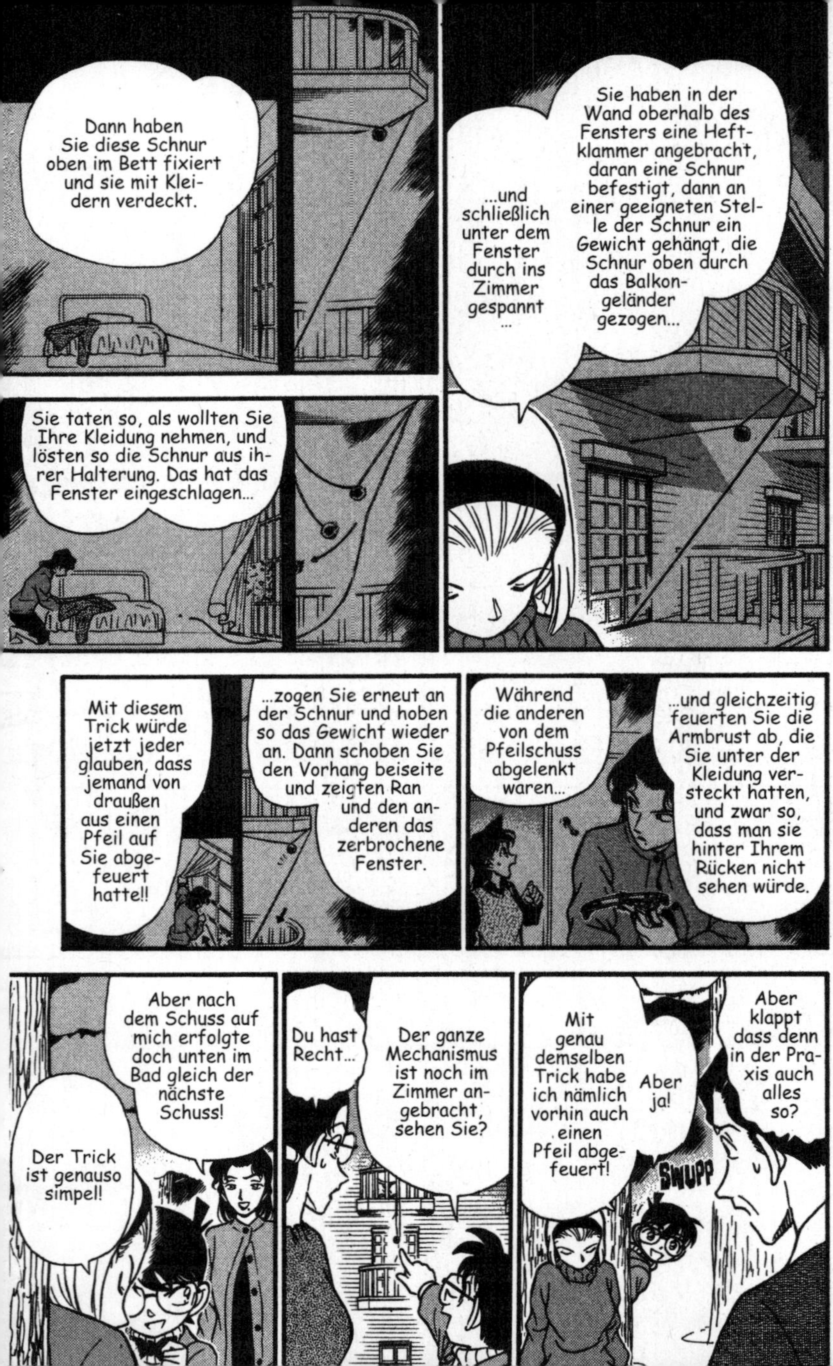
Sie haben in der Wand oberhalb des Fensters eine Heftklammer angebracht, daran eine Schnur befestigt, dann an einer geeigneten Stelle der Schnur ein Gewicht gehängt, die Schnur oben durch das Balkongeländer gezogen...
...und schließlich unter dem Fenster durch ins Zimmer gespannt ...
Dann haben Sie diese Schnur oben im Bett fixiert und sie mit Kleidern verdeckt.
Sie taten so, als wollten Sie Ihre Kleidung nehmen, und lösten so die Schnur aus ihrer Halterung. Das hat das Fenster eingeschlagen...
Während die anderen von dem Pfeilschuss abgelenkt waren...
...und gleichzeitig feuerten Sie die Armbrust ab, die Sie unter der Kleidung versteckt hatten, und zwar so, dass man sie hinter Ihrem Rücken nicht sehen würde.
...zogen Sie erneut an der Schnur und hoben so das Gewicht wieder an. Dann schoben Sie den Vorhang beiseite und zeigten Ran und den anderen das zerbrochene Fenster.
Mit diesem Trick würde jetzt jeder glauben, dass jemand von draußen aus einen Pfeil auf Sie abgefeuert hatte!!
Aber klappt dass denn in der Praxis auch alles so?
Aber ja!
Mit genau demselben Trick habe ich nämlich vorhin auch einen Pfeil abgefeuert!
SWUPP
Der ganze Mechanismus ist noch im Zimmer angebracht, sehen Sie?
Du hast Recht...
Aber nach dem Schuss auf mich erfolgte doch unten im Bad gleich der nächste Schuss!
Der Trick ist genauso simpel!

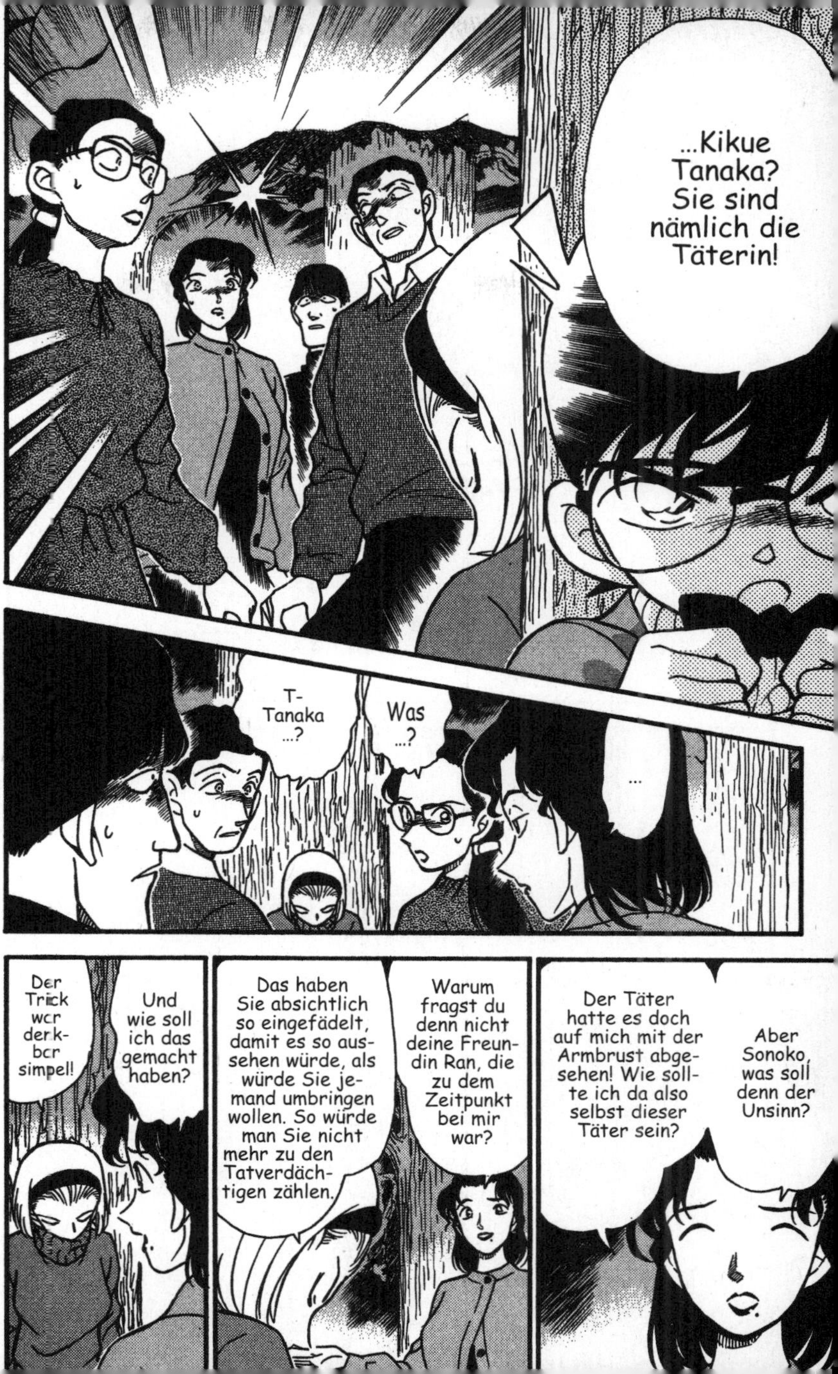

...Kikue Tanaka? Sie sind nämlich die Täterin!
...
Was ...?
T- Tanaka ...?
Aber Sonoko, was soll denn der Unsinn?
Der Täter hatte es doch auf mich mit der Armbrust abgesehen! Wie sollte ich da also selbst dieser Täter sein?
Warum fragst du denn nicht deine Freundin Ran, die zu dem Zeitpunkt bei mir war?
Das haben Sie absichtlich so eingefädelt, damit es so aussehen würde, als würde Sie jemand umbringen wollen. So würde man Sie nicht mehr zu den Tatverdächtigen zählen.
Und wie soll ich das gemacht haben?
Der Trick war denkbar simpel!

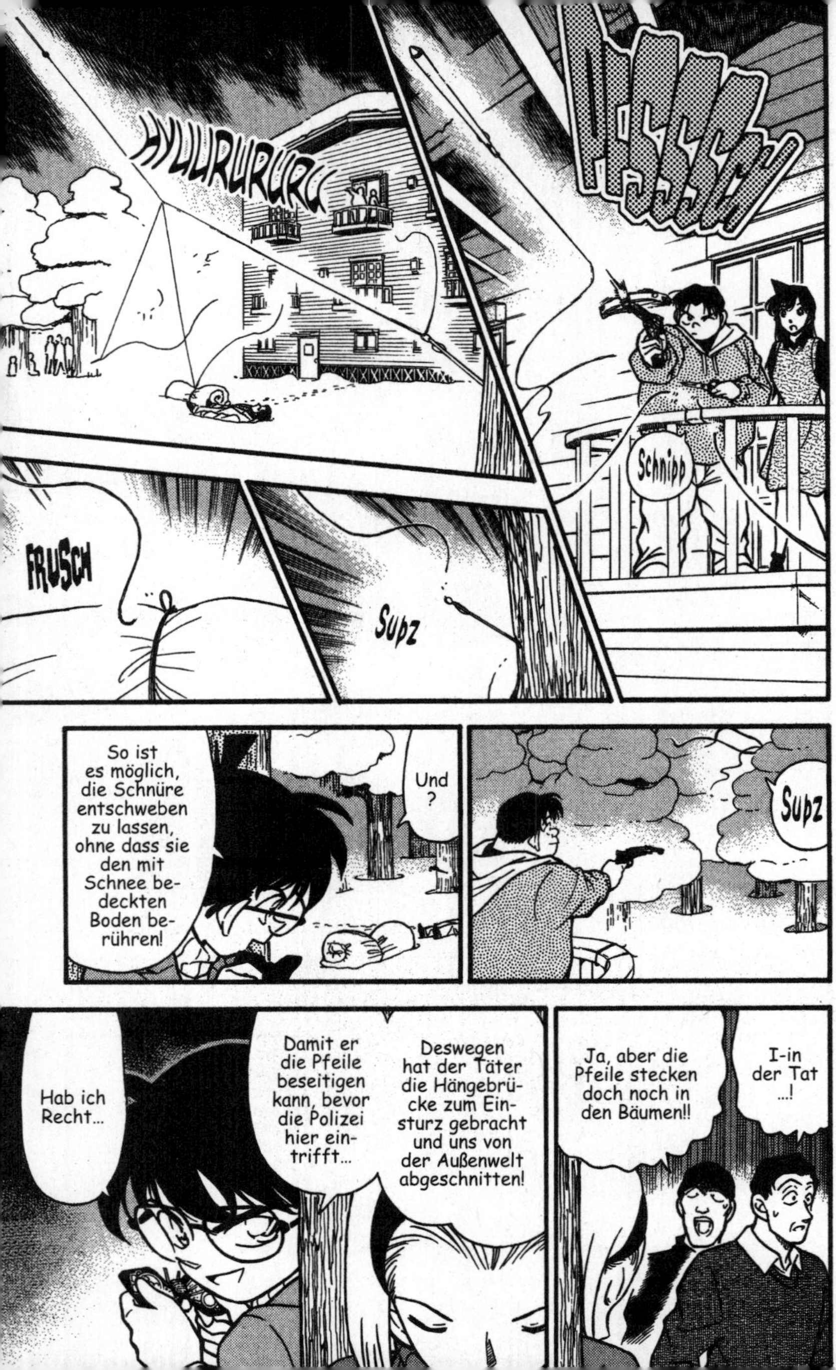
HYUURURURU
WASSCHH
Schnipp
FRUSCH
Supz
Supz
Und?
So ist es möglich, die Schnüre entschweben zu lassen, ohne dass sie den mit Schnee bedeckten Boden berühren!
I-in der Tat ...!
Ja, aber die Pfeile stecken doch noch in den Bäumen!!
Deswegen hat der Täter die Hängebrücke zum Einsturz gebracht und uns von der Außenwelt abgeschnitten!
Damit er die Pfeile beseitigen kann, bevor die Polizei hier eintrifft...
Hab ich Recht...

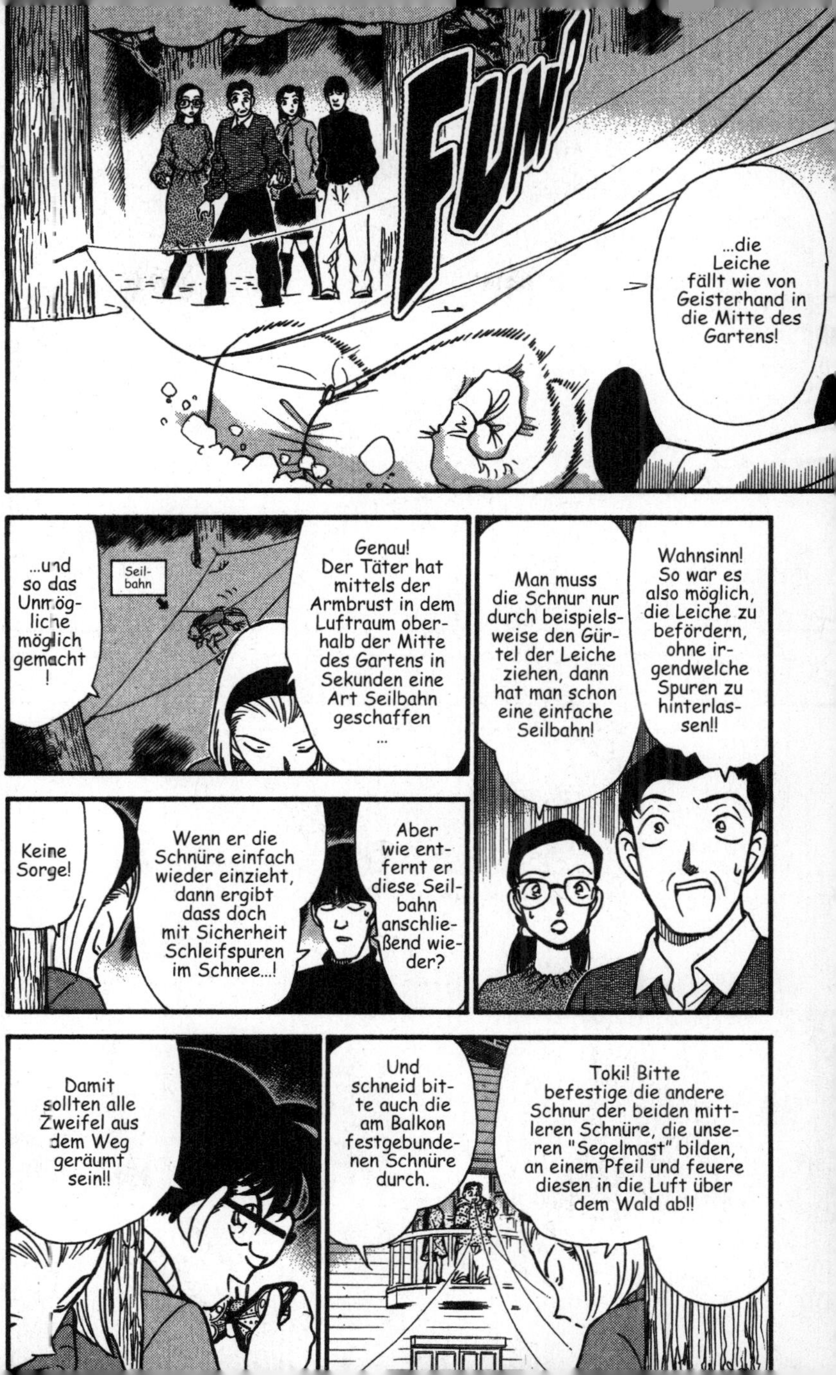
...die Leiche fällt wie von Geisterhand in die Mitte des Gartens!
Wahnsinn! So war es also möglich, die Leiche zu befördern, ohne irgendwelche Spuren zu hinterlassen!!
Man muss die Schnur nur durch beispielsweise den Gürtel der Leiche ziehen, dann hat man schon eine einfache Seilbahn!
Genau! Der Täter hat mittels der Armbrust in dem Luftraum oberhalb der Mitte des Gartens in Sekunden eine Art Seilbahn geschaffen ...
Seilbahn
...und so das Unmögliche möglich gemacht!
Aber wie entfernt er diese Seilbahn anschließend wieder?
Wenn er die Schnüre einfach wieder einzieht, dann ergibt dass doch mit Sicherheit Schleifspuren im Schnee...!
Keine Sorge!
Toki! Bitte befestige die andere Schnur der beiden mittleren Schnüre, die unseren "Segelmast" bilden, an einem Pfeil und feuere diesen in die Luft über dem Wald ab!!
Und schneid bitte auch die am Balkon festgebundenen Schnüre durch.
Damit sollten alle Zweifel aus dem Weg geräumt sein!!

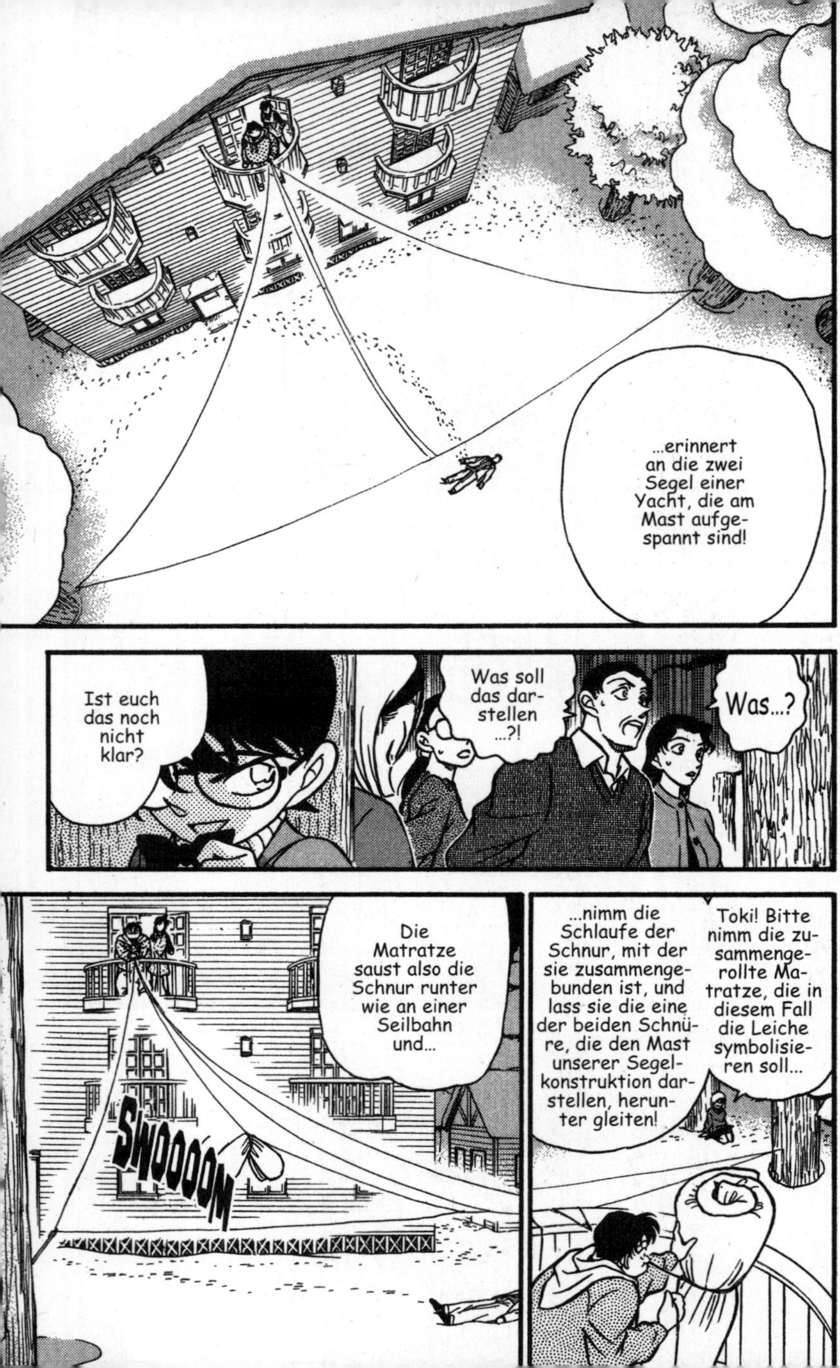

...erinnert an die zwei Segel einer Yacht, die am Mast aufgespannt sind!
Was...?
Was soll das darstellen ...?!
Ist euch das noch nicht klar?
Toki! Bitte nimm die zusammengerollte Matratze, die in diesem Fall die Leiche symbolisieren soll...
...nimm die Schlaufe der Schnur, mit der sie zusammengebunden ist, und lass sie die eine der beiden Schnüre, die den Mast unserer Segelkonstruktion darstellen, herunter gleiten!
Die Matratze saust also die Schnur runter wie an einer Seilbahn und...
SWOOOOM

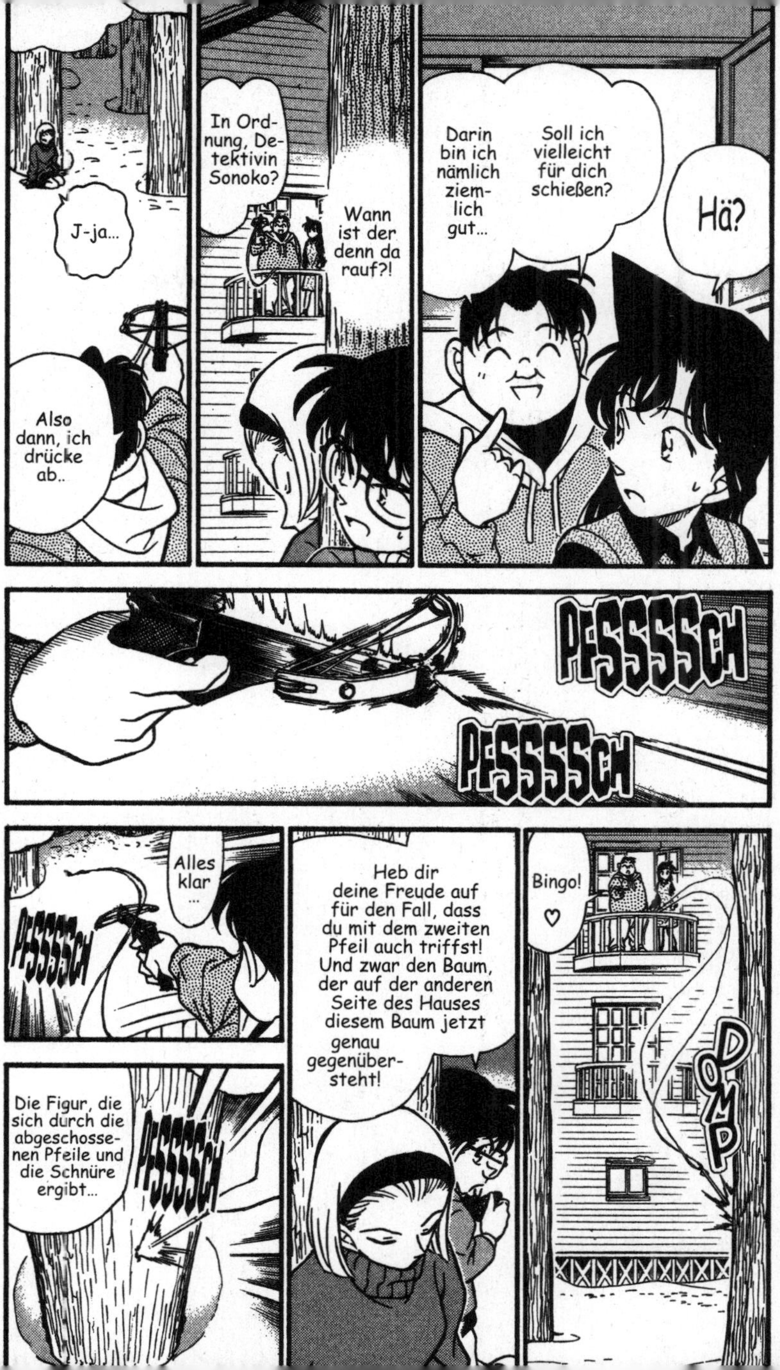
Hä?
Soll ich vielleicht für dich schießen?
Darin bin ich nämlich ziemlich gut...
In Ordnung, Detektivin Sonoko?
Wann ist der denn da rauf?!
J-ja...
Also dann, ich drücke ab..
PFSSSSSCH
PFSSSSSCH
Bingo! ♡
DOMP
Heb dir deine Freude auf für den Fall, dass du mit dem zweiten Pfeil auch triffst! Und zwar den Baum, der auf der anderen Seite des Hauses diesem Baum jetzt genau gegenübersteht!
Alles klar ...
PFSSSSCH
Die Figur, die sich durch die abgeschossenen Pfeile und die Schnüre ergibt...
PFSSSSCH

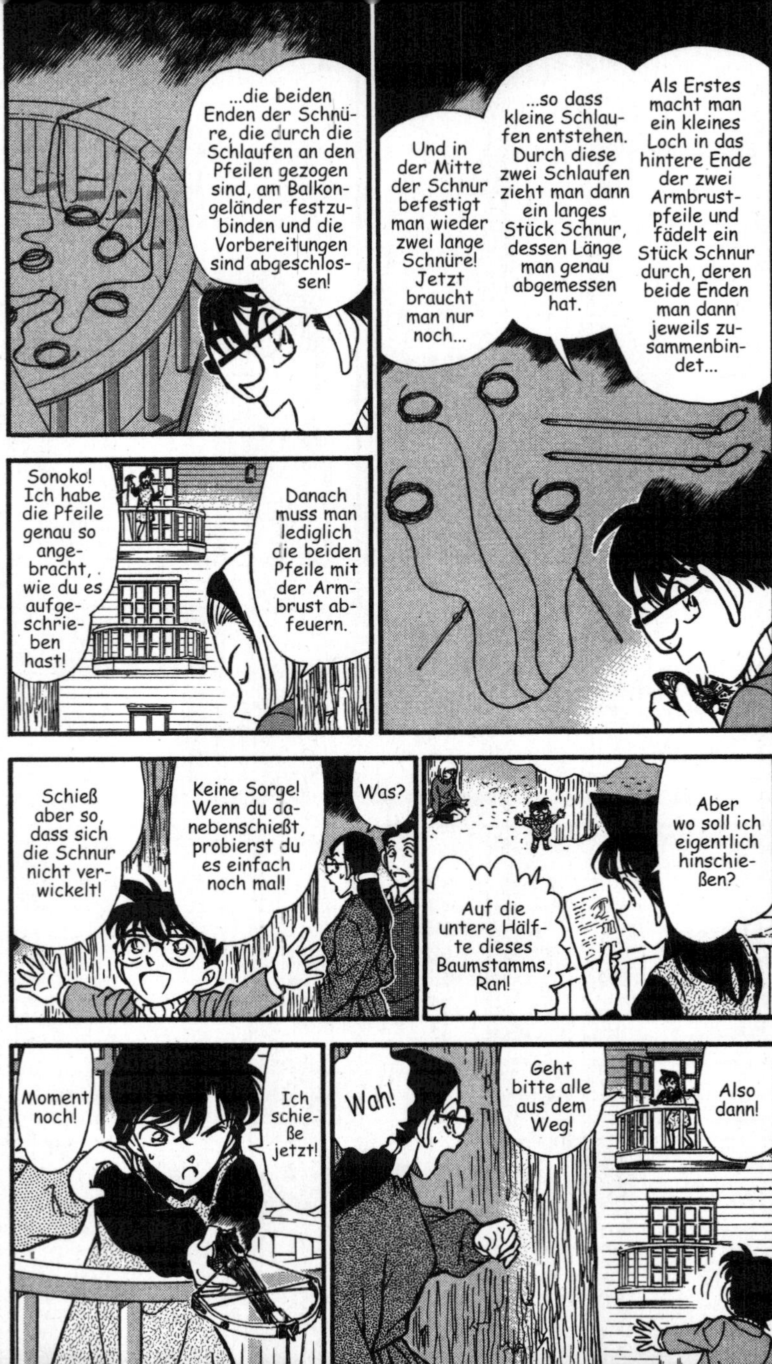
Als Erstes macht man ein kleines Loch in das hintere Ende der zwei Armbrustpfeile und fädelt ein Stück Schnur durch, deren beide Enden man dann jeweils zusammenbindet...
...so dass kleine Schlaufen entstehen. Durch diese zwei Schlaufen zieht man dann ein langes Stück Schnur, dessen Länge man genau abgemessen hat.
Und in der Mitte der Schnur befestigt man wieder zwei lange Schnüre! Jetzt braucht man nur noch...
...die beiden Enden der Schnüre, die durch die Schlaufen an den Pfeilen gezogen sind, am Balkongeländer festzubinden und die Vorbereitungen sind abgeschlossen!
Danach muss man lediglich die beiden Pfeile mit der Armbrust abfeuern.
Sonoko! Ich habe die Pfeile genau so angebracht, wie du es aufgeschrieben hast!
Aber wo soll ich eigentlich hinschießen?
Auf die untere Hälfte dieses Baumstamms, Ran!
Was?
Keine Sorge! Wenn du danebenschießt, probierst du es einfach noch mal!
Schieß aber so, dass sich die Schnur nicht verwickelt!
Also dann!
Geht bitte alle aus dem Weg!
Wah!
Ich schieße jetzt!
Moment noch!

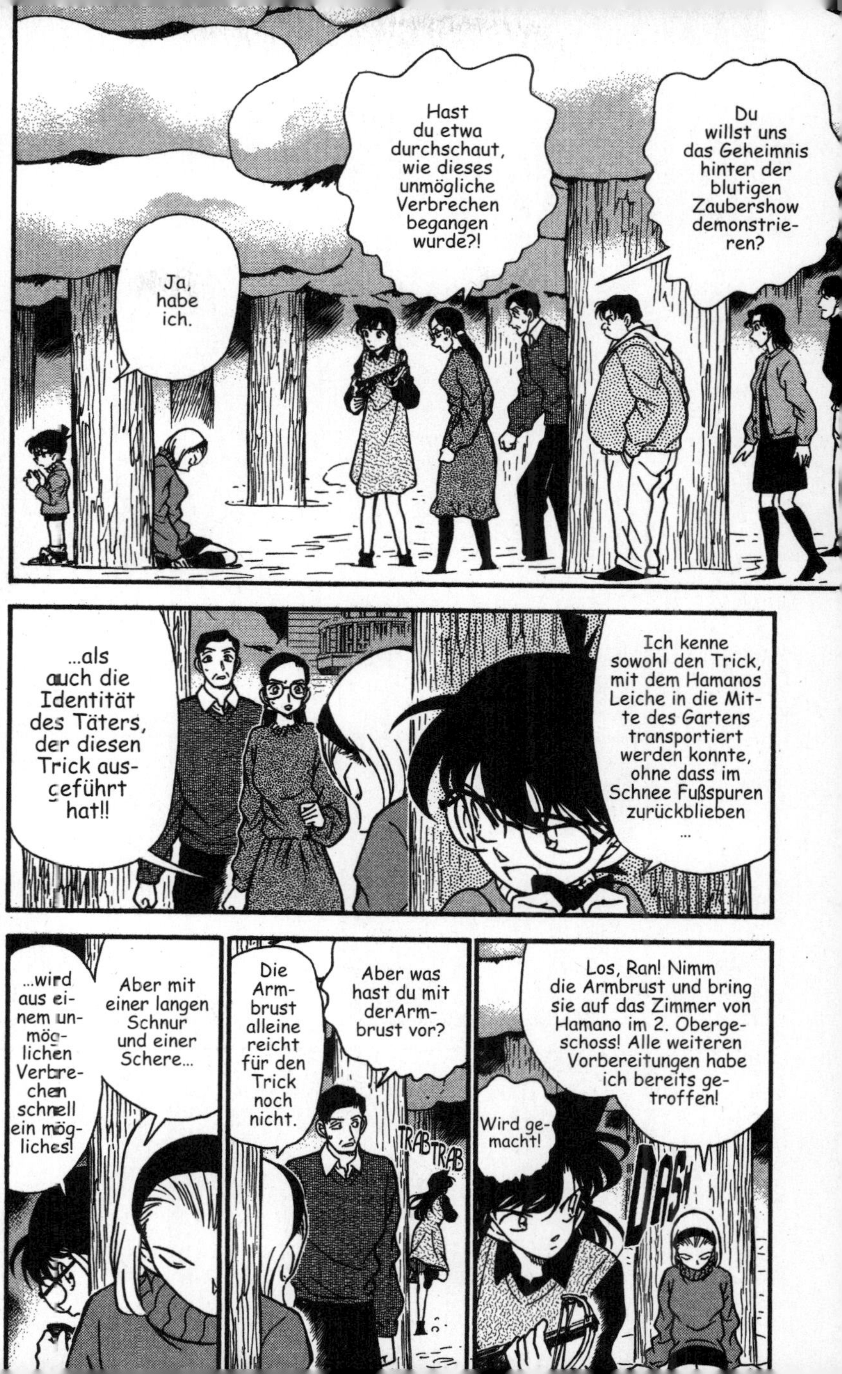
Du willst uns das Geheimnis hinter der blutigen Zaubershow demonstrieren?
Hast du etwa durchschaut, wie dieses unmögliche Verbrechen begangen wurde?!
Ja, habe ich.
Ich kenne sowohl den Trick, mit dem Hamanos Leiche in die Mitte des Gartens transportiert werden konnte, ohne dass im Schnee Fußspuren zurückblieben ...
...als auch die Identität des Täters, der diesen Trick ausgeführt hat!!
Los, Ran! Nimm die Armbrust und bring sie auf das Zimmer von Hamano im 2. Obergeschoss! Alle weiteren Vorbereitungen habe ich bereits getroffen!
DASH
Wird gemacht!
TRAB TRAB
Aber was hast du mit derArmbrust vor?
Die Armbrust alleine reicht für den Trick noch nicht.
Aber mit einer langen Schnur und einer Schere...
...wird aus einem unmöglichen Verbrechen schnell ein mögliches!

FALL 5

AKTE 2

Geständnis

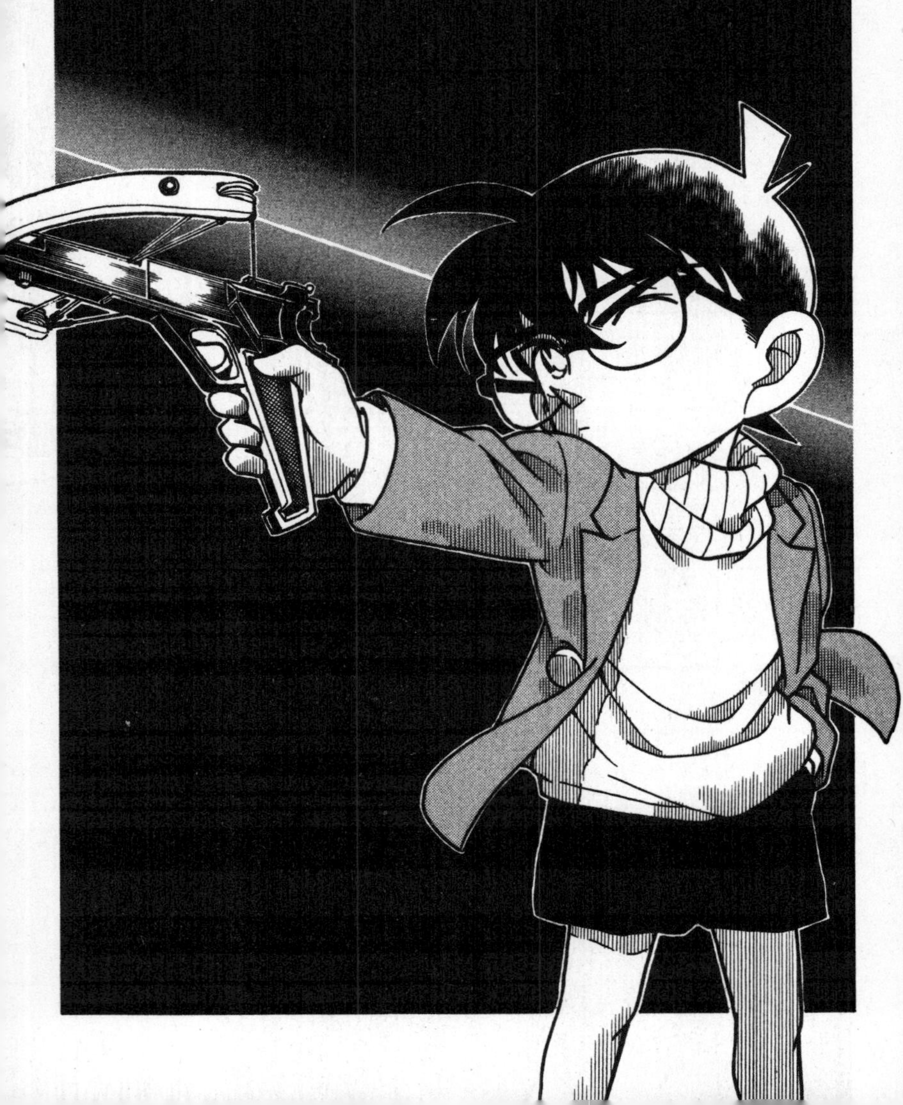

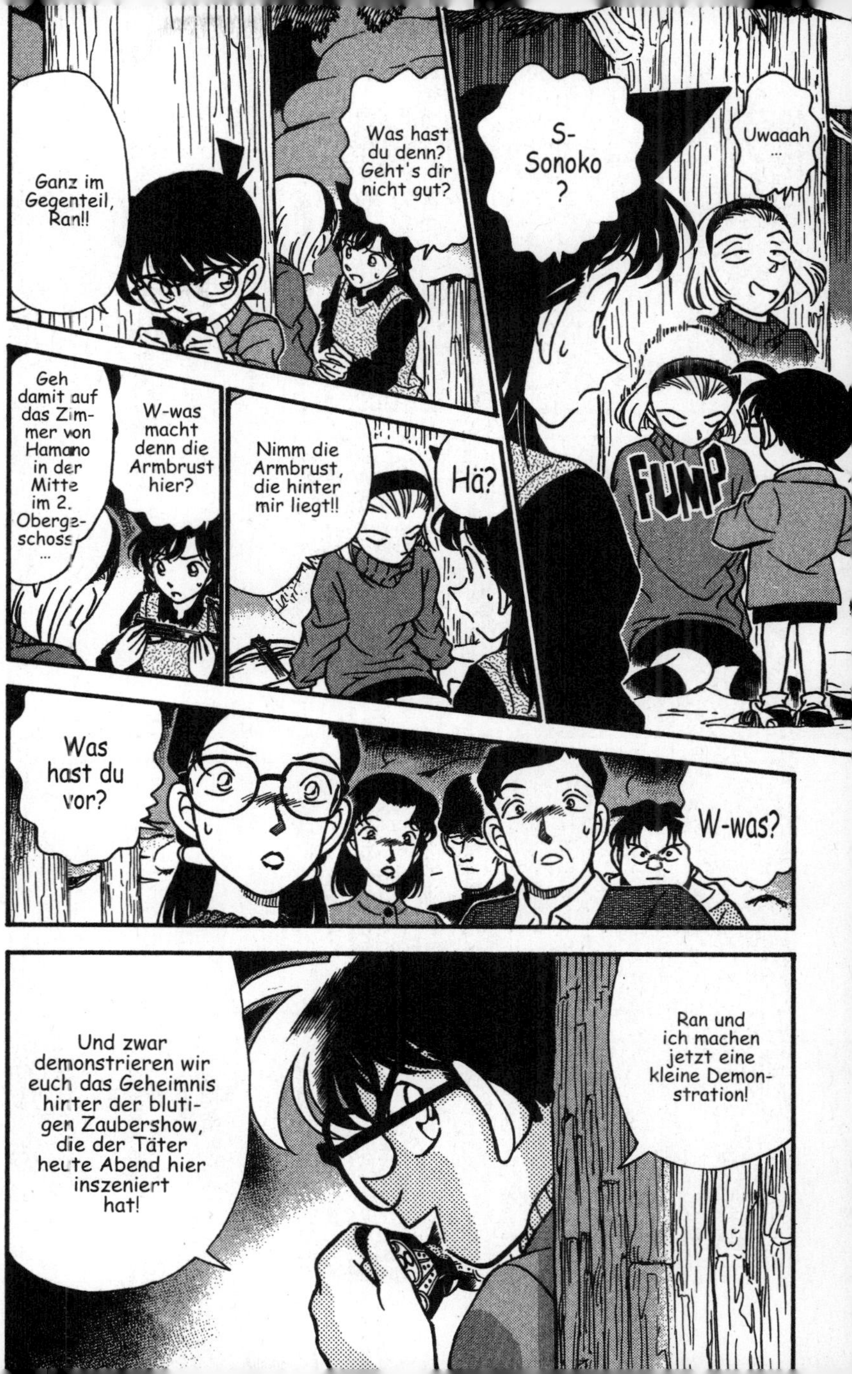
Uwaaah ...
S-Sonoko ?
Was hast du denn? Geht's dir nicht gut?
Ganz im Gegenteil, Ran!!
FUMP
Hä?
Nimm die Armbrust, die hinter mir liegt!!
W-was macht denn die Armbrust hier?
Geh damit auf das Zimmer von Hamano in der Mitte im 2. Oberge-schoss ...
W-was?
Was hast du vor?
Ran und ich machen jetzt eine kleine Demon-stration!
Und zwar demonstrieren wir euch das Geheimnis hinter der bluti-gen Zaubershow, die der Täter heute Abend hier inszeniert hat!

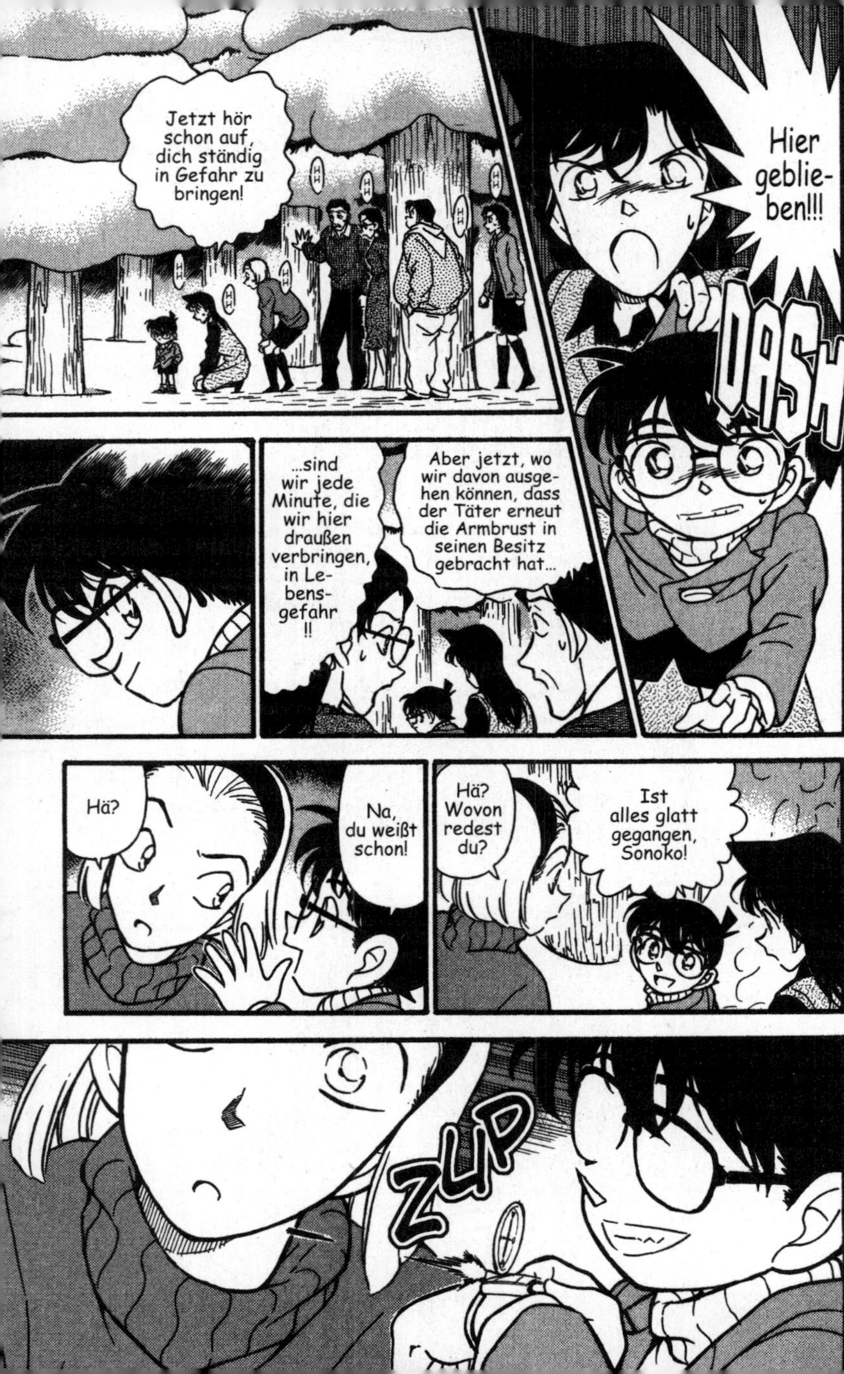
Hier geblie-ben!!!
DASH
Jetzt hör schon auf, dich ständig in Gefahr zu bringen!
Aber jetzt, wo wir davon ausge-hen können, dass der Täter erneut die Armbrust in seinen Besitz gebracht hat...
...sind wir jede Minute, die wir hier draußen verbringen, in Le-bens-gefahr !!
Ist alles glatt gegangen, Sonoko!
Hä? Wovon redest du?
Na, du weißt schon!
Hä?
ZUP

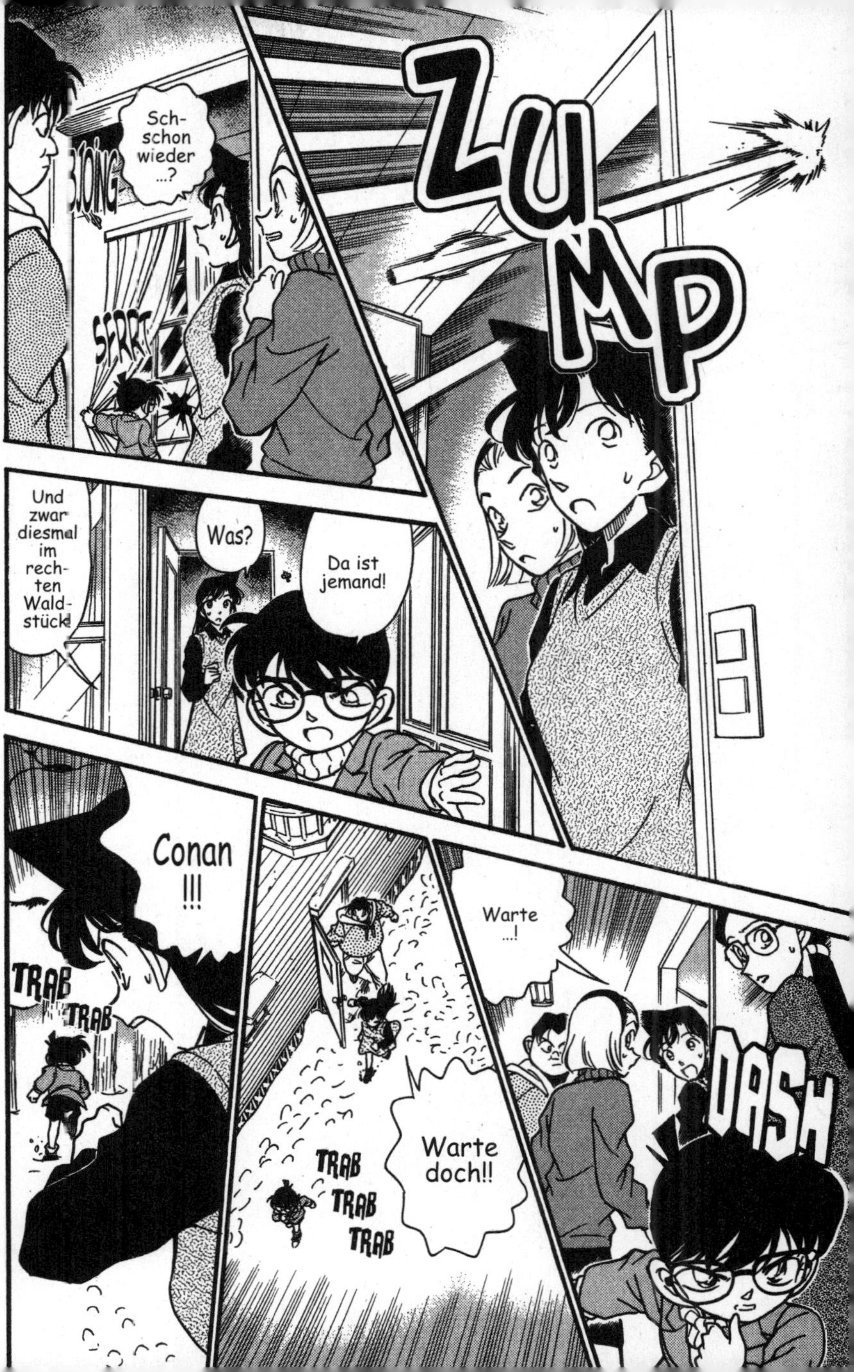

ZUMP
BJONG
Sch- schon wieder ...?
SFRRT
Da ist jemand!
Was?
Und zwar diesmal im rechten Waldstück!
Warte ...!
DASH
Warte doch!!
TRAB TRAB TRAB
Conan !!!
TRAB TRAB

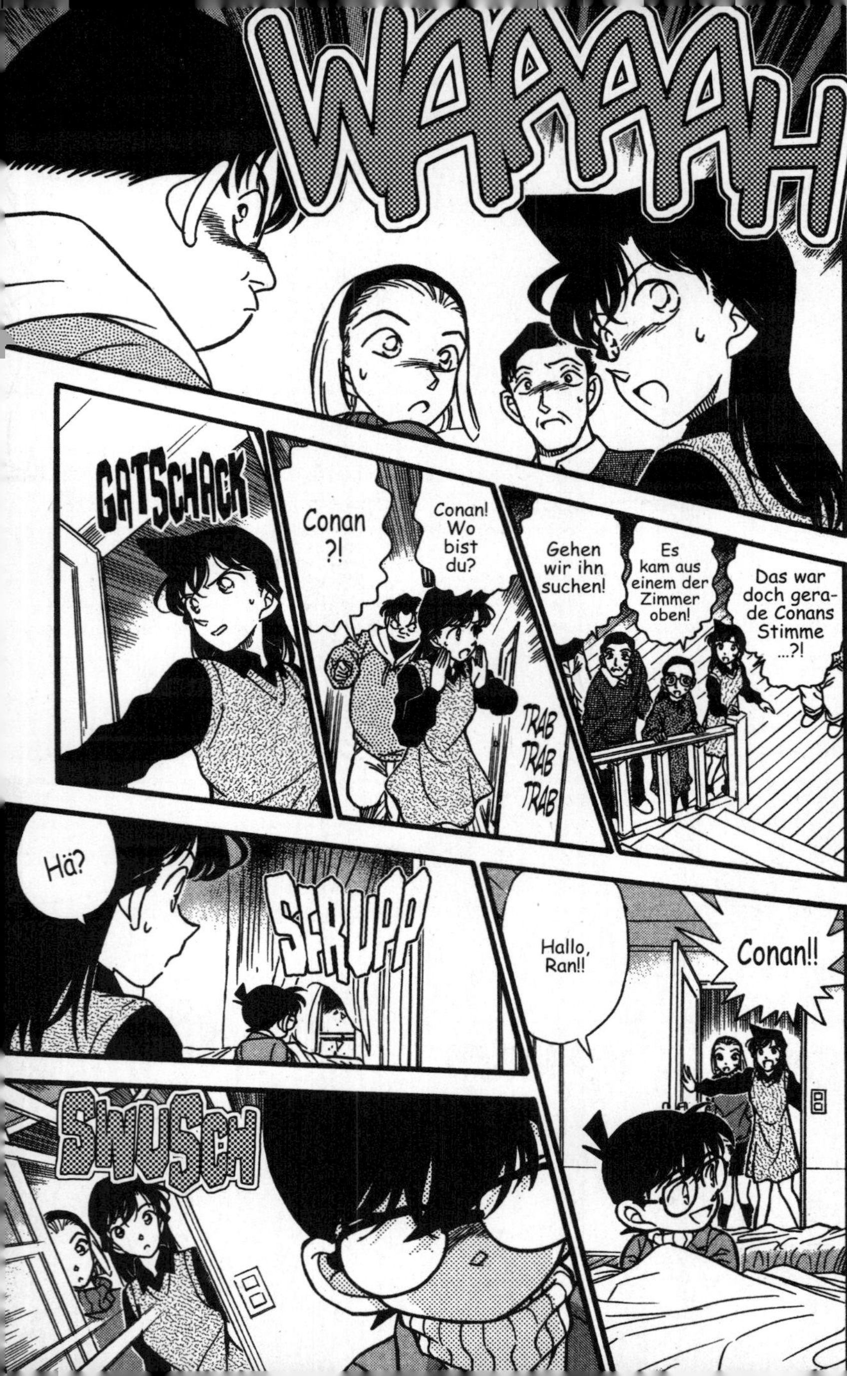
WAAAH
Das war doch gerade Conans Stimme ...?!
Es kam aus einem der Zimmer oben!
Gehen wir ihn suchen!
Conan! Wo bist du?
Conan ?!
TRAB TRAB TRAB
GATSCHACK
Conan!!
Hallo, Ran!!
SFRUPP
Hä?
SWUSCH

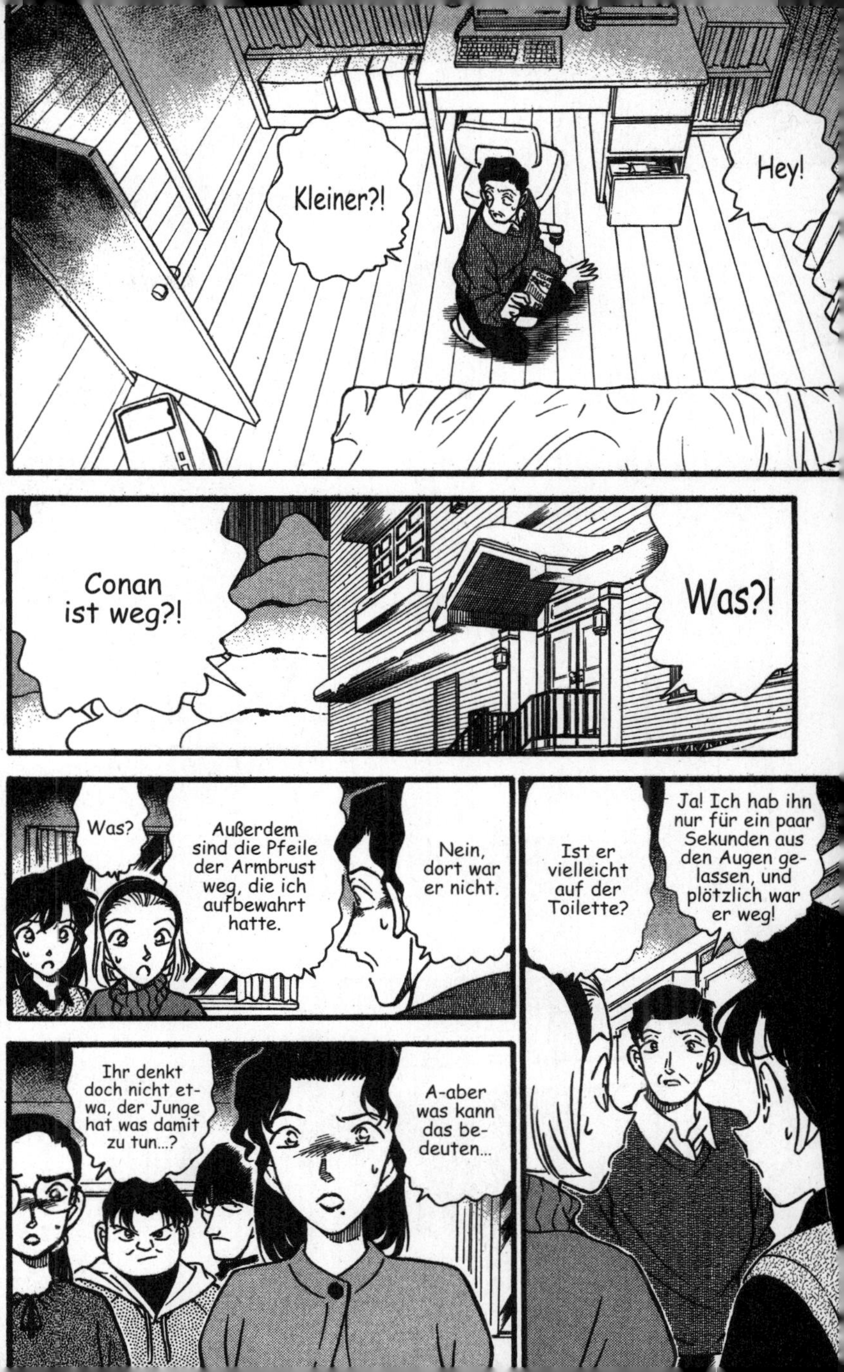
Hey!
Kleiner?!
Was?!
Conan ist weg?!
Ja! Ich hab ihn nur für ein paar Sekunden aus den Augen gelassen, und plötzlich war er weg!
Ist er vielleicht auf der Toilette?
Nein, dort war er nicht.
Außerdem sind die Pfeile der Armbrust weg, die ich aufbewahrt hatte.
Was?
A-aber was kann das bedeuten...
Ihr denkt doch nicht etwa, der Junge hat was damit zu tun...?

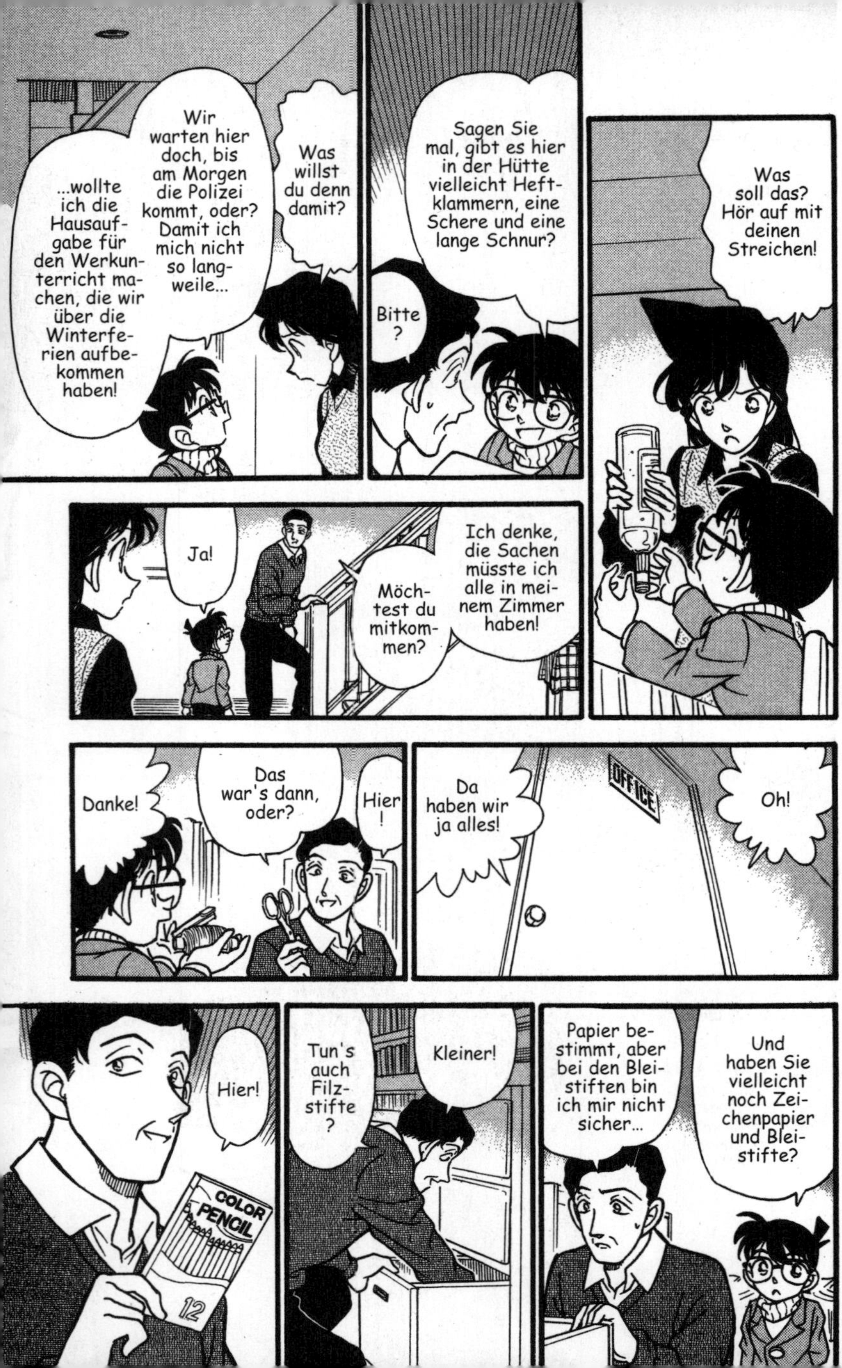

Was soll das? Hör auf mit deinen Streichen!
Sagen Sie mal, gibt es hier in der Hütte vielleicht Heftklammern, eine Schere und eine lange Schnur?
Bitte?
Was willst du denn damit?
Wir warten hier doch, bis am Morgen die Polizei kommt, oder? Damit ich mich nicht langweile...
...wollte ich die Hausaufgabe für den Werkunterricht machen, die wir über die Winterferien aufbekommen haben!
Ich denke, die Sachen müsste ich alle in meinem Zimmer haben!
Möchtest du mitkommen?
Ja!
Oh!
OFFICE
Da haben wir ja alles!
Hier!
Das war's dann, oder?
Danke!
Und haben Sie vielleicht noch Zeichenpapier und Bleistifte?
Papier bestimmt, aber bei den Bleistiften bin ich mir nicht sicher...
Kleiner!
Tun's auch Filzstifte?
Hier!
COLOR PENCIL
12

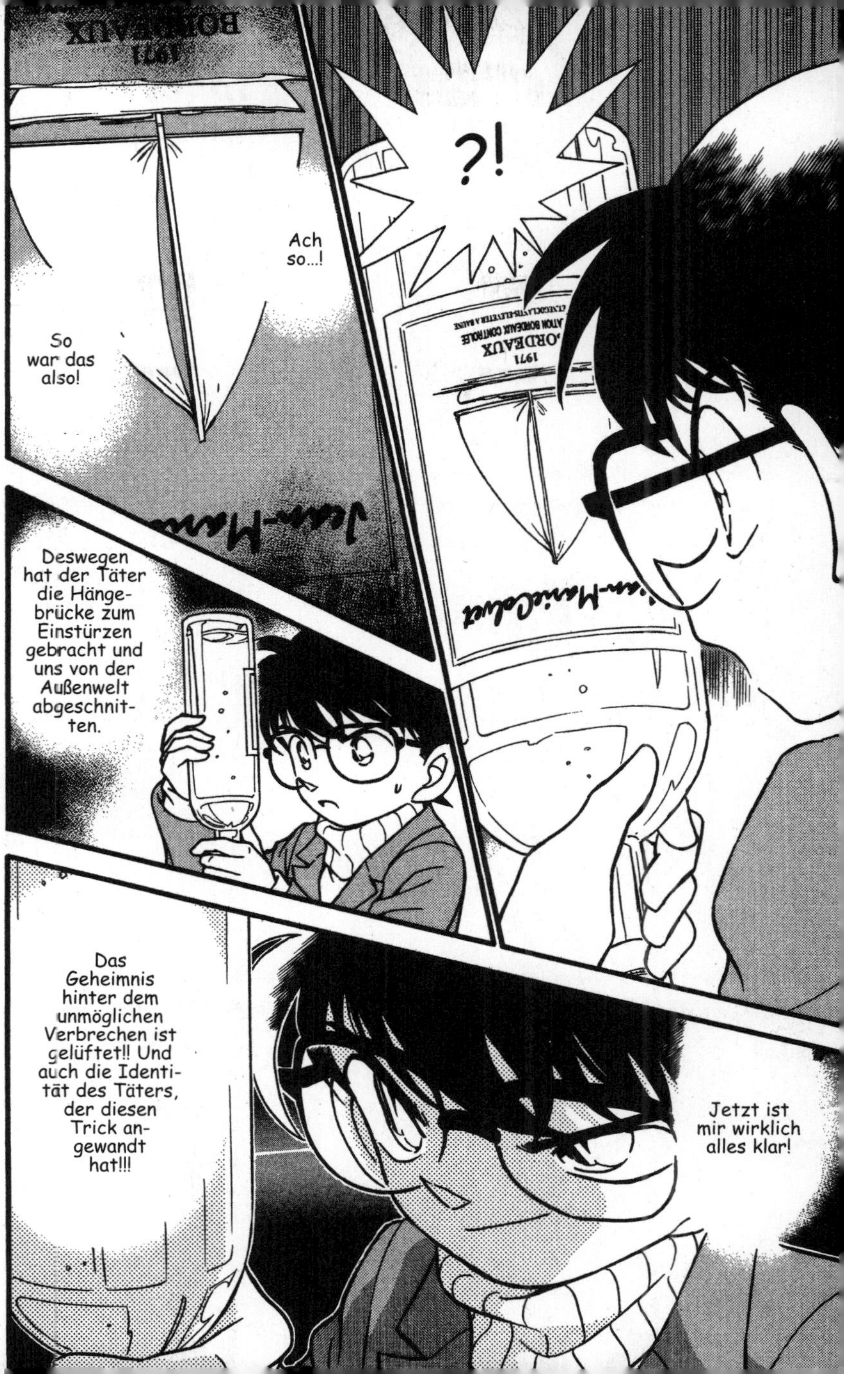
?!
Ach so...!
So war das also!
Deswegen hat der Täter die Hänge-brücke zum Einstürzen gebracht und uns von der Außenwelt abgeschnit-ten.
Jetzt ist mir wirklich alles klar!
Das Geheimnis hinter dem unmöglichen Verbrechen ist gelüftet!! Und auch die Identi-tät des Täters, der diesen Trick an-gewandt hat!!!

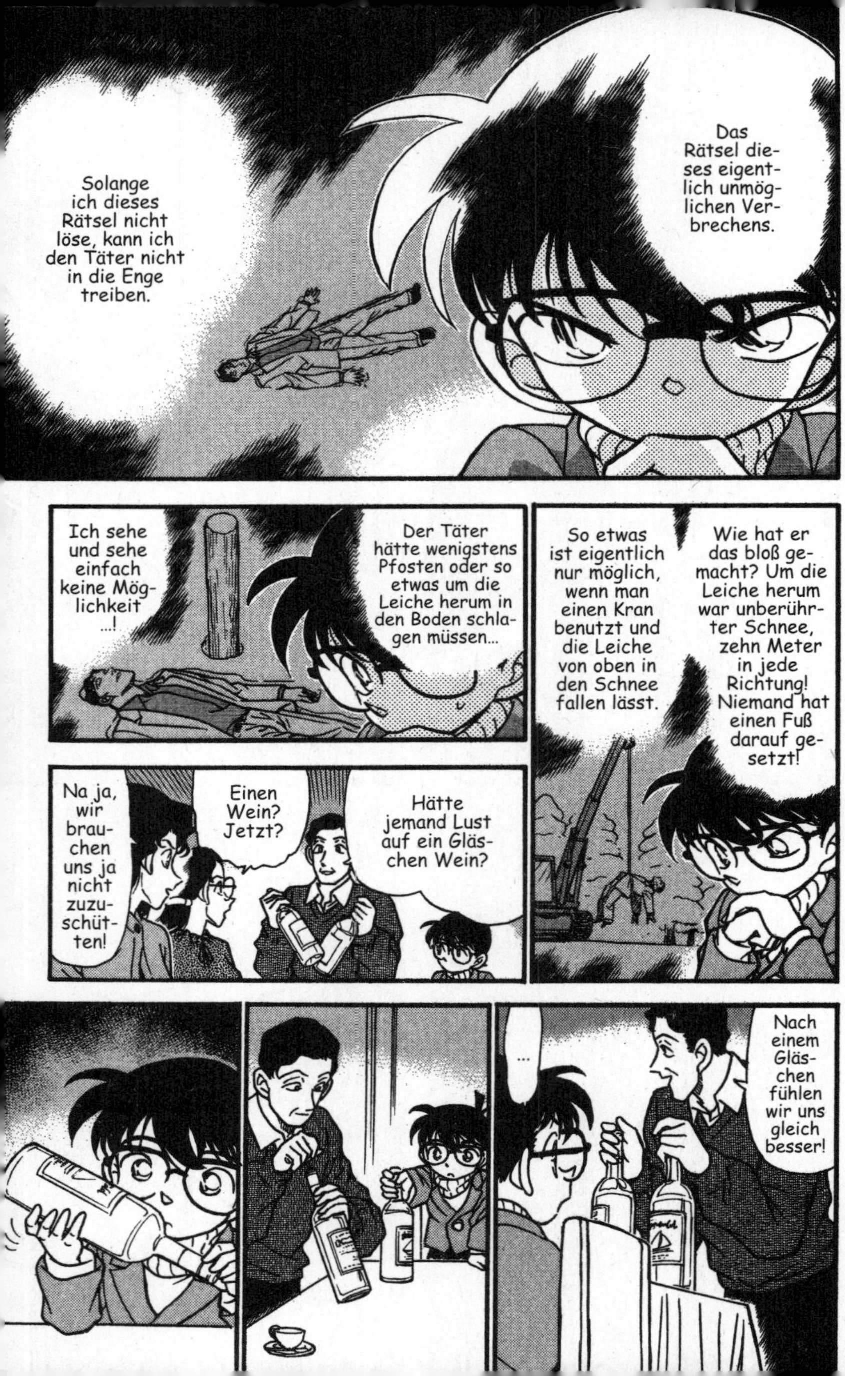

Das Rätsel dieses eigentlich unmöglichen Verbrechens.
Solange ich dieses Rätsel nicht löse, kann ich den Täter nicht in die Enge treiben.
Wie hat er das bloß gemacht? Um die Leiche herum war unberührter Schnee, zehn Meter in jede Richtung! Niemand hat einen Fuß darauf gesetzt!
So etwas ist eigentlich nur möglich, wenn man einen Kran benutzt und die Leiche von oben in den Schnee fallen lässt.
Der Täter hätte wenigstens Pfosten oder so etwas um die Leiche herum in den Boden schlagen müssen...
Ich sehe und sehe einfach keine Möglichkeit ...!
Hätte jemand Lust auf ein Gläschen Wein?
Einen Wein? Jetzt?
Na ja, wir brauchen uns ja nicht zuzuschütten!
Nach einem Gläschen fühlen wir uns gleich besser!
...

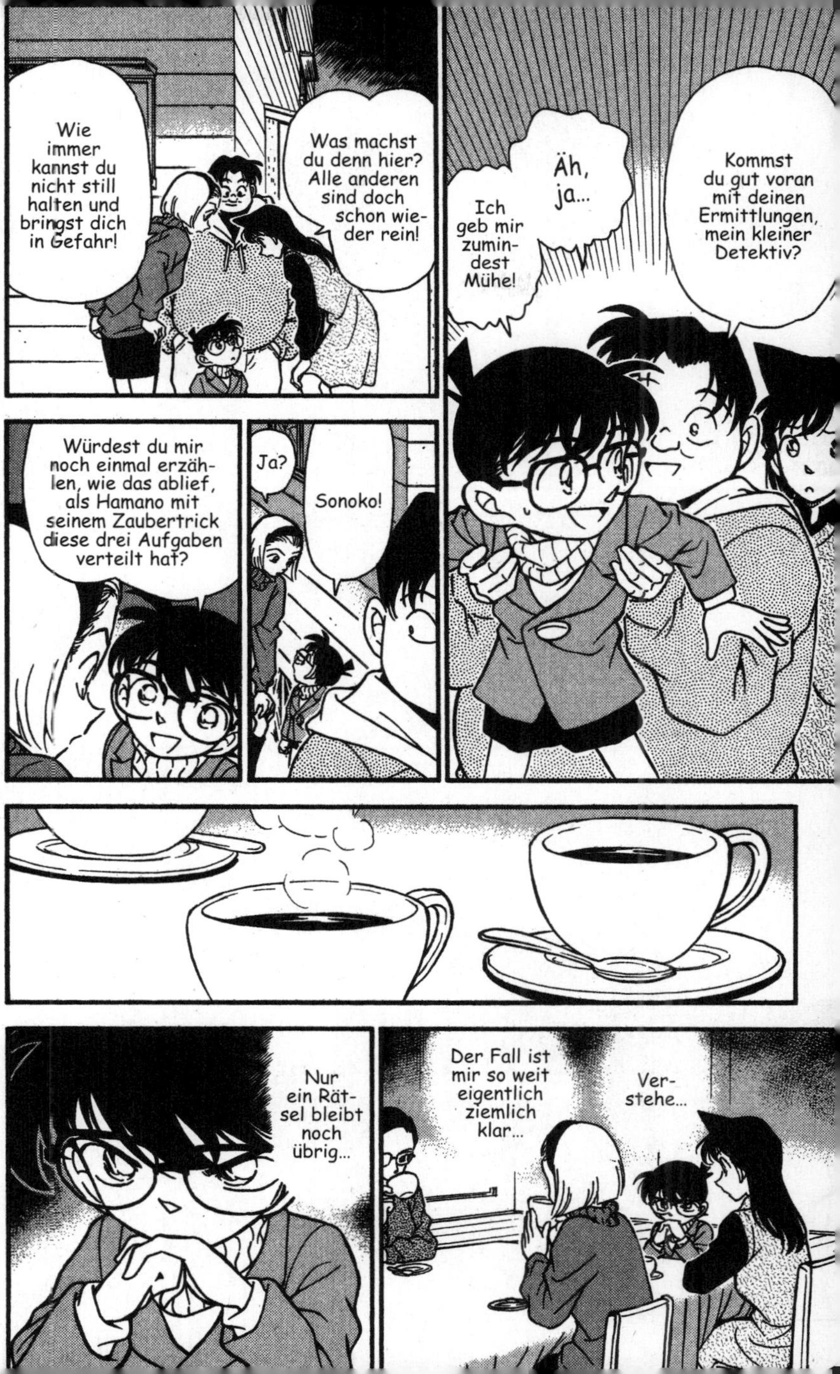
Kommst du gut voran mit deinen Ermittlungen, mein kleiner Detektiv?
Äh, ja...
Ich geb mir zumindest Mühe!
Was machst du denn hier? Alle anderen sind doch schon wieder rein!
Wie immer kannst du nicht still halten und bringst dich in Gefahr!
Sonoko!
Ja?
Würdest du mir noch einmal erzählen, wie das ablief, als Hamano mit seinem Zaubertrick diese drei Aufgaben verteilt hat?
Verstehe...
Der Fall ist mir so weit eigentlich ziemlich klar...
Nur ein Rätsel bleibt noch übrig...

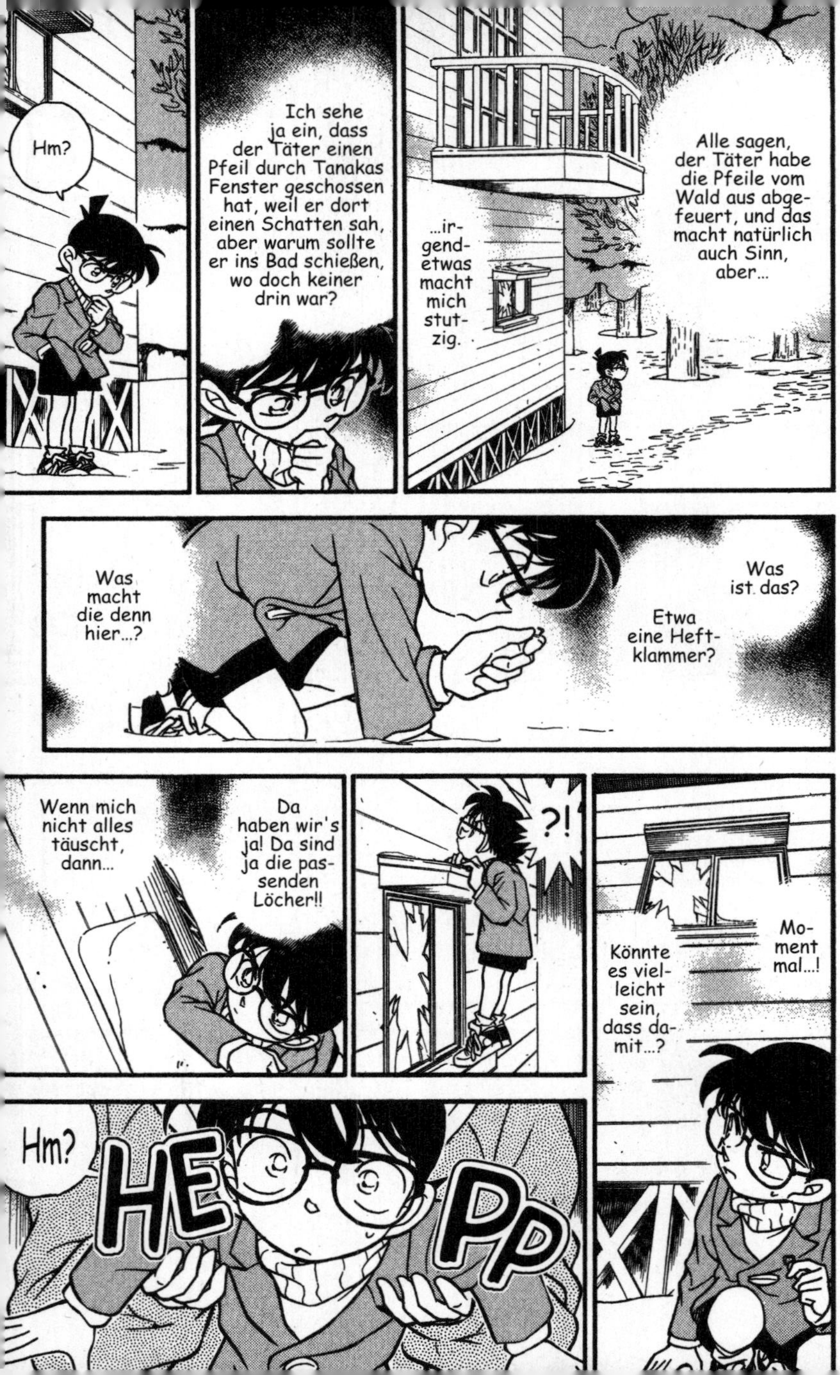
Alle sagen, der Täter habe die Pfeile vom Wald aus abgefeuert, und das macht natürlich auch Sinn, aber...
...irgendetwas macht mich stutzig.
Ich sehe ja ein, dass der Täter einen Pfeil durch Tanakas Fenster geschossen hat, weil er dort einen Schatten sah, aber warum sollte er ins Bad schießen, wo doch keiner drin war?
Hm?
Was ist das?
Etwa eine Heftklammer?
Was macht die denn hier...?
Moment mal...!
Könnte es vielleicht sein, dass damit...?
?!
Da haben wir's ja! Da sind ja die passenden Löcher!!
Wenn mich nicht alles täuscht, dann...
HEPP
Hm?

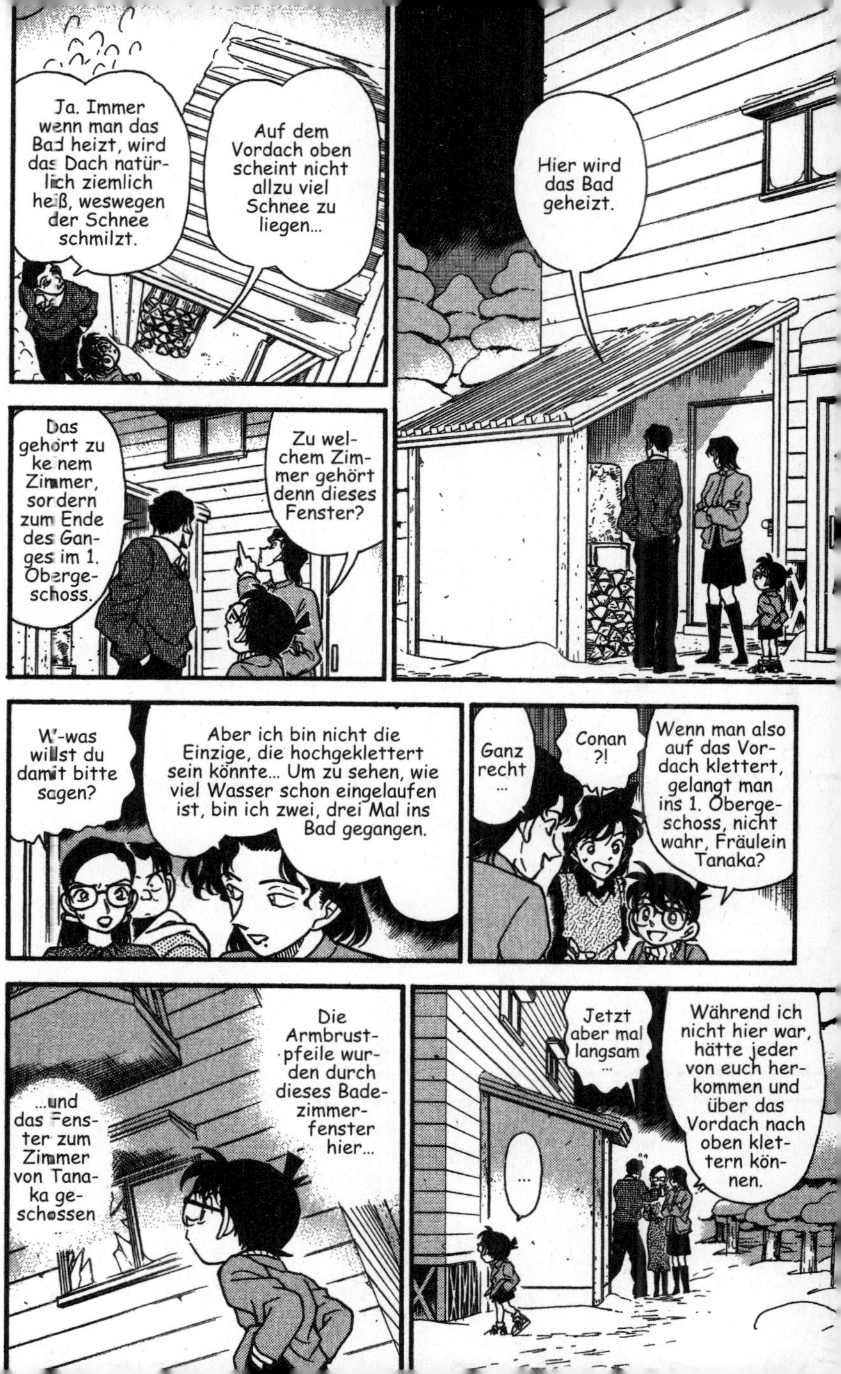
Hier wird das Bad geheizt.
Auf dem Vordach oben scheint nicht allzu viel Schnee zu liegen...
Ja. Immer wenn man das Bad heizt, wird das Dach natürlich ziemlich heiß, weswegen der Schnee schmilzt.
Zu welchem Zimmer gehört denn dieses Fenster?
Das gehört zu keinem Zimmer, sondern zum Ende des Ganges im 1. Obergeschoss.
Wenn man also auf das Vordach klettert, gelangt man ins 1. Obergeschoss, nicht wahr, Fräulein Tanaka?
Conan ?!
Ganz recht ...
Aber ich bin nicht die Einzige, die hochgeklettert sein könnte... Um zu sehen, wie viel Wasser schon eingelaufen ist, bin ich zwei, drei Mal ins Bad gegangen.
W-was willst du damit bitte sagen?
Während ich nicht hier war, hätte jeder von euch herkommen und über das Vordach nach oben klettern können.
Jetzt aber mal langsam ...
...
Die Armbrustpfeile wurden durch dieses Badezimmerfenster hier...
...und das Fenster zum Zimmer von Tanaka geschossen ...

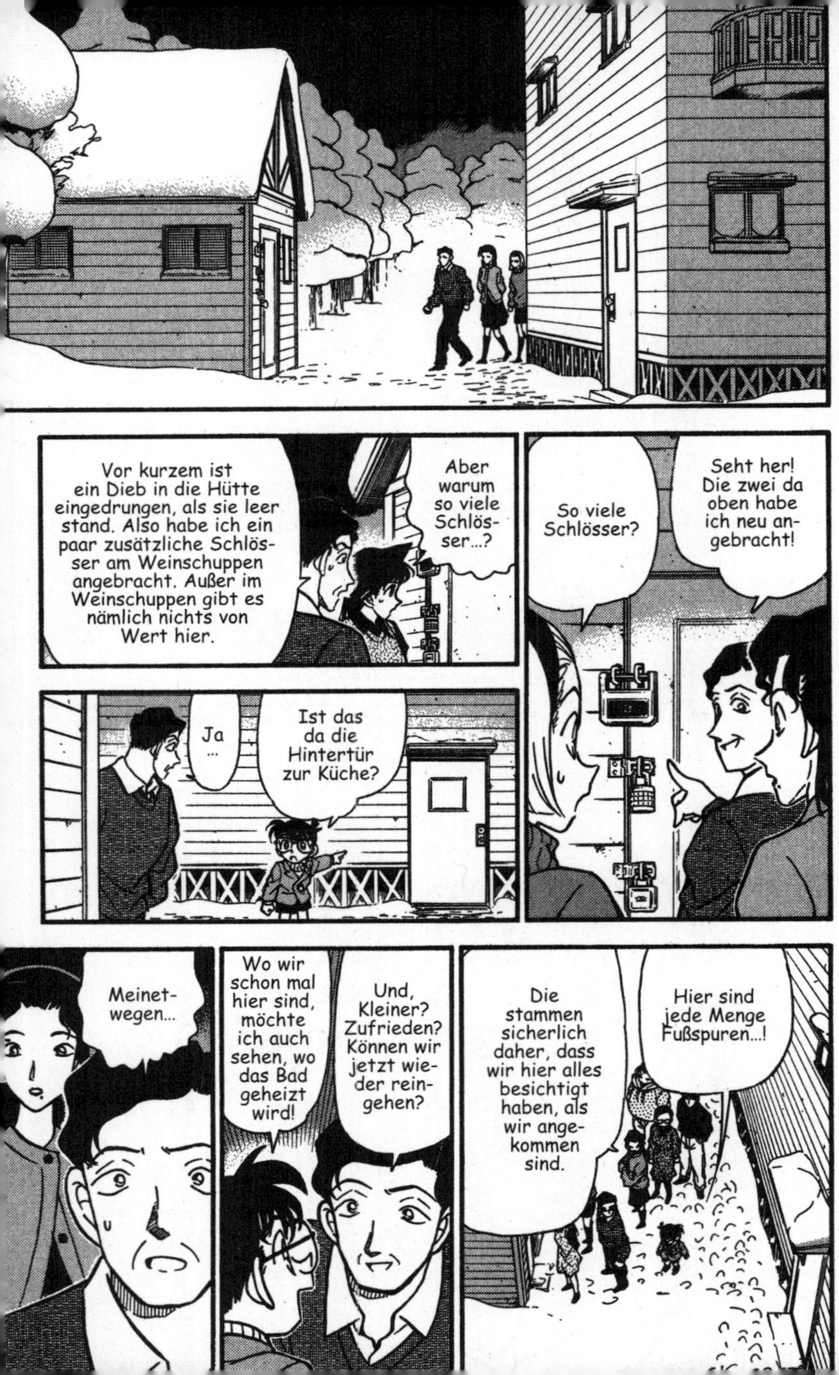

Seht her! Die zwei da oben habe ich neu angebracht!
So viele Schlösser?
Aber warum so viele Schlösser...?
Vor kurzem ist ein Dieb in die Hütte eingedrungen, als sie leer stand. Also habe ich ein paar zusätzliche Schlösser am Weinschuppen angebracht. Außer im Weinschuppen gibt es nämlich nichts von Wert hier.
Ist das da die Hintertür zur Küche?
Ja ...
Hier sind jede Menge Fußspuren...!
Die stammen sicherlich daher, dass wir hier alles besichtigt haben, als wir angekommen sind.
Und, Kleiner? Zufrieden? Können wir jetzt wieder reingehen?
Wo wir schon mal hier sind, möchte ich auch sehen, wo das Bad geheizt wird!
Meinetwegen...

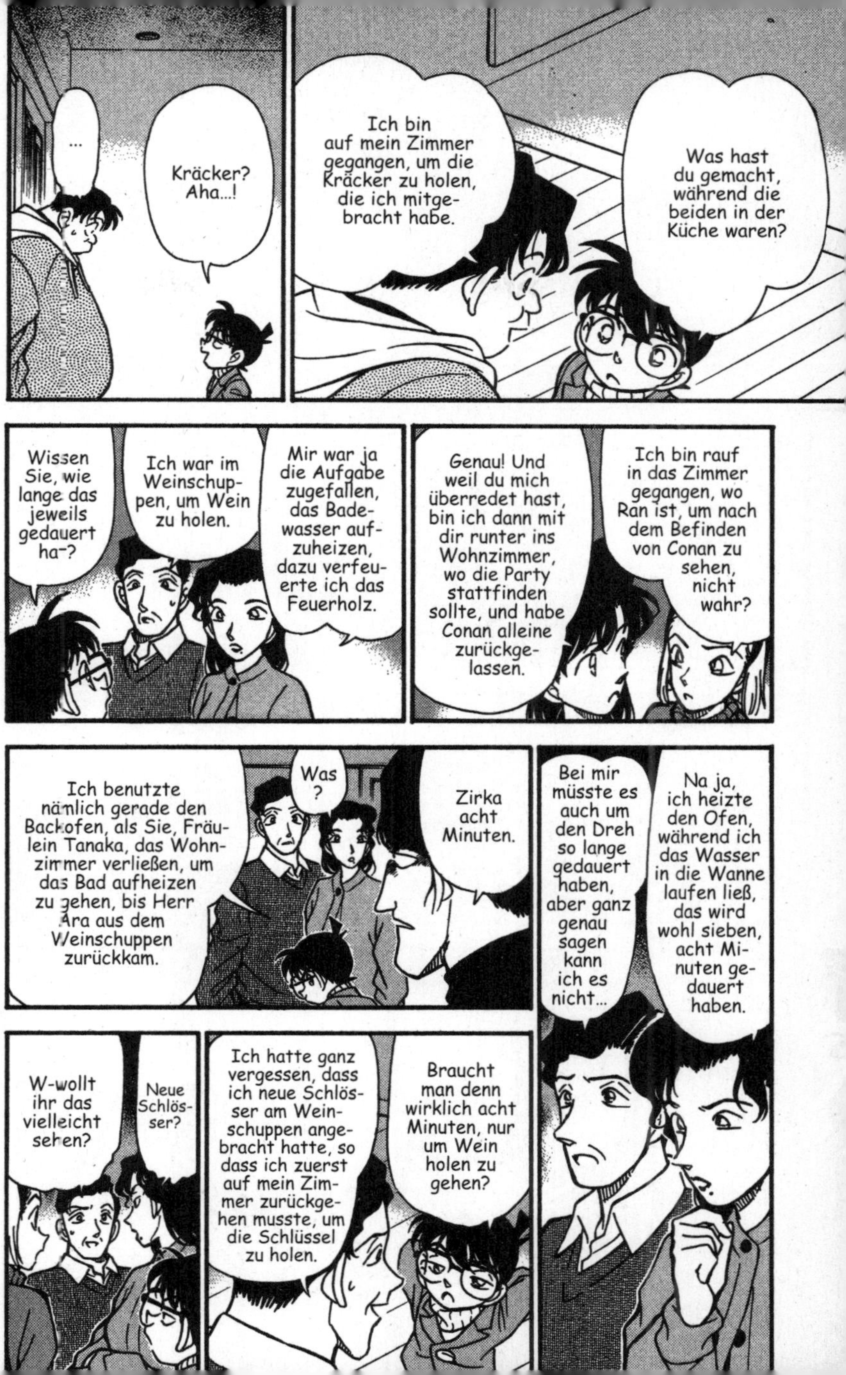
Was hast du gemacht, während die beiden in der Küche waren?
Ich bin auf mein Zimmer gegangen, um die Kräcker zu holen, die ich mitgebracht habe.
Kräcker? Aha...!
...
Ich bin rauf in das Zimmer gegangen, wo Ran ist, um nach dem Befinden von Conan zu sehen, nicht wahr?
Genau! Und weil du mich überredet hast, bin ich dann mit dir runter ins Wohnzimmer, wo die Party stattfinden sollte, und habe Conan alleine zurückgelassen.
Mir war ja die Aufgabe zugefallen, das Badewasser aufzuheizen, dazu verfeuerte ich das Feuerholz.
Ich war im Weinschuppen, um Wein zu holen.
Wissen Sie, wie lange das jeweils gedauert ha-?
Na ja, ich heizte den Ofen, während ich das Wasser in die Wanne laufen ließ, das wird wohl sieben, acht Minuten gedauert haben.
Bei mir müsste es auch um den Dreh so lange gedauert haben, aber ganz genau sagen kann ich es nicht...
Zirka acht Minuten.
Was?
Ich benutzte nämlich gerade den Backofen, als Sie, Fräulein Tanaka, das Wohnzimmer verließen, um das Bad aufheizen zu gehen, bis Herr Ara aus dem Weinschuppen zurückkam.
Braucht man denn wirklich acht Minuten, nur um Wein holen zu gehen?
Ich hatte ganz vergessen, dass ich neue Schlösser am Weinschuppen angebracht hatte, so dass ich zuerst auf mein Zimmer zurückgehen musste, um die Schlüssel zu holen.
Neue Schlösser?
W-wollt ihr das vielleicht sehen?

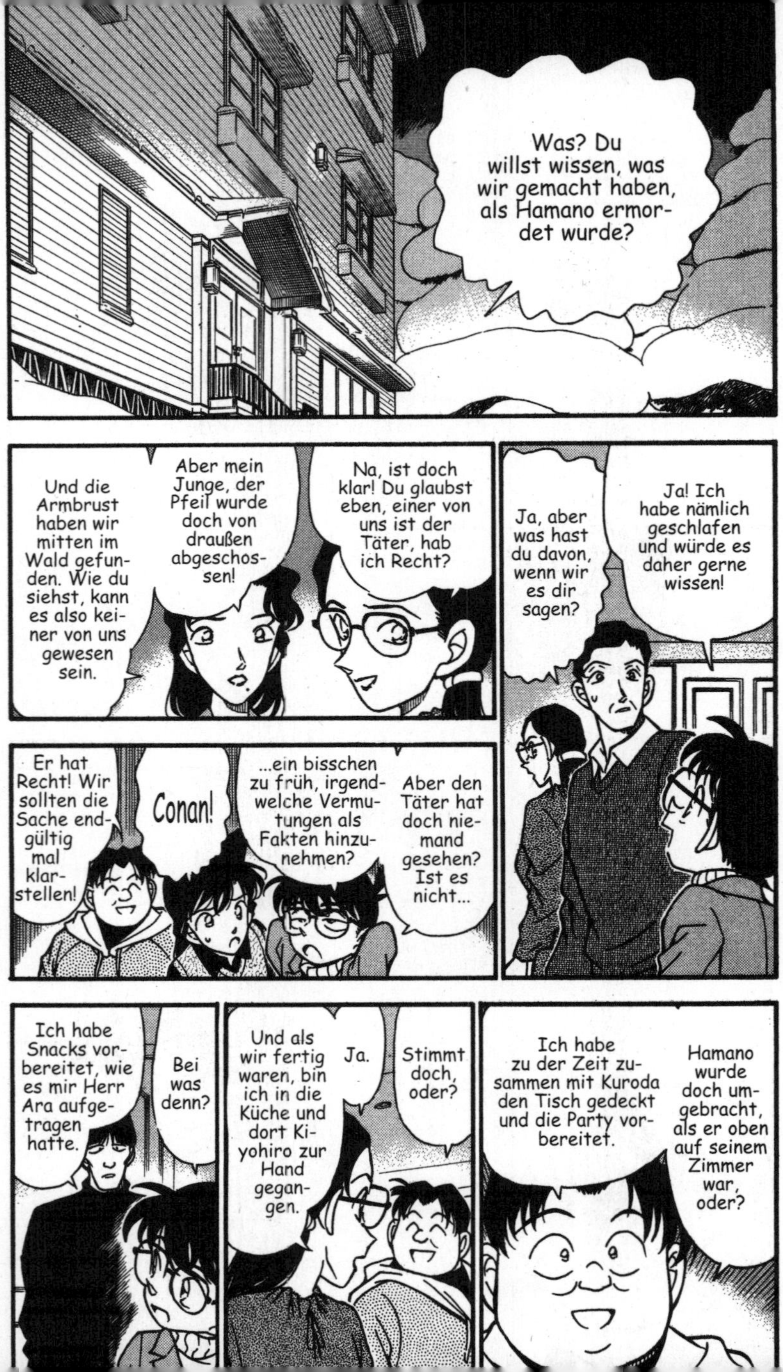
Was? Du willst wissen, was wir gemacht haben, als Hamano ermordet wurde?
Ja! Ich habe nämlich geschlafen und würde es daher gerne wissen!
Ja, aber was hast du davon, wenn wir es dir sagen?
Na, ist doch klar! Du glaubst eben, einer von uns ist der Täter, hab ich Recht?
Aber mein Junge, der Pfeil wurde doch von draußen abgeschossen!
Und die Armbrust haben wir mitten im Wald gefunden. Wie du siehst, kann es also keiner von uns gewesen sein.
Aber den Täter hat doch niemand gesehen? Ist es nicht...
...ein bisschen zu früh, irgendwelche Vermutungen als Fakten hinzunehmen?
Conan!
Er hat Recht! Wir sollten die Sache endgültig mal klarstellen!
Hamano wurde doch umgebracht, als er oben auf seinem Zimmer war, oder?
Ich habe zu der Zeit zusammen mit Kuroda den Tisch gedeckt und die Party vorbereitet.
Stimmt doch, oder?
Ja.
Und als wir fertig waren, bin ich in die Küche und dort Kiyohiro zur Hand gegangen.
Bei was denn?
Ich habe Snacks vorbereitet, wie es mir Herr Ara aufgetragen hatte.

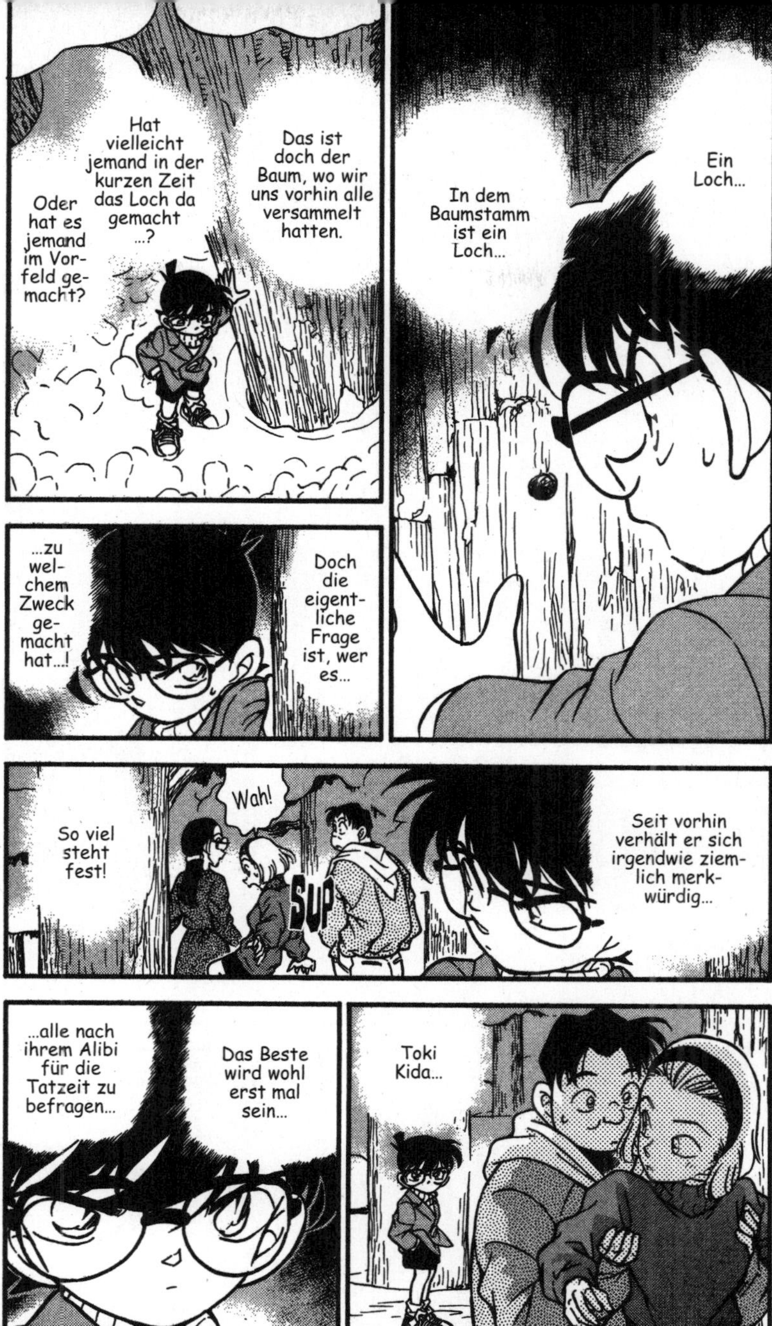

Ein Loch...
In dem Baumstamm ist ein Loch...
Das ist doch der Baum, wo wir uns vorhin alle versammelt hatten.
Hat vielleicht jemand in der kurzen Zeit das Loch da gemacht ...?
Oder hat es jemand im Vorfeld gemacht?
Doch die eigentliche Frage ist, wer es...
...zu welchem Zweck gemacht hat...!
Seit vorhin verhält er sich irgendwie ziemlich merkwürdig...
Wah!
SUP
So viel steht fest!
Toki Kida...
Das Beste wird wohl erst mal sein...
...alle nach ihrem Alibi für die Tatzeit zu befragen...

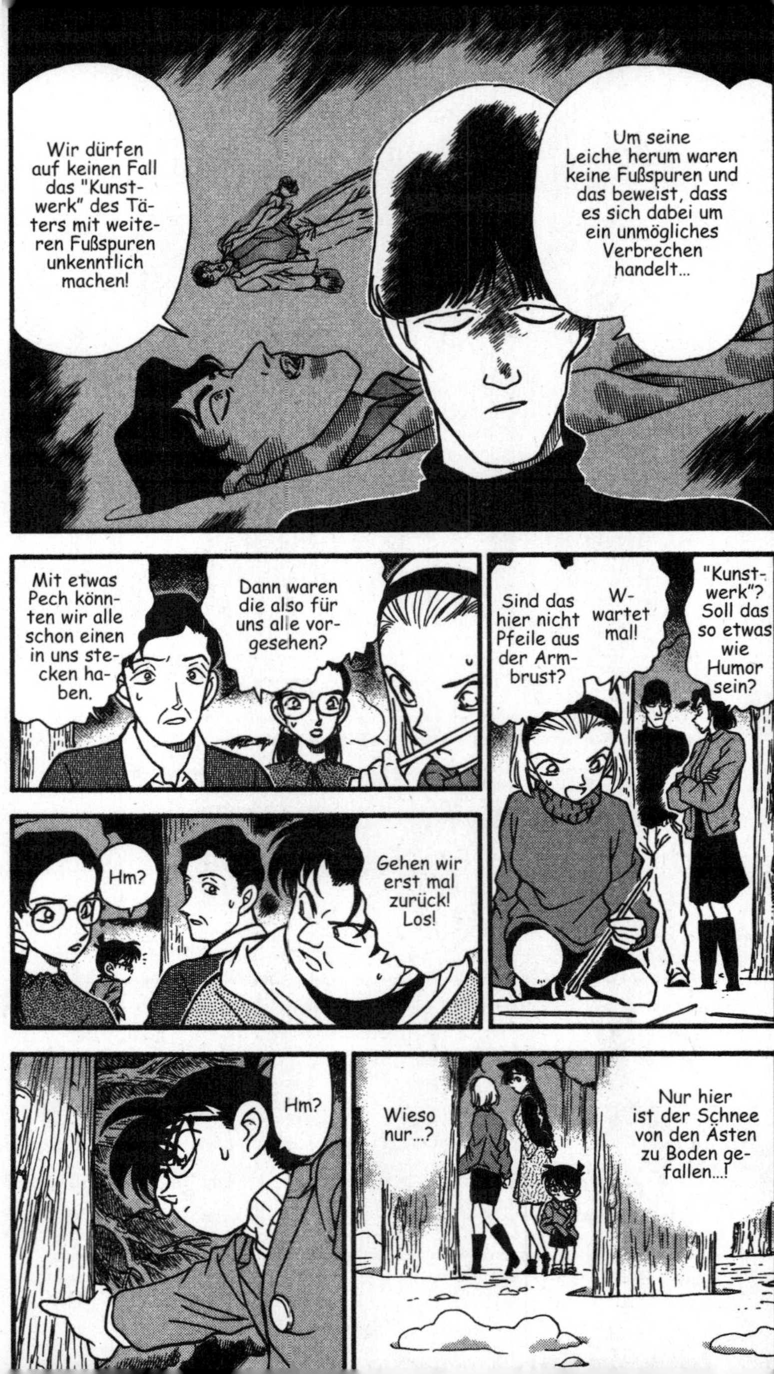
Um seine Leiche herum waren keine Fußspuren und das beweist, dass es sich dabei um ein unmögliches Verbrechen handelt...
Wir dürfen auf keinen Fall das "Kunstwerk" des Täters mit weiteren Fußspuren unkenntlich machen!
"Kunstwerk"? Soll das so etwas wie Humor sein?
W- wartet mal!
Sind das hier nicht Pfeile aus der Armbrust?
Dann waren die also für uns alle vorgesehen?
Mit etwas Pech könnten wir alle schon einen in uns stecken haben.
Gehen wir erst mal zurück! Los!
Hm?
Nur hier ist der Schnee von den Ästen zu Boden gefallen...!
Wieso nur...?
Hm?

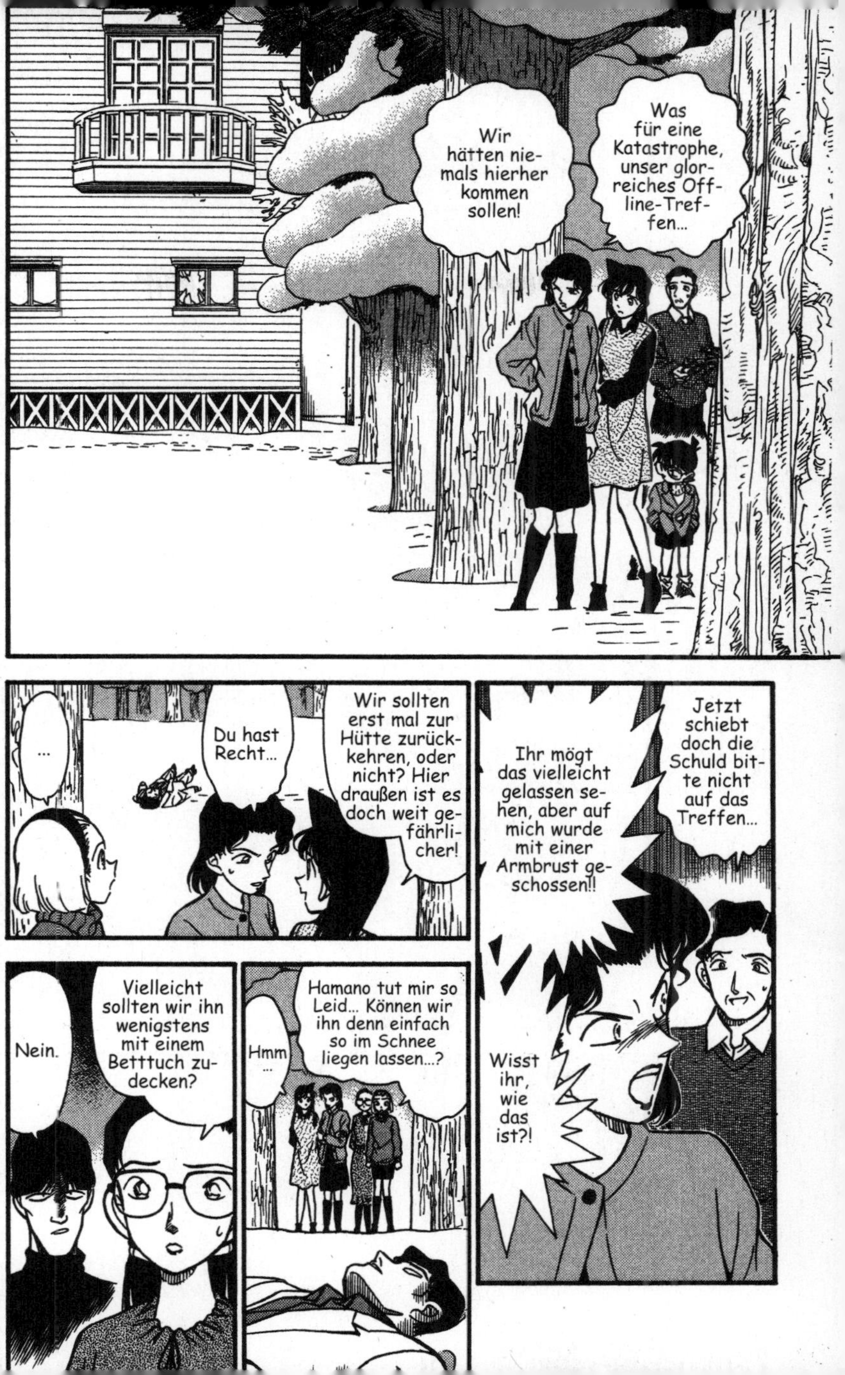

Was für eine Katastrophe, unser glorreiches Offline-Treffen...
Wir hätten niemals hierher kommen sollen!
Jetzt schiebt doch die Schuld bitte nicht auf das Treffen...
Ihr mögt das vielleicht gelassen sehen, aber auf mich wurde mit einer Armbrust geschossen!!
Wisst ihr, wie das ist?!
Wir sollten erst mal zur Hütte zurückkehren, oder nicht? Hier draußen ist es doch weit gefährlicher!
Du hast Recht...
...
Hamano tut mir so Leid... Können wir ihn denn einfach so im Schnee liegen lassen...?
Hmm...
Vielleicht sollten wir ihn wenigstens mit einem Betttuch zudecken?
Nein.

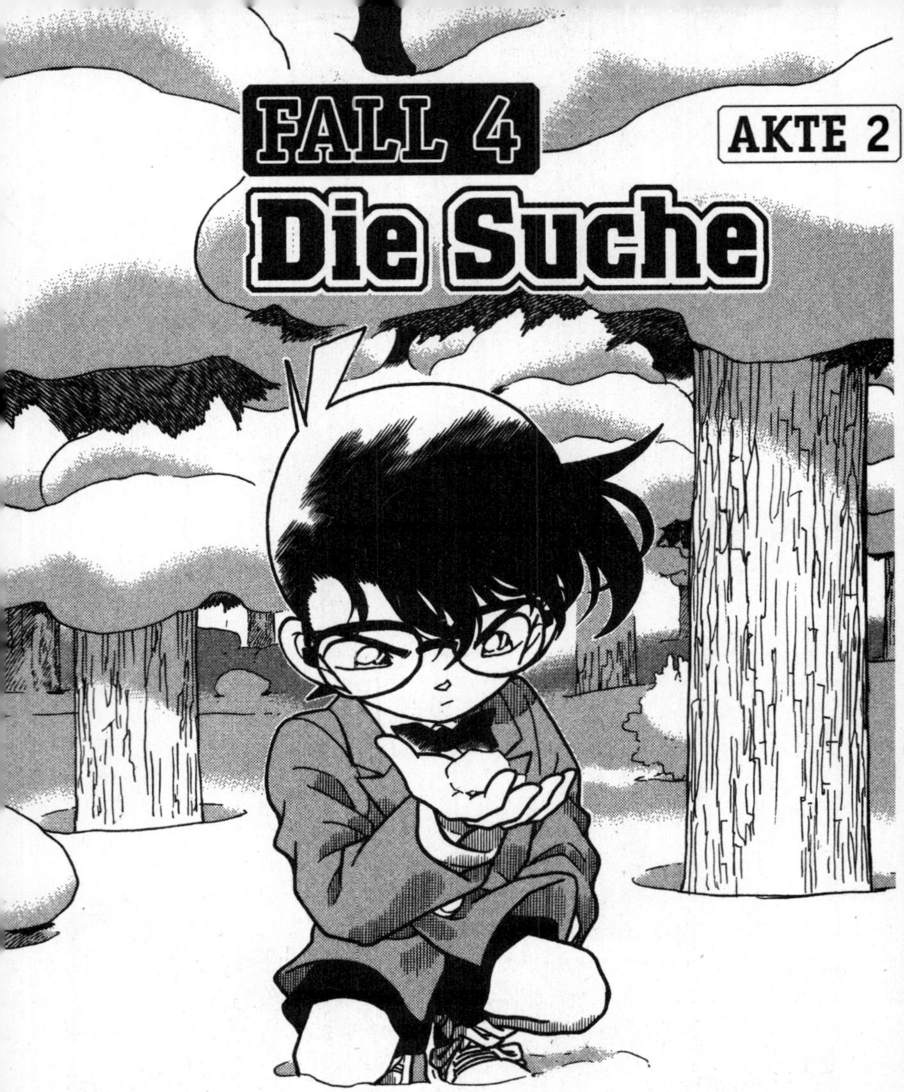
FALL 4
AKTE 2
Die Suche

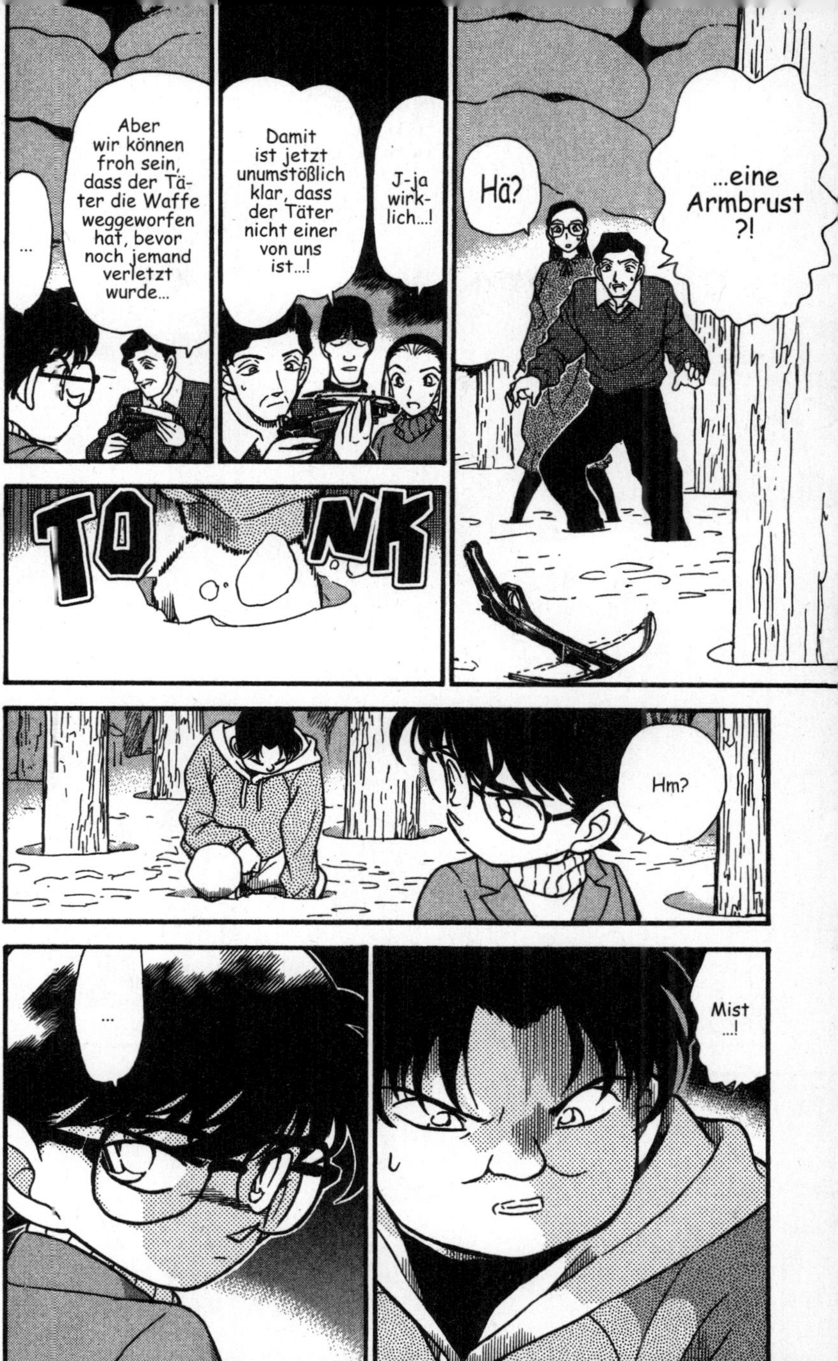
...eine Armbrust ?!
Hä?
J-ja wirklich...!
Damit ist jetzt unumstößlich klar, dass der Täter nicht einer von uns ist...!
Aber wir können froh sein, dass der Täter die Waffe weggeworfen hat, bevor noch jemand verletzt wurde...
...
TONK
Hm?
Mist ...!
...

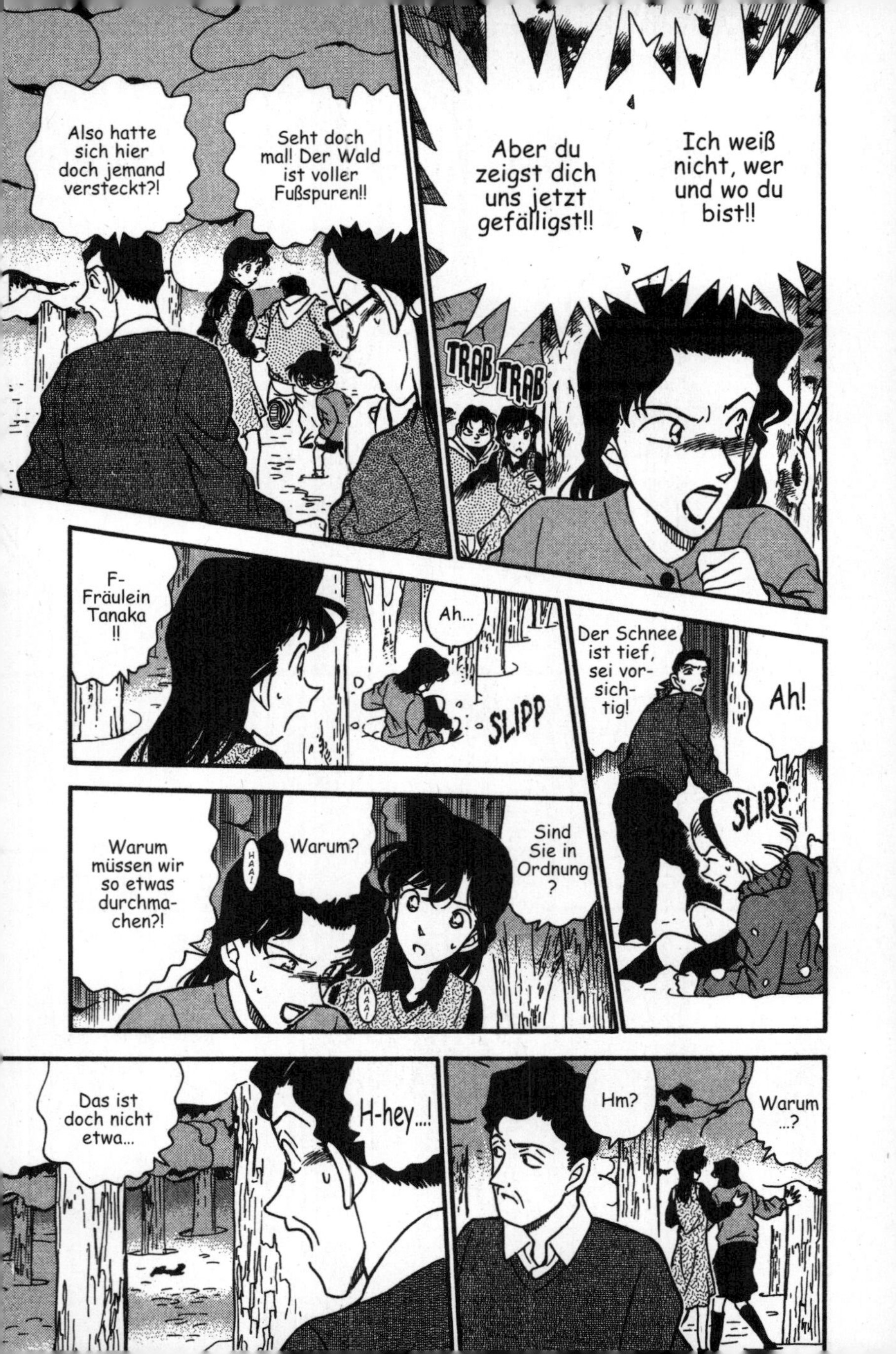
Ich weiß nicht, wer und wo du bist!!
Aber du zeigst dich uns jetzt gefälligst!!
TRAB TRAB
Seht doch mal! Der Wald ist voller Fußspuren!!
Also hatte sich hier doch jemand versteckt?!
Ah!
SLIPP
Der Schnee ist tief, sei vorsichtig!
Ah...
SLIPP
F-Fräulein Tanaka!!
Sind Sie in Ordnung?
Warum?
Warum müssen wir so etwas durchmachen?!
Warum ...?
Hm?
H-hey...!
Das ist doch nicht etwa...

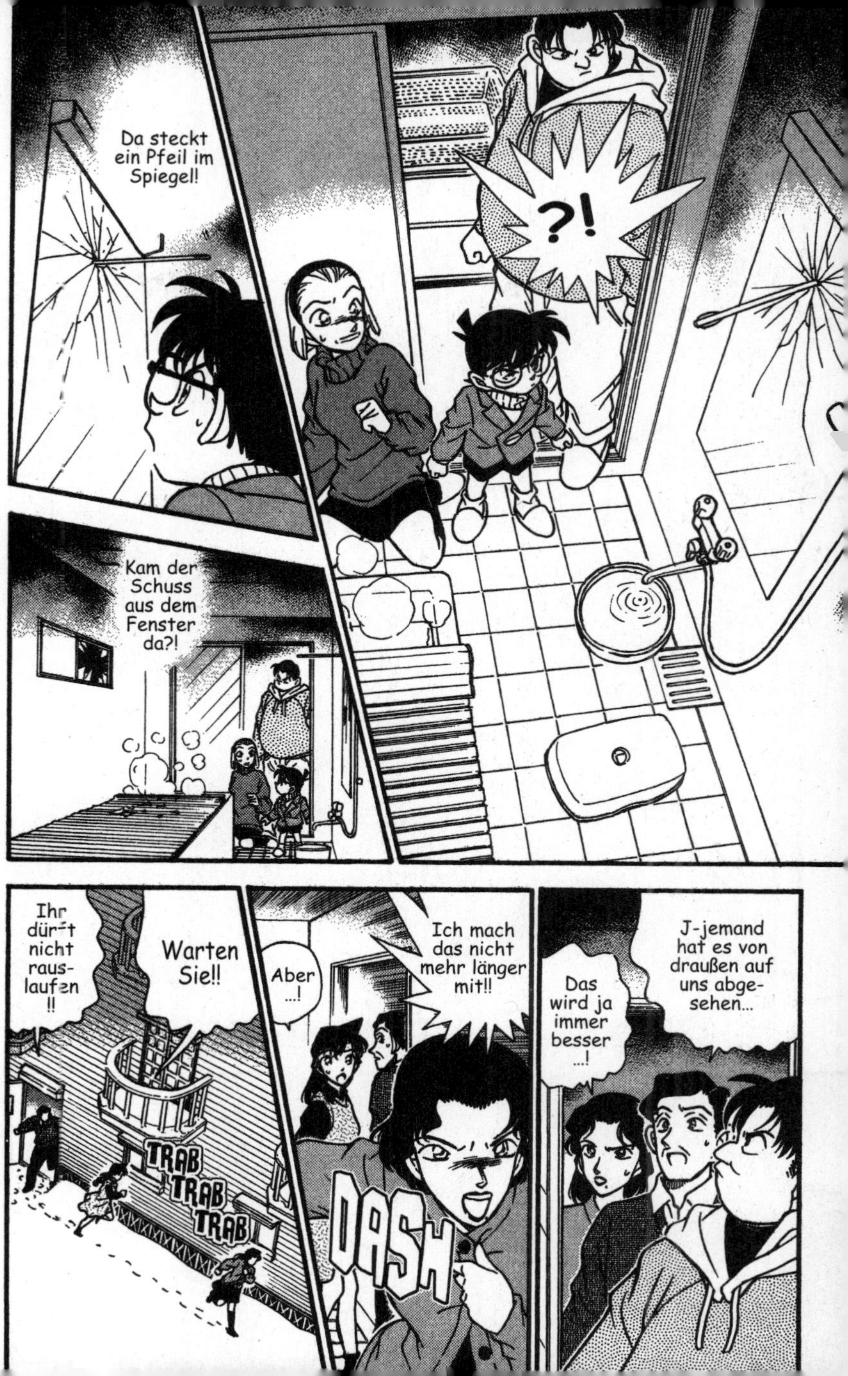
?!
Da steckt ein Pfeil im Spiegel!
Kam der Schuss aus dem Fenster da?!
J-jemand hat es von draußen auf uns abgesehen...
Das wird ja immer besser ...!
Ich mach das nicht mehr länger mit!!
Aber ...!
DASH
Warten Sie!!
Ihr dürft nicht raus-laufen !!
TRAB TRAB TRAB

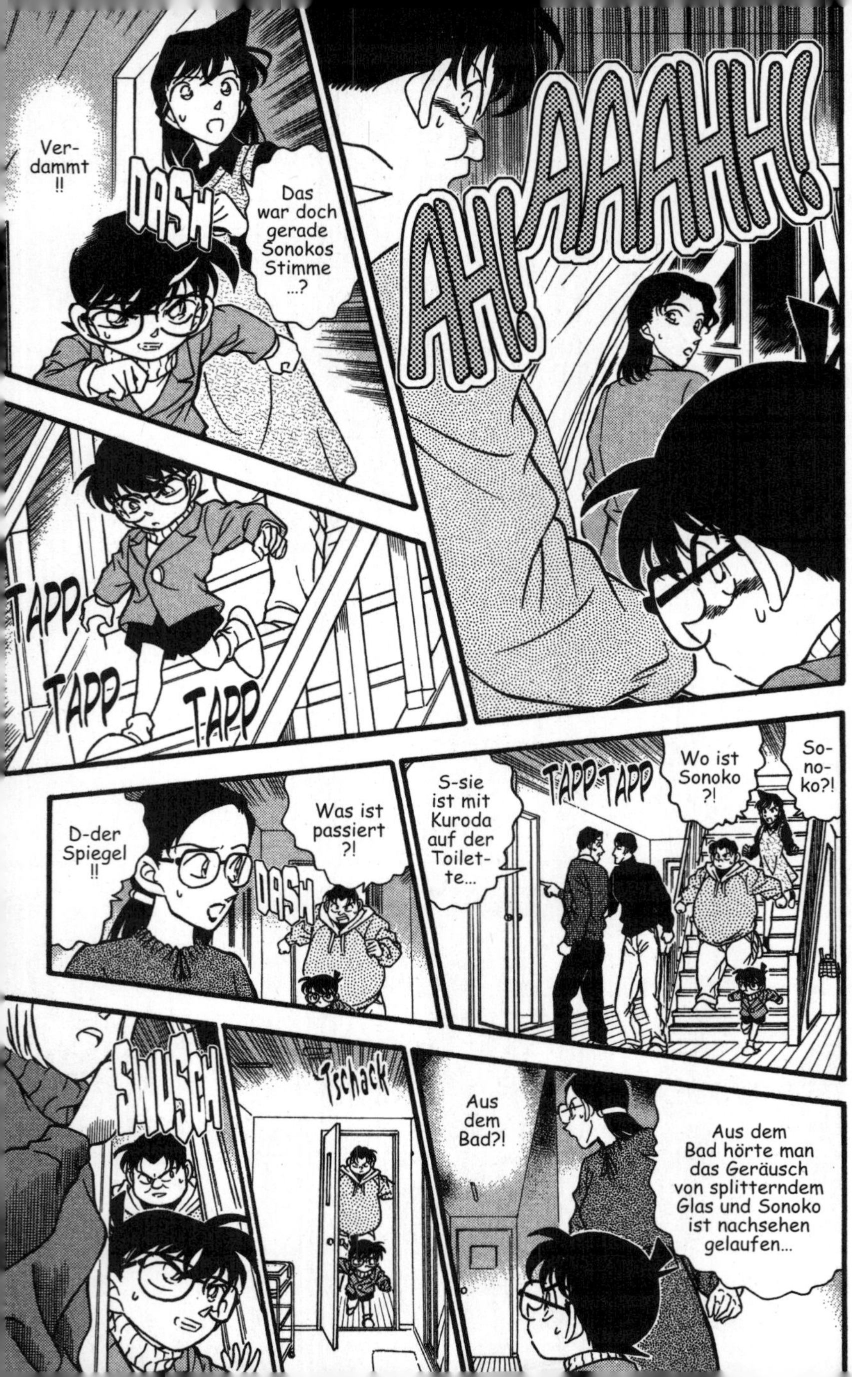
AH! AAAHH!
Das war doch gerade Sonokos Stimme ...?
DASH
Ver-dammt !!
TAPP TAPP TAPP
So-no-ko?!
Wo ist Sonoko ?!
TAPP TAPP
S-sie ist mit Kuroda auf der Toilet-te...
Was ist passiert ?!
DASH
D-der Spiegel !!
Aus dem Bad hörte man das Geräusch von splitterndem Glas und Sonoko ist nachsehen gelaufen...
Aus dem Bad?!
Tschack
SWUSCH

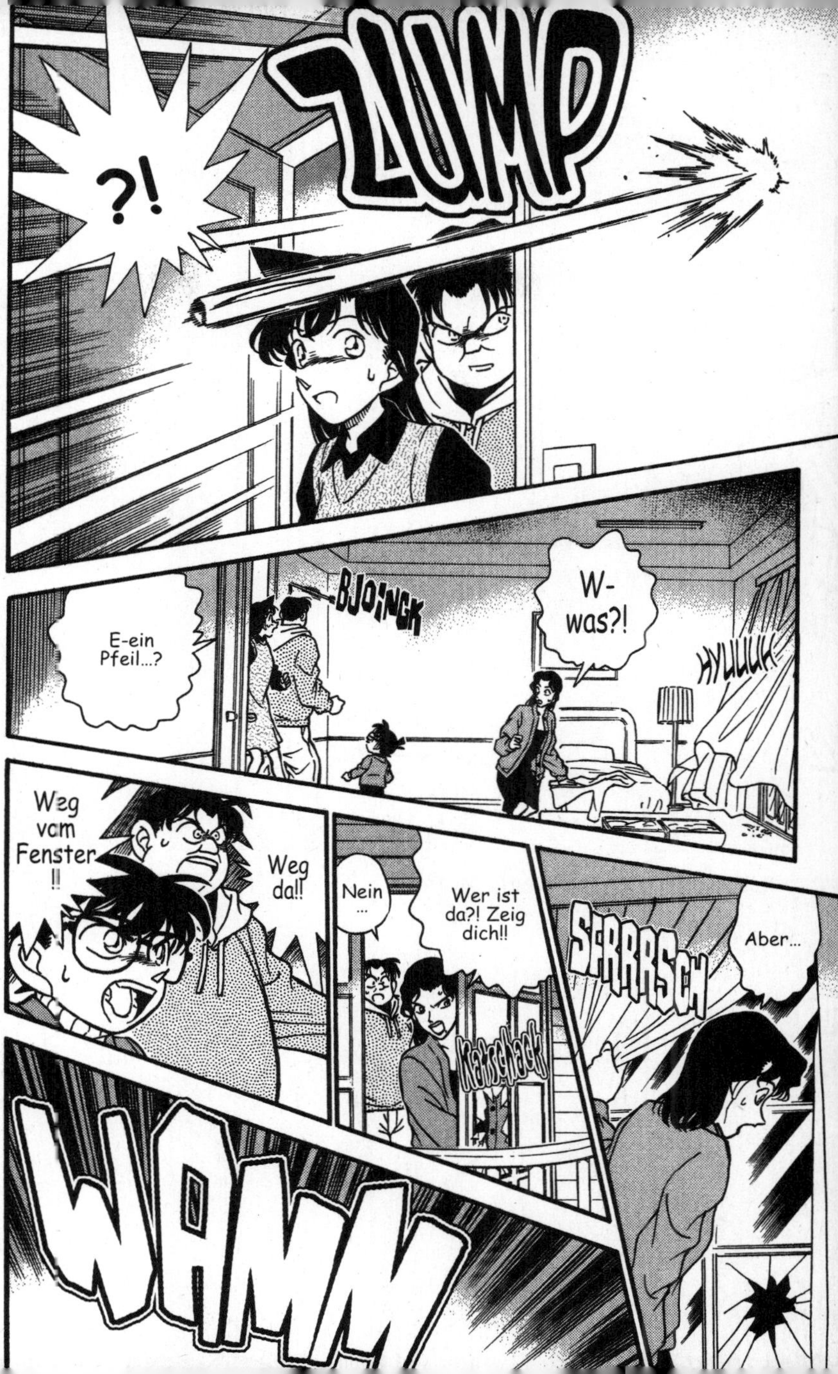

ZUMP
?!
W-
was?!
HYUUUH
BJOINGK
E-ein Pfeil...?
Aber...
SFRRRSCH
Wer ist da?! Zeig dich!!
Nein ...
Katschack
Weg da!!
Weg vom Fenster !!
WAMM

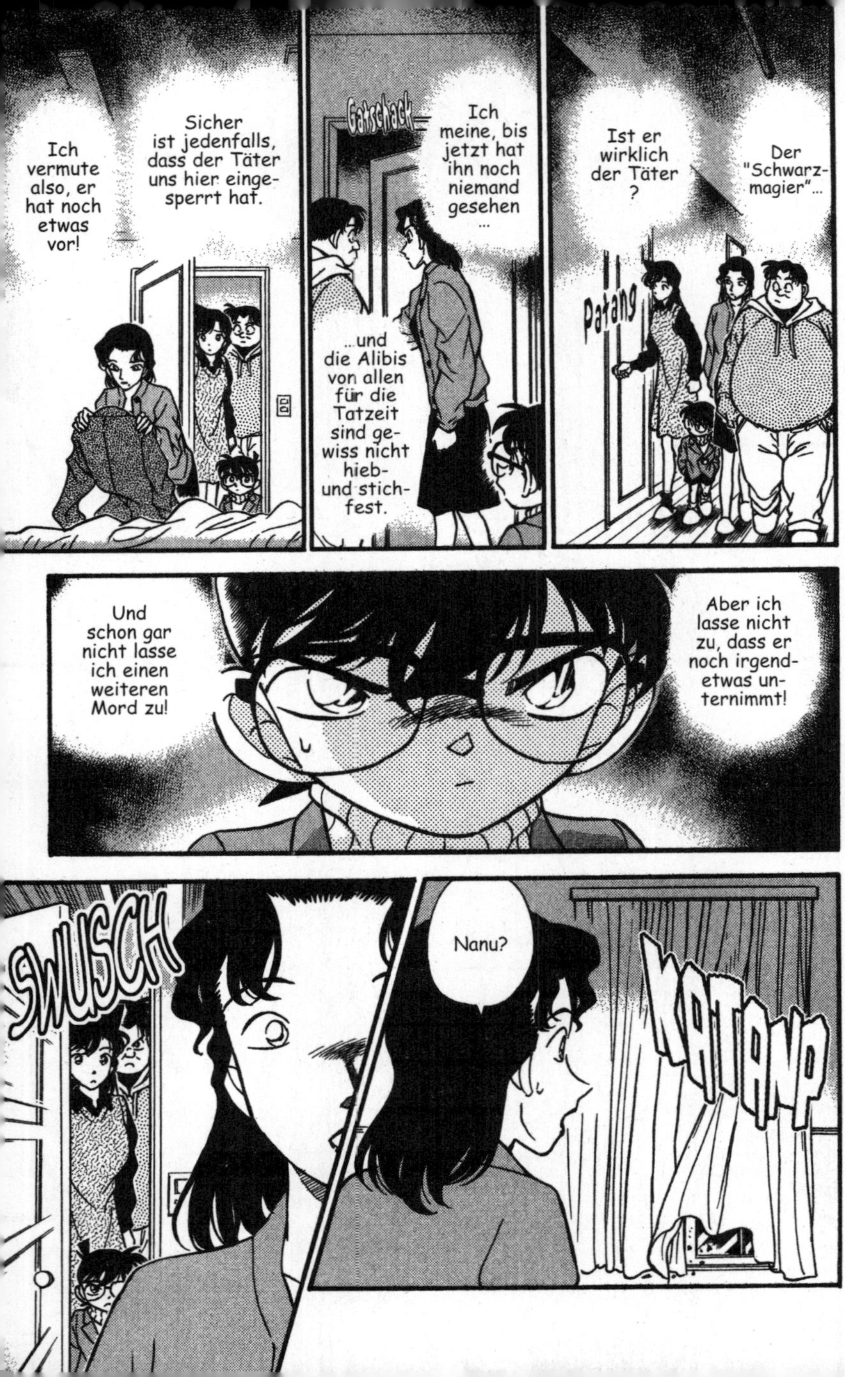
Der "Schwarzmagier"...
Ist er wirklich der Täter?
Patang
Ich meine, bis jetzt hat ihn noch niemand gesehen ...
Gatschack
...und die Alibis von allen für die Tatzeit sind gewiss nicht hieb- und stichfest.
Sicher ist jedenfalls, dass der Täter uns hier eingesperrt hat.
Ich vermute also, er hat noch etwas vor!
Aber ich lasse nicht zu, dass er noch irgendetwas unternimmt!
Und schon gar nicht lasse ich einen weiteren Mord zu!
KATANP
Nanu?
SWUSCH

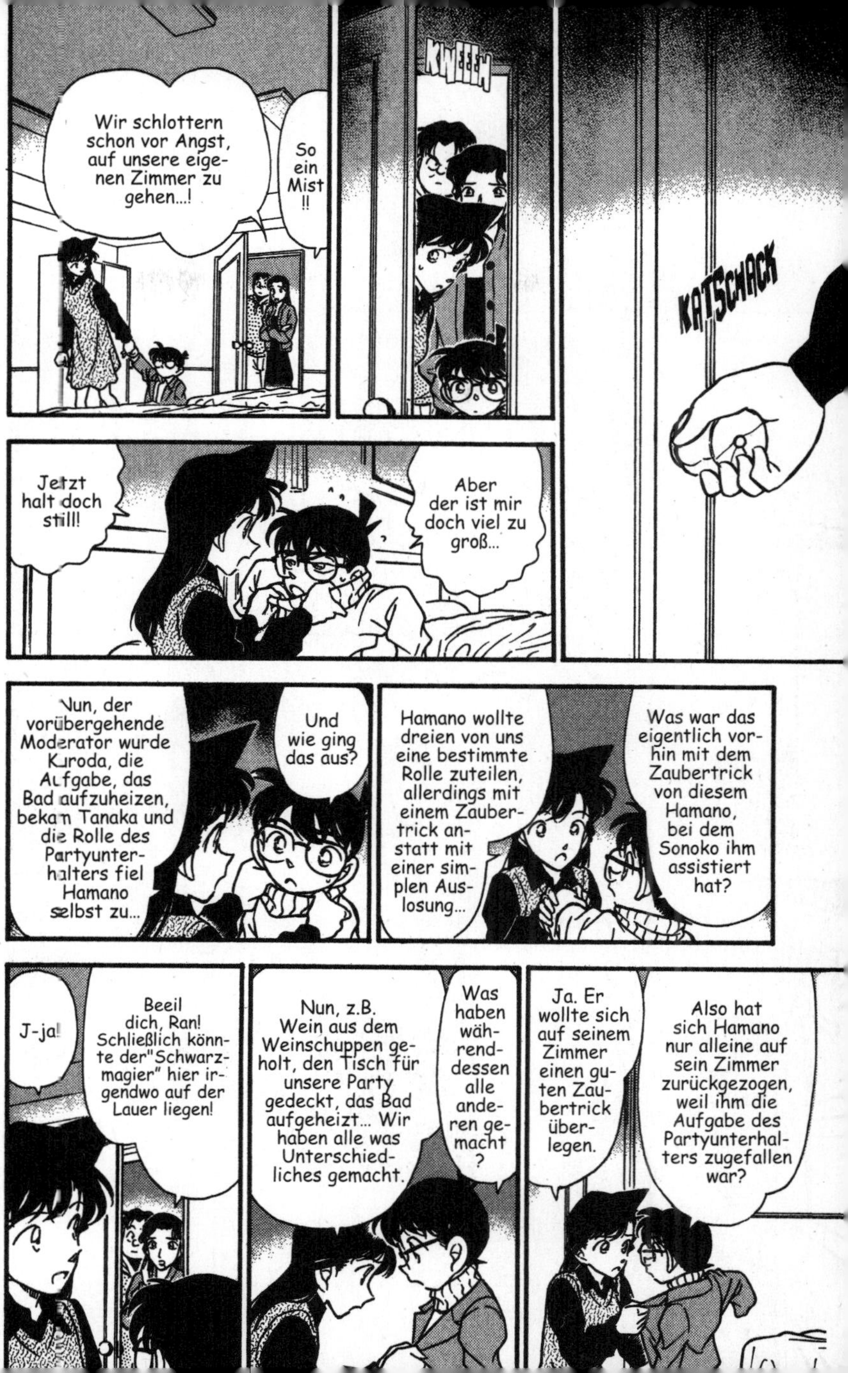

KATSCHACK
KWEEEH
So ein Mist!!
Wir schlottern schon vor Angst, auf unsere eigenen Zimmer zu gehen...!
Aber der ist mir doch viel zu groß...
Jetzt halt doch still!
Was war das eigentlich vorhin mit dem Zaubertrick von diesem Hamano, bei dem Sonoko ihm assistiert hat?
Hamano wollte dreien von uns eine bestimmte Rolle zuteilen, allerdings mit einem Zaubertrick anstatt mit einer simplen Auslosung...
Und wie ging das aus?
Nun, der vorübergehende Moderator wurde Kuroda, die Aufgabe, das Bad aufzuheizen, bekam Tanaka und die Rolle des Partyunterhalters fiel Hamano selbst zu...
Also hat sich Hamano nur alleine auf sein Zimmer zurückgezogen, weil ihm die Aufgabe des Partyunterhalters zugefallen war?
Ja. Er wollte sich auf seinem Zimmer einen guten Zaubertrick überlegen.
Was haben währenddessen alle anderen gemacht?
Nun, z.B. Wein aus dem Weinschuppen geholt, den Tisch für unsere Party gedeckt, das Bad aufgeheizt... Wir haben alle was Unterschiedliches gemacht.
Beeil dich, Ran! Schließlich könnte der "Schwarzmagier" hier irgendwo auf der Lauer liegen!
J-ja!

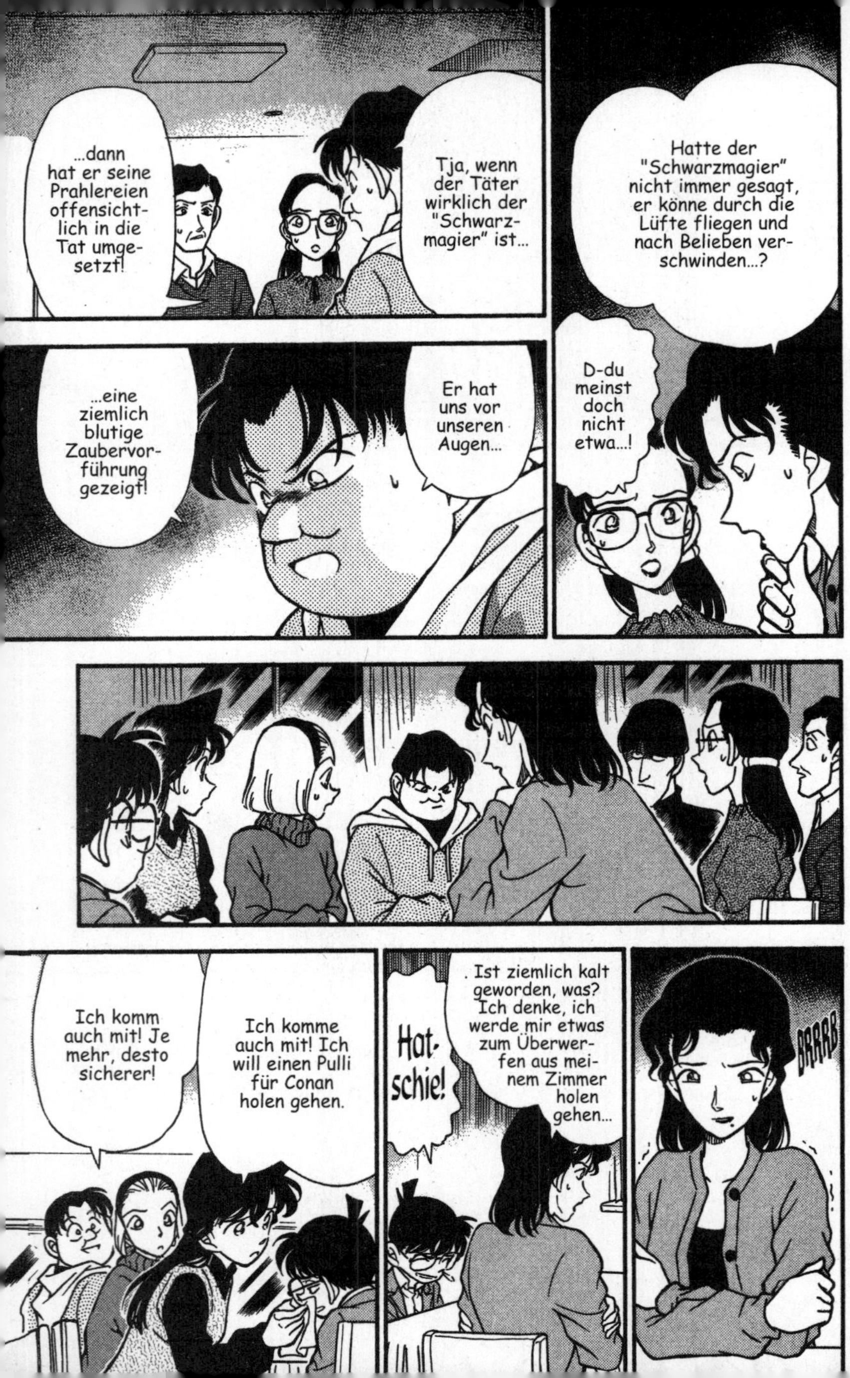
Hatte der "Schwarzmagier" nicht immer gesagt, er könne durch die Lüfte fliegen und nach Belieben verschwinden...?
Tja, wenn der Täter wirklich der "Schwarzmagier" ist...
...dann hat er seine Prahlereien offensichtlich in die Tat umgesetzt!
D-du meinst doch nicht etwa...!
Er hat uns vor unseren Augen...
...eine ziemlich blutige Zaubervorführung gezeigt!
BRRRB
Ist ziemlich kalt geworden, was? Ich denke, ich werde mir etwas zum Überwerfen aus meinem Zimmer holen gehen...
Hatschie!
Ich komme auch mit! Ich will einen Pulli für Conan holen gehen.
Ich komm auch mit! Je mehr, desto sicherer!

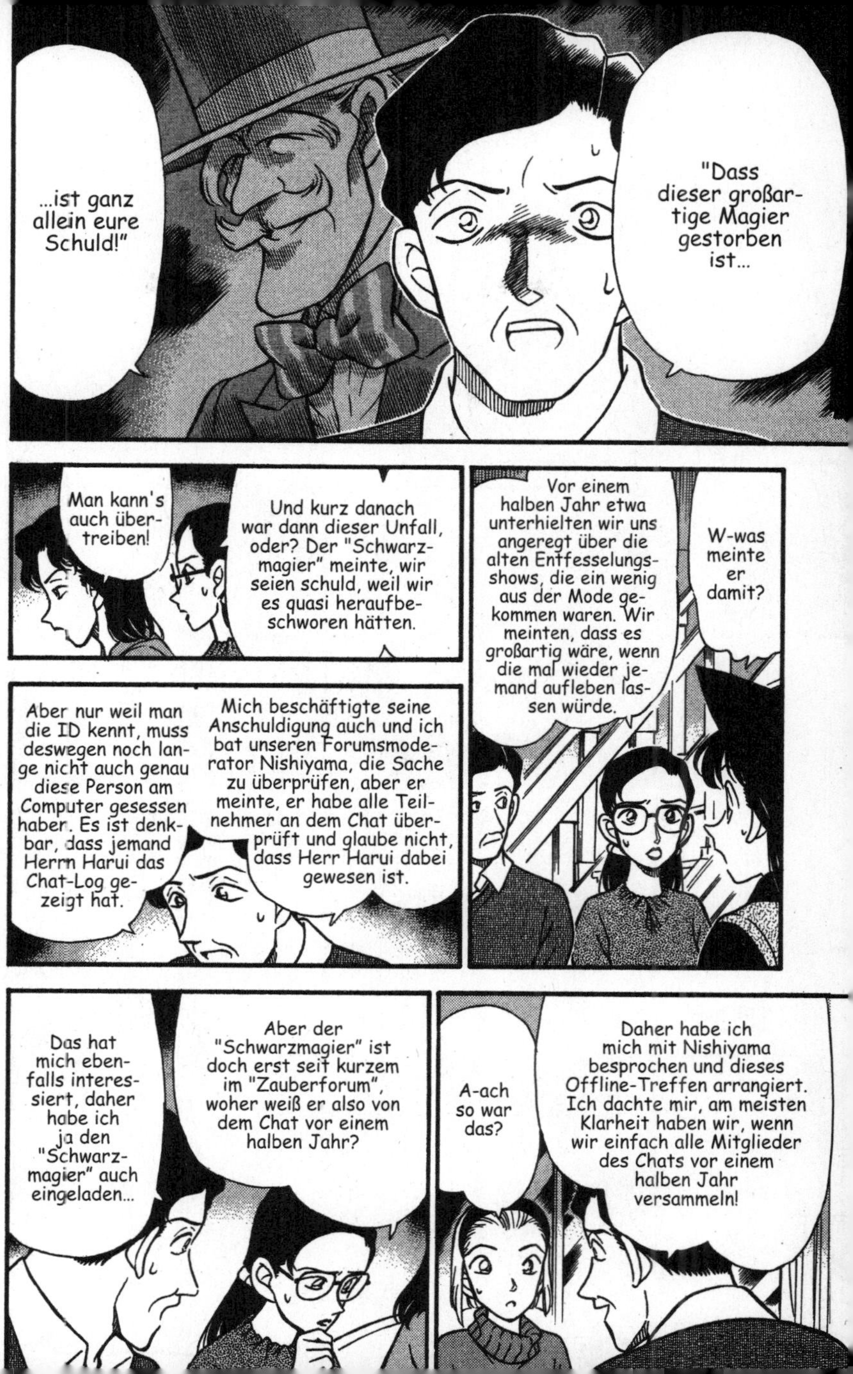
"Dass dieser großartige Magier gestorben ist...
...ist ganz allein eure Schuld!"
W-was meinte er damit?
Vor einem halben Jahr etwa unterhielten wir uns angeregt über die alten Entfesselungsshows, die ein wenig aus der Mode gekommen waren. Wir meinten, dass es großartig wäre, wenn die mal wieder jemand aufleben lassen würde.
Und kurz danach war dann dieser Unfall, oder? Der "Schwarzmagier" meinte, wir seien schuld, weil wir es quasi heraufbeschworen hätten.
Man kann's auch übertreiben!
Mich beschäftigte seine Anschuldigung auch und ich bat unseren Forumsmoderator Nishiyama, die Sache zu überprüfen, aber er meinte, er habe alle Teilnehmer an dem Chat überprüft und glaube nicht, dass Herr Harui dabei gewesen ist.
Aber nur weil man die ID kennt, muss deswegen noch lange nicht auch genau diese Person am Computer gesessen haben. Es ist denkbar, dass jemand Herrn Harui das Chat-Log gezeigt hat.
Daher habe ich mich mit Nishiyama besprochen und dieses Offline-Treffen arrangiert. Ich dachte mir, am meisten Klarheit haben wir, wenn wir einfach alle Mitglieder des Chats vor einem halben Jahr versammeln!
A-ach so war das?
Aber der "Schwarzmagier" ist doch erst seit kurzem im "Zauberforum", woher weiß er also von dem Chat vor einem halben Jahr?
Das hat mich ebenfalls interessiert, daher habe ich ja den "Schwarzmagier" auch eingeladen...

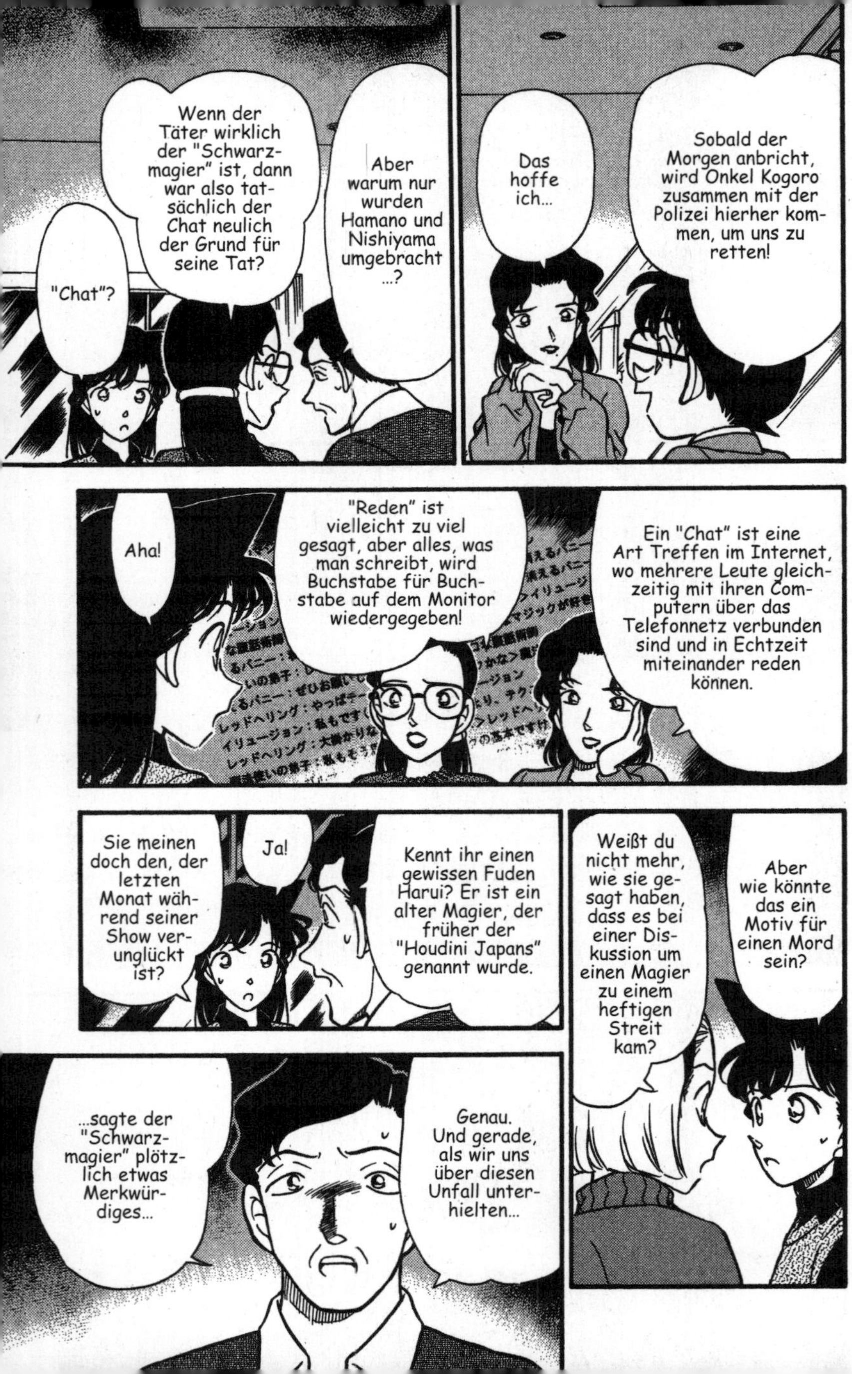
Sobald der Morgen anbricht, wird Onkel Kogoro zusammen mit der Polizei hierher kommen, um uns zu retten!
Das hoffe ich...
Aber warum nur wurden Hamano und Nishiyama umgebracht ...?
Wenn der Täter wirklich der "Schwarzmagier" ist, dann war also tatsächlich der Chat neulich der Grund für seine Tat?
"Chat"?
Ein "Chat" ist eine Art Treffen im Internet, wo mehrere Leute gleichzeitig mit ihren Computern über das Telefonnetz verbunden sind und in Echtzeit miteinander reden können.
"Reden" ist vielleicht zu viel gesagt, aber alles, was man schreibt, wird Buchstabe für Buchstabe auf dem Monitor wiedergegeben!
Aha!
Aber wie könnte das ein Motiv für einen Mord sein?
Weißt du nicht mehr, wie sie gesagt haben, dass es bei einer Diskussion um einen Magier zu einem heftigen Streit kam?
Kennt ihr einen gewissen Fuden Harui? Er ist ein alter Magier, der früher der "Houdini Japans" genannt wurde.
Ja!
Sie meinen doch den, der letzten Monat während seiner Show verunglückt ist?
Genau. Und gerade, als wir uns über diesen Unfall unterhielten...
...sagte der "Schwarzmagier" plötzlich etwas Merkwürdiges...

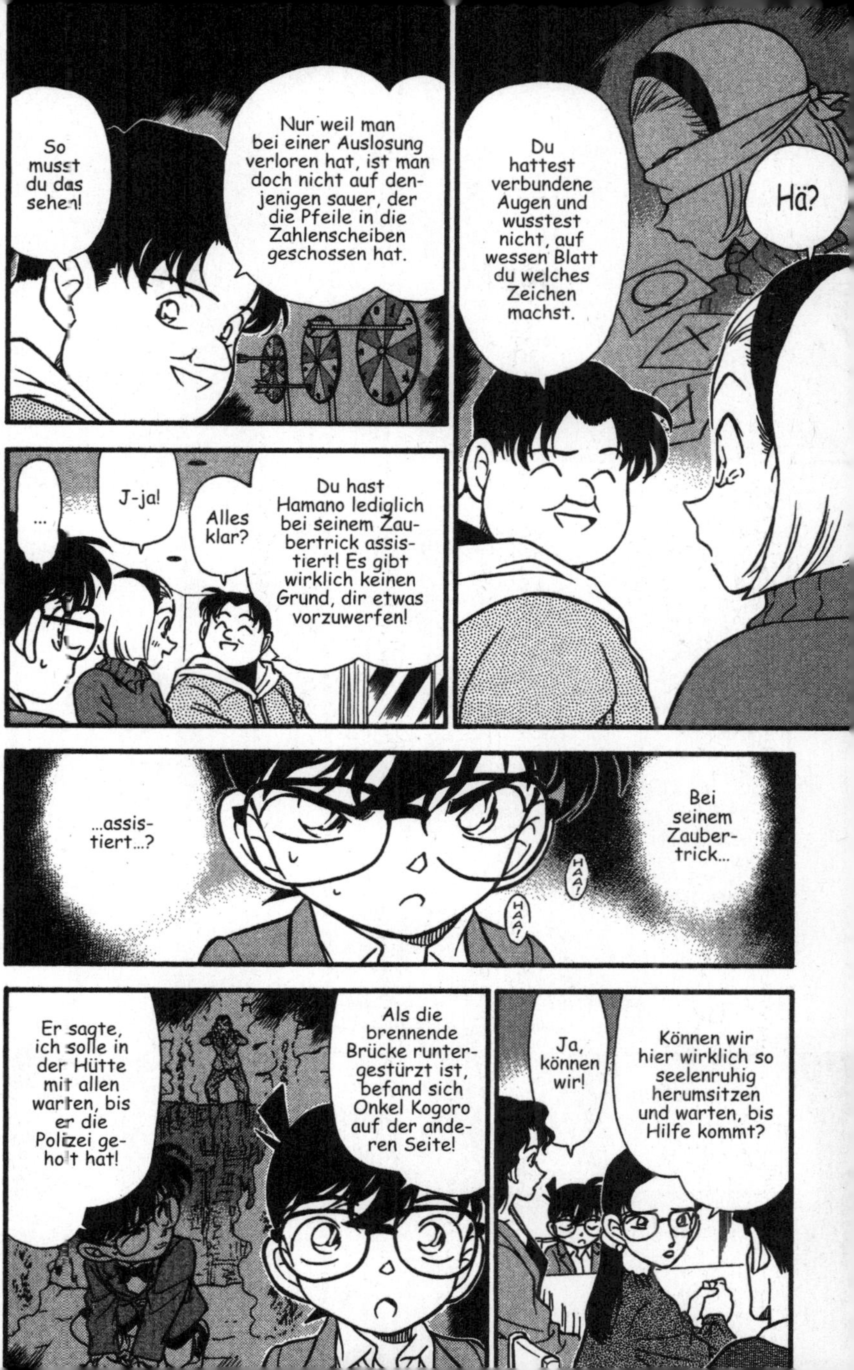

Hä?
Du hattest verbundene Augen und wusstest nicht, auf wessen Blatt du welches Zeichen machst.
Nur weil man bei einer Auslosung verloren hat, ist man doch nicht auf denjenigen sauer, der die Pfeile in die Zahlenscheiben geschossen hat.
So musst du das sehen!
Du hast Hamano lediglich bei seinem Zaubertrick assistiert! Es gibt wirklich keinen Grund, dir etwas vorzuwerfen!
Alles klar?
J-ja!
...
Bei seinem Zaubertrick...
HAA!
HAA!
...assistiert...?
Können wir hier wirklich so seelenruhig herumsitzen und warten, bis Hilfe kommt?
Ja, können wir!
Als die brennende Brücke runtergestürzt ist, befand sich Onkel Kogoro auf der anderen Seite!
Er sagte, ich solle in der Hütte mit allen warten, bis er die Polizei geholt hat!

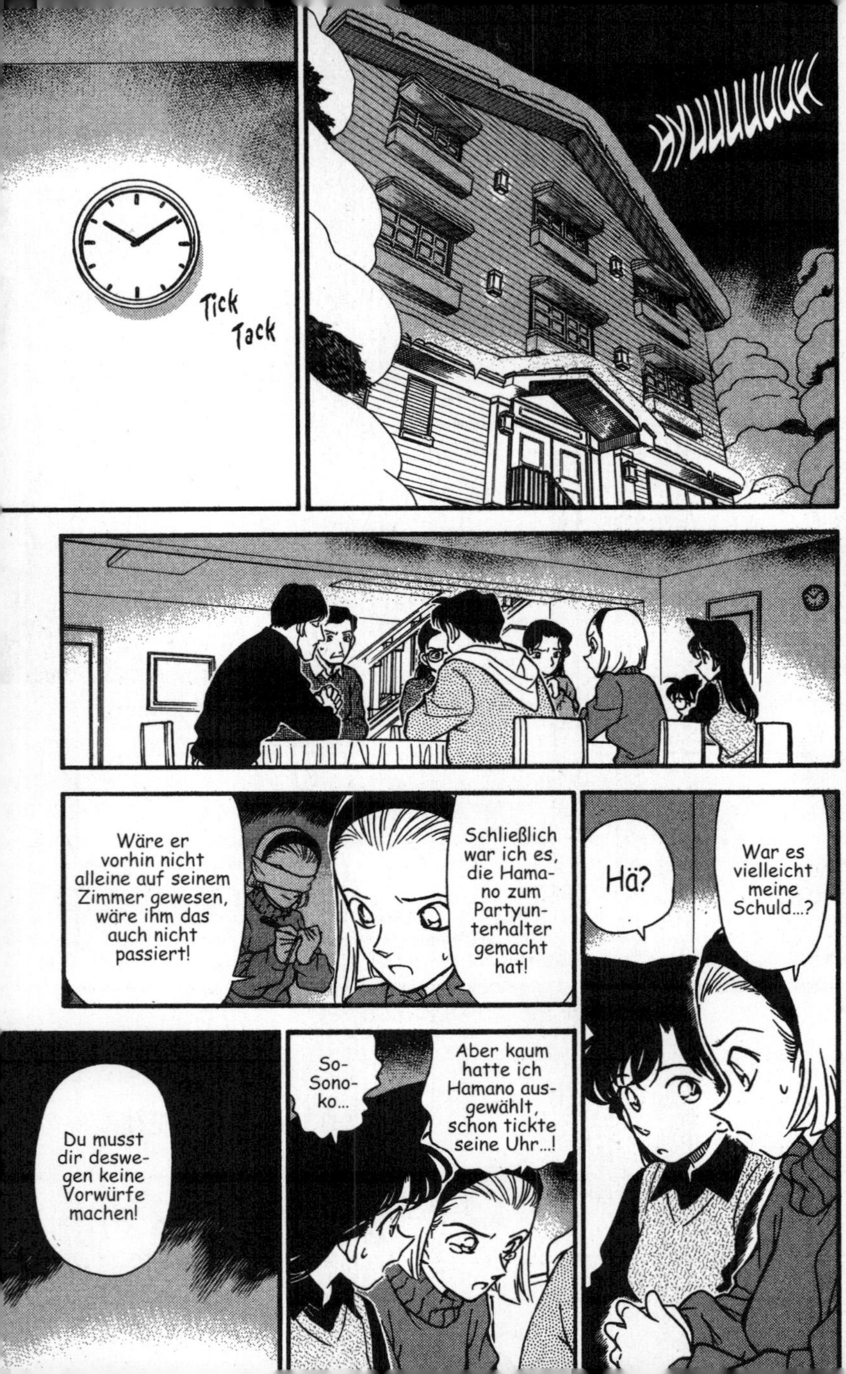
HYUUUUUUH
Tick
Tack
War es vielleicht meine Schuld...?
Hä?
Schließlich war ich es, die Hamano zum Partyunterhalter gemacht hat!
Wäre er vorhin nicht alleine auf seinem Zimmer gewesen, wäre ihm das auch nicht passiert!
Aber kaum hatte ich Hamano ausgewählt, schon tickte seine Uhr...!
So-Sonoko...
Du musst dir deswegen keine Vorwürfe machen!

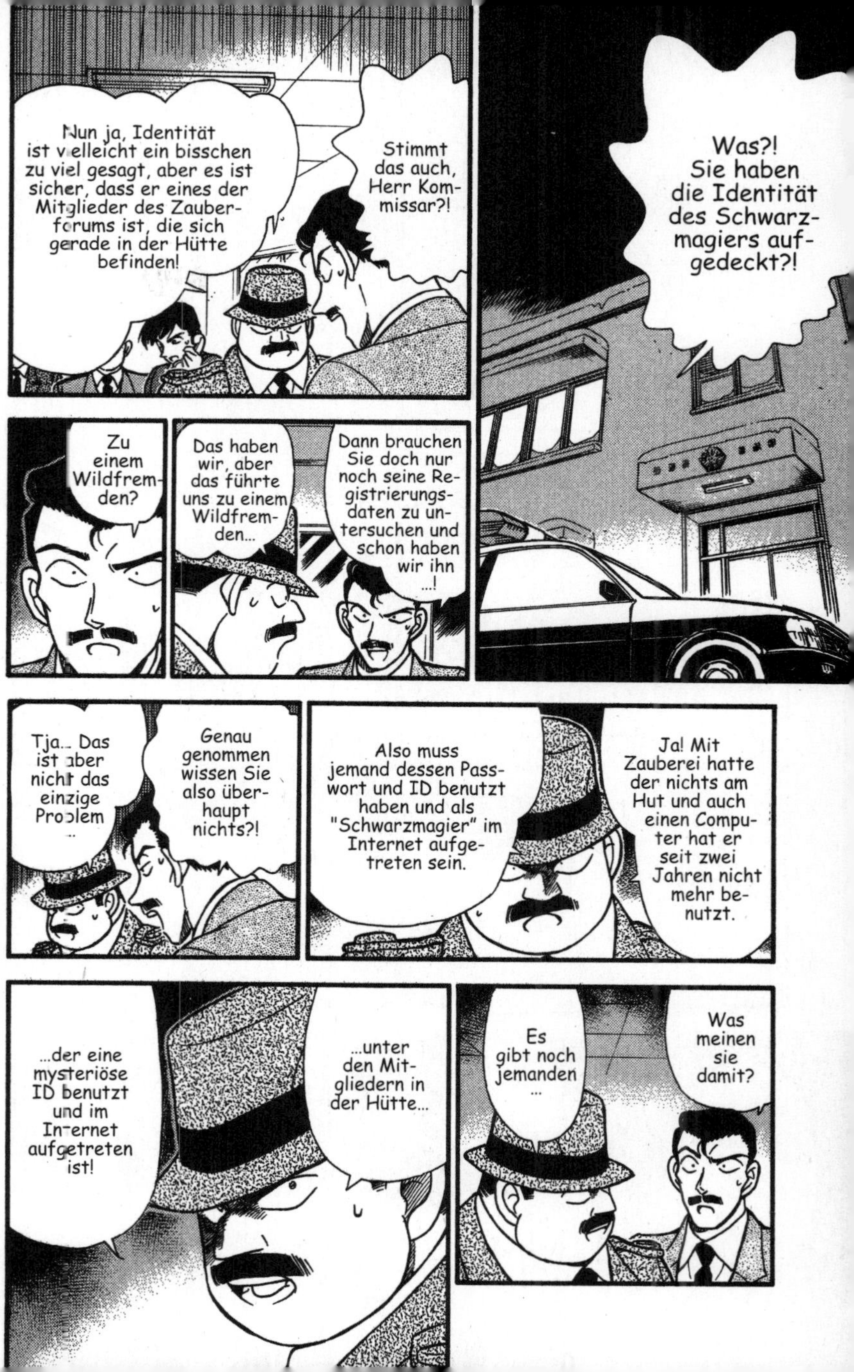
Was?! Sie haben die Identität des Schwarzmagiers aufgedeckt?!
Stimmt das auch, Herr Kommissar?!
Nun ja, Identität ist vielleicht ein bisschen zu viel gesagt, aber es ist sicher, dass er eines der Mitglieder des Zauberforums ist, die sich gerade in der Hütte befinden!
Dann brauchen Sie doch nur noch seine Registrierungsdaten zu untersuchen und schon haben wir ihn ...!
Das haben wir, aber das führte uns zu einem Wildfremden...
Zu einem Wildfremden?
Ja! Mit Zauberei hatte der nichts am Hut und auch einen Computer hat er seit zwei Jahren nicht mehr benutzt.
Also muss jemand dessen Passwort und ID benutzt haben und als "Schwarzmagier" im Internet aufgetreten sein.
Genau genommen wissen Sie also überhaupt nichts?!
Tja... Das ist aber nicht das einzige Problem ...
Was meinen sie damit?
Es gibt noch jemanden ...
...unter den Mitgliedern in der Hütte...
...der eine mysteriöse ID benutzt und im Internet aufgetreten ist!

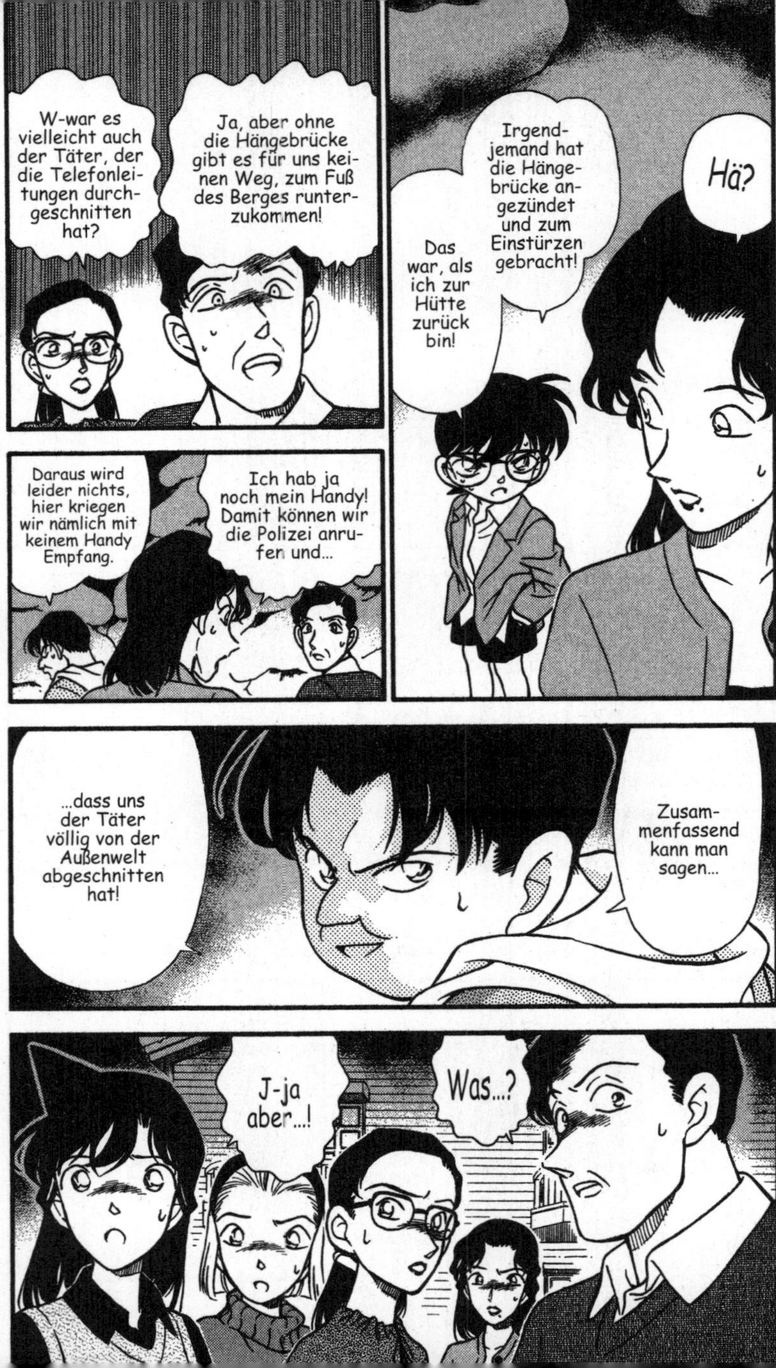
Hä?
Irgendjemand hat die Hängebrücke angezündet und zum Einstürzen gebracht!
Das war, als ich zur Hütte zurück bin!
Ja, aber ohne die Hängebrücke gibt es für uns keinen Weg, zum Fuß des Berges runterzukommen!
W-war es vielleicht auch der Täter, der die Telefonleitungen durchgeschnitten hat?
Ich hab ja noch mein Handy! Damit können wir die Polizei anrufen und...
Daraus wird leider nichts, hier kriegen wir nämlich mit keinem Handy Empfang.
Zusammenfassend kann man sagen...
...dass uns der Täter völlig von der Außenwelt abgeschnitten hat!
Was...?
J-ja aber...!

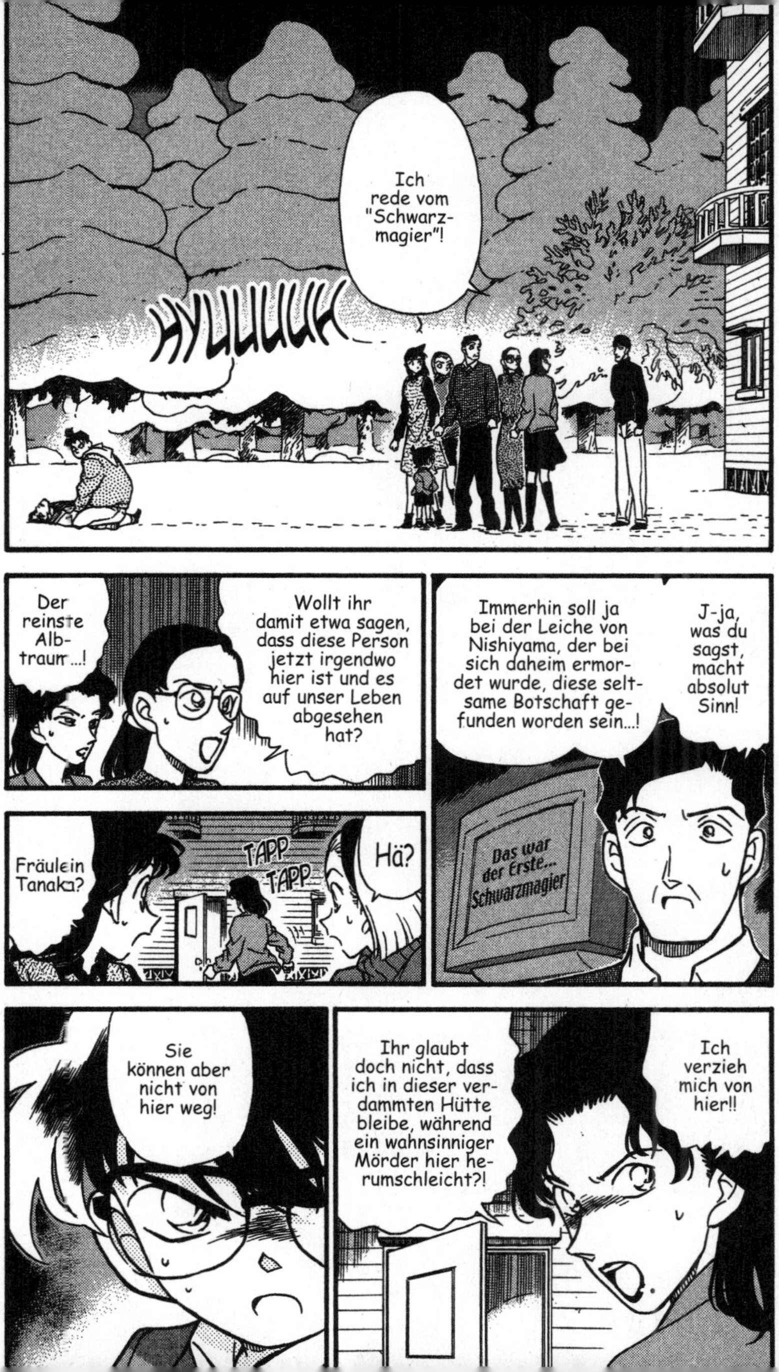

Ich rede vom "Schwarz-magier"!
HYUUUUH
J-ja, was du sagst, macht absolut Sinn!
Immerhin soll ja bei der Leiche von Nishiyama, der bei sich daheim ermordet wurde, diese seltsame Botschaft gefunden worden sein...!
Das war der Erste... Schwarzmagier
Wollt ihr damit etwa sagen, dass diese Person jetzt irgendwo hier ist und es auf unser Leben abgesehen hat?
Der reinste Albtraum...!
Hä?
TAPP TAPP
Fräulein Tanaka?
Ich verzieh mich von hier!!
Ihr glaubt doch nicht, dass ich in dieser verdammten Hütte bleibe, während ein wahnsinniger Mörder hier herumschleicht?!
Sie können aber nicht von hier weg!

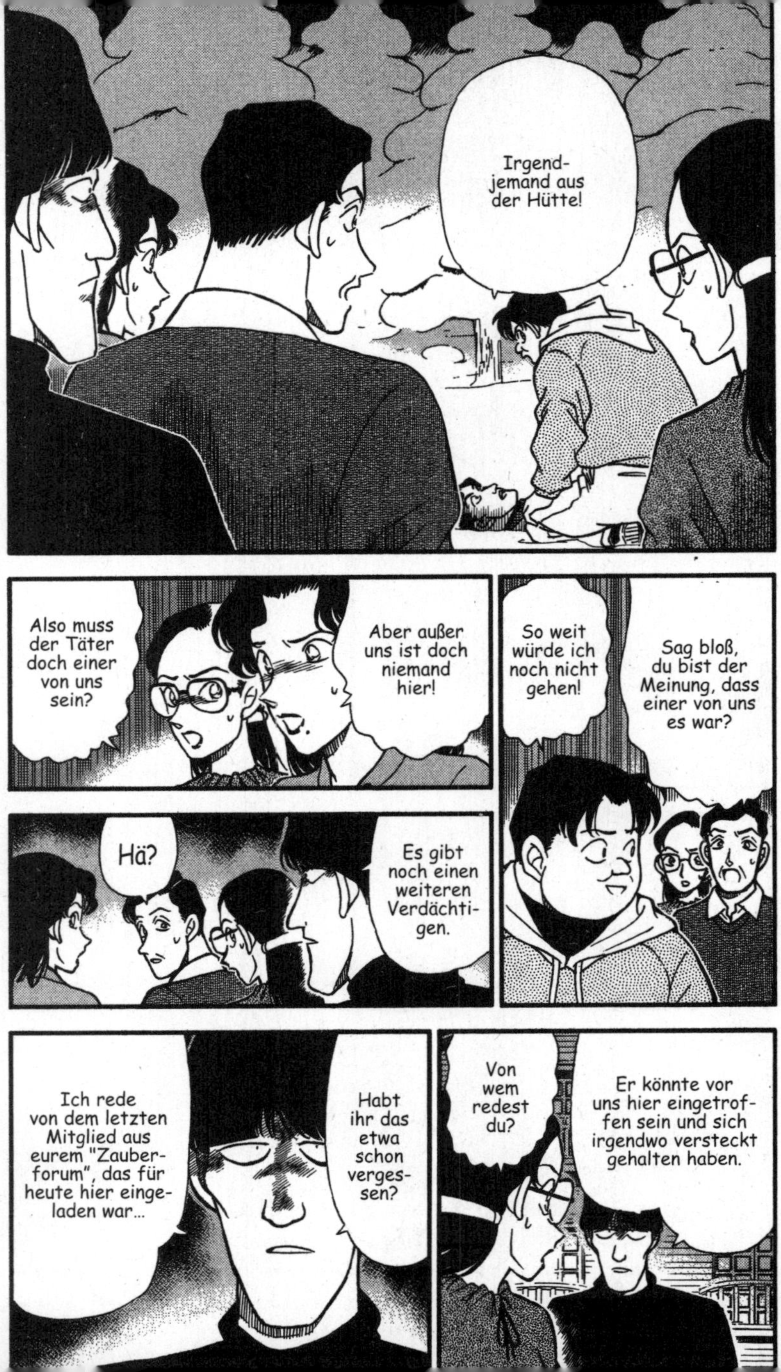
Irgend-jemand aus der Hütte!
Sag bloß, du bist der Meinung, dass einer von uns es war?
So weit würde ich noch nicht gehen!
Aber außer uns ist doch niemand hier!
Also muss der Täter doch einer von uns sein?
Es gibt noch einen weiteren Verdächtigen.
Hä?
Er könnte vor uns hier eingetrof-fen sein und sich irgendwo versteckt gehalten haben.
Von wem redest du?
Habt ihr das etwa schon verges-sen?
Ich rede von dem letzten Mitglied aus eurem "Zauber-forum", das für heute hier einge-laden war...

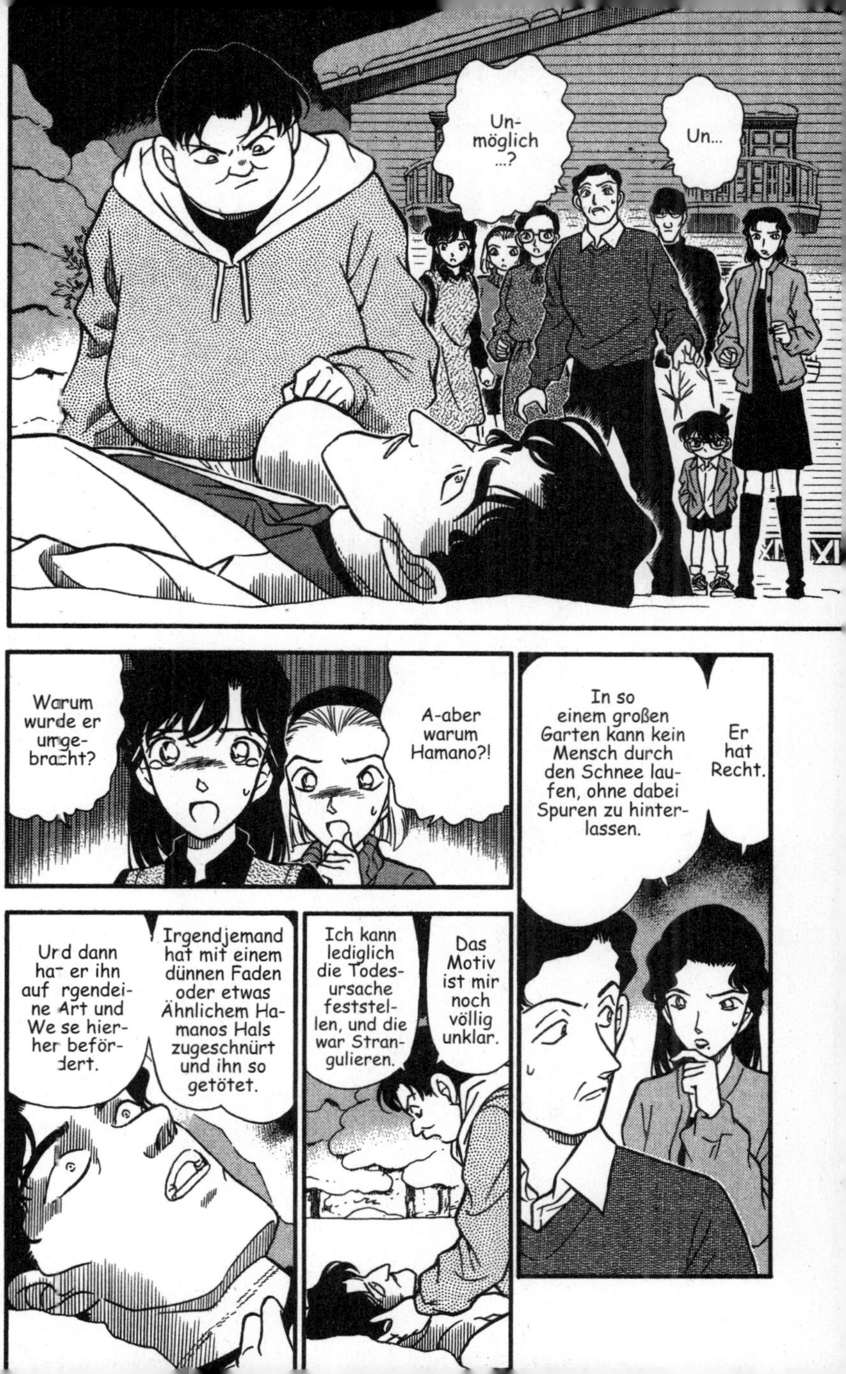

Un...
Un-möglich ...?
Er hat Recht.
In so einem großen Garten kann kein Mensch durch den Schnee laufen, ohne dabei Spuren zu hinterlassen.
A-aber warum Hamano?!
Warum wurde er umgebracht?
Das Motiv ist mir noch völlig unklar.
Ich kann lediglich die Todesursache feststellen, und die war Strangulieren.
Irgendjemand hat mit einem dünnen Faden oder etwas Ähnlichem Hamanos Hals zugeschnürt und ihn so getötet.
Und dann hat er ihn auf irgendeine Art und Weise hierher befördert.

FALL 3

AKTE 2

Eigenartiges Benehmen

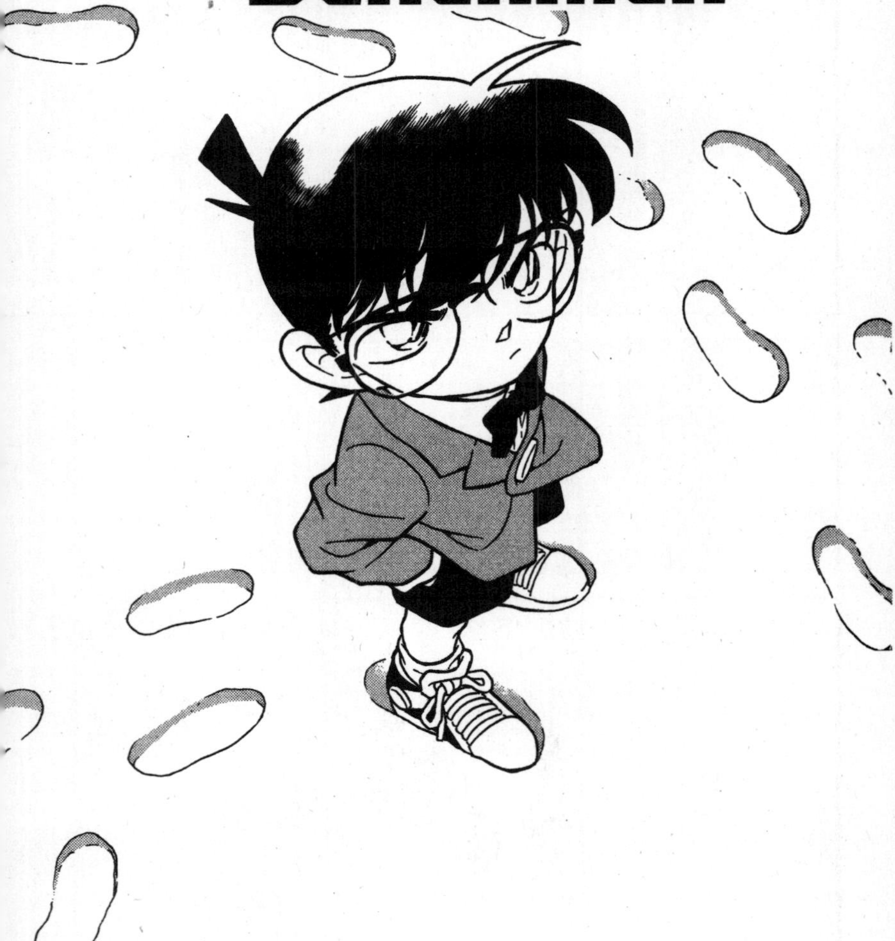

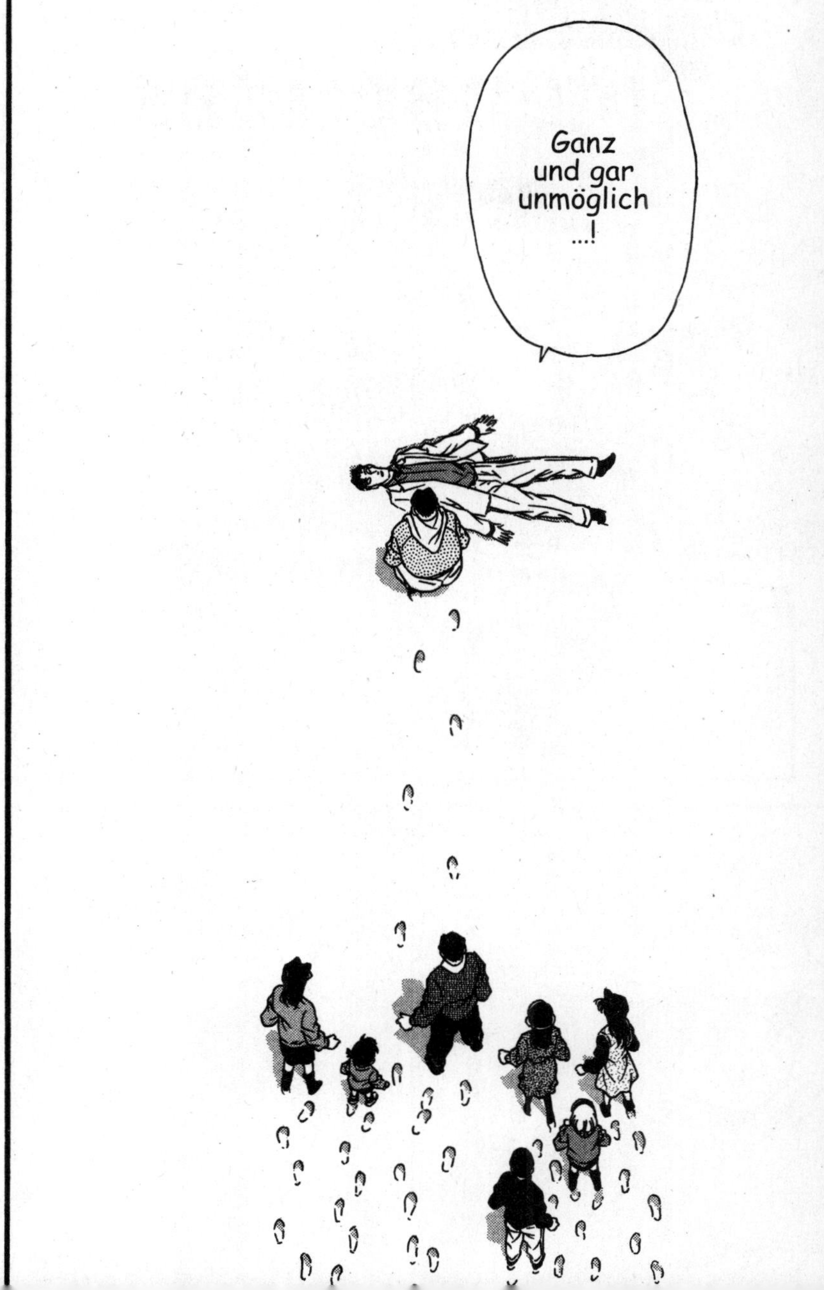
Ganz und gar unmöglich ...!

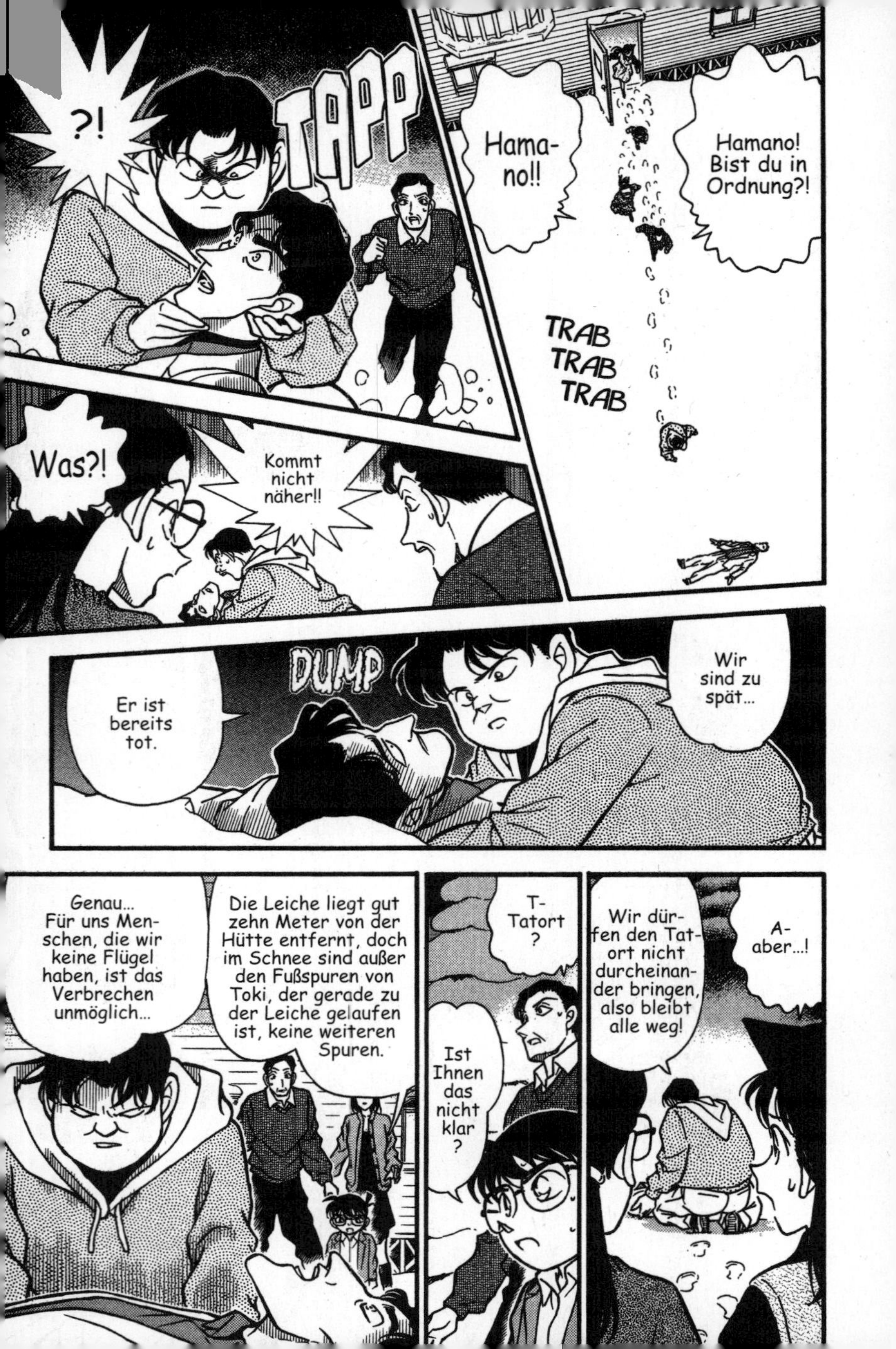

Hamano! Bist du in Ordnung?!
Hama-no!!
TRAB TRAB TRAB
TAPP
?!
Kommt nicht näher!!
Was?!
Wir sind zu spät...
DUMP
Er ist bereits tot.
A-aber...!
Wir dürfen den Tatort nicht durcheinander bringen, also bleibt alle weg!
T-Tatort?
Ist Ihnen das nicht klar?
Die Leiche liegt gut zehn Meter von der Hütte entfernt, doch im Schnee sind außer den Fußspuren von Toki, der gerade zu der Leiche gelaufen ist, keine weiteren Spuren.
Genau... Für uns Menschen, die wir keine Flügel haben, ist das Verbrechen unmöglich...

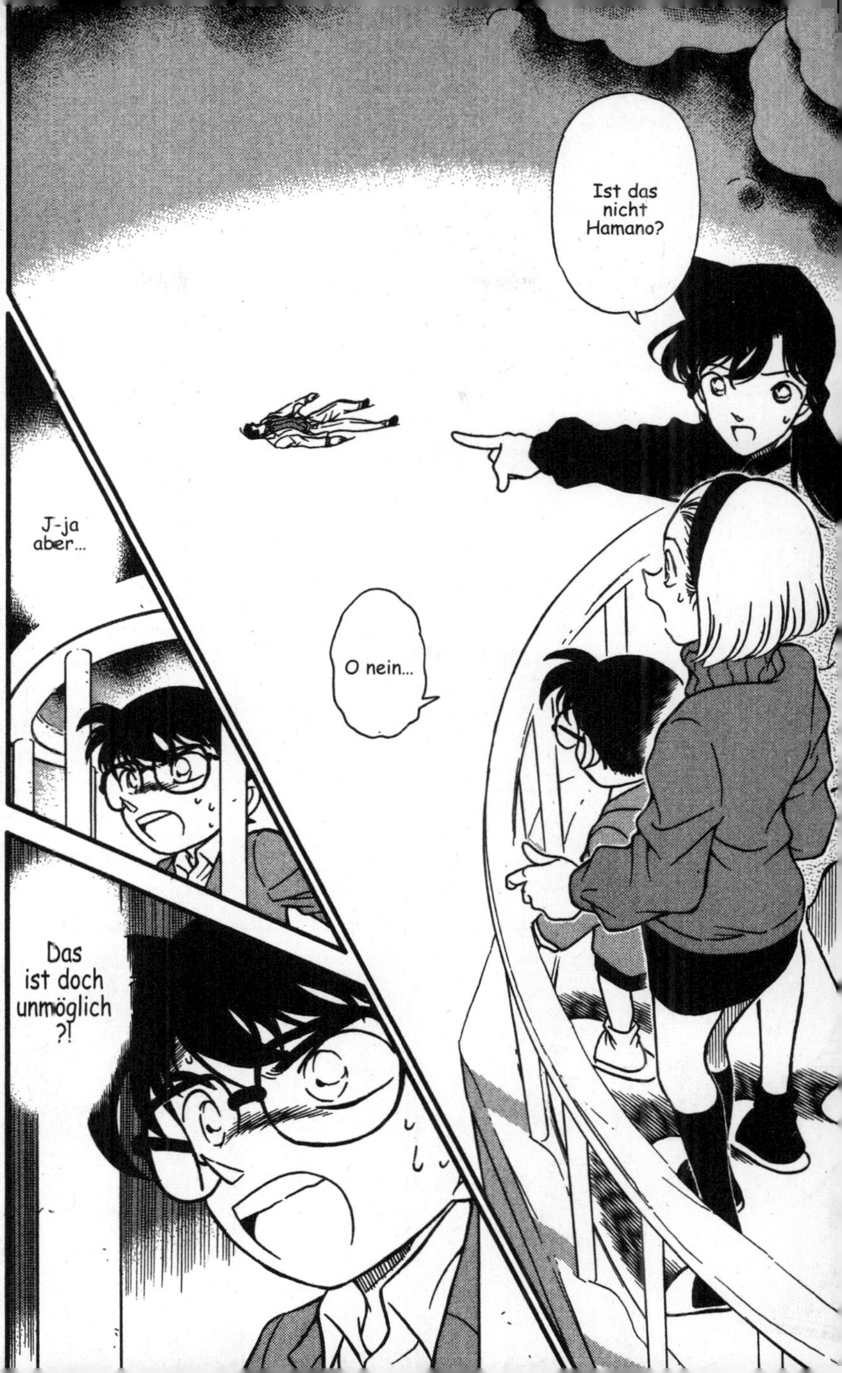
Ist das nicht Hamano?
O nein...
J-ja aber...
Das ist doch unmöglich ?!

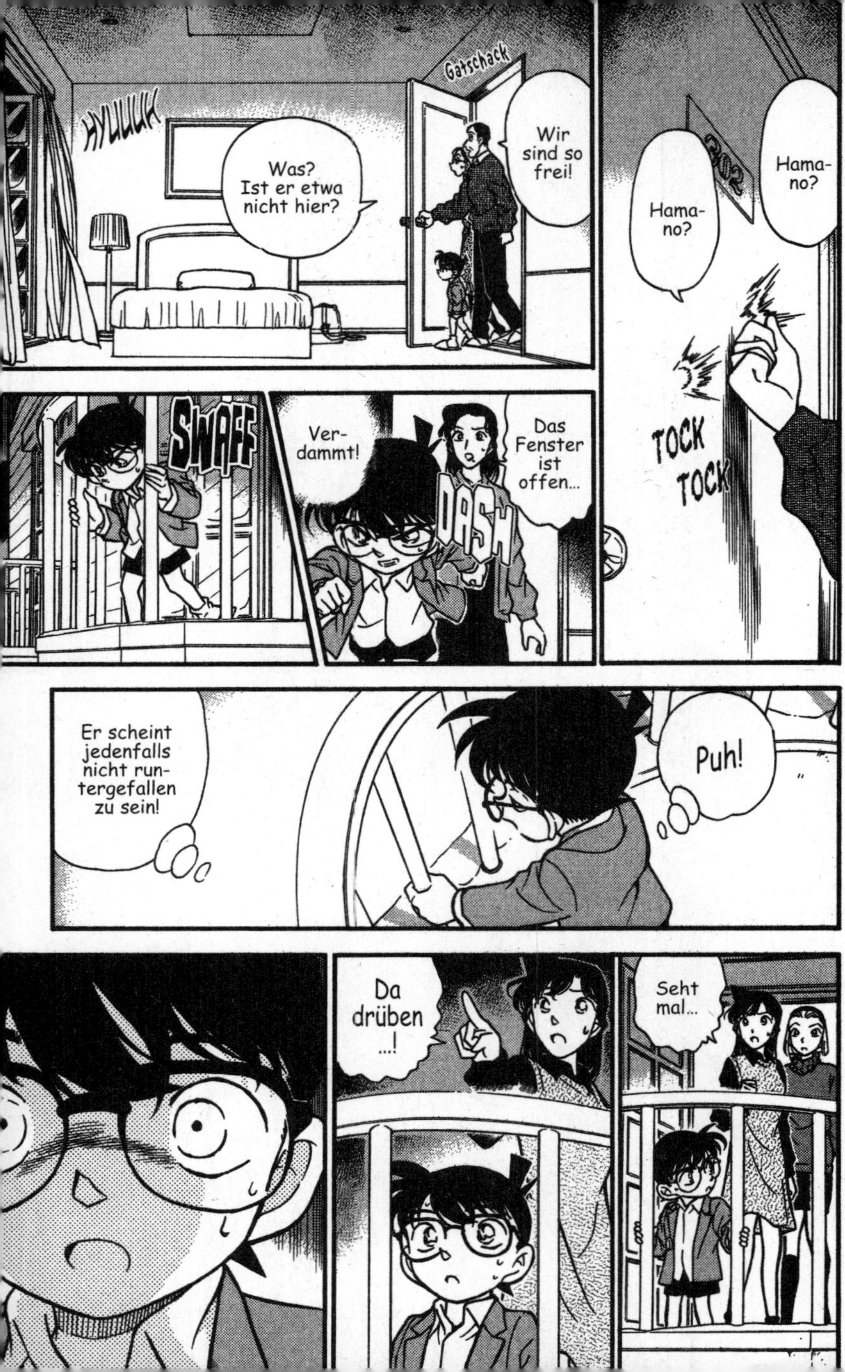
Hama-
no?
Hama-
no?
TOCK
TOCK
Gatschack
Wir
sind so
frei!
HYUUUH
Was?
Ist er etwa
nicht hier?
Das
Fenster
ist
offen...
DASH
Ver-
dammt!
SWAFF
Puh!
Er scheint
jedenfalls
nicht run-
tergefallen
zu sein!
Seht
mal...
Da
drüben
...!

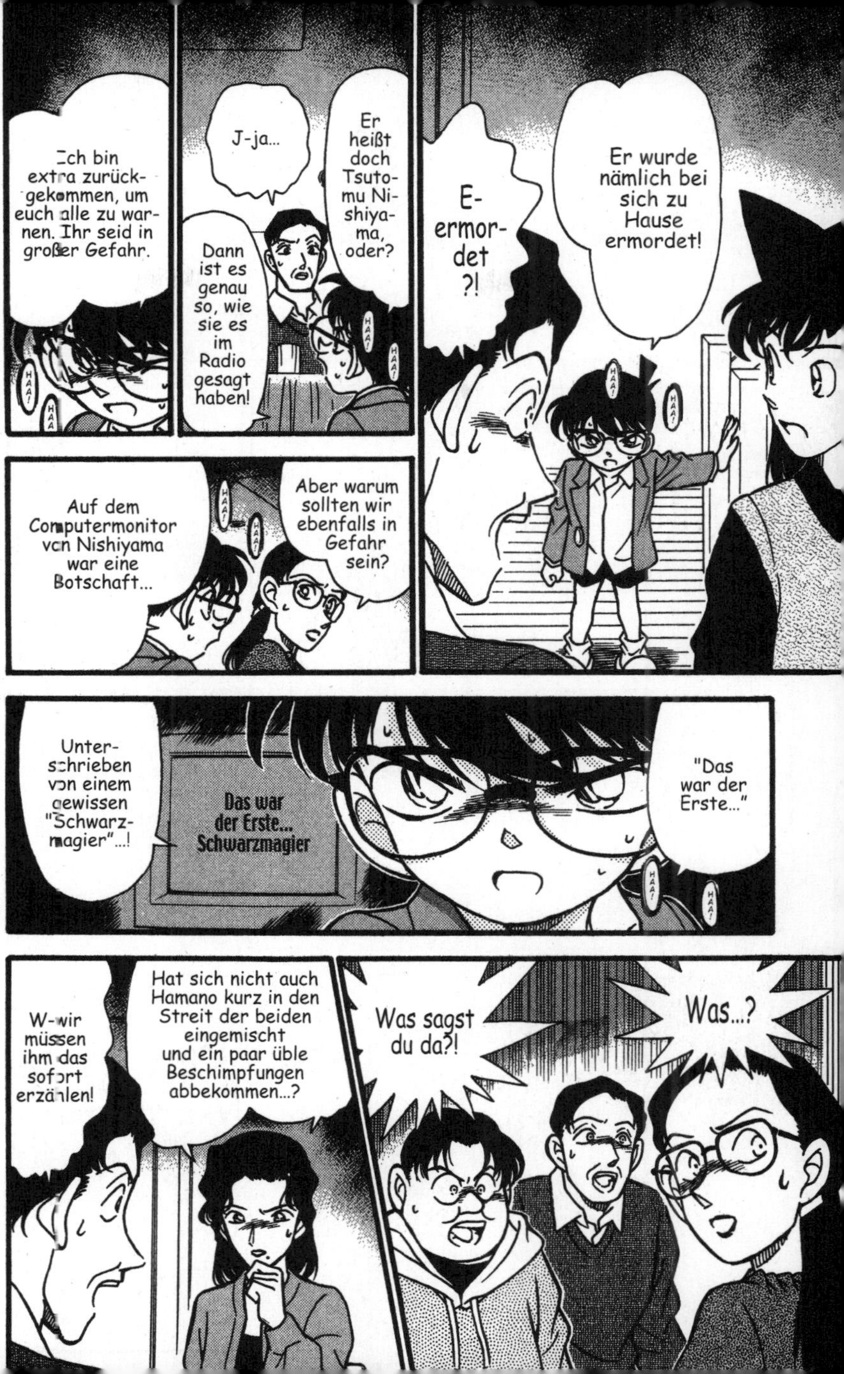

Er wurde nämlich bei sich zu Hause ermordet!
E-ermordet?!
HAA!
Er heißt doch Tsutomu Nishiyama, oder?
J-ja...
Dann ist es genau so, wie sie es im Radio gesagt haben!
HAA!
Ich bin extra zurückgekommen, um euch alle zu warnen. Ihr seid in großer Gefahr.
HAA!
Aber warum sollten wir ebenfalls in Gefahr sein?
HAA!
Auf dem Computermonitor von Nishiyama war eine Botschaft...
"Das war der Erste..."
HAA!
Das war der Erste... Schwarzmagier
Unterschrieben von einem gewissen "Schwarzmagier"...!
Was...?
Was sagst du da?!
Hat sich nicht auch Hamano kurz in den Streit der beiden eingemischt und ein paar üble Beschimpfungen abbekommen...?
W-wir müssen ihm das sofort erzählen!

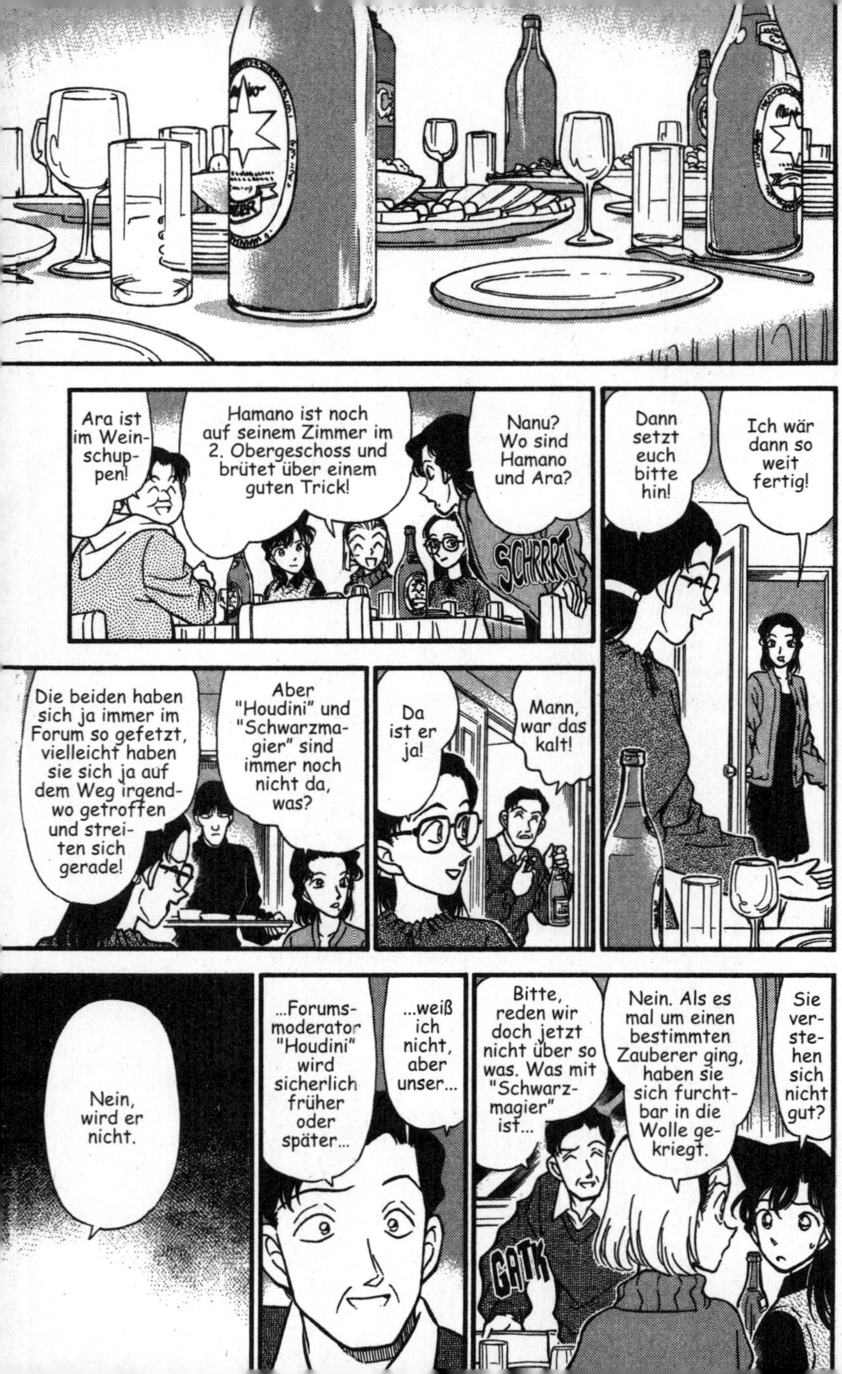
Ich wär dann so weit fertig!
Dann setzt euch bitte hin!
Nanu? Wo sind Hamano und Ara?
SCHRRRT
Hamano ist noch auf seinem Zimmer im 2. Obergeschoss und brütet über einem guten Trick!
Ara ist im Weinschuppen!
Mann, war das kalt!
Da ist er ja!
Aber "Houdini" und "Schwarzmagier" sind immer noch nicht da, was?
Die beiden haben sich ja immer im Forum so gefetzt, vielleicht haben sie sich ja auf dem Weg irgendwo getroffen und streiten sich gerade!
Sie verstehen sich nicht gut?
Nein. Als es mal um einen bestimmten Zauberer ging, haben sie sich furchtbar in die Wolle gekriegt.
Bitte, reden wir doch jetzt nicht über so was. Was mit "Schwarzmagier" ist...
GATK
...weiß ich nicht, aber unser...
...Forumsmoderator "Houdini" wird sicherlich früher oder später...
Nein, wird er nicht.

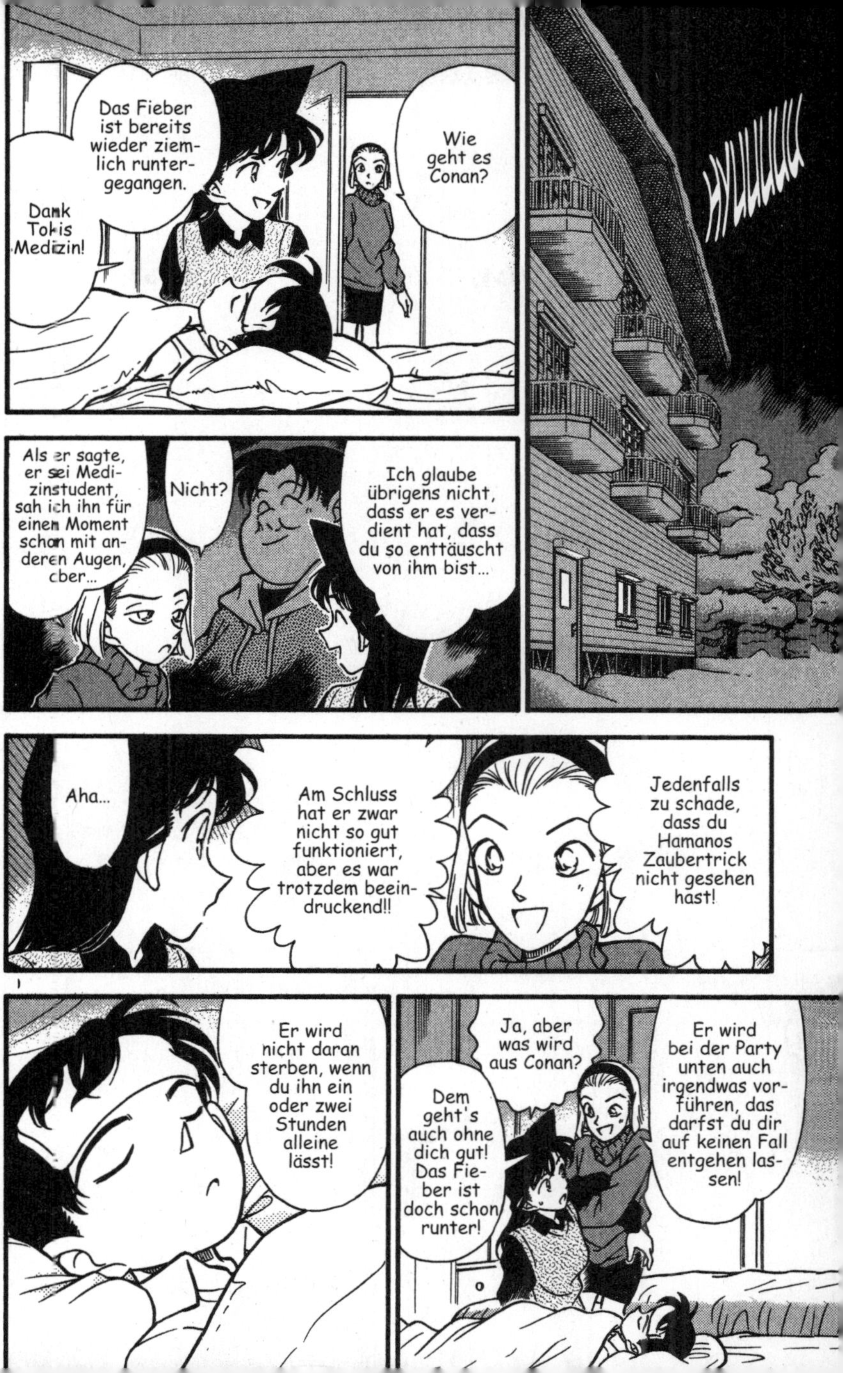
HYUUUUU
Wie geht es Conan?
Das Fieber ist bereits wieder ziemlich runtergegangen.
Dank Tokis Medizin!
Ich glaube übrigens nicht, dass er es verdient hat, dass du so enttäuscht von ihm bist...
Nicht?
Als er sagte, er sei Medizinstudent, sah ich ihn für einen Moment schon mit anderen Augen, aber...
Jedenfalls zu schade, dass du Hamanos Zaubertrick nicht gesehen hast!
Am Schluss hat er zwar nicht so gut funktioniert, aber es war trotzdem beeindruckend!!
Aha...
Er wird bei der Party unten auch irgendwas vorführen, das darfst du dir auf keinen Fall entgehen lassen!
Ja, aber was wird aus Conan?
Dem geht's auch ohne dich gut! Das Fieber ist doch schon runter!
Er wird nicht daran sterben, wenn du ihn ein oder zwei Stunden alleine lässt!

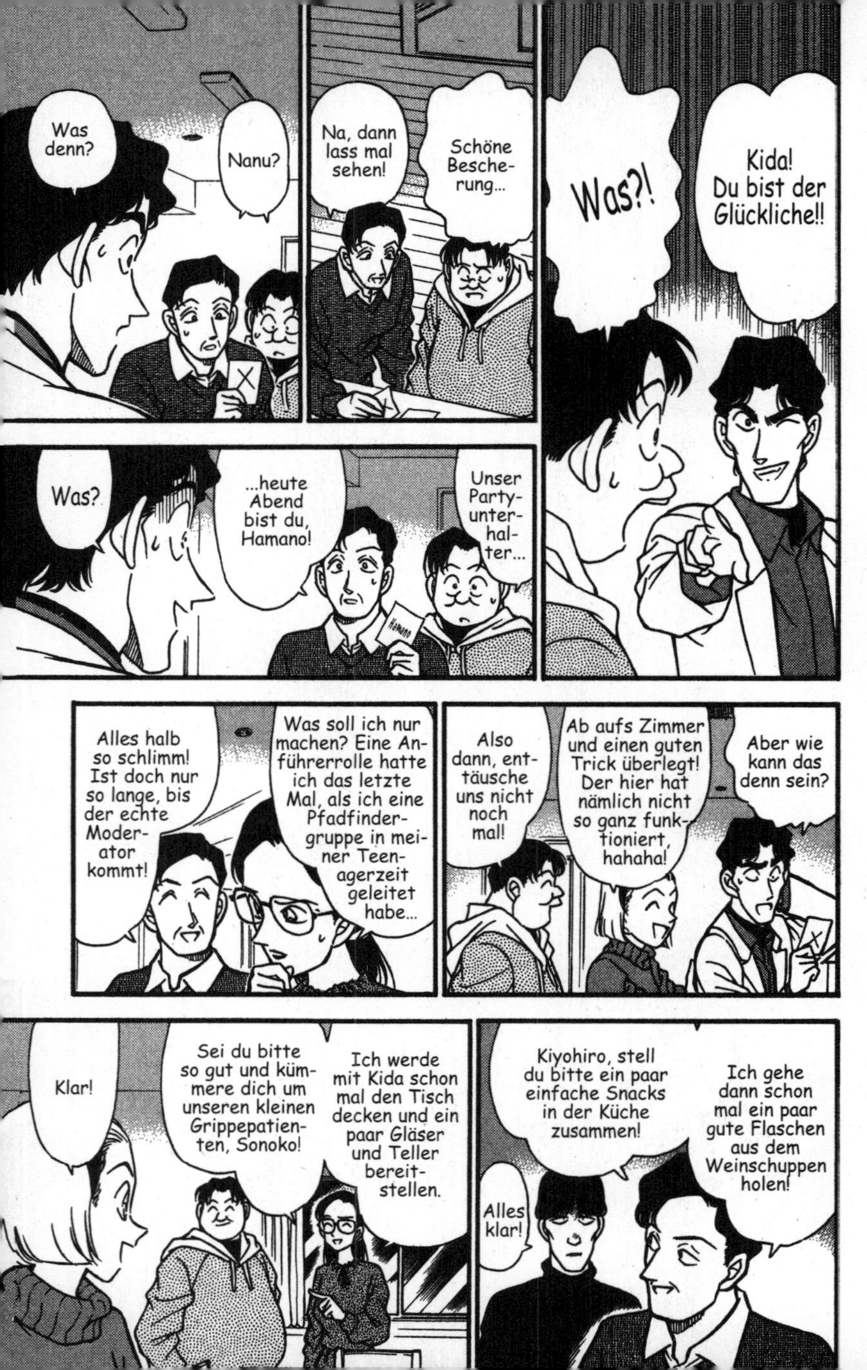
Kida! Du bist der Glückliche!!
Was?!
Schöne Bescherung...
Na, dann lass mal sehen!
Nanu?
Was denn?
Unser Party-unterhalter...
...heute Abend bist du, Hamano!
Was?
Hamano
Aber wie kann das denn sein?
Ab aufs Zimmer und einen guten Trick überlegt! Der hier hat nämlich nicht so ganz funktioniert, hahaha!
Also dann, enttäusche uns nicht noch mal!
Was soll ich nur machen? Eine Anführerrolle hatte ich das letzte Mal, als ich eine Pfadfindergruppe in meiner Teenagerzeit geleitet habe...
Alles halb so schlimm! Ist doch nur so lange, bis der echte Moderator kommt!
Ich gehe dann schon mal ein paar gute Flaschen aus dem Weinschuppen holen!
Kiyohiro, stell du bitte ein paar einfache Snacks in der Küche zusammen!
Alles klar!
Ich werde mit Kida schon mal den Tisch decken und ein paar Gläser und Teller bereitstellen.
Sei du bitte so gut und kümmere dich um unseren kleinen Grippepatienten, Sonoko!
Klar!

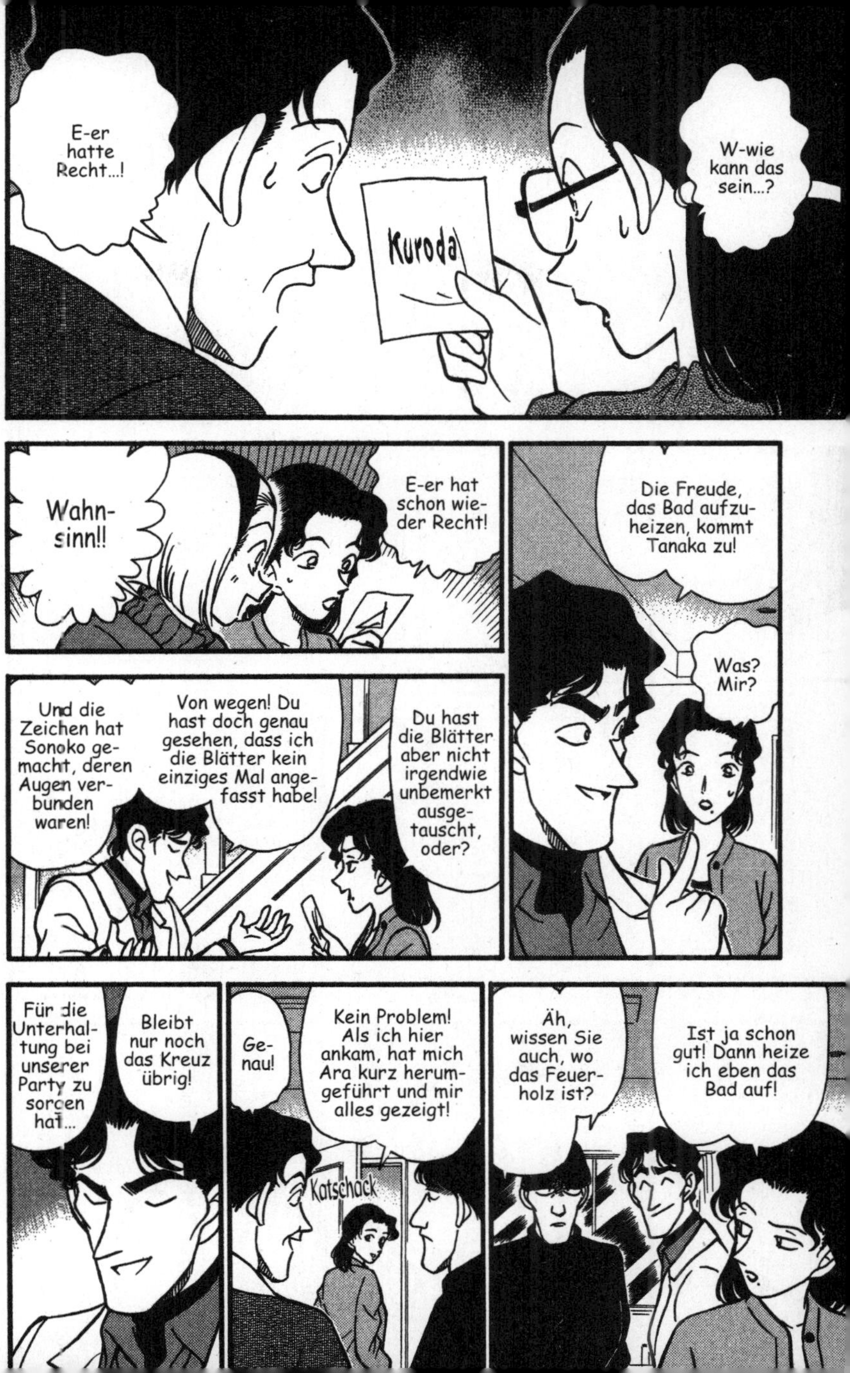
W-wie kann das sein...?
E-er hatte Recht...!
Kuroda
Die Freude, das Bad aufzuheizen, kommt Tanaka zu!
Was? Mir?
E-er hat schon wieder Recht!
Wahnsinn!!
Du hast die Blätter aber nicht irgendwie unbemerkt ausgetauscht, oder?
Von wegen! Du hast doch genau gesehen, dass ich die Blätter kein einziges Mal angefasst habe!
Und die Zeichen hat Sonoko gemacht, deren Augen verbunden waren!
Ist ja schon gut! Dann heize ich eben das Bad auf!
Äh, wissen Sie auch, wo das Feuerholz ist?
Kein Problem! Als ich hier ankam, hat mich Ara kurz herumgeführt und mir alles gezeigt!
Katschack
Genau!
Bleibt nur noch das Kreuz übrig!
Für die Unterhaltung bei unserer Party zu sorgen hat...

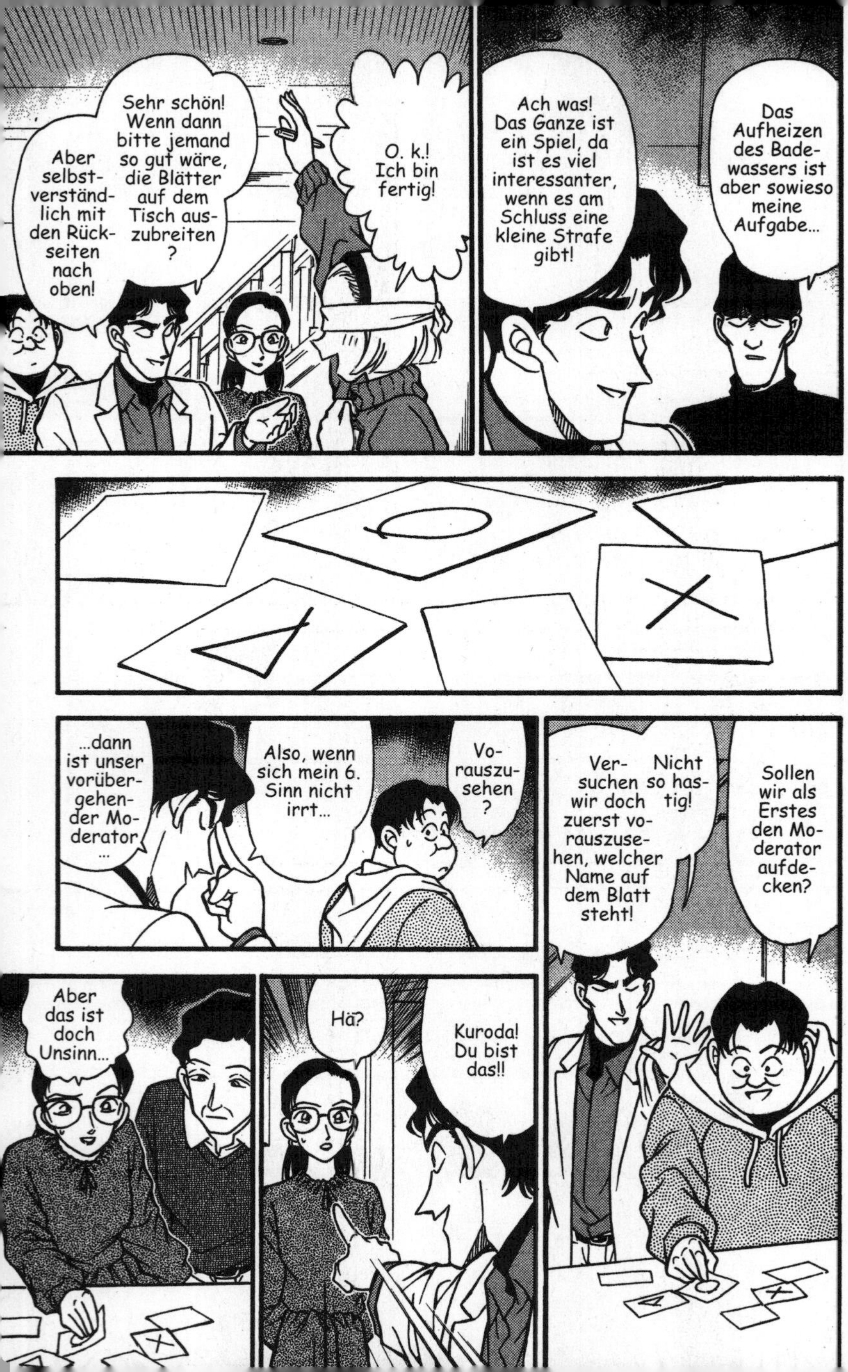

O. k.! Ich bin fertig!
Sehr schön! Wenn dann bitte jemand so gut wäre, die Blätter auf dem Tisch auszubreiten?
Aber selbstverständlich mit den Rückseiten nach oben!
Ach was! Das Ganze ist ein Spiel, da ist es viel interessanter, wenn es am Schluss eine kleine Strafe gibt!
Das Aufheizen des Badewassers ist aber sowieso meine Aufgabe...
...dann ist unser vorübergehender Moderator...
Also, wenn sich mein 6. Sinn nicht irrt...
Vorauszusehen?
Versuchen wir doch zuerst vorauszusehen, welcher Name auf dem Blatt steht!
Nicht so hastig!
Sollen wir als Erstes den Moderator aufdecken?
Aber das ist doch Unsinn...
Hä?
Kuroda! Du bist das!!

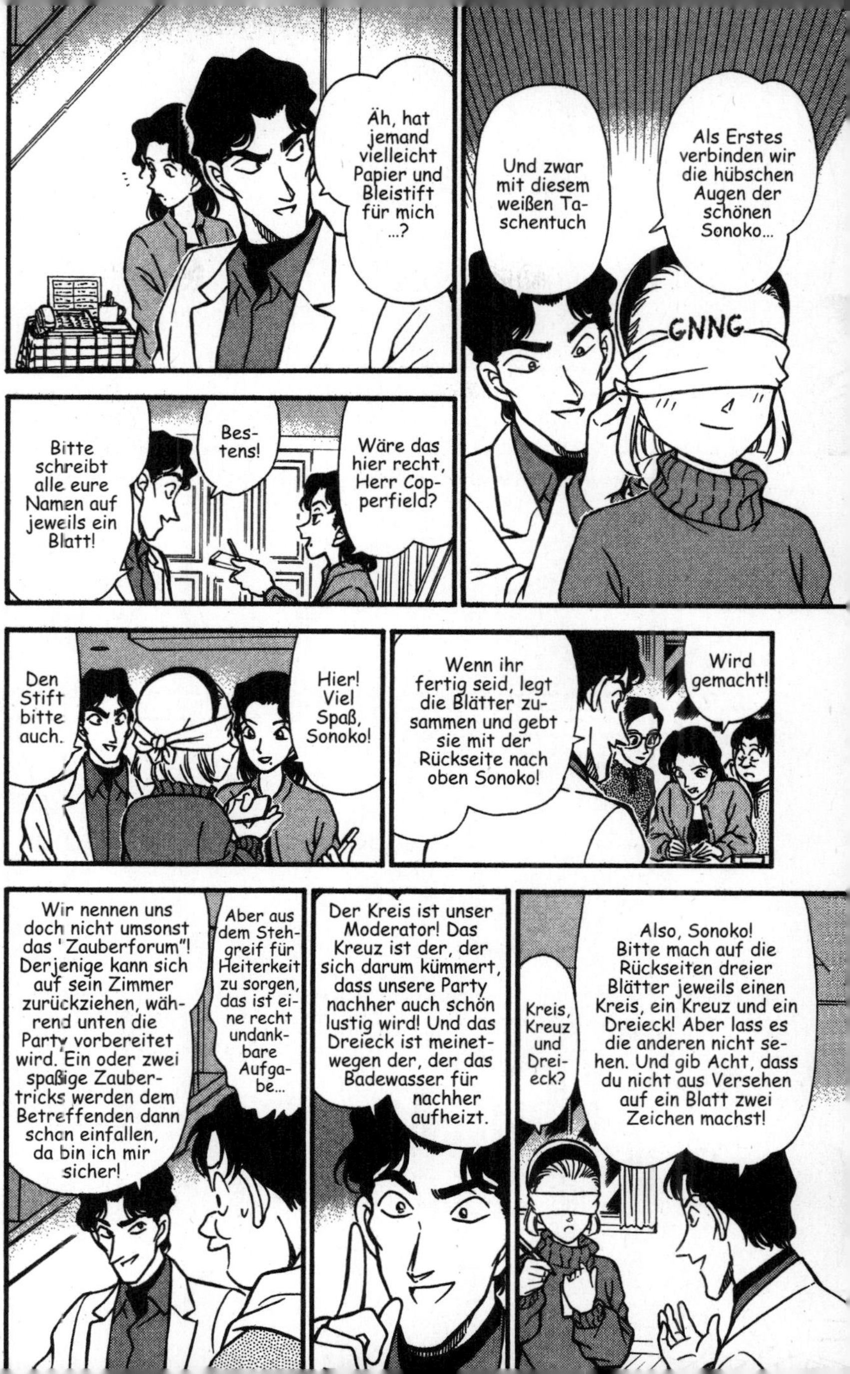
Als Erstes verbinden wir die hübschen Augen der schönen Sonoko...
Und zwar mit diesem weißen Taschentuch
GNNG
Äh, hat jemand vielleicht Papier und Bleistift für mich ...?
Wäre das hier recht, Herr Copperfield?
Bestens!
Bitte schreibt alle eure Namen auf jeweils ein Blatt!
Wenn ihr fertig seid, legt die Blätter zusammen und gebt sie mit der Rückseite nach oben Sonoko!
Wird gemacht!
Hier! Viel Spaß, Sonoko!
Den Stift bitte auch.
Also, Sonoko! Bitte mach auf die Rückseiten dreier Blätter jeweils einen Kreis, ein Kreuz und ein Dreieck! Aber lass es die anderen nicht sehen. Und gib Acht, dass du nicht aus Versehen auf ein Blatt zwei Zeichen machst!
Kreis, Kreuz und Dreieck?
Der Kreis ist unser Moderator! Das Kreuz ist der, der sich darum kümmert, dass unsere Party nachher auch schön lustig wird! Und das Dreieck ist meinetwegen der, der das Badewasser für nachher aufheizt.
Wir nennen uns doch nicht umsonst das 'Zauberforum"! Derjenige kann sich auf sein Zimmer zurückziehen, während unten die Party vorbereitet wird. Ein oder zwei spaßige Zaubertricks werden dem Betreffenden dann schon einfallen, da bin ich mir sicher!
Aber aus dem Stehgreif für Heiterkeit zu sorgen, das ist eine recht undankbare Aufgabe...

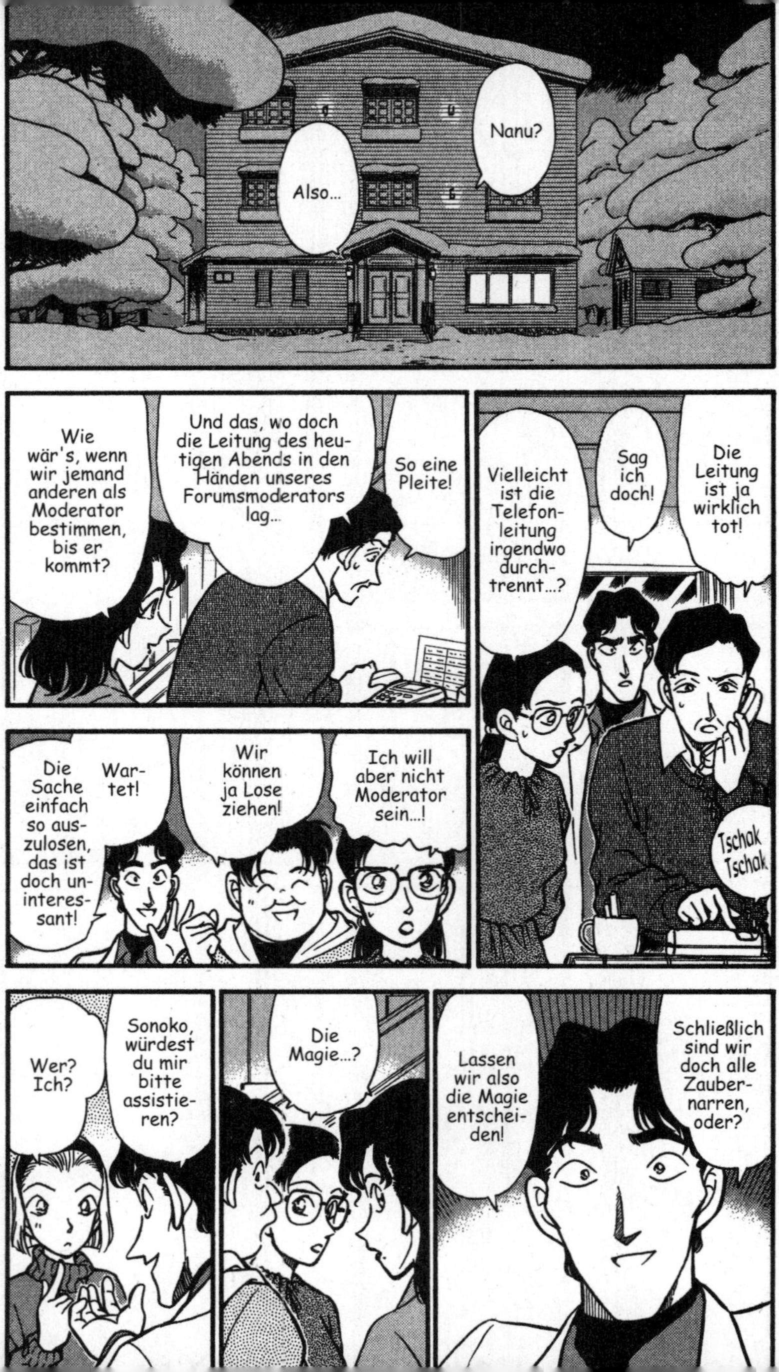
Nanu?
Also...
Die Leitung ist ja wirklich tot!
Sag ich doch!
Vielleicht ist die Telefonleitung irgendwo durchtrennt...?
Tschak Tschak
So eine Pleite!
Und das, wo doch die Leitung des heutigen Abends in den Händen unseres Forumsmoderators lag...
Wie wär's, wenn wir jemand anderen als Moderator bestimmen, bis er kommt?
Ich will aber nicht Moderator sein...!
Wir können ja Lose ziehen!
Wartet!
Die Sache einfach so auszulosen, das ist doch uninteressant!
Schließlich sind wir doch alle Zaubernarren, oder?
Lassen wir also die Magie entscheiden!
Die Magie...?
Sonoko, würdest du mir bitte assistieren?
Wer? Ich?

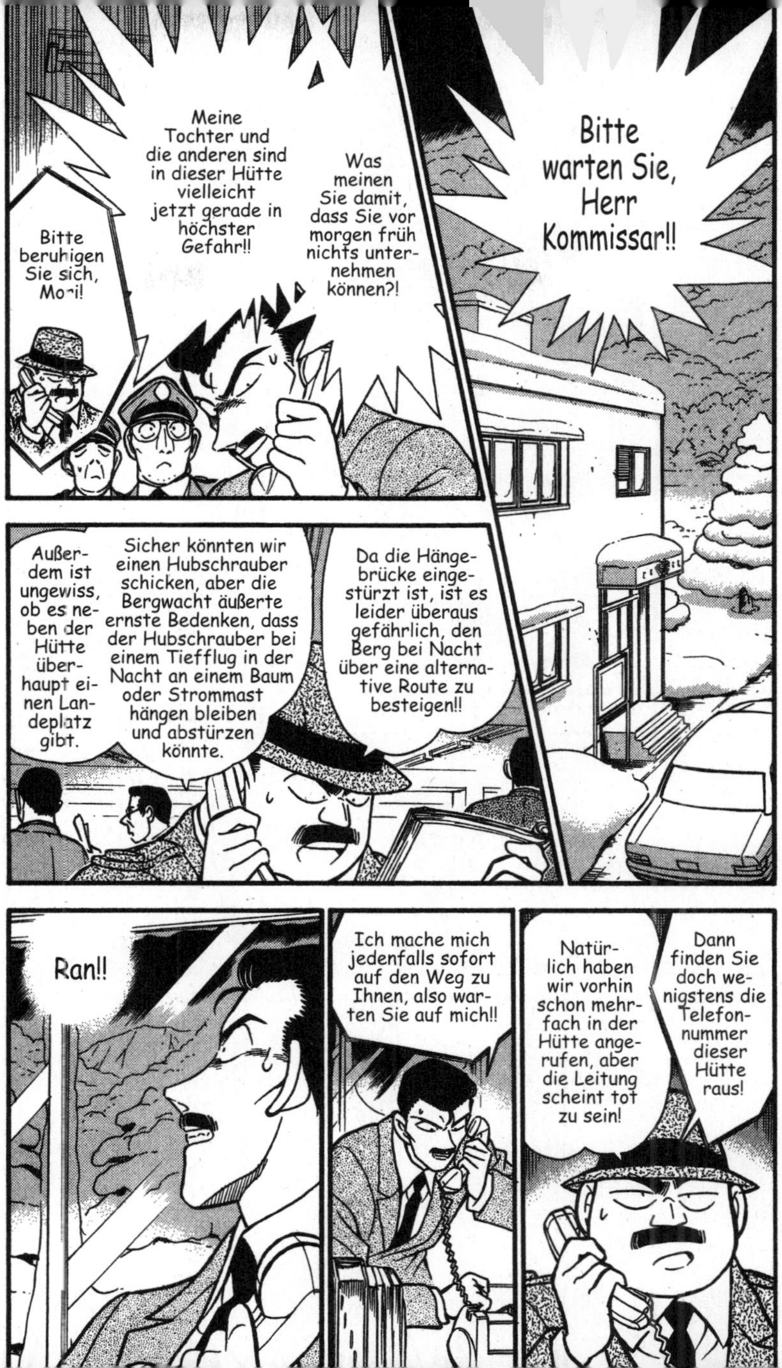
Bitte warten Sie, Herr Kommissar!!
Was meinen Sie damit, dass Sie vor morgen früh nichts unternehmen können?!
Meine Tochter und die anderen sind in dieser Hütte vielleicht jetzt gerade in höchster Gefahr!!
Bitte beruhigen Sie sich, Mori!
Da die Hängebrücke eingestürzt ist, ist es leider überaus gefährlich, den Berg bei Nacht über eine alternative Route zu besteigen!!
Sicher könnten wir einen Hubschrauber schicken, aber die Bergwacht äußerte ernste Bedenken, dass der Hubschrauber bei einem Tiefflug in der Nacht an einem Baum oder Strommast hängen bleiben und abstürzen könnte.
Außerdem ist ungewiss, ob es neben der Hütte überhaupt einen Landeplatz gibt.
Dann finden Sie doch wenigstens die Telefonnummer dieser Hütte raus!
Natürlich haben wir vorhin schon mehrfach in der Hütte angerufen, aber die Leitung scheint tot zu sein!
Ich mache mich jedenfalls sofort auf den Weg zu Ihnen, also warten Sie auf mich!!
Ran!!

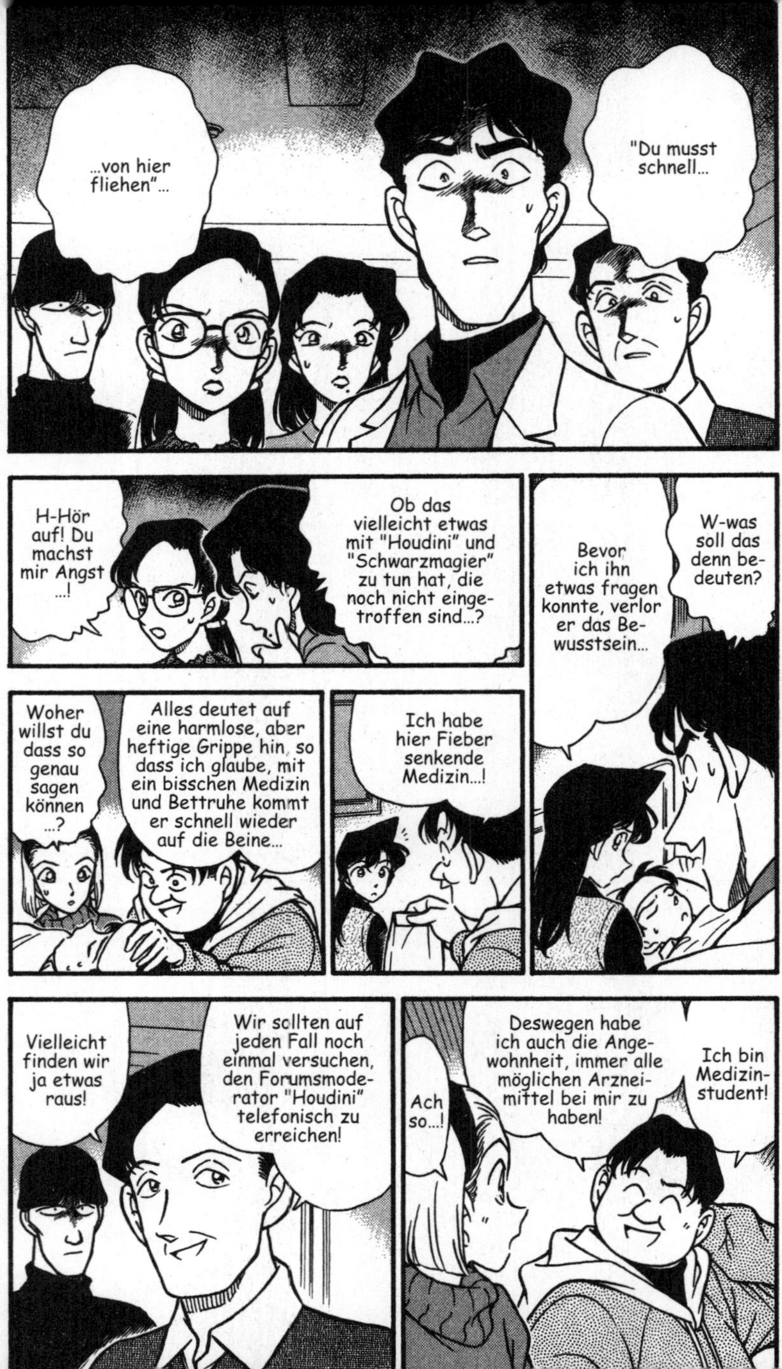
"Du musst schnell...
...von hier fliehen"...
W-was soll das denn be-deuten?
Bevor ich ihn etwas fragen konnte, verlor er das Be-wusstsein...
Ob das vielleicht etwas mit "Houdini" und "Schwarzmagier" zu tun hat, die noch nicht einge-troffen sind...?
H-Hör auf! Du machst mir Angst ...!
Ich habe hier Fieber senkende Medizin...!
Alles deutet auf eine harmlose, aber heftige Grippe hin, so dass ich glaube, mit ein bisschen Medizin und Bettruhe kommt er schnell wieder auf die Beine...
Woher willst du dass so genau sagen können ...?
Ich bin Medizin-student!
Deswegen habe ich auch die Ange-wohnheit, immer alle möglichen Arznei-mittel bei mir zu haben!
Ach so...!
Wir sollten auf jeden Fall noch einmal versuchen, den Forumsmode-rator "Houdini" telefonisch zu erreichen!
Vielleicht finden wir ja etwas raus!

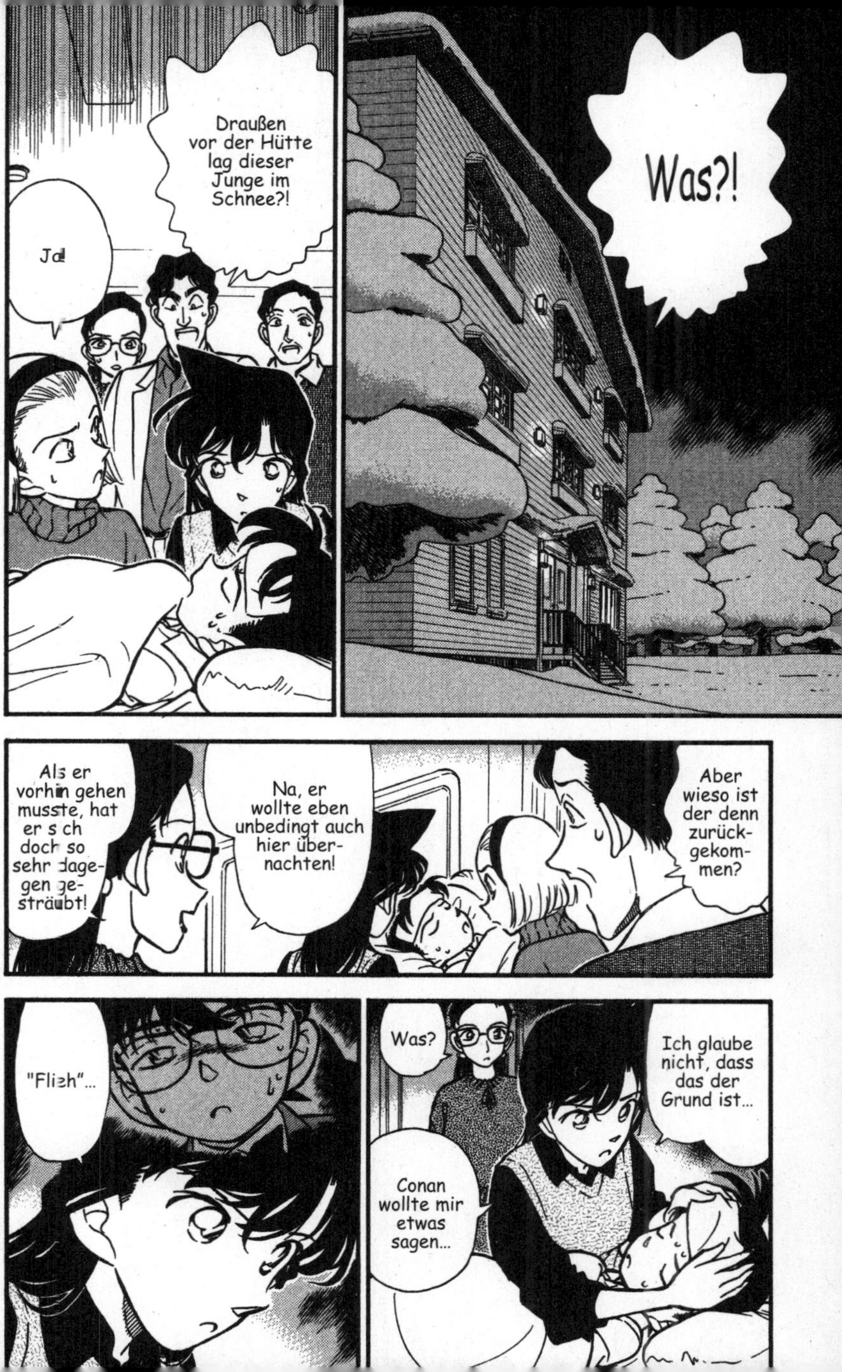

Was?!
Draußen vor der Hütte lag dieser Junge im Schnee?!
Ja!
Aber wieso ist der denn zurückgekommen?
Na, er wollte eben unbedingt auch hier übernachten!
Als er vorhin gehen musste, hat er sich doch so sehr dagegen gesträubt!
Ich glaube nicht, dass das der Grund ist...
Was?
Conan wollte mir etwas sagen...
"Flieh"...

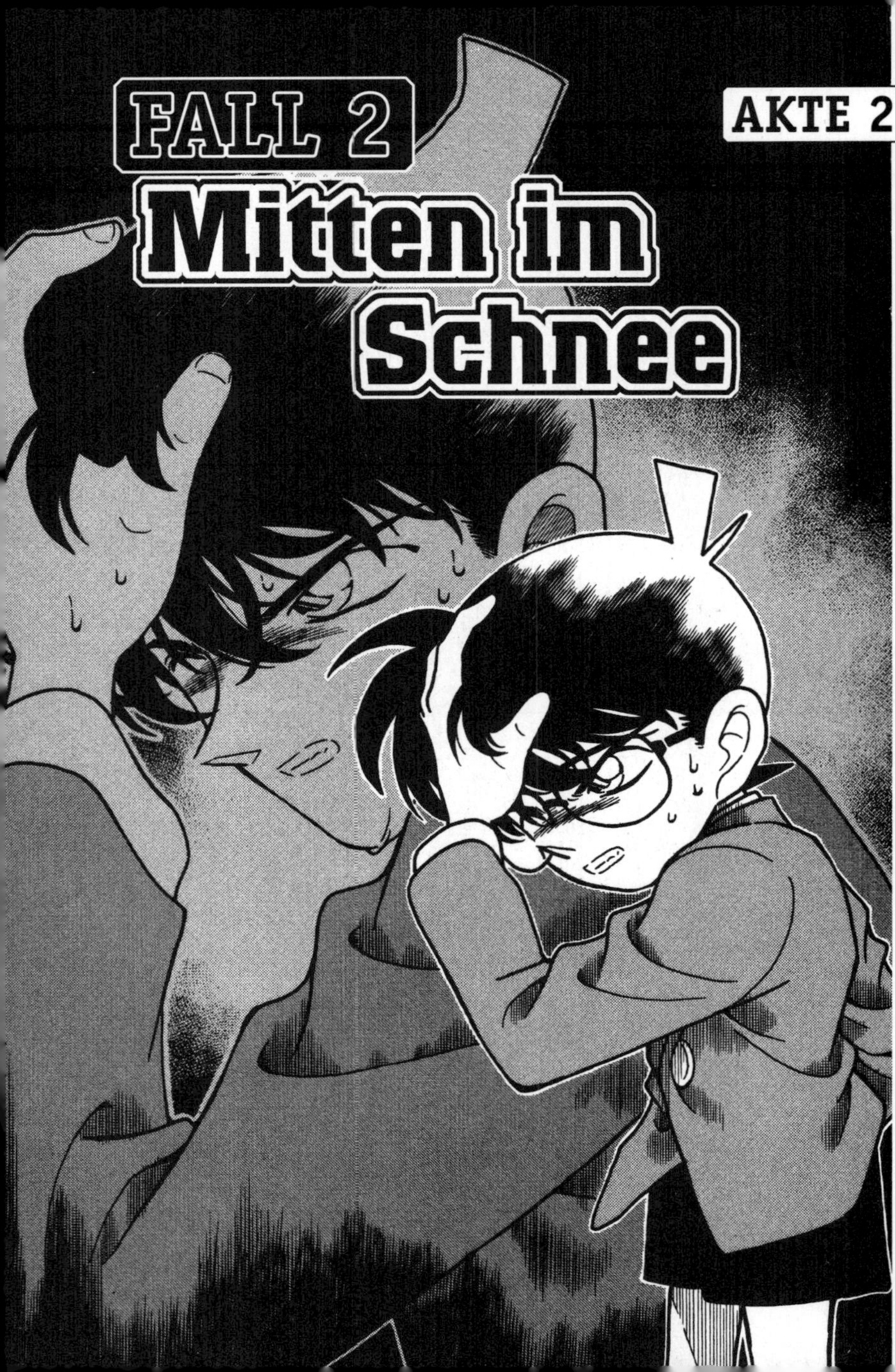
FALL 2
Mitten im Schnee
AKTE 2

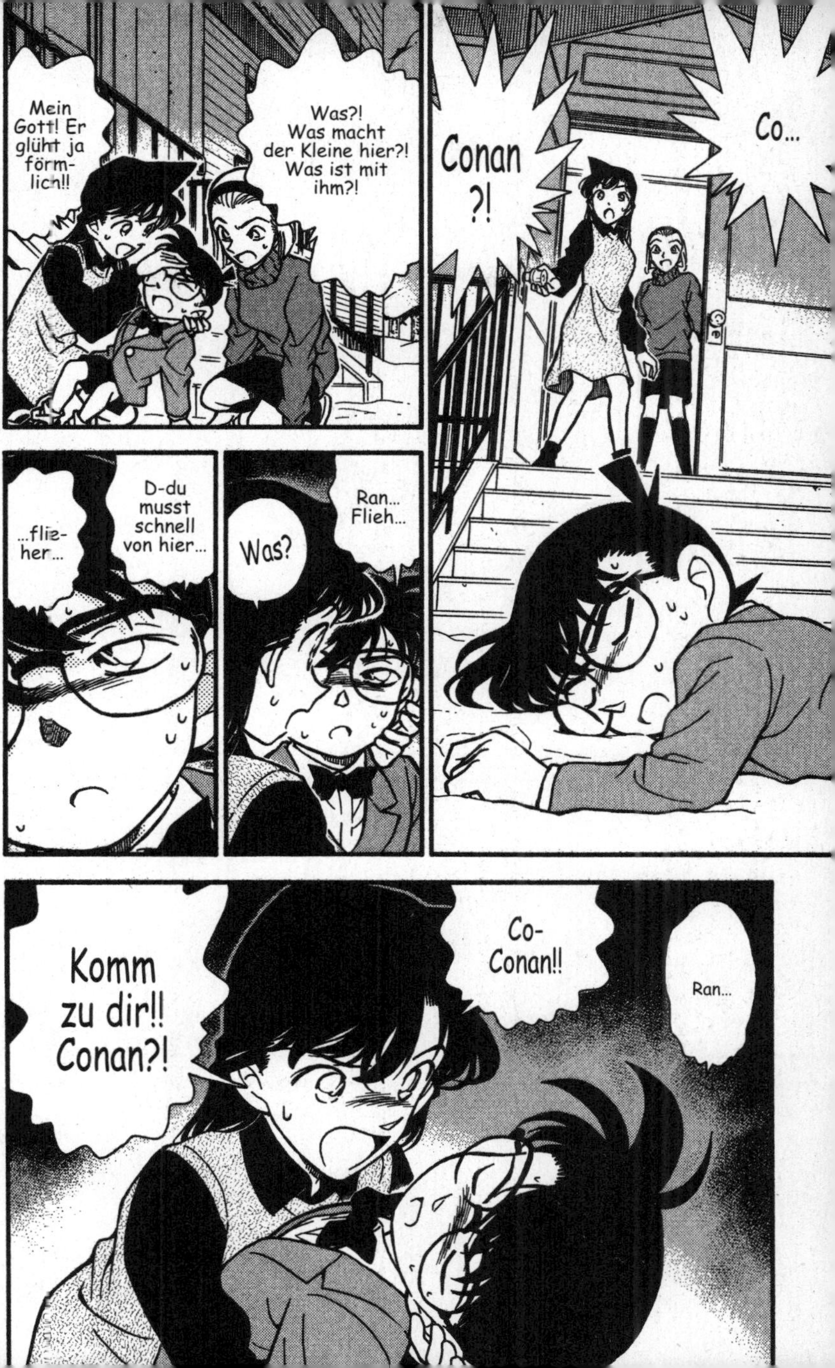

Co...
Conan ?!
Was?! Was macht der Kleine hier?! Was ist mit ihm?!
Mein Gott! Er glüht ja förmlich!!
Ran... Flieh...
Was?
D-du musst schnell von hier...
...flie- her...
Ran...
Co- Conan!!
Komm zu dir!! Conan?!

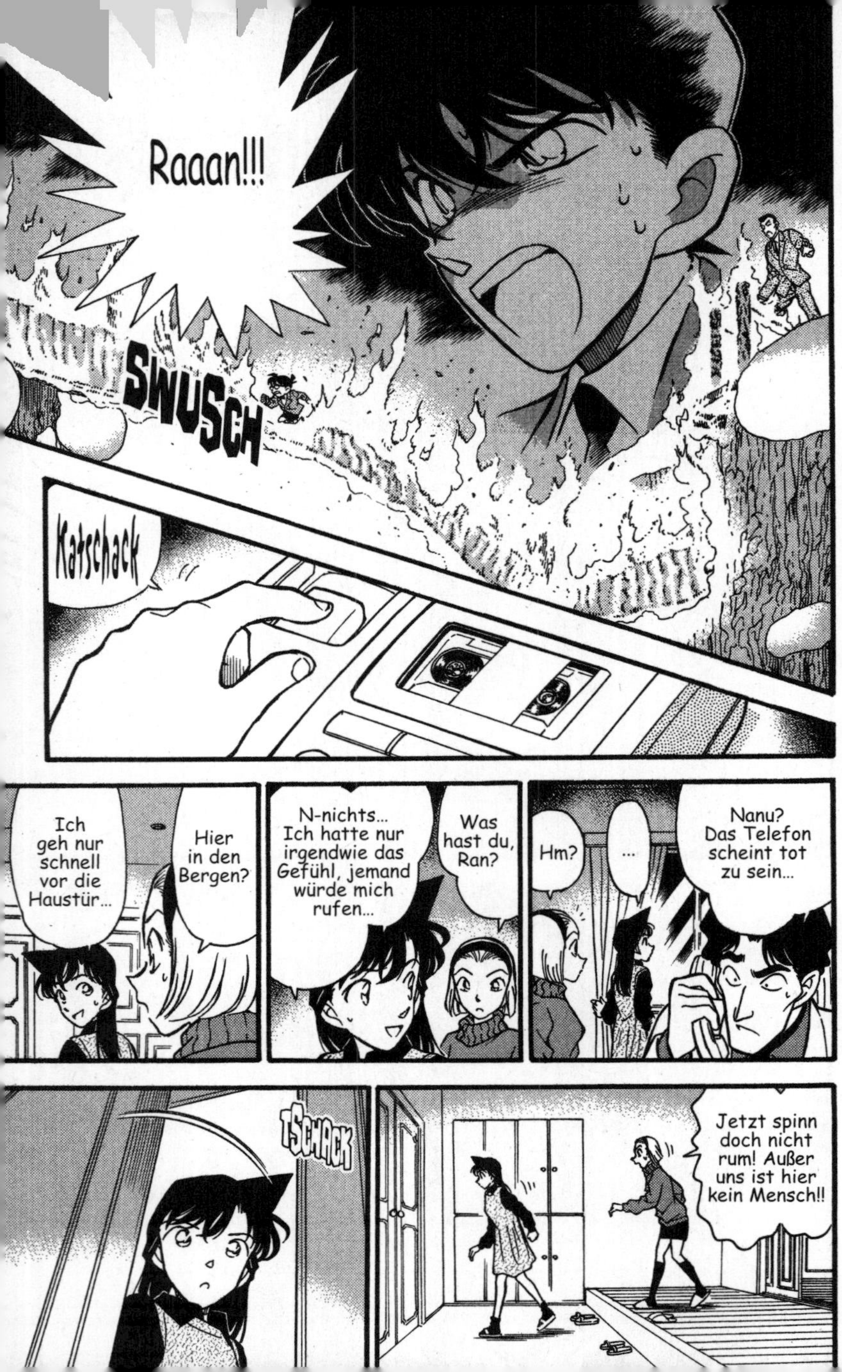

Raaan!!!
SWUSCH
Katschack
Nanu? Das Telefon scheint tot zu sein...
...
Hm?
Was hast du, Ran?
N-nichts... Ich hatte nur irgendwie das Gefühl, jemand würde mich rufen...
Hier in den Bergen?
Ich geh nur schnell vor die Haustür...
Jetzt spinn doch nicht rum! Außer uns ist hier kein Mensch!!
TSCHACK

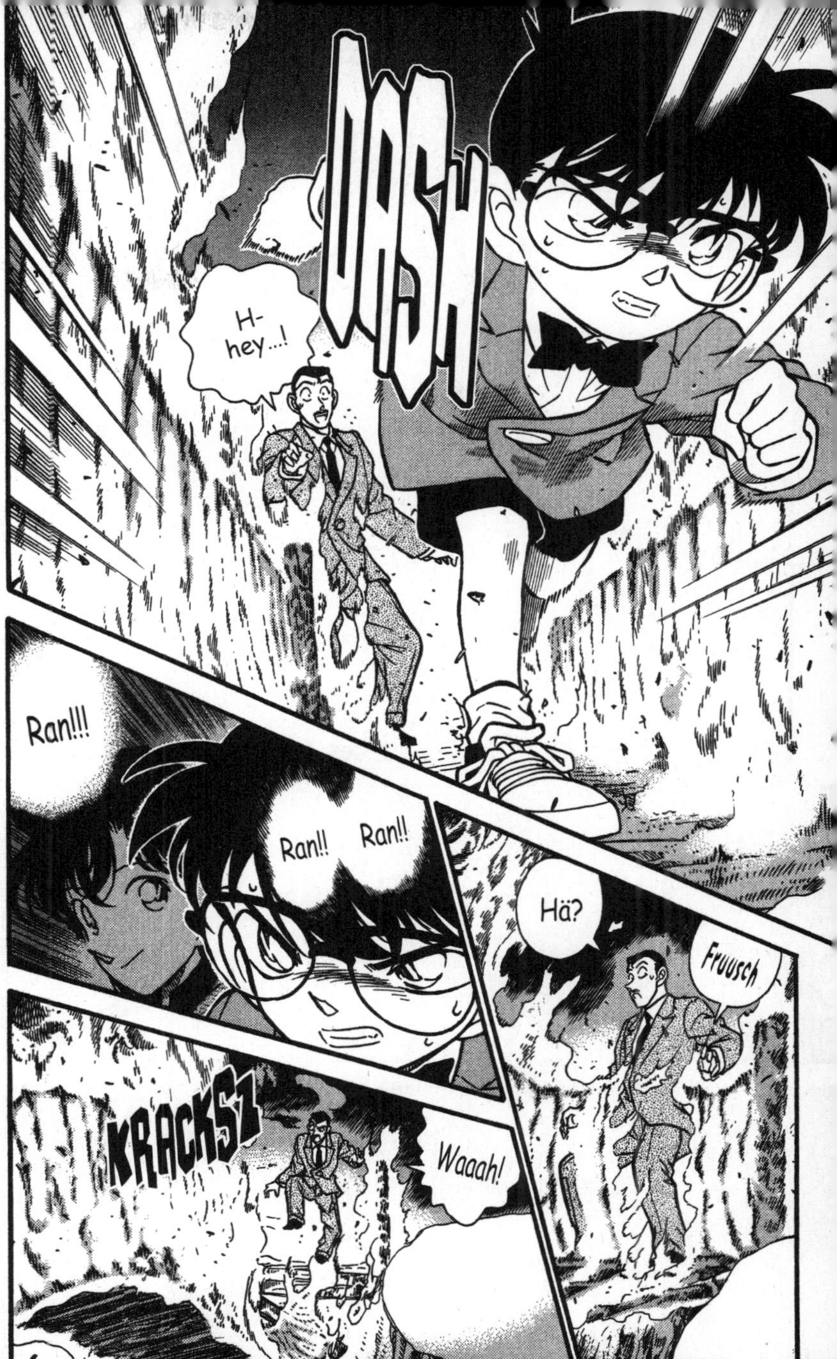
DASH
H-hey...!
Ran!!!
Ran!! Ran!!
Hä?
Fruusch
KRACKS!
Waaah!

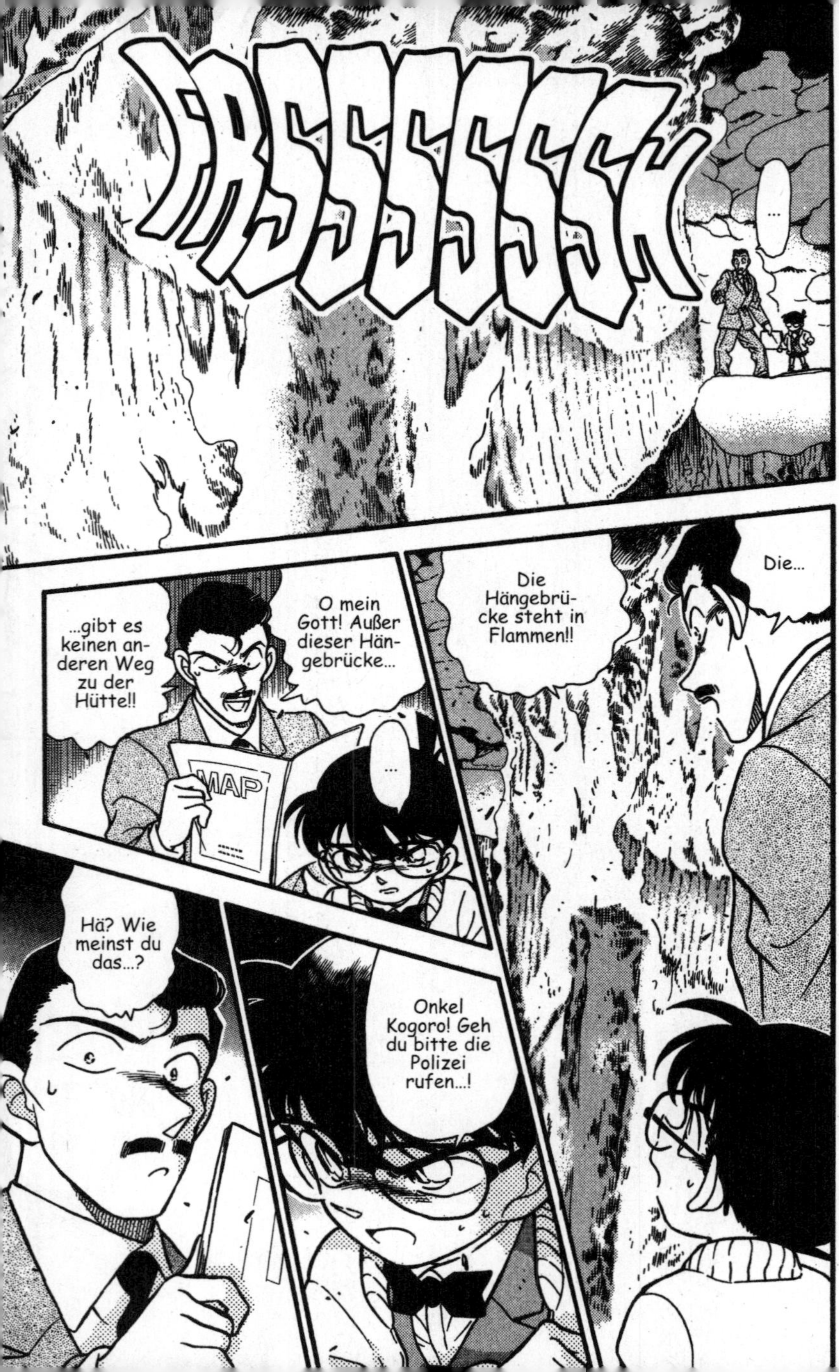
CRSSSSSCH
...
Die...
Die Hängebrücke steht in Flammen!!
O mein Gott! Außer dieser Hängebrücke...
...gibt es keinen anderen Weg zu der Hütte!!
...
MAP
Onkel Kogoro! Geh du bitte die Polizei rufen...!
Hä? Wie meinst du das...?

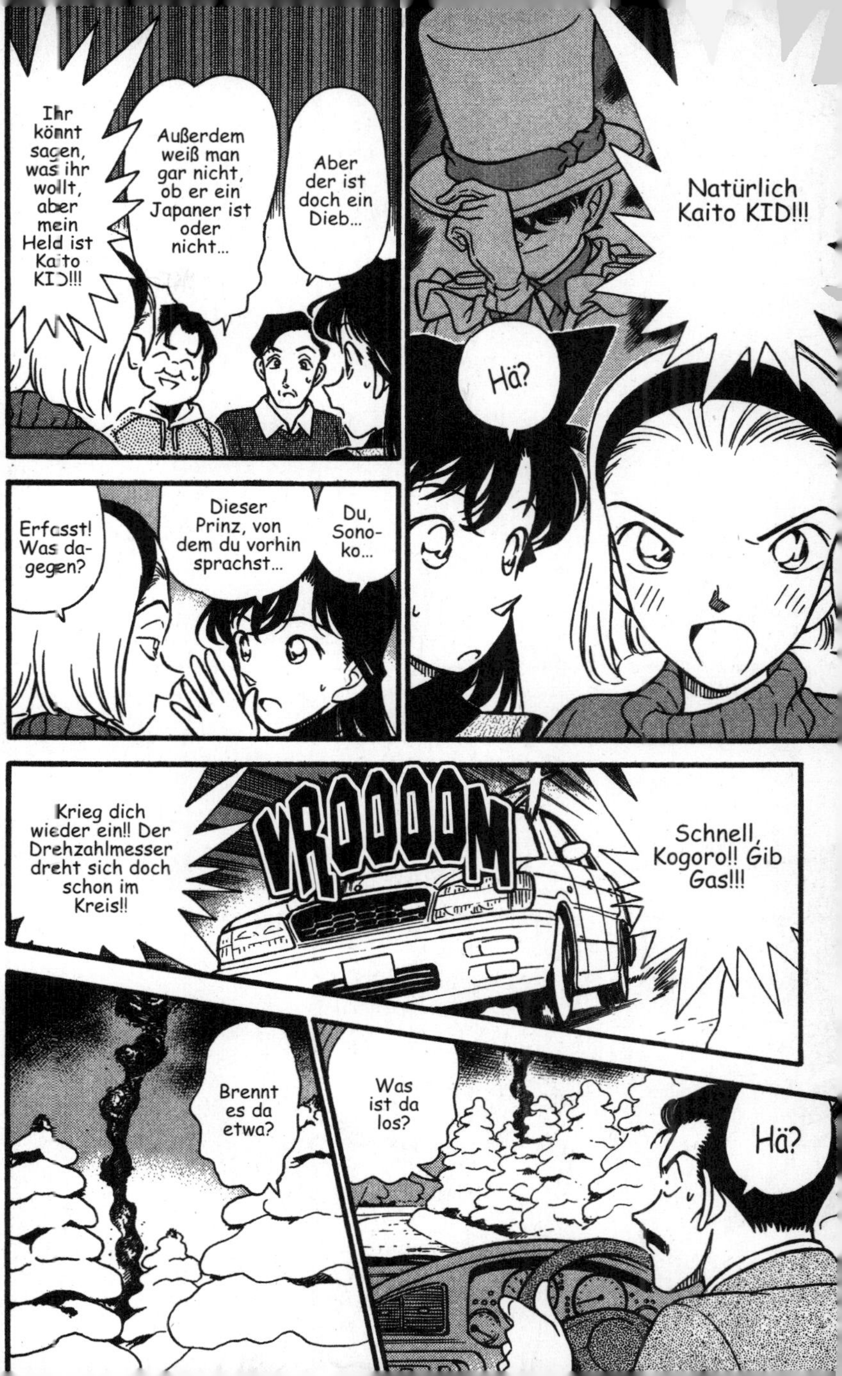
Natürlich Kaito KID!!!
Hä?
Aber der ist doch ein Dieb...
Außerdem weiß man gar nicht, ob er ein Japaner ist oder nicht...
Ihr könnt sagen, was ihr wollt, aber mein Held ist Kaito KID!!!
Du, Sono-ko...
Dieser Prinz, von dem du vorhin sprachst...
Erfasst! Was da-gegen?
Schnell, Kogoro!! Gib Gas!!!
VROOOOM
Krieg dich wieder ein!! Der Drehzahlmesser dreht sich doch schon im Kreis!!
Hä?
Was ist da los?
Brennt es da etwa?

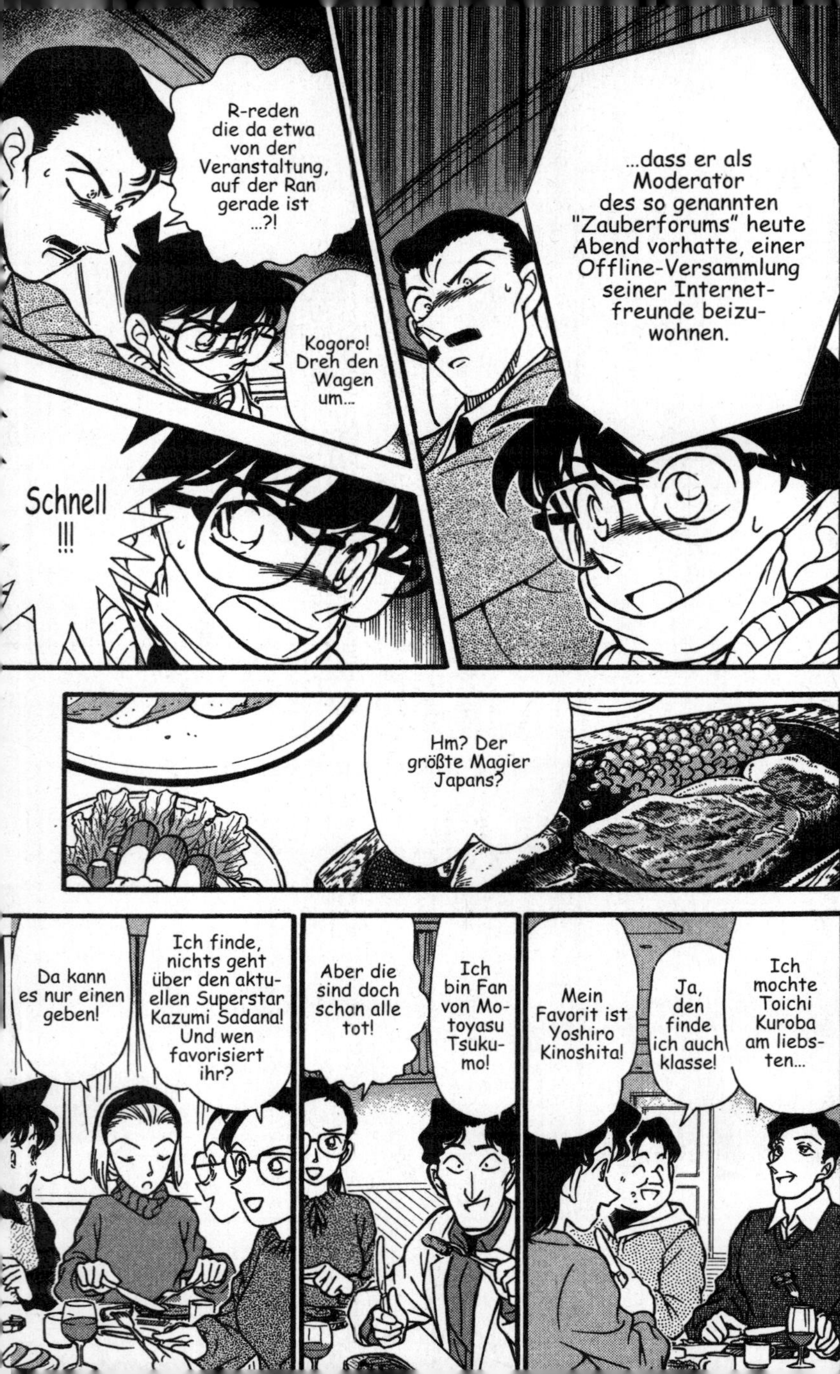
...dass er als Moderator des so genannten "Zauberforums" heute Abend vorhatte, einer Offline-Versammlung seiner Internetfreunde beizuwohnen.
R-reden die da etwa von der Veranstaltung, auf der Ran gerade ist ...?!
Kogoro! Dreh den Wagen um...
Schnell!!!
Hm? Der größte Magier Japans?
Ich mochte Toichi Kuroba am liebsten...
Ja, den finde ich auch klasse!
Mein Favorit ist Yoshiro Kinoshita!
Ich bin Fan von Motoyasu Tsukumo!
Aber die sind doch schon alle tot!
Ich finde, nichts geht über den aktuellen Superstar Kazumi Sadana! Und wen favorisiert ihr?
Da kann es nur einen geben!

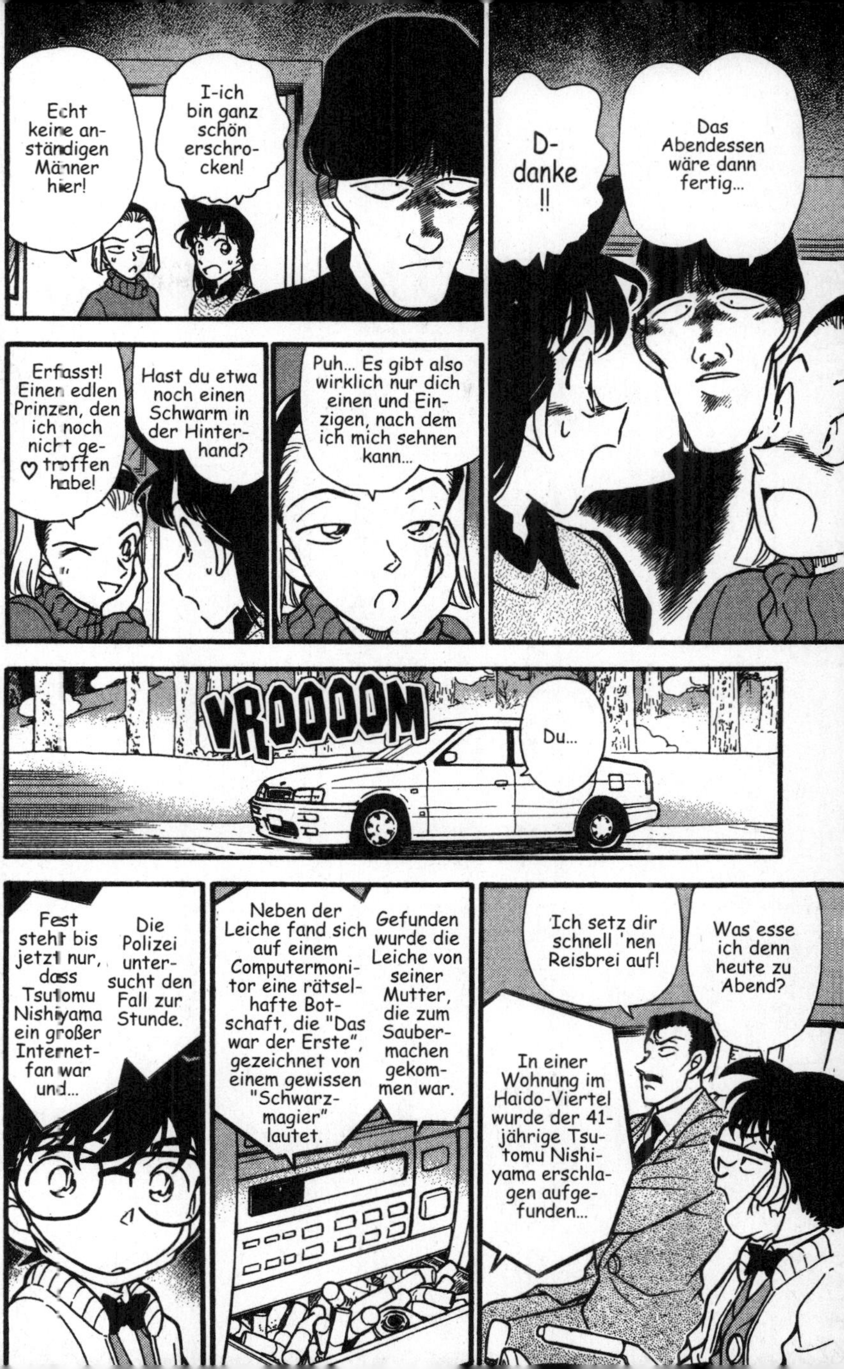
Das Abendessen wäre dann fertig...
D-danke!!
I-ich bin ganz schön erschrocken!
Echt keine anständigen Männer hier!
Puh... Es gibt also wirklich nur dich einen und Einzigen, nach dem ich mich sehnen kann...
Hast du etwa noch einen Schwarm in der Hinterhand?
Erfasst! Einen edlen Prinzen, den ich noch nicht getroffen habe! ♡
VROOOOM
Du...
Was esse ich denn heute zu Abend?
Ich setz dir schnell 'nen Reisbrei auf!
In einer Wohnung im Haido-Viertel wurde der 41-jährige Tsutomu Nishiyama erschlagen aufgefunden...
Gefunden wurde die Leiche von seiner Mutter, die zum Saubermachen gekommen war.
Neben der Leiche fand sich auf einem Computermonitor eine rätselhafte Botschaft, die "Das war der Erste", gezeichnet von einem gewissen "Schwarzmagier" lautet.
Die Polizei untersucht den Fall zur Stunde.
Fest steht bis jetzt nur, dass Tsutomu Nishiyama ein großer Internetfan war und...

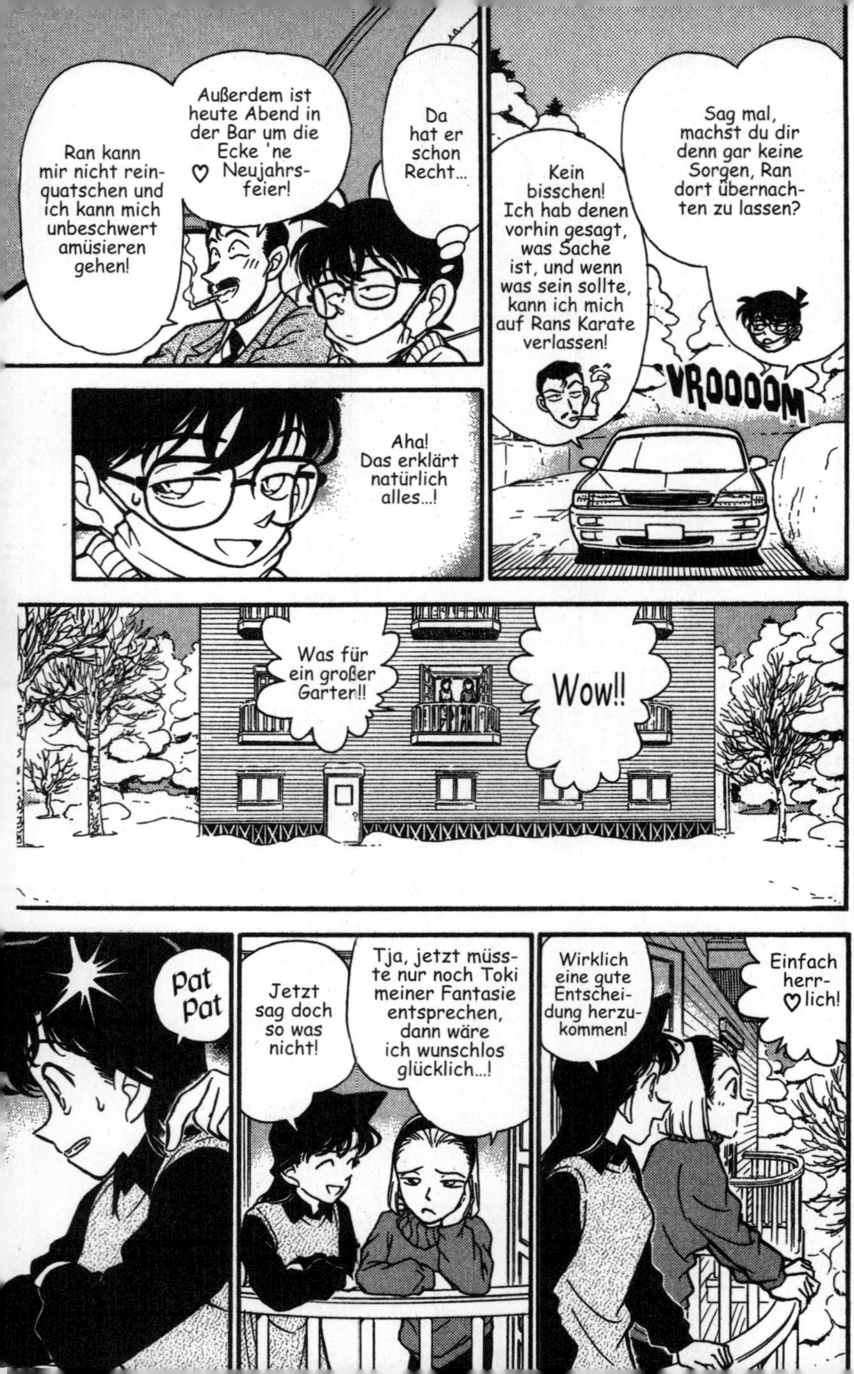
Sag mal, machst du dir denn gar keine Sorgen, Ran dort übernachten zu lassen?
Kein bisschen! Ich hab denen vorhin gesagt, was Sache ist, und wenn was sein sollte, kann ich mich auf Rans Karate verlassen!
VROOOOM
Ran kann mir nicht reinquatschen und ich kann mich unbeschwert amüsieren gehen!
Außerdem ist heute Abend in der Bar um die Ecke 'ne ♡ Neujahrsfeier!
Da hat er schon Recht...
Aha! Das erklärt natürlich alles...!
Wow!!
Was für ein großer Garten!!
Einfach herr-♡lich!
Wirklich eine gute Entscheidung herzukommen!
Tja, jetzt müsste nur noch Toki meiner Fantasie entsprechen, dann wäre ich wunschlos glücklich...!
Jetzt sag doch so was nicht!
Pat Pat

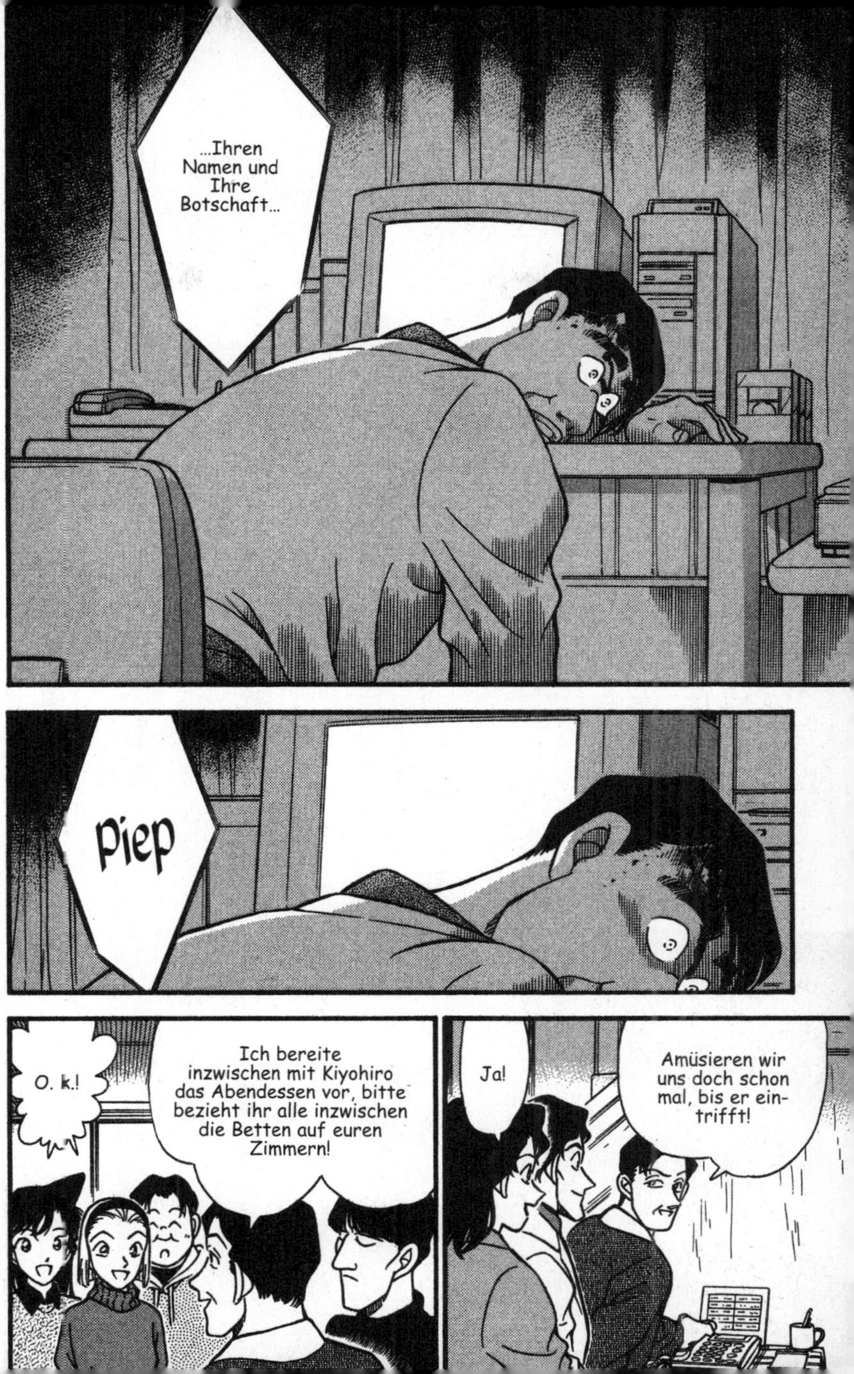
...Ihren Namen und Ihre Botschaft...
Piep
Amüsieren wir uns doch schon mal, bis er eintrifft!
Ja!
Ich bereite inzwischen mit Kiyohiro das Abendessen vor, bitte bezieht ihr alle inzwischen die Betten auf euren Zimmern!
O. k.!

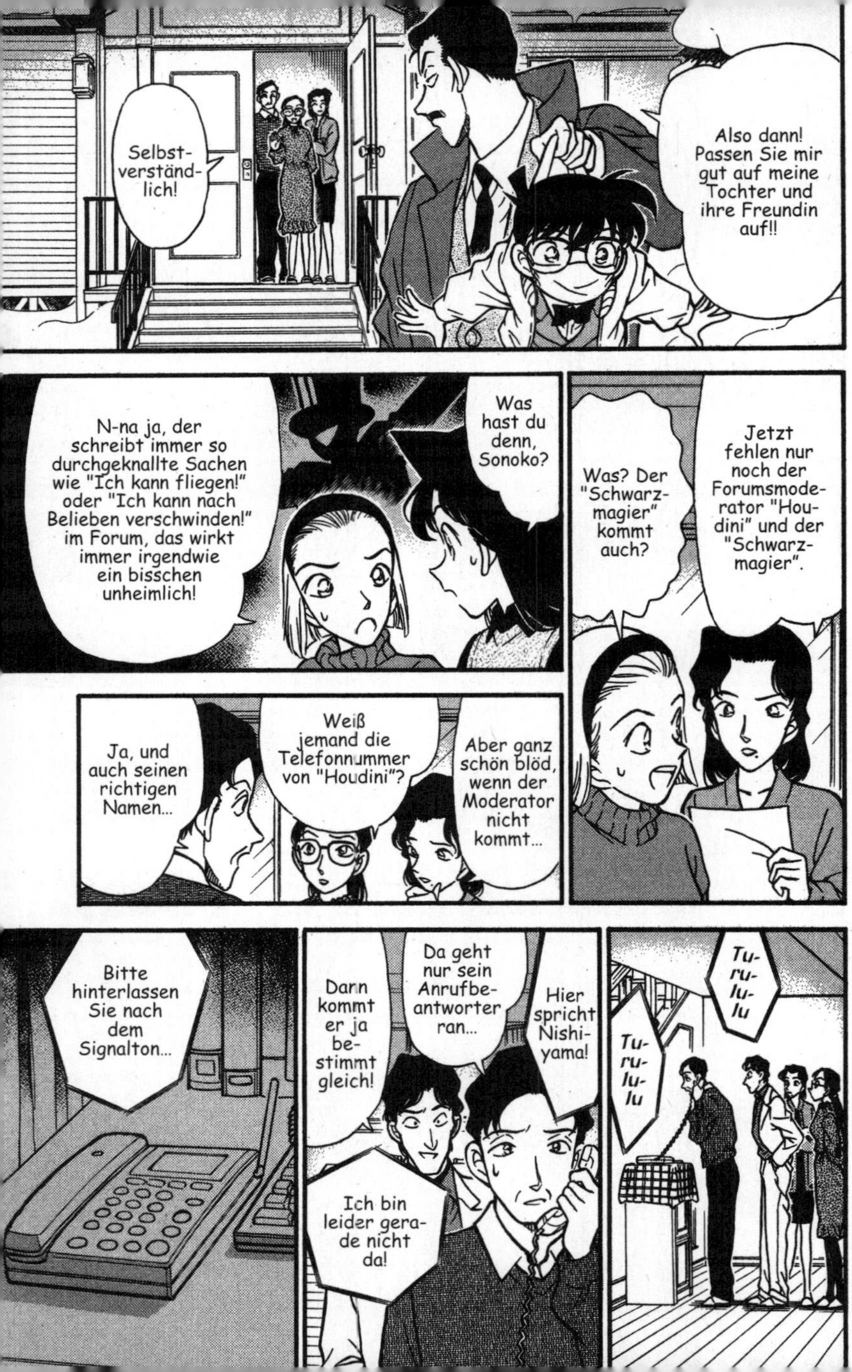

Also dann! Passen Sie mir gut auf meine Tochter und ihre Freundin auf!!
Selbstverständlich!
Jetzt fehlen nur noch der Forumsmoderator "Houdini" und der "Schwarzmagier".
Was? Der "Schwarzmagier" kommt auch?
Was hast du denn, Sonoko?
N-na ja, der schreibt immer so durchgeknallte Sachen wie "Ich kann fliegen!" oder "Ich kann nach Belieben verschwinden!" im Forum, das wirkt immer irgendwie ein bisschen unheimlich!
Aber ganz schön blöd, wenn der Moderator nicht kommt...
Weiß jemand die Telefonnummer von "Houdini"?
Ja, und auch seinen richtigen Namen...
Turululu
Turululu
Hier spricht Nishiyama!
Da geht nur sein Anrufbeantworter ran...
Dann kommt er ja bestimmt gleich!
Ich bin leider gerade nicht da!
Bitte hinterlassen Sie nach dem Signalton...

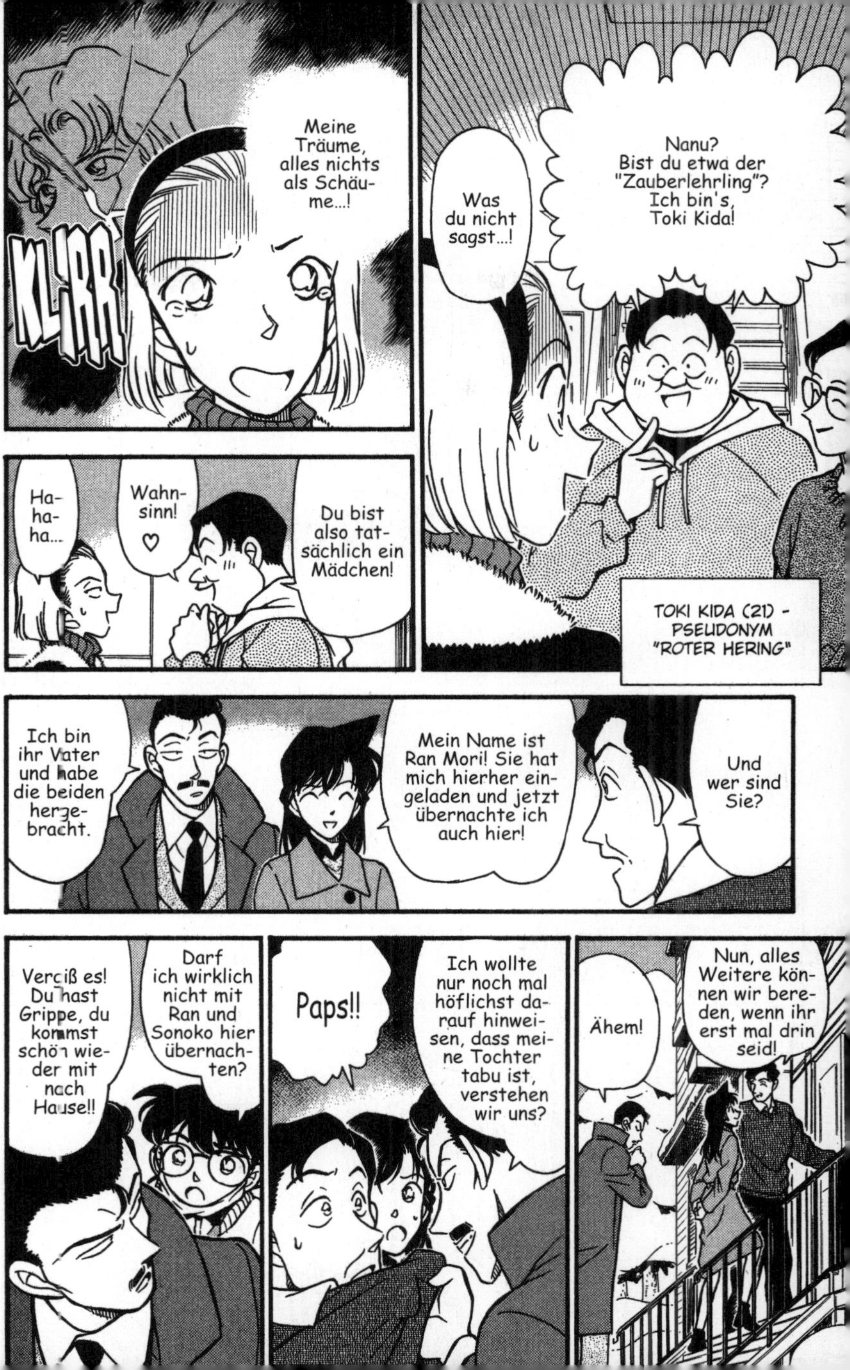

Nanu? Bist du etwa der "Zauberlehrling"? Ich bin's, Toki Kida!
Was du nicht sagst...!
TOKI KIDA (21) - PSEUDONYM "ROTER HERING"
Meine Träume, alles nichts als Schäume...!
KLIRR
Du bist also tatsächlich ein Mädchen!
Wahnsinn! ♡
Hahaha...
Und wer sind Sie?
Mein Name ist Ran Mori! Sie hat mich hierher eingeladen und jetzt übernachte ich auch hier!
Ich bin ihr Vater und habe die beiden hergebracht.
Nun, alles Weitere können wir bereden, wenn ihr erst mal drin seid!
Ähem!
Ich wollte nur noch mal höflichst darauf hinweisen, dass meine Tochter tabu ist, verstehen wir uns?
Paps!!
Darf ich wirklich nicht mit Ran und Sonoko hier übernachten?
Vergiß es! Du hast Grippe, du kommst schön wieder mit nach Hause!!

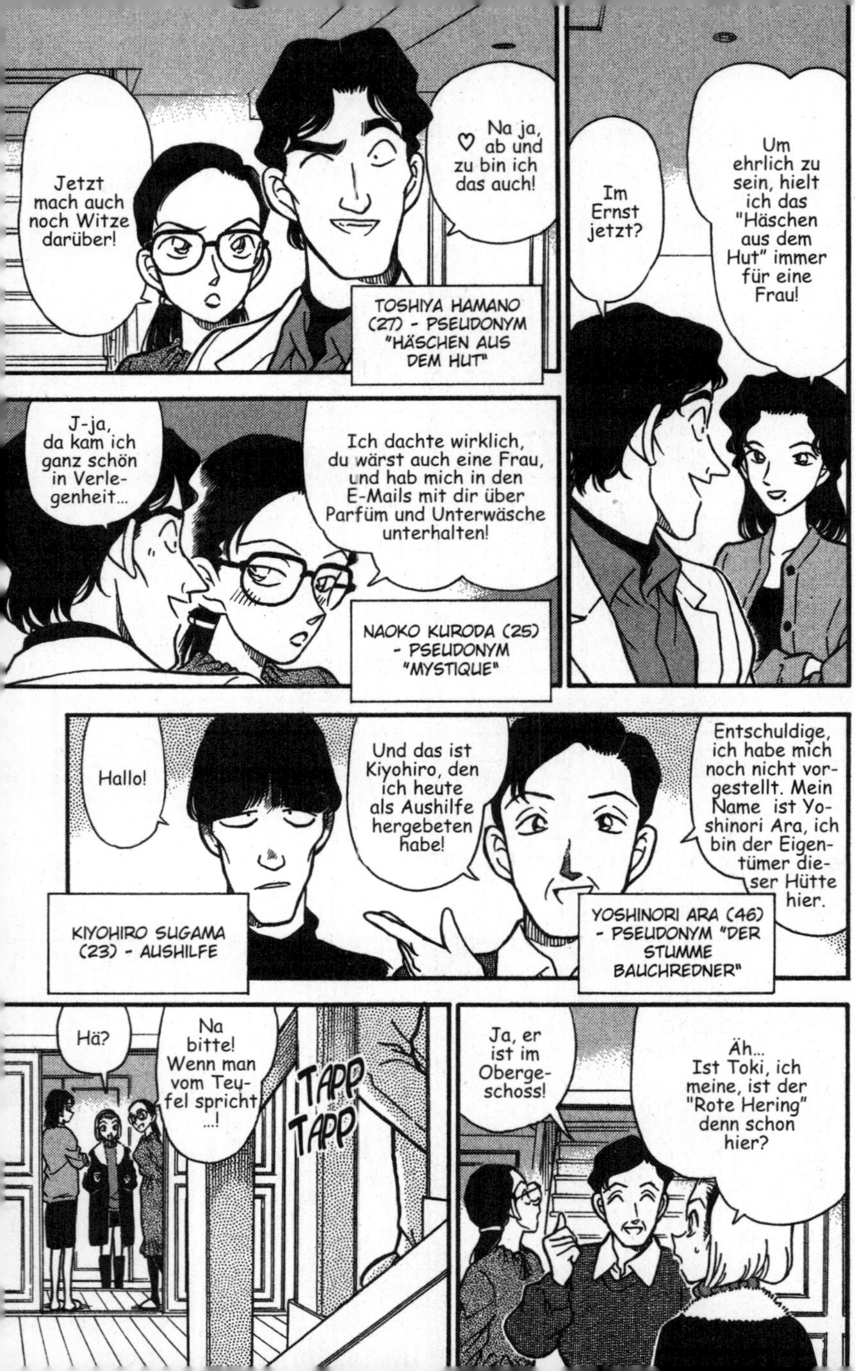

Um ehrlich zu sein, hielt ich das "Häschen aus dem Hut" immer für eine Frau!
Im Ernst jetzt?
Na ja, ab und zu bin ich das auch! ♡
TOSHIYA HAMANO (27) - PSEUDONYM "HÄSCHEN AUS DEM HUT"
Jetzt mach auch noch Witze darüber!
Ich dachte wirklich, du wärst auch eine Frau, und hab mich in den E-Mails mit dir über Parfüm und Unterwäsche unterhalten!
J-ja, da kam ich ganz schön in Verlegenheit...
NAOKO KURODA (25) - PSEUDONYM "MYSTIQUE"
Entschuldige, ich habe mich noch nicht vorgestellt. Mein Name ist Yoshinori Ara, ich bin der Eigentümer dieser Hütte hier.
YOSHINORI ARA (46) - PSEUDONYM "DER STUMME BAUCHREDNER"
Und das ist Kiyohiro, den ich heute als Aushilfe hergebeten habe!
Hallo!
KIYOHIRO SUGAMA (23) - AUSHILFE
Äh... Ist Toki, ich meine, ist der "Rote Hering" denn schon hier?
Ja, er ist im Obergeschoss!
TAPP TAPP
Na bitte! Wenn man vom Teufel spricht ...!
Hä?

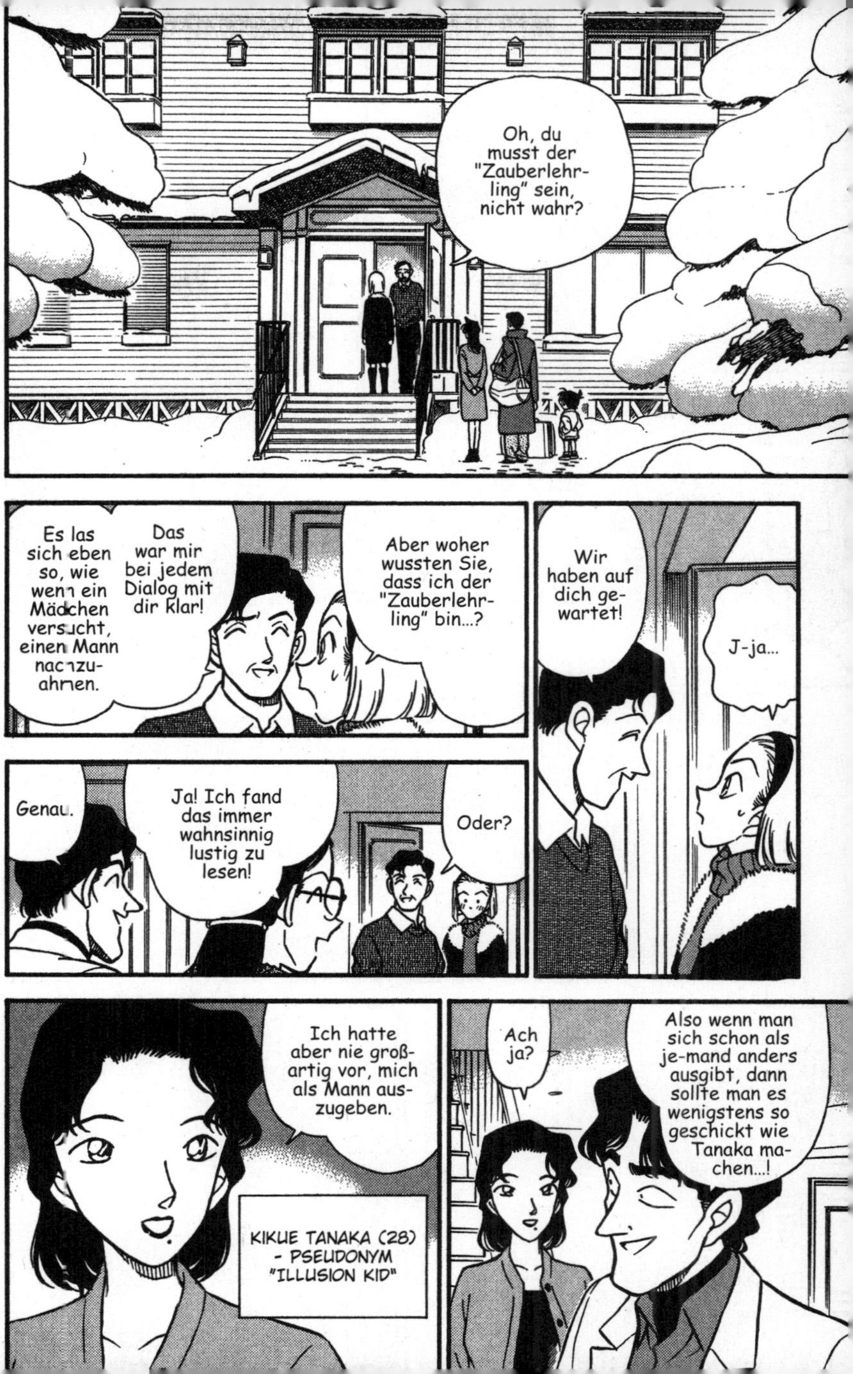

Oh, du musst der "Zauberlehrling" sein, nicht wahr?
Wir haben auf dich gewartet!
J-ja...
Aber woher wussten Sie, dass ich der "Zauberlehrling" bin...?
Das war mir bei jedem Dialog mit dir klar!
Es las sich eben so, wie wenn ein Mädchen versucht, einen Mann nachzuahmen.
Oder?
Ja! Ich fand das immer wahnsinnig lustig zu lesen!
Genau.
Also wenn man sich schon als je-mand anders ausgibt, dann sollte man es wenigstens so geschickt wie Tanaka machen...!
Ach ja?
Ich hatte aber nie großartig vor, mich als Mann auszugeben.
KIKUE TANAKA (28) - PSEUDONYM "ILLUSION KID"

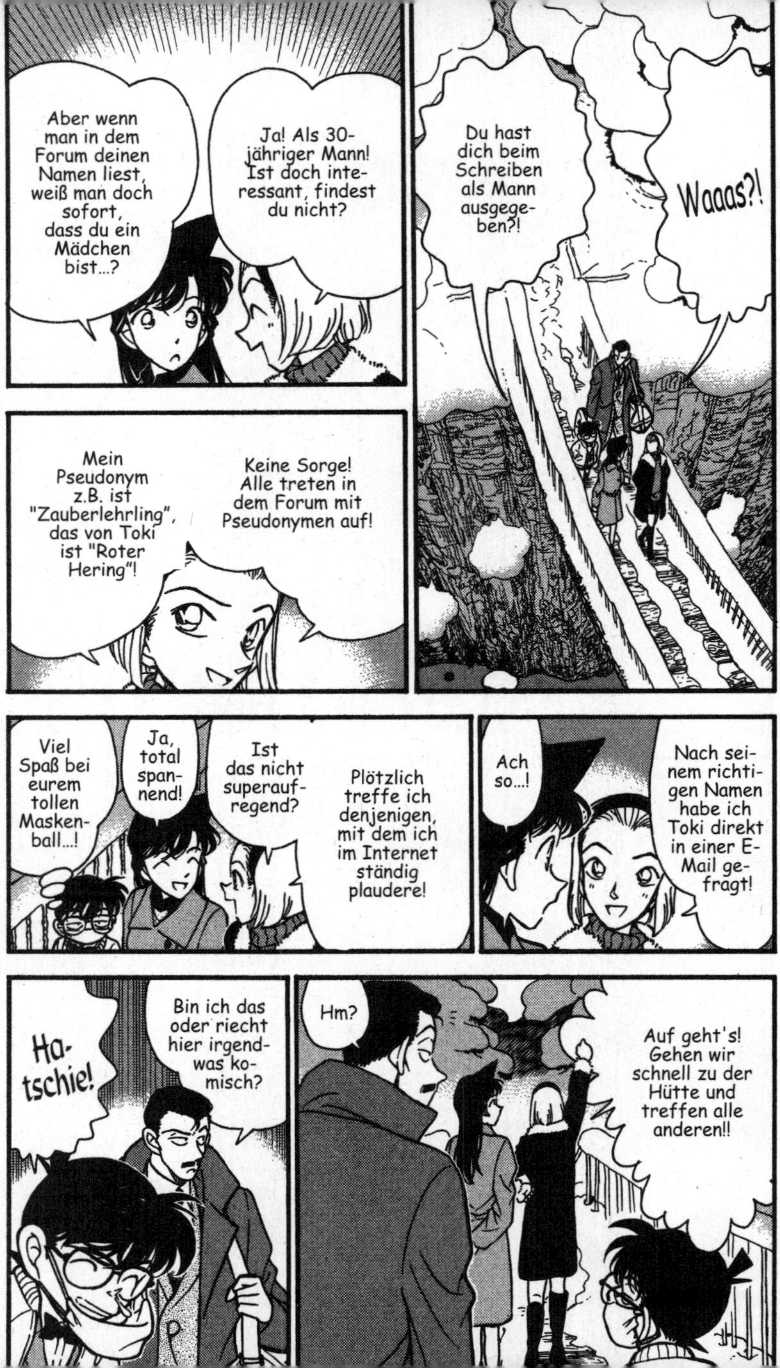
Waaas?!
Du hast dich beim Schreiben als Mann ausgegeben?!
Ja! Als 30-jähriger Mann! Ist doch interessant, findest du nicht?
Aber wenn man in dem Forum deinen Namen liest, weiß man doch sofort, dass du ein Mädchen bist...?
Keine Sorge! Alle treten in dem Forum mit Pseudonymen auf!
Mein Pseudonym z.B. ist "Zauberlehrling", das von Toki ist "Roter Hering"!
Nach seinem richtigen Namen habe ich Toki direkt in einer E-Mail gefragt!
Ach so...!
Plötzlich treffe ich denjenigen, mit dem ich im Internet ständig plaudere!
Ist das nicht superaufregend?
Ja, total spannend!
Viel Spaß bei eurem tollen Maskenball...!
Auf geht's! Gehen wir schnell zu der Hütte und treffen alle anderen!!
Hm?
Bin ich das oder riecht hier irgendwas komisch?
Ha-tschie!

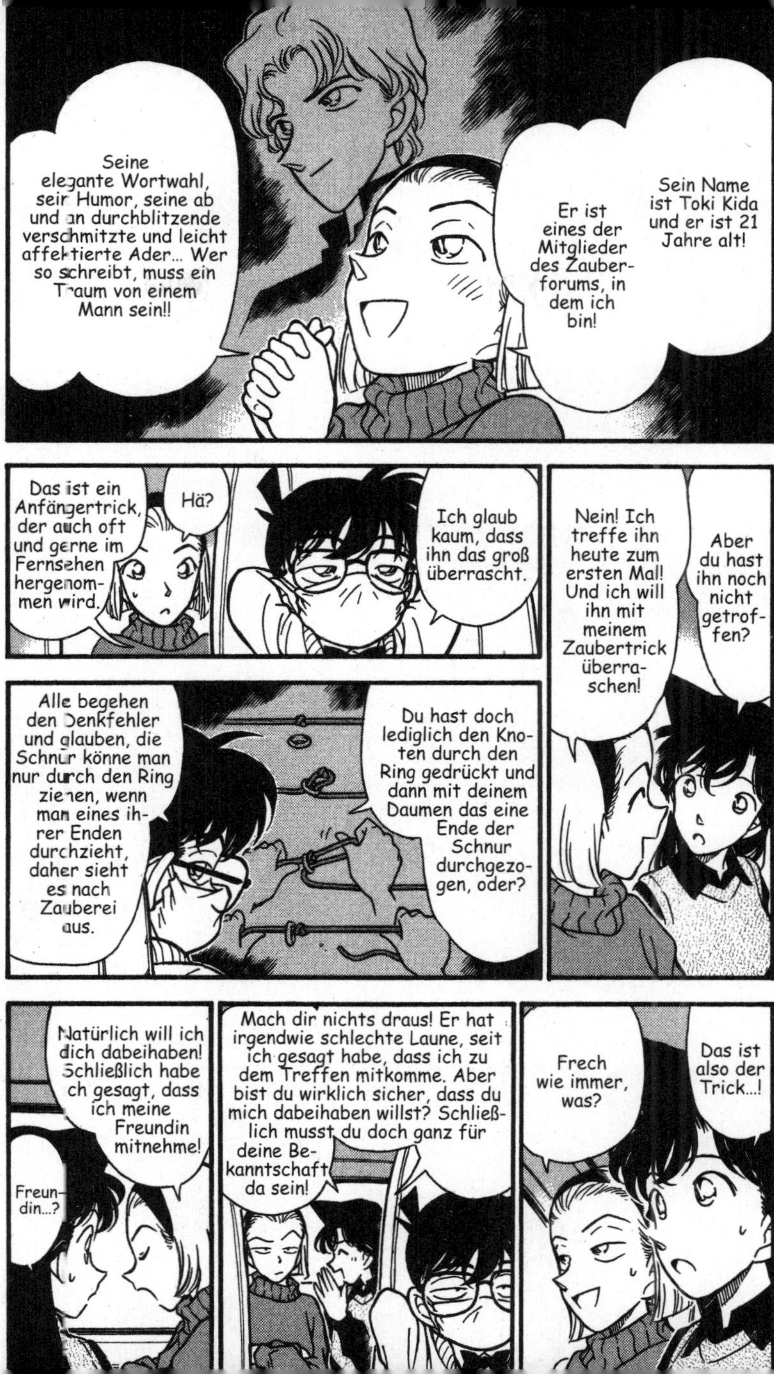
Sein Name ist Toki Kida und er ist 21 Jahre alt!
Er ist eines der Mitglieder des Zauberforums, in dem ich bin!
Seine elegante Wortwahl, sein Humor, seine ab und an durchblitzende verschmitzte und leicht affektierte Ader... Wer so schreibt, muss ein Traum von einem Mann sein!!
Aber du hast ihn noch nicht getroffen?
Nein! Ich treffe ihn heute zum ersten Mal! Und ich will ihn mit meinem Zaubertrick überraschen!
Ich glaub kaum, dass ihn das groß überrascht.
Hä?
Das ist ein Anfängertrick, der auch oft und gerne im Fernsehen hergenommen wird.
Du hast doch lediglich den Knoten durch den Ring gedrückt und dann mit deinem Daumen das eine Ende der Schnur durchgezogen, oder?
Alle begehen den Denkfehler und glauben, die Schnur könne man nur durch den Ring ziehen, wenn man eines ihrer Enden durchzieht, daher sieht es nach Zauberei aus.
Das ist also der Trick...!
Frech wie immer, was?
Mach dir nichts draus! Er hat irgendwie schlechte Laune, seit ich gesagt habe, dass ich zu dem Treffen mitkomme. Aber bist du wirklich sicher, dass du mich dabeihaben willst? Schließlich musst du doch ganz für deine Bekanntschaft da sein!
Natürlich will ich dich dabeihaben! Schließlich habe ich gesagt, dass ich meine Freundin mitnehme!
Freundin...?

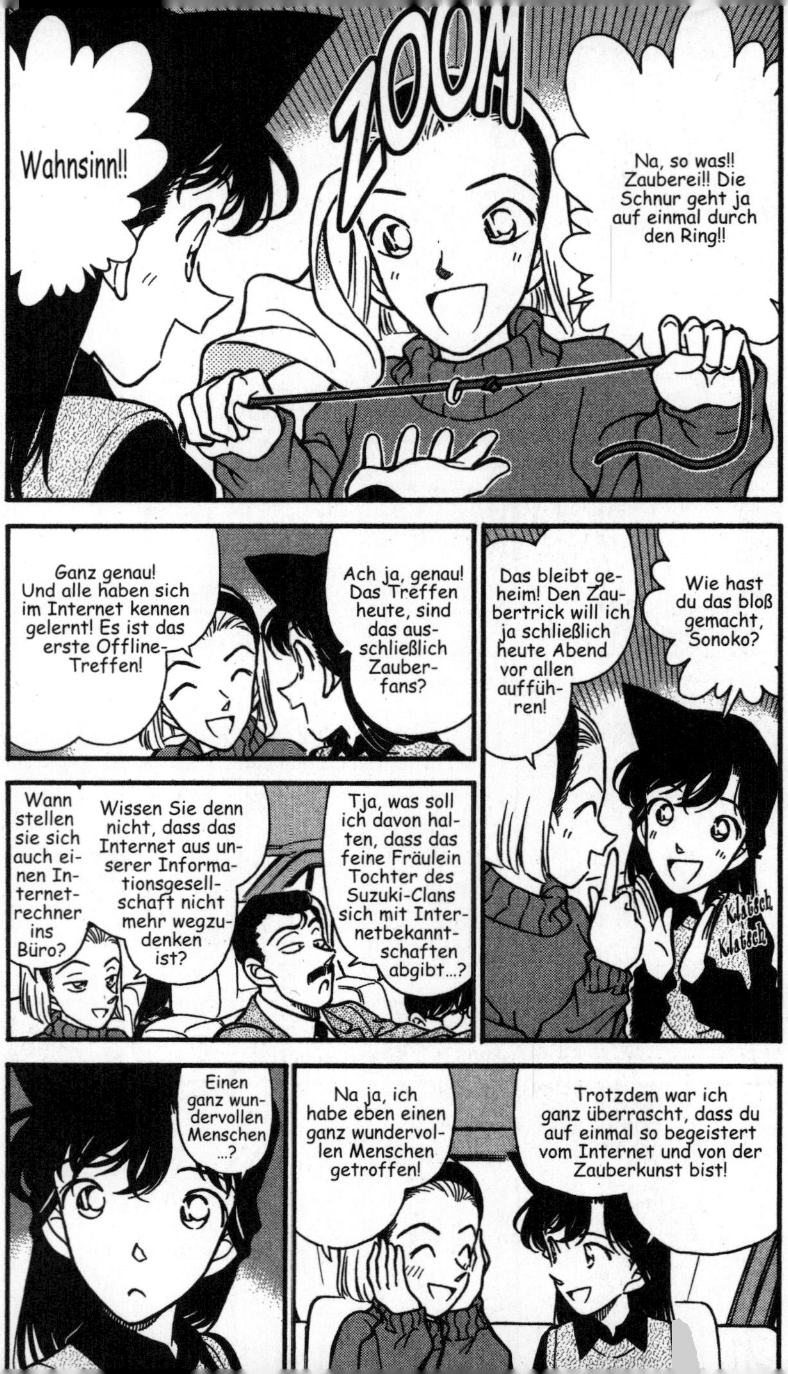
ZOOM
Na, so was!! Zauberei!! Die Schnur geht ja auf einmal durch den Ring!!
Wahnsinn!!
Wie hast du das bloß gemacht, Sonoko?
Das bleibt geheim! Den Zaubertrick will ich ja schließlich heute Abend vor allen aufführen!
Klatsch Klatsch
Ach ja, genau! Das Treffen heute, sind das ausschließlich Zauberfans?
Ganz genau! Und alle haben sich im Internet kennen gelernt! Es ist das erste Offline-Treffen!
Tja, was soll ich davon halten, dass das feine Fräulein Tochter des Suzuki-Clans sich mit Internetbekanntschaften abgibt...?
Wissen Sie denn nicht, dass das Internet aus unserer Informationsgesellschaft nicht mehr wegzudenken ist?
Wann stellen sie sich auch einen Internetrechner ins Büro?
Trotzdem war ich ganz überrascht, dass du auf einmal so begeistert vom Internet und von der Zauberkunst bist!
Na ja, ich habe eben einen ganz wundervollen Menschen getroffen!
Einen ganz wundervollen Menschen ...?

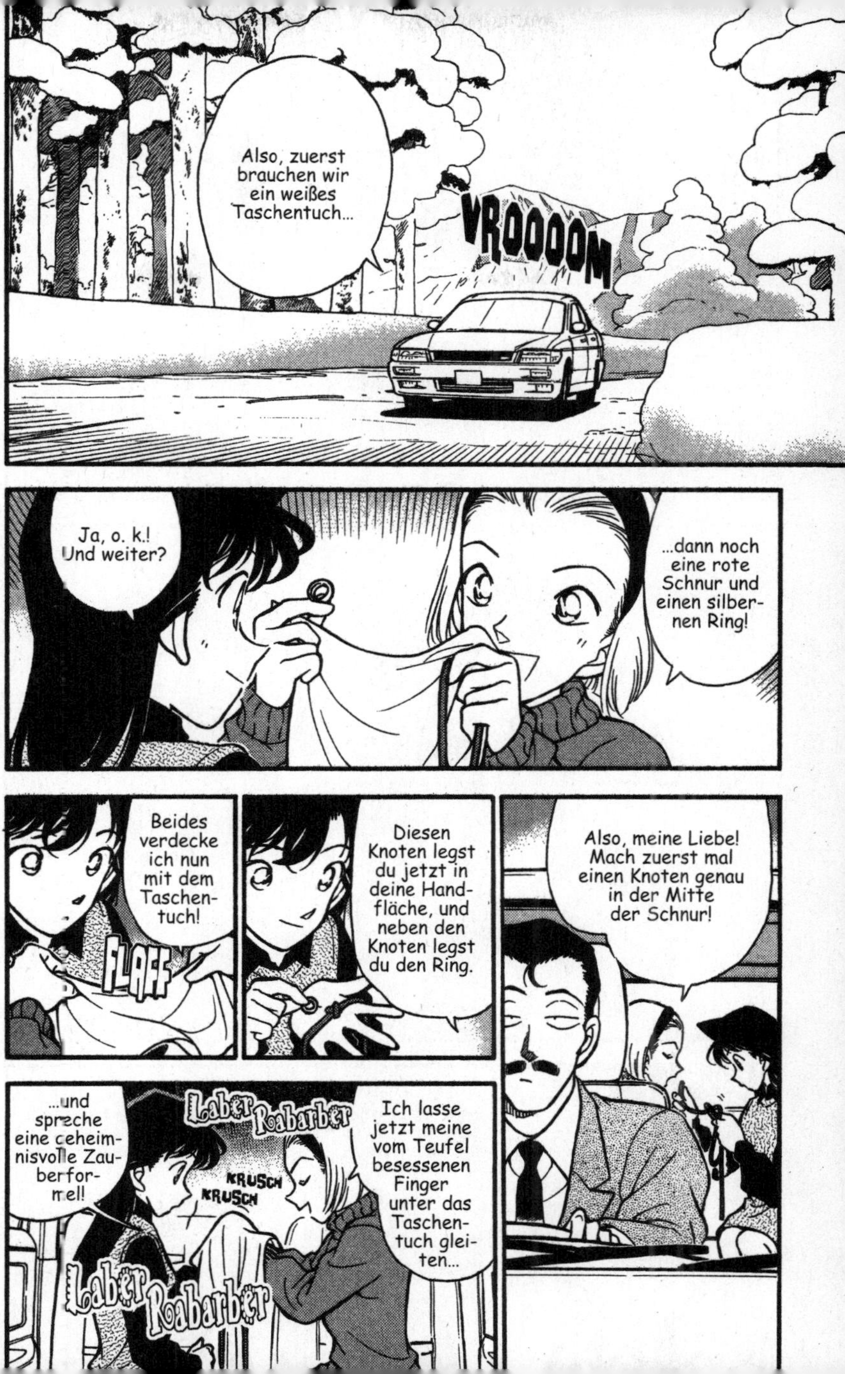
Also, zuerst brauchen wir ein weißes Taschentuch...
VROOOOM
...dann noch eine rote Schnur und einen silbernen Ring!
Ja, o. k.! Und weiter?
Also, meine Liebe! Mach zuerst mal einen Knoten genau in der Mitte der Schnur!
Diesen Knoten legst du jetzt in deine Handfläche, und neben den Knoten legst du den Ring.
Beides verdecke ich nun mit dem Taschentuch!
FLAFF
Ich lasse jetzt meine vom Teufel besessenen Finger unter das Taschentuch gleiten...
KRUSCH KRUSCH
Laber Rabarber
...und spreche eine geheimnisvolle Zauberformel!
Laber Rabarber

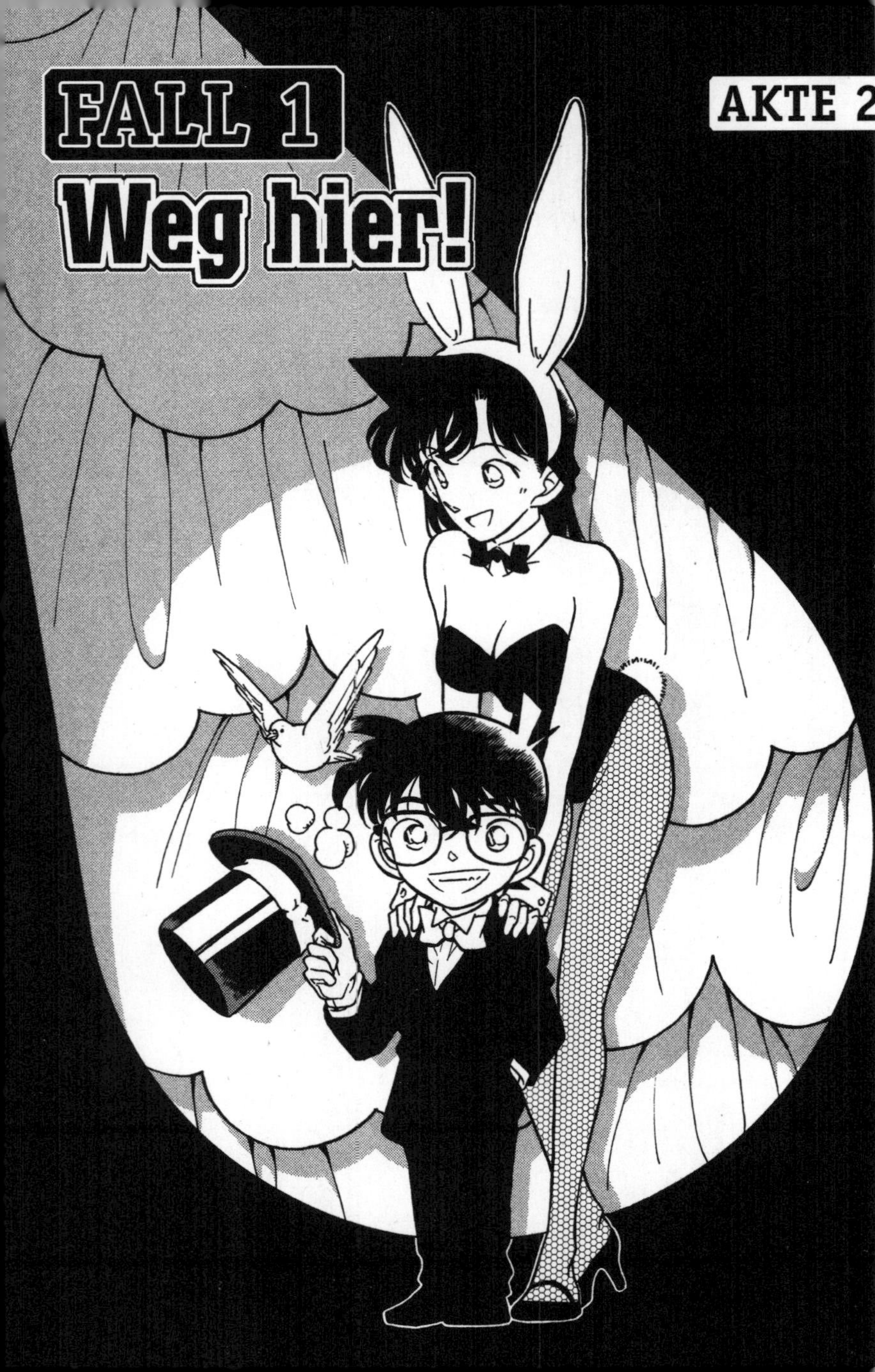
FALL 1
Weg hier!
AKTE 2

DETEKTIV CONAN

WINTER EDITION

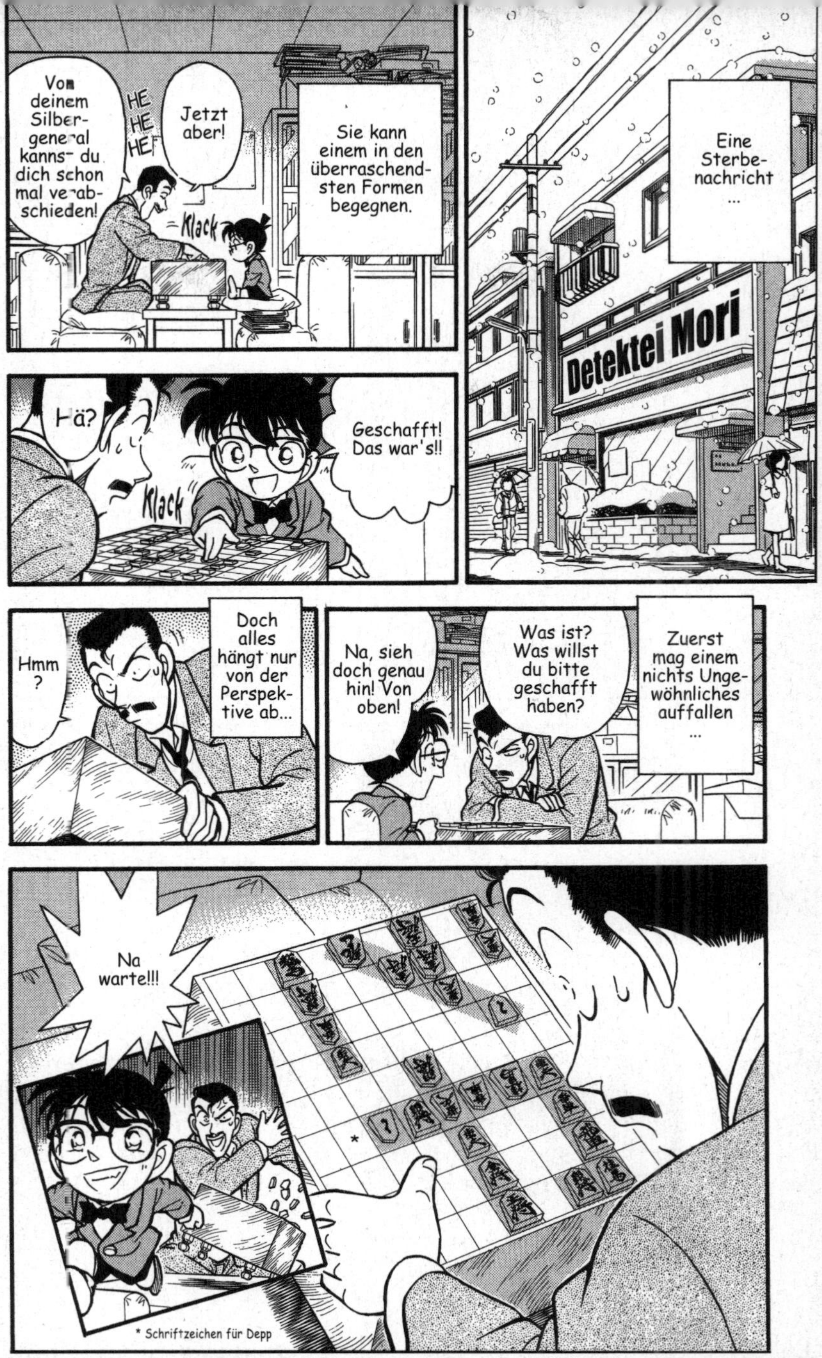

* Schriftzeichen für Depp

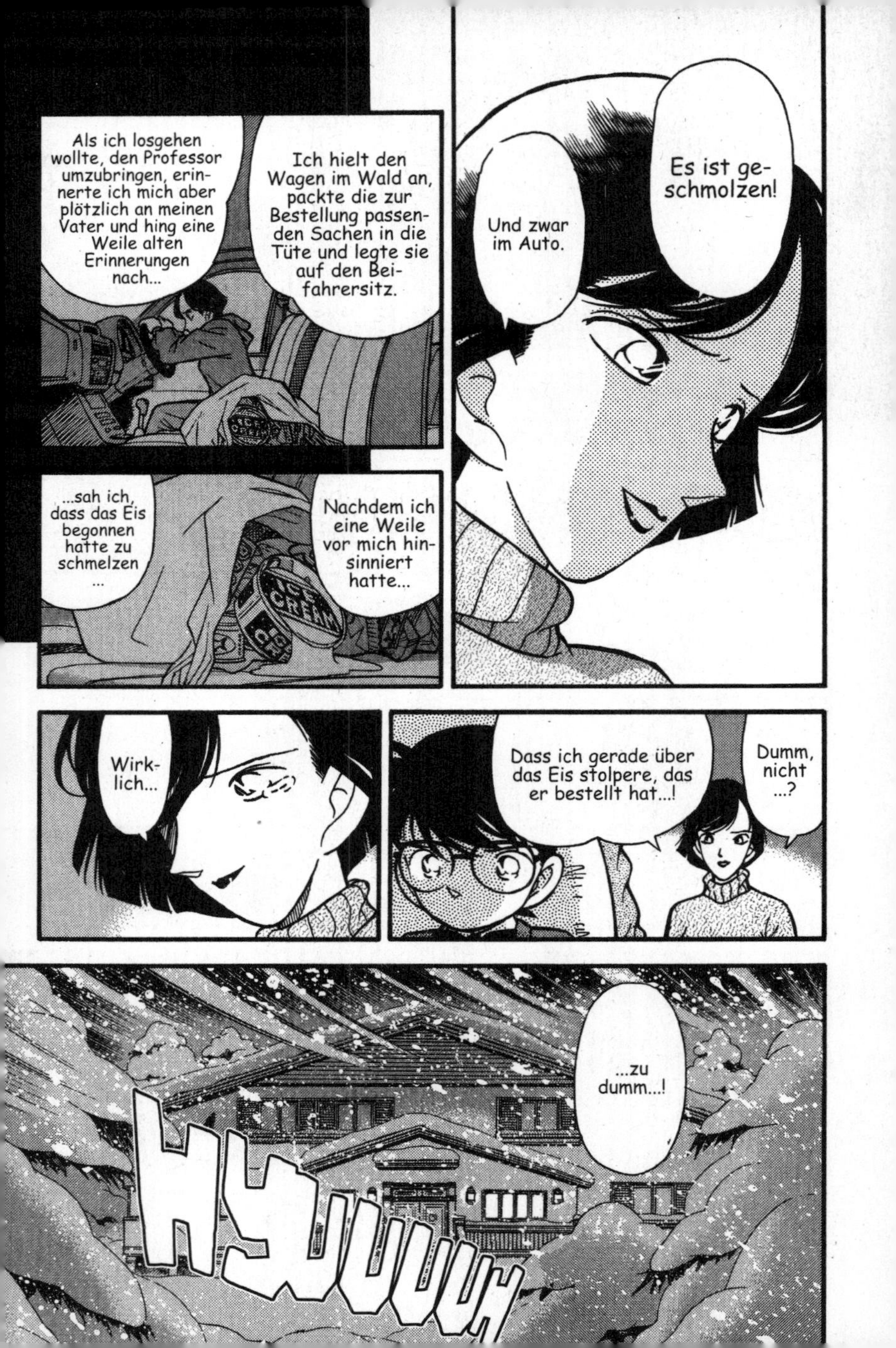

Es ist geschmolzen!
Und zwar im Auto.
Ich hielt den Wagen im Wald an, packte die zur Bestellung passenden Sachen in die Tüte und legte sie auf den Beifahrersitz.
Als ich losgehen wollte, den Professor umzubringen, erinnerte ich mich aber plötzlich an meinen Vater und hing eine Weile alten Erinnerungen nach...
Nachdem ich eine Weile vor mich hinsinniert hatte...
...sah ich, dass das Eis begonnen hatte zu schmelzen ...
Dumm, nicht ...?
Dass ich gerade über das Eis stolpere, das er bestellt hat...!
Wirklich...
...zu dumm...!
HYUUUUUH

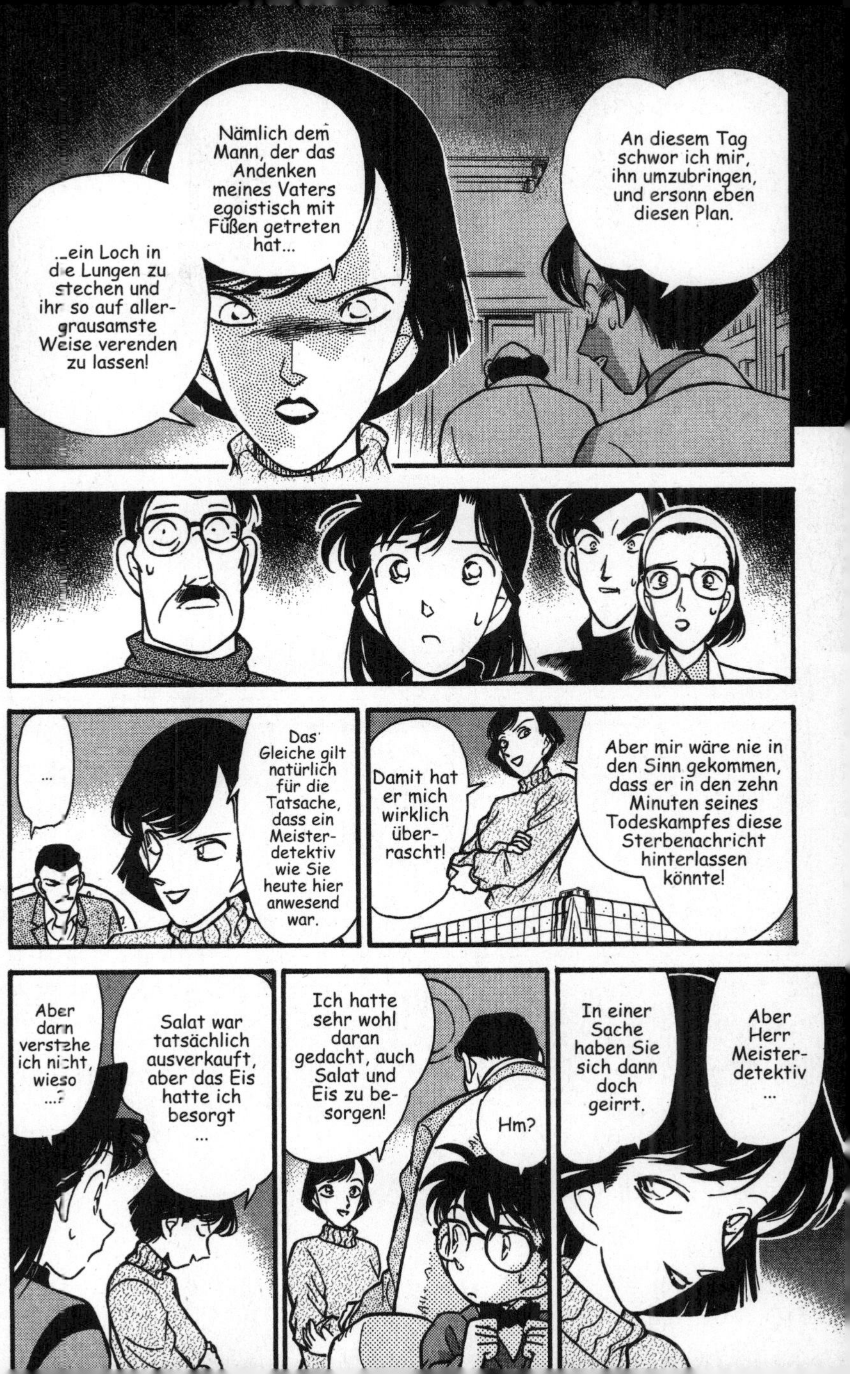
An diesem Tag schwor ich mir, ihn umzubringen, und ersonn eben diesen Plan.
Nämlich dem Mann, der das Andenken meines Vaters egoistisch mit Füßen getreten hat...
...ein Loch in die Lungen zu stechen und ihr so auf aller-grausamste Weise verenden zu lassen!
Aber mir wäre nie in den Sinn gekommen, dass er in den zehn Minuten seines Todeskampfes diese Sterbenachricht hinterlassen könnte!
Damit hat er mich wirklich über-rascht!
Das Gleiche gilt natürlich für die Tatsache, dass ein Meister-detektiv wie Sie heute hier anwesend war.
...
Aber Herr Meister-detektiv ...
In einer Sache haben Sie sich dann doch geirrt.
Hm?
Ich hatte sehr wohl daran gedacht, auch Salat und Eis zu be-sorgen!
Salat war tatsächlich ausverkauft, aber das Eis hatte ich besorgt ...
Aber dann verstehe ich nicht, wieso ...?

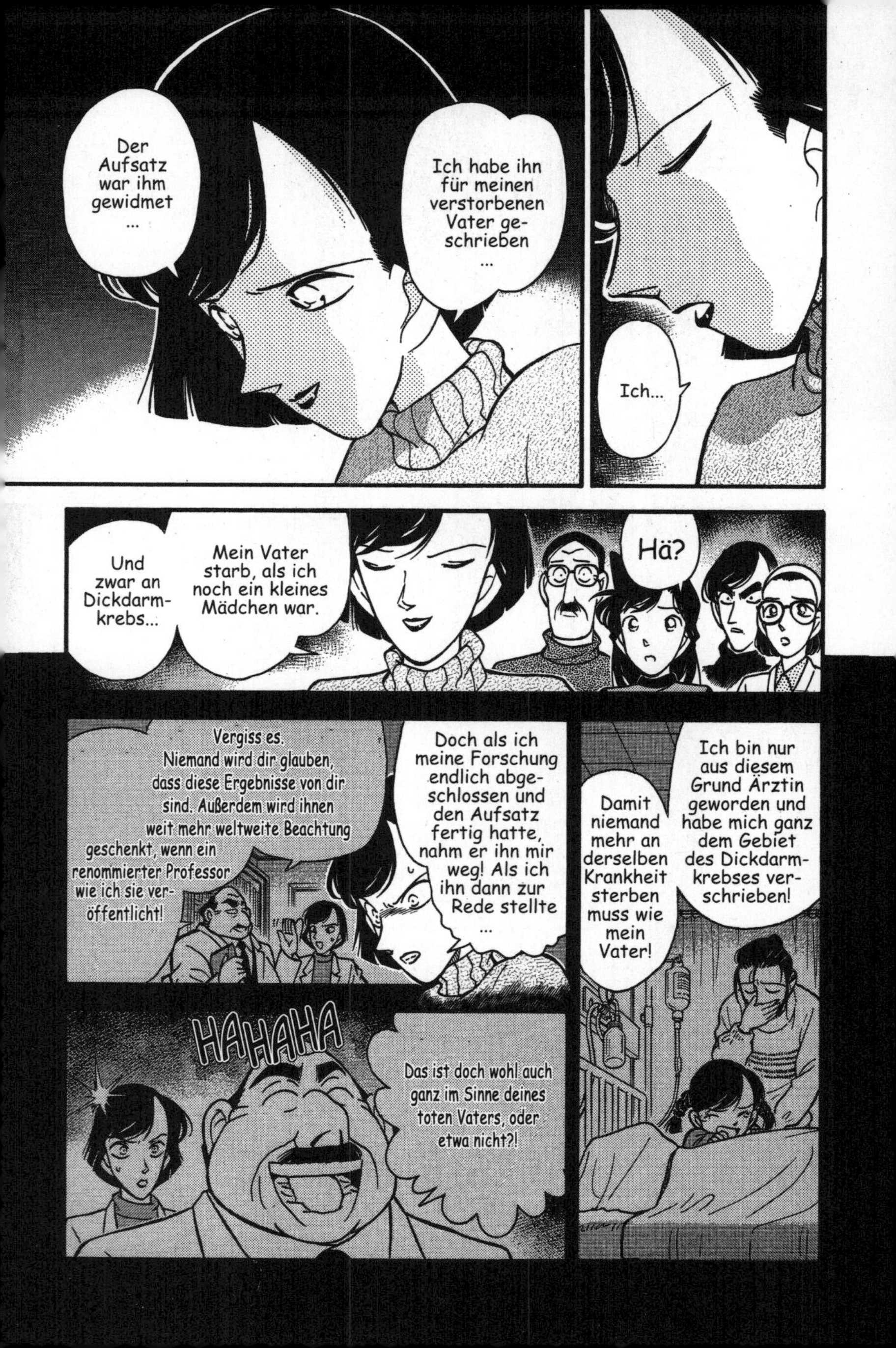
Ich...
Ich habe ihn für meinen verstorbenen Vater geschrieben ...
Der Aufsatz war ihm gewidmet ...
Hä?
Mein Vater starb, als ich noch ein kleines Mädchen war.
Und zwar an Dickdarmkrebs...
Ich bin nur aus diesem Grund Ärztin geworden und habe mich ganz dem Gebiet des Dickdarmkrebses verschrieben!
Damit niemand mehr an derselben Krankheit sterben muss wie mein Vater!
Doch als ich meine Forschung endlich abgeschlossen und den Aufsatz fertig hatte, nahm er ihn mir weg! Als ich ihn dann zur Rede stellte ...
Vergiss es. Niemand wird dir glauben, dass diese Ergebnisse von dir sind. Außerdem wird ihnen weit mehr weltweite Beachtung geschenkt, wenn ein renommierter Professor wie ich sie veröffentlicht!
Das ist doch wohl auch ganz im Sinne deines toten Vaters, oder etwa nicht?!
HAHAHA

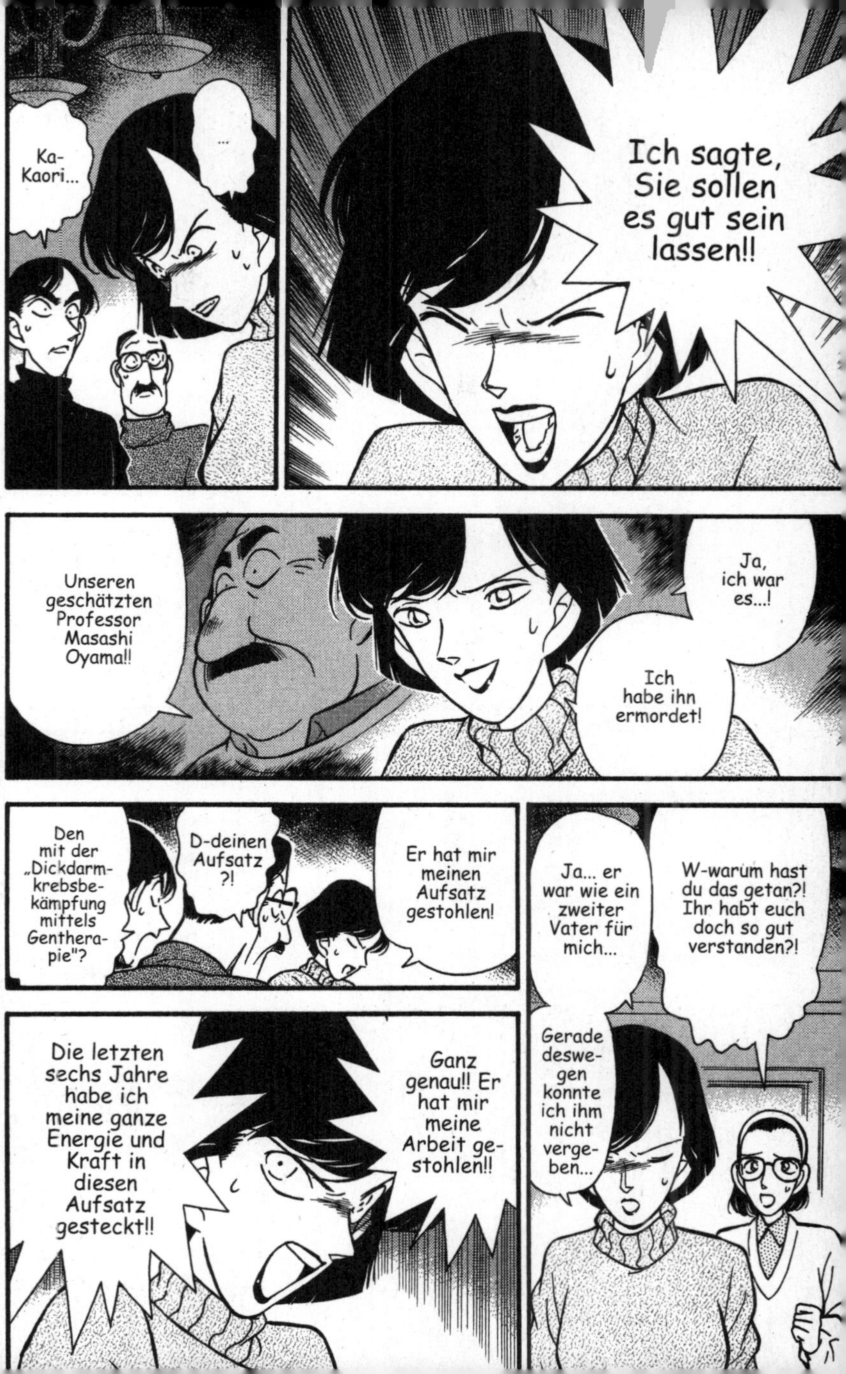
Ich sagte, Sie sollen es gut sein lassen!!
...
Ka-Kaori...
Ja, ich war es...!
Ich habe ihn ermordet!
Unseren geschätzten Professor Masashi Oyama!!
W-warum hast du das getan?! Ihr habt euch doch so gut verstanden?!
Ja... er war wie ein zweiter Vater für mich...
Gerade deswegen konnte ich ihm nicht vergeben...
Er hat mir meinen Aufsatz gestohlen!
D-deinen Aufsatz ?!
Den mit der „Dickdarmkrebsbekämpfung mittels Gentherapie"?
Ganz genau!! Er hat mir meine Arbeit gestohlen!!
Die letzten sechs Jahre habe ich meine ganze Energie und Kraft in diesen Aufsatz gesteckt!!

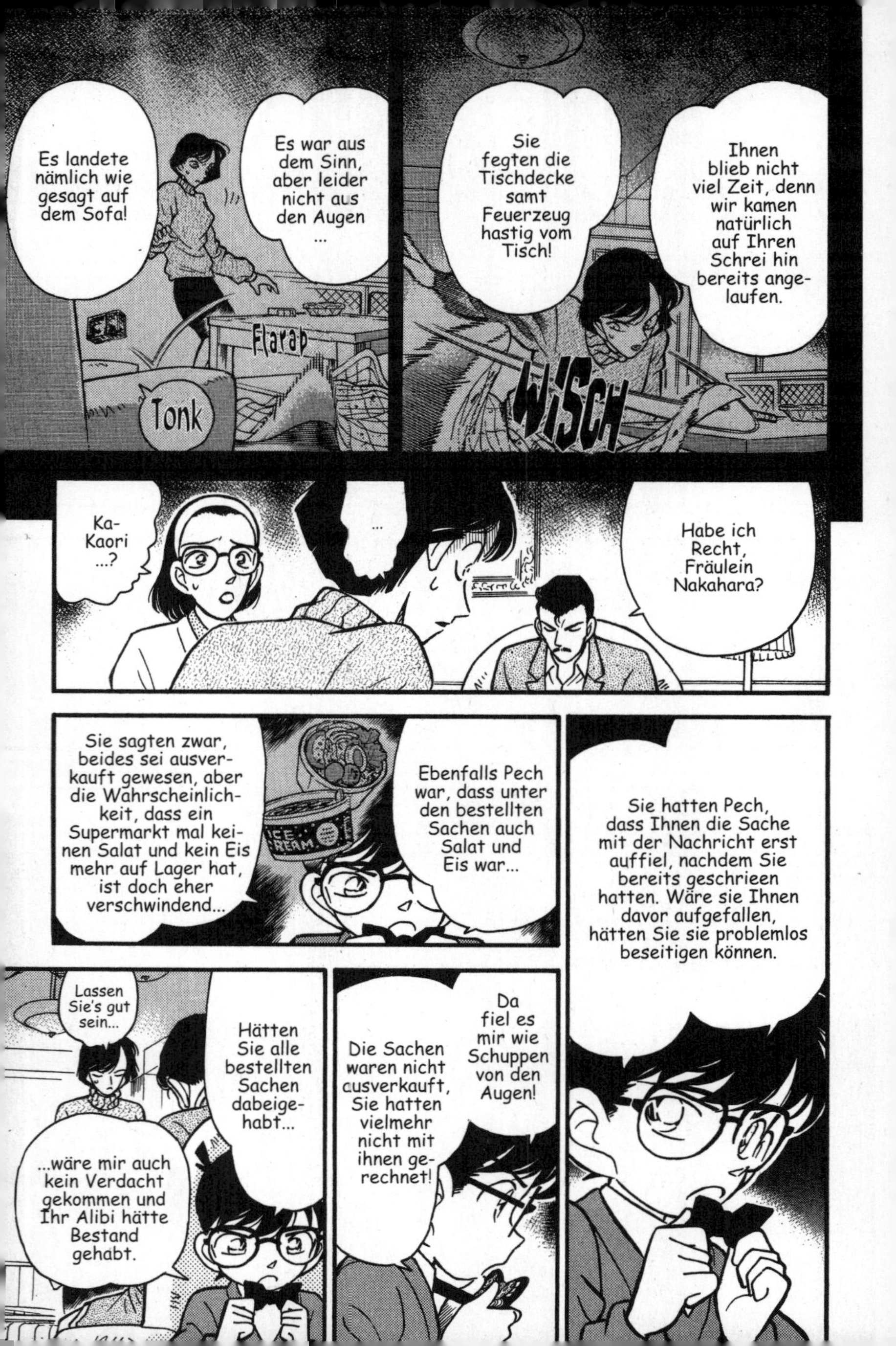

Ihnen blieb nicht viel Zeit, denn wir kamen natürlich auf Ihren Schrei hin bereits angelaufen.
Sie fegten die Tischdecke samt Feuerzeug hastig vom Tisch!
WISCH
Es war aus dem Sinn, aber leider nicht aus den Augen ...
Flarap
Es landete nämlich wie gesagt auf dem Sofa!
Tonk
Habe ich Recht, Fräulein Nakahara?
...
Ka-Kaori ...?
Sie hatten Pech, dass Ihnen die Sache mit der Nachricht erst auffiel, nachdem Sie bereits geschrieen hatten. Wäre sie Ihnen davor aufgefallen, hätten Sie sie problemlos beseitigen können.
Ebenfalls Pech war, dass unter den bestellten Sachen auch Salat und Eis war...
ICE CREAM
Sie sagten zwar, beides sei ausverkauft gewesen, aber die Wahrscheinlichkeit, dass ein Supermarkt mal keinen Salat und kein Eis mehr auf Lager hat, ist doch eher verschwindend...
Da fiel es mir wie Schuppen von den Augen!
Die Sachen waren nicht ausverkauft, Sie hatten vielmehr nicht mit ihnen gerechnet!
Hätten Sie alle bestellten Sachen dabeigehabt...
...wäre mir auch kein Verdacht gekommen und Ihr Alibi hätte Bestand gehabt.
Lassen Sie's gut sein...

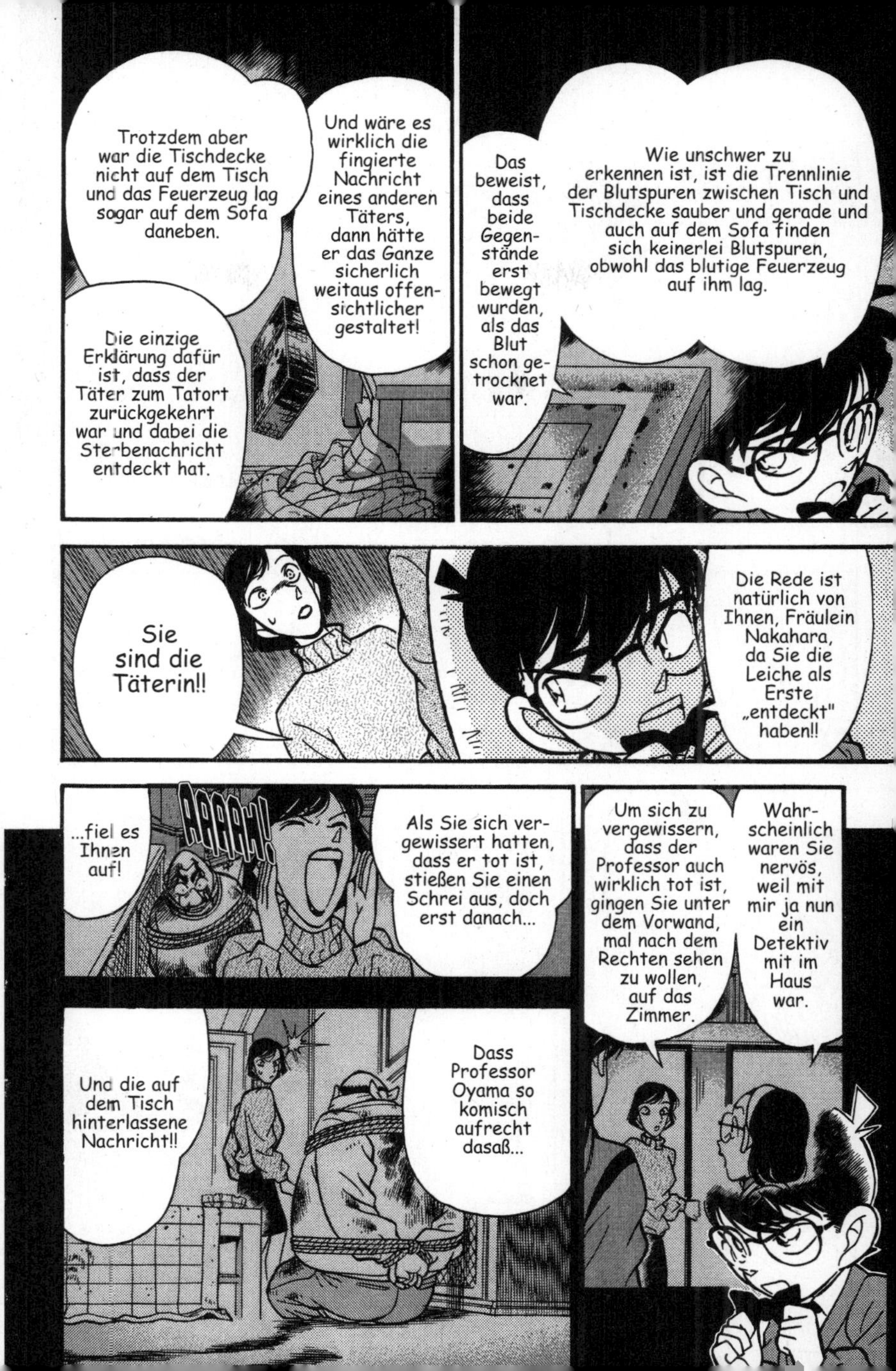
Wie unschwer zu erkennen ist, ist die Trennlinie der Blutspuren zwischen Tisch und Tischdecke sauber und gerade und auch auf dem Sofa finden sich keinerlei Blutspuren, obwohl das blutige Feuerzeug auf ihm lag.
Das beweist, dass beide Gegenstände erst bewegt wurden, als das Blut schon getrocknet war.
Trotzdem aber war die Tischdecke nicht auf dem Tisch und das Feuerzeug lag sogar auf dem Sofa daneben.
Und wäre es wirklich die fingierte Nachricht eines anderen Täters, dann hätte er das Ganze sicherlich weitaus offensichtlicher gestaltet!
Die einzige Erklärung dafür ist, dass der Täter zum Tatort zurückgekehrt war und dabei die Sterbenachricht entdeckt hat.
Die Rede ist natürlich von Ihnen, Fräulein Nakahara, da Sie die Leiche als Erste „entdeckt" haben!!
Sie sind die Täterin!!
Wahrscheinlich waren Sie nervös, weil mit mir ja nun ein Detektiv mit im Haus war.
Um sich zu vergewissern, dass der Professor auch wirklich tot ist, gingen Sie unter dem Vorwand, mal nach dem Rechten sehen zu wollen, auf das Zimmer.
Als Sie sich vergewissert hatten, dass er tot ist, stießen Sie einen Schrei aus, doch erst danach...
AAAAH!
...fiel es Ihnen auf!
Dass Professor Oyama so komisch aufrecht dasaß...
Und die auf dem Tisch hinterlassene Nachricht!!

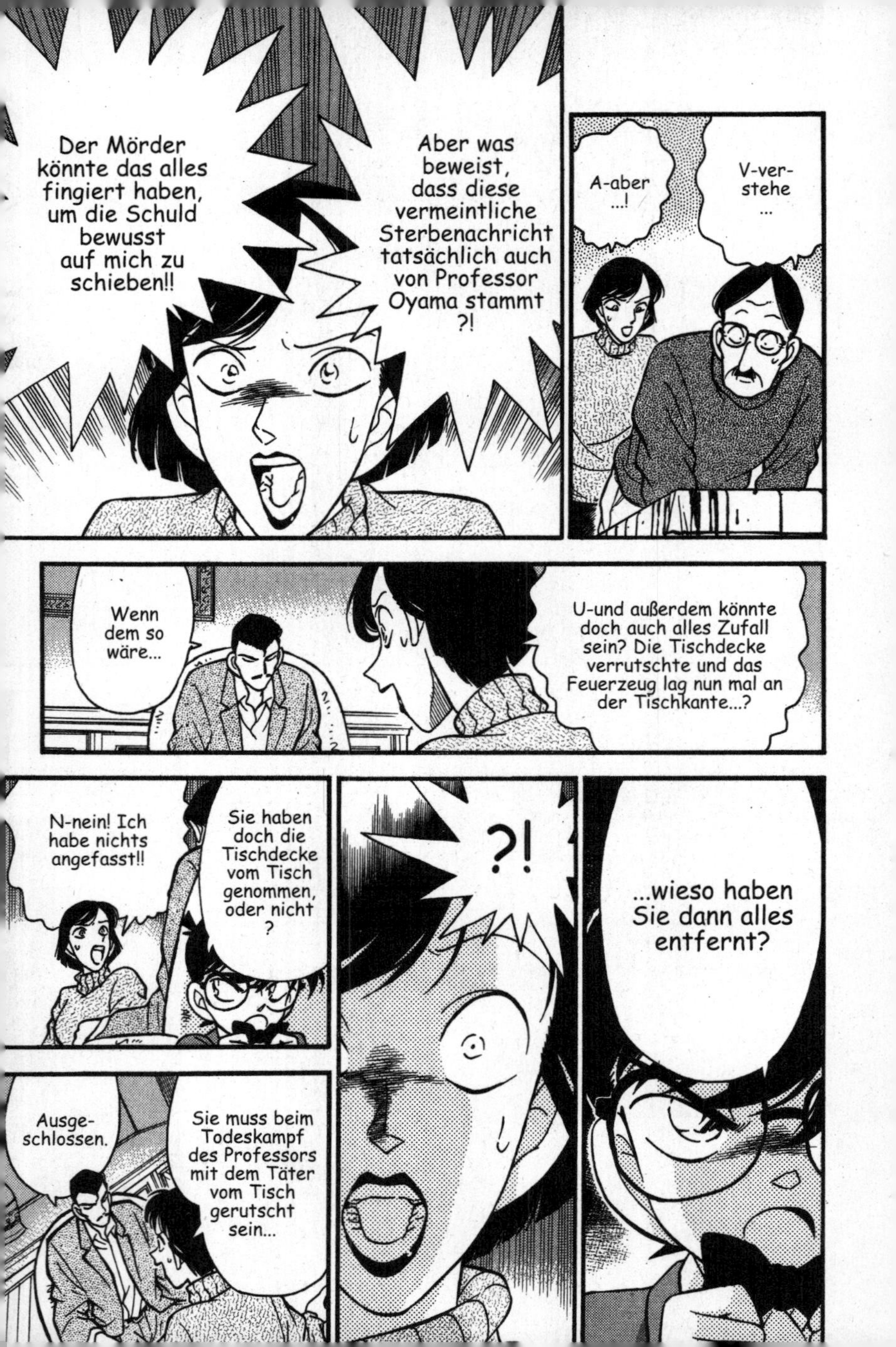
Aber was beweist, dass diese vermeintliche Sterbenachricht tatsächlich auch von Professor Oyama stammt ?!
Der Mörder könnte das alles fingiert haben, um die Schuld bewusst auf mich zu schieben!!
V-ver-stehe ...
A-aber ...!
U-und außerdem könnte doch auch alles Zufall sein? Die Tischdecke verrutschte und das Feuerzeug lag nun mal an der Tischkante...?
Wenn dem so wäre...
...wieso haben Sie dann alles entfernt?
?!
Sie haben doch die Tischdecke vom Tisch genommen, oder nicht ?
N-nein! Ich habe nichts angefasst!!
Sie muss beim Todeskampf des Professors mit dem Täter vom Tisch gerutscht sein...
Ausge-schlossen.

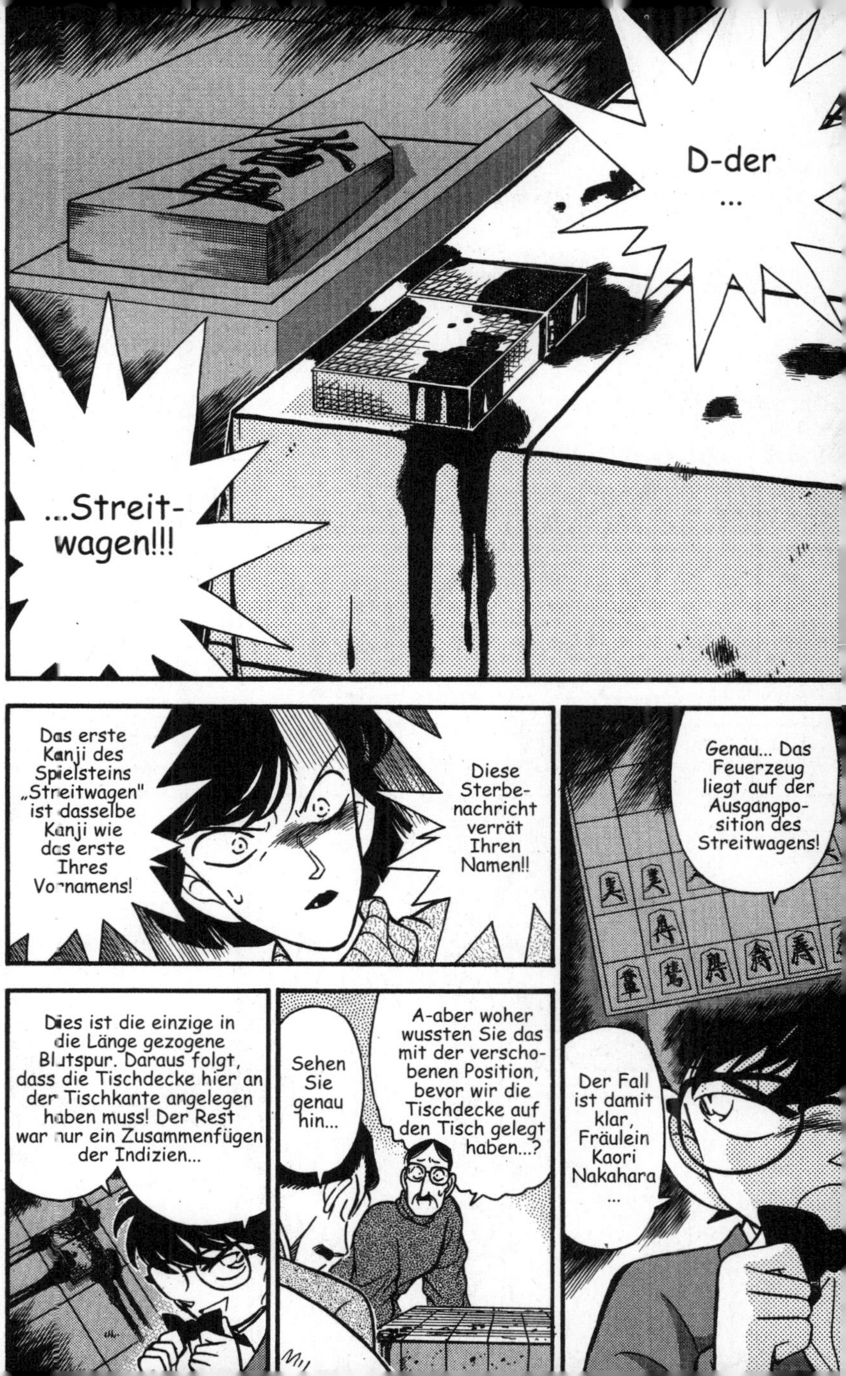
D-der ...
...Streit-wagen!!!
Genau... Das Feuerzeug liegt auf der Ausgangposition des Streitwagens!
Diese Sterbe-nachricht verrät Ihren Namen!!
Das erste Kanji des Spielsteins „Streitwagen" ist dasselbe Kanji wie das erste Ihres Vornamens!
Der Fall ist damit klar, Fräulein Kaori Nakahara ...
A-aber woher wussten Sie das mit der verschobenen Position, bevor wir die Tischdecke auf den Tisch gelegt haben...?
Sehen Sie genau hin...
Dies ist die einzige in die Länge gezogene Blutspur. Daraus folgt, dass die Tischdecke hier an der Tischkante angelegen haben muss! Der Rest war nur ein Zusammenfügen der Indizien...

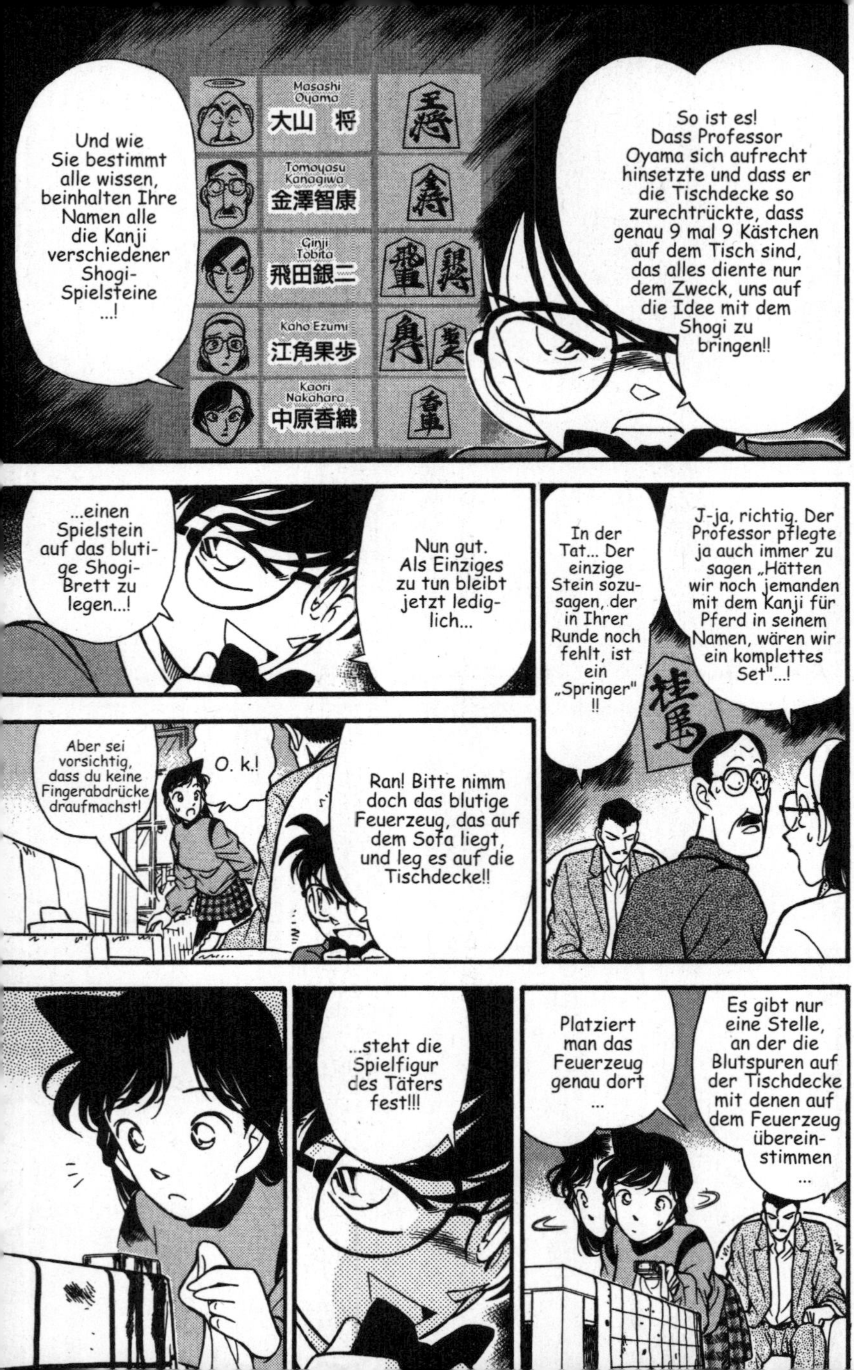
So ist es! Dass Professor Oyama sich aufrecht hinsetzte und dass er die Tischdecke so zurechtrückte, dass genau 9 mal 9 Kästchen auf dem Tisch sind, das alles diente nur dem Zweck, uns auf die Idee mit dem Shogi zu bringen!!
Masashi Oyama 大山 将
Tomoyasu Kanagiwa 金澤智康
Ginji Tobita 飛田銀二
Kaho Ezumi 江角果歩
Kaori Nakahara 中原香織
Und wie Sie bestimmt alle wissen, beinhalten Ihre Namen alle die Kanji verschiedener Shogi-Spielsteine ...!
J-ja, richtig. Der Professor pflegte ja auch immer zu sagen „Hätten wir noch jemanden mit dem Kanji für Pferd in seinem Namen, wären wir ein komplettes Set"...!
In der Tat... Der einzige Stein sozusagen, der in Ihrer Runde noch fehlt, ist ein „Springer"!!
Nun gut. Als Einziges zu tun bleibt jetzt lediglich...
...einen Spielstein auf das blutige Shogi-Brett zu legen...!
Ran! Bitte nimm doch das blutige Feuerzeug, das auf dem Sofa liegt, und leg es auf die Tischdecke!!
O. k.!
Aber sei vorsichtig, dass du keine Fingerabdrücke draufmachst!
Es gibt nur eine Stelle, an der die Blutspuren auf der Tischdecke mit denen auf dem Feuerzeug übereinstimmen ...
Platziert man das Feuerzeug genau dort ...
...steht die Spielfigur des Täters fest!!!

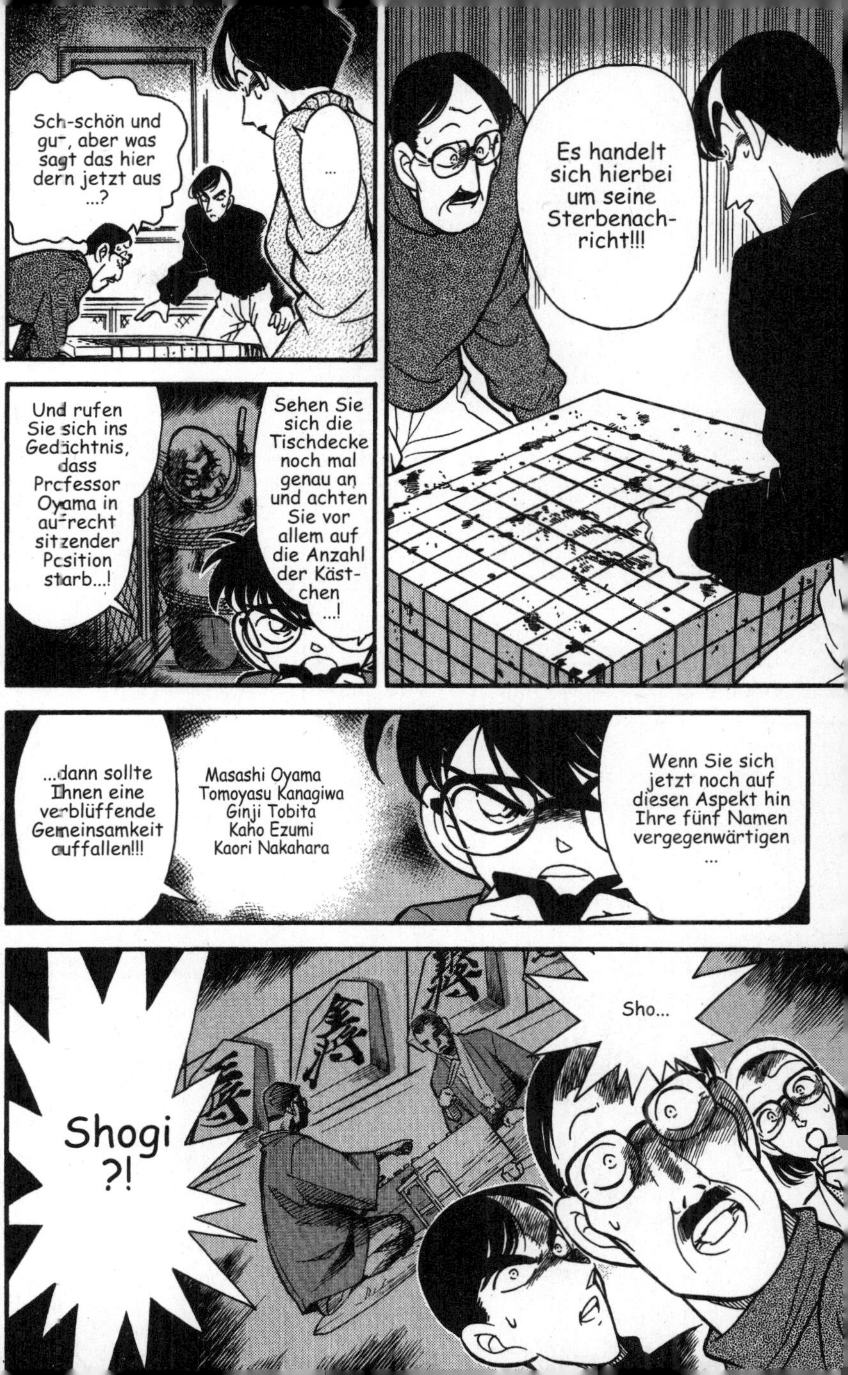

Es handelt sich hierbei um seine Sterbenachricht!!!
...
Sch-schön und gut, aber was sagt das hier denn jetzt aus ...?
Sehen Sie sich die Tischdecke noch mal genau an und achten Sie vor allem auf die Anzahl der Kästchen ...!
Und rufen Sie sich ins Gedächtnis, dass Professor Oyama in aufrecht sitzender Position starb...!
Wenn Sie sich jetzt noch auf diesen Aspekt hin Ihre fünf Namen vergegenwärtigen ...
Masashi Oyama
Tomoyasu Kanagiwa
Ginji Tobita
Kaho Ezumi
Kaori Nakahara
...dann sollte Ihnen eine verblüffende Gemeinsamkeit auffallen!!!
Sho...
Shogi ?!

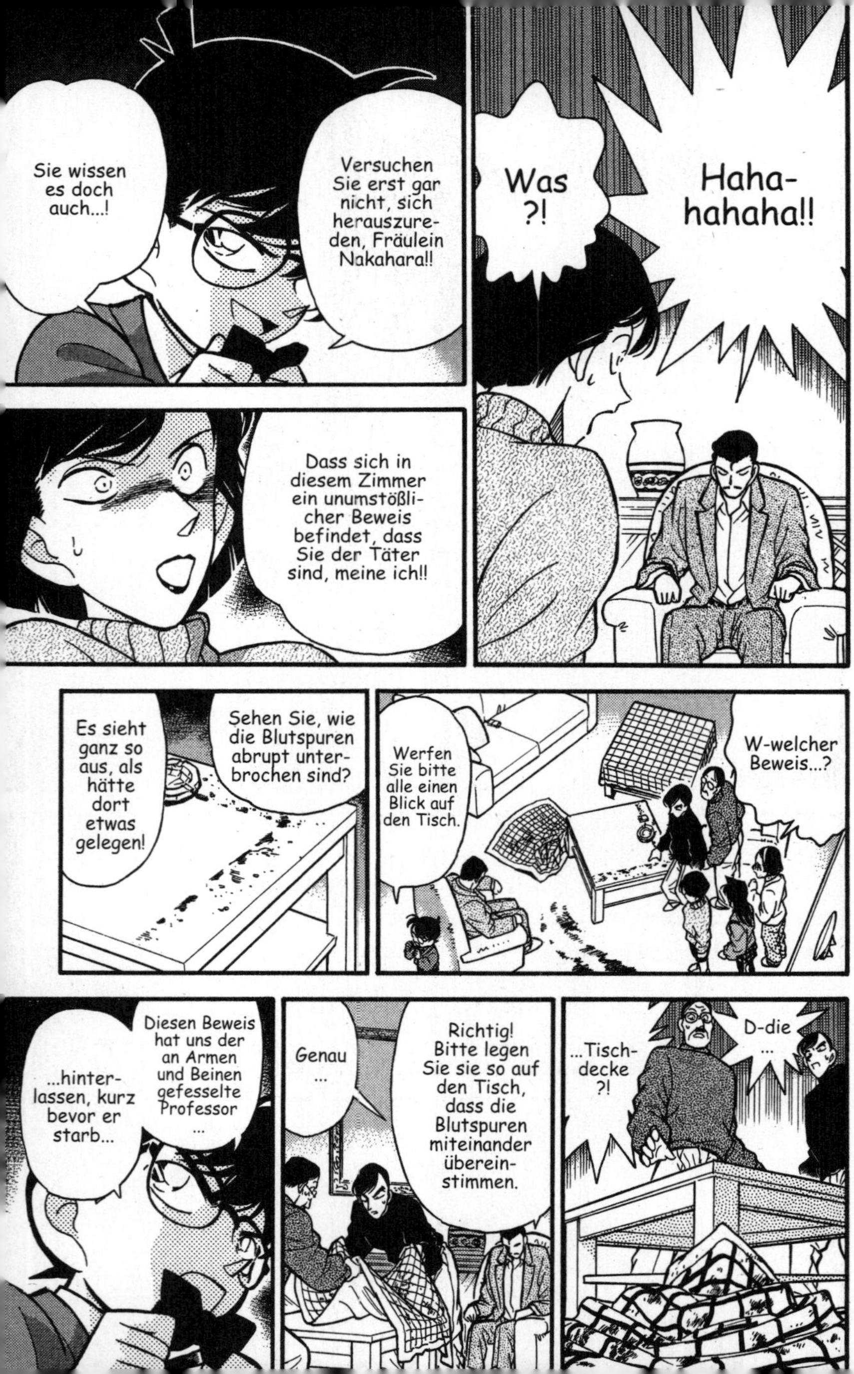
Haha-hahaha!!
Was ?!
Versuchen Sie erst gar nicht, sich herauszureden, Fräulein Nakahara!!
Sie wissen es doch auch...!
Dass sich in diesem Zimmer ein unumstößlicher Beweis befindet, dass Sie der Täter sind, meine ich!!
W-welcher Beweis...?
Werfen Sie bitte alle einen Blick auf den Tisch.
Sehen Sie, wie die Blutspuren abrupt unterbrochen sind?
Es sieht ganz so aus, als hätte dort etwas gelegen!
D-die ...
...Tischdecke ?!
Richtig! Bitte legen Sie sie so auf den Tisch, dass die Blutspuren miteinander übereinstimmen.
Genau ...
Diesen Beweis hat uns der an Armen und Beinen gefesselte Professor ...
...hinterlassen, kurz bevor er starb...

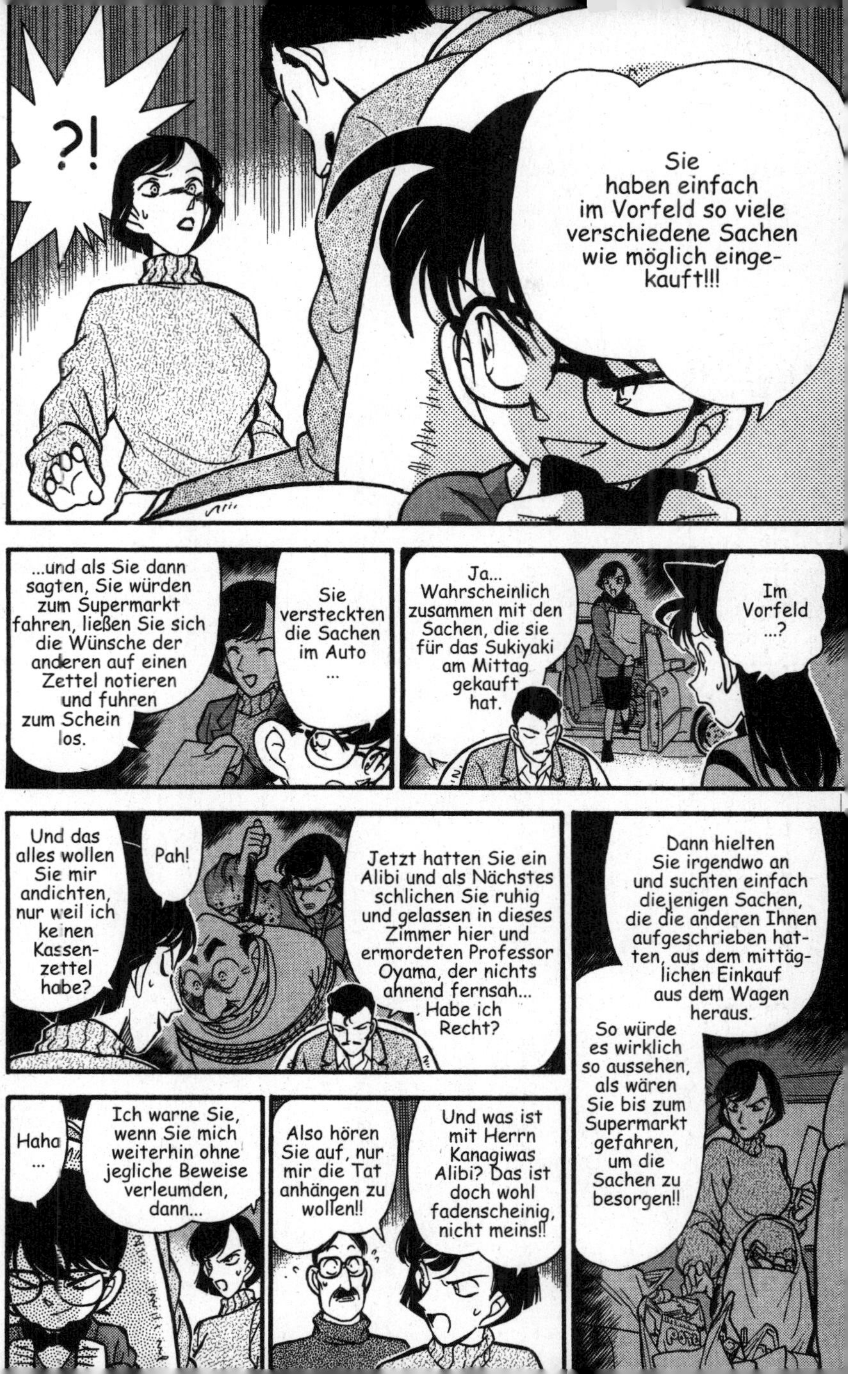
Sie haben einfach im Vorfeld so viele verschiedene Sachen wie möglich eingekauft!!!
?!
Im Vorfeld ...?
Ja... Wahrscheinlich zusammen mit den Sachen, die sie für das Sukiyaki am Mittag gekauft hat.
Sie versteckten die Sachen im Auto ...
...und als Sie dann sagten, Sie würden zum Supermarkt fahren, ließen Sie sich die Wünsche der anderen auf einen Zettel notieren und fuhren zum Schein los.
Dann hielten Sie irgendwo an und suchten einfach diejenigen Sachen, die die anderen Ihnen aufgeschrieben hatten, aus dem mittäglichen Einkauf aus dem Wagen heraus.
So würde es wirklich so aussehen, als wären Sie bis zum Supermarkt gefahren, um die Sachen zu besorgen!!
Jetzt hatten Sie ein Alibi und als Nächstes schlichen Sie ruhig und gelassen in dieses Zimmer hier und ermordeten Professor Oyama, der nichts ahnend fernsah... Habe ich Recht?
Pah!
Und das alles wollen Sie mir andichten, nur weil ich keinen Kassenzettel habe?
Und was ist mit Herrn Kanagiwas Alibi? Das ist doch wohl fadenscheinig, nicht meins!!
Also hören Sie auf, nur mir die Tat anhängen zu wollen!!
Ich warne Sie, wenn Sie mich weiterhin ohne jegliche Beweise verleumden, dann...
Haha ...

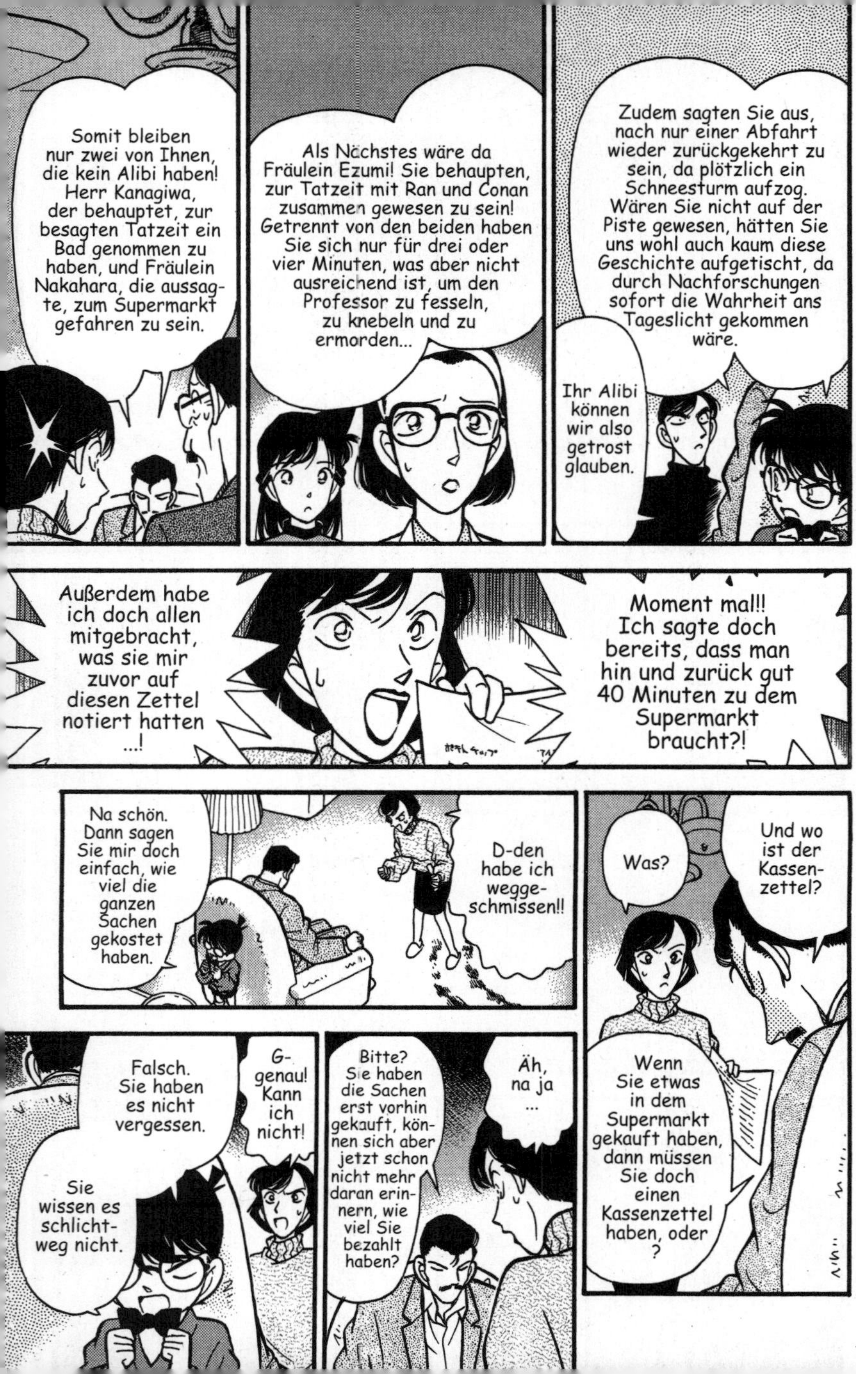

Zudem sagten Sie aus, nach nur einer Abfahrt wieder zurückgekehrt zu sein, da plötzlich ein Schneesturm aufzog. Wären Sie nicht auf der Piste gewesen, hätten Sie uns wohl auch kaum diese Geschichte aufgetischt, da durch Nachforschungen sofort die Wahrheit ans Tageslicht gekommen wäre.
Ihr Alibi können wir also getrost glauben.
Als Nächstes wäre da Fräulein Ezumi! Sie behaupten, zur Tatzeit mit Ran und Conan zusammen gewesen zu sein! Getrennt von den beiden haben Sie sich nur für drei oder vier Minuten, was aber nicht ausreichend ist, um den Professor zu fesseln, zu knebeln und zu ermorden...
Somit bleiben nur zwei von Ihnen, die kein Alibi haben! Herr Kanagiwa, der behauptet, zur besagten Tatzeit ein Bad genommen zu haben, und Fräulein Nakahara, die aussagte, zum Supermarkt gefahren zu sein.
Moment mal!! Ich sagte doch bereits, dass man hin und zurück gut 40 Minuten zu dem Supermarkt braucht?!
Außerdem habe ich doch allen mitgebracht, was sie mir zuvor auf diesen Zettel notiert hatten ...!
Und wo ist der Kassenzettel?
Was?
Wenn Sie etwas in dem Supermarkt gekauft haben, dann müssen Sie doch einen Kassenzettel haben, oder ?
D-den habe ich weggeschmissen!!
Na schön. Dann sagen Sie mir doch einfach, wie viel die ganzen Sachen gekostet haben.
Äh, na ja ...
Bitte? Sie haben die Sachen erst vorhin gekauft, können sich aber jetzt schon nicht mehr daran erinnern, wie viel Sie bezahlt haben?
G-genau! Kann ich nicht!
Falsch. Sie haben es nicht vergessen.
Sie wissen es schlichtweg nicht.

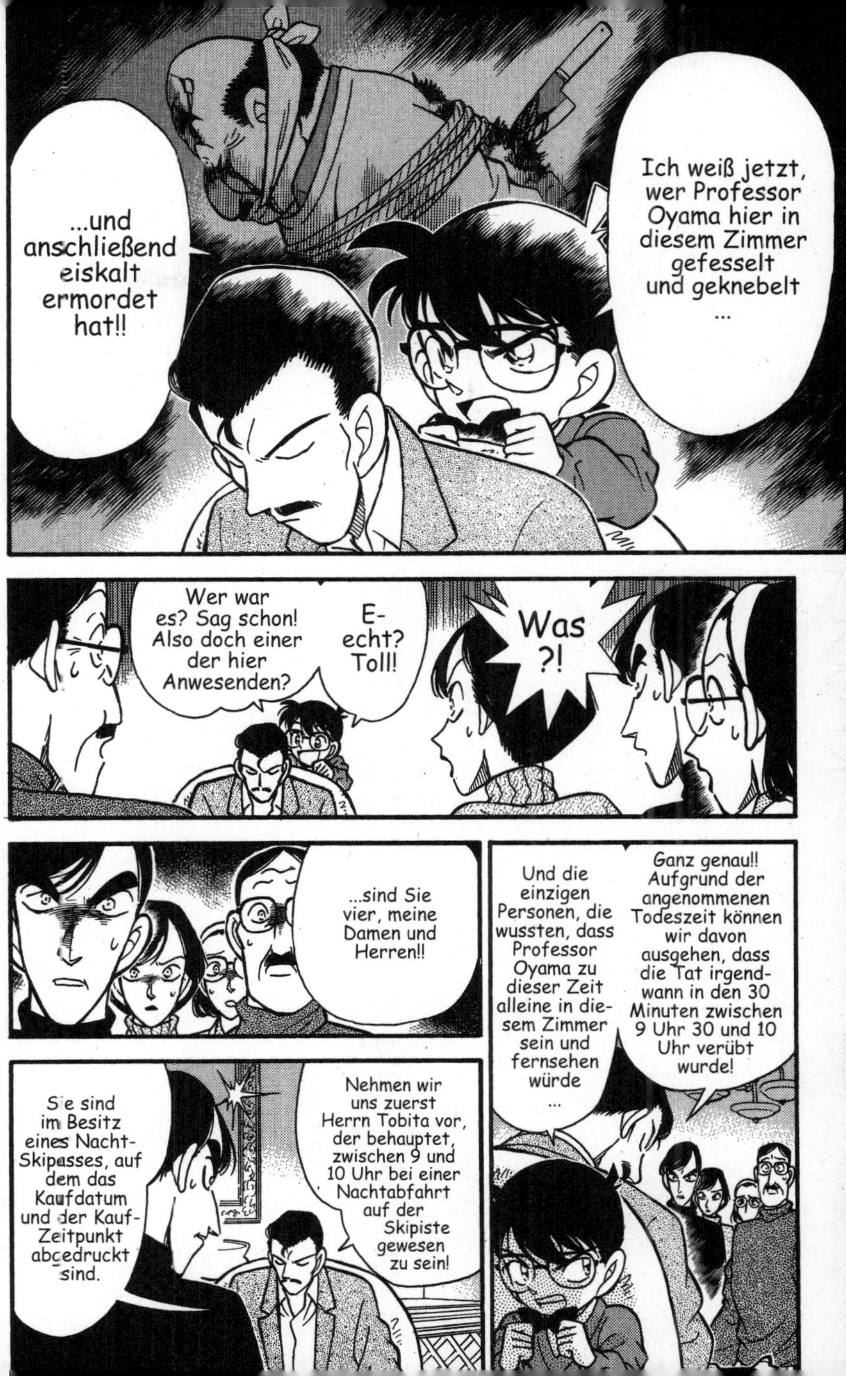
Ich weiß jetzt, wer Professor Oyama hier in diesem Zimmer gefesselt und geknebelt ...
...und anschließend eiskalt ermordet hat!!
Was ?!
E-echt? Toll!
Wer war es? Sag schon! Also doch einer der hier Anwesenden?
Ganz genau!! Aufgrund der angenommenen Todeszeit können wir davon ausgehen, dass die Tat irgendwann in den 30 Minuten zwischen 9 Uhr 30 und 10 Uhr verübt wurde!
Und die einzigen Personen, die wussten, dass Professor Oyama zu dieser Zeit alleine in diesem Zimmer sein und fernsehen würde ...
...sind Sie vier, meine Damen und Herren!!
Nehmen wir uns zuerst Herrn Tobita vor, der behauptet, zwischen 9 und 10 Uhr bei einer Nachtabfahrt auf der Skipiste gewesen zu sein!
Sie sind im Besitz eines Nacht-Skipasses, auf dem das Kaufdatum und der Kauf-Zeitpunkt abgedruckt sind.

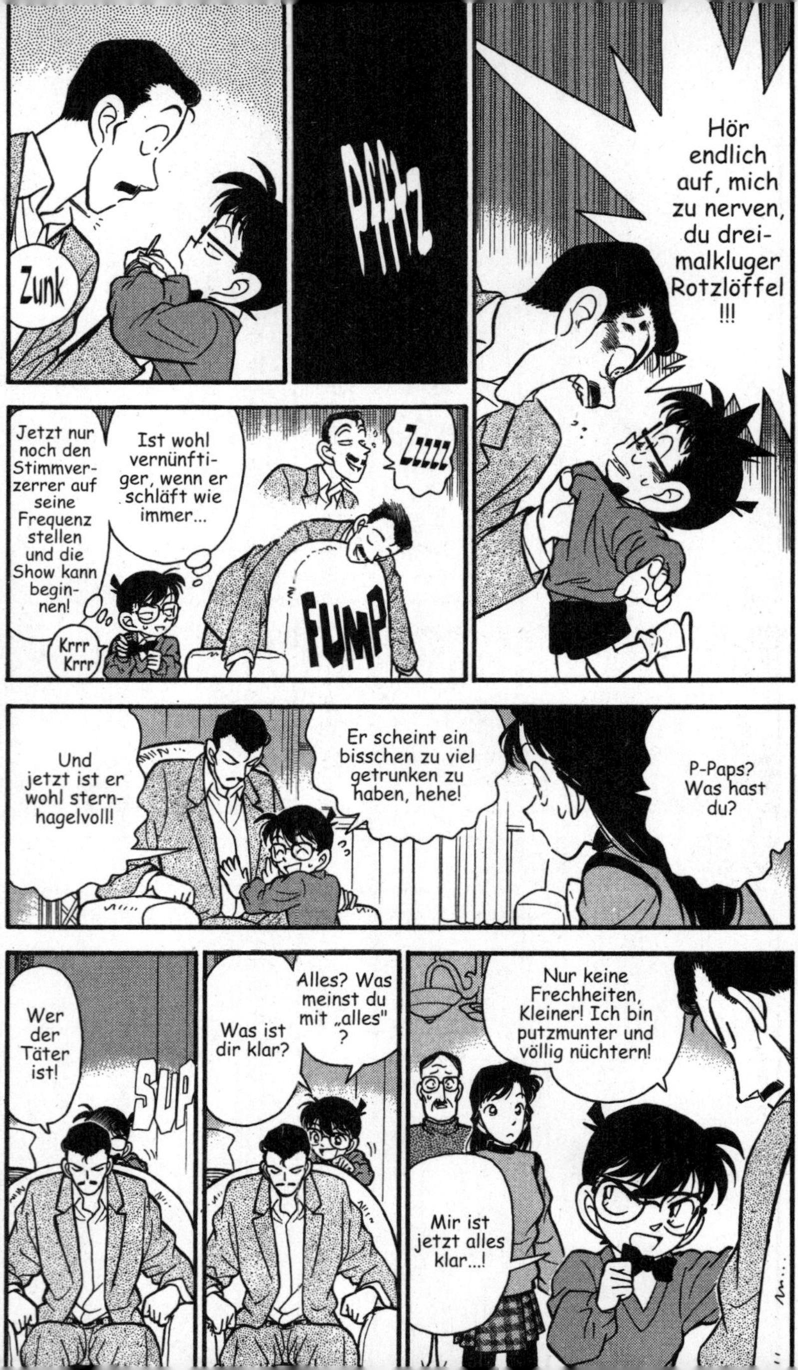
Hör endlich auf, mich zu nerven, du dreimalkluger Rotzlöffel !!!
Pfftz
Zunk
Zzzzz
Ist wohl vernünftiger, wenn er schläft wie immer...
FUMP
Jetzt nur noch den Stimmverzerrer auf seine Frequenz stellen und die Show kann beginnen!
Krrr Krrr
P-Paps? Was hast du?
Er scheint ein bisschen zu viel getrunken zu haben, hehe!
Und jetzt ist er wohl sternhagelvoll!
Nur keine Frechheiten, Kleiner! Ich bin putzmunter und völlig nüchtern!
Mir ist jetzt alles klar...!
Alles? Was meinst du mit „alles" ?
Was ist dir klar?
SUP
Wer der Täter ist!

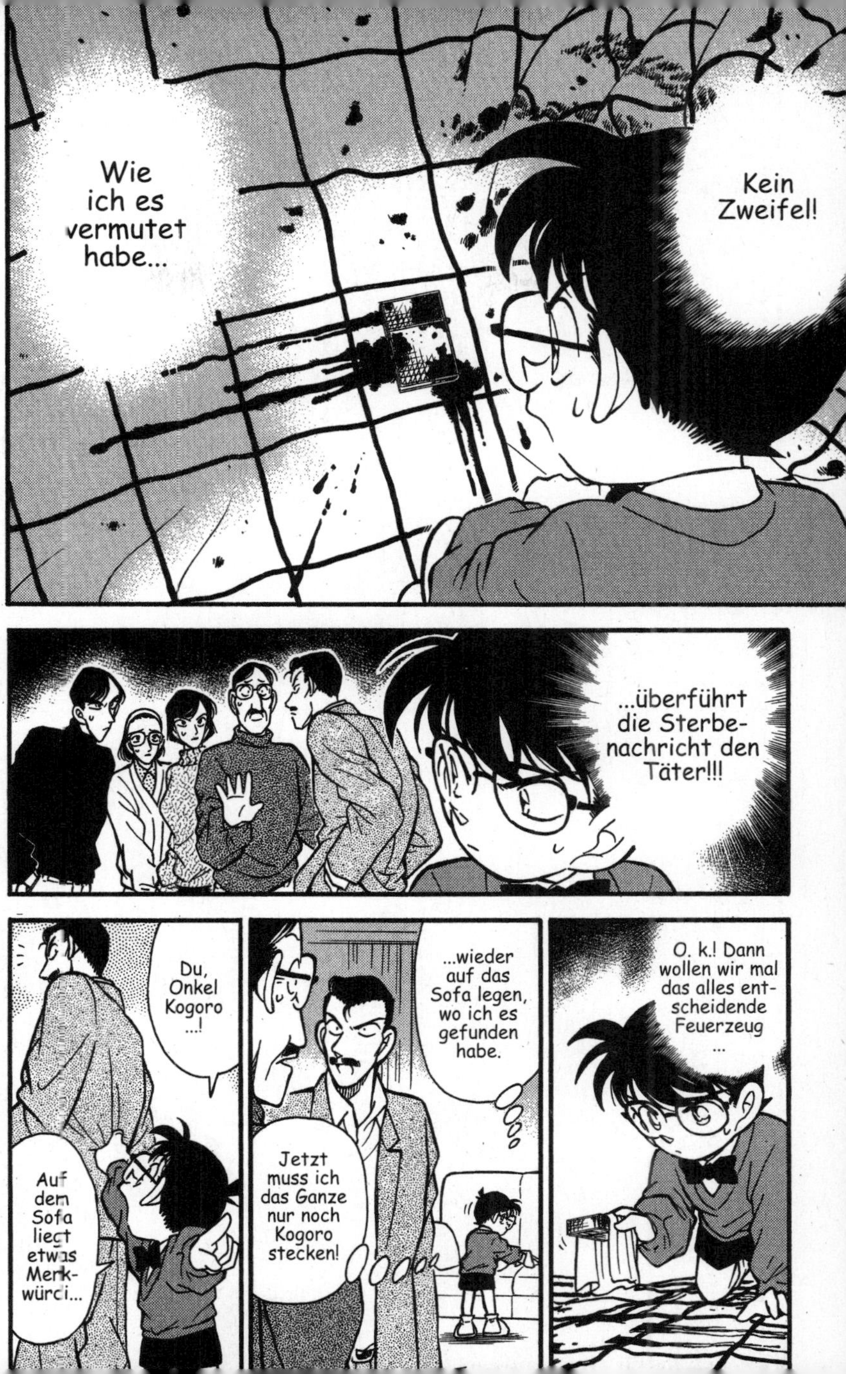
Kein Zweifel!
Wie ich es vermutet habe...
...überführt die Sterbe-nachricht den Täter!!!
O. k.! Dann wollen wir mal das alles ent-scheidende Feuerzeug ...
...wieder auf das Sofa legen, wo ich es gefunden habe.
Jetzt muss ich das Ganze nur noch Kogoro stecken!
Du, Onkel Kogoro ...!
Auf dem Sofa liegt etwas Merk-würdi...

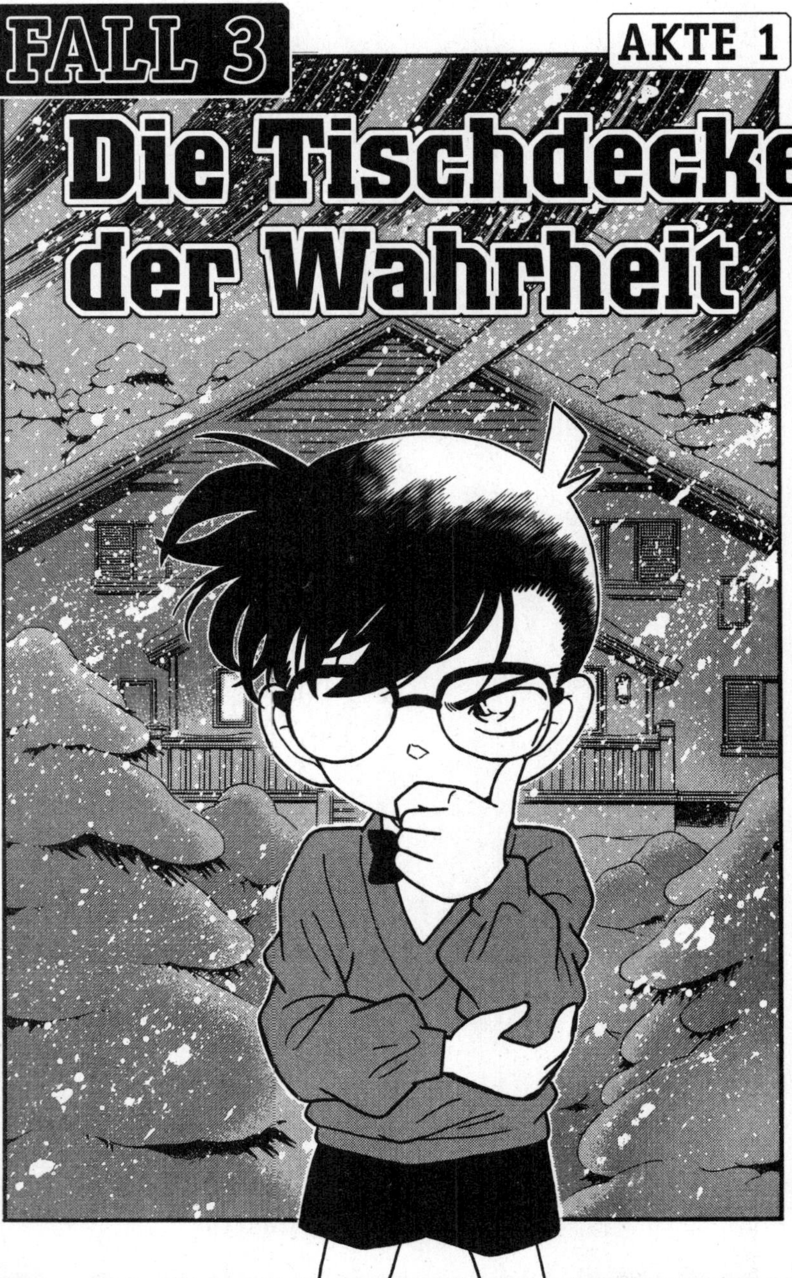
FALL 3
AKTE 1
Die Tischdecke der Wahrheit

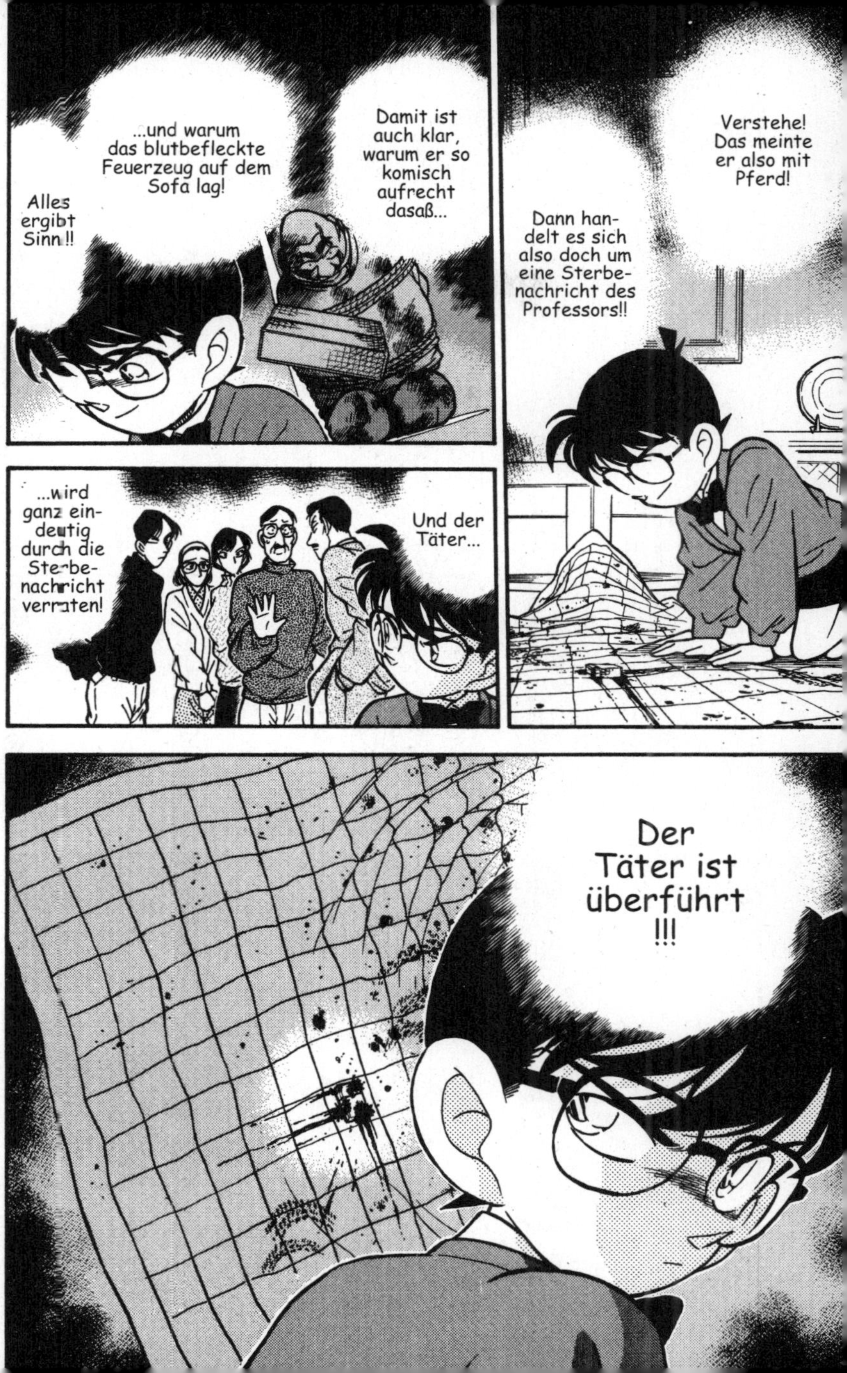
Verstehe! Das meinte er also mit Pferd!
Dann handelt es sich also doch um eine Sterbenachricht des Professors!!
Damit ist auch klar, warum er so komisch aufrecht dasaß...
...und warum das blutbefleckte Feuerzeug auf dem Sofa lag!
Alles ergibt Sinn!!
Und der Täter...
...wird ganz eindeutig durch die Sterbenachricht verraten!
Der Täter ist überführt!!!

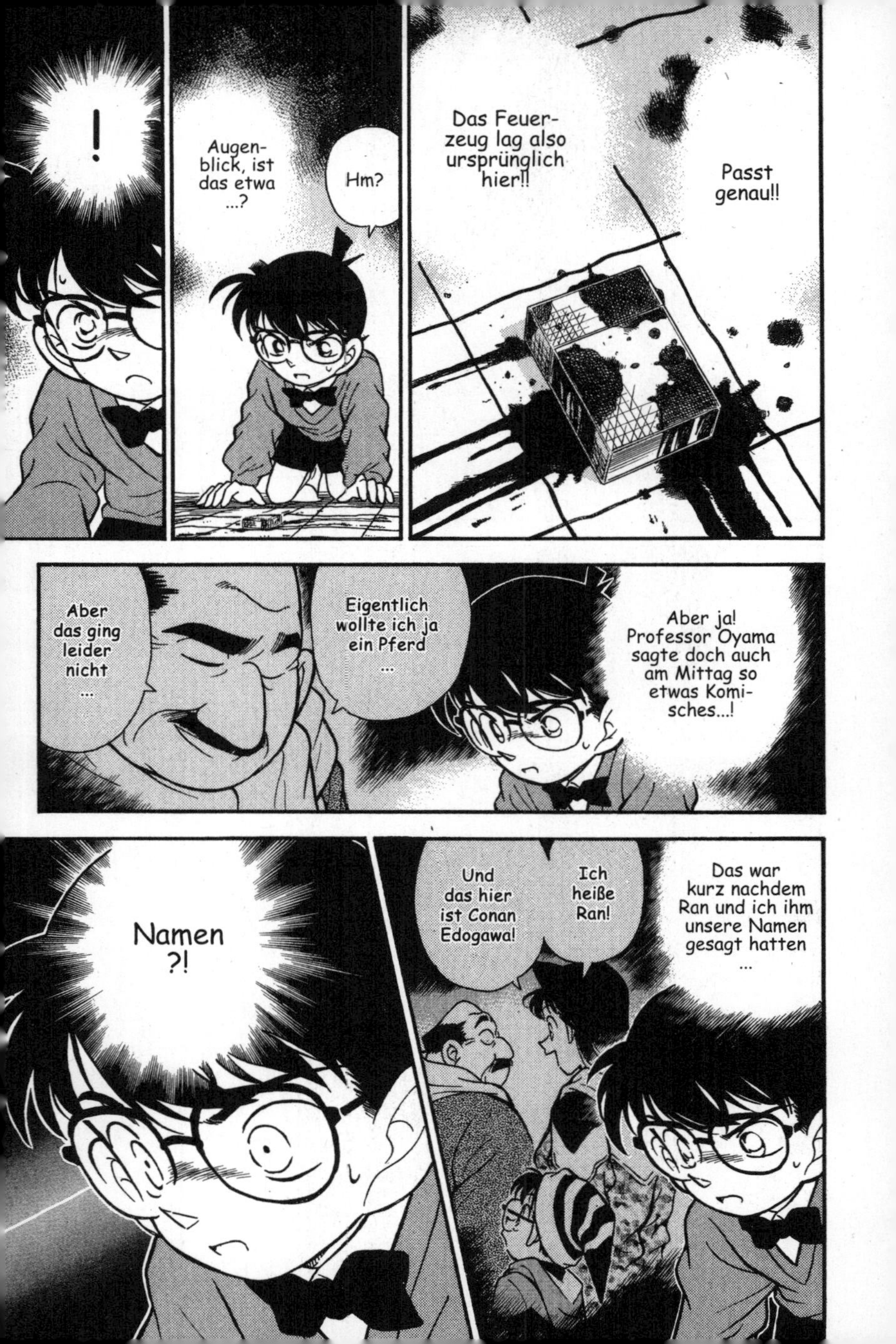
Passt genau!!
Das Feuerzeug lag also ursprünglich hier!!
Hm?
Augenblick, ist das etwa ...?
!
Aber ja! Professor Oyama sagte doch auch am Mittag so etwas Komisches...!
Eigentlich wollte ich ja ein Pferd ...
Aber das ging leider nicht ...
Das war kurz nachdem Ran und ich ihm unsere Namen gesagt hatten ...
Ich heiße Ran!
Und das hier ist Conan Edogawa!
Namen ?!

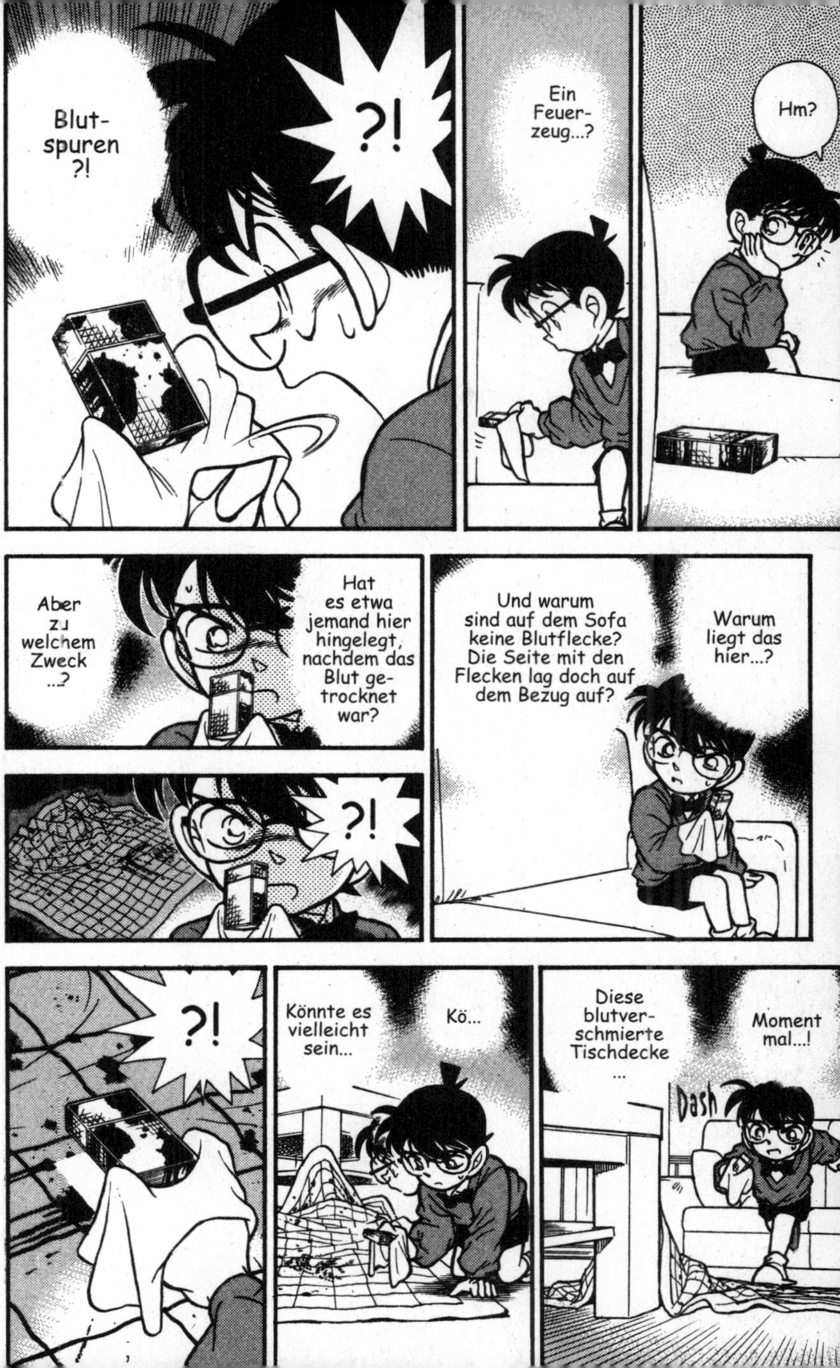
Hm?
Ein Feuer-zeug...?
?!
Blut-spuren ?!
Warum liegt das hier...?
Und warum sind auf dem Sofa keine Blutflecke? Die Seite mit den Flecken lag doch auf dem Bezug auf?
Hat es etwa jemand hier hingelegt, nachdem das Blut ge-trocknet war?
Aber zu welchem Zweck ...?
?!
Moment mal...!
Dash
Diese blutver-schmierte Tischdecke ...
Kö...
Könnte es vielleicht sein...
?!

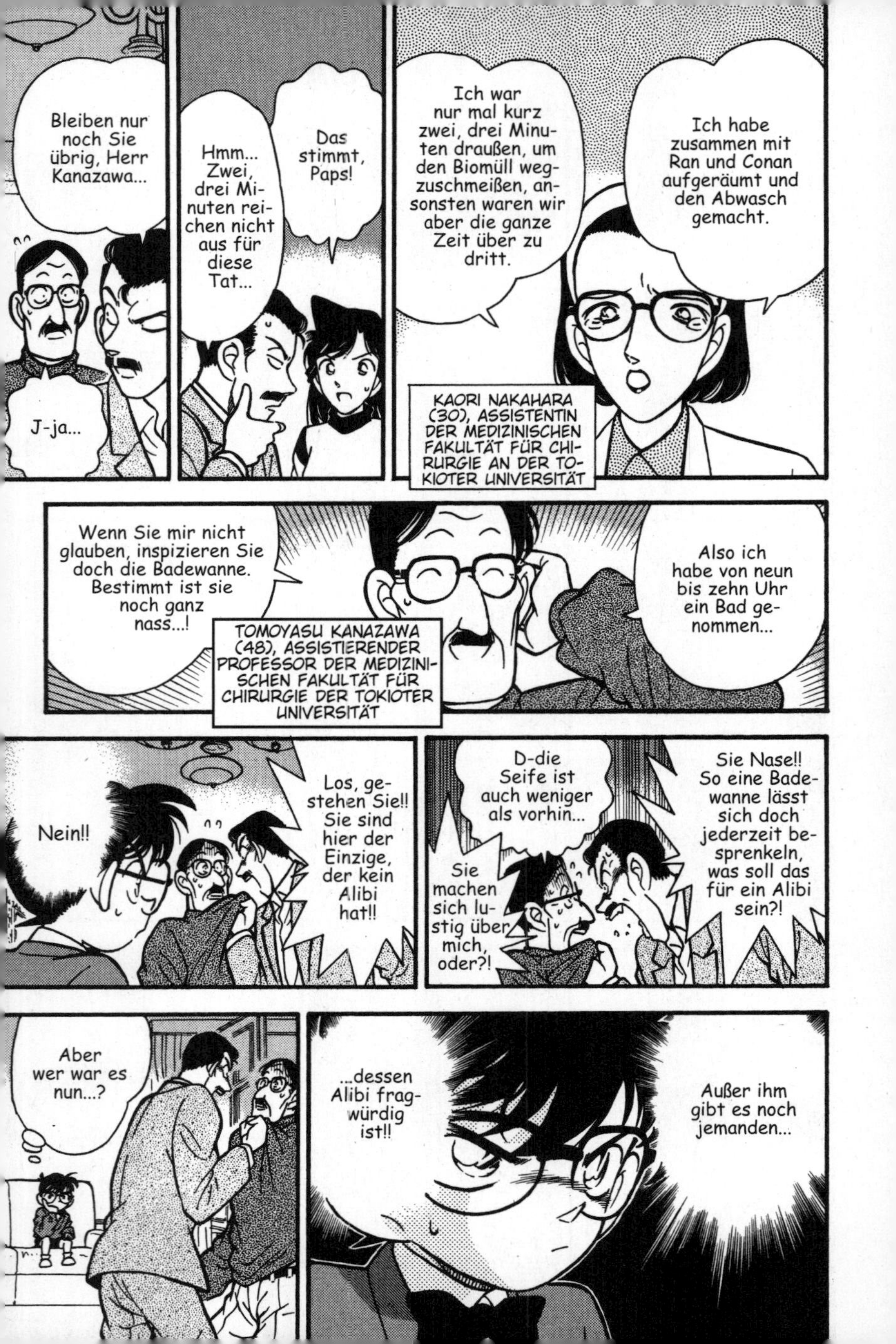
Ich habe zusammen mit Ran und Conan aufgeräumt und den Abwasch gemacht.
Ich war nur mal kurz zwei, drei Minuten draußen, um den Biomüll wegzuschmeißen, ansonsten waren wir aber die ganze Zeit über zu dritt.
KAORI NAKAHARA (30), ASSISTENTIN DER MEDIZINISCHEN FAKULTÄT FÜR CHIRURGIE AN DER TOKIOTER UNIVERSITÄT
Das stimmt, Paps!
Hmm... Zwei, drei Minuten reichen nicht aus für diese Tat...
Bleiben nur noch Sie übrig, Herr Kanazawa...
J-ja...
Also ich habe von neun bis zehn Uhr ein Bad genommen...
Wenn Sie mir nicht glauben, inspizieren Sie doch die Badewanne. Bestimmt ist sie noch ganz nass...!
TOMOYASU KANAZAWA (48), ASSISTIERENDER PROFESSOR DER MEDIZINISCHEN FAKULTÄT FÜR CHIRURGIE DER TOKIOTER UNIVERSITÄT
Sie Nase!! So eine Badewanne lässt sich doch jederzeit besprenkeln, was soll das für ein Alibi sein?!
D-die Seife ist auch weniger als vorhin...
Sie machen sich lustig über mich, oder?!
Los, gestehen Sie!! Sie sind hier der Einzige, der kein Alibi hat!!
Nein!!
Außer ihm gibt es noch jemanden...
...dessen Alibi fragwürdig ist!!
Aber wer war es nun...?

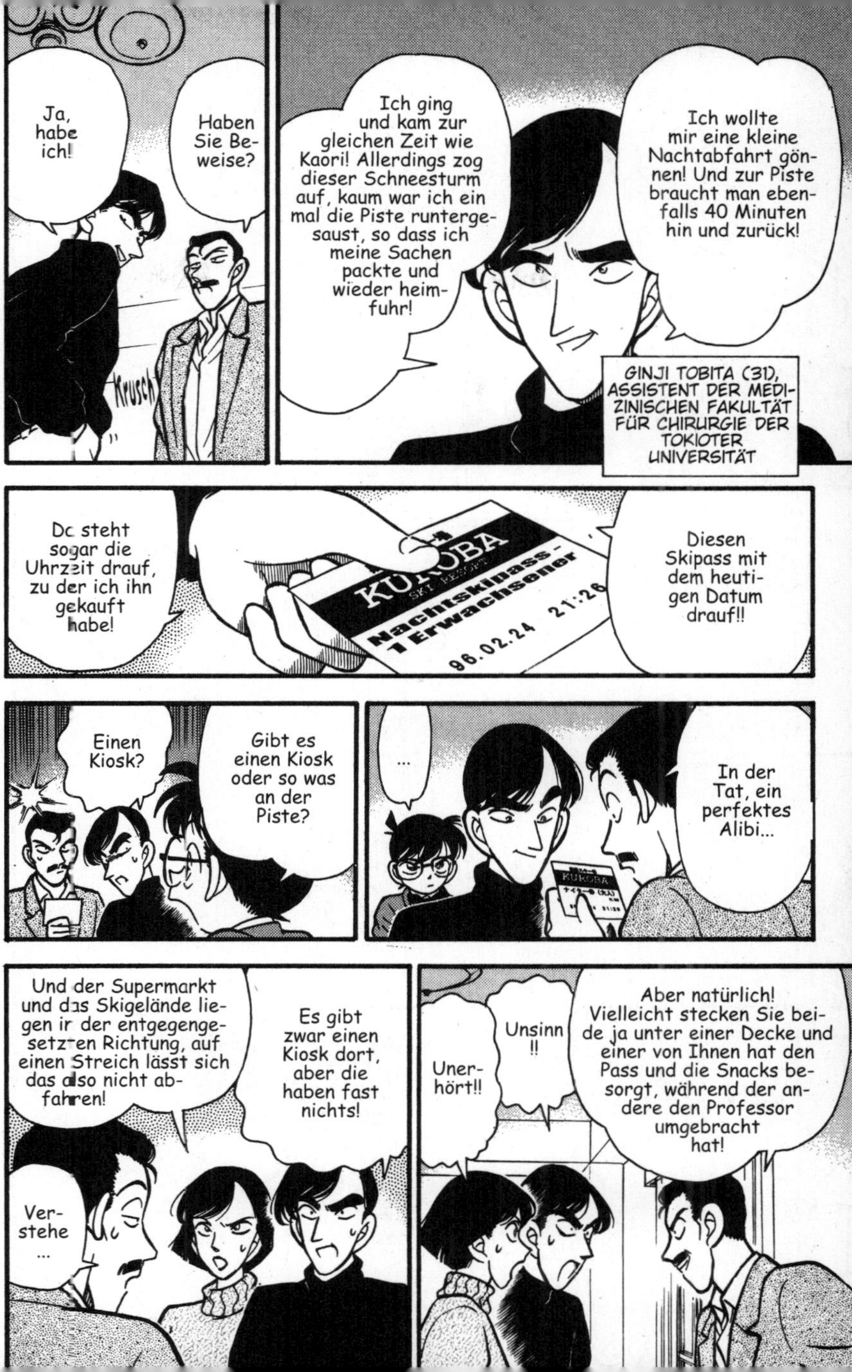
Ich wollte mir eine kleine Nachtabfahrt gönnen! Und zur Piste braucht man ebenfalls 40 Minuten hin und zurück!
Ich ging und kam zur gleichen Zeit wie Kaori! Allerdings zog dieser Schneesturm auf, kaum war ich ein mal die Piste runtergesaust, so dass ich meine Sachen packte und wieder heimfuhr!
GINJI TOBITA (31), ASSISTENT DER MEDIZINISCHEN FAKULTÄT FÜR CHIRURGIE DER TOKIOTER UNIVERSITÄT
Haben Sie Beweise?
Ja, habe ich!
Krusch
Diesen Skipass mit dem heutigen Datum drauf!!
KUROBA SKI RESORT
Nachtskipass - 1 Erwachsener
96.02.24 21:26
Da steht sogar die Uhrzeit drauf, zu der ich ihn gekauft habe!
In der Tat, ein perfektes Alibi...
...
Gibt es einen Kiosk oder so was an der Piste?
Einen Kiosk?
Aber natürlich! Vielleicht stecken Sie beide ja unter einer Decke und einer von Ihnen hat den Pass und die Snacks besorgt, während der andere den Professor umgebracht hat!
Unsinn!!
Unerhört!!
Es gibt zwar einen Kiosk dort, aber die haben fast nichts!
Und der Supermarkt und das Skigelände liegen in der entgegengesetzten Richtung, auf einen Streich lässt sich das also nicht abfahren!
Verstehe ...

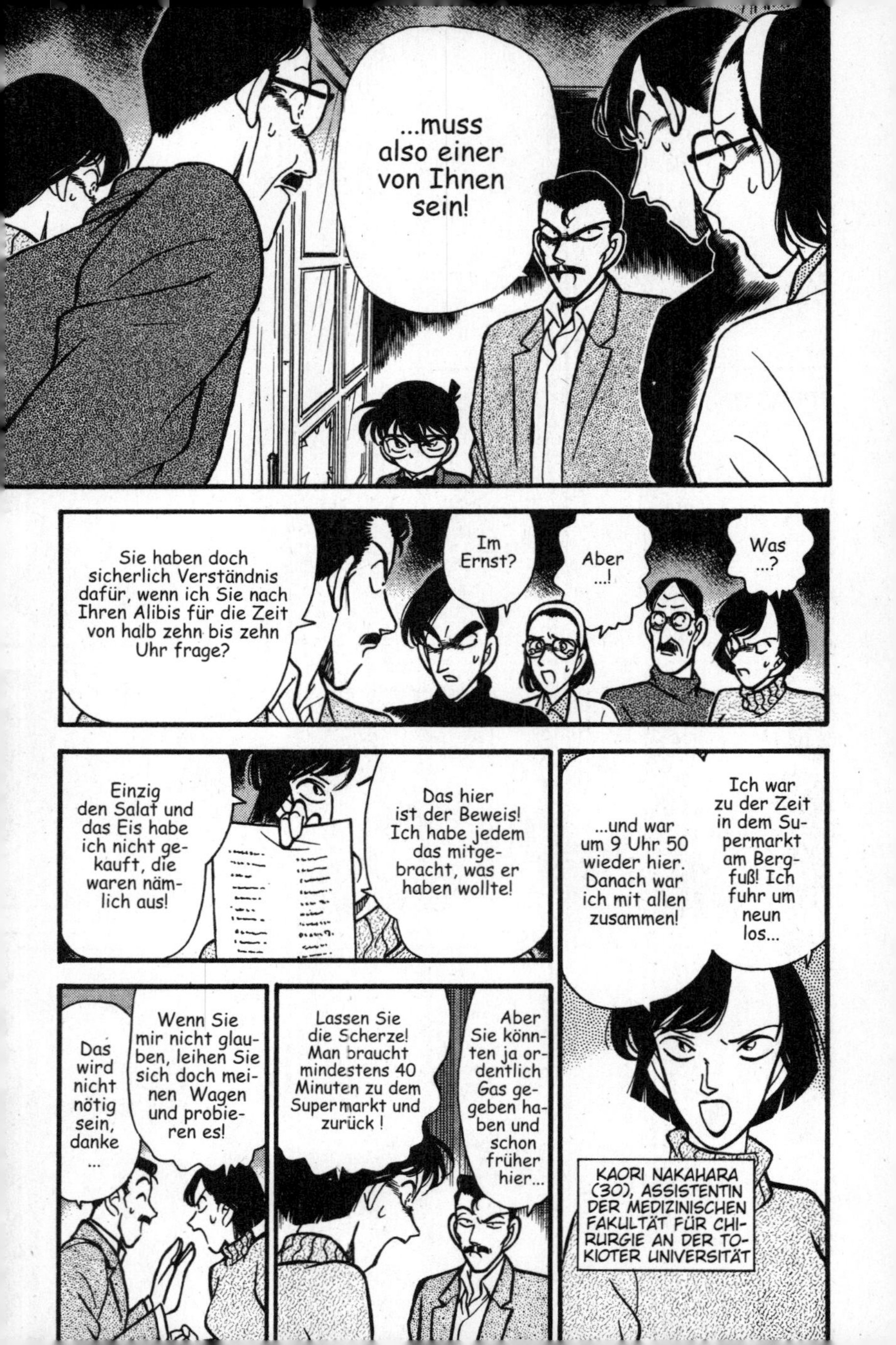
...muss also einer von Ihnen sein!
Was ...?
Aber ...!
Im Ernst?
Sie haben doch sicherlich Verständnis dafür, wenn ich Sie nach Ihren Alibis für die Zeit von halb zehn bis zehn Uhr frage?
Ich war zu der Zeit in dem Supermarkt am Bergfuß! Ich fuhr um neun los...
...und war um 9 Uhr 50 wieder hier. Danach war ich mit allen zusammen!
KAORI NAKAHARA (30), ASSISTENTIN DER MEDIZINISCHEN FAKULTÄT FÜR CHIRURGIE AN DER TOKIOTER UNIVERSITÄT
Das hier ist der Beweis! Ich habe jedem das mitgebracht, was er haben wollte!
Einzig den Salat und das Eis habe ich nicht gekauft, die waren nämlich aus!
Aber Sie könnten ja ordentlich Gas gegeben haben und schon früher hier...
Lassen Sie die Scherze! Man braucht mindestens 40 Minuten zu dem Supermarkt und zurück !
Wenn Sie mir nicht glauben, leihen Sie sich doch meinen Wagen und probieren es!
Das wird nicht nötig sein, danke ...

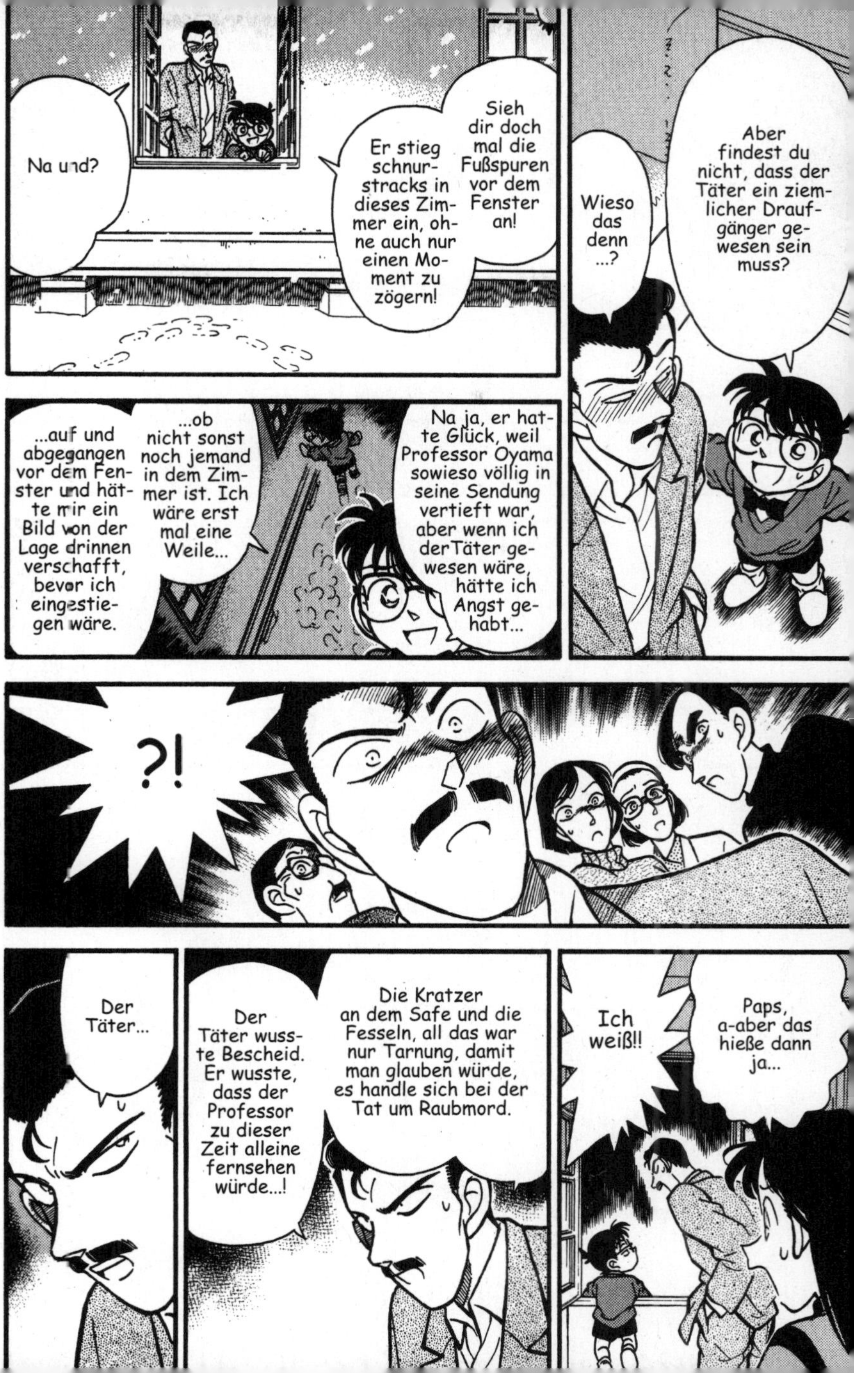
Aber findest du nicht, dass der Täter ein ziemlicher Draufgänger gewesen sein muss?
Wieso das denn ...?
Sieh dir doch mal die Fußspuren vor dem Fenster an!
Er stieg schnurstracks in dieses Zimmer ein, ohne auch nur einen Moment zu zögern!
Na und?
Na ja, er hatte Glück, weil Professor Oyama sowieso völlig in seine Sendung vertieft war, aber wenn ich der Täter gewesen wäre, hätte ich Angst gehabt...
...ob nicht sonst noch jemand in dem Zimmer ist. Ich wäre erst mal eine Weile...
...auf und abgegangen vor dem Fenster und hätte mir ein Bild von der Lage drinnen verschafft, bevor ich eingestiegen wäre.
?!
Paps, a-aber das hieße dann ja...
Ich weiß!!
Die Kratzer an dem Safe und die Fesseln, all das war nur Tarnung, damit man glauben würde, es handle sich bei der Tat um Raubmord.
Der Täter wusste Bescheid. Er wusste, dass der Professor zu dieser Zeit alleine fernsehen würde...!
Der Täter...

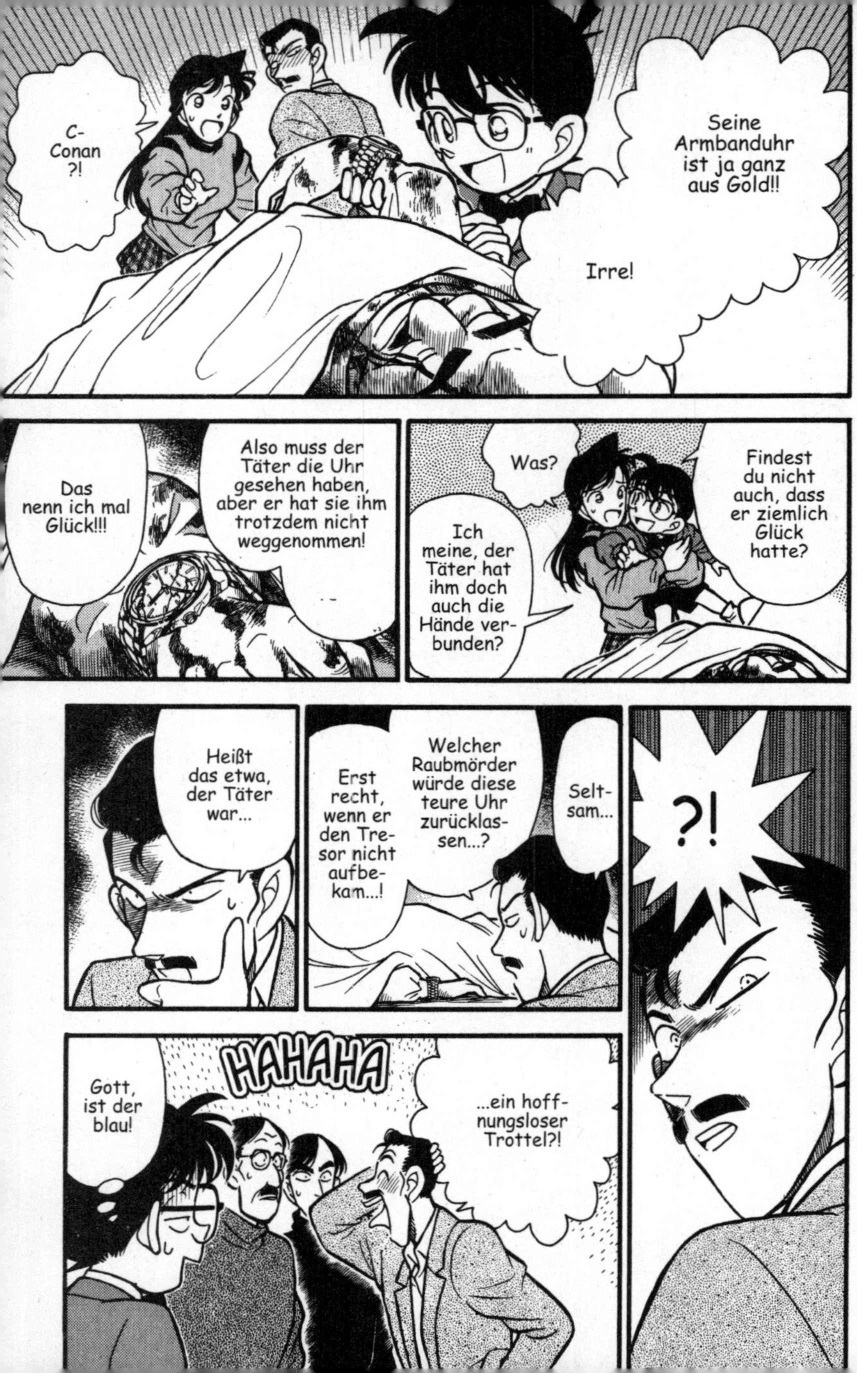
Seine Armbanduhr ist ja ganz aus Gold!!
Irre!
C-Conan ?!
Findest du nicht auch, dass er ziemlich Glück hatte?
Was?
Ich meine, der Täter hat ihm doch auch die Hände verbunden?
Also muss der Täter die Uhr gesehen haben, aber er hat sie ihm trotzdem nicht weggenommen!
Das nenn ich mal Glück!!!
?!
Seltsam...
Welcher Raubmörder würde diese teure Uhr zurücklassen...?
Erst recht, wenn er den Tresor nicht aufbekam...!
Heißt das etwa, der Täter war...
...ein hoffnungsloser Trottel?!
HAHAHA
Gott, ist der blau!

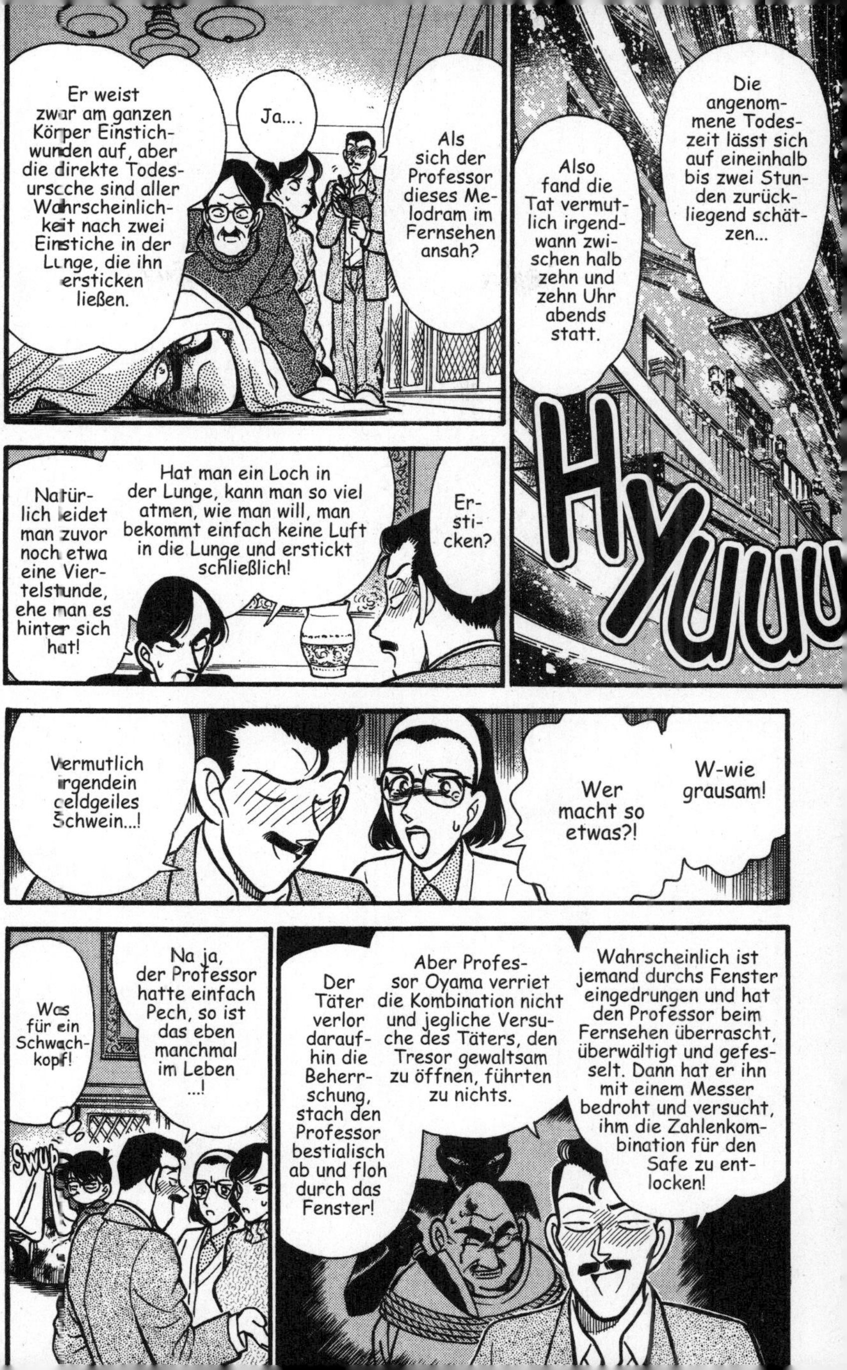
Die angenommene Todeszeit lässt sich auf eineinhalb bis zwei Stunden zurückliegend schätzen...
Also fand die Tat vermutlich irgendwann zwischen halb zehn und zehn Uhr abends statt.
HYUUU
Als sich der Professor dieses Melodram im Fernsehen ansah?
Ja....
Er weist zwar am ganzen Körper Einstichwunden auf, aber die direkte Todesursache sind aller Wahrscheinlichkeit nach zwei Einstiche in der Lunge, die ihn ersticken ließen.
Ersticken?
Hat man ein Loch in der Lunge, kann man so viel atmen, wie man will, man bekommt einfach keine Luft in die Lunge und erstickt schließlich!
Natürlich leidet man zuvor noch etwa eine Viertelstunde, ehe man es hinter sich hat!
W-wie grausam!
Wer macht so etwas?!
Vermutlich irgendein geldgeiles Schwein...!
Wahrscheinlich ist jemand durchs Fenster eingedrungen und hat den Professor beim Fernsehen überrascht, überwältigt und gefesselt. Dann hat er ihn mit einem Messer bedroht und versucht, ihm die Zahlenkombination für den Safe zu entlocken!
Aber Professor Oyama verriet die Kombination nicht und jegliche Versuche des Täters, den Tresor gewaltsam zu öffnen, führten zu nichts.
Der Täter verlor daraufhin die Beherrschung, stach den Professor bestialisch ab und floh durch das Fenster!
Na ja, der Professor hatte einfach Pech, so ist das eben manchmal im Leben ...!
Was für ein Schwachkopf!
SWUP

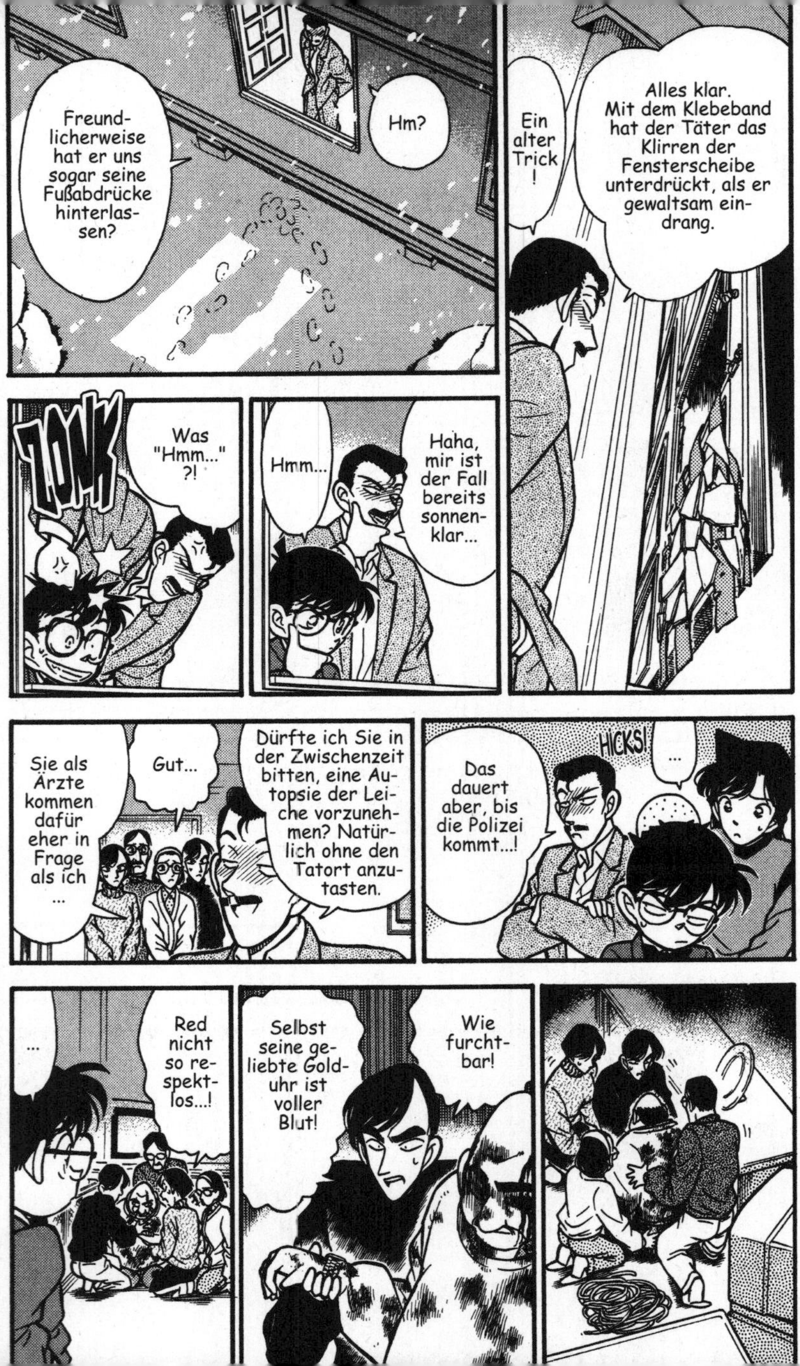
Alles klar. Mit dem Klebeband hat der Täter das Klirren der Fensterscheibe unterdrückt, als er gewaltsam eindrang.
Ein alter Trick!
Hm?
Freundlicherweise hat er uns sogar seine Fußabdrücke hinterlassen?
Haha, mir ist der Fall bereits sonnenklar...
Hmm...
Was "Hmm..." ?!
ZONK
HICKS!
...
Das dauert aber, bis die Polizei kommt...!
Dürfte ich Sie in der Zwischenzeit bitten, eine Autopsie der Leiche vorzunehmen? Natürlich ohne den Tatort anzutasten.
Gut...
Sie als Ärzte kommen dafür eher in Frage als ich ...
Wie furchtbar!
Selbst seine geliebte Golduhr ist voller Blut!
Red nicht so respektlos...!
...

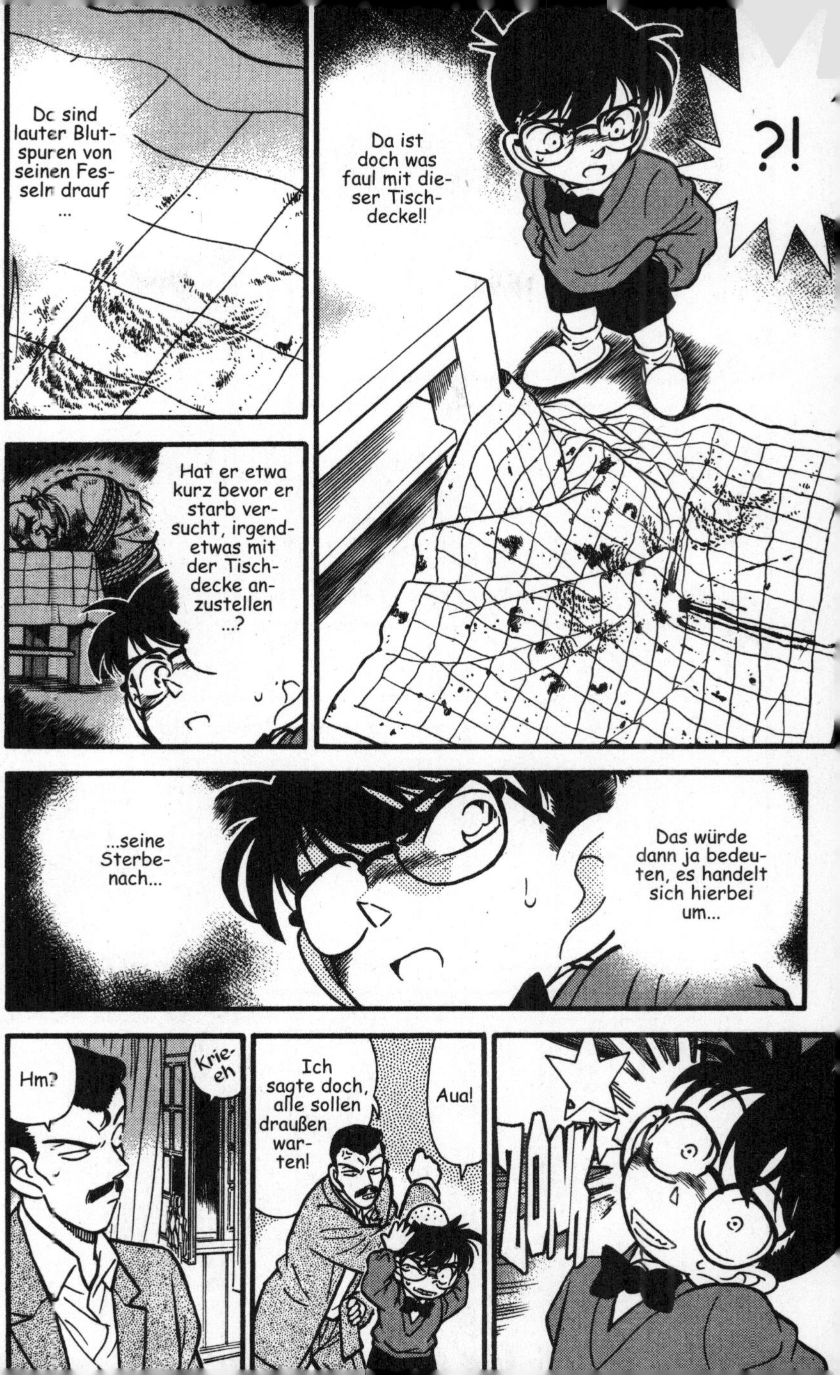
?!
Da ist doch was faul mit dieser Tischdecke!!
Da sind lauter Blutspuren von seinen Fesseln drauf ...
Hat er etwa kurz bevor er starb versucht, irgendetwas mit der Tischdecke anzustellen ...?
Das würde dann ja bedeuten, es handelt sich hierbei um...
...seine Sterbenach...
ZONK
Aua!
Ich sagte doch, alle sollen draußen warten!
Krieeh
Hm?

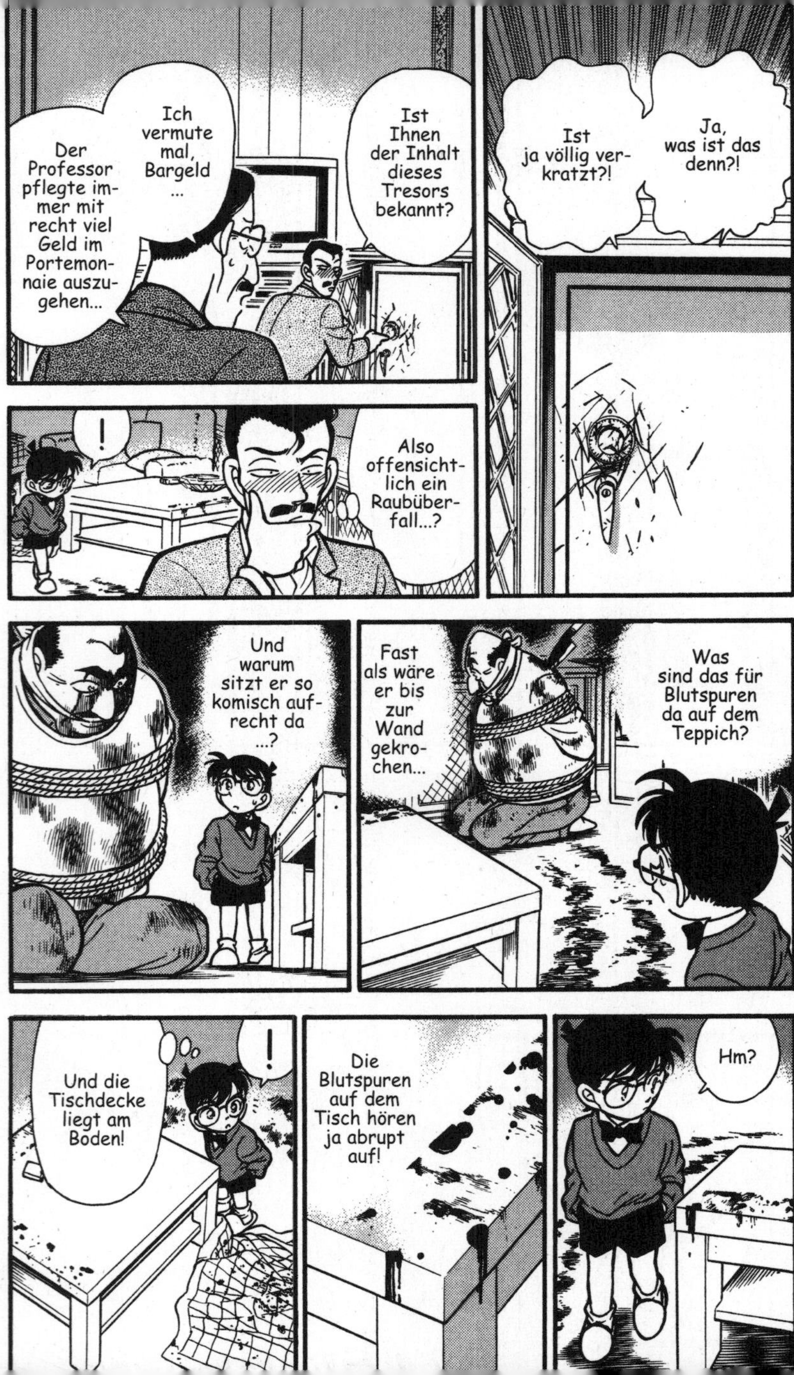

Ja, was ist das denn?!
Ist ja völlig verkratzt?!
Ist Ihnen der Inhalt dieses Tresors bekannt?
Ich vermute mal, Bargeld ...
Der Professor pflegte immer mit recht viel Geld im Portemonnaie auszugehen...
Also offensichtlich ein Raubüberfall...?
!
Was sind das für Blutspuren da auf dem Teppich?
Fast als wäre er bis zur Wand gekrochen...
Und warum sitzt er so komisch aufrecht da ...?
Hm?
Die Blutspuren auf dem Tisch hören ja abrupt auf!
!
Und die Tischdecke liegt am Boden!

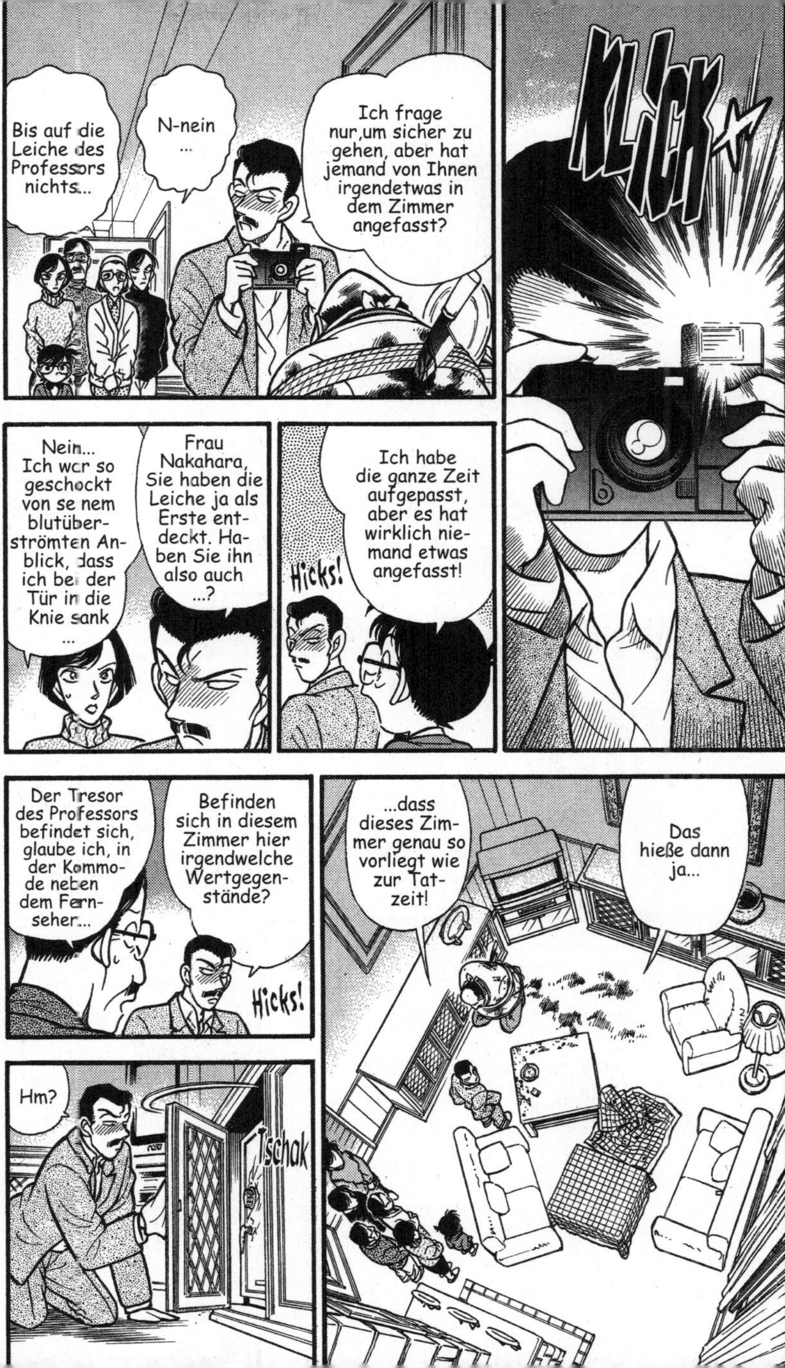
KLICK
Ich frage nur,um sicher zu gehen, aber hat jemand von Ihnen irgendetwas in dem Zimmer angefasst?
N-nein ...
Bis auf die Leiche des Professors nichts...
Ich habe die ganze Zeit aufgepasst, aber es hat wirklich niemand etwas angefasst!
Hicks!
Frau Nakahara, Sie haben die Leiche ja als Erste entdeckt. Haben Sie ihn also auch ...?
Nein... Ich war so geschockt von seinem blutüberströmten Anblick, dass ich bei der Tür in die Knie sank ...
Das hieße dann ja...
...dass dieses Zimmer genau so vorliegt wie zur Tatzeit!
Befinden sich in diesem Zimmer hier irgendwelche Wertgegenstände?
Hicks!
Der Tresor des Professors befindet sich, glaube ich, in der Kommode neben dem Fernseher...
Hm?
Tschak

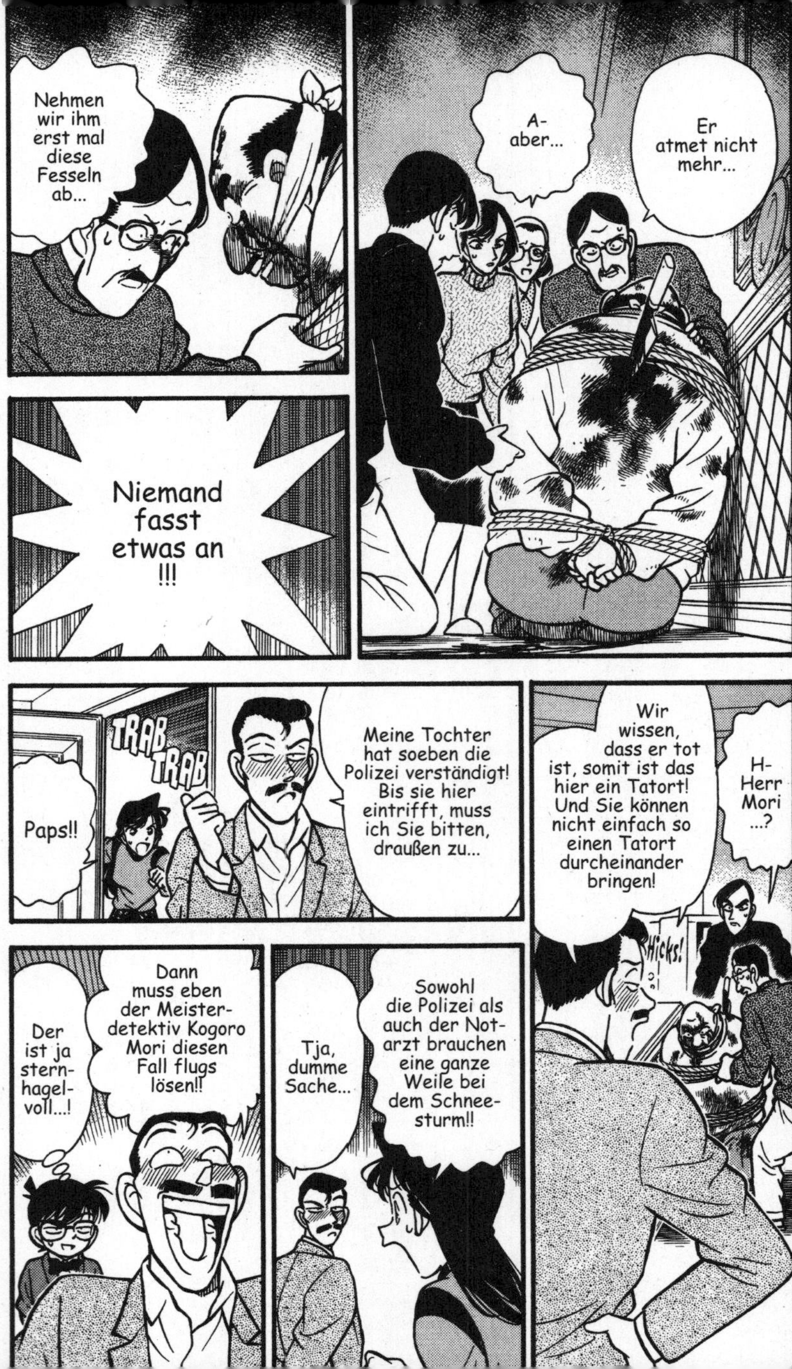

Er atmet nicht mehr...
A- aber...
Nehmen wir ihm erst mal diese Fesseln ab...
Niemand fasst etwas an!!!
H- Herr Mori ...?
Wir wissen, dass er tot ist, somit ist das hier ein Tatort! Und Sie können nicht einfach so einen Tatort durcheinander bringen!
Hicks!
Meine Tochter hat soeben die Polizei verständigt! Bis sie hier eintrifft, muss ich Sie bitten, draußen zu...
TRAB TRAB
Paps!!
Sowohl die Polizei als auch der Notarzt brauchen eine ganze Weile bei dem Schneesturm!!
Tja, dumme Sache...
Dann muss eben der Meisterdetektiv Kogoro Mori diesen Fall flugs lösen!!
Der ist ja sternhagelvoll...!

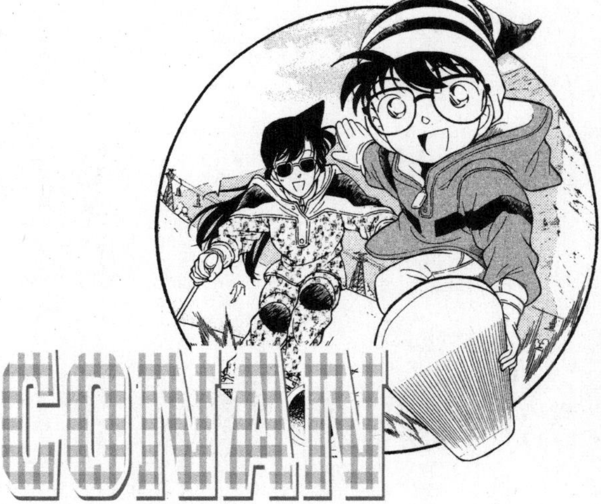
CONAN

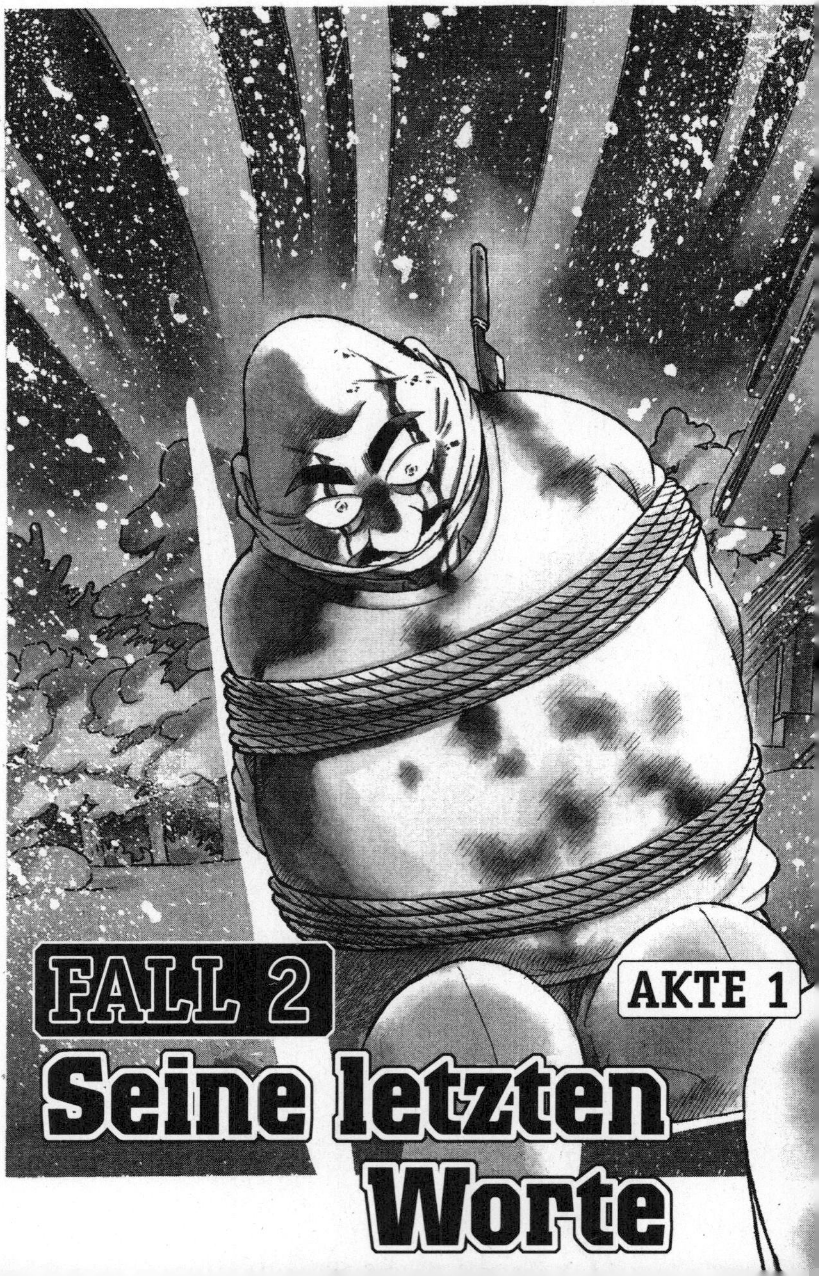
FALL 2
AKTE 1
Seine letzten Worte

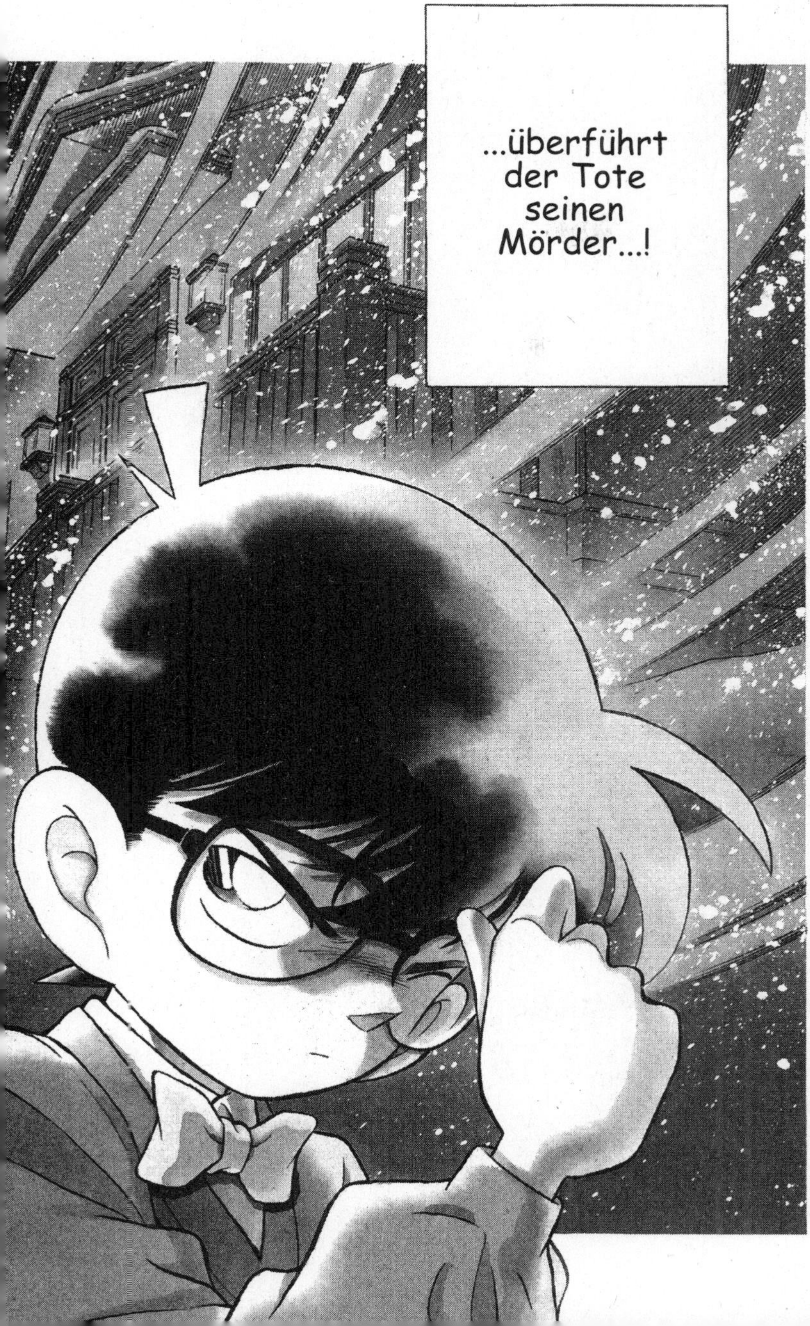
...überführt der Tote seinen Mörder...!

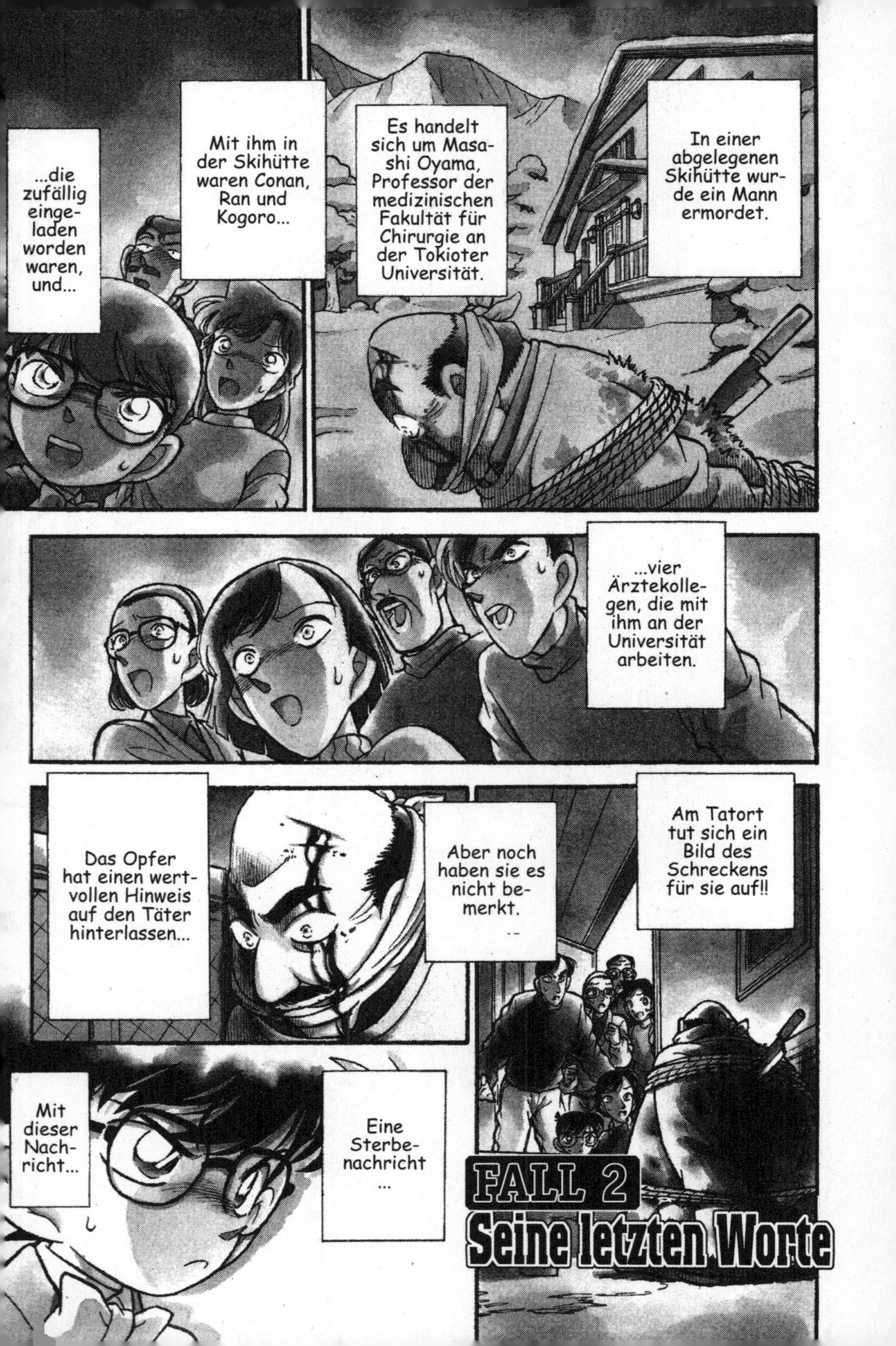
In einer abgelegenen Skihütte wurde ein Mann ermordet.
Es handelt sich um Masashi Oyama, Professor der medizinischen Fakultät für Chirurgie an der Tokioter Universität.
Mit ihm in der Skihütte waren Conan, Ran und Kogoro...
...die zufällig eingeladen worden waren, und...
...vier Ärztekollegen, die mit ihm an der Universität arbeiten.
Am Tatort tut sich ein Bild des Schreckens für sie auf!!
Aber noch haben sie es nicht bemerkt.
Das Opfer hat einen wertvollen Hinweis auf den Täter hinterlassen...
Eine Sterbenachricht ...
Mit dieser Nachricht...
FALL 2
Seine letzten Worte

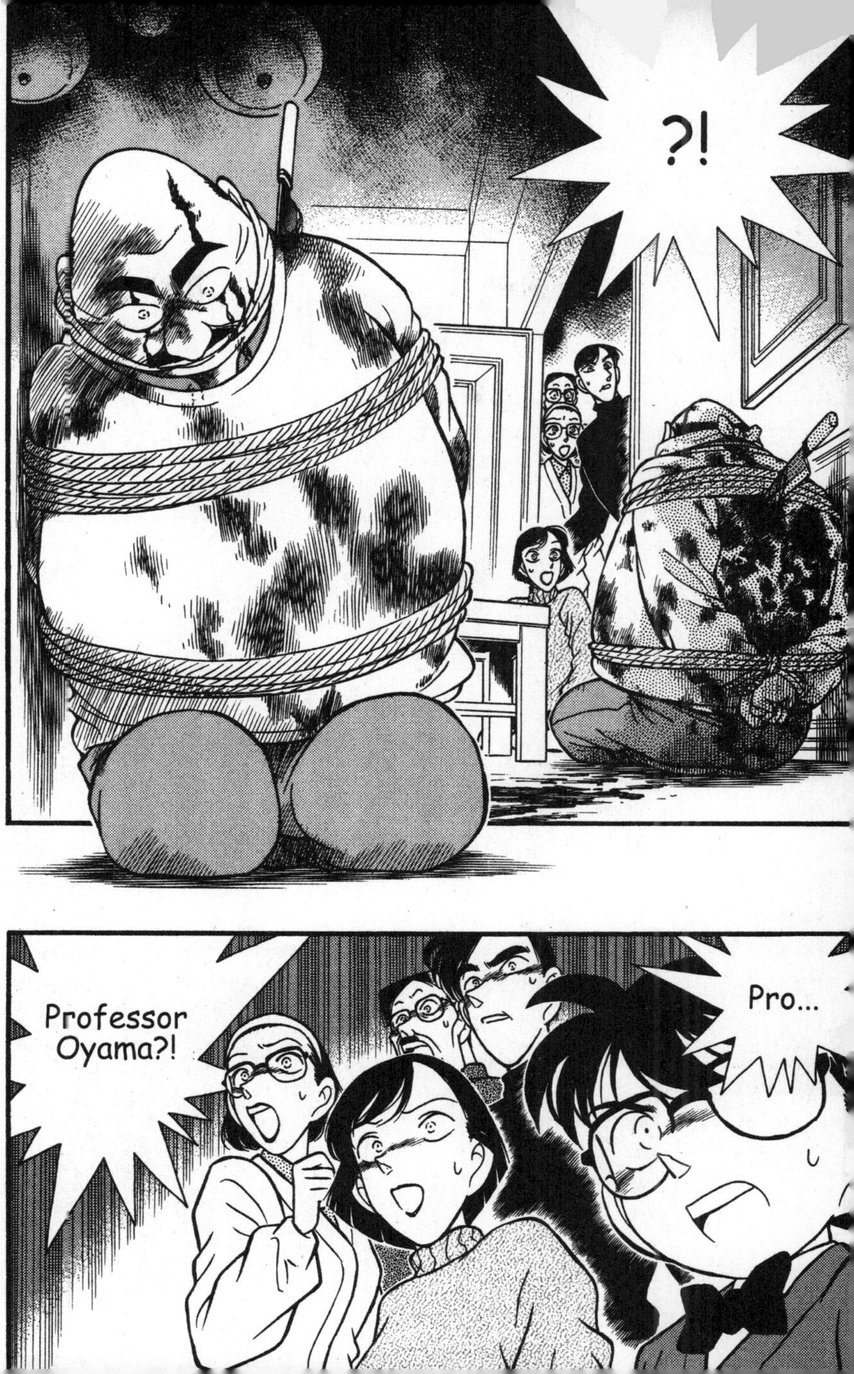
?!
Pro...
Professor Oyama?!

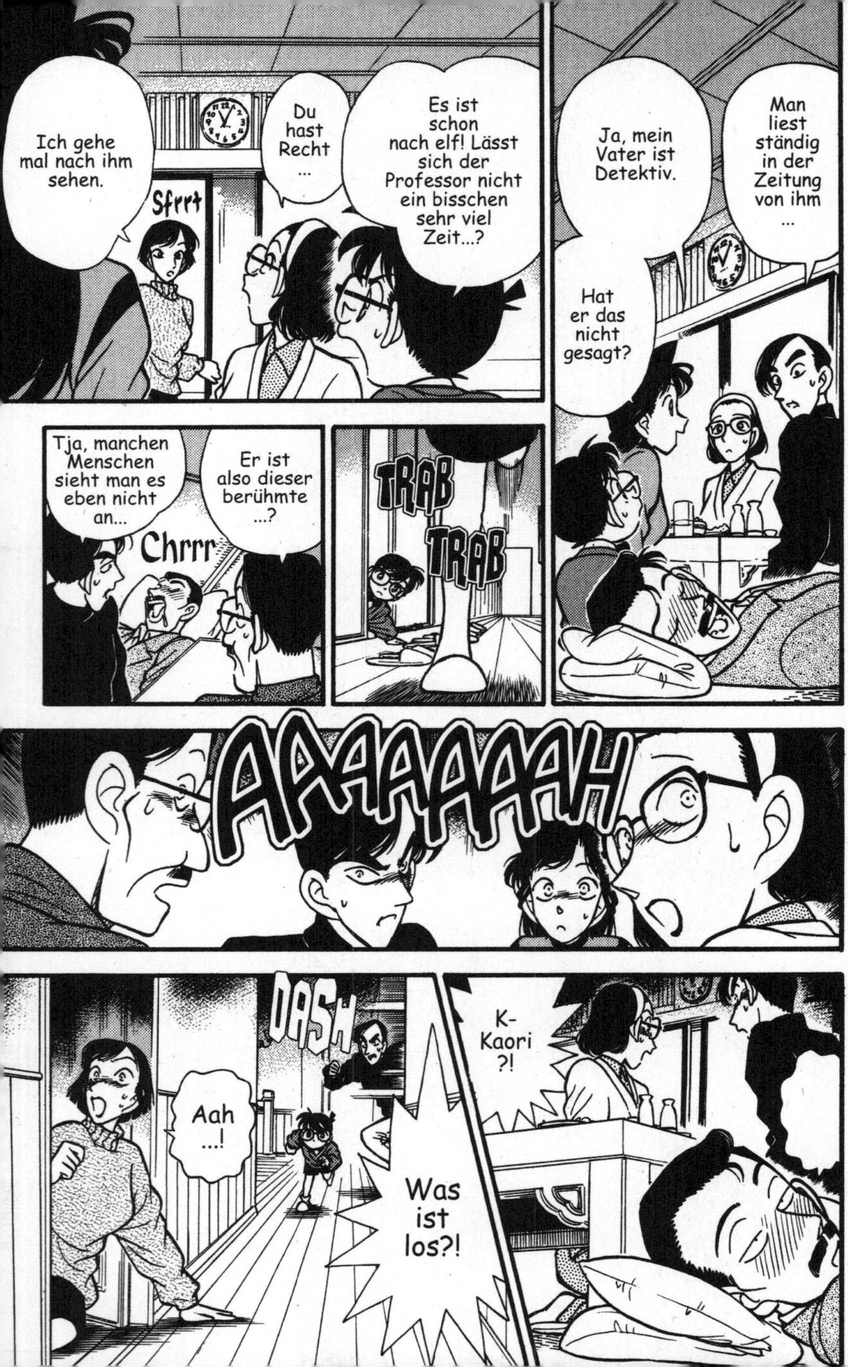

Man liest ständig in der Zeitung von ihm ...
Ja, mein Vater ist Detektiv.
Hat er das nicht gesagt?
Es ist schon nach elf! Lässt sich der Professor nicht ein bisschen sehr viel Zeit...?
Du hast Recht ...
Ich gehe mal nach ihm sehen.
Sfrrt
TRAB
TRAB
Er ist also dieser berühmte ...?
Tja, manchen Menschen sieht man es eben nicht an...
Chrrr
AAAAAAAH
K-Kaori ?!
Was ist los?!
DASH
Aah ...!

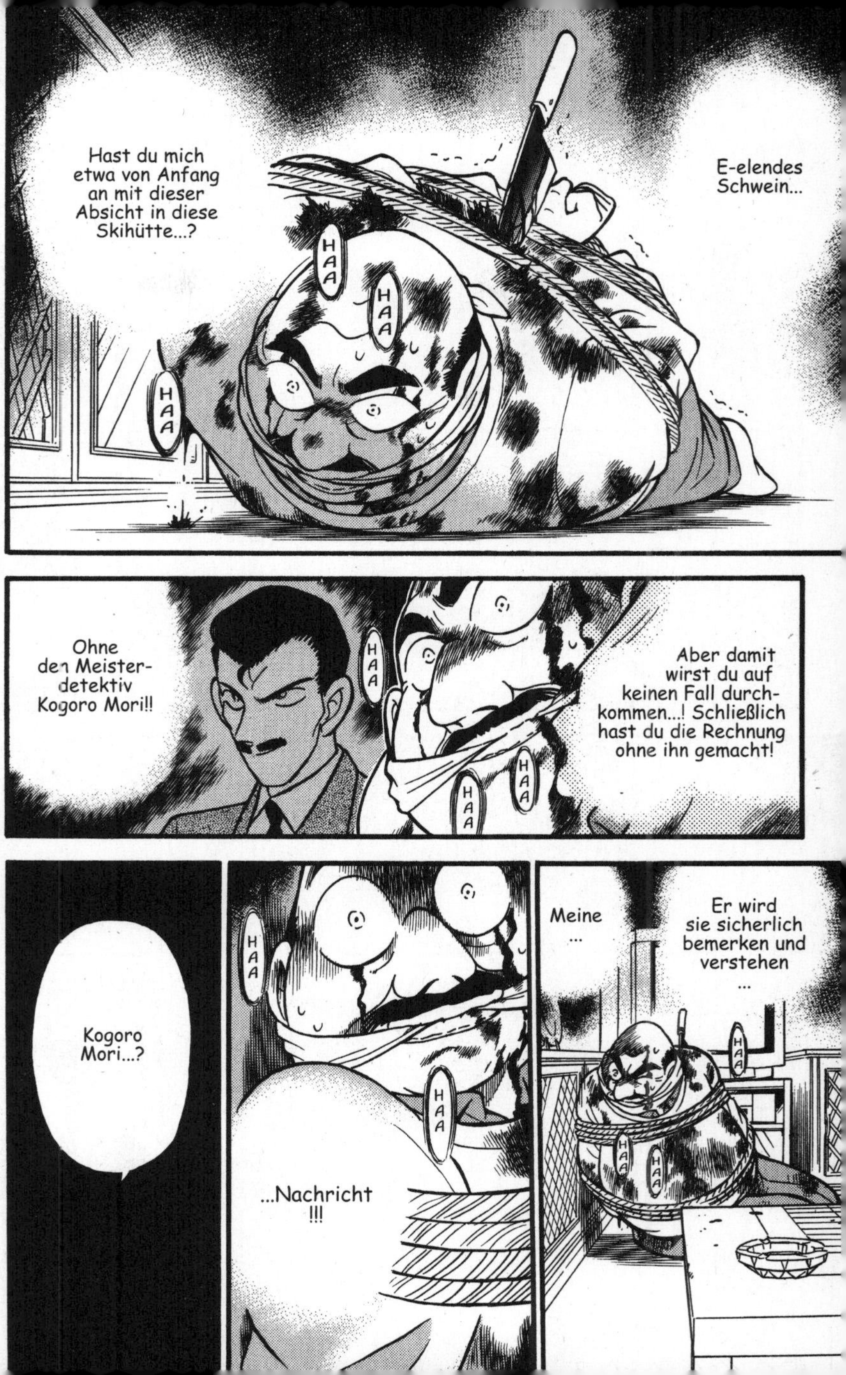
E-elendes Schwein...
HAA
HAA
Hast du mich etwa von Anfang an mit dieser Absicht in diese Skihütte...?
HAA
Aber damit wirst du auf keinen Fall durchkommen...! Schließlich hast du die Rechnung ohne ihn gemacht!
HAA
HAA
HAA
Ohne den Meisterdetektiv Kogoro Mori!!
Er wird sie sicherlich bemerken und verstehen ...
Meine ...
HAA
HAA
HAA
HAA
HAA
...Nachricht !!!
Kogoro Mori...?

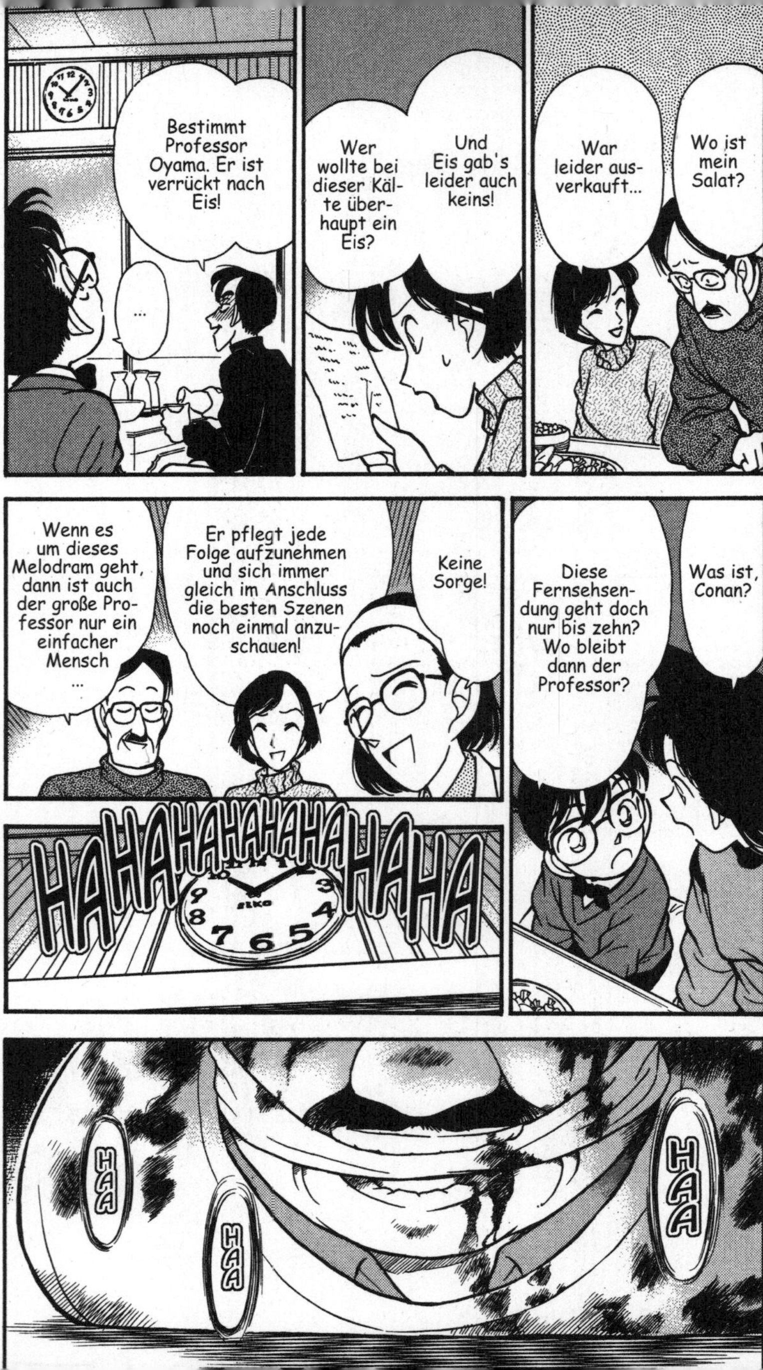
Wo ist mein Salat?
War leider ausverkauft...
Und Eis gab's leider auch keins!
Wer wollte bei dieser Kälte überhaupt ein Eis?
Bestimmt Professor Oyama. Er ist verrückt nach Eis!
...
Was ist, Conan?
Diese Fernsehsendung geht doch nur bis zehn? Wo bleibt dann der Professor?
Keine Sorge!
Er pflegt jede Folge aufzunehmen und sich immer gleich im Anschluss die besten Szenen noch einmal anzuschauen!
Wenn es um dieses Melodram geht, dann ist auch der große Professor nur ein einfacher Mensch ...
HAHAHAHAHAHAHAHAHAHA
HAA
HAA
HAA

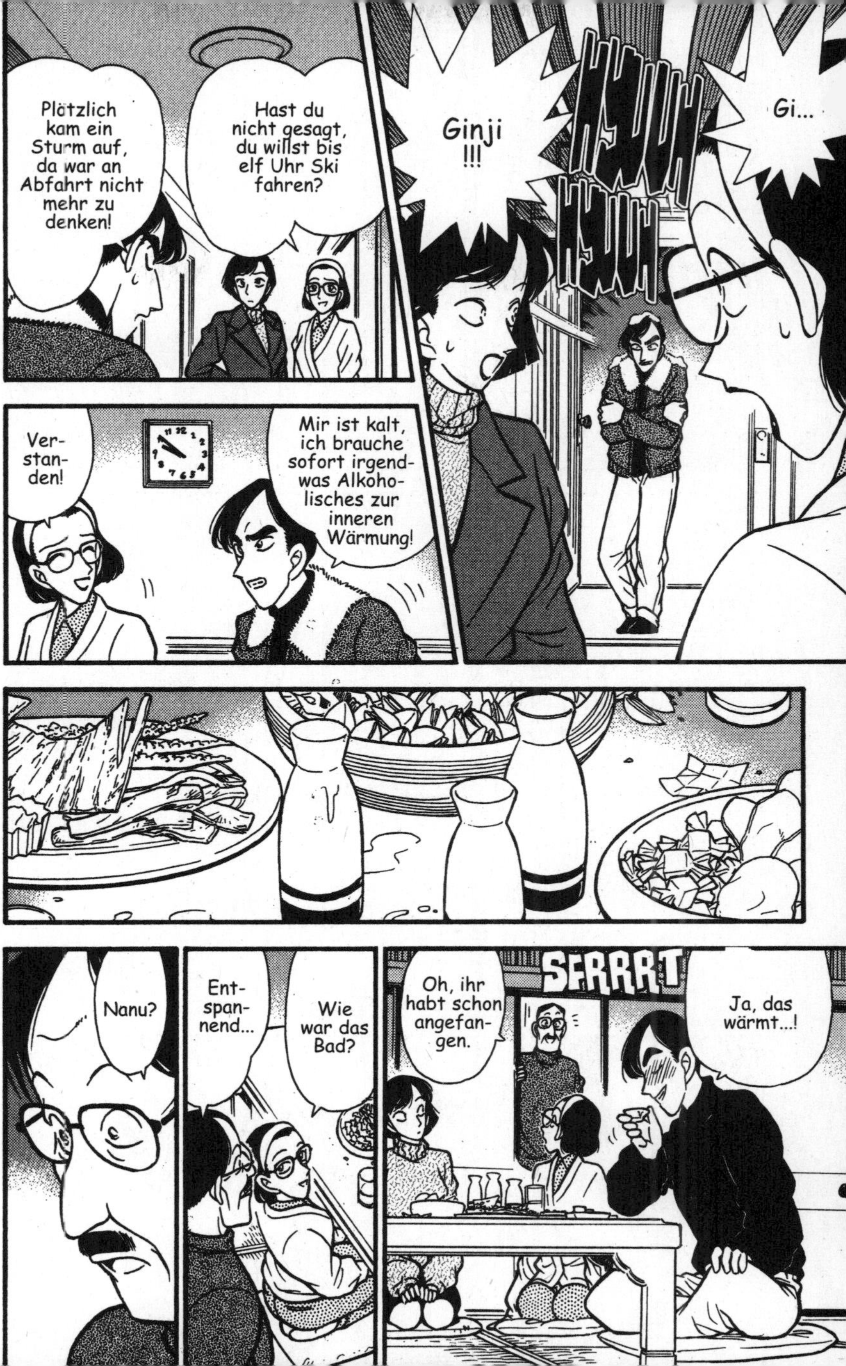
Gi...
HSUUH
HSUUH
Ginji !!!
Hast du nicht gesagt, du willst bis elf Uhr Ski fahren?
Plötzlich kam ein Sturm auf, da war an Abfahrt nicht mehr zu denken!
Mir ist kalt, ich brauche sofort irgendwas Alkoholisches zur inneren Wärmung!
Verstanden!
Ja, das wärmt...!
SFRRRT
Oh, ihr habt schon angefangen.
Wie war das Bad?
Entspannend...
Nanu?

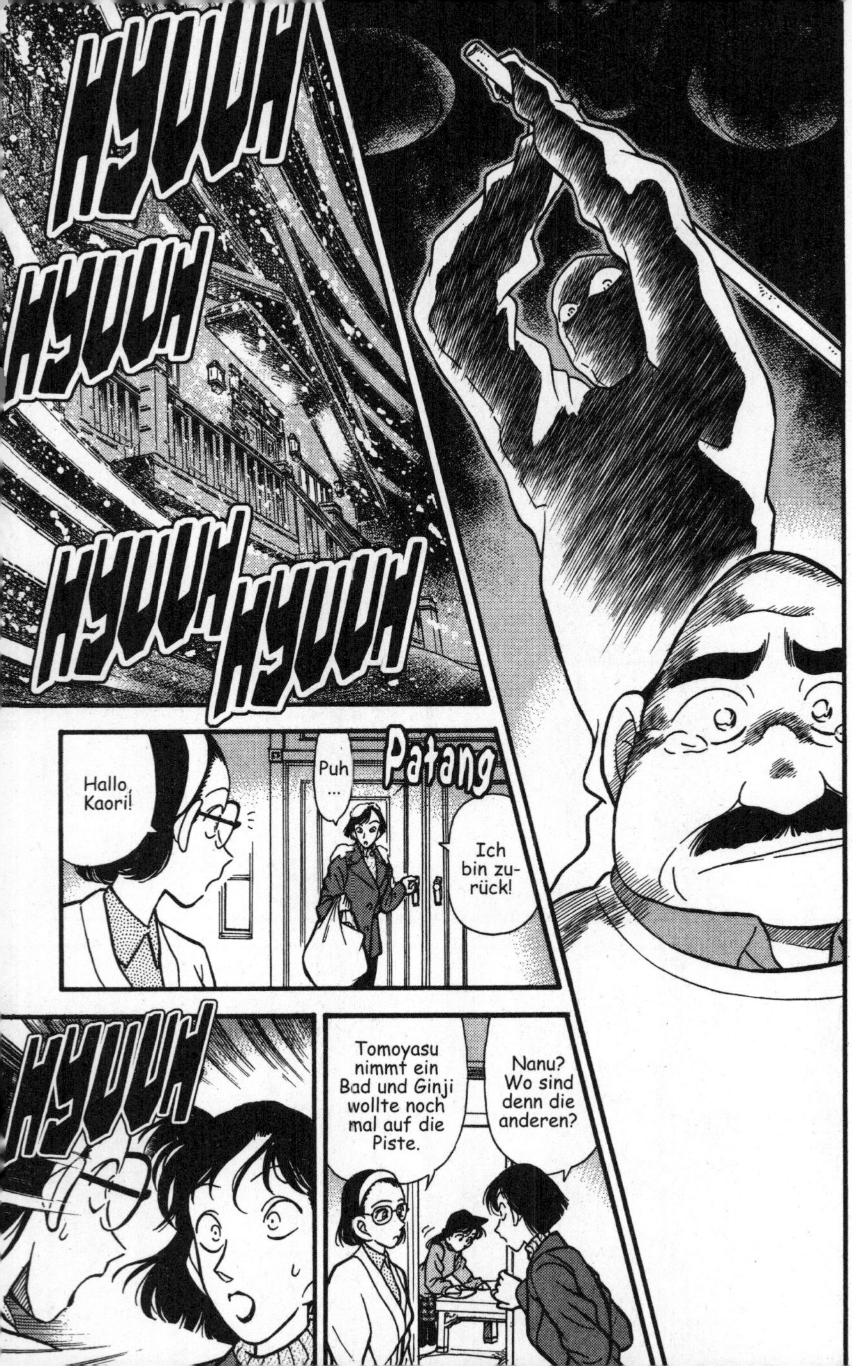

HYUUUH
HYUUUH
HYUUUH
HYUUUH
Patang
Puh ...
Ich bin zurück!
Hallo, Kaori!
HYUUUH
Nanu? Wo sind denn die anderen?
Tomoyasu nimmt ein Bad und Ginji wollte noch mal auf die Piste.

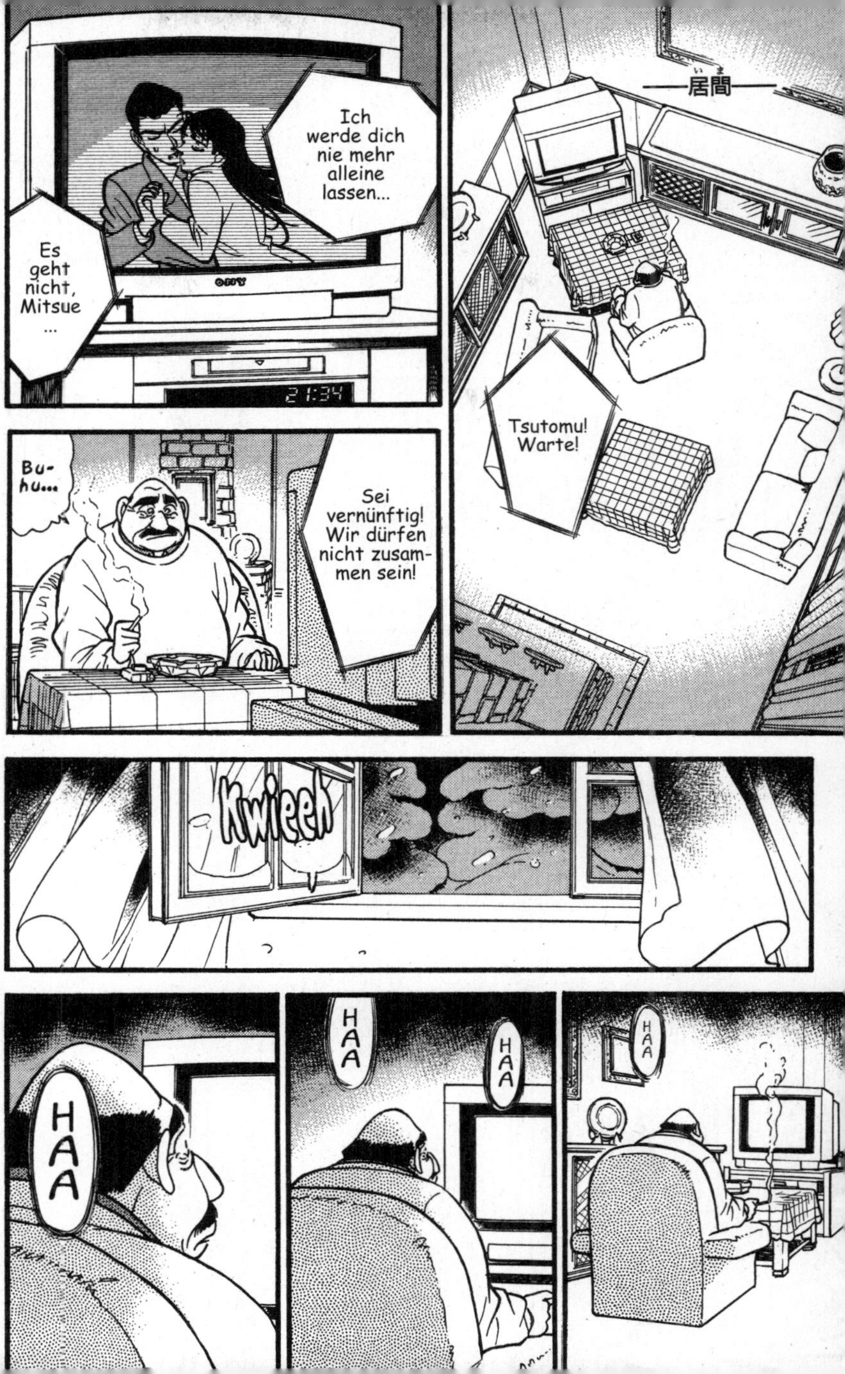

居間
Tsutomu! Warte!
Ich werde dich nie mehr alleine lassen...
Es geht nicht, Mitsue ...
Sei vernünftig! Wir dürfen nicht zusammen sein!
Bu-hu...
Kwieeh
HAA
HAA
HAA
HAA

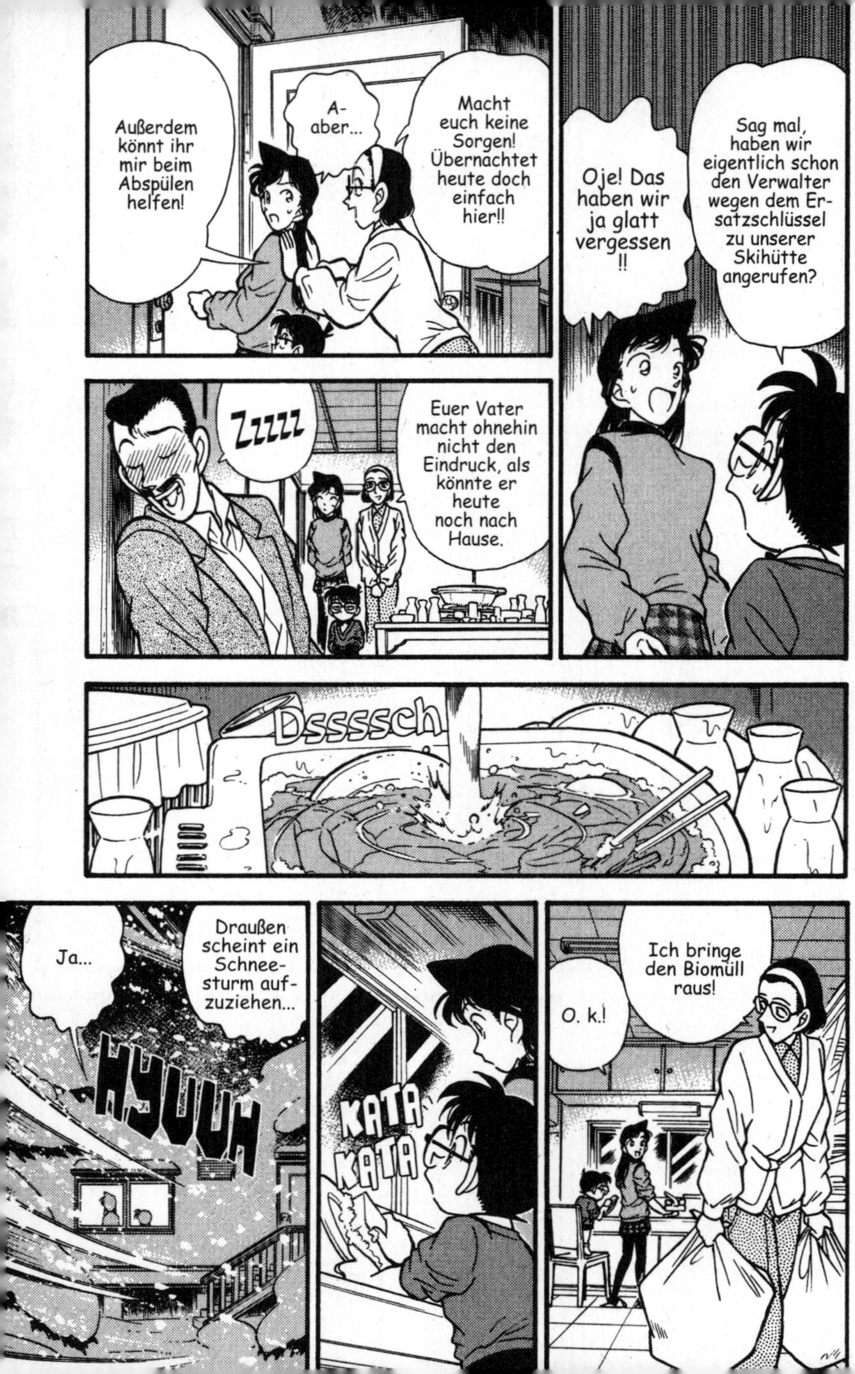
Macht euch keine Sorgen! Übernachtet heute doch einfach hier!!
A- aber...
Außerdem könnt ihr mir beim Abspülen helfen!
Euer Vater macht ohnehin nicht den Eindruck, als könnte er heute noch nach Hause.
Zzzzz
Sag mal, haben wir eigentlich schon den Verwalter wegen dem Ersatzschlüssel zu unserer Skihütte angerufen?
Oje! Das haben wir ja glatt vergessen !!
Dssssch
Ich bringe den Biomüll raus!
O. k.!
KATA KATA
Draußen scheint ein Schneesturm aufzuziehen...
Ja...
HYUUH

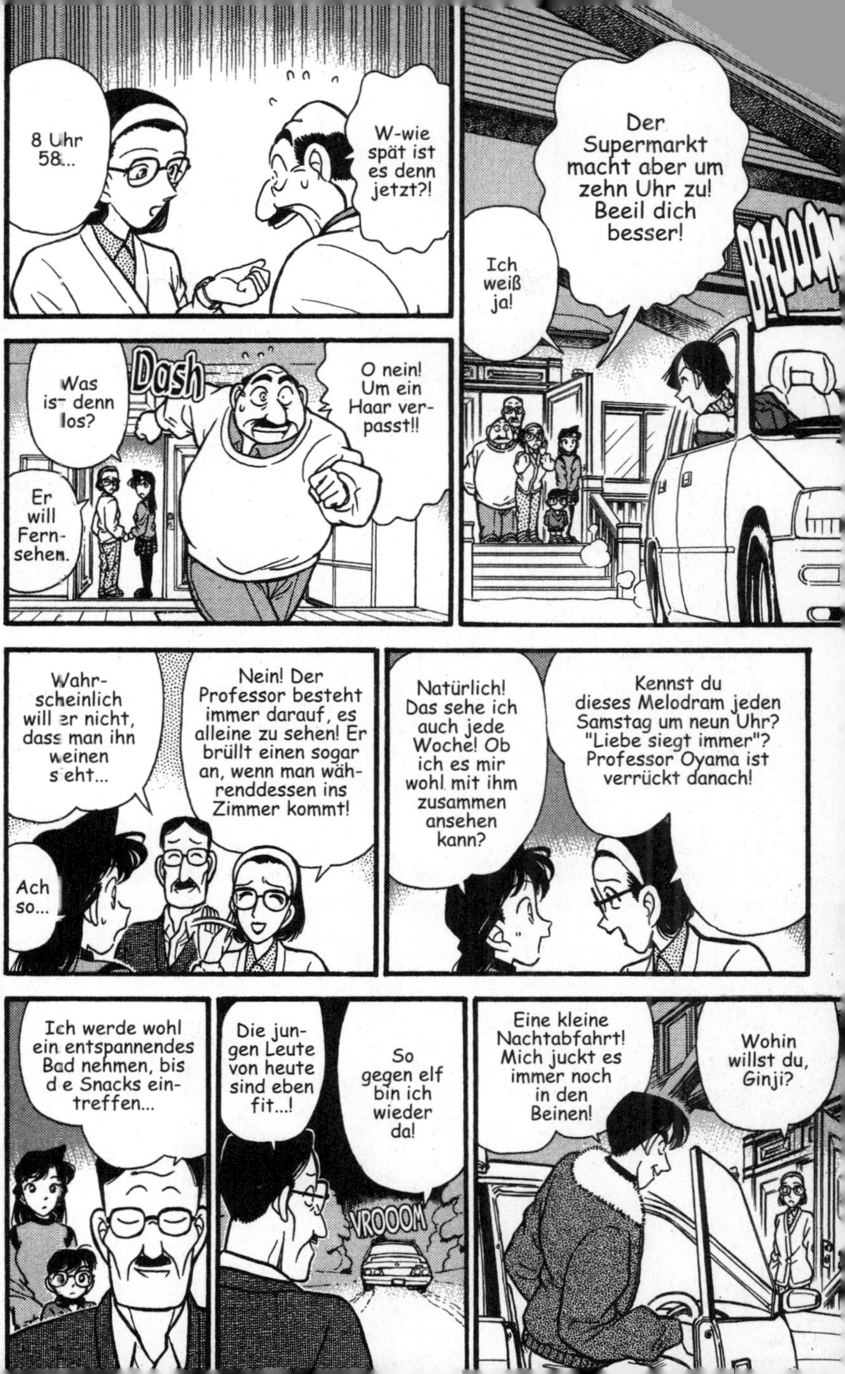
Der Supermarkt macht aber um zehn Uhr zu! Beeil dich besser!
Ich weiß ja!
BROOOM
W-wie spät ist es denn jetzt?!
8 Uhr 58...
O nein! Um ein Haar verpasst!!
Dash
Was ist denn los?
Er will Fernsehen.
Kennst du dieses Melodram jeden Samstag um neun Uhr? "Liebe siegt immer"? Professor Oyama ist verrückt danach!
Natürlich! Das sehe ich auch jede Woche! Ob ich es mir wohl mit ihm zusammen ansehen kann?
Nein! Der Professor besteht immer darauf, es alleine zu sehen! Er brüllt einen sogar an, wenn man währenddessen ins Zimmer kommt!
Wahrscheinlich will er nicht, dass man ihn weinen sieht...
Ach so...
Wohin willst du, Ginji?
Eine kleine Nachtabfahrt! Mich juckt es immer noch in den Beinen!
So gegen elf bin ich wieder da!
VROOOM
Die jungen Leute von heute sind eben fit...!
Ich werde wohl ein entspannendes Bad nehmen, bis die Snacks eintreffen...

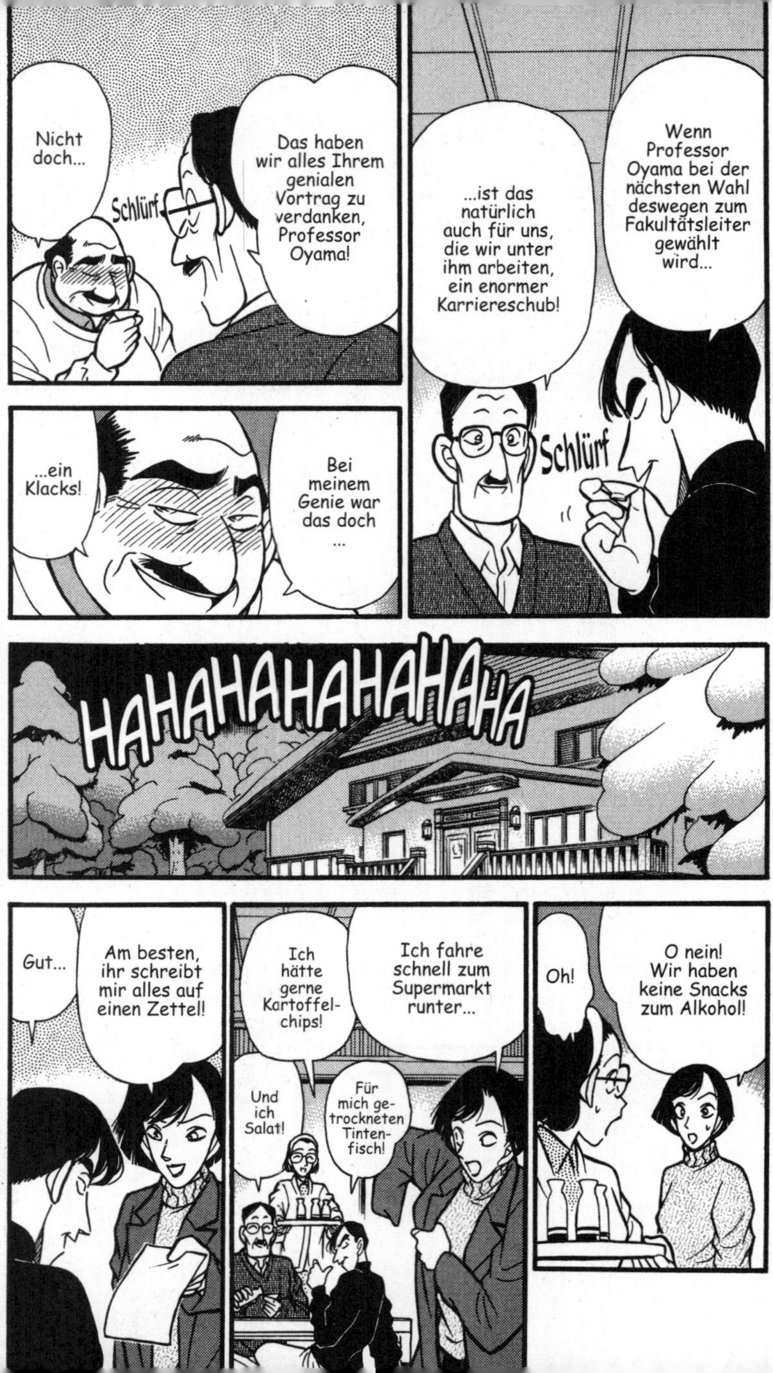
Wenn Professor Oyama bei der nächsten Wahl deswegen zum Fakultätsleiter gewählt wird...
...ist das natürlich auch für uns, die wir unter ihm arbeiten, ein enormer Karriereschub!
Schlürf
Das haben wir alles Ihrem genialen Vortrag zu verdanken, Professor Oyama!
Nicht doch...
Schlürf
Bei meinem Genie war das doch ...
...ein Klacks!
HAHAHAHAHAHAHAHA
O nein! Wir haben keine Snacks zum Alkohol!
Oh!
Ich fahre schnell zum Supermarkt runter...
Ich hätte gerne Kartoffelchips!
Für mich getrockneten Tintenfisch!
Und ich Salat!
Am besten, ihr schreibt mir alles auf einen Zettel!
Gut...

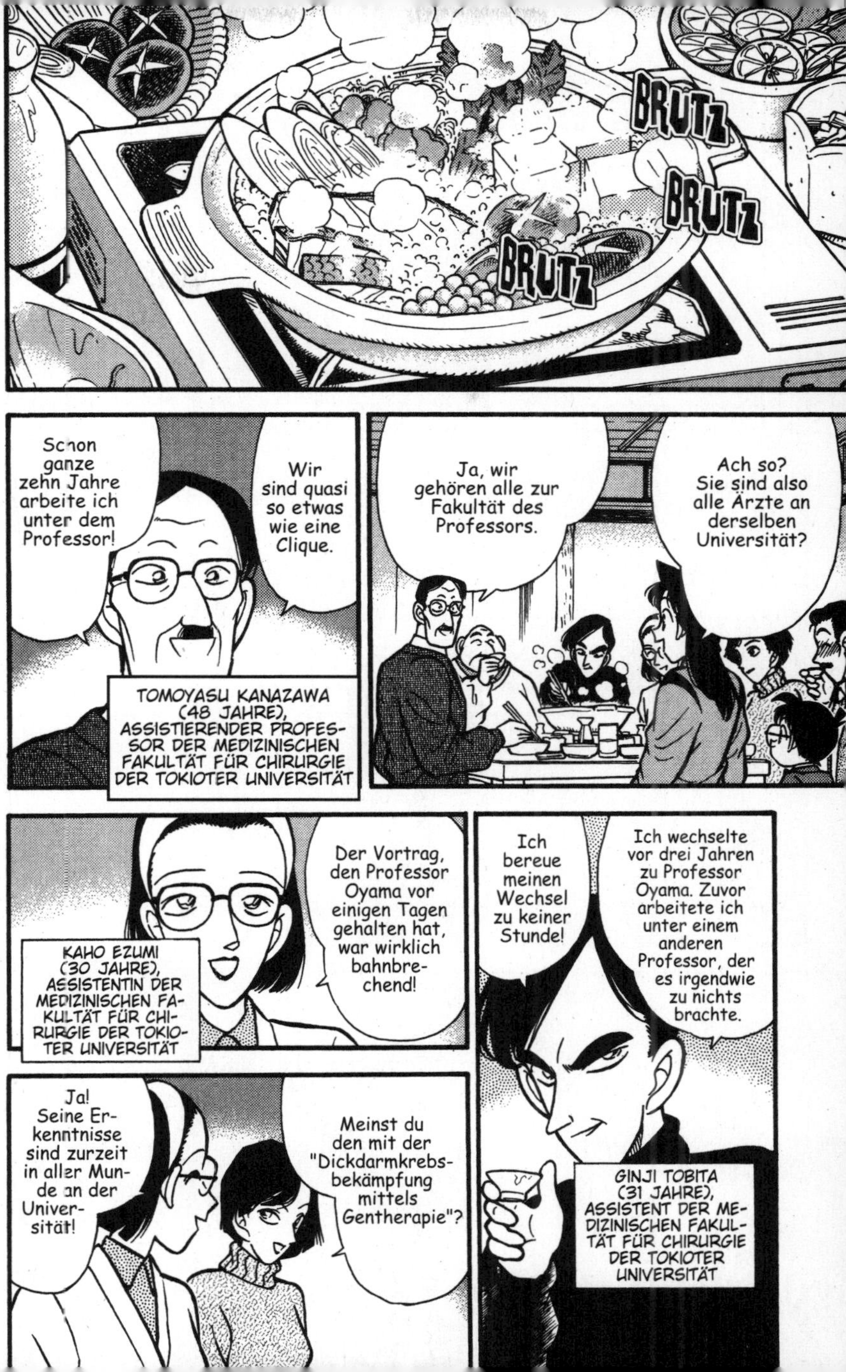
BRUTZ
BRUTZ
BRUTZ
Ach so? Sie sind also alle Ärzte an derselben Universität?
Ja, wir gehören alle zur Fakultät des Professors.
Wir sind quasi so etwas wie eine Clique.
Schon ganze zehn Jahre arbeite ich unter dem Professor!
TOMOYASU KANAZAWA (48 JAHRE), ASSISTIERENDER PROFESSOR DER MEDIZINISCHEN FAKULTÄT FÜR CHIRURGIE DER TOKIOTER UNIVERSITÄT
Ich wechselte vor drei Jahren zu Professor Oyama. Zuvor arbeitete ich unter einem anderen Professor, der es irgendwie zu nichts brachte.
Ich bereue meinen Wechsel zu keiner Stunde!
GINJI TOBITA (31 JAHRE), ASSISTENT DER MEDIZINISCHEN FAKULTÄT FÜR CHIRURGIE DER TOKIOTER UNIVERSITÄT
Der Vortrag, den Professor Oyama vor einigen Tagen gehalten hat, war wirklich bahnbrechend!
KAHO EZUMI (30 JAHRE), ASSISTENTIN DER MEDIZINISCHEN FAKULTÄT FÜR CHIRURGIE DER TOKIOTER UNIVERSITÄT
Meinst du den mit der "Dickdarmkrebsbekämpfung mittels Gentherapie"?
Ja! Seine Erkenntnisse sind zurzeit in aller Munde an der Universität!

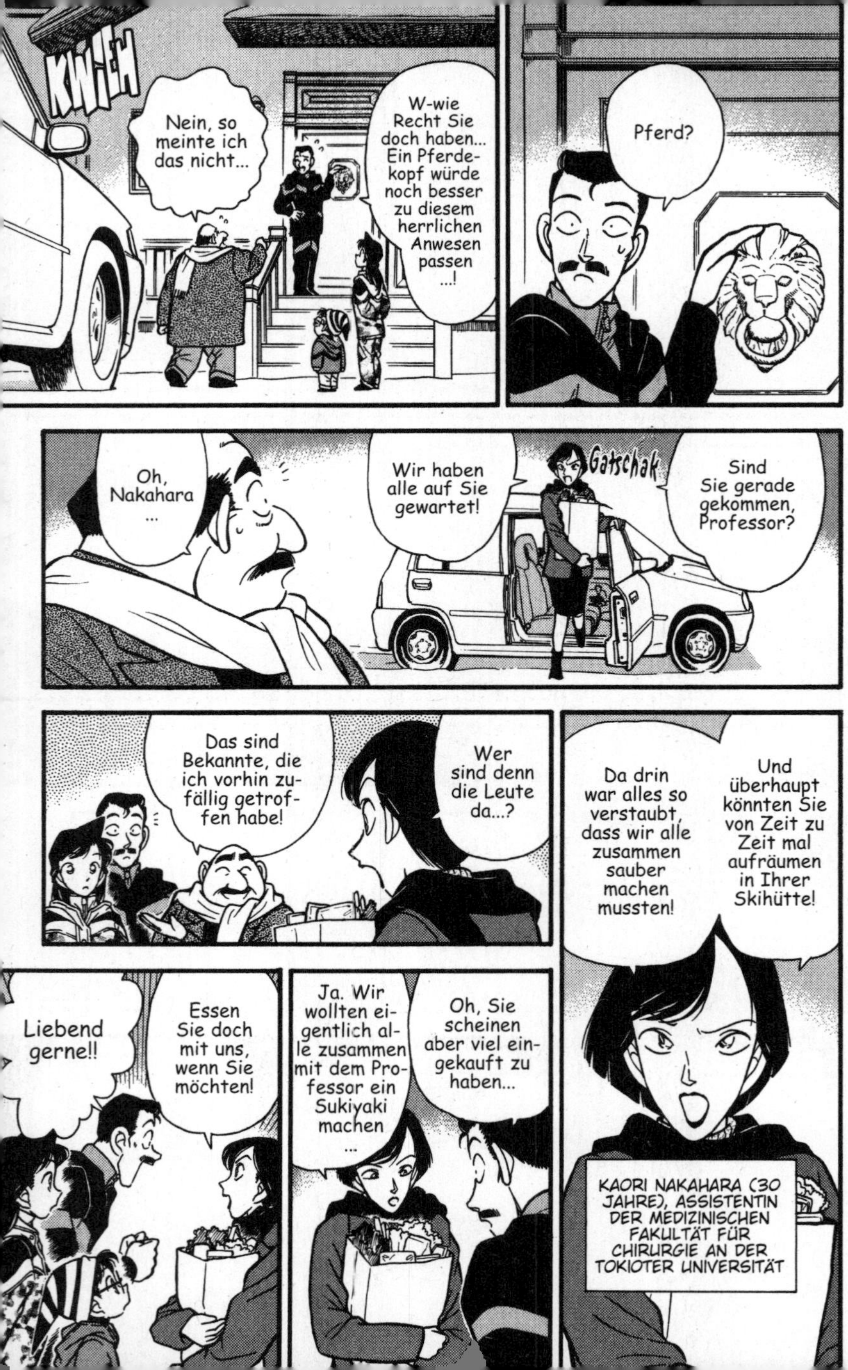
Pferd?
W-wie Recht Sie doch haben... Ein Pferdekopf würde noch besser zu diesem herrlichen Anwesen passen ...!
Nein, so meinte ich das nicht...
KWIEH
Gatschak
Sind Sie gerade gekommen, Professor?
Wir haben alle auf Sie gewartet!
Oh, Nakahara ...
Und überhaupt könnten Sie von Zeit zu Zeit mal aufräumen in Ihrer Skihütte!
Da drin war alles so verstaubt, dass wir alle zusammen sauber machen mussten!
KAORI NAKAHARA (30 JAHRE), ASSISTENTIN DER MEDIZINISCHEN FAKULTÄT FÜR CHIRURGIE AN DER TOKIOTER UNIVERSITÄT
Wer sind denn die Leute da...?
Das sind Bekannte, die ich vorhin zufällig getroffen habe!
Oh, Sie scheinen aber viel eingekauft zu haben...
Ja. Wir wollten eigentlich alle zusammen mit dem Professor ein Sukiyaki machen ...
Essen Sie doch mit uns, wenn Sie möchten!
Liebend gerne!!

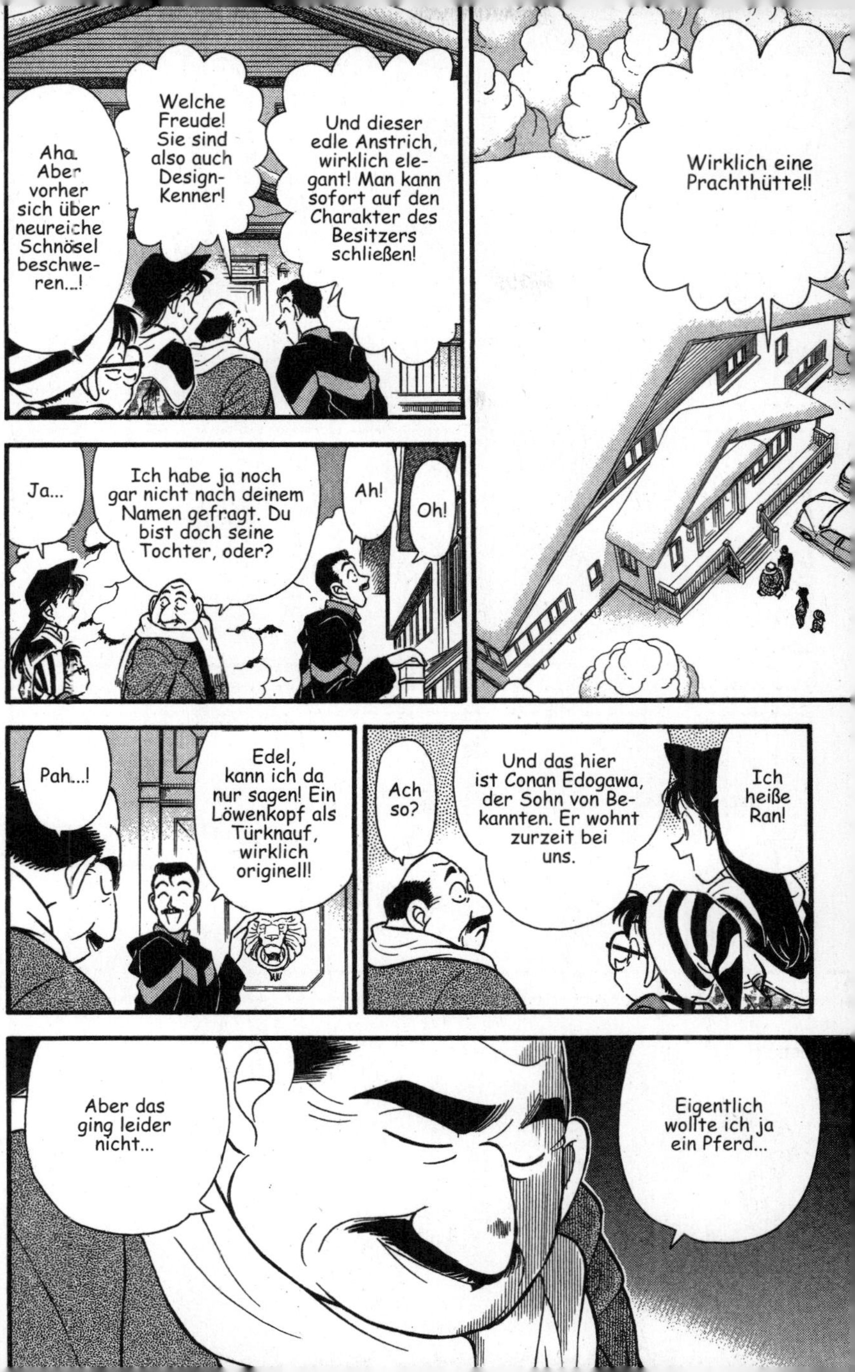
Wirklich eine Prachthütte!!
Und dieser edle Anstrich, wirklich elegant! Man kann sofort auf den Charakter des Besitzers schließen!
Welche Freude! Sie sind also auch Design-Kenner!
Aha. Aber vorher sich über neureiche Schnösel beschweren...!
Oh!
Ah!
Ich habe ja noch gar nicht nach deinem Namen gefragt. Du bist doch seine Tochter, oder?
Ja...
Ich heiße Ran!
Und das hier ist Conan Edogawa, der Sohn von Bekannten. Er wohnt zurzeit bei uns.
Ach so?
Edel, kann ich da nur sagen! Ein Löwenkopf als Türknauf, wirklich originell!
Pah...!
Eigentlich wollte ich ja ein Pferd...
Aber das ging leider nicht...

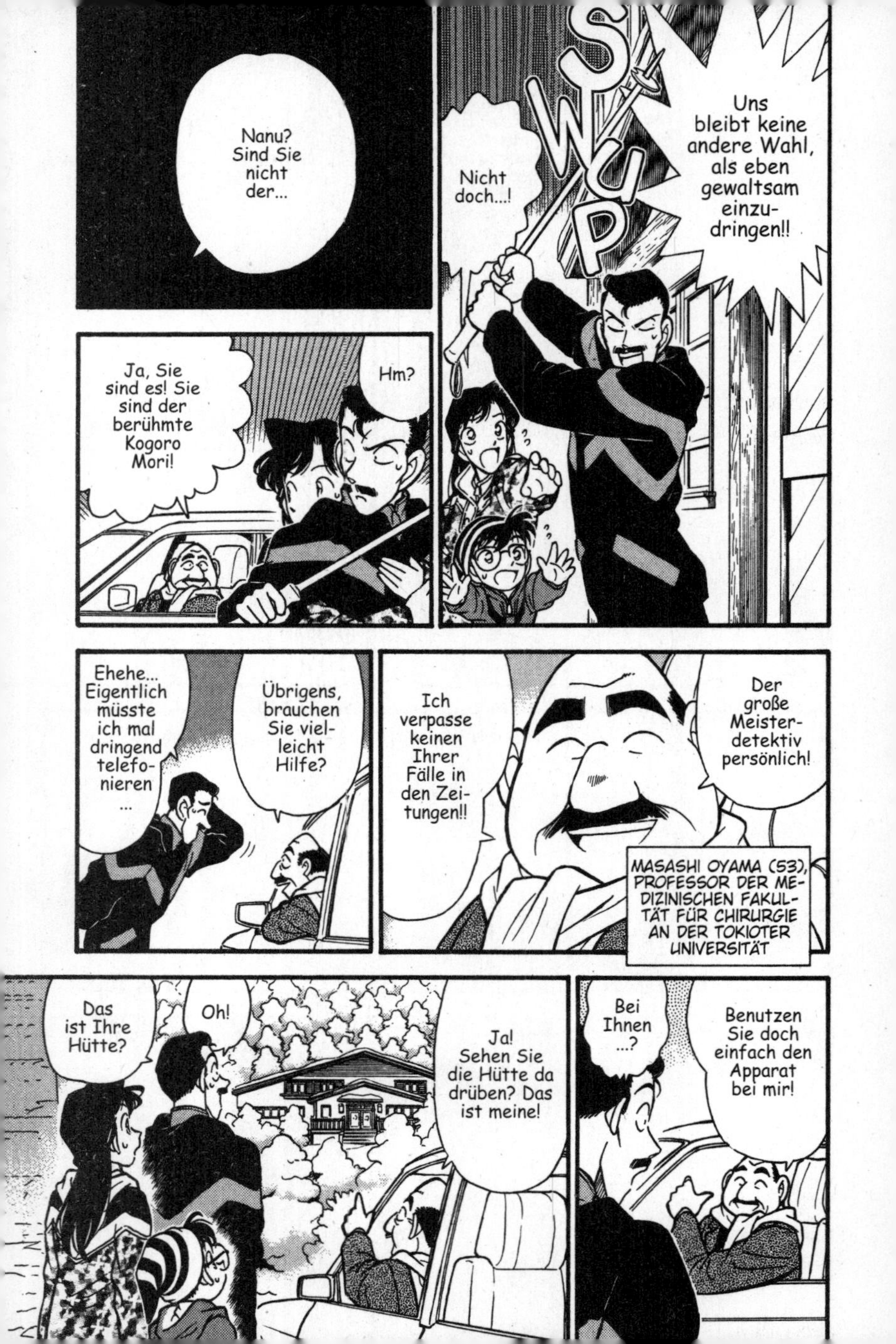

Uns bleibt keine andere Wahl, als eben gewaltsam einzu-dringen!!
SWUP
Nicht doch...!
Nanu? Sind Sie nicht der...
Hm?
Ja, Sie sind es! Sie sind der berühmte Kogoro Mori!
Der große Meister-detektiv persönlich!
Ich verpasse keinen Ihrer Fälle in den Zei-tungen!!
MASASHI OYAMA (53), PROFESSOR DER MEDIZINISCHEN FAKULTÄT FÜR CHIRURGIE AN DER TOKIOTER UNIVERSITÄT
Übrigens, brauchen Sie viel-leicht Hilfe?
Ehehe... Eigentlich müsste ich mal dringend telefo-nieren ...
Benutzen Sie doch einfach den Apparat bei mir!
Bei Ihnen ...?
Ja! Sehen Sie die Hütte da drüben? Das ist meine!
Oh!
Das ist Ihre Hütte?

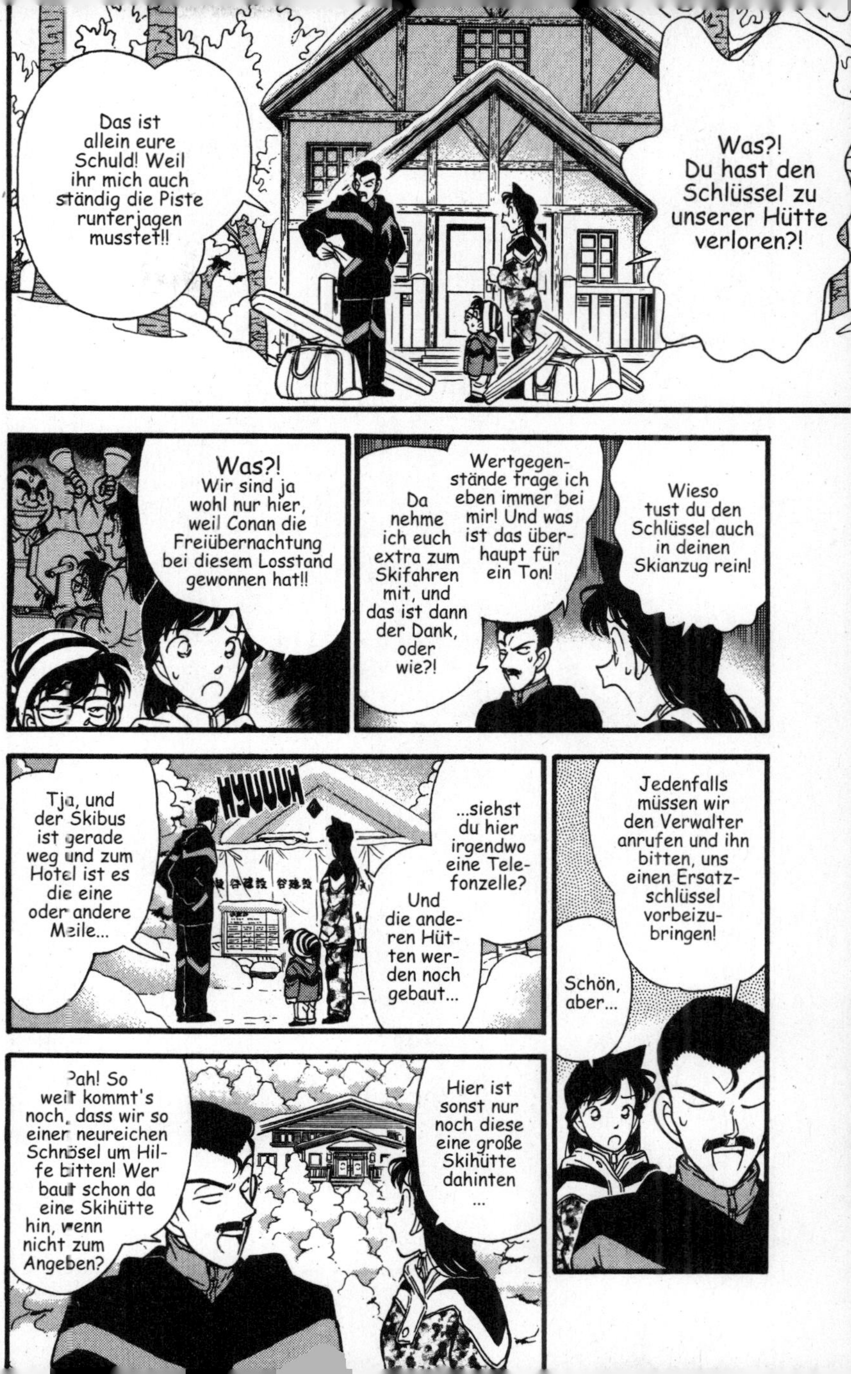

Was?! Du hast den Schlüssel zu unserer Hütte verloren?!
Das ist allein eure Schuld! Weil ihr mich auch ständig die Piste runterjagen musstet!!
Wieso tust du den Schlüssel auch in deinen Skianzug rein!
Wertgegenstände trage ich eben immer bei mir! Und was ist das überhaupt für ein Ton!
Da nehme ich euch extra zum Skifahren mit, und das ist dann der Dank, oder wie?!
Was?! Wir sind ja wohl nur hier, weil Conan die Freiübernachtung bei diesem Losstand gewonnen hat!!
Jedenfalls müssen wir den Verwalter anrufen und ihn bitten, uns einen Ersatzschlüssel vorbeizubringen!
Schön, aber...
...siehst du hier irgendwo eine Telefonzelle?
Und die anderen Hütten werden noch gebaut...
HYUUUH
Tja, und der Skibus ist gerade weg und zum Hotel ist es die eine oder andere Meile...
Hier ist sonst nur noch diese eine große Skihütte dahinten ...
Pah! So weit kommt's noch, dass wir so einen neureichen Schnösel um Hilfe bitten! Wer baut schon da eine Skihütte hin, wenn nicht zum Angeben?

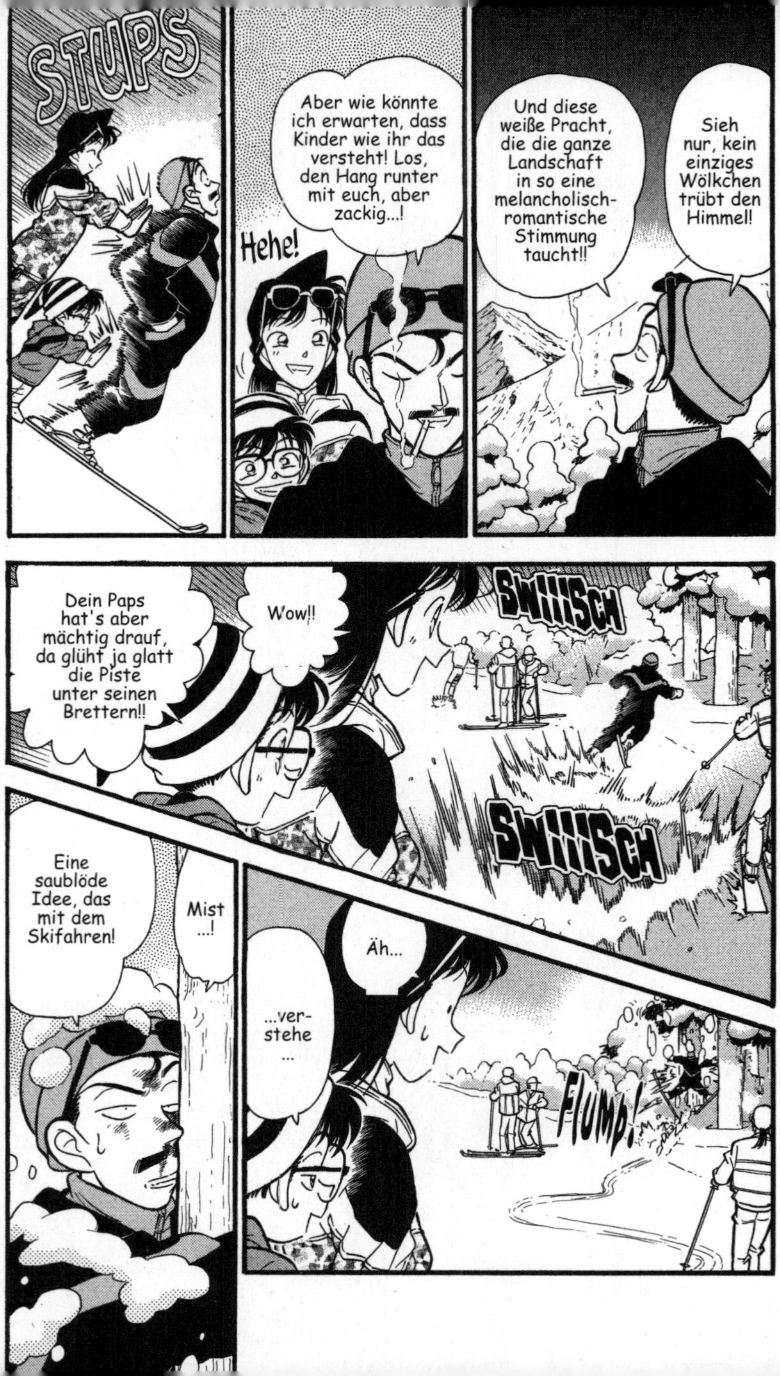

Sieh nur, kein einziges Wölkchen trübt den Himmel!
Und diese weiße Pracht, die die ganze Landschaft in so eine melancholisch-romantische Stimmung taucht!!
Aber wie könnte ich erwarten, dass Kinder wie ihr das versteht! Los, den Hang runter mit euch, aber zackig...!
Hehe!
STUPS
SWIIISCH
SWIIISCH
Wow!!
Dein Paps hat's aber mächtig drauf, da glüht ja glatt die Piste unter seinen Brettern!!
FLUMP!
Äh...
...ver-
stehe
...
Mist
...!
Eine saublöde Idee, das mit dem Skifahren!

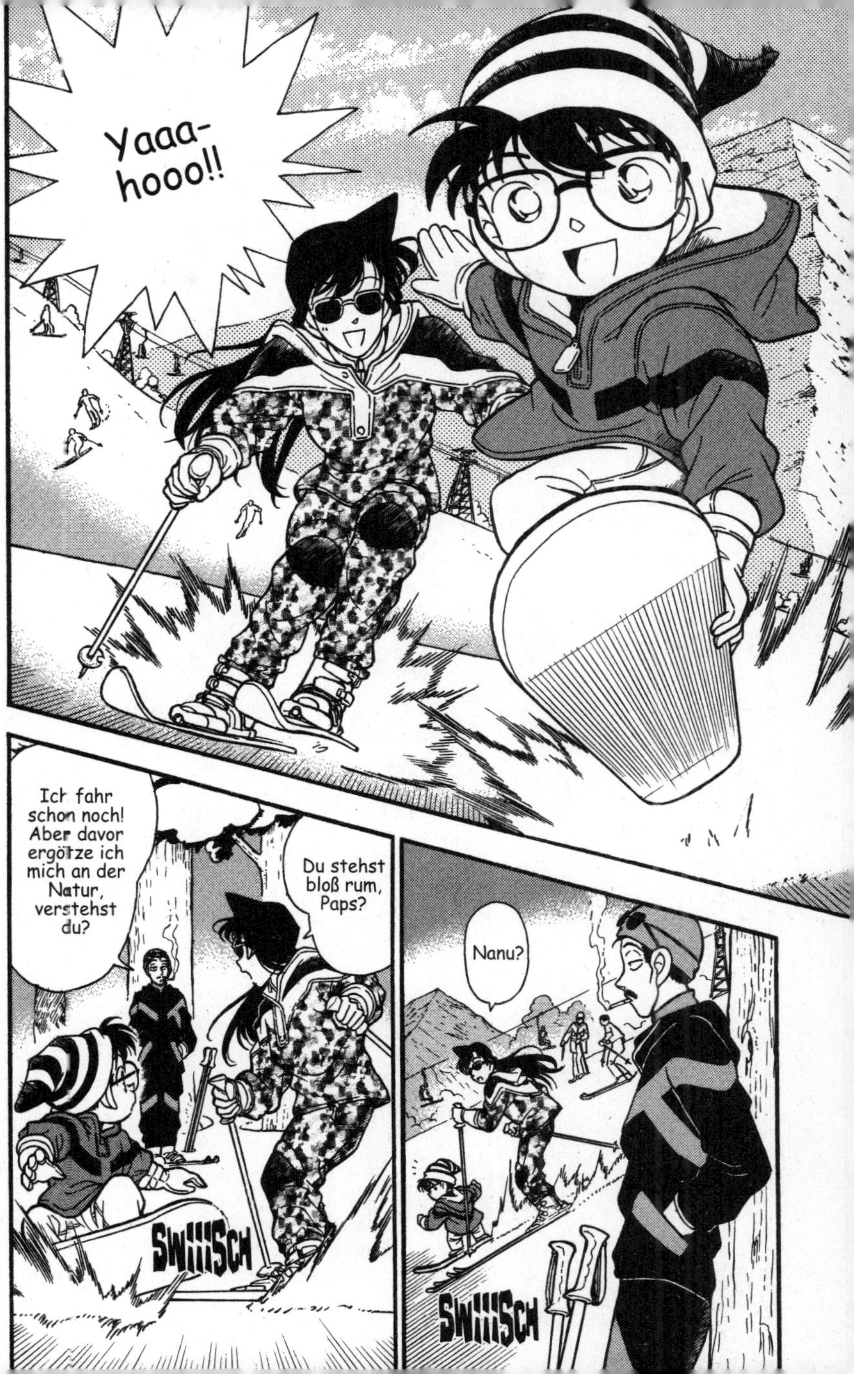

Yaaa-hooo!!
Du stehst bloß rum, Paps?
Ich fahr schon noch! Aber davor ergötze ich mich an der Natur, verstehst du?
SWIIISCH
Nanu?
SWIIISCH

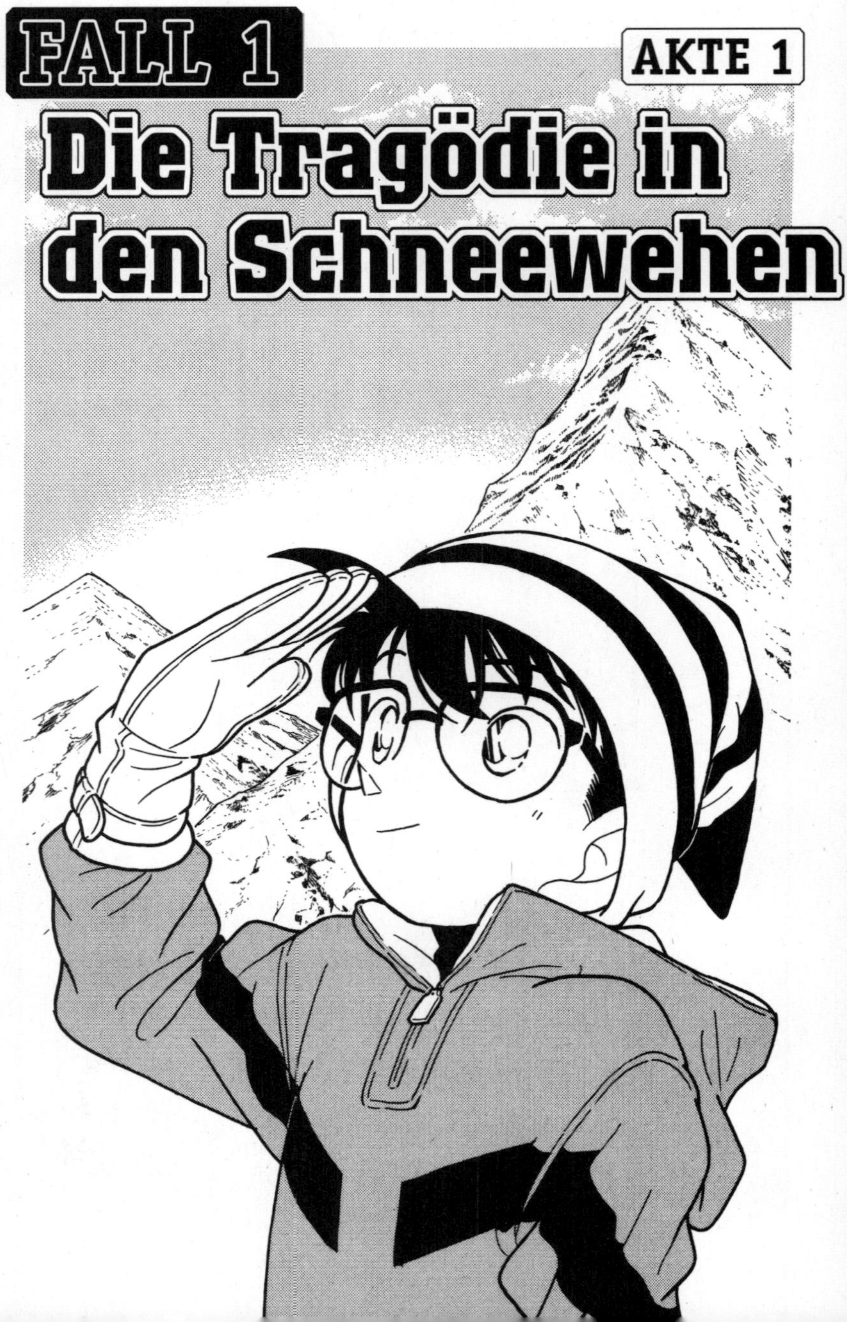
FALL 1
AKTE 1
Die Tragödie in den Schneewehen

DETEKTIV
CONAN
WINTER EDITION

AKTE 4

AKTE 5

AKTE 6

AKTE 7

DETEKTIV

CONAN

WINTER EDITION

INHALT

AKTE 1

AKTE 2

AKTE 3

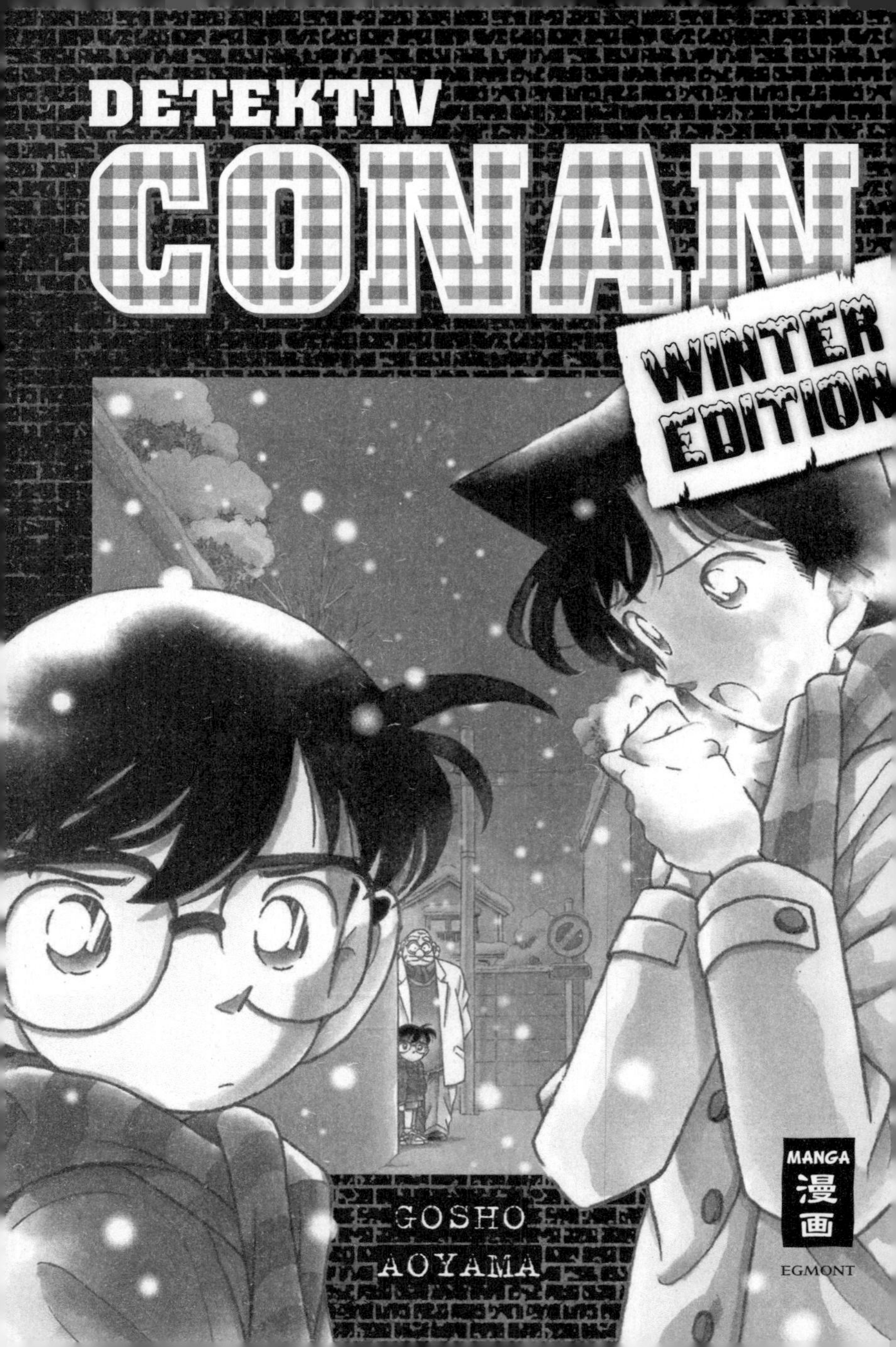
DETEKTIV
CONAN
WINTER EDITION
GOSHO
AOYAMA
MANGA
漫画
EGMONT